U0881842

FUDAN UNIVERSITY ALMANAC • 2011

复旦大学年鉴 2011

复旦大学年鉴编纂委员会

3月30日，中共中央政治局常委、国家副主席习近平访问由复旦大学承建的瑞典斯德哥尔摩孔子学院。

5月3日，中共中央政治局委员、上海市委书记俞正声同志到世博园区，看望慰问正在园区各处服务的复旦大学世博志愿者。

11月15日，在厦门大学举行的管理学奖励基金理事会上，新任会长徐匡迪向校友李岚清颁发名誉会长纪念牌。

5月29日，国务院前国务委员唐家璇出席“上海论坛2010”，并发表演讲。

10月10—12日，在复旦大学举行一流大学建设系列研讨会暨中国大学校长联谊会。

2月20—21日，复旦大学“985工程”三期医学学科建设首批项目论证会在枫林校区举行。

10月30日，召开复旦大学第五届教职工代表大会第五次会议暨十六届工会会员代表大会第五次会议。

11月20日，复旦大学无锡研究院揭牌仪式暨复旦大学无锡研究院第一届理事会会议在无锡举行。校党委书记秦绍德与中共江苏省省委书记梁保华共同为“复旦大学无锡研究院”揭牌。

6月，物理学系张新夷（左上）的“近代物理”，中国语言文学系朱立元（右上）的“美学”，新闻学院童兵（左中）的“马克思主义新闻思想”，管理学院张新生（右中）的“概率论”，上海医学院鲁映青（左下）的“医学导论”，国际关系与公共事务学院浦兴祖（右下）的“当代中国政治制度”等6门课程被评为2010年度“国家精品课程”。

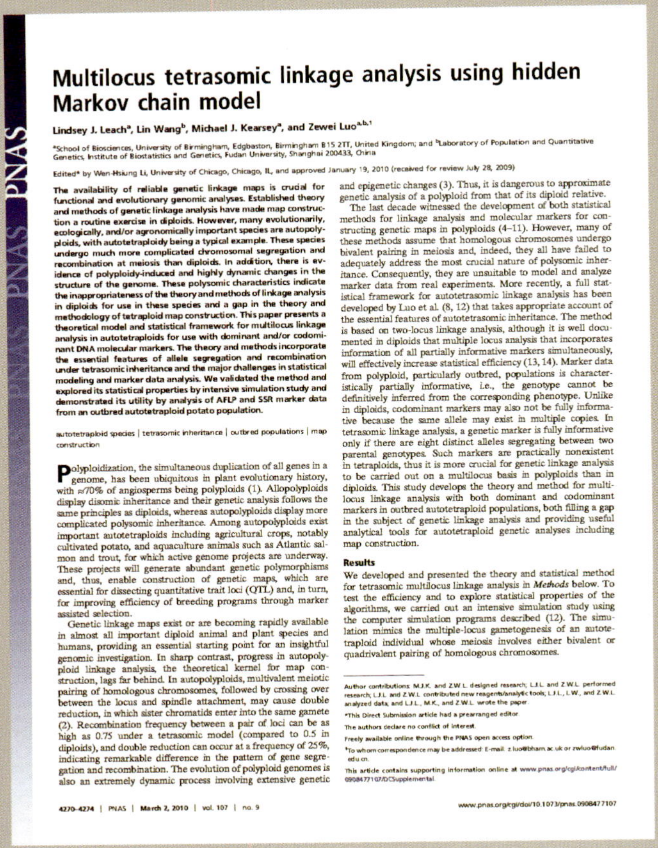

Multilocus tetrasomic linkage analysis using hidden Markov chain model

Lindsey J. Leach[a], Lin Wang[b], Michael J. Kearsey[a], and Zewei Luo[a,b,1]

[a]School of Biosciences, University of Birmingham, Edgbaston, Birmingham B15 2TT, United Kingdom; and [b]Laboratory of Population and Quantitative Genetics, Institute of Biostatistics and Genetics, Fudan University, Shanghai 200433, China

Edited* by Wen-Hsiung Li, University of Chicago, Chicago, IL, and approved January 19, 2010 (received for review July 28, 2009)

The availability of reliable genetic linkage maps is crucial for functional and evolutionary genomic analyses. Established theory and methods of genetic linkage analysis have made map construction a routine exercise in diploids. However, many evolutionarily, ecologically, and/or agronomically important species are autopolyploids, with autotetraploidy being a typical example. These species undergo much more complicated chromosomal segregation and recombination at meiosis than diploids. In addition, there is evidence of polyploidy-induced and highly dynamic changes in the structure of the genome. These polysomic characteristics indicate the inappropriateness of the theory and methods of linkage analysis in diploids for use in these species and a gap in the theory and methodology of tetraploid map construction. This paper presents a theoretical model and statistical framework for multilocus linkage analysis in autotetraploids for use with dominant and/or codominant DNA molecular markers. The theory and methods incorporate the essential features of allele segregation and recombination under tetrasomic inheritance and the major challenges in statistical modeling and marker data analysis. We validated the method and explored its statistical properties by intensive simulation study and demonstrated its utility by analysis of AFLP and SSR marker data from an outbred autotetraploid potato population.

autotetraploid species | tetrasomic inheritance | outbred populations | map construction

Polyploidization, the simultaneous duplication of all genes in a genome, has been ubiquitous in plant evolutionary history, with ≈70% of angiosperms being polyploids (1). Allopolyploids display disomic inheritance and their genetic analysis follows the same principles as diploids, whereas autopolyploids display more complicated polysomic inheritance. Among autopolyploids exist important autotetraploids including agricultural crops, notably cultivated potato, and aquaculture animals such as Atlantic salmon and trout, for which active genome projects are underway. These projects will generate abundant genetic polymorphisms and, thus, enable construction of genetic maps, which are essential for dissecting quantitative trait loci (QTL) and, in turn, for improving efficiency of breeding programs through marker assisted selection.

Genetic linkage maps exist or are becoming rapidly available in almost all important diploid animal and plant species and humans, providing an essential starting point for an insightful genomic investigation. In sharp contrast, progress in autopolyploid linkage analysis, the theoretical kernel for map construction, lags far behind. In autopolyploids, multivalent meiotic pairing of homologous chromosomes, followed by crossing over between the locus and spindle attachment, may cause double reduction, in which sister chromatids enter into the same gamete (2). Recombination frequency between a pair of loci can be as high as 0.75 under a tetrasomic model (compared to 0.5 in diploids), and double reduction can occur at a frequency of 25%, indicating remarkable difference in the pattern of gene segregation and recombination. The evolution of polyploid genomes is also an extremely dynamic process involving extensive genetic and epigenetic changes (3). Thus, it is dangerous to approximate genetic analysis of a polyploid from that of its diploid relative.

The last decade witnessed the development of both statistical methods for linkage analysis and molecular markers for constructing genetic maps in polyploids (4–11). However, many of these methods assume that homologous chromosomes undergo bivalent pairing in meiosis and, indeed, they all have failed to adequately address the most crucial nature of polysomic inheritance. Consequently, they are unsuitable to model and analyze marker data from real experiments. More recently, a full statistical framework for autotetrasomic linkage analysis has been developed by Luo et al. (8, 12) that takes appropriate account of the essential features of autotetrasomic inheritance. The method is based on two-locus linkage analysis, although it is well documented in diploids that multiple locus analysis that incorporates information of all partially informative markers simultaneously, will effectively increase statistical efficiency (13, 14). Marker data from polyploid, particularly outbred, populations is characteristically partially informative, i.e., the genotype cannot be definitively inferred from the corresponding phenotype. Unlike in diploids, codominant markers may also not be fully informative because the same allele may exist in multiple copies. In tetrasomic linkage analysis, a genetic marker is fully informative only if there are eight distinct alleles segregating between two parental genotypes. Such markers are practically nonexistent in tetraploids, thus it is more crucial for genetic linkage analysis to be carried out on a multilocus basis in polyploids than in diploids. This study develops the theory and method for multilocus linkage analysis with both dominant and codominant markers in outbred autotetraploid populations, both filling a gap in the subject of genetic linkage analysis and providing useful analytical tools for autotetraploid genetic analyses including map construction.

Results

We developed and presented the theory and statistical method for tetrasomic multilocus linkage analysis in *Methods* below. To test the efficiency and to explore statistical properties of the algorithms, we carried out an intensive simulation study using the computer simulation programs described (12). The simulation mimics the multiple-locus gametogenesis of an autotetraploid individual whose meiosis involves either bivalent or quadrivalent pairing of homologous chromosomes.

Author contributions: M.J.K. and Z.W.L. designed research; L.J.L. and Z.W.L. performed research; L.J.L. and Z.W.L. contributed new reagents/analytic tools; L.J.L., L.W., and Z.W.L. analyzed data; and L.J.L., M.K., and Z.W.L. wrote the paper.

*This Direct Submission article had a prearranged editor.

The authors declare no conflict of interest.

Freely available online through the PNAS open access option.

[1]To whom correspondence may be addressed. E-mail: z.luo@bham.ac.uk or zwluo@fudan.edu.cn.

This article contains supporting information online at www.pnas.org/cgi/content/full/0908477107/DCSupplemental.

4270–4274 | PNAS | March 2, 2010 | vol. 107 | no. 9

www.pnas.org/cgi/doi/10.1073/pnas.0908477107

3月，生命科学学院教授罗泽伟研究团队的成果“Multilocus Tetrasomic Linkage Analysis Using Hidden Markov Chain Model”发表在《美国科学院院报》上。

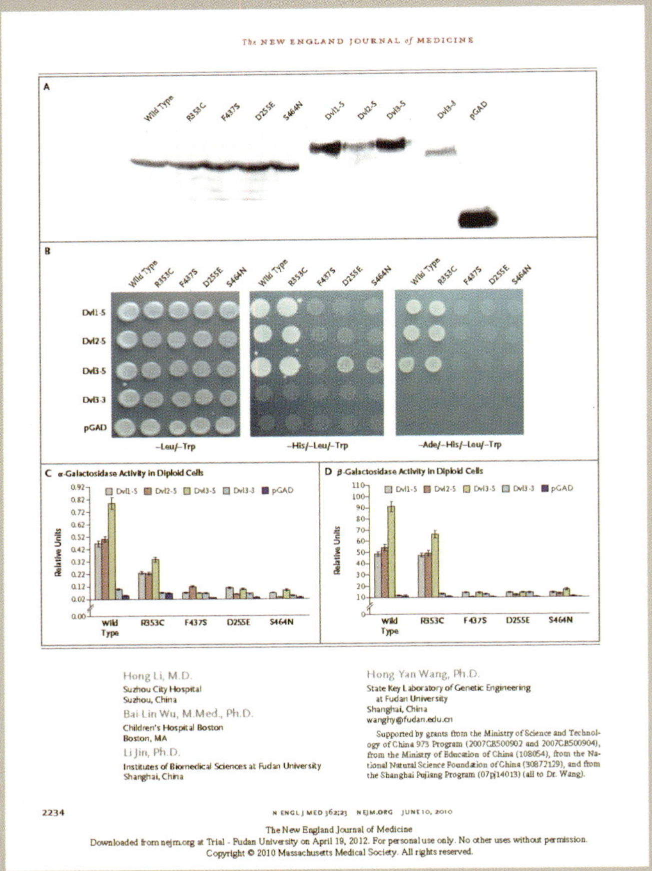

Hong Li, M.D.
Suzhou City Hospital
Suzhou, China

Bai-Lin Wu, M.Med., Ph.D.
Children's Hospital Boston
Boston, MA

Li Jin, Ph.D.
Institutes of Biomedical Sciences at Fudan University
Shanghai, China

Hong-Yan Wang, Ph.D.
State Key Laboratory of Genetic Engineering at Fudan University
Shanghai, China
wanghy@fudan.edu.cn

Supported by grants from the Ministry of Science and Technology of China 973 Program (2007CB500902 and 2007CB500904), from the Ministry of Education of China (108054), from the National Natural Science Foundation of China (30872129), and from the Shanghai Pujiang Program (07pj14013) (all to Dr. Wang).

2234 N ENGL J MED 362;23 NEJM.ORG JUNE 10, 2010

The New England Journal of Medicine

Downloaded from nejm.org at Trial - Fudan University on April 19, 2012. For personal use only. No other uses without permission.
Copyright © 2010 Massachusetts Medical Society. All rights reserved.

6月，生命科学学院教授王红艳研究团队的成果“VANGL2 Mutations Identified in Human Cranial Neural-Tube Defects”发表在《新英格兰医学杂志》上。

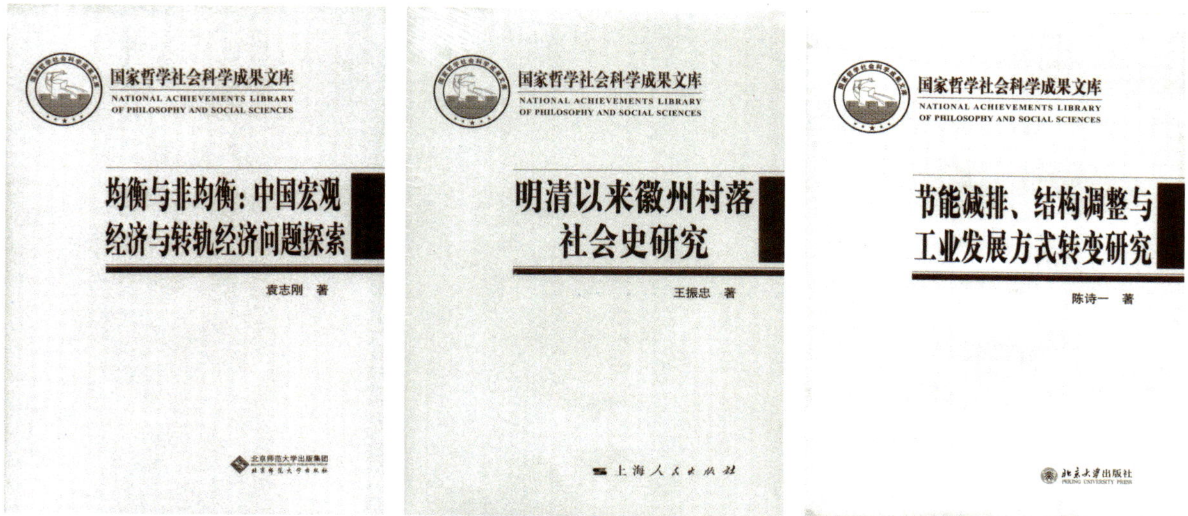

12月，学校3项成果入选《国家哲学社会科学成果文库》。分别是：经济学院教授袁志刚《均衡与非均衡：中国宏观经济与转轨经济问题探索》、经济学院副教授陈诗一《节能减排、结构调整与工业发展方式转变研究》、历史地理研究中心教授王振忠《明清以来徽州村落社会史研究——以新发现的民间珍稀文献为中心》。

3月8日，在复旦大学机器人实验室，工作人员正在测试海宝机器人手臂动作互动功能。

6月13日，复旦大学文史研究院与越南汉喃研究院共同举办《越南汉文燕行文献集成》新书发布会。

7月11—12日，复旦大学文科科研处与中华书局共同举办点校本“二十四史”及《清史稿》修订工程第四次修纂工作会议。

4月27日，全国劳动模范和先进工作者表彰大会在北京人民大会堂举行。中国工程院院士、复旦大学附属华山医院神经外科主任周良辅（上），上海医学院药理研究中心主任、教授马兰（左中），复旦大学附属中山医院副院长、教授樊嘉（右中），复旦大学附属金山医院五官科主任、教授徐林根（左下）和生命科学学院教授李瑶（右下）等5位同志被授予“全国先进工作者”荣誉称号。

4月，哲学学院教授俞吾金（左上），生命科学学院教授钟扬（左下），复旦大学附属华山医院神经外科主任医师、教授毛颖（右上），复旦大学附属儿科医院外科主任、教授肖现民（右下），复旦大学附属金山医院急诊室主任、副主任医师刘国平（左中）获得“上海市先进工作者”称号。

3月24日，中国工程院院士、复旦大学附属中山医院教授陈灏珠获上海市科学技术奖励最高奖“科技功臣奖”，中共中央政治局委员、上海市委书记俞正声为陈灏珠颁奖并表示祝贺。

9月，药学院院长、新加坡籍教授朱依谆获全国第二届百名华侨华人专业人士“杰出创业奖”、2010年上海市“白玉兰纪念奖”。

10月20日，生命科学学院教授金力获何梁何利基金“科学与技术进步奖”。

10月，出土文献与古文字研究中心教授裘锡圭《文字学概要》（上），中国古代文学研究中心教授章培恒《中国文学史新著》（下）获上海市第十届哲学社会科学优秀成果学术贡献奖。

11月29日，复旦大学附属中山医院钦伦秀研究团队的“肝癌转移机制的新发现及其意义”获2010年度国家自然科学奖二等奖。

11月29日，复旦大学附属华山医院沈自尹研究团队的“肾阳虚证的神经内分泌学基础与临床应用”项目获国家科技进步奖二等奖。

12月17日，生命科学学院、生物医学研究院赵世民研究团队的科研成果“代谢乙酰化调控机理的发现”入选2010年度中国高等学校十大科技进步奖。

4月29日，牛津大学校长安德鲁·汉密尔顿访问复旦大学并发表演讲。

4月30日，荷兰首相扬·彼得·巴尔克嫩德访问复旦大学并发表演讲。

4月30日，芝加哥大学校长Robert J. Zimmer访问复旦大学。

5月18日，澳大利亚外交部部长史蒂芬·史密斯访问复旦大学并作演讲。

5月29日，复旦大学授予美国华盛顿大学校长Mark Wrighton教授名誉博士称号。

6月30日，加拿大总督米夏埃尔·让访问复旦大学并发表演讲。

10月23日，国家公派研究生项目奖学金信息说明会在复旦大学召开，40所国际高校的代表举行宣讲。

4月3日，重庆北碚的抗战时期复旦大学旧址纪念馆正式开馆。

10月14日，“全国教书育人楷模”于漪校友教育思想研讨会在复旦大学举行。

10月23—25日，第四届复旦大学董事会第四次会议在台北召开。

10月31日，四川省复旦大学校友会在成都成立。

12月11日下午，复旦大学校友论坛（香港）暨捐赠授证仪式在富豪香港酒店举行。

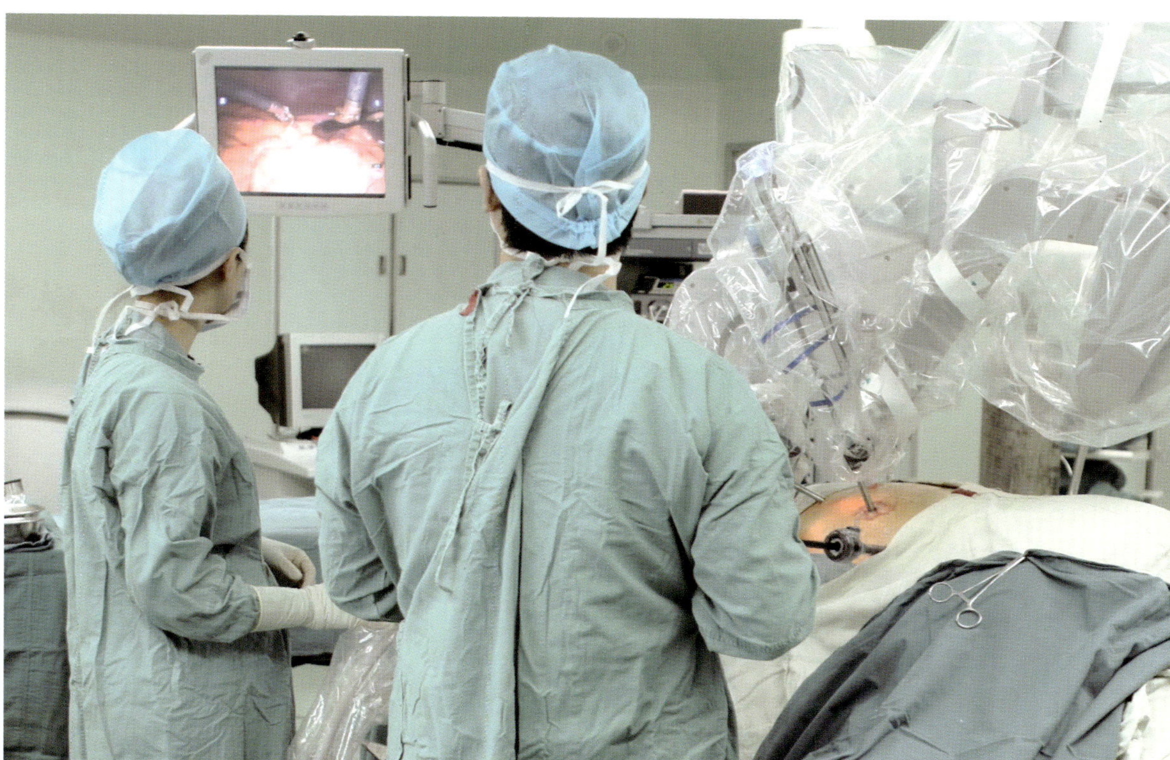

复旦大学附属中山医院多学科、多专业地开展达芬奇机器人辅助微创外科手术，连续创下3项国内首例，填补国内相关领域的空白。

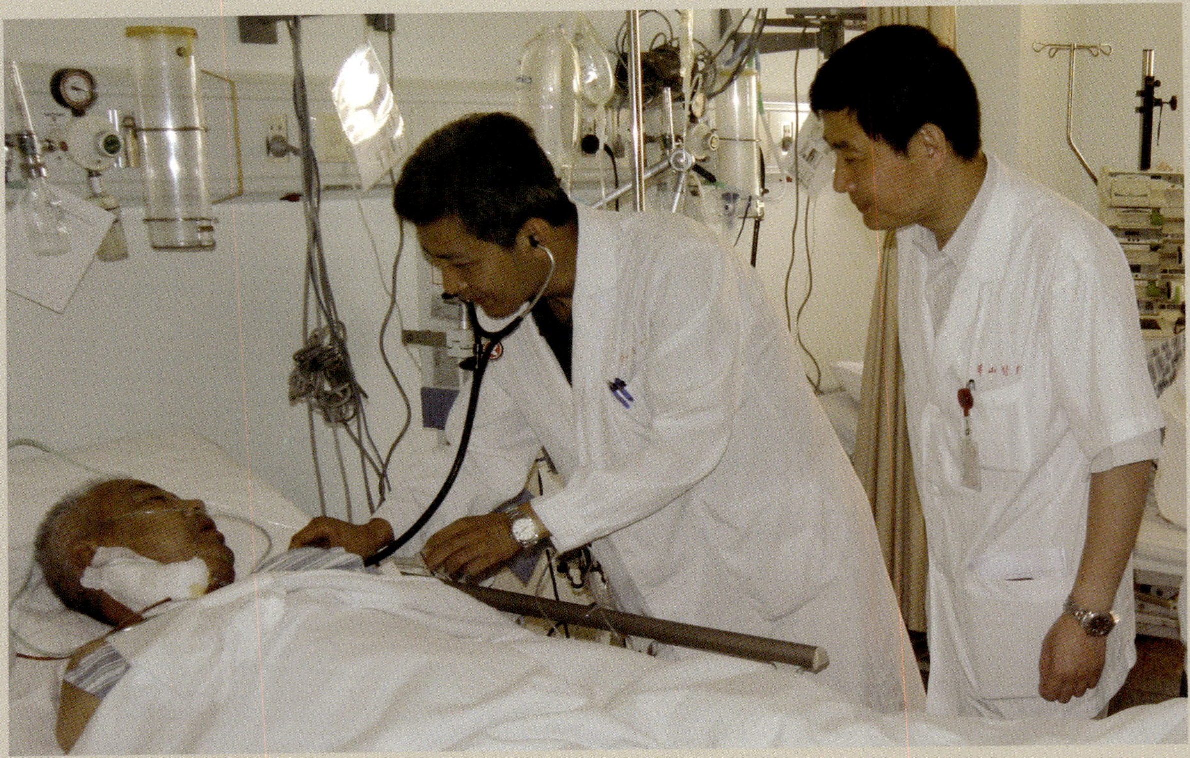

复旦大学附属华山医院成功完成首例同期颈动脉内膜切除及冠脉搭桥手术。

12月，复旦大学附属儿科医院成功为4名新疆喀什患儿实施慈善手术。

配合上海市卫生局完成援助摩洛哥荷赛马点医疗队的组队轮换工作，与当地医务人员合影。

复旦大学附属中山、附属华东两医院获得“保柏质量核准”银质等级质量认可，成为上海市首批获得“银牌”认证的两家医院。

4月16日，复旦大学举行世博会志愿者誓师大会。

5月28日，首届研究生学术之星评选颁奖典礼在校举行，校长杨玉良出席典礼并为获奖者颁奖。

7月5日，艺术教育中心自创音乐舞蹈诗《弦歌卿云》参加“世博会青年周暨世界名校大联欢”开幕式。

暑假期间，复旦大学选派优秀大学生赴杨浦区五角场镇挂职锻炼。图为五角场镇党委副书记罗霞为挂职学生颁发挂职证明。

9月9日，复旦大学国际关系与公共事务学院师生在世博园博鳌亚洲论坛馆接待日本前首相福田康夫一行。

11月10日，由复旦大学学生自编自导自演的原创话剧《小巷总理》荣获中国戏剧奖·校园戏剧奖，该奖项为目前中国校园戏剧最高奖项。

11月14日，复旦大学学生合唱团建团20周年中国作品专场音乐会在贺绿汀音乐厅正式上演。

11月21日，在第十六届亚运会上，复旦大学学生金源夺得女子3000米障碍赛银牌。

12月27日，举行2010年复旦大学外国留学生奖学金颁奖大会。

复旦大学附属眼耳鼻喉科医院住院女医师韩宜男为捐献骨髓放弃考博，获“上海市优秀青年志愿者”称号。

出土文献与古文字研究中心2009级博士研究生蔡伟被授予“中国大学生自强之星标兵”称号，并当选“2009中国大学生年度人物”。

5月26日，复旦大学北欧中心在燕园正式落成。

7月18日，中国共产党党员、中国民主同盟盟员，著名化学家、化学教育家、中国电化学的开拓者之一、中国科学院院士、复旦大学化学系教授吴浩青逝世，享年97岁。

复旦大学年鉴编纂委员会

主　　　任： 杨玉良　朱之文

副　主　任： 陈晓漫　陈立民　刘建中　王小林　蔡达峰
桂永浩　许　征　金　力　冯晓源　陆　昉
林尚立

委　　　员： (按姓氏笔画排序)
丁光宏　刘季平　刘承功　李　倩　杨志刚　周　亚
周亚明　贺圣遂　秦莉萍　栗建华　顾云深　萧思健
龚新高

主　　　编： 李　倩　周　亚

副　主　编： 许　平　陈殷华

编辑部主任： 甄炜旎

编　　　辑： (按姓氏笔画排序)
王安华　冯　幸　李建萍　张树剑　张　耐　张晓清
陈长城　邵　田　林丙南　季穗穗　赵　昕　彭　丽
谭　嵩

责 任 编 辑： 胡春丽

摄　　　影： 刘　畅　杨光亮等

凡　　例

一、《复旦大学年鉴》是全面记载复旦大学年度工作和发展成就的资料工具书，由《复旦大学年鉴》编纂委员会主持编纂，复旦大学各部（处）、各院系等有关单位供稿，复旦大学出版社出版。

二、本年鉴以马列主义、毛泽东思想、邓小平理论和“三个代表”重要思想为指导，落实科学发展观，贯彻科教兴国主战略，真实、客观、全面、准确地记载复旦大学的年度历史进程和重大事项。

三、本年鉴收编事项起自2010年1月，迄于2010年12月。为方便查检并求得内容的完整，部分内容在时间上略有延伸。

四、本年鉴在卷首设专文、学校综述。其后共分12个栏目记录学校2010年度工作，采用栏目—分目—子目—条目四级结构层次。卷末有复旦大学文件、人物、表彰与奖励、大事记、统计数据和索引。

五、本年鉴各分目之首设“概况”条目，集中记述各单位、各领域的总体情况，便于各年度间的延续和相互比较。各单位以概况、条目、附录顺序编写。

六、本年鉴“人物”栏目，主要包括“新增院士介绍”、“教授名录”和“逝世人员名录”等分目。“院士介绍”以姓氏笔画为序排列，“教授名录”以所在单位为序排列，“逝世人员名录”收录正高级职务（含离休）逝世人员，以逝世先后为序排列。

七、“表彰与奖励”栏目刊录获局级以上（含局级）表彰与奖励的集体和个人名单。

八、本年鉴所刊内容由复旦大学各单位确定专人负责提供，并经本单位领导审定。

九、本年鉴有关全校的综合统计数据，由校长办公室提供；各职能部门统计数据由各部处提供、审定。统计数据截至日：按学年统计者，截至2010年9月30日；按自然年统计者，截至2010年12月31日，具体见统计表下注释。有少数数据，由于统计口径不一致，数值也不尽相同。

十、本年鉴的索引，主要采用主题分析索引的方法，按主题词首字汉语拼音字母顺序排列。同时，附表亦有辅助索引。索引使用方法，详见索引说明。

目　录

八、办学条件与保障 …… 260

·专 文·

为建设我们心目中美好的复旦而共同奋斗

——2010 新年献词

(2010 年 1 月 1 日)

校长 杨玉良

告别 2009 年,我们迎来了充满希望的 2010 年。在这辞旧迎新之际,请允许我代表学校,向各位同学、全体教职员工及家属,向世界各地的校友和广大的离退休人员,向长期关心、支持复旦的社会各界人士,表示最衷心的新年祝福!

2009 年年初,我回到复旦担任校长,在就职讲话中提到复旦大学已经确立了未来的发展重点是"内涵发展",2 月 24 日全校党政干部大会上,我发表了"我心目中未来的复旦",提出了我们要坚守大学文化、道德和精神,要坚守学术为本的思想,要坚守学者的社会责任感和使命感。这也是我之后所有工作的中心思想。纵观复旦走过的 104 年风雨历程,如果说我们还有那么一点值得自豪的地方,那就是——复旦是一所具有理想主义的大学。

一年来,我拜访很多教授,走访一些院系,参加了几次学生的公开活动。我深深地体会到大家对学校的感情和期待,广大师生对学校学科建设、人才培养、校园文化等方面的意见和建议,使我更加深切地感受到肩负责任的重大。在一年的工作中,全体复旦人对我的大力支持,增强了我对学校发展的信心。

刚刚过去的一年是学校坚定不移地走内涵发展道路、努力朝着世界一流大学方向前进的一年。我们开展了深入学习实践科学发展观的活动,围绕大学育人的根本性问题,分析与检查现阶段制约学校科学发展的突出问题,并逐步进行整改落实。我们致力于给院系更多的资源和权力,鼓励院系自主发展的主动性。各院系认真组织实施了学科调研分析,制定了学科发展规划,部分院系试点国际学术评估。完成"985 工程"二期总结,"211 工程"三期进入实质性建设。学校已制定《院系人力资源二级管理方案》,鼓励院系建立符合本学科特点的岗位绩效评价体系。坚定推进通识教育,进一步加强课程建设,特别是通识教育核心课程建设。大力支持科技大项目实施,科研工作取得了很好成绩。继续深化国际化办学战略,为学生创造更多的国际交流机会。成立复旦大学校友会,进一步推动校友工作。倡导以人为本的校园文化,研讨了校园发展规划。

2009 年是建国六十周年,经过六十年的发展,特别是改革开放以来,国家综合实力显著增强,中国正在成长为对整个人类负责任的大国。全球经济危机后可能发生的世界经济甚至政治、文化格局的变化将敦促我们思考如何培养一代又一代引领未来、造福世界的优秀青年,我们要胸怀全球视野,立足中华文化,深刻理解世界一流大学育人的理念和教育教学改革创新工作。2009 年对于复旦也是有重要意义的一年,经过任重、克卿、腾飞、志德书院培养的第一届通识教育毕业生正式走上社会。

展望未来,我们的工作任重道远。在新的一年,学校要重点做好编制中长期发展规划工作,做好"985 工程"三期建设的规划工作。我们会始终关注本科教育,坚守大学使命。在科学发展观的统领下,坚定不移地走内涵发展道路,秉持一贯的理想主义和现实主义精神,坚守复旦人"服务、牺牲、团结"的传统和精神,不动摇、不懈怠、不折腾,复旦的明天一定会更加美丽!

祝愿伟大祖国繁荣富强!

祝愿全体复旦人和所有关心、支持复旦的朋友新年快乐,身体健康,阖家幸福!

大学能为干部教育培训做些什么

(2010年2月10日)

党委书记 秦绍德

依托国民教育体系特别是大学开展干部教育培训工作,构建布局合理、优势互补的培训体系,是中央在新形势下加强干部教育培训工作的重要举措。在这一过程中,高校如何发挥自身的特点和优势,还在探索阶段。今天我主要讲三个问题,权作抛砖引玉:一是大学在干部培养链中的地位;二是大学能为干部教育培训提供的条件;三是探讨一下大学承担干部教育培训的几种路径。

一、大学在干部培养链中的地位

1. 干部教育是一种终身教育,运用国民教育体系来教育干部是干部教育的新探索

对干部进行教育是我党的优良传统。在革命战争年代,我们党在极端困难的条件下兴办各类干部学校,为夺取革命胜利准备了大批治党、治军、治国的干部。新中国成立后,从各级党校的兴办,到各级行政学院的创建,到现在形成"一校五院"的格局,我国的干部培训工作在不断壮大。但另一方面,我国干部队伍数量巨大,社会的进步对我们的干部提出了终身受教育的要求。主要表现在:知识爆炸要求人们不断更新知识;岗位变动要求我们的干部干一行、学一行,成为行家里手,内行领导;改革发展的大环境迫使干部不断学习新东西。因此,单一的干部教育体系难以承担干部终身教育任务,依托国民教育体系势在必行。

国民教育体系,一般来讲是通过法律确定的、适用于本国国民(或公民)的教育体系。它有公共性、基础性和系统性的特点,面向的对象是全体国民,不是特定人群,而且着眼于国民的整体和基本的素质,覆盖了各种教育层次。更重要的是它集中了全国的教育资源。因此依托国民教育体系来培训干部是一条值得探索的路径。

2. 大学作为国民教育体系的高端,有系统性、专业性、开放性的特点,可以弥补干部教育体系的不足

现代大学是引领世界潮流的主体,积聚全球最优秀人才的大本营,人类独立思考的精神家园。大学在教育系统中有以下特点:

(1) 系统性 大学教育是一个非常严格的系统,这个系统表现在两个方面:一是学阶的系统性。专科、本科、硕士、博士,层次分明,培养目标清楚,规范严格。二是学科的多样性。大学的学科门类齐全,专业数量庞大,根据国务院学位委员会颁布的《授予博士、硕士学位和培养研究生的学科、专业目录》,我们的所有学科分为12大门类:哲学、经济学、法学、教育学、文学、历史学、理学、工学、农学、医学、管理学、军事学,89个一级学科,386个二级学科,本科专业将近600余种。更重要的趋势是:适应科学发展的趋势和经济社会发展需求,在交叉综合基础上的新兴学科势头强劲。比如管理学科,现代管理学的理论有一百多年的历史,最初是以数学为基础,特别是20世纪四五十年代,管理学大部分是运用运筹学和各种数学工具进行决策。后来随着经济社会的发展,大家觉得仅靠数学不能解决问题,还有系统科学问题,还有经济学的问题,管理科学就与系统和经济结合在一起。随着进一步发展,人们发现管理工作80%、90%是做人的工作,所以必须要考虑人的因素,管理心理、行为科学就显得越来越重要。后来又有人提出管理哲学的问题,包括中国古代《孙子兵法》等都是可以吸收的养料。再比如环境学科,环境科学开始很简单,就是解决水、大气的污染问题,现在环境科学的领域太广阔了,环境和能源联系在一起,环境和生态的平衡联系在一起,用生物学的术语就是生物多样性;还有环境和人口、城市化,环境经济、环境法等很多领域,而这些都是与干部教育培训关系密切的重要学科。总之,大学学阶的系统性是培养不同层次人才的保证,而学科多样,有利于培养复合型人才。

(2) 专业性 大学要培养专门人才,现代大学又从事科学研究。所以大学的专业一般都比较专,在高水平大学都比较深。这也是大学的优势。所以,大学是各个专门领域培养专门人才的摇篮。在哲学社会科学方面,高校拥有占全国80%以上的研究人员,创造了占全国80%以上的成果。在自主创新方面,高校也承担了重大任务,有63%的国家重点实验室、36%的国家工程实验研究中心建在高校。国家自然科学奖、技术发明奖、科技进步奖三大奖有一半以上出在高校。

(3) 开放性 现代大学的本质属性之一在于其开放性、世界性,因为它要随时吸纳人类的最新成果作为教育资源,以便于培养下一代的人才。环顾世界上有影响的大学,一般而言国际化办学程度都很高。办学国际化程度高的世界一流大学有四种表现:第一,教师来自全球;第二,科研全球合作;第三,国际交流频繁;第四,学生在学期间安排一定的时间到各国交流学习。

现在国内高校的国际化状况如何?以复旦大学为例,去年全校接待外国来访者近一万人次,1 400—1 800名教师出国参加国际会议或短期访问,1 400多名学生进行三个月以上的出国交流。我们接受了6 000余名留学生,超过了北大。我们与100多所海外知名高校有项目合作关系,与30多所学校建立了战略合作伙伴关系,校内一年召开国际会议200多场。所以从人员往来、文化接触,到学术交流、科研合作,大学已经成为一个国家、一个地区对外交

流的重要窗口。利用这些条件，可以为高端培训项目搭建和世界名校合作的平台，提高干部海外培训的质量。

3. 党校、干部学院和大学应如何分工

在干部培训教育的领域，党校、干部学院和行政学院的作用有一些大学是不能代替的。它们应该是干部教育培训的主渠道、主阵地。跟一般的国民教育有所区别，除了传授知识外，很重要的在于对领导干部进行理论教育、党性教育。就像习近平同志所说的"理论教育是基础，党性教育是关键"。很多年轻干部最缺的就是马克思主义理论的系统训练，实践经验少，党性锻炼不够，党内生活的锻炼不够。所以一定要使我们的干部对中国的历史现状有所了解，对马克思主义的基本原理、基本的世界观和方法论有一定的训练。党校、干部学院应该承担起这样的责任。党校、干部学院的另一优势在于与政府部门紧密联系。党和政府在一定时期的路线方针政策，具体执行的情况，也可以成为我们的内容。并且可以聘请到政府中有学问的官员。党校、干部学院的不足在于学科单一，知识基础相对弱一些，难以办成兼容百科之长的综合性的大学科教育，教师流动性大一些，师资有所不足。

高校的特色可以在知识教育和人文教育等方面，作为党校干部学院的重要补充。通过开设较为系统的课程，提高干部的专业化水平和思维综合能力，提高干部的综合素养和研究问题的能力。在这方面，高校可以发挥与党校、行政学院不同的作用，成为干部教育培训的重要方面军。

从国际经验看，大学培训政府官员，也是普遍规律。西方很多大学都设立了公务员培训部，如锡拉丘兹大学的麦克斯维尔学院、哈佛大学的肯尼迪学院。以美国为例，大学培训政府官员具有四个特点：一是注重公共价值观的培养，从伦理和哲学层面加深对公共事务的理解；二是具有多学科取向，整合经济学、管理学、社会学、政治学等多个学科，立足公共政策分析；三是注重方法论的训练，将思维能力、定量定性分析等内容纳入必修课程；四是理论与应用结合，注重实习过程。美国各所大学在对官员的培训领域都注意形成自己的品牌，如肯尼迪政府学院定位于全球领导人培养，卡内基·梅隆大学擅长于定量分析和执行力培训，佐治亚大学擅长地方政府管理。西方大学培训官员很多都和公共管理类的教育（MPA）结合起来。美国全体公务员的20%、公共政策领域（高端）公务员的60%具有MPA（公共管理硕士）或MPP（公共政策硕士）学位。MPA教育也有不同的形式，一种是大学下属的公共管理类专业学院，除了上文提到的哈佛大学的肯尼迪政府管理学院，还有加州大学伯克利分校的理查德与劳达·高德曼公共政策学院、英国伯明翰大学公共政策学院等。也有不少大学是由学科门类比较宽的院系或研究机构承担政府官员的培养任务，耶鲁大学、斯坦福大学、宾夕法尼亚大学均将培养官员的任务放到商学院或法学院中，英国伦敦大学放在政治经济学院。

二、大学能为干部培养教育提供的条件

1. 依托学科专业进行专业化训练

从世界范围看，政府行政管理总的趋势是朝着专业化方向发展。领导干部队伍"专业化"有两层含义：一是管理的专业化。当前我国干部队伍受过高等教育的多是单一的专业教育，缺乏现代行政管理知识，因此领导干部队伍要补管理专业化教育的课。比如市场经济所必需的财税、金融、法律知识以及宏观决策能力、微观执行能力、危机处理能力，等等，还有如国际关系、高科技前沿、民主法制知识，等等。二是业务领域的专业化。干部工作的范围很复杂，涉及经济、政治、文化等各个领域，经济又可分为财务、税务、工商、审计，等等。为了使干部"干一行、精一行"，成为本领域的"行家里手"，可以依托大学的某些学科专业，对学员进行细致的专业化的训练。比如发挥经济学、管理学学科优势，培训企业及工商管理人才；发挥国际关系的优势，培训外交人才；发挥法学学科优势，培训各级政法系统干部。

我们常常有这样的思维定势，希望"缺什么，补什么"。但长远来看，不能简单地理解"缺什么，补什么"，因为"补"永远跟不上"缺"。还是要有针对性地打好某一方面的基础。

2. 依托多学科进行思维方式的训练

我们经常说要培养领导干部的战略思维能力。要有战略思维能力，就必须讲究正确的思想方法。思想是行动的先导，思想方法决定工作方法。我们感到，现在确有一些干部不重视学习，特别是不重视学习思想方法，不重视学哲学、用哲学。一些干部进党校学习，重视这段经历，但不肯静下心来读书；相对来说，更加重视学习与工作直接相关的知识，重视学习实务，对学习政治理论兴趣不大；或者理论学习流于表面，不能深入地钻研，特别是不愿意从哲学层面去学习理解。在现实生活中，我们也看到，因为一些干部不重视学习思想方法，缺乏思维能力训练，没有树立正确的世界观、方法论，在工作中发生主观主义和形而上学的问题，出现"好心办坏事"、"辛辛苦苦做错事"的情况，影响所在地区和单位的改革与发展。中央要求全党树立和落实科学发展观，科学发展观的理论基础是马克思主义世界观、方法论。如果不能从哲学层面去理解科学发展观的深刻含义，不会运用唯物辩证的思想方法思考问题，那就谈不上用科学发展观去指导工作。因此，我认为，加强思维能力的训练，让干部学习正确的思想方法，真正树立马克思主义的世界观、方法论，应该成为干部教育培训的一项重要内容。

应该教育我们的干部，一要认真学习辩证唯物主义，用宏观战略的眼光分析问题，正确处理好若干关系；二要认真学习历史唯物主义，正确看待个人在历史发展中的作用，树立正确的权力观、政绩观；三要认真学习中国历史，包括中国通史、中共党史以及改革开放30年来的历史，善于从历史中汲取营养；四要认真学习优秀传统文化，培养人文素养和综合素质。实际上，这些内容的学习，乍一看好像与我们干部的实际工作关系不大，但它确实是根本性的，影响长远。在当前的形势下，在青年干部中尤其值得重视。高校这类课程的设置比较完整、系统，在培养干部的战略思维能力、学习正确的思想方法方面可能更有优势。

有的时候干部提出来："你给我少来点空的，多来点有用的。"何为有用，许多人以为是"术"，其实在"学"，俗话说，与其"授之以鱼"不如"授之以渔"。

此外，还应该鼓励领导干部多读书、多讨论。要多读经典，特别是读一些经典的哲学著作，例如《矛盾论》、《实践论》等，让干部在品味经典中思考，在体会经典中学习思想方法。我们的领导干部应该多一点"书卷气"，当然"书卷气"和一切从本本出发的"书生气"是不一样的。所谓书卷气就是指遇到工作，多一份研究的心情，多去观察问题、分析问题，千方百计把工作做好。

3. 依托多学科进行人文素质的培养

一个干部的人文素养如何，对其视野、水平、能力有相当的影响。在实际工作中，常常可以看到技术型干部有其务实细微的优势，同时也就有直线思维、缺少学养的缺陷。会做事，但也容易忽视人的因素。大学的人文学科为干部的人文教育准备了深厚的土壤。

三、大学承担干部教育的几种路径

1. 基本素质的培养和学历教育

从严格意义上讲，一个国家管理层的骨干都是本国大学培养的。所以从根源上讲，抓好大学本科生、研究生的教育质量，就是在为祖国的未来培养干部和领袖。浙江大学的前校长竺可桢曾经说："大学教育的目标，决不仅是造就多少专家如工程师、医生之类，而尤在乎养成公忠坚毅，能担当大任、主持峰会、转移国运的领导人才。"

1949 年以来，我国大学为党和政府培养了一大批人才，其中又以清华大学最为突出。而这很大程度上得益于 20 世纪 50 年代清华大学校长蒋南翔提出，培养"又红又专"的人才，实行"双肩挑"的政治辅导员制度。1963 年，蒋南翔同志对这一制度评价是，为国家培养党政干部，他预言将来在清华大学毕业生中会出现一批部长、省委书记、副总理。事实则已经远远超过他的预料。

大学为社会培养栋梁之才、领袖人物，我们有时不大敢理直气壮地讲。这和国外不大一样。哈佛、耶鲁等学校很明确，他们的目标就是培养领袖。耶鲁大学的校长就是以培养了多少届美国总统而自豪。中国高校有 2 000 多所，固然我们要提倡大学教育大众化，要让更多的适龄学生都受到很好的教育。但毫无疑义，一定要有一部分大学承担起培养精英和栋梁的任务。我觉得不必划分哪几所学校承担"精英教育"的任务。但要有这样的概念，大学教育是干部巨大的后备库。

现在还有一种教育门类，也为干部学历教育创造了条件，这就是 20 世纪 90 年代开始的专业学位教育。国务院设置的专业学位已经有 19 类。包括法律硕士（J. M，非法学、法学）、教育硕士（Ed. M）、工程硕士、公共管理硕士（MPA）、公共卫生硕士（MPH）、会计硕士（MPAcc）、体育硕士、艺术硕士（MFA）、风景园林硕士、汉语国际教育硕士、翻译硕士、社会工作硕士等。专业学位教育正逐渐成为我国干部培训教育的一种重要模式。复旦大学也有公共管理硕士（MPA）、工商管理硕士（含 MBA、EMBA）、法律硕士（JM）和公共卫生硕士（MPH）等专业学位，每年毕业人数近 1 000 人，相当于本科毕业生的三分之一。近几年适应各方面需要，我们和国家相关部委、上海市合作，办了很多专业学位班。比如：针对体育、新闻传媒市场化的趋势，与国家体育总局联合培养体育产业 EMBA；与上海市委宣传部联合培养新闻发言人，与海关总署、上海市公安局、上海市外办联合培养海关、公安和国际关系方向的 MPA；与上海市委统战部合作，针对宗教领袖和干部，开设宗教学方向的研究生学位教育项目，面向各级各地的卫生监督所所长开设 MPH，我们还拟为海军培养公共关系方面的 MPA 和信息领域的工程硕士。

专业学位有两种，有全日制脱产培养的，也有非全日制在职培养的。全日制暂时与工作脱钩，全天在学校学习。一般学制为 1—2 年，对象一般是刚刚工作几年的毕业生。在职的专业学位班针对的是有经验的管理干部。

2. 任务明确的非学历培训

非学历培训形式灵活，面大量广，由于不受学位教育条令和修读计划的限制，这样的研讨班、培训班目的性更强，形式更加灵活，学员的学习目标也更加纯粹，很受欢迎。二十多年来，复旦大学的文博系坚持为各地的文物局局长、博物馆馆长提供培训，从省级研讨班培养到县级博物馆，全国的文博系统都活跃着复旦培养的骨干。非学历培训可以采用项目制的形式。党校、干部学院和大学可以联合起来，把课程组合成一个个具体的项目，并且通过项目衡量干部教育的效果。

在专业学位教育和在职培训中，还有几个瓶颈解决不了。比如专业学位教育进出口比较刚性，按照国务院学位办的要求一定要考试，外语也要达到一定的要求。在职领导干部"应试"能力不足，国家规定的入学考试成为很多学员很难逾越的门槛。也有一些学员，并不一定适合当干部，仅仅为了满足职务晋升履历的要求，却考出了很高的分数，这恰恰偏离了专业学位教育的初衷。二是政府对于大学承接专业学位教育和培训的支撑不够有力。目前，政府背景的学员接受专业学位教育仍然以自发、自费为主。企业背景的学员可以将学位转换为高薪资，快速地收回教育投资，但对中青年干部来说，专业学位教育的学费仍然是不容忽视的经济负担，在职学习在时间和精力上也难以保证。

我们感到，对不同的培训对象可以采取不同的培养方式。对脱产攻读学位的干部，可以"严进严出"；对在职攻读学位的干部，可以"宽进严出"；而短期培训项目，则可以"严进宽出"。

3. 其他方面的问题和一些想法建议

在对干部的教育培训中，还有三个问题很关键。

一是教师。干部培训对教师提出了更高的要求，不仅要能够传授知识、阐发理论，还要分析具体实际问题。现在无论在党校、干部学院还是在大学，师资都不能满足要求。我的想法是要在大学与政府之间建立起人才交流的机制，鼓励大学教师定期或不定期地到政府等公共组织中任职，也鼓励政府官员卸任后到大学任教职。以美国前国务卿赖斯为例，她是斯坦福大学历史上最年轻的教务长。

2000年小布什竞选总统，她向斯坦福大学请了长假，担任小布什政府的国家安全事务助理，并在2005年1月出任美国国务卿。2008年，小布什卸任，她又重回斯坦福大学任教。在国外一流大学的公共管理学院，相当一部分教师是卸任官员，而且做得很好。一任总统上台后，一些教授离校去担任高官；一任总统下台后，一些高官回来重执教鞭，这在美国大学司空见惯。在我国要实现有一定困难，我觉得关键是两条：一是增加专家型官员。二是打破官本位的氛围。

二是案例教学水平要大大提高。李源潮同志强调，对干部的教育培训"要在系统学习现代知识的基础上，以研究现实问题为主"。研究现实问题，对案例教学提出了很高的要求。案例教学是由MBA教育借鉴而来，把收集到的案例经过剖析后形成教材。案例教育多半是讨论式，中国人可能比较习惯于单向报告，但对现实问题的研究可能还是讨论式比较好。编写案例难度很大，一是更新速度快，二是编写者一定要有水平。哈佛商学院之所以著名，很重要的原因就是积累了一批经典案例。现在国外商学院、公共管理学院非常注重到新兴发展中国家收集和开发案例。这方面的工作我们要加强。改革开放30年的巨大实践也确实为我们提供了丰富的素材。如果能自主开发一批经典案例，干部教育培训工作一定会有很大的提高。

三是网络技术的应用。现在网络技术突飞猛进，从2001年开始，麻省理工学院在网上启动了开放式的课程，所有的课程内容都在网上开放，这项计划已经惠及全世界。网络培训内容覆盖面广，不受时间、空间的限制，成本相对低廉。干部教育进入网络系统是大势所趋。

以上就是关于大学如何为干部培养教育贡献自己的力量，我的一些思考。讲得不对的地方，请同志们批评。

我们需要破解难题的勇气[①]

——对话复旦大学党委书记秦绍德教授

（2010年2月11日）

虎年春节之前，国务院总理温家宝连续5次召开关于教育改革的座谈会，引起广泛关注。

再过几天，今年的全国两会即将在京召开，教育又将成为一个热议的话题。

在这样的时间背景下，复旦大学党委书记秦绍德教授接受了《解放周末》的独家专访，从大学自主招生改革谈起，坦言推进教育改革需要破解难题的勇气。

［自主招生录取的学生入校后的表现，是对招生改革最有效的检验］

解放周末：2006年，复旦大学与上海交大率先在上海实行自主选拔录取，媒体称之为自主招生改革的"破冰之旅"，当时的情形仿佛就在眼前。

秦绍德：是的。这是继2003年高校开始实行5%自主招生之后，具有里程碑意义的大学招生改革。

解放周末：2006年的自主招生选拔，与2003年的自主招生改革有什么不同？

秦绍德：2003年实行的是自主招生改革，批准全国若干所高校招生名额中的5%实行自主招生，直推生、保送生、文体特长生、其他的怪才偏才，等等，都在这个5%中。2006年实行的则是一场"试验"——复旦大学和上海交通大学向教育部联合申请自主选拔录取试验获得批准，从招生计划中划出300名进行自主选拔，开始了大面积的自主招生选拔，到今年进入了第5个年头。

解放周末：5年来，复旦通过自主选拔一共招了多少学生？

秦绍德：每一年的招生计划数字在不断扩大。第一年、第二年300人，第三年500人，第四年600人，今年750人，一共2 450人。招生对象也从上海的应届毕业生，扩展到了上海、浙江、江苏三地。

解放周末：从统一高考到高校进行部分自主选拔，这无疑是一种改革。如何判断这一改革的效果？

秦绍德：自主招生录取的学生入校后的表现，是对改革最有效的检验。每一批自主招生录取的学生，我们都十分重视对他们的发展情况的跟踪，结果证明这些学生是具有培养潜力的。这方面的情况，丁光宏老师能提供更详细的数据。

（复旦校长助理、招办主任丁光宏：2008年我们通过自主选拔录取了454位上海学生，通过高考招了455位上海学生。从高考成绩来看，前者的平均分要比后者低了十几分。但进校后，自主招生学生平均成绩点是3.24，高考学生是3.01，这个0.23的差距折合成高考分数，相当于50多分。也就是说，入校前自主招生学生比高考学生低十几分，1年后，反超了50多分。再看学习优秀的学生比例，前者为25%，后者是16%；学习困难比例，自主招生学生是5%，上海高考学生是12%。除了学习成绩，我们发现，自主选拔入校的学生参加学校各类课外学术创新计划的比例比平均水平高约30%，44%的自主招生学生在学生会、

① 该文为党委书记秦绍德接受《解放日报》采访整理而成。

社团等各类学生组织中担任干部。这说明他们的创新意识和社会组织活动能力是相当强的。另外还有一个数据——第一批自主选拔录取的学生今年毕业，从现有情况看来，这一批学生比普通学生拿到的顶尖企业的录取通知书更多，用人单位非常喜欢这样的学生。）

秦绍德：这种比对连续做了4年。4张表都证明，我们通过自主招生进来的学生具有很大潜力，表明我们确实录取到了综合素质高并且符合复旦育人理念的优秀高中毕业生。

[从“上大学难”到“上好大学难”，说明了社会的进步]

解放周末：从复旦的实践来看，自主招生改革是顺利、成功的。但是我们发现，去年下半年以来，社会舆论对于高校招生改革的关注度突然提高，议论、批评很多。为什么自主招生这么受关注？

秦绍德：我认为这很正常。在世界各国，教育经常是舆论的焦点。当前，除了继续教育和职业教育暂时关注度低一些，基础教育和高等教育都是人们关注的热点，学前教育也越来越受到重视。我认为，教育成为人们议论的中心，这从一个侧面反映了社会的进步，说明生活水准提高后，老百姓受教育的迫切愿望被激发出来。再加上我国实行独生子女政策，独生子女的教育更成为家庭的核心问题。

解放周末：教育是经济发展到一定阶段后的必然热点。

秦绍德：但是在教育这个大热点中，人们关注的焦点在不断转移。当前社会关注的焦点，不再是前两年所说的“上学难”的问题，人们关心的主要是“能不能进好的大学”。

解放周末：原因何在？

秦绍德：如今中国高等教育的毛入学率已经达到23%，进入了大众化阶段，“上学难”的问题缓解了不少，尽管还存在，但已不是主要矛盾。

解放周末：从“上大学难”到“上好大学难”，说明了社会的进步。舆论关注教育也是好事，不是坏事。

（**丁光宏**：我补充几个数字，说明今年高校自主招生改革关注度为何特别高，有两个因素。一是自主招生规模扩大了。近年来，全国实行自主招生的学校数增加了。2004年是26所，2008年是68所，2009年达到76所。2010年保持76所的规模，但每个高校的自主招生人数都有所扩大，涉及的学生越来越多。第二点，正如秦老师所说，实行自主招生的76所大学是全国最好的大学，是比较稀缺的优质教育资源。因此，复旦2006年自主招生300人时，许多中学并不在意。但今年不同，学生想要上复旦这样的大学，如果错过自主招生的机会，就意味着通过高考走进好大学的机会失去很多，所以就会引起社会的关注。）

[用应试教育的眼光来理解自主招生改革，就会形成一个走不出来的怪圈]

解放周末：对于社会各界对大学自主招生的种种议论，您怎么看？

秦绍德：这些热议内涵很丰富，人们从不同角度来看问题，议论各高校的新举措。有的是正确的，有的却是用传统思维定势看待这场改革，反映了社会对自主招生改革还未做好准备，所以讨论来讨论去，讨论不出所以然，反而引起舆论哗然。

解放周末：所以需要理性地看待这些议论。

秦绍德：我发现，这次争论中出现了几类情况。第一类情况，某些人对自主招生改革不理解，完全用应试教育的眼光来理解自主招生改革。应试教育的观念根深蒂固，用这种思维惯性来理解自主招生就麻烦了。举个例子，有人说这么多学校搞自主招生，北大、清华、复旦、交大……学生来不及准备。我们讲，你不要准备，而且你也的确来不及准备。原来基础怎样就怎样，就是要考出你的真实水平。

解放周末：用应试的眼光来理解自主招生改革，学生和家长就会感到无所适从。另一方面，自主招生也触碰到了一些商业利益，因为社会上已经形成了新的应试产业链。

秦绍德：今天宣布即将进行自主招生面试，明天应试辅导班就开出来了，面试辅导书籍就上架了。用对付应试教育的方法来对付自主招生，学生怎么吃得消？

解放周末：有一项调查显示，58%的学生认为高校自主招生使学生的学习压力和课业负担加重了。学生感觉负担加重，家长脑子也转不过来：原来考一次高考就够了，现在怎么考好多次？

秦绍德：这想法理解上有偏误，我们的选拔有一整套系统的做法，而不是简单的一次笔试。如果用应试教育的眼光来理解自主招生改革，就会形成一个走不出来的怪圈。

[大学自主招生，在时间上并没有自主权]

解放日报：从人们对自主招生改革的议论声中，您认为值得思考的另一种情况是什么？

秦绍德：我觉得，我们现有的教育管理体制还没有适应自主招生改革。今年高校自主招生碰到的最大冲突，就是教育部在各校笔试、面试的时间安排上下了个“死命令”——不能早于1月15日举行。

解放周末：是什么理由？

秦绍德：原因是现在很多学校采取自主招生的方式，在这种情况下，大家都在时间上往前争，越早越好。这确实可能干扰教学秩序，因此教育行政部门要出来管。这个命令一下，各个高校都必须在1月15日至春节这一时间段举行自主招生，否则会影响到3月份正常的高考报名工作。而且，考试不能在周一到周五举行，只能在双休日举行，因此时间安排上“撞车”非常厉害。这是教育管理体制上的缺陷。

解放周末：也就是说，自主招生在时间上并没有自主权。

秦绍德：是的。如果是有序的管理，那么各所大学在春季、秋季的适当时候都可以举行自主招生。现在规定了统一的时间段,学校挤在一起,学生也应付不过来。复旦在决定面试时间的时候,只好和其他高校打招呼,尽量错开。

解放周末:许多人抱怨自主招生为什么在两个星期内集中轰炸,原来事出有因。

秦绍德:各个学校考试的时间过于集中,是因为中国没有类似美国的SAT(学术能力评估)考试。美国有两种中学生学习水平测试,每种全年都考4次,大学招生以这两个成绩为参考。但中国没有,各高校没有办法,只好自己出题目、组织考试,成本很高。换句话说,我们需要一个中学标准化考试成绩作为参考依据,但不是绝对依据。

(**丁光宏:**当前,全国很多省市在推学业水平考试,但它的精度不够。A档比例在20%,而复旦的招生比例在百分之一到千分之五,无法作为参考。)

秦绍德:假如中国有SAT,我们就不组织笔试了。明确划出一定范围的学生可以报考复旦,直接进入面试,大大节省成本。对于此类制度安排问题,教育行政管理部门应该及早研究,适应改革带来的需求。

[中学教育不应以高考升学率为目标,而应该“打基础、管长远”]

解放周末:大学招生制度改革关系到大学,更关系到中学。高考这根指挥棒变了,触动最大的应该是中学教育。

秦绍德:这正是我要说的第三点——我从一些议论中发现,当前的中学评价体制还有问题。

在这个方面,上海的行政部门明确不再以高考率来衡量中学校长,主管教育的副市长和市教委已多次明确宣布。外地如山东省也有探索。但是,校长们迫于社会压力,在心目中还拿这个标准来衡量。家长对于学校的考评,也还是拿这个标准来衡量。所以,不少中学出于自身利益的考虑,不会积极支持大学招生制度改革,认为还是要通过高考来检验自己的教学成果。

解放周末:校长们把高考率作为考核的唯一标杆,看来也是出于一种无奈。

秦绍德:是的。但这种社会评价氛围需要改变。我记得,在我读书的20世纪五六十年代,一所中学有几个学生考进好大学,学校很自豪,这很正常。但学校的教育目标,并不是以这个为目标,这仅仅是结果。教育的目标,还是全面素质教育,让孩子们在中学里打好基础。我毕业于上海中学,当时上海中学的坚定理念,就是培养德、智、体全面发展的学生。上海中学老校长叶克平的理念很清晰,从来不以多少学生考进清华、哈军工为目标,他给教师提的口号非常朴实——“上好每一个45分钟”。同样的,学生们也都知道光有“智”是不够的,他们积极参与社会工作,参加文艺社团,培养自己的全面素质。

解放周末:学校并没有围着应试转,高升学率不过是素质教育成功的一个结果。

秦绍德:是的。中学教育不应该以培养出考进好大学的学生为目标,而是应该以培养具有全面素质的学生为目标。

解放周末:这可以用一位领导同志的话来概括,叫做“打基础,管长远”。

秦绍德:这个概括,也反映了教育的本质。

[高校自主招生不是“撇油水”,不是招怪才、偏才]

解放周末:自主招生的学校数量增多,各校的考试、面试一哄而上,会给人们带来这样一个印象——各个大学开始了“生源大战”。

秦绍德:我们必须要明确,自主招生的目的是什么。大学招生的改革一定要有利于中学开展素质教育,这才是我们改革的目的所在。大学的领导们要非常清楚,一定不要把自主招生变成争生源。

解放周末:用上海话说是“撇油水”。

秦绍德:哈哈,“撇油水”。我曾经去上海中学作过一次讲座,题目是“大学青睐什么样的中学生”。前几年,有些顶级大学争夺高考状元不遗余力,我认为这是违背正确的教育理念的。这种做法完全没有必要。高考状元并不能标志什么,去争的原因,无非是想证明这所大学在当地的影响力最大,但这对教育理念带来的伤害非常大。为了争状元,不少学校还使用了很多辅助手段,对孩子的教育是极端不利的。比如给状元过高的奖学金,以吸引更多高分学生,这合适吗?学生还不是人才,他只是具备成为人才的潜质,还需要培养。我对这种做法一点也不认同。

解放周末:2010年高校自主招生,各个学校有不少新动作。北大推出的“中学校长直推”引起的反响最大。

秦绍德:关于中学校长直推的议论中,有很多误区。其实,复旦从2003年起就采取了中学校长直推的方法,给予上海20多所中学校长直推名额,今年还扩展到了江、浙的中学。我们还给了台湾桃源的复旦中学校长2个直推名额。

解放周末:为什么给中学校长直推名额?出发点是什么?

秦绍德:我们希望校长们用正确的教育理念不拘一格选人才,并不是让校长把他们的尖子生推到我们这里来。所以,我们给中学校长直推名额有几个前提:第一,我们对这些中学校长是考察过的,我们相信这些中学校长有正确的育人理念。并不是这个学校考进复旦的学生越多,就给学校越多的直推名额。中学校长直推,是我们基于对中学校长的信任,基于我们共同的教育理念。但是,北大实行“中学校长直推”这一举措公布后,社会舆论使得中学校长压力增大,一些中学校长决定“放权”,校长不决定,集体来决定,“校长直推”变成了“学校直推”。于是在学校内部再考一次,算排名,那么这和高考有什么两样?

解放周末:但老百姓可能会说,这种方式比较公平。

秦绍德:选人才是谈不上公平不公平的。人才选拔以理念做标准,以效率为手段。我们相信,这些长期从事中学教育、很有经验的中学校长,通过三年来的考察,能够为我们推荐具有良好素质的学生,所以把权力交给他们。第二点，我想说，人才很难用统一标准来衡量。因此，我们希望各中学校长不要用统一标准。如果每个中学再应试，用分数划分，就是再考一次，那就变成用名额到中学那里挖一批学生。

此外，有些人认为给中学校长直推名额，就是让他推偏才、怪才。这个理念也是错误的、片面的。偏才、怪才当然可以推，更可以推荐素质全面发展的好学生，不拘一格的"格"有很多。

[连"分数崇拜"、"状元情结"都不能打破，还谈什么改革]

解放周末：对于自主招生考试，复旦是怎样操作的?

(**丁光宏：**中学教学大纲设置了10门课，这10门课的内容都是人类文明的精华，是现代青年必须掌握的知识。然而，高考并不全考10门课，"3＋X"，"X"顶多等于2。但我们认为，中学基础不打好不行，所以我们就"回归"笔试考10门课的内容，让这个"X"等于7。)

秦绍德：我们吸收了世界上很多一流大学招收学生的做法，同时也考虑到了中国的国情，经过周密的考察和一步步完善，才形成了现在的自主招生方法。

我们的自主选拔考试反映了我们的教育理念。第一，我们不赞成偏科。中学教育是基础教育，偏科没有好处。第二，我们不赞成过早的分科，这是我们一贯的主张。为了应试，有些中学从高一就开始分文理科，甚至在这之前就让孩子自我分科，这都是不对的。我们的10门课水平测试很均衡，肯定不超纲，不搞偏题、怪题，但可以比较灵活。一超纲就变成了竞赛了。大家比偏度、难度、怪度，刁难学生。这和我们的目标是背道而驰的。

解放周末：自主选拔是要促进素质教育。

秦绍德：是的。所以，在自主招生时，我们不设置什么"门槛"。今年复旦给予直推名额的34所中学并不全是省重点、市重点，还有其他的学校。我们的自主选拔录取也没有任何学校限制，而是让学生自由报名。只要学生有志于考复旦，不需所在中学的批准，就可以通过网络报名。5年来，每年都有6 000多名学生报名。2009年，我们自主招生了1 080人，来自286所中学，覆盖面很广，不仅有市重点中学，区重点中学、普通中学、民办中学都有。让各所中学的学生打破"出身"的骄傲或自卑，唤出学习成才的积极性。而且复旦没有在给予直推名额的时候，圈定重点学校或圈定学校前20名、前30名的范围，这种变相的抢生源，复旦坚决不搞。

解放周末：抢到分数最高的学生，并不等于学校的办学理念最先进。

秦绍德：我们希望，将来的各个大学不再是千校一面，而是办出自己的特色，办出自己的优势。因此，各个学校选拔人才的办法和标准也应该不一样。如果是偏重理工的学校，倾向理科基础好、逻辑思维强的学生，这非常正确。如果是文科较强的大学，它就希望学生的批判思维强一点、形象思维好一点。大学各选各的，中学校长的推荐也根据大学的不同要求来，这就非常有序。千万不要以分数为唯一尺子，大家去争去抢，然后算前30名你捞了几个、我捞了几个，最后状元花落谁家。这虽然有些热闹，但其实没啥意思。

解放周末：真正有意义的自主招生，必须打破"分数崇拜"，打破"状元情结"。

秦绍德：改革，就意味着突破。连"分数崇拜"、"状元情结"都不能打破，还谈什么改革!

[媒体"抓"到的一两个题目，断章取义，把对面试的理解简单化了]

解放周末：在自主招生过程中，除了笔试，面试似乎更受到社会和媒体的关注。教授出了哪些题目，是不是合理，大家议论纷纷。

秦绍德：媒体以为读者感兴趣，就进行大篇幅的报道。但我觉得不应该这样讨论。

有人来问，你们的题目是否公正，有没有标准答案?这还是用应试思维来考虑问题。我回答，我们的面试没有标准题目，也没有标准答案。我们的每个教师从事学科不同，学术经验不同，出的题肯定也不同。但是我们有统一的指导思想，有复旦的要求和标准，这是一贯的。

解放周末：题目是随意的，但是指导思想是不随意的。

(**丁光宏：**是的。我们也反感媒体记者问学生面试问了哪些题目。因为学生记得的就是一两个问题，但老师的提问却不是孤立的，是有设计、有过程的，有一定语境。媒体"抓"到的一两个题目，断章取义，把对面试的理解简单化了。)

解放周末：面试考的到底是什么?

秦绍德：学生的全面素质，包括社会责任感、思维方式和能力、沟通交流能力，等等。有家长问，老师问的题目孩子都答出来了，为什么不录取他?其实，"答出来"并不意味着"答得好"。

解放周末：不是用是非、对错来衡量。

秦绍德：对。应试是有标准答案的，而面试有标准，但无标准答案，看你的思维、能力、角度、悟性。这是只有在对话中老师们才能观察到的东西，否则，通过笔试就可以解决问题。

解放周末：最近大家讨论比较多的，还有"四校不考语文"的事。

秦绍德：这种质疑是有道理的。当然，四校不考语文可能有它们的考虑，但忽略母语的这个倾向值得关注。当前，母语教育削弱得太多，对青少年成长不利，中国的语言、文化的根基会遭到动摇。我们是一个拥有五千年丰富文化遗产的民族，不重视母语，就等于把这些丰富遗产置之不顾。

解放周末：复旦大学老校长苏步青曾说过，语文是数学的基础。

秦绍德：是的。复旦大学很多教授一直在呼吁重视母语。我们在自主招生过程中也用不同手段在考察学生的语文水平。比如我们就要求学生写一封个性化的自荐信，考官通过它考察一个学生对母语的掌握情况。

解放周末：我们要培养的全球化人才是中国的全球化

人才，在国际化过程中遗忘母语的人，丢失的是自己的文化身份。

秦绍德：一个民族的本质身份，就是文化身份。

[回归教育的本质，让招生改革和通识教育打通]

解放周末：从2006年至今，复旦的自主招生改革搞了五年，回过头来看，最重要的收获是什么？

秦绍德：主要是两个方面。一个是打破了统一考试选拔学生的一贯模式。这个模式打破了以后，对于中学教育还是有影响的。因为，高考是中学的指挥棒。

解放周末：大学自主招生对中学教育，有一种"倒逼"作用。

秦绍德："倒逼"不敢说，但至少让不少中学在考虑如何适应，这是一大收获。第二大收获，是高校获得了自主选拔人才、培养学生的部分自主权。这也是当年我们设计自主选拔录取学生的一个初衷。我们之所以要获得自主权，是因为各个大学培养人才的目标和标准不一样，选才的标准也不一样。为什么说是部分呢，教育行政部门还没有完全放权。我们还要为之努力。

解放周末：完全放权的可能性存在吗？

秦绍德：当然存在。温总理在教育座谈会上就讲到，"一所好的大学，在于有自己独特的灵魂"，"大学必须有办学自主权"。

另外，我觉得，比起刚才谈到的那两个具体的收获而言，教育理念得到改变，这个收获大大高于教育改革的实际进程。5年试下来，我们的基本做法还是5年前的方案，进展不是太大。但在理念上有了突破性进展。"破冰之旅"，就"破"在理念上。

解放周末：就是回归教育的本质。

秦绍德：对，教育的本质是塑造人。人必须是要有完整人格的人，不仅是要会考试，还要有社会责任感，有人格，会思考，会学习，要有道德，有国家意识、民族情怀。这才是完整的"人"的概念，而不是只有分数高，以自我为中心。前不久国外某所大学招生，有个成绩很突出的学生去面试。对方问了他好几个问题，最后不要这个学生——这个学生根本没有社会责任感，大学培养你干吗？我看了报道很有同感。

解放周末：复旦通过自主招生考试改革，表达了对教育理念的思考，对教育本质的反思。这一理念是否和通识教育的理念是一致的？

秦绍德：是一脉相承的。我们主张通识教育，如果没有通识教育的理念，我们的自主招生选拔就没有指导方向，反过来，我们也在努力通过自主选拔来实践我们的通识教育理念。

[目标是争取把高考这条"尾巴"斩掉，实现全国自主招生]

解放周末：对于未来的自主招生改革，复旦有何设想？

秦绍德：目前我们的自主招生范围还局限在长三角地区，下一步目标是，将范围延伸到安徽、山东等省份。目前，种种实践已经证明，面试录取的学生不需要再经过高考了，所以我们也在争取，争取把高考这条"尾巴"斩掉，实现全国自主招生，不参加高考。

解放周末：复旦的路线图已经有了，时间表呢？

秦绍德：时间表取决于两个因素。一是高校自主招生改革希望有良好的社会环境。如果环境条件不够，我们也不敢贸然推进，招致各方反对。第二，教育行政领导机构对高校的自主招生改革要放权，要充分信任。

解放周末：看来还是很有难度。

秦绍德：虽然一直强调，大学要办出特色，不要千校一面，但是高校的行政管理却是"一刀切"的。现在涉及高考的建议，很难让教育行政部门接受。"牵一发而动全身"，一动就遭到质疑，因此没法动。只好强调，目前的高考是最公平、最完善的考试，继续往这条路上走，于是大家都继续在这条独木桥上走下去。

解放周末：走老路，还是稳当的。

秦绍德：这涉及社会对高校自主招生的一种不理解，反映了社会和高校的矛盾。社会追求的是"公平"，而大学负有国家、社会寄予的责任，希望能找到合适的途径招收到自己想要培养的学生，让优质教育资源实现效率最大化。它的出发点是效率。

解放周末：效率优先。

秦绍德：我认为，当前中国高校招生制度改革的首要着眼点，要围绕在为国家未来发展培养更多创新型的紧缺人才上，而不能追求绝对的公平。如果要追求绝对公平，那我看只有两种办法，一是全国一张卷子，按统一分数线录取；二是按照各省市的毕业生人数来平均分配录取名额。但我敢说，这样一定会浪费国家大量宝贵的高教资源。

我们国家还处于发展的初级阶段，没有这个财力去追求这样的绝对公平。高等教育毕竟不是义务教育，它不应承担太多的社会保障功能。

解放周末：那么"教育公平"又该在哪些方面实现？

秦绍德：应该在受教育的普及程度上实现，在学生的参与机会上实现。国家应该将财政等各方面的投入明显地向中西部和贫困地区倾斜，尤其是基础教育的投入，保证农村贫困地区的孩子都能正常上学，确保不让一个学龄儿童失学。复旦也有自己的对口支援学校，我们愿意为提高中西部地区的教育水平而尽自己所能。

[只有推进教育改革，才能回答好"钱学森之问"]

解放周末：社会上应试思维的强大定势、中学教育断层带来的误解、教育主管部门在制度设计上的疑虑……在这三个方面的夹击下，自主招生改革很艰难，但经过了5年的改革实践，已经说明了它的正确性。

秦绍德：虽然改革比较艰难，但我们不是孤立的。现在，投身教育改革的伙伴越来越多了。不管社会怎么议论，但大家关注教育改革，这恰恰成为推进教育改革的动力。

解放周末：当年办深圳特区，也曾引发议论纷纷，但正如小平同志说的，事实证明，办特区是正确的。各种议论都在事实面前低下了头。

秦绍德：复旦 5 年的改革实践具有“事实胜于雄辩”的说服力，给了我们推进改革的信心。当然，在当前的社会环境下，社会诚信还没有完全建立起来，在这种情况下，高考还不能马上取消。但我主张，既然看到高考制度的毛病，就要改革，就要大胆鼓励一些学校去试点。而不是教育行政部门被推着去试点。

解放周末：要用改革的办法去解决改革中的问题。改革中遇到的难题，需要去破解，而不是绕开走。

秦绍德：直面教育改革的难题，需要破解的勇气。

我发现一个非常奇怪的现象。一方面，以钱学森先生的“钱学森之问”为代表，大家都在焦虑大学培养不出创新型人才。大家的担心可以理解，但另一方面，当面临改革、要为培养创新型人才做准备的时候，人们似乎又非常保守，捍卫现有秩序。其实改革总是要打破平衡的，通过改革达到新的平衡。

解放周末：这就陷入了一个悖论。

秦绍德：“钱学森之问”看上去追问的是大学，其实追问的是整个教育系统、整个教育链条。

解放周末：这种追问，恰恰折射出了破解教育难题的必要性。

秦绍德：只有推进教育改革，才能回答好“钱学森之问”。

缅怀北碚办学先贤　发扬报国爱校传统

——在抗战时期复旦大学旧址纪念馆开馆仪式上的致辞

（2010 年 4 月 3 日）

党委书记　秦绍德

清明时节，我们在美丽的嘉陵江畔，举行抗战时期复旦大学旧址纪念馆的开馆仪式，重温历史，缅怀先贤。

105 年前，马相伯先生怀着“教育救国”的理想，带领一批爱国学生创办了复旦公学，开启了复旦大学筚路蓝缕、艰苦创业的历程。73 年前，在战火纷飞中，师生背起“复旦”，上庐山、赴武汉、经九江、奔宜昌，辗转迁移，最终在重庆北碚夏坝建校复课，也就是我们现在所站的位置。同一时期，上海医学院的师生也辗转迁至重庆沙坪坝的歌乐山，同样历经坎坷，同样坚持不辍。

抗战期间，内迁西南的高校有一百多所。时至今日，复旦北碚旧校址是唯一留存下来的。它是复旦师生，也是重庆人民坚持抗战、爱国育人的生动精神写照。夏坝的“夏”原为上下的“下”，陈望道先生取谐音，更名为夏坝，寓意华夏，寄托了复旦师生对国家的热爱和对民族未来的憧憬。

战争年代办学，条件极为艰险，师生受冻挨饿，不时面临死亡威胁。教务长孙寒冰教授等师生七人，即在日机轰炸中不幸牺牲。但复旦师生仍然精神饱满、生机勃勃。在北碚旧址的上空，敌机的轰鸣交织着琅琅的书声；在沿江的斜坡上，总有三五成群的复旦学生在晨读、辩论，青春的热情呼和着奔腾的江水。不少老校友回忆起当年的名师，仍然如数家珍。陈望道先生的《逻辑学》、周谷城先生的《世界通史》、章靳以先生的国文课、曹禺先生的《莎士比亚选读》课，等等，为当时的学生争相选修。孙寒冰先生在这里继续主持国内最早的文摘形式刊物《文摘》，出版《文摘战时旬刊》，宣传抗日救亡，并在国统区里第一个刊登《毛泽东自传》，成为民主进步的一面旗帜。

由此，复旦成为大后方办得有声有色的学校之一，被誉为大后方的“民主堡垒”。夏坝也与重庆沙坪坝、成都华西坝，并称当时著名的“文化三坝”。在重庆办学的八年里，复旦大学培养出 3 000 多名优秀学生，许多学生积极投身革命洪流。据不完全统计，在北碚培养的复旦学子中，至少有 13 人为新中国献出了年轻的生命。

北碚八年，复旦先后增设了史地系、数理系、统计系、农垦专修科，等等；设置了科学馆、新闻馆、商科研究所和社会科学研究室，学科更趋完备。北碚八年，是复旦大学不畏时艰、教育救国的历史，也是中华民族不屈不挠、救亡图存的缩影。北碚八年，师生的理想、追求和奉献已经成为复旦精神和文化的有机组成部分。“北碚”，也成为无数复旦老校友魂牵梦绕的地方。

在 105 周年校庆来临之际，根据广大师生和校友的建议，在重庆市人民政府和北碚区人民政府的大力支持下，抗战时期复旦大学旧址纪念馆终于正式开馆了。我们的目的，就是要纪念复旦的这段历史，激发广大师生和校友的报国之志和爱校热情，使学校的精神和传统代代相传。

在翻修一新的登辉堂前，回忆母校的沧桑巨变，感慨万千。我们要继承和发扬先贤们在民族危亡之际潜心向学、报国献身的精神，继承和发扬他们在艰苦卓绝的环境里百折不挠、向命运和困难英勇抗争的精神。让我们继承前辈的光荣传统，沿着他们的足迹，继续开创复旦光辉灿烂的明天！

复旦当今应该如何培养人才?

——谈谈通识教育

(2010年4月6日)

校长　杨玉良

自从回复旦当校长,我希望经常能够跟我们的学生,不仅仅是本科生,还有研究生,共同交流我们对当今教育重大问题的认识,主要的目的是想跟学生面对面地交流。我曾经说过,校长不应该只是报纸上的校长,或者是电视媒体上的校长,校长应该是全校师生员工的校长,我们之间应该有非常好的交流渠道。去年,我跟同学们主要谈关于大学使命和大学生的责任问题,我希望同学们保持一种理想主义情怀,在远大理想的激励之下认真学习,完善自己,很好地承担起应负的社会责任。复旦的校训是"博学而笃志,切问而近思",我上一次讲的内容主要是"笃志",这次我想谈谈"博学"的问题,就是我们今天的主题——通识教育。

通识教育是一个很容易引起讨论和争论的问题。在复旦,通识教育也一直是个热议的话题。即使在通识教育已经实行了近一个世纪的哈佛大学也是如此。《哈佛规则》一书中称,"贯穿整个20世纪,哈佛的通识教育(它要求所有学生必须接受一些共同的课程学习)与专才教育之间的紧张关系一直都没有得到改善。"在中国,我们以前虽然不提"通识教育"这个词,但中国古代的教育思想实际上多是通识教育。

通识教育(General Education),尽管定义不尽相同,但仍有人将通识教育称之为博雅教育(Liberal Education)。在这里,我们不准备去探讨通识教育、博雅教育和通才教育等概念的异同,而更加关注通识教育的意义及其实施方法。我比较赞成台湾教育学者黄坤锦的看法,即"通识教育是要给学生某些价值、态度、知识和技能,使其生活得恰当舒适和丰富美满;要让学生将其现实生活中的富丽文化遗产、现存社会中的可贵经验与智慧,能够认同、择取、内化,使之成为个人的一部分。如此,学生就会发展和珍视伦理的价值、科学的类化、审美的态度,以及各种政治、经济和社会制度所以存在的意义"。显然,复旦大学实施的通识教育就是要达到上述目的。

通识教育关系到一个非常核心而重要的问题——复旦大学今天究竟应该怎么培养人才。我曾经说过,像复旦这样的综合性大学,一定要实行通识教育,要有一种"舍我其谁"的气概。现在我们应该讨论的不是要不要实行通识教育的问题,而是应该如何实施通识教育的问题。讨论的关键又在于我们是否对通识教育的理念有了深入的理解?我们是否真正做到了通识教育?我对这个问题的认识深度很有限,提出一些十分粗浅的看法,目的是希望和大家一起来讨论,并依此来提高我自己对相关问题的认识。

一

为了贯彻正确的教育理念,我们必须开展通识教育。近代英国的哲学家、教育家罗素认为早在古希腊时代的苏格拉底和柏拉图就已经认识到,教育并不仅是一个知识传播的过程,因此学校所应起的恰当作用就是要"培养独立思考的习惯和不带成见与偏见的探索精神。如果一所大学不能完成这项任务,那么就说明它堕落到了只会灌输的水平"。"教育就是让学生在教师的指导下学会独立思考。"有人总结古希腊的教育思想:教育就是让一个人成为真正的"人"。

中国古代的教育家们也从来没有将知识的传授看做是教育的唯一目的。孔子是世界上公认的思想家和教育家,他非常强调教育在社会发展当中的作用,并认为教育就是要培养"君子"。孔子把"君子"作为一种有道德标准的理想的人格,所谓"君子不器"并非轻视应用性知识,而是设定了一个道德标准,即"君子"不仅具有知识,还要有道德,是一种人格,是一种楷模。孔子认为,作为一个"君子",需要有技能,但不应该拘泥于某一方面的技能。因此,在孔子的思想中,教育不只是让人学会某种谋生的技巧,而是能够成为认识事物发展规律的,承载起社会道德价值的"君子"。所谓的"人能弘道,非道弘人",就是这个意思。一个人在受过教育以后,应该在人类社会上弘道。或许,你成为一位科学家,也可能成为一位经济学家,或者是一个其他什么人,但无论如何不能忘记必须"一以贯之"的"道"。所谓的"道",它就是规律,是好的德性,是一种社会责任,是一种带有理想和真理性质的东西。

因此,说到底,教育的最为根本的理念,即教育的最终目的,就是要促进每一个人的发展。瑞士著名的民主主义教育家裴斯泰洛齐认为,"为人在世,可贵者在于发展,在于发挥各人天赋的内在力量,使其经过锻炼,使人能尽其才,能在社会上达到他应有的地位。这就是教育的最终目的。"华中科技大学杨叔子院士的诠释就是,"教育不是制器,而是育人"。所谓"制器",就是把一个人培养成只会干某类专业工作的一部机器。

既然教育不是制器,那么我们应该怎样育人呢?我国近代教育家潘光旦翻译了阿尔杜斯·赫胥黎的著作《目的与手段》。潘光旦在该书的"译者弁言"中认为,在中国古代教育著作《论语》和《学记》里,不但找不到一个"训"字,而且突出了一个"学"字,"学"字出现的频率远远超过了"教"字。因此,真正的教育不应有"训"的成分。必须指出，以“训”为手段的教育是危险的。早在20世纪30年代，即在第二次世界大战爆发之前，罗素就忧心忡忡地指出，“在实行军事独裁的国家，……教育是大大地退步了，这种退步包括四点：一是严格纪律的恢复；二是绝对而不问事由的服从；三是对老师唯命是听已经到了一个可笑的程度；四是在知识方面消极地接受灌输，而不是积极地接受启发。”他认为，这种教育只能培养出双重性格的人，即“对在上的人要服从，要怯懦，对在下的人不妨擅作威福，而蛮不讲理”，而且，“童年的纪律训练和成年的战争爱好有前因后果的关系。”不幸的是，第二次世界大战的爆发印证了罗素的担心。因此，我们应力求审慎，检查一下在我们现在的大学教育中，还存在哪些不符合教育最终目的的东西，并予以坚决去除。因此，复旦大学要实行的通识教育一定要以培养学生“独立思考的能力和习惯，以及不带偏见和成见的探索精神”为基本目的。教育的最终目的必须回归到人性上来。我们的通识教育就一定要坚持实行学生自我学习和自我管理为主的教学方式。

为了真正实现大学应有的功能，我们要开展通识教育。说到大学的功能，第二次世界大战时期担任哈佛大学校长的詹姆斯·科南特有过一个定义，“大学就是学者们高度独立的自治区”。在这个自治区里面，对学生进行专门化的教育，促进知识的进步，同时进行博雅教学，使大学成为“涵养、博雅教育的场所”。就像我们校歌当中唱的“学术独立，思想自由，政罗教网无羁绊；无羁绊，前程远”。这一点极其重要，因此我建议学校的“一二·九”歌会应该把校歌定为必唱的曲目。柯南特还认为“大学不仅仅是时代的反映，更是影响时代的模范和典型，大学是协助国家处理社会和经济基本问题的机构，为了达到这个目的，大学教授非但应该热忱地探讨人类行为的各个方面，也应该基于深入的学理研究，为解决人类的重大问题提供理论和方法”。

如果我们复旦大学想成为世界一流的大学，就应该运用当前的知识解决人类的问题，不仅仅是中国的问题，这样才能称之为世界一流大学。恰如我校哲学系教授王德峰所言，我们不能将大学看作是一种工具性的组织。对大学的功利化定位将导致大学里的师生对学术使命和社会责任逐渐淡漠，导致精神的虚脱。既然大学是知识教育和道德的领导者，坚持学术使命和社会责任是大学须臾不可脱离的。因此，我们的通识教育一定要坚持学术为本、道德为上的基本原则。在此原则下，我们的通识教育必须将学生培养成为具备精深的知识能力、广博的视野和果敢的道德勇气的人。如果我们的学生只是想学一些所谓的实用知识，甚至只是为了一纸文凭，并藉此谋取一个好的社会职位。那么，我们的大学教育就不能说是成功的，也不符合复旦大学所应承担的历史使命。记得有位大学老校长曾经说过：“办大学，就是办氛围”。让每个人在这个氛围里面，能够在道德规范之下，充满着理想主义和社会责任感，努力发展个人的才华。按理讲，这些都是有关大学教育的常识，但是如今我们对常识有点遗忘，我们必须要回到这个上面来。

通识教育必须立足当今，思考未来。纵观耶鲁、哈佛通识教育的几次改革，实际上都是因为时代的推动力。我们常说，大学必须站在时代的前列，不能落后于时代，因此我们不仅要立足当今，而且必须思考未来。北大光华管理学院院长张维迎教授在其《大学的逻辑》一书中提出了一个重要的观点，即，“大学校长首先要想想十到二十年以后，世界的一流大学应该是怎么个样子”。以此为出发点来思考十到二十年后的世界一流大学的状况，恐怕有清晰感觉的人并不多，所以需要研究它。但我觉得与此相关的另一些问题更为重要，即十到二十年后中国应该是怎么个样子？十到二十年后世界应该是怎么个样子？那个时候的世界需要怎样的大学？需要怎样的人才？思考今天应该如何培养人才，这几个问题是绕不开的。当然这几个问题都可以花很长时间讨论，进行很深入的研究，但是我想有一些基本的问题是很容易感受得到的。

那么，我们处在怎样一个时代呢？我经常引用胡锦涛总书记的一句话：“当今中国已经被迫推向了处理国际重大事务的前台。”这从“达沃斯论坛”、核裁军会议、“哥本哈根的气候论坛”等有关人类重大事务的会议可见，中国正在逐渐担负起日益重要的角色。那么再过十到二十年后又会怎么样？有经济学家预言，如果我们在社会发展和政治上不出重大问题，在经济上也没有重大失误，那么中国在未来二十年中维持8%的GDP增长率应该没有问题。如果这个预测是对的(因为我不是经济学家，只能相信经济学家)，那么十到二十年之后，中国的经济总量就决定了中国必须扮演一个负责任的大国的角色。也有学者认为，二十到三十年后，中国将成为一个真正的民主法治国家，将与美国和欧洲并列成为世界强国。这个前景非常诱人，但也需要几代人的努力，尤其取决于我们现在的决策和具体做法。然而，我们要问，我们是否为此准备好了？作为教育工作者，我们也要问，我们现在培养的人才到时候能不能担负起和国家地位相称的作用？大学如果没有准备好的话，就会耽误整个国家的大计。思考这些问题，我作为复旦大学的校长是责无旁贷的。

我对此具有强烈的紧迫感。按照现在人才成长的规律，40岁左右是黄金的年龄，十到二十年后，现在在学校学习的学生就处在这个年龄段，到时候你们要承担起与国家地位相称的责任，但我们现在的教育是不是符合这个要求？鉴于中国的地位，十到二十年以后，肯定有大量的中国人在国际上的政治、经济、学术等各种组织里担任重要职务。作为复旦的校长，我自然会想一个问题，就是到那时候，其中有多少人是出自于我们复旦大学？如果到那个时候，我们培养出来的人才到了国际舞台上没有合适的情怀和足够的能力来和不同文化背景的人进行交流与沟通，不能为构建一个更加和谐的未来世界作出贡献，那就表明我们复旦现在的教育有问题。如果如某些大国的理念那样，总是认为世界上最好的文化就是他本国的文化，最好的价值观就是他本国的价值观，具有如此狭隘见地的人是很难为构建和谐的世界作出贡献的。他们和不同文化背景的民族之间的沟通和交流能力是如此之弱。这样，他们就会成为"实力至上主义者",就会借助经济和武装实力来推销自己的价值观,就会企图用武力来征服另一个国家或民族。文化学者余秋雨在评价亨廷顿的"文明冲突论"时说,"文明冲突理论"就是我们"文革"时期的"阶级斗争论"的国际翻版。"阶级斗争论"折腾了中国,而"文明冲突论"会折腾出一个不安宁的世界。我个人从来不相信一个世界上只有一种文化和一种价值观,即便可能,那也只能是人类的末日。因此,我们培养的人才首先要对不同的文化有足够的了解和理解,要对不同的文化有足够的宽容度,要和不同文化背景的人有足够的沟通能力。同时,必须有非常扎实的专业知识,而不是只会用一些貌似深奥的专业词汇来掩饰自己的夸夸其谈。

面对十到二十年以后中国在全球的地位问题,我曾经说过,中国缺少一个宏大的、全球视野下的文化发展战略,我们在世界上还没有足够的软实力。去年,我曾经讲过我个人的一点想法,即,中国人在世界上做了很多事情(如奥运、援非、达尔富尔问题等),但是外国人总是说我们不好,可能这些人也不全是"反华分子",可能是他们不懂我们的思维方式、行为方式。由于世界上对我们中国的文化和思维方式的了解和理解十分浅薄,故常常被世界上其他国家的人所误解。英国前首相撒切尔夫人曾经说过,"你们不用担心中国威胁论,因为中国只输出冰箱和电视,但没有输出思想和主义。"德国的一位领导人曾经说过,"这个世界上哪个地方只要有人会说德语,就有德国的利益;这个世界上只要有人稍微懂得一些康德和黑格尔,就知道德国人是怎么思考问题的。"因此,我觉得中国当前需要确立一个宏大的、全球视野下的文化发展战略。国内比较早地提倡通识教育的学者甘阳教授在《中国通识教育的务实之道》一文中有一个观点,就是通识教育应该有一个"纲"。复旦的通识教育的"纲"应该是什么?我的看法是:复旦通识教育的"纲"应该是"全球视野下中华文化的复兴"。中国大学通识教育的"纲"包括两个方面的问题,一是要突出全球化的问题,二是中国崛起的问题。中国崛起并不仅仅是中国问题,而且是全世界的问题、全人类的问题。从全球化和中国崛起的角度来考虑问题,应该成为中国大学通识教育的一个"纲"。作为中国人,对这个问题应该有更自觉的认识。有了这样的"纲",我们才能让复旦的通识教育达到培养出与未来与国家地位相称的各类人才。我曾经说过,一个没有思想家和哲学家的国家,不可能是世界上一流的国家。领袖人物大多都是有理想、有思想,并有扎实专业素养的人物。

二

对于整个中国文化发展战略,我们实际上是缺得很多的。要承担这样一个宏大的战略,大学的作用和地位是十分特殊的,因为大学承载着极其重要的文化重任,大学是一个开放的体系,大学集聚着一批优秀的学者,大学是一个培养未来人才的地方。因此,我想提几点关于通识教育的具体看法。

第一,通识教育应该同时传递科学精神和人文精神。关于这个问题,我国也出现过摇摆,在技术主义占上风的时候,"学好数理化,走遍天下都不怕"的狭隘思想就占了上风。前一段时间,人们又强调大学教育要加强人文教育,开很多人文的课程,甚至简单地回到读经的道路上。这两种想法都有失偏颇。我认为只有同时具备这两种精神,才会在人文和自然科学之间形成一个真正的通道。20世纪50年代初在剑桥大学,由于C. P. Snow的一场关于《两种文化和科学革命》的演讲而展开一场激烈的争论。Snow是英国的皇家科学院和皇家文学院的两院院士,他既是一名分子物理学家,又是一名小说家,一生写了很多小说,在他的演讲中认为,在我们这个时代,实际存在着两种文化,一种是人文学者所代表的人文文化,另一种是科学家所代表的科学文化。两者之间有着很深的鸿沟,很难沟通。特别是在年轻人中间,有时甚至到了互相敌视和厌恶的地步,他们荒谬地歪曲对方的形象。90年代末期,在我们的《中华读书报》也有过一场关于这个问题的讨论。从这场争论中,人们可以清楚地感受到我国的科学家和人文学者因学科壁垒所导致的严重分裂。这种分裂和对立,对整个社会是巨大的损失。

我曾经在一篇文章中引用过马克思的观点,他认为自然科学和人文及社会科学的分化是因受到历史的制约,并具有暂时性。马克思预言:"自然科学将包括关于人的科学;同样,关于人的科学将包括自然科学;这将成为一门科学。"所以,我认为片面地强调通识教育只是增加一点人文精神,这是不够的,至少是不全面的。通识教育必须同时弘扬人文精神和科学精神。毕竟,培养某一方面的专才不是我们教育的全部目标。至少,对于自然科学的学生要加强人文精神的培养,而对于人文和社会科学的学生,则要加强科学精神的培养。

第二,通识教育应该展现不同文化、不同学科的思维方式。我们首先应该对不同的文化都有所了解。中国近代有一个缺点就是言必称美国和欧洲。复旦大学哲学系的王德峰教授在《通识教育与中国大学的文化自觉》一文中指出,"大学担当着反思社会和引领社会的使命,是一个民族自身精神存在的证明。在我们今天这个由世俗化原则所规定的时代中,对于一个民族精神存在的最大威胁,恰恰来自大学自身的现代性状况。被现代性状况所压抑着的东西,乃是一个民族的文化自觉。而守护民族文化自觉的最后阵地,原本就是大学"。从这个高度来看大学的人才培养功能,我们应该认识到,通识教育绝不是简单地拓宽知识面,而是要培养一种民族文化精神,赋予学生一种巨大的文化包容性。我常说,人类文化不仅仅是西方的文化,而是丰富多彩的。难道我们只需要了解美国和欧洲,就不需要了解周边的泰国、马来西亚、菲律宾等国吗?难道我们只要了解基督教的文化,而对伊斯兰的文化就不需要了解吗?加州理工的美籍日裔理论物理教授Hirosi Ooguri对当前这个日益平坦的世界所导致的文化的一元化倾向表现出强烈的沮丧和忧虑,并提出了一个极其严肃的问题:"如何在一个日益平坦化的世界保持大学文化和智慧的多元化?"他认为,现在"全球化"尤其是"文化的全球化”对科学和各类学术的创新并不见得都是有利的。我们必须清楚地认识到这个世界文化的多元性，不同地域、不同种族和不同民族的人们有着不同的历史和文化传承，他们各自都展现了独特的智慧，都需要我们去了解和吸收。

另一方面，我们也要让学生体悟到文化的时代特征，一个时代有其占主导地位的文化。当今时代，人类面临的重大问题，例如，环境问题、全球气候问题、生态问题、能源问题和全球经济和金融问题……都是涉及人文社会科学、地理学、大气科学、化学、物理学和生物学等学科的综合性问题。任何一种简单的思维方式是无法解决这些问题的。我个人认为，以中华文化为代表的东方悟性文化有着很强的综合与归纳的思考能力，但在精确性方面有所欠缺，而西方文化强在逻辑思考的能力，但很容易滑入工具理性的泥淖。历史告诉我们，时代主流文化总是以不同文化的融合而得以形成和发展。我相信，东方的悟性文化在吸收了西方的理性的、分析的文化后所融合出的新的文化思维方式将会主导21世纪。因此，通识教育就是要告诉学生可能主导未来世界的文化和思维方式是哪些，并培养学生独立思考的习惯和能力，养成包容、尊重、公正和坦诚的精神，并在纷杂的未来世界里保持清醒的头脑和独特的个性。

在科学文化方面，要了解不同学科的文化和思维方式。在平时的交往和学术研究活动中，我们都会感受到一个理论物理学家和化学家或生命科学家的思考方式是十分不同的。在数学、物理、经济等领域，常对“简明、经济、多产、有效”的作品给予高度赞赏，这表明结构简化是这些领域的特点。在自然科学领域，我们经常会评论某些公式的简洁和美，如爱因斯坦的质能转换公式：$E=MC^2$，就是一个十分典型的例子，它奠定了关于原子能的基础。有趣的是，历史学家称赞一部作品写得好，常常用“出神入化或者技巧高超”。这说明他们特别注重技巧，注重塑造作品过程中使人获得愉悦和审美的体验，意旨明确，浑然天成。在社会科学领域，“有说服力”、“发人深省”、“刺激”这些形容词似乎比其他学科更常用，与自然科学的学科相比，这些词暗示了该学科尤为关心分析本身的质量，以及对大众的影响。不同的学科对研究结果的不同评价方式隐含了学科间的文化、思维方式和研究方法的差别。有了这样一种基本理解，才有可能出现不同学科之间的交流与合作。我们的通识教育不能只是教给学生一些所谓的“知识”或让学生懂得几个专业的词汇，而是要让他们领会不同学科的文化、精神和传统。我觉得通识教育应该在课堂上把不同学科的文化、思想、精神、思维方式和研究方法展现出来，而且应该告诉学生这门学科未来发展的可能形态。

下面，我想举两个例子来反衬出我们目前大学教育中比较普遍存在的问题。

第一个例子是关于哈罗德·瓦慕斯，他本科拿到了一个英国文学学士学位，后来又得到了一个文科的硕士学位，但是后来他到哥伦比亚大学攻读生物医学，并获得了生物医学博士学位，后来成为生命科学的教授，在生物医学方面作了很大的贡献，1989年获得了诺贝尔医学奖。

如果说医学主要是实验性科学，似乎这样的转行还较为容易实现。那么我们再看另外一个例子。这个例子是关于爱德华·维腾，28岁就成为普林斯顿大学的正教授。有人说，世界上一流的理论物理学家在他面前只配当一个马车夫。然而，这位优秀的理论物理学家本科学的是历史。大学毕业后去帮助麦高文竞选美国总统，并成为竞选班子的一员小干将，当时就在政治性刊物《共和》上发表文章。但是，麦高文没有当上总统，考虑到他还很年轻，就推荐他到普林斯顿大学念研究生，攻读理论物理。研究“超弦理论”需要非常艰深的数学知识，对于一位本科是学历史的年轻人而言，是一个巨大的挑战。他现在是理论物理的领军人物，他在创建“超弦理论”的时候所建立的数学方法使他获得了被称为数学界的诺贝尔奖——菲尔兹奖。

从上面的两个例子我们不能将此仅仅看做是他们在本科学习的阶段有比我们的学生更宽的知识面，而是在我们的教育教学中缺乏对一门学科的文化、思想、精神、思维方式、研究方法以及该学科未来发展的可能形态的审视。因此，我们的学生缺乏在差别非常大的学科之间进行顺利转换的能力。人们总结哈佛大学通识教育设立的核心课程时认为，“核心课程这个解决问题的方案所提倡的是，学生不是单纯地学习某些具体的知识或是某一哲学经典，而是‘求知的方法’。学生必须接受一系列的学科训练，目的就是为了达到了解各个不同领域的学者们是如何思考、评价和分析他们自己的资料的。历史学家是如何开展研究工作的？科学家、文学批评家和经济学家等又是怎样进行研究活动的？”正如其前哈佛学院院长罗舍夫斯基教授所指出的，“核心课程的目标是要培养学生批评性地选择求知的主要方法，使学生知道在某些重要的领域里存在着哪些知识，这些知识是怎样被创造出来的，要怎样地应用，以及这些知识对他们个人而言又有什么意义。”因此，通识教育绝对不仅仅是一个知识面的拓宽的过程，更重要的是，他在本科阶段对那些离自己攻读的学科较远的学科的思想和精神有了较深的感受。通识教育的课程若做到了这一点，那么就可以期待学生具备在不同学科之间顺利转换的基本能力。

第三，通识教育应该充分展现学术的魅力。通识教育的课程不是根据知识的类别来设置的，它关注的是当代社会与人类的发展问题。我们要求复旦的学生要“关注人类命运，关注社会发展，关注百姓疾苦”。这样的培养目标要求在我们的课程中要展现这些基本的问题，涉及人类命运的根本问题，环境、资源、文化，等等，涉及社会发展的趋势和组织形态的问题，科学技术、文明冲突、文化的交融，等等；还有现实的问题、百姓的诉求和我们能够提供的帮助，等等。很难想象，这些课程背后没有专业思维的支撑，没有最新的科研成果、学术见解的支持。通识教育有责任让学生通过最基本的基础理论和基本知识的训练，赋予大脑逻辑、推理、论证等复杂的能力，理解不同的专业思维、不同的复杂程度、不同的潜力、不同的想象力和创造力。

通识教育要培养学生对学术的鉴赏能力。我这里指的不仅仅是核心课程，而是所有的课程。在自然科学领域，有科学哲人认为，倘若未能体悟到爱因斯坦的质能公式，麦克斯韦电磁学方程组和薛定谔方程等科学成就的简洁、和谐、对称并略带点神秘之美者，不是心有旁骛，就是尚未感悟到科学之真谛。要欣赏学术之美及其魅力，若没有几分对学术的精神饥渴是办不到的。美学家们称，欣赏之中寓有几分创造，创造之中也都寓有欣赏。欣赏营造了一种意境，而创造需是意境的进一步外溢。因此，很难想象对学术无鉴赏能力，或缺乏鉴赏之境界和能力者会有学术上的大创造，甚至绝无勇气闯入马克思所称为的“地狱之门”。

因此，通识教育要展现学术的魅力，学术魅力也会展现教师的魅力，学生在课堂上目睹学术大师的滔滔雄辩和引经据典时自然会暗自模仿，学生把优秀的教师作为自己学习的楷模，这也是学术魅力的体现，通识教育需要有这样一种魅力。

第四，“书院”是实施通识教育的重要环节。中国古代的书院是中华文化传承的载体，是传统中国教育精神的产物。中国古代书院的办学目标，首先是要求士子学做人，追求人格之完善，而不是像官学那样以科举入仕作为主要目标。在书院教育中，德行与学问并重。书院教学以自学、独立研究为主，以答疑形式进行教学。在晚清学制改革的大潮中，引入了洋学堂(西学)，而传统的书院因无法生产坚船利炮而黯然退场。等教育家们回过神来，情况已令人十分遗憾。以提倡新文化著称的胡适就说：“书院之废，实在是吾中国一大不幸事。一千年来学者自动的研究精神，将不复现于今日。”蔡元培先生也认为现代大学制度引入所带来的最大遗憾就是废除了书院制度。因此，日后他们两位在利用他们执掌北大的机会，借书院精神改造现代大学。1925 年 3 月 6 日，清华校务会议通过的《研究院章程》，其中第六章“研究方法”第一则称：“本院略仿旧日书院及英国大学制度：研究之法，注重个人自修，教授专任指导，其分组不以学科，而以教授个人为主，期使学员与教授关系异常密切，而学员在此短时期中，于国学根底及治学方法，均能确有所获。”清华大学原校长梅贻琦认为中国的大学教育，不是由中国本土的高等教育演化而来，而是自西方移植而来。但中国本土的高等教育与西方的大学教育，制度不同，精神相通。他在《大学一解》中，这一思想得到更加精彩的发挥：“……学校犹水也，师生犹鱼也，其行动犹游泳也，大鱼前导，小鱼尾随，是从游也，从游既久，其濡染观摩之效，自不求而至，不为而成。”

为此，我们要精心研究和设计书院的建设标准，改善书院的学习与生活功能、设施和环境，要着力增强书院的文化意涵和教育功能，让学生在书院得到更加丰富和有益的感受，让他(她)在书院的生活成为终生难忘的经历。我们现在的学生宿舍基本上是大板楼，一个一个的房间，排得很整齐，中间一条走廊，两边就是房间，房间里的床和摆设都相同。这种宿舍形式只是为学生提供了一个睡眠和休息的场所，其教育和学习功能不强。因为几乎所有的大学都规定，在教室、图书馆等地方不能大声喧哗，也不能随便吃东西。这是应该的，但也导致学生缺乏敞开讨论的场所。在牛津和剑桥大学的住宿学院中，餐厅、活动中心等场所都是极佳的讨论和雄辩之处。因此，我们还要对现有的宿舍进行精心的设计和改造，在未来的学生宿舍的设计和建造时，一定要充分体现这些要求，使之真正成为学生课余学习、讨论，和书院导师进行交流和个别辅导的场所。

书院里应该有一批优秀的导师，要让更多德才兼备的优秀教师参与到书院的建设中来，让更多的教师参与书院的教育和管理活动，把书院建设成为师生联系最紧密的纽带。要充分发挥学生的作用，建立健全学生自我管理制度，尽量由学生自主管理书院中的公共活动和公共利益，让学生得到更多的锻炼。构建辅导员、导师、学生自治三位一体的管理体系。剑桥大学专门派到书院的导师有个专门名称 Dean，他们是某一个系科与学院的教师，同时也任书院的导师。由于大学生活是学生真正走向社会之前的重要阶段，故这些导师的言行将直接影响学生对社会的看法。因此，进入书院的导师不仅具有扎实的专业知识，而且必须有非常高的品行并真诚地热爱学生。在书院里的导师是学生学习的挑战者和督促者，引导学生对诸多学习上的问题开展辩论，辩论输了的学生，必须到图书馆查阅更多的资料，或者在自己的寝室、在校园的某一角落、在树底下、在草地上……独自冥想，使真理得到辨明。

书院重在提高学生的综合素质。有人讲，现在讲清心寡欲、僧侣苦修这样的研究显得很不合时宜，现在连学者们都显得非常浮躁，学生在选课时，要么选择容易获得高分的课程，要么选择可能直接派上用场的课程。如果这种思想占了主导的话，我们就容易培养出非常圆滑的学生。圆滑背后隐藏着的是什么？那就是在自己个人生涯规划以及学习上的机会主义，而不是真正为了学问来学习的。客观地来看，大量进入大学的青年主要在大学攻读一个职业性的专门科目，希望毕业之后寻找一个比较好的职业，所以近年来管理、金融、法律等科目非常热门。依我的看法，某些热门的科目里面大部分小的专业方向不应该招收本科生，这样才有利于开展通识教育。以新闻学科为例，有一位老师告诉我，新闻的本科生毕业出去，大多数不从事新闻工作。为什么？不是他们不愿意，因为社会不需要这样的新闻专业的人。学新闻的学生应该先读一个通识教育意义上的其他本科学位，然后再读一个新闻学的专业硕士学位。比如说学科学技术的，再学新闻可以进行科技新闻的报道，而让新闻学院的本科生去报道科学技术新闻，就会缺乏必要的科学技术知识，尤其缺乏科学精神。

书院应该在不断改进和加强大学生思想政治教育、提高学生专业学习成绩的同时，通过各种精心设计的育人活动，着力提升学生的道德修养，使学生具有优雅的个人气质、良好的公民素质和强烈的社会责任感。培育他们的社会活动能力、组织领导能力和科学、民主意识。我们要向各书院派遣得力的院长，向各书院派遣更多合格的教授，要在书院里将中国的传统教育精神和大学的住宿学院制度有机地结合起来，创造出我们特有的、现代的中国大学书院制度。

最后我要强调，通识教育是一种教育理念，在专业课程的教学中也应加以贯彻。哈佛大学前校长詹姆斯·科南特极力主张把大学里学生研读自然科学也作为通识教育的一部分。在科南特看来,"应该让学生了解科学科目的个案史",这样可以让学生知道"在有些简单的问题背后,隐含着多么复杂的人类问题"。比如,我曾经问过很多学生关于量子力学中薛定谔方程的来历,学生大多是一脸茫然。即便他们已经感受到了薛定谔方程之美,但却说不清楚该方程是怎么得来的。他们惊讶于物理学前辈的智慧,并觉得自己根本不可能完成如此之类的原创性工作。如果学生在课堂上只是得到了这样的感觉,这使学生反而丧失了创造的自信心,其效果和我们的教育目的是相悖的。殊不知,当时参与量子力学建立的物理学家曾经说过,在量子论快速发展的那个时代,即使是一个不那么优秀的学生也能成为世界著名的物理学家,因为他赶上了那个时代。因此,作为复旦大学的通识教育,我们只有把学科发展个案史和学科的思想精神教给学生,这门专业课才会成为有思想的专业课,才符合复旦大学的育人理念。那些仅以解题或纯粹的实用性为目的的课程只能是一种"精神虚脱"的课程。这样的课程难以培养具有创新精神的人才。

因此,我们必须在各类专业课程中也贯彻通识教育理念,要让课程上得更加智慧,更加有精神和文化内涵,应该告诉学生更多历史、思想和精神层面的东西。不然,我们只是在培养"学术研究的业余爱好者"。

最后,我想根据上面的关于通识教育理念的讨论,来简单概括一下我们的通识教育应该培养学生必须具备的几方面具体的能力。

第一,必须有精细而有效的思考能力和写作能力。作为学者,如果没有写作能力,如何发表文章,如何撰写项目申请书,如何表达自己的观点?所以,学生们一定要学会一种精准的、中肯的,同时又是有力的表达能力,同时还要具备批判性的思维方式。

第二,对自然和人文有批判性的理解。学生经过自己的思考,形成对自然科学和人文社会有批判性的理解,有明确可陈述的理想,并将理想和思想纳入到专业知识当中,并使自己成为终身的自我学习者。

第三,让学生有全球性的视野。教会学生独立思考的能力,在纷杂的世界里保持清醒的头脑和独特的个性,同时在与人相处和沟通的过程中,养成宽容、尊重、公正和坦诚的精神,对不同地区、不同时期的文化有足够的包容性,具备塑造未来新文化、构建一个更为和谐的人类世界的行动力。

第四,了解而且关切道德和伦理问题。教育不能失去了对道德和伦理问题的思考。不仅要对道德伦理进行思考,并且要对此作出智慧的判断和道德的抉择。我经常引用美国教育家德怀特·艾伦的话,"如果使学生变得聪明而未使他们具备道德性的话,那么我们就在为社会创造危害。"

第五,应该对自己的专业知识领域有深入的研究,并达到介于广泛知识能力和专业成绩之间的程度。对某一门专业知识的理解,不仅仅是对这门专业的理解,更是在广泛的知识基础上,在其他知识基础上构建了一个高地,这也就是深厚的专业知识。

经过我们的通识教育,如果我们的学生具备了以上这些基本能力,那么他们走向社会后,就会有更高的境界,更加深厚的文化功底和修养,更加合适的道德伦理观念。这样的人才方可担当起与十到二十年以后的中国地位相称的各项重任,才能为构建一个更加和谐的世界作出我们应有的贡献。或许,这就是复旦大学当今应该实施真正意义上的通识教育的目的所在,让我们一起为之而努力!

谢谢大家!

大学的学术使命与社会责任

——在复旦大学第44届校庆学术报告会开幕式上的讲话

(2010年5月25日)

校长　杨玉良

什么是大学的使命,或者是大学的学术使命?我认为,大学的学术使命就是探索真理,追求真、善、美的完美统一。追求真理是大学发展的终极理由,大学就是老师和学生在一起以追求真理为目的这样的学术共同体。

一流大学面临的主要威胁来自它的内部

我在一篇文章中说过,自从古老的欧洲大学建立以来,从事学术研究的学者就逐步从贵族们的门客这样的身份中解放出来,学术研究也逐步职业化。然而,这个职业化是有问题的,这样尽管提高了整个学术研究的表观生产力,但作为个人来说,它会扭曲从事学术研究的目的性。

从这样一个转变的过程可以看出,大学的建立与发展就是一个科学和学术逐渐制度化的过程。在这个过程中,大学确立了一种独立、超脱、崇尚真理、实事求是的品质,并逐渐成为高级人才培养和学术研究的中心和基地,这就是我们大学所扮演的角色。

美国的学者西尔斯(Edward Shils)认为,研究型大学在21世纪面临的主要的威胁不是外部,"一流的大学在21

世纪的生存将取决于大学的内部条件，以及科学精神与学术精神的状况。"在他看来，实际上大学的学术精神并不是那么牢固，并且有被逐步消解的危险。

从国内目前学术界的状况来看，与二三十年前相比，我们的学术精神也有所消解。李醒民先生在讨论科学和科学家被异化时警示说："在不良的社会大环境和失范的学术共同体的小环境的熏染下，学者们也会被世风流俗所裹挟，被污泥浊浪所席卷；学者们也会被极权政治异化为学术官僚和政治痞子；也会被市场经济异化为经济的机器，甚至堕落为经济动物；也会被泡沫的学术异化为学术掮客或科学骗子；或被时尚文化异化为学术的玩偶或文化小丑；并干出种种违背学术规范和泯灭科学良心的丑事来，从而贻害于学术和学术共同体，并进而毒害整个社会。"我曾经提到过两种人，一种是鲁迅批判的"才子加流氓"，另一种就是才子加上帝王气，当了一点官就不知道自己。例如，曾经有个别院士也会为一个根本没有任何科学性的所谓的药物做广告。因此，我相信学术精神确实是很容易被消解的。

这样的例子其实比比皆是。例如，国家曾经逮捕过一个南方的业务上相当不错的化学家，他的有机合成水平很高，合成的成本也很低，但是他合成的是毒品，严重危害社会。再如，我们大家都熟知的毒奶粉事件，往奶粉里面加三聚氰胺；让黄鳝吃避孕药；往养活鱼的水箱里加孔雀绿；将苏丹红加到辣椒酱里；用硫黄熏白木耳……这些丑事显然都是懂科技的人所为。这些行为不仅仅危害的是学术和学术共同体的内部，而且会毒害整个社会。诚然，种种丑事的出现与社会大环境有关，但是主要源于学术机构和人才培养机构内部学术精神的消解。因此，西尔斯认为一流的大学在21世纪的挑战"归结于大学能否抵挡住自己内部的敌人"。

学术精神是诚笃、独立和超越的精神

只有坚守学术精神才能实现大学的学术使命。

所谓学术精神首先是一种诚笃的精神。德国哲学家雅思贝尔斯(Karl Jaspers)说过："一个人只有当他把追求真理当作一种内在的需要时，才算是真正的学术研究。"因此我们每一位学者包括我自己在内，都要拷问一下自己在做学术研究的时候，是否真的是出于探求真理的内在需求。

人本主义哲学家马斯洛(Abraham Maslow)说过："我们探索人究竟想从生活中获得什么时，我们就接触到了人的本质。"因此，我们也要问一下自己，我们做学术研究时究竟想获得什么？因为这个涉及人的本质问题。香港中文大学前校长金耀基教授在《大学的理念》一书中提到，"在学术的探索中，'知识的诚笃'(Intellectual Integrity)是特别重要的德行。……这种德行不仅作为一个'学人社会'的大学的道德支柱，只有当这种德性充分发挥时，知识的尊严与学术的纯净性才能有效地建立起来，而且从长远的意义上说，发扬光大这种德性也是大学以及她所培养的学子能够对社会文化所作出的最大贡献。"

学术共同体，也是学人社会大学的道德制度，这个要看成是一个大学的道德尺寸，要使这种德行得到充分的笃信，而且从长远的意义上看，发扬光大这种德行才是大学以及培养的学生能够对社会文化所作出的最大的贡献。

学术精神也是一种独立的精神。我们复旦大学的校歌唱得很好："学术自由，思想独立，政罗教网无羁绊，无羁绊，前程远。"但问题在于我们是否做到了？我们的学者在研究当中，有没有羁绊？我相信大家都会感觉到各种各样的羁绊。我希望复旦的教师，当你感到思想不自由的时候，当你感到你的学术研究不独立的时候，你们应该向校领导提出来。这样才能促使我们校领导为复旦大学建立一个真正的思想自由、独立的学术研究环境。

复旦的毕业生，非常有名的陈寅恪先生，大家都称他是"学术大师"。他说过，"我以为研究学术，最主要的是要有自主的意志和独立的精神。"国内大学的某位老校长曾经说过，办大学就是办一种氛围。我个人认为，这种氛围就是一种自由探索的氛围，而不允许那些任何不利于或者妨碍自由探索的东西存在。这是大学的特质，也是大学要坚守的学术使命。所以，我们的校歌中才会唱响"学术独立、思想自由"。无论如何，复旦大学学术独立的精神传统不应该被消解。我们有"一二·九歌会"，我觉得在歌会上，校歌应是一首必唱的歌。而且，校歌不仅是唱唱而已，里面饱含的是我们的前辈给后辈提出来的必须遵循的准则。坚持独立思考、自由探索的精神气质不仅有利于对真理的探求，而且也有利于我们对形形色色的诱惑，对纷繁躁动的干扰与羁绊保持一种必要的平静。

学术精神还是一种超越的精神。温总理勉励大学和大学生要"仰望星空"。我认为温总理说的就是一种对现实的超越。北京大学张维迎教授在《大学的逻辑》一书中指出，"大学应该考虑十到二十年后的世界应该是什么样子，十到二十年后的一流大学应该是什么样子？"然后在这个坐标下来看我们现在应该怎么来做事情。做这样的思考，我们必须具有超越性的理想主义精神和现实主义精神的完美结合。我曾经在一次演讲中谈过理想主义，她在哲学上是具有彼岸性质的东西，虽不能至，但心可向往之。但是，难道因为她永远不可能达到而我们就不向往吗？不行。因为理想主义是彼岸的一座灯塔，她照亮你此岸脚下的路。大学是孕育理想主义的精神家园，复旦大学是具有理想主义传统的学校。我们的校友说："复旦大学的氛围让我立即感受到了理想主义的魅力，这是复旦给我最为宝贵的东西。"

道德、精神和知识的实际运用体现大学的社会责任

现代大学的学术使命包括了它对知识的运用。在知识的实际运用过程中体现了大学的社会责任。

大学的社会责任应该体现为大学是民族的精神的脊梁骨。因此，它必须是社会先进文化的代表。当社会出现任何失范的行为时，大学应该发出警世之言。我们很多的教授就在做这些事情。我认为，作为社会责任的体现，大学及其教师们的"警世之言"必须是建设性的，而不是破坏性的。

大学的社会责任也应该表现为道德的楷模。人们对一所大学的要求，希望它是崇高的、纯洁的，认为在里面从事的学术活动都是高尚的，而不是危害老百姓的事情。这样才能保证社会对大学的崇尚。尽管作为每一个学者个人来说，学者的秉性可谓是五花八门，形形色色，但作为学者的整个群体而言，由于他们的职业是探索真理，他们具有许多优良的品行：一是他们对真理有敬畏感，如果对真理没有敬畏，这不是学者的态度。二是对不良的行为有羞耻感，对学者来说，这个羞耻感的要求比一般人更高。三是对自己所做的一切事有历史感，因为如果你有历史感，你不会狂妄，不会随心所欲，你会抱着对大家负责，更重要的是对历史负责的态度工作。

大学的这个社会责任体现为在扎实的学理研究的基础上，为社会、为国家，乃至为整个人类解决技术和社会问题。我这里要强调的是，服务社会不是泛泛的空谈，也不是一般的服务站，而是应该深入问题的本质，提供分析和理论思考，在此基础上提出解决问题的方案和理论方法。一言以蔽之，我们应该在高深的学术研究的基础上，给国家和社会提供高水平的服务。在一些不伦不类的班上，随意讲一些不三不四的内容，一小时拿几千块钱，但说的东西没有经过认真思考和研究。这与大学的学术使命和社会责任是不相协调的，对社会也常常是有害的。

大学不应该是一种简单的服务站。所谓服务站，就是社会需要什么，尤其是市场需要什么，你就在低水平上提供什么。大学应该是在坚守学术研究的基础上，为社会提供高水平服务。美国密歇根大学前校长杜德斯达(J. J. Duderstadt)在《21世纪大学》一书中阐述“公共服务的本质”时，特别强调说：“大学最基本的功能仍然是学术活动，大学的其他主要活动只有与教学和学术研究相关联才具有合法性。”这个合法性，是针对一所大学本身应该承担的责任来说的。美国的思想家布鲁姆(A. Bloom)1987年在一本批评美国高等教育的书《走向封闭的美国精神》中指出，大学应该要“有真正伟大的思想家”，“大学是一个以理智为基石的国家的神殿，是奉献给纯粹理性的。它在人们心中唤起崇敬之情”。

我们复旦大学不乏为了学术、为了社会责任进行奋斗的楷模。我们数学学院的谷超豪教授现在已经85岁了，去年得了国家最高科学技术奖，但是他仍然关心、支持学术以及本学科的发展战略。数学究竟该怎么发展，他一碰到我就讲这个事情。我们外文学院的陆谷孙先生已经70岁了，他是享誉世界的《英汉大辞典》的主编，现在还会通宵达旦地工作，天亮后就在学校附近服务区里喝杯咖啡继续工作。我上次去看他，他给了我一篇他写的书评。他说，他花3个月认认真真读完这本厚达800页的英文书，还读了许多与之相关的原版书籍，否则写不出来。我们经济学院的张军教授，他1968年出生，年龄不太大，但是患上了白血病。他在治疗期间，仍在报纸上与著名经济学家张五常进行学术切磋。张五常说，张军给他上了一课，文章甚至用了“得到张军的提点”这样的说法。还有更年轻的，我们计算机学院的孙贺博士，1984年出生，他和1988年出生的本科生郭泽宇，这样一对复旦校园里最年轻的师徒，在各方面条件不佳的情况下，推动了“曼哈顿最小网络问题”这一世界性难题的实质性解决。曾经通过复旦“君政学者”计划资助他们的李政道先生，立刻给他们发来了贺信。

这样的例子在我们复旦文、理、医等各个学科还有很多。作为复旦的校长，每次听到这些动人的故事，我的心里都十分感动。我希望这些学者的故事，能够让我们思考和明白，什么样的人在大学的神圣殿堂里才能得到崇敬。答案是非常清楚的。

有人说，30年以后中国将和美国、欧洲成为世界上的三强，前景十分诱人。但是，前提是经济的持续稳定增长和政治与社会的长治久安，而前提的前提则是人。我们大学培养什么样的人，会影响到整个国家的前途和命运，也会影响到世界和人类的未来。

我想强调，一个没有思想家的国家不可能成为世界强国。一所没有一流学者的大学也不可能成为世界一流大学。这就是真正的软实力。我们要培养在各行各业里，各个学科里的一批世界一流的思想家、学术家，他们坚守学术的使命。这样，我们复旦大学才能成为国家的神圣的殿堂，成为在无数人心目当中能够唤起崇敬之心的神圣殿堂。我们只要坚持这点，就不会辱没大学的学术使命，就不会辜负大学所承担的社会责任。

让我们共同努力！

在2010年加强党风廉政建设干部大会上的讲话

(2010年6月2日)

校长 杨玉良

各位老师，同志们：

我是第一次在党风廉政会议上讲话。说句实话，我不知道该怎么讲。但从“一岗双责”的要求来说，我确实也想来讲讲我的一些体会。为此，昨晚在准备这个会议讲话的过程中，我学习了最新的中央有关文件精神，其中包括刘延东同志“在加强高校反腐倡廉建设工作会议上的讲话”，和“中共教育部党组文件2010年第16号”。虽然纪委替我准备了一份很好的稿子，而且稿子也经学校党委的各位常委提了意见。因此,正式的稿子可以留存。但我对别人替我准备稿子总是念起来不顺,我最后决定还是说点自己的话,发自内心的话。因此,这是一个个人的讲话,有何与中央文件和中央领导讲话精神不相符合的地方请大家指正,有什么错误也应由我个人负责。另外,要强调的是,我不希望大家在听的时候想入非非,对号入座。如果你一定要对号入座也可以,就算是一种警示吧!

教育部党组16号文件是2010年5月14日下发的,主要是关于认真学习贯彻何勇同志在最近一次高校反腐倡廉座谈会上的讲话精神,这个文件中有两处规定让我印象很深,也促使我今天一定要在这个会议上讲点我认为对我们复旦大学有重要意义的话。文件在第四部分中强调:高校党委书记和校长切实承担起第一责任人的责任,对本学校反腐倡廉建设工作负总责、亲自抓。本着"一岗双责"的原则,我也该讲讲。作为第一责任人,我深刻感到责任重大,希望学校纪检、监察、财务、审计等相关部门今后能将你们在工作中发现的学校各种问题及时向我通报,当然更欢迎你们加强对我本人各种表现的监督。因为校长在离任时是要接受审计的,我看过王生洪前校长的审计报告,你们做的事情都要审计我的,故你们一定要向我通报。

16号文件的第二部分重点列举了高校反腐倡廉工作的重点部位和关键环节:深化工程建设领域突出问题专项治理工作,完善高校基建工程和物资设备采购管理制度;深化财务管理和审计监督工作,推进高校会计委派制,推行审计结果通报和公告制度,完善高校科研经费使用监管制度,巩固"小金库"专项治理成果,切实加强高校经费监管;深化高校招生监督工作,推进高校招生"阳光工程",规范特殊类型招生。中央领导的讲话如此准确地点出加强高校重点部位和关键环节的监管,说明这些领域是极容易出现腐败问题的,我们要高度重视防范。

延东同志的讲话也深刻指出,当前,高校领导干部处置人、财、物的权力越来越大,各高校都掌握着大量的资源,与社会的经济联系日益紧密,高校已经不再是一片净土,一些学校出现了让称为"象牙塔"的高校蒙羞的违纪违法行为。一些高校领导干部的作风建设需进一步加强和改进,有的图虚名、讲排场,有的大手大脚、奢侈浪费,无谓耗费有限的教育资源,群众意见很大。延东同志也对最容易出问题的领域做了一点说明,她指出,从近年来查处的高校案件看,财务、基建、招生、采购、校办企业等领域,违纪违法案件发生率比较高。要把这些权力集中、监管又比较薄弱的领域作为高校反腐倡廉建设的重点。延东同志的讲话分析了很多问题,我这里只是列举一些我学习的体会和大家交流。

一、首先,我想谈谈制度建设问题

胡锦涛总书记在十七届中纪委五次会议上的讲话着重阐述了加强反腐倡廉制度建设的重要性、紧迫性和基本要求。有一句经常被引用的话是:"绝对的权力,产生绝对的腐败。"因此,我个人认为反腐倡廉工作的最基本点就是:

拒绝绝对权力的产生。换言之,就是要实行民主,要让所有的师生员工和干部参与监督。我曾经访问过国际上众多的大学,我的感觉是,中国大学的校领导和机关部门的权力可以说是最大的,当然责任也是最大的。因此,贯彻"民主治校、依法治校"对我们高校而言是一个紧迫的任务。要让人人都可以说话,人人都敢于说话。我真切地期望大家对我和我们校领导和各级干部加强监督。我经常讲,我们的权力过分集中在校级管理机构(centralized),所以我们的二级管理改革方案就是要把权力重心下移,这样更有利于师生员工的参与,有利于防止绝对权力的产生。

对各级权力进行监督的最有效方式就是让权力公开透明。确保权力运行到哪里,监督就延伸到哪里。因此,我们必须加强和支持纪委、监察和审计部门的工作,他们的工作是学校党风、廉政、财产等的守护者。同时我们一定要实行"校务公开"制度。校务公开的核心就是公开、透明、真实,目的就是监督。因此,我建议我们要抓好以下几项制度的建设。

(1) 建立大学章程。"大学章程"是上承国家法律法规和教育政策,下启大学内部管理的,具有一定法律效力的治校总纲,囊括了大学事务的方方面面。建立大学章程是依法治教、依法治校的需要,是大学民主化、科学化管理的需要。"大学章程"也是建设世界一流大学的基本保证。我个人认为:明确办学理念,保障师生员工权利是大学章程的最基本要素。大学章程主要就是限制我校长的权力,也是保障我校长的权力的文件。当然,更重要的是"限制"。所以《国家中长期教育改革和发展规划纲要(2010—2020年)》中也将建立大学章程写入其中,这是有深远意义的。

(2) 尽快建立和完善"校务公开"的完整制度。最近,教育部又一次发文,要求各高校进行信息公开。信息公开是校务公开的基本要求。教育部规定,除了涉及国家机密和其他需要保密的事项,其他均需公开。我们必须严格执行。

(3) 梳理、制定和完善重点部位和重点环节的管理规定。在学校行政管理工作中,对于建设工程、物资采购、招标投标等,据说我们已经有了不少制度,但有些已经过时,有些制度还不完善,缺乏可操作性,或是具备一定的"自由裁量"的空间,有些制度尚未建立。因此,我们的纪检、监察和审计部门一定要按照中央和上级部门的要求和精神,对我们现有的规定进行认真梳理和完善。对尚缺的规定一定要加紧制定。避免多个部门各行其是,政出多头。在制定和梳理有关规定时,一定要认真查找问题,分析原因,健全风险防范机制,保障与保护学校资产,促进学校工程建设的高效、安全和廉洁,真正做到预防干部犯罪。不仅对基建修缮工程,而且对学校其他事务也要建立规章制度和监督模式,有的学校已经建立了预算委员会、招投标与采购工作委员会、审计委员会等专家委员会的监督模式。

(4) 加强内部审计制度。我曾经与审计署的一位干部聊天,他谈到审计工作时说:"我们审计署就是国家财政的看家'狗'。"虽然听起来有些调侃,但也不无道理。学校的内部审计制度是学校资产的守护者，是预防腐败的前哨，是保护干部(以免犯罪)的护栏。希望大家不要把审计看做是障碍，看做是为难各位，大家要积极配合。

(5) 要加强院系各项决策制度和责任制度的建设。我们正在积极试行"二级管理"，二级管理的核心是将权力重心下移。权力重心下移就要求我们对权力的"监管重心"也要下移。我的看法是要建立教授委员会、学术委员会和教育指导委员会。同时应建立相应的运行与决策制度，并得到师生员工们的监督。其他类型的二级单位(如经济上独立行使职权的平台、研究中心基地、校内的楼、堂、馆、所等)也都应该根据自己的特点来建章立制。

二、制度的执行力提高的问题

(1) 制度要有执行力，首先制度要有科学性。制度的科学性首先是在制定各种制度时不能从部门和个人利益出发，不能有私心，不能将权力视为"自留地"。更不应该为了应付上级部门的检查而仓促推出一些制度，遮人耳目，蒙骗上级。我们必须认识到，制度建设是一门学问，需要科学的态度和方法，只有对相关问题作深入的调查研究，以无私的态度，审慎的作风和务实的精神来制定制度才能保证制度的执行力，才能使制度发挥其效用。

(2) 制度的制定要有可操作性。为了使制度具有可操作性，制度内容要杜绝空洞、笼统、无从执行的不良现象。制度不是摆设，要维护制度的尊严及其公信力。制度的可操作性来源于制度的具体、翔实、切合实际、没有空话、不停留在概念化的描述。

(3) 制度的运行过程中一定要加强监督。制度的监督包括：教育与防范，监管与惩罚。制度一定是具有很大的刚性的，不可随意变通。维护制度尊严的责任主要在领导。领导一定要做到不论亲疏，不论地位的高低，不论资格，一切从制度出发，这样才能树立领导的公信力和真正的威信，不论与自己的关系如何，要做到制度面前人人平等。因此，可以说加强监督最重要的是监督领导。为了保证制度的有效执行，制定《复旦大学教职工行政处分办法》是我们今年的一项重要任务。这里的教职工包括了领导在内，因为各级领导首先是复旦的教职工。

三、党员领导干部要做执行制度的表率

胡锦涛总书记要求："着力在领导干部，特别是中高级干部中树立法律面前人人平等，制度面前没有特权，制度约束没有例外的意识，教育领导干部带头学习制度，严格执行制度，自觉维护制度。"说句实话，制度是对行为的规范，更是对权力的约束。所以，当制度与权力和利益发生冲突时，领导干部要带头执行制度。尤其是一把手，更要注意这个问题。

我们所有的领导干部必须首先认识到，党风廉政建设问题事关我校能否实现"建设世界一流大学"的宏伟目标。一流大学里不应该存在不受制约的权力，一流大学不可能是一所腐败的大学。一流大学应该在百姓眼里是崇高的、纯洁的，一流大学肯定有一流的制度。一流大学的领导干部必须具有高尚的境界。我想引用元代曲作者张养浩的两首曲来结束我的讲话(张养浩是累死在救灾现场的)。

"那的是为官荣贵，止不过多吃些筵席，更不呵安插些旧相知。

家庭中添些盖作，囊箧里攒些东西。教好人每看做甚的。"

"无官何患？无钱何惮？休教无德人轻慢。你便列朝班，铸铜山，止不过只为衣和饭，腹内不饥，身上暖。官，君莫想；钱，君莫想。"

古人尚能如此，今人更应该有所超越才是。

让我们全校师生员工都来监督领导干部的行为和制度的执行。我历来相信："有怎样的领导干部，就有怎样的群众；有怎样的群众，就有怎样的领导干部。"

为了让复旦大学早日建成世界一流大学，我们大家一起来努力搞好复旦大学的党风廉政建设工作！

在2010年加强党风廉政建设干部大会上的讲话

(2010年6月2日)

党委书记 秦绍德

一、加强对反腐倡廉制度建设重要性的认识

关于制度建设，校长讲了一些很重要的观点，绝对的权力靠什么来制约，主要是靠制度。校长还提出了要制定大学章程，尽快推进校务公开，不断梳理和完善关键部位的制度，加强二级单位的制度建设，等等。

今年1月，在中纪委第五次全体会议上，胡锦涛同志发表了重要讲话，主题是"抓好反腐倡廉制度建设，不断提高制度的执行力"，希望各位同志会后认真学习。我体会，近几年，党中央抓反腐倡廉建设，一年抓一个重点。今年特别提出了反腐倡廉制度建设的问题。就复旦而言，近年来在全校师生的支持下，党风廉政建设取得了一定成绩，规章制度也在不断制定、不断完善。但我们一定要看到，形势的发展产生了很多新情况、新问题，对反腐倡廉建设也提出了更高的要求。和十年前相比，学校可支配的资源越来越丰富，科研经费大幅攀升，经济活动更加频繁，校产发展日益复杂。随着市场经济的发展，社会上一些不良风气也不可避免地渗透到校园。近几年个别大学中的腐败现象、干部落水现象时有发生，对我们而言既是提醒、警示,也促使我们不断反思,原有的制度建设还存在哪些不适应,暴露出哪些漏洞和缺陷。这些必须在实践中不断改进和完善。所以校长提出要梳理完善关键部位的制度,非常重要。制度建设包含多方面的内容,胡锦涛同志提了四方面,教育、监督、预防、惩治。不管是宣传教育,还是执行监察,各方面都要顾及到。

二、制度的有效性在很大程度上依赖制度制定的科学性

胡锦涛同志讲到制度建设时,提出了一些很重要的指导思想,我们要好好消化吸收。在制定和完善制度时必须用科学的态度和方法来指导。

第一,制度建设要与学校事业的发展相适应,和改革的措施相配套。

这几年我们事业发展很快,无论是教育教学改革,还是人事制度改革、财务制度改革,都遇到了一些新的问题。制定制度是为了促进改革,促进事业的发展,是要办得成事的。一般人都觉得制度对人有束缚,但是大家一定要明确,有了严格的制度以后,是使随心所欲、不受制约的事办不成,是使我们少办错事。所以制度的制定一定要以事业的发展为出发点和最后的衡量标准。制定制度本身不是政绩,只有制定出符合学校实际、为学校改革发展保驾护航,真正推动工作的制度,才能说我们的工作成功了。

第二,制度建设要从实际出发,向第一线调查。

一项好的制度不是随便哪个人拍脑袋想出来的,而是实践发展到一定阶段的产物。它是成功的经验、失败的教训以及对一些事物规律性认识的升华。因此建章立制要非常慎重。胡锦涛同志在报告中提出,要经过调研、立项、试点、起草、修改、论证、发布试行、修订、再发布等环节。对我们来说,每个环节都要认真听取来自教学、科研第一线的情况,把工作做细、做好。而且制定制度时一定不要把本部门、本单位的利益牵涉进去。

制度还要经受实践检验。一项好的制度一定是"于法周延,于事简便"。条条框框不一定多,关键是简明扼要、切实可行,这样的制度才行得通、管得住、用得好。

第三,各种制度要协调、配套、形成一个有效的体系。

制定制度之后有一个不断梳理、修订的过程。过时的要及时废止,有缺陷的要适时修订完善,需要细化的要尽快制定实施细则。同时,反腐倡廉制度是由许多具体制度组成的体系,互相之间紧密联系。修订的过程中要加强协调,既要注意单项制度的修订,又要注意与其他制度配合,科学合理,发挥整体功能。

从这样几点出发制定制度,难度不小,但不能因此而动摇我们的决心。我们要把反腐倡廉制度的制定作为今年学校党风廉政建设的主要任务。制度制定过程中要从实际出发,要考虑学校的可持续发展。只有制度制定得科学,实行时才比较顺利,才容易被广大干部群众接受。

三、制度的力量在于执行

好的制度如果不去执行,就会形同虚设;如果执行不到位,也难以发挥应有的作用。制度执行,关键在人。

*一是领导要下决心,做执行制度的表率。*领导干部要率先垂范,树立法律面前人人平等、制度面前没有特权、制度约束没有例外的意识。凡是要求党员干部做的,领导干部必须首先做到,要求别人做到的,自己必须首先做到。这样制度的执行才能比较顺利。客观地说,大学里常常有些松懈,制度不是非常完善,制度执行不是非常严厉。改变这种情况,领导要带头。

*二是我们要坚决推行民主办校、校务公开的各项措施。*阳光是最好的"防腐剂",人民群众的监督是推动制度执行最强大的力量。我们要不断改进和完善校务公开制度、教代会制度、信访接待制度等,把这些作为接受群众监督的有效渠道,让群众帮助我们发现制度执行中的漏洞、制度设计中的薄弱环节。长远来看,这也是对干部个人的保护,对学校声誉的维护。

加强研究生思想政治教育　培养德才兼备创新人才

——在全国加强和改进大学生思想政治教育工作座谈会上的发言

(2010年6月2日)

党委书记　秦绍德

各位领导,各位同志:

昨天长春同志的报告体现了党中央对思政工作的高度重视,我们一定要认真学习,加深理解,坚决贯彻。下面向各位汇报复旦大学贯彻中央16号文件,切实把思想政治教育贯穿于研究生培养全过程的情况。

一、加强组织领导和队伍建设,落实导师在研究生思想政治教育中的首要责任

作为一所研究型大学,我校研究生培养规模迅速扩大,现已达到1.5万人,研究生和本科生之比超过1∶1。为了加强对研究生的教育管理,我校在2000年成立了党委研究生工作部,并在院系设立研究生工作组和专门的工作队伍。由此形成了党委统一领导、职能部门牵头、校院两级管理的领导体制和工作机制,确保了研究生思想政治教育真正落到实处。

在中央16号文颁布后,我们增加了专职辅导员岗位,并且明确规定青年教师在晋升高级职称之前必须兼任两年以上的学生工作。从2002年开始,我校拓展"人才工程预备队计划",每年选拔部分品学兼优的硕士生提前攻读博士,同时担任硕士生班级的辅导员,迄今已有120名队员上岗。这些队员有想法,有闯劲,为研究生思想政治工作注入了很大的活力。目前,我校有研究生辅导员162名,与学生的人数比为1∶76。

在研究生的培养过程中,导师的作用特别明显,不仅应对学生的业务负责,也应对学生的德育负责。因此,我校认定,导师是研究生思想政治教育的首要负责人。我校先后制定《关于教书育人的决定》、《关于加强辅导员、导师队伍建设的实施意见》、《研究生指导教师工作条例》,明确要求导师承担研究生思想政治教育的首要责任,培养学生的健全人格和严谨学风。学校还专门成立导师工作办公室,加强导师的遴选、培训与考核,促进研究生导师切实履行岗位职责。

"学生的口碑是导师的金杯。"从2004年起,我校坚持面向研究生开展"我心目中的好导师"评选活动,组织编写优秀导师的先进事迹,结集出版《我心目中的好老师》一书,并向校内教师广泛赠阅,增强研究生导师的教书育人意识。

二、加强党建工作,发挥党员和党支部在研究生思想政治教育中的引领作用

党员比例高,是研究生群体的一个显著特点。我校的研究生党员比例在45%左右。抓好党员的教育管理和作用发挥,可以有效带动整个研究生群体的思想政治教育。为此,我们把党建工作作为研究生思想政治教育的核心环节,努力做到研究生党建工作"组织全覆盖,支部有活力,党员起作用"。

组织覆盖是党建工作的基础和保证。我们着力提高组织覆盖的有效性,让党支部的组成方式和活动内容更加符合研究生党员的特点和需求。在党支部建制上,除了传统的按班级设立党支部,我们还在宿舍楼、实验室、课题组、研究创新平台、医院科室等研究生聚集的地方灵活设立党支部。在工作架构上,我们把全校203个研究生党支部分为12个模块,每个模块成立党建工作核心组,指导和推动党支部的工作,促进党支部的横向交流。

围绕增强党支部的活力,我们紧紧抓住党支部书记队伍建设这个"牛鼻子",先后举办了七期研究生党支部书记培训班,培训党支部书记420人。同时,发挥典型引路作用,从2007年起开展"研究生示范党支部"创评活动,通过组织生活观摩会、支部互访互评、经验交流等形式,评选和培育一批示范党支部,推广它们在学习型党支部建设、凝聚力工程、科研创新、志愿服务等方面的经验做法,提高研究生党支部建设的整体水平。

通过上述工作,研究生党支部的活力明显增强,学生党员的模范带头作用进一步发挥,先后涌现出了研究生西部支教团等先进集体,以及潜心科研、成果突出的一大批优秀学生党员。在近期学生志愿者服务世博会的过程中,我校在志愿者队伍中成立了临时党委,把1 000多名学生党员编为41个临时党支部,让党员和党支部在服务奉献的第一线发挥骨干作用,展现先进形象。

三、切合学生特点,发挥学术活动和社会实践在研究生思想政治教育中的育人作用

学术活动和社会实践是研究生培养的基本环节,也是开展研究生思想政治教育的重要途径。我校积极搭建各种学术活动平台,精心打造"相辉讲堂"、"学术时空"等学术品牌,营造浓郁的学术氛围。2004年以来举办"复旦大学博士生学术论坛"61场,9 000多名来自不同学校的研究生在这个平台上切磋了学术,结交了学友。

诚实守信是学术研究的生命线,也是研究生思想政治教育的重中之重。每年新生入学,我们都会开展为期一个月的学术道德、科学精神和科研方法等方面的教育。今年3月,刘延东同志主持召开科研诚信与学风建设座谈会。我校在第一时间组织全体研究生学习会议精神,并发动大家一起讨论正在制定的《复旦大学研究生学术规范》。

服务社会是培养学生的重要途径和根本归宿。研究生在服务社会方面具有专业优势。我校把社会实践纳入研究生培养方案,积极推进社会实践日常化和基地化建设。我校2002年组建博士生互动讲师团,着眼于推进"学术与实践互动,校园与社会互动",组织优秀博士生走进社区、学校、企业、军营,宣讲科学文化知识和党的创新理论,迄今已举办讲座500余场,听众超过16 500人次,产生了广泛的社会影响。博士生自己也加深了对社会的认识,增强了社会责任感。

由于研究生群体的构成比较多样,思想状况复杂,价值观念逐渐形成,开展思想政治教育的难度很大。近年来推行的研究生培养机制改革,也对研究生思想政治教育提出了一些新的课题和挑战。我们愿与兄弟高校一起,继续深入探索研究生成长成才规律,不断完善研究生思想政治工作体系,为国家和社会培养更多德才兼备的创新人才。

做勇于担当责任、解决问题的创造者

——在2010届本专科学生毕业典礼上的讲话

(2010年7月2日)

校长　杨玉良

各位亲爱的同学、老师们,远道而来的家长们:

你们好!

今天是复旦大学收获的日子。每年复旦有两次最重要的收获,新生进校,我们收获全国各地乃至世界上最好的青年，我们要感谢家长和中学的老师们，你们把最好的学子送来复旦；老生离开，尽管我们有依依不舍之情，但是我们收获了你们大学生活中所有的努力和付出，留下永恒的美好回忆。昨天，我和毕业班的本科生和研究生进行了座谈，你们贡献了大量的“金点子”，你们对复旦怀有深切的感情，感受了复旦美好的东西，但同时也对复旦的不完美之处提出了真诚的批评和建议。在这里，我应该为了这一点而再一次感谢你们。你们就此走上工作岗位，或者选择继续深造，继续去收获属于自己的梦想和希望。你们的收获也将和家人分享，和同学分享，和老师分享，更重要的是，将和母校分享。

收获源于责任。一所优秀的大学必然具备强烈的责任感，没有社会责任感的大学是十分可怕的，它会在社会各种各样的诱惑中迷失方向，流于平庸，自甘堕落。同样，人若是缺乏责任感，他的眼光必然会短视和功利，就像有一位辅导员给毕业生的寄语中所讲的，“人如果变得虚荣，一味迎合，就无法面对真实的自己，也就不能挖掘自己，让自己变得更好、更完善。”作为复旦的校长，我当然期望复旦学生能够凭借自己的知识和能力，为社会作更大的贡献。因为我认为复旦最大的社会责任，就是为国家源源不断地输送具有高度社会责任感、引领社会发展、担当国家重任的优秀青年。

我了解到有的同学选择就业，其余更多的选择了继续求学，我也许并不能完全地体会到你们在选择自己出路时，内心在理想和现实之间游走的复杂心态。但我知道，不仅是选择就业的学生，同样包括选择继续升学的同学，在努力想要实现自己的抱负的同时，也时时遭受生存压力的困扰，不得不不断调整自己的目标，久而久之甚至忘记了出发时的方向。作用在个人身上的境遇，同样作用在大学身上。出于人才竞争和科研竞争的需要，大学越来越屈从政府和社会对资源配置的要求，学术和市场结合越来越紧密，学术研究在有些方面逐步沦为商业行为，大学之间围绕着若干所谓的定量指标展开激烈竞争，以量化指标为导向，大学自觉成为行政官僚体系的一部分，大学功能主义盛行，机会主义盛行。这样的大学怎么能支持它的毕业生能够以良好的心态去面对生存压力的困扰呢？如果我们的毕业生都在生存的压力下迷失自己的方向，浪费自己的才华，那么他们又怎么能成为二十年后引领社会发展、担当国家重任的领袖之才呢？

所以大学一定不能丢弃它对社会的责任感，大学必须站在时代的前列，必须思考未来。大学要经常思考，十到二十年后中国将会是怎么样？十到二十年后世界将会是怎么样？那个时候的世界和中国需要怎样的大学？需要怎样的人才？同时，我们更有必要认真面对当前大学所暴露出来的各种各样的问题，因为十到二十年后复旦学子在学术、政治、医疗、经济、文化和舆论等各个方面的表现，恰恰是由今天我们在人才培养方面付出的努力所决定的。我们有必要经常想一想，什么是我们真正的办学目标，我们是不是坚守着学术的理想，是不是坚持去捍卫真理，是不是保持着对国家、对民族乃至对整个人类的强烈责任；我们是不是爱我们的学生，尊重他们的才华，有没有全心全意为他们创造最好的学习环境？我们物理系的一位毕业生临走的时候说，感谢老师们“用自己的德行让同学们得到了远比书本上的知识更宝贵的为人之道”，这当然让我感到由衷的高兴，但是不是复旦所有的老师、管理工作者和各个岗位上的工作人员都能以高尚的道德和良好的师风学风成为学生的表率呢？我们有个青年教师在学院的毕业典礼上发表感言说，“复旦的教师天不怕地不怕，不怕强权，更不怕领导，不怕写不出文章，就怕我们的学生”。是不是我们每一个复旦的教师都能够把来自学生的评价作为衡量自己学术和工作最重要的标准，在学术上不懈奋斗，永葆青春呢？我们必须保持警惕，因为任何特别优秀的事物都有其脆弱性，正如一位哈佛教授这样评价哈佛，他说：“大学就如同血肉之躯，总是难免病痛和不适；即使财富和传统、智慧和权力也不能保证它免受那些病痛和不适的侵扰。”

如果我们把大学比作人体，那么大学的病痛和不适，我们每一个身处其中或者与之相关的人都应该感受得到；如果我们把社会比作人体，那么社会的病痛和不适，我们每一个人也都应该感受得到。爱因斯坦说过，一个和谐发展的人，“必须学会理解人类的目的、梦想和苦难，以便与其他个体和整个团体建立正确的关系”，爱因斯坦以此作为反对过度的专业教育、支持通识教育的理由。我们也希望通过弘扬通识教育的精神，让每一个复旦人怀有理想之心，拥有广阔的视野、批判的思维和独特的个性，养成宽容、尊重、公正和坦诚的心态。当我们的毕业生走上社会，开始思考自己前途和命运的时候，我们既要看到未来社会发展给我们带来的前景和机遇，也要清醒地认识到社会所面临的危机和积累的矛盾。这样的危机会把我们都变成狭隘的功利主义者，一心关注的只是自己的个人利益。“狭隘的心胸支配狭隘的世界观，狭隘的世界观产生狭隘的行为”。我毫不讳言，复旦有过个别的学生，他们也很聪明，也曾在不同的岗位上做出过出色的业绩，但最终受狭隘的心胸所支配，完全忘记了应有的社会责任，做出愧对社会和国家的事情，成为复旦的耻辱。这次世界杯，意大利、法国作为上届世界杯的冠亚军，却在小组赛就早早淘汰，名声、传统、天赋，甚至金钱都无法让他们再向前一步，为什么？因为这些球员忘记了他们对球队的责任、对国家的责任、对社会的责任。我相信，我们还可以找到更多这样的例子来加以指责，但我更希望，我们每一个复旦的学子，不是一个高高在上而又事不关己的批评者，而是做一个勇于担当责任、解决问题的创造者。有人推荐我看了你们为毕业晚会准备的视频（“复旦——让我为你唱首歌”），这个视频很简单，但是让我深受感动，它显示了复旦学子的才华横溢，真情实感，触动人心。他们告诉我，这样的视频一看就是复旦人做的，而且必然是学生自己做的。也曾有人概括说，复旦人就应该做三件事，第一是做复旦人真正想要做的事，第二是做复旦人真正应该做的事，第三是做只有复旦人才能做好的事。我相信，在座每一位学子，都有能力在自己喜欢和擅长的领域、在需要复旦人的地方,把事情做得比前人更好。

让我们永远做一名“关注人类命运、关注社会发展、关注百姓疾苦”的复旦人,在世界各地和社会的各个领域用我们的智慧和汗水诠释复旦精神。

复旦万岁！青春万岁！

如何把握学术精神

——在2010届研究生毕业典礼暨学位授予仪式上的讲话

(2010年7月2日)

校长　杨玉良

同学们、老师们:

大家好!

今天,我们在这里祝贺顺利完成学业获得学位的2 551名硕士生和952名博士生。你们在导师、亲友、学校教职员工的帮助下,刚刚走完了一段不平凡的路程。好多和你们的生命息息相关的人今天都在现场见证你们的收获,我想,此时此刻,作为校长,再多的话语都无法尽情描述你们这些年的酸甜苦辣。

今年是复旦建校105周年。学校举行了校庆学术文化周活动,邀请国内外一流学者在各校区开设学术讲座,活动的目的是希望通过这些学者的报告,能让我们的学生了解并追踪国际国内学术前沿,激发广大师生的学术热情;同时也希望学生能够领略我校一批令人尊敬的学者的师业风范,从他们身上学会如何从事学术研究,如何做人。通过这次学术文化周的活动,我既听到了学校优秀青年教师讲述各自学术历程的精彩报告,又听到了年轻的研究生对于学术、对于人生、对于世界的认识。昨天我又和毕业研究生代表进行了一次座谈,也算是送别他们,他们结合自身研究的体会谈了很多有关学校科研和发展的问题,他们对学校提出了很多真诚的意见,我再次对他们表示感谢!所以,我很想借此毕业典礼的机会,和大家谈谈如何继承复旦老一辈大师们的治学精神,在学术道路上继续攀登高峰的问题。因为这关系复旦这座神圣的学术殿堂未来之路。

同学们经过若干年的研究生生涯,多多少少能体会到追求真理是大学发展的终极理由,大学就是老师和学生在一起以追求真理为目的的学术共同体。大学的建立发展就是这样一个科学和学术逐渐过渡到一种制度化的过程。在这个过程当中大学确立了一种独立超脱的、崇尚真理的、实事求是的品质,并逐渐成为高级人才培养和学术研究的中心和基地,这是我们大学所扮演的角色。但是,一流的研究型大学在21世纪面临的主要威胁是内部学术精神的逐步消解。在不良的社会大环境,以及共同体内部不良现象的影响下,我们的学生也会被世风流俗异化,学者也会被市场经济异化为某种经济的机器,甚至堕落为经济动物或者科学的骗子,就会做出种种违背学术规范和社会道德的事情。比如,会用高超的合成技术来合成毒品,往奶粉里面加三聚氰胺,还有让黄鳝吃避孕药,使其变得很粗很大,还有用孔雀绿养鱼,把苏丹红加到辣椒酱里面,等等。这些都是被社会异化了的科学工作者干出来的!

所以我们要抵制这种不良的倾向。只有坚守学术精神才能实现大学的学术使命,所谓的学术精神首先是一种诚笃的精神,一个人只有当他把追求真理当作一种内心的需要,内在的需要,而不是为了什么目的做所谓的追求真理的工作,这个时候才能说这个人是真正在从事学术研究。复旦毕业生陈寅恪先生曾经说过研究学术最主要的就是有自主的意志和独立的精神。南开大学老校长毋国光先生曾经说过,办大学就是办一种氛围,我个人认为这种氛围就是一种自由探索的氛围,而不应该允许那些任何不利于或者妨碍自由探索的东西存在。正如我们校歌所唱“学术独立,思想自由,政罗教网无羁绊”。这是我们的前辈给后辈提出来必须遵循的准则。这不仅有利于对真理的探索,而且有利于我们排除形形色色的诱惑和纷繁躁动。这样我们才能在扎实的学理研究的基础上,为国家、为社会甚至为整个人类解决问题。

一个接受过良好的学术训练的人脑子里应该始终有问题意识,我希望大家重视学术研究当中的思想性问题。在选择研究课题时应有两个坐标:一个坐标是问题在学科里的重要性,还有一个坐标就是可以造福于人类。你得知道你研究的这个领域的基本历史,不用很远,但这个脉络要能看出来。历史告诉你前面是怎么演化到今天的,马上就指给你下一步真正好的趋向在哪里,你就不会迷失方向了。这是我的一个体会,你一定要去找这个历史。其次,不仅仅要关注事情的表观发展史,还要知道这个学科的思想发展史。

在掌握了最基本的东西之后,一个很重要的研究习惯就是要敢于打破学科壁垒。如果你再知道一些和你无关联的学科怎么发展的话,从中就可以找到一条路。这条路不具备你的一些知识的其他人恐怕是找不到的。不要以为读一些与专业无关的书就是在浪费时间,学术研究当中有一个最重要的,用英语说就是对问题有一个 taste,就是能不能辨出里面的味道,也就是对好的科学问题有鉴赏力。一流的人才要有综合素质,这不是简单的一门课就能教会的。所以我们从大学本科开始就需要实行通识教育,或者是“博雅教育”。它与孔子培养君子之道有相近之处,主要目的在于传递人文精神和科学精神,建立对各种不同文化的了解、理解和容忍、沟通能力。通识教育要打破人文和科学之间的壁垒，展现不同学科和文化的思维方式。专业教育也需“通识”，我们不希望培养出来的只是一些优秀的工匠。

今天我在这里不是作为领导讲话，仅仅是作为你们的一个学长，把这些话告诉你们，因为我相信你们当中很多人会成为我们学校、我们国家，甚至世界知名的学者，你们当中肯定有不少会获得崇高的荣誉。毕业典礼结束之后，你们即将带着复旦打下的烙印、带着收获、胸怀梦想，奔向世界各地，去书写新的人生篇章。此时此刻，我们各位老师的心情也十分激动，就像父母送子女远行。复旦培养了你们，对你们寄予着美好的祝福和殷切的期望。

最后，请允许我引用李登辉老校长提出的复旦精神——“团结、服务、牺牲”与诸位共勉！

在中共第十三届复旦大学党委第十二次全体（扩大）会议闭幕大会上的讲话

（2010年7月18日）

党委书记 秦绍德

同志们：

十三届十二次党委扩大会已经开了快两天，大家围绕主题展开了热烈的讨论。因为来不及汇总全部情况，只能根据务虚会领导班子讨论的几个问题和我参加的两场小组讨论的情况，做一个不是很完整的小结。把下半年的工作究竟怎么开展，跟大家交流一下。我主要讲三个问题。

一、认真学习全国教育工作会议精神，认清“十二五”所面临的发展机遇，谋划我们的工作

在教育工作会议召开前夕，新华社发了一篇文章，叫做《谋百年大计，兴千秋伟业——党中央关心教育改革和发展纪实》，可能不少同志都看到了。我感到，党中央总是在每一个重要的历史时刻，召开教育工作会议，从全局角度提出教育的历史任务。作为教育战线上的工作人员，我们要认真学习。

第一次教育工作会议是1985年5月，在我国全面推进经济体制改革的时刻召开的。会后颁布了《中共中央关于教育体制改革的决定》，第一次提出了“教育体制改革的根本目的是提高民族素质，多出人才，出好人才”，提出要“改革管理体制”、“调整教育结构”。特别是小平同志在会上指出，我们国家，国力的强弱，经济发展后劲的大小，越来越取决于劳动者的素质，取决于知识分子的数量和质量。一个10亿人口的大国，教育搞上去了，人才资源的巨大优势是任何国家比不了的。小平同志很多话我们现在还耳熟能详，比如“我们要千方百计，在别的方面忍耐一些，甚至于牺牲一点速度，把教育问题解决好”，还有“三个面向”，“教育要面向现代化，面向世界，面向未来”。

第二次教育工作会议是在1994年，小平同志南方讲话，中共十四大决定进一步推进改革开放时召开的。当时江泽民同志在会上提出“教育优先发展的战略地位必须始终坚持，不能动摇”。

五年以后1999年召开的第三次教育工作会议，我们都记忆犹新。这是在我国刚刚克服了1997年亚洲金融危机，经济实现软着陆，要面向新世纪展开宏伟蓝图的时候召开的。会上，江泽民同志重点指出，要将教育纳入战略发展重点和现代化建设的整体布局之中，把教育作为先导性、全局性、基础性的工作。而且提出了“人才资源是第一资源的科学论断”。

这次全国教育工作会议是改革开放后的第四次。从1999年到现在已经有11年了。我们领会，经过了一场世界范围的金融危机和经济衰退，中国的发展又处在一个相当关键的时刻。不仅要解决经济能不能持续发展的问题，而且要解决改革开放深入后所产生的大量社会问题。

那么今天，教育战线面临着怎样的形势？我们应该站在历史的角度来思考。经过这二三十年的发展，我们深刻地体会到，国运昌，大学兴。大学的命运和国家的命运是结合在一起的。特别是经过32年的改革开放，中国的经济已经起飞，创下了中国历史也是世界历史上的最高发展速度记录。中国作为新的重要的全球参与者出现，类似于19世纪统一起来的德国和20世纪开始强大起来的美国。从现在起到2020年，我国仍将处在经济高速增长期，经济总量将跃入世界前列，实现全面建设小康社会的宏伟目标已经不是哪一个国家想阻挡就能阻挡得了的。在这种情况下，教育发展的前景非常好，教育战线的任务也非常重。这次会议有两个提法社会上很关注，一个是到2012年教育投入占GDP的比例一定达到4%，另一个是教师平均工资水平不低于或者高于国家公务员平均工资水平。老百姓总是很关注实在的东西，从这朴素的真理中也不难看到，只要党和国家重视，领导有力，投入加大，教育就有希望。

学习全国教育工作会议精神，我对几个问题印象比较深，这可能会影响我校“十二五”以及更长一段时间的事业发展规划。

1. 要着眼于国家和民族的未来，培养一流的人才。

党中央国务院领导关于人才培养的问题的讲话分量非常重。胡锦涛同志讲，“坚持以人为本、全面实施素质教育是教育改革和发展的战略主题，是贯彻党的教育方针的时代要求，核心是解决好培养什么人、怎样培养人的重大问题，重点是面向全体学生、促进学生全面发展，着力提高学生服务国家服务人民的社会责任感、勇于探索的创新精神、善于解决问题的实践能力，引导学生形成正确的世界观、人生观、价值观，坚定学生对中国共产党领导、社会主义制度的信念和信心。”这样的要求，应该贯穿我们人才培养的全过程。

2. 要着眼于国家的需求，科技的进步，谋求学科发展的契机。

国家需求往往是学科发展的契机。当今中国经济增长方式的转变、新兴产业的升级、城市化问题、环境问题、能源问题，等等，都为大学许多学科的发展提供了契机。我们只要真正作出了贡献，帮助国家解决了一两个重大问题，就一定能站在学科的前沿。

3. 要积极主动地承接国家战略，加快建成一流大学。

在这次教育发展纲要和领导同志的讲话里，多次提到中国要建成若干所世界一流大学和建成一批在世界上有影响的高水平大学。这是国家战略，我们自己的规划也要主动承接国家战略。

4. 要不辜负党和人民的期望，建设好一支教师队伍。

基于这些肤浅的认识，我们在谋划下一步工作时，还是要认真学习全国教育工作会议的精神，找到我们发展的机遇。

还有一个问题，当前环境中对教育战线也有一些不利的因素。社会上对一些教育热点炒作很多，怎么看待？我认为，整个中国的高等教育还处在一个快速发展期，高校间的竞争十分激烈。国内大学的发展到目前为止，基本上还是政府主导型的发展，资源驱动型的发展，还没有完全转到自主的、内涵的发展。我们还处在一个上台阶的时期。所谓上台阶，就是不太平稳的发展期。我也有一些体会，主要表现在：对办学理念的认识还不够稳定，还没有完全接受先进理念的武装。生源和教育质量还处在尚不稳定的阶段，师资队伍也在变动中。关系到长远发展的体制机制障碍未除，大学制度还很不健全。在这个关头，一是要积极发展，二是稳步发展。保持持续发展的态势不太容易，一定要避免大的起落。

讨论中很多同志也表达了类似的看法：目前整个社会比较浮躁，大学压力很大。我们要看到，这可能是一个历史时期的态势，因此不能被一些社会的因素所迷惑、所诱惑，被一些社会压力搞得心浮气躁。认准的，坚决干；没认准的，再认认准。万一出现大的起落，实际上是延缓了学校的发展速度。

对我们本身存在的问题或者“十一五”没实现的目标，要有清醒的认识，多一点忧患意识、危机意识，不能盲目乐观。同时我们也不必丧失信心，要相信我们的工作基础和本来存在的实力。我在书记的岗位上已经工作了11年，最初几年，心态也经常跌宕起伏，看到某个大学排行榜上我们的排名不理想，或者院士评选兄弟学校有教授评上了我们没评上，就觉得日子很难过，也容易使自己的心态很不平稳。这时就需要看到，整个历史时期就是这样一种状况，最重要的就是认准目标好好干。

二、做好下半年工作的几点意见

昨天上午杨校长主题报告后，大家讨论得很热烈，有些也还是初步讨论，来不及深入，结合这些讨论，谈一谈我个人不成熟的看法。

1. 关于编制“十二五”规划

第一，规划是一定要有的。规划对全校师生会起到重要的指导作用和激励作用。任何一个单位总要有一个目标来团结大家。第二，规划的制定是一个复杂的过程。我们现在规划水平不高，都在凭着经验做事情。如何提高规划的科学性、专业性和可行性是我们接下来努力的方向。第三，规划的制定一定要开放透明，要把它作为一个发动群众的过程。第四，为了使规划的制定更有科学性和专业性，学校要成立专门机构，改变许多规划互相不配套、互相打架、没有顶层设计的状况。从实际出发，可能我们还是要一边成立规划办公室，一边编制“十二五”规划。

“十二五”规划的制定必须要对“十一五”有所总结，对各单位处在什么位置清醒定位，在此基础上客观地提出奋斗目标。我们在2004年提出复旦大学向世界一流大学奋斗的“三步走”战略。现在到了第二步收尾的时候，究竟完成得怎样还没有很好的总结。我个人认为，第二步的计划，有些还没有来得及完成。一是当时我们提出若干(3—4个)学科达到世界一流，现在看来没有做到。二是当时我们提出要跻身亚洲前列，也就是亚洲大学的前20位。现在看来还有距离。下一步究竟怎么做？我觉得在较长的时间争取成为世界一流大学的目标不能动摇。这是胡锦涛同志2005年给我们百年校庆的贺信中确定的，没有理由改变。

我想主要还是两句话。第一，我们还处于跻身世界一流大学的发展过程中。究竟是十年还是二十年，不明确，设定具体的时间表不现实，也没有根据。第二，我们首先要成为一所在国际上有影响的研究型大学。在创建世界一流大学的道路上，有很多所大学，清华是一个类型，北大是一个类型，那么复旦是什么类型？我们要按照国家要求，突出办学特色。什么是我们的特色和优势？就是在国际上有影响的研究型大学。具体来讲，有这么几点：

第一，以优质的本科教育见长。杨校长说，我们首先要建成世界一流的本科教育体系。这一点我们是有基础、有条件的。一来我们从来没放松抓本科生教育。第二，为什么复旦大学在国内有品牌，生源好，很重要的就是校友的影响力，特别是国际影响力。这次全国教育工作会议讲得很清楚，大学的第一任务是培养学生，本科生又是最重要的基础。

第二，国际化程度比较高。这是上海的地域特点决定的。首先我们的留学生培养一定是优秀的。第二，学生在校期间出国出境交流频繁。第三，有很多国际课程。第四，跟国际上一些知名大学在某些领域可以合作办学。当然这点目前还没做到。国际化程度高，就会使得我们的优势比较凸显。

第三，若干领域的科学研究处于世界前沿。这点我们咬住不能放。处于世界前沿的若干领域不仅是理科、医科和工科，也包括人文社会学科。

第四，学术氛围浓厚、学科交叉活跃、学术生态好。听起来是个软指标，但做到不容易。要实现学科交叉活跃，体制机制的障碍首先要扫除。氛围和生态建设好了，人才就会往我们这里汇聚。

编制“十二五”规划的问题我笼统讲讲总体奋斗目标，还没有形成规范的文字。

2. 认真研究，尽快启动“985”三期

我们的“985”三期和“十二五”是同步的，“985”三期是“十二五”规划中最重要的内容之一，也是“十二五”期间最集中的资源支持。我们一定要体会到，“985”是国家战略，核心是建成一批世界一流学科。教育部有两个指标作参考，一是ESI体系，一是明年即将开始的新一轮国家重点学科评估。不去管这两个评估体系的合理性，我们的一些优势学科在这两个体系中表现如何一定要有精确的计算，做到心中有数。

在学科建设上，我们要以迎接2012年新一轮国家重点学科评估为抓手，继续完善学科布局，充实学科力量。原有的优势学科不要丢掉，新的要继续申请。我们现在一级重点学科的数量是11个，下一轮能不能到14个?

“985”三期的建议书上上下下讨论过很多次，已经基本成型。我们将集中在六个方向投入，一是教育体系建设，二是师资队伍建设，三是高水平学术中心建设，四是医科学科建设，五是院系学科建设，六是能力和条件建设。这些方面的建设还需要进一步细化，落实到具体项目，落实到具体单位和团队，也要有合理的抓手。

“985”三期的一些基本设想、思路也在逐步明晰。第一，直接面向院系，尽可能减少控制在行政部门手中的资源，推进二级管理体制的改革。这也是延续了“211”三期的分配方式，给院系既带来了机遇，也带来了挑战。第二，在人才培养上会投入更多的资源。

3. 本科生培养体制机制改革

本科生院的建设问题在分管校领导和有关部门的共同努力下，已经形成了初步方案。这次比较冒险，把初步方案在会上抛给大家。定出这个方案不容易，但也还比较粗糙，需要细化。大家尽可以提出不同意见。方案的实质是提高本科生培养的质量。这个过程比较长，要改变理念，改变原有的体制机制，组织队伍，制定相当多的章程、规则，还要有资源投入的保障。静下心来想非常复杂，可以说是伤筋动骨，有一定风险。

现有的教学体系是多年形成的，没有改变。这样延续下去，学校总是稳定的，日子总是好过的。实行这个方案将带来好多方面的变化，从不平衡到平衡有风险，但我们也不要丧失信心。毕竟复旦的本科教育改革多少年来从未停止过，一直到今天，我们有基础。务虚会上校领导讨论得非常热火朝天，但真正实行恐怕还要经过详细讨论。

关键是两个问题，一是课程。无论是核心课程、文理基础课程、专业课程，整个架构要变化。二是书院建设。究竟建多少个书院，每个书院配备多少导师，内部结构怎样，非常复杂。在耶鲁，教师培养学生是天职。国内本科生培养和国外最大的差距就是没有师生之间的交流。我们不少老师光教课不接触学生，学生有很多困惑。接下来要下决心做这件事。教师在专业学院，但有两个属性，一个属性是专业学院，第二属性是书院，没有被书院聘任的教师就不是好教师，也没有第二份岗位津贴，职称晋升也有障碍。老师投入学生就会满意，学生的面貌也会改变。一年级大学生进校后非常迷茫，要有指导，不管采取什么方式。导师是关键，但做起来也最难。导师制的方案如何制订，欢迎大家踊跃提出建议。关于本科生院我们也不是一步到位，先把路线图设计好，逐步到位。但一定不能拖着不动。

4. 关于人才队伍建设

这个问题我不展开了，强调三点。第一，引进的问题不管困难多大，不能却步。不仅是领军人才，还包括30岁—40岁左右有潜力的青年骨干。第二，培养要大大加强。第三，教师薪酬问题和人才队伍建设直接有关。根据中央有关精神，参照兄弟院校的做法，要提高教师薪酬。但是现在不许诺。通过什么方式来提高，哪些人群该怎么提高，一定要拿提高资源换一个好的机制。

5. 关于校内学术机构整合和管理体制改革

我们的出发点是什么，要全面思考。我提出三个有利于：第一，有利于学生的培养，包括通识教育的展开，本科生院的组合。因为学校学术机构组建的原则很重要的是培养学生。第二，有利于学科交叉。第三，有利于提高管理效率。

怎样整合很难，究竟是一级学科还是二级学科覆盖面，好像历史因素也回避不了，会碰到很大的阻力。大学大概是最复杂的学术机构，在进行学术机构整合的时候，是会伤筋动骨的。这件事还是要谨慎，充分论证，分步实施，以坚韧不拔的毅力，逐步把它理顺。

关于管理体制的改革，涉及学术权力和行政权力的关系。这又是一个比较大的问题，属于我们贯彻执行《纲要》，进行大学治理内部改革的重要方面。党委扩大会讨论过多次，也做过一些调查研究，但还没有通盘考虑，有的还没有实行。近年来，高校受到媒体这方面批评很厉害，行政化、官本位。虽然有的批评言论过一点，但在不少方面行政权力越位的情况确实存在，与此同时，学术管理和行政管理薄弱的情况也存在。

我的想法，理顺体制，要三管齐下。

第一，逐步把学校层面的学术权力，集中到学术委员会等学术组织。比如校学术委员会、学位委员会、教学指导委员会，也就是将来的本科生培养委员会，使得学校宏观学术决策和许多职责由这些来承担。现在这些学术组织很不健全，活动也不正常，我们要想办法把这些组织建实。高教法已经规定，学术委员会在审议学科、专业的设置，教学、科学研究计划方案，评定教学、科学研究成果等学术事项中发挥作用。现在我们要保障这几个委员会学术权力独立运行，健全章程，人员要定期更换。

第二，要逐步扩大院系等办学主体的学术权力和资源统筹权。院系是教学科研等学术事务的基本组织单位，也是教师、学生、专职科研人员等学术活动主体的基本管理单位。作为一个办学实体，学术管理权力是院系的首要权力。拥有学术管理权力，院系就会自主地思考和制订目标和学科规划。学术管理权力要落实到位，需要得到资源统筹权的支撑和保障。院系最需要的资源统筹权主要是规划权、人力资源配置权、财权。学术管理的权力要落实到位，还要完善院系的行政组织和人员配置。教育职员制度要建立起来。

在学校整体资源匮乏的时候，要完全改变集中的分配办法有困难，资源逐渐丰富以后，要逐步给院系更多的空间。"逐步"也很重要，要仔细研究。什么东西放下去要搞清楚，要考虑院系能不能承接起来。

院系究竟哪些是学术，哪些是行政，我觉得系主任和学术委员会的权力，就不要分得那么清楚了。世界各国，也是各有各的做法，有的是教授委员会说了算，有的是系主任说了算。很简单，谁有权，责任就到位，给事权的同时也给资源。当然系主任不在学术委员会任职，也是一个创造。

第三，进一步推动校行政机构转变职能，切实保障以学术运行为中心开展工作。我们提出，行政机构要"三转变、三服务"。"三个转变"，一是从"执行型"向"参谋-执行型"转变，把力量集中在为学校的重大决策服务，加强基础统计工作，开展调查研究，聚焦实际问题，提出决策和政策建议；二是从偏重微观管理向宏观管理与微观管理相结合转变，有效发挥政策的导向作用，减少过程管理；三是从划一僵硬管理向分类管理转变，尊重差异，使管理在规范的基础上保持弹性，为院系预留足够的空间。"三个服务"，就是为教学和科研服务，为师生服务，为基层服务。大家不要讲到服务感觉低人一等，关键是服务意识要增加，但专业化程度要提高。

我们在处理学术权力和行政权力的关系上，在学校内部管理体制改革方面如果能三管齐下，管理水平会往前走一步。

三、认真开展创先争优活动，发挥各级党组织的核心保证作用

"十二五"规划即将着手制定，"985"三期马上要实施，改革的目标提出来了，我有点忧心忡忡。因为每推动一步，都有很多困难和问题，牵涉到方方面面。如何使得我们花最小的改革成本，得到最快的发展，怎样处理好内外的关系，如何争取更多的资源，都是我们要花工夫思考的。各级党组织一定要充分发挥核心保障作用。创先争优活动不能空搞，要和下半年的工作任务结合起来，看看哪些单位、哪些基层组织、哪些共产党员在学校发展改革方面做得比较好。比如导师制，有些老师在学生身上花了很多工夫，我们能不能发挥政治优势、组织优势、宣传优势，进行大力弘扬，这就是党组织的作用。

总之，创先争优活动要和基层、和阶段性工作、和中心工作紧密结合，有机整合。

我的发言就到这里，不对的地方请同志们批评指正。

在知识的海洋中发现真正的自我

——在本科生开学典礼上的讲话

（2010 年 9 月 3 日）

校长　杨玉良

同学们，上午好！

你们来到复旦将近一周的时间，努力熟悉校园，仔细观察，积极思考，努力融入复旦的同时，也在一点一滴地形成对复旦最初的印象。我一点都不怀疑同学们的观察力，但也并没有要求同学们能够在很短的时间内就要对复旦有深刻的体会和感情。我知道有的同学会抱怨住宿条件，复旦和大部分大学一样，住宿条件一般，尤其是今年暑假天气异常炎热的那段时间，因各种原因留在学校的学生过得很辛苦，有的学生在网上留言说要把校长绑架到寝室感受一下酷暑，当然他们并没这么做。还有的同学观察很细致。有一位教授问来参加自主招生的同学，复旦有什么缺点？有一位同学说，复旦的自行车摆放混乱，有的落满灰尘，有的很破旧。摆放混乱说明同学们没养成公共场合的守规意识；落满灰尘的车，可能长期没人用，这样的车占用有限的空间，应该清理；破旧的车多，很可能是大家不愿买新车怕被偷，这容易给人造成复旦校园小偷多的感觉，使人产生不安全感。同学们这些敏锐的观察或者直观的感受，时时刻刻在提醒着我们，大学究竟为了什么而存在。

大学是为了学生而存在的。在今年 7 月中旬召开的全国教育工作会议上，温家宝总理说："高水平的大学不在高楼大厦，不在那些张扬的东西，而在于有崇高的办学理念，有勇于担当的社会责任感，有追求真理、勇于创新的精神。"他还说："一旦涌现出一批有特色、高水平的大学，就会出现一批又一批真正杰出的人才，整个国家就充满希望。"在今年学生毕业典礼上，我也讲过，复旦最大的社会责任，就是为国家源源不断地输送具有高度社会责任感、引领社会发展、担当国家重任的优秀青年。大家都看到，在校园的主干道光华大道（也就是我们通常说的南京路）上，有一面校训墙，刻着复旦的校训：博学而笃志，切问而近思。在一家报纸所做的调查中，这个校训获得了最佳校训的第二名。第一名是清华大学的校训"自强不息、厚德载物"，因为"自强不息"是中华民族的精神所在。1915 年复旦建校 10 周年时确定的校训，寄托了复旦先贤对同学们最深切的期望，那就是，希望同学们通过在复旦的学习和熏陶，继续保持坚定的理想信念，成长为学识渊博、视野开阔、勇于创新、善于思考、真诚合作、虚心向上的国之栋梁。

校训墙是1995年复旦90周年的时候建立的。15年前校庆日那天，李政道博士站在校训墙前讲解学问之道。他说，学会怎么样去问问题，这才是真正的学问。在科学上，都要问重要的、有关键性的问题，才可以影响大的发展。对个人的发展也如此，你一定要认真地问自己，你究竟对什么有兴趣？你的志向在哪里？将来你要做什么样的事业？你要相信自己，要觉得你自己的生命是有特别意义的，不光是对自己有意义，对整个外在的世界也是有意义的。这就是大学。大学学习就是一个认识自我、发现自我，找到自己想要什么和热爱什么的过程。而复旦所拥有的知识、智慧和活力，可以很好地为你们的成长作好铺垫。金耀基先生说过，“当一个青年进入到大学以后，他就被赋予了一种责任，即他应该以充实的学问为责任，在知识的海洋中做创造性的航程。”“创造性的航程”，这是大学教育和中学教育最大的区别。大学教育不是延续你们基础教育下无往不利的应试能力，不是通过背诵答案以获得优异的成绩，也没有一条成为国之栋梁的标准道路。大学教育更强调探索精神、独立思考和创新的能力，是通过知识的积累和思维的训练，发现问题，分析问题，解决问题，由此发现一个让你流连忘返的崭新的世界。

我一直强调，大学生的第一责任就是学习。上学期，我收到09级一名学生的来信，他在信中说，他带着很多的“光环”来到复旦，第一年就参加各种各样的活动，但很遗憾，学习成绩却很不理想，他说，“一张不堪入目的成绩单”把他的梦想击溃了，然后他就想着是否应该换个专业。这当然只是个别的例子，但反映了同学中比较普遍的心态。有的同学从小到大都是被安排的，努力实现的是父母的理想，在选择专业上更多受社会舆论的影响，很少思考自己真正想要什么；有的同学进到大学，看到各种各样眼花缭乱的活动都想参与，任何所谓的机会都不愿意放弃，于是疲于应付，蜻蜓点水，所获寥寥；有的同学认为自己苦读了多年，进到大学就要放松一下，好好享受，读书不努力，不投入，成绩不好就说不感兴趣，想换到看上去“轻松”的专业。抱着这些心态的学生，应该牢记李政道博士讲过的话，相信自己可以有更高的人生定位，可以在更为广阔的世界里感受生命的意义。你们都是我们这个国家最优秀的青年，不应该受太多功利主义、机会主义世俗思想的侵扰，放弃自己的理想，浪费你们的青春才华。

“大学是社会之光，绝不随波逐流”，这是复旦校友竺可桢的名言，充分展示了大学的理想。复旦是一所有着理想主义情怀的学校。我们的创始人马相伯校长，早年积极投身晚清洋务运动，失败后赴欧美考察，使他认识到只有教育才能拯救这个民族，“自强之道，以作育人才为本，求才之道，尤宜设立学堂为先”，立志要办与欧美并驾齐驱的新式大学，他反复告诫学生，读书不是为了做官，也不是为了发财，大学生需“尊重道德，专心学业”。李登辉校长一生服务于复旦，在艰难困苦中将复旦锻造成一所民主、自由、学术活跃的私立大学，他希望同学们成为独立的思想者、独立的劳动者，在学校里独立，在社会上独立，真正造福社会。“西医必须大众化、中国化”是颜福庆校长的毕生理想，在他的努力下，上海医学院从无到有，是国人自办的第一所医科院校，医学院的校歌里写着“人生意义何在乎？为人群服务”，颜福庆校长说，那些以为学医可以赚很多钱的人，“我想他是跑错路了”，“以公众利益为目的去学医，这才是最好的”。陈望道校长是修辞学专家，他喜欢说“学生是第一位的”，他希望学生“宣扬真理，改革社会”。杨福家校长也曾著文说：“当代中国大学教育，首先必须担负起一种责任，使每一位走进大学殿堂的青年人，完成从‘私’人走向‘公’域的人生观及其思想知识训练。”我的前任王生洪校长在2007年的开学典礼上也要求复旦学生“树立远大理想，尽情学习知识，不断增长智慧”。同学们，我和复旦的老校长们一样，想告诉大家，能让我们感到自己人生特别有意义的地方一定是这个属于“公”的领域，能让我们充分展示理想和才华的，也一定是这个属于“公”的世界。

同学们，这世界上有时候人与人见面的次数很频繁，但有的时候又非常不频繁，尽管我们在同一个校园。但是我和在座很多同学在四年后的那个夏天可能还会见面。到那个时候，我们很多人会变得更老，头发会更白，声音会更无力，但你们会变得更加坚强，更加成熟，更加智慧，你们会感叹四年不过弹指一挥间，只不过校长变得更老态了。我再老一点无所谓，但是我不希望你们那时候带着失望和悔恨离开这片注定融入你们生命和血液的热土。前段时间因为是毕业季节，校办的同志给我看了一些学生的散文，其中有一句话我可以念给大家听听，那个同学说：“青春意味着铁肩担道义，妙手著文章，那是李大钊的青春。鲁迅却说，青年中也有混蛋，有懦夫，有叛徒。”李零教授也说过：“即使是笨蛋，也要比坏蛋好。”诸位同学，你们想让自己有什么样的青春，你们从现在开始就应该知道自己接下来四年在复旦应该多做些什么事情了。

我希望在座每一位学子，能够成为“关注人类命运、关注社会发展、关注百姓疾苦”的真正的复旦人，成为勇于担当责任、善于解决问题的创造者，用你们的智慧和才华、青春和激情，把复旦变得更加美好！如果有可能，把世界变得更加美好！

学术精神的坚守与传承

——在研究生开学典礼上的讲话

（2010 年 9 月 3 日）

校长　杨玉良

各位新同学：

我很高兴，你们经过慎重选择，决定在复旦大学从事学术研究。与刚刚在这里举行的本科生开学典礼不同，你们对于这段即将开始的人生新的旅程，更多是出于自己内心的选择。

大学是老师和学生在一起以追求真理为目的的学术共同体。各位研究生同学选择这样的共同体，大多是有志于进行学术研究的，你们中有很大一部分人将来可能会走上学术道路。你们的选择也是出于对各自所在学科的强烈认同，那么为何大家会受一门学科如此有力的吸引呢？我想大致有两个原因，第一，所在学科的内在知识体系的和谐美，正是这种知识上的美感征服了你们。第二，所学的知识可以解决人类精神上和生活上的需求，也就是知识的功效所致，只不过这些功效有的体现在人类的思想文化层面上，有的体现在解决社会重大科学、技术、制度问题上，有的体现在改善人类生活方式上，等等。

我相信，同学们在选择自己的专业和未来道路时，相比考大学时，你们更清楚、更明白，你们排除了许多社会世俗的影响，父母的安排，你们更清楚接下来自己要干什么。我想只有坚守学术精神才能实现大学的神圣使命。学术精神首先是一种诚笃的精神。德国哲学家雅思贝尔斯(Karl Jaspers)说过："一个人只有当他把追求真理当作一种内在的需要时，才算是真正的学术研究。"因此我们每一位学者包括我自己在内，都要拷问一下自己在做学术研究的时候，是否真的是出于探求真理的内在需求。

学术精神也是一种独立的精神。等会儿我们结束的时候应该会要共唱复旦校歌，歌词里有一句"学术独立，思想自由，政罗教网无羁绊，无羁绊，前程远"。我希望大家等会在唱这句的时候特别用心唱！我们复旦的毕业生，学术大师陈寅恪先生说过，"我以为研究学术，最主要的是要有自主的意志和独立的精神。"南开大学老校长毋国光曾经说过，办大学就是办一种氛围。我个人认为，这种氛围就是一种自由探索的氛围，而不允许那些任何不利于或者妨碍自由探索的东西存在。这是大学的特质，也是大学要坚守的学术使命。所以，我们的校歌中才会唱响"学术独立、思想自由"。无论如何，复旦大学学术独立的精神传统不应该被消解。

现代大学的学术使命包括了它对知识的运用。大学必须是社会先进文化的代表，当社会出现任何失范的行为时，大学应该发出警世之言。我们很多教授就在做这些事情。我认为，作为社会责任的体现，大学及其教师们的"警世之言"必须是建设性的，而不是破坏性的。尽管学者个人的秉性可谓是五花八门，形形色色，但作为学者的整个群体而言，应该具有几点优良的品行：第一是对真理要有敬畏感；第二是对不良的行为要有羞耻感；第三是对自己所做的一切事要有历史感。大学的社会责任还体现为在扎实的学理研究的基础上，为社会、为国家，乃至为整个人类解决技术和社会问题。服务社会不是泛泛的空谈，也不是一般的服务站，而是应该深入问题的本质，提供分析和理论思考，在此基础上提出解决问题的方案和理论方法。

同学们，进入了研究生阶段的学习，你们将和你们的导师一起开展学术研究。在当代，尽管学术研究已经成为一种社会行为并普遍地体现政府意志，但由一名导师带领一批助手和学生开展研究仍是当今科研活动的主要方式。科学发展的历史规律所显现的学派的形成则是师承关系重要性的具体体现，这种师承关系仍是青年科学人才培养最为有效的途径。有人曾对 1972 年以前获奖的 92 位美国籍诺贝尔奖得主进行了考察，发现有一半以上曾是更年长的诺贝尔奖得主的学生、博士后或助手。所以说，师承关系是科学发展的重要形式，也是人才培养的重要途径，它可以培养年轻学者对好问题及关键课题的感觉、搞科研或理论化的风格、批判性立场及指导自己未来门生的方式。从这一意义上说，师承关系传承了丰富的"秘密"知识，即徒弟从师傅那里获得了比知识或技能更为重要的财富——"思维风格"。因此，所谓"教书育人"，在研究生教育中才是最为直接的，因为在研究生教育中导师和学生的关系才是最为密切的，好的导师能够真正地成为学生的"良师益友"，并把学生领入学术的殿堂。

然而现实中的师承关系也许并不总是充满快乐和幸福感，正如我们这个世界也并不完美，让我们觉得有点闹哄哄，浮躁之风比比皆是，我们更多地使用了直觉，少了理性。我国物理学家吴大猷就曾经发出过"社会富裕反导致学术下降"的感慨。我们的很多研究生，选择大学和专业的目的就纯粹为了谋取一份收入更高、更体面的职业，这是一种很危险的思潮，当这样的流俗变为"理所当然"时，堕落就开始了。

最后，我想强调一点，一个没有思想家的国家不可能成为世界强国。一所没有一流学者的大学也不可能成为世界一流大学。这就是真正的软实力。我们要培养在各行各业里、各个学科里的一批世界一流的思想家、学术家。这样，我们复旦大学才能成为国家的神圣殿堂，成为在无数人心目当中能够唤起崇敬之心的神圣殿堂。在座诸位身上担负如此重大的责任，所以我今天仍然想把我曾经几次引用过的一句话送给大家共勉——MIT 第九任校长 Karl Taylor Compton 的座右铭："当你离开每一块营地时，它都应该比你初到时更加美丽。"

复旦欢迎你们！谢谢大家！

在复旦大学离退休工作会议上的讲话

（2010 年 10 月 15 日）

党委书记　秦绍德

各位老师，同志们：

下午好。就离退休工作召开全校性的专题会议，在我校历史上应该是第一次。学校对这次会议非常重视，党委常委会对离退休工作专门做了研究，并通过了《关于进一步加强我校离退休工作的若干意见》。我们的工作得到了上海市教卫党委、市教委、市教育工会、市退教协、市老教授协会的大力支持，今天这些部门的领导郑令德、鲁巧英、陈其昌、吴彩兰、汤传明等也莅临我们的会议进行指导。我们向他们表示衷心的感谢！

刚才王小林同志做了具体工作部署，交流发言的几位同志谈得非常好，我不再重复。我主要想谈三个问题：一是离退休工作所面临的形势，二是做好离退休工作的指导思想，最后我想谈谈怎样做好离退休工作。

一、离退休工作面临的形势

人们常说，21 世纪是世界人口走向老龄化的时代。根据国际通行标准，老年人的底线是 60 岁，如果 60 岁及以上老年人口占总人口的比重超过 10%，就表明这个社会已经步入老龄化社会。按这个标准，我国已经进入了人口老龄化阶段，上海的老龄化程度更是在全国遥遥领先。截至 2009 年年底，全国 60 岁及以上人口占全国总人口的 12.5%，上海这一比例为 22.5%。全国 80 岁及以上高龄人口占全国老年人口总数的 11.4%，上海这一比例为 17.9%。

根据预计，"十二五"期间，上海市老年人平均每年增长 21.2 万人。到"十二五"末，户籍老年人口将达到 435 万人，占总人口比重超过 29%；到 2020 年，将达到 540 万人，占总人口比重超过 36%；到 2030 年，上海老年人口将达到 500 万—600 万人的峰值，占总人口比重为三分之一左右，而同期全国预测数为五分之一左右。

对我国来讲，人口的老龄化是与经济转轨、社会转型，与利益格局调整、思想观念变化交织在一起的。发达资本主义国家是"先富后老"，我们则是"未富先老"，而且老龄化的速度不断加快。再加上今后新增老年人口中独生子女父母比例高，人口抚养比也加速增长。可以预见，人口老龄化问题将成为我国今后几十年无法回避的重大社会问题，并对经济、政治、文化等各领域产生深刻影响。正因如此，中央把人口老龄化作为一项战略问题进行研究，加快社会养老服务体系的建设。但是由于我国处于社会主义初级阶段，决定了这项工作不可能一步到位，必须从实际出发，和国民经济及社会发展相适应，稳步向前推进。

具体到复旦的情况，刚才王小林同志已经做了详细介绍，截至今年上半年，我校共有离退休教职工 4 495 人，其中离休干部 229 人（含附属医院）。退休人数估计将每年增加 200 多人。对学校来说，广大离退休同志是一笔宝贵的财富。做好离退休工作是学校义不容辞的职责，一定要把离退休工作列入学校的议事日程，放在学校大局、规划计划下统筹考虑。离退休的同志们曾经长期战斗在教学、科研、医疗、管理第一线，在各自岗位上努力工作，为国家科教卫生事业和学校发展作出了巨大的贡献。许多老师学高为师、身正为范，潜心向学，忠诚于教育科学卫生事业，从青春到白头，奉献一生，老教师、老职工的精神风范为年轻同志树立了很好的榜样。复旦大学的精神传统也就是这样一棒接一棒，薪火相传、生生不息。退休以后，有的老教师、老同志仍然不忘发挥余热，不辞辛劳，为学校的发展献计献策。我还清楚地记得，百年校庆前，我们一批离退休的老同志，不顾年纪较大、身体较弱，怀着对学校的一片深情，积极投入校史编纂工作，不求名、不求利，春节也不休息，在当时为百年校庆作出了重要贡献，非常令人感动。可以说，复旦大学有今天，与老同志们是分不开的。对一所大学而言，历史的发展是不能割断的，只有尊重老一辈创造的历史，才能加快发展的步伐，才能全面协调发展。这里请允许我代表学校，向大家表示深深的敬意和诚挚的感谢！

二、做好离退休工作的指导思想

重视做好离退休人员的工作是中国特色社会主义的体现。国外退休人员一般和原工作单位是脱离的，他们的保障由社会承担。这就受到国家穷富的限制。发达国家财力雄厚，退休人员享受的社会福利就好一些。但是更重要的在社会关系、心理上和社会的联系方面比较薄弱。我们中国特色社会主义的根本出发点和落脚点是以人为本，强调所有工作最终要让人得到全面的发展。这里当然不排斥退休老人。也要让他们在晚年安康，这是我们社会主义制度所决定的。

从中国共产党群众工作的角度讲，党要为最广大的群众的根本利益服务。群众是划分为不同群体的，离退休人员是一个人数日益增长的群体。因此做好离退休工作也是党的群众工作的一部分。所以我国做离退休人员工作与其他国家不一样，特别重视。早在十年前，党中央、国务院在《关于加强老龄工作的决定》中就提出了"老有所养、老有所医、老有所教、老有所学、老有所为,老有所乐”的目标。党的十七大报告再次强调了这一指导思想。对“六个老有”我们可以做一些深入的理解和诠释,我个人觉得,“六个老有”有一定的内在联系。“老有所养、老有所医”指的是基本保障。“老有所教、老有所学”强调的是一个过程,通过不断学习充电实现人生价值。“老有所为,老有所乐”则是指我们工作的最终落脚点是快乐。老同志不光要有吃有穿,更要得到心理的和谐、精神的愉悦。这应该成为我们做好离退休工作的主要指导思想之一。结合“六个老有”的要求,我谈几点自己的想法,和离退休老同志共同讨论。

第一,离退休老同志为党和国家的事业、为学校事业,奋斗、奉献了一辈子,从第一线工作岗位上退下来以后,首要的任务是保持身心健康,安度晚年,益寿延年。其实关于“老年”的标准,一直在变化。1900 年,《人口年龄分类和死亡率研究》一书把 50 岁作为老年年龄的底线。但到了 1982 年,“世界老龄问题大会”把这一底线提高到 60 岁。现在看起来底线还可以提高。虽然生活条件的改善和医疗技术的进步为老年人的健康创造了非常好的条件,使得许多老同志退下来后仍然很健康、很精神。但是,新陈代谢毕竟是人生不可抗拒的规律。我们还是要尊重规律,把健康放在第一位。没有健康,什么事也做不了;没有健康,就没有快乐晚年。保持健康,要靠自己,还是要从身边一点一滴的小事做起,我们学校很多老同志科学合理地安排自己的生活,丰富自己的兴趣爱好,在书法、绘画、花草、山水中徜徉,既陶冶了情操,也在不知不觉中提高了生命的质量。

第二,始终要保持一种豁达乐观、积极进取的人生态度。古人说:五十而知天命,六十而耳顺,七十而从心所欲,不逾矩。这描述的是一种理想的状态,也是老同志们经过努力可以达到的境界。新时期我们还是要用“老而不敢忘忧国、退而不求名和利”的精神来要求自己,洒脱、达观、淡泊名利,在平凡中追求伟大。特别在终身教育理念席卷全球的大背景下,同志们还是要不断学习,活到老,学到老。过去的观念里把人的一生机械地分为学习期和工作期,前半生的时间来积累知识,后半生一劳永逸地使用知识,这是不对的。学习是一辈子的事情,只有在学习和读书中,才能不断坚定理想信念、锤炼道德操守、体会人生价值。

第三,在力所能及的范围里发挥余热。刘禹锡有句诗写得很好,“莫道桑榆晚,为霞尚满天”。复旦是全国的学术、思想和文化重镇,我们很多离退休同志都是各个领域的专家,不仅在上海,在全国也有很大的影响力。大家虽然离开了现职工作岗位,但仍然代表着复旦的形象,体现着复旦的水平。当前我们国家经济结构的调整、社会的进步、文化的繁荣都需要大家贡献智慧和力量。我们非常希望老同志们在发挥余热时既要有老骥伏枥、志在千里的精神;又能以自觉自愿、量力而为的原则,把社会需求和本人志愿有机地结合起来。刚才刘旦初老师的发言非常精彩,他代表了广大退休老教师的形象。在复旦的历史上有一批老教师潜心教学,潜心育人,为学生成长倾注了很大的心血,一辈子默默无闻,没有其他名和利的奢想。我们一定要让青年教师继承和发扬这种精神,成为受学生爱戴的好老师。

第四,更多地关心和培养下一代青年学生。教育是没有止境的,学生是源源不断的,这恐怕也是大学里最大的乐趣。离退休同志们是党的优良传统和作风的传承者,也是学校发展历史的见证人,大家的发言往往是最有说服力和感召力的。很多老同志离退休之后仍然很注重政治理论学习,关心国际国内形势,而且多年来形成了独立的思想和见解,有较高的政治素养和政策水平,这些都是教育下一代的宝贵财富。近年来,我校关心下一代工作委员会的几位老同志,在钱冬生、张永兴等同志的组织下,担任了复旦学院的学生党建辅导员,和同学们结成忘年交,用自己的亲身经历和人格魅力教育学生,引导学生,效果很好。老同志们说,看到自己的知识和思想在下一代身上延伸,这种快乐是无法用语言形容的。

三、进一步加强基层组织建设和离退休工作队伍自身建设,把离退休工作落到实处

离退休工作是一项综合性很强的工作,只靠离退休工作部门是不够的,全校上下要营造一种齐抓共管的氛围,各级党组织和行政要从思想上、政治上、生活上关心离退休教师,努力为大家做好事、办实事,特别要注意为生活上确有困难的老同志提供必要的帮助。

首先一定要坚决地执行关于离退休人员的各项政策。改革开放以来,随着国力的增强,国民生活水平的提高,离退休人员的经济保障水平也有所提高。但是,在职职工整体薪酬水平在提高,社会最低保障线在提高,特别是物价逐年上涨,离退休人员的保障水平又显得不够高了。而且各类人员不平衡,有行业的差别、省市的差别、单位的差别,这样就对高校保障离退休人员的水平形成了压力。所以不断提高离退休人员的生活保障水平是长期的事。这里我代表学校表态,随着学校财政状况的不断改善,一定逐年增加离退休同志的共享费,保证老同志们能够共享到改革开放和学校发展的成果。我们已经将此列入学校的财务年度预算。另外我校共享津贴也是校院系两级都有。由于财力不同,各院系不平衡。这里要讲两句话:一是各院系要尽量在自己可支配的资金中安排好离退休人员的津贴。二是请离退休人员也理解院系领导当家的困难。现阶段,离退休同志们最关心的是健康,最担心的是看病。我们将尽可能地在全市医保的大政策下,发挥我们学校有强大的医科的优势,附属医院的优势,为老同志们提供医疗上的方便。尽管现时还有不少困难,但我们对未来有信心。因为中国的发展繁荣是离退休人员未来的希望,而改革深化一定会从体制机制上理顺和提高离退休人员的保障水平。

第二,加强离退休基层组织建设。离退休工作是党的群众工作的重要组成部分,这方面我们和社会上有所不同,工矿企业离退休人员的关系已经转到社区,但大学以知识分子为主体,同志们以校为家,一辈子献给教学和学生,很难断然割舍,所以同志们的人事关系包括离退休党员的组织关系都在学校。退休不离家,学校还是离退休人员的大家。1999年,我们确立了离退休工作校院系两级管理的格局,并在各个院系成立了退休党员支部。11年的实践证明这个体制是正确的,离退休工作必须充分依靠两级单位的力量,才能有更多的人关心,事情才能做得更好,在实际工作中许多分党委书记、总支书记、院系主任都做得很好。今后我们还是要发挥好基层组织的作用,特别要建好离退休党支部。胡锦涛同志在今年6月份政治局集体学习时指出:"分布广泛、严密完善、富有活力的基层组织是党全部工作和战斗力的基础,是贯彻落实党的路线方针政策和各项工作任务的战斗堡垒。国际形势越是复杂多变,我国社会越是深刻变革,改革发展稳定任务越是艰巨繁重,我们越要做好抓基层打基础工作。"老同志们受党教育多年,"退休不退色,离休不离党"。对国家大事、时事政治和学校发展都十分关心,离退休党支部建设要抓住这一特点,以思想政治建设为重点,丰富活动内容,创新活动方式,引导离退休干部党员不断增强党性观念和党员意识,做到政治坚定,思想常新,理想永存。

第三,加强离退休工作人员队伍建设。多年来,离退休部门的工作人员把老同志当作自己的家人和长辈,爱岗敬业、任劳任怨、无私奉献,为做好离退休工作付出了大量心血,也得到了老同志们的认可。有些同志从事离退休工作十几年、二十几年,有的已年过半百,或接近退休年龄,自己也快成为老同志了,但他们依然无怨无悔、默默无闻地奋斗在平凡岗位上,这样的精神令人感动。当然我们也要看到,新形势新任务对离退休工作队伍建设提出了更高的要求。党委希望离退休工作同志们继续改进工作方式,提高服务质量,以创新的精神,满腔热情地要做好这项工作。

最后我还想指出,敬老爱老、饮水思源、知恩图报,是中华民族的传统美德。学校是培养人的地方,是传承文明的殿堂。我们要把做好离退休工作和对学生的教育结合起来,全校教师员工要做到学为人师,行为示范,培养学生树立敬老、尊老、助老、养老的品德,让民族的优良传统在他们身上发扬光大。

同志们,明天就是重阳节了,借此机会,我代表学校再次向全校所有老同志致以节日的问候,祝大家阖家幸福,健康长寿!

以上发言有不当之处,请同志们批评指正。谢谢大家!

在复旦大学五届五次教代会上的讲话

(2010年10月30日)

校长　杨玉良

各位代表,老师们:

今天我的报告想做得简单一点。关于2009年的工作已经作为会议材料分发给大家,请各位代表审议。等会陈晓漫副校长和陆昉校长助理会代表学校,分别就"985三期"规划制定情况和学校深化本科教育改革的方案,向代表们通报。这两项工作是学校目前重点,希望通过教代会听取广大师生员工的意见和建议。下面我简单就学校法制和民主建设问题谈一些自己的想法。

《国家中长期教育改革和发展规划纲要》指出,要完善高等学校内部治理结构改革。我校已经成为此次改革的试点单位,因此这个问题在学校应当提高到非常重要的位置。我在前不久的"C9会议"上曾经作了一个题为"法治和民主:大学内部治理的两个原则"的报告,也就是我们经常讲的依法治校和民主治校。我们在这方面做过很大的努力,但是离现代大学制度还是有很大的差距的。内部治理结构实际上涉及权力的重新划分和分配的问题,也涉及责任的划分。一方面,我们学校的权力过分集中于校级,尤其是有一些直接关系到学术的权力。第二个方面还体现在,学校的机关部处侵占了不少的院系本身应该具有的权力。我不是在这里批评行政职能部门,我是觉得如果管理机制不合理,那么权力就会向上集中。因此,我们完善学校的内部管理机制和结构是一项非常重要的举措,可以防止校内各类权力的滥用,保证权力的正确行使,确保学校各项事业的健康发展,也能反映学校依法治校和民主管理的水平,包括惩治和预防腐败的制度的完整性。这项工作也是加强学校反腐倡廉建设,加快一流大学内部管理制度建设的重要任务。

下面,我想讲讲为了达到这些目的,我们做了一些什么事情。我将把我在6月2日全校干部党风廉政建设大会上的讲话中的一部分和大家重复一下。我们所谓的完善内部管理实际上就是要完善一整套内部管理的制度,这些制度是用来克服权力的过分集中、权力不受制约地行使,以及避免行政机关一些官僚化的倾向,真正做到为教学科研和教职员工服务。

胡锦涛总书记在十七届中纪委五次会议上的讲话着重阐述了加强反腐倡廉制度建设的重要性、紧迫性和基本要求。有一句经常被引用的话是:"绝对的权力,产生绝对的腐败。"因此,我个人认为反腐倡廉工作是依法治校和民主治校的一项重要内容,教代会是一个非常重要的手段,一个监督的权力。为了要建立这些制度,我们提出:**第一,建立大学章程**。"大学章程"是上承国家法律法规和教育政策,下启大学内部管理的,具有一定法律效力的治校总纲。很遗憾我们学校还没有制定。这次全国教育工作会议,专门提出《国家中长期教育改革和发展规划纲要

(2010—2020年)》中关于制定大学章程的规定。我个人认为，大学章程的制定就使得一所学校有了一个基本的运作机制，以及对校领导的一个基本的权力制约，学校的使命和愿景就会得到形式上的固定，即使校领导换届后，不会导致学校的发展思路随领导而摇摆。因此，"大学章程"也是建设世界一流大学的基本保证。大学章程主要就是限制校领导的权力滥用。

第二，尽快建立和完善"校务公开"的完整制度。我们原来也没有该项制度，今年上半年教育部又一次发文，要求各高校进行信息公开。我们对这项工作已经在抓紧落实，在网络上首先信息公开，我们的原则是信息公开应该在最大程度上进行。信息公开是校务公开的基本要求。教育部规定，除了涉及国家机密和其他需要保密的事项外，其他均须公开。我们必须严格执行。一所学校要对自己的教职员工进行保密的东西应该是很少的。我甚至于提议，包括我们校领导的出国，要解释为何出国，同行的有哪些人，日程的安排大致是怎么样的，是不是有游山玩水的嫌疑，出访以后到底有什么样的结果，给学校带来发展，都应该在网上公布。否则(即使没有发生，或者有时候确实也会发生)，会让教授们觉得，可能会把某些出国的机会当做对领导的某个亲信的赏赐，或者对某些干部的安抚，我没有调查过我校的情况，但是我知道有些学校是发生了这样的情况的。

包括"985三期"的预算，我顺便跟大家交换一下思想，我一直在思考一个问题，"985"经费具体用在哪个项目上，到底谁来决定。某个教授为了一个项目来找我，而我也觉得这个项目不错，我可不可以一下子批500万经费给他？校领导具备这样的权力吗？我们领导都要问问自己，是不是作过没有经过"三重一大"规定程序的决定而批示过什么事情？因此，"985"经费的具体安排，因为涉及非常学术性的部分，应该由教授、学者专家们在学校宏观的学科发展的背景下来确定。那么学校做什么？我们昨天刚刚进行了半天的讨论，学校应该在更加宏观的层面上，从学校历史的传统学科强项，从整个学校的生态结构来考虑，以及看到整个"985"一期、二期的使用情况，对整个经费作一个非常粗略的切块。一般来讲，学校领导不应该对某一个具体的基地、研究中心、项目的经费数额加以干预。因此，在这次"985"三期的预算编制过程当中，我们充分依靠全校方方面面的人物，有专家学者、院系领导、部处负责人等，摆脱掉自己的专业背景，这样才能使"985"经费真正用到合适的地方。在国家没有大的投入的情况下，复旦的地位很容易保全，但是当国家对各个学校都有不同的经费投入的时候，谁把钱用好，谁就赶到前面，大家应该知道复旦现在面临着非常大的挑战。

校务公开还涉及另外一个问题，我在阅读对各个院系党风廉政建设的评鉴材料时发现，有两到三项指标大家都是非常低的，第一个是院务、系务的公开程度大家不满意。第二个涉及院系的"三重一大"事项，没有经过足够的民主讨论。第三个不满意的是，一些经费使用权过度地集中在院系领导和一些个别的"大拿"手里，可能是学术"大拿"或者别的。这三个问题是和院系工作的机制和院系信息公开有关。

第三，我们要对各种已有的制度进行梳理。前段时间请校办对各种规章制度进行梳理，结果发现有一千多份应该废除而没有废除的。这样我们就会碰到一个问题，在制定规章制度时，哪些应该重新制定相关的规定和政策，哪些原来就有的只需修改、完善，如果对于这些问题不够了解的话，我们就会缺少章法。除此之外，学校的各种规章制度，哪些必须到教代会上通过，按照条例，这都是有章可循的问题，但是可能我们原来的一些观念不是很清楚。如果我们依据本该由教代会通过而没经教代会通过的规定来处罚某些人和事，万一发生法律纠纷，法院对于这样的"规定"是不予采信的。

第四，加强内部审计制度。我们的审计力量还很薄弱，但是内部审计一定要有个完整、标准的方法，审计结束后应当有章可循地对有关违章、违规、违纪的事情进行处理，而这个处理不能根据校领导对某个人的好恶感来进行，否则就会出现某些问题非常严重，却没有处理，有些问题还不是很严重，却处理过重。

第五，要完善决策制度。我曾经提过建议，院系也应该设立教授委员会、学术委员会、教学指导委员会，这些委员会都赋予职责，那么整个决策就不会乱。

为了配合规章制度的建立，我们做了一些准备工作，希望在一些院系实行"二级管理"的试点工作。我们对于这些试点的院系先做了国际评估，评估专家对于院系的发展都提出了切中要害的意见和建议。二级管理的目的就是把管理重心移到院系一级，提高院系的责任心，而院系一级权力的运行更容易受到教职员工们的监督。校级权力运行的有些信息可能就停留在党政领导这一层面，很难扩散到教师中，这就容易造成很多正确的决策却很难得到教工们的认可。但是我们独立核算的院系级单位有几十个，而且有一个不好的趋势是还有不断分散的倾向。我在党政联席会议上曾经提出，我们能否通过这次"985三期"的运行，把学科领域分割得很细的现状加以改变。最近我访问了德国图宾根大学，他们学校把14个学院并成了4个院，他们也注意到了相同的问题。当然我们也意识到了这个问题。

制度制定后就要提高执行力。针对今天要审议的《复旦大学教职工处分条例》(试行)我再说明几点，这个条例也是防止校内各种权力滥用，保证权力正确行使，确保学校各项事业发展的一个重要举措，也反映了我校在走向依法治校和民主治校，其中有几个问题希望大家清醒地认识到：第一，这个条例的教职工是广义的，每一个复旦大学有编制的教职员工，都是这个条例要约束的对象，因为领导干部的权力比较大，因此这个条例对干部的约束实际上比对一般教师更大。第二，有些教师反映，为什么只出台惩处条例，没有奖励条例。从一个学校的制度建设来讲，因为时间有限，来不及把所有制度一次性提交教代会审议，另外，学校是有很多奖励条例的，当然也应该通过教代会审议通过。我认为，包括学校的工资和岗位津贴的制度也应该提交教代会来审议通过，“985”三期有相当多的资金是用于人力资源的，这些奖励包括对机关干部的奖励，必须有章可循，而且必须通过教代会，对于机关干部的奖励不是领导干部对下级的某种恩赐。

本次大会是五届教职工代表大会的最后一次全体会议。五年来，本届教代会作为复旦大学民主办学、依法治校的重要形式，切实保障和发挥了广大教职员工在学校民主管理、民主监督中的重要作用，为推进学校民主建设、保持学校稳定、保证社会主义办学方向、调动教职工的积极性，促进学校的改革与发展作出了必不可少的重要贡献！各位代表在做好自身本职工作的同时，义务参与学校民主管理、积极行使民主权利、关心学校各项工作，支持学校事业发展，充分体现了复旦人无私奉献、爱国荣校的精神传统。在此，我代表学校，对各位教职工代表多年来的辛勤工作表示衷心的感谢！

民主管理是现代大学内部治理的基本原则之一，是学校正确决策的重要保证。我们要坚持不断完善教代会的工作机制，更好地发挥教代会的重要作用，让广大的教职工更加充分、自由地表达自己的意见，进一步增加广大教职工在学校重大决策中的参与度，努力在大学校园里创造民主管理的文化和环境，促进我们各项事业更好更快地发展。认真贯彻落实科学发展观，在不久的将来把复旦建设成为真正的世界一流大学。

谢谢大家！

在复旦大学五届五次教代会上的讲话

（2010 年 10 月 30 日）

党委书记　秦绍德

各位代表，同志们：

复旦大学第五届教职工代表大会第五次会议就要闭幕了。这是本届教代会的最后一次会议，也是一次总结“十一五”，迎接“十二五”的会议。各位代表认真听取了杨玉良校长的学校工作报告，还有几位同志作了交流发言。同志们在讨论中畅所欲言，提出了许多很好的意见和建议。最后，我代表党委重点谈谈如何认真学习党的十七届五中全会精神，不断明确我校制定“十二五”规划的指导思想。

一、认真学习贯彻党的十七届五中全会精神

前不久中央召开的十七届五中全会是在我国进入全面建设小康社会的关键时期，深化改革开放的攻坚时期的时刻召开的，具有重要的历史意义。会议审议通过了《中共中央关于制定国民经济和社会发展第十二个五年规划的建议》，并向全国提出，在这个建议的指导下，“十二五”规划将继续修订，交付明年三月召开的全国人大十一届四次代表大会通过颁行。在会议最后，胡锦涛同志代表中央政治局，作了重要讲话。

当前，我校也在编制“十二五”规划。因此学好中共中央的建议，深刻领会中央精神，并贯彻到我校的规划中去，是十分重要的。这里我想谈两点。

1. *深刻领会中央提出的如何抓住和用好我国发展的重要战略机遇期，加快发展*。当前，世情、国情发生深刻变化，有许多不确定因素。在这种情况下，有些同志提出了疑问，我国发展的重要战略机遇期是否还存在？我们还能不能继续为我国发展争取良好国际环境？确实最近国际国内都发生了一些重大变化。在国际上由于中国的崛起，有一股势力在给中国制造麻烦。从东北亚美韩军事演习到钓鱼岛事件，再到汇率、诺贝尔和平奖、贸易战，等等一些问题，包括最近环太平洋会议上美国国务卿希拉里的各种表现，都反映了这样一种趋势，我们国家的发展有很多不确定因素。国内有两方面情况。一方面经过 30 年改革开放，我国综合国力大大增强，GDP 总量超过日本，占世界第二位，这样国内有一部分同志头脑有点发热，认为我们实力已经非常强大了。另一方面，由于我们国家发展中不平衡、不协调、不可持续问题依然突出，保障和改善民生工作压力较大，社会矛盾特别是各种“两难”问题凸显，因此有的同志就提出，在“十二五”期间是不是我们主要以社会改革为主？对形势的估计对“十二五”规划的制定起决定性指导作用，在这个问题上中央的态度非常明确。中央的判断是，我国发展重要战略机遇期存在的基本条件和我国发展机遇大于挑战的基本面并没有因为国际国内形势的新变化发生根本性改变，我们发展的机遇还是存在。对于这点判断非常重要，有了这个重要判断，我们还是紧紧围绕经济建设为中心，实行科学发展不动摇。所以胡锦涛同志讲，无论从我国发展历程看，还是从世界其他国家发展历程看，能不能抓住机遇，推进发展，是一个国家能不能赢得主动、赢得优势、赢得未来的关键所在。胡锦涛同志在后面讲了一段非常深刻的，令人深思的话，他说：“历史一再表明，机遇极为宝贵，稍纵即逝。要说失去发展机遇的教训，‘文化大革命’十年动乱的教训就很深刻。那段时间不少国家和地区后来居上，加速发展起来了，而我们由于工作指导方式上的错误，耽误了宝贵的发展机遇。”

胡锦涛同志的这番话是有针对性的、意味深长的。现在国内外都出现了各种各样的思潮，非常复杂。对我们抓住机遇发展自己，产生干扰，形成冲击。授予进行违宪活动的刑事犯刘晓波诺贝尔和平奖就是公然向我们进行挑战，来扰乱我们的视线，动摇我们的决心。国内也有人提出现在要以社会建设为主，改变分配制度，等等。中央提出，要准确把握以科学发展为主题，发展仍然是解决我国所有问题的关键。对此我们要加以深刻领会、认真贯彻。

2. *中央也提出，发展改革的出发点和落脚点是保障和改善民生，这就提出了做好新形势下的群众工作的问题。*胡锦涛同志说："群众观点是历史唯物主义的基本观点，与过去相比，我们拥有的经济实力和财力大大提高了，我们掌握的各方面资源大大增加了，我们可以运用的科技手段大大丰富了，但我们必须牢记，世界上没有任何力量可以代替人民的力量，任何时候任何情况下，群众观点不能丢，不能忘。"这些话非常发人深省。俞正声同志今年1月份在上海市委九届十次全会上也专门讲了群众观点的问题，文章后来发表在《解放日报》上。我们中的大多数人都没有经历过革命战争战火的考验，对那个年代党和人民群众的血肉联系没有亲身体验。相当一些年轻同志缺乏基层工作的锻炼，不了解群众疾苦。我们和我们周围的许多人，生活水平有了很大提高，早已解决了温饱问题，对一些群众生活之艰难缺乏切肤之痛。

我们的发展改革是为了群众，也必须依靠群众。以大学来说，我们为提高教育质量、提高创新能力所做的各种努力，归根结底是为了满足广大群众对高质量教育的需求，为了达到建设创新型国家的要求。因此我们"十二五"要做的工作，必须以人为本。对学校来说，这两年群众来信来访不少，各种各样问题很多，群众观点应该是我们工作中重要的指导思想。我们要解决好广大师生最关心、最直接、最现实的问题。比如青年教师最关心的就是"住房加机会"，全校上下都要重视这支队伍，做到关怀与解决实际问题并重，为他们的成长创造好的氛围，改善他们的工作生活条件，增强他们的认同感、责任心。比如有一部分教职工由于退休较早、生病或原来职级比较低，生活上确实存在困难。有关部处要花更多的精力，多关心他们的生活。半个月前，学校召开了复旦历史上第一次离退休工作会议，党委常委会通过了关于进一步加强我校离退休工作的若干意见。学校一定会随着财力的不断改善，逐年增加离退休同志的共享费，让我们的老同志能够共享到改革开放和学校发展的成果，安度晚年，益寿延年。

二、明确指导思想，抓紧编制"十二五"规划

未来五年是学校发展史上的又一个关键时期，机遇很多，挑战也很多。对"十一五"期间学校取得的成绩，我们还是要充分肯定，这是全校师生共同奋斗的结果。看不到成绩，就会丧失信心。但同时我们要有危机意识，要深刻地认识到我们存在的不足。在"十二五"期间我们还是要以创建世界一流大学为目标，以内涵发展为主题，以改革为动力，推动教学、科研、医疗、管理等各项工作上一个台阶，建设一个以人为本、环境友好的和谐校园。

关于"十二五"规划的指导思想，我谈几点想法供大家进一步讨论。

1. *坚定创建世界一流大学的目标不动摇。*这是国家发展战略对我们提出的要求。胡锦涛同志在给我校百年校庆贺信中明确要求我们"努力把复旦大学建设成为具有世界一流水平的社会主义综合性大学"。2003年我校提出了一个目标、三步走的设想，现在已是第二步结束。应当客观看到我们离世界一流大学还有不小的距离。创一流是一个较长的历史过程，但我们应当有阶段性目标，通过"十二五"的努力，能否有少数几个学科跻身世界大学前列。近两年开展的国际评估使我们看到了问题所在。各学科都应清醒地提出可望可及的近期奋斗目标。

2. *处理好改革和发展的关系。*发展还是第一位的，在当前的重要战略机遇期，发展是硬道理，也是学校一切工作的着眼点。我们讲的当然是科学发展。"十二五"期间，主要还是注重内涵发展。所谓内涵发展，是指提高教学质量，提高科研水平。一般情况下我们不再铺摊子，而着重于学科的调整，综合交叉发展。我们不要为以数量为特征的排行榜所干扰，要研究反映质量和水平的要素，把工作做在促进这些要素的发展上。

发展和改革是连在一起的。发展是目标，改革是发展的动力、手段。不发展没有出路，遇到发展的瓶颈口，就要坚持改革，通过改革来破解发展中的难题。在实践中我们体会到，改革是一个不断深化的过程，要滚动推进。我们不能寄希望毕其功于一役，也不能把改革的摊子一下全铺开，看上去很热闹，实际上应付不过来，落不到实处。我们尤其要处理好发展和改革的关系。我们要看到，在这个阶段保持稳步发展的态势不容易，一定要避免大的起落。不要轻易否定过去我们所作的各种努力，哪怕是不成功的教训，也是今天起步的基础。一定不要翻烧饼，走老路，那是没有出路的。目前整个社会比较浮躁，大学压力很大，这可能是一个历史时期的态势，我们不能被一些社会的因素所迷惑、所诱惑，自己心浮气躁。我们的改革要看得准一点，步子迈得坚决一点，争取以最小的代价，换来最大的成效。那些没认准的，可能还要花点时间再认认准，把方向、路径，认准了再干。我们不希望出现大的起落。

"十二五"期间，我们向教育部申请的是两项改革，一个是本科生培养体制机制改革，一个是学校内部管理体制的改革。对一所大学而言，这两项改革都是重大系统性的改革。首先要明确改革的目的，确定正确的目标；其次要做好顶层设计，在此前提下分阶段、有计划、有步骤地实行；第三要以科学的理念引导全校解放思想，转变观念，发动全校师生员工投入改革；第四，在实施过程中要倾听各方面的意见，哪怕是反对的意见；第五，决策要一致，实施要谨慎、细致。

3. *统筹兼顾。*我们常说，大学是世界上最难管理的实体。一方面，在工作中抓住重点，抓住主攻方向，能够起到提纲挈领的作用。但另一方面，全校工作是一盘棋，互相关联，互相影响，不能只顾一点，不及其余，或只顾一时，不顾长远。学校内部单位比较多，情况各异，所以我们在抓重点时不能忽视非重点，抓主要矛盾时不能忽视次要矛盾，还是不能搞"一刀切"，要"弹好钢琴"。大学有很多关系，要处理好：教学和科研的关系，校部和基层的关系，集中和分散的关系，民主和效率的关系，眼前发展和长远发展的关系，等等。当然，从改革的角度讲，平衡是相对的，只有通过改革产生新的不平衡，才能前进。但在打破平衡时，我们要着眼于建立新的平衡。

*4. 民主办学，建设和谐校园。*多年来我们一直强调，创建世界一流大学，一定要充分发挥全校师生员工投身学校发展改革的积极性、主动性、创造性。在"十二五"期间，我们仍然要坚持民主办学、依法治校，进一步发挥教职工代表大会的作用，发挥校务委员会、学术委员会、学位委员会的作用，发挥各民主党派、无党派人士和工青妇等群众团体的作用，坚持多种形式推进校务公开。这次教代会征集到的提案还不多，我建议再做点发动工作，鼓励师生员工围绕"十二五"期间学校如何发展，如何创建世界一流大学积极建言献策。

发展改革肯定会产生矛盾，有了矛盾就要妥善处理，保持校园的和谐、稳定。开展具体工作时，思想工作也要跟上，及时把矛盾化解在萌芽状态，不要让各种矛盾积压起来。我们共同营造一个各项工作协调发展、师生相互尊重、诚信友爱、教学相长、充满活力、管理科学、制度规范、安定有序的校园。我们也要看到，大学是思想活跃的地方，现阶段意识形态领域的斗争仍然是激烈复杂的，我们防范抵御境内外敌对势力的渗透破坏这根弦一刻也不能放松，在这个问题上我们始终要头脑清醒，和中央保持一致。

最后我还想强调两点。*一是在学校事业发展过程中，我们还是要发扬务实的精神。*在复旦大学不缺少思想和理念，但缺少务实的作风和实干的精神。这方面我们要向清华学习，他们一旦统一思想下了决心，总是号令如山，想得可能比我们晚，但做得比我们早，比我们快。发扬务实精神，关键还是要做到三个"实"，落实、扎实、切实。落实要到人，到了谁手里，谁就要认真负责。扎实就要反对形式主义，实事要多讲点思想性，虚事要当实事来做，注意操作性。切实也就是强调要符合实际，要可行。

二是要做好经费使用的规范问题。"985三期"的经费已经逐步到位，经费数量之大是历史上少有的。最近六个专家小组正在吸收全校各方面的意见制订规划。我觉得现在并不缺钱，但是大家要看到，花钱要办事，投入要讲产出，要讲效益。钱多了不一定是好事，在没有计划的时候乱用钱就是浪费。我们一定要用最少的钱办尽可能多的事，当然也不能期望一下子把所有事情都办了。这件事全校要一起来关心，出主意。我有点忧虑，所以在这里提一提。

同志们，经过"十一五"的发展，我们的学校已经站在了一个新的更高的起点上。"十二五"规划吹响了我们新一轮发展的号角，让我们以奋发有为的精神状态，努力进取，为创造复旦新的辉煌共同奋斗！

在党史工作座谈会上的讲话

（2010年11月25日）

党委书记　秦绍德

老师们，同志们：

下午好。

专门就党史工作召开座谈会，在复旦历史上好像还没有过。为什么开这个会，因为我们大学是培养人的。我们是中国共产党领导的社会主义大学，我们培养的是社会主义事业的接班人和建设者，因此我们要让我们的学生了解懂得中国共产党领导人民奋斗的历史，树立正确的历史观。因为我们是学术重镇，负有科学、正确地研究、撰写历史的重任。刚才六位同志的发言很好，给我很多启发，从事这项工作的同志们有很多共同的语言。我想在会上也谈谈我学习的一些体会，主要讲三个问题。

首先，我想谈谈当前党史工作面临的形势和中央对我们的要求

今年7月21日至22日，全国党史工作会议在北京召开。以中共中央的名义召开全国性的党史工作会议，改革开放以来是第一次，建国后也是第一次。会议规格之高，讲话之重要，都是不多见的。胡锦涛总书记接见了与会代表，习近平同志代表中央做了重要讲话。此前6月份，中央下发了《中共中央关于加强和改进在新形势下党史工作的意见》（中发[2010]10号），这也是建国以来以中共中央名义下发的第一个专门的党史工作文件。

在我的印象里，改革开放30多年来，中央有两次把党史工作放到非常重要的位置。一次是1981年前后，另一次是1991年前后。这两个时期，党史研究中的若干重大问题都成为社会关注的焦点和热点。1981年前后，全国开展真理标准问题大讨论，党史学界拨乱反正，中央对新中国成立以来党的若干历史问题作出决议。在这种背景下，大规模的党史资料征集工作启动，许多党史学术研讨会纷纷召开，党史专著、教材和读物大量出版，许多党史期刊也在那时创刊。1991年前后，国际形势风云变幻，东欧剧变，苏联解体，国内发生了严重的政治风波，非常需要通过历史来解答人们的各种疑问，增强人们对中国共产党和中国特色社会主义道路的信念。正好又是中国共产党成立70周年，党史工作迎来了一轮新的热潮，《中国共产党的70年》、《中国共产党历史》上卷等一批党史著作相继出版。

所以我们感到，党史工作有着鲜明的时代特征，和党和国家的需要、社会的需要、人民群众的需要是紧密联系在一起的。党史工作研究的是历史，但目的是面向现在，面向将来。中央选择在这个时期召开党史工作会议，把党史工作提到前所未有的高度，有深刻的背景。我们学习体会，有这样几个方面：

*首先，明年我们党将迎来90岁生日。*90年的历史波

澜壮阔，内涵非常丰富，有太多的经验需要总结。习近平同志从资政育人的角度提出有五个方面的经验值得总结：一是党领导经济建设、政治建设、文化建设、社会建设以及生态文明建设的经验。二是党加强自身思想建设、组织建设、作风建设、制度建设和反腐倡廉建设的经验。三是党在全国长期执政的历史经验，包括执政基础、执政方式、执政方略、执政理念，等等。四是党在不同历史时期科学判断和全面把握时代主题和国际形势发展变化，制定正确的国际战略方针的经验。五是世界上一些执政党兴衰成败的历史经验，特别是苏联解体、东欧剧变的历史教训。

*其次，近年来，随着世情、国情、党情的深刻变化，意识形态领域的斗争非常激烈。*不论国际国内，始终存在着一股以"重新评价"为名，歪曲近现代中国革命历史、党的历史和中华人民共和国历史的思潮。习近平同志讲话中提到了历史虚无主义倾向：否定革命，宣传反帝反封建革命只起破坏作用，只有"资产阶级启蒙"才有建设性意义；把五四运动以来中国选择社会主义发展方向视为离开"以英美为师"的所谓"近代文明的主流"而误入了歧路；宣称经济文化落后的中国没有资格搞社会主义，新中国成立以后搞的不过是小资产阶级的空想社会主义；把党的历史说成是一系列错误的延续。

这种思潮的要害，在于从根本上否定马克思主义指导地位和中国走向社会主义的历史必然性，否定中国共产党的领导。前不久，诺贝尔和平奖授予刘晓波，背后就是这种思潮在作祟。

历史，如果不联系起来考虑，好像和人们的日常生活没有关系，但实际上关系很大。胡锦涛同志讲："只有铭记历史，特别是铭记我们党领导人民创造的中国革命史，才能深刻了解过去，全面把握现在，正确创造未来。"清代著名思想家龚自珍说："欲知大道，必先为史"，"灭人之国，必先去其史"。一个政党、民族如果失去了科学历史观，就会失去精神的支柱。我们的学生如果对党的历史不了解，必然会成为别人思想的俘虏。从苏联解体的教训看，针对党史事件和党的领导人的历史活动搞"大揭秘"，伪造、篡改甚至造谣生事，给党的历史泼脏水，已经成为乱国灭国的一大手段。前苏联一朝宣布，顷刻解体。冰冻三尺，非一日之寒，那个时期苏联人民群众对党的认同度、对领导人的认同度已经没有了。今年暑假，我到莫斯科大学访问，莫斯科大学的校长接待了我们。他非常坦诚地跟我讲："还是你们中国渐进式的改革好，俄罗斯的方式不好。俄罗斯人太喜欢自己否定自己，从一个极端走到另一个极端。"这些反思是我们应该铭记的历史教训。在这个意义上，党史工作不仅仅是平静书斋里的学术，更是思想斗争最前线的没有硝烟的战争。

现在路边书摊上也有好多对中国共产党历史的所谓"揭秘"，难道这就是历史吗？我们的党是这样的党吗？答案是显而易见的。但我们要看到，现在我国各个领域、各行各业的骨干大多是新中国成立以后出生的，都没有经历过新民主主义革命时期的艰苦斗争，许多人也没有直接参与新中国成立以后进行的社会主义革命和20世纪五六十年代的大规模社会主义建设，相当一部分人甚至没有经历过"文化大革命"，对新中国成立以来我们党取得的成就和历史曲折缺乏亲身感受和直接体验。我们还要看到，我们的学生已经是90后，对于改革开放，对于86、89都毫不知情甚至一知半解。时代在不断飞速前进，人总是要老的，一代新人换旧人，这是历史的必然。但历史的教育不能断掉，要一代教育一代，一代传承一代。当前对广大党员尤其是青年学生进行党史教育、革命传统教育、中国特色社会主义理论教育，非常必要，也非常迫切。

第二个问题，我想谈谈党史工作中要坚持实事求是的原则

在党史工作会议上习近平同志指出："党史研究是一门研究中国共产党的历史、从中国共产党的活动揭示当代中国社会运动规律的科学，要坚持党性和科学性的统一。"党性和科学性并没有矛盾，党性是科学性的集中体现。

实事求是地研究和宣传党的历史，就是要把握党的历史发展的主题和主线、主流和本质，正确对待党在前进道路上经历的失误和曲折。

什么是党的历史发展的主题和主线？就是党团结带领全国各族人民，争取民族独立，人民解放；实现国家繁荣富强、人民共同富裕这两大历史任务。党89年的历史，就是党围绕这个主题和主线，领导人民进行新民主主义革命、社会主义革命和开展大规模社会主义建设，进行改革开放和社会主义现代化建设并取得伟大胜利的历史，是党把马克思主义基本原理同中国具体实际相结合，实现马克思主义中国化，形成、丰富、发展毛泽东思想和中国特色社会主义理论体系伟大成果的历史。这就是党的历史发展的主流和本质。

过去讲党史，新中国成立前就是路线斗争史，新中国成立后成了中国共产党不断犯错误的历史。这是不对的。新中国成立前28年的历史也是波澜壮阔，党领导土地革命，领导武装斗争，党自身搞建设，解决了很多难题。新中国成立后是不是不断犯错误的历史？当然不是。这恰恰反映了中国共产党不回避自己的错误。以建国后前30年为例，我们顺利地进行了社会主义改造，实现基本工业化，使中国建立了社会主义的基础，为后来改革开放奠定了基础。如果没有前面17年的基础，"文革"十年没有底子去折腾。第一个五年计划，一共有23个工业项目，打下了新中国的工业基础。新中国成立初期钢铁只有十几万吨，到第一个五年计划结束，已经到了几百万吨。老一辈无产阶级革命家没有治国的经验，都在摸索，但弯弯扭扭搞了很多，都成功了。工业七十条、高教六十条，规矩都出来了。当然，我们在发展中遇到了挫折和曲折。正如党的历史决议所说，我们那个时候有错误。这些错误有些是严重的、难以避免的。但整个看来，因为我们有了这些正面的经验可以继承，有了这些反面的教训，包括"文化大革命"那样的错误可以借鉴，我们才能有改革开放30多年来的新的发展。

坚持实事求是研究和宣传党的历史，一定要处理好继承和创新的关系，防止从一个极端走向另一个极端。现在的党史研究中，有一种风气，就是爱做翻案文章，认为这才是学术上的创新，才是有所突破。这是不对的。有些传统说法不符合客观实际，可以翻案。但任何事物的发展过程都要符合基本的判断。比如刘晓波否定了我们300年的历史，以全盘西化为荣，以否定中国的历史为荣。这就是民族虚无主义的典型。我看他根本就不配做中国人。

第三个问题，我想谈谈如何结合学校实际，做好党史和校史工作

（一）关于对学生的党史教育

这是高校思想政治课的重要内容、必修课程。也是中国近现代史课程的核心支撑。一定要上好。同时开展课堂以外的瞻仰革命遗址、参观革命博物馆、组织红色旅游等教育活动。社科部、历史系和相关院系的老师对同学们的历史教育是用心的，基本的立场观点是正确的。刚才两位老师发言中提到，“既不说教也不迎合，反对历史虚无主义”、“还原时代全貌，在真实的场景中展现历史”都非常好。

我不赞成在课堂上戏说党史，更不能为了取悦学生，热衷一些领袖的秘闻逸事，这些生命力不强。我们要给学生讲故事，但故事应该建立在我们对历史的全面了解和研究基础上。通过党史教育还是要回答学生中一些深层次的思想问题，归根到底是对党的领导、社会主义和马克思主义的信念问题。比如有学生认为，大革命失败后，中国共产党不应该再起来革命，蒋介石也是要搞现代化的，如果一直由蒋介石统治，现在大陆可能就会像台湾一样现代化了。显然他不知道中国1927—1937年的情况，那段时间是国民党统治的黄金时期，但也有很多黑暗和肮脏的东西。军阀之间的战争还没结束，在北京杀害了大量的革命志士。中国人民仍然处在水深火热之中，如果不反对蒋介石的统治，中国就没有一个光明的前途。

当前网络对我们的教育有挑战，互动教学对我们要求更高了，搞好教学不容易，教学和科研要结合起来。老师有底气，底气在哪里，就在我们有研究。复旦大学党史课水平高，就在于我们比人家研究得好。我们既要钻研历史问题，也要钻研现实问题，教育我们的学生用辩证唯物主义和历史唯物主义的观点来看待各种社会现象。讲到中国特色社会主义，当前是避不开的。现在我们经济社会在飞速发展，另一方面城市化、工业化、现代化过程中又暴露了不少问题，学生心中有疑问。这些问题是不能回避的，要通过分析来回答学生。

我们也不回避党史中的一些挫折。这样的党史才可信。去年6月，正好是“八九风波”二十周年，教育部也要求我们对学生骨干进行教育。我也在思考，如果不给大家讲讲整个过程，学生会翻墙看境外网站，看到的是那些颠倒黑白的东西。作为亲历者，我在一定范围里给学生干部讲了这段历史，北京发生了什么事，上海发生了什么事。这场风波，是当时的国际大气候与国内小气候所决定的。正如小平同志所说的，迟早是一定要来的，是不以人的意志为转移的。这一点，现在比过去任何时候都看得更清楚。党中央决策的正确和必要，现在也比过去任何时候看得更清楚。现在做学生思想政治工作，最根本的有利条件是20年前没有的。当年采取非常措施稳定局面后，20多年来经济社会持续发展，人民生活不断改善，国家逐渐富强，这就是最有力的说明，事实胜于雄辩。我们要对党和国家有信心，对学生有信心。对学生们正确地加以引导和认识，事情会越来越好办。这里讲的是学生，实际我们在职的干部党员也需要学习党史，应该有生动的活动。

（二）大力开展党史研究

一是要发挥综合性大学的优势。历史学、哲学、政治学、社会学、马克思主义理论等学科，是开展党史研究的基础。复旦在这方面有传统和优势，包括金冲及在内的很多校友在党史领域取得了巨大成绩。

二是要广泛深入地搜集史料。有史料才能弄清历史事件的真相和来龙去脉，才能写出权威的论著。我们还要关注国外的历史档案资料。金光耀老师最近在搞口述史项目，吴景平教授和斯坦福大学胡佛研究所合作在开展宋子文研究、蒋介石研究，都是从史料入手，这个传统很好，巧妇难为无米之炊。现在党史方面的书籍也是良莠不分、泥沙俱下，要加强甄别。

三是要吸引更多有潜力的年轻人投身到党史研究领域。这是可以大有作为的，未开辟的领域太多了。当然搞任何研究都有一个立场和出发点的问题，在党史研究上我们要牢固树立党的意识，政治上思想上行动上一定要自觉同党中央保持一致。在党史工作中维护党的团结和统一。这同学术自由是不矛盾的。学术研究可以自由地探索，成果发表的时候有纪律，而且任何成果的发表都应该是慎重的、有依据的。

（三）关于校史工作

校史研究室的同志们做了大量工作，百年校庆的时候我们搞了“志”和“大事记”，主要是保存资料，但资料还是远远不够的。我们还没有复旦大学学者自己来写的校史，经过对史料的广泛收集、深入研究，用精彩的文笔来表现的校史。复旦大学的校史很难写，写出来可能被老师们批判。我觉得可以先远后近，写不清楚的让后人去写。

校史工作还是两条原则：*一是实事求是，尊重历史*。唯真唯实，不讳言，不虚饰，不溢美，既反映学校发展的巨大成就，又反映当时条件下存在的局限。过若干年后再回过头来看，我们的工作才站得住。在编写校史的过程中，要充分尊重各种人的意见，求同存异，引导大家努力团结向前看。在校史中，也有一些不那么令人愉快的历史片断，比如反右、“文革”、86学潮、89风波，等等。对这些问题，不回避，但是要从正面写。

二是要依靠集体的力量，加强对校史的研究。校史研究的任务很重，只有把历史上的若干重大问题研究清楚，形成成果，在积累的基础上才能写史。校史研究室应该朝着专业化的方向继续发展，这个事业值得一辈子去奋斗。编写校史也要集中大家的智慧，要发挥各个院系的积极性。还要发挥老同志的作用，他们是历史的见证人，在提供史料、核实史料方面有不可替代的作用。时机成熟时，我们考虑在学校层面成立校史编撰委员会。

校史也是对广大师生进行爱国荣校教育最生动、最亲切、最富有说服力的教材，也应该成为通识教育中的一门必修课。我们的宣传部门、学生工作部门、校友工作部门要充分挖掘校史资源。

我的讲话就到这里，可能有很多不当之处，请大家批评。

在复旦大学第41次学生代表大会上的讲话

（2010年12月12日）

党委书记　秦绍德

各位代表，同学们：

非常高兴来参加第四十一次学生代表大会，这是全校同学的一次盛会。首先，请允许我代表学校，向本次学代会的召开表示热烈的祝贺，向全校本科生致以亲切的问候！

回顾一下，我从第三十六届学代会开始，基本上每次都参加。很重要的原因，就是在这里能听到代表的呼声，特别是高质量的提案。刚才我仔细读了你们的各项报告，代表们提的意见很具体，建议很积极，有不少真知灼见，有的质量还很高。刚才两个提案一个是关于导师制的，一个是关于网络平台的，在学校看来都是重大问题。我觉得学校应该有一个基本态度，凡是同学们的提案，有条件的，要抓紧解决，条件不够的，要改进工作，创造条件，积极予以解决。这是学校相关部门改进工作的重要出发点和归宿。当然我听了你们的报告，也有点小小的想法，现在的党代会实行党代表任期制，我们学代会的代表能不能也实行任期制？不是选举之后就完事了，要代表学生发言，维护学生的利益，和有关部门沟通。不知道这个体制能不能做，请新的主席团考虑。

今天我主要想跟同学们谈两个问题，一是怎样看待学生会的工作，二是同学们在学生会中如何来工作。

一、学生会工作是学校人才培养的重要途径

大学是培养人才的地方，一讲到培养人才，大家便想到课堂、上课，其实，大学培养人才不仅在课堂，而且在课堂外的各种活动、人际交往和文化熏陶之中。学生会开展的各项活动也是其中重要的和不可或缺的方面。

学生会是我们全体学生自己的群众组织，担负着组织学生开展各种活动，为广大学生服务，反映学生的愿望要求，参与民主办学，维护学生利益；促进学生各方面学习，为国家、为社会、为人民服务等重要职责。从学校的角度看，开展学生会工作也是学校人才培养的重要途径。一个大学培养人才是否成功，要经受历史的检验，要经受社会的评价。但其中很重要的一个考量就是，这个大学学生会的活动是否活跃，学生会里是否涌现出一批精干的干部。我们各级党组织、各行政部门、各院系都要关心、支持学生会工作，共青团要加强对学生会的呵护和培育。

在座的各位学生代表或学生委员来参加学生会工作，是另外一种学习。绝对不是“不务正业”或“浪费时间”。从小的方面看，这是对同学们社交才能、组织才能、思维表达和一些具体业务能力的历练；从大的方面来看，将来大家走进社会，无论是从事政治、经济、文化领域的工作，这些都是必要的准备。在年轻的时候树立正确的思想方法和工作方法，锻炼了能力，对今后一生都会打下坚实的基础。唱京戏、写书法要从小训练、科班出身，我喜欢打乒乓球，但是属于业余级，跟从小在少体校训练的人切磋，我们这些“野路子”无论如何也打不过人家“童子功”。所以工作能力、社会责任感也最好在年轻时培养，一旦养成，一生受用。大学是优秀年轻人聚集的场所，大学中的学生组织是学生领袖成长的土壤，这支队伍中一定会源源不断地走出兴业之将、治国之才。

同学们当选为委员或者代表，不仅仅是一种荣耀或光荣，更重要的是一次锻炼的机会。大家耳熟能详，我们很多杰出校友，李岚清、陈至立、李源潮、金炳华、龚学平，在学校就读期间，都有过学生工作经历。李岚清同志做过团支部书记、学生会副主席兼群众文化工作部部长。他后来感慨地说：“毕业以后能够在事业上有一番作为的，大都是学校里社会工作的积极分子。”

对委员和代表来说，有一个难题，自古以来就有，今后还会继续，就是处理好学习和工作的关系。我觉得学生干部很重要的能力就是处理好工作和学习的关系，工作要好，功课也要很棒。这方面矛盾是有的，但不要把矛盾绝对化。复旦的学生干部一个很重要的特点就是学习好，有钻研精神，干一行、学一行、钻一行、精一行。这样将来到社会上，遇事就能保持一份实事求是的态度，一种学习研究的思想方法和习惯。岚清校友曾经回忆，20世纪50年代参加学生会主席竞选的时候，竞选标准首先一条，就是功课怎么样，如果功课不好，没人选你。所以学生干部们压力很大，本身社会工作很忙，但无论如何功课也要过得去。2005年，他回到母校做关于音乐、艺术、人生的讲座，档案馆的老师把他的成绩单找了出来，作为礼物送给他，成绩单上，他的大多数课程都是80分以上。李源潮校友也是这样。他进校后就担任团支部书记，后来担任数学系团总支书记、校团委副书记，社会工作很多，但他从来不放松对自己学习上的要求，他从第一年起，就是校三好学生，后面三年都是市三好学生。那时候市三好学生只要有一门课成绩低于85分就不能评。

二、同学们在学生会如何工作

学生会的工作一要活跃起来，第二要大胆创新，第三要务实可行。今天的会议我感到庄重有余，活泼不够。毕竟是我们学生自己的会议，是年轻人的会议，用不着这么严肃。当然工作人员准备得很认真、很庄重，这很好，还要再活跃一点。学生会就是要搞活动，不搞活动怎么能叫学生会？第二要大胆创新。同学们从小学到中学都要争取好成绩，活动开展得不多，到了大学搞活动，很多都是在模仿社会，这是不够的。复旦大学历史上学生社团一直很活跃，有两个社团我们至今都引以为豪，第一是排球队，第二是话剧团。复旦的女子排球队相当长一段时间是上海二队，代表上海市比赛，男队是全国甲级。现在我们男排也冲入了甲A联赛，全国高校仅此一家。但相对而言，现在我们群众性排球活动开展得还不够好。复旦剧社从30年代开始，到现在已经有80年的历史了，为我国培养了一批著名的戏剧家和演员，在社会上有非常高的声誉，现在话剧团的老校友们还经常回来聚会。我希望学生会的很多活动、很多社团，都大胆创新。当然也要务实可行。

同学们在学生会里如何做好工作，第一要提倡服务精神。做学生会工作不能只从自己的角度出发，还要服务同学、服务班级、服务院系。要有服务精神就一定要懂得奉献，不想奉献就不要到学生会来。一个人懂得了奉献，将来就一定会有强烈的社会责任感，就一定能成为一个对社会有用的人。

谈到服务奉献，我不得不提起我们的研究生支教团，每年复旦都有10多位学生到宁夏西吉的王民中学、三合中学、将台中学支教，已经11年了。去年夏天我特地到宁夏西吉看望了他们，在三合中学住了一晚上。开座谈会时我问他们，为什么要支教，支教一年后悔不后悔。同学们回答得非常自然，非常迅速。他们说一点也不会，相反感到很值得。我们来支教共同的一点就是不安于现状、不留恋城市、不留恋优越的生活。一定要让自己吃苦，一定要把自己的精力献给西部的教育事业。现在这些同学都已经回来了，他们都认为支教一年，终生受益。我们复旦大学的学生就是要有这样的志气，有这样的理想。在学生会的工作中我们就要从小事为大家服务、为大家奉献做起。

第二要培养团队精神。任何一个工作的完成都离不开集体。在学生会中同学们有机会组建团队，团结大家朝着共同的目标奋斗。现在我们所处的社会是一个利益多样化、价值观多元化的社会，团结人不容易，首先要有一种感恩、谦让、牺牲的精神。

谈到团队精神，不得不提起复旦大学1993年参加国际大专辩论赛。这是复旦大学一段非常辉煌的历史，很多中学生也因此认识了复旦，纷纷报考复旦。新加坡辩论赛背后有很多动人的故事，这件事本身就是团队合作的典范。

老师们有团队合作精神。当时的领队是哲学学院的俞吾金教授，顾问是现在到中央工作的王沪宁教授。从选拔到训练，数十位老师参与其中。辩论队集训的时候，有50位教授给队员们讲授天文地理、科学人文、国际国内他们最拿手、最精彩的课程。当队员们载誉而归的时候，无名英雄们没有一个伸手要分享荣誉，没有一个往前挤着出镜。特别令人感动的是我们辩论队的政治辅导员，时任副教务长的张霭珠老师，她关心同学们、老师们的思想、生活，拿着家里炖好的汤给队员们加营养，但是最后到新加坡去名额有限，张老师不能去。当我为难地找到她时，她却坦然地安慰我说：我没有事的，你放心安排好了。现在大家看到场上的姜丰、严嘉、季翔、蒋昌建四名选手，其实场下一直还有两位替补队员。

很多事情要做成要靠团队，团队中不可能人人都是主角。只有大家都懂得感恩，乐于牺牲，创造谦让的氛围，才能形成一个团结、和谐的环境。同学们是未来的人才，国家的栋梁，在座不少人将来可能成为大知识分子、大专家或者政界、商界领袖，当你们在复旦大学起步的时候，一定要培养自己具有团队的精神。

今天我就讲到这里。希望同学们更加积极地参与到学校的各项事业中，大家共同努力，把复旦大学办好。最后祝同学们身体健康，学业顺利，谢谢大家！

在2009—2010学年复旦大学奖学金颁奖典礼上的讲话

（2010年12月23日）

校长　杨玉良

各位嘉宾、老师、同学们：

大家下午好！

我这里有一份发言稿，我觉得写得非常好，但我觉得和我现在的心情还有一些不同。我有一个特点，我比较容易激动。所以刚才看那个短片的时候我就非常动感情。作为校长，我什么时候最高兴，就是看到我们的学生取得成绩的时候。随着一代一代的发展，这个世界终将属于你们年轻人。刚才，我在台下还和其他同志在交流，我们下次的奖学金颁奖典礼是不是可以放到正大体育中心去，让所有的获奖学生、留学生都一起参加，而不仅仅是代表。这样的话我觉得可以使我们的奖学金颁奖典礼更加成为同学们互相勉励的一次会议，让每一位获奖的同学得到更大的激励。

我想，到了我这个年纪可能更有一种怀旧的情怀。一旦我把大家和以前的学生相比的话，我就觉得非常的矛盾。大家知道，在改革开放以前，高校没有什么奖学金。

当时,每个同学们都有一些少量的助学金,家庭经济困难的和不困难的学生的差距是2元,我印象很深刻的是17元5角和19元5角。当然,我和大家说这些并不是为了让大家去忆苦思甜,而是要让同学们感受到我们国家的发展是如此之快。大家看改革开放到现在,一所大学的发展靠的是什么?我想大学的主体有两种人:一是学生,一是教师。这是最重要的,因为他们是立校之本。作为一所国立大学,每年国家的投入都在不断地增加,但是即使是在美国,在任何一个富裕的国家,没有一所大学敢说自己的经费是够用的。这不是奢侈,因为在人才培养方面就是要投入大量的资金和资源。

我前天在和同学们对话的时候就说到我希望尽快解决的几个问题。一个是上海夏天非常热、冬天又非常寒冷,但是很遗憾我们现在的学生宿舍还没有任何的取暖设备。大家不要认为杨校长今天说了以后,明天马上就可以解决了,但在这里我要向大家先表达我的心意。第二,我们大学发展到现在,我并不认为大家一起到澡堂里洗澡是一件非常体面的事情。作为学校,其实是很想尽快解决这些问题的。

我再和大家讨论一些学习上的问题。我们一直在想实行很好的书院制,但我们的学生宿舍都是很多年前修建的,用以前的话来形容都是筒子楼。这样的话,要把寝室变成一个很好的课堂外学习的场所是不适合的。因为几个学生住在一个房间,他们的需求都是不同的,可能有的同学需要老师进入寝室进行辅导,而有的同学则没有这种需求。在这样的情况下,我们对很多寝室楼已经进行了改造,让它们具有这样一些功能。在这方面我们学生工作的领导、老师都付出了非常大的努力,有了很好的改善,但是我认为还是不够的。大家如果把耶鲁、哈佛、牛津、剑桥的residential college比作我们的书院的话,那我们就会发现它们的整个建筑更适合成为课堂外学习的良好场所。大家可以在里面开展各种各样的活动,读书、小房间讨论、导师进行辅导或者共商一些问题。现在我们这方面的条件还不够成熟,而我表达这个心态的意思也是我们正在力图改变它。可能在座的很多同学你们不一定能够享受到改善好的条件。但是我们已经下定决心要做这件事情,尽管我们不一定有充裕的资金,但我们每年完成一些就可以达到这一目标。而且,我可以告诉大家为了实现这些目标,我们在"985三期"与学生教学有关的经费安排上有了大幅的增长。我也非常感谢我们的很多校董们、校友们积极地为我们进行捐款来完成我们这个宏愿。

话说到这里我突然想起了几句话按理应该一开始就要说的。首先我要对所有的获奖的学生表示祝贺。其次,我要向所有在复旦大学设立奖学金的单位和个人表示衷心的感谢。还有,我要向在此次奖学金评定工作中做出很大努力的学生工作部、研究生工作部表示感谢,他们在奖学金评定的过程中投入了很多的精力,不断地改善各种奖学金评审的过程,使得奖学金评定做到公平公正透明,真正使奖学金的评定符合设奖单位的意愿,也符合我们学校培养人才的要求。

今天的奖学金颁奖典礼我觉得非常好,首先今天的典礼看上去不是红红火火,但是很隆重。第二,我觉得非常的简洁,没有什么太复杂、太花哨的东西。第三点更重要,因为这次奖学金颁奖典礼让我们体会到了一种崇高。刚才一些获奖同学的发言、一些设奖单位的发言,让我们感受到了同学们认真学习的态度,也感受到了现在的学生对于社会、对于国家,乃至于对于世界的责任。而我们奖学金的设奖单位也对我们的获奖学生以及今后可能获奖的学生寄予了很高的期望。

我们复旦有这么一些特点:首先,我们复旦大学一直不断地在思想、在思考。第二,我们复旦大学对于任何的事情都不断地在反省,哪些事情上做得很好,哪些事情上做得还不够,只有这样不断反省,才能使我们的学校一天比一天好,一年比一年好,才能让我们的优秀传统在你们的身上、在今后的学生身上不断地延续下去。

我一次次和我身边的校领导说我们的学生真优秀。首先我觉得你们要比我优秀。因为我们所处的时代不同,我们这代人有我们这代人的优秀品质,但我们也有我们这代人的不幸和缺陷。包括我在内,我们这一代有很多人没有受过十分完整的教育,我可以告诉大家,我中学只念过一年,大学念了三年的工农兵大学。但是我可以很骄傲地说复旦大学的学生即使是在"文化大革命"期间,即使考进来的学生是随机地从工农兵当中选出来的,但我已经感受到了复旦气氛的不同,我要感谢复旦哺育了我。

在座的各位同学,你们所受的教育是非常完整的,这是你们的幸运。但是,在座的同学,你们也有一些缺点,主要在于你们的社会经历有限。所以我们学校希望通过各种的活动让你们参与社会的实践,这些实践活动不是要简单地让你们增加社会知识,而是要提高大家的社会责任感。比如,我们很多生活在大城市的学生并不知道我们国家还有很多生活十分艰苦的家庭,在我们的农村,在我们的中西部。但有不少的学生他们就非常的清楚,所以当我们的国家发生灾害、遇到困难的时候,我们的学生都能够挺身而出。所以总体上来讲,我对我们的年轻一代充满了信心,而且我相信你们一定会比我们这一代更好。

我想作为复旦的学生我们必须对自己有更高的要求。我总是要重复一些话,因为我听一位心理学家说一句话你如果不重复六遍的话听众是不会记住的。我想说的是我一直在思考的一个问题。一位经济学家曾经对我说:如果中国的社会不发生动荡,那么中国的GDP每年增长8%,保持20年没有问题。这个前景非常的好,大家想想,我们现在的经济总量已经超过了日本,如果维持每年8%的增长,10年、20年以后,那会怎样?也有国外的政治家和我说,最多30年,中国如果没有出现社会动荡、政治动荡,保持现在这样的稳步发展,中国必然会成为一个民主法治的国家。这就意味着,这个世界上将形成G3,中国、美国和欧洲。同学们,这样的前景非常诱人,每一次听到这个的时候我总有一种莫名的激动。因为我知道我小时候、我年轻的时候、我刚出国的时候怎么被人瞧不起。我觉得这个世界上确实有一些国家是比较功利的,但这些都已经成为过去，中国近年来在世界上的地位已经能够为我们赢得我们应有的尊重，包括对我们中国人应有的尊重。但是我们要获得这些尊重，不仅仅是因为我们的经济强大了，我们在获得尊重的同时也实际上承担了更大的人类和世界的责任。所以胡锦涛总书记一直说，现在的中国已经被推向了处理各种国际重大事务的前台。

小平同志一直教导我们，我们要不做头、要韬光养晦，但小平同志没有告诉我们要韬光养晦多少时间。当然我们现在很想韬光养晦，很想静下心来好好地发展我们的中国。但是客观事实并不是这样，你的经济发展了，你的影响力增大了，你对这个世界承担的责任也更大了。因为你有十多亿人口，你又是世界第二大经济体。如果我们十多亿人口共同为构建和谐的世界而努力的话，那未来的世界一定比现在更美好。而这些责任是落在谁的肩上，是落在你们在座的各位同学身上。

20年以后，在座的各位都是社会上的栋梁。但是我希望我们在座的每一位同学都问一下自己，到了那个时候，你有没有成为和我们国家地位相称的人才的能力？随着中国地位的提高，在未来国际各大组织中，会有更多的中国人，像世界银行的林毅夫，像IMF中我们的校友朱民。今后如国际化学会、国际物理学会等组织中肯定会有不少的中国学者参与其中。但当你参与其中，你能不能够充当起一个领袖的作用，能不能把人类的世界引向一个更加和谐的道路，这是一个很重要的问题。我是学化学的，我有一定的物理知识。我知道，现在全世界储存的原子弹足够把这个地球毁掉30到40次。所以，如果出现了一个疯子，他不能够很好地控制核按钮的话，这就涉及人类的前途和命运。所以，我反复强调的是为了能够让大家未来成为一个和中国的世界地位相称的人才，我觉得你们有一些基本的东西要做到。

第一，我觉得你们要对世界上各个国家的基本文化、传统历史有一定的了解，不论你是什么学科的。而且仅仅是了解可能还不够，你还需要有一定的理解。因为你不理解，就会少见多怪。其次，你不仅要理解，还要对不同国家的文化传统有尊重和容忍，尽管和你的习惯不一样，你要有足够的宽容。你做到了这几点，才可能做到和不同历史文化传统、宗教背景的人有沟通对话的能力。如果你没有这个能力，你的专业知识再好，你也无法成为一个世界领袖，无法让整个世界向着你的理想的方向前进。

为了实现这一点，我们也在努力，我说我有一个梦想，在复旦学习的本科生只要他是qualified的，那么每一个本科生在大学的四年期间他至少应该有一次机会到外国的大学里学习一个学期。不仅仅是美国、欧洲、日本、澳大利亚，我觉得很多不同文化的国家你都要去，泰国、越南、印度、马来西亚、印度尼西亚。我的意思很简单，一句话就可以解决，国际化不是美国化也不是欧洲化。在国外学习，关键不在于你学习了哪一门课程，而是你能在这个国家真正体会他们的文化、了解他们的历史、理解他们的思维方式，那么对于你来说你未来的眼界就不一样，你和人交往的方式就会不一样，你和不同文化不同背景的人的交流就会非常的自如。作为学校来说，我们也在努力地筹集经费，也在和更多的学校建立交换生的机制来实现我们的这一目标。

接下来我还想对同学们提几点具体的要求。首先我希望同学们能够拥有相对娴熟的文字和语言表达能力，因为语言文字是人与人之间沟通最最重要的手段。我当然不要求每个同学两方面都很好，但至少你要具备其中一方面的能力。第二，我希望通过我们的通识教育你们能够学到一种非常正确合适的思维方法。比如不要过分偏激、遇到事情要冷静，能够从一个大局上来把握一件具体的事情，这都需要合适的思维方式。第三，每个同学都要有自己的专业，千万不要做一个只会夸夸其谈，似乎对什么事情都懂一点的人，不要把自己培养成为一个学术研究的业余爱好者，你必须要有坚深的专业知识，将"专"与"博"之间的关系处理好。我相信如果我们都能够在这条道路上来安排自己、培养自己，那么等到你们离开学校、走上工作岗位，不管是各行各业，你掌握了自己的专业知识、掌握了合理的思维方式，你有一个高的境界，你有一种和不同文化的人沟通的能力，那么我相信你们一定能够承担起20年以后和我们国家国际地位相称的人才的作用。我和大家一起来努力，我也努力，大家也努力！

谢谢大家！

·学 校 综 述·

概　　况

复旦大学创建于1905年，原名复旦公学，是中国人自主创办的第一所高等院校，创始人为中国近代知名教育家马相伯。校名"复旦"二字选自《尚书大传 · 虞夏传》中"日月光华，旦复旦兮"的名句，意在自强不息，寄托当时中国知识分子自主办学、教育强国的希望。1917年复旦公学改名为私立复旦大学；1937年抗战爆发后，学校内迁重庆北碚，并于1941年改为"国立"；1946年迁回上海江湾原址；1952年全国高等学校院系调整后，复旦大学成为文理科综合大学；1959年成为全国重点大学。

上海医科大学创建于1927年，是中国人自主创办的第一所高等医学院校。建院时定名为第四中山大学医学院，1932年改名为国立上海医学院，1952年更名为上海第一医学院，1959年成为全国重点大学，1985年改名为上海医科大学。

2000年，复旦大学与上海医科大学合并，成立新的复旦大学，进一步拓宽了学校的学科结构，形成了文理医三足鼎立的学科格局，办学实力进一步增强，已经发展成为一所拥有哲学、经济学、法学、教育学、文学、历史学、理学、工学、医学、管理学等十个学科门类的综合性研究型大学。

2010年，学校有普通本专科生13 237人，研究生13 851人，留学生3 805人(其中攻读学位的留学生2 706人)；另有成人教育、网络教育本专科生16 611人。有专任教师2 346人，其中高级职称1 538人。有中国科学院、中国工程院院士36人，其中双聘院士15人，教育部"长江学者奖励计划"特聘教授58人、讲座教授34人，"国家重点基础研究发展计划(含重大科学研究计划)"项目首席科学家20人。有直属院(系)28个，设有本科专业70个，一级学科博士学位授权点24个，博士学位授权学科、专业点154个(其中自设30个，专业学位1个)，硕士学位授权学科、专业点229个(其中自设51个，专业学位10个)，并设有29个博士后科研流动站。有11个一级学科国家重点学科、19个二级学科国家重点学科。有国家重点实验室4个，教育部工程研究中心4个，教育部重点实验室14个，卫生部重点实验室9个，总后卫生部重点实验室1个，上海市重点实验室7个。

学校形成"一体两翼"的校园格局：即以邯郸校区、江湾新校区为一体，以枫林校区、张江校区为两翼。占地面积244.32万平方米，校舍建筑面积149.23万平方米。此外，学校还拥有中山医院、华山医院等10个附属医院。

2005年复旦大学百年华诞。中共中央总书记、国家主席、中央军委主席胡锦涛发来贺信，希望复旦大学发扬优良传统，不断开拓创新，努力建设成为具有世界一流水平的社会主义综合性大学，为建设中国特色社会主义伟大事业培养更多德才兼备的高素质人才，为全面建设小康社会、实现中华民族的伟大复兴作出新的更大的贡献。

一百多年来，学校在培养人才、创新科技、传承文明、服务社会方面为国家作出突出贡献。复旦师生谨记"博学而笃志，切问而近思"的校训，严守"文明、健康、团结、奋发"的校风，力行"刻苦、严谨、求实、创新"的学风，发扬"爱国奉献、学术独立、海纳百川、追求卓越"的复旦精神，为民族的解放和振兴，国家的建设和发展，社会的文明和进步作出重要贡献。

(潘隽炜)

2010年发展综述

2010年，学校开展深入学习实践科学发展观活动，全面启动"十二五"规划制定工作，紧紧围绕育人这一根本命题，坚持内涵发展，推动学校事业取得新的进展。

一、学科建设。完成"985工程"二期国家验收工作，全面启动"985工程"三期建设规划工作；完成"211工程"三期建设项目的中期检查，启动医学学科新增长点建设项目；完成院系学科发展规划，继续推进院系国际评估工作。

二、教育、教学改革。(1)全年开设本科课程共3 142门、5 151门次，其中通识教育核心课程六大模块开课208门次。开设全英语课程172门、205门次，初步形成历史与文化、政治与法律、经济与管理、科学与技术四个模块的全英语课程体系。获得国家级奖励项目13项，其中国家级精品课程6门，国家级教学团队2个，第六批高等学校特色专业建设点3个，国家级双语教学示范课程2门；上海市级奖励项目33个，其中上海市精品课程8门，上海市市级教学团队4个，上海市重点课程项目19个，上海市全英语教学示范课程2门。开展国内高校校际本科生联合培养合作，构建全面、立体的学生海外访学体系。整合本科生学术研究资助计划，形成"本科生学术研究资助项目"平台，提升本科生学术研究资助水平。(2)配合教育部"基础学科拔尖学生培养试验计划"，启动拔尖人才培养计划(望道计划),并在数学、物理、化学、生命科学4个基础学科率先实施。(3)本科生招生宣传工作由单一宣传向“宣传+选拔”模式转变,自主选拔录取工作推进到江苏省,上海自主招生比例进一步提高。(4)博士生招生名额向科研任务和优秀导师倾斜。逐步扩大专业学位硕士研究生招生规模。博士生招生“申请—考核”制改革推广到所有理、工、医学科,并在历史学科进行大文科招生改革试点和博士生招生改革试点。做好研究生层次对外交流和合作,推进与国外著名大学在CSC项目上的合作。

三、科学研究和科技成果转化。(1)到款理、医科科研经费10.818 6亿元。获立科研项目1 393项,其中“973计划”项目和国家科技支撑计划项目各2项;国家科技重大专项课题6项。获批国家自然科学基金482项,其中国家自然科学基金项目254项,青年科学基金项目159项,重点项目10项,重大研究计划重点项目2项,国家杰出青年科学基金项目4项。获教育部博士点基金博导类项目资助20项,新教师类项目资助37项;教育部“新世纪优秀人才支持计划”19项;教育部创新团队1项;教育部留学回国人员科研启动基金39项。霍英东教育基金资助立项3项。获财政部、教育部“中央高校基本科研业务费专项资金”4 357万元。2009年发表SCI论文1 958篇。根据中国科学技术信息研究所历年发布的中国科技论文统计结果,学校自2004—2008年共发表SCI论文7 269篇。其中有2 419篇论文在2009年被引用,共被引用9 106次,平均被引次数1.25次,被引用达10次以上的论文有26篇。国内专利申请数量突破600项,申请国外专利(PCT)近10项。累计有效专利达841项。完成计算机软件著作权登记17项。(2)文科科研到款经费总数13 541.48万元,科研项目立项总数175项,其中国家社科基金项目39项,教育部项目84项,上海市哲学社科规划课题52项。获国家社科基金重大项目4项,教育部人文社科重大攻关项目2项,上海市重大项目1项。在上海市第十届哲学社会科学优秀成果奖暨上海市第八届邓小平理论和宣传优秀成果奖评奖中,裘锡圭、章培恒获学术贡献奖,全校获奖总数达96项,其中哲学社会科学优秀成果奖78项。获得上海市决策咨询优秀成果奖7项,安子介国际贸易奖1项,有3项成果入选国家社会科学基金成果文库。来自10个部委的14类应用型决策咨询课题立项15项。6人入选2009年度教育部新世纪优秀人才支持计划。获上海市浦江人才项目立项23项。(3)与地方和企业合作研发项目保持稳定增长,到款1.45亿元,比上年增长25%,共签订合同348个,比上年增长10%,其中合同额大于50万的项目为33个,比上年增长45%。与无锡市人民政府签署全面合作协议,成立“复旦大学技术转移中心无锡分中心”和“复旦大学微系统分析中心无锡分中心”。与企业联合成立“复旦—文创太阳能光伏应用技术研究中心”、“复旦—安捷利全印制电子研发中心”和“复旦—盐城环保与信息化研发中心”。参与建立新型光纤广域监测技术战略联盟、干细胞与再生医学产业技术创新战略联盟、印制电子产学研创新联盟、国家集成电路设计产业技术创新服务联盟、上海下一代广播电视网产业技术创新联盟、上海电生理与康复技术创新战略联盟、纳米生物医药产业技术创新战略联盟、云计算机产业技术创新战略联盟等8个产业联盟。举办科技成果产业化论坛,完善科技成果产业化信息平台。继续做好上海市大学生科技创业基金复旦分基金工作。10月,与杨浦区人民政府签订《关于合作推进国家创新型试点城区建设战略协议》,不断丰富“三区联动”理念的内涵,推动孵化器和科技园发展。

四、师资队伍建设。启动实施《关于全面实施院系(所)人力资源二级管理的意见》和《复旦大学院系(所)人力资源二级管理改革纲要》。实施二级管理综合配套改革,建立复旦大学绩效奖励工资制度,启动实施院系人力资源五年规划论证核准工作。加大中青年教师培养力度,建立连续性、分层次的中青年教师培养机制。重点加快校内杰出人才队伍建设、校内领军人才和校内骨干人才(世纪之星)队伍建设。完善青年教师国际化培养工作,加大公派出国的力度。探索完善人才引进新机制,启动外国青年学者非在编短期全聘岗位聘任。深化区校合作机制,与杨浦区共建海外高层次人才创新创业基地;与浦东新区及张江高科技园区“国家级人才基地”探索建立基地联盟。全年引进各类高层次人才77人,学校共有国家“千人计划”引进人才26人。

五、附属医院工作。共有医院职工15 306人,床位8 366张。有国家重点学科(含三级学科)27个,卫生部临床重点专业5个,上海市临床医学中心7个,上海市医学重点学科11个,上海市医学重点专科4个,上海市临床医疗质量控制中心20个。有中国科学院院士2人(沈自尹、王正敏),中国工程院院士4人(汤钊猷、陈灏珠、顾玉东、周良辅),双聘院士1人(陆道培),教育部“长江学者奖励计划”特聘教授5人,复旦大学特聘教授10人。全年门急诊服务量14 487 312人次,期内出院人数307 802人,住院手术服务量165 850人次。全面推进住院医师规范化培养工作,共招收住院医师429名。做好附属医院世博医疗保障服务工作。

六、深化国际化办学。全年到访各类境外代表团共294批3 582人次。派出交流学生1 685人,接收各类来华长期交流学生529人。共召开51次国际学术会议,来访长期专家101人,各类短期专家600余人,来校接受“名誉教授”等荣誉称号的专家5人。执行国家外国专家局引进海外高层次文教专家计划2个,教育部海外名师项目2个,教育部聘请外籍专家重点项目43个,教育部普通短期专家项目47个,上海市智力引进项目19个,复旦大学海外优秀学者授课项目36个。药学院教授朱依谆(新加坡籍)获2010年上海市白玉兰纪念奖。与香港中文大学、日本早稻田大学签订三校商学院学生交换协议,与台湾大学签订学分互认协议和EMBA项目合作协议,与新竹清华大学签订学生交流协议。与国外知名高中合作推进“21世纪优秀海外中学生留学复旦”项目,鼓励院系和国外名校合作开办双学位国际课程。加强教育国际交流与合作,推进英语授课项目的建设。建立多样性支持体系,优化留学环境,完善服务机制。

七、校友、校董和筹资工作。复旦大学接受捐赠7 380.7万元,上海复旦大学教育发展基金会接受捐赠4 827万元,复旦大学教育发展基金会(海外)接受捐赠4 633.7万元。

八、后勤保障工作。完成马锦明楼重建并交付使用;完成教师、学生宿舍、公寓的一系列大修、改造工作;推动节约型校园建设,完成邯郸、枫林校区部分二级智能水表试点改造工作,完成北区学生公寓供配电系统改造工作,学生公寓全部实行智能电表预付费式管理模式;推进信息化建设。

九、党建工作。成立世博工作领导小组,召开迎世博动员大会,落实志愿服务、医疗保障、安全稳定等相关工作。以"抓基层、打基础,争先进、作表率,促发展、创一流"为主题,在全校基层党组织和党员中开展创建先进基层党组织、争当优秀共产党员活动。"七一"之际,党委召开复旦大学纪念中国共产党成立89周年暨创先争优活动动员大会,全面启动创先争优活动。先后发出向谷超豪教授和于漪校友学习的决定,举办表彰报告会、教育思想研讨会和劳模事迹报告会,大力弘扬先进人物为人为学为师的优秀品格。加强党风廉政建设责任制的落实和检查,对22个院系进行巡查。开展"小金库"专项检查和工程建设领域专项治理,完善重点领域和关键环节的管理制度。承办全国高校统战工作会议,召开首次全校离退休工作会议。落实安全稳定工作责任制,加强校园安全防控和应急管理,举全校之力创建平安和谐校园。

(陈殷华 潘隽炜 甄炜旎)

【组织志愿者服务世博会】 上海世博会期间,学校招募、培训和组织4 207多名学生作为第一批志愿者进驻世博园区和城市站点提供服务,其中特殊岗位和长期岗位共786人,4月21—5月16日期间园区志愿者2 326人,站点志愿者1 095人。志愿者热情周到细致的服务赢得各方面的广泛赞誉。

(甄炜旎)

【学生多次获奖】 (1) 2月6日,在第34届ACM国际大学生程序设计竞赛全球总决赛中,计算机科学技术学院本科生杨溢、李明韫、胡晓诚团队获得铜牌;7月,在2010年英特尔杯大学生电子设计竞赛嵌入式系统专题邀请赛中,2个参赛队分获全国二等奖及三等奖;9月5日,在全国大学生电子设计竞赛——TI杯模拟电子系统专题邀请赛中,2个参赛队分获一等奖及二等奖;9月13日,在2010年"高教社杯"全国大学生数学建模竞赛上,5个参赛队获得全国一等奖,4个参赛队获得全国二等奖;5月15日,在首届全国大学生数学竞赛上,获全国一等奖1名、二等奖2名、三等奖3名;10月30日,在全国基础力学实验竞赛上,1个参赛队获团体一等奖,3名学生获个人赛一等奖,1名学生获个人赛三等奖;(2) 2月6日,出土文献与古文字研究中心2009级博士研究生蔡伟被授予"中国大学生自强之星标兵"称号;6月29日,蔡伟当选"2009中国大学生年度人物";(3) 3篇博士学位论文入选2010年全国优秀博士学位论文,另有12篇博士学位论文入选全国优秀博士学位论文提名论文。

(甄炜旎)

【5位教授获得2010年全国先进工作者称号】 4月27日,全国劳动模范和先进工作者表彰大会在北京人民大会堂举行。上海医学院药理研究中心主任、教授马兰,中山医院副院长、教授樊嘉,华山医院神经外科主任、院士周良辅,金山医院五官科主任、教授徐林根和生命科学学院教授李瑶等5位同志被授予全国先进工作者荣誉称号。

(甄炜旎)

【牛津大学校长到访】 4月29日,牛津大学校长安德鲁·汉密尔顿访问复旦大学并发表题为"二十一世纪的全球一流大学"的演讲。演讲前,副校长桂永浩会见汉密尔顿校长。

(甄炜旎)

【主办"上海论坛2010"】 5月29—30日,学校主办"上海论坛2010",主题为"经济国际全球化与亚洲的选择:反思·复苏·重构"。国务院前国务委员唐家璇、巴基斯坦前总理阿齐兹、上海市副市长沈晓明、复旦大学校长杨玉良、韩国SK株式会社董事长崔泰源等出席开幕式并演讲。

(甄炜旎)

【举办《越南汉文燕行文献集成》新书发布会】 大型文献丛书《越南汉文燕行文献集成(越南所藏编)》由复旦大学文史研究院和越南汉喃研究院历时三年合作编纂完成,并由复旦大学出版社正式出版。6月13日,越南汉喃研究院与复旦大学共同举办《越南汉文燕行文献集成》新书发布会,上海市新闻出版局局长焦扬、复旦大学党委副书记陈立民、复旦大学文史研究院院长葛兆光、越南汉喃研究院院长郑克孟、复旦大学出版社总编辑贺圣遂到会并致辞。来自国内和越南的数十位专家追溯1314年至1884年五百多年间的中越文化交流,研讨东南亚文化的形成与发展。

(甄炜旎)

【加拿大总督到访】 6月30日,加拿大总督米夏埃尔·让访问复旦大学。校长杨玉良会见总督一行,常务副校长王卫平参加会见。让女士为复旦师生作了关于中加友谊和交往回顾与展望的演讲。复旦大学图书馆馆长葛剑雄、社会关系与公共政策学院院长彭希哲、不列颠哥伦比亚大学教授Diana Lary、加拿大研究会常务理事长Jack Jedweb等作主题发言。

(甄炜旎)

【举办点校本"二十四史"及《清史稿》修订工程第四次修纂工作会议】 7月11—12日,由中华书局主办、复旦大学承办的点校本"二十四史"及《清史稿》修订工程第四次修纂工作会议在复旦大学召开。复旦大学党委书记秦绍德、修订工程工作委员会主任杨牧之、全国高校古籍整理研究工作委员会主任安平秋,中宣部出版局、新闻出版总署出版管理司、中国出版集团等有关单位领导,以及部分曾经参与"二十四史"及《清史稿》点校工作的知名学者、上海出版界专家等出席会议。

(甄炜旎)

【举行一流大学建设系列研讨会暨中国大学校长联谊会】 10月10—12日,"一流大学建设系列研讨会暨中国大学校长联谊会"在复旦大学召开。北京大学、清华大学、复旦大学、中国科技大学、南京大学、浙江大学、上海交通大学、西安交通大学、哈尔滨工业大学等9所内地高校的校长或党委书记，香港大学、香港中文大学、香港科技大学校长以及澳大利亚Go8大学联盟的代表参加会议。上海市副市长沈晓明出席开幕式并致辞，教育部有关司局领导出席会议。与会校长围绕"建设世界一流大学的中国模式"及"大学内部治理"等主题展开交流与讨论。与会的9所大陆高校与澳大利亚Go8联盟正式签署战略合作协议，根据协议，双方将充分利用各种资源，在学者互访、学生交流、科研合作、发展战略等多方面开展合作。（甄炜旎）

【召开复旦大学第四届董事会第四次会议】 10月23—25日，复旦大学第四届董事会第四次会议在台北召开，两岸三地二十余位校董及校董代表出席会议。校董会秘书长、副校长许征主持会议并作年度工作报告。校董会主席、校长杨玉良发表重要讲话。会议增补王绍堉为本届校董会董事。国民党荣誉主席连战、台湾地方立法机构负责人王金平出席欢迎晚宴并致辞。（甄炜旎）

【召开复旦管理学奖励基金会第一届理事会第十次会议】 11月15日，该会议在厦门大学召开，会上选举中共中央政治局原常委、国务院原副总理、复旦大学管理学奖励基金会原会长李岚清任基金会名誉会长，中共中央政治局原委员、全国政协原副主席徐匡迪任基金会第二任会长。会议期间举行"复旦管理学杰出贡献奖"颁奖典礼，南京大学教授赵曙明、厦门大学教授吴世农和华中科技大学教授陈荣秋等3人获奖，李岚清为获奖者颁发证书和奖杯。徐匡迪在颁奖典礼上作题为"成功与领导力"的演讲。典礼由基金会副理事长兼秘书长、博鳌亚洲论坛原秘书长龙永图主持。福建省省委书记孙春兰，福建省省委副书记、省长黄小晶，福建省政协主席梁绮萍，福建省人大常委会党组书记、副主任刘德章，基金会理事长、复旦大学党委书记秦绍德，基金会副理事长、复旦大学校长杨玉良，基金会副理事长、原外经贸部副部长刘山在等及相关单位的领导和代表出席颁奖典礼。（甄炜旎）

【获2项国家科学技术奖和1项中国高等学校十大科技进步奖】 11月29日，中山医院钦伦秀、叶青海、汤钊猷、关新元、贾户亮团队的"肝癌转移机制的新发现及其意义"项目获2010年度国家自然科学奖二等奖；华山医院沈自尹、王文健、俞瑾、蔡定芳、蔡德培、归绥琪、董竟成、俞建、张新民、黄建华团队的"肾阳虚证的神经内分泌学基础与临床应用"项目获国家科技进步奖二等奖。12月17日，生命科学学院、生物医学研究所教授赵世民研究团队的科研成果"代谢乙酰化调控机理的发现"入选2010年度中国高等学校十大科技进步奖。（甄炜旎）

【获13项国家级教学相关项目奖】 6月2日，物理学系的"近代物理"，中国语言文学系的"美学"，新闻学院的"马克思主义新闻思想"，管理学院的"概率论"，上海医学院的"医学导论"，国际关系与公共事务学院的"当代中国政治制度"等6门课程被评为2010年度"国家精品课程"。7月17日，公共卫生学院的"预防医学"骨干课程教学团队，社会科学基础部的"思想政治理论课"教学团队等2个团队被评为"国家级教学团队"。7月19日，国际关系与公共事务学院的"国际政治"，核科学与技术系的"核技术"，管理学院的"管理科学"等3个专业被评选为第六批高等学校特色专业建设点。7月20日，国际关系与公共事务学院教授陈志敏的"欧盟政治与对外关系"，生命科学学院教授金力的"人类进化遗传学"等2门课程被评为国家级双语教学示范课程。（甄炜旎）

【3项成果入选《国家哲学社会科学成果文库》】 12月，学校3项成果入选《国家哲学社会科学成果文库》。分别是：经济学院教授袁志刚的《均衡与非均衡：中国宏观经济与转轨经济问题探索》、经济学院副教授陈诗一的《节能减排、结构调整与工业发展方式转变研究》、历史地理研究中心教授王振忠的《明清以来徽州村落社会史研究——以新发现的民间珍稀文献为中心》。（甄炜旎）

【2份研究报告入选高校哲学社会科学研究优秀咨询报告】 12月，经济学院副教授章元和副教授徐筱凤等撰写的2份研究报告入选教育部2010年度高校哲学社会科学研究优秀咨询报告。此次教育部社科司共评出优秀咨询报告43份，美国研究中心教授沈丁立、吴心伯与北京大学等单位合作完成的研究报告也入选其中。（甄炜旎）

【多篇论文在国际顶级学术刊物发表】 生命科学学院、生物医学研究所教授赵世民研究团队的成果"Reversible Lysine Acetylation of Enzymes Involved in Central Metabolism Coordinates Carbon Flow in Salmonella Enterica"和"Protein Acetylation Plays an Extensive Role in Regulating Cellular Metabolism"连续发表在《自然》杂志2010年2月刊上。生命科学学院教授罗泽伟研究团队的成果"Multilocus Tetrasomic Linkage Analysis Using Hidden Markov Chain Model"发表在《美国科学院院报》上。生命科学学院教授王红艳研究团队的成果"VANGL2 Mutations Identified in Human Cranial Neural-Tube Defects"发表在《新英格兰医学杂志》上。5篇学术论文入选2009年度"中国百篇最具影响力国际论文"。（甄炜旎）

学校领导班子成员及组织、机构负责人

复旦大学党委领导

党委书记：秦绍德

党委副书记：陈立民　刘建中（女）　王小林

纪委书记：刘建中（女）

党委常委：秦绍德　杨玉良　陈立民　刘建中（女）　王小林　张一华　王卫平　陈晓漫　桂永浩　许　征（女）　秦莉萍（女）

复旦大学行政领导

校　长：杨玉良

常务副校长：张一华 王卫平
副校长：蔡达峰 陈晓漫 桂永浩 许 征(女) 金 力
校长助理：朱克勤 丁光宏 陈寅章 陆 昉

中共复旦大学第十三届委员会委员

（共24人，按姓氏笔画为序）

王小林 王卫平 尹冬梅(女) 石 磊
冯 艾(女) 冯晓源 刘建中(女) 许 征(女)
杨玉良 张一华 张宏莲(女) 陈立民
陈晓漫 周 亚(女) 周志成 俞吾金
秦绍德 秦莉萍(女) 袁志刚 桂永浩
顾云深 黄丽华(女) 萧思健 程 刚(女)

中共复旦大学第十三届纪律检查委员会委员

（共11人，按姓氏笔画为序）

牛伟新 朱建艺(女) 邬惊雷 刘季平 刘建中(女)
李 华(女) 李趣翎(女) 沈志宏 林学雷 胡鸿高
袁继鼎

复旦大学校务委员会

主 任：秦绍德
副主任：杨玉良 彭裕文
委 员：（按姓氏笔画为序）
丁光宏 王小林 王玉琦 王法硕 冯晓源
朱克勤 朱依谆 江 明 李汇东 李若山
吴泉水 吴晓明 吴景平 吴 毅 张一华
陆 昉 陆雄文 陈建民 陈思和 郝 模
胡鸿高 钟 扬 袁志刚 葛剑雄 童 兵
曾 璇(女) 谢遐龄

校务委员会法律事务委员会

主 任：胡鸿高
委 员：孙南申 董茂云 王全弟 陈治东 章武生

复旦大学学术委员会

主 任：王生洪
副主任：杨玉良 汤钊猷 王 迅 俞吾金

人文分委员会

主 任：俞吾金
副主任：葛剑雄
委 员：黄颂杰 朱立元 章培恒 陆谷孙 朱维铮

社会科学与管理分委员会

主 任：郑祖康
副主任：华 民
委 员：李昌道 倪世雄 芮明杰 彭希哲 黄芝晓

理学分委员会

主 任：谷超豪
副主任：王 迅
委 员：胡和生(女) 李大潜 杨福家 金晓峰
杨玉良 杨芃原 杨雄里 余 龙
陈家宽 贺鹤勇

工程技术分委员会

主 任：王威琪
副主任：朱绍龙
委 员：张 文 金亚秋 陈良尧 陈立民

医学分委员会

主 任：顾玉东
副主任：闻玉梅(女)
委 员：汤钊猷 林祥通 王玉琦 王吉耀(女)
周良辅 王卫平 桂永浩 丰有吉
蒋国梁 孙兴怀 王正敏 郭慕依
宋后燕(女) 孙凤艳(女) 熊思东
金泰廙 吴满平

第一届复旦大学学术规范委员会

主 任：俞吾金
委 员：俞吾金(人文) 葛剑雄(人文)
华 民(社会科学与管理) 王 迅(理学)
朱绍龙(工程技术) 郭幕依(基础医学)
林祥通(临床医学)

复旦大学学位评定委员会第九届委员会

主 席：杨玉良
副主席：李大潜 金 力 俞吾金 顾玉东
委 员：王卫平 王威琪 冯晓源 孙南申 朱依谆
张 文 李良荣 杨福家 芮明杰 邵志敏
闵 昊 陈思和 陈家宽 林尚立 范康年
侯晓远 姜庆五 姜波克 查锡良 洪家兴
贺 林 赵东元 闻玉梅(女) 顾云深
彭希哲 褚孝泉 葛兆光 臧斌宇 樊 嘉
戴鞍钢

复旦大学第十六届工会委员会

主 席：刘建中(女)
常务副主席：袁继鼎
副主席（专职）：司徒琪蕙(女) 金再勤
兼职副主席：邱晓露(女)（兼妇委会专职副主任） 赵文庆
常务委员：（按姓氏笔画为序）
司徒琪蕙(女) 朱寅申 刘建中(女)
许晓明 杨慧群(女) 邱晓露(女)
金再勤 周志俊 周 斌
袁继鼎 殷莲华(女) 詹永森
委 员：（按姓氏笔画为序）
马晓华(女) 王士义 王丽军(女) 王威琪
王韵华(女) 包信忱 孙栋林 孙晓屏(女)
严法善 宋伟民 赵立行 姜银国

徐建军　谢　静(女)　潘　俊(女)

工会经费审查委员会

主　任：余　青(女)

委　员：沈玉桢(女)　陆　瑾(女)　郑　勇　徐恬静(女)

复旦大学党政部门及群众团体负责人

党委办公室

主　任：周　亚(女)

副主任：陈股华

纪委

书　记：刘建中(女)

副书记：沈志宏

案件检查室

主　任：沈志宏(兼)

宣传教育室

主　任：李　辉(女,兼)

纪委办公室

主　任：徐韶瑛(女)

监察处

处　长：沈志宏(兼)

副处长：李　辉(女)

审计处

处　长：郁　炯(女)

副处长：吴佳新

组织部

部　长：秦莉萍(女)

副部长：徐　军

宣传部

部　长：萧思健

副部长：周　晔　方　明

新闻中心

主　任：方　明(兼)

统战部

部　长：阎嘉陵

副部长：陈　莉(女)

学生工作部(处)

部(处)长：许　玫(女)

副部(处)长：包江波(女)　章　沛

研究生工作部

部　长：周立志

副部长：楚永全　罗英华(女)

保卫部(处)

部(处)长：唐晓林

副部(处)长：张才凤　沈鸣华　张　磊

武装部

部　长：翟毓兴

老干部工作处

处　长：丁言雯(女)

副处长：叶依群(女)　黄玮石

邯郸校区老干部党总支

党总支书记：周振汉

党总支副书记：赵少荃

枫林校区老干部党总支

党总支书记：郭晓燕(女)

党总支副书记：袁鸿昌　叶依群(女,兼)

机关党委

党委书记：张宏莲(女,兼)

党委副书记：周立志(兼)　王丽军(女)

校长办公室

副主任：李　倩(女,主持工作)　许　平(女)

研究室

主　任：刘承功

发展规划处：

处　长：刘季平

副处长：李粤江

学科建设办公室

主　任：叶绍梁

副主任：王亚平(女)　张志芹(女)

人事处

处　长：周志成

副处长：张　劲(女)　袁　新　许晓茵(女)

教务处

处　长：陆　昉

副处长：丁光宏(兼)　郑方贤(兼)　臧德泉　王　颖(女)
应质峰(女)

招生办公室

主　任：丁光宏

研究生院

院　长：金　力(兼)

副院长：顾云深(常务)　汪　玲(女)

招生办公室

主　任：吴宏翔

科技处

处　长：龚新高

副处长：包志宏(兼)　殷南根　张　农　李高平　胡建华

"985工程"平台基地管理委员会平台管理办公室

主　任：陈晓漫(兼)

副主任：姜　宴(女)

文科科研处

处　长：杨志刚

副处长：葛宏波　任　远

外事处

处　长：陈寅章

副处长：朱畴文(兼)　信　强　刘　莉(女)　唐文卿(女)

医院管理处

处　长：夏景林

副处长：罗　力　卢　清　赵　阳(女)

医学中心办公室

主　任：朱畴文

副主任：潘 俊(女)

对外联络与发展处

处 长：张宏莲(女)

副处长：邵仁厚 孙 钢 刘 晔 丁 力

外国留学生工作处

处 长：吴慧贞(女)

副处长：杨增国 张 怡(女)

财务处

处 长：林学雷

副处长：张 育(女) 余 青(女) 聂 叶(女)

资产管理处

处 长：苏子敏

副处长：汪 皓 张 义

产业化与校产管理办公室

副主任：张莲琴(女,兼) 赵文斌

校产党总支

党总支书记：张莲琴(女)

退管会

主 任：王小林(兼)

副主任：杨慧群(女,常务) 金文英(女) 陈 勤(女)

后勤党委

党委书记：肖永春(女)

党委副书记：王万春 邵 瑜(女)

总务处

处 长：栗建华

副处长：王万春(兼) 王丽红(女) 郭建忠

房委会

主 任：张一华(兼)

副主任：江生和

基建处

处 长：姜佩珍(女)

副处长：陈卓英 赵振康 陆卫国

枫林校区管理委员会办公室

主 任：吴 珍(女)

副主任：毛惠琴(女)

张江校区管理委员会办公室

副主任：葛海霓(主持工作) 王海晶 王正华(女)

江湾校区管理委员会办公室

副主任：周 虎(主持工作) 黄岸青(女)

校园信息化办公室

主 任：宓 詠

副主任：闫 华(女)

工会

主 席：刘建中(女,兼)

副主席：袁继鼎(常务) 邱晓露(女,兼) 司徒琪蕙(女) 金再勤

团委

书 记：尹冬梅(女)

副书记：徐 阳 冯 艾(女) 顾宇翔 梅 鲜(女) 康文华 程 娌(女) 高 天(女)

妇委会

主 任：黄丽华(女,兼)

副主任：邱晓露(女) 殷莲华(女,兼) 梅岩艾(女,兼) 郑 珊(女,兼)

复旦大学院系所党政负责人

复旦学院

党委书记：李 钧

副院长：李 钧(兼) 王德峰 高效江

中国语言文学系

主 任：陈思和

副主任：傅 杰 陈引驰 祝克懿(女)

党委书记：张德兴

党委副书记：张豫峰(女)

外国语言文学学院

院 长：褚孝泉

副院长：曲卫国 魏育青 季佩英(女) 高永伟

党委书记：徐龙顺

党委副书记：曾建彬 徐 瑾(女)

历史学系

主 任：章 清

副主任：周 兵 邓志峰 翁 瑾

党委书记：金光耀

党委副书记：黄 洁(女)

文物与博物馆学系

主 任：陈红京

副主任：胡志祥 高蒙河

哲学学院

院 长：吴晓明

副院长：郑召利 孙向晨 张双利(女)

党委书记：胡华忠

党委副书记：邵强进

新闻学院

院 长：宋 超

副院长：黄 瑚(常务) 孙 玮(女) 李双龙

党委书记：俞振伟

党委副书记：谢 静(女)

经济学院

院 长：袁志刚

副院长：孙立坚 尹翔硕 杨长江 刘军梅(女)

党委书记：石 磊

党委副书记：尹 晨 蔡晓月(女)

国际关系与公共事务学院

院 长：龙永图

副院长：林尚立(常务) 吴心伯 陈玉刚

党委书记：沈兰芳(女)

党委副书记：陈明明 顾 莺(女)

法学院

院 长：孙南申

副院长：季立刚　张光杰　潘伟杰
党委书记：孙　锐
党委副书记：王　蔚(女)

管理学院
院　长：陆雄文
副院长：周　健(常务)　薛求知　孙一民(女)　殷志文　吕长江
党委书记：黄丽华(女)
党委副书记：姚　凯　叶耀华

社会发展与公共政策学院
院　长：彭希哲
副院长：梁　鸿　顾东辉　范丽珠(女)
党委书记：严　峰
党委副书记：周　楚(女)

数学科学学院
院　长：吴泉水
副院长：楼红卫　郭坤宇　林　伟　王永珍
党委书记：侯力强
党委副书记：刘金华(女)

物理学系
主　任：沈　健
副主任：马世红　周　磊　陈张海　陈骏逸
党委书记：蒋最敏
党委副书记：王建华(女)　俞胜南(女)

化学系
主　任：唐　颐
副主任：徐华龙　王韵华(女)　孔继烈(兼)
党委书记：周亚明
党委副书记：张丹维(女)　郭　娟(女)

高分子科学系
主　任：武培怡
副主任：张　炜(兼)　刘天西　杨武利
党委书记：张　炜
党委副书记：包　涵(女)

环境科学与工程系
主　任：郑俊华
副主任：陈建民(常务)　郑志坚　董文博　杨　新
党委书记：马蔚纯
党委副书记：刘　翔(女)

生命科学学院
院　长：马　红
副院长：王红艳(女)　卢大儒　杨　继　江培翃(女)
党委书记：叶敬仲
党委副书记：钟　江

信息科学与工程学院
院　长：郑立荣
副院长：汪源源　胡　波　石艺尉　刘　冉
党委书记：朱建艺(女)
党委副书记：姚佩玉(女)　屈新萍(女)　张荣君

计算机科学技术学院
副院长：臧斌宇(主持工作)　薛向阳　汪　卫
党委书记：张骏楠(女)
党委副书记：朱百祥　阳德青

材料科学系
主　任：武利民
副主任：吴晓京　张　群　于　瀛(女)
党委书记：肖　斐
党委副书记：江素华(女)

力学与工程科学系
主　任：艾剑良
副主任：马建敏　谢锡麟
党总支书记：殷昌义
党总支副书记：姚　伟(女)

上海医学院
院　长：冯晓源
副院长：鲁映青(女)　邹和建(兼)　钱睿哲(女)　汤其群　阎作勤(兼)
党委书记：程　刚(女)
党委副书记：储以微(女)　钱海红(女)

公共卫生学院
院　长：姜庆五
副院长：周志俊(兼)　钱　序(女)　陈　文
党委书记：傅　华
党委副书记：黄葭燕(女)

药学院
院　长：朱依谆
副院长：吴　伟　侯爱君(女)　孙　逊(女)
党委书记：陆伟跃
党委副书记：毛　华(女)

护理学院
院　长：贾宏丽(女)
副院长：胡　雁(女)　王君俏(女)
党总支书记：夏海鸥(女)
党总支副书记：曹育玲(女)

社会科学基础部
主　任：顾钰民
副主任：王贤卿(女)　吴海江
党总支书记：高国希
党总支副书记：郎秀云(女)

体育教学部
主　任：王方椽
副主任：陈　琪　陈建强　马祖勤
直属党支部书记：汪　凯

国际文化交流学院
院　长：朱永生
副院长：吴中伟　胡文华(女)
党总支书记：沈肖肖

继续教育学院
院　长：方晶刚

副院长：应建雄　江国伟
党总支书记：龚士珍(女)
网络教育学院
院　长：方晶刚(兼)
副院长：应建雄(兼)
实验动物科学部
主　任：杨　萍(女)
副主任：杨　斐
直属党支部书记：黄德桥
放射医学研究所
所　长：周志俊
副所长：邵春林
直属党支部书记：吴锦海
古籍整理研究所
所　长：章培恒
副所长：陈广宏
中国历史地理研究所
所　长：吴松弟
副所长：安介生
现代物理研究所
所　长：邹亚明(女)
副所长：贺勉鸿(兼)　施立群
核科学与技术系副主任：陈建新
直属党支部书记：贺勉鸿
国际问题研究院
院　长：龙永图(兼)
副院长：沈丁立(常务)　樊勇明　郭定平　张贵洪
先进材料实验室
党总支书记：姜良斌
党总支副书记：刘顺厚
生物医学研究院
直属党支部书记：包志宏
脑科学研究院
直属党支部书记：陈靖民

复旦大学直属单位及附属医院党政负责人

文科学报
主　编：黄颂杰
副主编：吕晓刚
理科学报
主　编：杨玉良(兼)
医科学报
主　编：姚　泰
副主编：王吉耀(女)　沈　玲(女)　金泰廙　查锡良
图书馆
馆　长：葛剑雄
副馆长：李尧鹏(兼)　徐一新　钱京娅(女)　吴兆路　张计龙　杨光辉
党总支书记：李尧鹏
党总支副书记：钱京娅(女,兼)
档案馆
馆　长：周桂发
副馆长：邱佩芳(女)　丁士华(女)
现代教育技术中心
主　任：朱晓强
副主任：邬忠华
分析测试中心
主　任：孔继烈
副主任：胡耀铭　任庆广
学生服务联合体
主　任：陈浩明
副主任：张　谊(女)　周双丽(女)　刘明波
复旦大学出版社有限公司
董事长：贺圣遂
总经理：杜荣根
总编辑：贺圣遂(兼)
副总编辑：刘子馨　张永彬　孙　晶(女,兼)
党总支书记：王凤霞(女)
党总支副书记：孙　晶(女)
复旦大学附属中学
校　长：郑方贤
副校长：王德耀(兼)　吴　坚　张之银　方培君(女)
党委书记：王德耀
党委副书记：李　峻(女)
艺术教育中心
副主任：郁秀兰(女,主持工作)　陈　寅(女)
高等教育研究所
所　长：熊庆年
复华公司
总经理：蒋国兴
党委书记：任琳芳(女)
党委副书记：赵之凡
复旦大学附属中山医院
院　长：王玉琦
副院长：张志勇(兼)　樊　嘉　高　鑫(女)　汪　昕　朱同玉　阎作勤
党委书记：秦新裕
党委副书记：牛伟新　沈　辉
纪委书记：牛伟新(兼)
复旦大学附属华山医院
院　长：丁　强
副院长：吕　元　邹和建　黄峰平　汪志明　邵建华(女)
党委书记：顾小萍(女)
党委副书记：钱　飚
纪委书记：李趣翎(女)
复旦大学附属肿瘤医院
院　长：蒋国梁
副院长：杜　祥　李龙根　郭小毛　叶定伟
党委书记：孙　斌(女)

党委副书记兼纪委书记：李端树

复旦大学附属眼耳鼻喉科医院

院　长：孙兴怀

副院长：迟放鲁　王德辉　徐格致

党委书记：李　华(女)

党委副书记兼纪委书记：王胜资(女)

复旦大学附属妇产科医院

院　长：邬惊雷

副院长：徐丛剑　姜　桦　李　斌(女)　李笑天

党委书记：华克勤(女)

党委副书记兼纪委书记：陈晓军(女)

复旦大学附属儿科医院

院　长：黄国英

副院长：郑　珊(女)　王　艺(女)　盛　锋　周文浩

党委书记：曹莲华(女)

党委副书记兼纪委书记：徐　虹(女)

复旦大学附属金山医院

院　长：洪　震

复旦大学附属上海市第五人民医院

院　长：顾　勇

复旦大学附属公共卫生临床中心

主　任：张志勇

副主任：袁正宏(兼)　卢洪洲

党委书记：袁正宏

党委副书记：张志勇(兼)

新增和调整各类委员会、领导小组(非常设机构)及其成员名单

复旦大学对口支援工作领导小组(2010年3月3日调整)

组　长：杨玉良

副组长：许　征　王小林

成　员：秦莉萍　陈寅章　陆　昉　刘季平　周志成
顾云深　龚新高　杨志刚　夏景林　吴慧贞
林学雷　栗建华　葛剑雄　宓　詠　程　刚
姜庆五　贾宏丽　王玉琦　丁　强　邬惊雷
李　倩　徐　军

复旦大学编制"十二五"基本建设规划工作领导小组(2010年3月11日成立)

组　长：杨玉良

副组长：张一华　陈晓漫　许　征

成　员：刘季平　徐国辉　叶绍梁　龚新高　夏景林
杨志刚　林学雷　苏子敏　肖永春　姜佩珍

复旦大学制订继续实施"985工程"建设总体规划(2010—2020)领导小组及工作小组(2010年3月26日成立)

领导小组

组　长：杨玉良　秦绍德

成　员：张一华　王卫平　陈立民　刘建中　王小林
蔡达峰　陈晓漫　桂永浩　许　征　金　力

工作小组

组　长：陈晓漫

副组长：叶绍梁

成　员：周　亚　刘季平　刘承功　龚新高　杨志刚
周志成　陆　昉　顾云深　陈寅章　林学雷
吴晓明　彭希哲　陈家宽　郑立荣　彭裕文
冯晓源　杨芃原　袁志刚　陆雄文

上海数学科学研究中心建设工作小组(2010年4月16日成立)

组　长：陈晓漫

副组长：金　力　洪家兴

成　员：刘季平　龚新高　姜佩珍　林学雷　周志成
吴泉水　侯力强　王永珍　楼红卫　林　伟
郭坤宇　吴宗敏

复旦大学信息公开工作领导小组(2010年8月27日成立)

组　长：杨玉良　秦绍德

副组长：张一华　刘建中

成　员：周　亚　刘季平　沈志宏　唐晓林　萧思健
袁继鼎

复旦大学本科生学院筹备工作小组(2010年9月19日成立)

组　长：蔡达峰　陈立民

成　员：丁光宏　陆　昉　许　玫　李　均　吴慧贞
周向峰　王宁宁　郑　阳

复旦大学"985工程"三期规划实施工作委员会(2010年10月12日成立)

教育体系建设规划实施工作委员会

主　任：蔡达峰　金　力　陈立民

成　员：陆　昉　丁光宏　顾云深　吴慧贞　许　玫
李　钧　金晓峰　鲁映青　乔守怡　王德峰
邹和建　陈寅章

联络员：姜　宴

师资队伍建设规划实施工作委员会

主　任：陈晓漫　王小林

成　员：秦莉萍　周志成　冯晓源　陆雄文　章　清
沈　健　林学雷　马　红　陆　昉　武培怡

联络员：张志芹

高水平学术中心建设规划实施工作委员会

主　任：陈立民　陈晓漫　金　力

成　员：龚新高　杨志刚　叶绍梁　葛兆光　彭希哲
俞振伟　俞吾金　林尚立　袁志刚　陈家宽
洪家兴　杨芃原　郑立荣　袁正宏　马　兰
赵东元　金晓峰　陈建民

联络员：沈　顺

医科学科建设规划实施工作委员会

主　任：王卫平　桂永浩

成　员：彭裕文　冯晓源　姜庆五　朱依谆　汤钊猷
闻玉梅　顾玉东　丁　强　王玉琦　蒋国梁
孙兴怀　邬惊雷　黄国英　汤其群　葛均波
包志宏　张　农　马　兰　王亚平　贾宏丽
吴晓晖

联络员：曹西蓉

院系建设规划实施工作委员会

主　任：陈晓漫

成　员：叶绍梁　林学雷　周志成　吴晓明　石　磊
黄丽华　蒋最敏　陈思和　吴泉水　马　红
唐　颐　武利民　王亚平

联络员：谢　菊

能力与条件建设规划实施工作委员会

主　任：张一华　桂永浩　许　征

成　员：姜佩珍　宓　詠　苏子敏　陆　昉　周亚明
周志俊　栗建华　许　玫　周立志　江生和

联络员：赵　昕

复旦大学"十二五"规划起草工作小组（2010 年 11 月 22 日成立）

组　长：杨玉良

执行组长：蔡达峰

成　员：孙向晨　陆　铭　徐华龙　汪源源　潘　俊
叶绍梁　刘承功　刘季平　陈殷华　李粤江

复旦大学"985 工程"三期学术发展规划实施工作委员会（2010 年 12 月 2 日成立）

主　任：王卫平　陈立民　陈晓漫　桂永浩　金　力

文科组

召集人：陈立民　陈晓漫

成　员：杨志刚　叶绍梁　周志成　林学雷　吴晓明
陈思和　章　清　诸孝泉　葛兆光　俞吾金
彭希哲　俞振伟　林尚立　袁志刚　石　磊
黄丽华　孙笑侠

联络员：谢　菊

理工组

召集人：陈晓漫　金　力

成　员：龚新高　叶绍梁　周志成　林学雷　洪家兴
吴泉水　蒋最敏　唐　颐　马　红　陈家宽
武利民　臧斌宇　艾剑良　郑立荣　金晓峰
陈建民　赵东元

联络员：沈　顺

医学组

召集人：王卫平　桂永浩

成　员：彭裕文　冯晓源　姜庆五　朱依谆　汤钊猷
闻玉梅　顾玉东　丁　强　王玉琦　蒋国梁
孙兴怀　邬惊雷　黄国英　汤其群　葛均波
包志宏　张　农　马　兰　贾宏丽　吴晓晖
杨芃原　袁正宏　王亚平

联络员：曹西蓉

一、院系所与公共教学单位

复旦学院

【概况】 2010年,复旦学院有在编教职员工21人。其中正高级职称1人,副高级职称3人,中级职称11人。聘任2010级专职导师10人,院系学生导师115人,2010级新生辅导员38人,2009级辅导员3人。学院设综合办公室、教学办公室、学生工作办公室、导师工作办公室、研究与编辑室等5个办公室。12月,党委副书记许平调职离任。

7月,3 453名学生从复旦学院结业,其中2009级学生3 234人、2008级临床医学八年制专业118人、2008级公共事业管理专业24人,转院系降级学生77人。学院共有2010级学生3 492人,其中中国学生3 169人,外国留学生323人。另有香港大学等高校委托培养学生148人,2009级学生142人。

教学办公室继续以通识教育核心课程建设为中心开展工作。春、秋两季学期共开设核心课程180门次(包括14门视频课程),开发新课7门,选聘核心课程助教323人次。截至2010年年底,共建设核心课程153门。组织召开视频课程助教培训会议2次,六大模块助教工作座谈会及培训12次,核心课程网站建设进一步完善。

导师工作有所调整。除专职导师和院系常规导师工作外,增添留学生导师项目的建设,同时在中文、社会、物理和核科学等4个专业中进行导师制试点探索;组织20余场"学养拓展讲座",开拓学生视野;继续实施导师日常值班制度,解决学生各类困惑和问题;参与"经典读书计划",积极组织导师提供阅读书目;鼓励导师提供学生"启航行动"科研项目,本年度各类导师共提供人文社会科学、自然科学和应用技术科学的学术研究项目38项。

学生书院生活的建设方面,复旦学院以"读书"、"对话"、"适应"和"关怀"为重点,扎实推进"书院生活方式"建设,夯实书院生活内涵;以"大学导航"、"学养拓展"、"公民教养"、"关爱成长"四大计划为实施手段;以"学而时习斋"的建设和完善为平台,全面营造书院生活的环境和氛围。继续重点推进"经典读书计划",并在2010—2011学年第一学期正式启用"经典读书计划报名系统"网站,所有的导师信息、书目信息都可以在网页上点击浏览。截至2010年年底,共有1 922名学生通过网站自选兴趣小组,最终1 221名学生通过审核加入100个读书小组,其中含非一年级同学71名。读书活动开出文科类经典书目98本,理科类经典书目13本。其中,中国典籍39本,西方典籍72本。5月,开展2009—2010年度"经典读书计划"评奖评优活动,产生43个"读书小组风采奖"、192个"优秀个人奖"和152篇"优秀读书奖"。

3月,复旦学院团委成立世博工作小组,参与世博志愿者工作。复旦学院有园区志愿者467名,城市站点志愿者167名,复旦大学自建站志愿者90名,共计700余人。各书院组织世博后勤工作小组,为所有志愿者提供支持,出色完成后勤保障工作。世博会期间,复旦学院涌现出了一批优秀志愿者,得到各级表彰。由复旦学院志愿者为主体的中国馆临时党支部发起的"志愿者工作手册",经推广后形成逾37万字的《复旦大学世博会志愿者工作手册》。

5月,根据《关于开展向青海玉树地震灾区捐款活动的紧急通知》要求,复旦学院在学生党员、教师党员中广泛宣传动员,号召大家积极向灾区人民献爱心,最终募集到14 205.1元,为灾区人民重建家园贡献一份力量。

9月,复旦学院2010级新生心理委员队伍组建完毕,并进行为期一个半月、共计6次的系统培训。10月中旬,为系统全面地了解2010级学生的心理健康状况,配合校心理健康教育中心开展新生心理普查活动。普查结果汇总后,复旦学院及时与校心理健康教育中心沟通联系,对普查中存在心理健康问题的学生进行重点关注,并邀请中心老师对全体辅导员进行普查后续工作方法培训指导。

2010年,复旦学院多次举行"院领导午茶会"。复旦学院党委书记李钧、副院长高效江、党委副书记许平等院领导每次邀请20余名来自不同专业的学生代表进行座谈,了解学生们的学习、生活情况,倾听他们的意见和建议,并解答和解决他们的相关问题。

为更好地推进校本科生院的筹备工作,复旦学院各办公室积极开展调查研究,为筹备小组工作提供参考。下半年,筹备小组共在复旦学院开展5次调研会。

巢雅明获2009—2010年度复旦大学"三八红旗手"称号。申华蕾被评为2009—2010年度复旦大学"工会积极分子"。 (黄　潇)

【出版《通识教育与大学:中国的探索》】 4月,《通识教育与大学:中国的探索》由科学出版社出版。该书分为"中国的思考"、"中国的实践"、"中国的展望"三部分,试图从理论和实践两个角度,揭示通识教育理论对中国高等教育改革的指导性意义,并结合中国通识教育的实践经验,梳理中国高等教育改革的主要路径选择和符合传统中国通识教育的理论重点。该书为复旦学院在《复旦通识教育》(内刊)长期积累和提升中推出的不定期公开出版物《复旦通识教育评论》的第一辑。　(黄　潇)

【开展导师制试点工作】 9月起,复旦学院首次在中文、社会、物理和核科学技术等4个专业中实施导师制试点。试点采用小范围、专业对应的体制,以1名导师指导8—12名学生为基本骨架,组建班级导师指导小组协调班级事务、互通工作信息,旨在避免和解决以往导师指导过程中存在的泛化对应、师生脱节等痼疾,为今后制度改革提供经验。学院制定《复旦学院书院试点导师工作指南(草案)》,从学习、生活、专业指导、知识拓展和学术体验等方面对试点导师提出规范性的工作要求,教务处为试点导师提供物质性保障。　(路　东)

【出版首本通识教育核心课程教材】 10月,核心课程"经济生活中的数学"主讲老师谭永基教授编著的《现实世界的数学视角与思维》一书由复旦大学出版社出版。该书是复旦大学实行通识教育以来出版的第一本核心课程教材。　(应建庆)

【开展"创先争优——自行车排放"活动】 10月,根据复旦大学党委《关于在全校基层党组织和党员中深入开展创先争优活动的实施方案》和党委学工部《复旦大学学生基层党组织和学生党员深入开展创先争优活动实施方案》的部署和要求,复旦学院充分发挥党员及党支部的积极性、主动性,在全体新生党员中开展"创先争优——自行车排放"活动。党员在自行车停放比较混乱的时间段内维持秩序,推动校园文明和书院文明建设。　(王宁宁)

中国语言文学系

【概况】 2010年,中国语言文学系(简称中文系)包括中文系、语言文学研究所和6个研究中心。设有博士点11个,硕士点14个,博士后科研流动站1个,本科专业2个。经国家主管部门批准,复旦中文系开设出版编辑专业学位硕士点。

在职教职工共122人,其中专职教师108人,行政人员11人,教辅人员3人。具有正高级职称44人,副高级职称39人,中级职称25人。

2010年招收本科生108人,硕士研究生117人,博士研究生64人。在读本科生548人,硕士研究生269人,博士研究生177人。上半学年开设本科生课程84门,硕士研究生课程39门,博士研究生课程19门;下半学年开设本科生课程80门,硕士研究生课程37门,博士研究生课程22门。

申请到国家社会科学项目2项,出版学术专著、译著共13部,在国内外杂志上发表学术论文458篇。朱立元、张德兴等主持的《美学》获得国家精品课程。

陈捷《研究系与五四新文化运动关系研究》、黄蓓《法国现代诗歌与中国传统书画研究》、刘红妮《汉语跨层结构的词汇化研究》、徐志啸《中国赋学史》、宗廷虎《中国辞格审美史(二卷本)》获得国家社会科学规划一般项目。

《中国比较文学》杂志刊发陈思和的《比较文学与精英化教育》和复旦大学比较文学全体教师制订、杨乃乔执笔的《复旦大学比较文学与世界文学硕士与博士生精英培养计划》,拟定详细的比较文学研究生培养计划,明确提出比较文学专业的精英教育特质,强调硕博连读、取消硕士生论文写作、延长博士生学制(三年改四年)、设定多种外语教学(包括古希腊语、拉丁语、梵语,以及多种欧洲语言、东亚语言的学习),古汉语和古典典籍的训练等等,从2010年起实施。台湾大学终身荣誉教授张汉良作为特聘教授引进复旦,领衔复旦大学比较文学与世界文学专业的学科建设。

2009级博士生蔡伟同学被评为"2009中国大学生年度人物"。

国内学者陈虹、胡明等,台湾学者郑文惠、郑毓瑜,香港学者许子东、陈建华、王宏志,美国学者王德威、康士林,英国学者苏珊·达拉维拉,德国学者沃尔夫冈·布劳恩·加特,荷兰学者贺麦晓等应邀来做演讲50余场。美国《文化政治》杂志主编Ryan Bishop来访。美国华盛顿大学校长、文学院院长Gary Wihl等一行六人来访,与中文系领导就教学、学术交流等多方面的话题展开了讨论,并达成未来增进交流、进一步加强学术合作的初步意向。2010年中文系举办"新世纪十年:现状与未来"国际学术研讨会、"纪念陈望道120周年·中国修辞学会成立30周年"学术研讨会、"古今演变"国际学术研讨会、阎连科作品研讨会、莫言作品研讨会等。

在对外交流方面,接待美国哈佛大学、加州大学洛杉矶分校、韦斯利学院、德堡大学、圣路易斯华盛顿大学,加拿大约克大学,韩国成均馆大学、中央大学、启明大学、梨花女子大学、高丽大学,日本神奈川大学、庆应义塾大学、早稻田大学、东京大学、一桥大学,中国台湾大学、台湾师范大学、台湾政治大学以及中国香港科技大学和香港城市大学的来访。

中文系结合时事,组织学生开展多样有效的活动。在世博会期间,组织和选拔世博志愿者,打造优秀的世博志愿服务团队。开展中文系系列学生活动,如"惠风中文"活动,邀请系内教师进行讲座、座谈,旨在让本科学生与系里老师有更多交流机会,深入理解中文系学术传统、进一步了解专业学习方法。　(李　楠)

【编辑出版专业硕士学位】 2010年,经国家教育部批准,中文系成为面向全国招收攻读编辑出版专业硕士学位的单位。本专业致力于培养高层次、应用型编辑出版专门人才。编辑出版硕士是一门十分成熟的学科,具有充分的国际性和科学性。我系积极开拓专业硕士教育,对于发展我系的学科建设,完善学科结构,推动我国编辑出版的大发展,具有十分迫切的现实意义。　(李　楠)

【"新世纪十年:现状与未来"国际学术研讨会】 7月12—13日,哈佛大学东亚系与复旦大学中文系联办的"新世纪十年:回顾与展望"国际学术研讨会在光华楼东辅楼103举行。哈佛大学王德威教授出席并做了开幕发言。复旦大学陈思和教授主持会议。来自中国、美国、新加坡、澳大利亚及中国台湾、香港的数十位著名学者出席大会，做了主题发言并提交论文。会议主要讨论了2000年以来的文学创作与研究的现状与未来的走向。（李　楠）

【召开陈望道诞辰120周年·中国修辞学会成立30周年学术研讨会】 该会议于12月4—5日在校举行，会议以主题报告、圆桌会议等形式展开。中国社科院教授沈家煊、美国佛罗里达大学教授屈承熹、复旦大学教授李熙宗、北京大学教授陆俭明等10位中外著名学者出席并提交论文。来自全国各地近200位代表出席会议。

（李　楠）

哲学学院

【概况】 2010年，哲学学院设有博士后流动站1个，博士点9个、硕士点8个、本科专业2个。

学院有在职教职工69人，其中专任教师59人(其中创新基地2人)，行政教辅人员10人(其中创新基地3人)；具有正高级职称32人，副高级职称22人，中级及以下职称12人。另有博士后进站8人、出站7人、在校23人。

全年招收硕士研究生43人，招收博士研究生38人；毕业本科生55人，毕业硕士研究生42人，毕业博士研究生38人，在校博士研究生158人，硕士研究生132人，本科生273人(不含本科一年级学生)。学院教师春季开设本科生课程67门、硕士博士生课程44门；秋季开设本科生课程65门、硕士博士生课程58门。

承接省部级以上课题13项，其中国家社科项目5项，上海社科项目6项，教育部人文社科项目2项。发表论文357篇，其中国内权威刊物28篇。出版著作24部，译著24部。

主办国际学术会议3个、国内学术会议9个，与会学者累计超过170人。

出国进修访学教师4人。出国出境参加国际学术会议、讲学30人。有10名国际知名学者来学院讲学、开设讲座，包括美国南伊利诺伊大学杜威研究中心主任、哲学系教授Larry Hickman，意大利那不勒斯东方大学法兰西斯高·斯费拉教授，香港城市大学教授、《中外医学与哲学》编辑、生命伦理学国际知名专家范瑞平，美国布朗大学哲学教授Henry Rosemont, Jr.，爱尔兰科克大学学院教授Hans-Georg Moeller，马来西亚华人学者、美国欧亚大学副校长王琛发，美国Kutztown大学教授、《比较哲学学报》编辑黄勇等。

提出“学术立院、育人为本”的理念。以领导班子建设为中心，在广大党员中开展创先争优活动。举办“为人、为师、为学”主题活动，进一步推进学院精神文化传承，加强师德、师风、学风建设，增强学院整体学术育人氛围。开展“今天，我们如何做大学老师”的讨论，举行“讲台内外的人生智慧——谈为人·为师·为学”专题报告交流会。教师们认真交流经验，畅谈为师感悟，起到相互促进的作用。

重视学生德智体美全面发展。4月，学院举办第十一届Sophia人文节系列学术讲座。组织2010届毕业生开展植树留念活动。4月24日，邀请75级系友，原重庆武警总队政治委员张家万少将回到母校为武警班同学做《军营在呼唤——你准备好了吗?》主题报告。6月29日，为2010届毕业生举行毕业典礼。9月15日，举行2010年迎新生大会。11月27日，举行2010年复旦大学博士生论坛哲学分论坛。12月14日，哲学学院召开2010年度学生工作总结大会。

5月1日，2010年上海世博会开幕。学院积极组织学生参与世博会志愿者服务，并开展了“哲院人在世博”主题活动，组织学生参观世博。11月15日，哲学学院举办“回眸世博”活动，以“城市精神与文化再造”为主题，邀请师生共同讨论世博对于国家发展的深刻意义。

在校友工作方面，9月11—12日，原哲学系86级校友返回母校，举行毕业二十年返校活动。9月21日，接待64级校友返校，举行毕业四十周年纪念活动。10月23日，接待2000、2001届校友重返母校，举行毕业十周年纪念活动。10月24日，接待70级至73级哲学系校友返校。（魏洪钟）

【成立社会主义核心价值体系上海市社会科学创新研究基地】 2010年3月25日上午，在光华西主楼2401隆重举行“社会主义核心价值体系上海市社会科学创新研究基地”揭牌仪式暨成立大会。参加大会的有文科科研处处长杨志刚、副处长葛宏波，哲学学院院长吴晓明、党委书记胡华忠及基地成员共20余人。基地建立的目标是研究社会主义核心价值体系，为上海市社会科学创新研究提供智力支持。（魏洪钟）

【举办“第三届复旦大学校友企业春季招聘会”】 4月7日下午，哲学学院为帮助应届毕业生就业、挖掘校友企业资源，在光华楼学生广场举办“第三届复旦大学校友企业春季招聘会”。中智上海经济技术合作公司、华安基金、康佳集团、上海中服出国人员服务中心、江泰保险经纪有限公司、上海肇新物业、上海三松礼品等多家公司参加了此次招聘活动，现场提供就业岗位50余个。（魏洪钟）

【举办“青竹简·复旦大学高校国学周”】 4月12—15日，哲学学院举办“青竹简·复旦大学高校国学周”。“方太青竹简国学计划”是《南方周末》报社和宁波方太集团联合发起的国学推广综合性项目。此次活动是该项目高校系列活动的第一站，由哲学学院提供特别学术支持，目标在于推动中华国学经典教育，通过学界名人来放大国学对于日常生活的指导意义，为青年一代确立民族认同感和民族自信心，用国学文化来促进和谐社会建设。活动由四场名师讲座组成：哲学学院教授王德峰的“我们为什么学国学”、历史系教授姚大力的“当孔子遭遇《孔子》：儒学在当代中国的命运”、哲学学院教授刘康德的“《周易》是一本怎样的书”和哲学学院教授徐洪兴的"《老子》的智慧"。

（魏洪钟）

【举办"文明对话与全球挑战"国际论坛】 5月11日，为纪念意大利来华耶稣会士利玛窦在北京逝世400周年，哲学学院成立"徐光启—利玛窦文明对话研究中心"（简称"利徐学社"）。论坛邀请国内外著名专家学者，讨论以徐光启和利玛窦为代表的中西方文化交流。参会的代表有国际货币基金组织前总裁米歇尔·康德苏，图宾根全球伦理基金会总裁斯蒂芬·施伦索格，中国社会科学院世界宗教研究所所长、基督教研究中心主任卓新平，法国高等实验学院教授约翰·劳格文，北京大学哲学和宗教学系教授张志刚，西北民族大学伊斯兰文化研究所教授丁俊等60余名专家学者。

（魏洪钟）

【举办"当代中国现实与核心价值构建"学术研讨会】 该会议于6月12日在哲学学院举行。由哲学学院、国外马克思主义与国外思潮研究国家创新基地、社会主义核心价值体系上海市社会科学研究创新基地联合举办。中国社会科学院学部委员、哲学研究所前所长李景源研究员，华中科技大学党委副书记、哲学系教授欧阳康，中央编译局局长衣俊卿教授等10余位专家参加会议。

（魏洪钟）

【举办"国外思潮与当代中国问题"研讨会】 该会议于7月3—6日在光华楼西主楼2401举行。由复旦大学当代国外马克思主义研究中心、复旦大学哲学学院、复旦大学国外马克思主义与国外思潮研究创新基地、"国外马克思主义研究"上海市重点学科联合主办。来自北京大学、中共中央编译局、北京师范大学、中国人民大学、山东大学、武汉大学、人民出版社、《中国社会科学》杂志社、《哲学研究》杂志社以及复旦大学等单位的近40名专家学者出席大会，多名专家作重要发言。

（鲁绍臣）

【举办"马克思与当代社会理论"国际会议】 7月17—19日，在校召开"马克思与当代社会理论"国际会议，来自美国、加拿大、日本、韩国、意大利的五位外国专家参加会议。学院与英语世界的马克思主义研究重镇——Department of Politics，York University建立了良好的合作关系。

（鲁绍臣）

【意大利前总理、欧盟前轮值主席普罗迪发表演讲】 9月10日，"徐光启—利玛窦文明对话研究中心"（利徐学社）和意大利博洛尼亚大学宗教学研究基金会合作，在校举办"数字时代的文化交流新模式"演讲会。意大利前总理、欧盟前轮值主席普罗迪先生莅临会场，发表主题演讲，并回答中外记者提问。

（魏洪钟）

【俞吾金当选2010年度上海市劳动模范】 9月14日，学院教授俞吾金当选2010年度上海市劳动模范。俞吾金系哲学学院教授、博士生导师。现任国务院学科评议组成员、教育部社科委员、人事部博士后管委会委员、全国哲学界首位长江特聘教授。他主持的复旦外国哲学为全国重点学科。他领衔的复旦国外马克思主义研究集三个重点（国家重点、教育部重点和市重点）于一体，处于全国领先地位。

（魏洪钟）

【参加"第六届巴黎马克思大会"并作发言】 9月23—30日，复旦大学当代国外马克思主义研究中心成员陈学明、汪行福、林晖、张双利、鲁绍臣赴法国参加"第六届巴黎马克思大会"，张双利应邀在大会上发言。中心为该次大会举办单位之一。

（鲁绍臣）

【与台湾政治大学哲学系签署系际合作协议】 10月11日，哲学学院院长吴晓明教授与台湾政治大学哲学系系主任汪文圣教授在光华楼签署系际合作协议，藉此加强相互之间的学术交流与合作。

（魏洪钟）

【举办"生态马克思主义国际研讨会"】 该会议于10月16—18日在校召开。当代国外马克思主义研究中心主任俞吾金教授到会致辞，阐发在当前开展马克思主义与生态文明国际研讨的重要性。来自美国、中国和中国台湾的约40位学者围绕会议主题展开热烈讨论，加深对马克思主义与生态文明关系的认识和理解。会议讨论情况以综述形式，刊载于2011年5月《教学与研究》杂志上。

（鲁绍臣）

【主办第四届长三角中国哲学论坛】 该论坛于12月18日在校举行，由哲学学院主办。来自复旦大学、南京大学、浙江大学、武汉大学、华东师范大学、安徽大学、苏州大学、上海师范大学和杭州师范大学等9所高校的80余位师生参加论坛。

（魏洪钟）

【举办"哲学分析与形而上学"学术研讨会】 该会议于10月25—26日在光华楼西主楼2401举行，由学院逻辑与科学哲学系（筹）主办，清华大学、北京大学和武汉大学等院校老师应邀参会。会议围绕着"哲学活动如何在语言哲学、心灵哲学和形而上学及其协调关系这一语义三角架构中展开"的主题进行讨论。

（魏洪钟）

【《杜威全集》中文版·早期5卷出版】 10月23日，复旦大学杜威与美国哲学研究中心组译的《杜威全集》早期5卷本出版。该书以美国南伊利诺伊大学出版社1990年版"杜威全集"为底本，学校杜威与美国哲学研究中心主任刘放桐任主编，俞吾金、童世骏和汪堂家（常务）任副主编。该书从编译到出版，历时6年，由华东师范大学出版社出版发行。该书的翻译出版是我国思想文化界的大事，也是到目前为止我国最大的西方哲学经典的翻译工程。

（魏洪钟）

历史学系

【概况】 2010年，历史学系共有博士后流动站1个，博士点7个，硕士点7个，本科专业1个。旅游学系博士点1个，硕士点1个，本科专业1个。

历史学系、旅游学系在职教职员工74人。其中专任教师62人，党务行政、学工、图书资料人员11人，租赁行政人员1名；具有正高级职称25人，副高级职称21人，讲师17人；研究生指导教师42人。2010年历史系退休教职员工41人。其中专任教师31人，党务行政、图书资料人员11人；具有正高级职称15人，副高级职称15人，中级职称11人。历史学系招收本科生60人、硕士研究生44人、博士研究生 32 人；旅游学系招收本科生 55 人、硕士研究生 8 人、单招生 15 人、博士研究生 1 人。2010 年历史系毕业本科生 30 人、硕士研究生 24 人、博士研究生 20 人；旅游系毕业本科生 37 人、硕士研究生 7 人、博士研究生 2 人。

两系立项项目共 22 项，其中国家社科基金重大招标项目 1 项、重点项目 1 项、国家社科一般项目 2 项、国家社科青年项目 1 项，教育部人文社科项目 1 项、国家自然科学基金 2 项；1 人获教育部新世纪人才支持计划、省部级其他项目 2 项；上海市社科一般项目 1 项、青年项目 1 项、省市级其他项目 2 项、校级项目 6 项，港澳台合作项目 1 项。省市级哲社科优秀成果奖 1 项。两系科研人员出版著作 37 部，其中专著 7 部，编著、论文集、译著、教材等 30 部；在国内外学术期刊上发表论文 208 篇，其中权威期刊 2 篇、核心期刊 76 篇、一般期刊 130 篇。

先后举办"寻求太平洋地区的和谐与繁荣"国际研讨会、"宋子文档案第三次出版发布会"暨复旦大学近代中国人物与档案文献研究中心揭牌仪式、"明清以来江南城市的发展与文化交流"国际学术研讨会、"中古时代的礼仪、宗教与制度"学术研讨会等国际国内学术讨论会。设立"史学论坛"和"旅游学论坛"，邀请海内外专家作学术讲座 31 次。新加坡国立大学教授杜赞奇、东京大学教授三谷博、美国宾州州立大学讲座教授夏伯嘉、台湾中研院近代史研究所所长黄克武教授、美国普林斯顿大学教授 Howard H. Chiang 等国内外知名学者到系访问交流。教师 35 人次出国出境参加国际会议、访问研修或演讲授课；26 名学生出国出境学习。

(赵芸芸)

【举办"寻求太平洋地区的和谐与繁荣"国际研讨会】 该会议于 3 月 12 日在校举行。由复旦大学历史学系、当代上海研究所、日本关西大学文化交涉学教育研究中心主办，美国密苏里大学国际交流中心、日本涩泽荣一纪念财团协办。会议收到来自中国、日本、美国等近 20 位专家学者的文章及图片展示，与会者围绕"太平洋地区近代经济网络的形成"、"南洋劝业会前后的中国"、"世博会与上海及世界的发展"、"中国与世博会，过去与现在"等议题展开讨论。 (赵芸芸)

【举办"宋子文档案第三次出版发布会"暨复旦大学近代中国人物与档案文献研究中心揭牌仪式】 仪式于 5 月 20 日上午在校举行。由复旦大学历史系与斯坦福大学胡佛研究院共同主办，复旦大学亚洲研究中心与上海孙中山宋庆龄文物管理委员会协办。来自美国、日本、中国和中国香港和台湾地区的 20 余位专家学者与会并发言。会议推出《战时岁月——宋子文与外国人士往来函电稿新编(1940—1943)》、《风云际会——宋子文与外国人士会谈记录(1940—1949)》及《宋子文生平与资料文献研究》三本新著。前两书均采用中英双语形式，是复旦大学与斯坦福大学胡佛研究院合作整理的解密宋子文档案的最新成果，总计有 400 余份珍贵文献，较为完整地披露宋子文与多位外国政要与国际友人的往来书信与重要会谈内容，真实再现宋子文为争取国际援助、提高中国国际地位所作的不懈努力。《宋子文生平与资料文献研究》汇集多篇宋子文研究的专题论文，海内外学者在书中对胡佛研究院珍藏的宋子文档案、蒋介石日记与其他珍稀史料进行全方位解读，具有较高的学术价值。 (赵芸芸)

【举办"明清以来江南城市的发展与文化交流"国际学术研讨会】 该会议于 8 月 15—16 日在校举行。由复旦大学历史学系主办。来自美国、日本、韩国、中国及中国台湾、香港地区的 60 多位专家学者与会。共收到专题论文近 40 篇。日本关西大学教授松浦章、复旦大学教授樊树志、台湾中研院教授刘石吉、清华大学教授李伯重作大会主题报告。日本国立大阪大学教授滨岛敦俊、台湾中研院教授巫仁恕、上海社科院历史系研究所教授马学强、杭州师范大学教授丁贤勇和清华大学教授仲伟民在专家论坛上发言。江南史会议于 2008 年起举办，至此是第二届。 (赵芸芸)

【举办"中古时代的礼仪、宗教与制度"学术研讨会】 该会议于 11 月 6—8 日在校举行。由历史学系主办，并得到学校文科科研处、文史研究院、汉唐文献工作室的支持。来自海内外中国中古史领域的 30 余位专家学者与会。会议历时 3 天，共 9 场，有 25 位学者进行报告，邀请太史文(Stephen F. Teiser)、祁泰履(Terry Kleeman)、金子修一、妹尾达彦、荣新江、严耀中、芮传明、陈尚君等海内外资深学者担任评议人。与会专家围绕"出土文献所见学术与信仰"、"医药知识与信仰空间"、"儒家思想与国家祭祀"、"礼仪空间与礼制表达"、"佛教知识网络与社会观念"、"成仙之道与洞天福地"、"石刻史料与制度构造"、"祥瑞灾异与政治文化"等主题，就各自的研究成果进行讨论。

(赵芸芸)

文物与博物馆学系

【概况】 2010 年，文物与博物馆学系(下文简称"文博系")设博物馆学 1 个本科专业，考古学及博物馆学、文物学 2 个硕士点和 2 个博士点，文物与博物馆 1 个专业硕士点。

有在职教职工 22 人。其中专任教师 17 人、行政人员 1 人、教辅人员 4 人；具有正高级职称 8 人、副高级职称 4 人、中级职称 8 人；研究生指导教师 12 人，其中博导 8 人。

招收本科生 29 人、硕士研究生 11 人、博士研究生 8 人。在读本科生 112 人、硕士研究生 32 人、博士研究生 28 人。学院春季开设本科生课程 17 门，其中专业课程 11 门、综合教育课程 4 门、文理基础课 3 门；秋季开设本科生课程 21 门，其中专业课程 18 门、综合教育课程 1 门、东北片区跨校选修课 1 门、文理基础课程 1 门。开设研究生课程 34 门，其中硕士研究生课程 22 门、博士研究生课程 12 门。承担国家自然科学基金项目 1 项，国家社会科学基金项目 1 项，国家文物局项目 4 项，教育部项目 5 项，省市区级项目 5 项，国际合作项目 1 项，其他各类项目 5 项。发表论文 50 篇，出版专著 4 部,译著 2 部。

教师有 30 人次参加国内外学术会议,提交会议论文 17 篇。中国社会科学院考古研究所所长王巍、上海博物馆馆长陈燮君、南京博物院院长龚良、上海博物馆副馆长陈克伦、上海博物馆陶瓷研究部研究员周丽丽、上海博物馆陶瓷研究部主任陆明华、上海市文物管理委员会地面文物管理处主任谭玉峰、上海博物馆青铜器研究部主任周亚、台北故宫博物院教育展览资讯处处长朱惠良、华盛顿大学博物馆学系教授 Kym S. Rice、德国柏林艺术设计学院教授 Angelka Ruge、美国得州理工大学博物馆馆长 Gary Edson、日本东京大学东洋文化研究所教授平势隆朗、日本爱知县陶瓷资料馆主任学艺员森达也等国内外专家到系作学术讲座或短期授课。2 名教师分别赴美国乔治华盛顿大学、东京艺术大学访学交流。1 名博士生赴美国乔治华盛顿大学短期访学。

5 月,复旦大学博物馆举办"复旦大学建校 105 周年及校工会成立 60 周年纪念邮展"。5—6 月,举办"奇景异禽采珍——梁在辉校友摄影展"。12 月,经学校党政联席会议通过,复旦大学博物馆正式命名为"复旦大学历史文物博物馆",博物馆日常管理工作由文博系承担。 (俞 蕙)

【参加"南水北调"中线工程遗址考古发掘】 2010 年 9 月至 2011 年 1 月,文博系师生组建的复旦大学考古队参加"南水北调"中线工程的文物保护工作,对湖北省郧县上宝盖遗址进行抢救性发掘。经过 4 个多月的细致工作,共揭露遗址面积 2 000 多平方米,清理灰坑、墓葬、房址、瓦片堆、窑址等各类遗迹 140 多个,获取完整或可修复文物 470 余件。其中一枚汉代封泥上印篆体"錫倉"二字,为寻找汉代锡县旧址提供新的线索,对研究秦汉时期汉水流域的历史地理变迁、城镇建置沿革等学术问题具有重大意义。 (潘碧华)

【成功申报文物与博物馆硕士专业学位】 1 月,文物与博物馆硕士专业学位(Master of Cultural Heritage and Museology,英文缩写为"M. C. H. M")获准国务院学位委员会通过。3 月,由文博系牵头,邀请国内同行专业及行业内专业人士,对该类别研究生培养单位申请开展此类研究生教育培养工作的办学基本要求进行论证。国务院学位办将复旦大学文博系设为"全国文博专业学位教育指导委员会"秘书长单位,文博系教授陈红京担任秘书长,组织文物与博物馆硕士专业研究生的培养及发展规划。复旦大学该类别研究生自 2011 年起面向全国招生。 (徐玉珍)

【参加第 22 届国际博物馆协会代表大会】 11 月 7—12 日,第 22 届国际博物馆协会代表大会在上海世博园内举行。本次大会分教育与文化活动委员会、藏品登记和注册委员会、考古与历史委员会、展览交流委员会等 30 个专业委员会,参会的国内外代表总计达 3 000 多人。文博系共计 50 名师生参与世博会各专业委员会的组织或志愿者工作,负责各个专业委员会分会场的翻译、会务等工作。文博系教授陆建松担任人员培训专业委员会的中方联络人,并在会议上当选"国际博物馆协会人员培训专业培训委员会"理事。 (麻赛萍)

外国语言文学学院

【概况】 2010 年,外国语言文学学院下设英语系、法语系、德语系、俄语系、日语系、韩语系、翻译系、大学英语教学部(简称大英部)等教学单位,设有英语语言文学和外国语言学及应用语言学 2 个博士点,1 个博士后流动站。硕士点 7 个,本科专业 7 个,第二专业 1 个。设外国语言学研究所、外国文学研究所、中韩比较文化研究所、北欧文学研究所、莎士比亚研究室、辞书编撰研究室等学术研究机构。

有在职教职工 183 人。其中专任教师 168 人,行政人员 15 名;具有正高级职称 23 人,副高级职称 56 人,中级及以下职称 104 人。有研究生指导教师 47 人,其中博士生导师 17 人,硕士生指导教师 30 人。

招收本科生 173 人,硕士研究生 67 人、博士研究生 12 人。在读学生 747 人,其中本科生 450 人、硕士研究生 152 人、博士研究生 54 人、留学生 91 人。

科研工作方面,出版各类著作 24 部,发表论文 121 篇,其中大学英语部教师陈维益、李定军主编的《英汉医学辞典》(第 3 版)获"第二十三届华东地区科技出版社优秀科技图书二等奖";英语系教师张琼的《从族裔声音到经典文学:美国华裔文学的文学性研究及主体反思》获第二届"全国美国文学研究会优秀学术成果奖"优秀学术专著二等奖;法语系教师袁莉获中国文联文艺评论奖三等奖。

教师学术交流活动活跃,共有 40 余人赴美国、英国、德国、澳大利亚等国际及国内的一流国际学术研讨会并发表演讲,并邀请 20 余位国内外著名学者来院讲学。教师教学效果优秀,外文学院本科教学课程评估平均分为 4.69 分,与大类平台相关教学课程相比得分最高。德语系魏育青获上海市文联第四届"德艺双馨"文艺工作者称号;翻译系何刚强领衔的课程"翻译理论与策略"被评为上海市精品课程;韩语系姜银国获第五届"卧龙学术奖"。

对外交流方面,进一步加强与世界一流大学的交流,扩大外语教学、科研国际化的程度。接待美国缅因大学校长、副校长一行,英国伯明翰大学英语、戏剧和美国研究学院院长一行,英国曼彻斯特大学语言文化学院院长一行,澳大利亚悉尼大学语言文化学院院长一行,澳大利亚科廷大学副校长一行等,就合作和交流方面进行探讨。

学科发展方面,继续积极招聘优秀教师,全年招聘 3 名具有海外博士学位的教师。

学生活动方面,外文学院学工组获"上海市巾帼文明示范岗"称号,07 级本科生班级获"复旦大学 2009—2010 学年优秀集体标兵"称号,09 级硕士研究生班级获"复旦大学 2010 年度优秀集体"称号,本科生志愿者项目"'倾听来客　畅游世博'——2010世博园区排队及交通情况调查"获"上海市大学生优秀暑期实践项目"，研究生志愿者项目"慧眼识英译——世博园区公共标志英译状况调研"获2010年"复旦大学研究生暑期实践优秀项目"称号，学工组徐瑾、陈靓合作撰写的论文《新时期高校研究生党建网络载体的优化》获全国"研究生思想政治教育工作研究"征文一等奖。

学院学生在全国各类测试和地区比赛中成绩突出。学生在教育部组织的专业测试中成绩优良：英语专业四级合格率91.5%，优秀率10.2%；专业八级笔试合格率94.4%，优秀率24%；俄语专业四级合格率100%，优秀率50%；俄语专业八级合格率90%；日语专业四级合格率100%，优秀率38.9%；日语专业八级合格率81.7%；法语专业四级合格率100%，优秀率55.6%；德语专业四级合格率100%，优秀率95%，德语专业八级合格率75%。

万江波指导的俄语系学生童话获得"21世纪杯"全国英语演讲赛全国亚军以及"21世纪杯最具潜力奖"和"托业最佳风采奖"两项单项奖，英语系2008级本科生欧文捷、赵奕获"2010第二届海峡两岸口译大赛华东区分赛"一等奖，日文系2009级研究生黄叶娟在上海外国语大学举行的"第三届卡西欧杯中国研究生日语演讲辩论大赛"中获得第一名，韩语系2007级本科生姚亚蓉获"第五届锦湖韩亚杯中国大学生韩国语演讲比赛上海地区预选赛"一等奖。

世博会期间，学院各个年级、6个语种的近300名学生担任世博志愿者，为世博订房中心、特殊语言咨询、外事接待、城市最佳实践区、上海市外办和世博新闻中心等关键岗位服务1—6个月不等。学生工作组成立的"外文学院世博志愿者工作站"共组织7次物资发放，学院领导、老师曾12次亲赴园区慰问。其间，共有45名同学获得学院"世博志愿者标兵"称号，上海市人民政府外事办公室、世博事务协调局多次发来感谢信表彰学院优秀志愿者。2010年12月，外文学院党委被中共上海市教育卫生工作委员会授予"世博先锋行动先进基层党组织"称号。（白　冰）

【召开首届长三角地区韩国语教育研讨会】 该会议于4月10日在逸夫科技楼举行，由外文学院韩语系主办。南京大学、韩国梨花女子大学、北京对外经济贸易大学等20多个高校的80多位与会代表参加会议，就韩国语发音、语法、词汇、翻译及文学教育中存在的问题和难点进行讨论，对韩国语教学中存在的普遍问题和难点进行理论与实践并重的探索。

（白　冰）

【举行"复旦大学法语国家研究中心"揭牌仪式】 该仪式于9月21日在光华楼举行。校长杨玉良和法国驻华大使参加活动。该中心的成立旨在建立有效机制，整合复旦大学文科法语资源，促进国内外学术的交流和联合科研课题的开发。仪式结束后，召开"法语，走向成功的语言"国际教学研讨会，该会议由法国驻华大使馆主办、法文系承办。（白　冰）

【改选院学术学位委员会】 9月28日，学院召开教授大会（含副教授），对学院新一届学术学位委员会成员进行民主选举，推选出十五位学术委员会委员：蔡基刚、褚孝泉、何刚强、姜宏、季佩英、陆谷孙、邱东林、曲卫国、孙建、沈黎、谈峥、魏育青、熊学亮、余建中、张冲；推选出十三位学位委员会委员：蔡基刚、褚孝泉、何刚强、姜宝有、姜宏、陆谷孙、邱东林、曲卫国、沈黎、谈峥、魏育青、熊学亮、张冲。（按姓氏拼音排列）（白　冰）

【召开中国"外国文论与比较诗学研究会"第二届学术研讨会】 10月8—10日，该会议在复宣酒店召开，由中国社科院外国文学研究所、复旦大学外文学院、上海财经大学外语学院共同主办。来自中国社会科学院、南京大学、华东师范大学、苏州大学等41家单位及高校的50余名学者参会，大会共收到论文47篇。会议围绕外国文论与比较诗学研究"十二五"规划、"当代国外马克思主义文论大家读本"建设、"当代国外文学文本、作品理论读本"建设等3个议题开展讨论。

（白　冰）

法　学　院

【概况】 2010年，法学院设一级学科博士后科研流动站1个，二级学科博士点2个，二级学科硕士点9个，法律硕士专业学位点1个，本科专业1个。民商法学科为上海市重点学科。

有在职教职工72人，其中专任教师59人、行政人员7人、教辅人员6人。具有正高级职称29人，副高级职称20人；博士研究生指导教师21人，硕士研究生指导教师49人。

招收本科生125人，其中外国留学生35人；硕士研究生509人，其中专业学位生429人、外国留学生9人；博士研究生22人。在读本科生515人；硕士研究生1 365人，其中专业学位研究生1 122人；博士研究生78人。学院春季开设本科生课程78门，其中法学院课程43门，外系课程3门，全校公共选修课程20门，第二学位、跨校辅修课程12门；秋季开设本科生课程81门，其中法学院课程48门，外系课程1门，全校公共选修课程20门，第二学位、跨校辅修课程12门。开设研究生课程232门，其中硕士课程197门，博士课程35门；学位基础课程108门，其他课程124门。"宪法学"获评"上海市精品课程"，"国际私法"入选上海市重点建设课程。

申请到国家哲学社会科学基金项目4项，上海市哲学社会科学项目2项，教育部人文社会科学项目5项，民政部项目1项，上海市教育委员会重点项目1项，上海市科学技术委员会软科学项目1项。科研经费到款37.2万元。在国内外杂志上发表学术论文129篇，其中在CSSCI收录刊物上发表论文44篇；提交决策咨询报告6篇，出版专著19部，教材10部、译著4部。召开国际学术会议3次，国内学术会议5次。获上海市第八届邓小平理论研究和宣传优秀成果三等奖1项，上海市第十届哲学社会科学优秀成果奖二等奖2项，第二届"上海市法学成果优秀奖”二等奖1项、三等奖2项。

国内学术交流进一步加强，国际化程度稳步提升。6月4日，英格兰及威尔士法律协会代表团到访，6月21—22日，香港城市大学法学院“上海法律学术交流团”到访。2010年，美国哈佛大学、凯斯西储大学、圣路易斯华盛顿大学、芝加哥大学、宾夕法尼亚大学、英国利物浦大学、苏格兰爱丁堡大学、澳大利亚邦德大学、荷兰鹿特丹以拉姆斯大学、德国Bucerius大学和俄罗斯高级经济学院等国际著名大学的法学院教授、院长等到院进行交流访问与教学。与美国佐治亚大学法学院开展暑期班项目、与德国康斯坦思大学开展校际法学论坛项目。华东政法大学校长、全国外国法制史研究会会长何勤华教授，澳门大学法学院院长曾令良教授，中国法学会宪法学研究会副会长、华东政法大学教授童之伟，美国哈佛大学法学院教授David Wilkins，美国西北大学法学院教授Ronald Allen等20余位国内外知名专家、学者到院进行学术交流，涉及当前法学研究的诸多前沿领域。

全英语和中英双语课程建设加强。开设国际投资法、国际金融法、国际公法、国际商法、国际信托法、比较法等六门全英语课程，以及国际商事仲裁、国际税法、商法、外国法律制度等四门双语课程。

扎实开展学生工作。进一步完善院长书记午餐会制度；发挥专业优势，开展“一二·四”宪法宣传周和学生法律援助活动；举办第九届“法律人节”。（宋永华）

【获批设立法学一级学科博士点】 法学一级学科博士学位授权点的建设与申报是法学院2010年度的中心工作。自国家博士学位点授权审核工作改革后，复旦大学首次自行审核各院系设立一级学科博士点的申报。学院全力组织、积极筹划，在校学位评定委员会的审核中排名第一，并经国务院学位委员会办公室批复增列为博士学位授权一级学科。（宋永华）

【开设中国商法全英文国际硕士项目】 正式开办面向国外留学生的中国商法全英文硕士项目，首批学生于2010年秋季学期报到上课。项目课程为全英文授课，涵盖民法、合同法、中国商事组织法、对外贸易法、外商投资法、银行法、证券法、知识产权法，劳动法、税法、涉外审判制度等商事法律制度，旨在通过系统的商法理论和相关部门法律的讲授，培养学生全面掌握中国商法专业知识，成为独立从事商法学理论研究与实务工作的高层次人才。（高凌云）

【建立民事审判研究基地】 4月2日，举行复旦大学法学院与杨浦区人民法院建立民事审判研究基地签约仪式。院党委书记孙锐和杨浦区人民法院院长顾伟强分别代表双方签署《复旦大学法学院与杨浦区人民法院建立民事审判研究基地合作协议》。审判研究基地的建立开拓院院合作的新形式，有助于法学教育从司法实践中汲取养分，完善应用型人才的培养模式。（宋永华）

【举办英国法庭质证规则模拟演示与制度比较国际研讨会】 该研讨会于9月14日在校召开，由校司法与诉讼制度研究中心与英国英中协会联合主办。来自全国人大常委会、最高人民法院、最高人民检察院、全国律师协会、中国人民大学、中国政法大学、北京师范大学、华东政法大学、上海交通大学、复旦大学、苏州大学、上海社会科学院、上海政法学院、浙江省人民检察院、上海市高级人民法院、上海市第一中级人民法院、上海市第二中级人民法院、上海市人民检察院、上海市人民检察院第一分院、上海市人民检察院第二分院、上海市公安局、上海律师协会等单位的120余名会议代表出席。收到学术论文30余篇。会议分两阶段进行：模拟法庭审判阶段，来自英国的法官、检察官、律师通过模拟英国法庭审判形式，对一起抢劫案进行审理，展示英国法庭质证技术与规则；研讨阶段，就“法庭质证程序与规则”和“庭审程序中的各方角色与审判公正”的主题进行探讨。（宋永华）

【举行李昌道教授执教五十五周年庆贺活动暨捐赠仪式】 2010年是李昌道教授执教五十五周年及八十岁寿辰。10月29日，庆祝活动在校举行。李昌道教授偕夫人陈倩苹女士出席，校党委副书记王小林、法学院院长孙南申到会并致辞。李昌道教授将珍藏的有关香港特别行政区法制的藏书共计两百余册捐赠给学校，法学院书记孙锐代表受赠方接受赠书名录，并向李昌道教授颁发捐赠证书。来宾和师生代表40余人参加。李昌道教授系我国著名法学家，生于1931年，九三学社成员，曾任复旦大学法律系系主任和法学院首任院长，第八、九届全国政协委员和政协上海市第七届委员会委员，1987—1990年任新华社香港分社高级研究员，1991—1998年任上海市高级人民法院副院长，1998—2008年任上海市人民政府参事。（宋永华）

国际关系与公共事务学院

【概况】 2010年，国际关系与公共事务学院有国家重点学科2个，有公共管理与公共政策研究国家哲学社会科学创新基地1个，博士后流动站2个，二级学科博士点5个，自设博士点1个，硕士点6个，专业学位硕士点（MPA硕士）1个，本科专业4个。

有在职教职工74人。其中专任教师60人，行政管理人员14人；具有正高级职称24人，副高级职称23人，中级职称22人；博士生导师19人，硕士生导师31人。新进教师5人，新进专职管理人员2人。张建新赴加拿大多伦多大学进修1年，秦倩赴英国牛津大学进修1年，刘春荣赴美国乔治城大学进修1年，李瑞昌赴美国杜克大学进修1年。

招收本科生179人，硕士研究生92人，博士研究生44人，公共管理专业学位硕士生（MPA）296人。在读本科生507人，硕士研究生254人，公共管理专业学位硕士生（MPA）679人，博士研究生135人。毕业本科生141人，硕士研究生78人，公共管理专业硕士生（MPA）191人，博士研究生27人。在站博士后45人,进站博士后18人,出站博士后23人。举办公共管理高级研修班16个,行政管理研究生课程进修班1个。由浦兴祖主持的"当代中国政治制度"获国家级精品课程。

申请到国家社科基金项目4项、省部级科研项目10项和校级科研项目5项。主办大型学术会议13个,其中国际会议6个、国内会议7个。经学校批准新建复旦大学加拿大公共政策研究中心。出版著作8部、编著8部、译著8部,出版《复旦政治学评论》、《复旦公共行政评论》2种学术评论。在国内外发表论文175篇,其中SSCI期刊7篇、CSSCI期刊59篇、一般期刊83篇。

加强制度建设和管理。学院党政班子推进学院的教学指导委员会、教授委员会和学术委员会的建设。2010年,制定《国际关系与公共事务学院教授会职责与议事规则》、《国际关系与公共事务学院学术委员会条例》和《教学指导委员会工作条例》等规则条例,修订《学院绩效津贴实施试行办法》,以制度化方式促进学院各项工作的科学、民主和规范管理。

提高研究生的培养质量。学院教学指导委员会制定并通过《国务学院提高科学学位硕士研究生培养质量的办法(试行)》和《国务学院提高博士研究生培养质量的办法(试行)》,在招生、培养和毕业论文等环节,初步建立促进学生学术与科研质量提高的管理办法。建立公共学术平台——制度建设研究中心,完成学术整合,提供学术服务,提升学术影响力。该平台共主办18场大型学术会议,协助各研究中心组织34场高水平学术讲座。

外事方面,学院教师有50多人次在国外境外讲学、访问、参加会议或进行学术交流。做好学生赴海外交流的服务工作,有学生180余人次赴美国、日本、法国、新加坡、德国、奥地利、澳大利亚和中国港澳台等10余个国家和地区的高校或研究所进行访学与交流。启动与法国巴黎政治学院的硕士双学位项目。来院访学的海外专家学者有40余人,其中2人获得校海外优秀学者授课计划资助。学院教师在本科生和研究生层面开设近10门英语课程或国际课程,并为英文硕士项目开设多门课程。主办2个重要的国际会议,举办"复旦—多伦多大学加拿大政治与政策研究班"、首期"复旦大学—牛津大学政府管理与公共政策暑期项目"、第七届"复旦—柏林自由大学全球政治暑期学校及博士班项目"、第四届"全球治理青年创新设计大赛"等活动。学院教师发表外文论文22篇,独著或合著外文著作4本。

党建方面,认真贯彻落实党的十七大和十七届四中全会精神,深入学习实践科学发展观,以"党支部为基础、党员为主体,促发展、创一流"为主题,深入开展创先争优活动。9月,分党委召开创先争优活动动员大会。10月,学生党总支举行"党章、党史、党务"综合知识竞赛,深入推进创先争优活动。5月,分党委申报基层党建成果,展示主题分别为"党建理论成果丰硕"、"党员教师的世博风采"和"以四'心'开展支部活动"。6月,学生党总支举行"国箴务实"学生党建课题中期汇报等。11月,分党委接受校纪委党风廉政建设巡查,得到较好评价。10月,在开展研究生"示范党支部"创建工作中,2008级国际政治硕士生党支部荣获研究生"示范党支部"称号,2009级国际政治硕士生党支部和公共行政研究生党支部参与第四批研究生示范党支部的创建并获得批准。全年共发展本科生党员33人,研究生党员23人。学生工作方面,立足自身建设,强化基础服务、突出学院品牌、促进学生全面发展。5月,积极参加世博会志愿者工作,共有128名学生投入世博服务当中,其中5名学生获得"上海市优秀(杰出)志愿者"称号,10名志愿者荣获"上海世博会博鳌亚洲论坛展区优秀工作者"称号,学院的临时支部获得复旦大学"世博志愿者优秀临时支部"称号。11月,复旦大学博士生论坛之"新世纪的中国外交"活动召开。12月,启动第四届"院长推荐证书"的评选活动。学院2010届毕业生总体就业率达到95.7%,获得"复旦大学就业工作先进集体优秀组织"奖。学生班级集体建设取得丰硕成果,2008级本科生班及2009级国政系硕士研究生班双双获得"2010年度复旦大学优秀集体标兵"称号。 (士 派)

【举办"中国国家建设与制度创新"学术研讨会】 6月20日,为纪念邓小平同志"8.18"讲话发表30周年,学院在校主办该会议,来自全国高校和科研机构的60余位专家学者参会。与会专家学者在会上阐述邓小平分析社会主义制度五大弊端的理论价值,指出政治体制改革是政治制度在政治过程中的具体化,需要从微观层面深入分析邓小平同志的讲话在当今具有的指导性意义。 (周韧稜)

【举办第四届"全球治理创新青年设计大赛"】 该活动于7月17—21日在校举行。来自美国、德国、意大利、荷兰、保加利亚、哈萨克斯坦、韩国、印度和中国等8个国家23所大学的近70名大学生汇聚复旦。大赛主题为"全球本土化",与上海世博会主题之一"城市星球"相呼应。参赛学生共同探寻全球化时代城市问题的创新解决之道,为全球治理的实现和全球问题的解决提供最具创意的设计和思路。 (周韧稜)

【2010年全球政治暑期学校开班】 8月15—29日,学校与德国柏林自由大学联合举办暑期学校,主题为"后危机世界中的中国与欧洲:全球与地方的联动",全英文教学。德国柏林自由大学、美国斯坦福大学等院校的六位外籍教授和学院教授陈志敏、沈丁立授课。来自全国各地的国际关系、政治学及相关专业的30多位硕士研究生参加学习,共同探讨21世纪初全球政治新的研究途径。 (周韧稜)

【举办第九届全国外交学学科建设年会】 该研讨会于8月23日在学院举行,由学院外交学系主办。外交部政策规划司司长乐玉成一行4人出席,来自全国高校的50余位专家学者参会。会议结合我国外交实践和外交学研究、教学的新形势和新挑战,分别就中国外交的理念创新、中国外交的制度创新、中国外交的新视野以及中国外交学学科建设等四个议题展开深入探讨。推动外交学教学研究

机构间的科研成果、教学经验交流，有助于学术界与外交部门之间的交流与合作。 （周韧稜）

【承办“第四届国际电子治理研究与实践年会”】 该年会于10月25—28日在北京举行，是国际电子政务领域最知名的学术会议之一，也是在中国举办的电子治理领域最具影响力的国际学术会议。由联合国大学电子治理中心发起，学院参与承办。来自46个国家的约200位学者参会，国务委员兼国务院秘书长马凯出席大会开幕式并致辞。会议有助于提升学院在国内外电子政务领域的影响力，也为学院学生提供锻炼、学习的机会。 （周韧稜）

【举行世博会博鳌馆工作总结会】 11月1日，2010年上海世博会博鳌亚洲论坛馆复旦国务学院工作团队总结会在学院举行。院党委书记沈兰芳研究员、博鳌亚洲论坛高级总监兼世博会博鳌亚洲论坛馆馆长姚望博士、院党委副书记顾莺及工作团队的师生代表20多人出席会议。会议期间，工作团队接待游客近200万人次，完成日本前首相福田康夫、新加坡国务资政吴作栋、国务院原副总理曾培炎等贵宾接待任务，受到来宾一致好评。 （周韧稜）

新闻学院

【概况】 2010年，新闻学院设有新闻学系、广播电视学系、广告学系和传播学系4个系。有新闻学、传播学、广播电视新闻学、广告学4个本科专业；新闻学、传播学、广播电视学、广播电视艺术学、广告学、公共关系学、媒介管理学、编辑出版、国际传播9个硕士点（另有国际新闻与传播专业尚未正式设点但已经开始运行）；新闻学、传播学、广播电视学、媒介管理学4个博士点；新闻传播学博士后流动站1个。

有在职教职工69人，其中教授16人（有博士生导师资格的15人），副教授19人，讲师11人；教师中具有博士学位33人，硕士学位13人，学士学位2人。行政人员8人；图书馆管理人员和实验室专业技术人员4人。另有租赁行政管理人员10人。

招收本科生有265人，其中留学生55人；在读本科生727人，其中留学生150人；教师为本科生开课153门，其中春季75门，秋季78门。

招收硕士研究生101人，其中留学生19人；单考硕士研究生13人，博士研究生31人。在读的硕士研究生315人（含1名早稻田双学位项目，18名LSE双学位项目）；在读的博士研究生88人。全年为研究生开课24门（包括LSE）。

全年科研立项总数17项，经费总额达108万元，其中国家级项目3项、教育部项目2项、上海市项目4项、政府部门委托项目4项、横向项目4项。发表论文171篇，其中国外期刊13篇，国内权威期刊2篇，核心期刊74篇。出版专著4本、编著或译著9本、主编5部、发表研究报告19篇。曹晋、周葆华和孙少晶分获“上海市第十届哲学社会科学优秀成果”著作类一等奖、论文类一等奖和论文类三等奖，顾铮获“第七届中国文联文艺评论奖”论文类二等奖。孟建的论文获中国广播电视协会组织的“全国广播电视工作者十佳百优”评选“十佳”奖，此奖为中国广播电视界理论作者最高奖。张骏德获中国广播电视协会组织的“‘上海世博杯’世博会与有声有色的广电宣传”征文评选一等奖。向教育部申请的“长江学者”讲座教授赵心树教授获批，从2010年度起在复旦大学开展相关的科研工作。

传媒与舆情调查中心在年内取得多项成果。中心利用CATI（计算机辅助电话调查）实验室，进行全市、全国范围的舆情调查，包括上海市民对2010年全国两会认知及意见舆情调查、上海世博会开幕倒计时100天舆情调查、上海市民对“11·15”特大火灾事故的认知与反应舆情调查等10余项。相关报告报送中宣部、上海市委宣传部等部门，部分调查结果被新华社、中新社、《解放日报》、《文汇报》、《新民晚报》、《东方早报》等媒体采纳，并发表多篇学术研究论文。中心获得2010年中宣部舆情工作“好信息”奖，中心主任助理周葆华副教授获得舆情工作“先进个人”称号。

6月21日下午，校党委书记秦绍德等来学院开展推进学科建设调研。副校长陈晓漫以及校学科办、文科科研处和党办等相关部门领导参会。秦书记和参加调研的学校相关部门领导要求学院在制订未来十年学科发展规划的过程中，广泛听取教职员工的意见和建议，在坚持正确的新闻观特别是新闻职业理想教育，加强人才培养的类型规格特别是课程体系的调整和设计，推进师资队伍建设特别是兼职教师队伍建设等方面取得突破。学院就调研结果将制定更具体的规划。

国际交流合作方面，全英文双学位项目毕业12人，14人赴英美等国友好学校攻读双学位。70名学生参加国际和台港澳交流项目，教师出访约38人次。接待来自美国、英国、法国、澳大利亚、奥地利等国的学者和代表约70人次，其中包括海外优秀学者授课项目专家Donald Brown、Abe Peck，美国阿巴拉契亚大学Calvin Hall、美国南加州大学“沈玮伦学者”Peter Monge、Janet Fulk和2010年世博会联合国馆总代表Awni Behnam等。

5月，举办国际培训项目“香港新闻界国情研修班”、“财经新闻培训班”，学员共64人。10月，召开ACEJMC评估预备会，为国际评估做准备。11月，参与信息与传播研究中心“传播与中国—复旦论坛”。11月，新闻学院与英国金史密斯学院、法国巴黎政治大学、澳大利亚悉尼大学等校分别签订合作办学项目备忘录。

学生工作方面，以中国2010年上海世博会为契机，积极开展志愿服务与主题教育活动。5月至10月，新闻学院两批、共236名志愿者（其中本科生200名，硕士生36名）先后服务于世博会新闻中心30个志愿服务岗点，提供6 892班次，7万余小时的服务。结合世博会，新闻学院陆续开展“世博明眸·用相机拥抱世博”摄影展等主题教育活动，创建世博临时党支部的党员管理机制等。新闻学院党委获得“创先争优，世博先锋行动”、“五好”基层党组织荣誉称号，先后有85

位师生获得市或校优秀志愿者荣誉称号。本科生团学联举办“上海高校校园媒体研讨会”，研究生团学联举办“第十届中国新闻传播学科研究生学术论坛暨‘全媒体时代的新闻传播’高峰论坛”。新闻学院获得复旦大学“一二·九歌会”银奖。2009级本科生获得“复旦大学军训优胜连队”称号。 （俞蓓迪 王婷婷 羊凯江 陆 柳）

【举办“新闻传播与媒介化社会”系列讲座】 3—12月，该系列讲座在校举办，由复旦大学新闻传播与媒介化社会研究国家哲学社会科学创新基地主办。国际知名学者、香港大学教授钟庭耀，伦敦大学教授 Chris Berry，澳大利亚皇家墨尔本理工大学副教授 Larissa Hjorth，美国纽约城市大学教授朱影，台湾淡江大学教授王慰慈，香港珠海学院教授皇甫河旺等10余位专家学者就相关课题作讲座报告。 （高敬文）

【召开“外国记者看世博”研讨会】 3月19日下午，由复旦大学信息与传播研究中心、上海市对外文化交流协会合办的“外国记者看世博”研讨会召开。来自路透社、半岛电视台、《新闻周刊》、《金融时报》、《瞭望东方周刊》等中外知名媒体的记者与复旦大学、上海外国语大学的专家学者，就外媒如何报道世博、如何加强国际传播等议题进行研讨交流。 （薛 丽）

【第五届中国广告人才培养研讨会】 5月27—29日，由教育部和日本电通集团联合主办，国家留学基金委和复旦大学共同承办的“第五届中国广告人才培养研讨会”，在学校美国研究中心举行。来自全国200多所高校的400余名教师参会。副校长陈晓漫、国家留学基金委秘书长刘京辉、国家留学基金委副秘书长杨新育、教育部国际司副司长刘宝利、主办方日本电通集团副社长森隆一参加会议。 （王海英 陈 思）

【与浦东新区区委宣传部联合开展教学实践合作项目】 7月13日下午，浦东新区区委宣传部与复旦大学新闻学院联合开展教学实践合作项目启动仪式在新区政府举行。学院共有四十多名本科生研究生参加，10多位教授博导担任调研小组指导老师。新区宣传部将分别聘请区内八个部门的分管领导和本市新闻单位资深记者编辑担任调研小组指导老师。合作项目计划于九月中旬进行课题成果交流评选。 （俞蓓迪）

【提出培养人才的新举措】 9月7日，新闻学院在培训中心举行2010年秋季开学典礼。中共上海市委宣传部副部长、复旦大学新闻学院院长宋超教授与新闻学院全体教职工参加开学典礼，对新入学的新闻学院2010级研究生、2009级本科生表示欢迎并加以勉励。会上，宋超作题为《把握方向 认真规划 好学力行》的讲话。明确提出新闻学院的学生应首先把握学院的人才培养方向与目标，即培养最优秀的记者、编辑以及新闻业界的领军人物；其二，根据目标进行认真规划，在课程选择、课外实践、校际交流、动手能力等各方面提高自己；其三，铭记“好学力行”的院训，在行动中体现“好学”与“力行”。会后将由分管学生工作的学院分党委副书记谢静具体落实。 （周海晏）

【举办“西方理论与本土经验：全球化视野中的中国传播学”学术研讨会】 10月16—17日，“西方理论与本土经验：全球化视野中的中国传播学”学术研讨会在校举办，该会议由信息与传播研究中心与学院共同主办。来自新加坡、香港、台湾、澳门大学以及国内高校的22位学者参加会议，就中国传播学研究中的“西方化”与“本土化”、中国传播学研究的挑战、目标和路径选择、新闻传播研究的客观性、自主性、科学性和本体性以及地方性知识等主题展开讨论。 （薛 丽）

【举办“三网融合背景下的媒介经营与营销”论坛】 10月30日，文化繁荣与新媒体发展上海市社科创新研究基地、上海发展战略研究所“赵凯工作室”联合多家单位举办“三网融合背景下的媒介经营和营销”论坛。这是中国“三网融合元年”学界、业界的首次携手论道。美国密歇根州立大学教授李海容、香港城市大学教授祝建华、中国传媒大学广告学院院长黄升民、上海大学影视学院教授吴信训、上海广播电视台副台长张大钟和复旦大学教授李良荣、程士安等11位海内外专家就三网融合大背景下媒介经营与营销变革的主题发表演讲。 （刘 璟）

【召开师生共同积极参与世博志愿者服务总结大会】 11月23日，在学院蔡冠深报告厅举行“好学力行，添彩世博”——新闻学院师生参与世博志愿服务汇报会。党委副书记谢静主持会议。2008级本科生辅导员、复旦大学世博学生志愿者总负责人王怡静汇报世博志愿组织及服务情况，学生代表张亮宇、周慧凯、李美娴（香港）分别汇报世博期间的经历与收获。学工组长陆柳、院党委专职组织员章灵芝分别介绍在世博局宣传及媒体服务指挥部的工作情况。238名志愿者服务内容包括：记者注册服务、国际广播电视中心（IBC）等。参与注册、发放记者证13 641张，筹备新闻发布会150场，发放媒体包8 300余个，协助或独立采编电视新闻报道1 487条，为10 000多名境内记者、2 200多名外国记者、600多名港澳台记者、300多名参展方新闻联络官、100多个境外媒体参访团、60多个国家元首随行记者团提供了优质、高效、便捷服务，受到媒体从业人员和新闻中心工作人员的多方好评。 （章灵芝）

经济学院

【概况】 2010年，经济学院设经济学系、世界经济系、国际金融系、保险系、公共经济学系5个系。有“985工程”国家哲学社会科学创新基地1个（中国经济国际竞争力研究），教育部人文社会科学重点研究基地2个（世界经济研究所、中国社会主义市场经济研究中心），国家经济学基础人才培养基地和研究机构1个（金融研究院），经济研究机构（非编制）24个，理论经济学、应用经济学2个博士后流动站。理论经济学一级学科于2007年被增补为全国重点学科，金融学、产业经济学2个应用经济学二级学科为国家重点学科，设有博士学位授予专业9个、硕士学位授予专业17个、学士学位授予专业5个。

学院有在职教职工162人。其中专任教师128人，行政人员34人；有正高职称38人，副高职称56人，中级职称32人，初级职称2人；研究生指导教师94人（博士生指导教师38人，硕士生指导教师56人），教育部"长江学者奖励计划"特聘教授3人，全国教学名师1人，上海市教学名师2人。

2010年，学院招收本科生366人，硕士研究生321人，博士研究生50人。在读本科生1 562人，硕士研究生879人，博士研究生167人。为本科生开课168门，开设全校公共选修课23门；开设研究生课程156门，其中硕士课程132门、博士课程24门。

全年申请到国家自然科学基金项目6项、教育部人文社会科学基金项目6项、上海市哲学社会科学基金项目7项，入选《国家哲学社会科学成果文库》2项，获上海市第七届决策咨询研究成果奖2个，入选2010年度高校哲学社会科学研究优秀咨询报告的研究报告2份；获得上海市第十届哲学社会科学优秀成果奖14项，其中一等奖3项；上海市第八届邓小平理论研究和宣传成果奖7项，其中一等奖1项。复旦大学中国社会主义市场经济研究中心作为教育部高校人文社会科学重点研究基地之一，已成立10周年。上海市金融服务办、上海市保监局和复旦大学保险研究所联合完成"构建中国保险交易所的可行性研究"和"中国保险交易所实施方案研究"的重大课题。

全年出版著作45部，其中专著24部，教材14本，译著5部，参考工具书2本。发表在各类学术期刊的论文和咨询报告582篇，其中权威刊物34篇，国外SSCI收录刊物12篇，CSSCI收录刊物133篇，一般期刊（含译文）385篇，研究咨询报告30篇。举办"复旦经济论坛"16期，"985数量经济与金融系列"讲座35期，"现代经济学系列"讲座和经济系学术论坛42期，公共经济问题双周论坛12期，保险与风险管理论坛5期，"开放经济与世界经济"系列讲座5期，"复旦金融论坛"12期，还有大使论坛、欧洲论坛、中国保险教育论坛等。这些讲座中来自外国、港澳台学者的讲座达70余场。

全年举办重大学术会议26场，其中国际学术会议12场，如复旦大学世界经济研究所、中国经济研究中心和诺丁汉大学当代中国研究院共同主办的主题为"中国可持续发展专家论坛"学术研讨会，就业与社会保障中心举办的"就业动态与社会保障2010学术研讨会"，欧洲问题研究中心和学校社会科学高等研究院联合举办的"欧盟与亚洲：地区间主义与亚欧合作"国际研讨会，中国经济国际竞争力研究创新基地和清华大学、香港中文大学联合举办的"2010年中国经济国际学术会议"，经济学院和成均馆大学中国大学院联合举办的"首届复旦大学经济学院—成均馆大学中国大学院学术论坛——后危机时代的中韩经贸关系"研讨会，复旦大学中国社会主义市场经济研究中心、复旦大学经济学院国际金融系、复旦大学金融研究院共同承办的"'调整中增长'还是'增长中调整'"2011年宏观经济政策目标研讨会，复旦大学经济学院与上海华丽家族股份有限公司联合举办的"后新政时代中国房地产市场：变局、契机与发展——复旦大学经济学院第三届校友高峰论坛暨各界校友联谊会"等。

对外交流与合作工作。2010年，学院与墨西哥蒙特雷科技大学瓜达拉哈拉校区、比利时鲁汶大学经管学院等签订合作交流协议，与德国杜伊斯堡—埃森大学Mercator管理学院续签合作交流协议。与汇丰中国签订合作备忘录，即由汇丰中国出资，双方共同举办"汇丰青年企业家奖"大陆区比赛。学院通过"复旦—汇丰经济讲堂"、"蒋学模经济学讲座"两个平台，共邀请10位海外学者讲授9门短期高级经济学课程，10名学者分别来自杜伦大学、波士顿学院、香港科技大学、哥伦比亚大学、宾夕法尼亚大学、华盛顿大学、耶鲁大学、加州大学戴维斯分校、巴黎社会科学高等研究学院、明尼苏达大学，授课内容涉及汇率、计量、公司财务、微观经济学、宏观经济学、中国经济、养老金改革等。学院通过学校外事处的"海外学者授课项目"以及学院的自设资金邀请来自俄罗斯莫斯科国立大学、圣彼得堡大学、奥地利维也纳大学、加拿大菲沙河谷大学、加拿大约克大学的5位学者短期授课，内容分别为财务会计、国际贸易、公司治理、金融市场、劳动经济学；学院教师为复旦—加州大学交流项目开设动态的中国经济、中国金融导论、发展经济学等三门英文课程。

学生工作方面，学院有辅导员22人，其中本科生辅导员15人，研究生辅导员8人（1人兼任本科生和研究生辅导员）。青年教师兼职辅导员7人，人才工程（一期）队员6人，人才工程（二期）队员1人，校机关行政兼职辅导员1人，学院行政兼职辅导员1人，助管辅导员6人。获得"复旦大学2010年度优秀学生工作组"称号，蝉联复旦大学年度就业工作先进集体称号。本科生团委学生会组织经济学院文化艺术节、经院人节等传统活动，并举办"青春拥抱世界，理想开创未来"、"经世践行，博怀天下"等世博系列主题活动。获得复旦大学团委2010年"一二·九"歌会金奖；蝉联复旦大学五四红旗团组织。学院举办了"复旦大学国泰人寿奖学（教）金"颁奖仪式，学院举办"2010年复旦大学博士生学术论坛之经济分论坛"；2009级硕士班级获得复旦大学2009—2010学年优秀集体；08级博士刘瑞明同学获得"首届研究生学术之星"称号。在学院党委的领导下，学生党总支继续把学生党建和党员发展工作纳入重要议事日程，全年共举办2期党校，培训学员139人，现有学生党员共575名，入党积极分子202名。

（张　琼　忻怡怡　高笑梅　张　馨等）

【三位教授入选"影响新中国60年经济建设的100位经济学家"】 2010年《影响新中国60年经济建设的100位经济学家》正式出版，该书由广东省出版集团、广东经济出版社、中国社会科学院经济研究所和《经济研究》编辑部共同编辑出版。经济学院蒋学模、袁志刚、张军三位教授入选。
（陈　梅）

【举办"荷兰、欧盟与中国的关系"讲座】 该论坛于4月30日在校举行。校党委书记秦绍德会见荷兰首相巴尔克嫩德博士，陪同会见的有复旦大学荷兰研究中心负责人丁纯教授、荷兰格罗宁根大学校长彭浦曼（Poppema）教授，以及校外事处相关负责人。巴尔克嫩德在光华东辅楼袁天凡报告厅为复旦师生们作题为"荷兰、欧盟与中国的关系"的精彩演讲。演讲主要包含两方面：一是中荷、中欧之间的关系不断深化的重要性；二是关于共建中荷、中欧共同未来的几个关键问题。（丁　纯）

【举办"中欧学生模拟欧盟"活动】 该活动于5月10—12日在中欧工商学院举行。由学院欧洲问题研究中心和欧盟联合举办，是世博会欧盟馆的重要活动之一。来自复旦大学、中欧工商学院、法国昂热高等商学院、中欧法学院（CESL）等多家院校的70余名学生参与该项活动，其中复旦大学学生19名，分别来自经济、国际关系、外文、管理和药学等不同院系。该活动议题为"汽车工业二氧化碳减排"，参与者通过扮演欧洲议会、欧盟委员会、欧洲理事会和社会及相关利益集团等不同角色来体会和学习欧盟的运行机制和决策制定流程。
（丁　纯）

【举办International Conference of China's Sustainable Development】 该会议于5月27日在上海世博会英国伦敦世博零碳馆举行。由英国诺丁汉大学当代中国学学院主办，复旦大学世界经济研究所、复旦大学中国经济研究中心协办。复旦大学世界经济研究所所长华民、复旦大学中国经济研究中心副主任殷醒民作主题发言，与会者与英方学者展开深入的学术交流。（詹　璐）

【张五常作专题讲座】 5月27日晚，应复旦大学中国经济研究中心的邀请，国际知名经济学家张五常教授做客第244期现代经济学系列讲座，在逸夫科技楼报告厅作题为"中国的经济制度"的演讲。演讲指出现代经济学所面临的尴尬境地，亦即现代的经济学理论无法解释现实经济现象，提出应该从现实角度出发去分析实际问题。演讲人结合亲身经历，通过对中国各地区的走访所获取大量的材料展开分析，认为中国以县际竞争为代表的地区间竞争是改革开放以来经济迅猛发展的根本原因。
（詹　璐）

【举办第七届复旦—隆德经济论坛"欧元与欧盟竞争力"国际研讨会】 该会议于5月31日在复旦大学经济学院召开。由复旦大学世界经济研究所主办。来自瑞典隆德大学的5位教授参会，就欧元与欧盟竞争力问题与复旦大学世界经济学科的教授们展开多面、热烈、深入的讨论和交流。
（丁　纯）

【举办"全球治理模式转型：金融、贸易与能源视角"国际研讨会】 该会议于6月1日在复旦大学经济学院开幕。由复旦大学世界经济研究所与俄罗斯莫斯科国立大学、圣彼得堡国立大学联合主办。会议邀请俄罗斯莫斯科大学、圣彼得堡国立大学及国内相关领域近30位知名学者参加。与会学者就全球金融危机所引发的全球治理模式的转型进行深入探讨，为新兴市场经济国家研讨全球治理模式转型提供良好的平台。
（陆寒寅）

【举办"欧盟与亚洲：地区间主义与亚欧合作"国际学术研讨会】 会议于7月26日在学校举行。由复旦大学社会科学高等研究院、复旦大学欧洲问题研究中心等机构联合主办。复旦大学社会科学高等研究院院长邓正来主持，亚欧基金会执行主任多米尼克·吉拉德大使致开幕词。会上，复旦大学欧洲研究中心主任丁纯教授、比利时布鲁塞尔当代中国研究中心主任古斯塔夫·杰拉尔茨教授、比利时皇家国际关系研究所高级研究员Sven Biscop教授、欧盟委员会驻韩国使团白小川教授、复旦大学日本研究中心主任郭定平教授、国际社会科学理事会副理事长卢克·范·兰根霍夫教授等发言嘉宾围绕亚欧概念、国际关系理论、意识形态、文化教育等问题作精彩的主题阐述。与会嘉宾提出许多开放性的问题，大家从各自研究的领域出发，进行深入探讨。
（丁　纯）

【张军获第三届张培刚发展经济学优秀成果奖】 8月，"张培刚发展经济学研究基金会"在华中科技大学组织召开第三届"张培刚发展经济学优秀成果奖"评审会，并公布该届获奖作品。复旦大学中国社会主义市场经济研究中心主任张军教授的论文《中国为什么拥有了良好的基础建设》（原载于《经济研究》）获奖。"张培刚发展经济学研究基金会"旨在推动我国对发展经济学的研究和传播，立足中国，面向世界，以严谨的科学态度，不断探索我国和发展中国家如何有效地实现工业化的理论。（詹　璐）

【举办中国欧洲学会欧盟研究分会第十二届研讨会】 8月21—22日，中国欧洲学会欧盟研究分会第十二届研讨会暨中国欧洲经济研究分会第二届研讨会在西安交通大学举行。会议由中国欧洲学会欧盟研究分会和中国欧洲学会欧洲经济研究分会主办、西安交大丝绸之路欧洲研究联合中心和西北大学国际商学院联合承办。中国欧洲学会会长周弘教授，中国欧洲学会欧盟研究会会长伍贻康教授，中国欧洲经济研究分会副会长罗红波教授，中国人大欧洲研究问题中心宋新宁教授，南开大学副校长、欧盟研究中心主任佟家栋教授，商务部张晓通先生等来自国内欧盟研究领域的领导和相关学者近70余人参会。会议以"金融危机后的欧盟与中欧关系"为题，从经济、政治、法律、社会、文化、外交等多种视角，对全球性金融危机爆发后所造成的冲击、欧洲一体化面临的问题与发展趋势进行探讨。会议开幕式由欧洲研究中心主任、欧盟研究分会秘书长丁纯教授主持。（丁　纯）

【举办"经济波动背景下的欧盟与中国"中捷学术研讨会】 该研讨会于9月7日在上海世博园区捷克国家馆举行。由复旦大学欧洲研究中心主任丁纯教授和查理大学经济研究中心负责人、捷克国家经济委员会委员迈克梅斯崔克教授共同主持。复旦大学经济学院副院长孙立坚教授、欧洲问题研究中心教授丁纯、国际关系和公共事务学院教授潘忠岐、同济大学教授杨烨、华东师范大学教授余南平、捷克查理大学教授迈克梅斯崔克、Martin Gregor 博士、Vilem Semerak 博士、Zdenek Hruby 博士等15位中外学者就欧洲主权债务危机和中欧、中捷关系作演讲，会议气氛热烈，讨论积极。（丁 纯）

【举办"从经济危机走向稳健复苏"国际研讨会】 该会议于9月17—18日在复旦大学经济学院举行。由复旦大学中国社会主义市场经济研究中心(CCES)、上海社会科学院及德国艾伯特基金会联合主办。近10个国家的30多位专家和学者与会，就危机后的世界经济复苏、中国经济增长等议题作学术报告。（詹 璐）

【四位教师参加 Economic Modernization: Issues and Prospects 国际学术研讨会】 10月13—21日，世界经济学科教授尹翔硕、沈国兵、丁纯和副教授郑辉一行4人，应邀参加俄罗斯圣彼得堡大学经济系举办的"经济现代化：问题和前景"国际学术研讨会，4位教授就中国对外贸易、知识产权保护、社会保障问题等主题发言，并且与俄罗斯圣彼得堡大学经济系教授作深入的学术交流。（陆寒寅）

【举办"新《保险法》实施一周年"理论研讨会】 该研讨会于10月22日在复旦大学经济学院召开。由上海市保险学会、复旦大学保险研究所、上海市保险发展规划项目研究室、上海市保险学会法律专业委员会联合举办。来自法院、仲裁机构、消费者权益保护委员会、大专院校和保险行业的专家、学者共30余人参会，就新《保险法》实施一年来有关实务问题和法律问题进行交流和研讨。上海市保险学会秘书长潘涨潮主持会议。上海市保险监督管理局、上海市金融仲裁院、上海市第二中级人民法院、上海市消费者保护委员会等有关领导到会并讲话。研讨会分为产险和寿险两个分会场，与会专家就保险市场的热点和焦点问题，从保险法律、司法实践和保险实务等方面，进行广泛交流和深入探讨。（周 环）

【举办"复旦—艾伯特"论坛】 该论坛于11月8日在校举行。学校常务副校长王卫平教授，德国前司法部长、现任联邦议会议员、人权与人道主义援助委员会主席赫尔塔·多伊布勒·格梅琳教授出席论坛。报告会由欧洲研究中心主任丁纯教授主持，格梅琳教授作题为"中国和欧洲在非洲：合作还是竞争"的演讲，介绍非洲现状，认为中非、欧非合作论坛的议题都非常广泛，在不否认分歧的前提下，建立起一种合作协商机制，将非洲纳入中欧合作框架中，在政治、经济等方面促进非洲各国的全面发展。来自同济大学、华东师范大学、复旦大学相关专业领域的老师和同学共50余人参会并听取报告。（丁 纯）

【举办张薰华教授90寿辰庆祝大会暨"中国可持续发展与包容性发展道路研究"学术研讨会】 该活动于12月18日在复旦大学经济学院举行。校党委书记秦绍德，上海市委宣传部副部长、上海市社科院党委书记潘世伟，上海市社联党组书记沈国明，上海市经济学会会长、上海市政府发展研究中心主任周振华，中国社会科学院马克思主义研究院院长程恩富，中国高校《资本论》研究会、上海市社联、上海市经济学会、上海市土地学会、上海市价格学会、兄弟院校、复旦大学等单位的代表，及张薰华的战友、同事、朋友和学生等180余人参加大会。（张 春）

管理学院

【概况】 2010年，管理学院有财务金融系、产业经济学系、管理科学系、会计学系、企业管理系、市场营销系、统计学系及信息管理与信息系统系等8个系。有跨学科研究中心或研究所16个，其中实体研究院1个、校立虚体研究中心11个、院立虚体研究机构4个。有《研究与发展管理》杂志社、高级管理人员发展中心暨复旦管理咨询公司。有一级学科博士点1个，二级学科博士点8个（含自设博士点），二级学科硕士点16个（含自设硕士点）以及工商管理硕士(MBA)/高级管理人员工商管理硕士(EMBA)和会计学专业硕士(MPAcc)2个专业学位硕士点。有7个本科专业。有博士后科研流动站3个（其中1个与经济学院共同设立）。由复旦大学与香港城市大学共同开设的工商管理博士(DBA)项目，第一届开学典礼在香港举行。管理科学专业被列为2010年教育部"质量工程"特色专业建设点，工商管理博士后流动站被评为全国优秀博士后流动站。

新进教师4人（其中引进人才2人；副教授2人，讲师2人）。有专任教师147人，其中具有正高级职称46人，副高级职称59人，中级职称42人。

本科按工商管理一个大类招生，下设工商管理、财务管理、会计学、市场营销、管理科学、信息管理与信息系统以及统计学7个专业，共招收本科生165人，所有本科生入学第一年统一编入复旦学院学习。招收博士研究生36人，招收硕士研究生1 152人，其中硕博连读项目72人、非硕博连读项目9人，DDIM项目79人，2个金融硕士项目92人，工商管理硕士(MBA)项目500人，高级管理人员工商管理硕士(EMBA)项目331人，会计学专业硕士(MPAcc)项目69人。在读本科生805人、博士生209人、硕士生2 875人，其中硕博连读项目217人、非硕博连读项目52人，DDIM项目177人，两个金融硕士项目92人，工商管理硕士(MBA)项目1 420人，高级管理人员工商管理硕士(EMBA)项目778人，会计学专业硕士(MPAcc)项目139人。学院荣获2010年复旦大学本科招生先进集体一等奖。

开设本科生课程269门、硕士研究生课程377门、博士研究生课程59门。张新生的"概率论"课程获评2010年国家精品课程。苏勇的"恒源祥的品牌创建与奥运营销之路"获首届全国百篇优秀教学案例评选获奖案例。15位教师的5个项目获2010年校级教学成果奖，其中一等奖2项、二等奖2项、三等奖1项。任明川的《会计职业道德》课程入选上海市示范性全英语教学课程。胥正川的《计算机网络》课程列入上海市教委重点建设课程并获评复旦大学精品课程。经教育部国务院学位委员会评审，管理科学系2009级博士研究生朱晨波（导师胡建强）获2010年度"博士研究生学术新人奖"，共有4位博士生获得第十批复旦大学研究生基金资助项目，复旦大学学位评定委员会会议审议通过了2010年校级优秀学位论文，管理学院获得3篇优秀博士学位论文和2篇优秀硕士学位论文。

申请到各类纵向项目共计52项，其中国家自然科学基金项目16项，包括重大研究计划1项、海外合作项目1项、香港合作计划1项、面上项目10项、青年基金项目2项、主任基金1项，国家社会科学基金重点项目1项，教育部人文社会科学研究项目5项，包括规划项目1项、青年项目4项，教育部"新世纪优秀人才支持计划"1项，国务院南水北调工程建设委员会招标项目1项，国家软科学研究计划1项，教育部"留学回国人员科研启动基金"2项，教育部博士点基金2项，上海市哲学社会科学规划课题6项，上海市科技发展基金软科学研究项目6项，上海市浦江人才计划资助4项，上海市教委科研创新重点项目1项，2010年度上海市决策咨询研究项目2项，上海市"十二五"商务发展规划重大问题研究项目1项，上海市会计学会科研课题2项，复旦大学研究生德育研究重点课题1项。在国内外学术期刊上共发表论文484篇（含退休教师6篇），其中SCI或者SSCI收录56篇，国际顶级期刊论文1篇、国际一级期刊论文2篇、国际二级期刊论文25篇、国际三级期刊论文39篇、国内顶级和权威期刊论文63篇。出版学术著作与教材21部；举办"Panasonic讲座"2场。

全年获得上海市第十届哲学社会科学优秀成果奖8项，上海市第八届邓小平理论研究和宣传优秀成果奖1项，上海市第十届哲学社会科学内部探讨优秀成果奖1项，上海市决策咨询研究成果奖2项。上海市体育社会科学研究、决策咨询项目成果奖1项，上海汽车工业教育基金会奖励9项，中国会计学会2009年度会计学优秀论文3篇，上海市社会科学界第八届（2010）学术年会优秀论文1篇，中国技术经济研究会2008年度优秀论文1篇，河南省工业和信息化科技成果奖1项，中国煤炭工业科学技术奖1项，全国建筑经济优秀论文1篇。

《研究与发展管理》杂志全年共收到稿件900篇，刊登稿件99篇，其中属于国家级基金项目资助的为204篇，其他各类基金项目资助的共计为410篇。

新增合作院校6所，共接待海内外院校和机构来访70多批，其中来自美国的商学院23所、欧洲商学院34所、亚洲其他地区院校7所、国内院校10所，共计168人次，其中商学院院长及副院长26人。接待短期海外学习团33个，接受来自30多个交换合作院校的76名MBA交换学生，共有79名MBA学生前往40所合作院校进行为期一学期的交换学习。全年共派遣教师236人次赴29个国家和地区出席国际学术会议、参加培训课程或洽谈国际交流与合作事宜。

学院实行本科教学改革，该项改革不仅包括课程体系的更新，还涵盖教学方式的优化，以及第二课堂活动、导师配备、国际化推行等一系列措施。在课堂上，通过师生互动、案例教学等灵活的形式，改变传统灌输模式，鼓励学生自主学习，充分提升学习能力。在课堂外，通过推进全员导师制度、倡导学术加餐、深入开展"第二课堂"、扩大海外交流学习等方式，积极锻炼学生各项综合管理能力，塑造具备高尚道德情操和强烈社会责任感的未来社会领导者。

4月14日，青海玉树县发生强烈地震。4月21日，学院党政班子向全院师生发出"紧急行动起来，向灾区人民捐款，奉献真挚的爱心"的倡议，师生的捐款三天超过11万元。学院恢复建院25周年庆祝典礼前夕，经学院党政联席会议讨论决定，学院配套捐款，确定捐款总额为25万元，作为管理学院纪念恢复建院25周年的一个重要行动。捐款通过校党委组织部交给上海市红十字会。5月25日，上海市红十字会接受学院为玉树灾区的捐款，并为学院颁发了荣誉证书。

学院退管分会获2010年度校"离退休工作先进集体"，妇委会获得复旦大学优秀妇女组织称号，管理教育推广与发展中心(PDC)获得复旦大学"三八"红旗集体称号，学院获2010年复旦大学本科招生先进集体一等奖、"2010年度复旦大学就业工作展评优秀集体"，本科生学生工作组和研究生工作组均获"复旦大学学生思想政治工作先进集体"，研究生团学联获得"复旦大学2010年度优秀研究生团学联"，2009级本科生军训连队获复旦大学2010年军训先进连队，2007级"横渠楼"获"2010年度复旦大学优秀集体标兵"（原上海市先进集体），2008级"傲楚楼"获"2010年度复旦大学本科生生活园区文明标兵楼"，楼学联青年志愿者服务队获"复旦大学十佳优秀青志集体"，2009级硕博连读"德馨"班获评"复旦大学先进集体标兵"。学院217名学生担任世博会志愿者工作，其中B06商业岗位等4个小组被评为"世博园区优秀志愿者团队"，联合国馆岗位小组等5个志愿服务小组被评为"复旦大学世博工作先进志愿集体"荣誉称号。王克敏获上海市教育系统"三八"红旗手称号，周健获复旦大学"心系女职工好领导"称号，李元旭和徐笑君获研究生院"2010年度优秀研究生导师"称号，姚凯获"复旦大学学生思想政治教育工作先进个人特等奖"，刘丹丹和朱峰分别获"复旦大学学生思想政治教育工作先进个人二等奖"，魏治国获"复旦大学十佳辅导员"荣誉称号，陈曦被评为"2010年度复旦大学就业工作展评先进个人"，2009级硕博连读"德馨班"辅导员黄一倩被评为复旦大学研究生十佳辅导员。

（王是平等）

【召开GIC国际金融峰会】 该会议于1月11日在复旦大学举行，由全球合作中心（Global Interdependence Center，简称GIC）组织、管理学院主办。峰会的主题为"一国两制：金融危机后的影响，对话中国新兴与成熟金融中心与市场"，来自全球金融市场和经济学界的100多位专家参会。

这是GIC第一次在中国大陆举办论坛。GIC是一家全球性的非盈利性组织，合作伙伴包括费城联邦储备银行、亚特兰大联邦储备银行、克里夫兰联邦储备银行、法国中央银行、赞比亚中央银行、爱莎尼亚中央银行、智利中央银行等及多家世界著名的大学及商学院。（刘海阳）

【举行郑绍濂逝世周年纪念暨铜像揭幕仪式】 1月14日，在青浦福寿园墓地举办"缅怀·传承"郑绍濂逝世周年纪念暨铜像揭幕仪式。校党委书记秦绍德，管理学院院长陆雄文，党委书记黄丽华以及学院其他领导和老师，郑绍濂夫人张开明以及亲属、生前好友和学生等一行50多人前往参加，以铭记他为中国现代管理教育所作出的努力和贡献。（刘海阳）

【通过AACSB认证】 4月6日，复旦大学管理学院正式通过国际精英商学院协会AACSB(The Association to Advance Collegiate Schools of Business International)认证。AACSB成立于1916年，最先由哥伦比亚大学、康奈尔大学、哈佛大学等17所知名大学的商学院联合发起，是一个由商学院、社团和其他机构组成的非营利组织。经过近百年的发展，AACSB的规范与评价标准已成为全球管理教育的权威性标准，它独立于大学资格鉴定，是评估商学院质量的最权威认证。学院曾于2009年12月成功通过EQUIS(欧洲质量发展认证体系)认证。至此，学院在两年内连续通过两大国际权威认证，成为全球最快通过AACSB和EQUIS两大认证的商学院。这是中国商学院办学能力和成绩获得国际最高标准认可的一个重要标志。（陆　艳）

【启动复旦—台湾大学EMBA项目】 4月13日，复旦大学与台湾大学合作的中文EMBA项目正式启动，是大陆和台湾地区在商业教育领域的首度合作。9月9日，该项目正式开班。来自海峡两岸报名者超过200人，首届录取64人，学生所在行业涉及传统制造业、医疗产业、银行保险、证券投资、媒体产业及通讯制造业等。

（陆　艳）

【举行恢复建院25周年庆典】 4月25日，举行恢复建院25周年庆典，全体教职员工、校友、学生代表以及部分合作伙伴1 000余人齐聚相辉堂，共忆学院发展历程。复旦大学常务副校长张一华代表学校向管理学院全体师生员工、广大校友表示热烈的祝贺。仪式分序曲、校友、师者、学生、员工、展望等部分。（刘海阳）

【承办IACMR 2010年度会议】 该会议于6月17—20日在上海举行，由中国管理研究国际学会(International Association for Chinese Management Research，简称IACMR)主办，复旦大学管理学院承办。来自中国、美国、加拿大、澳大利亚、新加坡和中国香港、台湾等近20个国家和地区的各大院校和专业管理研究机构的学者以及国内外著名企业的高层人士900余人参加会议。会议主议题为"中国组织中的创新与变革"。作为中国企业管理研究最具权威性的世界级学术研究组织，IACMR由美籍华人、国际管理学界知名学者徐淑英教授于2001年筹备发起，旨在促进中国企业组织与管理领域的学术研究，每两年举办一次，此次为第四次会议。会议推动中国本土管理研究学者与国外管理研究学者间的国际合作，促进中国管理研究能力的提升，为目前中国情境下管理研究的发展提出意见和建议。（刘海阳）

【举办中国营销论坛】 该论坛于6月29日在上海复旦皇冠假日酒店举行，由复旦大学管理学院主办、美国营销科学学会协办。国内外知名企业的高层管理者与营销学者近200人参会，就"发现中国市场的机遇"主题进行深入探讨。论坛由学院市场营销系主任蒋青云教授主持，学院副院长孙一民教授和美国营销科学学会执行主席Ruth Bolton教授为论坛致开幕词。论坛2个议题为：通过颠覆性创新获得适合中国的产品，从"中国制造"到"缔造王者"。（刘海阳）

【开设金融硕士项目】 9月，学院分别与美国加州大学洛杉矶分校(UCLA)安德森商学院、美国普林斯顿大学达成合作协议，共同开设财务管理硕士项目、金融工程管理硕士项目。2个项目以实际应用为导向，以职业需求为目标，旨在培养高层次、应用型的财务金融专业人才。首届2个项目分别招收新生51名和41名。

（柯佳儿）

【举办2010上海世博·世界咖啡馆活动】 该活动于9月7日在上海国际会议中心举行。由复旦大学和台湾世界公民文化中心联合举办。来自中国、新加坡、美国和中国台湾、香港等地有影响力的各界华人精英300余位，围绕"华人能为二十一世纪贡献什么?"这一主题，以"世界咖啡馆"的新颖、轻松的方式展开交流，力求为人类文明进步和城市发展的诸多重大议题提出积极的应对方案。"世界咖啡馆"是由华妮塔·布朗(Brown Juanita)和戴维·伊萨克(Isaacs David)所提出的一种小团体讨论方式。（刘海阳）

【举行精益六西格玛高峰论坛开幕仪式】 该仪式于10月15日在复旦大学举行。论坛由学院和上海管理科学学会联合主办、精益六西格玛委员会承办。论坛以"溯本求源，绿色创新"为主题，来自英格索兰、BMGI、麦肯锡等国际知名企业的高层管理者，上海市质量协会的相关领导以及复旦大学管理学院的教授等共10位嘉宾出席并演讲。论坛旨在加强国内外精益六西格玛领域优秀的实战企业家、专家学者和精英学子的交流，促进精益六西格玛在企业运营中的深入推广。（刘海阳）

【获全国大学生优秀创业团队大赛一等奖】 11月，在教育部主办的首届"昆山杯"全国大学生优秀创业团队大赛中，由2007级本科生王志晓、陈凡和2008级本科生李冉三位同学为核心成员的复旦大学"恒知信息创新团队"获一等奖。该项比赛是针对大学生创新创业的首个全国性赛事，自2009年11月正式启动以来，共29个省(区、市)、636所高校、4 154支团队项目、8万多名大学生参赛。

（周　缨）

【举行上海后世博经济发展论坛暨颁奖典礼】 该典礼于11月18日在上海星河湾酒店举行，由复旦大学管理学院与《中国经营报》社联合主办。来自政界、学界和企业界，实业、投资、金融、新能源等各个行业近300位嘉宾出席典礼，共同探讨上海在后世博时期的发展策略和未来趋势。

（刘海阳）

【发布"2010中国跨国企业排行榜"】 12月9日，复旦大学管理学院和美国哥伦比亚大学Vale可持续投资中心联合发布"2010中国跨国企业排行榜"。该排行榜是全球新兴市场跨国企业排名的一部分，旨在通过榜单显示这些国家的企业在国际化进程中的进步，同时唤起国际各界对新兴市场国家在国际经济舞台上的作用给予关注与思考。（刘海阳）

【主办第八届国际最优化方法及应用大会】 该会议于12月10—14日在复旦大学举行，由管理学院主办。副院长薛求知、日本京都大学教授Masao Fukushima、中国科学院教授汪寿阳和袁亚湘致辞。共有320余位代表参会，其中海外代表160多人，分别来自30多个国家和地区。会议为运筹与管理科学研究者提供国际学术交流论坛，追踪研究热点，提出研究课题和应用方法。复旦大学是国内最早开展运筹和最优化研究的大学之一，取得的研究成果和培养的人才在国内外有重要的影响。会议的举行将推动管理学院运筹与管理科学学科在该领域的研究，扩大国际影响。（刘海阳）

社会发展与公共政策学院

【概况】 2010年，社会发展与公共政策学院下设社会学系、社会工作学系、心理学系、社会管理与社会政策系和人口研究所。设有博士点3个，硕士点4个，专业学位硕士点1个，本科专业1个，本科第二专业1个，博士后流动站1个。2010年，学院新获批了社会学一级学科博士点1个、心理学一级学科硕士点1个。有在职教职员工64人，其中教师56人，新进教师3名。学院现有教授（研究员）、副教授（副研究员）36人，约占教师总数的65%。

招收硕士研究生173人、博士研究生95人。在读本科生325人、硕士研究生86人、博士研究生19人。为本科生开课143门，其中公共选修课23门、平台课程21门、专业课程99门，全英语课程15门；开设研究生课程50门，其中全英语课程11门。

全年获得科研资助资金523.77万元。新立国家级课题4项（含国家社科基金重大项目一项，为王桂新主持的"中国人口城市化低碳发展战略研究"）、省部级课题10项、委办局级项目9项，到账资助为177.61万元。在研国家级、省部级、局级项目17项，获研究资助87.19万元。新立横向研究课题27项，在研横向课题15项，获研究经费共计258.97万元。出版各类学术作品23部，其中主编参编教材7部，译著2部，主编著作6部，学术专著8部。发表论文160余篇，其中权威论文18篇（含SSCI论文9篇），核心论文43篇，7篇文章被人大复印资料转载，一般论文66篇（含论文集论文等），报纸文章近20篇，提交给各部委各局办等部门研究报告近40篇。获省部级哲学社会科学优秀成果或省部级高校社科成果奖共计10项，其中一等奖2项，二等奖4项，三等奖4项，获其他专业学会奖项若干。

教师参加境外国际会议、访学、共同研究等学术活动40人次。学院接待挪威奥斯陆大学Frisch经济研究中心、德国国家行政学院、韩国釜山国立大学、瑞典林雪萍大学、日本早稻田大学、爱尔兰都柏林大学、加拿大女王大学和荷兰商学院等来访，组织学术交流讲座近10场。与挪威奥斯陆大学Frisch经济研究中心成功签订合作协议。通过校际、系际交流项目赴美国耶鲁大学、英国剑桥大学、加拿大女王大学、日本早稻田大学等高校学习的学生近50人。学院与美国波士顿大学、美国Institute for the International Education of Students（IES）学生培训项目稳步推进，与瑞典隆德大学、韩国首尔市立大学学生交流计划继续开展，全年接收80余名外国学生短期留学。2010年，学院新增与瑞典隆德大学合作的双学位硕士项目，以及与香港教育机构International Education Development Solution（IED）合作的针对欧洲学生的海外留学生项目。

12月28日，学院第三届教职工大会举行。会上，学院院长、工会主席、各分管副院长作工作报告。会议就研究生培养与课程管理等相关规定进行分组讨论，通过将年终教学奖励纳入年终奖励综合处理的决议。会议共收到有关学院发展的相关提案7件，并对提案进行现场答复。

2010年上海世博会期间，"增爱世博，放飞心灵"世博心理服务项目组在世博行政中心内建起增爱心理咨询室，为世博会工作人员和世博志愿者提供团队训练、个体咨询、心理讲座、音乐减压放松等形式多样的心理服务。该项目中有11人次分别获得"世博志愿者标兵"、"世博志愿者之星"等荣誉称号。

围绕创先争优、世博精神，开展贴近学生思想的系列主题教育，结合学习型党支部建设，开拓校内打基础、校外创新风的党建新格局。举办"第九届社会人节"，"关注民生·和谐发展"博士生论坛社会篇。在推动学生实践方面，继续深化"零点"学术实践项目，加大对学生社会实践与学术研究的支持力度。校级社会实践类项目立项16项。与上海市政协人口资源与环境专业委员会、上海市政府合作交流办公室等单位共建实习基地。2008级社会学专业本科班级获评"复旦大学先进集体标兵"，2008级研究生党支部获评"复旦大学研究生示范党支部"，2009级硕士班级获评"复旦大学先进集体"，本科生团学联获评"上海市世博会优秀团队"、"复旦大学五四优秀团组织"、"复旦大学优秀青年志愿者集体"，研究生团学联获评"复旦大学优秀研究生团学联"。（方莉强　李　爽　孙　婕　廖永梅　吴丹丹　陆晶婧）

【建立江村社会实践基地】 2010年10月，学院与江苏省吴江市七都镇签署共建协议，正式在开弦弓村（江村）建立复旦大学社会实践基地。校党委书记秦绍德致信表示祝贺，学院分党委书记严峰、教务处副处长应质峰、学院副院长顾东辉，吴江市委常委、市委宣传部部长曹雪娟，开弦弓村党总支主要负责同志，以及教授刘豪兴等教师代表出席仪式。该基地的建立为社会学教学实践、社会科研调查搭建起良好平台。 (陆晶婧)

【社会调查研究实验室启用】 2月，学院社会调查研究实验室正式启用。该实验室除进行科学研究相关的数据采集、数据汇总集成整理等工作外，也应用于各类多媒体教学。目前已在实验室开设社会经济统计与计算机应用、GIS在社会科学中的应用、劳动经济学等课程。 (陈 恺)

【社会调查研究实验室完成首次社会调查】 7月，社会调查研究实验室开展首次中国长三角社会变迁家庭户调查。该调查为入户形式的面访调查，前后历时3个月。调查共完成上海约1 500个家庭户样本，其中由计算机辅助完成的面访调查总数为212个。 (陈 恺)

数学科学学院

【概况】 2010年，数学科学学院下设数学研究所、数学系、应用数学系、金融数学与控制科学系、信息与计算科学系、概率统计与精算系。设有数学学科博士后流动站、非线性数学模型与方法教育部重点实验室、现代应用数学上海市重点实验室和《数学年刊》编辑部。是中法应用数学研究所、复旦大学数学金融研究所、AIA友邦—复旦精算中心的所在地。有基础数学、应用数学、运筹学与控制论、计算数学、概率论与数理统计等五个二级学科，有数学一级学科博士学位授予权和全部五个二级学科的博士学位授予权。学院是国家理科数学人才培养基地。

2010年，学院有专任教师97人，其中教授40人，副教授、副研究员41人，讲师16人、有博士生导师40人，有中国科学院院士4人，国际高等学校科学院院士1人，第三世界科学院院士2人，欧洲科学院院士1人，法国科学院外籍院士1人，葡萄牙科学院外籍院士1人。有教育部"长江学者奖励计划"特聘与讲座教授11人，国家杰出青年科学基金资助获得者8人。

谷超豪获得国家最高科学技术奖，陈恕行、傅吉祥应邀参加第26届国际数学家大会并作报告，洪家兴获得第五届世界华人数学家大会陈省身奖，陈猛、傅吉祥获得晨兴数学奖银奖，傅吉祥获得2010年度国家杰出青年科学基金资助，楼红卫获得2009年度上海市自然科学二等奖。林伟获得上海市"曙光学者"称号，并获得霍英东教育基金会第十二届高等院校青年教师奖。杨翎的博士学位论文获2010年全国百篇优秀博士论文提名奖。数学博士后流动站再次被评为全国优秀博士后流动站。

新获10项国家自然科学基金资助。到达经费项目88项，科研经费总额达1 550.89万元。教师独立或者合作发表科技论文116篇。举办国际和港澳台会议7次，接待超过96人次外国同行来访，共有74人次出国(境)进行学术交流、访问或参加国际会议。举办各类学术讲座138场次。8月，学院召开会议讨论科研工作。

在读本科生689人，硕士研究生176人，博士研究生111人，博士后进站9人。全年授予169人学士学位，49人硕士学位，26人博士学位。完成研究生培养方案的修订，对研究生课程体系进行完善，并对研究生的招生、选拔、培养制定新的方案。

学生工作注重学生终身学习能力和社会责任感培养。江辰获得全国数学竞赛一等奖第一名，时代、曹翔宇获得第五届世界华人数学家大会"新世界奖"。本科生连续第十年暑期赴安徽小市镇支教服务，连续第六年赴山东涝坡镇调研支教。2007级本科生潘一帆光荣入伍。

(刘金华)

【陈恕行、傅吉祥在国际数学家大会作45分钟报告】 8月19—27日，学院教授陈恕行和傅吉祥分别因在偏微分方程和微分几何方面研究工作的成就，受2010国际数学家大会组委会主席拉格休内森(M. S. Raghunathan)教授的正式邀请，出席在印度海德拉巴召开的第26届国际数学家大会，并作45分钟报告，题目分别是"Study of Multidimensional Systems of Conservation Laws: Problems, Difficulties and Progress"和"On Non-Kahler Calabi-Yau Threefolds with Balanced Metrics"。国际数学家大会45分钟报告人是由国际数学联盟指定若干世界著名数学家组成的程序委员会根据数学科学国际前沿工作中的重大成果与进展来确定的，在国际数学界中享有很高的荣誉。 (郭坤宇)

【召开非线性数学模型与方法教育部重点实验室学术年会】 会议于12月11—12日在苏州召开。会议先后由实验室副主任陈猛教授、薛军工教授主持，四名青年教师作学术报告。实验室主任郭坤宇教授汇报实验室学术、财务和建设情况。会议就实验室发展和建设进行讨论，听取与会专家教授的意见建议。洪家兴院士进行总结发言。 (陈 猛)

物理学系

【概况】 2010年，物理学系有物理学一级学科(国家重点学科)博士点1个，一级学科硕士点1个，本科专业1个，博士后流动站1个。建有应用表面物理国家重点实验室，物质计算科学、微纳结构光科学等2个教育部重点实验室，是教育部基础学科人才培养基地。

有在职教职工88人，其中教授38人，副教授19人，博士生导师34人。有中国科学院院士4人，双聘院士1人，教育部"长江学者奖励计划"特聘教授6人，国家杰出青年科学基金获得者12人，国家重点基础研究发展计划("973计划")首席科学家3人，教育部"跨世纪人才"4人，复旦大学特聘教授3人。吴长勤、封东来获全国优秀博士学位论文提名指导教师奖，金晓峰获2010年度宝钢教育基金优秀教师奖，周磊获2009年度吴英蕃奖教金，吴义政获2009年度香港人奖教金，张远波获国际纯物理学与应用物理学联合会半导体物理学青年科学家奖，封东来获2010年华人物理学会（OCPA）亚洲成就奖（AAA奖）。

招收本科生88人、硕士研究生49人、博士研究生43人。在读本科生393人、硕士研究生125人、博士研究生138人，在站博士后7人。开设本科生课程121门，其中春季课程60门、秋季课程61门，开设研究生课程21门。有国家精品课程5门、上海市精品课程1门、校级精品课程3门。与其他8个理工科院系一起，参与教务处组织开展的“未来科学家夏令营”活动，以大班集中讲座、小班课题研讨的形式，促进中学生与复旦大学的相互了解。配合教务处，启动2009级“拔尖人才”培养计划，对选拔出的18位“拔尖人才”提供包括：配备资深教授进行个性化指导、组织研讨班、国际化教育、后续培养等个性化培养的方式。于10月5—9日举行“第二届全国高等学校医药类专业物理课程教学研讨会”，来自41所专业院校的近60位代表参会。继续推行博士研究生招生的申请—考核制和以夏令营方式选拔推免生制度。2009级博士生周伟航获教育部学位管理与研究生教育司评选的2010年度“博士研究生学术新人奖”。

科研经费到款金额3 426.3万元。新获批立项国家重大科学研究计划项目1项，国家自然科学基金重点项目1项，国家自然科学基金重大项目1项，国家自然科学基金面上项目7项，国家自然科学基金青年科学基金项目1项。获教育部2010年度博士点基金博导类立项1项，获教育部第37、38批“留学回国人员科研启动基金”资助2人。获2010年度上海市“浦江人才计划”A类资助2人。以第一作者发表SCI论文116篇。封东来的研究项目《铁基高温超导体的物性与电子结构》入选2010年度上海市优秀学科带头人计划。乔山的课题《电子自旋分析器阵列的研制》获市教委2011年度“科研创新项目”立项。3月，在科技部组织的2010年度数理和地学领域国家重点实验室评估中，应用表面物理国家重点实验室被评为良好类实验室。量子调控学科创新引智基地通过教育部和国家外国专家局2010年度高等学校学科创新引智计划（“111计划”）评估验收，被纳入新一轮引智基地计划建设。6月5日，举行系学术年会，近400人参会，共有邀请报告15个，张贴海报141张，并首次增设最佳海报评选环节，2张海报获金奖，4张海报获银奖。

国际交流与合作频繁。接待46位国外及港澳台地区专家来访、讲学、作学术报告，举办国际会议3场，参加国际会议、合作研究、出国考察、交流等187人次。1996年度诺贝尔物理学奖获得者奥舍洛夫（Douglas D. Osheroff）、2007年度诺贝尔物理学奖获得者费尔特（Albert Fert）、1986年度诺贝尔物理学奖获得者罗雷尔（Heinrich Rohrer）分别到系演讲。

加强学生党建。健全学生党总支规章制度建设，合理化人员分工。以创建学习型党组织为目标开展“创先争优”活动。加强对学生党员骨干的培养。学生党总支牵头成立世博志愿者后援团，开展地铁10号线江湾体育场站志愿者服务。学生党支部开展“阳光之家”、“太阳花”、关爱退休孤老等志愿者服务，以及暑期云南支教、与五角场街道退休党支部共建等社会实践活动。

全员关心学生思想、学习、生活健康成长。举办6场由物理学系教授主讲的研究生讲坛讲座，以提升研究生的学术技能。加大对学生学业辅导与职业发展的指导力度，举办课程指导讲座、生涯发展午间恳谈、就业指导专题讲座、“新新讲坛”、“成长论坛”等10多场。51名学生参加世博志愿者服务，75名学生参加世博志愿者后援团，为志愿者提供后勤保障和服务。2007级本科生周宇辰、陈斌参与的项目《宇琦长余辉夜光产品有限责任公司》在共青团上海市委等单位联合举办的“张江高科杯”第六届上海市大学生创业计划大赛暨第七届“挑战杯”中国大学生创业计划竞赛上海市选拔赛中，获金奖。

（俞胜南　陈骏逸　高太梅）

【系行政班子换届】 3月，经民主选举，沈健被聘任为物理学系新一任系主任。随后，经过系主任提名及民主投票选举，产生新一届行政班子组成，周磊、马世红、陈张海、陈骏逸分别担任分管研究生教育、本科生教育、科研、行政的副系主任。

（高太梅）

【举行新型超导体光谱学国际会议第九届会议】 该会议（简称SNS2010）于5月23—28日在校举行，是超导体研究领域最重要的系列学术会议。封东来教授和中国科学院赵忠贤院士、于禄院士共同担任会议主席。会议共推出18个主题的77个口头报告，分4天展出164张张贴海报。会议邀请到诺贝尔物理学奖得主奥舍洛夫教授作公开演讲。（高太梅）

【举行第九届表面、界面、薄膜研讨会】 该会议于6月16—18日在校举行，由金晓峰教授主持。会议共有22个邀请报告，约90位中外专家以自旋电子学与低维磁学为主题开展研讨。

（高太梅）

【召开第四届固态量子计算国际研讨会】 该会议（简称IWSSQC-4）于12月13—16日在校举行，游建强教授任会议主席，陈张海教授和陈焱教授担任组织委员会共同主席。会议有5个大会报告，33个邀请报告，4个口头报告。近150人参加会议。会议内容涵盖固态量子信息处理的各个方面，讨论固态量子计算的当前趋势和未来研究方向，为年轻的学者和研究生们提供有关固态量子计算的最新研究信息，促进固态量子计算、量子调控等领域研究者的交流与互动。

（高太梅）

【2篇博士学位论文入选“2010年全国优秀博士学位论文提名论文”】 入选的2篇论文为：宁文强（导师：吴长勤教授）的《一维关联体系粒子激发谱研究》，沈大伟（导师：封东来教授）的《2H结构过渡族金属二硫属化物电子结构的高分辨角分辨光电子能谱研究》。（高太梅）

化 学 系

【概况】 2010年,化学系设有无机化学、分析化学、有机化学、物理化学4个硕士点以及无机化学、分析化学、有机化学、物理化学、化学生物学和应用化学6个二级学科博士点,并有化学一级学科博士点授权。化学一级学科是国家重点学科,建有上海市分子催化和功能材料重点实验室、创新科学仪器教育部工程研究中心、国家理科基础学科研究和教学人才培养基地和被列入国家级教学示范中心建设单位的化学教学实验中心。

有在职教职工153人,其中专任教师101人,行政管理和实验室技术人员52人。有正高级职称的44人(博士生导师41人),副高级职称的40人,中级职称的26人。有中国科学院院士1人,双聘院士3人,国家"973计划"首席科学家1人,教育部"长江学者"特聘教授6人、讲座教授2人,国家杰出青年科学基金获得者13人,海外及港澳学者合作研究基金获得者5人,复旦大学特聘教授8人,国家级教学名师奖获得者1人。

全年招收本科生120人(化学类,含高分子),硕士研究生66人,博士研究生52人,工程硕士研究生32人(在职18人)。在读本科生285人(不含一年级),硕士研究生213人,博士研究生204人,工程硕士研究生75人。全年承担本科生基础课、专业课及公共课总学时数为391 116人学时,选课学生8 399人次;承担全校实验课程总学时数109 056人学时,选课学生3 601人次。开设本科生课程164门(含毕业论文18门)。

全年申请到国家自然科学基金项目22项,其中国家杰出青年科学基金项目(A类)1项,自然科学基金面上项目21项,科研经费到款5 142万元。发表SCIE论文319篇,其中影响因子大于6.0的23篇,获专利授权21项。在研科研项目220项,其中承担"973计划"(子)项目28项,"863计划"(子)项目4项,国家杰出青年科学基金项目3项(A类1项、B类2项),国家自然科学基金重大重点项目6项,上海市重点项目12项,其他各类项目167项。金国新等获2009年度上海市自然科学奖一等奖,李富友获第五届上海青年科技英才奖(提名奖)。

承办国家杰出青年科学基金中期检查及结题验收报告会,20多位两院院士任评审专家,2005和2007年度杰青基金资助项目获得者约50人分别参加结题验收会和中期检查会。全年举办学科进展前沿报告31场,主讲人均为境外学者,其中包括2005年度诺贝尔化学奖获得者Robert H. Grubbs教授和2009年度诺贝尔化学奖获得者Thomas A Steitz教授。与国外大学合作课题有2项,发表合作成果11项。接待爱尔兰都柏林大学化学化工学院院长、法国巴黎高科巴黎综合理工国际事务主任、德国慕尼黑工业大学校长、英国牛津大学校长、荷兰爱思唯尔公司副总裁、美国弗杰尼亚联邦大学化学系主任等来访。与美国乔治敦大学化学系、德国慕尼黑工业大学催化剂研究中心签订合作协议,启动复旦大学—法国巴黎高科化学双硕士学位项目。承办国际学术会议2个。师生出国出境参加国际会议、合作研究、学术交流、访问考察等共计约90人次。学生交流项目派出学生23人,接收海外学生1人(暑期科研实习)。开设普通化学、普通化学实验、有机化学、有机化学实验4门英语授课课程。

以"做好接力一分子,写就化学新篇章"为主题,围绕推动化学系科学发展中心工作,组织"创先争优"活动。通过吴浩青院士追思会、秦启宗教授追思会、退休教师座谈会、学生党员小组采访老同志等形式,发掘和整理优秀人物事迹。6月,接受校纪委的党风廉政建设巡视检查,进一步规范、加强化学系议事规则及制度建设。开展"化学系的今后发展需要怎样的行政班子"专题讨论会。

以学生党建工作为核心,规范支部建设,理论学习注重实效,提升党员的党性修养。以学术为灵魂,结合学科特点和学生需求,通过专家讲坛、学术沙龙、学习互助小组等形式营造学术科研氛围。注重提升主题教育内涵,通过世博志愿者服务、化学系老教授访谈等活动强化学生责任感和奉献意识。本科生就业率达96.2%,研究生就业率达100%。刘思彦获第七届全国大学生化学实验邀请赛一等奖,庄稼、牛景泽和郑嘉旻获第四届上海市高校化学实验竞赛一等奖。 (张丹维 郭 娟 孔庆安 臧 晖)

【举行复旦—帝斯曼合成方法与手性技术联合实验室续约仪式】 该实验室于2005年启用,由复旦大学与瑞士帝斯曼集团旗下帝斯曼营养产品部共同设立,以陈芬儿教授为首的科研人员在合成工艺方面及一些合作项目上取得一系列成果。3月5日,双方在校举行仪式,宣布延续合约五年,在手性科技及工业化制造各类维生素、类胡萝卜素以及新型食品和饲料用添加剂的合成工艺等方面深化合作研究。 (臧 晖)

【承办首届上海《化学学会评论》国际研讨会】 该会议于6月22日在校召开,由中国化学会与英国皇家化学会首次联合主办、复旦大学化学系承办。化学系教授金国新与《化学学会评论》(*Chemical Society Reviews*)主编Robert Eagling博士任大会主席。南京大学教授郭子健、英国剑桥大学副教授David R. Spring、加拿大多伦多大学教授Douglas Stephan等11名期刊编委们及编委会主席Dirk Guldi博士作大会报告,逾220名上海市各高校和研究所的学者、研究生参加会议。会议就计算化学、光谱化学、有机合成化学、生物无机化学、纳米材料化学及超分子化学等研究领域开展交流研讨。 (韩英锋)

【举行吴浩青先生追思会】 7月18日,中国共产党党员、中国民主同盟盟员,著名化学家、化学教育家、中国电化学的开拓者之一、中国科学院院士、复旦大学化学系教授吴浩青因病逝世。9月10日,校长杨玉良,校党委副书记陈立民,吴浩青家人、生前同事,化学系教师和学生代表一起在校参加追思会。 (臧 晖)

【联合主办上海世博材料科学国际研

讨会】 该会议于8月11—12日在上海世博会利物浦馆举行，由复旦大学化学系与英国利物浦大学化学系联合主办。会议主题为“材料化学的创新前沿”。3位利物浦大学的国际知名化学家和4位中国科学院院士作大会报告。与会代表共计100余名。代表们就涵盖分子组装、功能聚合物、金属—有机杂化物、能源化学等议题开展研讨，并在学术交流、合作研究方面达成共识。 （臧 晖）

【夏永姚课题组在锂离子电池研究领域取得突破性进展】 8月，夏永姚课题组研究成果发表在《自然》杂志化学子刊 *Nature Chemistry* 上。该成果从理论和实验上证实：在水和氧气存在下，作为电池负极的电极材料会被氧气氧化是造成水系锂离子电池容量衰减的主要原因，进而通过消除氧（电池密封）和选择合适的电极材料，大大提高电池的循环性能，$LiTi_2(PO_4)_3/Li_2SO_4/LiFePO_4$ 电池10分钟倍率充放电1 000次循环，容量维持率在90%以上。 （臧 晖）

【召开首届抹云科技论坛暨追思秦启宗逝世周年会】 9月4日，化学系激光化学研究所在校举行首届抹云科技论坛，并藉此纪念该所创立人秦启宗教授，缅怀其一生对科学事业的热忱和贡献。该论坛以激光化学研究所所在地——抹云楼冠名，旨在提供一个科学交流的平台，推动和促进国际交流，共同探讨科学前沿领域的动向和未来。江明院士、赵东元院士、中国科学院高能物理研究院柴之芳院士、大连化学物理研究所研究员杨学明及秦启宗的学生代表发言并作学术报告。 （臧 晖）

【承办微纳尺度分离和分析技术学术会议暨第六届全国微全分析学术会议】 该会议于10月17—20日在校召开，由国家自然科学基金委、中国化学会联合主办，复旦大学和上海交通大学联合承办。化学系教授杨芃原任大会主席。会议主题为“科技让生活更美好，微纳让科技更奇妙”。生物质谱、色谱、化学和生物分析、紫外荧光和红外等光谱、电镜、荧光成像、微纳分离分析等领域的385名国内专家（含3名院士）和7名国外专家参会。举行特邀报告10个，专题报告50个，墙报296个。2009年度诺贝尔化学奖得主 Thomas A. Steitz 教授应邀作大会报告。 （余绍宁）

高分子科学系

【概况】 2010年，高分子科学系设有高分子化学与物理学科博士点、硕士点、博士后科研流动站点和化学工程硕士学位点，是聚合物分子工程教育部重点实验室的依托单位。

有在职教职工58人，其中教授17人，副教授8人，有其他正高级职称的3人、副高级职称3人，讲师15人，有其他中级职称的6人，博士生导师18人。有中国科学院院士2人，国家“973计划”项目首席科学家1人，国家“863计划”重点项目首席科学家1人，国家重大科学研究计划重点项目首席科学家1人，教育部“长江学者奖励计划”特聘教授3人、讲座教授1人，国家杰出青年科学基金获得者7人、海外青年学者合作研究基金获得者3人，教育部新世纪优秀人才5人。有国家自然科学基金委创新研究群体1个，教育部创新团队1个。

全年招收本科生40人，硕士研究生36人，博士研究生24人，工程硕士研究生22人。在读本科生163人，硕士研究生115人，博士研究生128人。开设本科生课程29门，研究生课程28门。

全年在国内外学术期刊上发表论文164篇，以第一单位发表的SCI论文130篇、国内核心及一般论文3篇，发表的SCI论文中影响因子大于3的论文98篇（含第一单位发表的78篇），影响因子大于7的有8篇（含第一单位发表的7篇）。获得授权的中国发明专利7项，中国发明专利申请公开的18项。承担科研项目72项，实到经费2 647.1万元。作为首席单位在研的“973计划”项目2项、“863计划”重点项目1项，以及合作在研“973计划”项目2项，“863计划”项目1项，国家杰出青年基金项目2项，国家自然科学基金重大项目1项、重点项目1项等。2010年度获得批准立项的国家级项目3项，包括杨玉良任首席科学家的科学技术部“973计划”“高性能碳纤维相关重大问题的基础研究”，丁建东牵头的国家自然科学基金重点项目“细胞与材料相互作用的基本科学问题研究”，邵正中牵头的国家自然科学基金重点项目“非生理活性蛋白质及其多肽片段的聚集态结构调控和功能化”。2010年度获批立项的国家自然科学基金面上项目6项、青年项目3项。聚合物分子工程教育部重点实验室获得“复旦大学高级访问学者计划”资助项目4项，批准自设的开放研究课题10项。该重点实验室固定研究人员彭慧胜获美国李氏传统基金会奖（The Li Foundation Heritage Prize），丁建东获2009年度冯新德高分子奖最佳论文提名奖，丁建东获《国际制药学杂志》2008—2010期间前10篇最高引用奖。

参加国际学术会议29人次，国内学术会议23人次，在大型学术会议上做特邀报告或大会报告31人次。应邀在国外讲学8人次。国外专家学者前来讲学和作学术报告17人次，国内学者专家前来讲学和作学术报告6人次。

在系党委指导下，围绕“青春拥抱世界，理想开创未来”系列主题教育主线，结合党员“创先争优”活动要求，进一步结合学生世博志愿者服务契机，引导学生思考青年社会责任，重视实践机遇。以推进学生党支部建设为抓手，创建学习型党组织，引导学生党员自觉强化党员意识，积极发挥先锋模范作用。 （张 炜 包 涵 吕文琦 王 莉）

【复旦—福莱姆高性能涂料研发中心成立】 4月26日，“复旦—福莱姆高性能涂料研发中心”揭牌仪式在光华楼举行。该研发中心旨在搭建“产学研”一体化的平台，提升在高性能涂料领域内的自主创新能力。中心挂靠高分子科学系，高分子系教授汪长春任中心主任，福莱姆公司刘彤舟博士任中心副主任。 （王 芳）

【举办复旦大学博士生论坛——高分

子篇】 该论坛于5月25—26日在复旦大学高分子科学系举行。来自北京大学、苏州大学、复旦大学三所高校的20余名博士研究生参加论坛并作成果汇报。论坛以"南北对话，交流互通"为主题，旨在为三校学生提供一个学术交流平台，加强沟通联系，进一步完善三校的学科发展和人才培养机制。 （包 涵）

【江明院士在第43届国际纯粹与应用化学联合会世界高分子大会上作大会报告】 7月11—16日，第43届国际纯粹与应用化学联合会（IUPAC）世界高分子大会在英国格拉斯哥召开，由英国皇家化学会等承办。高分子系教授江明院士应邀作题为"New Strategies for Macromolecular Self-Assembly in Solutions（溶液中大分子自组装的新路线）"的大会报告。江明院士是60多年中在境外召开的该系列大会上首位被邀请作大会报告的中国人。 （刘晓霞）

【举行"复旦大学高分子科学系—中钞油墨奖学金"捐赠签约仪式】 7月21日，"复旦大学高分子科学系—中钞油墨奖学金"捐赠签约仪式在坐落于上海市浦东康桥工业园区的中钞油墨有限公司举行。奖学金面向高分子科学系学生，用以激励德、智、体、美全面发展的优秀学生。该项奖学金是国内相关行业及企业首次设立的奖学金。 （包 涵）

环境科学与工程系

【概况】 2010年，环境科学与工程系设有环境科学与工程一级学科博士点1个，环境科学、环境工程以及环境管理硕士点3个，工程硕士点1个，环境科学与工程一级学科博士后流动站1个，环境科学本科专业1个。

有在职教职员工63人，其中教授19人（13人为博士生导师），副教授19人，讲师19人；聘请6名国内外知名专家学者任顾问教授和兼职教授。新聘2位兼职教授，新增3位硕士研究生导师。

有13个项目获得自然科学基金委员会的资助批准，包括8项面上项目，5项青年基金项目。4人获教育部博士点基金资助，2人获2010年度教育部人文社会科学研究青年基金，1人获科学技术部国际科技合作项目资助，1人获2010年度上海市自然科学基金项目资助，2人获上海市科学技术委员会重点项目资助。1人入选教育部"新世纪优秀人才支持计划（海外类）"，1人获得上海第七届青年博士杰出人才奖学金，2人获得2009年度"科技创造杯"上海高校学生创造发明三等奖，1个项目获2010年度教育部科学技术进步奖（推广类）二等奖，2篇硕士毕业论文获评2009年度上海市研究生优秀学位论文。张士成课题组研发的将海洋污染源转化为新型能源取得突破性进展，这是我国首次成功运用大型海藻制备生物油，它将有望成为一种制造新能源的绝佳原材料。全年海内外专家学者到系参观讲学近20人次，其中包括福建省明溪县党政代表团和美国亚利桑那大学工学学院院长率团到系参观交流。教师出国进修、应邀讲学、参加学术会议近29人次。 （晓 琴）

【成立复旦大学国土资源经济研究中心】 1月10日，复旦大学国土资源经济研究中心成立仪式暨发展方式转型与土地利用论坛在校举行。该中心由上海市规划和国土资源局与复旦大学牵头，环境科学与工程系和上海市地质调查研究院具体开展合作。中心发展的总体目标是通过建立多学科、跨专业的学科平台，逐步建立完善国土资源经济学领域的学科体系、理论体系和方法体系，并解决当前我国尤其是上海在土地管理和利用上的焦点、热点和难点问题，为政府决策提出可行的方案、政策和建议。中心主任由环境科学与工程系教授戴星翼担任。 （晓 琴）

【成立环境科学与工程系教授委员会】 教授委员会于4月正式成立，是环境系重大事项的议事与决策机构。4月28日，召开委员会第一次会议，陈建民被推举为教授委员会主任，戴星翼为副主任。 （晓 琴）

【完成系学术委员会和学位委员会换届工作】 换届工作于5月完成，郑正被推选为新一届学术委员会主任，庄国顺为副主任。杨新被推选为新一届学位委员会主任，王祥荣为副主任。 （晓 琴）

信息科学与工程学院

【概况】 2010年，学院设有一级学科5个（含一级学科博士点2个），其中电子科学与技术是一级学科国家重点学科。二级学科11个，其中国家重点学科3个，上海市重点学科2个。博士后流动站2个，博士点6个，硕士点11个，工程硕士培养领域6个，学士学位专业6个。2010年，学院新获光学工程一级学科博士学位授予权和信息与通信工程一级学科硕士学位授予权。学院有国家重点实验室1个，教育部重点实验室2个，教育部工程研究中心1个，并有20个研究中心、研究所、联合实验室等研究机构，5个本科生教学实验室。

学院有在职教职工226人，其中有正高级职称的共57人，副高级职称的63人，中级职称的86人。有中国科学院院士1人（双聘），中国工程院院士2人（其中双聘1人），国家高技术研究发展计划（"863"计划）专家5人，国家重点基础研究发展计划（"973"计划）首席科学家1人，国家杰出青年科学基金获得者4人，教育部"长江学者"特聘教授2人，讲座教授1人，教育部"跨世纪人才"入选者6人，复旦大学特聘教授3人。教师队伍中有博士学位的占50.21%，45岁以下中青年教师占50.63%。2010年，郑立荣、文舸一入选国家"千人计划"，迟楠获第九届"上海市十大IT新锐"称号，李翔获第五届"上海青年科技英才"称号，金亚秋获美国电气和电子工程师协会地球科学与遥感学会（IEEE GRSS）教育奖，王威琪获香港理工大学"2010年度杰出学人"称号，迟楠获"复旦三八红旗手"称号。学院引进副研究员2名，录用青年教师 3 名。

招收本科生 295 人，科学硕士研究生 176 人，博士研究生 62 人，在职工程硕士研究生 283 人，全日制工程硕士 76 人。在读本科生 1 178 人，硕士研究生 562 人，博士研究生 220 人，工程硕士研究生 1 274 人，共计 3 234 人。授予 238 人工程硕士学位。开设本科生课程 165 门，硕士研究生课程 99 门，博士研究生课程 33 门。有“上海市精品课程”1 门，“复旦大学精品课程”7 门，开设全英语教学课程 3 门。3 人获教育部“博士研究生学术新人奖”，1 篇学位论文入选上海市 2010 年优秀博士学位论文，10 篇学位论文入选上海市 2010 年优秀硕士学位论文。研究生王冬冬在 2010 年美国电气和电子工程师协会功率调制器和高电压国际会议上获汤姆·伯克斯杰出研究生奖（Tom R. Burkes Exceptional Graduate Student Award），研究生范晶晶、辛彦哲、戴风鳞获 TI DSP 中国大奖赛决赛算法组一等奖。出版教材 1 本。

承担纵向科研项目 233 项，其中新立项项目 76 项，到款项目 166 项，到款经费 14 201.4 万元。70 项横向科研项目到款，到款经费 1 316.5 万元。28 个项目获国家自然科学基金（NSFC）资助，其中面上项目 19 项，青年项目 9 项。58 项发明专利获得授权。有上海市学科带头人计划项目 1 项，教育部留学回国人员基金项目 1 项，教育部博士点基金博士生导师类项目 2 项，教育部博士点基金新教师类项目 3 项，教育部新世纪人才项目 2 项，上海市“浦江人才”项目 4 项，上海市“晨光计划”项目 1 项。1 个项目获上海市科学技术奖二等奖。出版专著 1 本。2009 年发表的 SCIE 论文 140 篇，EI 论文 107 篇，ISTP 国际会议论文 104 篇。

国际学术交流活动频繁，与近 20 个国家和地区的大学、研究机构、企业有着广泛联系和密切合作。积极开展各类国际合作与交流 350 余项，教学合作 5 项，举办国际和港澳台会议 11 项，合作课题 9 项，海外一般来访参观 89 项，教师国际出访交流 89 项，学生国际出访交流 72 项，合作成果发表 25 项，教学合作成果 2 项。Intel 公司、住商情报系统株式会社等知名 IT 企业通过设立奖学金和奖教金等方式促进学院人才培养。

党建和学生活动多样。开展纪念建院 10 周年系列活动、学习与实践科学发展观活动，组织专题形势辅导报告会，举办研究生支部书记联谊会、学院二级党校学生入党积极分子培训班、学生党员 IT 素质培养服务基地领导能力培训系列活动。举办 2010 上海世博会志愿者系列活动、第十届“信息节”、第九届学术文化节、第二届博士生学术论坛、“忆往昔，谈理想”等活动。（马　波）

【举办建院十周年庆典系列活动】 10 月 17 日，信息科学与工程学院建院十周年庆典大会在校举行。校党委书记秦绍德，常务副校长张一华，中国工程院院士王威琪、范滇元，中国科学院院士干福熹，以及来自国内外信息领域的科学家、信息学院院长、校友代表、业界代表、学院师生代表共 600 多人出席大会。10 月 16—18 日，举行博士生学术论坛、“信息科技发展趋势和创新人才培养模式”国际论坛、国际鉴评会、十周年院庆晚会等系列庆典活动。（马　波）

【举办中瑞物联网研讨会】 该会议于 11 月 25 日在学校物理楼 138 会议室举行。由学院和到访的瑞士科技代表团共同举办。信息学院院长郑立荣，副院长刘冉、石艺尉，教授洪志良，副教授孙耀杰、林燕丹，杭州士康射频技术有限公司董事长、总裁施钟鸣博士等出席研讨会，并就各自相关研究内容分别作主题报告。瑞士驻上海总领事馆科技领事左岚博士、瑞士联邦理工学院洛桑分校（EPFL）教授博伊·佛汀斯（Boi Faltings）、帕特里克·梅耶（Patrick Mayor）博士、圭勒莫·巴伦奈特西（Guillermo Barrenetxea）博士等，向与会人员介绍瑞士尖端信息技术，并就此展开研讨，探寻开展项目合作的可能性。（马　波）

电子工程系

【概况】 2010 年，电子工程系有一级学科 2 个（均拥有博士学位授予权），其中电子科学与技术入选国家重点一级学科。二级学科 2 个（国家重点学科 1 个，上海市重点学科 1 个）。本科专业 2 个，硕士点 2 个，博士点 2 个，博士后流动站 2 个。建有电子工程系科技创新基地。

有在职教职工 35 人，其中教授 9 人（博士生导师 7 人），其他正高级职称 1 人，副教授 10 名，其他副高级职称 1 人。有中国工程院院士 1 人，复旦大学特聘教授 1 人。在读本科生 295 人，硕士研究生 95 人，博士研究生 42 人。

《数字逻辑基础》入选教育部普通高等教育“十一五”国家级（补充）教材，《模拟与数字电路实验》被评为校级精品课程，新开设《网络科学导论》全英语教学课程。5 篇论文入选上海市 2010 年优秀硕士学位论文。

承担纵向科研项目 27 项，其中新增国家自然科学基金项目 2 项。19 项横向科研项目到款。科研项目到款总经费 490.5 万元。获授权发明专利 13 项，获各类人才支持计划 3 项，2009 年发表 SCIE 论文 16 篇、EI 论文 30 篇、ISTP 论文 19 篇。（马　波）

【承办中国电子学会电路与系统学会第二十二届年会】 该会议于 11 月 16 日在校举行。由复旦大学、中国科学院电子学研究所承办，同济大学、上海交通大学协办。会议共收到应征论文 102 篇，其中 77 篇收入论文集。（马　波）

光科学与工程系

【概况】 2010 年，光科学与工程系有一级学科 2 个，其中所在的一级学科物理学具有博士授予权和博士后流动站，入选国家重点一级学科。二级学科 3 个（含国家重点学科 1 个，上海市重点学科 1 个），本科专业 1 个，硕士点 3 个，博士点 2 个。

在职教职工 31 人，其中教授 15 人（博士生导师 16 人），研究员 2 人，副教授 7 人，副研究员 1 人。双聘中国科学院院士 1 人、中国工程院院士 1 人，教育部“长江学者奖励计划”特聘教授 1 人，国家杰出青年科学基金获得者3人,复旦大学特聘教授2人。在读本科生80人,硕士研究生56人,博士研究生39人。2篇论文入选上海市2010年优秀硕士学位论文。

承担纵向科研项目57项,其中新增国家自然科学基金11项。1项横向科研项目到款。科研项目到款总经费658.5万元。获授权发明专利7项。获各类人才计划支持4项人次。2009年发表SCIE论文48篇、EI论文2篇、ISTP论文3篇。（马　波）

【举办第十五届全国凝聚态光学性质学术会议】 受中国物理学会委托,会议由复旦大学主办、宁波大学和中科院上海技术物理研究所协办,于8月15—19日在宁波大学隆重召开。学院教授陈良尧担任会议主席,中国科学院院士褚君浩教授出席并作题为《太阳能光电转换驱动世界》学术报告。来自北京大学、复旦大学、上海交通大学、南京大学、南开大学、厦门大学、中山大学和中国科学院物理研究所、台湾高速网络与计算中心等39所高校及科研院所120多位专家学者出席会议。会议共收到学术论文103篇。大会设置4个大会邀请报告、14个分会邀请报告,并设置3个分会场,分别围绕超快动力学过程、非线性光学、低微结构及新效应,半导体及薄膜材料的光学性质,光伏材料及其他凝聚态材料3个主题展开研讨。（马　波）

通信科学与工程系

【概况】 2010年,通信科学与工程系设有一级学科1个,二级学科3个。本科专业1个,硕士点3个,博士点1个。教育部重点实验室1个。

在职教职工28人,其中教授4人(博士生导师3人),副教授6人,其他副高级职称1人。有"973"项目首席科学家1人。在读本科生156人,硕士研究生62人,博士研究生8人。1个项目入选第一批重点学科优秀博士生科研资助计划,1个项目入选第二批重点学科优秀博士生科研资助计划。1篇论文入选上海市2010年优秀博士学位论文。

承担纵向科研项目31项,其中新增国家自然科学基金3项。4项横向科研项目到款。科研项目到款总经费424.9万元。获各类人才计划支持1项。2009年发表SCIE论文19篇、EI论文37篇、ISTP论文4篇。

积极推进国际学术交往。邀请美国、英国、新加坡、澳大利亚和中国香港等国家和地区的专家学者来访交流,举办学术讲座17次。

（马　波）

【承办2010亚洲光纤通信与光电国际会议】 该会议于12月8日在上海国际会议中心召开。来自全球的光电光通信专业人士共700余名参会,组织学术报告323场。美国光学学会主席James Wyant教授、电气电子工程师学会主席Richard Linke教授、国际光电工程学会主席Katarina Svanberg教授出席会议。（马　波）

微电子学系
(复旦大学微电子研究院)

【概况】 2010年,微电子学系(微电子研究院)所在的一级学科电子科学与技术(具有博士授予权和博士后流动站)入选国家重点一级学科。设有二级学科1个(国家重点学科),博士点1个,硕士点1个,本科专业1个,国家重点实验室1个。是国家集成电路人才培养基地,具有集成电路方面的工程硕士、第二学士学位的招生规模和招生方式的自主权。

微电子学系在职教职工49人,其中教授13人(博士生导师12人),副教授8人,高级工程师4人。微电子研究院在职职工31人,研究员4人(博导2人),副教授4人,副研究员5人。微纳平台在职职工15人。共有教育部"长江学者奖励计划"特聘教授3人,复旦大学特聘教授1人。在读本科生260人,硕士研究生116人,博士研究生89人。微电子研究院在读硕士研究生216人。

《模拟集成电路分析与设计(第2版)》入选教育部普通高等教育"十一五"国家级(补充)教材,《半导体物理》新增为校级精品课程并入选上海市重点课程。开设《FPGA结构原理与应用》全英语教学课程。2人获教育部"博士研究生学术新人奖",1个项目入选第一批重点学科优秀博士生科研资助计划,2个项目入选第二批重点学科优秀博士生科研资助计划。3篇论文入选上海市2010年优秀硕士学位论文。

承担纵向科研项目100项,其中新增国家自然科学基金10项。15项横向科研项目到款。科研项目到款总经费13 042.2万元。获授权发明专利25项。获各类人才计划支持8项,国家"973"项目1项。2009年发表SCIE论文50篇、EI论文35篇、ISTP论文76篇。2007级硕士研究生周军题为"Joint Estimation and Compensation for Frond-end Imperfection in MB-OFDM UWB Systems"的分会场口头报告被电气电子工程师协会(IEEE)国际电路与系统2010年会(ISCAS 2010)授予学生论文奖。

国际交流与合作频繁。分别与荷兰戴尔福特理工大学、瑞典皇家理工学院等大学开展微电子硕士、博士联合培养项目。举办复旦—TU Delft微电子研讨会。举办第九届结技术国际研讨会、第七届国际铜互连及相关技术研讨会、第十届国际固态和集成电路技术会议。（马　波）

【举办第十届国际固态和集成电路技术会议】 该会议(ICSICT 2010)于11月1—4日在浦东召开。大会主席、中国科学院外籍院士、美国耶鲁大学教授马佐平致开幕词,大会程序委员会主席、复旦大学教授汤庭鳌报告会议程序。来自28个国家和地区的600多位代表参加会议,其中海外代表250人。CMOS(互补金属氧化物半导体,Complementary Metal-Oxide-Semiconductor)技术创始人萨支唐、中国科学院院士王阳元教授等国内外著名学者就半导体、集成电路技术的历史和最新发展做8个主题报告。会议分18个专题,共进行64场分组报告和两场大字报展示,就CMOS器件工艺、MEMS技术、半导体存储技术、数字和模拟电路设计技术及其应用等最新研究成果进行交流。10家国内外著名半导体公司和EDA商展示最新技术和产品。

（马　波）

光源与照明工程系

【概况】 2010年，光源与照明工程系所在的一级学科有物理学和电子科学与技术，都具有博士授予权和博士后流动站，并入选国家重点一级学科。电子科学与技术另设有物理电子学和光电系统与控制技术2个二级学科，物理学设有等离子体物理1个二级学科。有物理电子学共建博士授权点，等离子体物理和光电系统与控制技术2个硕士授权点，电气工程及其自动化本科专业。有电气工程及其自动化专业教学实验室、电光源专业教学实验室研究所。

在职教职工25人，其中教授3人(博士生导师3人)，副高级职称8人，具有博士学位的教师占72%。在读本科生105人，硕士研究生41人，博士研究生14人。

承担纵向科研项目26项，其中新增国家自然科学基金2项。31项横向科研项目到款。科研项目到款总经费902.3万元。获授权发明专利13项。2009年发表SCIE论文7篇、EI论文3篇、ISTP论文2篇。1人获教育部"博士研究生学术新人奖"，1个项目入选第一批重点学科优秀博士生科研资助计划，1个项目入选第二批重点学科优秀博士生科研资助计划。 (马　波)

【举办中法联合"新照明，新技术，新挑战"研讨会】 该会议于9月21日在上海世界博览会城市最佳实践区罗纳—阿尔卑斯馆举行。由电光源研究所和法国里昂灯光协会联合主办。约150名中外人士参会，会上，来自中、法两国的12位专家就半导体照明产业发展与趋势，半导体照明新技术发展状况和景观照明设计方案等论题向与会者作相关报告。 (马　波)

计算机科学技术学院

【概况】 2010年，计算机科学技术学院有计算机科学与技术一级学科博士学位授权点和博士后流动站，有计算机软件与理论、计算机应用技术和计算机系统结构3个二级学科的博士、硕士学位授权点，其中计算机软件与理论二级学科为国家和上海市重点学科。有计算机技术领域全日制专业学位工程硕士点，计算机技术领域和软件工程领域的工程硕士点，有计算机科学技术、软件工程、信息安全3个本科专业。有2个省部级重点实验室。

有在职教职工172人，其中专任教师119人。有教授20人(其中19人为博士生导师)，副教授41人，任其他副高级职务的15人。有中国科学院双聘院士2人，教育部"长江学者奖励计划"讲座教授1人，复旦大学特聘(讲座)教授1人。招收本科生213人，硕士研究生124人，博士研究生34人，全日制专业学位工程硕士59人，工程硕士168人。在读本科生823人，硕士研究生387人，博士研究生171人，全日制专业学位工程硕士99人、工程硕士1 159人。获上海市教学成果奖2项。1篇论文获评上海市优秀博士论文，1篇论文获中国计算机学会优秀论文提名奖。

科研经费到款总额约5 865万元，其中纵向经费约3 806万元、横向经费约2 059万元。承担纵向科研项目108项、横向科研项目116项，其中"973计划"项目10项，"863计划"项目15项，国家自然科学基金项目34项(重大研究计划子项目3项、重点项目1项、国际合作项目2项、青年基金项目8项、面上基金项目20项)，上海市科学技术委员会项目23项(基础研究重点项目6项、"创新计划"项目9项、其他项目8项)，科学技术部、教育部项目10项，军工项目8项，其他部委项目8项。发表SCIE论文71篇(其中2区5篇，3区4篇)，EI论文71篇，ISTP论文187篇，中国科技论文138篇。获发明专利授权54项。

全年有73人次出国访问交流，8名教师在国外著名大学进行长期学术交流。学生出国交流39人次，其中10人次参加国际学术会议。举办首届中德物联网研讨会，主办2010年第三届金融信息处理国际研讨会、2010年第一届数据科学国际研讨会和第十一届亚太多媒体国际会议。

1月12日，成立计算机科学技术学院第一届工会委员会、第一届妇女委员会，召开计算机科学技术学院第一届教职工代表大会暨工会代表大会、妇女代表大会。3月1日，学院整体搬迁至张江校区。12月23日，正式开展院长招聘工作，成立招聘工作小组，面向校内外公开招聘。

利用网络平台开展学生思想政治教育工作。作为复旦大学网络易班建设试点单位，参与上海市教委网络易班建设工作。组织首届"复旦大学博士生论坛之计算机科学技术篇——计算机科学的前沿与开拓"。学院学生代表队获得2010年ACM国际大学生程序设计竞赛世界总决赛全球第11名(铜牌)及亚洲Amritapuri赛区冠军。 (于泽平)

【主办计算机信息专家联谊会】 1月30日，学院在校主办2010年度上海市计算机信息化专家联谊会。全国人大常委会委员吴启迪、上海市发展和改革委员会副主任池洪、上海市经济和信息化委员会副主任邵志清、上海市教育委员会副主任王奇、中国高等教育学会副会长杨德广出席、校长杨玉良致辞。70余名专家学者参会。会议以交流信息化"十二五"规划为主题，旨在为各位专家、学者提供一个相互交流、探讨的平台，进一步推动上海市计算机信息学科的发展。 (于泽平)

【完成学院整体搬迁至张江校区工作】 3月1—7日，根据学校的统筹规划，学院完成整体搬迁至张江校区工作。该次搬迁历时一周，涉及学院办公室、多个研究所以及大部分研究生。校常务副校长张一华、张江管委会主任王国兴、学院党委书记张骏楠等均亲临搬迁现场。 (于泽平)

【获得"顶点杯"全国大学生程序设计邀请赛冠军】 5月22—23日，"顶点杯"全国大学生程序设计邀请赛在福州大学举行。学院派出3支队伍共9名学生。其中由预科学生谢天、冯艺和顾攀组成的团队获得冠军，由戴涵俊等组成的另外两支团队获得金奖。 (于泽平)

【举办首届中德物联网研讨会】 该会议于8月10—13日在上海召开。副院长薛向阳和哥廷根大学数学与计算机科学学院副院长傅晓明担任研讨会的共同主席,国家自然科学基金委员会国际合作局局长韩建国致欢迎词,副校长金力出席会议。会上安排12场分组报告,来自中国和德国的50余名专家作学术报告。研讨会主要致力于促进中德科学家在物联网领域的跨学科对话与交流。

(于泽平)

软件学院

【概况】 2010年,软件学院开展软件工程专业本科、计算机软件与理论专业硕士研究生和软件工程专业工程硕士的学历和学位教育,其中计算机软件与理论为国家重点学科。建有复旦大学并行处理研究所、软件工程实验室、宽带网络与互动多媒体实验室、电子商务研究中心、交互式图形学实验室、密码与信息安全研究室、CC-CMM国际标准研究中心等研究机构。系统软件方向、企业信息化方向和数字媒体方向为教育部本科教学质量工程第二批特色专业设点项目。

有在职教职工40人,其中教授2人(均为博士生导师),副教授11人。在读本科生351人,硕士研究生105人,工程硕士1 159人。全年招收本科生93人,硕士研究生39人,工程硕士168人。

承担纵向科研项目23项,横向科研项目22项。科研项目到款总经费2 689.56万元,其中纵向科研经费1 745.04万元,横向科研经费944.53万元。10月,2008级硕士研究生王肇国在第16届平行计算的原理与实践国际会议(Principle and Practice of Parallel Computing,简称PPOPP)上宣读其与学院教授臧斌宇等合作发表的论文。

(唐恩美)

【举办第三届"三叶草"软件竞赛】 3月,学院与爱尔兰都柏林大学计算机科学与信息学院、爱尔兰驻沪总领事馆三方共同举办"2010三叶草软件设计竞赛"。5月27日,"2010三叶草软件设计竞赛"在世博园爱尔兰馆隆重举行。复旦大学原校长王生洪、爱尔兰外交部部长米歇尔·马丁(Micheál Martin)及爱尔兰驻沪总领事科诺·欧利奥丹(Conor O' Riordan)共同为获奖学生颁奖。

(唐恩美)

【承办两场国际学术会议】 11月,学院电子商务研究中心与上海晨鸟信息科技有限公司联合承办美国电气和电子工程师协会国际电子商务工程(以下简称"ICEBE")与美国电气和电子工程师协会商务与企业计算(以下简称"CEC")两大学术会议。ICEBE和CEC是美国电气和电子工程师协会电子商务技术委员会主办的重要学术交流平台。该届ICEBE和CEC共吸引来自30多个国家和地区的130多位电子商务专家和学者参加,其中三分之二来自海外。

(唐恩美)

材料科学系

【概况】 2010年,材料科学系设有材料物理与化学和物理电子学2个二级学科博士点,材料物理与化学、物理电子学、材料学及信息功能材料与器件4个硕士点,2个博士后科研流动站,并设材料工程专业学位硕士点。设材料物理、材料化学和电子科学与技术3个本科专业。有材料物理、材料化学和物理电子学3个教学研究室,建有国家微电子材料与元器件微分析中心、教育部先进涂料工程研究中心。

有在职教职工76人,其中具有正高级职称的有21人(博士生导师17人),副高级职称27人。有教育部"长江学者奖励计划"特聘教授1人,国家杰出青年基金获得者1人。有教育部新(跨)世纪优秀人才6人,上海市浦江人才2人,上海市曙光学者3人,入选上海市青年科技启明星计划8人。

10月,经校党委常委会研究决定,组成材料科学系新一届行政领导班子,武利民连任系主任,吴晓京、张群、于瀛任副系主任。

全年招收本科生85人,硕士研究生38人,博士研究生21人,专业学位硕士研究生7人。在读本科生232人(不包含复旦学院2010级本科生)、硕士研究生152人、博士研究生70人、专业学位硕士研究生34人。开设本科春季课程22门,其中全校公共选修课程4门。开设本科秋季课程30门,其中全校公共选修课程7门。开设研究生课程37门。2门课程获评校级精品课程,1门课程入选上海市重点建设课程。有全英语授课课程2门。确定按材料类大类招生,并进行相应的5门系平台课程建设。

科研经费到款2 800余万元。在研纵向科研项目90余项,横向科研项目70余项,其中"973计划"重大基础研究项目子项目4项,"863计划"项目3项,科学技术部基础性工作专项2项,国家科技重大专项子课题3项,杰出青年基金项目1项,自然科学基金重点项目1项,自然科学基金面上及其他项目29项(其中2010年新立项13项),上海市重大(重点)项目6项,国防项目5项,省部级项目41项。在国内外核心刊物发表学术论文150余篇,其中SCI论文120余篇。获国家发明专利授权18项。杨振国课题组的"高耐磨耐蚀三元复合管的制备技术与工程应用"项目获上海市科技进步三等奖,"石化行业用高耐磨耐蚀三元复合管道的制备技术及工程应用"项目获中国石油和化学工业联合会技术发明奖二等奖。

有近20位国内外专家学者到系开展学术交流活动,涉及材料科学诸多前沿领域。师生参加国际会议、出国考察、交流等活动20余人次。

积极开展学习型支部建设和"创先争优"活动,结合本系学科发展规划和课程体系改革开展座谈讨论,加强全员育人的氛围建设,组织教授与本科生茶话会。材料科学系学生在2010年上海世界博览会志愿服务中表现突出:杜小琴等7位材料科学系学生组成的世博志愿者服务队被评为上海市优秀志愿者服务队,洪荣华获评上海市世博志愿服务优秀党员。由本科生团学联组织的"携手沂蒙,相约世博"暑期社会实践活动获上海市大学生暑期社会实践优秀项目奖。

（江素华 于 瀛 宋 云 马晓华 施 展 余剑萍）

【改选系学术委员会】 11月30日，经全系教职工民主投票，系学术委员会完成改选工作。新一届学术委员会成员为崔晓莉、范仲勇、李越生、李劲、孙大林、吴晓京、武利民、肖斐、杨振国、张群。孙大林担任学术委员会主席。（于 瀛）

【举办第二届全国涂料科学与技术会议】 该会议于8月28—29日在校举行，由中国材料研究学会主办、复旦大学教育部先进涂料工程研究中心承办。来自全国70多所高校、科研院所及国内外企业的150多名代表与会。会议内容涉及防腐涂料和防污涂料、水性涂料、纳米复合涂料、功能性涂料等领域。（周树学）

力学与工程科学系

【概况】 2010年，力学与工程科学系设有力学、航空宇航科学与技术、生物医学工程3个一级学科，涵盖6个二级学科。有学士学位授权点2个，硕士学位授权点6个，二级学科博士学位授权点2个，博士后流动站1个。在职教职工31人，其中正高级职称10人，副高级职称11人。当年退休2人。以人才代理方式从校外招聘4人。

全年本科按大类招生，共招收航空航天类50人。理论与应用力学专业招收插班生3人，从其他专业转入1人。招收硕士生19人，博士生12人。毕业本科生55人，结业1人。毕业硕士生18人，博士生9人。在读本科生120人(不含复旦学院的2010级学生)，硕士研究生54人、博士研究生52人。本科生春季开课共计41门，其中为本系学生开课34门，为外系学生开课1门，开设全校公选课2门，通识教育核心课程4门。秋季实际开课45门，其中为本系学生开课37门，为外系学生开课1门，开设全校公选课2门，通识教育核心课程5门。春季开设研究生课程31门，秋季开设研究生课程29门。

教学改革项目共获校教务处资助35万元，分别建立建成金工实验室及飞行器设计和制作学生工作室。为提高本科课程教与学的质量，以相关知识体系为划分原则，将力学、飞行器专业所有必修及选修课归属于基础数学、理论力学、材料力学、流体力学、固体力学、工程力学、飞行器设计专业基础、飞行器总体气动设计、计算机应用、流体实验、固体实验、机械、力学数学深化、生物力学与生物医学工程、工程控制与信号处理等15个教学团队，获得教务处立项批准。为提高研究生培养质量，修订研究生培养方案中的课程设置，重视基础理论教学，提升课程的共享性。对2000级博士研究生申请博士学位的论文要求提升为SCI检索1篇或EI检索2篇或权威(A类)期刊2篇。

2007级理论与应用力学专业本科生陈瑜获得2010年中国力学学会全国徐芝纶力学优秀学生奖。2006级理论与应用力学专业本科生徐宁、陈雪丽、张文帅和2007级生物医学工程专业硕士研究生欧阳婷婷被评为上海市优秀毕业生。2008级理论与应用力学专业本科生章丹颂被评为上海市优秀学生。

承担国家"973计划"、国家863计划、国家自然科学基金、上海市科委上海市自然科学基金基础研究面上项目、上海市创新科技行动计划、上海市人才计划青年启明星计划、上海市教委项目、企事业单位委托科技项目等纵向项目，经费总计442.97万元。承担军工项目经费总计10万元。承担横向项目经费总计179.3万元。成功申请国家自然科学基金面上项目和青年科学基金项目各1项。发表SCI论文24篇、EI论文23篇、ISTP论文7篇、国内核心期刊论文14篇、国际会议论文2篇、国内会议论文1篇。申请专利2项，1项发明专利获授权。

举办学术报告17次，其中8次为国外学者报告。开展青年学术沙龙报告30余次，外校研究生报告10余次。1月13日，日本东京大学教授渡边胜彦到系作学术报告"连续介质力学在材料强度估计中作用"。4月15日，法国贡皮埃涅技术大学的教授Dominique B. B. 作"管道流动中微小胶囊运动及变形"的学术报告。11月2日，北京大学教授王大钧作"编钟、龙洗等我国古代乐器之力学机制"的学术报告等。

根据与德国法兰克福大学签订交换生项目协议，9月接受德国来访学生1名，并计划于2011年4月派出复旦学生1名，为院系国际交流建立良好平台。

学术科研方面，形成以"系学术报告"、"系青年学术沙龙"为主要形式的学术交流机制，注重通过国际化交流加强教学方面的研讨，建立"系教学研究与实践"的学术交流形式。1月15日，在校组织开展"2009年度力学与工程科学系青年学术大联欢"，6位研究生作学术报告。5月25日，组织开展"复旦大学105周年校庆'系学术文化周'之青年学术论坛"，邀请上海地区高校研究生作学术报告，共计19场。5月28日，举办"复旦大学105周年校庆'系学术文化周'之校友学术聚会"，邀请校友及力学系教师作学术报告，共计8场。5—6月，日本东京大学教授渡边胜彦到系为研究生开设《固体材料的宏观强度学》课程，多位研究生及高年级本科生修读，取得了良好的效果；10月29日，美国普林斯顿大学航空机械工程系教授Garry Brown应邀参加青年学术沙龙，多名青年教师及研究生参加，Garry Brown教授对青年教师在学习及研究方面给予指导。部分青年教师受系资助，参加11月在成都举行的全国"第五届力学课程论坛"，11月23日，组织教学研究与实践学术交流，邀请与会青年教师介绍心得及教学工作，多位中青年教师参加，就教学工作展开研讨。

本科生党支部发展党员6人，转正4人。硕士生、博士生党支部分别发展党员5人和2人，各转正1人。

（艾剑良 殷昌义 姚 伟 马建敏 谢锡麟 叶玉葵 邓 娟 张 迪 吴豫哲）

【参加基础力学实验竞赛】 6月26日下午，上海大学生基础力学实验竞赛在同济大学举行，力学系18名理论与应用力学专业的本科生参加。2008级学生章丹颂获得上海市特等奖，陈瑜获得上海市一等奖，冀云骅和余宇轩同学获得上海市二等奖，郝雨和丁雪健同学获上海市三等奖。10月29日，首届全国大学生基础力学实验竞赛决赛在东南大学举行，全国共有96所高校参加，章丹颂、陈瑜和冀云骅代表复旦大学参赛，获团体一等奖，三位学生均获个人一等奖。力学系教师刘琰玲、郭明旻获优秀指导教师奖。 （刘琰玲 郭明旻 谢锡麟 邓 娟）

生命科学学院

【概况】 2010年，生命科学学院设有一级学科博士点1个，二级学科博士点11个，一级学科硕士点1个，二级学科硕士点12个，博士后科研流动站1个，本科专业2个。设有遗传工程国家重点实验室、生物多样性与生态工程教育部重点实验室、现代人类学教育部重点实验室。遗传学、生态学为国家重点学科，生物物理学为上海市重点学科，同时参与神经生物学、病原生物学、生物化学和生物分子生物学，生理学等国家重点学科建设。

有在职教职工199人，其中教授（或研究员）42人，副教授（或副研究员）47人。博士生导师54人，中国科学院双聘院士1人。教育部长江学者特聘教授（讲座教授）2人，复旦大学特聘教授（讲座教授）6人。重点基础研究发展计划（"973计划"）项目首席科学家1人，国家杰出青年科学基金1人，金力、谷讯和沈文辉入选国家"千人计划"。金力教授获何梁何利科技奖，马红当选美国科学促进会会士，王学路入选"2009年教育部长江学者特聘教授"，王红艳获第七届中国青年女科学家奖，并获国家自然科学基金委"国家杰出青年科学基金"资助。钟扬获"上海市先进工作者"荣誉称号。李瑶获"全国劳动模范"称号，赵世民获第三届"谈家桢生命科学奖"创新奖，赵世民、王红艳获第十三届"明治乳业生命科学奖"，吴晓晖获"第五届上海青年科技英才"称号，赵世民研究团队的科研成果"代谢乙酰化调控机理的发现"入选中国高校年度十大科技进展，俞洪波入选"曙光计划"，张锋、俞洪波获上海市浦江人才计划支持，张锋获"2009年度教育部新世纪优秀人才支持计划（海外类新世纪优秀人才）"，周雁入选上海市青年科技启明星计划，孙栋林获"上海市教育系统优秀工会积极分子"称号。

招收本科生150人，硕士研究生153人，博士研究生105人。在读本科生620人，硕士研究生416人，博士研究生337人。开设本科生课程116门，其中为生命科学学院学生开课91门，为其他院系开课25门。开设研究生课程74门，其中硕士研究生课程58门，博士研究生课程16门。学位基础课程19门，其他课程55门。金力的"人类进化遗传学"评为国家级双语教学示范课程，罗泽伟的"生物统计学"评为上海市精品课程，卢宝荣的"科学研究方法与论文写作"评为上海高校示范性全英语课程建设项目，乔守怡、郭滨、林娟、吴燕华、皮妍的"遗传学、细胞生物学实验教学改革"获复旦大学教学成果一等奖，张文驹的"生命进化论"被评为复旦大学校级精品课。

全年申请到国家自然科学基金面上项目35项，重点项目1项，杰出青年基金1项，共获得自然科学基金批准金额1 407万元。全年科研经费到款总额1.4亿余元。发表SCI论文232篇，其中以复旦大学为第一单位发表的SCI论文179篇，平均影响因子3.72。申请专利40项，获授权专利19项。马红主持"S973"项目"植物减数分裂过程中染色体相互作用的分子机理"，获得立项资助2 600万。卢宝荣的"作物多样性种植的种质资源筛选和组配原理"课题、梅岩艾的"电磁辐射对中枢神经系统的损伤效应及其机理研究"课题参与"973计划"，分别获资助480万元和444.85万元。吴纪华的"河口湿地生态系统碳的保汇与增汇技术研究与示范"课题参与"支撑计划"，获资助225万元。

有近50位外国知名专家学者到院开展学术交流活动。涉及生命科学诸多前沿领域。学院有40余人次参加国际学术会议，并在会上发表论文，作学术报告。成功举办国际学术研讨会4场。举办"谈家桢生命科学讲坛"7场，主讲人分别是哈尔滨医科大学杨宝峰院士、英国剑桥大学Matthew Freeman院士、清华大学孟安明院士、香港中文大学孔祥复院士、清华大学王志新院士、加利福尼亚大学圣地亚哥分校Mark Estelle院士、浙江大学段树民院士。

11月30日，举行创先争优主题报告活动，钟扬为全院党员作题为《适应性生存与可持续发展》的报告。

（王 维 蒋 蕾 钟 江）

【王红艳课题组在人类胚胎中发现导致神经管畸形的突变】 6月10日，王红艳教授及其合作者共同完成的研究成果《头部神经管畸形（NTD）出生缺陷人群中首次鉴别出了Vangl2基因突变》，在《新英格兰医学杂志》（*The New England Journal of Medicine*）发表。这是世界上首次在患有神经管畸形的人类胚胎中发现这一类型的基因突变，为进一步全面、完整地认识Vangl2基因对NTD产生的遗传效应，系统研究人类神经管畸形发生的分子机制奠定了基础。

（王 维 钟 江）

【现代人类学教育部重点实验室通过评估】 9月，现代人类学教育部重点实验室通过生命科学领域教育部重点实验室评估，被评为优秀类实验室，在全国59个生命科学领域教育部重点实验室中位列第三名。

（王 维 钟 江）

【召开复旦大学植物科学研究所年会】 会议于12月12日在复旦大学逸夫楼报告厅召开。研究所学术委员会荣誉主任、北京大学原校长许智宏院士，荣誉副主任、中国科学院上海生命科学研究院赵国屏院士，学术委员会主任、中国科学院植物生理生态研究所所长薛红卫等，以及全所近140名师生出席了年会。许智宏及新聘任的学术委员会委员、中国农业科学院作物科学研究所所长万建民教授发言，所长马红作年度报告，重点介绍科研队伍建设、学科建设、人才培养等方面取得的进展。副所长蒯本科、王学路分别介绍科研进展、学术交流及基地建设方面的情况。

（王　维　钟　江）

上海医学院

【概况】 2010年，上海医学院设有一级学科博士点6个，二级学科博士点33个，二级学科硕士点40个，博士后科研流动站4个，本科专业3个。有国家重点学科22个(含临床三级学科)，上海市重点学科5个。有27个系和34个实验室(研究中心)。有国家重点实验室1个，教育部重点实验室3个，卫生部重点实验室8个，上海市重点实验室3个。

有专任教师780人，其中临床学科授课教授209人、授课副教授208人、授课助理教授144人，基础学科教师正高级职称46人、副高级职称53人、中级职称113人、初级职称7人。博士生导师274人，硕士生导师603人。中国科学院院士2人(沈自尹、王正敏)，中国工程院院士6人(汤钊猷、陈灏珠、顾玉东、闻玉梅、周良辅、陆道培)，“973计划”首席科学家5人，教育部“长江学者奖励计划”讲座教授5人、特聘教授11人，复旦大学特聘教授18名，复旦大学讲座教授6人，国家杰出青年科学基金获得者14名。另外，有基础学科实验技术人员93人，行政人员14人，35岁以下青年教师97名，其中具有博士学位的60人，占61.86%。

全年招收本科生269人，其中临床医学八年制120人，临床医学五年制(含基础医学和法医学大类招生)106人、临床医学五年制留学生15人、临床医学专业(英语授课)六年制留学生(MBBS)28人。招收硕士研究生421人(其中港澳台学生12人、外国留学生18人)；博士研究生300人(其中外国留学生3人)。在读本科生1 082人，硕士研究生1 138人(基础学科224人、临床学科914人)，博士研究生909人(基础学科265人、临床学科644人)。开设本科生必修课程443门次、选修课程55门次，开设研究生课程103门次。

基础学科新增校级以上各类科研项目总计87项。其中国家自然科学基金重点项目2项(孙凤艳、汤其群)，重大国际(地区)合作研究项目2项(顾建新、高艳琴)，国家自然科学基金面上项目23项(储以微等)，国家自然科学基金青年科学基金项目20项(李清泉等)。教育部新世纪引进海外人才计划1项(何睿)，教育部博士点基金5项(左伋等)，教育部留学回国人员基金2项(陆利民等)，科技部国际合作项目1项(瞿涤)，上海市科委基金12项(吴旸等)，上海市卫生局课题4项(贾立军等)，上海市现场物证重点实验室开放课题2项(徐红梅等)，复旦大学新教师科研启动基金项目12项(冯异等)。

2010年学院基础学科到位科研经费总计11 241.55万元，比2009年增长59.52%(2009年到位科研经费总计7 046.839 7万元)，其中纵向经费9 714.63万元，比2009年增长81.73%(2009年纵向经费5 345.61万元)，横向经费1 526.92万元。学院启动院级青年骨干基金56项，立项经费总计96万，学院批准立项本科课程教学研究项目41项，资助经费共计41万元。

共发表科研论文203篇，其中SCI论文149篇，EI论文1篇。申请国内外专利21项，授权专利10项。荣获高等学校科学研究优秀成果奖自然科学二等奖2项(“硫化氢若干心血管保护作用的发现”、“神经甾体对突触前谷氨酸释放的作用和机制”)，上海市科学技术奖自然科学奖三等奖2项(“干预心血管疾病新途径的研究”、“血管内皮生长因子调节神经元功能的研究”)，上海医学科技奖三等奖1项(“炎症及脂质代谢紊乱在动脉粥样硬化发生中的机制研究”)。获批中华医学会医学教育分会“2010年度医学教育研究立项课题”10项(钱睿哲等)。“医学导论”(鲁映青负责)被评为2010年度国家精品课程，“神经生物学”(孙凤艳)、“眼科学”(孙兴怀)等2门课程被评为2010年度上海市精品课程，“基于疾病的多学科教学”(钱睿哲、汪青)、“循证医学”(王吉耀)、“医学影像学”(曾蒙苏、冯晓源)、“走近医学：历史与传承”(汪青)等4门课程入选2010年上海市教委重点课程立项名单，同时上述4门课程及“疫苗改变世界”(熊思东)被评为2010年度复旦大学精品课程。学院共获得2010年度复旦大学教学成果奖24项(占全校成果总数35%。)，其中一等奖7项、二等奖8项、三等奖9项。

全年共派出八年制医学生35人赴海外交流学习。其中6人赴加拿大UBC交流实习，2人赴日本京都大学附属北野医院交流实习，4人赴香港中文大学医学院交流实习，2人赴澳大利亚悉尼大学交流实习，7人赴奥地利三所大学交流实习，14人赴德国KLEVE医疗集团下属的5家医院进行专业实习。接受奥地利四所大学医学生8人来学院交流学习。先后与澳大利亚悉尼大学医学院及挪威科技大学签署正式合作协议。共实施教育部外国文教专家项目24项，完成“复旦大学优秀海外学者授课”项目3项，有8位教职工获国家公派项目资助，另有教职工101人赴境外参加学术交流等。

2010年学院基础学科新引进千人计划1名(医学分子病毒学教育部重点实验室姜世勃)，复旦大学特聘教授4人(医学分子病毒学教育部重点实验室王宾、童舒平，生物化学与分子生物学系郭孙伟，免疫学系秦志海)，校聘关键岗位一档、教授1人(医学分子病毒学教育部重点实验室陈力)，校聘关键岗位二档、研究员1人(生物化学与分子生物学系张颂文)，校聘关键岗位三档、副研究员2人(病原生物学系陆璐、人体解剖与组织胚胎学系胡宝洋)，其中5人已到岗。学院全年共计聘任各领域客座教授16人，荣誉教授1人。

学院党委于2010年7月起在全院基层党支部和党员中开展创先争

优活动，以"筑坚强堡垒，树先锋形象，重内涵建设，促科学发展"为主题，围绕中心，服务大局，组织动员学院各党支部和广大党员立足岗位发挥战斗堡垒和先锋模范作用，为建设一流医学院贡献力量。学院成立创先争优活动领导小组，制定印发创先争优活动的实施方案。向学院党政班子成员、教职工党员、教职工推荐学习书目64本，为各支部购买各类书籍80余册。制订完善青年骨干教师、实验技术人员和管理人员培养计划，组织分类培训，提高教职工综合素质和业务水平。以学促改，推进本科生教育教学改革。组织教育教学改革系列讲座，开展理论课题调研活动。加强创先争优活动宣传，创建创先争优活动专题网站，为促进学院创先争优活动扎实深入开展开辟网上教育阵地和学习交流平台。

学院党委认真学习贯彻十七届五中全会精神和新修订的《中国共产党普通高等学校基层组织工作条例》，结合创先争优活动，着力加强党支部建设和党员队伍建设。认真落实《上海医学院教职工党支部工作细则》，组织教工支部党建特色展示评比活动。积极推进党内民主，学院党委二次向全体党员报告工作，保障党员对党内事务的知情权、参与权和监督权。重视党支部书记队伍建设，坚持培养和考核并重。年初完成支部书记任期中期考核，对考核优秀者授予院长奖予以表彰。成功主办春、秋两季枫林校区二级党校入党积极分子培训班，培训入党积极分子331名。推进基层党建信息化工程，完成全院470余名党员师生的信息输入和校对工作。加强后备干部和学生工作队伍建设，选送1人参加校青干班学习培训，4名引进人才参加学校党委培训班学习。选出10位优秀青年教师兼任学生政治辅导员。树立教书育人楷模，弘扬高尚师德师风，学院网上开辟"教师风采展示"专栏，推出8位优秀典型。主办北京上医文化研讨会，10位院士及200余名海内外校友与会，进一步凝聚上医精神，加强学院文化建设，推进医学教育发展。承办中国卫生思想政治工作促进会医学教育分会2010年年会，全国34所高校150余位专家重点探讨医学人文教育问题。以2010年中国上海世博会为契机，学院工会组织"迎世博、讲礼仪、塑形象"专题知识讲座、"健康随行，活力相伴——教职工趣味体育比赛"、"教师眼中的世博"——上海医学院教师世博摄影展等世博系列活动，获全国总工会"模范职工之家"荣誉称号。积极组织申报各级各类奖项，马兰教授荣获全国劳动模范荣誉称号。重视做好老龄工作，坚持"拜师结对"活动，发挥离退休老同志在育人中的作用，学院退管分会获得复旦大学离退休工作先进集体称号。

学生党总支以建设学习型党支部为目标，确定"夯实党建基础，争做先进表率"的活动主题，并向全体学生党员提出"向书本学习"、"向实践学习"、"向身边的榜样学习"三学习号召。为学生党员安排专题报告及讲座14场，推荐学习书目64本。在广大医学生中开展"世博精神与青年责任"主题教育活动，共组织108名医学生投身于世博志愿者(园区和城市站点志愿者)服务，有70人次获得"每日之星"称号，并获上海市"世博先锋团队"先进基层党组织称号。通过开展志愿者经历分享会、演讲、征文、DV摄影比赛、"青春拥抱世界，理想开创未来"的世博精神大讨论等主题教育活动，培育医学生的责任意识和社会担当。重视辅导员队伍建设，通过学院本科生辅导员发展基金先后支持6人次出境学习和培训。选派1名专职辅导员全脱产参加教育部高校辅导员研修基地培训学习。学院学工组获得上海市教委系统"巾帼文明岗"，陈文婷获"复旦大学十佳辅导员"称号。制订《上海医学院危机事件应急工作预案》，"辅导员值班制度"和"24H联络制度"，切实做好校园安全稳定工作。　(张　威　吴爱玉)

【召开2009年度学院表彰大会】 1月29日，在明道楼一楼报告厅举行2009年度学院表彰大会。校常务副校长王卫平等领导应邀出席，学院各系(室)师生300余人参加大会。大会共颁发优秀团队奖13项、杰出贡献奖6项和院长奖13项。

(张　威　吴爱玉)

【"985工程"三期项目有序进行】 3月26日，复旦大学医科"985工程"三期规划起草工作会议在枫林校区举行。会议由"985工程"三期规划起草小组组长冯晓源院长召集，复旦大学医科各单位负责人参会。经过深入调研及广泛征求意见，最终形成《复旦大学医科"985工程"三期规划》。12月20—21日，首批建设项目"病原微生物与传染病研究"、"健康发展研究"、"心脑血管疾病和代谢病研究"、"医学神经科学建设"、"肿瘤研究"、"微创医学研究"、"生殖与发育健康研究"、"表观遗传医学科研平台"和"创新药物平台建设"通过专家组论证。　(张　威　吴爱玉)

【组织参加第一届全国高等医学院校大学生临床技能竞赛】 该竞赛于4月24—25日在北京举行。学院2004级临床医学专业八年制4名学生组团参加，并获得三等奖。

(张　威　吴爱玉)

【组织世博教职工志愿者服务队】 世博期间，成立由书记程刚为队长、副院长钱睿哲为负责人的18人教职工"世博校园平安志愿者服务队"，健全学院安全保卫工作联络网，确保世博期间的安全稳定。

(张　威　吴爱玉)

【拓展教学实践基地】 7月8日，"复旦大学上海医学院教学与社会实践基地"在浙江嘉兴新安国际医院正式挂牌成立。7月15日，"复旦大学上海医学院华山医院南汇分院社会实践与教学基地"签约揭牌仪式在浦东新区南汇中心医院隆重举行。10月26日，中山医院青浦分院正式签约挂牌，成为复旦大学上海医学院社会实践与教学基地。　(张　威　吴爱玉)

【开展党支部党建特色活动展示评比】 为进一步推进基层党建工作创新，学院党委决定在全院开展基层党建特色活动展示评比活动。7月20日，党委召开全院教职工党员大会，集中展示评比教工党支部特色党建，全院12个教工党支部参加本次活动。经投票，评出综合类一等奖1个、二等奖2个、三等奖3个和特色类奖项7

项。　　（张　威　吴爱玉）

【召开学院党政联席扩大会议】 8月20—21日，上海医学院召开2010年党政联席扩大会议。会议以上海医学院本科生教育改革为主题，紧密围绕整合式课程改革的框架方案和支撑条件等内容进行深入讨论和充分交流。　　（张　威　吴爱玉）

【张治道校友逝世】 9月26日8时20分，上海医学院1939届校友，上海市"白玉兰"荣誉奖和"复旦大学校长奖——杰出校友奖"获得者张治道先生因病逝世，享年102岁。张治道遗体告别仪式于9月30日下午在学校红十字会遗体告别室举行，校党委书记秦绍德、校长杨玉良、原上海医科大学老领导和师生代表，各界人士共100余人出席告别仪式。11月26日下午，在枫林校区治道楼和汉堂举行杰出校友张治道先生追思会，该会议由复旦大学校友会和上海医科大学校友会共同举办。与会者共同缅怀张治道先生爱国爱校、奋斗进取的精神，及支持母校建设和发展的善举。

（张　威　吴爱玉）

公共卫生学院

【概况】 2010年，公共卫生学院设有"公共卫生与预防医学"一级学科博士点，公共管理内的"社会医学与卫生事业管理"二级学科博士点。博士后科研流动站2个（"公共卫生与预防医学"、"公共管理"）。"流行病和卫生统计学"、"社会医学和卫生事业管理"为教育部国家重点学科，"流行病和卫生统计学"为上海市重点学科，"环境卫生学"、"健康促进与健康教育学"、"劳动卫生学"、"流行病学"、"卫生毒理学"为上海市公共卫生重点学科。设有"公共卫生安全教育部重点实验室"、"卫生部卫生技术评估重点实验室"、"世界卫生组织职业卫生培训和研究合作中心"、"世界卫生组织卫生技术评估和管理合作中心"等科研机构。3月，组建成立"全球卫生研究与培训中心"。12月，被教育部批准为公共卫生硕士（MPH）专业学位研究生全国改革试点单位。公共卫生安全教育部重点实验室通过教育部专家组中期评估，被评为"优良"。公共卫生与预防医学博士后流动站被评为"全国优秀博士后流动站"。

有在职教职工141人，其中专任教师99人，行政人员8人，教辅人员36人。有正高级职称30人，副高级职称19人。研究生指导教师45人，其中硕士生指导教师20人，博士生指导教师25人。徐飚获"上海市五一劳动奖章"和"上海市五一巾帼奖"，姜庆五再次当选为中国地方病协会副会长，傅华当选英国皇家内科医学院公共卫生学院会员，郝模受聘教育部科技委员会学部委员，叶露受聘世界卫生组织药品政策与管理咨询专家，何更生受聘卫生部第一届食品安全国家标准审评委员会委员。卫生经济教研室被评为2010年度"复旦大学三八红旗集体"。

全年招收本科生100人、硕士研究生54人、博士研究生32人、全日制公共卫生硕士（MPH）专业学位研究生27人。在读本科生355人、硕士研究生156人、博士研究生103人。招收公共卫生硕士（MPH）专业学位研究生119人，在读456人。为本科生开设54门课程，其中全校公共选修课28门。开设研究生课程88门，其中硕士研究生课程74门、博士研究生课程14门。开设MPH专业课程25门。成立研究生培养指导委员会。

4月6日公共卫生学院启动高年资导师带教本科生的新型培养模式。为进一步发挥教师在教书育人中的主导作用，探索新的培养方式和教学模式，提高教学质量，公共卫生学院为所有本科生以班级为单位配备1—2名导师外，还将为每6—8名新入学的本科生专门增设一名高年资导师。担任高年资导师须具备硕士以上学历、副教授及以上职称，在相关领域具有一定学术造诣，并且热爱教学。经自愿报名，学院审核，现共有15名不同专业背景的副教授职称以上的教师成为首批新生导师。制定了新生导师职责和工作内容，还将建立科学合理的考核制度和激励机制，对导师实行学期考核制。

全年科研经费为3 251.7万元，其中纵向经费2 704.6万元（其中国外来源611.2万元），横向经费473.9万元（其中国外来源101.5万元），文科科研经费73.2万元。自然科学基金中标数12项，其中面上项目6项，青年基金6项。发表英文论文54篇，其中SCI论文42篇，SSCI 2篇。龚幼龙、冯学山、郝模获中华预防医学会公共卫生与预防医学发展贡献奖。《将全球卫生课程纳入我国公共卫生教育项目》获得中华医学基金会的资助。王颖等的"我国农村公共卫生项目成本核算及政府筹资研究"获上海市科技进步三等奖，吕军等的"上海市残疾人康复服务评价指标体系及应用研究"课题获第七届上海市决策咨询研究成果奖三等奖。

3月31日，组建"公共卫生学院全球卫生研究与培训中心"。姜庆五任中心主任，钱序任常务副主任。中心的使命是：关注全球卫生问题，培养具有全球卫生视野的新一代卫生工作者；通过学科合作与学科交叉，联合研究复杂的全球卫生问题；加强国际合作，发展全球卫生研究与培训的国际伙伴；借鉴和发展解决全球卫生问题的国际经验，加强国际交流，为本国人民的健康服务。7月19—30日，中心主办"Achieving MDGs for Global Health"复旦全球卫生暑期学校。11月1日，中心邀请加拿大公共卫生部资深研究员、多伦多大学Dalla Lana公共卫生学院副教授、渥太华大学流行病和社区医学系兼职教授以及中国汕头大学医学院兼职教授Dr. Bernard Choi，前来作题为"The Art of Science to Enhance the Global Capacity in Public Health"的学术报告。

国际交流活动频繁，共接待外宾72人次，举办外宾学术讲座56次，合作发表论文53篇，学院教师和学生出访114人次。与加拿大蒙特利尔大学和美国犹他大学分别签署合作备忘录。

3月12日在枫林校区与斯坦福大学胡佛研究院共同举办医疗卫生

改革研讨会。

7月5—17日与美国Tulane大学公共卫生与热带病学院合作在复旦大学枫林校区举办Tulane—复旦公共卫生暑期学校项目。7月12—16日，举办由复旦大学研究生院资助的“危险度评价和分子流行病在公共卫生中的理论与实践”暑期学校。

复旦大学药物经济学研究与评估中心多次举办国际论坛。6月5日，该中心与国际药物经济学和结果研究协会（ISPOR）上海分会主办“2010药物经济学论坛暨改善创新药品可及性研讨会”在上海巴黎春天大酒店召开。来自国际学术机构研究人员、国家相关领导及地方官员、学者等105人参加了会议。12月19日该中心又与国际药物经济学与结果研究协会（ISPOR）上海分会主办“2010年药物经济学论坛暨卫生系统视角下的医改进程研讨会”，120多位来自国家发改委、卫生部、人保部的领导，上海等9个省市医疗保险和卫生部门的官员，中国医疗保险研究会、上海市卫生发展研究中心等机构的研究人员以及医药企业的代表与会。

全院有中共党员76名，民主党派16名，学生中共党员198名。新发展党员51人，转正45人。09级硕士党支部获得2009—2010学年研究生示范党支部称号。研究生和本科生共50名，分别担任世博园区志愿者和城市站点志愿者，并在世博后仍服务于地铁站点。学院世博会志愿者的每一位成员均获得每日之星称号，黄韵宇、白鸽、舒倩璐获上海世博会优秀(杰出)志愿者，白鸽获世博会志愿者先进党员，黄韵宇、徐梦蕾、王丽洁、舒倩璐获世博会志愿者先进个人，舒乐获世博会志愿者工作支持工作先进个人，由学院19名学生组成的综艺大厅小组获复旦大学世博会志愿服务先进集体。 （龚卫远）

【启动“复旦—辉瑞药物经济学能力培养”项目】 2月23日，由复旦大学、辉瑞投资有限公司合作的“复旦—辉瑞药物经济学能力培养”项目（Fudan University-Pfizer Pharmaco economics Capacity Development Program）签约。复旦大学副校长许征出席签约仪式。项目为期三年，复旦大学药物经济学研究与评估中心将同辉瑞公司合作，通过分阶段、全方位的建设方案，采用研究生培养计划、在职教师海外培训、药物经济学研讨会等多种形式，为中国药物经济学领域培养更多高级人才，提升我国药物经济学研究能力，加快建立我国药物经济学评价规范和体系，以适应医药卫生体制改革的新形势。12月17至18日，项目内容之一药物经济学能力培训班开班。香港中文大学药学院原副院长等10位海内外专家对80余位来自全国各地学术研究机构、机关事业单位的专业人员，就药物经济学相关知识进行系统培训。

（张璐莹　涂诗意　胡　敏）

【承办中国环境科学学会环境医学与健康分会2010年学术年会】 7月18—20日，该会议在上海市青松城大酒店召开，由中国环境科学学会环境医学与健康分会主办、复旦大学公共卫生学院承办。国家环保局科技标准司副司长胥书凡、上海市环境科学学会常务副理事长陆福宽等出席会议并致辞。复旦大学公共卫生学院、日本兵库医科大学和美国哥伦比亚大学多位教授分别作围绕中国大气污染与健康研究现状、日本交通空气污染的健康效应和分子流行病学在环境暴露与人群健康研究中的应用等主题作大会主旨报告。来自全国20个省市的102名环境科学和环境医学工作者参加了会议，共收到论文76篇，报告交流33人。 （张蕴晖）

【夏威夷大学副校长一行访问公共卫生学院】 3月22—23日，夏威夷大学副校长Ostrander博士、公共卫生学院院长Maddock教授和环境卫生实验室主任鲁元安教授一行到访，由复旦大学副校长金力接见。双方就继续深入合作、拓展合作领域进行广泛交流。学院流行病学、环境卫生学、卫生经济学、预防医学和健康教育等教研室的教师参加交流活动。

（朱元桢）

【主办“中美卫生体制改革：开展研究以影响政策制定”研讨会】 6月3—4日，该会议在上海青松城大酒店召开。会议得到美国Fulbright项目和复旦大学公共管理与公共政策研究国家哲学与社会科学创新基地共同资助。会议总结中美两国医疗卫生体系改革的经验，交流两国医疗卫生体系改革的最新动向，以促进中美卫生体制研究及传播，影响卫生政策的制定。来自国内外各机构和组织的120余名中外学者参加了会议。

（涂诗意）

【国际药物流行病学联合会当选主席访问公共卫生学院】 8月11日，美国默克公司总部流行病学研究部的负责人、国际药物流行病学联合会的当选主席Nancy Santanello一行访问公共卫生学院，作题为“Epidemiology in Product Development and Patient Reported Outcomes”的学术报告。流行病学等相关教研室教师、研究生近三十人听取报告，并进行学术交流。Nancy Santanello先生与流行病学教研室负责人就双方在药物流行病学教学和研究方面合作机制开展深入探讨。 （张　涛）

【举办“疾病控制和卫生体系研究国际研讨会”】 9月14日，该会议在上海举行。会议主题为“疾病控制在中国大城市卫生系统发展中的再定位——上海案例”（Repositioning Disease Control as Part of Health Systems Development in Major Cities of China — Shanghai case)。会议依托国家传染病重大专项“特大城市结核病综合防治模式研究”项目，旨在交流国家十一五重大专项子课题“城市结核病自然感染及其发病情况研究”子项目的研究进展与结果，探讨卫生体系发展对医疗服务模式和疾病控制体系的影响，进一步推动该项目工作的进行。美国得克萨斯州贝勒医学院、瑞典卡罗林斯卡大学、上海市疾病预防控制中心的专家和“国家传染病重大专项”课题参与单位的部分代表50余人参加会议，部分与会专家学者作专题报告。该会议对促进“城市结核病自然感染及其发病情况研究”项目的实施具有重要的指导意义，并为促进研究结果的政策转化和探索“十二五”疾病控制研究方向构建了高水平的交流平台。

(吴琳琳　赵　琦)

【主办欧盟“越南印度中国卫生系统监管与规制研究(HESVIC)”项目会议】 11月25—29日,该会议在上海市青松城大酒店举行。HESVIC项目为欧盟第七框架资助项目,自2009年7月启动,预期研究时间为3年。该项目为国际合作项目,主要研究越南、印度和中国妇幼卫生监管和规制,学院钱序教授为该项目的中方主要负责人。来自6个国家的30名项目研究人员出席会议。会议就目前的项目研究进展、所取得的阶段性成果、遇到的障碍、项目研究方法、下阶段的研究方向和内容进行汇报和探讨,确定下一阶段的研究任务和工作方案,并特别针对发展中国家研究人员的知识管理和能力培养进行培训。

(蒋　泓)

【主办“中国农村地区传染病综合监测系统(ISSC)”(欧盟)项目工作会议】 11月25—27日,该会议在上海青松城大酒店召开。ISSC项目由欧盟第七轮研究框架资助,2010年4月启动,预期2014年3月完成。由瑞典卡罗林斯卡大学、复旦大学、华中科技大学、德国海德堡大学以及瑞典FPX公司联合承担,旨在建立中国农村地区传染病综合监测系统,探讨在中国农村地区构建包括症状监测、药房非处方药销量监测、学生缺勤缺课监测在内的综合传染病监测体系的可行性,从而为早期发现传染病疫情提供信息。来自卫生部疾控局、瑞典卡罗林斯卡大学、德国海德堡大学、华中科技大学、FPX公司代表以及复旦大学的学者官员及项目研究人员20余人出席会议。与会人员就项目能力建设策略与行动计划、结果传播策略与行动计划展开了讨论,并初步达成了一致。

(吴琳琳　赵　琦)

【承办全国劳动卫生与职业病学术会议暨纪念顾学箕教授诞辰100周年活动】 12月8日,活动在学校枫林校区举行。大会主题是“为了劳动者的安全、健康和尊严”。复旦大学副校长桂永浩,中国疾病控制中心职业卫生与中毒控制所所长、劳动卫生与职业病分会主任委员、卫生部职业卫生标准委员会主任委员李涛,上海市卫生局副巡视员王磐石等领导和全国200多位职业病防治专家出席会议。会上颁发“第五次吴执中职业医学奖励基金征文奖”。与会专家深切怀念我国职业卫生之父、复旦大学公共卫生学院已故著名教授顾学箕。公共卫生学院专门编辑《顾学箕教授诞辰100周年纪念册》,并制作大型展板《学高行德、箕风毕雨》,在邯郸和枫林校区同时展出。

(龚卫远)

药　学　院

【概况】 2010年,药学院设有药学一级学科博士点1个,二级学科博士点5个,二级学科硕士点6个,博士后科研流动站1个,本科专业1个。药剂学科为国家重点学科,药理学科为上海市重点学科。

有在职职工129人,其中教授29人,副教授29人。博士生导师27个。引进“千人计划”人才3人。在校本科生189人(不含复旦学院就读的一年级本科生)、硕士研究生70人、博士研究生24人。毕业本科生62人、硕士生39人、博士生15人。

申请发明专利56项,获授权专利29项。发表SCI论文83篇。到位科研经费7 519.4万元,其中纵向科技经费7 164.7万元,横向科技经费354.7万元。新增科研项目68项,其中纵向项目42项,立项经费1 552.3万元。横向项目26项,协议经费696.2万元。获批国家自然科学基金项目13项(其中面上课题7项、青年基金课题6项)、“十二五”重大专项临床前研究项目1项、教育部新世纪人才1项、上海市科委自然基金2项、青年科技启明星1项、优秀学科带头人1项、西部合作1项、中药现代化3项、纳米专项1项、政府间国际合作项目1项、生物医药重点3项。获得批准上海市教委曙光计划1项。获得(2009)上海市科学技术三等奖2项,中国药学会科学技术二等奖1项。黄容琴博士学位论文获2010年全国优秀博士学位论文提名。

药学院团学联换届。举办“五月的天,世博的脸”——药学院“五月风”活动,历时一个月。举办“2010,世博我行”世博知识竞赛等活动。“和谐中藏药,携手绘芳华”获2009—2010年度上海市大学生优秀暑期社会实践项目。108名同学参加了世博会的志愿服务工作,药学院世博志愿者工作荣获“上海市世博优秀志愿者服务团队”称号。药学院世博临时党支部被评为世博优秀党支部。

根据国务院学位委员会第二十七次会议精神,药学被列入2010年新增硕士专业学位授权点的硕士专业学位类别。学院根据目前社会需求,申请在药学硕士专业学位下开设“新药研究与开发”、“临床药学”、“临床试验数据管理与统计编程”3个研究领域,并获批准,将于2011年开始招收20名专业学位硕士。

为给药学专业学位硕士研究生提供理想的学习和实践场所,学院与上海医药集团中央研究院、上海睿智化学研究有限公司、和记黄埔医药(上海)有限公司及扬子江药业集团建立新药研究与开发实习基地,与复旦大学附属中山医院、华山医院、儿科医院、肿瘤医院、华东医院等5所医院建立临床药学实习基地,与辉瑞(中国)研究开发有限公司建立临床试验数据管理与统计编程实习基地。与辉瑞(中国)研究开发有限公司的实习基地已进行实质性合作,与其他基地的合作将在2011年招生的专业学位硕士研究生入学后先后开展。

张江校区药学院实验动物中心正式启用。现动物实验中心有4层楼面,建筑面积2 000平方米。建筑符合国家对实验动物饲养基本要求。实验动物中心配备有标准化的污水处理系统。同时启用的还有符合生物安全P2级的实验动物房。

【教育部和全军智能化递药重点实验室获准立项】 2010年12月和10月,智能化递药实验室分别获准教育部和全军重点实验室的立项建设。智能化递药重点实验室依托复旦大学药学院及药剂学国家重点学科,在智能化材料设计、药物靶向递送、药物控制释放和生物效应评价方向上，初步形成多学科交叉的研究队伍。该实验室承担“国家重大科学研究计划”、“国家重大创制新药技术平台”项目等多项国家重大重点科研任务，拥有一支以中青年为主体、富有创新精神的高层次人才队伍。实验室将进一步围绕国家和军队医学需求，在智能化递药技术及其应用方面进行系统研究和人才培养。

【召开上海市药学会 80 周年庆祝大会】 该会议于 2010 年 10 月 16 日在复旦大学张江校区召开，由上海市药学会主办、复旦大学药学院承办。来自上海药学界的代表近 600 人参加会议。全国人大副委员长、中国药学会理事长、学院校友桑国卫院士出席会议，并为上海市药学会 80 周年庆典题词“发展医药高新技术，提高临床用药水平”。校长杨玉良出席开幕式并代表复旦大学对大会的召开表示热烈祝贺。桑国卫院士、陈凯先院士在会上做报告，有关专家介绍药剂领域的最新研究进展。

护理学院

【概况】 2010 年，护理学院设有护理学硕士、本科、高职专业各 1 个。

有在职教职工 50 人，其中专任教师 35 人、教辅人员 10 人、行政人员 5 人。具有正高级职称 1 人，副高级职称 12 人。具有博士学位 3 人，硕士学位 21 人。硕士生导师 5 人，博士生导师 1 人。

招收高职生 238 人、本科生 25 人、硕士研究生 18 人、博士研究生 2 人。有全日制在校生 820 人，其中博士研究生 4 人、硕士研究生 41 人、本科生 96 人、高职生 679 人。招收成人教育大专起点本科生 214 人、中专起点本科生 163 人；研究生课程进修班第八期招收 52 名学员。有继续教育在校生 1 240 人，其中大专起点本科生 483 人、中专起点本科生 631 人、专科生 126 人。

推进学科发展。学院完成护理学专业博士点建设的校外论证和学校临床医学学位委员会论证，成为临床医学学科下的护理学博士授权专业点。协助复旦大学研究生院，完成教育部学位办关于护理一级学科第二轮论证报告的起草工作。

完成上海市教育委员会立项的公共实训基地“护理实践教学中心”建设项目Ⅵ期建设，总投入 660 万元。经过Ⅰ—Ⅵ期建设，学院已基本建成一个基于网络，运用数字化技术实现现代化、科学化管理的，使各级各类护理人员能自主、充分地享用护理实践教学资源的护理实践技能实训基地。2010 年 11 月，学院接受上海市教育委员会专家组对“护理实践教学中心”Ⅰ—Ⅵ建设项目的验收评估，获得充分肯定。该项目获 2010 年度复旦大学教学成果一等奖。

2010 年，围绕护理学科国内外最新发展动态，学院举办科研沙龙 12 次，探讨科研内容、方法，展示教师科研成果，有效促进学术交流，营造良好学术氛围；参加国际会议 10 人次，其中 6 人次作大会发言。发表论文 51 篇，其中权威期刊 10 篇，核心期刊 37 篇。“高等教育护理学专业《护理学基础》课程的教学与实践”获 2010 年度复旦大学教学成果二等奖。学工组成功申报复旦大学青年研究中心三项课题，其中“轮转制度下上海医学毕业生的择业观现状与对策分析”课题获得研究生德育研究重点课题立项（编号 2010 - Z - 14）；继续与香港中文大学、新加坡义安理工学院开展学生交流项目，接待交流生 18 人。组织学院 32 名学生出国出境参加交流活动。

结合形势开展各类主题教育活动。学院学生党支部神经肌病志愿者服务有志愿者 180 人，全年完成家庭指导近 300 次，由华山医院护理部科护士长李晓英和中国神经肌病协会总干事朱常青担任培训指导。该志愿队获 2010 年度复旦大学优秀志愿者服务集体称号，并连续第四年获得上海市肢残人协会“智力助残”优秀集体称号。世博会期间，共有 22 名同学担任世博志愿者工作，其中 13 名为世博园区志愿者，9 名为城市站点志愿者。2010 年 6 月，护理学院园区志愿者被评为复旦大学世博会志愿服务先进集体，08 级本科生罗捷和谈姝琳被评为复旦大学世博服务先进个人，08 级本科生庄文君被评为复旦大学支持世博会工作先进个人，07 级护理硕士研究生、校第十三批人才工程预备队（一期）队员刘树麟被评为复旦大学世博服务优秀党员；2010 年 11 月，刘树麟被评为上海世博会园区优秀志愿者，谈姝琳被评为上海世博会城市站点优秀志愿者。组织学生积极参与校红十字会无偿献血、骨髓捐献等活动。参与 2010 年 12 月 5 日“东丽杯马拉松”安全志愿者工作。有 39 名同学参加地铁志愿者服务。

学院党总支根据校党委统一部署，扎实推进创先争优活动，以深入开展“三尺讲台竞春秋”主题实践活动为载体，推动学院教学工作科学发展。

加强学院党建工作，促进创先争优活动有序开展。针对换届改选后新任党支部书记和委员较多的情况，对相关人员进行基层党务工作系列专题培训，组织学习《基层党务工作手册》，安排优秀基层党支部书记工作经验报告会，考察红色根据地，开展党史教育等，促进党支部各项工作有序展开。

（郁艳萍）

国际文化交流学院

【概况】 2010 年，国际文化交流学院设有语言学及应用语言学硕士点 1 个，汉语国际教育专业硕士点 1 个，汉语言（对外）本科专业 1 个。参建孔子学院 8 所。

有教职工 69 人，其中教授 5 人，正高级讲师 2 人，副教授（副研究员）16 人，高级讲师 4 人。

在读本科生 606 人，研究生 196 人，进修生 1 400 余人。

全年学院教师发表核心期刊论文 13 篇、一般期刊论文 49 篇，出版教材 2 套，工具书 1 部。

朱永生《中美主流报刊话语方式

对比研究》获国家社科项目立项，姚萱博士《殷墟非王卜辞的文本整理与字词研究》获上海市社科项目立项，李杰博士《不及物动词带宾语句：从存现句到领主属宾句的连续统》获上海市教委项目立项。

陈光磊与中文系教授宗廷虎主编的《中国修辞史》获第九届上海市哲学社会科学优秀成果奖著作类二等奖。

爱丁堡大学孔子学院和奥克兰大学孔子学院再次被评为“全球先进孔子学院”。

4月，组织300多名留学生分赴北京、西安、厦门、桂林、张家界，进行每年一次的教学旅行。通过教学旅行，留学生们走出课堂，开阔视野，加深对中国文化的理解。

4月11日上午，当代著名语言学家、语言评价理论和积极性话语分析理论创始人、澳大利亚悉尼大学语言学系主任马丁(J. R. Martin)教授，应邀到学院作学术报告，题为“体现、例示和个性化：有关青年犯罪司法协调会中身份的若干思考”(Realization, Instantiation and Individuation: Some Thoughts on Identity in Youth Justice Conferencing)。

中国驻英大使刘晓明应英国诺丁汉大学校长David Greenaway教授的邀请访问诺丁汉大学，并参观诺丁汉大学孔子学院。国家汉办、孔子学院总部公使衔参赞钱一呈、重大项目与交流处处长郭力帆一行到院就孔子学院建设情况作专题工作调研，常务副校长王卫平代表学校会见。

德国法兰克福歌德大学副校长Rainer Klump教授到院访问，院长朱永生会见，双方围绕法兰克福孔子学院下一步建设的设想交流意见。

留学生工作处组织的“85、86届留学生校友返校活动”在国际文化交流学院举行。来自世界各地的20多位留学生校友返校参加活动，与当年的部分中国同屋和教师代表共叙情谊。

院领导班子增补胡文华为副院长，上一届领导班子顺利通过学校财务审计。 (朱永生)

【习近平参观斯德哥尔摩孔子学院】 3月30日，正在瑞典访问的中共中央政治局常委、国家副主席习近平参观斯德哥尔摩孔子学院，对学院在中瑞交流方面作出的重大贡献给予高度评价。为支持孔子学院的汉语教学工作，习近平向斯德哥尔摩大学赠送一套中国文化体验中心设备以及一批电子图书。 (沈国华)

【举行上海市高校国际文化交流学院院长研讨会】 该会议于5月18日在学院举行。来自华东师范大学、同济大学、上海师范大学、上海外国语大学、上海财经大学、东华大学、上海外国语大学和复旦大学等八所上海高校的国际文化交流(海外教育)学院院长、副院长参会。朱永生院长主持会议。与会代表就国际文化交流(海外教育)学院目前运行势态和未来发展前景，教学和课程设置、学科和学术研究、人才和教师梯队、学生来源和教学的目标过程管理、后勤保障和管理、服务社会化等问题进行广泛深入的交流和探讨。 (沈国华)

社会科学基础部

【概况】 2010年，社会科学基础部(简称社科部)有在职教职工46人，其中教师41人。教师中，有正高级职称8人，副高级职称教师20人，中级职称13人。博士生导师9人，硕士生导师17人。23人具有博士学位、9人具有硕士学位。退休3人。

本科教学工作以贯彻中央《〈中共中央宣传部教育部关于进一步加强和改进高等学校思想政治理论课的意见〉实施方案》(教社政[2005]9号)(简称“05方案”)为核心，重点加强各门课的课程建设。《思想道德修养与法律基础》被评为上海市精品课程。

继续深化教学改革，大力加强教学团队的建设，以必修课程为单位，组织若干教学团队，通过团队的形式带动和促进课程建设和队伍建设，有效推进思想政治理论课的课程建设和团队建设。紧扣“教育部新方案中的四门核心课程”，全面推进包括教学内容、方法手段、考试机制等方面的全方位的教学改革，增强教学的针对性、有效性和感染力。2010年复旦大学思想政治理论课教学团队被评为国家级优秀教学团队。

加强对师资队伍的建设，特别是加强“80后”青年教师培养。9月10日《解放日报》对复旦的思想政治理论课青年教师群体的授课情况予以报道。全年有2人出国进修，40多人次参加各类学术研讨会。研究生培养进一步明确把提高质量放在突出的位置。按照教育部的安排，从2010年9月开始，进行研究生思想政治理论课新课程的改革试点。开设硕士生《中国特色社会主义理论与实践研究》试点班2个，博士生《中国马克思主义与当代》试点班1个。

2010年，发表科研成果57项，包括论文56篇，研究报告1部。其中权威期刊论文1篇，核心期刊论文28篇，被《新华文摘》全文转载1篇。新立项的科研项目共22项，包括国家社会科学基金课题2项，教育部人文社会科学研究青年课题1项，教育部人文社会科学研究专项课题4项，教育部人文社会科学研究委托课题1项，上海市哲学社会科学规划系列课题3项，上海市哲学社会科学规划一般课题1项，上海市哲学社会科学规划青年课题1项，上海市哲学社会科学中青班专项课题1项，上海市教卫思研会研究项目2项，上海市学生德育中心项目1项，2010年度上海市人大常委会研究课题1项，复旦大学“金苗·金穗·金秋”项目4项。另外，2名教师入选上海市阳光人才培养计划。

高国希的《如何认识辅导员的职业发展与职业生涯规划》一文获全国高校思想政治教育研究会优秀论文三等奖，吴海江的《重视研究生理想主义精神的教育》和徐蓉的《以社会主义核心价值体系引领大学生价值观教育》两篇文章获上海高校思想政治教育优秀研究成果(论文类)二等奖，吴海江的《中国崛起的文化准备与核心价值构建》和陈金华的《如何看待并消除贫富极化现象》两篇文章获第十二届“如何切实有效地推进改革开放”研讨会优秀学术论文三等奖。

（左皓劼）

【举办全国高校思想政治教育研究会学术委员会会议暨思想政治教育前沿问题研讨会】 该会议于5月21日在复旦大学举行。由复旦大学马克思主义研究院、社会科学基础部、教育部高校辅导员培训与研修基地(复旦大学)承办。校党委书记秦绍德在开幕式上致辞。会上，全国高等学校思想政治教育研究会副会长、学术委员会主任、复旦大学兼职教授郑永廷提出明确学科发展方位与前沿重点问题、调整和完善本科教材、组织立项研究等三大研讨目标，并对思研会的阶段工作进行了全面部署与任务安排。著名专家张耀灿、吴潜涛、骆郁廷、沈壮海、祖嘉合、张澍军、王树荫、罗洪铁、万美容等出席会议并进行热烈研讨。（左皓劼）

【举办中国特色社会主义理论体系论坛暨推进社会主义核心价值体系建设研讨会】 该会议于12月3—4日在复旦大学举行。由教育部中国特色社会主义理论体系研究中心、教育部高等学校社会科学发展研究中心、中国教育报主办，复旦大学马克思主义研究院承办。教育部社会科学发展研究中心主任冯刚研究员、复旦大学党委副书记陈立民教授出席会议并讲话。来自全国高校和科研机构60余名专家、学者参与研讨。论坛旨在进一步提升高校社会主义核心价值体系研究水平，推进高校马克思主义理论研究与建设。会上，学者们将经典文本的透彻解读与实践问题的深刻把握有机地结合起来，既充分阐发了用社会主义核心价值体系引领多样化思潮的理论与实践难题，也生动诠释了马克思主义理论工作者所应具有的致思态度与时代气质。

（左皓劼）

【《道德教育杂志》主编泰勒做专题演讲】 10月8日，《思想道德修养与法律基础》课程邀请英国《道德教育杂志》(*Journal of Moral Education*)主编莫妮卡·泰勒博士到课堂，为130余位同学做题为“Moral Education: Key Concepts from a Western Perspective”的报告，并与同学进行互动交流。演讲以其从事道德教育和编辑多年的研究经验，结合个人体验，以简洁的语言、风趣的阐释，使《思想道德修养与法律基础》课程的同学对英国的道德教育有概貌了解。

（左皓劼）

【举行“整体规划大中小学德育课程”课题组研讨会】 该会议于10月10日召开。英国《道德教育杂志》主编泰勒博士、日本文部省国立教育所教育课程基础研究部总研究官西野真由美等国内外专家参会，就中国、英国、日本的道德教育理念、课程设计、德育实践进行交流讨论。该课题已被列为国家教育体制改革试点项目(项目批准号01-109-070)，并在上海市全市试点。（左皓劼）

艺术教育中心

【概况】 2010年，艺术教育中心(含艺术设计系)有在职教职工28人(另有租赁制科研助理4名)，其中专任教师22人、行政人员6人。具有正高级职称2人、副高级职称5人、中级职称18人、初级职称3人。具有博士学位5人。

全年面向全校本科生开课53门，选课人数3 060人。向校重点学生艺术社团的团员开设“艺术训练”课程，制定《复旦大学音乐(声乐)教育学研究生培养计划》。

教师发表学术论文24篇，教师主编著作1部，教师参编教材、著作2部。

所属5个学生艺术社团参加校内外演出30多场：1月19日，学生民乐团部分师生参加复旦大学特聘教授团拜会晚宴演出。1月21日，学生民乐团部分团员参加复旦大学院士专家团拜会晚宴演出。2月8日、2月9日，学生民乐团部分团员参加复旦大学留校同学新年团拜会演出。3月19日，学生民乐团部分团员参加哈佛大学中国基金会演出。3月30日，学生合唱团参加由上海市委宣传部、黄浦区委等主办的“上海世博会倒计时30天——外滩国际音乐盛典”活动。4月12日，学生合唱团参加复旦大学14社团联合抗旱特别行动——赈灾义演。4月17日，学生合唱团部分团员在黄浦世博演艺中心参加“世博梦想从黄浦开始”复旦世博志愿者启动仪式。4月25日，学生民乐团部分团员参加复旦大学管理学院恢复建院25周年庆演出。6月8日，复旦剧社多名社员参加复旦大学首届主持人大赛，包揽全部奖项。5月22日，学生民乐团参加复旦大学105周年校庆开放日文艺专场演出。5月26日，学生民乐团部分团员参加复旦大学物理系学术年会晚宴演出。5月30日，学生合唱团在复旦大学艺术教育馆多功能厅举办“我的青春，我做主”魅力新声系列音乐会。6月28日，学生合唱团在上海音乐学院贺绿汀音乐厅与上海音乐学院指挥系、艺术处合办“中外当代合唱新作音乐会”。6月29日，复旦剧社2010届毕业大戏《我和春天有个约会》在相辉堂上演。9月21日，学生合唱团参加由中国人民政治协商会议上海市委员会主办的上海市各界人士中秋联欢晚会，献歌《致世博》。9月25日，复旦剧社团员参加由校团委宣传部主办的第一届复旦大学中秋颂诗会，获金奖、银奖等多个奖项。10月15日，学生民乐团部分团员参加“复旦心，雪域情”西藏大学赴复旦友好交流演出。10月20日，学生民乐团部分团员参加“2010年微纳尺度分离和分析技术学术会议暨第六届全国微全分析学术会议”晚宴演出。10月29日，学生合唱团在东方艺术中心音乐厅参加“和谐·爱尔兰 Cross Border Orchestra of Ireland”音乐会。12月7日，复旦剧社受邀携情景诗朗诵《复旦·2010》参加校“12·9”歌会演出。12月28日，复旦剧社承办“2011复旦大学新年诵诗会”，并宣布FDVoice朗诵团成立。12月28日，学生民乐团在校艺术教育馆一楼多功能厅举办“卿云静月”新年专场音乐会，民乐团40名同学参加演出。

积极推动校园文化建设。4月1日，艺术教育中心在美国研究中心谢希德报告厅举办“复旦之春”音乐会，由德国钢琴家 Mastnack 担任钢琴演奏，中心教授王作欣担任主唱。5 月 19 日，复旦剧社在光华楼学生广场承办台湾国光剧团在复旦的主题讲座《当京剧遇到张爱玲》。5 月 8—29 日，复旦剧社在复旦大学艺术教育馆承办复旦大学与上海戏剧学院合作培训班，沪上东北片高校学生戏剧骨干近 30 人参加。11—12 月，王作欣受上海大剧院艺术课堂的邀请，在上海大剧院举办《乐剧魅影》系列讲座音乐会八场，以讲座与表演相结合的形式展现音乐剧诞生至今的发展历程。12 月 21 日，学生管乐团与学生弦乐团在光华楼东辅楼一楼袁天凡报告厅举办《管乐与弦乐的魅力——第十届讲座音乐会》。（郁秀兰　陈　寅　龚金平　高秀健）

【举办“中音西乐唱世博”专场音乐会】 该音乐会于 6 月 1 日在美国研究中心谢希德报告厅举行。由学生民乐团与学生弦乐团联合演出，音乐会采用传统的民乐独奏、重奏、齐奏与合奏的形式，并尝试传统民乐与弦乐团合作演奏的形式。学生民乐团的演出曲目包括《战马奔腾》、《欢乐的夜晚》、《睡莲》、《难忘的泼水节》、《晋调》，学生民乐团与学生弦乐团合作演奏的曲目有《小夜曲》、《打虎上山》、《金蛇狂舞》等。（陈曦瑶）

【参加“世博会青年周暨世界名校大联欢”开幕式】 7 月 5 日，由共青团中央主办，共青团上海市委、上海世博会事务协调局、《中国青年报》社和复旦大学共同承办，以“欢聚 · 交融 · 共享”为主题的“中国 2010 年上海世博会青年周暨世界名校大联欢”举行开幕式，来自哈佛大学、耶鲁大学、牛津大学、伦敦皇家学院、北京大学、清华大学、复旦大学、上海交通大学 8 所学校的学生在仪式上表演。开幕式的第一个节目是复旦大学的音乐舞蹈诗《弦歌卿云》，该节目的演员由复旦剧社、复旦大学学生合唱团、复旦大学学生民乐团、复旦大学学生舞蹈团的团员为主体，复旦大学艺术教育中心的全体领导和部分教师、社团指导老师组织、筹划，节目全长 15 分钟，将民乐、舞蹈、戏剧、合唱、武术融合在一起，旨在彰显复旦精神，展现复旦风采，传播复旦文化。（龚金平　陈　寅）

【龚金平获“庆祝建国 60 周年全国影评征文比赛”一等奖】 4 月 23 日，由中国电影评论学会、电影频道节目制作中心、华夏电影发行有限责任公司、总政文化工作总结联合举办的“庆祝建国 60 周年全国影评征文比赛”在中国电影网公布全部获奖名单，其中龚金平的影评《〈铁人〉：沉重的光荣与梦想》获一等奖，该影评全文刊发于《中国电影报》4 月 22 日版、《当代电影》2010 年第 5 期。国家广播电影电视管理总局电影局局长童刚出席颁奖会。（龚金平）

【学生合唱团举办建团 20 周年中国作品专场音乐会】 该音乐会于 11 月 14 日在贺绿汀音乐厅举行。由复旦大学学生合唱团举办。音乐会以中国合唱艺术的历史发展脉络为主线，演唱曲目包括中国合唱史上不同时期、不同风格的作品。上海音乐家协会副主席余震，上海音乐家协会合唱专业委员会副主任何剑平、秘书长郑会武，复旦大学学生合唱团第一任常任指挥徐以忠等出席。（龚金平　陈　瑜）

【获中国戏剧奖 · 校园戏剧奖】 11 月 18 日，由中国文联、教育部和上海市人民政府主办的第二届中国校园戏剧节颁奖典礼在上海戏剧学院举行。复旦剧社师生共同排演的原创话剧《小巷总理》获中国戏剧奖 · 校园戏剧奖(优秀编剧奖、优秀剧目奖)。该奖项为目前中国校园戏剧最高奖项，复旦剧社曾于 2008 年举办的首届中国校园戏剧节中获得该奖项。此外，扮演剧中李楼长角色的蔡一一获“校园戏剧之星优秀表演奖”。（周　涛）

【获上海市第二届无伴奏合唱比赛金奖】 12 月 15 日，复旦大学学生合唱团以总分第 1 名的成绩获上海市第二届无伴奏合唱比赛金奖。该赛事由虹口区文联和上海市音乐家协会合唱专业委员会联合主办，来自全市社区、学校、企业集团和社会团体的共计 65 支合唱团、3 000 余名合唱团员报名参加比赛。（陈　瑜）

艺术设计系

【概况】 2010 年，艺术设计系设有艺术设计 1 个本科专业。现有教职工 12 人，其中专职教师 10 人，专职行政人员 2 人。其中，具有正高级职称 1 人，副高级职称 1 人，中级职称 9 人，初级职称 1 人。具有硕士及以上学位的教师 11 人，其中具有博士学位 3 人，在职攻读博士学位 2 人。

全年为艺术设计专业本科生春季开课 18 门，秋季开课 14 门。向全校学生开设通识教育课程——美育课程的部分课程。

全年共发表论文 13 篇，教师主编著作 1 部。

1 月到 5 月，艺术设计系约 30 名学生与美国弗吉尼亚大学卡塔尔分校艺术学院研究生合作，参与世博会卡塔尔馆视频制作项目，创作 5 部影像作品，并于 6—9 月在世博会卡塔尔馆内展播。6 月 24—7 月 3 日，举办 2010 届学生毕业设计展，展出结束后，另为优秀作品专辟展览室展出。

学生积极参加各项艺术设计实践比赛和活动。08 级学生庄楚楚参加美国 Adobe 公司 Golive 网站设计大赛，获全球校园组一等奖。08 级学生连旦等的创意设计多次被学校采用。（何　艳）

体育教学部

【概况】 2010 年，体育教学部有在职教职工 61 人，租赁制用工 1 人。其中，任课教师 54 人、教辅人员 8 人；正高级职称 3 人、副高级职称 25 人。

为一、二年级本科生开课 506 门次，涉及 22 个体育项目；为高年级本科生及研究生开设体育选修课 37 门次，暑期开课 4 门次。2009—2010 第二学期体育课程学生评估均分4.92。

举办羽毛球、足球、排球、乒乓球、跳绳、踢毽子、广播操和校运会等校内竞赛。各院系年终前八名体育竞赛综合排名如下：研究生院、克卿书院、志德书院、腾飞书院、法学院、国际关系与公共事务学院、经济学院、信息科学与工程学院。

发表论文16篇，获得省部级课题13项，出版教材1本。获得上海市体育局课题优秀成果奖一项，参加国际性会议5人次，参加国内会议9人次，其中1人参加国际会议专题报告，4人参加国内会议专题报告，7人参加墙报与书面交流，5人获得一等奖。成功举办《复旦大学建校105周年暨第44届体育科研报告会》，报告会共收到23篇论文，4篇论文进行大会报告。

3月，上海市普通高校体育理论课件比赛在校举行。网球教学团队张振制作的“网球”课件获特等奖。4月，美国俄勒冈大学教授 John Howkins 到访并作题为“美国大学体育概要”的报告。5月，“大学体育课程‘有效教学’理论的探索和实践——以网球教学模式改革为例”和“武术《段位制》课程教学促进学生关注民族传统体育文化”获2010年复旦大学教学成果三等奖。9月，由健美操、体育舞蹈、形体健美、艺术体操组成的“有氧舞蹈”课程获学校精品课程。9月，“网球学与练”教材由复旦大学出版社出版，全书23万字，内容结合体育教学的实际，从学生的学习与练习出发，由网球教学团队历时两年编写。10月29日，校运会开幕式首次在正大体育馆内举行。11—12月，开展大学生体质健康测试工作，11 672名本科生参加测试。结果显示，2010级本科生合格率为91.79%，2009级本科生合格率为92.68%，2008级本科生合格率为90.53%，2007级本科生合格率为91.84%，全校本科生合格率为91.75%。9—11月，在上海市十四届运动会高校组比赛上，近300名学生参加包括排球、田径、武术、游泳等20个项目的比赛，学校获得团体总分第二名、团体奖牌第四名，并获得体育道德风尚奖及优秀竞赛组织奖。12月，体育教学部根据学校教务处的要求着手进行教学团队的建立与建设，首批共成立篮球、排球、足球、网球、羽毛球、乒乓球、民族体育武术“段位制”、健美操和有氧舞蹈9个项目的教学团队。

为进一步规范教学常规，改进教学方法，提高教学质量，体育教学部全年进行青年教师上公开课活动，共20位青年教师上公开课。体育教学部教学指导委员会成员及部分专项教师进行看课。　（陈建强）

【复旦大学男子排球队首次成功晋级甲A】 在2009—2010年中国男子排球甲B联赛中，复旦大学男子排球队提前一轮成功晋升中国男子排球甲A行列，成为目前唯一一支进入甲A的以学生为主的高校业余球队，取得历史性的突破。　（陈建强）

【金源等参加全国和亚运会田径比赛】 8月7日，在2010年全国田径锦标赛暨第16届亚运会选拔赛上，复旦大学新闻学院的金源和赵婧两位学生分别以9分52秒92和2分4秒29的成绩夺得女子3 000米障碍金牌和800米银牌，获代表中国参加亚运会的资格，创造复旦学生参加亚运会的历史。11月21日，在广州第16届亚运会女子3 000米障碍跑比赛中，金源以9分55秒71的成绩获得亚军，是复旦学生在世界大赛上取得的最好体育成绩。　（陈建强）

附　录

2010年复旦大学体育竞赛成绩一览

一、全国比赛

1. 2010耐克FUSC全国大学生田径精英赛

领　队：王方椽

教　练：邱　克　张　丰　吴丽红　杨　峻

运动员：易德胜　于兴波　胡中伟　曾悬涛　赵　云　陈杭其　叶枝俏　韩庆智　伏　龙　赵　婧　卢舒怡

奖牌总数：第三名（共8枚）

团体总分：第六名（66分）

赵　云	男子110米栏	第三名
易得胜	男子100米	第二名
曾悬涛	男子200米	第四名
韩庆智	男子400米	第六名
胡中伟	男子800米	第三名
于兴波	男子5 000米	第三名
卢舒怡	女子400米	第三名
赵　婧	女子1 500米	第一名
赵　云、曾悬涛、叶枝俏、易得胜	男子4×100米接力	第三名
伏　龙	男子铅球	第三名

2. “耐克杯”第十一届全国大学生田径锦标赛

领　队：王方椽

教　练：邱　克　杨　峻　张　丰

复旦男队：

易得胜	男子甲组100米决赛	第六名
于兴波	男子甲组1 500米预决赛	第九名
石　鹏	男子甲组1 500米预决赛	第十名
赵　云	男子甲组110米栏决赛	第七名

复旦女队：

卢舒怡	女子甲组800米决赛	第四名
卢舒怡	女子甲组1 500米预决赛	第五名
蒋海霞	女子甲组1 500米预决赛	第七名
于林平	女子甲组5 000米预决赛	第四名
于林平	女子甲组10 000米预决赛	第三名

3. 第十一届全国大学生游泳锦标赛

领　队：王方椽

教练员：尤玉青

尤玉青（教练员）　第十一届全国大学生游泳锦标赛体育道德风尚奖

黄　瀚(运动员)　第十一届全国大学生游泳锦标赛体育道德风尚奖

黄　瀚　男子 50 米仰泳　第一名
　　　　男子 50 米蝶泳　第一名
熊　军　男子 100 米蝶泳　第八名
韩智杰　男子 50 米蛙泳　第八名
刘丰园　女子 50 米蝶泳　第二名
　　　　女子 200 米混合泳　第五名
高庭艳　女子 50 米自由泳　第六名
徐　畅　女子 100 米蝶泳　第七名
　　　　女子 200 米蝶泳　第七名
田佳文　女子 100 米自由泳　第八名

4. 2010 年安踏全国男子排球锦标赛

复旦大学男子排球队　第十四名

领　队：汪　凯

教　练：方　川　丁　毅

运动员：倪　骋　孙　路　孙超群　高一晨　郑若凡　朱旭皓　陈杰浤　陈　凯　顾擎天　蒋　猛　刘　挺　庞冠穹　薛兆年　于　翔　郑　鑫　朱谊城　王利斌　乐　昊

5. 2010 年全国大学生武术锦标赛

男子甲组团体总分　第六名

甲组团体总分　第六名

男子团体总分　第六名

领　队：王方橼

教　练：花妙林　韦　剑

个　人：俞　璨　甲组自选太极拳　第一名
　　　　　　　　甲组 42 式太极拳　第二名
　　　　　　　　甲组自选太极剑　第八名
　　　　谢　东　甲组自选南棍　第六名
　　　　　　　　甲组三类拳　第七名
　　　　刘晓龙　甲组四类拳　第三名
　　　　　　　　甲组自选剑术　第五名
　　　　　　　　甲组自选长拳　第七名
　　　　杨　骞　甲组二类拳　第一名
　　　　　　　　甲组传统太极拳　第四名
　　　　王琳雯　甲组二类拳　第八名
　　　　李蒙蒙　乙组三类拳　第一名
　　　　王加朕　甲组四类拳　第五名
　　　　　　　　甲组 42 式太极拳　第五名
　　　　　　　　甲组单器械　第六名
　　　　花　苑　甲组一类拳　第一名
　　　　　　　　甲组传统太极拳　第二名
　　　　　　　　甲组 42 式太极剑　第三名

二、上海市比赛

1. 2010 年上海市学生阳光体育大联赛首届高校智力运动会

桥牌领队：陈　琪　教练员：黄国春

围棋领队：汪　凯　教练员：叶锦锦

中国象棋领队：陈　琪　教练员：翁建生

国际象棋领队：陈　琪　教练员：王华良

围棋团体名次：

男子组：第三名；女子组：第一名

中国象棋团体名次：

男子组：第二名；女子组：第三名

国际象棋团体名次：

男子组：第四名；女子组：第二名

桥牌比赛名次：

复旦大学代表队：第一名

围棋男、女个人组(单列)：

复旦大学　杨　梓(女)　第一名

围棋个人名次：

男子组：谢东方　第三名　女子组：胡盼盼　第二名
　　　　鲁　毅　第七名
　　　　钱　诚　第八名

中国象棋个人名次：

男子组：华瑀欣　第一名
　　　　冷　竞　第五名
女子组：王金秋　第五名
　　　　宋遥凌　第七名

国际象棋个人名次：

男子组：沈云骢　第七名
女子组：王依依　第三名
　　　　汤经纬　第八名

2. 2010 年上海市学生阳光体育大联赛游泳比赛

领　队：陈　琪

教练员：尤玉青

郑　毅　男子 25 米自由泳　第二名
熊　军　男子 50 米自由泳　第二名
田佳文　女子 50 米自由泳　第二名

3. 上海市学生阳光体育大联赛高校组龙舟比赛

复旦代表队　二等奖

领　队：陈　琪

教练员：尤玉青

4. 上海市学生阳光体育大联赛高校组跳绳、踢毽子比赛

领　队：陈　琪

教　练：胡　军　陈　焰　曾　泽

复旦代表队　一等奖

男子踢毽子团体　第四名

运动员：金　中　邱震申　滕　浩　徐宇强　蔡　雨　陆雪晨　金　雷　熊　鹰　王奇思　唐超颖　张栩晨　杨平京

女子踢毽子团体　第六名

运动员：董盈秋　吴晗怡　夏云倩　邢　雯　陈姗姗　曾丹宁　张　妮　刘　媛　管亚芳　刘艳萍　孙佳彦

短绳男子团体　第八名

运动员：沈勤丰　方晋之　林　晨　范宾扬　王　弘　秦　琦　王　凯　肖　宇　黄文涛　包　晗

林颖泽　尹　豪　钱钟麟

短绳女子团体　　第四名

运动员：朱宇婷　徐圣婕　郭小溪　李　欣　赵　旻
史翔蔚　沈敏燕　陈煜衡　吴晓菁　宋若梓
朱　涵　顾霏霏　徐清瑶

短绳女子个人：朱宇婷　　第一名

花式短绳男子个人：钱钟麟　　第四名

花式短绳女子个人：顾霏霏　　第七名

花式踢毽子男子个人：张栩晨　　第六名

5. 上海市学生阳光体育大联赛健身健美操比赛

团体操　　一等奖

领　队：王方椽

教　练：丰　萍　张　晨

运动员：陈哲媛　黄梦玮　易　立　周梦怡　陈　莹
林姗姗　陈偲玮　金凌子　潘　旭　刘佳辰
张艳梅　刘　歆　范欣然　王若男　张毛培
方　莹　赵欣悦　陶潇潇　陈小果　闪晶晶
阿迪拉　高熠庭　李诗佳　董菡珺　詹　捷
马旻倩　王雪鲁　胡　昶　宋文雅　范颖仟
王　妍　梁文怡　林羡云　梁一鸣　陈怡言
张艺麒　熊哲歆　屈玖玲　吉玉锦　靳娜玲
陈　熠　吴　蒙　钱晨霞　刘斐敏　倪敏悦
宋思瑶　李瑞博　欧阳文君

6. 上海市学生阳光体育大联赛高校组长跑比赛

男子团体　一等奖　第四名

领　队：陈　琪

教　练：王国华

运动员：卢章疑　徐世锦　董锡君　郭　亮　段倩男
李　杨　毕桃山　王瑞超　毕书晨　陈志浚
胡　旻　阮鸿涛　何志帆　胡张柠　潘天岳
赵　鹏

女子团体　一等奖　第四名

运动员：丁　卉　张晓岑　叶育辰　盛文洁　李　欣
杨　茜　李　丹　杨莲娜　林宏赡　郭秀金
李元琪　马睿琦　彭梦萦　陈孝贤　翟晓宇
王　雪　张　睿　郭梦云　黄韵奇　尹舒蓬
温紫磬

女子个人：丁　卉　　第一名　　张晓岑　　第八名

男子个人：卢章疑　　第一名　　徐世锦　　第五名

7. 上海市学生阳光体育大联赛定向越野比赛

男子团体　一等奖

女子团体　一等奖

领　队：陈　琪

教　练：孙建冰

运动员：胡张柠　阮鸿涛　周悦人　钱　晟
黄韵奇　丁远彤　王政旎　孙安琪

8. 上海市学生阳光体育大联赛攀岩比赛

团体　　一等奖

领　队：马祖勤

教　练：翁建生

韦孔昌　　男子难度总成绩个人　　第七名

张　蓉　　女子难度总成绩个人　　第七名

9. 2010 年上海市大学生阳光体育大联赛高校组中国象棋比赛

领　队：陈　琪

教　练：翁建生

运动员：王兆龙　　第三名
冷　竞　　第六名
王金秋　　第八名
李　玥　　第四名

10. 2010 年上海市阳光体育大联赛高校组拔河比赛

第十三名

领　队：陈　琪

教练员：曾　泽　傅海清

运动员：汤琬鉴　龚伊薇　司　婧　殷　彤　巢婧瑾
尹天舒　倪雯雯　王瑶婕　房媛媛　邱宁斌
任　磊　刘　聪　唐浩然　刘骐硕　艾杳杉
车　赛　周劭君　郭逸峰　耿培珂　左天宇
安　鲁　刘徐嵩　车　锐　沈愈哲

11. 2010 年上海市学生阳光体育大联赛高校组田径比赛

领　队：陈　琪

教　练：王国华

刘家德	男子 100 米	第一名
潘驰飞	男子立定跳远	第一名
刘家德	男子跳远	第二名
董锡君	男子 1 500 米	第二名
丁驷跃	男子 100 米	第二名
	男子 4×100 米	第二名
陈振宇	男子跳远	第三名
蔡灿鑫	男子 400 米	第三名
游简舲	女子 400 米	第三名
徐世锦	男子 1 500 米	第三名
董锡君	男子 800 米	第三名
	女子 4×100 米	第三名
	50 米迎面接力	第三名
	单足跳接力	第三名
	实心球掷准积分赛	第三名

12. 2010 年上海市第十四届运动会高校组游泳比赛

领　队：王方椽

教练员：尤玉青

刘丰园：	女子 50 米蝶泳	第一名
	女子 100 米自由泳	第二名
	女子 4×100 米自由泳接力	第四名
	女子 4×100 米混合泳接力	第五名
田佳文：	女子 50 米自由泳	第三名
	女子 800 米自由泳	第三名
	女子 4×100 米自由泳接力	第四名
	女子 4×100 米混合泳接力	第五名
朱一涛：	女子 200 米蛙泳	第三名

女子50米蛙泳　第六名
女子4×100米混合泳接力　第五名
徐　畅：女子100米蝶泳　第四名
女子200米混合泳　第八名
朱佳燕：女子50米仰泳　第七名
女子4×100米自由泳接力　第四名
女子4×100米混合泳接力　第五名
丁珏瑞：女子50米蝶泳　第五名
高庭艳：女子4×100米自由泳接力　第四名
黄　瀚：男子50米仰泳　第三名
男子50米蝶泳　第四名
男子4×100米混合泳接力　第六名
男子4×100米自由泳力　第七名

13. 2010年上海市第十四届运动会高校组乒乓球比赛

复旦代表队　体育道德风尚奖
男子团体　第七名
女子团体　第七名
领　队：王华良
教　练：王丽娜
运动员：程浩然　石　慧　杨　彪　李长河　马日照
周欣辰　孙　琪　顾凤仪　董艺璇　孙筱颖

14. 2010年上海市第十四届运动会暨上海市学生阳光体育大联赛高校组11人制足球赛

复旦大学足球队　体育道德风尚奖
袁建闵　黎　铮　个人体育道德风尚奖
复旦大学足球队　第八名
领　队：任　义
教　练：鲍　涛　徐立竣

15. 2010年上海市第十四届运动会暨上海市学生阳光体育大联赛高校组手球比赛

复旦大学男队　体育道德风尚奖
获得体育道德风尚奖运动员个人：洪蔚翔　张　擎
复旦手球男队　第三名
领　队：陈　琪
教　练：刘　君　王恩锋
运动员：陈国骄　洪蔚翔　张　擎　郑　端
陆昱廷　陈　铎　张佳骏　周林涛
陈振宇　车　锐　王一耀　倪　骋
陈轩宇　陈　吉　陈文斌　李　靖

16. 2010年上海市第十四届运动会高校组攀岩比赛

团体总分　第五名
男子难度总成绩个人：韦孔昌　第七名
女子难度总成绩个人：张　蓉　第七名
领　队：马祖勤
教　练：翁建生

17. 2010年上海市第十四届运动会高校组定向越野比赛

男子团体　第五名
女子团体　第八名
男子个人　第八名
代表队获体育精神文明奖
领　队：王方椽
教　练：孙建冰
运动员：胡张柠　阮鸿涛　周悦人　钱　晟
黄韵奇　丁远彤　王政旎　孙安琪

18. 2010年上海市第十四届运动会高校组篮球比赛

复旦女队　体育道德风尚奖
复旦女队　第六名
复旦男队　第七名
领　队：马祖勤
教　练：原温荣
运动员：葛　静　龚焦雷　何安琪　罗宇韬
梁宋静怡　王哲雅　谢欣阳　徐　婷
许佳慧　姚旻卉　曾丹宁　朱晓倩

19. 2010年上海市第十四届运动会暨上海市学生阳光体育大联赛高校组羽毛球比赛

复旦代表队总积分　第四名
体育道德风尚奖运动员个人：潘晓军　庾淑文
男子团体　第五名
女子团体　第七名
领　队：陈建强
教　练：周建高
男子单打：平　凡　第七名
女子单打：徐　倩　第四名
男子双打：安　健　潘晓军　第五名
女子双打：陈怡婷　刘　苒　第三名
混合双打：钟亥哲　庾淑文　第七名

20. 2010年上海市第十四届运动会高校组桥牌比赛

团体　第一名
领　队：汪　凯
教　练：王国春
运动员：黄旭红　杨乃龙　蒋宇杰　陈震宇　张世雄
黄　栩

21. 2010年上海市第十四届运动会暨上海市学生阳光体育大联赛高校组排球比赛

复旦大学代表队　体育道德风尚奖
复旦女队　第一名
复旦男队　第二名
领　队：汪　凯(男队)　王方椽(女队)
教　练：方　川　丁　毅(男队)　陈　祥
魏　琳(女队)
男队运动员：陈杰浤　陈　凯　顾擎天　蒋　猛
刘　挺　庞冠穹　薛兆年　于　翔
郑　鑫　朱谊城　王利斌　乐　昊
女队运动员：高木子　郭　妍　李辛芸　林冬禾
沈　怡　盛珍珍　王晨郦　王丽丽
肖嫣雯　杨茜淳　张轶婵　张　塬

22. 2010年上海市十四届运动会暨学生阳光体育大联赛高校组网球比赛

女子团体　第六名

领　队：陈建强

教　练：孔　斌

运动员：李欢劼　李安琪　吴楚越　梁喆焉

单项比赛：

李欢劼　女子双打　第二名

李安琪　女子双打　第二名

乔　睿　男子双打　第四名

孙　健　男子双打　第四名

李欢劼　混合双打　第五名

乔　睿　混合双打　第五名

23. 2010 年上海市第十四届运动会高校组武术比赛

男子团体第五

女子团体第五

第十四届运动会高校组武术比赛精神文明运动队

花　苑　第十四届运动会高校组武术比赛体育道德风尚奖

领　队：王方椽

教　练：花妙林　韦剑

个　人：俞　璨　太极拳第一　42 式太极拳第二

谢　东　南拳第三　南棍第四

刘晓龙　自选剑第四

王琳雯　太极拳第二　体育道德风尚奖

王加朕　42 式太极拳第四

花　苑　42 式太极拳第一

24. 2010 年上海市十四届运动会高校组健美操比赛

大众健身操　第六名

领　队：王方椽

教　练：丰　萍　张　晨

运动员：王　旗　王亦昕　毛佩瑶　姜修宜

陆亚芸　李奕洁　刘　正　钱　程

25. 2010 年上海市十四届运动会暨学生阳光体育大联赛高校组棒球比赛

男子棒球队　第四名

领　队：马祖勤

教练员：朱敏珍　杨至刚

运动员：曹　昱　陈　骏　刘　畅　唐　三　王　也

吴　瀚　杨　松　周　力　吴　通　徐　航

杨　牧　姚思劼　王骏杰　董必勤　黄佳宁

黄梦梓　唐小亮

（王曙涛）

分析测试中心

【概况】 2010 年，分析测试中心有分析化学、物理化学、高分子化学与物理 3 个硕士点。

有在职教职工 23 人，其中高级职称 5 人、中级职称 12 人。

有核磁共振仪（300 兆和 500 兆）、气/质联用仪、气相色谱仪、紫外光谱仪、傅立叶变换红外光谱仪、显微拉曼光谱仪、X 射线单晶衍射仪、X 射线多晶衍射仪、原子吸收光谱仪、等离子体发射光谱仪、离子色谱仪、扫描电镜和透射电镜等大型仪器 20 台(套)。

全年招收硕士研究生 4 人，毕业硕士研究生 2 人，在读硕士研究生 12 人。向全校理科研究生开设“高等结构分析”学位基础课。

全年共承担国家自然科学基金项目 2 项、上海市自然科学基金资助项目 1 项、横向课题 7 项，横向科研经费(含测试费)共 250 万元。在国内外发表学术论文 8 篇，其中 SCI 论文 6 篇；另与其他单位合作发表 SCI 论文 4 篇。共完成校内委托测试样品 10 600余个，校外委托测试样品 5 900 余个。

（刘新刚）

【承办第十一届全国青年分析测试学术报告会】 该会议于 10 月 16—19 日在上海崇明召开。由中国分析测试协会青年学术委员会主办、复旦大学分析测试中心承办。与会人数达 120 人，收到论文 39 篇。会上围绕分析测试方法和技术的最新应用这个主题，青年学者们以学术报告形式分享彼此业已取得的经验和成果，对该领域面临的新问题、新挑战进行深入讨论。

（刘新刚）

实验动物科学部

【概况】 2010 年，实验动物科学部设有动物学硕士点 1 个。

有在编教职工 35 人，其中专任教师 7 人、教辅人员 2 人、行政人员 3 人、技术工人 24 人。具有正高级职称 1 人、副高级职称 4 人、中级职称 6 人、初级职称及科员 6 人、工人 18 人。另有租赁制技术员 6 人。有硕士研究生指导老师 4 人。

在读硕士研究生 4 人。

为全校研究生和本科生开设医学实验动物学公共选修课，其中为临床型硕士研究生班开课 56 学时，授课学生数 120 人。为科研型硕士研究生班开课 56 学时，授课学生数 120 人。为在职研究生班开课 56 学时，授课学生数 33 人。为基础医学专业本科生班开课 56 学时，授课学生数 22 人。

上海市科技发展基金项目“实验用羊标准、啮齿类实验动物垫料标准、实验大鼠和小鼠运输标准制定的研究”、“常用大鼠、小鼠、豚鼠、地鼠的比较生物学和比较医学及其各自在生物医学主要研究领域应用的标准化研究”、“常用实验动物细胞超微形态学结构的比较研究和数据库建立”通过上海市科学技术委员会的验收。申请到 2010 年度上海市科技发展基金项目 1 项，获得科研经费 50 万元。出版卫生部“十一五”规划教材《实验动物学基础与技术》。《比较医学动物实验计算机辅助设计系统》获得国家版权局授予的计算机软件著作权。发表论文 5 篇。

生产供应科全年生产大鼠 2 万余只、小鼠 5 万余只。对外开放动物实验室承接课题 29 项，开发动物模型 8 个。

（杨　斐）

放射医学研究所

【概况】 2010年,放射医学研究所有在职教职工47人,其中科研人员20人,高级职称人员10名。研究所设有二级学科(放射医学)博士点1个,硕士点1个。招收硕士研究生8人、博士研究生2人。毕业研究生3人。全年申请国家各类科研经费141万元,发表科研论文29篇,其中SCI论文13篇,EI论文2篇。

全年完成《职业病危害(放射防护)控制效果评价报告书》及《职业病危害放射防护预评价报告》450份,检测报告1 152份。完成11 000余人的放射工作人员职业健康监护工作,完成4 240余人次的放射性工作人员染色体检查、6 657余人次的微核检测工作。开展放射性职业工作者个人剂量监测约7 500人次。

全年接待国外学者来访10人次。邀请美国加州大学欧文医学中心Thong H. Nguyen教授来所访问,并做题为"Yttrium-90 Radioembolization Treatment for Liver Cancer"的学术讲座。邀请美国伦斯勒理工学院X. George Xu教授来所访问,并做题为"数字人和用于辐射计量学的人体计算模型的国际发展动态"的学术讲座。应邀参加日本辐射研究学会年会。卓维海研究员担任国际辐射防护委员会(ICRP)第81工作组的专家,并应邀参加起草ICRP的新建议书。

2010年1月到2010年5月,在上海市卫生局的安排和指导下,放射医学研究所对上海市负责捐建的江堰市15家医疗单位中的职业病危害放射防护情况进行了预评价和控制效果评价,并为援建现场施工提供辐射安全技术指导。

世博会期间,作为上海市核安保检测鉴定机构,放射医学研究所积极投入世博会核安全保障工作,编写《放射(恐怖)突发事件医学应急救援行动指南》。并受中国人民武装警察部队上海总队委托,研究所多名专家参与对世博园出、入口处的各类安检X射线机进行辐射安全检测,对武警官兵作辐射安全知识培训并参与现场工作指导。 (王伟华)

【承办第九届全国环境与职业医学研究生学术研讨会】 该会议于12月23—25日在放射医学研究所召开。由环境与职业卫生医学编辑部、复旦大学公共卫生学院主办,放射医学研究所承办。会议收到全国20所高校和机构的中英文投稿79篇,涉及毒理学、职业医学、流行病学及环境医学等内容。来自全国各地的100余人出席会议。经过参会学生投票,来自复旦大学和苏州大学的博士和硕士生荣获最佳论文奖,会议期间10名研究生获得优秀组织奖(会议期间10名研究生参与组织及参与分会讨论,因此获组织奖)。 (陈 晓)

古籍整理研究所

【概况】 2010年,古籍整理研究所设有中国古代文学、中国文学古今演变、中国古典文献学、汉语言文字学及逻辑学(以因明学为主)5个博士点和硕士点。

有在职教职工18人,其中专任教师16人,行政人员2人。有正高级职称10人,副高级职称2人,中级职称3人,另有兼职教授3人。有研究生指导教师13人。复旦大学杰出教授1人。

招收硕士研究生14人,博士研究生11人。毕业硕士研究生16人,博士研究生8人。

申请到教育部全国高校古籍整理研究工作委员会资助项目2个,获得经费30万。在各类学术期刊发表论文近40篇,出版学术著作2部。 (古 纪)

【章培恒获上海市第十届哲学社会科学优秀成果学术贡献奖】 2010年在上海市第十届哲学社会科学优秀成果评选中,由复旦大学古籍整理研究所所长章培恒教授、复旦大学中国语言文学系教授骆玉明主编的三卷本《中国文学史新著》,获学术贡献奖。该书由复旦大学出版社和上海文艺出版总社出版。 (古 纪)

【举办第五届中国文学古今演变研究学术研讨会】 该会议于12月18—19日在复旦大学召开,由复旦大学古籍整理研究所与复旦大学中国古代文学研究中心、浙江师范大学中国文学与文化研究所、《文学评论》编辑部联合举办。80余位来自国内外各高校和研究机构的专家学者出席研讨会。会议主要就进一步突破学科区隔的壁垒,加强中国古代文学与现当代文学的贯通研究的重要性或必要性,中国文学古今演变的理论建构,以及着眼于一系列时空维度上的文学演变等重要问题展开讨论。 (古 纪)

中国历史地理研究所

【概况】 2010年,中国历史地理研究所(简称史地所)设有历史地理专业硕士、博士学位授予点,人口史博士学位授予点。是国家重点学科,"211工程"复旦大学重点建设项目之一。拥有教育部首批普通高校人文社会科学重点研究基地"历史地理研究中心"和复旦大学"985工程"哲学社会科学国家创新基地"历史地理研究基地"。

有教职员工29人。其中专任教师23人、行政人员2人、教辅人员4人。具有正高级职称12人、副高级职称8人、中级职称6人。研究生指导教师19人。

招收硕士研究生18人、博士研究生14人。在读研究生102人,其中硕士研究生52人、博士研究生50人、留学生2人。有12名博士研究生毕业,11名获得博士学位。有17名硕士研究生毕业,18名获硕士学位。

博士研究生杨煜达(指导老师:邹逸麟)的论文《清代云南(1711—1911年)的季风气候与天气灾害》获2010年全国优秀百篇博士学位论文奖。博士研究生吴俊范(指导老师:

满志敏)的论文《从水乡到都市：近代上海城市道路系统演变与环境(1843—1949)》获2010年全国优秀百篇博士学位论文提名奖。从1999年全国优秀百篇博士论文评选开始以来,史地所共有5位博士的博士学位论文获得该奖,并有4位博士的博士学位论文获得全国优秀百篇博士论文提名奖。目前在复旦大学文科中排名第一。

全年共有11项科研项目立项,其中国家哲学社会科学基金青年项目1项、国家自然科学基金青年项目1项、科技部"973"项目1项、教育部人文社会科学重点研究基地重大项目2项、教育部人文社会科学研究规划基金项目2项、上海市"晨光计划"项目1项、上海市哲学社科规划课题一般项目2项、上海市哲学社科规划课题专题研究项目1项。教师出版著作14部,其中专著8部、论文集6部。在国内外学术期刊上发表论文160篇,其中权威期刊8篇、核心期刊40篇、一般期刊98篇。

史地所邀请国内外知名学者到所举办学术讲座：5月7日,韩国高丽大学史学科教授朴元熇作题为"我与明清徽州宗族史研究"。5月26日,台湾中研院近代史研究所教授谢国兴作题为"民间信仰的地域变异——以田都元帅信仰在闽台的差异为说"。7月6日,台湾东吴大学历史系教授徐泓作题为"台北城：从传统中国城市到近代殖民帝国城市"。9月6日,立教大学文学部史学科教授上田信作题为"海贝与东欧亚文明"。9月27日,日本大阪市立大学大学院文学科教授平田茂树作题为"如何解读宋代的政治空间"。10月26日,台湾大学历史系教授梁庚尧作题为"南宋温艚考——海盗活动、私盐运贩与沿海航运的发展"。11月8日,东海大学文学部特任教授渡部武作题为"中国传统农具的调查与方法论"。史地所全年共举办讲座18次,其中谭其骧历史地理讲座11次、历史地理研究中心讲座7次。

5月6日,由校党委书记秦绍德带领的调研组到史地所调研,深入了解学科发展现状,与所主要负责同志一起研究学科下一步发展思路。时任所长满志敏教授全面介绍2005—2009年发展的情况,以及下一步发展的思路和重点,并就拓展研究方向、加强数据库的建设和利用等问题与调研组成员进行讨论。秦绍德希望史地所加强后备队伍建设,积极扩展学术影响力,在学科建设中继续保持优势,争取更大作为。

5月13—17日,史地所硕士一年级、博士一年级学生前往江苏镇江、扬州和南京进行为期5天的历史地理综合考察。该次考察突破以往教师单一讲解的方式,出发前要求参加考察的学生做好文献预习工作,进入考察点后,采取学生讲解、教师补充的方式进行考察教学。提高考察的教学效果。

6月2日,中央电视台《新闻20分》节目报道史地所学生吴恒的支教事迹。吴恒为史地所2007级硕士生,2009年8月前往宁夏西吉三合中学支教。2010年3月,吴恒有感于贫困地区学生饱受盗版字典之害,发起了名为"一本正经"的募捐活动,获得社会广泛响应,共筹得44 402元,用于三合中学师生购买正版字典及参考书。

8月21—27日,由史地所主办的2010年暑期历史地理前沿研修班(以下简称研修班)在复旦大学举行。该次研修班以"GIS与历史地理研究"为主题,邀请到来自中国科学院、香港中文大学、华东师范大学和复旦大学的共12位专家学者讲座授课或主持讨论。来自北京大学、陕西师范大学、暨南大学、武汉大学、南京大学、中山大学、中国人民大学、中国科学院、中国社会科学院、台湾中正大学等海峡两岸20余所高校和科研院所的80余位博硕士研究生和青年教师参加学习。研修班分为讲座、讨论和上机实践三个部分。学员们普遍认为,这次研修对刺激他们应用GIS开展自己的研究课题将产生积极、深远的影响。

11月17日,杨浦区区委书记一行领导及校党委书记秦绍德莅临史地所。时任所长满志敏教授陪同区委领导及校领导参观史地所的谭其骧文库,并实地操作演示"中国历史地理信息系统"。

12月7日下午,校党委组织部部长到史地所宣读学校任命吴松弟教授担任中国历史地理研究所所长的决定,表达对新任所长吴松弟教授的期望,并对卸任所长满志敏教授的辛勤工作表示感谢。 (戴佩娟)

【《历史地理研究》第3辑出版】 3月,《历史地理研究》第3辑由复旦大学出版社正式出版。该书由历史地理研究中心编辑,收录学术论文12篇、博士后论文1篇。20世纪80年代起,史地所除了负责编辑中国地理学会历史地理专业委员会学术刊物《历史地理》杂志之外,还先后编辑、出版两辑《历史地理研究》(所刊)。为继承前辈学者治学传统,展示史地所学术成果,续编该书。 (戴佩娟)

【王振忠著作列入《国家哲学社会科学成果文库》】 由上海市社科规划办指定推荐申报,经评审,王振忠教授的著作《明清以来徽州村落社会史研究——以新发现的民间珍稀文献为中心》列入国家社科规划办2010年度《国家哲学社会科学成果文库》,将于2011年正式出版。王振忠教授曾先后完成国家哲学社会科学基金青年项目、国家哲学社会科学项目各1项,两度获评优秀。 (戴佩娟)

【历史地理研究中心获教育部优秀基地】 5月13日,复旦大学历史地理研究中心在第二次中国高校人文社会科学重点研究基地评估中被评为优秀。教育部于2008年9月启动第二次高校人文社会科学重点研究基地评估工作,旨在进一步促进高校人文社会科学重点研究基地建设,全面提升建设水平,实现建设目标。全国高校共151个基地参与了评估。教育部于2010年5月公布了评估结果,全国共25个基地被评为优秀。

(戴佩娟)

【举办"中国近代经济变迁的时空进程"学术研讨会】 该会议于5月15—16日在校召开。由史地所举办。史地所教授吴松弟具体召集并主持,来自全国各地及中国香港、台湾的30位学者出席会议并作报告。会议围绕"中国近代经济变迁的时空进程"

以及“中国近代经济地理的研究理论和方法”两大主题，进行了多角度的学术交流。（戴佩娟）

【举办“文化遗产的收集、保护及传播”国际会议】 该会议于5月31—6月1日在校召开。由美国加州大学伯克利分校数字化文化地图行动委员会(Electronic Cultural Atlas Initiative，简称ECAI)和复旦大学中国历史地理研究所联合组织。ECAI一直致力于世界各地文化遗产时空信息的数字化开发与发布。历史地理研究中心在推动中国历史地理信息系统开发的同时，与ECAI保持着良好的合作与交流关系。该次研讨会汇集与ECAI具有合作关系的多国专家，18名外籍代表分别来自美国、德国、澳大利亚、俄罗斯、韩国、印度和斯里兰卡，就地理信息系统(GIS)、遥感(Remote Sensing)、虚拟现实(Virtual Reality)在数字文化地图中的应用进行了深入的交流和讨论。（戴佩娟）

【李兆基访问史地所】 10月9日，复旦大学校董、香港培华教育基金会主席、恒基兆业地产集团主席李兆基博士一行到史地所访问，参观史地所的谭其骧文库及中国历史地理信息系统。时任所长满志敏教授接待李兆基一行，向李兆基介绍谭其骧文库的建设情况，并演示中国历史地理信息系统。（戴佩娟）

【举办“前现代中国的治边实践与边陲的社会历史变迁”学术研讨会】 该会议于10月23—24日在校召开。由史地所教授姚大力、安介生发起并组织，出席会议的有来自南京大学、山西大学、云南大学、中国社科院边疆史地中心、台湾中研院史语所、日本早稻田大学和庆应义塾大学以及本中心等10余所高校及科研机构的近30位学者。会议共设6个专场报告会，主要围绕历史时期边疆社会与民族地理作专题学术报告。这些报告包括历史时期的治边政策、边界形态、边城发展、边民社会生活以及边区自然环境变迁等诸多领域。24日下午，来自外地的各位参会代表参观“谭其骧文库”。（戴佩娟）

【举办“明清长江下游人文地理”专题学术研讨会】 该会议于10月29—30日在安徽省芜湖市召开。由史地所与安徽师范大学历史与社会学院联合举办。会议就教育部人文社会科学重点研究基地历史地理研究项目“清代地理专题研究”、“985工程”国家哲学社会科学创新基地重大项目“长三角城镇体系研究”等涉及的苏、浙、沪、皖、赣长江下游地区明清以来的城市、村镇、经济、社会、商业、文化及水环境状况展开研讨。来自中国人民大学、复旦大学、台湾中研院、上海交通大学、华东理工大学、安徽大学、苏州大学、安徽师范大学、江西师范大学等单位30余位学者提交论文并参与讨论。（戴佩娟）

高等教育研究所

【概况】 2010年，高等教育研究所有在编专职研究人员10人。其中研究员3人、副研究员4人、助理研究员3人，9人具有博士学位。在国内外聘请兼职研究人员10余人。

获得教育专业硕士学位授予权和教育学硕士学位一级学科授权。招收硕士研究生15人，在读硕士研究生36人，毕业9人。其中，高等教育学专业13人，教育经济与管理专业13人，课程与教学理论专业10人。为本科生开设教育学第二专业，在读学生15人，其中新招8人。

获得上海市浦江人才计划项目1项，上海市哲学社会科学规划课题2项，上海市教育科学研究项目2项，上海市教育评估院和中国高等教育学会委托横向课题2项。参与教育部高等教育司本科教学工作审核式评估方案研制。发表文章29篇，其中CSSCI刊物17篇，2篇论文被人大报刊复印资料全文转载。出版译著1部。

实施“学术午餐会”制度，邀请学校部分职能部门开展管理问题研讨。向教务处提出建立教师教育制度的建议，组织团队协助教务处和复旦学院申报教育部重大招标课题，承接教务处完善教学评价课题的研究。结合党组织“创先争优”活动，推出“做西部支教后盾”项目，为团委西部支教行动提供专业支持。编辑《高教快报》27期。

全年共有3人次教师出国进行学术访问，短期2人、公派长期1人。教师有8人次参加国际学术会议，其中4人次出国出境参加学术会议。全年接待美、日、德等国和中国港台教育机构学者33人次。为提升研究生教学水平，聘请香港教育学院教授Allan Walker来校集中授课。与美国范德比尔大学皮博迪学院联合举办系列公益学术讲座，在2010年推出“变革时代的高等教育应对策略”议题，邀请国际教育政策领域的知名学者Stephen P. Heyneman教授作主讲人。

《复旦教育论坛》继续入选中文社会科学引文索引(CSSCI)来源期刊(2010—2011)。2010年度，全年出刊6期，共印刷10 600册，发表论文114篇，约112万字，重点涉及《国家中长期教育改革和发展规划纲要》、教育领导学、教育管理学、高等教育质量保障与评价、高校内部治理与现代大学制度建设、大学理念、大学课程与教学、教育改革与发展、医学教育研究等主题。据不完全统计，2010年被《新华文摘》全文转载2篇，被人大《复印报刊资料》全文转载12篇，全文转载率在教育类期刊中排名第十。在2010年中国学术期刊影响因子年报(人文社会科学)中，《复旦教育论坛》2007—2009年复合影响因子为1.249，在教育学学科中排序为25/284。（田凌晖）

现代物理研究所

【概况】 2010年，现代物理研究所设有原子分子物理、粒子物理与核物理博士点2个，原子分子物理、粒子物理与核物理和等离子体物理硕士点3个，有应用离子束物理教育部重点实验室和上海EBIT实验室。全年招收博士生7名，硕士生12名。有在站博士后1名，在读博士研究生20名，硕士研究生 37 名。

获批准科技部重大研究专项课题 7 项，国家自然科学基金项目 7 项(其中面上项目 6 项，青年基金项目 1 项)，横向科研项目 1 项，校青年基金项目 2 项。在研科技部重大研究专项 1 项，国家自然科学基金项目 9 项(面上项目 6 项，专项基金项目 1 项，青年基金 2 项)，省部级项目 2 项(教育部新世纪优秀人才支持计划 1 项)，“985”二期平台项目 1 项，国际原子能机构资助项目 1 项，横向科研项目 4 项，校青年基金项目 4 项。全年科研经费到款金额 757.6 万元。发表 SCI 论文 41 篇。为研究生及本科生开设课程共 20 门。

全年有 3 名国际学者到所访问，4 名国内外知名学者到所作学术报告。派出境外访问、研究或参加国际学术会议 24 人次，其中做邀请报告 3 人次。举办国际会议 1 次。

(叶翠娣　杨　柳)

【举办第 15 届高电荷态离子物理国际会议】 该会议于 8 月 30—9 月 3 日在校举行。由现代物理研究所主办、上海市核学会协办。会议主席由研究所教授邹亚明和特聘外籍教授 Roger Hutton 博士担任。杨福家院士致开幕词。光子、电子、原子碰撞国际会议(ICPEAC)委员会副主席、国际纯粹物理和应用物理委员会副主席、奥地利维也纳大学理论物理研究所教授 Joachim Burgdoerfer，日本东京大学物理系主任 Yasunori Yamazaki 教授，德国 GSI 原子物理研究室主任 Thomas Stohlker 教授，瑞典斯德哥尔摩大学物理系教授 Reinhold Schuch，德国 Justus-Liebig 大学教授 Alfred Mueller，美国西密西根大学物理系主任 John Tanis 教授，中国科学院合肥等离子体所所长万宝年教授等来自中国、美国、德国、瑞典、英国、法国、日本、俄罗斯、印度、埃及、阿根廷、爱尔兰、奥地利等世界各国的 200 多位专家学者参会就高电荷离子相关的领域、电子束离子阱(Electron Beam Ion Trap，简称 EBIT)实验装置以及其他先进光源相关研究方面作 38 场学术报告，海报总计 175 张。　(路　迪)

核科学与技术系

【概况】 2010 年，核科学与技术系设有核技术本科专业 1 个，有在职教职工 35 人，其中院士 1 名，双聘院士 1 名，具有正高级职称 8 人，副高级职称 12 人，中级职称 10 人。为本科生开设课程共 7 门。

2010 年是核技术专业恢复重建后的起步年。建立系本科教学指导委员会，建立有分管教学系主任、教学秘书和教务员组成的本科教学管理队伍，组成在直属支部领导下的学生工作组以及学生党支部、系团总支和本科生团学联组织。修订核技术本科专业培养方案和课程教学大纲，建立本科课程教学团队。

5 月，国家国防科工局发文(科工技[2010]521 号)正式批准《复旦大学“十一五”国防特色学科专业建设项目可行性研究报告(代初步设计)》。至此，针对核科学与技术系和技术专业的教学和科研基础条件的建设正式立项启动。项目建设总投资 600 万元人民币，主要包括核相关基础实验室、核技术综合试验配套设备的购置。7 月，教育部、财政部发文(教高函[2010]15 号)批准复旦大学核科学与技术系的核技术专业为第六批高等学校特色专业建设点，资助 20 万元人民币。9 月，核技术专业本科恢复重建后招生，原定招收 20 名，实际录取 31 名。12 月 3—9 日，中国核工业集团公司委托中国核学会和教育部高等学校工程与核技术专业教学指导委员会组团，系教授陈建新随团出席在台湾地区举办的“两岸核工程技术专业人才培养高层论坛”。

(陈建新)

神经生物学研究所

【概况】 2010 年，神经生物学研究所设有视网膜研究室、痛觉研究室、脑高级功能研究室和脑神经突触环路发育研究室等 4 个研究室。

有在职教职工 12 人，其中正高级职称 3 人、副高级职称 3 人、中级职称 6 人。另有讲座教授 1 人。有博士生导师 3 人、硕士生导师 2 人，中国科学院院士 1 人。

招收硕士研究生 8 人、博士研究生 7 人；毕业博士生 8 人、硕士生 1 人；在读研究生共 42 人。开设博士学位专业课程 1 门、硕士学位专业课程 2 门、本科生学位专业课程 1 门。

全年共发表研究论文 21 篇(影响因子合计 66.93，按 2009 年公布的 SCI Impact Factor 值计算)，其中 20 篇以第一署名单位和通讯作者发表。在研科研项目 19 项，研究经费 642.5 万元。申请并获批研究项目 4 项，研究经费 115.6 万元。

学术交流方面，出国出境学术访问 4 人次。

2010 年 7 月 19 日调整领导班子后，张玉秋任所长。　(王　健)

发育生物学研究所

【概况】 2010 年，发育生物学研究所(简称发育所)有教职员工 167 人，其中教授 8 人，副教授 2 人，技术人员 156 人；有教育部“长江学者奖励计划”讲座教授 2 人，“973 计划”首席科学家 1 人。

有学生 34 人，其中博士研究生 17 人，硕士研究生 7 人，本科生 10 人。开设遗传分析、发育生物学、生物化学和分子细胞学及生物伦理学等课程。

全年发表 SCI 论文 7 篇，其中包括 Nature(和耶鲁大学合作)、Current Biology 等生命科学领域顶级期刊，平均影响因子达 9.2。独立承担国家“863 计划”重点项目 1 项、“973 计划”项目 1 项、国家自然科学基金重点及面上项目 2 项、上海市科学技术委员会研究基金项目 3 项。

发育所教授徐人尔获得明治乳

业生命科学奖,吴晓晖获得上海市教育委员会曙光计划资助,张晓昌博士获得遗传学会颁发的"李汝祺动物学"奖,博士研究生雷凯获得教育部博士研究生学术新人奖和第2届"吴瑞"纪念奖学金,并受邀参加第60届诺贝尔奖大会。博士研究生孔珊珊、金艳获得复旦大学"重点学科基金资助项目"。

通过国家"863计划"和"973计划"支持,发育所成功建立世界规模最大的小鼠基因突变体库。该突变体库包含5 000余个基因的小鼠突变品系,覆盖近20%小鼠基因组,其规模相当于过去20年来全球生物医学界的总和。突变体库包括280种已知人类疾病基因相应突变体、447种候选疾病基因突变体、10个已确证的药靶基因突变体、24个在研药靶基因突变体和大量候选药靶基因突变体、378种重要信号转导途径相关基因、22种miRNA基因,以及大量未知功能基因。突变体库已通过PBmice数据库在线发布,并向国内外研究人员提供。突变体库为筛选重要功能基因、疾病基因、生物标志物和药靶,研究相关机理,研发预防和诊治手段提供新机会。利用突变体库进行的工作还发现了影响免疫、皮肤、泌尿系统等功能的一批新基因和新机制,为了解和治疗多基因复杂疾病在内的各种相关疾病开辟新方向。

全年邀请海内外知名专家、学者19人前来讲学交流。教师出国出境学术访问11人次。 (蒋 燕)

【承办"人类疾病与动物模型"学术研讨会】 该会议于6月30—7月2日举行。由发育所承办。17位来自英、美等国的从事动物模型和人类疾病学研究的国际知名学者参会并做大会报告。另有来自国内生物医学研究领域的学者、教师、学生400多人参加会议。该会议以动物模型与人类疾病学研究为主题。模式生物尤其是和人类有高度同源基因的小鼠已成为研究人类多种疾病分子机理不可替代的工具。人类基因组测序基本完成以后,国际生物界的研究焦点已经转向如何迅速了解这些基因的功能,并从中找出具有重大理论意义及经济效益的基因。此次会议的召开,旨在促进对人类疾病机理的深入了解,并拓展利用模式生物进行该方面研究。 (蒋 燕)

国际问题研究院

【概况】 2010年,国际问题研究院下设研究中心(部/室)13个。在职教职工44人,其中正高级职称10人,副高级职称13人,中级职称12人,行政教辅人员9人。年录用1名博士,2位研究人员借调至中国驻外使馆工作,1名教辅人员退休。

研究院全年发表SSCI论文4篇、CSSCI论文42篇,外语发表论文40篇,一般文章64篇,出版各类著作16部。全年新立项省部级课题15项,教育部重点教材项目1项。

研究院继续与《解放日报》国际部、上海国际关系学会共同主办"复旦—解放国际论坛",全年出版10期。研究院院部全年举办各类讲座9次。与联合国训练研究所(UNITAR)签订合作协议,每年将选派3名学生赴联合国训研所实习,帮助联合国训练研究所中文网站的建设。 (沈丁立)

【承办"上海论坛2010"政治分论坛】 5月29—30日,研究院与美国亚洲协会合作举办"上海论坛2010"的"亚洲国际关系的重构"分论坛。巴基斯坦前总理肖卡特·阿齐兹,美国圣路易斯华盛顿大学校长Mark Wrighton,亚洲协会董事廖凯原,中国联合国协会会长、前联合国副秘书长陈健担任大会嘉宾,另有22位外国学者和26位中国学者参加分论坛,收到论文24篇,就"东亚国际关系的重构"、"亚洲反恐格局的重组"和"气候变化合作的重思"等议题展开讨论。分论坛论文集《亚洲国际关系的重构》于2011年出版。 (沈丁立)

【启动研究院午餐学术沙龙】 为增进各中心研究人员之间的交流,研究院启动午餐学术沙龙。外交部驻所客座研究员田宝珍参赞和陆京参赞、中国前驻印度大使程瑞声、中国联合国协会会长陈健等先后在沙龙发表演讲。 (沈丁立)

【召开中英"变化中的国际安全环境"研讨会】 该研讨会于10月18日召开,由研究院与英国驻上海总领事馆共同举办。英方参会人员有英国驻华政治参赞Dan Chugg、武官Duncan Frances、一秘James Barker 、二秘Dave Hall、英国驻上海领事Katherine Dixon、"更安全的世界"机构中国项目主任Bernardo Mariani等。双方就"跨国安全"、"军事在外交中的作用"和"互信机制建设"等议题交换看法。 (沈丁立)

【举行"第三届新西兰—复旦圆桌会议"】 该会议于7月3日在新西兰奥克兰大学举行。由沈丁立、潘锐、杜幼康组成的复旦大学国际问题研究院代表团参加会议。会后,参加在Otago大学举办的第45届外交政策会议和由新西兰国际事务研究所举办的中国外交研讨会,并拜访新西兰外交部,与新西兰官员座谈。"新西兰—复旦圆桌会议"于2007年在上海创办,由时任新西兰驻上海总领事陈雯与复旦大学国际问题研究院共同发起。 (沈丁立)

【举办第三届"无核武器世界"讲习班】 该讲习班分别于6月2—6日、8月22—28日在复旦大学和美国圣路易斯华盛顿大学举行,由研究院与圣路易斯华盛顿大学合作举办。中美两国专家共同为10余名中美学生授课,师生就核裁军和全面消除核武器等问题进行交流。课程得到位于华盛顿特区的世界安全研究所支持。 (沈丁立)

【美国研究中心概况】 2010年,美国研究中心研究人员出版和编辑学术著作7部,在SSCI刊物发表学术论文4篇,在中文CSSCI权威刊物发表论文3篇、核心刊物论文10篇,其中英文论文11篇,一般中文学术刊物论文16篇。

中心作为教育部人文社会科学重点研究基地,按照教育部要求,编制"'十二五'(2011—2015)发展规划",提出未来五年建设目标,就努力建设一流基地,凝聚学术特色,突出专业品牌,明确具体要求。中心将研究当代美国社科领域的发展以及外延，更加重视美国研究的人文部分。并制定"'十二五'(2011—2015)科研项目总体规划"，确立基地"十二五"重大项目设立原则，围绕"新世纪美国的战略趋向与中美关系"的主题，从顶层出发，拟订基地未来五年的十项重大课题研究。

新增重大研究项目2项，分别是信强的"冲突与合作：中国海军战略转型与中美海上安全关系"项目和潘忠岐的"中美战略互动研究"项目。全年获得国家社科(青年项目)1项、教育部规划基金项目1项、教育部一般青年项目1项、外交部政策规划司咨询课题项目3项，中宣部舆情信息局咨询课题项目1项、上海市教育委员会科研创新项目1项。徐以骅论文"试论宗教影响中国国家安全的路径和范式"获上海市第八届邓小平理论研究和宣传优秀成果奖论文二等奖、上海市第十届哲学社会科学优秀成果奖。

开展国内外学术交流与合作。3月9日，中心与斯德哥尔摩国际和平研究所共同举办"中国和欧洲加强核安全的方法"国际研讨会。中科院院士、中国科协副主席、美国防核威胁倡议(NTI)董事会成员、英国诺丁汉大学校监杨福家出席会议并做主旨发言。参加研讨会的国外代表分别来自国际原子能机构、欧盟公民保护和安全研究所、欧洲铀浓缩公司、法国辐射保护与核安全研究所和斯德哥尔摩国际和平研究所。中国国际问题研究所、中国国防科技信息中心、北京应用物理与计算数学研究所、中国广东核电集团、上海国际问题研究院、上海交通大学和同济大学的多位专家和学者应邀与会。中心主任沈丁立和斯德哥尔摩国际和平研究所所长季北慈致开幕词和闭幕词。与会代表就"核安全的国际责任"、"核安全的法律、规则和管理框架"、"核安全的实际行动"、"核安全的未来挑战和中欧合作"、"中国的核能外交"等议题进行了深入研讨。

4月3日，复旦大学美国研究中心-南京大学霍普金斯大学中美文化研究中心学生研讨会在复旦大学举行。作为两中心的第三届交流活动，研讨会主题围绕国际社会的时事热点，分为气候变化与国际关系、新能源与国际合作以及当前中美关系热点问题等3个分议题。

5月26—27日，中心与美国太平洋论坛以及美国亚洲基金会共同举办"第10届中美关系、地区安全与全球治理对话"，中美两国知名专家学者展开深入和坦诚讨论。近70与会人员中，美方专家代表共14人，来自太平洋论坛、乔治敦大学、美国国防大学、美利坚大学、Witternberg大学、海军分析中心、美国国家资源保护委员会、亚洲基金会以及美中教育基金会等单位。中方正式代表16人，来自中国社会科学院美国所、西亚非洲研究所、现代国际关系研究院、国防大学、复旦大学、上海社科院、上海国际问题研究院、上海美国学会等。由亚洲基金会组织的来自霍普金斯大学高等国际问题研究学院以及塔弗茨大学法律与外交学院的研究生代表团等非正式代表列席会议。会上，代表们回顾中美双边关系和亚太地区安全形势的新发展及含义，分析美日联盟对美国地区安全战略的可能影响，考察两岸关系的发展前景以及美国的可能作用，探讨朝核问题的可能走向及其对东北亚安全的影响，比较分析中美对外援助政策以及反海盗实践的异同与合作前景，并就哥本哈根会议的意义以及中美如何共同应对全球气候变化等议题交换意见。

11月17—19日，中心与中国现代国际关系研究院、美国和平研究所在美国首都华盛顿共同举办"第四届中美危机规避与合作研讨会"。沈丁立、吴心伯、信强参加。会议讨论中美如何处理核心利益和共同利益、合作维护国际稳定、应对更多的经贸纠纷。美国国家安全委员会亚洲事务主任贝德、常务副国务卿斯坦伯格、白宫科技政策办公室主任霍尔顿、国防部负责亚太安全事务的助理国防部长格雷格森等发表主旨演讲。中国驻美大使张业遂邀请与会中方正式代表在大使官邸共进早餐。

12月13日，中心与韩国峨山政策研究院、美国战略与国际研究中心合作召开"变动中的东北亚安全机制"中美韩三边对话。会议围绕"中国与朝鲜、韩国的关系"、"朝韩关系"、"美国与朝韩关系"和"东北亚政治与经济互动机制"等议题召开讨论。韩国峨山政策研究院院长咸在凤，韩国外交通商部外交安保研究院美洲研究部部长崔刚，韩国延世大学牟钟璘院长，美国前助理国务卿帮办、普林斯顿大学威尔逊国际与公共事务学院柯庆生教授，美国曼斯菲尔德基金会常务主席戈登·弗莱克，美国"美韩政策研究中心"主任斯考特·斯奈德和清华卡内基全球政策中心主任韩磊等14名来宾出席会议。

12月18—19日，中心作为美国研究国家哲学社会科学创新基地，举行"第五届美国的战略走向与中美关系学术研讨会"。来自外交部政策规划司和美大司、中国社会科学院美国研究所、中国国际问题研究所、中国现代国际关系研究院、海军军事学术研究所、中国国防大学、清华大学、上海国际问题研究院、上海社会科学院、浦东美国经济研究中心、华东师范大学、复旦大学等单位的20余名代表参会。外交部美大司司长谢锋和外交部政策规划司副司长蔡润分别作主旨演讲。会议就美国政治与经济形势、美国的军事战略走向、美国的外交走向、中美政治与安全关系等4个议题展开探讨，具体内容涉及"中期选举与美国政治走向"、"奥巴马政府经济战略调整"、"美国军事战略调整"、"伊拉克阿富汗退出战略评估"、"奥巴马政府对朝核、伊核外交"、"美国东南亚外交的新动向"、"中美安全关系的现状与前景"以及"对当前中美关系的思考"等。中国国际问题研究所研究员杨成绪作大会总结。

接待来访专家。3月15日，美国海军战争学院院长Robert C. Rubel一行到访。4月6日，美国国务院东亚和亚太事务助理国务卿帮办David Shear、国务院政策规划办公室第一副主任Derek Chollet和美国驻上海总领馆总领事Beatrice Camp一行到访。4月7日，新加坡驻上海总领事叶伟杰先生访问中心。4月8日，德国国际和安全事务研究所高级研究员

Wolfgang Richter 到访。4 月 29 日，美国东西方中心杰弗逊研究员项目代表团到访。5 月 20 日，美国全球教育联盟上海地区负责人 Michelle Sans 到访。7 月 27—28 日，国际知名听觉生理学家、美国麻省理工学院、哈佛大学医学院教授江渊声到访，与复旦大学前校长、校友总会副会长王生洪会面。并向中心赠送一批美国研究和中美关系研究的书籍。8 月 31 日，台湾政治大学国际事务学院院长邓中坚一行到访。9 月 3 日，美国圣路易斯华盛顿大学艺术与设计学院院长 Carmon Colangelo 和副院长 Peter MacKeith 到访。9 月 10 日，美国驻香港总领事 Stephen M. Young 到访。9 月 13 日，美国斯坦福大学国际问题研究所高级研究员、美国国家情报理事会前主席 Tom Fingar 到访发表题为"中美关系：当前问题、永恒利益与持久疑虑"的演讲。9 月 21 日，美国国际事务分析师 Paolo Liebl von Schirach 到访。10 月 8 日，加拿大 UBC 国际关系学院 Paul Evans 到访。10 月 11 日，美国外交关系委员会资深研究员 Adam Segal 到访。10 月 27 日，美国消费品安全委员会主席 Inez Tenenbaum 一行到中心访问并做演讲，双方就开展中美消费品安全合作进行对话。10 月 27 日，越南国家社科院美国所所长 Cui Chi Loi、副所长 Bui Thi Phuong Lan 及研究员 Nguyen Tuan Minh 到访，与中心成员就中越美国研究进行比较及讨论。11 月 1 日，澳大利亚外交部长、前总理陆克文到中心演讲并对话，校长杨玉良会见来宾。11 月 5 日，斯坦福大学国际安全与合作研究中心薛理泰到访，作题为"中美决策对比：近期案例"的讲座。11 月 15 日，美国科罗拉多学院教授 Betty Milt 到访。11 月 19 日，美国前驻华大使馆公使衔参赞、美国前驻阿富汗军队总司令高级顾问艾坚恩(Jonathan M. Aloisi)来访，就"当前中美关系与东亚外交格局"发表演讲。12 月 10 日，美国乔治亚大学外交研究所研究员 Han-teng Liao 来访。12 月 24 日，美国非官方保守派军事研究机构"老乌鸦协会"(www. Crows. org)信息战研究所创始人兼所长 Joel K. Harding 来访。

(沈丁立)

【日本研究中心概况】 2010 年，日本研究中心教师发表各类论文 30 篇，其中国内权威 1 篇，核心期刊 16 篇(含外文)。9 月，胡令远当选为中华日本学研究协会副会长。10 月，郭定平被授予日本熊本县亲善大使。12 月，贺平获 2010 年度上海市第十届哲学社会科学优秀成果奖论文类三等奖。

2 月 6 日，中心原副主任孟祥生因病逝世。9 月 9 日，经过两年多的建设，中心新楼落成，办公地点从光华楼临时场地搬至燕园日本研究中心新楼。

日本研究中心编《郑励志文集》。中心资助出版《复旦日本研究丛书》专著 3 本：郭定平主编《日本政治与外交转型研究》、徐静波主编《日本历史与文化研究》、魏全平主编《日本经济与中日经济关系研究》。为国际关系与公共事务学院及全校开设本科生课程 5 门、硕士研究生课程 4 门、博士研究生课程 2 门。11 月，日本早稻田大学政治学系教授毛里和子向中心捐赠一批个人藏书，共计 3 000 余册。

3 月 12 日，与校日语系联合邀请南开大学日本研究院院长李卓主讲"中日文化的共性与个性"。3 月 13 日，与北京大学日本研究中心、南开大学日本研究院联合组织博士生日本研究论坛，主题是"东亚共同体：中日合作与交流"。3 月 15—19 日，邀请日本紫绶勋章获得者、京都大学人文科学研究所教授山室信一主讲"近代亚洲的思想连锁与文化关联"。3 月 25 日，日本国会议员小池百合子的政策顾问宍野史生主讲"鸠山政权的内政与外交"。3 月 26 日，日本庆应义塾大学综合政策学部教授田岛英一主讲"'膜拜宗教'的咒语和跨越国界的公民社会"。3 月 29 日，国际日本文化研究中心所长猪木武德主讲"对日本经济增长正负两面之思考"。3 月 30 日，日本早稻田大学亚太研究所教授木下俊彦主讲"从日本的经验看中国经济"。4 月 2 日，国际日本文化研究中心副教授郭南燕主讲"对日本二战中实行人体实验的反省告白与现代文学"。5 月 25 日，与日本经济新闻社、日本经济研究中心、森大厦联合主办 2010"上海—东京全球论坛"，论坛主题为"着眼世博，畅想未来都市"。5 月 30 日，与校国关学院联合承办的中华日本学会第五次代表大会、全国日本经济学会 2010 年年会在校举办。国内大专院校、研究机构 200 余名专家学者出席。前国务委员唐家璇出席并讲话，日本外相冈田克发来贺信。6 月 7—10 日，日本东京大学大学院经济学研究科教授伊藤正直主讲"国际金融危机的历史定位及其对策"。6 月 26—27 日，由中心举办的复旦大学—关西大学第一届经济研讨会——"世博会与上海、大阪的经济发展"举行，复旦大学党委副书记陈立民、关西大学校长楠见晴重、大阪府上海事务所所长田中克明出席开幕式并致辞。中日经济贸易中心理事长青木俊一郎、复旦大学国际政治系系主任樊勇明分别作基调演讲，中日双方 20 余位学者围绕"大阪世博会和大阪经济 · 社会——大阪世博会带来的影响"主题展开讨论。9 月 11 日，与早稻田大学现代中国研究所、日本财产保险(中国)有限公司联合主办第一届复旦大学—早稻田大学东亚地域合作论坛，主题为"非传统安全保障与可持续发展"，200 余人与会。10 月 29 日，瑞穗证券股份有限公司经营调查处高级研究员熊本五郎主讲"金融危机与国际金融规制改革的方向"。11 月 19 日，瑞穗证券股份有限公司高级研究员杉浦秀德主讲"日本金融 · 资本市场的全球化与企业行为的变化——对本次金融危机和企业行为的影响"。11 月 19—21 日，由中心主办、日本国际交流基金协办的日本研究中心成立 20 周年庆典暨第 20 届"东亚共同体构建中的中日竞争与合作"国际学术研讨会在校召开。外交部原副部长、驻日大使徐敦信出席庆典并发表主旨演讲，外交部亚洲司副司长吴江浩、商务部亚洲司副司长宋耀明等出席并致辞。日本国驻上海总领事馆、日本国际交流基金、日本贸易振兴机构、日本银行、日本战略研究所，以及东京三菱 UFJ 银行、瑞穗证券、三菱商事、三井物产、三井化学、卫材等 10

余家大型日本在华企业的代表出席庆典和会议。研讨会就经济、政治与安全保障、社会文化等三个分科进行探讨,200 余人与会。京都大学名誉教授伊东光晴就“中日关系的现在与未来”作特别演讲。11 月 23 日,日本经济广报中心顾问、欧姆龙株式会社特别顾问、欧姆龙前董事长立石信雄主讲“跨国公司的社会责任及其成长历程”。11 月 30 日,“复旦·三井物产”冠名讲座优秀论文颁奖仪式在中心举行,6 位同学获奖。12 月 15 日,日本早稻田大学名誉教授依田憙家和南开大学日本研究院教授杨栋梁分别作题为“关于东亚地区历史与文化的若干问题”、“技术·制度创新与经济现代化——日本的启示”的演讲。

中心继续举办冠名讲座系列,包括三菱东京日联银行(中国)有限公司的冠名讲座“地方财政与金融”、三井物产(上海)贸易有限公司的冠名讲座“日本的社会与文化”、瑞穗证券股份有限公司的冠名讲座“日本的资本市场与上海”。中心继续得到日本国际交流基金援助。

中心设庆应义塾大学上海事务所、关西大学上海事务所、同志社大学上海事务所、株式会社 MTG 驻复旦大学办事处、NET OFF 株式会社驻复旦大学办事处。 (郭定平)

【欧洲问题研究中心概况】 2010 年,欧洲问题研究中心成员发表数十篇论文,其中丁纯等在《求是》、《欧洲研究》等权威和核心杂志上发表《从希腊债务危机看后危机时代欧盟的经济社会状况》、《金融危机下欧洲经济:表现、成因与前景》等论文,胡荣花主编、中心研究人员参与撰写的《欧洲联盟经济发展报告(2008)》。戴炳然和丁纯获得欧盟“让·莫内教授”荣誉称号和欧盟课程的资助。丁纯作为子课题负责人,分别承担 2 项国家社科重大攻关课题和 1 项教育部重大科研基地子课题的研究。

继续承办复旦大学大使论坛、复旦—艾伯特论坛和欧洲论坛,3 月,爱尔兰前总理伯蒂·埃亨做客“大使论坛”。4 月,法国里尔政治学院教授 Patrick Mardellat 到访,就欧洲主权债务危机发表演讲。6 月,巴塞罗那市政府国际关系部长到中心访问,并向全校师生介绍巴塞罗那市情况和可能的教育合作。6 月,芬兰前总理夫人和芬兰未来委员会主席访问中心,并就芬兰的科技创新计划与实践作报告。11 月,德国前司法部长赫塔·多伊布勒—葛美琳(Herta Daeubler-Gmelin)做客“复旦—艾伯特”论坛,就中欧关系发表演讲。11 月,瑞典隆德大学教授 Lars Oxelheim 做客欧洲问题研究中心,以欧洲公司金融为题作学术报告。11 月,梅兆荣在“大使论坛”上畅谈当前国际形势的特点和中国外部环境。12 月,商务部美大司美国处商务二秘张晓通在经济学院进行题为“新形势下中国对外经济政策和经济外交”的交流座谈会。此外,中心还接待和组织众多中外政要、学者到校演讲和讨论。4 月,荷兰首相巴尔克嫩德(Jan Peter Balkenende)听取荷兰研究中心的汇报,并在光华楼演讲。

组织重要国际学术会议和活动 10 余次,主要包括:5 月,组织复旦大学本科生参加上海世博会,与欧盟共同组织中外学生进行“模拟欧盟”活动,丁纯代表复旦大学接受由欧盟机构颁发的优秀组织奖。7 月,欧洲问题研究中心与复旦大学社会科学高等研究院、联合国大学地区研究所等联合主办“欧盟与亚洲:地区间主义与亚欧合作”国际学术研讨会。8 月,由中心组织的中国欧洲学会欧盟研究分会第十二届研讨会暨中国欧洲经济研究分会第二届研讨会在西安举行,80 余人参加会议。9 月,中心与查理大学社会科学研究院联合举办的中捷学术研讨会“经济波动背景下的欧盟与中国”在世博会捷克馆成功举办,中外学者 40 余人参会。10 月,由复旦大学荷兰研究中心与荷兰格罗宁根大学联合主办、复旦大学外事处协办“荷兰日(Dutch Information Day)”系列活动。

多次参加国内外会议。8 月,丁纯参加德国波恩大学有关经济管制的国际研讨会并做主旨发言。9 月做客德国柏林艾伯特总部,参加有关中国和印度的社会保障制度的研讨会,并作为嘉宾,就中国社会保障制度的发展和改革进行公开演讲和辩论。11 月,丁纯参加联合国学术影响力会议;同月,丁纯应邀参加外交部国际问题研究所 2010 年国际形势研讨会并做主旨点评。中心主任丁纯受聘担任宁波大学兼职教授。 (丁 纯)

【欧洲问题研究中心政治部概况】 2010 年,欧洲问题研究中心政治部共有专职研究人员 2 名,全年发表 CSSCI 论文 4 篇,外语论文 1 篇,一般论文 4 篇,其中简军波发表在《欧洲研究》的论文“民族国家的社会化——东南亚与中东欧国家”被《中国社会科学文摘》2010 年第 7 期转载。接待多位来自欧洲的访问学者和政要,如英国下院财政委员会主席、工党议员 Stuart Bell 等。

刘丽荣获得欧盟战略安全研究所的奖学金,5—8 月赴巴黎做访问研究。简军波参加中国欧盟研究会第 12 届研讨会。 (陈志敏)

【俄罗斯中亚研究中心/上海合作组织研究中心概况】 2010 年,俄罗斯中亚研究中心/上海合作组织研究中心在职人员 4 人,其中研究员 1 人,副研究员 1 人,另有兼职研究人员 7 人。中心人员在权威期刊发表论文 2 篇,核心期刊 3 篇,另有 4 篇论文、1 本专著在国外发表。以副执行会长托赫塔罗夫为团长的哈萨克斯坦首任总统基金会代表团和以副所长 Adam Eberhardt 为团长的波兰东方研究所代表团访问中心。

4 月 2—3 日,中心与中国社科院上海合作组织研究中心联合举办“阿富汗及中亚形势”研讨会。会上代表们就当前中亚地区政治、经济与安全形势、阿富汗问题及其对中亚安全的影响、大国因素与上海合作组织的作用、中国与中亚关系面临的机遇和挑战等问题进行讨论。来自中国社会科学院、国务院发展研究中心、现代国际关系研究院、新华社世界问题研究中心、总参二部、新疆社会科学院、人民大学、陕西师范大学、解放军国际关系学院、兰州大学、南开大学、上海国际问题研究院、上海外国语大学、上海社科院和复旦大学的专家学者参会。 (赵华胜)

【韩国研究中心(朝鲜、韩国研究中心)概况】 2010年,韩国研究中心(朝鲜、韩国研究中心)有在职教员工7人,兼职研究人员60余人。10月,研究院决定石源华续任主任,副主任蔡建主持工作。中心成员正在指导博士后1人、博士研究生10人、硕士研究生9人。承担各类科研项目22项,其中上海市哲学社会科学重大课题项目1项。年内出版各类专著、编著(含合著)、论集共7部。发表论文34篇,国际评论15篇,其中SSCI2篇,国内权威期刊1篇,核心期刊3篇,外文发表论文8篇,一般论文14篇,重要内刊论文3篇。中心人员接受香港凤凰卫视、东方卫视、新华社等海内外媒体采访78次。全年举办国内外学术会议9次,其中1次为中心与中国中外关系学会联合举办。中心成员参加国内外重要会议45次,赴国内外讲学报告33次,出国访问20余次。10位硕士、博士研究生获得韩国国际交流财团韩国学专业奖学金等。

11月7—10日,由中国中外关系史学会、本中心和清华大学日本研究中心共同主办的"东亚共同体与中日韩关系"国际学术研讨会在复旦大学举行。共有64位学者参会,包括滨下武志、李奎泰、车在福等日韩学者,黄枝连、张启雄等港台学者以及耿升、李文、李廷江、王少普、张慧智等大陆知名学者。会议收到论文42篇,分设东亚区域合作的理论问题、政治问题、历史问题、文化问题等4个专题,论文集将在2012年出版。

石源华研究课题《中华民国外交史新著》(三卷本)入选上海市哲学社会科学重大课题。汪伟民课题"韩中关系与韩美同盟:陆海桥梁国家的外交战略选择"和郑继永课题"周边国家的东亚共同体构想与中国的应对"获得教育部社会科学一般项目和自筹经费项目。

石源华撰写的《韩国独立运动与中国关系论集》(上下卷)获得第十届上海市哲学社会科学优秀著作二等奖。全书共8编38章,65万字,是对韩国独立运动与中国关系历史系统研究。 (蔡　建)

【中国外交研究中心概况】 2010年,中国外交研究中心有专职研究人员2人。全年发表论文9篇,其中以英文在国际学术期刊或合著中发表5篇,国内权威1篇,核心期刊2篇。中心成员参加国内、国际学术会议约8次。外交部政策司参赞陆京、亚洲司参赞田宝珍到院开展外交官驻所研究。中心在国际研讨会基础上,编辑完成英文 *New Frontiers of Chinese Foreign Policy* 一书书稿,交由由美国 Lexington 出版公司出版。

3月29—30日,中心与英国达勒姆(Durham)大学当代中国研究中心合作召开"中国外交的根源与转型"国际研讨会,来自英国、韩国、澳大利亚和中国的约20位学者与会。2月,中心负责人任晓由外交部借调至我国驻日本大使馆工作,为期2年。8月,中心成员伍福佐前往美国耶鲁大学从事博士后研究。 (任　晓)

【联合国与国际组织研究中心概况】 2010年,联合国与国际组织研究中心有专职研究人员2人,博士后研究人员2名,博士研究生5人(其中外国留学生2人),硕士研究生4人(其中外国留学生1人),国外访问学者2人。中心执行主任张贵洪担任马克思主义理论研究和建设工程教育部重点教材《国际组织》首席专家,主持完成上海市发改委课题。祁怀高主持中国博士后科学基金项目2项。中心人员出版著作2部、发表论文9篇,其中SSCI 1篇(第二作者),权威刊物1篇,英文论文3篇。中心与亚洲学者协会(AAS)合作主办"争论中的多边主义:亚洲寻求共识"国际学术会议。张贵洪赴美国华盛顿大学访研两个多月,多次参加国内外重要学术活动。中心接待新西兰青年领导人代表团、联合国基金会官员和新加坡国立大学、香港大学、悉尼大学学者的到访。受中国联合国协会的委托,中心选派2名复旦大学学生赴日本参加首届中日韩青年论坛。举办4次"复旦联合国研究论坛",先后邀请国际原子能机构前总干事、WMD委员会主席汉斯·布利克斯,阿尔及利亚前外长、联合国前秘书长特别顾问普拉希米,联合国助理秘书长、联合国训练研究所执行主任、联合国系统职员学院院长卡洛斯·洛普斯,中国著名军控专家邹云华等到访和演讲,共计15次。 (张贵洪)

【南亚研究中心概况】 2010年,南亚研究中心有专职研究人员2人,硕士研究生2人。此外,中心聘请中国原驻印度大使程瑞声为高级顾问、《光明日报》驻南亚首席记者周戎为特约研究员。5月13日,中心主任杜幼康结束在中国驻印度使馆的任职,回中心主持工作。9月13日,中心成员章节根完成在美国霍普金斯大学高级国际问题研究院为期1年的访学回到中心。

3月23日,印度三军协会(USI)代表团访问研究院,与中心师生就中印关系进行交流。3月24日,《光明日报》驻南亚首席记者、南亚研究中心特约研究员周戎到访讲学,与中心师生座谈。3月31日,驻印度大使张炎和中心代理主任张贵洪在《解放日报》"复旦—解放国际论坛"发表文章,纪念中印建交60周年。5月11日,印度著名核问题专家 Bharat Karnad 到访,与中心代理主任张贵洪进行交流。5月18—6月17日,前驻印度大使程瑞声在南亚研究中心和巴基斯坦中心从事住所访问研究。5月19—6月12日,印度尼赫鲁大学教授斯瓦兰·辛格在南亚研究中心从事访问和合作研究。10月19日,中心与上海国际关系学会联合举办"未来十年的中印关系"研讨会。10月26日,中心成员参加印度驻上海总领馆举办的中印学者学商研讨活动。

(杜幼康)

【巴基斯坦研究中心概况】 2010年,巴基斯坦研究中心有专职研究人员2人。5月13日,中心主任杜幼康结束在中国驻印度使馆的任职,回中心主持工作。

1月15—2月25日,巴基斯坦信德大学国际关系系主任 Lutfullah Mangi 到院从事访问研究。访问期间完成研究报告"巴中关系:睦邻关系的典范",并作题为"巴基斯坦国内政局和中巴关系"的演讲。3月18日,中心代理主任张贵洪参加由巴基斯坦驻华大使馆在京举办的"21世纪的中巴关系"国际会议。5月10日,章节根在霍普金斯大学高级国际问题研究院参加"Competing Religious Narratives in Pakistan: Can Islam be an Agency for Peace?"的学术研讨会。7月3日,杜幼康赴新西兰参加"复旦—新西兰"圆桌会议。7月30—8月2日,杜幼康赴上海世界观察研究院参加"印度洋的海上安全与地区合作"研讨会。11月13—23日,章节根赴乔治·华盛顿大学参加"战略稳定评估"研讨会,并在会后拜访 Walter Andersen、Bruce Riedel 等美国研究巴基斯坦、阿富汗事务的专家。12月29日,中心特约研究员、《光明日报》驻南亚首席记者周戎到中心作题为"当前巴阿形势和未来走向"的演讲,并与师生进行座谈。　　(杜幼康)

【北欧中心概况】　2010年,北欧中心开设10多门涉及北欧语言、文化、社会和经济的课程,参加各项课程者包括数百名北欧学生、复旦大学及上海其他高校的中国学生。

北欧中心全年接待近30批来自北欧大学、高中、公司、政府机构等不同级别的来访,3月5—11日,北欧中心邀请4位著名的北欧作家 Åsne Seierstad、Sjón、Riitta Jalonen 及 Lars Bukdahl 到校访问,与复旦师生会面,并召开以"全球视野下的文学"为题的研讨会。4月2日,为纪念世界著名作家、童话大师安徒生诞生205周年,北欧中心特邀维也纳大学北欧语言与文学系教授、安徒生研究资深学者 Sven Hakon Rossel 以及丹麦前驻华大使 Christopher Bramsen 到校举办讲座,并展播记录安徒生传奇人生的电影。5月25—29日,举办"北欧中心十五周年庆典及新楼落成仪式"系列活动,校长杨玉良主持欢迎宴会,并在校长峰会上发言。5月29日,中心举办"北欧教育日",来自北欧中心20多个成员大学的代表参与,向中国学生介绍各自大学的研究生课程设置情况,并与学生进行面谈交流。10月17日,8名北欧教育专家访问复旦,与复旦学生合作进行新型教学方式的展示和实验,并与复旦大学教师讨论高等教育的方式方法。

举办一系列有关北欧社会、文化等主题的文化活动以及大学展和北欧企业展等校内展览。5月31—6月2日,由复旦大学以及北欧中心、北京大学、芬兰阿尔托大学、芬兰医学物理和医学工程学会、芬兰科学院等联合组织的"医疗保健和福利服务的技术支持会议"在上海召开。6月8—9日,由复旦大学北欧中心以及新闻学院、挪威驻中国大使馆及瑞典驻上海总领事馆联合举办的国际会议"社会中的媒体——来自中国和北欧的不同视角"在上海召开,来自中国和北欧各国的学者及知名媒体人到会,就相关问题展开讨论。6月12日,瑞典学生组织 Project China,同北欧中心、北欧社合作举办"瑞典日"活动,推介瑞典国家形象的活动。5月20日,北欧中心与丹麦驻华大使馆在北欧航标馆共同举办《1937—1938,经历南京腥风血雨的丹麦人》一书的发布会暨讲座。10月18—20日,由复旦大学以及北欧中心、上海社科院、丹麦阿尔堡大学、丹麦哥本哈根大学及瑞典隆德大学合办的"全球视野下的创意产业"国际研讨会在复旦大学召开,来自8个国家的30多名专家和学者出席会议,从生活、学术和产业的角度对创意进行分析和研讨。

4月16—23日,由瑞典皇家理工学院、隆德大学、吕勒奥理工大学及北欧中心共同组织的博士生课程"可持续性城市规划"开课。该课程为第4次开设,由瑞典皇家理工学院、复旦大学和同济大学的教师共同授课,共有来自北欧和中国的26名学生参加。　　(陈寅章)

【拉丁美洲研究室概况】　2010年,拉丁美洲研究室有在职人员1人、博士后1人。发表核心期刊论文1篇。完成课题3项,包括"二战后拉美主要国家的发展道路比较"、"主要新兴市场国家和地区在应对危机过程中促进产业升级政策措施的跟踪评估借鉴全球化"(巴西部分)和"民族主义与现代拉美文化特点与走向"等。从3月起,朱鸿博在墨西哥蒙特雷科技大学瓜达拉哈拉校区亚太中心访学1年,开设中国经济环境与中拉经贸关系等课程。参加国际学术会议4次,包括世界经济论坛拉美会议、CELAU 瓜达拉哈拉大学年会、蒙特雷科技大学亚太中心主办的太平洋地区的经济合作关系研讨会等,提交英文论文2篇。10月底,研究室主办国际学术研讨会,主题为中国与阿根廷、拉丁美洲的关系。　　(朱鸿博)

先进材料实验室

【概况】　2010年,先进材料实验室(科技创新平台)有教职工67人,其中双聘研究人员32人,专职研究人员15人,党政管理人员8人,实验技术人员12人,兼职研究生工作人员1人。研究人员中有院士6人,教育部"长江学者奖励计划"特聘教授11人,复旦特聘教授3人,国家杰出青年科学基金获得者22人,国家自然科学基金委优秀创新团队3个,教育部创新团队3个,国家"973"项目首席科学家4人,科技部"863"创新团队1个,入选"新世纪百千万人才工程"2人,国家自然科学基金委重大项目首席科学家2人,上海高校特聘教授(东方学者)3人,上海市优秀学科带头人9人。

全年招收研究生28人,其中硕士研究生17人,博士研究生11人。2010年毕业博士研究生2人。实验室在册研究生共有75人,其中博士研究生37人,硕士研究生38人。平台PI所属研究生共有150人,其中博士研究生78人,硕士研究生72人。在站博士后13人,出站博士后3人。

赵东元院士获2010年度"发展中国家科学院院士",贺鹤勇获上海市优秀学科带头人,彭慧胜获美国 Li Foundation Heritage Prize (Excellence in Creativity)、"上海领军人才"及"复旦大学优秀研究生导师",李世燕获2010年度"上海高校特聘教授(东方学者)",肖艳红、郑耿锋获2010年"上海市浦江人才计划"资助。

全年承担研究项目91项,其中包括国家高技术研究发展计划("863计划")项目3项,国家重点基础研究发展计划("973计划")项目5项,国家自然科学基金重大、重点项目6项,国家自然科学基金专项基金、培育项目各1项，国家自然科学基金面上项目、青年基金13项，教育部、科技部国际合作项目3项，国际合作项目2项，上海市项目9项。各类课题经费到款3 134.46万元。平台双聘、全聘科研人员在SCI收录期刊杂志上共发表180篇标注“先进材料实验室”的论文，多篇刊登在国际顶尖杂志，如Chem. Soc. Rev.(1篇)、J. Am. Chem. Soc.(6篇)、Phys. Rev. Lett.(1篇)、Angew. Chem. Int. Ed.(1篇)、Adv. Mater.(3篇)、Adv. Funct. Mater.(2篇)、Nature Chemistry(1篇)、Biomaterials(2篇)和Nano Letters(2篇)；全年授权专利3项，新申请专利16项。

实验室公共技术平台加大力度提升测试能力，拓展仪器高端功能，并多次邀请日本电子、美国Gatan公司、日本日立公司高层技术人员前来对仪器进行深入维护和培训。场发射透射电镜安装能量过滤系统，使电镜的功能由原子层次拓展到电子层次。MPMS(SQUID)VSM磁学测量系统完成安装调试，8—12月运行机时超过1 860小时。透射电镜的全年运行总机时达到3 110小时。

实验室全年接待外国来访团体20余次，到访学者和学生百余人次，其中包括美国佐治亚理工学院、挪威科技大学师生代表团、丹麦皇家科学院院士Flemming Besenbacher教授、美国伦斯勒理工学院、美国霍尼韦尔公司副总裁、荷兰蒂斯曼公司等境外代表团等来访。各课题组接待一般来访外宾约60余人次，邀请专家讲座20余次，平台主办(合办)国内外学术会议5次。先进材料科技创新平台“985工程”三期建设启动；3月19日下午，教育部副部长陈希一行在杨玉良校长、陈晓漫、金力副校长陪同下，莅临先进材料实验室考察。

实验室研究生工作组秉承“以学生为本，促进学生全面发展”的工作宗旨，进一步提高研究生思想政治教育工作的科学性、实效性和创造性。加强研究生学术载体建设，着力提高研究生的学术创新精神。由研究生学术茶座、PI论坛、博士生论坛组成多纬度学术交流平台。结合学科特色、学期社会实践、暑期社会实践让研究生走进社会，其中“工业维生素——福建长汀稀土开发与环境保护状况调查报告”被评为校研究生暑期社会实践优秀项目。实验室研究生连续三年向学校附属儿科医院血液病房的“阳光小屋”捐款，累积金额达13 900元。王慧被评为复旦大学优秀学生，王书涛被评为复旦大学优秀团员。（刘顺厚　孙秋红　白　敏　郭　程　万　异）

【举办电化学电容器应用与技术研讨会】 该会议于4月13日在校召开，由新能源研究院主办。赵东元院士出席会议并致开幕词，夏永姚教授作“混合型电化学电容器及相关材料”的报告。会议还邀请来自上海奥威科技有限公司高级工程师王然、江苏双登集团有限公司高级工程师佘沛亮、防化研究院研究员曹高萍、日本Saga University教授Masaki Yoshio及日本Chemi-con公司的Hidenori Uchi博士。到访教授与专家分别就电化学电容器研究、电容器发展及未来展望等相关内容作报告。（李若诗）

【举办复旦大学功能材料研讨会】 9月23日，根据2006年温家宝总理访澳期间签署的《中澳青年科学家交流协议》，来自墨尔本大学的Wallace Wong博士等访问上海，先进材料实验室教授彭慧胜课题组受科技部委托，在复旦大学举办功能材料研讨会。Wallace Wong博士的报告题目是“Polycyclic Aromatic Materials for Organic Electronics”。会议邀请来自同济大学、上海交通大学、华东理工大学及复旦大学等10余位青年学者，就相关研究领域作报告，并进行交流讨论。（孙雪梅）

【Flemming Besenbacher到访】 10月22日，丹麦皇家科学院院士、丹麦自然科学院院士、丹麦技术科学院院士、丹麦奥胡斯大学物理与天文系教授Flemming Besenbacher到访，并作题为“Self-assembly of Nanostructures: Dynamics of Defects, Molecular Self-organization, DNA Dolphins and Nano-boxes”的主题报告。来自先进材料实验室、化学系、物理系、材料系及其他相关院系的师生百余人聆听报告。（郭　程）

【赵东元当选第三世界国家科学院(TWAS)院士】 10月19日，第三世界科学院(TWAS)第二十一届院士大会在印度海得拉巴市举行，来自全世界40多个国家和地区的TWAS院士、获奖科学家、特邀代表400多人出席大会。会上，共增选第三世界科学院院士58名，其中包括18名中国大陆及香港、台湾地区学者。先进材料实验室主任赵东元院士当选。TWAS院士是从第三世界国家的科学院、国家研究理事会、大学和研究机构以及发达国家的科学组织的著名科学家中选举产生，院士们均在各自的科学领域对第三世界国家的科学发展作出杰出贡献。（郭　程）

【夏永姚课题组在水系锂离子电池研究获突破性进展】 新能源研究院夏永姚课题组在水系锂离子电池研究中取得突破性进展：在水和氧气存在下，通过电池密封消除氧、选择合适的负极材料、碳包覆正极，大幅提高电池的循环性能，实现电池10分钟倍率充放电1 000次循环后容量维持率在90%以上，该项研究成果在*Nature Chemistry*上发表。（邹清青）

生物医学研究院

【概况】 2010年，生物医学研究院设有博士后工作站1个。

有在编职工76人，共有全时引进PI 20名，分时引进PI 8名。研究人员28人，其中研究员1人、副教授1人、副研究员2人、助理研究员24人。工程技术人员21人。行政管理人员7人。另有科研助理、租赁制人员24人。遴选符合研究院研究方向的校内双聘PI 47人，其中两院院士7人，教育部“长江学者奖励计划”特聘教授14人、讲座教授6人，复旦特聘教授3人，国家杰出青年科学基金获得者13人次、“973计划”和“S973计划”项目首席科学家7人次。

招收博士研究生43人，硕士研究生31人。毕业博士研究生14人，硕士研究生16人。在读研究生218人。招收博士后6人，出站6人，在站19人。

共申请各类研究项目32项，批准经费4 746.3万元，到位经费7 435.42万元，执行分担机制356.12万元。其中获国家自然科学基金项目11项，包括面上项目3项，青年项目5项，重大研究计划1项，重大研究培育计划1项，国际(地区)合作与交流项目1项，科技部“973计划”项目1项(由李华伟教授担任首席科学家)，“973计划”子课题4项，获“曙光计划”项目1项，青年科技启明星项目1项，上海市浦江人才计划项目2项，上海市卫生局青年基金项目1项，复旦大学新教师科研启动基金10项；获谈家桢生命科学创新奖2项，明治乳业杰出奖1项，科研成果入选“中国高等学校十大科技进展”1项。

发表以复旦大学为第一单位署名论文121篇，其中SCI论文114篇，其中影响因子大于20的2篇，影响因子大于10小于20的6篇，影响因子大于5小于10的29篇，影响因子小于5的77篇。

购置40万元以上的大型仪器6台，共计约979万元。各平台共有35台(套)40万元以上大型仪器设备和64台(套)10万—40万元仪器设备向所有PI及校内外研究人员开放、共享。全年开放总机时达5.5万小时，包括院内机时3.9万小时，校内其他机时0.7万小时；校外共享机时累计0.9万小时。

与上海交通大学共同举办“首届Bio—X转化医学国际会议”，举办“复旦大学校庆105周年暨生物医学研究院成立5周年学术报告会”，与复旦大学附属肿瘤医院共同举办“2010分子影像前沿和应用研究研讨会”，与复旦大学附属上海市公共卫生临床中心共同主办“艾滋病疫苗和杀微生物剂国际研讨会”，同安捷伦科技有限公司联合举办“蛋白质组学前沿科学讨论会”，与复旦大学上海医学院共同主办“糖生物学研讨会”。共邀请5位海外专家到院参观；师生出访30余人次。

4月，技术平台举行系列仪器培训共13场，累计培训近200人次。5月25日，举行分时PI施扬教授与石雨江教授的聘期届满考核会。7月13—16日，与生命科学学院等单位共同举办“2010年生命科学优秀大学生夏令营”，来自全国各高校的60余名优秀大学生参加夏令营。10月30日，举行“2010年PI研讨会、双聘PI授聘仪式暨‘985’三期研讨会”，探讨发展大计。　（于专宗）

【在《科学》杂志发表论文】 详见第47页综述【多篇论文在国际顶级学术刊物发表】条。

【两位诺贝尔奖获得者到访】 9月13日，国际著名结构生物学家、2002年诺贝尔化学奖获得者、瑞士联合技术学院生物系教授Kurt Wuthrich应邀到访，并作专题学术报告。研究院师生100余人参加本次讲座。10月29日，2009年诺贝尔化学奖获得者、国际知名的结构生物学家、耶鲁大学教授Thomas A Steitz应邀到访，并作专题学术报告。　（于专宗）

【科研成果入选“中国高等学校十大科技进展”】 12月17日，由教育部科学技术委员会组织评选的2010年度“中国高等学校十大科技进展”揭晓，生物医学研究院分子细胞生物学实验室科研成果“代谢乙酰化调控机理的发现”入选。这是2010年度上海市高校唯一入选的成果。　（于专宗）

脑科学研究院

【概况】 脑科学研究院是复旦大学全校性的神经科学研究实体机构、教育部“985工程”二期重点建设的科技创新平台。现任院长为马兰，学术委员会主任为杨雄里。

2010年，脑科学研究院共有24个研究组，其中6个研究组为研究院直属研究组。研究人员中具有正高级职称26人，副高级职称10人，中级职称5人。研究院专职管理和实验技术人员16人，其中副高级职称3人，中级职称6人，初级职称7人。研究人员中有中国科学院院士1人，教育部“长江学者奖励计划”特聘教授和复旦大学特聘教授9人；国家杰出青年科学基金获得者4人、国家新世纪百千万人才工程入选者1人，教育部“跨世纪/新世纪人才”基金获得者5人，上海市“浦江人才”基金获得者9人，上海市“曙光学者”2人。有国家自然科学基金委员会创新研究群体、教育部创新团队、上海市“浦江人才”团队各1个。

招收博士研究生39人、硕士研究生44人。毕业研究生46人，其中博士29人、硕士17人。在读研究生225人；招收博士后1人，出站2人、在站2人。

刘琼博士学位论文《针刺治疗实验性抑郁症时成年大鼠海马神经发生的变化》获全国优秀博士学位论文提名奖。在读研究生获教育部“博士研究生学术新人奖”项目1项，校交叉学科优秀博士生科研资助计划1项，校推免生暑期科研训练资助计划3项。张玉秋教授获得2010年度复旦大学优秀研究生导师奖。

2010年，研究院研究人员作为项目负责人新获批准国家级科研项目24项、省部级科研项目11项，作为学术骨干参与新获批准的科技部“973计划”国家重大重点项目课题6项。6位新引进PI负责的研究组，均有3项以上科研项目经费资助，其中有4位作为课题负责人或学术骨干参与科技部“973计划”。

发表著名研究院的通讯作者SCI论文47篇，平均影响因子3.85，发表刊物包括*Brain*、*Cell Research*、*Journal of Neuroscience*、*Stroke*等。以朱剑虹为第一完成人的“成人神经干细胞的生物学特征和人脑内移植示踪技术”项目获上海市科技进步二等奖，以吴根诚为第一完成人的“电针调节创伤应激后免疫功能紊乱的神经内分泌机制”项目获中国针灸学会科技成果奖。

研究院组织召开学术会议2次。全年参加国际、国内会议68人次，受国际学术会议邀请做特邀报告13人次。国际学者来访举办学术讲座32

场次。孙兴怀和高艳琴分别获得国家自然科学基金重大国际合作项目，钟春玖获得上海市政府间国际交流项目。

研究院公共技术平台建设取得实质性的进展。全年，“神经分子行为与神经细胞功能实时检测和成像”公共技术平台进行仪器使用培训189人次，大型核心仪器（Olympus 激光共聚焦显微镜，PE 活细胞工作站）使用总机时数为2 161小时。动物行为学实验平台主要设施完成安装调试，并于4月开始试运行。试运行以来，该平台共培训58人次，各类仪器运行1 685小时。斑马鱼模式动物平台为院内外相关课题组提供专业化高水平服务，并与北京大学、中山大学、中科院神经所等多所高校及科研机构开展合作交流。为更好地整合利用复旦大学神经科学研究机构现有的软硬件资源，提高资源使用和服务效率，脑科学研究院与国家重点实验室发起建立“复旦大学神经科学技术共享体系”。

（陈　蓉　毛　丹　沈莉芸　姜　民）

【召开复旦大学首届神经科学年会】 该会议于1月23日在学校枫林校区明道楼召开，由脑科学研究院和医学神经生物学国家重点实验室联合举办。来自神经生物学研究所、上海医学院、生命科学学院、华山医院、中山医院、眼耳鼻喉科医院等跨生物学、基础医学、临床医学、药学和中西医结合5个一级学科的神经科学领域的教研人员及研究生近300人参加会议。医学神经生物学国家重点实验室学术委员会成员及校学科建设办公室叶绍梁主任、校平台办姜宴副主任应邀出席。脑科学研究院院长马兰教授和医学神经生物学国家重点实验室主任郑平教授分别作工作报告。研究院研究员杨振纲，教授钟春玖、徐文东、马兰、郑平和张玉秋围绕神经系统工作原理及其疾病发展机制和干预就各自工作领域的研究进展作学术报告。（沈莉芸）

【举办陈庆铿复旦大学兼职教授聘任仪式暨学术报告会】 该活动于9月25日在枫林校区治道楼举行。陈庆铿为台湾长庚纪念医院生理学教授，授聘仪式由副院长郑平主持，副校长陈晓漫出席并发表讲话，并为陈庆铿颁发复旦大学兼职教授聘书。研究院50余名师生参加会议。仪式结束之后，陈庆铿做题为“*What it Takes to Be a Good Biomedical Researcher: Views of a Senior Neuroscientist*”的学术报告。（陈　蓉）

【举办第四届海峡两岸神经科学研讨会】 该会议于12月2—3日在台湾花莲慈济大学举行，由慈济大学生理暨解剖医学研究所、药理暨毒理学研究所，高雄长庚纪念医院生物医学转译研究中心和复旦大学脑科学研究院共同主办。会议组织6场专题报告，参会师生近100人。研究院吴根诚、王中峰、黄芳、钟春玖、王彦青、陈靖民一行6位老师赴台参会。会上，研究院教授就针刺效应的神经生物学机制、视觉信息处理的神经机制、退行性病的基础和临床研究等神经科学前沿问题，与来自台湾高雄长庚纪念医院、高雄荣民总医院、中研院、阳明大学、慈济大学、成功大学等单位的教授们进行探讨、交流，向台湾同行展示复旦大学神经科学研究的进展。（沈莉芸）

二、发展规划与学科建设

学 科 建 设

【概况】 2010年,学校学科建设主要围绕"985工程"二期项目验收及三期项目启动、"211工程"三期建设、院系学科发展规划制订等工作展开,取得稳步进展。

完成"985工程"二期国家验收。3月16日,教育部、财政部在北京召开"985工程"二期验收工作会议。6月中旬,教育部反馈《"985工程"二期验收专家组意见》和《"985工程"二期验收专家评价意见表》,专家组验收意见如下:"学科布局更加合理,人才培养质量明显提高,教师队伍规模结构质量明显改善,科研核心竞争力和学术创新力大幅提升,科技创新平台和人文社会科学基地建设得到稳步推进,国际合作更加广泛而深入,国际地位显著提高"。学校"985工程"二期建设圆满结束。

制订"985工程"总体规划(2010—2020)和改革方案,启动"985工程"三期建设。3月,学校成立制订继续实施"985工程"建设总体规划(2010—2020)领导小组及工作小组。4月,多次召开"985工程"规划制订工作会议,对规划内容进行调研和讨论,形成"985工程"总体规划的初稿。10月底,正式上报《"985工程"总体规划(2010—2020)》和《"985工程"改革方案》。为规划和实施好"985工程"总体规划,10月中旬,学校成立"985工程"三期规划实施工作委员会,分为六组,分别为:教育体系建设、师资队伍建设、高水平学术中心建设、医学学科建设、院系建设和能力与条件建设规划实施工作委员会。各委员会主要由一线的专家教授组成。为统筹学术发展,11月底,将高水平学术中心建设、院系建设和医学学科建设等三个规划实施工作委员会合并成立学术发展规划实施工作委员会,分为文、理、医三个组进行工作。各委员会对规划内容进行细化,提出分块经费的初步匡算,并开展有关建设项目的论证工作。

完成"211工程"三期建设项目的中期检查。6月,根据"211工程"部际协调小组办公室《关于开展"211工程"三期中期检查工作的通知》的文件精神,复旦大学部署并开展"211工程"三期建设项目的中期检查工作。7月,上报《复旦大学"211工程"三期中期检查报告》。9月,根据中期检查情况,对于进展情况良好的学科建设项目,下达2010年和2011年的项目建设资金。

启动"211工程"三期医学学科新增长点建设项目。7月,根据复旦大学2008年的《关于实施"211工程"三期医学重点学科建设项目的若干补充意见》文件精神,启动医学学科新增长点及其基地专项建设项目的申报工作。复旦大学学术委员会医学分委员会对医学学科各院系、附属医院的候选项目进行现场汇报评审。10月,首笔项目建设资金下达,医学学科新增长点建设项目启动。

完成院系学科发展规划。1月,根据复旦大学深入学习实践科学发展观活动整改阶段的工作计划,在前阶段学科调研及分析工作的基础上,开展院系学科发展规划的制订工作。5月,各院系完成学科发展规划的制订工作。6月,汇总成册《复旦大学院系学科发展规划》,为制订学校"十二五"学科发展规划奠定基础。9月,组织对经济学院学科发展规划的国际评估工作。

下达上海市重点学科(第二期)建设经费。11月,根据上海市教育委员会"关于下达部分部属高校上海市重点学科(第二期)建设经费的通知"的文件精神,下达复旦大学上海市重点学科(第二期)上海市配套建设经费1 434万元。其中人文学科和新闻学学科为50万元/学科,管理科学与工程学科为55万元/学科,理、工、医学科为83万元/学科。

做好校学术委员会秘书处及学术规范委员会秘书处工作。校学术委员会秘书处全年组织各分委员会委员通讯评审兼职教授15人、顾问教授3人、名誉教授1人,为学校学术交流工作提供支撑和保障。校学术规范委员会共受理5起学术违规事件。

召开复旦大学学术委员会全体会议。12月2日,复旦大学学术委员会全体会议在光华楼西主楼30楼思源报告厅召开。会议主要就校学术委员会换届和学术委员会章程修订的指导思想和基本原则,部署校学术委员会的换届和章程修订工作等展开研讨。校学术委员会主任王生洪教授主持会议。校学术委员会副主任、校长杨玉良就学术委员会在大学学术治理结构中的地位和作用发表讲话。会议决定,由学术委员代表组成章程修订起草小组,启动学校学术委员会的章程修订和换届工作。

(刘　君)

附　录

复旦大学“985工程”三期规划实施工作委员会名单

1. 教育体系建设规划实施工作委员会

主　任：蔡达峰　金　力　陈立民

成　员：陆　昉　丁光宏　顾云深　吴慧贞　许　玫　李　钧　金晓峰　鲁映青　乔守怡　王德峰　邹和建　陈寅章

2. 师资队伍建设规划实施工作委员会

主　任：陈晓漫　王小林

成　员：秦莉萍　周志成　冯晓源　陆雄文　章　清　沈　健　林学雷　马　红　陆　昉　武培怡

3. 学术发展规划实施工作委员会

主　任：王卫平　陈立民　陈晓漫　桂永浩　金　力

文科组

召集人：陈立民　陈晓漫

成　员：杨志刚　叶绍梁　周志成　林学雷　吴晓明　陈思和　章　清　褚孝泉　葛兆光　俞吾金　彭希哲　俞振伟　林尚立　袁志刚　石　磊　黄丽华　孙笑侠

理工组

召集人：陈晓漫　金　力

成　员：龚新高　叶绍梁　周志成　林学雷　洪家兴　吴泉水　蒋最敏　唐　颐　马　红　陈家宽　武利民　臧斌宇　艾剑良　郑立荣　金晓峰　陈建民　赵东元

医学组

召集人：王卫平　桂永浩

成　员：彭裕文　冯晓源　姜庆五　朱依谆　汤钊猷　闻玉梅　顾玉东　丁　强　王玉琦　蒋国梁　孙兴怀　邬惊雷　黄国英　汤其群　葛均波　包志宏　张　农　马　兰　贾宏丽　吴晓晖　杨芃原　袁正宏　王亚平

4. 能力与条件建设规划实施工作委员会

主　任：张一华　桂永浩　许　征

成　员：姜佩珍　宓　詠　苏子敏　陆　昉　周亚明　周志俊　栗建华　许　玫　周立志　江生和

复旦大学国家重点学科名单

（教育部2007年8月20日公布）

序号	一级学科国家重点学科
1	哲学
2	理论经济学
3	中国语言文学
4	新闻传播学
5	数学
6	物理学
7	化学
8	生物学
9	电子科学与技术
10	基础医学
11	中西医结合

序号	二级学科国家重点学科	
1	产业经济学	
2	金融学	
3	政治学理论	
4	国际关系	
5	历史地理学	
6	中国近现代史	
7	计算机软件与理论	
8	内科学	心血管病
		肾病
		传染病
9	儿科学	
10	神经病学	
11	影像医学与核医学	
12	外科学	
13	眼科学	
14	耳鼻咽喉科学	
15	肿瘤学	
16	妇产科学	
17	流行病学与卫生统计学	
18	药剂学	
19	社会医学与卫生事业管理	

注：材料物理与化学、管理科学与工程、马克思主义基本原理为国家重点（培育）学科。

复旦大学上海市重点学科名单

（上海市教育委员会2007年8月8日公布）

序　号	学　科　名　称	序　号	学　科　名　称
1	西方经济学	11	生物物理学
2	民商法学	12	生物医学工程
3	国外马克思主义	13	材料物理与化学
4	中国现当代文学	14	计算机软件与理论
5	英语语言文学	15	内科学(呼吸系病)
6	新闻学	16	妇产科学
7	原子与分子物理	17	外科学(胸心外)
8	无机化学	18	流行病学与卫生统计学
9	分析化学	19	药理学
10	生物化学与分子生物学	20	管理科学与工程

复旦大学上海市医学重点学科名单

（上海市卫生局2004年12月20日公布）

序　号	所　在　单　位	学　科　名　称
1	复旦大学附属肿瘤医院	临床病理科
2	复旦大学附属儿科医院	新生儿内科
3	复旦大学附属华山医院、上海市公共卫生中心	传染病科
4	复旦大学附属眼耳鼻喉科医院	头颈肿瘤科
5	复旦大学附属华山医院	检验科
6	复旦大学附属华山医院	神经内科
7	复旦大学附属中山医院	呼吸内科
8	复旦大学附属妇产科医院	妇产科
9	复旦大学附属中山医院	介入影像科

（学科建设办公室供稿）

三、人才培养

本专科生教育

【概况】 2010年,学校本科生教育教学深化发展,各项教育改革措施不断落实和推进。

2010年,学校经教育部批准的本科招生计划为2 940人,实际招收本科新生3 077名。其中高考统招录取2 012名(含艺术、体育特长生等),上海市自主选拔录取509名,浙江、江苏省自主选拔录取176名,保送生244名(含外语类),武警国防生(思想政治教育专业)30名,新疆西藏民族生45名(含内地班和预科升本科),以及港澳台生61名(含联考生、澳门香港台湾保送生)等。招生录取工作稳中求进,完成对本科生招生的大类招生整合,使招生与学校大类教学形成有机整体。6月1日正式启用招生呼叫中心,提高咨询效率。高考录取的文科29个省有27个省的录取分数线排名居前三,理科30个省有25个省的录取分数线排名居前三。

围绕学校本科培养体制的发展目标,深化通识教育理念,大力推进学校的本科人才培养模式改革。初步制定跨院系招生的大类培养、专业分流等方案,并在选课、排课等方面做好相应安排。2010年,招收插班生共计26人。转专业工作顺利开展,各专业转专业计划共611名,493人提出申请,实际录取303名。

全年开设本科课程3 142门、5 151门次,分别比上一年增长25%、3%。其中通识教育核心课程六大模块开课208门次。加强全英语课程建设,根据国际学生和本土学生的不同需求设计不同的全英语课程,共开设172门(205门次)全英语课程,初步形成历史与文化、政治与法律、经济与管理、科学与技术四个模块的全英语课程体系。

积极推进教学管理规范化。教务处对《复旦大学本科生学籍管理规定》和《复旦大学学士学位授予工作细则》进行修订,并于9月1日起实施。《复旦大学本科生管理规定与实施办法汇编》通过网络和书面方式及时向全校师生发布。同时,对全校所有闭卷考试课程的期末考试电子版试题实施集中存档,在此基础上进一步开展试卷电子扫描(试点)工作,从而使试卷管理、成绩管理更加科学规范。

本年度秋季学期首次尝试增设期中课程评估,在第13周至第15周进行,完全由学生自愿参评;在"开放式意见"中增加"历史意见"模块。评估结果对师生双向开放。期中评估阶段有63%的学生参与评估,充分发挥学生的主体作用。

认真组织各院系申报市级和国家级相关课程教学项目。2010年获得国家级项目13项(其中6门国家级精品课程,2个国家级教学团队,3个第六批高等学校特色专业建设点,2门国家级双语教学示范课程),上海市级项目33个(上海市精品课程8门,上海市市级教学团队4个,上海市重点课程项目19个,2门上海市全英语教学示范课程)。为加强课程教学内容建设,学校评选出26门课程为2010年校级精品课程。

建构丰富多元的教学实践体系。全年"本科生学术研究资助项目"平台各类项目共发表论文38篇,其中本科生为第一作者的论文17篇。本年度共有376项课题获得资助,77项莙政望道课题结题,146项曦源课题结题,SUN项目有2项课题通过结题报告。

学生参与各类学科竞赛取得优良成绩。2010年复旦大学在第34届国际大学生程序设计竞赛中获得铜牌;英特尔杯大学生电子设计竞赛——嵌入式系统专题邀请赛获全国二等奖及三等奖;"TI"杯上海大学生电子设计邀请赛上3个参赛队获一等奖;"高教社杯"全国大学生数学建模竞赛上,5个参赛队获全国一等奖,4个参赛队获全国二等奖;在首届全国大学生数学竞赛上,获全国一等奖1名、二等奖2名、三等奖3名;在全国基础力学实验竞赛上,获团体一等奖,有3名学生获个人赛一等奖,1名学生获个人赛三等奖。

学校相关部门在"精彩世博,文明先行"上海市民学双语活动中组织复旦大学学生学习双语、服务世博,得到一致好评。经上海市教育委员会和语言文字工作委员会推荐,上海市学英语、学普通话活动推进委员会办公室("双推办")授予复旦大学"优秀组织奖"荣誉。

【稳步推进自主选拔录取】 继2009年复旦大学将自主选拔录取改革试验推广到浙江省之后,学校将该改革试验推进到江苏省。2010年自主招生面试工作于2月5—7日进行,共有来自上海、浙江、江苏的1 525名学子参加面试,经复旦大学210位资深教授严格遴选,最后共有771位优秀学子获得录取资格(其中上海565人、浙江104人、江苏102人)。 (瞿帅伟)

【启动拔尖人才培养计划】 为配合教育部"基础学科拔尖学生培养试验计划"的实施,复旦大学拔尖人才培养计划(望道计划)于4月正式启动。数学、物理、化学、生命科学4个基础学科初步形成适合自身学科特点的选拔及培养方案,并开始在2009级本科生中落实遴选方案,开设出部分研讨性课程增加难度的平行课程、小班研讨,积极探索适合各学科特点的拔尖人才培养模式。物理学系作为最先出台"望道计划"培养方案的院系,已完成首批学生选拔,从全校2009级各专业选拔出来的18名同学成为第一批培养对象。　（徐　红）

【实施中学生科研见习计划】 7月初,学校举办"未来科学家夏令营"活动,吸引111名来自上海各中学的高二学生参加。经过两轮遴选,50名对学术感兴趣又具培养潜力的学生在导师的指导下参加科学研究活动。　（葛天如）

【推进课程教学团队建设】 2010年,教务处开始大力推进课程教学团队组织和建设工作,鼓励教学团队积极开展课程内涵建设,形成教学梯队,进行教学研究,切实提高课程教学质量,对量大面广的各类基础课程教学团队建设(如高等数学/数学分析、大学物理、程序设计、大学英语等)给予重点关注。在管理上,实行二级管理,将团队建设经费打包给院系,充分发挥院系的自主作用,并在团队建设过程中加强管理和指导。　（朱　军）

【开展校际间学生联合培养】 2010年秋季学期,14位学生赴"C9"各校进行为期一学期的校际交流,同时接收30位来自"C9"各校的优秀学子来校交流。根据国家的培养任务及校际合作协议,学校还接收来自云南大学、西藏民族学院、重庆医科大学、上海音乐学院、香港大学等学校合作培养学生151人。11月,教务处联合外事处共同推出本科生出国个人访问学习制度,并提供一份165所大学的指导性名单,支持并引导学生在更大范围内参与境外交流学习。目前学校已形成全面立体的学生海外访学体系,以实现交流期间修读学分的互转。　（周向峰）

【召开本科教学座谈会】 9月7日,复旦大学召开本科教学座谈会作为庆祝第26届教师节活动之一。15位广受本科生欢迎的老中青教师代表围绕"今天,如何上好课"这一主题作交流发言,畅谈各自在教学理念、教学内容、教学方法以及师生关系等各方面的心得体会。发言稿电子版已汇编下发,供全体教师参考借鉴。　（朱　军）

【组建本科教学督导组】 教务处聘请教学经验丰富的退休教师担任督导,进行教学秩序检查和听课。第一批督导对邯郸校区教学秩序展开全面检查后,将在检查中出现的问题反馈到各个院系,推动院系提高教学管理水平。教务处还组织第二批督导对学生评教得分较低的课程进行听课和调研,并向相关任课老师提出建设性意见,对提高课程教学质量起到促进作用。　（朱　军）

【统一拍摄本科生学士学位服照片】 为丰富和规范复旦大学本科毕业生归档材料,留下复旦学子本科时代完整的历史记载,经校档案馆与教务处共同研究,从2011届本科毕业生开始,统一为全校应届本科毕业生拍摄一套学士学位服照片。　（吴敏敏）

【公布复旦大学参加综合性大学自主选拔联考方案】 为进一步深化高校招生考试制度改革,积极探索人才选拔的综合评价模式,学校确定参加2011年综合性大学自主选拔联考。11月25日,公布《关于复旦大学参加综合性大学自主选拔联考的公告》,宣布复旦大学将和北京大学(含医学部)、香港大学、武汉大学等13所高校组织联考,在自主选拔录取中联合命题、统一组织笔试并共享考试成绩,根据考生笔试成绩确定参加本校面试考生名单。但复旦大学在江、浙、沪的自主招生不使用13校联考成绩,仍采用复旦水平测试。　（朱晓超）

附　录

2010年复旦大学本专科专业设置

院　系		专业代码	专业名称
中国语言文学系		050101	汉语言文学
		050102	汉语言
哲学学院	哲学系	010101	哲　学
		010101	哲学(国学方向)
	宗教系	010103	宗教学
历史学系		060101	历史学
	旅游系	110206	旅游管理
文物与博物馆学系		060104	博物馆学
外国语言文学学院	日语系	050205	日　语
	德语系	050203	德　语
	英语系	050201	英　语
	翻译系	050255S	翻　译

续 表

院	系	专业代码	专业名称
外国语言文学学院	法语系	050204	法　语
	俄语系	050202	俄　语
	朝鲜语系	050206	朝鲜语
法学院		030101	法　学
国际关系与公共事务学院	国际政治系	030402	国际政治
	政治学系	030401	政治学与行政学
		030404	思想政治教育
	公共行政系	110301	行政管理
社会发展与公共政策学院	社会学系	030301	社会学
	社会工作系	030302	社会工作
	心理学系	071501	心理学
新闻学院	新闻学系	050301	新闻学
	广播电视学系	050302	广播电视新闻学
	广告学系	050303	广告学
	传播学系	050305w	传播学
经济学院	经济学系	020101	经济学
		020101	经济学(数理经济方向)
	世界经济系	020102	国际经济与贸易
	公共经济学系	020103	财政学
	国际金融系	020104	金融学
	保险系	020107w	保　险
管理学院	管理科学系	110101	管理科学
	信息管理与信息系统系	110102	信息管理与信息系统
	企业管理系	110201	工商管理
	市场营销系	110202	市场营销
	财务金融系	110204	财务管理
	会计学系	110203	会计学
	统计学系	071604	统计学
数学科学学院		070101	数学与应用数学
		070102	信息与计算科学
物理学系		070201	物理学
核科学与技术系		080508s	核技术
化学系		070301	化　学
		070302	应用化学
高分子科学系		080204	高分子材料与工程
环境科学与工程系		071401	环境科学
		071401	环境科学(环境工程方向)
		071401	环境科学(环境管理方向)

续 表

院	系	专业代码	专业名称
信息科学与工程学院	电子工程系	071201	电子信息科学与技术
		080607	生物医学工程
	光科学与工程系	071203	光信息科学与技术
	微电子学系	071202	微电子学
	通信科学与工程系	080604	通信工程
	光源与照明工程系	080601	电气工程及其自动化
计算机科学技术学院	计算机科学与工程系	080605	计算机科学与技术
	计算机与信息技术系	071205W	信息安全
软件学院		080611	软件工程
材料科学系		071301	材料物理
		071302	材料化学
		080606	电子科学与技术
力学与工程科学系		071101	理论与应用力学
		081501	飞行器设计与工程
生命科学学院	生物化学系	070401	生物科学
	微生物与微生物工程系		
	生理学与生物物理学系		
	生态与进化生物学系	070402	生物技术(与药学院合办)
	遗传学与遗传工程系		
上海医学院		100101	基础医学
		100301	临床医学(八年制)
		100301	临床医学(六年制)
		100301	临床医学(五年制)
		100301	法医学
公共卫生学院		100201	预防医学
		110302	公共事业管理
药学院		100801	药　学
		100801	药学(临床药学方向)
护理学院		100701	护理学
		100701	护理(专科)
艺术设计系		050408	艺术设计

复旦大学本科修读第二专业及第二学位专业设置

类　别	专业名称	类　别	专业名称
第二专业	对外汉语 英汉双语翻译 博物馆学 科技传播与科技决策 新闻学 经济学 国际经济与贸易 法　学 外交学 国务与政务	第二专业	计算机科学与技术 公共事业管理(社会管理方向) 教育学 外交与公共事务
		第二学位	汉语言文学 法　学 会计学 计算机科学与技术

2010 年复旦大学获国家级、上海市精品课程一览表

教师名称	课程名称	所属院系	等　级
张新夷　马世红　姚红英　俞　熹　乐永康	近代物理实验	物理学系	国家级
朱立元　张宝贵　谢金良　郑元者　张德兴	美　学	中国语言文学系	国家级
童　兵　陈建云　张涛甫　马　凌	马克思主义新闻思想	新闻学院	国家级
张新生　郑　明　黎德元　金曙松	概率论	管理学院	国家级
鲁映青　汪　青　吴根诚　钱睿哲　刘瑞梓	医学导论	上海医学院	国家级
浦兴祖　扶松茂　刘　晔　周　帆	当代中国政治制度	国际关系与公共事务学院	国家级
潘伟杰　董茂云　王　蔚　刘志刚　宋永华	宪法学	法学院	上海市
罗泽伟　田卫东　张荣梅　陆晨琪	生物统计学	生命科学学院	上海市
孙凤艳　郑　平　高艳琴	神经生物学	上海医学院	上海市
孙兴怀　周行涛　常　青　钱　江　郭文毅	眼科学	上海医学院	上海市
高国希　陈金华　王贤卿　邵晓莹　徐　蓉　胡志辉	思想道德修养与法律基础	社会科学基础部	上海市
何刚强　王建开　陶友兰	翻译理论与策略	外国语言文学学院	上海市

2010 年复旦大学获国家级、上海市教学团队一览表

所在院系	教师姓名	团队名称	等　级
公共卫生学院	姜庆五	“预防医学”骨干课程教学团队	国家级教学团队
社会科学基础部	顾钰民	思想政治理论课教学团队	国家级教学团队
历史学系	章　清	历史学基础理论课程教学团队	上海市教学团队
管理学院	黄丽华	信息管理与信息系统核心课程教学团队	上海市教学团队
物理学系	侯晓远	物理系类基础课程教学团队	上海市教学团队

2010 年复旦大学获国家双语教学示范课程一览表

所在院系	主讲教师	课程名称
国际关系与公共事务学院	陈志敏	欧盟政治与对外关系
生命科学学院	金　力	人类进化遗传学

2010 年复旦大学获上海市高校示范性全英语教学课程建设项目一览表

所在院系	主讲教师	课程名称
管理学院	任明川	会计职业道德
生命学院	卢宝荣	科学研究方法与论文写作

复旦大学入选 2010 年上海市重点建设课程项目一览表

院　系	主讲教师	课程名称
中国语言文学系	谢金良	《周易》与中华审美文化
艺术教育中心	陈莉萍	中外音乐审美
旅游学系	沈祖祥	旅游文化学
哲学学院	徐英瑾	心灵哲学(全英文)
外文学院	万江波	英语公众演说

续 表

院 系	主讲教师	课程名称
国际关系与公共事务学院	徐以骅	宗教与当代国际关系
法学院	陈 力	国际私法
上海医学院	汪 青	走近医学：历史与传承
管理学院	胥正川	计算机网络
经济学院	李 丹	宏观经济学原理(全英文)
软件学院	徐迎晓	面向对象分析和设计
软件学院	赵卫东	商务智能
软件学院	戴开宇	网络虚拟环境与计算机应用
上海医学院	钱睿哲、汪 青	基于疾病的多学科教学
上海医学院	王吉耀	循证医学
上海医学院	曾蒙苏、冯晓源	医学影像学
公共卫生学院	陈 文	卫生经济学
药学院	段更利	药物分析
社会科学基础部	邵晓莹	英美电影思想解读

2010 年“高教社杯”全国大学生数学建模竞赛复旦大学获奖一览表

参赛学生	所属院系	获奖情况	指导教师
陆俊巍 厉传斌 赵 晟	数学科学学院	全国一等奖	曹 沅
艾里·热孜克 李可嘉 王晨阳	数学科学学院	全国一等奖	曹 沅
李天原 朱 涵 彭 镇	数学科学学院 数学科学学院 生命科学学院	全国一等奖	曹 沅
徐 佥 刘 苒 孙 宁	数学科学学院 数学科学学院 信息科学与工程学院	全国一等奖	曹 沅
曹 原 范敏杰 方乐恒	数学科学学院	全国一等奖	曹 沅
董书剑 武 宁 盛嘉奕	数学科学学院 信息科学与工程学院 信息科学与工程学院	全国二等奖	曹 沅
张冰洁 杨 晶 潘剑阳	数学科学学院	全国二等奖	
李 恒 沈云骢 张 航	数学科学学院	全国二等奖	
周 扬 林 奔 张颂珍	数学科学学院 计算机科学技术学院 数学科学学院	全国二等奖	曹 沅

首届全国大学生数学竞赛(决赛)复旦大学获奖一览表

参赛学生	所属院系	竞赛分组	获奖等级
江 辰	数学科学学院	数学组	全国一等奖
徐 佥	数学科学学院	数学组	全国一等奖
田晓颖	数学科学学院	数学组	全国二等奖
王兆龙	数学科学学院	数学组	全国三等奖
安中山	数学科学学院	数学组	全国三等奖
戴 杰	数学科学学院	数学组	全国三等奖

2010 年全国大学生电子设计竞赛——嵌入式系统专题邀请赛复旦大学获奖一览表

参赛队员	所属院系	获奖情况	指导教师
王悦凯　唐亦辰　谢辛舟	信息科学与工程学院	全国二等奖	冯　辉
蒋紫东　杨志智　尹逊宫	信息科学与工程学院	全国三等奖	杨　涛

2010 年全国大学生电子设计竞赛——TI 杯模拟电子系统专题邀请赛复旦大学获奖情况表

参赛队员	所属院系	获奖情况	指导教师
吴正晖　徐佳靓　吴　昊	信息科学与工程学院	全国一等奖	
丁　宁　刘欣瑜　谢晨欣	信息科学与工程学院	全国二等奖	

第 34 届 ACM 国际大学生程序设计竞赛全球总决赛复旦大学获奖一览表

参赛队员	所属院系	获奖情况	指导教师
杨　溢　李明韫　胡晓诚	计算机科学技术学院	铜牌(第 11 名)	吴永辉

首届全国大学生基础力学实验竞赛复旦大学获奖一览表

参赛队员	所属院系	获奖情况
章丹颂　陈　瑜　冀云骅	力学与工程科学系	决赛团体一等奖
章丹颂	力学与工程科学系	决赛个人一等奖
陈　瑜	力学与工程科学系	决赛个人一等奖
冀云骅	力学与工程科学系	决赛个人一等奖
余宇轩	力学与工程科学系	决赛个人一等奖

第 27 届全国部分地区大学生物理竞赛复旦大学获奖一览表

学生姓名	所属院系	竞赛分组	获奖等级
罗伟杰	物理学系	物理学类	上海市一等奖
李耀轩	物理学系	物理学类	上海市一等奖
张　擎	物理学系	物理学类	上海市一等奖
陈苏迪	物理学系	物理学类	上海市一等奖
张大鹏	物理学系	物理学类	上海市二等奖
曹　昱	物理学系	物理学类	上海市三等奖
戚宏建	物理学系	物理学类	上海市三等奖
石梦瑶	物理学系	物理学类	上海市三等奖
王　娟	物理学系	物理学类	上海市三等奖
施道航	信息科学与工程学院	非物理学类 A 组	上海市一等奖
纪文彬	计算机科学技术学院	非物理学类 A 组	上海市一等奖
盛嘉奕	信息科学与工程学院	非物理学类 A 组	上海市一等奖
杨　钊	数学科学学院	非物理学类 A 组	上海市一等奖
章丹颂	力学与工程科学系	非物理学类 A 组	上海市一等奖
章少骏	数学科学学院	非物理学类 A 组	上海市二等奖

续 表

学生姓名	所属院系	竞赛分组	获奖等级
郭竞凯	力学与工程科学系	非物理学类A组	上海市二等奖
沈周锋	力学与工程科学系	非物理学类A组	上海市二等奖
董书剑	数学科学学院	非物理学类A组	上海市二等奖
王勉之	信息科学与工程学院	非物理学类A组	上海市二等奖
张校捷	化学系	非物理学类A组	上海市三等奖
丁雪健	力学与工程科学系	非物理学类A组	上海市三等奖
郑逢飞	信息科学与工程学院	非物理学类A组	上海市三等奖
李一寒	数学科学学院	非物理学类A组	上海市三等奖
杨曦中	力学与工程科学系	非物理学类A组	上海市三等奖
汤泓灏	力学与工程科学系	非物理学类A组	上海市三等奖
陈柏佑	经济学院	文科经管类	上海市一等奖

（教务处供稿）

研究生教育

【概况】 2010年是“十一五”建设的收官之年，为更好地适应经济和社会发展对高层次创新人才培养的迫切需要，以及适应建设创新型国家和小康社会的战略要求，学校研究生教育继续贯彻“稳定规模、注重内涵、优化结构、深化改革、提高质量”的指导思想，通过合理配置研究生教育资源、构建研究生教育质量保障机制、推进研究生培养机制改革和实施“211三期”创新人才培养计划等措施，有力地促进了研究生培养质量与学位授予质量的提高，推动了研究生教育持续、健康、稳定地发展。

全年招收学历教育研究生5 059人，其中硕士研究生3 836人（含港澳台生36人，外籍生342人，少数民族骨干生10人），博士研究生1 223人（含港澳台生15人，外籍生45人，少数民族骨干生21人）。完成2011级硕士推免生（1 115人）和直博生（135人）招生工作。根据教育部统一部署，经申请，2010年复旦大学获批12种专业学位招生类别，除税务、保险、资产评估、教育及出版硕士外，其余7种（即金融、国际商务、新闻与传播、文物与博物馆、护理、药学及旅游管理硕士）专业学位均列入2011年招生计划。从学校研究生招生工作现状来看，学术型和专业型研究生招生结构调整已初见成效，今后研究生招生工作重心在于结构优化和提高生源质量。进一步推进博士生招生改革，2010年博士生招生的“申请—考核制”改革试点工作推广到所有理、工、医学科，并在历史学科进行大文科改革试点和开展博士研究生学科招生制改革试点工作。博士研究生生源质量稳步提高，录取考生中来自“985”高校生源比例从“十一五”初期（2006年）的59.83%，提高到末期（2010年）的68.91%，提高近10个百分点。延续2009年招生计划配置原则，进一步优化招生资源配置，同时适当增加科技创新平台、哲学社会科学创新基地、重点学科、国家创新团队以及全国优秀博士论文指导教师、教育部“长江学者奖励计划”特聘教授的招生计划。继续执行医学门类（临床技能型硕士生转博士生除外）原则上只招收科学学位博士生的招生政策。在2009年进一步完善博士生网报系统、新建硕士推免生系统基础上，2010年构建新的博士生网报收费平台、启动研究生招生内部管理新系统建设工作。扩大夏令营活动计划，2010年有10个夏令营开营（涉及11个教学、科研单位），学校投入资金85.5万元，627名优秀大学生参加夏令营活动，预录取推免生344人，取得良好的人才选拔效果。

学校目前共有一级学科学位授权点24个，博士点153个，硕士点219个。另有博士专业学位授权点1个，硕士专业学位授权点24个（其中含硕士专业学位授权学科领域36个）。形成较为齐全的10个学科门类的研究生培养学科专业体系和学位授予体系。

研究生培养紧紧围绕“质量”和“创新”开展一系列改革工作，坚持以提高培养质量为核心，着力激发研究生创新能力，塑造研究生教育的质量与品牌。第一，继续深化课程教学改革，加强培养过程管理和教学质量评估。全年开设各类研究生课程共计2 000多门，其中博士生课程644门，共733个班级。硕士生课程1 783门，共224个班级。公共选修课程（含跨一级学科新视野课程）17门，共58个班级。在网上全面开展研究生课程教学评估（学生评教）工作，积极参加并接受上海市组织的年度培养过程检查与评估活动。首次启动开展“研究生学术新人奖”活动，共评出国家级学术新人奖25人；继续开展年度优秀导师评选活动，评出40名优秀研究指导教师。第二，在实施国家和上海市级研究生教育创新计划中，很好地完成年内承担的各类创新项目，加强研究生创新能力培养。（1）全年研究生创新基金立项80项,资助金额总计106万元。(2)参加国内学术论坛4个,参与复旦大学举办的以学科为轴心的分学科学术论坛15个。(3)建设和完善金融创新、生物信息学、数字医学、医学分子生物学、环境科学、数字传媒和力学学科、生物医学工程实验室等8个交叉性学科研究生创新实验室。(4)首次以研究生院的名义,举办"学术研究能力训练"第一期暑期学校,成效显著。第三,继续支持研究生开展产学研相结合的实践活动。加强与上海市陆家嘴金融港、上海科学院、张江高科的产学研合作,组织学生去联合培养基地实习和训练。为毕业研究生继续探索和开设"创业与创新"辅修课程(第二期),得到上级部门和相关学校的好评。第四,为进一步加强创新人才培养,学校继续开展第二批"211工程"三期创新人才培养计划的六个资助项目:复旦大学重点学科优秀博士生科研资助计划、复旦大学交叉学科优秀博士生科研资助计划、复旦大学博士生短期国际访学资助计划、复旦大学推免生暑期科研训练资助计划、复旦大学研究生暑期学校资助计划和复旦大学优秀大学生夏令营资助计划,并取得良好成效。第五,继续对培养过程中的学位论文选题、开题、预审及预答辩等环节进行督促检查和监控,保证研究生学位论文质量。

2010年,共授予硕士学位4 347人,其中专业学位2 536人;授予博士学位892人,其中专业学位49人。学位工作继续以提高学位授予质量为重点。2010年博士学位论文双盲评审共送审博士论文1 901本,其中70本被专家提出异议,异议率为3.68%。2010年参加上海市硕士学位论文抽检评议369人,异议23人,异议率为6.23%。校内硕士论文的抽检重点继续放在科学学位论文,2010年度共抽检545人,异议57人,异议率为10.46%。

在2010年第十二届全国优秀博士学位论文评选中,有3篇论文入选,12篇提名。至2010年,复旦大学入选全国优博论文共51篇,位居全国高校第三。在2010年上海市研究生优秀成果(学位论文)评选中,复旦大学有31篇博士论文和23篇硕士论文入选,总数居全市首位。

继续推进新增及认定博士生指导教师岗位任职资格的审核办法改革。除继续在五个一级学科试点副教授申请博士生导师外,对数学、物理、化学(含高分子系)及生科院四个经过国际评估的院系进行改革试点,在名额上不做限制,鼓励院系结合已有的人力资源规划,对博士生导师的岗位聘任统筹安排。各试点院系相继提交博导遴选改革方案,通过不同方式的评审,产生出博士生导师遴选结果,并报校学位委员会备案通过。2010年新增和认定博士生指导教师78人,其中属新增37人,属审核认定5人,认定备案17人,博士生导师遴选试点单位审核通过的备案人员19人。新增硕士生指导教师158人。继续落实以科学研究为主导的导师负责制和以科研课题为引导的导师资助制,明确导师在研究生培养中的责任和权益,激发导师和研究生的活力,促进研究生教育与科学研究更紧密地结合。完成博士生导师招收博士生出资工作。为加强研究生导师队伍建设,继续开展复旦大学中青年研究生导师培训计划,并继续开展"复旦大学优秀研究生导师"评优活动,表彰在教学和培养研究生工作突出的优秀导师,共有36位研究生导师获此殊荣。

大力发展专业学位教育,新增12个硕士专业学位授权点,分别为金融硕士、税务硕士、国际商务硕士、保险硕士、资产评估硕士、教育硕士、新闻与传播硕士、出版硕士、文物与博物馆硕士、护理硕士、药学硕士、旅游管理硕士。

继续推进研究生教育国际化进程,进一步完善和健全全英文授课的师资库。推动院系层面的国际交流与合作,逐步建立健全相关的管理规范。

在理论研究和宣传方面,继续承担上海市学位办和上海市研究生教育学会主办的刊物《上海研究生教育》杂志的编辑和发行任务,出版《探寻研究生教育的岁月——恢复研究生教育30年》等书籍,积极宣传学校近年来在研究生教育方面取得的成果。研究生院的管理干部注重加强业务学习,不断总结经验,开展调查研究和理论探索工作,先后承担国务院学位委员会、教育部和上海市的多项重大课题研究。

(包晓明　廖文武　吴宏翔　姚玉河　姜友芬　胡玲琳　陆德梅　顾云深)

【取消提前攻博招生类别】 根据教育部文件(教学[2009]16号)精神及政策衔接需要,2010年下半年,复旦大学决定停止提前攻博生招生工作。博士生招生类别由原先的4种调整为3种,即普通招考、硕博连读和直接攻博。为有利于优秀人才选拔和促进教育公平,2010年复旦大学开始实行硕博连读和普通招考"同步报名、同步选拔、同步录取"的博士生招生"三同"政策。(吴宏翔)

【召开"复旦大学国际评估试点院系"培养方案修订研讨会】 该会议于4月10日在上海嘉定召开。会议由研究生院常务副院长顾云深主持,副校长、研究生院院长金力出席并参与研讨,已开展国际评估试点工作的10个院系分管院长、系主任、研究生工作秘书和教务员等参加本次会议。与会的分管院长、系主任分别就本单位研究生培养工作的经验、特点及存在问题做交流发言,并主要围绕生源问题、分类培养、学习年限、课程设置、质量控制、修订要素和程序、学位授予标准等方面进行深入探讨,达成如下共识:培养方案调整的核心是要确定培养目标,新的培养方案要体现分类指导原则和整合培养的思路,研究生培养方案调整将与科研、学科建设紧密联系,同时处理好一级学科与二级学科的关系。此外,各院系代表对学校现行规章制度提出相关意见和建议。(傅　彦)

【举办第二届中青年研究生导师培训大会】 该会议于5月28日在上海松江举行。由研究生院副院长汪玲主持。考虑到学科之间的差异,培训大会按照大类学科举行,首次召开医科类中青年研究生导师培训大会。著名肝癌外科专家、中国工程院院士汤钊猷教授,复旦大学图书馆馆长、教

育部学风建设委员会副主任葛剑雄教授等为培训大会作专题报告。复旦大学160多名医科中青年研究生导师参加培训。 （胡玲琳）

【**落实导师出资工作**】 针对2007年实行导师资助制以来出现的新问题，研究生院对导师出资工作进行修订。一是改变往年学科之间导师出资标准不同，但博士生一律获得5 000元助研津贴的统一做法，即导师出资标准不同，其博士生所补助到的助研津贴也不同，体现公平性。二是对第四年尚未毕业的博士生照常实行导师出资，学校对该类博士生照常给予补助并发放助研津贴，以保障博士生安心完成博士学位论文，更富人性化。根据新修订的导师资助规章，顺利完成2007、2008、2009、2010级博士生导师招收博士生出资工作。 （胡玲琳）

【**刘京辉一行到复旦大学调研**】 5月27日，国家留学基金管理委员会（以下简称"留学基金委"）秘书长刘京辉一行到复旦大学，就上海地区部分高校关于国家建设高水平大学公派研究生项目工作开展调研。副校长、研究生院院长金力出席调研座谈会。上海交通大学、同济大学、华东师范大学、华东理工大学及东华大学分管相关工作的校领导、工作人员，以及复旦大学研究生院的相关负责同志参加调研座谈会。此次调研旨在了解各高校自2007年开始实施公派研究生项目以来的工作经验和存在的问题，着重听取各高校在选派规模、类别比例、选派方式、资助方式及如何实施等方面的具体意见和建议。

（张建林）

【**举行第十批创新基金、第二批交叉学科资助款发放仪式**】 该仪式于6月30日在研究生院举行。第十批研究生创新基金资助项目共42项，其中，优秀博士论文培育资助25项，优秀硕士论文培育资助17项，合计资助金额54万元。第二批交叉学科"优秀博士生科研资助计划"资助项目共5项，合计资助金额30万元。

（陈建平）

【**确定教育部"博士研究生学术新人奖"候选人**】 7月13日，经评奖专家委员会评定，复旦大学申请教育部"博士研究生学术新人奖"候选人确定。共有83位博士生申请该奖项，评奖专家从申请人的学术背景、课程成绩、科研学术成果以及发表论文的质量等几个方面，进行认真遴选，最终产生25人报送教育部，其中人文社科6人，理工科11人，医科8人。教育部2010年首次设立"博士研究生学术新人奖"，旨在引导和激励广大博士研究生投身高水平科学研究和创新研究。试点阶段，国家财政一次性资助获奖博士研究生3万元，主要用于资助博士研究生参加高水平国际国内学术交流、参与或主持创新性科学研究、撰写高质量学位论文等有关学术研究活动。 （陈建平）

【**举行国家公派研究生项目奖学金信息说明会**】 10月23日，2010年国家公派研究生项目奖学金信息说明会（以下简称"说明会"）在复旦大学召开。该会由留学基金委主办，邀请国内相关高校协办。英国剑桥大学、帝国理工学院、伦敦大学国王学院，美国圣路易斯华盛顿大学、约翰霍普金斯大学、印第安纳州立大学，加拿大英属哥伦比亚大学、阿尔伯塔大学，澳大利亚国立大学、悉尼大学、麦考瑞大学等40所国际高校代表到沪宣讲，为中国学生带来各自学校有关2011学年奖学金申请的翔实、准确和权威的信息。国家留学基金管理委员会（以下简称"留学基金委"）副秘书长杨新育出席会议。来自国内高校的1 800余名学生参加说明会。

（姚玉河 包晓明 杜 磊）

【**百余名学子获国家公派或校内短期资助留学**】 2010年，国家建设高水平大学公派研究生留学项目（以下简称"国家公派研究生项目"）和复旦大学博士生短期国际访学资助计划（以下简称"校内短期资助计划"）评审结果揭晓，复旦大学共计111余名学子获得留学资助，其中70名获批国家公派研究生项目（含27名攻读博士学位研究生，39名联合培养博士研究生和4名攻读硕士学位研究生），41名获批校内短期资助计划。 （张建林）

【**编写《公派研究生项目的40问答》**】为更好地推进和实施国家建设高水平大学项目，让广大师生更为清楚地知悉该项目的相关内容和申报流程，研究生院编写《关于国家建设高水平大学公派研究生项目的40问答》（简称"《40问答》"）。《40问答》中就"国家建设高水平大学公派研究生项目"的性质、申请类别及基本要求、申报流程、资助内容、资助标准、资助学科和专业领域，以及准备申请材料的注意事项等主要内容设置40个问题，并给予简明扼要的回答。为便于查阅，除在研究生院网站主页上予以公布之外，还将《40问答》印制成宣传彩页分发至所有院系。 （张建林）

【**举办第一期研究生"学术研究能力训练"暑期学校**】 该活动于8月23—27日在上海举办。来自全校文、理、医不同学科的80名博士生参加暑期学校的课程学习。主讲教师有：杨玉良院士、闻玉梅院士、王迅院士、金力教授、葛兆光教授、邓正来教授、陈家宽教授、龚新高教授、马兰教授、李辉副教授等10位专家。暑期学校以"名师传道授业，提升学术素养"作为指导思想，依托学科优势和学术资源，聘请学校各学科领域的著名专家学者，通过每期不同的专题内容开展教学，旨在拓宽博士生的科研思路和学术视野，提高博士生的科研能力和创新意识，有效地补充课堂教学以外的知识，搭建一个以全面提升我校博士生综合素质为目标的开放式的辅助教学平台。研究生院规划在今后三年中每年举办一期研究生暑期学校。 （廖文武 吴海鸣 先梦涵）

【**举办第二届"985工程"一期高校研究生培养工作研讨会**】 该会议于12月28日在复旦大学举行。清华大学、北京大学、哈尔滨工业大学、上海交通大学、南京大学、浙江大学、中国科学技术大学、西安交通大学和复旦大学等9所签约的重点大学研究生院培养办公室（培养处）主任（处长），国务院学位委员会办公室、教育部学位管理与研究生教育司文理医处相关领导等参加会议。会议就如何做好拔尖创新人才培养、政治理论和外国语等公共课程的改革及研究生课程体系的建设、全日制与非全日制专业学位研究生培养问题、中外合作培养、产学研联合培养等热点问题展开探讨，并达成一定共识。

（廖文武　先梦涵）

【开展硕士专业学位授权点专业学位研究生教育综合改革试点工作】 2010年12月，复旦大学工商管理硕士、公共管理硕士、公共卫生硕士三个硕士专业学位授权点被列入国家专业学位研究生教育综合改革试点工作范围。专业学位研究生教育综合改革试点工作旨在提高培养单位对研究生专业学位教育的科学认识，探索符合研究生专业学位教育规律的培养模式、质量标准及保障体系和办学管理体制。教育部希望通过支持部分高等学校先行试点，创造具有推广价值的好经验、好做法，进而发挥典型引路、示范带动的作用，逐步建构和完善与经济社会发展需要相适应的研究生专业学位教育体系。该试点工作将于2013年6月结束。

（陆德梅）

【学校教授担任全国各专业学位教育指导委员会委员】 2010年，复旦大学18名教授受聘为全国各专业学位教育指导委员会委员，所涉及的专业学位类型包括保险硕士、法律硕士、翻译硕士、公共管理硕士、公共卫生硕士、工商管理硕士、国际商务硕士、汉语国际教育硕士、护理硕士、金融硕士、会计硕士、新闻与传播硕士、药学硕士、艺术硕士（广播电视领域）、应用统计硕士、文物与博物馆硕士。全国专业学位研究生教育指导委员会成员是在有关单位推荐的基础上，由国务院学位委员会、教育部、人力资源和社会保障部选聘，是在国务院学位委员会、教育部、人力资源和社会保障部指导下的全国专业学位研究生教育的专业性组织。其主要职能包括：贯彻执行国家有关政策和规定，指导制定培养方案，组织编写教学大纲、教材、案例等，制定评估标准、评估程序和办法，组织开展评估工作，组织师资培训，开展专门研究，加强培养单位与实际部门联系，促进国际交流与合作，保证培养质量，推动我国专业学位研究生教育的顺利发展和教育水平的不断提高。

（陆德梅）

附　录

国务院学位委员会第六届学科评议组成员（复旦大学）

学　科	成　员	学　科	成　员
哲　学	俞吾金	物理学、天文学	金晓峰
理论经济学	袁志刚	化　学	杨玉良* 贺鹤勇
应用经济学	姜波克	生物学	金　力　卢宝荣
政治学	林尚立	基础医学	熊思东
马克思主义理论	顾钰民	临床医学（Ⅰ）	葛均波
中国语言文学	朱立元	临床医学（Ⅱ）	顾玉东*　周　梁　樊　嘉
外国语言文学	褚孝泉	公共卫生与预防医学	姜庆五*
新闻传播学	黄　旦*	中西医结合	吴根诚*
历史学	吴景平	管理科学与工程	黄丽华
数　学	吴宗敏	公共管理	郝　模

注：*为评议组召集人。

国务院学位委员会成员（复旦大学）

届　别	成　员	批准时间
第六届委员	杨玉良　金　力　顾玉东	2008年4月19日

复旦大学一级学科博士学位授权点一览表

序　号	一级学科	博士点数	硕士点数
1	哲　学	9(3)	11(4)
2	理论经济学	5	8(2)
3	应用经济学	9(2)	12(3)
4	政治学	6	7

续　表

序　号	一级学科	博士点数	硕士点数
5	马克思主义理论	2	2
6	中国语言文学	12(5)	14(7)
7	新闻传播学	4(2)	8(5)
8	历史学	11(3)	11(3)
9	数　学	5	5
10	物理学	5	7
11	化　学	7(2)	7(2)
12	生物学	12(2)	13(2)
13	电子科学与技术	4	6(2)
14	计算机科学与技术	3	3
15	环境科学与工程	1	2
16	生物医学工程	4(3)	4(3)
17	基础医学	9(3)	9(3)
18	临床医学	16(1)	21(3)
19	公共卫生与预防医学	5	6(1)
20	中西医结合	2	2
21	药　学	4	5
22	管理科学与工程	2(1)	4(3)
23	工商管理	4(1)	8(4)
24	公共管理	4(2)	7(3)
合　计		145(30)	182(51)

注：1. 括号中的数据为学校自设的学科、专业数(此数据已包含在括号前的数据中)。
　　2. 硕士点数涵盖博士点数。

复旦大学培养研究生学科、专业目录(科学学位)

学科门类	一级学科 (授权时间)	序号	专业名称	专业代码	硕士点 批准时间	博士点 批准时间
哲　学	哲　学** 2000.12 第八批	1	马克思主义哲学*	010101	1981.11	1981.11
		2	中国哲学*	010102	1981.11	1981.11
		3	外国哲学*	010103	1981.11	1981.11
		4	逻辑学	010104	1986.07	—
		5	伦理学*	010105	1993.12	2003.01
		6	宗教学*	010107	1998.06	2001.04
		7	科学技术哲学*	010108	1981.11	1998.06
		8	国外马克思主义*(自设专业)	010120	—	2004.02
		9	经济哲学*(自设专业)	010121	—	2004.02
		10	比较哲学*(自设专业)	010122	—	2004.02
		11	企业伦理学(自设专业)	010123	2004.02	—

续 表

学科门类	一级学科（授权时间）	序号	专业名称	专业代码	硕士点批准时间	博士点批准时间
经济学	理论经济学** 1998.06 第七批	12	政治经济学*	020101	1981.11	1981.11
		13	经济思想史*	020102	1981.11	1984.01
		14	经济史	020103	1981.11	—
		15	西方经济学*	020104	1993.12	2001.04
		16	世界经济*	020105	1981.11	1986.07
		17	人口、资源与环境经济学*	020106	1990.11	2001.04
		18	发展经济学(自设专业)	020120	2004.02	—
		19	欧盟经济(自设专业)	020121	2004.02	—
	应用经济学** 1998.06 第七批	20	国民经济学*	020201	1993.12	2001.04
		21	区域经济学*	020202	1993.12	2001.04
		22	财政学	020203	1996.06	—
		23	金融学*	020204	1990.11	1993.12
		24	产业经济学*	020205	1984.01	1986.07
		25	国际贸易学*	020206	1993.12	2001.04
		26	劳动经济学	020207	1998.06	—
		27	统计学*	020208	2000.12	2005.07
		28	数量经济学*	020209	1986.07	2001.04
		29	金融管理与金融工程*(自设专业)	020220	—	2004.02
		30	产业组织学*(自设专业)	020221	—	2004.02
		31	投资学(自设专业)	020222	2004.02	—
法　学	法　学	32	法学理论	030101	1998.06	—
		33	法律史	030102	1981.11	—
		34	宪法学与行政法学	030103	1996.06	—
		35	刑法学	030104	2000.12	—
		36	民商法学*	030105	1998.06	2006.01
		37	诉讼法学	030106	2000.12	—
		38	经济法学	030107	2005.01	—
		39	环境与资源保护法学	030108	2003.05	—
		40	国际法学*	030109	1993.12	2003.07
	政治学** 第八批 2000.12	41	政治学理论*	030201	1984.11	1990.11
		42	中外政治制度*	030202	2000.12	2001.04
		43	科学社会主义与国际共产主义运动	030203	2003.05	—
		44	中共党史*	030204	2003.05	2005.01
		45	国际政治*	030206	1981.11	2001.04
		46	国际关系*	030207	1981.11	1986.07
		47	外交学*	030208	2003.05	2005.07

续 表

学科门类	一级学科（授权时间）	序号	专业名称	专业代码	硕士点批准时间	博士点批准时间
法 学	社会学▲	48	社会学*	030301	1993.12	2006.01
		49	人口学	030302	1984.01	—
		50	人类学	030303	2000.12	—
		51	民俗学(含：中国民间文学)	030304	2003.05	—
	马克思主义理论** 2006.01 第十批	52	马克思主义基本原理*	030501	—	2006.01
		53	马克思主义中国化研究*	030503	—	2007.01
		54	思想政治教育*	030505	—	2006.01
教育学	教育学	55	课程与教学论	040102	2005.01	—
		56	高等教育学	040106	1996.06	—
	心理学	57	应用心理学	040203	2006.01	—
文 学	中国语言文学** 1998.06 第七批	58	文艺学*	050101	1981.11	1986.07
		59	语言学及应用语言学*	050102	1981.11	2003.01
		60	汉语言文字学*	050103	1981.11	1981.11
		61	中国古典文献学*	050104	1984.01	1999.07
		62	中国古代文学*	050105	1981.11	1981.11
		63	中国现当代文学*	050106	1984.01	1986.07
		64	比较文学与世界文学*	050108	1984.01	2000.12
		65	中国文学批评史*(自设专业)	050120	—	2004.02
		66	艺术人类学与民间文学*(自设专业)	050121	—	2004.02
		67	现代汉语语言学*(自设专业)	050122	—	2004.02
		68	影视文学*(自设专业)	050123	—	2005.04
		69	对外汉语教学(自设专业)	050124	2005.04	—
		70	中国文学古今演变*(自设专业)	050125	—	2005.04
		71	文学写作(自设专业)	050126	2006.01	—
	外国语言文学	72	英语语言文学*	050201	1981.11	1984.01
		73	俄语语言文学	050202	1990.11	—
		74	法语语言文学	050203	1981.11	—
		75	德语语言文学	050204	1993.12	—
		76	日语语言文学	050205	1986.07	—
		77	亚非语言文学	050210	2000.12	—
		78	外国语言学及应用语言学*	050211	1990.11	2003.07
	新闻传播学** 2000.12 第八批	79	新闻学*	050301	1981.11	1984.01
		80	传播学*	050302	1997	1998.06
		81	广告学(自设专业)	050320	2003.01	—
		82	广播电视学*(自设专业)	050321	—	2003.01
		83	编辑出版(自设专业)	050322	2004.02	—

续 表

学科门类	一级学科（授权时间）	序号	专业名称	专业代码	硕士点批准时间	博士点批准时间
文 学	新闻传播学** 2000.12 第八批	84	公共关系(自设专业)	050323	2004.02	—
		85	媒介管理学*(自设专业)	050324	—	2004.02
		86	国际传播(自设专业)	050325	2005.04	—
	艺术学	87	电影学	050406	2003.05	—
		88	广播电视艺术学	050407	2000.12	—
历史学	历史学** 1998.06 第七批	89	史学理论及史学史*	060101	1997	2001.04
		90	考古学及博物馆学*	060102	1990.11	2001.04
		91	历史地理学*	060103	1981.11	1981.11
		92	历史文献学*	060104	1986.07	2003.01
		93	专门史*	060105	1981.11	2001.04
		94	中国古代史*	060106	1981.11	1981.11
		95	中国近现代史*	060107	1984.01	1996.06
		96	世界史*	060108	1981.11	1981.11
		97	文物学*(自设专业)	060120	—	2004.02
		98	人口史*(自设专业)	060121	—	2004.02
		99	当代中国史*(自设专业)	060122	—	2005.04
理 学	数 学** 1996.06 第六批	100	基础数学*	070101	1981.11	1981.11
		101	计算数学*	070102	1981.11	1984.01
		102	概率论与数理统计*	070103	1981.11	1986.07
		103	应用数学*	070104	1981.11	1981.11
		104	运筹学与控制论*	070105	1981.11	1998.06
	物理学** 1998.06 第七批	105	理论物理*	070201	1981.11	1981.11
		106	粒子物理与原子核物理*	070202	1981.11	1981.11
		107	原子与分子物理*	070203	1986.07	2003.01
		108	等离子体物理	070204	1996.06	—
		109	凝聚态物理*	070205	1981.11	1981.11
		110	光 学*	070207	1981.11	1984.01
		111	无线电物理	070208	1981.11	—
	化 学** 1996.06 第六批	112	无机化学*	070301	1981.11	1981.11
		113	分析化学*	070302	1981.11	1986.07
		114	有机化学*	070303	1981.11	1990.11
		115	物理化学*	070304	1981.11	1981.11
		116	高分子化学与物理*	070305	1981.11	1981.11
		117	化学生物学*(自设专业)	070320	—	2003.01
		118	应用化学*(自设专业)	070321	—	2004.02

续　表

学科门类	一级学科（授权时间）	序号	专业名称	专业代码	硕士点批准时间	博士点批准时间
理　学	生物学** 1998.06 第七批	119	植物学*	071001	1981.11	1986.07
		120	动物学*	071002	1981.11	1984.01
		121	生理学*	071003	1981.11	1981.11
		122	微生物学*	071005	1981.11	1981.11
		123	神经生物学*	071006	1986.07	1996.06
		124	遗传学*	071007	1981.11	1981.11
		125	发育生物学*	071008	2000.12	2000.12
		126	细胞生物学	071009	2003.05	—
		127	生物化学与分子生物学*	071010	1981.11	1981.11
		128	生物物理学*	071011	1981.11	1990.11
		129	生态学*	071012	1986.07	2001.04
		130	生物信息学*（自设专业）	071020	—	2004.02
		131	人类生物学*（自设专业）	071021	—	2004.02
工　学	力　学▲	132	一般力学与力学基础	080101	1998.06	—
		133	固体力学	080102	1981.11	—
		134	流体力学*	080103	1981.11	1981.11
		135	工程力学	080104	1990.11	—
	光学工程▲	136	光学工程	080300	2003.05	—
	材料科学与工程	137	材料物理与化学*	080501	1990.11	1998.06
		138	材料学	080502	2000.12	—
理　学	电子科学与技术** 1998.06 第七批	139	物理电子学*	080901	1981.11	1981.11
		140	电路与系统*	080902	1981.11	1990.11
		141	微电子学与固体电子学*	080903	1981.11	1997
		142	电磁场与微波技术*	080904	1998.06	2005.07
		143	信息功能材料与器件(自设专业)	080920	2004.02	—
		144	光电系统与控制技术(自设专业)	080921	2005.04	—
工　学	信息与通信工程	145	通信与信息系统	081001	1998.06	—
理　学	计算机科学与技术** 2000.12 第八批	146	计算机系统结构*	081201	1986.07	2001.04
		147	计算机软件与理论*	081202	1981.11	1986.07
		148	计算机应用技术*	081203	1981.11	2000.12
工　学	航空宇航科学与技术	149	飞行器设计	082501	2003.05	—
理　学	环境科学与工程** 2006.01 第十批	150	环境科学*	083001	1990.11	2000.12
		151	环境工程	083002	2003.05	—

续 表

学科门类	一级学科（授权时间）	序号	专业名称	专业代码	硕士点批准时间	博士点批准时间
工　学	生物医学工程** 2000.12 第八批	152	生物医学工程*（本一级学科国家目录不设二级学科）	0831	1981.11	1996.06
		153	医学电子学*（自设专业）	083120	—	2004.02
		154	生物力学*（自设专业）	083121	—	2004.02
		155	生物医用材料*（自设专业）	083122	—	2007.01
医　学	基础医学** 1998.06 第七批	156	人体解剖与组织胚胎学*	100101	1981.11	1981.11
		157	免疫学*	100102	1981.11	1981.11
		158	病原生物学*	100103	1981.11	1984.01
		159	病理学与病理生理学*	100104	1981.11	1981.11
		160	法医学*	100105	1986.07	2005.01
		161	放射医学*	100106	1986.07	1993.12
		162	分子医学*（自设专业）	100120	—	2004.02
		163	医学信息学*（自设专业）	100121	—	2004.02
		164	疾病蛋白组学*（自设专业）	100122	—	2004.02
	临床医学** 2003.09 第九批	165	内科学*	100201	1981.11	1981.11
		166	儿科学*	100202	1981.11	1984.01
		167	老年医学	100203	1996.06	—
		168	神经病学*	100204	1981.11	1981.11
		169	精神病与精神卫生学*	100205	1981.11	1986.07
		170	皮肤病与性病学*	100206	1981.11	1981.11
		171	影像医学与核医学*	100207	1981.11	1981.11
		172	临床检验诊断学*	100208	1986.07	1996.06
		173	护理学	100209	1996.06	—
		174	外科学*	100210	1981.11	1981.01
		175	妇产科学*	100211	1981.11	1984.01
		176	眼科学*	100212	1981.11	1981.11
		177	耳鼻咽喉科学*	100213	1981.11	1981.11
		178	肿瘤学*	100214	1984.01	1984.01
		179	康复医学与理疗学*	100215	2003.05	2005.01
		180	运动医学*	100216	1981.11	2005.07
		181	麻醉学*	100217	1986.07	1993.12
		182	急诊医学	100218	1993.12	—
		183	显微医学*（自设专业）	100220	—	2004.02
		184	全科医学(自设专业）	100221	2004.02	—
		185	循证医学(自设专业）	100222	2005.04	—

续 表

学科门类	一级学科(授权时间)	序号	专业名称	专业代码	硕士点批准时间	博士点批准时间
医 学	口腔医学	186	口腔临床医学	100302	1981.11	—
	公共卫生与预防医学** 1998.06 第七批	187	流行病与卫生统计学*	100401	1981.11	1981.11
		188	劳动卫生与环境卫生学*	100402	1981.11	1981.11
		189	营养与食品卫生学*	100403	1981.11	2005.07
		190	儿少卫生与妇幼保健学*	100404	1981.11	2005.07
		191	卫生毒理学*	100405	1990.11	2001.04
		192	社区卫生与健康促进(自设专业)	100420	2006.01	—
	中西医结合** 1998.06 第七批	193	中西医结合基础*	100601	1981.11	1981.11
		194	中西医结合临床*	100602	1981.11	1981.11
理学或医学	药 学** 1998.06 第七批	195	药物化学*	100701	1981.11	1990.11
		196	药剂学*	100702	1981.11	1986.07
		197	生药学*	100703	1981.11	2001.04
		198	药物分析学	100704	1981.11	—
		199	药理学*	100706	1981.11	1981.11
管理学	管理科学与工程** 1998.06 第七批	200	管理科学与工程*(本一级学科国家目录不设二级学科)	1201	1990.11	1998.06
		201	管理科学(自设专业)	120120	2004.02	—
		202	信息管理与信息系统(自设专业)	120121	2004.02	—
		203	物流与运营管理*(自设专业)	120122	—	2004.02
	工商管理** 2000.12 第八批	204	会计学*	120201	1993.12	2001.04
		205	企业管理*	120202	1986.07	1996.06
		206	旅游管理*	120203	1996.06	2005.01
		207	技术经济及管理	120204	2003.05	—
		208	东方管理学*(自设专业)	120220	—	2004.02
		209	市场营销(自设专业)	120221	2004.02	—
		210	财务管理(自设专业)	120222	2004.02	—
		211	金融工程管理(自设专业)	120223	2004.02	—
	公共管理** 2003.09 第九批	212	行政管理*	120401	1997	1998.06
		213	社会医学与卫生事业管理*	120402	1986.07	1993.10
		214	教育经济与管理	120403	2003.05	—
		215	社会保障	120404	2003.05	—
		216	环境管理(自设专业)	120420	2005.04	—
		217	社会管理与社会政策*(自设专业)	120421	—	2005.04
		218	公共政策*(自设专业)	120422	—	2006.01
	图书馆、情报与档案管理	219	图书馆学	120501	2003.05	—

注：1. 带**为博士学位授权一级学科点；带▲为硕士学位授权一级学科点；带*为二级学科博士点。

2. 上述学科、专业中，共有博士学位授权一级学科点 24 个，硕士学位授权一级学科点 3 个，博士学位授权学科、专业点 153 个(其中一级学科授权范围内 145 个，包括自设专业 30 个)，其中文科博士点 73 个。硕士学位授权学科、专业点 219 个(其中一级学科授权范围内 182 个，包括自设专业 51 个)，其中文科硕士点 118 个。

复旦大学培养研究生学科、专业目录(专业学位)一览表

(2011年1月)

序号	学科门类	专业学位名称	专业代码	领 域	授权年份
1	专业学位授权点	法律硕士(J. M)	410100	法 律	1998
2		工程硕士(M. E.)	430100	光学工程	2004
				材料工程	2002
				电子与通信工程	2001
				集成电路工程	2006
				计算机技术	2001
				软件工程	2002
				化学工程	2004
				环境工程	2003
				生物医学工程	2005
				项目管理	2004
				物流工程	2004
				生物工程	2008
3		临床医学博士(M. D.)*	450100	临床医学*	1998
		临床医学硕士(M. M.)			
4		工商管理硕士(MBA)	460100	工商管理	1991
		高级管理人员工商管理硕士(EMBA)		高级管理人员工商管理	2002
5		公共管理硕士(MPA)	490100	公共管理	2000
6		公共卫生硕士(MPH)	500100	公共卫生	2002
7		口腔医学硕士(S. M. M)	510100	口腔医学	2003
8		会计硕士(MPAcc)	530100	会计学	2004
9		汉语国际教育硕士(MTCSOL)	570100	汉语国际教育	2007
10		翻译硕士(MTI)	580100	翻 译	2007
11		社会工作硕士(MSW)	590100	社会工作	2009
12		艺术硕士(MFA)	550100	戏 剧	2009
13		金融硕士(MF)	0251	金 融	2010
14		税务硕士(MT)	0253	税 务	2010
15		国际商务硕士(MIB)	0254	国际商务	2010
16		保险硕士(MI)	0255	保 险	2010
17		资产评估硕士(MV)	0256	资产评估	2010
18		教育硕士(EDM)	0451	教 育	2010
19		新闻与传播硕士(MJC)	0553	新闻与传播	2010
20		出版硕士(MP)	0554	出 版	2010
21		文物与博物馆硕士(M. C. H. M.)	0651	文物与博物馆	2010
22		护理(MNS)	1054	护 理	2010
23		药学硕士(M. Pharm)	1055	药 学	2010
24		旅游管理硕士(MTA)	1254	旅游管理	2010

注:上述学科、专业中共有博士专业学位授权点1个(*标记),硕士专业学位授权点24个(其中含硕士专业学位授权学科领域36个)。

2010年复旦大学博士生指导教师一览表

学科门类	一级学科	序号	专业名称	专业代码	博士生导师	批准时间	所属院系(所)
哲学	哲学	1	马克思主义哲学	010101	余源培	1993年12月	哲学学院
			马克思主义哲学	010101	吴晓明	1994年11月	
			马克思主义哲学	010101	冯　平	1996年06月	
			马克思主义哲学	010101	孙承叔	1999年07月	
			马克思主义哲学	010101	陈学明	1999年07月	
			马克思主义哲学	010101	王德峰	2005年01月	
			马克思主义哲学	010101	邹诗鹏	2005年07月	
			马克思主义哲学	010101	郑召利	2007年01月	
		2	中国哲学	010102	谢遐龄	1994年11月	社会发展与公共政策学院
			中国哲学	010102	张汝伦	1998年01月	哲学学院
			中国哲学	010102	王雷泉	1999年07月	
			中国哲学	010102	杨泽波	2003年01月	
			中国哲学	010102	林宏星	2004年01月	
			中国哲学	010102	徐洪兴	2004年01月	
			中国哲学	010102	吴　震	2006年01月	
			中国哲学	010102	陈居渊	2008年01月	
			中国哲学	010102	刘康德	2010年01月	
		3	外国哲学	010103	刘放桐	1986年07月	
			外国哲学	010103	黄颂杰	1993年12月	
			外国哲学	010103	俞吾金	1993年12月	
			外国哲学	010103	汪堂家	2001年04月	
			外国哲学	010103	莫伟民	2003年01月	
			外国哲学	010103	佘碧平	2005年01月	
			外国哲学	010103	孙向晨	2008年01月	
		4	伦理学	010105	邓安庆	2004年01月	
		5	宗教学	010107	张庆熊	2001年04月	
			宗教学	010107	李天纲	2004年01月	
			宗教学	010107	郑伟宏	2006年01月	中国古代文学研究中心
		6	科学技术哲学	010108	胡守钧	2003年01月	社会发展与公共政策学院
			科学技术哲学	010108	朱宝荣	2004年01月	哲学学院
			科学技术哲学	010108	张志林	2009年07月	
		7	国外马克思主义	010120	汪行福	2007年01月	
			国外马克思主义	010120	王凤才	2007年01月	
经济学	理论经济学	8	政治经济学	020101	洪远朋	1993年12月	经济学院
			政治经济学	020101	彭希哲	1993年12月	社会发展与公共政策学院
			政治经济学	020101	张晖明	1998年01月	经济学院

续　表

学科门类	一级学科	序号	专业名称	专业代码	博士生导师	批准时间	所属院系(所)
经济学	理论经济学	8	政治经济学	020101	石　磊	1999 年 07 月	经济学院
			政治经济学	020101	李慧中	2001 年 04 月	
			政治经济学	020101	严法善	2005 年 01 月	
		9	经济思想史	020102	袁志刚	1998 年 01 月	
			经济思想史	020102	张　军	1998 年 01 月	
			经济思想史	020102	马　涛	2003 年 01 月	
		10	西方经济学	020104	李维森	2005 年 01 月	
			西方经济学	020104	陆　铭	2009 年 01 月	
			西方经济学	020104	陈　钊	2009 年 01 月	
			西方经济学	020104	王　城	2010 年 01 月	
		11	世界经济	020105	华　民	1996 年 06 月	
			世界经济	020105	陈建安	1998 年 01 月	
			世界经济	020105	黄亚钧	1998 年 01 月	
			世界经济	020105	庄起善	2003 年 01 月	
			世界经济	020105	唐朱昌	2004 年 01 月	
			世界经济	020105	丁　纯	2009 年 01 月	
		12	人口、资源与环境经济学	020106	戴星翼	1999 年 07 月	环境科学与工程系
			人口、资源与环境经济学	020106	王桂新	2001 年 04 月	社会发展与公共政策学院
			人口、资源与环境经济学	020106	梁　鸿	2003 年 01 月	
			人口、资源与环境经济学	020106	陈家华	2005 年 01 月	
			人口、资源与环境经济学	020106	任　远	2007 年 01 月	
			人口、资源与环境经济学	020106	张　力	2009 年 01 月	
	应用经济学	13	国民经济学	020201	李洁明	2005 年 01 月	经济学院
			国民经济学	020201	焦必方	2006 年 01 月	
		14	区域经济学	020202	范剑勇	2010 年 01 月	
		15	金融学	020204	姜波克	1994 年 11 月	
			金融学	020204	干杏娣	1996 年 01 月	
			金融学	020204	甘当善	1996 年 06 月	
			金融学	020204	陈学彬	1998 年 01 月	
			金融学	020204	刘红忠	2001 年 04 月	
			金融学	020204	许少强	2001 年 04 月	
			金融学	020204	殷醒民	2004 年 01 月	
			金融学	020204	张金清	2004 年 01 月	
			金融学	020204	朱　叶	2006 年 01 月	
			金融学	020204	孙立坚	2007 年 01 月	
			金融学	020204	张陆洋	2009 年 01 月	
		16	产业经济学	020205	郁义鸿	1999 年 07 月	管理学院
			产业经济学	020205	谢百三	1999 年 07 月	
			产业经济学	020205	胡建绩	2001 年 04 月	

续　表

学科门类	一级学科	序号	专业名称	专业代码	博士生导师	批准时间	所属院系(所)
经济学	应用经济学	16	产业经济学	020205	骆品亮	2008 年 01 月	管理学院
		17	国际贸易学	020206	尹翔硕	2001 年 04 月	经济学院
			国际贸易学	020206	强永昌	2006 年 01 月	
		18	统计学	020208	郑　明	2007 年 01 月	管理学院
		19	数量经济学	020209	谢识予	2001 年 04 月	经济学院
法　学	法　学	20	民商法学	030105	胡鸿高	2003 年 01 月	法学院
			民商法学	030105	章武生	2003 年 01 月	
			民商法学	030105	段　匡	2006 年 09 月	
			民商法学	030105	郭　建	2006 年 09 月	
			民商法学	030105	季立刚	2007 年 01 月	
			民商法学	030105	张梓太	2007 年 01 月	
			民商法学	030105	陈浩然	2007 年 03 月	
			民商法学	030105	王志强	2008 年 01 月	
			民商法学	030105	马贵翔	2008 年 01 月	
			民商法学	030105	潘伟杰	2009 年 01 月	
			民商法学	030105	朱淑娣	2009 年 01 月	
		21	国际法学	030109	董茂云	2004 年 01 月	
			国际法学	030109	陈　梁	2004 年 01 月	
			国际法学	030109	王全弟	2005 年 01 月	
			国际法学	030109	刘士国	2005 年 01 月	
			国际法学	030109	何　力	2007 年 03 月	
			国际法学	030109	陈　力	2010 年 01 月	
	政治学	22	政治学理论	030201	林尚立	1999 年 07 月	国际关系与公共事务学院
			政治学理论	030201	陈明明	2005 年 01 月	
			政治学理论	030201	郭定平	2005 年 01 月	
			政治学理论	030201	邓正来	2008 年 07 月	
		23	中外政治制度	030202	浦兴祖	2003 年 01 月	
			中外政治制度	030202	臧志军	2003 年 01 月	
			中外政治制度	030202	刘建军	2008 年 01 月	
		24	中共党史	030204	杜艳华	2006 年 01 月	社会科学基础部
			中共党史	030204	杨宏雨	2010 年 01 月	
		25	国际政治	030206	吴心伯	2001 年 04 月	国际关系与公共事务学院
			国际政治	030206	石源华	2001 年 04 月	
			国际政治	030206	樊勇明	2001 年 04 月	
			国际政治	030206	徐以骅	2003 年 01 月	
			国际政治	030206	胡令远	2004 年 01 月	
			国际政治	030206	任　晓	2008 年 01 月	

续 表

学科门类	一级学科	序号	专业名称	专业代码	博士生导师	批准时间	所属院系(所)
法 学	政治学	25	国际政治	030206	唐世平	2010 年 01 月	国际关系与公共事务学院
		26	国际关系	030207	倪世雄	1994 年 11 月	
			国际关系	030207	沈丁立	1998 年 01 月	
			国际关系	030207	朱明权	1998 年 01 月	
			国际关系	030207	谢佑平	1999 年 11 月	法学院
			国际关系	030207	孙南申	2001 年 03 月	
			国际关系	030207	陈治东	2001 年 04 月	
			国际关系	030207	张乃根	2001 年 04 月	
			国际关系	030207	陈志敏	2005 年 01 月	国际关系与公共事务学院
			国际关系	030207	潘　锐	2007 年 01 月	
			国际关系	030207	张贵洪	2008 年 01 月	
			国际关系	030207	赵华胜	2008 年 01 月	
			国际关系	030207	潘忠岐	2009 年 01 月	
	社会学	27	社会学	030301	张乐天	2004 年 01 月	社会发展与公共政策学院
			社会学	030301	刘　欣	2006 年 01 月	
			社会学	030301	周　怡	2006 年 07 月	
			社会学	030301	孙时进	2007 年 01 月	
			社会学	030301	于　海	2007 年 01 月	
			社会学	030301	范丽珠	2007 年 01 月	
			社会学	030301	申荷永	2008 年 01 月	
			社会学	030301	顾东辉	2008 年 01 月	
			社会学	030301	桂　勇	2010 年 01 月	
			社会学	030301	郭秀艳	2010 年 01 月	
	马克思主义理论	28	马克思主义基本原理	030501	肖　巍	2001 年 04 月	社会科学基础部
			马克思主义基本原理	030501	徐宗良	2003 年 01 月	
		29	马克思主义中国化研究	030503	秦绍德	2001 年 04 月	
			马克思主义中国化研究	030503	顾钰民	2007 年 01 月	
		30	思想政治教育	030505	邱柏生	2001 年 07 月	国际关系与公共事务学院
			思想政治教育	030505	高国希	2005 年 01 月	社会科学基础部
文 学	中国语言文学	31	文艺学	050101	朱立元	1993 年 12 月	中国语言文学系
			文艺学	050101	郑元者	2001 年 04 月	
			文艺学	050101	张德兴	2004 年 01 月	
			文艺学	050101	陆　扬	2007 年 01 月	
		32	语言学及应用语言学	050102	龚群虎	2003 年 01 月	
			语言学及应用语言学	050102	申小龙	2004 年 01 月	

续　表

学科门类	一级学科	序号	专业名称	专业代码	博士生导师	批准时间	所属院系(所)
文　学	中国语言文学	33	汉语言文字学	050103	吴金华	1996 年 06 月	中国古代文学研究中心
			汉语言文字学	050103	游汝杰	1998 年 01 月	中国语言文学系
			汉语言文字学	050103	戴耀晶	2001 年 04 月	
			汉语言文字学	050103	杨剑桥	2003 年 01 月	
			汉语言文字学	050103	傅　杰	2005 年 01 月	
			汉语言文字学	050103	刘大为	2006 年 01 月	
			汉语言文字学	050103	吴礼权	2006 年 01 月	
			汉语言文字学	050103	殷寄明	2006 年 01 月	
			汉语言文字学	050103	汪少华	2007 年 04 月	
			汉语言文字学	050103	施谢捷	2007 年 09 月	
			汉语言文字学	050103	祝克懿	2009 年 01 月	
			汉语言文字学	050103	刘晓南	2010 年 07 月	中国古代文学研究中心
		34	中国古典文献学	050104	吴　格	1999 年 07 月	
			中国古典文献学	050104	陈正宏	2001 年 05 月	
			中国古典文献学	050104	钱振民	2005 年 01 月	
			中国古典文献学	050104	裘锡圭	2005 年 07 月	中国语言文学系
			中国古典文献学	050104	刘　钊	2008 年 02 月	
			中国古典文献学	050104	陈　剑	2010 年 01 月	
		35	中国古代文学	050105	章培恒	1985 年 12 月	中国古代文学研究中心
			中国古代文学	050105	王水照	1990 年 10 月	中国语言文学系
			中国古代文学	050105	黄　霖	1993 年 12 月	
			中国古代文学	050105	陈尚君	1996 年 06 月	
			中国古代文学	050105	骆玉明	1998 年 01 月	
			中国古代文学	050105	杨　明	1999 年 07 月	
			中国古代文学	050105	汪涌豪	2001 年 04 月	
			中国古代文学	050105	陈广宏	2003 年 01 月	中国古代文学研究中心
			中国古代文学	050105	郑利华	2004 年 01 月	
			中国古代文学	050105	陈引驰	2004 年 01 月	中国语言文学系
			中国古代文学	050105	陈维昭	2004 年 01 月	
			中国古代文学	050105	戴　燕	2007 年 03 月	
			中国古代文学	050105	黄仁生	2008 年 01 月	中国古代文学研究中心
			中国古代文学	050105	贾晋华	2008 年 01 月	中国语言文学系
			中国古代文学	050105	查屏球	2008 年 01 月	
		36	中国现当代文学	050106	陈思和	1993 年 12 月	

续　表

学科门类	一级学科	序号	专业名称	专业代码	博士生导师	批准时间	所属院系(所)
文　学	中国语言文学	36	中国现当代文学	050106	朱文华	1999 年 07 月	中国语言文学系
			中国现当代文学	050106	周　斌	2001 年 04 月	
			中国现当代文学	050106	郜元宝	2004 年 01 月	
			中国现当代文学	050106	栾梅健	2005 年 01 月	
			中国现当代文学	050106	张新颖	2006 年 01 月	
			中国现当代文学	050106	袁　进	2007 年 03 月	
		37	比较文学与世界文学	050108	徐志啸	2003 年 01 月	
			比较文学与世界文学	050108	邵毅平	2007 年 01 月	
			比较文学与世界文学	050108	杨乃乔	2007 年 03 月	
			比较文学与世界文学	050108	张汉良	2010 年 06 月	
		38	中国文学批评史	050120	吴兆路	2006 年 01 月	
			中国文学批评史	050120	邬国平	2009 年 01 月	
		39	艺术人类学与民间文学	050121	郑土有	2008 年 02 月	
		40	中国文学古今演变	050125	谈蓓芳	2007 年 01 月	中国古代文学研究中心
	外国语言文学	41	英语语言文学	050201	陆谷孙	1990 年 10 月	外文学院
			英语语言文学	050201	朱永生	1996 年 06 月	
			英语语言文学	050201	熊学亮	1998 年 01 月	
			英语语言文学	050201	褚孝泉	1999 年 07 月	
			英语语言文学	050201	何刚强	2001 年 04 月	
			英语语言文学	050201	曲卫国	2003 年 01 月	
			英语语言文学	050201	谈　峥	2005 年 01 月	
			英语语言文学	050201	沈　黎	2005 年 01 月	
			英语语言文学	050201	王建开	2007 年 01 月	
			英语语言文学	050201	张　冲	2008 年 01 月	
			英语语言文学	050201	孙　建	2009 年 01 月	
		42	德语语言文学	050204	魏育青	2007 年 01 月	
		43	外国语言学及应用语言学	050211	邱东林	2005 年 01 月	
			外国语言学及应用语言学	050211	姜银国	2005 年 01 月	
			外国语言学及应用语言学	050211	金钟太	2007 年 01 月	
			外国语言学及应用语言学	050211	姜　宏	2008 年 01 月	
			外国语言学及应用语言学	050211	蔡基刚	2008 年 01 月	
			外国语言学及应用语言学	050211	姜宝有	2009 年 01 月	
	新闻传播学	44	新闻学	050301	李良荣	1994 年 11 月	新闻学院
			新闻学	050301	刘海贵	2001 年 04 月	
			新闻学	050301	黄　旦	2003 年 01 月	
			新闻学	050301	童　兵	2003 年 01 月	

续 表

学科门类	一级学科	序号	专业名称	专业代码	博士生导师	批准时间	所属院系(所)
文 学	新闻传播学	44	新闻学	050301	陆 晔	2004年01月	新闻学院
			新闻学	050301	黄 瑚	2004年01月	
			新闻学	050301	吕新雨	2004年01月	
			新闻学	050301	赵 凯	2005年04月	
			新闻学	050301	张子让	2007年01月	
			新闻学	050301	孙 玮	2008年01月	
			新闻学	050301	曹 晋	2010年01月	
		45	传播学	050302	孟 建	2003年01月	
			传播学	050302	程士安	2005年01月	
			传播学	050302	殷晓蓉	2005年01月	
			传播学	050302	潘忠党	2008年07月	
		46	广告学	050320	顾 铮	2007年01月	
		47	媒介管理学	050324	黄芝晓	2005年04月	
历史学	历史学	48	史学理论及史学史	060101	陈 新	2008年01月	历史学系
		49	考古学及博物馆学	060102	蔡达峰	2001年04月	文物与博物馆学系
			考古学及博物馆学	060102	陈 淳	2003年01月	
			考古学及博物馆学	060102	沃兴华	2004年06月	
			考古学及博物馆学	060102	陆建松	2006年01月	
			考古学及博物馆学	060102	陈红京	2007年01月	
		50	历史地理学	060103	邹逸麟	1985年12月	历史地理研究中心
			历史地理学	060103	周振鹤	1993年12月	
			历史地理学	060103	葛剑雄	1993年12月	
			历史地理学	060103	王振忠	1999年07月	
			历史地理学	060103	吴松弟	2001年05月	
			历史地理学	060103	满志敏	2004年01月	
			历史地理学	060103	张伟然	2005年01月	
			历史地理学	060103	王建革	2006年01月	
			历史地理学	060103	安介生	2008年01月	
			历史地理学	060103	李晓杰	2009年01月	
			历史地理学	060103	张晓虹	2010年01月	
		51	历史文献学	060104	巴兆祥	2008年01月	历史学系
		52	专门史	060105	朱维铮	1993年12月	
			专门史	060105	葛兆光	2007年01月	
			专门史	060105	李星明	2010年07月	
		53	中国古代史	060106	樊树志	1994年11月	
			中国古代史	060106	韩 昇	2001年04月	
			中国古代史	060106	姚大力	2001年04月	历史地理研究中心

续 表

学科门类	一级学科	序号	专业名称	专业代码	博士生导师	批准时间	所属院系(所)
历史学	历史学	53	中国古代史	060106	邹振环	2003 年 01 月	历史学系
			中国古代史	060106	张海英	2007 年 01 月	
		54	中国近现代史	060107	姜义华	1996 年 06 月	
			中国近现代史	060107	吴景平	1998 年 01 月	
			中国近现代史	060107	朱荫贵	1998 年 07 月	
			中国近现代史	060107	戴鞍钢	1999 年 07 月	
			中国近现代史	060107	章　清	2001 年 07 月	
			中国近现代史	060107	金光耀	2003 年 01 月	
			中国近现代史	060107	王立诚	2006 年 01 月	
			中国近现代史	060107	冯筱才	2007 年 01 月	
		55	世界史	060108	张广智	1994 年 11 月	
			世界史	060108	顾晓鸣	1998 年 01 月	
			世界史	060108	黄　洋	1999 年 07 月	
			世界史	060108	顾云深	2003 年 01 月	
			世界史	060108	赵立行	2005 年 01 月	
			世界史	060108	冯　玮	2006 年 01 月	
			世界史	060108	李宏图	2006 年 01 月	
			世界史	060108	金寿福	2007 年 01 月	
			世界史	060108	孙科志	2009 年 01 月	
		56	文物学	060120	杨志刚	2005 年 01 月	文物与博物馆学系
			文物学	060120	高蒙河	2006 年 01 月	
			文物学	060120	朱顺龙	2008 年 01 月	
		57	人口史	060121	侯杨方	2008 年 01 月	历史地理研究中心
理　学	数　学	58	基础数学	070101	胡和生	1981 年 11 月	数学科学学院
			基础数学	070101	谷超豪	1981 年 11 月	
			基础数学	070101	李大潜	1981 年 11 月	
			基础数学	070101	陈恕行	1985 年 12 月	
			基础数学	070101	忻元龙	1990 年 10 月	
			基础数学	070101	洪家兴	1993 年 12 月	
			基础数学	070101	陈晓漫	1994 年 11 月	
			基础数学	070101	杨劲根	1998 年 01 月	
			基础数学	070101	陈纪修	1998 年 01 月	
			基础数学	070101	黄宣国	1999 年 07 月	
			基础数学	070101	周子翔	1999 年 07 月	
			基础数学	070101	东瑜昕	2001 年 04 月	
			基础数学	070101	朱胜林	2001 年 04 月	
			基础数学	070101	郭坤宇	2001 年 04 月	

续　表

学科门类	一级学科	序号	专业名称	专业代码	博士生导师	批准时间	所属院系(所)
理学	数学	58	基础数学	070101	邱维元	2003年01月	数学科学学院
理学	数学	58	基础数学	070101	吴泉水	2003年01月	数学科学学院
理学	数学	58	基础数学	070101	丁　青	2003年01月	数学科学学院
理学	数学	58	基础数学	070101	袁小平	2004年01月	数学科学学院
理学	数学	58	基础数学	070101	陈　猛	2004年01月	数学科学学院
理学	数学	58	基础数学	070101	范恩贵	2005年01月	数学科学学院
理学	数学	58	基础数学	070101	刘宪高	2006年01月	数学科学学院
理学	数学	58	基础数学	070101	吕　志	2007年01月	数学科学学院
理学	数学	58	基础数学	070101	尹永成	2008年01月	数学科学学院
理学	数学	58	基础数学	070101	李洪全	2008年01月	数学科学学院
理学	数学	58	基础数学	070101	张永前	2009年01月	数学科学学院
理学	数学	58	基础数学	070101	傅吉祥	2009年01月	数学科学学院
理学	数学	58	基础数学	070101	张　坚	2009年07月	数学科学学院
理学	数学	59	计算数学	070102	程　晋	2003年01月	数学科学学院
理学	数学	59	计算数学	070102	薛军工	2005年01月	数学科学学院
理学	数学	59	计算数学	070102	苏仰锋	2006年01月	数学科学学院
理学	数学	59	计算数学	070102	魏益民	2008年01月	数学科学学院
理学	数学	59	计算数学	070102	柏兆俊	2008年07月	数学科学学院
理学	数学	59	计算数学	070102	高卫国	2010年01月	数学科学学院
理学	数学	60	概率论与数理统计	070103	郑祖康	1993年12月	管理学院
理学	数学	60	概率论与数理统计	070103	应坚刚	1999年07月	数学科学学院
理学	数学	60	概率论与数理统计	070103	张新生	2003年01月	管理学院
理学	数学	60	概率论与数理统计	070103	朱仲义	2006年01月	管理学院
理学	数学	61	应用数学	070104	郑宋穆	1993年12月	数学科学学院
理学	数学	61	应用数学	070104	陈天平	1993年12月	数学科学学院
理学	数学	61	应用数学	070104	谭永基	1996年06月	数学科学学院
理学	数学	61	应用数学	070104	阮　炯	1999年07月	数学科学学院
理学	数学	61	应用数学	070104	吴宗敏	1999年07月	数学科学学院
理学	数学	61	应用数学	070104	周　忆	1999年07月	数学科学学院
理学	数学	61	应用数学	070104	冯建峰	2008年07月	数学科学学院
理学	数学	61	应用数学	070104	肖体俊	2009年01月	数学科学学院
理学	数学	61	应用数学	070104	蔡志杰	2010年01月	数学科学学院
理学	数学	62	运筹学与控制论	070105	汤善健	2003年01月	数学科学学院
理学	数学	62	运筹学与控制论	070105	楼红卫	2006年01月	数学科学学院
理学	数学	62	运筹学与控制论	070105	孙小玲	2008年01月	管理学院
理学	物理学	63	理论物理	070201	孙　鑫	1984年01月	物理学系
理学	物理学	63	理论物理	070201	郝柏林	1984年01月	物理学系

续 表

学科门类	一级学科	序号	专业名称	专业代码	博士生导师	批准时间	所属院系(所)
理　学	物理学	63	理论物理	070201	陶瑞宝	1984 年 01 月	物理学系
			理论物理	070201	苏汝铿	1990 年 12 月	
			理论物理	C70201	吴长勤	1998 年 01 月	
			理论物理	070201	陈　灏	1999 年 07 月	
			理论物理	070201	林志方	2001 年 04 月	
			理论物理	070201	周　磊	2005 年 01 月	
			理论物理	070201	马永利	2006 年 01 月	
			理论物理	070201	黄吉平	2006 年 01 月	
			理论物理	070201	盛卫东	2007 年 01 月	
			理论物理	070201	施　郁	2007 年 01 月	
			理论物理	070201	向红军	2010 年 06 月	
		64	粒子物理与原子核物理	070202	杨福家	1981 年 11 月	现代物理研究所
			粒子物理与原子核物理	070202	梁荣庆	2003 年 01 月	
			粒子物理与原子核物理	070202	施立群	2006 年 01 月	
			粒子物理与原子核物理	070202	沈　皓	2009 年 01 月	
		65	原子与分子物理	070203	邹亚明	1998 年 01 月	
			原子与分子物理	070203	宁西京	2006 年 01 月	
			原子与分子物理	070203	Hutton Roger	2006 年 01 月	
			原子与分子物理	070203	陈重阳	2008 年 01 月	
		66	凝聚态物理	070205	王　迅	1985 年 12 月	物理学系
			凝聚态物理	070205	张新夷	1990 年 11 月	
			凝聚态物理	070205	侯晓远	1993 年 12 月	
			凝聚态物理	070205	金晓峰	1994 年 11 月	
			凝聚态物理	070205	陈良尧	1994 年 11 月	信息科学与工程学院
			凝聚态物理	070205	周鲁卫	1996 年 06 月	物理学系
			凝聚态物理	070205	黄大鸣	1996 年 06 月	信息科学与工程学院
			凝聚态物理	070205	资　剑	1998 年 01 月	物理学系
			凝聚态物理	070205	陆　昉	1999 年 07 月	
			凝聚态物理	070205	蒋最敏	1999 年 09 月	
			凝聚态物理	070205	龚新高	2001 年 04 月	
			凝聚态物理	070205	车静光	2001 年 07 月	
			凝聚态物理	070205	封东来	2003 年 01 月	
			凝聚态物理	070205	杨中芹	2004 年 01 月	
			凝聚态物理	070205	游建强	2005 年 01 月	
			凝聚态物理	070205	吴义政	2006 年 01 月	

续 表

学科门类	一级学科	序号	专业名称	专业代码	博士生导师	批准时间	所属院系(所)
理 学	物理学	66	凝聚态物理	070205	李世燕	2007 年 09 月	物理学系
			凝聚态物理	070205	韦广红	2008 年 01 月	
			凝聚态物理	070205	陈 焱	2008 年 04 月	先进材料实验室
			凝聚态物理	070205	乔 山	2008 年 07 月	
			凝聚态物理	070205	谷至华	2009 年 01 月	
			凝聚态物理	070205	沈 健	2010 年 04 月	物理学系
		67	光 学	070207	干福熹	1981 年 11 月	信息科学与工程学院
			光 学	070207	沈学础	1990 年 01 月	物理学系
			光 学	070207	范滇元	1992 年 01 月	信息科学与工程学院
			光 学	070207	钱士雄	1994 年 11 月	物理学系
			光 学	070207	徐 雷	2001 年 04 月	信息科学与工程学院
			光 学	070207	钱列加	2001 年 04 月	
			光 学	070207	金庆原	2001 年 04 月	
			光 学	070207	王培南	2001 年 04 月	
			光 学	070207	刘丽英	2003 年 01 月	
			光 学	070207	赵 利	2004 年 01 月	物理学系
			光 学	070207	陈暨耀	2004 年 01 月	
			光 学	070207	吴嘉达	2004 年 01 月	信息科学与工程学院
			光 学	070207	马世红	2005 年 01 月	物理学系
			光 学	070207	陈张海	2005 年 01 月	
			光 学	070207	陆 明	2005 年 01 月	信息科学与工程学院
			光 学	070207	彭 波	2005 年 06 月	
			光 学	070207	庄 军	2006 年 01 月	
			光 学	070207	郑玉祥	2008 年 01 月	
			光 学	070207	朱鹤元	2009 年 01 月	
			光 学	070207	沈德元	2009 年 01 月	
			光 学	070207	王松有	2009 年 01 月	
			光 学	070207	赵海斌	2010 年 01 月	
			光 学	070207	肖艳红	2010 年 01 月	先进材料实验室
			光 学	070207	徐 敏	2010 年 04 月	信息科学与工程学院
	化 学	68	无机化学	070301	黄春辉	1990 年 07 月	化学系
			无机化学	070301	周锡庚	2001 年 04 月	

续 表

学科门类	一级学科	序号	专业名称	专业代码	博士生导师	批准时间	所属院系(所)
理 学	化 学	68	无机化学	070301	金国新	2001 年 04 月	化学系
			无机化学	070301	屠 波	2005 年 01 月	
			无机化学	070301	岳 斌	2006 年 01 月	
			无机化学	070301	李富友	2006 年 01 月	
			无机化学	070301	易 涛	2007 年 01 月	
			无机化学	070301	王忠胜	2009 年 01 月	先进材料实验室
			无机化学	070301	周亚明	2010 年 01 月	化学系
			无机化学	070301	邓勇辉	2010 年 01 月	
			无机化学	070301	郑耿锋	2010 年 04 月	先进材料实验室
		69	分析化学	070302	杨芃原	1994 年 11 月	化学系
			分析化学	070302	孔继烈	2001 年 04 月	
			分析化学	070302	张祥民	2001 年 04 月	
			分析化学	070302	刘宝红	2004 年 01 月	
			分析化学	070302	魏励斌	2008 年 01 月	
			分析化学	070302	余绍宁	2009 年 01 月	
		70	有机化学	070303	陈芬儿	2001 年 04 月	
			有机化学	070303	王全瑞	2004 年 01 月	
			有机化学	070303	吴 劼	2007 年 01 月	
			有机化学	070303	范仁华	2008 年 01 月	
			有机化学	070303	黎占亭	2009 年 10 月	
		71	物理化学	070304	范康年	1996 年 06 月	
			物理化学	070304	贺鹤勇	1999 年 07 月	
			物理化学	070304	赵东元	1999 年 07 月	
			物理化学	070304	唐 颐	2001 年 04 月	
			物理化学	070304	周鸣飞	2001 年 05 月	
			物理化学	070304	夏永姚	2003 年 01 月	
			物理化学	070304	蔡文斌	2003 年 01 月	
			物理化学	070304	戴维林	2004 年 01 月	
			物理化学	070304	吴宇平	2004 年 01 月	
			物理化学	070304	丁传凡	2004 年 01 月	
			物理化学	070304	乐英红	2005 年 01 月	
			物理化学	070304	曹 勇	2005 年 01 月	
			物理化学	070304	刘智攀	2006 年 01 月	
			物理化学	070304	王文宁	2006 年 01 月	
			物理化学	070304	钱东金	2006 年 01 月	

续　表

学科门类	一级学科	序号	专业名称	专业代码	博士生导师	批准时间	所属院系(所)
理　学	化　学	71	物理化学	070304	乔明华	2006 年 01 月	化学系
			物理化学	070304	余爱水	2007 年 01 月	
			物理化学	070304	傅正文	2007 年 01 月	
			物理化学	070304	熊焕明	2009 年 01 月	
			物理化学	070304	张亚红	2009 年 01 月	
			物理化学	070304	华伟明	2009 年 01 月	
			物理化学	070304	徐　昕	2010 年 10 月	
		72	高分子化学与物理	070305	江　明	1990 年 10 月	高分子科学系
			高分子化学与物理	070305	杨玉良	1993 年 12 月	
			高分子化学与物理	070305	黄骏廉	1994 年 11 月	
			高分子化学与物理	070305	丁建东	1999 年 07 月	
			高分子化学与物理	070305	李同生	2001 年 04 月	
			高分子化学与物理	070305	杜强国	2001 年 04 月	
			高分子化学与物理	070305	邵正中	2001 年 04 月	
			高分子化学与物理	070305	汪长春	2004 年 01 月	
			高分子化学与物理	070305	汪联辉	2004 年 03 月	先进材料实验室
			高分子化学与物理	070305	武培怡	2005 年 01 月	高分子科学系
			高分子化学与物理	070305	刘天西	2006 年 01 月	
			高分子化学与物理	070305	何军坡	2006 年 01 月	
			高分子化学与物理	070305	邱　枫	2006 年 01 月	
			高分子化学与物理	070305	周　平	2006 年 01 月	
			高分子化学与物理	070305	陈道勇	2006 年 01 月	
			高分子化学与物理	070305	张红东	2007 年 01 月	
			高分子化学与物理	070305	陈　新	2007 年 01 月	
			高分子化学与物理	070305	倪秀元	2008 年 01 月	
			高分子化学与物理	070305	姚　萍	2008 年 01 月	
			高分子化学与物理	070305	杨武利	2009 年 01 月	
			高分子化学与物理	070305	彭慧胜	2009 年 01 月	先进材料实验室
		73	化学生物学	070320	陆豪杰	2007 年 01 月	化学系
			化学生物学	070320	谭相石	2007 年 03 月	
		74	应用化学	070321	徐华龙	2008 年 01 月	
	生物学	75	植物学	071001	钟　扬	2001 年 04 月	生命科学学院
			植物学	071001	卢宝荣	2001 年 04 月	
			植物学	071001	杨　继	2008 年 01 月	
		76	生理学	071003	朱依纯	2000 年 04 月	医学院(基础)

续 表

学科门类	一级学科	序号	专业名称	专业代码	博士生导师	批准时间	所属院系(所)
理学	生物学	76	生理学	071003	朱大年	2000年05月	医学院(基础)
理学	生物学	76	生理学	071003	黄 聿	2005年01月	医学院(基础)
理学	生物学	76	生理学	071003	沈霖霖	2005年01月	医学院(基础)
理学	生物学	77	微生物学	071005	郑兆鑫	1993年12月	生命科学学院
理学	生物学	77	微生物学	071005	王洪海	1999年07月	生命科学学院
理学	生物学	77	微生物学	071005	钟 江	2004年01月	生命科学学院
理学	生物学	77	微生物学	071005	朱乃硕	2009年01月	生命科学学院
理学	生物学	78	神经生物学	071006	孙凤艳	1995年07月	医学院(基础)
理学	生物学	78	神经生物学	071006	马 兰	1996年04月	医学院(基础)
理学	生物学	78	神经生物学	071006	赵志奇	2001年04月	生命科学学院
理学	生物学	78	神经生物学	071006	李葆明	2001年04月	生命科学学院
理学	生物学	78	神经生物学	071006	郑 平	2001年04月	医学院(基础)
理学	生物学	78	神经生物学	071006	杨雄里	2001年06月	生命科学学院
理学	生物学	78	神经生物学	071006	张玉秋	2003年01月	生命科学学院
理学	生物学	78	神经生物学	071006	石 建	2003年01月	生命科学学院
理学	生物学	78	神经生物学	071006	朱粹青	2004年01月	医学院(基础)
理学	生物学	78	神经生物学	071006	黄志力	2006年07月	医学院(基础)
理学	生物学	78	神经生物学	071006	王 云	2007年03月	生命科学学院
理学	生物学	78	神经生物学	071006	Thomas Behnisch	2007年09月	生命科学学院
理学	生物学	78	神经生物学	071006	钟咏梅	2008年01月	生命科学学院
理学	生物学	78	神经生物学	071006	王中峰	2008年01月	生命科学学院
理学	生物学	78	神经生物学	071006	黄 芳	2008年01月	医学院(基础)
理学	生物学	78	神经生物学	071006	David Saffen	2008年03月	生命科学学院
理学	生物学	78	神经生物学	071006	彭 刚	2009年01月	生命科学学院
理学	生物学	78	神经生物学	071006	杨振纲	2010年01月	生命科学学院
理学	生物学	78	神经生物学	071006	赵冰樵	2010年01月	医学院(基础)
理学	生物学	79	遗传学	071007	薛京伦	1993年12月	生命科学学院
理学	生物学	79	遗传学	071007	毛裕民	1994年11月	生命科学学院
理学	生物学	79	遗传学	071007	余 龙	1996年06月	生命科学学院
理学	生物学	79	遗传学	071007	罗泽伟	1996年06月	生命科学学院
理学	生物学	79	遗传学	071007	沈大棱	1998年01月	生命科学学院
理学	生物学	79	遗传学	071007	任大明	1998年01月	生命科学学院
理学	生物学	79	遗传学	071007	金 力	1999年07月	生命科学学院
理学	生物学	79	遗传学	071007	左 伋	1999年07月	医学院(基础)
理学	生物学	79	遗传学	071007	霍克克	2001年04月	生命科学学院
理学	生物学	79	遗传学	071007	卢大儒	2001年04月	生命科学学院

续 表

学科门类	一级学科	序号	专业名称	专业代码	博士生导师	批准时间	所属院系(所)
理 学	生物学	79	遗传学	071007	谢 毅	2001年04月	生命科学学院
			遗传学	071007	乔守怡	2003年01月	
			遗传学	071007	杨金水	2003年01月	
			遗传学	071007	贾韦国	2005年01月	
			遗传学	071007	温子龙	2005年07月	
			遗传学	071007	陈 佳	2005年07月	
			遗传学	071007	谷 迅	2005年07月	
			遗传学	071007	王树林	2007年01月	
			遗传学	071007	季朝能	2007年01月	
			遗传学	071007	吕 红	2007年01月	
			遗传学	071007	王学路	2007年01月	
			遗传学	071007	李 瑶	2007年01月	
			遗传学	071007	王红艳	2007年07月	
			遗传学	071007	明 凤	2008年01月	
			遗传学	071007	施 前	2008年01月	
			遗传学	071007	马 红	2008年07月	
			遗传学	071007	吴柏林	2009年01月	
			遗传学	071007	张 锋	2010年01月	
			遗传学	071007	刘建祥	2010年01月	
			遗传学	071007	徐剑锋	2010年09月	
		80	发育生物学	071008	陶无凡	2006年01月	
			发育生物学	071008	吴晓晖	2006年01月	
			发育生物学	071008	徐人尔	2010年01月	
		81	生物化学与分子生物学	071010	查锡良	1995年07月	医学院(基础)
			生物化学与分子生物学	071010	顾建新	1995年12月	
			生物化学与分子生物学	071010	吴满平	1996年07月	药学院
			生物化学与分子生物学	071010	刘银坤	1996年07月	中山医院
			生物化学与分子生物学	071010	曹凯明	1999年07月	生命科学学院
			生物化学与分子生物学	071010	黄伟达	1999年07月	
			生物化学与分子生物学	071010	蒯本科	2001年04月	
			生物化学与分子生物学	071010	汤其群	2001年07月	医学院(基础)
			生物化学与分子生物学	071010	印春华	2004年01月	生命科学学院
			生物化学与分子生物学	071010	吴兴中	2005年01月	医学院(基础)
			生物化学与分子生物学	071010	马 端	2005年02月	
			生物化学与分子生物学	071010	熊 跃	2005年07月	生命科学学院
			生物化学与分子生物学	071010	管坤良	2005年07月	

续　表

学科门类	一级学科	序号	专业名称	专业代码	博士生导师	批准时间	所属院系(所)
理　学	生物学	81	生物化学与分子生物学	071010	董爱武	2008 年 01 月	生命科学学院
			生物化学与分子生物学	071010	沈文辉	2008 年 07 月	
			生物化学与分子生物学	071010	邢清和	2009 年 01 月	
			生物化学与分子生物学	071010	于文强	2009 年 01 月	
			生物化学与分子生物学	071010	于　敏	2009 年 01 月	医学院(基础)
			生物化学与分子生物学	071010	江建海	2009 年 01 月	
			生物化学与分子生物学	071010	赵世民	2010 年 01 月	生命科学学院
			生物化学与分子生物学	071010	李　希	2010 年 01 月	医学院(基础)
		82	生物物理学	071011	寿天德	1993 年 12 月	生命科学学院
			生物物理学	071011	张志鸿	1994 年 11 月	
			生物物理学	071011	梅岩艾	2001 年 04 月	
			生物物理学	071011	孙　刚	2005 年 01 月	
			生物物理学	071011	徐彦辉	2008 年 07 月	
			生物物理学	071011	俞洪波	2009 年 06 月	
		83	生态学	071012	陈家宽	1993 年 12 月	
			生态学	071012	吴千红	1999 年 07 月	
			生态学	071012	李　博	2001 年 04 月	
			生态学	071012	方长明	2006 年 01 月	
			生态学	071012	吴纪华	2006 年 01 月	
			生态学	071012	宋志平	2007 年 01 月	
			生态学	071012	赵　斌	2009 年 01 月	
			生态学	071012	马志军	2010 年 01 月	
			生态学	071012	傅萃长	2010 年 01 月	
		84	生物信息学	071020	田卫东	2008 年 10 月	
			生物信息学	071020	胡跃清	2010 年 09 月	
		85	人类生物学	071021	李　辉	2010 年 01 月	
工　学	力　学	86	流体力学	080103	许世雄	2001 年 04 月	力学与工程科学系
			流体力学	080103	丁光宏	2001 年 04 月	
			流体力学	080103	艾剑良	2005 年 01 月	
			流体力学	080103	马建敏	2006 年 01 月	
			流体力学	080103	孙　刚	2007 年 01 月	
			流体力学	080103	田振夫	2010 年 01 月	
		87	工程力学	080104	张　文	1993 年 12 月	
			工程力学	080104	唐国安	2001 年 04 月	
			工程力学	080104	郑铁生	2001 年 04 月	
			工程力学	080104	霍永忠	2004 年 01 月	

续 表

学科门类	一级学科	序号	专业名称	专业代码	博士生导师	批准时间	所属院系(所)
工 学	材料科学与工程	88	材料物理与化学	080501	武利民	2001 年 04 月	材料科学系
			材料物理与化学	080501	吴晓京	2003 年 01 月	
			材料物理与化学	080501	李越生	2004 年 01 月	
			材料物理与化学	080501	杨振国	2004 年 01 月	
			材料物理与化学	080501	李速明	2005 年 01 月	
			材料物理与化学	080501	俞燕蕾	2005 年 01 月	
			材料物理与化学	080501	范仲勇	2006 年 01 月	
			材料物理与化学	080501	叶明新	2006 年 01 月	
			材料物理与化学	080501	余学斌	2009 年 01 月	
			材料物理与化学	080501	肖 斐	2009 年 01 月	
			材料物理与化学	080501	车仁超	2009 年 06 月	先进材料实验室
			材料物理与化学	080501	周树学	2010 年 01 月	材料科学系
	电子科学与技术	89	物理电子学	080901	李 劲	1997 年 04 月	
			物理电子学	080901	朱绍龙	1999 年 07 月	信息科学与工程学院
			物理电子学	080901	陈大华	2001 年 04 月	
			物理电子学	080901	陈国荣	2001 年 04 月	材料科学系
			物理电子学	080901	徐 伟	2003 年 01 月	
			物理电子学	080901	孙大林	2004 年 01 月	
			物理电子学	080901	张 群	2006 年 01 月	
			物理电子学	080901	刘克富	2007 年 01 月	信息科学与工程学院
			物理电子学	080901	崔晓莉	2009 年 01 月	材料科学系
			物理电子学	080901	贾 波	2009 年 01 月	
			物理电子学	080901	刘木清	2010 年 01 月	信息科学与工程学院
		90	电路与系统	080902	金亚秋	1993 年 12 月	
			电路与系统	080902	王威琪	1993 年 12 月	
			电路与系统	080902	方祖祥	1996 年 06 月	
			电路与系统	080902	张立明	1998 年 01 月	
			电路与系统	080902	王宗欣	1999 年 07 月	
			电路与系统	080902	胡 波	2001 年 04 月	
			电路与系统	080902	李 锋	2003 年 01 月	
			电路与系统	080902	张建秋	2004 年 01 月	
			电路与系统	080902	王 斌	2006 年 01 月	
			电路与系统	080902	李 翔	2009 年 01 月	
		91	微电子学与固体电子学	080903	洪志良	1996 年 06 月	
			微电子学与固体电子学	080903	童家榕	1998 年 01 月	

续 表

学科门类	一级学科	序号	专业名称	专业代码	博士生导师	批准时间	所属院系(所)
工学	电子科学与技术	91	微电子学与固体电子学	080903	黄宜平	1999 年 07 月	信息科学与工程学院
			微电子学与固体电子学	080903	张　卫	2001 年 04 月	
			微电子学与固体电子学	080903	闵　昊	2001 年 04 月	
			微电子学与固体电子学	080903	曾　璇	2003 年 01 月	
			微电子学与固体电子学	080903	周　电	2003 年 01 月	
			微电子学与固体电子学	080903	茹国平	2004 年 01 月	
			微电子学与固体电子学	080903	刘　冉	2004 年 06 月	
			微电子学与固体电子学	080903	任俊彦	2005 年 01 月	
			微电子学与固体电子学	080903	张世理	2006 年 06 月	微电子研究院
			微电子学与固体电子学	080903	林殷茵	2007 年 01 月	信息科学与工程学院
			微电子学与固体电子学	080903	屈新萍	2007 年 02 月	
			微电子学与固体电子学	080903	曾晓洋	2008 年 01 月	
			微电子学与固体电子学	080903	江安全	2008 年 01 月	微电子研究院
			微电子学与固体电子学	080903	丁士进	2009 年 01 月	
			微电子学与固体电子学	080903	吴东平	2010 年 01 月	信息科学与工程学院
			微电子学与固体电子学	080903	王鹏飞	2010 年 01 月	
			微电子学与固体电子学	080903	来金梅	2010 年 01 月	微电子研究院
			微电子学与固体电子学	080903	郑立荣	2010 年 01 月	信息科学与工程学院
		92	电磁场与微波技术	080904	石艺尉	2006 年 01 月	
			电磁场与微波技术	080904	迟　楠	2008 年 10 月	
	计算机科学与技术	93	计算机系统结构	081201	涂时亮	2001 年 04 月	计算机科学技术学院
			计算机系统结构	081201	臧斌宇	2003 年 01 月	
			计算机系统结构	081201	吴百锋	2006 年 01 月	
		94	计算机软件与理论	081202	陆汝钤	1984 年 01 月	
			计算机软件与理论	081202	朱传琪	1993 年 12 月	
			计算机软件与理论	081202	高传善	1996 年 06 月	
			计算机软件与理论	081202	钱乐秋	1998 年 01 月	
			计算机软件与理论	081202	朱扬勇	1999 年 07 月	
			计算机软件与理论	081202	赵文耘	2003 年 01 月	
			计算机软件与理论	081202	顾　宁	2004 年 01 月	
			计算机软件与理论	081202	张　亮	2005 年 01 月	
			计算机软件与理论	081202	汪　卫	2005 年 01 月	
			计算机软件与理论	081202	Rudolf Fleischer	2005 年 01 月	
			计算机软件与理论	081202	周水庚	2005 年 03 月	
			计算机软件与理论	081202	阚海斌	2007 年 01 月	
			计算机软件与理论	081202	危　辉	2007 年 01 月	
			计算机软件与理论	081202	杨　夙	2008 年 01 月	

续　表

学科门类	一级学科	序号	专业名称	专业代码	博士生导师	批准时间	所属院系(所)
工　学	计算机科学与技术	95	计算机应用技术	081203	张世永	2001 年 04 月	计算机科学技术学院
			计算机应用技术	081203	薛向阳	2001 年 04 月	
			计算机应用技术	081203	陈雁秋	2003 年 01 月	
			计算机应用技术	081203	沈一帆	2005 年 03 月	
			计算机应用技术	081203	黄萱菁	2007 年 01 月	
			计算机应用技术	081203	钟亦平	2008 年 01 月	
	环境科学与工程	96	环境科学	083001	王祥荣	1997 年 10 月	环境科学与工程系
			环境科学	083001	陈建民	2001 年 04 月	
			环境科学	083001	侯惠奇	2001 年 04 月	
			环境科学	083001	陈立民	2001 年 04 月	
			环境科学	083001	庄国顺	2005 年 01 月	
			环境科学	083001	刘　燕	2006 年 01 月	
			环境科学	083001	杨　新	2007 年 01 月	
			环境科学	083001	董文博	2007 年 01 月	
			环境科学	083001	李　溪	2008 年 01 月	
			环境科学	083001	张人一	2008 年 01 月	
			环境科学	083001	王　韬	2008 年 07 月	
			环境科学	083001	郭志刚	2009 年 01 月	
			环境科学	083001	郦永刚	2009 年 01 月	
			环境科学	083001	郑　正	2009 年 07 月	
			环境科学	083001	郑俊华	2010 年 01 月	
		97	环境工程	083002	隋国栋	2008 年 07 月	
	生物医学工程	98	生物医学工程	083100	余建国	2001 年 04 月	信息科学与工程学院
			生物医学工程	083100	汪源源	2001 年 04 月	
			生物医学工程	083100	宋志坚	2001 年 07 月	医学院(基础)
		99	生物力学	083121	李为民	2007 年 01 月	力学与工程科学系
医　学	基础医学	100	人体解剖与组织胚胎学	100101	左焕琛	1993 年 10 月	医学院(基础)
			人体解剖与组织胚胎学	100101	彭裕文	1994 年 03 月	
			人体解剖与组织胚胎学	100101	王克强	1997 年 07 月	中山医院
			人体解剖与组织胚胎学	100101	王海杰	2000 年 04 月	医学院(基础)
			人体解剖与组织胚胎学	100101	周国民	2001 年 07 月	
			人体解剖与组织胚胎学	100101	谭玉珍	2005 年 01 月	
			人体解剖与组织胚胎学	100101	李瑞锡	2006 年 01 月	
			人体解剖与组织胚胎学	100101	张素春	2006 年 03 月	
			人体解剖与组织胚胎学	100101	陈祖林	2006 年 03 月	
		101	免疫学	100102	储以微	2007 年 01 月	

续 表

学科门类	一级学科	序号	专业名称	专业代码	博士生导师	批准时间	所属院系(所)
医 学	基础医学	101	免疫学	100102	何 睿	2010 年 01 月	医学院(基础)
		102	病原生物学	100103	闻玉梅	1984 年 01 月	
			病原生物学	100103	瞿 涤	1998 年 07 月	
			病原生物学	100103	袁正宏	1999 年 07 月	
			病原生物学	100103	程训佳	2001 年 04 月	
			病原生物学	100103	高 谦	2004 年 01 月	
			病原生物学	100103	谢幼华	2008 年 01 月	
			病原生物学	100103	张晓燕	2009 年 01 月	
			病原生物学	100103	徐建青	2009 年 01 月	
		103	病理学与病理生理学	100104	张锦生	1997 年 07 月	
			病理学与病理生理学	100104	朱虹光	2001 年 04 月	
			病理学与病理生理学	100104	许祖德	2003 年 01 月	
			病理学与病理生理学	100104	赵子琴	2004 年 01 月	
			病理学与病理生理学	100104	张 农	2004 年 01 月	
			病理学与病理生理学	100104	殷莲华	2004 年 01 月	
			病理学与病理生理学	100104	张志刚	2004 年 01 月	
			病理学与病理生理学	100104	郑文新	2005 年 07 月	
			病理学与病理生理学	100104	陈思锋	2006 年 01 月	
			病理学与病理生理学	100104	陈丰原	2009 年 01 月	
		104	放射医学	100106	卓维海	2005 年 07 月	放射医学研究所
			放射医学	100106	邵春林	2005 年 07 月	
		105	分子医学	100120	丁忠仁	2008 年 07 月	医学院(基础)
			分子医学	100120	雷群英	2010 年 01 月	
	临床医学	106	内科学(心血管病)	100201	陈灏珠	1981 年 11 月	中山医院
			内科学(心血管病)	100201	诸骏仁	1990 年 12 月	
			内科学(心血管病)	100201	蔡迺绳	1997 年 07 月	
			内科学(心血管病)	100201	葛均波	2000 年 04 月	
			内科学(心血管病)	100201	施海明	2003 年 01 月	华山医院
			内科学(心血管病)	100201	舒先红	2005 年 01 月	中山医院
			内科学(心血管病)	100201	胡 凯	2005 年 01 月	
			内科学(心血管病)	100201	邹云增	2005 年 02 月	
			内科学(心血管病)	100201	刘少稳	2007 年 01 月	
			内科学(心血管病)	100201	钱菊英	2008 年 01 月	
			内科学(心血管病)	100201	陈瑞珍	2009 年 01 月	
			内科学(血液病)	1002011	谢 毅	1998 年 07 月	华山医院
			内科学(血液病)	1002011	陆道培	2006 年 01 月	上海市第五人民医院

续 表

学科门类	一级学科	序号	专业名称	专业代码	博士生导师	批准时间	所属院系(所)
医 学	临床医学	106	内科学(血液病)	1002011	程韵枫	2008 年 01 月	中山医院
			内科学(呼吸系病)	1002012	钮善福	1994 年 03 月	
			内科学(呼吸系病)	1002012	何礼贤	1997 年 07 月	
			内科学(呼吸系病)	1002012	白春学	1999 年 07 月	
			内科学(呼吸系病)	1002012	蔡映云	1999 年 07 月	
			内科学(呼吸系病)	1002012	瞿介明	2004 年 01 月	华东医院
			内科学(呼吸系病)	1002012	朱 蕾	2005 年 01 月	中山医院
			内科学(呼吸系病)	1002012	王向东	2008 年 01 月	
			内科学(消化系病)	1002013	王吉耀	1995 年 07 月	
			内科学(消化系病)	1002013	沈锡中	2003 年 01 月	
			内科学(消化系病)	1002013	任正刚	2007 年 01 月	
			内科学(消化系病)	1002013	张顺财	2007 年 01 月	
			内科学(消化系病)	1002013	夏景林	2009 年 01 月	
			内科学(消化系病)	1002013	刘 杰	2009 年 06 月	华山医院
			内科学(消化系病)	1002013	樊晓明	2010 年 01 月	金山医院
			内科学(内分泌与代谢病)	1002014	高 鑫	2003 年 01 月	中山医院
			内科学(内分泌与代谢病)	1002014	胡仁明	2003 年 01 月	华山医院
			内科学(内分泌与代谢病)	1002014	史虹莉	2004 年 01 月	
			内科学(内分泌与代谢病)	1002014	王庆华	2006 年 07 月	
			内科学(内分泌与代谢病)	1002014	李益明	2008 年 01 月	
			内科学(内分泌与代谢病)	1002014	周丽诺	2008 年 01 月	
			内科学(内分泌与代谢病)	1002014	孙建琴	2009 年 01 月	华东医院
			内科学(肾病)	1002015	丁小强	2000 年 04 月	中山医院
			内科学(肾病)	1002015	顾 勇	2001 年 04 月	华山医院
			内科学(肾病)	1002015	郝传明	2006 年 01 月	
			内科学(肾病)	1002015	陈 靖	2010 年 01 月	
			内科学(风湿病)	1002016	邹和建	2006 年 01 月	
			内科学(传染病)	1002017	张永信	1994 年 03 月	
			内科学(传染病)	1002017	施光峰	2004 年 01 月	
			内科学(传染病)	1002017	张继明	2005 年 01 月	
			内科学(传染病)	1002017	王明贵	2006 年 01 月	
			内科学(传染病)	1002017	卢洪洲	2007 年 01 月	
			内科学(传染病)	1002017	张文宏	2008 年 01 月	
		107	儿科学	100202	刘豫阳	1995 年 07 月	儿科医院
			儿科学	100202	肖现民	1996 年 07 月	
			儿科学	100202	孙 波	1997 年 07 月	
			儿科学	100202	王卫平	1997 年 07 月	

续 表

学科门类	一级学科	序号	专业名称	专业代码	博士生导师	批准时间	所属院系(所)
医 学	临床医学	107	儿科学	100202	邵肖梅	1997 年 07 月	儿科医院
			儿科学	100202	郑 珊	1999 年 07 月	
			儿科学	100202	黄国英	2001 年 04 月	
			儿科学	100202	陈 超	2001 年 04 月	
			儿科学	100202	徐 虹	2001 年 04 月	
			儿科学	100202	杨 毅	2001 年 04 月	
			儿科学	100202	贾 兵	2003 年 01 月	
			儿科学	100202	桂永浩	2003 年 01 月	
			儿科学	100202	马瑞雪	2006 年 01 月	
			儿科学	100202	吕志宝	2006 年 01 月	
			儿科学	100202	彭咏梅	2008 年 01 月	
			儿科学	100202	许政敏	2009 年 07 月	
			儿科学	100202	王 艺	2010 年 01 月	
			儿科学	100202	黄文彦	2010 年 01 月	
			儿科学	100202	王建设	2010 年 01 月	
		108	神经病学	100204	吕传真	1994 年 03 月	华山医院
			神经病学	100204	洪 震	2001 年 04 月	
			神经病学	100204	董 强	2003 年 11 月	
			神经病学	100204	肖保国	2006 年 01 月	
			神经病学	100204	汪 昕	2007 年 01 月	中山医院
			神经病学	100204	钟春玖	2008 年 01 月	
			神经病学	100204	吴志英	2009 年 01 月	华山医院
		109	精神病与精神卫生学	100205	施慎逊	2004 年 01 月	
			精神病与精神卫生学	100205	王立伟	2006 年 01 月	
		110	皮肤病与性病学	100206	郑志忠	2001 年 04 月	
			皮肤病与性病学	100206	李 明	2004 年 01 月	中山医院
			皮肤病与性病学	100206	项蕾红	2006 年 01 月	华山医院
			皮肤病与性病学	100206	徐金华	2008 年 01 月	
			皮肤病与性病学	100206	杨勤萍	2009 年 01 月	
		111	影像医学与核医学	100207	周康荣	1994 年 03 月	中山医院
			影像医学与核医学	100207	陈绍亮	1996 年 07 月	
			影像医学与核医学	100207	冯晓源	1997 年 07 月	华山医院
			影像医学与核医学	100207	王建华	1999 年 07 月	中山医院
			影像医学与核医学	100207	常 才	2001 年 04 月	肿瘤医院
			影像医学与核医学	100207	曾蒙苏	2003 年 01 月	中山医院
			影像医学与核医学	100207	耿道颖	2003 年 01 月	华山医院
			影像医学与核医学	100207	王文平	2004 年 01 月	中山医院

续 表

学科门类	一级学科	序号	专业名称	专业代码	博士生导师	批准时间	所属院系(所)
医 学	临床医学	111	影像医学与核医学	100207	彭卫军	2004 年 01 月	肿瘤医院
			影像医学与核医学	100207	严福华	2005 年 01 月	中山医院
			影像医学与核医学	100207	王小林	2007 年 01 月	中山医院
			影像医学与核医学	100207	王 怡	2007 年 01 月	华山医院
			影像医学与核医学	100207	滑炎卿	2007 年 02 月	华东医院
			影像医学与核医学	100207	周正荣	2008 年 01 月	肿瘤医院
			影像医学与核医学	100207	强金伟	2009 年 01 月	金山医院
			影像医学与核医学	100207	张志勇	2009 年 01 月	上海市公共卫生中心
			影像医学与核医学	100207	林 江	2010 年 01 月	中山医院
			影像医学与核医学	100207	管一晖	2010 年 01 月	华山医院
			影像医学与核医学	100207	顾雅佳	2010 年 01 月	肿瘤医院
		112	临床检验诊断学	100208	吕 元	1995 年 07 月	华山医院
			临床检验诊断学	100208	关 明	2010 年 01 月	华山医院
		113	外科学(普外)	100210	汤钊猷	1984 年 01 月	中山医院
			外科学(普外)	100210	秦新裕	1997 年 07 月	中山医院
			外科学(普外)	100210	王玉琦	1997 年 07 月	中山医院
			外科学(普外)	100210	蔡 端	1997 年 07 月	华山医院
			外科学(普外)	100210	符伟国	2000 年 04 月	中山医院
			外科学(普外)	100210	樊 嘉	2001 年 04 月	中山医院
			外科学(普外)	100210	王国民	2001 年 04 月	中山医院
			外科学(普外)	100210	钦伦秀	2003 年 01 月	中山医院
			外科学(普外)	100210	劳 杰	2003 年 01 月	华山医院
			外科学(普外)	100210	吴国豪	2004 年 01 月	中山医院
			外科学(普外)	100210	钱建民	2004 年 01 月	华山医院
			外科学(普外)	100210	王春生	2005 年 01 月	中山医院
			外科学(普外)	100210	姚礼庆	2005 年 01 月	中山医院
			外科学(普外)	100210	靳大勇	2006 年 01 月	中山医院
			外科学(普外)	100210	陈宗祐	2006 年 01 月	华山医院
			外科学(普外)	100210	周 俭	2007 年 01 月	中山医院
			外科学(普外)	100210	黄广建	2007 年 01 月	华山医院
			外科学(普外)	100210	余优成	2008 年 01 月	中山医院
			外科学(普外)	100210	邱双健	2008 年 01 月	中山医院
			外科学(普外)	100210	邹 强	2008 年 01 月	华山医院
			外科学(普外)	100210	许剑民	2009 年 01 月	中山医院
			外科学(普外)	100210	亓发芝	2009 年 01 月	中山医院
			外科学(普外)	100210	牛伟新	2009 年 01 月	中山医院

续 表

学科门类	一级学科	序号	专业名称	专业代码	博士生导师	批准时间	所属院系(所)
医　学	临床医学	113	外科学(普外)	100210	傅德良	2009 年 01 月	华山医院
			外科学(普外)	100210	刘保池	2009 年 01 月	上海市公共卫生中心
			外科学(普外)	100210	孙益红	2010 年 01 月	中山医院
			外科学(普外)	100210	叶青海	2010 年 01 月	中山医院
			外科学(普外)	100210	孙惠川	2010 年 01 月	中山医院
			外科学(骨外)	1002101	顾玉东	1990 年 12 月	华山医院
			外科学(骨外)	1002101	陈峥嵘	1997 年 07 月	中山医院
			外科学(骨外)	1002101	徐建光	1997 年 07 月	华山医院
			外科学(骨外)	1002101	陈　亮	1998 年 07 月	华山医院
			外科学(骨外)	1002101	俞永林	2003 年 01 月	华山医院
			外科学(骨外)	1002101	陈统一	2004 年 05 月	中山医院
			外科学(骨外)	1002101	董　健	2006 年 01 月	中山医院
			外科学(骨外)	1002101	徐文东	2007 年 01 月	华山医院
			外科学(泌尿外)	1002102	张永康	1997 年 07 月	中山医院
			外科学(泌尿外)	1002102	丁　强	2001 年 04 月	华山医院
			外科学(泌尿外)	1002102	朱同玉	2007 年 01 月	中山医院
			外科学(泌尿外)	1002102	陈　刚	2007 年 01 月	金山医院
			外科学(泌尿外)	1002102	林宗明	2008 年 01 月	中山医院
			外科学(泌尿外)	1002102	郭剑明	2010 年 01 月	中山医院
			外科学(神外)	1002104	周良辅	1990 年 12 月	华山医院
			外科学(神外)	1002104	潘　力	2000 年 04 月	华山医院
			外科学(神外)	1002104	崔尧元	2001 年 04 月	中山医院
			外科学(神外)	1002104	朱剑虹	2001 年 04 月	华山医院
			外科学(神外)	1002104	黄峰平	2004 年 01 月	华山医院
			外科学(神外)	1002104	毛　颖	2005 年 01 月	华山医院
			外科学(神外)	1002104	宋冬雷	2007 年 01 月	华山医院
		114	妇产科学	100211	李大金	1998 年 07 月	妇产科医院
			妇产科学	100211	林金芳	2003 年 01 月	妇产科医院
			妇产科学	100211	刘惜时	2003 年 01 月	妇产科医院
			妇产科学	100211	李笑天	2004 年 01 月	妇产科医院
			妇产科学	100211	张绍芬	2004 年 01 月	妇产科医院
			妇产科学	100211	徐丛剑	2005 年 01 月	妇产科医院
			妇产科学	100211	孙　红	2006 年 01 月	妇产科医院
			妇产科学	100211	张慧琴	2006 年 01 月	上海市计划生育研究所
			妇产科学	100211	张　炜	2007 年 01 月	妇产科医院
			妇产科学	100211	华克勤	2009 年 01 月	妇产科医院

续 表

学科门类	一级学科	序号	专业名称	专业代码	博士生导师	批准时间	所属院系(所)
医 学	临床医学	115	眼科学	100212	王文吉	1990 年 12 月	眼耳鼻喉科医院
			眼科学	100212	褚仁远	1995 年 07 月	
			眼科学	100212	孙兴怀	1999 年 07 月	
			眼科学	100212	卢 奕	2001 年 04 月	
			眼科学	100212	叶 纹	2004 年 01 月	华山医院
			眼科学	100212	徐格致	2004 年 01 月	眼耳鼻喉科医院
			眼科学	100212	戴锦晖	2008 年 01 月	
			眼科学	100212	周行涛	2008 年 01 月	
			眼科学	100212	郭文毅	2008 年 01 月	
			眼科学	100212	徐建江	2009 年 01 月	
		116	耳鼻咽喉科学	100213	王正敏	1986 年 07 月	
			耳鼻咽喉科学	100213	迟放鲁	2000 年 04 月	
			耳鼻咽喉科学	100213	周 梁	2001 年 04 月	
			耳鼻咽喉科学	100213	郑春泉	2001 年 04 月	
			耳鼻咽喉科学	100213	王胜资	2003 年 01 月	
			耳鼻咽喉科学	100213	蒋家琪	2004 年 01 月	
			耳鼻咽喉科学	100213	王德辉	2005 年 01 月	
			耳鼻咽喉科学	100213	李华伟	2005 年 01 月	
			耳鼻咽喉科学	100213	戴春富	2006 年 01 月	
			耳鼻咽喉科学	100213	章如新	2007 年 01 月	华东医院
			耳鼻咽喉科学	100213	张天宇	2007 年 03 月	眼耳鼻喉科医院
			耳鼻咽喉科学	100213	陈 兵	2008 年 01 月	
			耳鼻咽喉科学	100213	赵 霞	2009 年 01 月	华山医院
			耳鼻咽喉科学	100213	吴海涛	2010 年 01 月	眼耳鼻喉科医院
		117	肿瘤学	100214	沈镇宙	1990 年 12 月	肿瘤医院
			肿瘤学	100214	叶胜龙	1996 年 07 月	中山医院
			肿瘤学	100214	蒋国梁	1997 年 07 月	肿瘤医院
			肿瘤学	100214	刘康达	1998 年 07 月	中山医院
			肿瘤学	100214	施达仁	1998 年 07 月	肿瘤医院
			肿瘤学	100214	朱雄增	1998 年 07 月	
			肿瘤学	100214	邵志敏	1999 年 07 月	
			肿瘤学	100214	师英强	2001 年 04 月	
			肿瘤学	100214	吴 毅	2003 年 01 月	
			肿瘤学	100214	蔡三军	2004 年 01 月	
			肿瘤学	100214	傅小龙	2005 年 01 月	
			肿瘤学	100214	沈坤炜	2005 年 01 月	

续　表

学科门类	一级学科	序号	专业名称	专业代码	博士生导师	批准时间	所属院系(所)
医　学	临床医学	117	肿瘤学	100214	叶定伟	2006 年 01 月	肿瘤医院
			肿瘤学	100214	曾昭冲	2007 年 01 月	中山医院
			肿瘤学	100214	李　进	2007 年 01 月	肿瘤医院
			肿瘤学	100214	王华英	2007 年 01 月	
			肿瘤学	100214	吴小华	2007 年 01 月	
			肿瘤学	100214	胡超苏	2007 年 01 月	
			肿瘤学	100214	陈海泉	2007 年 01 月	
			肿瘤学	100214	胡　雁	2007 年 01 月	护理学院
			肿瘤学	100214	杜　祥	2008 年 01 月	肿瘤医院
			肿瘤学	100214	嵇庆海	2008 年 01 月	
			肿瘤学	100214	周晓燕	2009 年 01 月	
			肿瘤学	100214	陆劲松	2009 年 01 月	
			肿瘤学	100214	章　真	2009 年 01 月	
			肿瘤学	100214	郭伟剑	2010 年 01 月	
			肿瘤学	100214	吴　炅	2010 年 01 月	
			肿瘤学	100214	魏庆义	2010 年 08 月	
		118	康复医学与理疗学	100215	吴　毅	2006 年 01 月	华山医院
		119	运动医学	100216	陈世益	2001 年 04 月	
		120	麻醉学	100217	姜　桢	2001 年 04 月	中山医院
			麻醉学	100217	薛张纲	2004 年 01 月	
			麻醉学	100217	梁伟民	2006 年 01 月	华山医院
			麻醉学	100217	缪长虹	2007 年 01 月	中山医院
			麻醉学	100217	陈莲华	2010 年 01 月	眼耳鼻喉科医院
	公共卫生与预防医学	121	流行病与卫生统计学	100401	高尔生	1995 年 07 月	上海市计划生育研究所
			流行病与卫生统计学	100401	姜庆五	2000 年 04 月	公共卫生学院
			流行病与卫生统计学	100401	赵根明	2004 年 01 月	
			流行病与卫生统计学	100401	赵耐青	2004 年 01 月	
			流行病与卫生统计学	100401	武俊青	2004 年 01 月	上海市计划生育研究所
			流行病与卫生统计学	100401	徐　飚	2005 年 01 月	公共卫生学院
			流行病与卫生统计学	100401	孟　炜	2005 年 01 月	
			流行病与卫生统计学	100401	楼超华	2005 年 01 月	上海市计划生育研究所
			流行病与卫生统计学	100401	周维谨	2005 年 01 月	
			流行病与卫生统计学	100401	林燧恒	2006 年 01 月	公共卫生学院
			流行病与卫生统计学	100401	何　纳	2006 年 01 月	

续　表

学科门类	一级学科	序号	专业名称	专业代码	博士生导师	批准时间	所属院系(所)
医　学	公共卫生与预防医学	121	流行病与卫生统计学	100401	余金明	2008年01月	公共卫生学院
			流行病与卫生统计学	100401	袁　伟	2009年01月	
		122	劳动卫生与环境卫生学	100402	傅　华	1999年07月	
			劳动卫生与环境卫生学	100402	夏昭林	2001年04月	
			劳动卫生与环境卫生学	100402	宋伟民	2003年01月	
			劳动卫生与环境卫生学	100402	屈卫东	2006年01月	
			劳动卫生与环境卫生学	100402	阚海东	2010年01月	
		123	营养与食品卫生学	100403	郭红卫	2003年01月	
			营养与食品卫生学	100403	厉曙光	2009年01月	
		124	儿少卫生与妇幼保健学	100404	汪　玲	2003年01月	
			儿少卫生与妇幼保健学	100404	钱　序	2004年01月	
		125	卫生毒理学	100405	周志俊	2003年01月	
	中西医结合	126	中西医结合基础	100601	吴根诚	1996年07月	医学院(基础)
			中西医结合基础	100601	王彦青	2006年01月	
			中西医结合临床	100602	沈自尹	1982年09月	华山医院
			中西医结合临床	100602	王文健	1995年07月	
			中西医结合临床	100602	蔡定芳	1996年07月	中山医院
			中西医结合临床	100602	蔡德培	1999年07月	儿科医院
			中西医结合临床	100602	董竞成	2001年04月	华山医院
			中西医结合临床	100602	刘鲁明	2003年01月	肿瘤医院
	药　学	127	药物化学	100701	夏　鹏	1994年03月	药学院
			药物化学	100701	周　佩	1995年07月	
			药物化学	100701	仇缀百	2003年01月	
			药物化学	100701	劳爱娜	2004年01月	上海市计划生育研究所
			药物化学	100701	叶德泳	2006年01月	药学院
			药物化学	100701	穆　青	2009年01月	
			药物化学	100701	赵伟利	2009年01月	
			药物化学	100701	孙　逊	2010年01月	
			药物化学	100701	李英霞	2010年01月	
		128	药剂学	100702	裴元英	1997年07月	
			药剂学	100702	方晓玲	2001年04月	
			药剂学	100702	陆伟跃	2001年04月	
			药剂学	100702	蒋新国	2003年01月	
			药剂学	100702	卢建忠	2003年05月	
			药剂学	100702	钟明康	2004年01月	华山医院
			药剂学	100702	吴　伟	2006年01月	药学院

续　表

学科门类	一级学科	序号	专业名称	专业代码	博士生导师	批准时间	所属院系(所)
医　学	药　学	128	药剂学	100702	陈　刚	2008 年 01 月	药学院
			药剂学	100702	朱建华	2008 年 01 月	
			药剂学	100702	蒋　晨	2008 年 01 月	
		129	生药学	100703	陈道峰	1999 年 07 月	
			生药学	100703	潘胜利	2001 年 04 月	
			生药学	100703	侯爱君	2008 年 01 月	
		130	药理学	100706	姚明辉	1998 年 07 月	医学院(基础)
			药理学	100706	曹　霖	2003 年 05 月	上海市计划生育研究所
			药理学	100706	段更利	2004 年 01 月	药学院
			药理学	100706	朱依谆	2005 年 01 月	
			药理学	100706	孙祖越	2005 年 01 月	上海市计划生育研究所
			药理学	100706	李雪宁	2008 年 01 月	药学院
			药理学	100706	程能能	2009 年 01 月	
			药理学	100706	蔡卫民	2009 年 01 月	
管理学	管理科学与工程	131	管理科学与工程	120100	朱道立	1998 年 01 月	管理学院
			管理科学与工程	120100	司春林	1999 年 07 月	
			管理科学与工程	120100	黄丽华	2001 年 04 月	
			管理科学与工程	120100	李宏余	2003 年 01 月	
			管理科学与工程	120100	刘　杰	2004 年 06 月	
			管理科学与工程	120100	徐以汎	2005 年 01 月	
			管理科学与工程	120100	劳兰珺	2005 年 01 月	
			管理科学与工程	120100	凌　鸿	2006 年 01 月	
			管理科学与工程	120100	官建成	2007 年 05 月	
			管理科学与工程	120100	胡奇英	2008 年 01 月	
			管理科学与工程	120100	范龙振	2008 年 01 月	
			管理科学与工程	120100	胡建强	2008 年 10 月	
			管理科学与工程	120100	马成虎	2010 年 01 月	
	工商管理	132	会计学	120201	李若山	1998 年 03 月	
			会计学	120201	周　红	2004 年 01 月	
			会计学	120201	洪剑峭	2006 年 01 月	
			会计学	120201	吕长江	2007 年 01 月	
			会计学	120201	陈　超	2009 年 01 月	
			会计学	120201	原红旗	2009 年 01 月	
		133	企业管理	120202	芮明杰	1994 年 11 月	
			企业管理	120202	薛求知	1998 年 03 月	

续 表

学科门类	一级学科	序号	专业名称	专业代码	博士生导师	批准时间	所属院系(所)
管理学	工商管理	133	企业管理	120202	项保华	2001年04月	管理学院
			企业管理	120202	陆雄文	2001年04月	
			企业管理	120202	苏 勇	2001年04月	
			企业管理	120202	李元旭	2003年01月	
			企业管理	120202	胡君辰	2004年01月	
			企业管理	120202	许晓明	2004年01月	
			企业管理	120202	杨永康	2005年01月	
			企业管理	120202	孔爱国	2006年01月	
			企业管理	120202	谢晋宇	2006年01月	
			企业管理	120202	王克敏	2007年01月	
			企业管理	120202	范秀成	2007年01月	
			企业管理	120202	黄 沛	2008年01月	
			企业管理	120202	蒋青云	2009年01月	
			企业管理	120202	徐剑刚	2009年01月	
			企业管理	120202	张 青	2009年01月	
			企业管理	120202	宁 钟	2010年01月	
			企业管理	120202	孙 谦	2010年04月	
		134	旅游管理	120203	郭英之	2010年01月	历史学系
	公共管理	135	行政管理	120401	竺乾威	1996年06月	国际关系与公共事务学院
			行政管理	120401	陈晓原	2007年01月	
			行政管理	120401	唐亚林	2010年01月	
		136	社会医学与卫生事业管理	120402	陈 洁	1996年07月	公共卫生学院
			社会医学与卫生事业管理	120402	郝 模	1998年07月	
			社会医学与卫生事业管理	120402	程晓明	2001年04月	
			社会医学与卫生事业管理	120402	冯学山	2003年01月	
			社会医学与卫生事业管理	120402	陈 文	2006年01月	
			社会医学与卫生事业管理	120402	薛 迪	2007年01月	
			社会医学与卫生事业管理	120402	吕 军	2009年01月	
			社会医学与卫生事业管理	120402	严 非	2009年01月	
			社会医学与卫生事业管理	120402	陈英耀	2009年01月	
		137	社会管理与社会政策	120421	王菊芬	2007年01月	社会发展与公共政策学院
		138	公共政策	120422	朱春奎	2009年01月	国际关系与公共事务学院
			公共政策	120422	唐贤兴	2010年01月	

注：该表不包括在复旦大学兼职的博士生指导老师。

复旦大学入选 2010 年第十二届全国优秀博士学位论文及提名论文一览表名单

全国优秀博士学位论文

作　者	专　业	论文题目	指导教师
杨煜达	历史地理学	清代云南(1711—1911 年)的季风气候与天气灾害	邹逸麟
高　强	外科学	免疫微环境与肝细胞癌复发转移及"免疫微环境分子预测模型"的建立与验证	樊　嘉
张志杰	流行病与卫生统计学	湖沼地区血吸虫病高风险区域的空间分析及重点钉螺孳生地的探测	姜庆五

注：全国共 100 篇。

全国优秀博士学位论文提名奖

作　者	二级学科名称	论文题目	导师姓名
杨　翎	基础数学	紧致 Riemann 对称空间的整体几何性质及其应用	忻元龙
宁文强	理论物理	一维关联体系粒子激发谱研究	吴长勤
沈大伟	凝聚态物理	2*H* 结构过渡族金属二硫属化物电子结构的高分辨角分辨光电子能谱研究	封东来
李　嫣	分析化学	蛋白质的磁性微球快速酶解与高效富集新方法研究	张祥民
王传明	物理化学	负载金催化剂的第一性原理研究：从纳米催化到单活性位非均相催化	刘智攀
徐书华	遗传学	高密度常染色体 SNPs 揭示的现代人群遗传结构	金　力
黄容琴	药剂学	脑靶向树枝状高分子纳米基因递释系统的研究	裴元英
刘　琼	中西医结合基础	针刺治疗实验性抑郁症时成年大鼠海马神经发生的变化	吴根诚
刘　锋	分析化学	人 CD34＋造血干/祖细胞和日本血吸虫的转录组学和蛋白质组学研究	杨芃原
周　波	汉语言文字学	战国时代各系文字间的用字差异现象研究	裘锡圭
吴俊范	历史地理学	从水乡到都市：近代上海城市道路系统演变与环境(1843—1949)	满志敏
田晓晨	病原生物学	乙型肝炎病毒表面抗原对细胞蛋白 LEF－1 以及 CyPA 功能的影响及其意义	闻玉梅

注：全国共 334 篇。

2009—2010 年度"复旦大学优秀研究生指导教师"一览表

姓　名	院　系	姓　名	院　系
刘　钊	中文系	姜波克	经济学院
郑利华	中国古代文学研究中心	强永昌	经济学院
张伟然	历史地理研究所	李元旭	管理学院
巴兆祥	历史学系	徐笑君	管理学院
林尚立	国际关系与公共事务学院	林燕丹	信息科学与工程学院
邱东林	外文学院	王培南	信息科学与工程学院
吕新雨	新闻学院	陈雁秋	计算机学院
董茂云	法学院	陈暨耀	物理系
吴海江	社会科学基础部	忻元龙	数学科学学院
周　怡	社会发展与公共政策学院	刘宝红	化学系
王红艳	生命科学学院	彭慧胜	先进材料实验室
张玉秋	生命科学学院	杨振国	材料科学系

续 表

姓 名	院 系	姓 名	院 系
杨 新	环境科学与工程	蒋国梁	肿瘤医院
郑 平	上海医学院	卢 奕	五官科医院
赵根明	公共卫生学院	肖现民	儿科医院
侯爱君	药学院	强金伟	金山医院
丁小强	中山医院	任传成	第五人民医院
张文宏	华山医院	熊 跃	生物医学研究院

2009 年复旦大学博士生学术论坛一览表

举办时间	举办单位	论坛主题
5 月 22 日	生命科学学院	学术搭建桥梁,沟通传承友谊,交流促进创新
5 月 25—26 日	高分子科学系	新高度,新契机,新挑战
6 月 2 日	上海医学院	求实明道,协作交流
6 月 6 日	公共卫生学院	新医改背景下的药物经济学与医药政策
10 月 16—17 日	信息科学与工程学院	现代信息技术的传承与开拓
10 月 30 日	社会发展与公共政策学院	关注民生,和谐发展
11 月 1—5 日	数学科学学院	博学蕴秀,数缘涵奇
11 月 7—8 日	外国语言文学系	文本,语境,历史
11 月 13 日	计算机科学技术学院	新世纪的计算机科学前瞻与开拓
11 月 20—21 日	新闻学院	全媒体时代的新闻传播
11 月 26—27 日	国际关系与公共事务学院	新世纪的中国外交：机遇与挑战
11 月 27 日	环境科学与工程系	气候变化,绿色环境
11 月 27—28 日	哲学学院	追寻人类幸福——哲学对现代性的反思
11 月 28 日	管理学院	后危机时代中国企业的可持续发展
12 月 12 日	经济学院	复苏、反思、重塑——世界经济再平衡与中国经济转型
2011 年 1 月 8 日	力学与工程科学系	现代力学在建设创新型国家中的作为

（研究生院供稿）

留学生教育

【概况】 2010 年,学校按照科学发展观的要求,在“扩大规模,提高层次,保证质量,规范管理”的工作方针指导下,把优化外国留学生生源结构和提高培养层次作为工作重点,注重内涵发展。

全年接受外国留学生 6 809 人(次),在校长期外国留学生 3 805 人,“十一五”期间年平均增长率为 9%。留学生层次结构得到改善,攻读学位的学生逐年增多。2005 年长期外国留学生中,学历生 1 637 人,占 65.2%;2010 年长期外国留学生中,学历生 2 706 人,占 71.1%。高层次留学生逐年增多,研究生在长期留学生中的比例从 2005 年的 9%上升到 2010 年的 18%,其中 2005 年博士生 65 人,硕士生 163 人;2010 年硕士生 156 人,2010 年 533 人,分别增长 1.4 倍和 2.3 倍。留学生国别更加丰富,有来自 119 个国家的学生到校学习。招收的硕士生中,英语授课项目的学生占 67%。各类非学历进修生中,英语授课的学生占 62%。大部分院系举办的短期培训班用英语授课。

2010 年,学校与更多国外知名高中签订协议,提高留学生本科生的生源质量。与保加利亚索菲亚第十八中学、尼泊尔加德满都大学附属中学等优秀高中签订合作意向书,成为海外生源基地。与沙特阿拉伯、泰国、匈牙利等国家的教育机构开展合作意向探讨。

为实现我国在 2020 年成为亚洲最大留学目的地国家的目标,学校分析国际学生流动趋向以及生源质量情况,选取东南亚、中亚以及东欧作为重点生源增长点,加大招生宣传力度,增加奖学金投放名额。2010 年,这些地区的学生数量得到不同程度的增加。其中泰国、新加坡、马来西亚学生人数增加迅速,而且生源质量相对较优秀。为改变个别国家学生规模过大的现状，学校在本科生、研究生的录取工作和奖学金评定工作中采取有效措施，起到改善国别结构的作用。

学校积极鼓励院系与国外名校合作开办双学位国际课程，借助世界名校的影响力吸引优秀生源。同时，通过与世界名校的合作，提升自身的教学水平和管理能力，促进学校的国际化建设。新增经济学院、国际关系与公共事务学院与国外名校的合作项目，生源情况良好。

做好外国留学生工作处网站的维护和更新工作，使网站成为外国留学生和学校沟通最便利的桥梁。5月，澳大利亚国际教育交流学会主席费丽丝蒂对京津沪14所高校进行为期一个月的调研，高度评价复旦大学外国留学生工作处网站。

继续与中国银行合作，向持有中国银行借记卡的在校学历留学生提供银行卡扣款交纳学费的服务。外国留学生工作处与财务处联手，在留学生学历新生和全体非学历生中，试用网上收费服务平台支付学费。这两项电子收费举措，有效改善学生交费排长队的现象。2010年下半年，引导留学生在网上支付报名费，取得较好效果。

落实教育部奖助学金和"复旦-绿亮留学生奖助学金"的评选工作。通过学生申请、院系审核、外国留学生工作处面试的方式，遴选出学习态度端正、学业成绩良好、经济困难的留学生，帮助他们继续学业。同时，为部分品学兼优但经济困难的留学生提供勤工俭学的机会，如参与文字翻译、协助物业公司处理留学生事务等，减轻他们的经济压力。

上海世博会期间，150多位留学生担任园区志愿者和城市站点志愿者，还有一批留学生担任其所在国场馆的志愿者，为参观者提供服务。其中很多留学生的事迹得到报纸媒体的宣传报道。组织留学生参观上海世博会，参加上海市"我看世博"摄影比赛和"留华梦，世博情"大型活动演出，使更多的留学生参与到上海世博会之中，体验中国社会、上海城市的魅力。

在万达广场与上海市公安局杨浦分局联合举办"安全出行"大型广场联谊会等系列活动，对留学生进行遵纪守法、安全生活教育。活动由《新民晚报》社区版以及《新民晚报》网站全程播报。复旦留学生向上海全体留学生发出倡议，表示要遵守各项法律法规，做一个文明的留学生。

加强安保消防工作。在留学生公寓举行实战式"消防演习"。通过演习，彻底清查各个消防要道，整治乱停乱放自行车现象，发放火灾自救手册，检测、更新、购买留学生公寓的消防安全设备，提高火警处理能力，并对物业管理人员进行消防技能培训，提高其应对能力。

积极联系留学生校友，重点关注有成就的留学生校友。8月，85级校友荷兰驻上海总领事召集美国、英国、德国、法国、意大利等国家的80年代在复旦学习的留学生重返母校，畅叙友情。

为培养留学生节能意识，保证安全用电，学校预备在留学生公寓实施降低房租、付费用电的方案。相关部门为制定一个合理的操作方案开展大量前期调研测试工作，如对原有电表进行更换，对不同类别学生房间、不同季节的用电情况进行统计，召开留学生座谈会听取意见，了解周边房屋租金和兄弟院校电费补贴情况，等等。（高　鸣）

【承办全英语授课的外国留学生暑期学习班3S项目】 受上海市教委的委托，学校作为美国留学生培训基地，承办全英语授课的外国留学生暑期学习班3S项目（Shanghai Summer School）。通过中国驻美国使领馆教育处（组）和学校外事处招收了40名美国优秀大学生，由历史学系进行教学管理。（高　鸣）

【实施住楼辅导员制度】 为落实教育部《关于进一步加强来华留学人员管理服务的通知》的要求，结合学校实际情况，9月在留学生公寓设置住楼辅导员制度。3名青年留学生管理干部担任首批住楼辅导员，实施24小时值班制度。该举措使青年留学生管理干部走近留学生，熟悉留学生情况，在一线上了解掌握留学生思想动态，培养他们的责任意识和应对突发事件的能力。（高　鸣）

【参加"新中国接受来华留学生60周年纪念活动"】 2010年是新中国接受来华留学生60周年，学校积极组织在校留学生和校友参加教育部举办的系列活动。两位非洲校友应邀出席教育部举办的庆典活动，受到国务委员刘延东的接见。多名留学生的文章和摄影作品被收入教育部组织编辑出版的《中国记忆》文集和《中国印象》影集。（高　鸣）

继续教育

【概况】 2010年，学校继续教育由继续教育学院实施教学管理，分学历教育与非学历教育两大类。学历教育层次有高中起点升专科、高中起点升本科和专科起点升本科，教育形式有夜大学和自学考试两类。

夜大学：2010年录取成人高等学历教育各层次新生4 034人，其中招收"三支一扶"等免试入学考生42人。成人高等学历教育设置高中起点升本科专业13个，专科起点升本科专业28个，高中起点升专科专业9个。毕业学生3 442人，其中本科毕业生2 983人，授予学士学位844人。在校学生总数12 334人。

自学考试：上海市第56次、第57次高等教育自学考试分别于4月和10月举行。全年共有35 461名考生参加85 533门次的理论考试和3 148门次的实践性环节考核。2010年自学考试毕业考生2 928人，其中本科毕业生833人，授予学士学位500人。

非学历教育培训：依托中组部干部培训基地建设，抓住上海世博会的机遇，全年举办各类管理干部培训班72个，各类考前辅导班41个，共有6 656人次接受培训，较2009年培训人次增长63%。

校非学历教育管理：全年受理全校各类干部管理培训项目458个，培训人员24 233人次。综合类培训项目172个，培训人员6 412人次。与

2009年相比，培训项目增长35.1%，培训人员增长35.6%。2010年已结业项目410个，颁发结业证明19 610份。医学方面，举办继续医学教育项目200项，其中国家级继续医学教育项目191项，省市级继续医学教育项目9项。受训人数20 580人次，其中复旦大学系统医技人员受训2 156人次，占全部人员的15.65%。

【获评上海市先进集体】 2010年11月，复旦大学继续教育学院获得由上海市成人教育协会颁发的"上海市2006—2010年成人教育先进集体"奖项，表彰自2006年以来学院在积极推进本市学习型社会建设和终身教育体系构建中取得的成绩和为上海率先建成终身教育体系和创建学习型社会作出的贡献。

【成人学历教育教务管理系统投入使用】 12月20日，成人学历教育教务管理系统（CEIS）正式投入使用。该系统由复旦天翼计算机有限公司开发，整合学历教育的各项管理功能，方便管理人员快捷处理各类事务，及时了解学生各项信息。系统与学校网上支付系统对接，采用网银支付学费的方式，简化学生缴费流程。

（刘 华 杨 怡）

附 录

2010年复旦大学成人高等学历教育专业设置

类别		负责教学工作的学院、系	专业名称
夜大学	高中起点本科	国际关系与公共事务学院	行政管理
		护理学院	护理学
		计算机科学技术学院	计算机科学与技术
		计算机科学技术学院	计算机软件
		经济学院	国际经济与贸易
		经济学院	金融学
		力学与工程科学系	工程管理
		力学与工程科学系	工商管理(物流方向)
		历史学系	会展经济与管理
		社会科学基础部	公共事业管理
		社会科学基础部	人力资源管理
		外国语言文学学院	英 语
		药学院	药 学
	大专起点本科	法学院	法 学
		公共卫生学院	预防医学
		管理学院	工商管理
		管理学院	会计学
		国际关系与公共事务学院	行政管理
		护理学院	护理学
		计算机科学技术学院	计算机科学与技术
		计算机科学技术学院	软件工程
		计算机科学技术学院	电子商务
		经济学院	国际经济与贸易
		经济学院	国际商务
		经济学院	金融学
		力学与工程科学系	工程管理
		力学与工程科学系	工商管理(物流方向)
		历史学系	会展经济与管理
		上海医学院	临床医学(全科医学方向)

续 表

<table>
<tr><th colspan="2">类 别</th><th>负责教学工作的学院、系</th><th>专 业 名 称</th></tr>
<tr><td rowspan="21">夜大学</td><td rowspan="12">大专起点本科</td><td>社会发展与公共政策学院</td><td>社会工作</td></tr>
<tr><td>社会发展与公共政策学院</td><td>心理学</td></tr>
<tr><td>社会发展与公共政策学院</td><td>社会学</td></tr>
<tr><td>社会科学基础部</td><td>公共关系学</td></tr>
<tr><td>社会科学基础部</td><td>人力资源管理</td></tr>
<tr><td>数学科学学院</td><td>金融工程</td></tr>
<tr><td>外国语言文学学院</td><td>英 语</td></tr>
<tr><td>新闻学院</td><td>传播学</td></tr>
<tr><td>新闻学院</td><td>新闻学</td></tr>
<tr><td>药学院</td><td>药事管理</td></tr>
<tr><td>药学院</td><td>药 学</td></tr>
<tr><td>中国语言文学系</td><td>汉语言文学</td></tr>
<tr><td rowspan="9">高中起点专科</td><td>管理学院</td><td>财务管理</td></tr>
<tr><td>护理学院</td><td>护理学</td></tr>
<tr><td>经济学院</td><td>国际商务</td></tr>
<tr><td>经济学院</td><td>国际经济与贸易</td></tr>
<tr><td>经济学院</td><td>金融管理与实务</td></tr>
<tr><td>社会科学基础部</td><td>行政管理</td></tr>
<tr><td>外国语言文学学院</td><td>应用韩语</td></tr>
<tr><td>外国语言文学学院</td><td>应用英语</td></tr>
<tr><td>药学院</td><td>药 学</td></tr>
<tr><td rowspan="2">自学考试</td><td>本 科</td><td rowspan="2">继续教育学院</td><td>护理学、计算机网络、计算机信息管理、新闻学、行政管理学、计算机软件</td></tr>
<tr><td>专 科</td><td>护理学、机关管理及办公自动化、计算机信息管理、新闻学、行政管理</td></tr>
</table>

（继续教育学院供稿）

网 络 教 育

【概况】 2010年是网络教育学院建院十周年。全年设置专升本专业15个，第二本科11个，高中起点本科（在线）2个，高中起点专科（在线）4个。2010年共招收学生1 281人，毕业学生2 664人，在册学生4 277人。2000—2010年，累计招收学生24 791人，毕业学生17 757人。

4月底至5月中旬，共有53名志愿者参加上海世博会志愿服务，与来自其他学校、社区和单位的志愿者共同承担世博会志愿者的服务工作。共有43人次（集体）获得上海世博会等部门表彰，学院老师宋军获得“上海优秀世博平安志愿者”称号，学生王梦柳、卢静获得“上海世博优秀志愿者”称号。

7月，推出高中起点专科（在线）招生项目。在教学内容上继续强调理论与实际相结合，强调应用性、可操作性。在教学方法上侧重培养学生分析问题和解决问题的能力，注重案例教学、互动式教学和讨论课教学。在考核方式上，强化以作业练习、案例分析、论文报告、调查报告等形式的形成性考核，注重学生的理解力、判断力和决策力的锻炼与养成。

全年制作新课件23门，课件总数达183门，课件总时数近10 000学时。

7月，上海市教委为规范全市毕业证书管理，通知上海市各试点高校网院启用新版网络教育毕业证书，引发学生和家长的不解。教育部专派2位副司长到校指导工作，学校领导高度重视，随即成立“维稳工作小组”，并在学校网页发布《关于网络教育毕业证书的公告》。通过学院领导学生工作骨干和相关部门近200名老师的努力工作，学院新版毕业证书发放工作势态于10月下旬趋于平稳。

非学历教育突破传统的课堂式教学，注重干部能力培养，包括专题讲座、案例教学、现场教学、情景模拟、论文指导、小组讨论、户外拓展等，得到学员认可。2010年培训规模稳中有进，开班地区47个，较2009年增加18个。面向政府、企业的干部培训开班共计189期，比2009年增长124%。全年共有40多个培训专题项目，1 000多门培训课程，建立起一支以复旦大学专家学者为主，兄弟院校与科研机构专家学者、企业高管和政府部门主管共同参与的高品位、高质量的培训师资队伍，形成复旦大学网络教育干部培训的品牌，在全国干部培训领域产生重要影响。涉及外语、计算机、会计上岗证等综合性的职业资格培训开班119个，各类培训项目20多个。两大类项目受培训总人次累计超过60 000人。（汪　远）

【举行建院十周年庆典活动】 10月9日，庆典大会在学校新闻学院培训中心报告厅举行。副校长桂永浩，原副校长徐忠，上海泰复网络技术有限公司总经理翁祖泽及相关部处、院系领导和教师代表，校外学习中心负责人近300人出席大会。全国高校现代远程教育协作组秘书长严继昌教授，上海市教委终身教育处处长王宏、高教处副处长许涛及上海市兄弟院校网络教育学院的领导到会祝贺。会上，桂永浩代表复旦大学发表题为“落实《国家中长期教育改革和发展规划纲要》，大力发展继续教育和网络教育”的讲话。院长方晶刚作题为“为推进学习型社会建设，构建终身教育体系而努力奋斗”的报告。学院对10年来热心网络教育事业并作出突出成绩的一批教师进行表彰。大会由副院长应建雄主持。10月10日，作为庆典活动的一部分，“校外学习中心工作研讨会”在光华楼举行，会议对品牌建设、学习中心的定位和职责、加强教学支持和服务等方面进行深入研讨。来自10个校外学习中心的负责人参加会议。（汪　远）

【启用新版网络教育毕业证书】 7月，上海市教育委员会通知沪上教育部现代远程教育试点学校，根据教育部要求，在各校启用新版网络教育毕业证书，并于8月在市教委主办的官网上告知新版毕业证书样张。新版毕业证书由上海市教育委员会统一设计、印制，交由各校颁发，并报教育部电子注册，国家承认学历。新版毕业证书具有与原证书完全相等的法律效力，均由各校校长签署，盖有各校校印和钢印。（汪　远）

附　录

复旦大学网络教育学院专业设置

<table>
<tr><th>专业设置</th><th>培养层次</th></tr>
<tr><td>计算机科学与技术(软件方向)</td><td rowspan="15">专升本</td></tr>
<tr><td>计算机科学与技术(网络方向)</td></tr>
<tr><td>会计学</td></tr>
<tr><td>国际经济与贸易</td></tr>
<tr><td>金融学</td></tr>
<tr><td>工商管理</td></tr>
<tr><td>心理学</td></tr>
<tr><td>行政管理(行政管理方向)</td></tr>
<tr><td>行政管理(人力资源方向)</td></tr>
<tr><td>法　学</td></tr>
<tr><td>新闻学</td></tr>
<tr><td>广告学</td></tr>
<tr><td>旅游管理</td></tr>
<tr><td>英语(商务)</td></tr>
<tr><td>日语(商务)</td></tr>
<tr><td>计算机科学与技术(软件方向)</td><td>第二本科</td></tr>
</table>

<table>
<tr><th>专业设置</th><th>培养层次</th></tr>
<tr><td>计算机科学与技术(网络方向)</td><td rowspan="10">第二本科</td></tr>
<tr><td>行政管理(行政管理方向)</td></tr>
<tr><td>行政管理(人力资源方向)</td></tr>
<tr><td>国际经济与贸易</td></tr>
<tr><td>金融学</td></tr>
<tr><td>工商管理</td></tr>
<tr><td>法　学</td></tr>
<tr><td>会计学</td></tr>
<tr><td>新闻学</td></tr>
<tr><td>旅游管理</td></tr>
<tr><td>国际经济与贸易</td><td rowspan="2">高中起点本科(在线)</td></tr>
<tr><td>新闻学</td></tr>
<tr><td>国际经济与贸易</td><td rowspan="4">高中起点专科(在线)</td></tr>
<tr><td>新闻学</td></tr>
<tr><td>会计学</td></tr>
<tr><td>行政管理</td></tr>
</table>

（网络学院供稿）

四、科学研究与产业

理工科、医科科研

【概况】 2010年，学校理工、医科科研经费和科研项目数量持续增长。2010年度学校共获得各类项目1 393项，到款总经费108 186万元。其中纵向项目1 045项，到款经费93 660万元；横向项目348项，到款经费14 526万元。

获得"973"计划项目2项，国家重大科学研究计划项目2项。高分子系教授杨玉良院士和眼耳鼻喉科医院教授李华伟受聘为国家"973"计划项目首席科学家，分别获得2 620万元和2 800万元的项目经费资助。物理系教授沈健和生命科学院教授马红受聘为国家重大科学研究计划项目首席科学家，分别获得2 400万元和2 600万元的项目经费资助。获国家科技支撑计划项目资助2项，获国家科技重大专项课题6项。

共申请国家自然科学基金1 745项，获资助项目482项，获资助经费17 465.9万元。其中获得国家自然科学基金面上项目254项，青年科学基金159项，重点项目10项，重大研究计划重点项目2项，国家杰出青年科学基金项目4项。

获得教育部博士点基金博导类项目资助20项，新教师类项目资助37项，资助经费为253.2万元。教育部"新世纪优秀人才支持计划"19项，教育部创新团队1项，教育部留学回国人员科研启动基金39项，经费128.5万元。获得霍英东教育基金资助立项3项。获得财政部、教育部"中央高校基本科研业务费专项资金"4 357万元。

获得上海市科学技术委员会基础研究计划重大项目1项，重点项目32项，自然科学基金面上项目53项，资助经费1 940万元；浦江人才计划25项。"青年科技启明星"计划18项；"优秀学科带头人计划"14项，资助经费520万元。科技支撑和前沿技术项目共71项，资助经费1 790万元。获上海市科委总资助经费6 185万元。

获得上海市教育委员会曙光计划7项(其中曙光跟踪计划2项)，晨光计划4项，科研创新项目8项。

制定实施《复旦大学重点实验室管理办法》和《复旦大学关于推进国家重点实验室建设与发展的若干意见》。推荐申报聚合物分子工程国家重点实验室并进入最终评审阶段。新建智能化递药教育部重点实验室、全军智能化递药军队医学专业重点实验室和女性生殖内分泌相关疾病上海市科委重点实验室。应用表面物理国家重点实验室通过评估，评估成绩为"良好"。6个生命医学领域教育部重点实验室通过评估，其中现代人类学教育部重点实验室被评为优秀类实验室，是复旦大学第二个获得优秀的教育部重点实验室。手功能重建、医学图像处理与计算机辅助手术重点实验室参加上海市科委重点实验室评估，被评为良好类实验室。

2010年，共资助复旦大学重点实验室高级访问学者118名，总资助经费570万元(其中国家重点实验室专项经费资助173万元，科技处资助经费397万元)。2010年完成复旦大学重点实验室高级访问学者计划结题70项。

获各类国际合作项目资助58项，其中获得科技部国际合作项目立项8项，包括国际合作专项计划6项，双边政府间项目2项。获得自然科学基金重大国际合作项目4项，双边合作项目10项，自然科学基金国际学术会议项目14项。获上海市科委国际合作项目8项，外国基金合作项目5项。与外国企业签订国际合作合同12项。国际合作项目纵向立项经费达4 346万元。并对学校国际科研合作情况进行梳理，建立并完善学校国际科研合作项目库，并在此基础上向学校提交《关于加强我校国际科研合作工作的建议》。与军工保密办以及学校保卫处合作，完成对2004年以来的学校承担开展的国际合作项目的保密情况自查工作。

与地方和企业合作研发项目保持稳定增长，到款1.45亿元，比去年增长25%，共签订合同348个，比去年增长10%，其中合同额大于50万元的项目为33个，比去年增长45%。与企业联合成立"复旦-文创太阳能光伏应用技术研究中心"、"复旦-安捷利全印制电子研发中心"和"复旦-盐城环保与信息化研发中心"。参与建立新型光纤广域监测技术战略联盟、干细胞与再生医学产业技术创新战略联盟、印制电子产学研创新联盟、国家集成电路设计产业技术创新服务联盟、上海下一代广播电视网产业技术创新联盟、上海电生理与康复技术创新战略联盟、纳米生物医药产业技术创新战略联盟、云计算机产业技术创新战略联盟等八个产业联盟。

3月5日，复旦大学与无锡市人民政府签署新一轮全面合作协议，双方同意共建复旦大学无锡研究院。11月20日，复旦大学无锡研究院揭牌。校党委书记秦绍德与中共江苏省省委书记梁保华共同为"复旦大学无锡研究院"揭牌，副校长陈晓漫和江苏省省长罗志军共同为"复旦大学技术转移中心无锡分中心"和"复旦大学微系统分析中心无锡分中心"揭牌。复旦大学无锡研究院是学校在上海以外第一个，也是目前唯一一个与地方合作的科研机构。第一期建设总投资超过1亿元，建设内容涉及智能物流、智能交通、环境监控、器件设计等领域，包括国家微分析中心无锡平台和复旦大学技术转移中心无锡分中心等两个平台建设。双方将集中在物联网领域开展合作研究，将建成推动物联网产业发展的科研机构。将来校地之间还将加强生物制药、新能源、新材料等多方面合作，促进国家高精尖技术产业的发展。

钦伦秀获国家自然科学二等奖，沈自尹院士获国家科技进步二等奖，金力获何梁何利基金“科学与技术进步奖”，钦伦秀、封东来获上海市自然科学牡丹奖，孙爱军、李翔、吴晓晖获第五届上海青年科技英才，李富友获第五届上海青年科技英才提名。获上海市科学技术奖一等奖4项、二等奖1项、三等奖6项，获高等学校科学研究优秀成果奖一等奖4项、二等奖4项，中华医学奖二等奖3项、三等奖1项，中国高等学校十大科技进展1项，获中国药学科技奖二等奖1项，获上海药学科技奖二等奖1项，获海洋科技创新奖二等奖1项，获上海医学科技奖一等奖1项、二等奖3项、三等奖4项、成果推广奖1项，获明治乳业生命科学奖12项，获第六届发明创业奖1项，获中国药学会-石药集团青年药剂学奖1项，获上海中西医结合科技奖2项。

申请国内专利671项，数量较2009年增长近30%。授权专利数量164项，全校累计有效专利（维持中）841项。已完成计算机软件著作权登记17项，为历年最高。

全校2009年发表SCI论文1 958篇，比上一年增长12.98%。根据中国科学技术信息研究所历年发布的中国科技论文统计结果，学校2004—2008年共发表SCI论文7 269篇。其中有2 419篇论文在2009年被引用，共被引用9 106次，平均被引次数1.25次，位列全国高校第一。被引用达10次以上的论文有26篇，也居全国高校之首。被引用论文占发表论文总数的33%，位居全国第二。生命科学学院、生物医学研究院的研究成果被《自然》（*Science*）于2010年2月以连续两篇研究论文的方式发表，生命科学学院的研究论文在《新英格兰医学杂志》上发表。

国防科研生产管理工作主要围绕项目管理、条件保障建设和平台建设三方面展开。2010年度新增项目19项，立项经费一千四百余万元。参与GF重大专项，承研2项子项。质量管理体系顺利通过年度监督审核和保密复查。校本部平房作为生产保障区域，归学校统一管理。实验室建设按计划推进，在江湾开始开展科研工作。

医学科研方面，共获得6人入选上海市医学领军人才，6人入选上海市领军人才，获得14项2010—2012卫生部临床重点学科项目。

（唐　郁　王小华　董　敏　徐晓创　庄建辉　陈　渊　王永权　杨　鹏　仲　实　戴悦春　张慧君　王文斌　许　丽　孙学会）

【获“973”计划和国家重大科学研究计划项目各2项资助】 杨玉良主持的“高性能碳纤维相关重大问题的基础研究”项目，获得“973”计划项目资助，其领衔的科研团队由复旦大学、中国石化上海石油化工有限公司和中国石油大学三家单位组成。李华伟承担的“感音神经性耳聋发病机制及干预措施的基础研究”项目，获“973”计划项目资助，其率领的科研团队主要由复旦大学、上海交通大学、首都医科大学、华中科技大学和第四军医大学等五家单位组成。沈健领衔的“复杂电子体系的超敏量子调控”项目获“重大科学研究计划”资助，团队成员来自复旦大学、中科院微电子所、中科院物理所和北京师范大学等四家单位。马红承担“植物减数分裂过程中染色体相互作用的分子机理”项目获“重大科学研究计划”资助，科研团队由复旦大学、中科院遗传发育所、中科院植物所、中科院上海生命科学研究院、中国农业大学和西北农林科技大学等六家单位组成。（王永权）

【获国家科技支撑计划项目资助2项】 材料科学系光纤研究中心教授贾波领衔的“基于新型光纤检测技术的安全监测仪器设备开发及应用示范（2011BAF06B00）”项目获国家科技支撑计划研究项目批准立项，总经费3 000万元。生命科学学院教授吴纪华牵头的国家科技支撑计划后世博科技专项课题“河口湿地生态系统碳的保汇与增汇技术研究与示范”（编号：2010BAK69B14）获得立项。

（王永权）

【获国家科技重大专项课题6项】 学校新增国家科技重大专项课题6项，其中4项为“重大新药创制”专项课题（华山医院，张颖。中山医院，钟春玖。生命科学学院，余龙。药学院，鞠佃文），1项为“核心电子器件、高端通用芯片及基础软件产品”专项课题（信息学院，虞志益），1项为“新一代宽带无线移动通信网”专项课题（计算机学院，王新）。（杨　鹏）

【1个国家重点实验室被评估为良好】 应用表面物理国家重点实验室参加科技部组织的2010年度数理和地学领域国家重点实验室评估，被评为良好类实验室。（徐晓创）

【1个教育部重点实验室被评估为优秀，5个教育部重点实验室被评为良好】 在2010年度生命科学领域教育部重点实验室评估中，现代人类学教育部重点实验室被评为优秀类实验室，医学分子病毒学、生物多样性与生态工程、分子医学、癌变与侵袭原理、公共卫生安全等五个教育部重点实验室被评为良好类实验室。

（徐晓创）

【2个上海市科委重点实验室被评估为良好】 在2010年度生命医学领域上海市重点实验室评估中，医学图像处理与计算机辅助手术、周围神经显微外科重点实验室被评为良好类重点实验室。（徐晓创）

【新增3个部委重点实验室】 依托药学院建设的“智能化递药教育部重点实验室”和“全军智能化递药重点实验室”获得批准立项建设。依托附属妇产科医院建设的“女性生殖内分泌相关疾病上海市科委重点实验室”获得批准立项建设。（徐晓创）

【获国家自然科学基金委员会重大研究计划重点项目2项】 物理学系封东来、化学系徐昕分别获得国家自然科学基金委员会重大研究计划重点

项目立项资助。（庄建辉）

【获国家自然科学基金委员会重点项目10项】 数学学院陈恕行，物理学系张远波，高分子科学系丁建东、邵正中，生命科学学院赵世民，生物医学研究院徐彦辉，上海医学院汤其群、孙凤艳，中山医院樊嘉，华山医院胡仁明等分别牵头的10个项目获得国家自然科学基金委员会重点项目资助。（庄建辉）

【获国家杰出青年科学基金项目4项】 数学学院傅吉祥、生命学院王红艳、化学系陆豪杰、华山医院毛颖等4人获得国家杰出青年科学基金项目资助。（庄建辉）

附　录

复旦大学"985工程"科技创新平台一览表

序　号	科技创新平台名称	负责人
1	先进材料科技创新平台	赵东元
2	生物医学科技创新平台	贺　林
3	脑科学研究科技创新平台	马　兰
4	微纳电子科技创新平台	闵　昊
5	数理研究科技创新平台	吴泉水

复旦大学重点实验室一览表

序　号	类　别	实验室名称	学　科	单　位	实验室主任
1	国　家	应用表面物理	物　理	物理学系	蒋最敏
2		专用集成电路与系统	信　息	信息科学与工程学院	曾　璇
3		遗传工程	生　命	生命科学学院	余　龙
4		医学神经生物学	医　学	上海医学院	郑　平
5	教育部	非线性数学模型与方法	数　学	数学科学学院	郭坤宇
6		物质计算科学	交　叉	数理研究科技创新平台	龚新高
7		应用离子束物理	物　理	现代物理研究所	Roger Hutton
8		微纳光子结构	信　息	物理学系	资　剑
9		波散射与遥感信息	信　息	信息科学与工程学院	金亚秋
10		聚合物分子工程	化　学	高分子科学系	丁建东
11		现代人类学	生　命	生命科学学院	金　力
12		生物多样性与生态工程	生　命	生命科学学院	钟　扬
13		医学分子病毒学	医　学	上海医学院	袁正宏
14		分子医学	医　学	上海医学院	汤其群
15		智能化递药	医　学	药学院	陆伟跃
16		公共卫生安全	预防医学	公共卫生学院	姜庆五
17		癌变与侵袭原理	医　学	中山医院	叶胜龙
18		教育部重点实验室(B类)		复旦大学	
19	卫生部	糖复合物	医　学	上海医学院	顾建新
20		抗生素临床药理	医　学	华山医院	张婴元
21		手功能重建	医　学	华山医院	顾玉东
22		医学技术评估	医　学	公共卫生学院	陈　洁
23		医学分子病毒学	医　学	上海医学院	袁正宏
24		听觉医学	医　学	眼耳鼻喉科医院	王正敏
25		近视眼研究	医　学	眼耳鼻喉科医院	褚仁远

续 表

序号	类别	实验室名称	学科	单位	实验室主任
26	卫生部	病毒性心脏病	医学	中山医院	陈瑞珍
27		新生儿疾病	医学	儿科医院	桂永浩
28	上海市	现代应用数学	数学	数学科学学院	吴宗敏
29		分子催化与功能材料	化学	化学系	贺鹤勇
30		智能信息处理	信息	信息科学与工程学院	周傲英
31		周围神经显微外科	医学	华山医院	顾玉东
32		医学图像处理与计算机辅助手术	医学	上海医学院	宋志坚
33		器官移植	医学	中山医院	朱同玉
34		女性生殖内分泌相关疾病	医学	妇产科医院	徐丛剑
35	总后卫生部	全军智能化递药	医学	医学院	陆伟跃

注：医学分子病毒学同时为教育部和卫生部重点实验室。

教育部工程研究中心一览表

序号	研究机构名称	现任负责人	依托院系
1	先进涂料教育部工程研究中心	武利民	材料科学系
2	网络信息安全审计与监控教育部工程研究中心	张世永	信息科学与工程学院
3	先进仪器制造教育部工程研究中心	孔继烈	化学系
4	先进照明技术教育部工程研究中心	刘木清	信息科学与工程学院

复旦大学理工科、医科研究所一览表

序号	研究机构名称	依托院系	负责人	成立年份	批准部门
1	上海市心血管病研究所	中山医院	陈灏珠	1958	上海市卫生局
2	数学研究所	数学科学学院	洪家兴	1960	教育部
3	遗传学研究所	生命科学学院	毛裕民	1961	教育部
4	电光源研究所	光源与照明工程系	刘木清	1978	教育部
5	皮肤病研究所	华山医院	廖康煌	1978	卫生部
6	神经病学研究所	华山医院	吕传真	1978	卫生部
7	耳鼻喉科研究所	眼耳鼻喉科医院	王正敏	1978	卫生部
8	眼科研究所	眼耳鼻喉科医院	褚仁远	1978	卫生部
9	核医学研究所	中山医院	陈绍亮	1978	卫生部
10	现代物理研究所	现代物理研究所	邹亚明	1978	教育部
11	儿科研究所	儿科医院	桂永浩	1979	卫生部
12	妇产科研究所	妇产科医院	李大金	1979	卫生部
13	药学研究所	药学院	吴满平	1979	复旦大学
14	基础医学研究所	上海医学院	郭慕依	1979	卫生部
15	预防医学研究所	公共卫生学院	姜庆五	1981	卫生部
16	材料科学研究所	材料科学系	宗祥福	1982	上海市科学技术委员会
17	上海市数量经济与运筹学研究所	管理学院	郑绍濂	1983	上海市科学技术委员会

续 表

序 号	研究机构名称	依托院系	负责人	成立年份	批准部门
18	应用化学研究所	化学系	范康年	1983	上海市科学技术委员会
19	劳动保护用品研究所	公共卫生学院	杨　磊	1984	卫生部
20	中西医结合研究所	华山医院	王文健	1984	卫生部
21	计算机科学研究所	信息科学与工程学院	施伯乐	1984	教育部
22	微电子学研究所	信息科学与工程学院	汤庭鳌	1984	上海市科学技术委员会
23	抗生素研究所	华山医院	张婴元	1985	卫生部
24	肿瘤研究所	肿瘤医院	蒋国梁	1985	卫生部
25	生物医学工程研究所	信息科学与工程学院	方祖祥	1986	上海市科学技术委员会
26	肝癌研究所	中山医院	汤钊猷	1988	卫生部
27	激光化学研究所	化学系	秦启宗	1991	复旦大学
28	高分子科学研究所	高分子科学系	杨玉良	1993	复旦大学
29	上海市手外科研究所 (复旦大学手外科研究所)	华山医院	顾玉东	1993	上海市卫生局
30	上海市中西医结合康复医学研究所	中山医院	石凤英	1994	上海市卫生局
31	并行处理研究所	信息科学与工程学院	朱传琪	1995	复旦大学
32	泌尿外科研究所	华山医院	张元芳	1996	复旦大学
33	呼吸病研究所	中山医院	何礼贤	1997	复旦大学
34	中法应用数学研究所	数学科学学院	李大潜	1998	科技部
35	金融数学研究所	数学科学学院	雍炯敏	1998	复旦大学
36	血管外科研究所	中山医院	王玉琦	1999	复旦大学
37	发育生物学研究所	生命科学学院	许　田	2000	复旦大学
38	上海市听觉医学研究所	眼耳鼻喉科医院	王正敏	2000	上海市卫生局
39	神经生物学研究所	神经生物研究所	杨雄里	2000	复旦大学
40	放射医学研究所	放射医学研究所	周志俊	2000	复旦大学
41	力学与工程仿真研究所	力学与工程科学系	张　文	2001	复旦大学
42	生物力学研究所	力学与工程科学系	柳兆荣	2001	复旦大学
43	生物多样性科学研究所	生命科学学院	陈家宽	2001	复旦大学
44	上海市影像医学研究所	中山医院	周康荣	2001	上海市卫生局
45	器官移植研究所	华山医院	郑树森	2002	复旦大学
46	超声医学与工程研究所	中山医院	徐智章	2002	复旦大学
47	内分泌与糖尿病研究所	华山医院	胡仁明	2003	复旦大学
48	精细化学三爱思研发基地	化学系	周亚明	2003	复旦大学
49	肾脏病研究所	华山医院	林善炎	2004	复旦大学
50	病原微生物研究所	上海医学院	闻玉梅	2004	复旦大学
51	免疫生物学研究所	上海医学院	熊思东	2005	复旦大学
52	复旦大学医院管理研究所	公共卫生学院	高解春	2006	复旦大学
53	上海物流发展研究院	管理学院	朱道立	2006	复旦大学
54	复旦大学长江河口湿地生态系统野外站	生命科学学院	李　博	2006	复旦大学
55	复旦大学普通外科研究所	中山医院	秦新裕	2008	复旦大学
56	复旦大学内镜诊疗研究所	中山医院	姚礼庆	2008	复旦大学

续 表

序 号	研究机构名称	依托院系	负责人	成立年份	批准部门
57	复旦大学新能源研究院	先进材料实验室	赵东元	2008	复旦大学
58	复旦大学植物科学研究所	生命科学学院	马 红	2008	复旦大学
59	复旦大学生物统计学研究所	生命科学学院	罗泽伟	2009	复旦大学
60	复旦大学消化病研究所	华山医院	刘 杰	2010	复旦大学

复旦大学理工科、医科研究中心一览表

序 号	研究机构名称	依托院系	成立年份	批准部门
1	分析测试中心	分析测试中心	1979	上海市科学技术委员会
2	上海应用数学咨询开发中心	数学科学学院	1983	上海市科学技术委员会
3	WHO职业卫生合作中心(上海)	公共卫生学院	1984	世界卫生组织(WHO)
4	热带病学研究中心	公共卫生学院	1986	卫生部
5	上海市心脏瓣膜研究中心	中山医院	1987	原上海市高等教育局
6	肾脏与高血压研究中心	上海医学院	1988	复旦大学
7	国家微电子材料与元器件微分析中心	材料科学系	1991	原国家计划经济委员会
8	计算机辅助设计中心	信息科学与工程学院	1991	复旦大学
9	临床疼痛研究中心	上海医学院	1992	复旦大学
10	医学技术评估中心	公共卫生学院	1993	卫生部
11	遗传及医学科学研究中心	生命科学学院	1994	复旦大学
12	非线性科学中心	数学研究所	1994	复旦大学
13	网络与信息工程中心	信息科学与工程学院	1994	复旦大学
14	营养食品研究中心	公共卫生学院	1995	卫生部
15	糖尿病防治研究中心	华山医院	1995	复旦大学
16	上海应用物理研究中心	信息科学与工程学院	1995	上海市科学技术委员会
17	波散射与遥感中心	信息科学与工程学院	1995	复旦大学
18	上硫复旦有机催化工程研究中心	化学系	1996	复旦大学
19	环境科学研究中心	环境科学与工程系	1996	复旦大学
20	上海东方计算机网络认证中心	信息科学与工程学院	1996	原国家计划经济委员会
21	上海(国际)数据库研究中心	信息科学与工程学院	1996	上海市科学技术委员会
22	基因研究中心	上海医学院	1996	复旦大学
23	食品毒理与保健食品功能控制中心	公共卫生学院	1997	卫生部
24	复旦永宁药物化学研究中心	化学系	1997	复旦大学
25	脑科学研究中心	生命科学学院	1997	复旦大学
26	国家高性能计算中心(上海)	信息科学与工程学院	1998	科技部
27	纳米技术发展中心	材料科学系	2000	复旦大学
28	医用高分子材料与器件研究开发中心	高分子科学系	2000	复旦大学
29	电子商务研究中心	管理学院	2000	复旦大学
30	国家抗感染药物临床试验研究中心	华山医院	2000	科技部
31	上海焦化复旦催化研究中心	化学系	2000	复旦大学
32	基因多样性与设计农业研究中心	生命科学学院	2000	复旦大学

续 表

序 号	研究机构名称	依托院系	成立年份	批准部门
33	天然药物研究中心	生命科学学院	2000	复旦大学
34	植物基因芯片研究开发中心	生命科学学院	2000	复旦大学
35	理论物理研究中心	物理学系	2000	复旦大学
36	同步辐射研究中心	物理学系	2000	复旦大学
37	数字技术中心	信息科学与工程学院	2000	复旦大学
38	微电子联合集成电路工程中心	信息科学与工程学院	2000	复旦大学
39	数字医学研究中心	上海医学院	2000	复旦大学
40	国家心脑血管新药临床实验研究中心	中山医院	2000	科技部
41	上海市临床营养研究中心	中山医院	2000	上海市科学技术委员会
42	先进涂料教育部工程研究中心	材料科学系	2001	教育部
43	复旦科恒发光材料研究中心	化学系	2001	复旦大学
44	复旦天臣创新技术研发中心	化学系	2001	复旦大学
45	城市生态规划与设计研究中心	环境科学与工程系	2001	复旦大学
46	自由基调控与应用研究中心	上海医学院	2001	复旦大学
47	复旦大学-上海复康靶向药物研究中心	药学院	2001	复旦大学
48	内窥镜诊疗研究中心	中山医院	2001	复旦大学
49	器官移植中心	中山医院	2001	复旦大学
50	卫生发展战略研究中心	公共卫生学院	2002	复旦大学
51	药物经济学研究与评估中心	公共卫生学院	2002	复旦大学
52	中美联合临床分子医学研究中心	公共卫生学院	2002	复旦大学
53	复旦-华谊创新材料研发中心	化学系	2002	复旦大学
54	复旦-交大-诺丁汉植物生物技术研发中心	生命科学学院	2002	复旦大学
55	复旦-曼彻斯特生物信息中心	生命科学学院	2002	复旦大学
56	理论生命科学研究中心	物理学系	2002	复旦大学
57	干细胞和组织工程研究中心	上海医学院	2002	复旦大学
58	光纤研究中心	材料科学系	2003	复旦大学
59	复旦豹王电化学能源研究中心	化学系	2003	复旦大学
60	复旦-圣比和新电源技术研发中心	化学系	2003	复旦大学
61	专用材料与技术中心	科技处	2003	复旦大学
62	药理研究中心	上海医学院	2003	复旦大学
63	复旦-Novellus互连研究中心	微电子研究院	2003	复旦大学
64	复旦大学-IBM工程技术联合研究中心	信息科学与工程学院	2003	复旦大学
65	循症医学中心	中山医院	2003	复旦大学
66	数字多媒体无线通信技术研究中心	信息科学与工程学院	2004	复旦大学
67	病毒性肝炎研究中心	上海医学院	2004	复旦大学
68	儿童肝病中心	儿科医院	2005	复旦大学
69	脑血管病诊治中心	华山医院	2005	复旦大学
70	上照-复旦光源与照明研究中心	光源与照明工程系	2005	复旦大学
71	半导体照明研究中心	材料科学系	2005	复旦大学

续　表

序　号	研究机构名称	依托院系	成立年份	批准部门
72	神经康复中心	华山医院	2005	复旦大学
73	风湿、免疫、过敏性疾病研究中心	华山医院	2005	复旦大学
74	复旦-来德照明工程技术研究中心	光源与照明工程系	2005	复旦大学
75	大肠癌诊治中心	肿瘤医院	2005	复旦大学
76	复旦大学进化生物学研究中心	生命科学学院	2006	复旦大学
77	复旦大学神经肿瘤中心	华山医院	2006	复旦大学
78	复旦大学产瘫诊治中心	华山医院	2006	复旦大学
79	复旦大学-英特尔联合创新中心	软件学院	2006	复旦大学
80	复旦大学-江苏柏鹤联合涂料技术中心	材料科学系	2006	复旦大学
81	复旦大学睡眠障碍诊治中心	华山医院	2006	复旦大学
82	复旦-大恒-金马特种电源研发中心	化学系	2006	复旦大学
83	复旦大学-桐乡动力电池研发中心	化学系	2007	复旦大学
84	复旦-新华扬酶制剂研究中心	生命科学学院	2007	复旦大学
85	复旦-久岳合作研究中心	化学系	2007	复旦大学
86	复旦-依拉斯姆斯研究中心	中山医院	2007	复旦大学
87	复旦-九洲光纤技术研发中心	材料科学系	2007	复旦大学
88	复旦大学鼻咽癌诊治中心	肿瘤医院	2007	复旦大学
89	复旦大学高速移动计算平台研究中心	软件学院	2007	复旦大学
90	复旦-天檵生物环保新能源联合研发中心	生命科学学院	2007	复旦大学
91	复旦大学血液病中心	第五人民医院	2007	复旦大学
92	复旦-杭房数字房产联合研究中心	信息科学与工程学院	2007	复旦大学
93	复旦-理朗照明电气研究中心	光源与照明系	2007	复旦大学
94	复旦大学分子影像研究中心	上海医学院	2008	复旦大学
95		生物医学研究院	2008	复旦大学
96	复旦大学半导体存储技术及应用研究中心	微电子研究院	2008	复旦大学
97	复旦-派力迪污染控制工程研究中心	环境科学与工程系	2008	复旦大学
98	复旦-剑腾平板显示器材料研究中心	先进材料实验室	2008	复旦大学
99	复旦大学网格技术研究中心	计算机科学技术学院	2008	复旦大学
100	复旦大学疝病中心	华山医院	2008	复旦大学
101	复旦大学计算科学与工程研究中心	数理平台	2009	复旦大学
102	复旦大学计算系统生物学中心	数理平台	2009	复旦大学
103	兴燃-复旦硅薄膜太阳能电池研究中心	先进材料实验室	2009	复旦大学
104	复旦-福莱姆高性能涂料研发中心	高分子系	2009	复旦大学
105	张江-复旦新药研发联合公共服务平台	药学院	2009	复旦大学
106	复旦大学儿童发育与疾病转化医学研究中心	儿科医院	2009	复旦大学
107	复旦-文安德遗传流行病学研究中心	生命科学学院	2009	复旦大学
108	复旦-安捷利全印刷电子研发中心	材料科学系	2010	复旦大学
109	复旦-文创太阳能光伏应用技术研究中心	信息科学与工程学院	2010	复旦大学

续 表

序 号	研究机构名称	依托院系	成立年份	批准部门
110	复旦大学流域污染控制研究中心	环境科学与工程系	2010	复旦大学
111	复旦大学场论及粒子理论中心	物理系	2010	复旦大学
112	复旦-盐城环保与信息化研发中心	计算机科学技术学院、环境科学与工程系	2010	复旦大学
113	复旦大学生物治疗研究中心	上海医学院	2010	复旦大学

复旦大学联合实验室一览表

序 号	研究机构名称	依托院系	成立时间	批准部门
1	李政道物理学综合实验室	物理学系	1994	复旦大学
2	金融工程实验室	管理学院	1996	复旦大学
3	上海东方计算机网络测试实验室	信息科学与工程学院	1996	原国家计划经济委员会
4	复旦-家化皮肤生理毒理联合实验室	公共卫生学院	1998	复旦大学
5	复旦-通能太平精算实验室	数学系	1999	复旦大学
6	上海复旦生物工程公司-复旦大学联合实验室	生命科学学院	2001	复旦大学
7	精细化学三爱思研发基地	化学系	2003	复旦大学
8	复旦-得易-IBM 协同商务联合实验室	信息科学与工程学院	2003	复旦大学
9	生物安全三级防护实验室	上海医学院	2003	复旦大学
10	上海 EBIT 实验室	现代物理所	2004	复旦大学
11	复旦-光朗信联合实验室	材料系	2005	复旦大学
12	上照-复旦光源与照明研究中心	电光源系	2005	复旦大学
13	中意联合研究实验室	物理学系	2005	复旦大学
14	复旦-日立创新软件技术联合实验室	信息科学与工程学院	2005	复旦大学
15	复旦大学分析测试中心-美国瓦里安技术中国有限公司合作应用实验室	分析测试中心	2006	复旦大学
16	复旦-华夏信息技术联合实验室	计算机系	2006	复旦大学
17	复旦-天普联合实验室	生命科学学院	2006	复旦大学
18	复旦-华药药物合成化学联合实验室	化学系	2007	复旦大学
19	复旦-浙江天宇药业联合开发实验室	化学系	2007	复旦大学
20	新型分子筛吸附材料联合实验室	化学系	2007	复旦大学
21	复旦-恒德柔性显示技术联合实验室	材料科学系	2008	复旦大学
22	复旦大学-西藏民族学院高原医学与基因地理学联合研究基地	生命科学学院	2010	复旦大学

2010 年新增重要理工科、医科科研项目一览表

一、"973"和重大科学研究计划项目(4 项)

序 号	项 目 名 称	首席科学家	所在领域
1	高性能碳纤维相关重大问题的基础研究	杨玉良	材 料
2	感音神经性耳聋发病机制及干预措施的基础研究	李华伟	人口与健康
3	复杂电子体系的超敏量子调控	沈 健	量子调控
4	植物减数分裂过程中染色体相互作用的分子机理	马 红	发育与生殖

二、"973计划"及重大科学研究计划课题(27项)

序 号	课 题 名 称	课题负责人	所在领域
1	作物多样性种植的种质资源筛选和组配原理	卢宝荣	农 业
2	低功耗互连基础问题	刘 冉	信 息
3	电磁辐射对中枢神经系统的损伤效应及其机理研究	梅岩艾	人口与健康
4	空气颗粒物与心肺疾病的流行病学研究	阚海东	人口与健康
5	血管重塑与动脉粥样硬化发生发展的分子机制	葛均波	人口与健康
6	我国常见耳聋相关基因致聋机制的研究	王 磊	人口与健康
7	激活耳蜗毛细胞再生的研究	李华伟	人口与健康
8	耦合相分离的纺丝流变学	杨玉良	材 料
9	氧化碳化过程中的基础科学问题-耦合各种化学反应的纤维拉伸流变学	邱 枫	材 料
10	碳纤维的断裂物理	叶明新	材 料
11	溶液中晶体表面催化反应的理论和计算模拟	刘智攀	重要科学前沿
12	基于BMP信号转导网络的脂肪细胞生长与分化机制及其在代谢生理活动与病理过程中的功能研究	汤其群	蛋白质研究
13	免疫应答过程相关蛋白质功能的光学分子成像研究	魏勋斌	蛋白质研究
14	肝癌发生与转移复发的蛋白质糖基化修饰及其调节机制研究	刘银坤	蛋白质研究
15	结肠癌及其相关成纤维细胞的分泌蛋白质组与肿瘤发展的相关性研究	施 前	蛋白质研究
16	复杂电子体系维度、构型的控制及其超敏量子调控效应研究	沈 健	量子调控
17	复杂电子体系中的序竞争及其诱导的独特现象研究	张远波	量子调控
18	光子晶体能带调控及新效应研究	刘晓晗	量子调控
19	平面和三维量子点晶体的光电特性调控	蒋最敏	量子调控
20	光子-电子复合受限小量子体系中光电耦合的宏观量子现象及其调控	陈张海	量子调控
21	大分子及粒子自组装纳米超分子材料研究	江 明	纳米研究
22	针对可编织光伏电池的光敏及载流子传输材料的设计合成和性质研究	王忠胜	纳米研究
23	纳米电极材料失效机理与安全性能	夏永姚	纳米研究
24	肾脏发育过程中后肾间充质和输尿管芽相互作用主控基因的调控研究	郝传名	发育与生殖
25	卵巢冷冻保存：低温生物学技术优化与生物功能维持	王 翔	发育与生殖
26	同源染色体相互作用的调控网络	马 红	发育与生殖
27	干细胞编程与重编程中非编码RNA及其结合蛋白的功能和结构基础	麻锦彪	发育与生殖

三、科技支撑计划课题(2项)

序 号	课 题 名 称	负责人	所在院系
1	河口湿地生态系统碳的保汇与增汇技术研究与示范	吴纪华	生命学院
2	基于新型光纤纤维检测技术的广域监测仪器设备及其应用示范	贾 波	材料系

四、国家科技重大专项立项课题(6项)

序 号	专项类别	课 题 名 称	负责人	所在院系
1	新药创制	新型抗结核药物PDTC治疗耐多药结合的临床前研究	张 颖	华山医院
2	新药创制	耐药性病原菌感染新药临床前研究	余 龙	生命学院
3	新药创制	I.1类化学类新药吡咯喹啉醌三锂防治阿尔茨海默病的临床前研究	钟春玖	中山医院

续 表

序 号	专项类别	课 题 名 称	负责人	所在院系
4	新药创制	肿瘤单抗 TNT－IL2 融合蛋白的临床前研究	鞠佃文	药学院
5	核高基	寄存器堆设计技术研究	虞志益	信息学院
6	移动通信	面向 IMT-Advanced 协作中继的网络编码技术	王 新	计算机学院

五、重大重点项目

国家自然科学基金委员会重点项目

序 号	姓 名	所 属 院 系
1	陈恕行	数学科学学院
2	张远波	物理学系
3	丁建东	高分子科学系
4	邵正中	高分子科学系
5	徐彦辉	生物医学研究院
6	赵世民	生命科学学院
7	汤其群	上海医学院
8	胡仁明	华山医院
9	孙凤艳	上海医学院
10	樊 嘉	中山医院

国家自然科学基金委员会重大研究计划重点项目

序 号	姓 名	所 属 院 系
1	封东来	物理学系
2	徐 昕	化学系

上海市科学技术委员会基础研究重大项目

序 号	姓 名	所 属 院 系
1	杜 祥	肿瘤医院

上海市科学技术委员会基础研究重点项目

序 号	姓 名	所 属 院 系
1	李 博	生命科学学院
2	王学路	生命科学学院
3	徐 薇	上海医学院
4	汤其群	上海医学院
5	储以微	上海医学院
6	王小宁	生命科学学院
7	王红艳	生命科学学院
8	熊思东	上海医学院
9	夏永姚	化学系
10	陈建民	环境系

续　表

序　号	姓　名	所属院系
11	陈　焱	物理系
12	乔明华	生命科学学院
13	武利民	材料系
14	杨　新	环境系
15	吴文育	华山医院
16	周良辅	华山医院
17	胡　锦	华山医院
18	董　强	华山医院
19	迟放鲁	眼耳鼻喉科医院
20	余优成	中山医院
21	葛均波	中山医院
22	汪　昕	中山医院
23	丁小强	中山医院
24	叶定伟	肿瘤医院
25	周良平	肿瘤医院
26	魏文石	华东医院
27	汪海东	华东医院
28	顾　勇	第五人民医院
29	毛　颖	华山医院
30	许剑民	中山医院
31	倪泉兴	肿瘤医院
32	孙孟红	肿瘤医院

卫生部临床重点学科项目

序　号	姓　名	所属院系
1	樊　嘉	中山医院
2	葛均波	中山医院
3	秦新裕	中山医院
4	符伟国	中山医院
5	顾玉东	华山医院
6	周良辅	华山医院
7	冯晓源	华山医院
8	邵志敏	肿瘤医院
9	杜　祥	肿瘤医院
10	蒋国梁	肿瘤医院
11	王正敏	眼耳鼻喉科医院
12	孙兴怀	眼耳鼻喉科医院
13	肖现民	儿科医院
14	贾　兵	儿科医院

2010年度新增理工科、医科人才项目一览表

所属部委	序号	人才团队类型	姓名	所属院系
教育部	1	创新团队	李华伟	眼耳鼻喉科医院
杰出青年科学基金				
国家自然科学基金委员会	1	国家杰出青年科学基金	傅吉祥	数学学院
	2	国家杰出青年科学基金	王红艳	生命学院
	3	国家杰出青年科学基金	陆豪杰	化学系
	4	国家杰出青年科学基金	毛颖	华山医院
新世纪优秀人才计划				
教育部	1	新世纪优秀人才	肖江	物理系
	2	新世纪优秀人才	向红军	数理平台
	3	新世纪优秀人才	他得安	信息学院
	4	新世纪优秀人才	陈祥锋	管理学院
	5	新世纪优秀人才	张亚红	化学系
	6	新世纪优秀人才	梅永丰	材料系
	7	新世纪优秀人才	郑耿锋	先进材料实验室
	8	新世纪优秀人才	隋国栋	环境系
	9	新世纪优秀人才	傅萃长	生命学院
	10	新世纪优秀人才	徐彦辉	生物医学研究院
	11	新世纪优秀人才	蒋晨	药学院
	12	新世纪优秀人才	赵曜	华山医院
	13	新世纪优秀人才	范剑勇	经济学院
	14	新世纪优秀人才	陈诗一	经济学院
	15	新世纪优秀人才	张伟然	历史地理研究所
	16	新世纪优秀人才	沈园	外文学院
	17	新世纪优秀人才	孙向晨	哲学学院
	18	新世纪优秀人才	吴心伯	国务学院
	19	新世纪优秀人才	敬乂嘉	国务学院
优秀学科带头人计划				
上海市科学技术委员会	1	优秀学科带头人	封东来	物理系
	2	优秀学科带头人	贺鹤勇	化学系
	3	优秀学科带头人	黄志力	上海医学院
	4	优秀学科带头人	汪长春	高分子系
	5	优秀学科带头人	汪源源	信息学院
	6	优秀学科带头人	陈道峰	药学院
	7	优秀学科带头人	刘宝红	化学系
	8	优秀学科带头人	徐虹	儿科医院
	9	优秀学科带头人	刘杰	华山医院
	10	优秀学科带头人	张文宏	华山医院
	11	优秀学科带头人	王德辉	眼耳鼻喉科医院
	12	优秀学科带头人	徐建江	眼耳鼻喉科医院

续 表

所属部委	序 号	人才团队类型	姓 名	所 属 院 系
上海市科学技术委员会	13	优秀学科带头人	周 俭	中山医院
	14	优秀学科带头人	杜 祥	肿瘤医院
		浦 江 人 才 计 划		
	1	浦江人才	张 锋	生命学院
	2	浦江人才	刁建波	生物医学研究院
	3	浦江人才	赵冰樵	上海医学院
	4	浦江人才	于文强	生物医学研究院
	5	浦江人才	禹永春	神经所
	6	浦江人才	俞洪波	生命学院
	7	浦江人才	郑立荣	信息学院
	8	浦江人才	郑耿锋	先进材料实验室
	9	浦江人才	向红军	物理系
	10	浦江人才	侯军利	化学系
	11	浦江人才	张文献	信息学院
	12	浦江人才	肖艳红	物理系
	13	浦江人才	赵凯锋	现物所
	14	浦江人才	杜美蓉	妇产科医院
	15	浦江人才	王 坚	华山医院
	16	浦江人才	黄海辉	华山医院
	17	浦江人才	陈 玲	眼耳鼻喉科医院
	18	浦江人才	过常发	中山医院
	19	浦江人才	李影奕	肿瘤医院
	20	浦江人才	陈 浩	华东医院
	21	浦江人才(D类)	付洪波	环境系
	22	浦江人才(D类)	王俊宇	信息学院
	23	浦江人才(D类)	赵海斌	信息学院
	24	浦江人才(D类)	丁 峰	华山医院
	25	浦江人才(D类)	张正华	华山医院
		青 年 科 技 启 明 星 计 划		
	1	青年科技启明星	雷 震	数学学院
	2	青年科技启明星	陈 敏	材料系
	3	青年科技启明星	颜竹君	材料系
	4	青年科技启明星	涂 涛	化学系
	5	青年科技启明星	周 雁	生命学院
	6	青年科技启明星	温文玉	生物医学研究院
	7	青年科技启明星	沙先谊	药学院
	8	青年科技启明星	马晓静	儿科医院
	9	青年科技启明星	张晓燕	妇产科医院
	10	青年科技启明星	邵凌云	华山医院

续 表

所属部委	序 号	人才团队类型	姓 名	所属院系
上海市科学技术委员会	11	青年科技启明星	倪颖勤	眼耳鼻喉科医院
	12	青年科技启明星	高 强	中山医院
	13	青年科技启明星	蔡国响	肿瘤医院
	14	青年科技启明星(跟踪)	吴晓晖	发育所
	15	青年科技启明星(跟踪)	杨武利	高分子系
	16	青年科技启明星(跟踪)	张亚红	化学系
	17	青年科技启明星(跟踪)	莫晓芬	眼耳鼻喉科医院
	18	青年科技启明星(跟踪)	徐 泱	中山医院
曙光计划				
上海市教育委员会	1	曙光计划	林 伟	数学学院
	2	曙光计划	阚海斌	计算机学院
	3	曙光计划	俞洪波	生命学院
	4	曙光计划	文 波	生物医学研究院
	5	曙光计划	吴 伟	药学院
	6	曙光计划(跟踪)	毛 颖	华山医院
	7	曙光计划(跟踪)	周 俭	中山医院

2010 年度复旦大学科技成果一览表

一、国家科学技术奖(2 项)

序 号	奖 种	等 级	项 目 名 称	主要完成人	主要完成单位
1	自然科学奖	二等	肝癌转移机制的新发现及其意义	钦伦秀、叶青海、汤钊猷、关新元、贾户亮	中山医院
2	科技进步奖	二等	肾阳虚证的神经内分泌学基础与临床应用	沈自尹、王文健、俞瑾、蔡定芳、蔡德培、归绥琪、董竞成、俞建、张新民、黄建华	华山医院

二、高等学校科学研究优秀成果奖(8 项)

序 号	奖 种	等 级	项 目 名 称	主要完成人	主要完成单位
1	自然科学奖	一等	日本血吸虫基因组注释与寄生性适应研究的数据挖掘	周 雁	生命学院
2	自然科学奖	一等	针对脑部重大疾病的新型靶向递药系统研究	蒋新国	药学院
3	科技进步奖	一等	胃肠间质瘤外科及靶向治疗与基因突变的研究	叶定伟	肿瘤医院
4	科技进步奖	一等	细菌对喹诺酮类的质粒介导耐药机制及其耐药性的防治策略	王明贵	华山医院
5	自然科学奖	二等	具有复杂结构聚合物的新合成方法研究	黄骏廉	高分子系
6	自然科学奖	二等	神经甾体调节突触前谷氨酸释放的新作用和新机制研究	郑 平	上海医学院
7	自然科学奖	二等	硫化氢多靶点心血管保护作用的发现	朱依纯	上海医学院
8	科技进步奖(推广类)	二等	缺血性心脏病心肌再生治疗的基础研究和临床应用	葛均波	中山医院

三、上海市科学技术奖(12 项)

序号	奖种	等级	项目名称	主要完成人	主要完成单位
1	自然科学奖	一等	大分子自组装的新路线及其运用	江明、陈道勇、姚萍	高分子系
2	技术发明奖	一等	国产化新型药物支架的研制和应用	葛均波、王吉成、程树军、钱菊英、孙爱军、王军、王克强、刘学波、龚飞荣、张新波、王翔飞、张书宁、邹云增、陈灏珠	中山医院
3	科技进步奖	一等	国人前列腺癌综合治疗策略优化和应用	叶定伟、张海梁、戴波、马春光、林国文、秦晓健、沈益君、朱一平、姚旭东、张世林、朱耀、施国海、肖文军	肿瘤医院
4	科技进步奖	一等	人工耳蜗基础研究、研制和临床应用	王正敏、迟放鲁、李华伟、陈兵、王宇澄、孙增军、范宝华、吉为民、江晔、戴文佳、杜强	五官科医院
5	自然科学奖	二等	针对脑部重大疾病的新型靶向递药系统研究	蒋新国、蒋晨、张奇志、陆伟、黄容琴	药学院
6	技术发明奖	二等	射频识别芯片关键技术研究及产业化	闵昊、朱正、李强、菅洪彦、闫娜、王俊宇、谈熙	信息学院
7	科技进步奖	二等	高耐磨耐蚀三元复合管道的制备技术及工程应用	杨振国、于志强、金忠翎、王宇飞、孙斓珲、梅彤、黄鸽	材料系
8	自然科学奖	三等	准一维(有机)材料的相变、动力学和激发谱研究	吴长勤、安忠、赵晖、邱宇	物理系
9	自然科学奖	三等	应用于疾病诊断的生物化学传感器研究	周嘉、黄宜平、鲍敏杭	微电子
10	自然科学奖	三等	通过选择性调控胚胎基因探索干预心血管疾病的新途径	朱依纯、蔡文杰、姚玲玲、孙英刚、王铭洁	上海医学院
11	自然科学奖	三等	血管内皮生长因子调节神经元功能的研究	孙凤艳、杨善争、邱梅红、王永权	上海医学院
12	科技进步奖	三等	我国农村公共卫生项目成本核算及政府筹资策略	王颖、郝模、崔欣、曾雁冰、王朝昕、李程跃、郭连增	公共卫生学院

四、上海市自然科学牡丹奖

物理系　封东来

中山医院　钦伦秀

五、中华医学科技奖(4 项)

序号	等级	项目名称	主要完成人	主要完成单位
1	二等	前列腺癌雄激素非依赖和转移机制研究及个体化综合治疗	叶定伟、张海梁、戴波、马春光、林国文、秦晓健、沈益君、朱一平、姚旭东、张世林、朱耀、施国海、肖文军	肿瘤医院
2	二等	听觉器官微观结构数字建模与分析及其临床应用	张天宇、王正敏、戴培东、杨琳、倪玉苏、王克强、李树峰、迟放鲁、李华伟、谢友舟、傅窈窈	五官科医院
3	二等	原发性肝癌放射治疗——实验研究与临床实践	曾昭冲、成佳宪、汤钊猷、樊嘉、周俭、王斌梁、何健、王建华、张博恒、杜世锁、纪元、孙菁	中山医院
4	三等	细菌对喹诺酮类的质粒介导耐药机制及其耐药性的防治策略	王明贵、俞云松、沈叙庄、刘健华、熊自忠、徐晓刚、刘雅红、王爱华、沈萍、王明华、曾振灵、胡付品、赵旭、郭庆兰	华山医院

六、第五届上海青年科技英才

序　号	姓　名	单　位
1	孙爱军	中山医院
2	李　翔	信息学院
3	吴晓晖	发育所
4	李富友(提名奖)	化学系

七、海洋创新成果奖(1 项)

序　号	等　级	项　目　名　称	主要完成人	主要完成单位
1	二等	松江鲈鱼苗种模拟生态培育关键技术	王金秋、罗武松、秦志浩、季强、钟江、黄兴华、李宗林、金津、高峰	生命学院

八、第八届上海医学科技奖(9 项)

序　号	等　级	项　目　名　称	主要完成人	主要完成单位
1	一等	内镜黏膜下剥离术和黏膜下挖出术治疗消化道早期癌和黏膜下肿瘤	姚礼庆、周平红、陈世耀、徐美东、陈巍峰、钟芸诗、张轶群、马丽黎、秦文政	中山医院
2	二等	职业性苯中毒发病机制、临床特征研究和诊断标准研制	邹和建、吕玲、万伟国、丁钺、李沅、徐麦玲	华山医院
3	二等	前列腺癌雄激素非依赖和转移机制研究及个体化综合治疗	叶定伟、张海梁、戴波、朱一平、马春光、林国文、姚旭东	肿瘤医院
4	二等	中国艾滋病及其相关疾病的诊疗规范	卢洪洲、郑毓芳、张仁芳、沈银忠、刘莉、王江蓉、江雪艳	公共卫生中心
5	三等	血糖指数与血糖负荷在糖尿病营养治疗和社区健康教育中的应用研究	孙建琴、祝墡珠、陈艳秋、陈倩、宗敏	华东医院
6	三等	脑缺血早期及相关病变的影像学基础与临床研究	姚振威、冯晓源、杨艳梅、童彤、张放	华山医院
7	三等	乳腺癌前哨淋巴结活检术代替常规腋窝清扫术：前哨淋巴结示踪技术及术中病理学检测技术的优化性研究	吴炅、陈嘉健、黄晓燕、杨犇龙、刘哲斌	肿瘤医院
8	三等	类固醇激素合成急性调节蛋白和类胰蛋白酶在动脉粥样硬化发生中的机制研究	殷莲华、宁艳霞、李晓波、陆超、卢虹	上海医学院
9	成果推广奖	骨髓干细胞移植治疗急性心肌梗死/梗死后心衰的研究	葛均波、黄哲勇、张书宁、姚康、张少衡、赵强、邹云增	中山医院

九、中国药学科技奖(1 项)

序　号	等　级	项　目　名　称	主要完成人	主要完成单位
1	二等	凝集素修饰纳米载药系统经鼻给药脑内递药的研究	高小玲、蒋新国、吴红兵、张奇志、陈钧、陈红专、武炳贤、陶炜兴	药学院

十、上海药学科技奖(1 项)

序　号	等　级	项　目　名　称	主要完成人	主要完成单位
1	二等	具有独特心脑血管保护作用的一类新药益母草碱(SCM－198)的临床前研究	朱依谆、刘新华、祈佳、潘礼龙、辛宏、龚其海、魏邦国	药学院

十一、第六届“发明创业奖”

化学系　龙英才

十二、中国药学会-石药集团青年药剂学奖

药学院 吴伟

十三、明治乳业生命科学奖(12 项)

科研教学人员：

1	赵世民	教 授	生物医学研究院	杰出奖
2	王红艳	教 授	生命学院	优秀奖
3	黄晓武	副教授	中山医院	优秀奖
4	徐人尔	教 授	发育所	科学奖
5	吴英勇	副教授	中山医院	科学奖
6	孙爱军	助理研究员	中山医院	科学奖
7	严福华	主任医师	中山医院	科学奖

研究生：

1	朱小东	博士研究生	中山医院	优秀奖
2	郑唯韡	博士研究生	公共卫生学院	科学奖
3	吕亮东	博士研究生	生命学院	科学奖
4	郁颖佳	硕博连读	药学院	科学奖
5	孙海香	博士研究生	中山医院	科学奖

十四、中国高等学校十大科技进展

序 号	项 目 名 称	主 要 完 成 人	主要完成单位
1	代谢乙酰化调控机理的发现	赵世民	生命学院

十五、上海中西医结合科技奖(2 项)

序 号	等 级	项 目 名 称	主 要 完 成 人	主要完成单位
1	三等	中药复方"清活Ⅰ号"治疗糖尿病和糖尿病并发症的临床疗效及血管内皮	高鑫、王明伟、张建中、滕颖、余丹菁、李晓牧、康英秀、许琼、桂明辉	中山医院
2		黄芪、丹参注射液对骨骼肌损伤愈合的促进作用	陈世益、李云霞、陈疾忤、李宏云、曹深诚、董宇、尚西亮、朱文辉、王茂林、张卫忠	华山医院

(科技处供稿)

文 科 科 研

【概况】 2010 年学校文科科研经费平稳增长，全年研究与发展经费 13 541.48 万元，比上年度增长 25.5%。获得国家社科基金项目 39 项，其中重大项目 4 项、重点项目 3 项。教育部人文社会科学规划项目 84 项，其中重大课题攻关项目 1 项，上海市哲学社会科学规划项目 52 项，其中重大项目 1 项。出版著作 406 部，发表论文 3 137 篇，其中在国外学术刊物发表论文 157 篇，提交研究报告 122 篇。获得省部级以上科研成果奖励 104 项，其中 2010 年上海市哲学社会科学研究优秀成果一等奖 14 项，二等奖 27 项，三等奖 50 项，内部探讨奖成果奖 3 项，裘锡圭、章培恒获得学术贡献奖，共 96 项，获奖总数继续保持上海市第一。获得上海市决策咨询优秀成果奖 7 项，安子介国际贸易奖 1 项，有 3 项成果入选国家社会科学基金成果文库。

进一步理清思路，明确发展方向。以总结"十一五"工作为契机，通过积极参与学校的"985"三期规划论证制定，深入思考文科科研管理工作的重新定位，在保持复旦优势的同时，寻找新的发展契机和新的增长点。配合党委对文科的调研，走访全部文科院系和相关研究机构，比较全面地梳理、分析复旦文科的现状、问题和发展对策。

积极接轨教育部的工作，尤其是一些重要的发展战略和思路。通过参加教育部关于哲学社会科学服务社会经济发展的座谈会,介绍复旦大学的经验并得到部领导肯定。承办教育部"高校推进哲学社会科学大众化、普及化工作经验交流会",教育部副部长李卫红和一批高校领导莅会。

组织做好各类评奖申报工作,全年受理各类评奖项目申报总数527项,获得省部级以上奖励104项。

继续完善重大项目申报的组织机制,提升重大项目的申报质量。在总结历年重大项目申报工作经验的基础上,进一步采取召开科研院系领导工作会议、专家座谈会、网上公告通知、直接与专家联系沟通等多种形式,积极组织动员教师参与申报国家社科基金重大项目、教育部重大课题攻关项目等,共组织30多场、近百人次的专家论证会议。共推荐申报国家社科基金重大项目、国家社科基金后期资助项目、教育部哲学人文社科研究重大课题攻关项目、后期资助项目、上海市哲学社会科学规划重大项目60项,有8项被批准立项。

继续发挥社会应用学科学者优势,多途径多方式为政府决策提供智力支持。组织教师申报教育部、国家广电总局、上海市人大等10个部委的14类应用型决策咨询课题50余项,立项15项。杜幼康、楚树龙、徐筱凤、邱琪华、熊易寒、张贵洪、章元等提供的稿件被教育部组织编写《专家建议》采纳,有3项成果(其中1项为合作)入选教育部2010年度优秀咨询报告。有多份研究报告获得有关部门采纳,外交部政策规划司、新华社等部门特来函感谢吴心伯、沈丁立提供的专家咨询意见。其中沈丁立撰写的有关南海问题的研究报告获得中共中央政治局常委李长春、国务委员戴秉国等领导同志批示。

组织做好各类项目管理工作,特别是做好项目结项工作。按照教育部、上海市等上级管理部门的要求,积极做好国家社科项目、教育部社科项目以及上海市社科项目的结项管理工作,加强服务意识,做好各类项目结项受理工作。2010年受理各类项目结项100余项,其中接受办理国家社科项目结项17项,教育部规划项目结项30项,上海市社科规划项目结项23项。中文系陆扬承担的2005年国家社科基金一般项目"文化研究与当代中国日常生活审美化批判"被鉴定为优秀成果。

认真组织做好各类人才项目的申报与管理工作。有7人入选2010年度教育部新世纪优秀人才支持计划。23个项目获得上海市浦江人才计划项目资助,位居上海市高校第一。有6人入选上海市教委曙光学者计划,4人入选上海市教委晨光学者计划,3人入选上海市教委阳光学者计划。组织派遣52人参加上海市组织的哲学社会科学教学科研骨干研修班。组织派遣12人参加教育部高校哲学社会科学教学科研骨干研修班的学习。

服务上海发展,为世博会和"后世博"研究争作贡献。组织开展一批服务于上海和长三角地区的课题,为相关的决策咨询贡献智慧。在文科科研处组织的座谈会上,复旦专家率先提出"后世博"研究,组织举办"世博会与上海发展新机遇"研讨会。落实承办上海市社会科学联合会学术年会中的10场主题专场。文科科研处获得上海市社会科学界联合会颁发的年会优秀组织工作奖。

认真做好"985"创新基地、教育部重点研究基地和上海市创新基地的建设工作。2010年,8个教育部重点研究基地全部通过评估,其中历史地理研究中心、中国社会主义市场经济研究中心两个基地获评优秀基地。

组织和实施人文基金项目暨人文振兴计划,并依托该项目探索高校管理方式的改革,充分发挥专家的作用。进一步探索改进学术评价机制,激发学者们的积极性、创造性。组织专家编制《复旦大学人文学科振兴计划》以及各类有关实施工作文件。组织专家评选出50名复旦大学人文基金青年学者科研激励计划入选者,组织实施"复旦大学人文学科联席会议"以及"海峡两岸及国际交流学术委员会"等相关事务管理工作。

积极为学科发展和重大科研项目的推进搭设平台。与中华书局共同举办点校本"二十四史"校订工作交流会。组织文理医学科交叉学术沙龙,扶持历史人类学学科的生长。举办青年学者沙龙,青年学者与校长杨玉良面对面畅谈大学发展的思路。思想史研究中心和发展与政策研究中心两个青年学者科研交流平台的影响与效益愈益显著。

做好研究机构、刊物和研讨会的申请、管理工作。2010年,全校新批准成立科研机构7个,撤销7个。在2009年机构年度检查的基础上,对机构运行情况进行评价分析,做出情况分析报告。 (杨志刚 肖卫民)

【举办"上发中心——复旦论坛:文化发展专题"第10期研讨会】 该会议于1月15日在文科楼举行,由上海市人民政府发展研究中心与复旦大学联合主办、复旦大学国际关系与公共事务学院承办。会议以"上海文化事业单位体制改革"为主题。来自上海市人民政府发展研究中心、上海市委宣传部、上海大剧院、《解放日报》、上海市虹口区委宣传部以及复旦大学、华东理工大学等单位的专家学者与会,就新时期上海文化事业单位体制改革的诸多问题进行了多学科、多视角、理论与实践相结合的跨界综合思考。 (赵宴群)

【举行"大学发展和建设世界一流大学"青年学者学术沙龙】 5月27日,由文科科研处和发展与政策研究中心主办的题为"大学发展和建设世界一流大学"的青年学者学术沙龙在光华楼举行。校长杨玉良教授、校党委副书记陈立民教授出席沙龙活动,10多名文科院系的青年学者参加座谈。青年学者们结合切身体会,就建设世界一流大学和学校发展的诸多主题与校长进行广泛和开放的互动讨论。

(赵宴群)

【举办"世博会与上海发展新机遇"研讨会】 5月31日,由文科科研处主办的"世博会与上海发展新机遇"学术研讨会暨校庆105周年学术文化周闭幕式在逸夫科技楼举行。校党委书记秦绍德,上海市委副秘书长、市委政策研究室主任王战,副校长蔡达峰,校党委副书记陈立民等出席会议。研讨会以世博会与城市的关系为核心,围绕创造城市发展的软实力和促进发展方式的转型两个主题,多

学科、开放性地探讨后世博阶段上海发展面临的问题与机遇。　（赵宴群）

【3名青年学者入选上海年度(2009)"社科新人"】 6月,由上海东方青年学社发起并组织的上海年度(2009)"社科新人"评选工作完成。经过上海市人文社科相关学科和领域的资深专家推荐、评审,全市共评出9名上海年度(2009)"社科新人"。学校3名青年学者名列其中,分别是哲学学院副教授徐英瑾、经济学院教授陆铭、中文系副教授刘志荣。　（赵宴群）

【举办点校本"二十四史"及《清史稿》修订工程第四次修纂工作会议】 详见"综述"同条,第46页。

【召开"高校推进哲学社会科学大众化、普及化工作经验交流会"】 该会议于10月20日在复旦大学召开,由教育部社会科学司主办,复旦大学承办。教育部副部长李卫红出席会议并讲话。复旦大学、中国人民大学、上海市教育委员会、中国政法大学、北京外国语大学、中国传媒大学、武汉大学、同济大学、北京大学等单位先后进行交流发言。复旦大学当代国外马克思主义研究中心副主任汪行福作为专家在交流会上发言。党委书记秦绍德、副书记陈立民和有关部处、院系的同志出席会议,来自全国近30所高校的70多人参加会议。　（赵宴群）

【举办"长三角地区一体化过程中的政府创新与区域治理"学术研讨会】

该会议于11月20日在复旦大学举行,由复旦大学长三角研究院、江苏省政治学会、浙江省政治学会、上海市政治学会共同主办。上海市政治学会会长桑玉成、江苏省行政学会会长汪锡奎、浙江省政治学会会长蓝蔚青出席会议,来自两省一市的各政治学会,复旦大学、上海财经大学、浙江大学等高校和科研院所的30余名学者参会。与会学者围绕区域公共服务均等化、加强区域公共治理、探索地方政府创新等内容展开热烈讨论,对推动长三角地区发展提出了宝贵的建设性意见。　（赵宴群）

【举办上海市第八届社会科学界联合会主题专场会议】 该会议于11月27日在复旦大学召开,由上海社会科学界联合会与复旦大学联合主办。来自全国各地的近500名学者就哲学社会科学领域的话题开展学术交流。会议共设10个专场会议,包括:"变革时代的联合国与全球治理的新架构"、"第三部门与公共服务、社会创新"、"比较视野下的共产党执政与社会主义现代化"、"中国海外利益研究中心中国海外利益的发展与保护"、"房地产业与和谐社会"、"方法的焦虑:当代中国纪录片的困顿与出路"、"中国信仰·中国经验——构建中国社会的价值共识"、"马克思主义经济学与中国的市场经济建设"、"食品安全战略立法问题研讨会"、"调整中增长还是增长中调整2011年宏观经济政策目标研讨会"。　（赵宴群）

【3项成果入选2010年度《国家哲学社会科学成果文库》】 详见"综述"同条,第47页。

【2份研究报告入选高校哲学社会科学研究优秀咨询报告】 详见"综述"同条,第47页。

附　录

复旦大学国家哲学社会科学创新基地一览表

序　号	名　　称	成 立 时 间	主　任
1	历史地理研究国家哲学社会科学创新基地	2004年11月18日	满志敏
2	美国研究国家哲学社会科学创新基地	2004年11月18日	沈丁立
3	国外马克思主义与国外思潮研究国家哲学社会科学创新基地	2004年11月18日	俞吾金
4	中国经济国际竞争力研究国家哲学社会科学创新基地	2004年11月18日	袁志刚
5	新闻传播与媒介化社会研究国家哲学社会科学创新基地	2004年11月18日	童　兵
6	公共管理与公共政策研究国家哲学社会科学创新基地	2004年11月18日	彭希哲
7	文史研究院国家哲学社会科学创新基地	2004年11月18日	葛兆光

复旦大学教育部人文社会科学重点研究基地一览表

序　号	名　　称	成 立 时 间	主　任
1	复旦大学中国古代文学研究中心	1999年11月	黄　霖
2	复旦大学历史地理研究中心	1999年11月	满志敏
3	复旦大学当代国外马克思主义研究中心	2000年9月	俞吾金
4	复旦大学中国社会主义市场经济研究中心	2000年11月	张　军
5	复旦大学美国研究中心	2000年12月	沈丁立

续 表

序　号	名　　称	成 立 时 间	主　　任
6	复旦大学信息与传播研究中心	2000 年 12 月	黄　旦
7	复旦大学世界经济研究所	2001 年 9 月	华　民
8	复旦大学中外现代化进程研究中心	2004 年 12 月	姜义华

复旦大学上海市社会科学创新研究基地、上海发展战略研究所工作室一览表

序　号	研　究　方　向	成 立 时 间	首席专家/领军人物
1	社会主义核心价值体系	2009 年 10 月	冯　平
2	上海产业结构调整	2009 年 10 月	芮明杰
3	文化繁荣与新媒体发展	2009 年 10 月	赵　凯
4	党的建设理论与实践	2009 年 10 月	林尚立

复旦大学文科研究机构一览表

序　号	研　究　机　构	隶属或挂靠单位
1	古籍整理研究所	/
2	中国学研究中心	/
3	中国语言文学研究所	/
4	出土文献与古文字研究中心	/
5	上海物流研究院	/
6	社会科学高等研究院	/
7	当代中国研究中心	/
8	高等教育研究所	/
9	企业教育研究中心	/
10	儒学文化研究中心	/
11	国际问题研究院	/
12	俄罗斯中亚研究中心	/
13	欧洲问题研究中心	/
14	荷兰研究中心	/
15	日本研究中心	/
16	韩国研究中心	/
17	上海合作组织研究中心	/
18	欧洲问题研究中心政治部	/
19	拉丁美洲研究室	/
20	联合国与国际组织研究中心	/
21	中国外交研究中心	/
22	南亚研究中心	/
23	巴基斯坦研究中心	/
24	服务营销与服务管理研究中心	管理学院
25	产业经济研究所	管理学院
26	经济管理研究所	管理学院

续　表

序　号	研　究　机　构	隶属或挂靠单位
27	国际企业管理研究中心	管理学院
28	金融与资本市场研究中心	管理学院
29	企业人力资源研究所	管理学院
30	东方管理研究中心	管理学院
31	企业发展与管理创新研究中心	管理学院
32	复旦—花旗管理研究中心	管理学院
33	中国市场营销研究中心	管理学院
34	住房政策研究中心	管理学院
35	中国政府与政治研究中心	国际关系与公共事务学院
36	城市研究中心	国际关系与公共事务学院
37	选举与人大制度研究中心	国际关系与公共事务学院
38	基层社会与政权建设研究中心	国际关系与公共事务学院
39	青年组织与公民社会研究中心	国际关系与公共事务学院
40	经济政策与企业战略研究中心	国际关系与公共事务学院
41	中国公务员研究中心	国际关系与公共事务学院
42	公共预算与绩效评价中心	国际关系与公共事务学院
43	政治哲学研究中心	国际关系与公共事务学院
44	公司合作治理研究中心	国际关系与公共事务学院
45	国际政治经济学研究中心	国际关系与公共事务学院
46	中国公共政策研究中心	国际关系与公共事务学院
47	加拿大公共政策研究中心★	国际关系与公共事务学院
48	金融研究院	经济学院
49	企业研究所	经济学院
50	老年经济学研究所	经济学院
51	沪港发展联合研究所	经济学院
52	复旦保险研究中心	经济学院
53	房地产经济研究中心	经济学院
54	就业与社会保障研究中心	经济学院
55	中国风险投资研究中心	经济学院
56	环境经济研究中心	经济学院
57	新政治经济学研究中心	经济学院
58	复旦大学——全国市长培训中心城市经济研究所	经济学院
59	公共经济研究中心	经济学院
60	泛海书院	经济学院
61	中国反洗钱研究中心	经济学院
62	华商研究中心	经济学院
63	国际贸易研究中心	经济学院
64	国际金融研究中心	经济学院
65	产业发展研究中心	经济学院

续　表

序　号	研　究　机　构	隶属或挂靠单位
66	博弈论与数量经济研究中心	经济学院
67	证券研究所	经济学院
68	能源经济与战略研究中心	经济学院
69	论坛发展研究中心	经济学院
70	经济思想与经济史研究中心	经济学院
71	产业与区域经济研究中心★	经济学院
72	复旦大学——杜伦大学联合金融研究中心★	经济学院
73	上海研究中心	历史学系
74	埃及研究中心	历史学系
75	古代文明研究中心	历史学系
76	中国金融史研究中心	历史学系
77	公众史学研究中心	历史学系
78	当代社会与文化研究中心	历史学系
79	亚洲研究中心	历史学系
80	多媒体研究中心	历史学系
81	复旦—密西根大学社会性别研究所	历史学系
82	口述历史研究中心	历史学系
83	近代中国人物与档案文献研究中心★	历史学系
84	城市公共安全研究中心	社会发展与公共政策学院
85	浦东—复旦社会发展研究中心	社会发展与公共政策学院
86	妇女研究中心	社会发展与公共政策学院
87	心理研究中心	社会发展与公共政策学院
88	人权研究中心	社会发展与公共政策学院
89	社会文化人类学研究中心	社会发展与公共政策学院
90	社会发展研究中心	社会发展与公共政策学院
91	城市与区域发展研究中心	社会发展与公共政策学院
92	上海市劳动关系研究中心	社会发展与公共政策学院
93	ICSEAD 复旦联络处	社会发展与公共政策学院
94	上海社会工作研究中心	社会发展与公共政策学院
95	人口研究所	社会发展与公共政策学院
96	复旦—哈佛医学人类学合作研究中心	社会发展与公共政策学院
97	复旦—长三角城市合作研究中心	社会发展与公共政策学院
98	中国乡村发展研究中心	社会发展与公共政策学院
99	外国文学研究所	外国语言与文学学院
100	北欧文学研究所	外国语言与文学学院
101	外国语言研究所	外国语言与文学学院
102	法语语言文化研究(资料)中心	外国语言与文学学院
103	文化遗产研究中心	文物与博物馆学系
104	新闻学研究所	新闻学院

续 表

序 号	研 究 机 构	隶属或挂靠单位
105	视觉文化研究中心	新闻学院
106	国际公共关系研究中心	新闻学院
107	媒介素质研究中心	新闻学院
108	国际出版研究中心	新闻学院
109	新媒体研究中心	新闻学院
110	教育哲学研究中心	哲学学院
111	现代哲学研究所	哲学学院
112	宗教研究所	哲学学院
113	科学技术与社会研究中心	哲学学院
114	应用伦理学研究中心	哲学学院
115	杜威与实用主义研究中心	哲学学院
116	管理哲学研究中心	哲学学院
117	人文精神研究中心	哲学学院
118	徐光启—利玛窦文明对话研究中心	哲学学院
119	文艺学美学研究中心	中国语言文学系
120	世界华人文化研究中心	中国语言文学系
121	中国文人书法暨石鼓文研究中心	中国语言文学系
122	电影艺术研究中心	中国语言文学系
123	言语听觉科学研究中心	中国语言文学系
124	艺术人类学与民间文学研究中心	中国语言文学系
125	中国当代文学创作研究中心	中国语言文学系
126	全球华语信息处理和比较研究中心★	中国语言文学系
127	汉唐文献工作室	中国语言文学系
128	知识产权研究中心	法学院
129	司法与诉讼制度研究中心	法学院
130	医事法研究中心	法学院
131	金融法研究中心	法学院
132	环境能源与能源法研究中心	法学院
133	马克思主义研究院	社会科学基础部
134	城市环境管理研究中心	环境科学与工程系
135	国土资源经济研究中心	环境科学与工程系
136	公共绩效与信息化研究中心	信息科学与工程学院
137	复旦大学—女王大学环境与可持续发展研究中心	生命科学学院
138	古籍保护研究中心	图书馆
139	马克思主义研究中心	宣传部
140	复旦发展研究院	宣传部
141	社会性别与发展研究中心	妇委会
142	通识教育研究中心	复旦学院
143	上海统战理论研究基地	统战部

续 表

序　号	研　究　机　构	隶属或挂靠单位
144	北欧中心	外事处
145	思想史研究中心	文科科研处
146	海关研究中心	文科科研处
147	发展与政策研究中心	文科科研处
148	长三角研究院	文科科研处
149	青年研究中心	学工部
150	学位和研究生教育研究中心	研究生院
151	大学生创业研究中心	产业化与校产管理办公室
152	现代大学战略性人才资源管理研究中心	人事处

注：★为2010年新成立机构。
（说明：机构删除1个，另古籍所、高研院、高教所、国际问题研究院等机构下属挂靠中心前留空格，表挂靠隶属关系）

2010年度复旦大学获教育部"新世纪优秀人才支持计划"项目（文科）一览表

序　号	项目负责人	所 在 单 位	项　目　名　称
1	范剑勇	经济学院	高效城市化与区域经济结构调整研究
2	陈诗一	经济学院	中国经济转型和可持续发展问题研究
3	张伟然	历史地理研究所	长三角地区的佛教地理研究
4	沈　园	外文学院	界面现象与机制实证研究
5	孙向晨	哲学学院	政治与宗教：近代西方政治哲学中的一个基本问题
6	吴心伯	国际关系与公共事务学院	后危机时代中国参与全球治理的外交战略
7	敬乂嘉	国际关系与公共事务学院	政府与社会组织在提供社会服务上的合作

2010年度复旦大学获国家社科基金重大项目、重点项目一览表

序　号	项　目　名　称	项目负责人	所 在 单 位	备　注
1	"十二五"时期八大综合配套改革试验区公共服务体制机制创新研究	竺乾威	国际关系与公共事务学院	重大项目
2	中国人口城市化低碳发展战略研究	王桂新	社会发展与公共政策学院	重大项目
3	20世纪中国人物传记资源整理与数据库建设研究	姜义华	历史学系	重大项目
4	马王堆汉墓简帛字词全编	刘　钊	出土文献与古文字研究中心	重大项目
5	马克思主义的祖国观民族观宗教观与中国统一多民族国家精神的重构	邹诗鹏	哲学学院	重点项目
6	政府主导产业链、供应链和价值链重组以推动产业结构调整优化战略的路径与政策创新研究	芮明杰	管理学院	重点项目
7	上海市档案馆藏近代上海金融变迁档案整理研究	吴景平	历史学系	重点项目

2010年度复旦大学获教育部哲学社会科学研究重大课题攻关项目、重大委托项目一览表

序　号	项　目　名　称	项目负责人	所 在 单 位	备　注
1	网络群体性事件的引导和防控对策研究	翁铁慧	新闻学院	重大攻关项目
2	中国当代文学批评史研究	陈思和	中国语言文学系	重大委托项目

2010 年度复旦大学获上海市哲学社科规划重大课题一览表

1	中华民国外交史新著(上、中、下卷)	石源华	国际问题研究院	重大课题

2010 年复旦大学文科科研获奖一览表

上海市第十届哲学社会科学优秀成果奖(共 78 项)

作　者	成果名称	获奖等级
裘锡圭	文字学概要	学术贡献奖
章培恒	中国文学史新著	学术贡献奖
董少新	形神之间——早期西洋医学入华史稿	著作一等奖
曹　晋	媒介与社会性别研究：理论与实例	著作一等奖
薛求知等	东道国腐败对跨国公司进入模式的影响研究	论文一等奖
桑玉成	论政治发展的规划与预期	论文一等奖
潘忠岐	地缘学的发展与中国的地缘战略——一种分析框架	论文一等奖
陈红敏	中国出口贸易中隐含能变化的影响因素——基于结构分解分析的研究	论文一等奖
高帆等	中国各省份劳动生产率增长的收敛性：1978—2006 年	论文一等奖
陆铭等	分割市场的经济增长——为什么经济开放可能会加剧地方保护?	论文一等奖
陈诗一等	中国地方政府财政支出效率研究：1978—2005	论文一等奖
周葆华	Web2.0 知情与表达：以上海网民为例的研究	论文一等奖
俞吾金	形而上学发展史上的三次翻转——海德格尔形而上学之思的启迪	论文一等奖
王水照	况周颐与王国维：不同的审美范式	论文一等奖
张乃根	西方法哲学史纲(第四版)	著作二等奖
芮明杰等	产业创新战略——基于网络状产业链内知识创新平台的研究	著作二等奖
李　旭	社会系统动力学——政策研究的原理、方法和应用	著作二等奖
王有为	智能化网站	著作二等奖
石源华	韩国独立运动与中国关系论集(上、下卷)	著作二等奖
范剑勇	产业集聚与中国地区差距研究	著作二等奖
王燕等	当代中国都市父母教养现状与反思	著作二等奖
孙向晨	面对他者：莱维纳斯哲学思想研究	著作二等奖
陈　剑	《上博(六)·孔子见季桓子》重编新释	论文二等奖
胡鸿高	论公共利益的法律界定——从要素解释的路径	论文二等奖
李绪红等	基于国际金融中心建设目标的上海金融人力资源评估与总量需求预测	论文二等奖
林尚立	社会主义与国家建设——基于中国的立场和实践	论文二等奖
姜波克等	巴拉萨汇率理论的一个修正	论文二等奖
李维森	语言的经济学与经济学的语言	论文二等奖
张军等	结构改革与中国工业增长	论文二等奖
王燕等	多维度关爱行为对小学生社会化发展影响的父母亲比较研究	论文二等奖
赵德余	土地征用过程中农民、地方政府与国家的关系互动	论文二等奖
邹　怡	产业集聚与城市区位巩固：徽州茶务都会屯溪发展史(1577—1949)	论文二等奖
董少新等	崇祯年间招募葡兵新考	论文二等奖
余源培	立足现时代加强对列宁主义的研究	论文二等奖
吴晓明	作为历史科学方法论的历史唯物主义	论文二等奖
陈居渊	十八世纪汉学的建构与转型	论文二等奖
刘钊等	新甲骨文编	著作三等奖
刘志刚	立宪主义语境下宪法与民法的关系	著作三等奖
苏勇等	中国企业伦理重建——经营绩效与社会责任	著作三等奖
陈其人	李嘉图经济理论研究	著作三等奖
戴星翼等	城市环境管理导论	著作三等奖
王弟海	收入和财富分配不平等：动态视角	著作三等奖
王永钦	大转型——互联的关系型合约理论与中国奇迹	著作三等奖
封　进	健康需求与医疗保障制度建设——对中国农村的研究	著作三等奖
赵德余	主流观念与政策变迁的政治经济学	著作三等奖

张汝伦	二十世纪德国哲学	著作三等奖
莫伟民等	二十世纪法国哲学	著作三等奖
朱立元等	西方美学思想史(上、中、下)	著作三等奖
黄霖等	中国古代小说叙事三维论	著作三等奖
宗廷虎等	20世纪中国修辞学(上、下)	著作三等奖
范龙振等	中国债券市场债券风险溢酬的宏观因素影响分析	论文三等奖
胥正川等	情景和激励对移动商务接受的影响——基于GPS的出租车调度系统案例	论文三等奖
李春成	公共利益的必要性与充分性之争：个案分析	论文三等奖
唐世平	安全困境：一个概念性的分析	论文三等奖
刘春荣	赋权下的自主性——对上海社区治理革新的政治分析	论文三等奖
李瑞昌	统筹治理：国家战略和政府治理形态的契合	论文三等奖
肖佳灵	当代中国外交研究“中国化”：问题与思考	论文三等奖
程大中	中国生产性服务业的水平、结构及影响——基于投入—产出法的国际比较研究	论文三等奖
寇宗来	技术差距、后发陷阱和创新激励——一个纵向差异模型	论文三等奖
章元等	社会网络是否有助于提高农民工的工资水平?	论文三等奖
张宗新	内幕交易行为预测：理论模型与实证分析	论文三等奖
章　清	晚清西学“汇编”与本土回应	论文三等奖
贺平	日本的东亚合作战略评析——区域性公共产品的视角	论文三等奖
周楚等	预警和呈现时间对错误再认和错误回忆的影响	论文三等奖
桂勇等	社区社会资本测量：一项基于经验数据的研究	论文三等奖
王桂新	上海人口规模增长与城市发展持续性	论文三等奖
侯杨方	乾隆时期民数汇报及评估	论文三等奖
刘　震	从百颂体《弥勒授记经》来看中印及周边的文化交流	论文三等奖
孙少晶等	网络依赖研究	论文三等奖
邹诗鹏	马克思对现代性社会的发现、批判与重构	论文三等奖
张庆熊	后现代主义与思想解放	论文三等奖
唐　雯	唐职员令复原与研究——以北宋前期文献中新见佚文为中心	论文三等奖
朱　刚	北宋贤良进卷考论	论文三等奖
陈思和	从“少年情怀”到“中年危机”——20世纪中国文学研究的一个视角	论文三等奖
陈维昭	汉代散乐、百戏与汉代俗乐运动	论文三等奖
徐以骅	宗教影响中国国家完全的路径与范式	内部探讨奖
林尚立等	统一战线与社会治理	内部探讨奖
陈杰等	上海发展公共租赁房的思路与方案设计	内部探讨奖

上海市第八届邓小平理论研究和宣传优秀成果奖(共18项)

作　者	成果名称	获奖等级
洪远朋	通俗《资本论》	著作一等奖
王桂新等	上海老龄化高峰期预测及对策研究	论文一等奖
林尚立	中国共产党与国家建设	著作二等奖
浦兴祖	人大“一院双层”结构的有效拓展——纪念县级以上地方各级人大常委会设立30周年	论文二等奖
姜波克等	人民币均衡汇率理论和政策新框架的再拓展——基于内部均衡和外部均衡的分析	论文二等奖
徐以骅等	试论宗教影响中国国家安全的路径和范式	论文二等奖
彭希哲等	户籍制度改革的政治经济学思考	论文二等奖
徐美君	侦查权的运行与控制	著作三等奖
陈　杰	城市居民住房解决方案：理论与国际经验	著作三等奖
陈其人	卢森堡资本积累理论研究	著作三等奖
俞吾金	科学发展观	著作三等奖
唐亚林	网络政治空间与公民政治参与	论文三等奖
陈诗一	能源消耗、二氧化碳排放与中国工业的可持续发展	论文三等奖
封进等	中国农村医疗保障制度的补偿模式研究	论文三等奖
袁志刚	新的历史起点：中国经济的非均衡表现与走势	论文三等奖
高　帆	体制转型—结构转化：中国经济发展的“异质性”及其引申含义	论文三等奖

罗长远等	劳动收入占比下降的经济学解释：基于中国省级面板数据的分析	论文三等奖
陈学明等	科学发展观与人类存在方式的改变	论文三等奖

第七届上海市决策咨询研究成果奖(共7项)

作 者	成果名称	获奖等级
任 远等	城市户籍改革与建设特大城市人口管理体制的专题研究	论文二等奖
陈 杰等	国际经验与中国住房公积金制度改进	论文三等奖
高 帆等	粮食发展战略研究	论文三等奖
张晖明等	上海产业结构优化升级研究	论文三等奖
吕 军等	上海市残疾人康复服务评价指标体系及应用研究	论文三等奖
苟燕楠等	浦东新区建立完善公共政策体系实证研究	论文三等奖
宁 钟等	长三角区域经济发展与电力需求互动关系研究	论文三等奖

第十六届安子介国际贸易研究奖(共1项)

作 者	成果名称	获奖等级
尹翔硕等	国际贸易摩擦的成因及化解途径	著作三等奖

(文科科研处供稿)

学术刊物

《复旦学报(社会科学版)》

《复旦学报》(社会科学版)是教育部主管、复旦大学主办的综合性学术理论刊物，主要刊载文、史、哲、经、法、政学科论文。主编黄颂杰，编委会主任章培恒。

2010年，该刊编辑出版6期正刊，共发论文98篇，每期印数3 500册。编辑出版增刊1期，为“中国特色社会主义研究”专辑。编辑出版《复旦人文社会科学论丛》(英文刊)4期。

该刊以“坚持学术本位，反映时代精神”为宗旨，坚持创设特色栏目，比如“中国文学演变与实证研究”、“中国史学的发展历程”、“文史研究新视野”、“马克思主义哲学基础理论与前沿问题研究”、“对外开放与金融安全”、“国际问题探索”等。复旦学报的被转载量、被转载率、被引量、被索量、他引量、影响因子、基金论文比等，均在全国综合性人文社会科学期刊和高校文科学报中名列前茅：(1) 按2009年度“人大复印报刊资料”全文转载量(率)的排名，在全国高等学校主办学报中，复旦学报的学术影响力在“全文转载率”中排名第一，在“全文转载量”中排名第二。(2) 在2009年“CSSCI”排名中，复旦学报名列第三名。(3) 根据中南财经政法大学期刊信息检索中心公布的数据，2009年复旦学报被《新华文摘》、《中国社会科学文摘》、《高等学校文科学术文摘》、《人大复印报刊资料》等转载文章共94篇次，在全国综合性大学学报中排第二位。

加大学报内部管理改革力度。继续完善匿名审稿制度，完善栏目主持人制度，严格编辑工作流程，安排编辑人员积极参与有关院系的学术研究活动，申请研究课题，兼任有关课程，参加国内外重要学术交流。

(吕晓刚)

《复旦学报(自然科学版)》

《复旦学报(自然科学版)》是教育部主管、复旦大学主办的自然科学综合性学术刊物。主编杨玉良。该刊为双月刊，每期120页。逢双月的月底出版。

2010年，该刊第49卷共出版6期，总页码784页，刊登学术论文106篇(包括英文论文7篇)、研究简报4篇。有82篇论文受各种项目或基金资助，其中国家自然科学基金资助的论文26篇，国家社会科学基金资助的论文4篇，国家“863”计划资助的论文22篇，“973”计划资助的论文10篇，其他部级相关基金资助的论文6篇，上海市相关基金资助的论文10篇，其他省市基金资助的论文4篇。受重大计划资助的论文比例有所提高，获得“第三届中国高校优秀科技期刊奖”。

(刘东信)

《复旦学报(医学版)》

《复旦学报(医学版)》是教育部主管、复旦大学主办的综合性医药卫生类学术性核心期刊。主编姚泰。双月刊，单月20日出版。

2010年，该刊全部实现投稿及发表前的处理流程无纸化。网址：http: //jms. fudan. edu. cn。2010年第36卷全年出版6期，总页码758页，载文量172篇，约139.47万字。其中，受国家级基金项目资助的34篇，省市级基金项目资助的有36篇，合计基金资助论文70篇，占全年载文量的40.7%。2010年退稿率为35%。

2010年，该刊被教育部评为第3届中国高校精品科技期刊，此评选结果基于693种全国参评期刊。编辑部人员在同年也分别获得第6届“中国科技期刊青年编辑奖——骏马奖”及“上海市期刊协会医学类期刊优秀工作者”称号。

截至2010年底，该刊覆盖国内全部重要期刊及引文数据库，并进入其相关核心库；同时，该刊被7家国外数据库收录，包括美国《乌利希期刊指南》、《生物学文摘（预评）》（*BIOSIS Previews*）、《化学文摘》（CA）、《剑桥科学文摘》（*ProQest CSA*），荷兰Elsevier《斯高帕斯数据库》（*Scopus*），波兰《哥白尼索引》（IC），及WHO《西太平洋地区医学索引》（WPRIM）。

根据中国学术期刊（光盘版）电子杂志社和中国科学文献计量评价研究中心发布的“中国科技期刊影响因子年报（2010版）”，该刊复合影响因子达到0.835，在全国224家综合性医药卫生类期刊中名列前茅，排名第八，超过《北京大学学报（医学版）》及《中华医学杂志》的影响因子及排名。该期刊综合影响因子为0.518，在全国215家综合性医药卫生类期刊中排名第十六。被引半衰期5.9年。

根据“中国知网”《复旦学报（医学版）》发行与传播统计报告，该刊机构用户总计3 080个，分布于14个国家和地区，个人读者分布在19个国家和地区。（张秀峰）

《数学年刊》

《数学年刊》主编李大潜，编委会由32位国内外著名数学家组成。

2010年，该刊出版《数学年刊A辑》（中文版）6期、《数学年刊B辑》（英文版）6期，以及A辑中译英版C辑（英文版）4期（Chinese Journal of Contemporary Mathematics《中国当代数学》，由美国阿伦顿出版公司在美国出版发行）。全年刊登国内外论文139篇，约267万字。来稿数与2009年基本持平，退稿率稳定在80%左右，保证了发表论文的质量。

根据美国科学信息研究所（Institute for Scientific Information, ISI）2009年出版的《期刊引证报告》（*Journal Citation Reports*，JCR），2010年《数学年刊B辑》被引次数335次，影响因子0.356。2009年引用《数学年刊B辑》论文的国内外杂志共160个，其中影响因子最高的杂志是*Chaos Solitons & Fractals*，*Nonlinear Anal-Real World Applications*，*Fuzzy Sets and Systems*，影响因子分别为3.315、2.381和2.138。

5月，该刊网站（http://www.camath.fudan.edu.cn）开通，在线采编系统启用。（蔡志杰）

《复旦教育论坛》

《复旦教育论坛》是由教育部主管、复旦大学主办的高等教育学术期刊，刊物以邓小平理论和“三个代表”重要思想为指导，探索和研究高等教育的理论与实践问题，反映高等教育改革和发展的研究新成果，扶植创新，鼓励争鸣，开阔视野，推动有中国特色的社会主义现代大学制度建设。编委会主任秦绍德，主编蔡达峰，执行副主编熊庆年。

《复旦教育论坛》系中文社会科学引文索引（CSSCI）来源期刊，《中文核心期刊要目总览》2008年版之教育类核心期刊，中国科学评价研究中心2008年《中国学术期刊评价报告——权威期刊和核心期刊排行榜》A级刊物。另外，刊物还被中国期刊网全文数据库、中国核心期刊（遴选）数据库、中文科技期刊数据库、书生数字期刊、龙源期刊网、国研网等收录。2010年度，全年按期出刊6期，共印刷10 600册，自然来稿达到1 300余篇，发表论文114篇，约112万字。设置栏目有评论、专题、专论、新论、方略、域外、医苑，重点涉及《国家中长期教育改革和发展规划纲要》、教育领导学、教育管理学、高等教育质量保障与评价、高校内部治理与现代大学制度建设、大学理念、大学课程与教学、教育改革与发展、医学教育研究等主题。据不完全统计，2010年被《新华文摘》全文转载2篇，被人大复印资料全文转载12篇。在2010年中国学术期刊影响因子年报（人文社会科学）中，我刊2007—2009年复合影响因子为1.249，在教育学学科中排序为25/284。来稿通过网上稿件处理系统（www.fef.fudan.edu.cn）进行匿名评审，严格把握稿件质量关。（赵友良）

《新闻大学》是教育部主管、复旦大学主办的新闻学术刊物，主编黄芝晓。

2010年，经上海新闻出版局审核通过，《新闻大学》杂志为16开156页，季刊。

杂志继续对录用稿件实行专家匿名评审制度，2010年共发稿100篇，其中82篇为自由来稿。全年发行量每期1 000册，全年4 000册，其中全年订户约2 000册，赠送和交换约2 000册。

2010年编辑部围绕“新闻教育向何处去”的命题，探讨新闻传播教育如何培养适合新闻传播实践需要的人才，在当今的新闻传播教育中，师资的结构、来源、实务单位与教学机构的合作，教学体制的突破等问题。（周伟明）

《当代修辞学》

从今年第1期起由《修辞学习》改版而来的《当代修辞学》是复旦大学主办的目前中国唯一的修辞学专业学术期刊，属于CSSCI来源期刊，主编游汝杰。

该刊全年共出版6期，每期订数3 300余册。全年共刊发论文67篇（不含动态信息、书评等）。

2010年是该刊正式改版后的第一年，学术面貌焕然一新。在这一年里，该杂志以国内一流、具有国际影响的语言学期刊作为目标，致力于修辞学理论建设和研究方法创新、修辞现象研究、修辞学与相关学科的交叉研究等，组织、编发了一批高质量的研究性论文，先后有多篇被《人大复印资料·语言文字学》全文或部分转载，稳步提升了期刊的学术品位，树立并巩固了该刊严谨、专业、大气的学术形象。

杂志编辑部先后成功地组织了多次学术会议和交流活动。12月初，参与组织了陈望道诞辰一百二十周年·中国修辞学会成立三十周年学术研讨会。8月和12月，组织了两次作者座谈会。这些会议和座谈以及平时和海内外学者的联系，为促进我国修辞学学术交流和发展、继承和发扬陈望道先生学术思想、推进中文系学科建设等提供了平台。（赵　声）

《世界经济文汇》

《世界经济文汇》是由复旦大学经济学院主办的一本经济学学术杂志，属于CSSCI来源期刊，主编张军。

2010年，该刊继续坚持双向匿名审稿制度，所刊登的文章的学术水平稳步提高，学术规范进一步加强，全年共收到自然来稿690篇，录用并刊登50篇，共发行6期，每期印刷2 000份。

杂志刊登文章的学术水平不断提高，这些研究成果涉及国际经济学、劳动经济学、政治经济学、发展经济学、金融学等多个领域。另外，杂志还专门针对金融危机、贸易失衡、房产价格等社会经济热点问题刊登了具有新意的研究成果。

杂志在经济学界的学术影响日益扩大，国内外读者以及广大经济学研究者对杂志所刊登的文章的评价越来越高。　（章　元）

《研究与发展管理》

《研究与发展管理》是在教育部支持下，由复旦大学管理学院和中国高教学会科技管理研究分会主办。现由复旦大学管理学院院长陆雄文任社长。刊物主要刊登科学技术发展及其应用方面的管理研究论文，是综合性的科技管理学术刊物。

《研究与发展管理》于1989年6月创刊，1992年正式对外发行。是国家自然科学基金委员会管理科学部认定的中国管理科学类重要期刊之一，是《中国科技论文统计源核心期刊》、《中国科学引文数据库来源期刊》、《中国人文社会科学引文数据库》和《中国学术期刊综合评价数据库来源期刊》，被《中文核心期刊要目总览》评定为“管理科学类核心期刊”。是浙江大学、西安交通学、上海交通大学、清华大学、华中科技大学等高校管理学院博士研究生学位答辩认定的A类刊物。

2010年《研究与发展管理》杂志全年共收到稿件900篇，刊登稿件99篇，其中属于国家级基金项目资助的为204篇，其他各类基金项目资助的共计为410篇。　（金　妮）

《中国感染与化疗杂志》

2010年按期完成6期的编辑出版工作，每期印数11 000册，全年总发行量为66 000册。共刊出文章144篇(480页)，约96万字。其中述评1篇，论著75篇，深部真菌感染12篇，临床经验2篇，病例报告6篇，综述与编译12篇，信息交流36篇。2010年至今共收到来稿259篇，已录用123篇，录用率为47%。

其中，受国家级基金项目资助的8篇，省市级基金项目资助的有17篇，合计基金资助论文25篇。

目前杂志已加入的数据库有：荷兰《医学文摘》、《化学文摘》，美国国立医学图书馆核心期刊(遴选)数据库，中国期刊全文数据库，中文科技期刊数据库，中国学术期刊综合评价数据库统计源期刊，《中国药学文摘》。在最新出版的《2010年版中国期刊引证报告(扩刊版)》中，影响因子达2.197，比去年的1.701又有大幅提高，位于临床医学类杂志(107种)第3名。在2010年版《中国期刊高被引指数》中，五年影响因子达1.751，也位于同类杂志第3名。均比去年有明显提高。据最新出版的《中国学术期刊影响因子年报》(自然科学与工程技术2010版)，在学科排名(内科学94种杂志)中，《中国感染与化疗杂志》影响因子(JIF)名列第一，其中复合JIF　2.153，期刊综合JIF 1.855，技术研究类JIF 1.855。　（施耀国　曹忆堇）

《中国眼耳鼻喉科杂志》

《中国眼耳鼻喉科杂志》主编王正敏、王文吉。

《中国眼耳鼻喉科杂志》为双月刊，是由教育部主管、复旦大学附属眼耳鼻喉科医院主办，面向全体眼科、耳鼻喉科的全国性专业学术期刊。

2010年，收稿321篇，刊出235篇，退稿86篇。收稿后180天内刊出占76%。组稿37篇，其中院士笔谈1篇，述评1篇，专家笔谈13篇，中耳炎专栏5篇，教育园地17篇。各类基金资助课题论文23篇，占9.8%。全年出刊6期。

杂志分别于2007年9月和2008年9月加入《中国核心期刊(遴选)数据库》和《中国学术期刊网络出版总库》。　（史　宇）

《微生物与感染》

《微生物与感染》为季刊，主编闻玉梅。

2010年，该刊发表述评3篇、特约专稿4篇、论著20篇、病例分析4篇、综述19篇、讲座1篇、读者·作者·编者1篇，共52篇文章，约50万字。其中各类基金资助课题文章31篇(59.62%)，分别为国家自然科学基金的文章13篇，“十一五”国家科技重大专项、国家“973”和国家“863”项目的文章15篇，教育部长江学者奖励计划1篇，其他项目资助的文章19篇。

在2010年版《中国科技期刊引证报告》(中国科学技术信息研究所)中，该刊2009年的影响因子为0.426，总被引频次为152，均比2008年的该两项0.343和134有所提高。

2010年该杂志被收录为“中国科技论文统计源期刊”(中国科技核心期刊)，并继续为中国期刊全文数据库、中文科技期刊数据库期刊。　（左仁和）

《中国循证儿科杂志》

《中国循证儿科杂志》由教育部主管、复旦大学主办的儿科专业学术技术类期刊，主编桂永浩。

杂志为双月刊，2010年全年共发6期。刊发论著53篇，专家对谈录6篇，焦点评论1篇，海外见闻1篇，讲座6篇，综述7篇，病案报告2篇。2010年平均每期印刷3 500册，全年21 000册。2010年9月16—18日，编辑部参与2010年上海国际心血管疾病研讨会的组织工作。2010年10月21—23日，编辑部参与2010上海国际儿科神经和精神论坛的组织工作。该刊重视网络建设，杂志网站(www. cjebp. net)从建站以来有153 000次的点击率，平均每期文章的全文下载近324余次。该杂志进入中国科技论文统计源期刊(中国科技核心期刊)。

在中国科技技术信息研究所2010年版《中国期刊引证报告》中，总被引频次：184。在妇产科学和儿科学的24种期刊中列第22位，在全部1 946种期刊中列第1 749位。影响因子：0.958。影响因子在妇产科学和儿科学的24种期刊中列第2位，在全部1 946种期刊中列第126位。他引率0.86。基金论文比：0.2。平均引文数：19.08。综合评价总分：42.5，综合评价总分在妇产科学和儿科学的24种期刊中例第8位，在全部1 946种期刊中列第570位。在《中国学术期刊影响因子年报》(自然科学与工程技术·2010版)中，本刊他引影响因子：0.973。影响因子学科排序4/25。 (张崇凡)

《中国临床神经科学》

《中国临床神经科学》是由教育部主管，复旦大学附属华山医院、复旦大学神经病学研究所主办的医药卫生类科技期刊，主编蒋雨平。

《中国临床神经》创刊于1993年，16K，112页。双月刊，彩色铜版纸印刷。全年载文量为150余篇。至2010年已发行18卷。2000年起为中国科技论文统计源期刊、中国学术期刊综合评价数据库等5家期刊数据库收入并评为“中国科技核心期刊”。主要刊登与临床神经病有关的神经科学基础研究、应用基础研究和临床研究的论著，以及对神经疾病的新认识和新治疗及其实验方法与诊断技术、简讯、论著报道，兼登医学动态进展综述等栏目。

2010年度收到各类稿件216篇。刊出141篇(65.28%)，其中论著87篇，论著报道21篇，进展19篇，教育思考分析6篇，疾病的新认识和新治疗6篇，实验方法2篇。全年刊出基金论文40篇(28.37%)，年发行量为20 000册。2009年“中国科技期刊引证报告”本刊影响因子0.406，总被引频次457。编辑部坚持为新疆、云南、广西等西部地区的临床神经科学发展提供支持和服务的办刊方针，2010年先后有多篇该地区的文章在本刊发表。 (蒋雨平)

《中国医学计算机成像杂志》

《中国医学计算机成像杂志》(*Chinese Computed Medical Imaging*)名誉主编陈星荣，主编沈天真。该刊由教育部主管、复旦大学上海医学院和复旦大学附属华山医院主办。编辑部日常工作由复旦大学附属华山医院负责。杂志为中国科技期刊、中国学术期刊(核心期刊)。

2010年，该刊共发表论文94篇，述评1篇，综述11篇，短篇报道5篇，各类消息36条。当年专刊内容为“肺部感染影像学”(Imaging of Pulmonary Infection)。 (李　克)

《中华手外科杂志》

《中华手外科杂志》主编顾玉东，是中华医学会主办的手外科专业学术期刊。杂志已加入中国科学引文数据库(CSCD)、中国学术期刊综合评价数据库、中国期刊全文数据库、中国数字化期刊全文数据库、中文科技期刊数据库。

2010年，该刊共完成6期的编辑和出版工作，每期发行量为3 000册。全年投稿总数506篇，刊登224篇，刊出率为51.4%，其中省、部级以上基金论文35篇，刊出率为19.2%。 (张英娣)

《中国临床医学》

《中国临床医学》杂志系教育部主管、复旦大学附属中山医院主办的临床医学类学术期刊，为中国科技核心期刊、中国科技论文统计源期刊、中国科学引文数据库来源期刊。被中国期刊全文数据(CJFD)、万方数据库数字化期刊全文收录；主编：杨秉辉。

《中国临床医学》杂志为双月刊。2010年共收到来稿1 328篇，全年6期刊登各类稿件336篇。稿件录用率为33.80%。其中刊载各类基金资助论文110篇，占全年总刊登稿件的32.44%，基金稿件发表量比2009年有所提高。刊登文章113篇。编辑出版《健康促进》内部刊物4期。

2010年远程投稿网络系统运行正常，初步确立了作者投稿、专家审稿无纸化平台。 (陶祥元)

《中国癌症杂志》

《中国癌症杂志》主编沈镇宙。该刊是由教育部主管、复旦大学附属肿瘤医院主办的全国性肿瘤学术期刊，发行量5 000册左右。被《中国核心期刊(遴选)数据库》收录为核心期刊；被北京大学图书馆出版的《中文核心期刊》收录为中文核心期刊，被中国科学引文数据库首批选为收录来源期刊；被“中国期刊网”、《中国学术期刊(光盘版)》选为全文收录来源期刊；入选“中国学术期刊综合评价数据来源期刊”；加入国家科技组织实施的“万方数据库——数字化期刊群”全文上网。根据中国知网统计，本刊读者群覆盖了全球二十几个国家和地区，机构用户包括哈佛大学、耶鲁大学、香港大学、新加坡国立大学、清华大学医学院、北大医学院等在内的全球2 783个。

2010年，该杂志发表论文207篇，退稿率72.8%。发表论文中有基金稿77篇，占全年发表论文数的37.2%。影响因子0.953，较上年有较大幅度的提升，在40本肿瘤专业期刊中排第五。 (秦　娟)

产业化与校产管理

【概况】 2010年，产业化与校产管理办公室加强产学研合作与交流，推动科技成果和知识的产业化，继续举办科技成果产业化论坛，完善科技成果产业化信息平台，筹建复旦背景的私募股权投资基金。

不断完善复旦大学科技成果产业化信息平台(http://cy.fudan.edu.cn)。产业化论坛和信息平台强化围绕学校科技成果产业化工作的资源汇集网络,得到投资家、企业家、政府部门负责人和校内专家的关注与支持。学校和国际著名投资基金合作,以复旦科技园为平台筹建私募股权投资基金,促进复旦大学科技成果产业化,促进与复旦相关的创业资源的发展。

积极推动区校产学研合作,与杨浦区相关部门共同设计产业化论坛,推动“千人计划”创业者入驻园区。调研区校合作咨询委员会事宜,并获得2009年度杨浦区科技扶持基金652万元。与徐汇区科学技术委员会共同推动的产学研基地正式立项,徐汇区人民政府给予扶持资金100万元。与嘉定区科学技术委员会联合举办大学生创新创业发展论坛,聚焦嘉定重点发展的产业领域,搭建产学研合作交流平台。

加强青年创新创业工作,孵化科技企业。继续做好上海市大学生科技创业基金复旦分基金会工作,举办第十期、第十一期大学生创业培训,87名有创业意向的大学生参加科技创新政策和创业知识培训,21个学生团队提交创业计划书,13个项目通过评审,新注册创业企业6家。复旦分基金会全年资助的6家企业获政府创新基金立项6项次,共220万元。2家企业获得杨浦区鼎元资金扶持。重点做好符合条件的大学生创业企业退出基金工作:截至2010年底,全额退出基金企业累计22家,全额退出金额265万元。

加强大学科技园区工作,不断丰富“三区联动”理念内涵,积极推动孵化器和科技园发展,复旦科技园区积极实践、不断丰富“三区联动”理念的内涵。2010年,复旦大学国家大学科技园成立十周年,学校技术转移中心、生物技术中心部分入驻园区。复旦科技园有在园企业480家,其中电子信息企业约占60%,学校参股和复旦背景企业约占40%。复旦科技园创新创业基地新入驻企业37家。杨浦创业中心有入驻企业1 217家,重点服务企业200多家,其中65%来自复旦科技园创新创业基地。复旦枫林生物医药园区有入驻企业68家,学校参股和复旦背景企业占48.5%。3家专业的公益组织入驻复旦大学大学生公益创业基地。中国(上海)创业者实训基地“大学生创业园”由复旦科技园创业中心团队管理。

2010年,瑞典农业科技大学、墨西哥蒙特雷科技大学、香港理工大学、比利时鲁汶大学、日本埼玉大学、韩国汉阳大学、联合商业媒体(UBM)、夏普欧洲研究中心等多家大学和机构访问复旦科技产业。1月17日,国家人力资源和社会保障部就业促进司司长于法鸣视察复旦大学大学生创业园。5月12日,上海市副市长胡延照一行视察大学生创业园。6月23日,上海市科学技术委员会主任寿子琪视察大学生创业园。11月8日,国家人力资源和社会保障部副部长信长星一行视察大学生创业园。12月15日,上海市人大常委会主任刘云耕一行视察大学生创业园。

2010年,复旦大学经营性资产管理委员会先后审议4家全资企业改制、3家企业股权转让、1家企业筹备上市、上市公司董监事更换等重大事项。

开展创先争优活动,把党风廉政建设工作落在实处。有针对性地开展校产业学校编制企业干部反腐倡廉教育,重点抓好企业负责人廉洁自律工作。 (胡　冰)

【举办“聚劲杯”创业计划大赛】 该大赛于2月至6月在校举办。由产业化与校产管理办公室和管理学院联合主办。共有67支队伍、共计276人报名参赛。经过层层筛选,最终4支参赛团队获得上海市大学生科技创业基金奖,并获得上海市大学生科技创业基金复旦分基金会投资项目资助。 (桂晓琳)

【举办复旦大学科技成果产业化论坛生物医药专场】 该专场于6月19日在校举办。由产业化与校产管理办公室与上海市高新技术成果转化服务中心联合主办。主题为“加强技术对接服务,促进产学研合作交流”。副校长桂永浩、上海市高新技术成果转化服务中心主任吴寿仁出席并致词。上海市科学技术委员会生物医药处副处长郑忠民做专题演讲。来自生命科学学院、药学院、化学系的专家,以及30家业内企业和23家投资机构的人员出席论坛,并作最新科研技术及成果推荐。 (桂晓琳)

【举办大学生创新创业发展论坛】 该论坛于9月17日在上海国际汽车会展中心举办。由产业化与校产管理办公室与嘉定区科学技术委员会联合主办。论坛以“聚焦、融合、突破、共赢”为主题,聚焦嘉定区重点发展的产业领域,搭建区校产学研合作交流平台。嘉定区科学技术委员会主任洪佩君、产业化与校产管理办公室副主任赵文斌、复旦复华科技股份有限公司总经理蒋国兴、复旦量子投资公司总裁鲁育宗等与会政府领导、创业导师和上海市大学生科技创业基金复旦分基金会资助的十家创业企业负责人进行交流,为大学生科技创业提供咨询建议。 (桂晓琳)

五、人 事 工 作

队 伍 建 设

【概况】 2010年，为“院系（人事）二级管理改革年”。人事处以一流大学建设、一流人才队伍建设、构建现代大学制度为目标，进一步有效落实科学发展观学习实践活动项目整改，启动实施《关于全面实施院系（所）人力资源二级管理的意见》和《复旦大学院系（所）人力资源二级管理改革纲要》，进一步深化现代大学人力资源管理体制机制改革，整体推进建立具有复旦特色的现代大学人力资源管理体制机制。全年，人事工作重心是，以充分实现“学者治学”、“民主办学”、“院系自主”、“二级管理”为宗旨，全面提高院系（所）办学活力，充分培育院系（所）办学主体。在人力资源管理各环节，凡院系（所）应该而且能够有效自主管理的，由院系（所）自主管理，二级管理体制改革初步取得实质性进展。全年共制定政策文件30项，重点推进十个方面改革。

一、十个方面改革

1. 正式启动实施院系人力资源五年规划论证核准工作。

2. 实施优秀人才例外（破格申报）制度和代表作学术评价制度，逐步实施讲师六年学术评估工作，逐步推进新一轮高级职务聘任改革。

3. 着力加大中青年教师培养力度，建立连续性、分层次的中青年教师培养机制，实施院系新进校教师综合资助，启动建立培养预算资金自主统筹制度。

4. 分类制定学科学术评价办法，建立更加科学的院系综合绩效评估体系。

5. 下放资源和权力，有计划、有步骤地实施二级管理综合配套改革，逐步建立复旦大学绩效奖励工资制度，启动制定新一轮院系岗位聘任方案。

6. 强化教师入口管理，优化教师招聘渠道，大大提升师资补充水平。立足于高层次师资队伍建设，有效实施院系人力资源规划，加强教师进口管理，有效拓宽教师补充渠道，将海外博士、博士后，国内博士后招聘，及校内博士后与优秀研究生师资储备，作为优秀师资主要来源。

7. 探索完善人才引进新机制，大力加强人才引进工作。

8. 立足于高层次师资队伍建设，大力加强博士后学风建设，开拓博士后培养新机制，完善与加强博士后制度管理。制订《复旦大学“师资储备”博士后计划实施方案》、《复旦大学“师资培养”博士后计划实施方案》。

9. 逐步建立灵活用工管理体系。人事处按照总量控制、有效使用、经费分担原则，实施非核心、非骨干的全职岗位灵活多样用工聘任，逐步建立与现代大学相适应的在编全聘（常任轨道，类似于 tenure-track）与不在编全聘、非全聘（暂任，类似于 non-tenure-track）相结合的人力资源管理体制，逐步推进建立灵活、流动、合法、规范、高效的用工管理体系。

10. 推进和谐校园建设相应人事改革。

二、其他重要工作

1. 制订《复旦大学教职工处分条例》和《教职工受处分期间人事待遇处理相关规定》。配合教务处改订《复旦大学教学事故处理条例》。

2. 完成“985”三期及中长期10年规划撰写（《确保人力资源最优配置，加快世界一流大学建设，“985”工程全面建设中的人力资源管理》）。

3. 完成“十一五”人事总结。

4. 按照学校聘用方案、聘任方案、院系自主学术评估办法等文件规定以及二级管理、学术治理、突出教学评估等原则，正式启动3年合同期满考核，以及院系其他合同人员、机关和直属机构年度考核。

5. 进行人文社会科学高层次队伍建设和文科一级岗位调研。

6. 成立专门课题组，形成研究报告《一流大学、一流队伍：ESI和其他评估体系分析》。 （周志成）

【正式启动实施院系人力资源五年规划论证核准工作】 人事处制订《复旦大学院系所人力资源规划制定实施管理办法》、《复旦大学院系所人力资源规划及规划说明书》，正式启动并完成首批8个二级管理综合试点单位5年人力资源规划制定、论证工作，形成学校专家工作小组规划建议意见。12月，结合“十二五”规划，启动所有院系5年人力资源规划制订论证工作。

人事处还配合制订上海数学中心人力资源管理办法，并配合完成聚合物分子工程国家重点实验室规划方案和申报工作。 （周志成）

【实施优秀人才例外（破格申报）制度和代表作学术评价制度，逐步实施讲师六年学术评估工作，逐步推进新一轮高级职务聘任改革】 广泛征求意见，拟订《教学科研序列高级职务聘任综合改革实施方案》。对优秀人才破格申报高中级职务，已经实行代表作学术评估制度。在高级职务聘任过程中，充分发挥教授大会、学术委员会作用，强化校外同行专家独立评审作用。在优秀人才例外原则实施中，尤其重视校外同行专家独立评审作用。对不能取得外审专家一致肯定评价而院系学术委员会又坚持要推荐的破格申报，学校启动校内同行专家组进行学术终审。同时，将院系人力资源规划实施、高级职务聘任工作与院系优秀教师招聘相结合，逐步实施讲师六年学术评估，非升即转/即走制度。在试点单位对部分讲师逐步实施分流，并实行转一进一教师招聘政策。对部分引进高级职务岗位，则继续实施3年学术评估流动制度。第一次由党政联席会议讨论决定非教学系列高级职务聘任岗位设置。（周志成）

【加大中青年教师培养力度，建立连续性、分层次的中青年教师培养机制，实施院系新进校教师综合资助，启动建立培养预算资金自主统筹制度】 学校批准《关于加强新进校青年教师综合培养支持的有关意见》、《〈关于加强新进校青年教师综合培养支持的有关意见〉实施方案》和《复旦大学关于大力加强一流中青年人才综合培养支持的有关意见》，重点加快校内杰出人才队伍建设、校内领军人才和校内骨干人才（世纪之星）队伍建设。在中青年骨干培养过程中，制订个性化的长期的综合性的培养方案并落实到位。在院系层面，下放资源和权限，充分调动院系对青年教师培养的积极性。人事处制订《复旦大学新进校青年教师综合培养支持方案》、《复旦大学校内“青年领军人才”综合培养支持实施方案》，制定并正在上报学校批准《关于大力加强学校青年骨干教师综合培养的意见》。制订相应配套的《复旦大学青年重要骨干教师综合培养支持实施方案》。

人事处已经在全校正式布置落实杰出人才、领军人才遴选工作。全校共有65人申报杰出人才计划，160人申报领军人才计划。

落实新进校青年教师综合培养支持有关工作，发放2007年1月后新进校青年教师综合生活资助。

配合文科科研处，拟定《关于实施“复旦大学人文基金”的有关建议》。

积极完善青年教师国际化培养工作。起草《关于加强青年教师国际化培养有关意见》。在公派出国派遣中，首次引入并正式实施校内专家独立评审制度，对国家留学基金全额资助人选进行学术评议和资助必要性、可行性评议，实现了出国工作中学者治学（校院两级学术评议）。

根据用工改革情况，实施2010年度新教工岗前培训，并对机关在编前综合考察试用租赁人员实施上岗培训。（周志成）

【分类制定学科学术评价办法，建立更加科学的院系综合绩效评估体系】 在各项学术评价中逐步形成并实施以下思路：建构公平、规范、独立且具有权威的学术评价机制，充分保障并发挥教授大会、校院二级学术委员会、校外海外专家外部独立评审，在人力资源规划论证、学术准入条件制定、人才引进、师资补充、岗位聘任管理、青年教师培养、出国选派中行使学术权力，理顺行政管理与学术治理的关系，充分实现“学者治学”，形成有利于人才引进、培养、激励和良性流动的制度环境、人文环境和学术生态。

2009年，启动院系按照学术程序，自主制定科学合理的岗位绩效考核评价体系工作，在此基础上，继续要求院系建立以学校创新体系建设、核心竞争力增强、学科潜力拓展为导向的岗位绩效评价标准。院系以业绩贡献作为岗位绩效评价最根本依据，注重工作数量与质量平衡，定量标准与定性标准统一，突出学术与社会贡献。通过教授大会等学术或民主管理程序，自主制定岗位绩效评价体系。

从2010年开始，学校对院系不再实施多指标综合考核，改由各个职能部门，按照在学科建设、教学科研、学生工作、国际化、人事、财务等各方面工作导向自行实施评估。人事处制订《关于实施院系绩效综合评估工作的意见（试运行）》和《关于正式实施院系绩效综合评估工作的意见》，建立院系绩效年度综合评估体系（客观要素评估、客观比较评估、客观总体评估体系），启动完成2009年院系绩效年度综合评估工作（试行），完成《2009年院系绩效综合评估报告》。正式启动全校所有学术单位2010年度综合绩效评估工作。（周志成）

【逐步实施二级管理综合配套改革，逐步建立复旦大学绩效奖励工资制度，逐步启动制订新一轮院系岗位聘任方案】 人事处拟定院系自主统筹的人才引进、外聘预算资金5年分类核定建议和院系自主统筹培养经费核拨标准建议（有待学校最后批准）。并制订《院系岗位绩效激励津贴工作实施办法》，启动建立院系绩效激励津贴制度，旨在全面建成包括机关、直属机构、校聘学生工作岗位等各个方面的复旦绩效激励津贴制度。与此相应，学校取消按月发放上岗津贴（80%）与年末一次性发放绩效津贴（20%）制度，实施100%岗位津贴按月发放制度。将幼儿园纳入公共服务体系实行岗位聘任管理和薪酬包干自主管理。

根据学校“985”三期建设的思路和新一轮岗位聘任思路，人事处起草《以分类管理为基础，建立以促进教学为中心的院系岗位津贴自主统筹核拨体系》政策建议，以促进教学为中心、激活科研为动力，制订院系自主实施的岗位聘任方案与岗位津贴核拨管理办法，正式明确在新的一轮岗位聘任中，建立复旦大学岗位绩效奖励工资制度。

配合教务处，制定并启动实施《关于实施本科教学绩效奖励（2009年度）的意见》，完成相关奖励发放工作。（周志成）

【强化教师入口管理，优化教师招聘渠道，大大提升师资补充水平】 2010年，除学科进人渠道限制等特殊情况，学校不再从应届毕业博士（硕士）中招聘初中级在编全聘教学、研究人员。各院系（所等）可选择“博士后师资储备制度”、“优秀研究生出国培养师资储备”，考察使用应届毕业博士。各院系（所等）也可以租赁制“科研助理”用工方式，招聘校内、国内应届博士。初级研究与工程实验技术岗位，必须采用“科研助理”用工方式招聘。

在二级管理基础上，为进一步严格教师招聘的入口管理，学校正式实施教师招聘分级审批会议工作制度。进一步规范招聘信息发布。加强招聘申请、信息发布、材料审核流程管理，对不符合流程的招聘一律不予操作。通过批复形式明确传递“非升即走”信息。同时,在试点单位对部分讲师逐步实施分流,并实行转一进一教师招聘政策。（周志成）

【探索完善人才引进新机制,大力加强人才引进工作】 有效落实“人才引进三年行动计划”,以实施国家“千人计划”为抓手,加强长江学者等人才申报推荐工作,大力引进顶尖人才、领军人物,进一步提高人才引进海外率、全时率、到岗率,取得重要的新进展。为推进“千人计划”工作和解决人才引进工作中遇到的问题,人事处不断探索和完善人才引进新机制。起草制订以下政策规定:《关于为“千人计划”入选者配备管理岗位行政助理或专业技术岗位科研助理的请示》、《关于国家“千人计划”入选者薪酬纳税事宜的建议》、《关于引进人才过渡期生活待遇发放办法》、《关于211三期20%队伍建设经费审批使用流程的备忘》、《关于附属医院“千人计划”入选者团队成员引进等事宜的请示》。落实《外国青年学者研究基金实施方案(施行)》,启动外国青年学者非在编短期全聘岗位聘任。进一步深化校区合作机制,在“三区融合,联动发展”的模式下,作为杨浦海外高层次人才创新创业基地建设工作办公室的成员单位,积极与杨浦区沟通,与杨浦区正式签署《杨浦区人民政府—复旦大学共建杨浦海外高层次人才创新创业基地框架协议》。与浦东新区组织部人才处及张江高科技园区“国家级人才基地”充分沟通,探索基地联盟,并拟定基地共建框架协议。撰写长江学者工作和千人计划工作问题分析总结报告。有效实施人才引进面议协调和分级审批工作机制。全年,共召开7次人才引进与高级职务外聘分类分级审批会议,审批通过引进人才49人,显著提高人才引进效率,加快人才引进速度。

学校新引进各类高层次人才77人(原引进人才周电、郑立荣、王丰和徐敏入选千人计划,钟涛从分时转全时,未统计在内),另有待批准人员3人。截至2010年底,复旦大学共有国家“千人计划”引进人才26人。

2010年度引进人才在人员层次、结构等方面有以下特点:

(1) 海外顶尖人才引进继续保持强劲势头。2010年,引进特别岗位以上人才25人,占引进总数的32%。在引进人才中,有17人在海外知名大学或研究机构获得教授或相当于教授职位,其中11位是全职引进人才,扩大学校高层次人才队伍总量。

(2) 引进一批具有很大潜力的青年人才。2010年度,我校引进了一批具有很大潜力的人才,他们在本研究领域已取得重要研究成果,论文发表在*SCIENCE*、*NATURE*等国际顶级杂志,他们的引进对推动相关学科的发展提供强有力的人才支撑。

(3) 全时引进人才比例较高。2010年引进人才中,有69位是全职引进人才,占引进人才总数的90%。其中全职特别岗位引进人才17人,全时比例为68%,校聘关键岗位1个及以下岗位全时比例为100%,达到三年行动计划对引进人才全时比例的要求。

(4) 引进人才的国际化程度逐年提升。2010年直接从海外引进65人(包括1位非华裔外籍人才),占引进人才总数的84%,比2009年高5个百分点,比2008年高13个百分点,比三年行动计划要求的海外人才比例高14个百分点,有力推进学校师资队伍的国际化。

国家“千人计划”申报工作,是学校顶尖人才引进的关键。学校专门召开复旦大学海外高层次人才创新创业基地工作小组第一次会议,就落实国家“千人计划”入选者享受特定工作、生活待遇所涉及的各项具体事务进行协调,尽快落实中央文件精神,为国家“千人计划”入选者提供更好的工作环境和生活服务。随后相继召开“千人计划”工作推进会、人文社科类“千人计划”工作推进会、第六批“千人计划”(含青年千人)申报工作及上海“千人计划”申报工作动员部署大会,切实推进基地建设和“千人计划”申报工作。2010年度,学校进行两次国家“千人计划”的申报工作,取得较好的成绩,有9位教授分别入选第三批、第四批国家“海外高层次人才引进计划”。推荐申报的第五批“千人计划”,有多位教授通过评审,获得向中组部推荐的资格。目前,引进办正在进行第六批“千人计划”(含长期项目和短期项目)的申报工作。组织落实首批“国家青年千人计划”申报工作和首批“上海千人计划”申报工作。完成上海市“东方学者”申报工作。（周志成）

【立足于高层次师资队伍建设,大力加强博士后学风建设,开拓博士后培养新机制,完善与加强博士后制度管理】 加强博士后学风建设,首次举行在站和新进站博士后学风专场培训会,制订《复旦大学博士后学术违规行政处理的有关规定》。大力推进出站博士后校友会成立工作,相继成立5个博士后校友分会(筹)(山东、安徽、广西、湖南、福建)。

在全国优秀博士后会议与博士后制度25周年纪念座谈讨论会上,复旦大学与清华大学作为代表,作大会交流发言。在第二次全国博士后流动站评估中,学校9个流动站被评为优秀,优秀率仅次于清华,名列全国第二。（周志成）

【逐步建立与灵活用工管理体系】 首先,有效落实《复旦大学“科研助理”岗位招聘实施方案》、《复旦大学工勤技能岗位灵活用工管理办法》等政策,简化自筹经费租赁制行政审批程序(课题组报告即可)。

其次,除院系科研人员和实验技术人员外,在全校各类管理、图书资料以及其他专业技术岗位中,正在全面推行租赁制用工或者租赁制在编前试用等用工形式。

再次,为了加强灵活用工、保障用工人员利益,构建和谐校园,促进教学科研,人事处实施建立退休返聘等灵活用工人员《雇主责任险》工作,制订《关于科研助理等租赁制用工人员办理“因公出国(出境)”手续的有关意见》,并与工会讨论租赁制人员加入工会事宜,明确以劳动合同法和工会有关规定为依据,厘清院系、学校、租赁公司、个人四方,明确会员拨款经费渠道与租赁经费渠道一致原则。第一次对机关在编前试用租赁人员实施岗前培训。起草了《复旦大学专业技术岗位和管理岗位租赁制人员"协议工资"标准核定办法》和《复旦大学2011年专业技术岗位和管理岗位等租赁制人员"协议工资"参考标准》。 （周志成）

【推进和谐校园建设相应人事改革】 为构建和谐校园，促进教学科研，制订《关于科研助理等租赁制用工人员办理"因公出国（出境）"手续的有关意见》，实施建立退休返聘等灵活用工人员《雇主责任险》工作。

2010年1月起，正式实施教职工补充公积金计划。为构建和谐校园，解决退休职工由于上海市发放交通补贴引起的矛盾，经请示学校，同意自2010年1月起通过每月提高160元返聘费的做法，改善返聘人员待遇（2月）。印发《关于在同等条件下优先录用太平洋金融学院分流人员的通知》（1月）。为构建和谐校园、解决历史遗留问题，人事处研究制订关于网络学院非全日制本科在编进校、校产后勤校内流转、学历工人转系列聘用等有关处理意见建议（1月）。稳妥处理大量人事纠纷、信访、仲裁工作，促进校园稳定。 （周志成）

附 录

中国科学院、中国工程院院士（复旦大学）

编 号	类 别	学部名称	姓 名	当选年份	部 门	标 识
1	中国科学院	化学学部	吴浩青	1980	化学系	
2	中国科学院	物理数学部	谷超豪	1980	数学科学学院	
3	中国科学院	物理数学部	郝柏林	1980	物理系	
4	中国科学院	生物学部	杨雄里	1991	神经生物所	
5	中国科学院	物理数学部	胡和生（女）	1991	数学科学学院	
6	中国科学院	物理数学部	杨福家	1991	现代物理所	
7	中国工程院	医药卫生工程学部	顾玉东	1994	华山医院	
8	中国工程院	医药卫生工程学部	汤钊猷	1994	中山医院	
9	中国科学院	物理数学部	李大潜	1995	数学科学学院	
10	中国科学院	生命科学与医学学部	沈自尹	1997	华山医院	
11	中国工程院	医药卫生工程学部	陈灏珠	1997	中山医院	
12	中国科学院	物理数学部	王 迅	1999	物理系	
13	中国工程院	医药卫生工程学部	王威琪	1999	信息学院	
14	中国工程院	医药卫生工程学部	闻玉梅（女）	1999	医学院	
15	中国科学院	化学学部	杨玉良	2003	高分子系	
16	中国科学院	物理数学部	洪家兴	2003	数学科学学院	
17	中国科学院	物理数学部	陶瑞宝	2003	物理系	
18	中国科学院	生命科学与医学学部	王正敏	2005	眼耳鼻喉科医院	
19	中国科学院	化学学部	江明	2005	高分子系	
20	中国科学院	化学学部	赵东元	2007	化学系	
21	中国工程院	医药卫生工程学部	周良辅	2009	华山医院	
22	中国科学院	技术科学部	干福熹	1980	信息学院	双聘
23	中国科学院	地学部	安芷生	1991	环境系	双聘
24	中国科学院	物理数学部	沈学础	1995	物理系	双聘
25	中国工程院	物理工程学部	胡思得	1995	现代物理所	双聘
26	中国工程院	信息与电子工程学部	范滇元	1995	信息学院	双聘
27	中国工程院	医药卫生工程学部	陆道培	1996	医学院	双聘

续 表

编 号	类 别	学部名称	姓 名	当选年份	部 门	标 识
28	中国科学院	化学学部	黄春辉(女)	1999	先进材料实验室	双聘
29	中国科学院	物理数学部	陆汝钤	1999	计算机学院	双聘
30	中国科学院	化学学部	陈凯先	1999	药学院	双聘
31	中国科学院	生命科学与医学学部	贺福初	2001	化学系	双聘
32	中国科学院	化学学部	林国强	2001	化学系	双聘
33	中国科学院	生命科学与医学学部	赵国屏	2005	生命学院	双聘
34	中国科学院	物理数学部	彭实戈	2005	数学科学学院	双聘
35	中国科学院	信息技术科学部	何积丰	2005	计算机学院	双聘
36	中国科学院	生命科学与医学学部	贺林	2005	生物医学研究院	双聘

注：按院士当选年份排序。

(文科)杰出教授

单 位	姓 名	单 位	姓 名
外国语言文学学院	陆谷孙	古籍整理研究所	章培垣
中国语言文学系	裘锡圭		

(文科)特聘资深教授

单 位	姓 名	聘 任 时 间
历史地理研究所	周振鹤	2008 年 2 月 1 日
历史学系	姜义华	2008 年 2 月 1 日
	朱维铮	2008 年 2 月 1 日
新闻学院	童 兵	2008 年 2 月 1 日
哲学学院	刘放桐	2008 年 2 月 1 日
中国语言文学系	王水照	2008 年 2 月 1 日

“国家千人计划”入选者

批次(时间)	姓 名
第一批(2009 年 4 月)	马 红 魏庆义
第二批(2009 年 9 月)	冯建峰 谷 迅 沈 健 沈文辉 王 城 张 颖
第三批(2010 年 3 月)	郑立荣 周 电 石乐明 邵黎明 徐 敏
第四批(2010 年 10 月)	姜世勃 王 丰 徐剑锋 余建军
第五批(2010 年 12 月)	余 科 Marie Harder 张 峰 文舸一 卢 华 李笃中 杨晓峰 蒋向前 骆亦其

“长江学者奖励计划”特聘/讲座教授名录

单 位	姓 名	岗 位	备 注	受聘时间
中文系	陈思和	中国现当代文学	届满	2005 年 3 月
	张涌泉	中国古典文献学	提前结束聘期	2006 年 3 月
	王德威	中国现当代文学	国外(讲座)	2007 年 3 月
出土文献与古文字研究中心	刘 钊	中国古典文献学		2008 年 3 月

续 表

单 位	姓 名	岗 位	备 注	受聘时间
历史系	B. Elman	中国思想文化史	国外(讲座)	2008 年 3 月
哲学学院	俞吾金	外国哲学—国外马克思主义	届满	2005 年 3 月
	吴晓明	马克思主义哲学		2007 年 3 月
经济学院	姜波克	金融学	届满	2005 年 3 月
	张 军	当代中国经济		2007 年 3 月
	袁志刚	宏观经济学		2008 年 3 月
国际关系与公共事务学院	林尚立	政治学	届满	2006 年 3 月
新闻学院	陈韬文	新闻传播学	境外(讲座)	2006 年 3 月
	潘忠党	传播学	境外(讲座)	2008 年 3 月
	赵心树	传播学	国外(讲座)	2010 年 2 月
管理学院	宋京生	管理科学与工程	国外(讲座)	2010 年 2 月
物理学系	金晓峰	凝聚态物理	届满	1999 年 4 月
	侯晓远	凝聚态物理	届满	2000 年 9 月
	资 剑	理论物理	届满	2001 年 9 月
	封东来	同步辐射谱学	届满	2006 年 3 月
	魏苏淮	理论物理	国外(讲座)	2007 年 3 月
	游建强	理论物理		2009 年 7 月
	邱子强	磁学	国外(讲座)	2009 年 7 月
	周 磊	理论物理		2010 年 2 月
信息科学与工程学院	陈良尧	凝聚态物理	届满	1999 年 4 月
	周 电	微电子学与固体电子学	届满	2002 年 10 月
	刘 冉	微电子学与固体电子学	届满	2005 年 3 月
	张世理	微电子学与固体电子学	届满	2006 年 3 月
	余思远	光电微纳集成芯片系统	国外(讲座)	2009 年 7 月
计算机学院	翁巨扬	计算认知发育	国外(讲座)	2008 年 3 月
生命科学学院	罗泽伟	遗传学	届满	1999 年 4 月
	余 龙	遗传学	届满	2000 年 9 月
	金 力	遗传学	(讲座)届满	2000 年 9 月
	骆亦其	生态学	国外(讲座)	2002 年 12 月
	谷 迅	基因组学	国外(讲座)	2006 年 3 月
	沈文辉	遗传学—植物表观遗传学	国外(讲座)	2008 年 3 月
	刘钧	遗传学—医学遗传(基因到药物)	国外(讲座)	2009 年 7 月
	王学路	植物分子遗传学		2010 年 4 月
	易庆	遗传学(肿瘤分子遗传)	国外(讲座)	2010 年 2 月
神经生物学研究所	李葆明	神经生物学	届满	2001 年 9 月
	卓 敏	神经生物学	国外(讲座)	2005 年 3 月
发育生物所	许 田	发育生物学	国外(讲座)	2005 年 3 月
	韩 珉	发育生物学	国外(讲座)	2006 年 3 月
高分子科学系	杨玉良	高分子化学与物理	届满	1999 年 4 月
	邵正中	高分子化学与物理		2007 年 3 月

续 表

单 位	姓 名	岗 位	备 注	受聘时间
高分子科学系	史安昌	高分子化学与物理	国外(讲座)	2007 年 3 月
	丁建东	高分子化学与物理		2010 年 2 月
先进材料实验室	黄 维	信息材料	提前结束聘期	2005 年 3 月
材料系	武利民	材料物理与化学		2009 年 7 月
数学科学学院	周 忆	应用数学	届满	2000 年 1 月
	李嘉禹	基础数学	中科院提前结束聘期	2000 年 7 月
	李 骏	基础数学	国外(讲座)届满	1999 年 6 月
	雍炯敏	运筹学与控制论	提前结束聘期	2000 年 9 月
	吴宗敏	应用数学	届满	2002 年 10 月
	陈贵强	应用数学	国外(讲座)	2005 年 3 月
	汤善健	运筹学与控制论	届满	2006 年 3 月
	郁国樑	基础数学	国外(讲座)	2006 年 3 月
	郭坤宇	基础数学		2007 年 3 月
	柏兆俊	计算数学	国外(讲座)	2007 年 3 月
	陈 猛	基础数学		2008 年 3 月
	张 坚	基础数学	国外(讲座)	2009 年 7 月
	袁小平	基础数学		2010 年 2 月
化学系	赵东元	物理化学	届满	2000 年 1 月
	贺鹤勇	物理化学	届满	2000 年 5 月
	金国新	无机化学	届满	2001 年 9 月
	周鸣飞	物理化学(激光化学)	届满	2002 年 10 月
	钟国富	生物有机化学	提前结束聘期	2005 年 3 月
	陈 先	分析化学—蛋白质组学	国外(讲座)	2005 年 3 月
	杨 丹	生物有机化学	国外(讲座)	2006 年 3 月
力学系	韩平畴	一般力学	提前结束聘期	2003 年 5 月
环境科学与工程系	杨 新	环境科学(大气化学)	届满	2006 年 7 月
上海医学院	孙凤艳	神经生物学	届满	1999 年 3 月
	汤其群	分子医学	届满	1999 年 12 月
	马 兰	神经生物学	届满	2002 年 10 月
	施 扬	分子医学	国外(讲座)	2005 年 3 月
	张素春	人体解剖与组织胚胎学	届满	2006 年 3 月
	袁钧瑛	生物化学与分子生物学	国外(讲座)	2006 年 3 月
	王 睿	生理学	国外(讲座)	2007 年 3 月
	朱依纯	生理学		2009 年 7 月
	陈 俊	神经生物学	国外(讲座)	2009 年 7 月
公共卫生学院	郝 模	医疗卫生政策		2008 年 3 月
肿瘤医院	邵志敏	肿瘤学	届满	1999 年 3 月
中山医院	葛均波	心血管内科	届满	2000 年 1 月
	邹云增	分子心脏病学	届满	2005 年 3 月

续 表

单 位	姓 名	岗 位	备 注	受聘时间
儿科医院	孙 波	儿科学	届满	1999 年 12 月
华山医院	朱剑虹	神经外科	届满	2001 年 9 月
眼耳鼻喉科医院	李华伟	耳鼻咽喉科学		2007 年 3 月
	蒋家琪	耳鼻喉科学	国外(讲座)	2010 年 2 月
生物医学研究院	Alastair Murchie	药物化学	届满	2006 年 3 月
	熊 跃	细胞生物学	国外(讲座)	2007 年 3 月
	管坤良	生物化学及分子生物学	国外(讲座)	2007 年 3 月
	王丽华	分子生物学		2009 年 7 月
	于文强	表观遗传学		2010 年 2 月

复旦大学特聘教授(研究员)1

单 位	姓 名	学 科	受聘(批准)时间	备 注
肿瘤医院	邵志敏	肿瘤学	2004 年 1 月	长江转复特
生命学院	金 力	遗传学	2005 年 1 月	长江转复特
中山医院	葛均波	心血管内科	2005 年 1 月	长江转复特
儿科医院	孙 波	儿科学	2005 年 1 月	长江转复特
文史研究院	葛兆光	历史学	2006 年 8 月	特聘
现代物理所	Roger Hutton	光谱学设备研制	2005 年 11 月	特聘研究员
先进材料平台	乔 山	同步辐射应用	2006 年 12 月	特聘研究员
神经生物学研究所	李葆明	神经生物学	2006 年 8 月	长江转复特转讲座
华山医院	朱剑虹	神经外科	2006 年 8 月	长江转复特
中山医院	王向东	呼吸内科	2007 年 6 月	特聘
华山医院	刘 杰	消化内科	2007 年 1 月	特聘
华山医院	吴志英	神经病学	2007 年 11 月	特聘
国务学院	邓正来	法学、社会学、政治学	2008 年 2 月	特聘
管理学院	胡建强	管理科学与工程	2008 年 3 月	特聘
管理学院	陈 超	会计系	2008 年 4 月	特聘
生命科学学院	马 红	植物分子生物学	2008 年 6 月	复旦-浩青特聘
药学院	梅兴国	药剂学	2008 年 7 月	特聘
高研院	纳日碧力戈	人类学	2008 年 12 月	特聘
高研院	郭苏建	政治学	2008 年 12 月	特聘
微电子研究院	刘 冉	微电子学与固体电子学	2008 年 3 月	长江转复特
中山医院	邹云增	分子心脏病学	2008 年 3 月	长江转复特
国际问题研究院	徐敦信		2005 年	特聘研究员
经济学院	王 城	经济学	2009 年 3 月	姚祖辉特聘
物理系	沈 健	凝聚态物理	2009 年 9 月	复旦一浩青特聘
数学学院	冯建峰	应用数学	2009 年 9 月	复旦一浩青特聘
化学系	黎占亭	有机化学	2009 年	特聘
生物医学研究院	ALASTAIR	药物化学	2009 年 3 月	长江转复特

续 表

单 位	姓 名	学 科	受聘(批准)时间	备 注
物理系	封东来	同步辐射谱学	2009 年 3 月	长江转复特
环境系	杨 新	环境科学(大气化学)	2009 年 7 月	长江转复特
上海医学院	张素春	人体解剖与组织胚胎学	2009 年 3 月	长江转复特
环境系	郑 正	环境工程	2009 年 6 月	特聘
发育生物学研究所	庄 原	发育生物学	2003 年 5 月	国外(讲座)
中山医院	胡 凯	心血管内科	2003 年 11 月	国外(讲座)
经济学院	梅兆荣	欧洲问题研究	2004 年 4 月	讲座
上海医学院	黄 聿	生理学	2004 年 9 月	境外(讲座)
数学所	李 骏	基础数学	2004 年 1 月	国外(讲座)
上海医学院	陈祖林	解剖与组织胚胎学	2005 年 3 月	国外(讲座)
社会学院	陈向明	城市社会学	2005 年 4 月	国外(讲座)
数学学院	应志良	应用数学	2005 年 8 月	国外(讲座)
华山医院	王庆华	内分泌	2005 年 9 月	国外(讲座)
环境系	王 韬	环境科学	2006 年 5 月	境外(讲座)
环境系	张人一	环境科学	2006 年 9 月	国外(讲座)
华山医院	张 颖	遗传学	2006 年 8 月	国外(讲座)—千人计划
微电子研究院	蔡 伟	微电子学与固体电子学	2006 年 11 月	国外(讲座)
微电子研究院	陈宜方	微纳米技术及应用	2006 年 11 月	国外(讲座)
药学院	胡 明	分子药剂学	2006 年 8 月	国外(讲座)
华山医院	申 勇	神经病学	2006 年 8 月	国外(讲座)
社会学院	王 丰	人口学、社会学、比较历史人口社会	2007 年 3 月	国外(讲座)—千人计划
管理学院	成思危	管理科学	2007 年 3 月	讲座
社会学院	罗力波	文化人类学	2007 年 5 月	国外(讲座)
华山医院	周群勇	神经生物学	2007 年 6 月	国外(讲座)
社政学院	张 雷	心理学	2008 年 5 月	国外(讲座)
药学院	蒋宪成	生物化学	2008 年 6 月	国外(讲座)
环境系	郦永刚	环境科学	2008 年 9 月	国外(讲座)
医学院	陈丰原	病理生理学	2008 年 9 月	国外(讲座)
物理系	林海青	理论物理	2008 年 11 月	境外(讲座)
医学院	於 峻	生理学	2008 年 12 月	国外(讲座)
发育生物所	许 田	发育生物学	2008 年 3 月	国外(讲座)
数学科学学院	陈贵强	应用数学	2008 年 3 月	国外(讲座)
化学系	陈 先	分析化学-蛋白质组学	2008 年 3 月	国外(讲座)
医学院	施 扬	分子医学	2008 年 3 月	国外(讲座)
数学学院	雍炯敏	运筹学与控制论	2009 年 3 月	国外(讲座)
微电子研究院	周 电	微电子学与固体电子学	2008 年 6 月	国外(讲座)
生命学院	骆亦其	生态学	2007 年 12 月	国外(讲座)
新闻学院	陈韬文	新闻传播学	2009 年 3 月	国外(讲座)
生物医学研究院	谷 迅	基因组学	2009 年 3 月	国外(讲座)—千人计划

续 表

单 位	姓 名	学 科	受聘(批准)时间	备 注
发育所	韩 珉	发育生物学	2009 年 3 月	国外(讲座)
化学系	杨 丹	有机化学	2009 年 3 月	境外(讲座)
数学学院	郁国樑	基础数学	2009 年 3 月	国外(讲座)
微纳平台	张世理	微电子学与固体电子学	2009 年 3 月	国外(讲座)
微纳平台	周 海	微电子学与固体电子学	2009 年 11 月	国外(讲座)
管理学院	方述诚	管理科学	2009 年 12 月	国外(讲座)
物理系	张远波	凝聚态物理	2009 年 11 月	特聘
华山医院	郝传明	肾脏病学	2009 年 12 月	特聘
化学系	徐 昕	物理化学	2009 年 11 月	特聘
信息学院	文舸一	电磁场与微波技术	2009 年 12 月	特聘
药学院	邓炳初	药物化学	2006 年 6 月	未报到(研究员)
信息学院	郑立荣		2009 年 12 月	院长—千人计划
计算机学院	章伟雄		2009 年 4 月	国外(讲座)
五官科医院	李华伟		2010 年 3 月	长江转复旦特聘
中文系	王德威	中国现当代文学	2010 年 3 月	长江转复旦讲座
数学学院	柏兆俊	计算数学	2010 年 3 月	长江转复旦讲座
数理平台	魏苏淮	理论物理	2010 年 3 月	长江转复旦讲座
生物医学研究院	熊 跃	细胞生物学	2010 年 3 月	长江转复旦讲座
生物医学研究院	管坤良	生物化学与分子生物学	2010 年 3 月	长江转复旦讲座
医学院	王 睿	生理学	2010 年 3 月	长江转复旦讲座
管理学院	孙 谦	金融学	2010 年 3 月	特聘
数学学院	郑德超	基础数学	2010 年 5 月	国外(讲座)
法学院	孙笑侠	法学理论	2010 年 5 月	复旦特聘
环境系	李笃中	环境工程	2010 年 6 月	复旦特聘—千人计划
中文系	张汉良	比较文学与世界文学	2010 年 4 月	复旦特聘/非在编全聘
上海医学院	王 宾	疫苗学、病毒学	2010 年 9 月	复旦特聘
上海医学院	童舒平	病毒学	2010 年 9 月	复旦特聘
管理学院	彭 亮		2010 年 9 月	讲座
信息学院	李 冰		2010 年 9 月	特聘研究员(半时)
历史系	Fred Schrader	欧洲历史	2010 年 11 月	复旦特聘(人文讲席教授)
上海医学院	郭孙伟	生物化学与分子生物学	2010 年 11 月	复旦特聘
上海医学院	秦志海	免疫学	2010 年 11 月	特聘研究员
物理系	沈元壤	光学	2010 年 11 月	复旦讲座
物理系	吴咏时	理论物理	2010 年 11 月	复旦特聘
药学院	余 科	肿瘤研究和新药研发	2010 年 11 月	特聘研究员—千人计划

复旦大学特聘教授(研究员)2

单　位	姓　名	现聘期起始时间
神经生物研究所	张玉秋	2008 年 2 月
物理学系	龚新高	2008 年 2 月
生命科学学院	钟　扬	2008 年 2 月
生命科学学院	李　博	2008 年 2 月
化学系	金国新	2009 年 8 月
生命科学学院	卢宝荣	2008 年 11 月
医学院	袁正宏	2008 年 2 月
医学院	顾建新	2008 年 2 月
医学院	郑　平	2008 年 2 月
医学院	马　兰	2008 年 2 月
医学院	吴根诚	2008 年 2 月
医学院	孙凤艳	2008 年 2 月
公共卫生学院	金泰翼	2008 年 2 月
公共卫生学院	姜庆五	2008 年 2 月
药学院	蒋新国	2008 年 2 月
发育生物学研究所	吴晓晖	2008 年 2 月
现代物理研究所	邹亚明	2009 年 7 月
化学系	夏永姚	2008 年 2 月
医学院	黄志力	2009 年 12 月
中国语言文学系	陈尚君	2008 年 2 月
中国语言文学系	陈思和	2008 年 2 月
中国语言文学系	黄　霖	2008 年 2 月
中国语言文学系	游汝杰	2008 年 2 月
新闻学院	李良荣	2008 年 2 月
历史地理研究所	葛剑雄	2008 年 2 月
国际关系与公共事务学院	林尚立	2009 年 3 月
经济学院	张　军	2010 年 3 月
哲学学院	吴晓明	2010 年 3 月
哲学学院	张汝伦	2008 年 2 月
哲学学院	俞吾金	2008 年 3 月
经济学院	华　民	2008 年 2 月
社会发展与公共政策学院	彭希哲	2008 年 2 月
数学科学学院	吴宗敏	2008 年 2 月
校长办公室(校长)	陈晓漫	2008 年 2 月
数学科学学院	陈恕行	2008 年 2 月
物理学系	吴长勤	2008 年 2 月
信息学院	陈良尧	2008 年 2 月
物理学系	陆　昉	2008 年 2 月
物理学系	侯晓远	2008 年 10 月

续 表

单 位	姓 名	现聘期起始时间
物理学系	资 剑	2009年9月
物理学系	金晓峰	2008年2月
信息学院	金亚秋	2008年2月
化学系	范康年	2008年2月
化学系	贺鹤勇	2008年2月
化学系	唐 颐	2008年2月
高分子科学系	邵正中	2010年3月
材料科学系	叶明新	2009年12月
管理学院	芮明杰	2008年2月
国际问题研究院	沈丁立	2008年2月
数学科学学院	周 忆	2008年2月
经济学院	姜波克	2008年3月
生命科学学院	余 龙	2008年10月
数学科学学院	汤善健	2009年3月
化学系	孔继烈	2009年12月
信息学院	金庆原	2008年2月
信息学院	汪源源	2008年2月
古籍所	吴金华	2008年2月
化学系	周鸣飞	2008年2月
生命科学学院	罗泽伟	2008年2月
生命科学学院	卢大儒	2008年2月
数学科学学院	郭坤宇	2010年3月
信息学院	曾 璇	2008年2月
生命科学学院	陈家宽	2008年2月
化学系	杨芃原	2008年2月
化学系	陈芬儿	2008年2月

复旦大学2010年国家级有突出贡献的中青年科技专家(在职)名录

单 位	姓 名	当选年份	专业特长
现代物理研究所	杨福家	1984	原子核物理
数学科学学院	李大潜	1984	基础数学
古籍所	章培恒	1984	中国古代文学
中山医院	汤钊猷	1986	肿瘤学
华山医院	顾玉东	1986	手外科
华山医院	范维琥	1988	临床内科
信息学院	金亚秋	1994	电磁波散射传输和遥感
古籍所	吴金华	1994	古籍整理
华山医院	陈 亮	1996	手外科
数学科学学院	洪家兴	1996	基础数学

续 表

单 位	姓 名	当选年份	专业特长
中国语言文学系	朱立元	1996	美学
信息学院	陈良尧	1998	凝聚态物理
哲学学院	俞吾金	1998	西方哲学

复旦大学2010年度享受政府特殊津贴专家名录

序 号	单 位	姓 名	性 别	出生年月	专业技术职务
1	材料科学系	武利民	男	1963年2月	教授
2	材料科学系	叶明新	男	1964年4月	教授
3	党委办公室	刘建中	女	1954年6月	教授
4	法学院	胡鸿高	男	1954年9月	教授
5	法学院	章武生	男	1954年11月	教授
6	高分子科学系	丁建东	男	1965年2月	教授
7	高分子科学系	江 明	男	1938年8月	教授
8	高分子科学系	李同生	男	1953年6月	研究员
9	高分子科学系	邵正中	男	1964年8月	教授
10	高分子科学系	武培怡	男	1968年2月	教授
11	高分子科学系	杨玉良	男	1952年11月	教授
12	公共卫生学院	郝 模	男	1959年9月	教授
13	公共卫生学院	姜庆五	男	1954年4月	教授
14	公共卫生学院	金泰廙	男	1943年11月	教授
15	公共卫生学院	厉曙光	男	1955年1月	教授
16	古籍所	吴金华	男	1943年11月	教授
17	古籍所	章培恒	男	1934年1月	教授
18	管理学院	李若山	男	1949年2月	教授
19	管理学院	芮明杰	男	1954年5月	教授
20	管理学院	项保华	男	1957年8月	教授
21	管理学院	薛求知	男	1952年10月	教授
22	管理学院	郑祖康	男	1947年7月	教授
23	国际关系与公共事务学院	林尚立	男	1963年11月	教授
24	国际关系与公共事务学院	竺乾威	男	1951年10月	教授
25	国际问题研究院	沈丁立	男	1961年6月	教授
26	化学系	陈芬儿	男	1958年4月	教授
27	化学系	范康年	男	1943年1月	教授
28	化学系	贺鹤勇	男	1962年9月	教授
29	化学系	唐 颐	男	1963年1月	教授
30	化学系	赵东元	男	1963年6月	教授
31	化学系	周鸣飞	男	1968年9月	教授
32	计算机科学技术学院	张世永	男	1950年2月	教授
33	经济学院	陈学彬	男	1953年6月	教授

续 表

序 号	单 位	姓 名	性 别	出生年月	专业技术职务
34	经济学院	华 民	男	1950 年 11 月	教授
35	经济学院	黄亚钧	男	1953 年 1 月	教授
36	经济学院	姜波克	男	1954 年 12 月	教授
37	经济学院	石 磊	男	1958 年 1 月	教授
38	经济学院	袁志刚	男	1958 年 1 月	教授
39	经济学院	张 军	男	1963 年 1 月	教授
40	历史地理研究所	葛剑雄	男	1945 年 12 月	教授
41	历史地理研究所	姚大力	男	1949 年 11 月	教授
42	历史地理研究所	周振鹤	男	1941 年 3 月	教授
43	历史学系	顾晓鸣	男	1945 年 2 月	教授
44	历史学系	韩 昇	男	1957 年 10 月	教授
45	历史学系	黄 洋	男	1965 年 3 月	教授
46	历史学系	姜义华	男	1939 年 2 月	教授
47	历史学系	吴景平	男	1950 年 4 月	教授
48	历史学系	朱维铮	男	1936 年 7 月	教授
49	历史学系	朱荫贵	男	1950 年 12 月	教授
50	社会发展与公共政策学院	彭希哲	男	1954 年 1 月	教授
51	社会发展与公共政策学院	谢遐龄	男	1945 年 1 月	教授
52	神经生物研究所	杨雄里	男	1941 年 10 月	教授
53	生命科学学院	陈家宽	男	1947 年 3 月	教授
54	生命科学学院	毛裕民	男	1952 年 3 月	教授
55	生命科学学院	乔守怡	男	1948 年 10 月	教授
56	生命科学学院	王洪海	男	1945 年 12 月	研究员
57	生命科学学院	余 龙	男	1954 年 11 月	教授
58	生命科学学院	钟 扬	男	1964 年 5 月	教授
59	生物医学研究院	汤其群	男	1966 年 4 月	教授
60	数学科学学院	陈纪修	男	1946 年 1 月	教授
61	数学科学学院	陈恕行	男	1941 年 6 月	教授
62	数学科学学院	谷超豪	男	1926 年 5 月	教授
63	数学科学学院	郭坤宇	男	1963 年 10 月	教授
64	数学科学学院	洪家兴	男	1942 年 11 月	教授
65	数学科学学院	胡和生	女	1928 年 6 月	教授
66	数学科学学院	李大潜	男	1937 年 11 月	教授
67	数学科学学院	吴泉水	男	1962 年 8 月	教授
68	数学科学学院	吴宗敏	男	1957 年 6 月	教授
69	数学科学学院	肖体俊	女	1964 年 7 月	教授
70	数学科学学院	杨劲根	男	1947 年 8 月	教授
71	数学科学学院	周 忆	男	1963 年 9 月	教授
72	数学科学学院	周子翔	男	1963 年 8 月	教授

续 表

序 号	单 位	姓 名	性 别	出生年月	专业技术职务
73	图书馆	吴 格	男	1952 年 12 月	研究馆员
74	外文学院	陆谷孙	男	1940 年 3 月	教授
75	外文学院	朱永生	男	1949 年 11 月	教授
76	文史研究院创新基地	葛兆光	男	1950 年 4 月	教授
77	物理学系	封东来	男	1972 年 10 月	教授
78	物理学系	龚新高	男	1962 年 6 月	教授
79	物理学系	郝柏林	男	1934 年 6 月	教授
80	物理学系	侯晓远	男	1959 年 12 月	教授
81	物理学系	金晓峰	男	1962 年 6 月	教授
82	物理学系	陆 昉	男	1957 年 6 月	教授
83	物理学系	陶瑞宝	男	1937 年 3 月	教授
84	物理学系	王 迅	男	1934 年 4 月	教授
85	物理学系	吴长勤	男	1961 年 5 月	教授
86	物理学系	张新夷	男	1942 年 10 月	教授
87	物理学系	周鲁卫	男	1947 年 4 月	教授
88	物理学系	资 剑	男	1964 年 5 月	教授
89	现代物理研究所	杨福家	男	1936 年 6 月	教授
90	现代物理研究所	邹亚明	女	1960 年 11 月	教授
91	校长办公室	陈晓漫	男	1954 年 8 月	教授
92	新闻学院	黄芝晓	男	1946 年 1 月	教授
93	新闻学院	李良荣	男	1946 年 1 月	教授
94	新闻学院	童 兵	男	1942 年 11 月	教授
95	信息学院	陈良尧	男	1950 年 11 月	教授
96	信息学院	洪志良	男	1946 年 8 月	教授
97	信息学院	黄大鸣	男	1957 年 10 月	教授
98	信息学院	金庆原	男	1964 年 11 月	教授
99	信息学院	金亚秋	男	1946 年 9 月	教授
100	信息学院	王威琪	男	1939 年 5 月	教授
101	信息学院	曾 璇	女	1969 年 4 月	教授
102	信息学院	张 卫	男	1968 年 5 月	教授
103	药学院	陈道峰	男	1965 年 5 月	教授
104	药学院	蒋新国	男	1947 年 1 月	研究员
105	医学院	查锡良	男	1949 年 2 月	教授
106	医学院	顾建新	男	1958 年 5 月	教授
107	医学院	瞿 涤	女	1951 年 12 月	研究员
108	医学院	马 兰	女	1958 年 9 月	教授
109	医学院	彭裕文	男	1945 年 5 月	教授
110	医学院	孙凤艳	女	1953 年 12 月	教授
111	医学院	闻玉梅	女	1934 年 1 月	教授

续 表

序 号	单 位	姓 名	性 别	出生年月	专业技术职务
112	医学院	吴根诚	男	1946 年 2 月	教授
113	医学院	许祖德	男	1954 年 8 月	教授
114	医学院	袁正宏	男	1966 年 1 月	研究员
115	医学院	周国民	男	1962 年 10 月	教授
116	医学院	左 伋	男	1961 年 7 月	教授
117	哲学学院	陈学明	男	1947 年 2 月	教授
118	哲学学院	刘放桐	男	1934 年 5 月	教授
119	哲学学院	孙承叔	男	1948 年 3 月	教授
120	哲学学院	吴晓明	男	1957 年 7 月	教授
121	哲学学院	俞吾金	男	1948 年 6 月	教授
122	哲学学院	张汝伦	男	1953 年 5 月	教授
123	中国语言文学系	陈尚君	男	1952 年 6 月	教授
124	中国语言文学系	陈思和	男	1954 年 1 月	教授
125	中国语言文学系	黄 霖	男	1942 年 6 月	教授
126	中国语言文学系	刘 钊	男	1959 年 7 月	教授
127	中国语言文学系	骆玉明	男	1951 年 7 月	教授
128	中国语言文学系	裘锡圭	男	1935 年 6 月	教授
129	中国语言文学系	申小龙	男	1952 年 9 月	教授
130	中国语言文学系	汪涌豪	男	1962 年 6 月	教授
131	中国语言文学系	王安忆	女	1954 年 3 月	教授
132	中国语言文学系	王水照	男	1934 年 6 月	教授
133	中国语言文学系	朱立元	男	1945 年 7 月	教授

2010 年复旦大学新增名誉教授、顾问教授、兼职教授名录

名誉教授

序 号	姓 名	所在单位	职称/职务	受聘日期	受聘单位
1	Heinz W. Engl	维也纳大学	教授	5 年(2010 年 9 月起)	数学科学学院

顾问教授

序 号	姓 名	所在单位	职称/职务	受聘日期	受聘单位
1	干荣珠	University of Oklahoma, USA	教授	5 年(2010 年 2 月起)	五官科医院
2	Wolfgang Mastnak	慕尼黑音乐与表演艺术大学	教授	5 年(2010 年 4 月起)	艺术学院(筹)
3	Yunpo Zhang (张云坡)	美国高露洁一棕榄公司全球科技中心临床牙科研究部	高级临床研究员	3 年(2010 年 6 月起)	公共卫生学院

兼职教授名录

序　号	姓　名	所在单位	职称/职务	受聘日期	受聘单位
1	马长明	Fox Chase Cancer Center	教授	3年(2010年2月起)	五官科医院
2	何生	美国明尼苏达大学	教授	3年(2010年4月起)	五官科医院
3	邓建军	中国工程物理研究院流体物理研究所	研究员	3年(2010年5月起)	信息学院
4	许大卫	美国新奥尔良大学	教授	5年(2010年5月起)	信息学院
5	严群	四川虹欧显示器件有限公司	千人计划学者	3年(2010年5月起)	信息学院
6	林小军	香港应用科技研究院	研发总监	5年(2010年5月起)	信息学院
7	吴光辉	中国商用飞机有限公司	研究员	5年(2010年5月起)	力学系
8	陈迎春	中航第一飞机设计研究院	研究员	5年(2010年5月起)	力学系
9	Samuel H. Chan (陈庆铿)	中国台湾长庚纪念医院生物医学转译研究中心	特聘讲座教授	5年(2010年6月起)	脑科学研究院
10	Ta-Jen Lee (李达人)	中国台湾长庚纪念医院林口总院	主任医师	2年(2010年6月起)	眼耳鼻喉科医院
11	张育军	上海证券交易所	总经理	3年(2010年9月起)	经济学院
12	郭弘	北京大学	教授	3年(2010年12月起)	信息学院
13	杨湘磊	Department of Molecular Biology The Scripps Research Institute	副教授	3年(2010年11月起)	生物医学研究院
14	袁政安	上海市疾病预防控制中心	主任医师	5年(2010年12月起)	公共卫生学院

（人事处、外事处供稿）

2010年复旦大学博士后科研流动站情况一览表

学　科	站负责人	已离站人数	现在站人数
哲学	张庆熊	55	23
理论经济学	袁志刚	180	30
应用经济学	姜波克	224	48
法学	孙南申	2	7
政治学	林尚立	25	31
社会学	刘　欣	2	22
马克思主义理论	顾钰民	1	5
中国语言文学	陈思和	145	51
外国语言文学	曲卫国	8	10
新闻传播学	童　兵	75	39
历史学	姜义华	59	24
数学	李大潜	94	14
物理	陆　昉	116	15
化学	范康年	181	42
生物学	梅岩艾　查锡良(医)	164	58
力学	张　文	15	1
材料科学与工程	武利民	18	13

续 表

学 科	站负责人	已离站人数	现在站人数
电子科学与技术	王威琪	44	19
计算机科学与技术	臧斌宇	62	23
环境科学与工程	陈建民	1	19
生物医学工程	汪源源	5	6
基础医学	袁正宏	50	23
临床医学	冯晓源	138	39
公共卫生与预防医学	姜庆五	18	3
中西医结合	沈自尹(临床) 吴根诚(基础)	16	3
药学	朱依谆	15	12
管理科学与工程	郑祖康	78	15
工商管理	芮明杰	76	39
公共管理	竺乾威 郝 模(医)	50	33
合计		1 917	667

2010 年复旦大学奖教金一览表

奖教金名称	获奖人数	获 奖 金 额	获 奖 对 象
复华教学科研奖教金	36 人	优秀研究生导师奖 3 000 元/人	全校教师
	3 人	全国优秀博士论文指导教师奖 10 000 元/人	
	12 人	全国优秀博士论文提名指导教师奖 3 000 元/人、提名奖 66 000 元(总额)	
	17 人	教学名师奖 79 000 元(总额)	
	36 人	文科科研成果奖 3 000 元/人	
	4 人	SCI 论文个人奖 3 000 元/人	
	1 人	SCI 论文被引奖 3 000 元/人	
	8 人	德育教育奖 18 000 元(总额)	
	20 人	优秀管理服务奖 3 000 元/人	
	2 人	复旦二附中 3 000 元/人	
	1 人	复旦小学 3 000 元/人	
宝钢教育基金奖教金	5 人	10 000 元/人	全校教师
第一三共制药东方奖教金	4 人	2 500 元/人	医科院系及附属医院教师
普康医学优秀教师奖教金	1 人	30 000 元/人	医科院系及附属医院教师
香港人赞助优异奖教金	9 人	5 000 元/人	全校教师
复华物理学科奖教金	21 人	300 000 元(总额)	从事物理学科教学、科研的教师
复华化学学科奖教金	19 人	300 000 元(总额)	从事化学学科教学、科研的教师
花旗奖教金	1 人	5 788 年 5 元/人	承担金融信息化领域课程的教学或科研并获得成就的教师
IBM 奖教金	1 人	10 000 元/人	计算机科学学院教师

(人事处供稿)

退休教职工

【概况】 2010年，学校退休教职工工作以党的十七大精神为指针，深入贯彻落实科学发展观，自觉执行党的老龄工作政策，努力践行“以人为本”与“共建共享”的服务理念，落实“六个老有”工作。

截至2010年11月，学校共有退休教职工4 340人，其中教师2 884人、行政人员406人、工勤人员1 050人。

在2009年的基础上，再次提高退休教职工共享费发放标准，每人每月增加40元。全年为全校4 315位退休教职工发放共享费共计2 265.44万元。管理和使用好“医疗补充金”与“护理帮困金”，为退休人员老有所医提供保障，2010年，支付医疗补充金58.74万元，资助695人次。支付护理帮困金27.91万元，资助122人。继续由学校全额出资，为全校退休教职工（含红卡持有者）办理“上海市退休职工住院补充医疗互助保障计划”集体投保，保费为每人135元，较2009年每人上涨25元，共支付保费56.7万元，累计获得赔付51.84万元。为1 445位75岁以上老人和生活困难或患病老人“送清凉”，发放慰问金49.21万元。为1 363位退休老人“送温暖”，发放慰问金48.07万元。访贫问苦90人次，支付慰问金3.95万元。出席56位去世教职工追悼会和告别式，安抚逝者家属并发放慰问金2.8万元。有13位退休教职工获得上海市高校退管会帮困补助，受助金额1.3万元。为287位逢70、80、90岁的退休老人集体祝寿，发放慰问金4.2万元。

拓宽工作思路，为退休教职工提供更优质服务。分上、下半年，在两校区为新退休教职工举行欢送仪式。配合学校，成功召开复旦大学首次离退休工作会议。以“责任与使命：面对涌动的银色浪潮”为主题，召开首次老年学理论研讨会。探索实践护理帮困金资助评审新机制，成立专门的资助评审小组，定期审定资助对象和资助金额。将退休教职工集体投保“上海市退休职工住院补充医疗互助保障计划”的时间，从以往的每年4月份提前至2月份，实现了在职与退休人员集体投保时间的无缝对接。改变敬老节“逢十祝寿”的祝贺方式，将送实物改为送“贺岁包”、“生日贺卡”和“慰问信”。深入基层开展工作调研，通过走访和座谈等形式，与校内5个退管分会和校外3所高校进行了工作情况交流，较深入地了解当前退休教职工工作状况。

注重理论研究，向上海市高校退管会提交老年学理论文章13篇，其中2篇论文获“上海市退休职工管理研究会优秀论文奖”。校退管会老年理论研究工作受到上海市高校退休职工管理委员会的表彰，获得“优秀组织奖”。12月，《微霞尚满天——老年学理论文集（续集）》，由复旦大学出版社正式出版。

重视规范化管理，制订、重申《关于复旦退休教职工各类活动用车安全与公共活动场所消防安全注意事项》、《复旦大学退休教职工旅游安全告知》、《复旦大学退休教职工旅游工作操作细则》、《复旦大学退管会财务管理办法》等制度，并集中公布到校退管会网站。加强信息交流，在学校信息办支持下，对已开通使用8年的复旦大学退休教职工网站进行改版。为250位2010年退休的教职工举办迎新仪式。

重视发挥校老教授协会等群众组织的作用，协助编辑、出版协会的《简报》，开展各种活动。

创造有利条件，丰富退休教职工晚年生活。在校基建处修缮办大力支持下，为老年门球场搭建遮阳（防雨）篷，安装长条坐凳等，改善老同志活动环境。及时调整社团负责人，充实和完善社团队伍，抓好日常排练，组织比赛及演出等。将老年大学整体搬迁至位于国权路的银发科技楼，扩大办学空间，改善办学条件。新开出《文学欣赏》和《手穴疗法》课程，恢复开出《声乐入门》和《音乐欣赏》课程。为4 226位退休教职工每人发放1张世博会（老年人）门票，请各退管分会组织老同志开展“世博一日游”活动。组织1 775位75岁以下退休教职工参加敬老月“辰山一日游”活动。组织开展“参与世博，快乐生活”为主题的退休教职工摄影书画展以及球类比赛、棋牌类比赛、文艺演出等30余项校内外活动。老年象棋队首次获“上海市高校退休教职工象棋比赛”团体奖，老年场地高尔夫球队获“复旦大学、上海理工大学、上海体育学院三校场地高尔夫球友谊赛”团体第二名，老年门球队获“吴淞杯”门球邀请赛第二名，老年桥牌队一对选手获“上海市高校退休教职工桥牌比赛”第二名，上海市退休职工大学复旦分校合唱团获上海市第四届“九九关爱·重阳歌会”茉莉花奖（三等奖），民族舞班获2010年庆世博“上海—悉尼”中老年健身舞蹈国际交流赛三等奖。（林　丽）

【召开复旦大学首次离退休工作会议】 2010年10月15日，召开复旦大学首次离退休工作会议。会议总结过去十年学校开展离退休工作的情况，部署当前和今后一段时期全校离退休工作，表彰一批离退休工作先进集体和个人，公布经调整的复旦大学老龄工作委员会组成人员名单。学校有关党政领导出席会议并讲话，会议下发《关于进一步加强我校离退休工作的若干意见》（复委［2010］19号）等文件，为学校离退休教职工工作的有效开展指明方向。（林　丽）

【理论研究论文获各类市级奖】 有2篇文章获上海市退休职工管理研究会年会优秀论文奖，其中曹惠民、方林虎、金文英的《真诚关爱老人迫切需求——上海亟须建立长期护理保障制度》获一等奖，陈勤的《重视维护老年人的尊严，促进社会和谐》获二等奖。杜作润的《复旦大学调查报告——老年人满意了还应该怎么办得更好》获上海市老年教学协会理论专业委员会二等奖。华宏鸣的《“科学发展观”体现了“马克思主义时代化”的特征》获上海市社会科学界联合会“马克思主义中国化、时代化、大众化与中国发展道路”理论研讨会征文优秀论文奖。（林　丽）

六、对外交流与合作

【概况】 2010年，外事处深入贯彻科学发展观，发挥复旦优势，开拓新的资源，结合学校的学科发展，以外事为教学和科研服务的理念，进一步推进学校国际化进程。

全年接待境外嘉宾共7 280人次，409批次。其中包括校长51人，副校长49人，各国政要44人。全年共有4 936人次出国出境，其中学生1 686人，教师2 252人，博士后24人，附属医院人员974人。

获教育部审批主办或承办的国际及地区学术会议49个，包括"上海论坛2010"、"第九届新型超导体光谱学国际会议"、"第十五届高电荷态离子物理国际会议"、"2010年亚太多媒体国际会议"、"2010年国际固态和集成电路会议"、"2010年上海国际呼吸病研讨会"等一些规模较大、学术水平较高、在国际上有一定影响的国际学术会议。来华参加各类会议的外籍专家学者达2 000余人，其中不乏世界一流专家学者，包括诺贝尔奖获得者、外国科学院院士等。

全年共有长期专家103名，各类短期专家600余名，新增"名誉教授"等荣誉称号的专家5人。2010年度执行国家外国专家局引进海外高层次文教专家计划2个，教育部海外名师项目2个，教育部聘请外籍专家重点项目44个，教育部普通短期专家项目47个，上海市智力引进项目19个，复旦大学海外优秀学者授课项目35个。经外事处推荐申报，学校药学院院长、新加坡籍专家Yizhun Zhu（朱依谆）教授荣获2010年上海市白玉兰纪念奖。

学生出国出境交流的人次不断增长。全年有1 686名学生出境交流，其中长期交流学生783人，短期交流学生903人。本科生915名，研究生771名。按照校际协议接受来自境外友好学校的长期交流学生640名。

全年与23所境外大学或机构新签校际协议，另与14所交流学校续签协议或签署关于新项目的协议。其中，新发展的境外大学包括美国的普林斯顿大学、法国的巴黎政治学院、俄罗斯的圣彼得堡大学、德国的科隆大学和印度的德里大学等，进一步完善国际交流的布局，并开展实质性的合作和交流。

相继承办北欧中心大楼落成暨北欧中心理事会和大学校长高峰会议、二十一大学协会主管会议，并参加孔子学院的理事会和年会，参与上海论坛2010工作。举办复旦大学—北海道大学交流日、德国高校日活动等学生交流活动。

上海世博会召开期间，外事处组织教师和学生参加与学校有交流关系的机构所在国家和地区的世博场馆主办的各类学术研讨、公众参与活动。外事处薛华、刘莉相继借调上海世博会协调局工作。薛华获上海市"2010年度重大工程优秀组织者"称号、上海世博会事务协调局"2010年度优秀工作人员"称号、中共上海世博会事务协调局委员会"世博园区'平安和谐、优质服务'运行保障立功竞赛特别嘉奖"、上海世博园区运行保障立功竞赛组织委员会"上海世博园区运行保障立功竞赛'月度冠军'"称号，经世博局党委讨论，行政级别由主管晋升为高级主管。刘莉获得中共上海市委、上海市人民政府"上海世博工作优秀个人"称号、中共上海市委"世博先锋一线行动'五带头'共产党员"称号、上海世博会事务协调局"2010年度优秀工作人员"称号、上海世博园区运行保障立功竞赛组织委员会"上海世博园区运行保障立功竞赛'月度冠军'"称号。

12月，外事处所有办公室由光华楼搬迁入由北欧政府和大学资助建造的北欧中心大楼。

（赵　敏　赵沛然）

【耶鲁大学"Yale 50"研究生代表团到访】 1月6日，美国耶鲁大学研究生代表团"Yale 50"访问复旦大学。副校长许征出席邯郸校区的开幕式，并做主题发言。开幕式后，耶鲁学生在学校研究生代表的陪同下参观校园并座谈。次日，代表团中的医学生赴枫林校区医学中心参观交流，与上海医学院、公共卫生学院的师生代表座谈。（赵　敏　赵沛然）

【意大利农业部长到访】 1月14日，意大利农业食品和林业政策部部长Luca Zaia先生访问复旦大学，并在管理学院向中、意两国师生发表题为"意大利经济中的农业企业"的演讲。校党委副书记刘建中接待Luca Zaia先生一行。管理学院副院长殷志文陪同会见并主持演讲。复旦大学管理学院自2006年9月与意方合作开展"复旦—博科尼/路易斯管理学双硕士学位"项目。至今已招收四届约220名学员，其中近一半为意大利留学生。（赵　敏　赵沛然）

【牛津大学校长到访】 详见第46页【牛津大学到访】条。

【荷兰首相到访】 4月30日，荷兰首相巴尔克嫩德(J. P. Balkenende)博士在荷兰驻华大使裴靖康(Rudolf Bekink)先生和驻沪总领事汪一力(Erick Verwaal)博士等的陪同下访问复旦大学，并为复旦师生作题为"荷兰、欧盟与中国的关系"的演讲。校党委书记秦绍德会见巴尔克嫩德首相。（赵　敏　赵沛然）

【澳大利亚两任外交部长相继到访】 5月18日，澳大利亚外交部长斯蒂文·史密斯(The Hon Stephen Smith, MP)在澳大利亚驻华大使芮捷锐博士(Dr. Geoff Raby)、驻沪总领事孔陶杰先生(Mr. Tom Connor)等的陪同下来校访问,并为复旦师生作题为“中澳关系——现状及展望”的演讲。校党委书记秦绍德会见史密斯部长一行。10 月 31 日,澳大利亚外交部长、前总理陆克文(The Hon Kevin Rudd MP)访问复旦大学。校长杨玉良接待陆克文外长代表团一行。会见后,陆克文参加由学校美国研究中心主办的圆桌讨论会,就“What's next for China: at home and abroad”的议题开展讨论。

(赵　敏　赵沛然)

【加拿大总督到访】 详见第 46 页【加拿大总督到访】条。

【举行一流大学建设系列研讨会暨中国大学校长联谊会】 详见第 46 页【举行一流大学建设系列研讨会暨中国大学校长联谊会】条。

【举行复旦大学—香港中文大学—早稻田大学三校签约仪式】 该仪式于 8 月 26 日下午在复旦大学张江校区举行。复旦大学校长杨玉良教授、香港中文大学校长沈祖尧教授、早稻田大学校长白井克彦教授出席并签订协议。通过该协议,复旦大学管理学院、香港中文大学商学院、早稻田大学商学部的学生将有机会在三所学校进行交流学习,体验上海、香港、东京的生活,并有机会掌握汉语、英语、日语三种语言。　(赵　敏　赵沛然)

附　录

2010 年重要代表团来访情况一览

国外代表团

(1) 校长来访

1 月 12 日	阿联酋阿迦曼科技大学校长 Dr. Saeed Abdullah Salman
3 月 15 日	英国东英格利大学校长 Trevor Davies
3 月 18 日	美国哈佛大学校长 Drew Faust
4 月 29 日	英国牛津大学校长 Andrew Hamilton
4 月 30 日	美国芝加哥大学校长 Robert J. Zimmer
5 月 5 日	美国莱斯大学校长 David Leebrons
5 月 14 日	美国邦德大学校长 Robert Stable
5 月 17 日	荷兰格罗宁根大学校长 Sibrand Poppema
5 月 18 日	德国于利希研究中心主席 Prof. Achim Bachem
5 月 25—26 日	芬兰坦培雷大学校长 Krista Varantola
5 月 25—26 日	芬兰瑞典语商学院校长 Marianne Stenius
5 月 25—26 日	芬兰奥尔托大学校长 Tuula Teeri
5 月 25—26 日	挪威奥斯陆大学校长 Ole Petter Ottersen
5 月 25—26 日	挪威科技大学校长 Torbjørn Digernes
5 月 25—26 日	瑞典隆德大学校务主任 Marianne Granfelt
5 月 25—26 日	瑞典斯德哥尔摩大学校务主任 Ann-Caroline Nordström
5 月 25—26 日	瑞典哥德堡大学校长 Pam Fredman
5 月 25—26 日	冰岛大学校长 Kristin Ingolfsdottir
5 月 25 日	美国阿巴拉契亚州立大学校长 Kenneth E. Peacock
5 月 25 日	澳大利亚麦考瑞大学校长 Steven Schwartz
5 月 29 日	美国华盛顿大学校长 Mark Wrighton
6 月 8 日	美国太平洋大学校长 Pamela A. Eibeck
6 月 11 日	瑞典皇家理工学院校长 Peter Gudmundson
6 月 26 日	日本关西大学校长楠见晴重
8 月 26 日	日本早稻田大学校长白井克彦
8 月 27 日	南非开普敦大学校长 Max Price
8 月 31 日	捷克帕拉茨基大学校长马士兰教授 Miroslav Maslan
9 月 15 日	德国康斯坦斯大学校长 Ulrich Ruediger 教授

续　表

9 月 16 日	澳大利亚国立大学校长 Ian Chubb
9 月 17 日	美国芝加哥大学校长 Robert Zimmer
9 月 17 日	美国布兰登大学校长 Deborah C. Poff
9 月 17 日	德国自由柏林大学校长 Peter-André ALT 教授
9 月 26 日	日本同志社大学校长八田英二
9 月 27 日	德国图宾根大学校长 Prof. Bernd Engler
10 月 8 日	美国缅因大学校长 Theo Kalikow 和教务长 Allen Berger
10 月 12 日	挪威卑尔根大学校长 Sigmund Grønmo
10 月 20 日	法国巴黎高科集团主席 M. Cyrille Van Effenterre
10 月 21 日	法国里昂大学集团主席 Michel Lussault
10 月 23 日	瑞典隆德大学校务主任 Marianne Granfelt
10 月 25 日	智利天主教大学校长 Ignacio Sanchez
10 月 28 日	芬兰赫尔辛基大学校长 Thomas Wilhelmsson
10 月 29 日	哥伦比亚留学基金委主席 Marta Lucia Villegas Botero
11 月 5 日	朝鲜金日成综合大学党委书记金来西
12 月 10 日	加拿大英属哥伦比亚大学校长 Stephen Toope 教授

(2) 副校长来访

1 月 6 日	英国爱丁堡大学副校长 Prof. Steve Hillier
1 月 7 日	比利时布鲁塞尔自由大学副校长 Baron Pierre de Maret 教授
3 月 8 日	英国杜伦大学副校长 Andrew Deeks
3 月 10 日	日本北海道大学副校长本堂武夫
3 月 15 日	澳大利亚悉尼大学副校长 John Hearn
5 月 12 日	加拿大麦克基尔大学副校长 Jim Piper 教授
5 月 25—26 日	丹麦奥尔堡大学副校长 Inger Askehave
5 月 25—26 日	南丹麦大学副校长 Bjarne Graabech Sorensen
5 月 25—26 日	芬兰奥尔托大学执行主任 Matti Pursula
5 月 25—26 日	芬兰赫尔辛基大学副校长 Jukka Kola
5 月 25—26 日	芬兰赫尔辛基大学副校长 Kimmo Kontula
5 月 25—26 日	东芬兰大学副校长 Kalervo Väänänen
5 月 25—26 日	芬兰图尔库大学副校长 Tapio Reponen
5 月 25—26 日	冰岛大学副校长 Jon Atli Benediktsson
5 月 25—26 日	挪威经济管理学院副校长 Gunnar E. Christensen
5 月 25—26 日	挪威科技大学副校长 Kari Melby
5 月 25—26 日	挪威卑尔根大学副校长 Astri Andresen
5 月 25—26 日	瑞典皇家理工学院副校长 Eva Malmström Jonsson
5 月 25—26 日	瑞典斯德哥尔摩大学副校长 Lena Gerholm
5 月 25—26 日	瑞典于默尔大学副校长 Åsa Bergenheim
5 月 25—26 日	瑞典乌普萨拉大学副校长 Kerstin Sahlinr
6 月 3 日	俄罗斯经济大学副校长 Avron Boretz
6 月 8 日	英国杜伦大学副校长 Professor Andrew Deeks

续 表

6月11日	瑞典皇家理工学院副校长 Ramon Wyss
6月18日	奥地利维也纳大学副校长 Barbara Sporn
7月27日	日本上智大学副校长 Jean-Claude Hollerich
9月1日	西班牙巴塞罗那拉曼·鲁尔大学副校长 Rosa Nomen
9月1日	西班牙巴塞罗那自治大学副校长 Carlos Jaime
9月2日	瑞典皇家理工学院副校长 Ramon Wyss
9月8日	法国巴黎综合理工大学副校长 Elisabeth Crepon
9月26日	挪威管理学院常务副校长 Jens P. Tondel
10月8日	美国俄克拉荷马州立大学副校长(学生事务)Lee Bird 教授
10月12日	英国伯明翰大学前副校长 Malcolm Press
10月20日	法国巴黎政治学院副院长 Francis Verillaud
10月22日	澳大利亚墨尔本大学副校长 Susan Elliott
10月23日	瑞典隆德大学副校长 Eva Åkesson
10月25日	加拿大约克大学副校长 Lorna Wright
10月26日	美国加州大学戴维斯分校副校长 Dr. Barry Klein
11月12日	日本埼玉大学副校长丹吴惠一
11月17日	爱尔兰都柏林大学副校长 Brigid Laffan
11月20日	英国东英吉利大学副校长 Trevor Davies
11月22日	日本关西大学副校长上岛伸一
11月23日	澳大利亚麦科里大学副校长 Jim Piper

(3) 政要来访

1月14日	意大利农业部长 Luca Zaia
4月30日	荷兰首相 Jan Peter Balkenende
5月6日	芬兰赫尔辛基市市长代表团
5月12日	加拿大蒙特利尔市长 Gerald Tremblay
5月12日	马来西亚教育部副部长暨马来西亚华人公会青年团团长魏家祥博士
5月13日	沙特阿拉伯阿卜杜拉国王科技城城长(相当于科技部部长)Dr Al-Suwaiyel
5月17日	列支敦士登外交部长 Aurelia Frick
5月18日	澳大利亚外交部长 Stephen Smith
5月25日	挪威高等教育和研究部国务秘书 Kyrre Lekve
5月25日	瑞典教育部国务秘书 Peter Honeth
5月25日	丹麦科技创新部国务秘书 Uffe Toudal Pedersen
5月25日	芬兰教育部研究创新理事会秘书长 Ilkka Turunen
5月27日	挪威工贸部部长 Trond Giske
5月30日	印度外交部长 S. Jaishankar 博士
6月1日	西班牙巴塞罗那市政府国际关系部长 Mario Rubert
6月2日	芬兰教育部国务秘书 Heljä Misukka 女士
6月4日	英国律师公会主席代表团
6月9日	白俄罗斯共和国教育部第一副部长 Zhuk Aleksander
6月10日	瑞典斯德哥尔摩市长代表团 Lotta Edholm

续　表

6月24日	北欧部长理事会代表团：芬兰住房部部长 Jan Vapaavuori、瑞典国务秘书 Johan Tiedemann、格陵兰岛财政部部长 Palle Christiansen 等
6月29日	以色列驻沪领事馆副总领事 Sherry Zilbergeld
6月30日	加拿大总督 Michaelle Jean
7月23日	澳大利亚昆士兰教育与培训部长 Geoff Wilson
9月6日	芬兰埃斯波市市长 Marketta Kokkonen
9月13日	瑞士教育和科研副部长 Juerg Burri
9月13日	芬兰国防部长 Jyri Häkämies
9月13日	印度驻沪领事 Swapan Chattopadhyay
9月20日	以色列旅游部总司长 Noaz Barnir
9月21日	法国驻华大使 Hervé Ladsous
9月22日	沙特亲王曼苏尔·迈特阿布
10月12日	瑞典卫生部部长 Maria Larson
10月21日	丹麦文化部部长 Per Stig Moeller
10月21日	法国前总统 Valery Giscard d'Estaing
10月29日	意大利伦巴第大区主席 Roberto Formigoni
11月1日	澳大利亚外交部长陆克文 Kevin Michael Rudd
11月4日	澳大利亚教育部长 Christopher Evans
11月24日	以色列财政部首席会计师(等同于副部长)Shouky Oren
12月7日	以色列驻沪总领事 Jackie Eldan
12月9日	波兰驻沪总领馆商务参赞 Andrzej Pieczonka
12月13日	瑞典驻沪总领事 Bengt Johansson
12月13日	芬兰驻沪总领事 Matti Heimonen
12月13日	挪威驻沪总领事 Bjørn Blokhus

(4) 知名学者(机构)来访

4月29日	诺华制药全球 CEO Joe Jimenez
5月19日	西班牙桑坦德银行全球副总裁 Francisco Luzón López
9月13日	诺贝尔奖得主 Kurt Wuetrich
11月15日	法中科学与应用基金会学术委员会主席雅克·冈(Jacques Caen)教授
12月7日	世界经济论坛全球领袖项目主任 Martin Nägele

港澳台地区代表团

1月3日	香港中文大学候任校长、医学院副院长(常务)沈祖尧教授一行20人
1月21日—2月7日	复旦大学港澳台事务办公室受海峡两岸关系协会委托，举办“中华文化研习营”，接待251人
2月3日	香港特别行政区教育局组织“薪火相传：中华文化探索与承传”青年交流团，接待500人
2月8日	东海大学一行29人
2月25日	春季学期的港澳台交流生45人
2月28日—3月2日	香港大学亚洲政治经济中心举办的暑期项目 AIPE 的上海面试在复旦大学举行，接待80人
3月4日	香港特别行政区政府驻上海经济贸易办事处副主任吴伟堂一行2人
3月5日	香港理工大学中国商业中心行政主任王诗华一行2人

续 表

3月19日	香港中文大学邀请前美国国务卿赖斯女士进行《亚洲的未来》的讲座，与我校共享互联网直播资源，共计221人参与
3月31日	台湾东华大学校长黄文枢一行10人访问我校，签订两校学术交流和学生交换协议
4月6日	香港葵区青少年访问团一行38人
4月13日	中国文化大学赖国洲教授一行2人访问我校成人教育学院
4月19日	香港理工大学工商管理学院学生交流负责人梁伟斌
5月17日	台湾淡江大学校长张家宜一行12人
5月14日	台湾世新大学校长室主任李功勤一行2人
5月19日—6月1日	香港城市大学“中国文化考察学习团”一行50人
5月24—30日	香港各大学世博考察团一行111人
5月29日	香港城市大学公共行政学科联会一行5人来我校国际关系与公共事务学院进行交流访问
6月9日	澳门圣罗撒女子中学一行41人
6月11日	台湾政治大学俄罗斯研究所兼任教授张京育先生、世界公民文化中心董事长吕学海先生一行4人
6月16日—7月26日	香港大学生沪苏杭实习考察团一行67人
6月20—26日	香港城市大学“上海法律学术交流团”一行27人
6月21—25日	澳门中华教育会资深教师一行25人
6月23—27日	复旦大学澳门大学大学生2010上海世博团一行47人
6月23—27日	中国高等院校香港校友会联合会上海考察团一行25人
6月28日	香港拔萃男子书院一行34人
6月28日	台湾中正大学校长吴志扬一行11人
6月29日	台湾大学教授田芳华
6月29日—7月1日	香港浸会大学招生团一行14人
7月4—12日	教育部“世博与江南”考察团一行137人
7月10—16日，	澳门理工学院高等卫生学校教师访问团一行21人
7月12日	海峡两岸新闻营开营仪式参加者45人
7月10—16日	澳门理工学院访问团一行21人
7月18日	香港中华基金中学一行87人
7月15—23日	2010年暑期中华文化研习营第一班84人
7月16日	台南一中一行100人
7月28日—8月5日	2010年暑期中华文化研习营第二班80人
7月31日	香港文汇报“未来之星”访问团21人
8月6—14日	2010年暑期中华文化研习营第三班80人
8月8日	“中华青年之友”一行55人
8月7—12日	香港泛亚教育中心一行43人
8月17日	“两岸青年联欢节”一行70人
8月21日	台湾彰化师范大学副校长林明德
8月24日	香港中文大学沈祖尧校长代表团一行8人
8月25日	复旦—港中大—早稻田三校管理学院负责人会议，5人
8月26日	复旦—港中大—早稻田三校合作签约仪式，参加者7人
8月27日	台湾彰化师范大学一行20人
8月27日	台湾复旦中学一行80人

续　表

9月7日	香港教育考试院一行2人
9月7—8日	"上海世博咖啡馆"参与者200人
9月16日	复旦中学校长段台民
9月16日	兆丰金融控股股份有限公司董事(台湾)李礼仲一行3人
9月17日	台湾纯青基金会一行20人
9月24日	台湾长荣交响乐团一行20人,我校10名台籍同学参加
10月9日	校董李兆基
10月22日	台湾蒋经国基金会学术交流团一行17人
10月23日	香港 Crouncher 基金会 David Foster 等2人
10月26—29日	香港中联办一行6人
11月15日	台湾淡江大学教育政策与领导研究所一行4人
11月29日	香港中文大学工商管理学院
12月3日	香港理工大学专上学院曾迎
12月9日	香港中联办纪建军等一行5人
12月10日	香港浸会大学上海联络处启动仪式,参与者20人
12月28日	香港教育局、考试及评核局一行20人
12月28日	香港中文大学专业进修学院一行2人

2010年复旦大学新签合作协议(海外)一览表

海外大学或机构	国家或地区	签约人	签约时间
德里大学	印度	杨玉良	4月30日
东英格利大学	英国	杨玉良	5月4日
科隆大学	德国	杨玉良	5月6日
蒙特利尔大学	加拿大	杨玉良	5月12日
蒙特利尔综合理工大学	加拿大	杨玉良	5月12日
桑坦德银行	西班牙	杨玉良	5月17日
南丹麦大学	丹麦	杨玉良	5月17日
华盛顿大学圣路易斯	美国	杨玉良	5月29日
巴黎政治学院	法国	杨玉良	6月24日
巴黎高科工程师学校集团(巴黎高科)	法国	杨玉良	6月24日
普林斯顿大学	美国	杨玉良	6月29日
奥塔哥大学	新西兰	王小林	7月16日
哥斯达黎加大学	哥斯达黎加	杨玉良	8月12日
南洋理工大学	新加坡	杨玉良	8月13日
香港中文大学、早稻田大学(三方协议)	中国香港、日本	杨玉良	8月25日
圣彼得堡国立大学	俄罗斯	秦绍德	9月
莫斯科国立大学	俄罗斯	秦绍德	9月16日
科隆大学	德国	杨玉良	9月21日
奥尔堡大学	丹麦	陈寅章	10月15日
新竹清华大学	中国台湾	杨玉良	10月19日
台湾大学	中国台湾	杨玉良	10月22日
东芬兰大学	芬兰	秦绍德	11月9日
图尔库大学	芬兰	杨玉良	11月15日

2010 年复旦大学举办海内外国际会议一览表

举办时间	会 议 名 称	主办/承办单位
1 月 7—9 日	计算物理和材料科学国际学术研讨会	物理学系
3 月 9 日	核安全国际学术研讨会	美国研究中心
3 月 12—13 日	"寻求太平洋地区的和谐与繁荣——从 1910 年南洋劝业会到 2010 年上海世博会"国际学术研讨会	历史学系
3 月 29—30 日	"中国对外政策的来源于转变"国际学术研讨会	国际关系与公共事务学院
4 月 5—6 日	"亚洲多边主义：寻求共识"国际学术研讨会	国际关系与公共事务学院
4 月 14—16 日	2010 年计算机支持的协同设计国际会议	计算机科学与工程学院
4 月 23—25 日	2010 年上海国际乳腺癌康复研讨会	附属肿瘤医院
4 月 28—29 日	2010 年东亚法律协作学术研讨会	法学院
5 月 1—2 日	"东亚协商政治的文化渊源"国际学术讨论会	社会科学高等研究院
5 月 4—6 日	2010 年金融信息处理国际学术研讨会	智能信息处理实验室(信息学院)
5 月 10—11 日	2010 结技术国际研讨会	微电子研究院
5 月 21—22 日	"大规模系统优化问题"国际学术讨论会	管理学院
5 月 24—28 日	第九届新型超导体光谱学国际会议	物理学系
5 月 29—31 日	上海论坛 2010	上海论坛组委会
5 月 31—6 月 4 日	偏微分方程及其应用的新进展国际学术研讨会	数学科学学院
6 月 15—20 日	2010 表面、界面和薄膜国际学术研讨会	物理学系
6 月 16—20 日	2010 年中国管理国际学会年会	管理学院
6 月 19 日	2010 年上海国际大肠癌学术讨论会	附属中山医院
6 月 28—29 日	公益组织与社会建设中英学者双边会议	社会发展与公共事务学院
7 月 3—6 日	"2010 上海世博咖啡——世界咖啡馆"主题论坛	管理学院
7 月 5—30 日	2010 中法应用数学暑期班	数学科学学院
8 月 8—10 日	"东亚沙尘/气溶胶及其对全球气候变化的影响"国际学术研讨会	环境科学与工程系
8 月 30—9 月 3 日	第十五届高电荷态离子物理国际会议	现代物理所
9 月 21—24 日	2010 年亚太多媒体国际会议	信息科学与工程学院
10 月 10—12 日	一流大学建设系列研讨会——2010	校长办公室
10 月 18—19 日	两岸四地馆长联席会议 2010 年年会	图书馆
10 月 18—22 日	微米尺度生物医学分离和分析技术国际学术研讨会	化学系
10 月 23—24 日	2010 年上海国际生物技术与设备研讨会	附属中山医院
10 月 29—31 日	2010 年上海国际呼吸病研讨会	附属中山医院
11 月 2—5 日	"前现代世界史的亚洲：印度、中国、日本、朝鲜与欧洲的思想史"国际学术研讨会	文史研究院
11 月 1—3 日	2010 年上海国际肿瘤局部与靶向治疗研讨会	附属中山医院
11 月 1—4 日	现代应用数学国际学术会议	数学科学学院
11 月 1—4 日	2010 年国际固态和集成电路会议	微电子研究院
11 月 6—8 日	"中古时代的礼仪、宗教与制度"国际学术研讨会	历史学系
11 月 8—9 日	东亚区域合作与中日韩关系国际学术研讨会	韩国研究中心
11 月 9—10 日	东亚区域一体化——第十三届中华经济协作系统国际研讨会	韩国研究中心
11 月 16—17 日	2010 亚洲子宫内膜异位症学术研讨会	附属妇产科医院
11 月 19—21 日	"马克思主义与生态文明建设"国际学术研讨会	哲学学院

续　表

举办时间	会　议　名　称	主办/承办单位
11月20—22日	2010年IEEE商务与企业计算大会	软件学院
11月20—22日	2010年IEEE电子商务工程国际大会	软件学院
11月22—25日	亚太地区伦理审查委员会论坛第十届年会	附属华山医院
11月27—30日	“挑战与回应：宗教与当代世界”国际学术研讨会	哲学学院
11月28—12月2日	2010年生殖免疫学国际学术研讨会	附属妇产科医院
12月4—5日	中国经济国际学术会议	经济学院
12月6—8日	“中国思想史、文化史研究的回顾和展望”国际学术研讨会	文史研究院
12月6—10日	亚洲光纤通信与光电国际会议及博览会	信息科学与工程学院
12月10—12日	2010年固体量子计算国际学术研讨会	物理学系
12月10—13日	第八届国际最优化方法及应用大会	管理学院
12月12—18日	制度经济学上海研讨会	经济学院

七、校董、校友、捐赠与基金会管理

【概况】 2010 年对外联络与发展处(简称“外联处”)继续围绕学校的中心工作,以科学发展观为指导,着力加强基础和内涵建设,努力提高管理水平和工作效率,广拓联络渠道,汇聚各方资源,为学校建设世界一流大学服务。

全年募得学校发展资金如下:复旦大学接受捐赠 7 380.7 万元,上海复旦大学教育发展基金会接受捐赠 4 827 万元,复旦大学教育发展基金会(海外)接受捐赠 4 633.7 万元。复旦大学来自“其他企业团体”的捐赠收入中,包括来自上海复旦大学教育发展基金会的捐赠 3 214.5 万元和复旦大学教育发展基金会(海外)捐赠 2 334.1 万元。

校友工作:修改完善《复旦大学关于进一步加强校友工作若干意见》(征求意见稿),报学校批准后下发实施。做好复旦大学校友会成立后的秘书处各项工作,完成民政部的复旦大学校友会印章和财务专用章刻制和申领,上海市杨浦区税务局的校友会法人税务登记,中国银行的校友会银行账户开立。聘请专业财会人员,完善校友会日常财务运作和管理。做好校友网的日常维护、更新和管理,增设校友活动报名网站。《复旦人》校友刊物年内试刊 4 期,总印数 2.2 万余册。定期为近 2 万名校友发送电子版《复旦校友简讯》,建立健全校友工作网络,校友信息库导入校友基本信息达 15 万条。联手各地校友会、院系、学生社团和相关企业、单位举办各类“校友论坛”,提高品牌效应,推动各院系开展毕业 20 年返校活动、每年 5 月的校友返校月活动等。2010 年,20 个院系共组织 133 个班级的校友返校,16 个院系网站设立校友窗口,9 个院系定期向校友发送电子刊物。

校董工作:进一步围绕“联络、调研、服务、拓展”的方针开展工作。顺利召开第四届校董会第四次会议,尝试并探索在境外召开校董会议的新模式,以校董为纽带,密切两岸往来和合作。依托形式多样、内容丰富的活动,加强与校董的联系和往来。邀请校董参加校友办公室、基金会以及学校组织策划的各项活动。做好校董观摩世博会等活动的接待工作。协助基金会做好筹募工作,为拓展校董捐赠夯实基础。

基金会工作:围绕学校发展战略,制订捐赠工作目标和计划。重视小额捐赠,开展“汝沐春 phone”电话运动、“毕业季”活动、“正大集团体育馆席位冠名”等劝募项目。充分利用已建成的“一网两库两刊”,加强信息建设,实现网站捐赠、项目管理、捐赠人管理、信息动态数据对接。新增制度 8 项,规范捐赠工作。提出设立院系分基金的理念,配合院系开发各类捐赠项目,协助院系成立分基金管理委员会,打造基金会与学校院系间的联动网络。复旦大学教育发展基金会(海外)以服务学校发展大局为理念,依托联络、拜访、活动和网络等多种方式,推进美国与香港两地的筹募工作,完成大额捐赠与小额捐赠的共同开拓,首次面向海外校友推广年度捐赠,并帮助院系拓展海外资源。捐款收入大幅提高,2010 年新增 10 个捐赠项目,项目总支出为 2009 年的 6 倍。以通讯会议的形式召开 2010 年度董事会会议,聘请安永国际会计师事务所对基金会实施全面审计。

(杨　俐)

【设立复旦大学人文基金】 1 月,校董尹衍樑捐赠人民币 2 400 万元,与复旦大学共同设立复旦大学人文基金,支持人文学科师资队伍建设和国际交流。(谢静波)

【开展“汝沐春 phone”电话运动】 3 月 8 日至 5 月 16 日,上海复旦大学教育发展基金会推出“汝沐春 phone”电话运动。该活动共招募志愿者 44 名,梳理并甄选出校友信息 8 000 余条,尝试与 7 600 余位校友电话联络,与近 30%的校友取得有效的联系,通话时间 10 分钟以上的约占 84%,三分之一以上的校友承诺各类小额捐赠。此次活动增进了校友与母校的联系,进一步探索适合复旦的动员型募款模式,并拓展基金会小额捐赠,为基金会的未来发展积累经验。

(谢静波)

【举行抗战时期复旦大学旧址纪念馆的开馆仪式】 4 月 3 日,由复旦大学与重庆市人民政府联合主办,复旦大学校友会和复旦大学重庆校友会承办的抗战时期复旦大学旧址纪念馆开馆仪式在重庆北碚下坝隆重举行。校党委书记秦绍德、前校长王生洪、副校长许征、重庆市副市长谢小军、30 余位当年北碚求学和工作的老学长以及各地校友代表等 200 余位出席仪式,重温历史、缅怀先贤。(章晓野)

【设立复旦大学赴美国哥伦比亚大学访学交流基金】 3 月 28 日晚,“复旦大学赴美国哥伦比亚大学访学交流基金”的捐赠签约仪式在香港举行,该基金由鸿文慈善发展基金会捐资。复旦大学校长杨玉良、鸿文慈善发展基金会主席刘洪文燕出席并签署协议。副校长许征、校长助理丁光宏、外联处处长张宏莲、副处长孙钢参加签约仪式。刘銮鸿夫妇捐赠人民币 500 万元,用于支持复旦大学与哥伦比亚大学的访学及合作交流。

(谢静波　陆颖丰)

【召开上海复旦大学教育发展基金会理事会换届会议】 该会议于 5 月 22 日在复旦大学光华楼思源会议厅召开。第一届理事会理事长秦绍德,理事王生洪、陈曾焘、谢仕荣、陈仲儿、王卫平、郑祖康、许征，刘浩清理事的代表刘铁成、俞平尔，监事刘建中，以及第二届理事会增选理事候选人袁天凡，卢志强候选理事的代表余政，郭广昌候选理事的代表梁信军出席会议，复旦大学相关部门的负责人列席会议。会议由理事长秦绍德主持。大会审议并通过上海复旦大学教育发展基金会第一届理事会工作报告和新的《上海复旦大学教育发展基金会章程》，选举产生第二届理事会，选举秦绍德为理事长，杨玉良为副理事长，许征为秘书长，刘建中、李若山、林学雷为监事。　（谢静波）

【唐家璇访问复旦】　5月28日，前国务委员唐家璇校友，前外交部驻外大使、外语专家过家鼎校友来校访问，与党委书记秦绍德、校长杨玉良、前校长王生洪、副校长许征等亲切会面。29日中午，唐家璇应邀出席外文学院举行的55级同学校庆聚会，并一起参观校史馆和江湾校区。访问期间，唐家璇登上砺志讲坛，与师生们一起回忆复旦读书岁月，分享四十载外交生涯。　（章晓野）

【举办“上医文化研讨会”】　6月5日复旦大学校友会与上海医科大学校友会联合在北京举办“上医文化研讨会”。校长杨玉良出席并讲话，全国人大副委员长韩启德和桑国卫，以及10位两院院士等200余人出席大会，共同探讨上医文化和推进医药卫生事业发展。　（章晓野）

【复旦大学教育发展基金会（海外）召开第二次投资委员会全体会议】　7月26日，复旦大学教育发展基金会（海外）投资委员会召开电话会议。委员会主席袁天凡，委员秦绍德、许征、章晟曼、罗鼎葳、张祖同参加会议，外联处处长张宏莲、副处长丁力列席会议。会议总结上一年度投资情况，并对下一阶段投资战略做出部署。　（陆颖丰）

【成立“复旦基础教育联盟”】　9月17日，复旦附中、上海复旦中学、重庆复旦中学、台湾复旦中学、上海复兴高级中学、乌江复旦学校在复旦附中签署协议，正式成立“复旦基础教育联盟”。该联盟为上海复旦大学教育发展基金会下设项目，旨在加强各校间交流与合作，通过联盟的形式延伸复旦品牌、共享教育资源、传承复旦教育理念，传播复旦文化。复旦大学校长杨玉良接见6所联盟中学的校长，并在联盟品牌“复旦基础教育论坛”上讲话。复旦大学副校长许征出席活动。　（谢静波）

【举行军训生校友返大连陆军学院活动】　10月1—2日，复旦大学校友会主办“海那边，有个家”，90—93级复旦大学军训生校友返大连陆军学院活动。2010年是复旦大学90级军训生接受军训20周年，200多位军训生校友携家人相聚陆院。原大连陆军学院副政委孟宪良、校党委书记秦绍德出席校友活动并讲话，称此行是“圆梦之旅，感恩之旅”。　（章晓野）

【召开复旦大学第四届董事会第四次会议】　详见第47页【召开复旦大学第四届董事会第四次会议】条。

【召开复旦管理学奖励基金会第一届理事会第十次会议】　11月15日，该会议在厦门大学召开，会上选举中共中央政治局原常委、国务院原副总理、复旦大学管理学奖励基金会原会长李岚清任基金会名誉会长，中共中央政治局原委员、全国政协原副主席徐匡迪任基金会第二任会长。会议期间举行“复旦管理学杰出贡献奖”颁奖典礼，南京大学教授赵曙明、厦门大学教授吴世农和华中科技大学教授陈荣秋3人获奖，李岚清为获奖者颁发证书和奖杯。徐匡迪在颁奖典礼上作题为“成功与领导力”的演讲。典礼由基金会副理事长兼秘书长、博鳌亚洲论坛原秘书长龙永图主持。福建省省委书记孙春兰，福建省省委副书记、省长黄小晶，福建省政协主席梁绮萍，福建省人大常委会党组书记、副主任刘德章，基金会理事长、复旦大学党委书记秦绍德，基金会副理事长、复旦大学校长杨玉良，基金会副理事长、原外经贸部副部长刘山在等及相关单位的领导和代表出席颁奖典礼。　（尉一蔚）

【举办复旦大学校友论坛（香港）暨捐赠授证仪式】　该活动于12月11日在香港富豪酒店举行。由复旦大学校友会与复旦大学香港校友会主办，复旦大学教育发展基金会（海外）协办。61位校友及校友之友慷慨解囊，为复旦大学教育发展基金会（海外）2010—2011年度捐赠项目“相辉堂保护修缮”、“学生海外交流”、“学生重大疾病”、“西吉支教”等募得善款近15万元。校董刘遵义应邀发表题为“国际货币体系与人民币的角色”的主旨演讲。　（章晓野　陆颖丰）

【启动复旦大学教育发展基金会（海外）审计工作】　根据复旦大学教育发展基金会（海外）董事会2010年10月的决议，正式聘请安永国际会计师事务所展开2007—2009年度的财务报表审计。审计工作于12月启动，截至年底已基本完成相关工作。　（陆颖丰）

附　录

复旦大学第四届董事会成员名单

校董会主席

杨玉良

资深校董

周君廉

校董（按姓氏笔画排序）

王生洪　王纪来　王绍堉　尹衍樑　卢志强　边华才
吕志和　朱祖良　刘浩清　刘遵义　孙珩超　李达三
李传洪　李兆基　李和声　杨孙西　杨紫芝（女）
杨福家　吴家玮　陈天桥　陈少雄　陈乐宗　陈曾焘
林李翘如（女）　林辉实　罗康瑞　周国强　周益民
郑裕彤　钟浙晓　姚祖辉　袁天凡　倪德明　高纪凡
郭广昌　郭　炎　郭炳江　屠海鸣　董建成　蒋　震
谢仕荣　谢国民　蔡冠深　廖凯原　谭伯业　滕一龙

复旦大学校友会一览表

（按地域拼音字母排序）

一、已完成合并校友会(18)

序　号	校　友　会　名　称	序　号	校　友　会　名　称
1	复旦大学安徽校友会	11	复旦大学江西南昌校友会
2	复旦大学澳门校友会	12	复旦大学陕西西安校友会
3	复旦大学北京校友会	13	复旦大学深圳校友会
4	复旦大学重庆校友会	14	复旦大学浙江温州校友会
5	复旦大学福建校友会		
6	复旦大学甘肃校友会		**海外校友会**
7	复旦大学广西校友会	15	复旦大学澳洲校友会
8	复旦大学河南校友会	16	复旦大学美国南加州校友会
9	复旦大学江苏常州校友会	17	复旦大学美国休斯敦校友会
10	复旦大学江苏无锡校友会	18	复旦-上医加拿大温哥华校友会

二、复旦大学校友会(47)

序　号	校　友　会　名　称	序　号	校　友　会　名　称
1	复旦大学安徽蚌埠校友会	26	复旦大学上海校友会
2	复旦大学安徽芜湖校友会	27	复旦大学四川校友会
3	复旦大学福建龙岩校友会	28	复旦大学台北校友会
4	复旦大学福建厦门校友会	29	复旦大学天津校友会
5	复旦大学福建漳州校友会	30	复旦大学香港校友会
6	复旦大学广州校友会	31	复旦大学校友会
7	复旦大学海南校友会	32	复旦大学新疆校友会
8	复旦大学河北石家庄校友会	33	复旦大学云南校友会
9	复旦大学河南平顶山校友会	34	复旦大学浙江杭州校友会
10	复旦大学黑龙江校友会	35	复旦大学浙江宁波校友会
11	复旦大学湖北武汉校友会	36	复旦大学浙江绍兴校友会
12	复旦大学江苏连云港校友会		
13	复旦大学江苏南京校友会		**海外校友会**
14	复旦大学江苏南通校友会	37	复旦大学德国校友会
15	复旦大学江苏苏州校友会	38	复旦大学加拿大东部地区校友会
16	复旦大学江苏徐州校友会	39	复旦大学加拿大渥太华校友会
17	复旦大学江苏扬州校友会	40	复旦大学联合国校友会
18	复旦大学江西景德镇校友会	41	复旦大学美国北加州校友会
19	复旦大学辽宁大连校友会	42	复旦大学美国波士顿校友会
20	复旦大学内蒙古校友会	43	复旦大学美国东部地区校友会
21	复旦大学宁夏校友会	44	复旦大学美国华盛顿校友会
22	复旦大学青海校友会	45	复旦大学美国校友会
23	复旦大学山东青岛校友会	46	复旦大学美国芝加哥校友会
24	复旦大学山东校友会	47	复旦大学日本校友会
25	复旦大学山西校友会		

三、原上海医科大学校友会(18)

序号	校友会名称	序号	校友会名称
1	上医安徽合肥校友会	11	上医内蒙古校友会
2	上海医科大学校友会	12	上医山西校友会
3	上医广州校友会	13	上医香港校友会
4	上医河南洛阳校友会	14	上医新疆校友会
5	上医湖南校友会	15	上医浙江杭州校友会
6	上医江苏常熟校友会		
7	上医江苏南京校友会		**海外校友会**
8	上医江苏南通校友会	16	上医加拿大多伦多校友会
9	上医江苏苏州校友会	17	上医美国波士顿校友会
10	上医江苏扬州校友会	18	上医美东校友会

2010年复旦大学基金会接受大额捐赠一览表

The Leo KoGuan Foundation (廖凯原)	傅乐民
台湾光华教育基金会(尹衍樑)	上海百事可乐饮料有限公司
何佩鑫	香港思源基金会(陈曾焘)
浙江敦奴联合实业股份有限公司	徐彦平
鸿文慈善基金(刘洪文燕)	上海复星高科技(集团)有限公司(郭广昌)
复旦大学太平洋金融学院	上海智富企业发展(集团)有限公司
上海复旦复华科技股份有限公司	上海中房置业股份有限公司
辉瑞投资有限公司	

(对外联络与发展处供稿)

2010届毕业生名录

本专科生

中国语言文学系

汉语言文学专业

潘　方　李　霏　陈　辰　慕　梁　刘龙飞　杨　杉
李　依　谭重阳　石　倍　李佩云　陆　秀　刘圣劼
高彦斐　陆品润　戴　卉　方　姝　赵天一　仓雅晨
江　迎　安　静　倪晓风　朱毅琳　徐知月　倪炜瑜
孙　琦　王朦琦　王　旗　陈　怡　余　颖　彭娅兴
李　姝　程　诺　刘　娜　姚敏娇　陈承男　王　菲
黄慧惠　蒋君芳　王珊珊　肖梦秋　杨琍君　钱佳楠
李亦辰　方一维　林　唯　黄泽君　惠天羽　曾索狄
施天音　陈　特　周　仪　张嘉丹　高文婧　张　菁
任科来　翟云鹏　时晓娜　肖　璇　陈乐乐　史　歌
马　原　李周泳(韩国)　韩采贤(韩国)
林恩智(韩国)　方智烘(韩国)　金永周(韩国)
尹妙媛(韩国)　曾嘉瑜(马来西亚)　王毓婷(新加坡)
朴嘉英(韩国)　俞恩知(韩国)

汉语言文学专业(武警班)

王磊裔　夏臻杰　高征尘　宋承泽　陈治宇　吴海涛
陈乾根　曹　森　薛　坤　郑经军　徐少卿　刘　盛
何　倩　周　军　李雪阳　李　飞　刘　超　李　遥
李　乐　关　昕　和椿盛　余　康　孙小侠　黄桂斌
许云峰　沙钰琨　游黄鑫　陈晋冕

汉语言专业

李申融　周云亮　虞晨阳　郁晓雯　景林烨　陈雯娴
钱智颖　丛雨薇　王鹤婷　徐慧子　江露方　李丹琳
黄　晨　朱睿桢　祁　慧　郑怡慧　韩梦佼　林怡亭
覃龙璐　陈文备　庄雅玲　于　杨　刘　潇　陆冰瑶
刘博洋　陈晓懿　米　子　张廷圭(韩国)
全艺林(韩国)　李煐远(韩国)

历史学系

历史学专业

曾　炜　侍垚锖　顾　宁　陈　晟　张轩赫　王　磊
余卓君　王维佳　施如怡　林莉莎　韦梦夏
迪娜古丽·吉力力　钱　云　王昭颐　宁汝晟　周明珠

高思源　徐　昂　张　涛　王玉玺　周利敏　孙　鹏
孙　卉　周兰叶　曹　然　刘　浩　刘　畅　郭　欣
赵　越　陈　纯　刘　晶　修　磊　曾雨桐　赵四方
黄永远　常雨舟　孙路遥　邱彦超　牛牧原　苏圣捷
任　伟　魏成优　王　中　郭新悦　金菊园　欧阳璠
谭满枝　杨小珂　雷陈蕾

旅游学系

旅游管理专业

王　凯　陈公甫　顾俊坚　陈　亮　马　骁　马　赫
王炬波　沈　琳　许琼文　徐懿宁　郁　弋　张洁琪
潘玥廷　陈　云　陈倩倩　章云舟　贺小斌　陶玉轩
肖　雪　张　彦　潘冬燕　肖　烨　陈旖利　桃　莉
王　斐　金素华　陈　韵　刘露思　郑　俊　马世罕
张其文　方颖华　卢舒怡　何梦莹　张建锦
蔡一立(马来西亚)　韩昇和(韩国)
咸炯泽(韩国)　慎镛元(韩国)

文物与博物馆学系

博物馆学专业

李颖杰　向文思　袁　航　任　沁　常　琳　张学津
王寒鹿　牛慕青　俞繁莉　曹　媛　陈玲玲　张　乐
孔　达　洪秋伊　唐鸿翔　李正军　赖　妮　华　婷
吴笑非　王红蕾　景公泽　刘璟煜　程博丽　谢晓雯
张　辉　付　蓉　高司懿　吾拉·木田
王仲凯(加拿大)　郭泯妗(韩国)　黄明翔(马来西亚)
夏令嘉(加拿大)　全雅兰(韩国)

哲学学院

哲学专业

张云翼　黄　舒　王维宏　王晓婧　曹　倩　陈琼华
邸　轶　连文静　胡一逾　洪　洁　朱美琳　陈　昂
夏　雪　李　颖　王　烨　董睿阳　郎彦妮　仲　诚
周淑一　陈乐歆　吾　超　覃于哲　田雅玮　周志祥
周平浪　王　聚　刘泽凡　王　鑫　印　莹　廖　娟
李　睿　陈晓星　刘　静　陈逸龙　程晋晋

宗教学专业

杨光辉　付　超　王俊淇　王　众　王冬昀　胡田为
高舞龙　徐思彦　裘　艺　朱　叶　鲍书晨　李文静

外国语言文学学院

英语专业

胥明庆　王　凌　沈　菲　周文秋　丁　宏　居千千
袁雁悦　牛佳颖　徐珺倩　杨　妍　秦以平　胡怡雯
庄　稼　孙丽华　丁洁盈　郑炜杰　张莉娜　王　璐
陆　诗　余晨飞　邬竞越　方　超　吴　恬　姚颖洁
张雨婷　陈月华　金　时　葛　孜　陆　骏　孙　立
杨梦琦　蔡洁心　金　莎　洪慧珊　杨惟婷　严　俊
木泽佑太(日本)　李主荣(韩国)　李勋(韩国)
郑泰荣(韩国)　徐秀珍(韩国)　尹惠填(韩国)
金裕丽(韩国)　李惠邻(韩国)　石原舞(日本)
林柔政(韩国)　朴玲柱(韩国)　裵采允(韩国)
李惠珍(韩国)　白诜暎(韩国)　李周熙(韩国)
金利璟(韩国)　申流美(韩国)

俄语专业

程敏宜　吴　穹　陈　锋　徐姗姗　王　玲　屠洁静
金　欢　陈希禹　李胤真　李玥炎　钱　婧　孙　贤
陈依依　沈宁晨　杨　天　金惠智(韩国)

日语专业

陈　玲　成　洁　金　艳　吴　昊　周娇妮　赵　靓
钱依黎　顾　涓　鲁雅琪　方　静　万秋婷　许必涵
徐佳宁　沈晓瑜　任　姗　王　玮　方　方　刘雅达
黄旭君　周　全　安静思
刘龙起(韩国)　朴尹英(韩国)

日语(对外日汉方向)专业

金多仁(韩国)　申泯志(韩国)　郑垠姬(韩国)
朴仁荣(韩国)　金世美(韩国)　丁道伶(韩国)
李承勋(韩国)　李守镇(韩国)　李仁惠(韩国)
丁海俊(韩国)　金东玧(韩国)　李祥緫(韩国)

朝鲜语专业

刘振锋　杨昱婷　周　裔　张　菲　乔昱瑛　燕子靓
王静怡　韩雪雯　钟　磊　唐莹菲　钱之辰　许氿雨
张薇佳　邱艳斐　凌春云　姜　文　陈佳婵　胡　琛
许舟叶　何田田

德语专业

岑一帆　陆丽婧　陆　颖　陈湘琪　赵超能　裘　林
赵之胡　孙山山　程一真　杨　阳　钱秋枫　顾涵婧
何香玲　汤茹珺　唐吉云　沈　吟　劳颖梅　王晓敏
吴晓明

法语专业

张冬盈　蔡玉玲　周宜静　宋　卿　张　瑾　吴亦瑗
任冬冬　邹　沁　于　婧　周莅濛　孙晓静　朱　昀
徐阳鸣　邵　辰　郭文严　顾颖琛　徐　赞　金　兰
胡逸佳　钟　一　肖　宇

翻译专业

陈文心　林　智　周　磊　钱一辰　程　雪　罗　桑
王乐天　陈倩卿　周啸慰　曹小川　汪　昊

新闻学院

新闻学专业

吴　乾　高一晨　王　君　张一腾　余方觉　李　楠
崔　迪　顾玮佳　杨仪婕　高庭艳　周　菲　王　婧

杨丽娇 王心云 祁 钰 高木子 魏 岬 刘 璟
季凌霄 余舒虹 武金鑫 卢东方 管菁菁 周毅群
罗 珍 柑丹鸯琦 江家岱 潘蓉蕾 方曲韵
叶辰亮 陆阳阳 刘晓意 马佳辰 陆晋源 沈竹士
张 塬 康 凯 刘昌荣 周 琪 顾晚成 彭晓华
平措卓嘎 陈文华 常瑛妮 吴 尚 朱 译
夏天怡 雷 妍 唐晓棣 王佳音 丁晨洁 张 嫣
金爱丽(韩国) 韩钟赫(韩国) 李熙英(韩国)
黄张晓婵(印度尼西亚) 赵恩善(韩国)
张运河(韩国) 李圭正(韩国)
川崎球美(日本) 许善皓(韩国)
蔡丽(韩国) 小林惠理子(日本)
黄霞瑛(韩国) 韩世珍(韩国)
崔熙俐(韩国) 辛昌勋(韩国)
李韵敏(马来西亚) 施文婕(菲律宾)
湖天吟(日本) 梅野萌美(日本)
黄宝美(韩国) 上村萌(日本)
宋成喜(韩国) 徐嘉茵(菲律宾)
长谷川依希(日本) 李宝恩(韩国)
朴美兰(韩国) 李贤智(韩国)
崔廷向(韩国) 李霞琳(韩国)
王庄宁(日本) 吴欣颖(多米尼克)
朴贤雅(韩国)

广告学专业

黄琳娜 纪 昊 张晓京 宫海涛 楚照阳 陈 鹤
陈新达 杨叶舟 俞欣瑶 张 艳 方 玮 唐以宁
章希萌 黄 婧 沈晶晶 戴 铖 韩静静 禹 倩
曹芝莉 王雯雯 尤亚兰 李绣伶 毛玥云 杨 菲
周纯翊 马竹颖 林歆晨 朱旭皓 林海融 易 念
殷罗南 甘明菲 王驰祎 袁俐华 张雯雯 朱思隆
朱志晖 曾 慧 潘 颋 肖天宇 张琦玮 殷尘超
王 绮 王彦懿 汪蕊琛 何文怡 施 晨 赖传毅
蓝雅棠 吴慧勇(韩国) 卢铉周(韩国)
朴惠美(韩国)

传播学专业

谢振达 徐妍斐 董依明 李英实 朱逢晟 韩舒盈
顾辰凌 顾晓晟 陈晓媛 葛蔚兰 王朱思渊
金慧瑜 吕舒宁 高 杨 张 颖 王琳琳 刘晓琳
徐逸琼 刘益帆 王嘉杰 吴 晋 卞小娇 吴 芸
严轶慧 徐晓燕 申赞宇(韩国) 玄知珉(韩国)
渡边壮太郎(日本) 高桥直子(日本)
丁瑞然(日本) 松井理惠(日本)

广播电视新闻学专业

蒋毅捷 彭毅骏 古丽先克孜·阿不都许克尔
陈 浩 倪剑锋 钟 洪 邓 萌 丁伟平 李 解
钱思文 吕 楠 倪佳佳 赵语涵 姜雪兰 桑 叶
黄欣宁 徐 锦 唐 旻 徐 琳 朱一祎 樊艳燕

张墨然 邱 悦 马晨菲 李 想 章子茹 唐广书
朱 音 滕芙勤 葛乃倩 杨 澜 王轶男 赵怡闻
方 梁 杨流芳 李若斯 吴 茵 杨行波 陈文宇
周逸群 权玄智(韩国) 李仁美(韩国)
张 程(新西兰) 朴银靖(韩国) 金善映(韩国)
陈秀慧(新加坡) 郭昊煊(澳大利亚) 王伟明(泰国)

艺术设计系

艺术设计专业

祝佳桦 张 洁 杨斌妮 王影影 陈 璞 吕韡瑛
丁伶尊 吕易南 陈怡君 袁欣辰 张雅婷 袁奕轩
韩心怡 张辰晨 杜拉锦 谭 葭 曾 理 赵 刍
冯思斯 黄鸿琳 顾似峰 王辰官 张梦雯 汪泉佺

国际关系与公共事务学院

国际政治专业

李 初 薛文韬 刘子正 唐昊文 王卓一 韩 辉
吴文龙 沈戈尔 秦孙佳 魏沁茹 赵崇逸 李诗梦
曹 婕 刘佳琪 张海波 古里米拉·坎吉别克
孙榕泽 贺 蔚 张若愚 刘冠男 姚 远 赵文蕾
刘 璐 徐立峰 金慧蕾 彭重周 李纯存 陈康令
方 璐 张自超 贾 甲 马春亮 李卓卿 赵 宣
夏依毛尔当·努尔丁 顾维奇 柯湘君 左 乾
姚 懿 张少臣 魏 珽 冯玉乔 徐 睿 关 滢
中山天庆(日本) 朴贞炫(韩国) 卢秀志(韩国)
栗间凉(日本) 金秉赫(韩国) 朴沼妍(韩国)
鹿川智加(日本) 沈进泰(韩国) 安昭贞(韩国)
金允景(韩国) 李智恩(韩国) 潘国栋(泰国)
周哲明(泰国) 杨意飞(泰国)

政治学与行政学专业

王一诺 郑环明 蔡妍婷 张皆言 陆敏敏 汪清清
杨丽天晴 李书琴 梁健欣 钟 悦 王晋燕
李辰蔚 严 诣 彭涵莹 赵恩达 刘 涛
李慧琳(韩国) 金仁玉(韩国) 洪惠隣(韩国)
金恩爱(韩国) 林志妍(韩国) 金智允(韩国)
全珉珠(韩国)

思想政治教育专业

冯笑天 马 琦 王 冕 施俊丹 童佳雯 宿悦雯
杨丽坤 张晓云 金文炯 沃姝彦 叶琦蔚 张云白
巫雯怡 孙蓓茜 尚小群 宣辰华 袁 茜

行政管理专业

范莉莉 杨晓雪 范文超 依明江·买买提 贾慧虹
邱羽伊石 汪银楠 许卓俊 徐 力 施 雯
沈晓宇 陈立宇 王 蓉 黄雅琴 黄亭玉 林卡娜
李 杨 迪丽苏娅·艾尔肯 朱利铭 张 弛
王 蓉 丁白云 乔 聪 倪舒意 张 婷 郭 悦
苏哲伦 邵 欢 信 任 石唯汝 王晓茹 王永昌

刘代远 马　勉 郑雯睿 郭庆坤 蔡琦海 杨郁洁
侯秀敏 李秀华 金惠娜(韩国) 夏温欧(意大利)
诺欣(泰国) 娃莱雅(泰国)
张思尧(印度尼西亚)

法学院

法学专业

王靖榆 董根孜 胡　爽 雷　蕾 洋　丽 鲁　泽
邢　东 谢　潭 蒋章斐 肖　粟 郑　重 黄之辰
荆　磊 闫　然 赵鸿章 张　盾 李　欢 蒋　龙
黄林炎 刘应檀 周海星 杨　一 秦　昀 张经纬
艾晓燕 周洁青 朱晋慧 李　晶 季凌寒 陈茗诗
秦　姚 李沁青 倪晨冶 詹佳颖 程启文 张　莉
傅卉茵 高怡薇 朱倩婷 林丽蔚 陈旭雯 鲍欣奕
高银吉 钟　心 吴　琛 徐　侃 杨　婧 杜卓南
蒋雨潇 董　欢 高天凤 司瑶瑶 吴一文 麻　幸
阿地拉·卡地尔 祖哈丽努尔·祖龙 赖文琳
李彦颉 赵丽芳 张　杰 刘秀姣 李华杉 田　娟
柳　青 王　嫱 朱梅君 韦　薇 仇　淼 李颖骅
王　瑾 顾一帆 招　璐 贾　萌 刘康麟 周子玄
陆　尘 陶　亮 赵欣佳 陈入示 张笛帆 赵婉皎
彭姣姣 张舟逸 刘一帆 赵飞鸿 赵　燕 刘亦娜
蓝　迪 蔡芸倩 陈金颖 童葛景 刘　洋 陈骁敦
朱清婧 王　珏 周　婧 魏大龙 贾海涛 郭美玫
崔涵冰 高　倩 胡蓓颖 金嘉宁 彭刘洋 平　凡
胡俊千 宋　敏 王　懿 古丽巴奴木·吾买尔江
郭秉哲(韩国) 朴明焕(韩国) 梁承晔(韩国)
梁旼暻(韩国) 李相珠(韩国) 姜多泳(韩国)
李炫宗(韩国) 中岛智慧(日本) 宋镇城(韩国)
申亭润(韩国) 权贤娥(韩国) 吴守矗(美国)
关基伟(印度尼西亚) 许晶(韩国) 金瑜娜(韩国)
成秀真(韩国) 阿娜西(拉脱维亚) 金承范(韩国)
权惠婉(韩国) 金以撒(奥地利) 沈骎(加拿大)
全海云(韩国) 金成斌(韩国) 白华(阿根廷)
熊野智幸(日本) 孙敏雄(韩国) 金贤根(韩国)
李周玹(韩国) 孙翎(澳大利亚)
黄晓彤(葡萄牙) 舒炳鑫(多米尼克)

社会发展与公共政策学院

社会学专业

储寅啸 朱　萍 王　艳 张　梁 汤诗杰 黄天荡
孙　陶 章涵意 陈　芸 王睿霞 夏　莹 朱丽莎
赵　晶 杨奕宁 贾　汐 张　荣 李　菲 李雯静
余晶晶 陈宏玲 何颖颖 陈　曦 林海音 王嘉冕
吴　琼 陈　旭 孟　辰 华佳俊 韩　雪 李　露
穆斯塔帕·肖开提 徐李阳 蔡加丽 邱辰龙
葛旻晏 李　俊 戴晶磊 郭　瑀 姚　琼 郑诗亮
朱汉雄 崔菲婷 潘怡华 刘佳辰 郑怡楠 包思颖
陈　璞 刘诗琳 姚　威 吴美玲(泰国)

社会工作专业

庄　桢 王　旸 庄露莎 高猷嘉 张安翱 乐　云
温振忠 钟　声 王灵琰 郭斯雅 张　霞 朱君越
史逸婵 朱冰洁 程佳琳 孙森圣 陈　艳 李嫣琪
张莹颖 李　威 袁　芮 王翠华 陈　思 陈　宵
何佳莹 黄　晋 陈钊燕 王墉瑶 黄金波 高倩云
肖　瑶 沈闻一 李泽男 米　乔 姜荣俊(韩国)

心理学专业

华弥之 肖　晓 王明珏 谢端祺 李京庭 霍丹青
李娅茜 张　敏 高舒安 卡丽比努尔·帕日哈提
盖雯婷 沈雄蓉 赵　翼 乃则热·阿曼 张梦羽
张御钦 许海明 翁文辰 戈　逸 任晓婷 王俭勤

经济学院

经济学专业

陶野植 刘　杰 陈逸鉴 王海桑 董　侃 梅晓星
张　熙 朱　弋 孙皆奇 袁　涛 黄　骁 陈　川
张栩如 赵静婷 张嘉婧 周俊玲 齐　辰 沈　淳
张　雯 王辰妍 高　雅 徐紫晨 褚　潇 李心一
张虹晶 冯超玗 姚　怡 沈一清 陈菁婷 龚海林
翁联吉 韦　玲 刘文婷 刘　芸 吴夏艳 诸琼琼
黄心如 高　雪 林　燕 赖振芳 廖青眯 马吟之
刘云珠 王松妍 刘理远 丁曙沁 朱迪华 陈鼎文
黄屹然 陈燕婷 彭逸晨 王洁辰 肖丰隆 屠橙蔚
范佳颖 丁文欣 俞虹燕 黄　旌 周怡硕 魏文琎
李振恒 刘晨雯 沈雨沁 王姗姗 顾一帆 顾盈颖
林晨怡 徐冰玉 陈　婧 张　捷 周　原 刘依依
王　涛 刘力元 费克俊 梅　岭 李蕙蕙 肖艺婷
曾晓盈 陈子琪 赵素贤(韩国)

经济学专业(数理经济方向)

褚恺伦 姜嘉炜 汤凌佳 孙逸潇 许　允 陈伟铿
徐　琳 黄文倩 刘时菁 石　欢 汪仁杰 田韬略
胡声扬 陈李明 孙永智 陈辉林 严　昊 任　飞
张欣艺 赵天然 蔡天晔 刘　芳 查泓岸 郝华杰
金宇康 李力雄 江立平 赵鹰妍 徐冉颖 卢　伟
李晓易 姜天骄 金　焰 陆韵婷

国际经济与贸易专业

陈　莹 李凌波 郑思远 金　涛 胡一立 毛俊伟
杨伟聪 蒋　帅 陈超然 王娇君 闫松嫄 王琳芸
胡晓倩 姚洁琼 王泠妍 张　玫 瞿　威 黄辰怡
姚　蒨 苏　欢 王雯婷 王佳莹 尹慧昕 王　峥
张凤仪 陈爱仪 梁雪卉 周　怡 李　君 王星伟
李　娜 陈佳妮 龙　慧 邓　菁 张　斌 李灏琳
潘益阳 骆卿阳 苏　升 卢雅琼 郑　迪 杜　宇
周菁菁 房　悦 马佳懿 王依一 李珂文 胡　佳
李　爽 吴　溪 李　腾 金　山 何笑笛 代　爽
袁　帆 夏捷立 于立强 赵建华 蒋冰冰 黄　鹏

郭文鹏 马艳琳 冯 甲 王 哲 张玉翠 范 洁
杨力允 王亦凡 魏晨曦 吕 萌 宋理尔 胡辰玥
向梅琳 董 旭 徐晓逸 蒋一啸 邓超超 朱 迪
孙 涛 周 玮 金士婕 张 刚 吴 昊 王 瑶
楼佳晶 林 娜 上官欣融 潘玉珠 梁敏婷
李周姬(韩国) 龙英(日本) 梁瑗麟(美国)
丁海哲(韩国) 严挺允(韩国) 姜智贤(韩国)
黎意斌(玻利维亚) 林月玲(泰国) 卡珠拉(泰国)
兰梅(泰国) 陈智浩(越南) 金慧珍(韩国)

财政学专业

陈劼玮 冯 适 黄晨捷 秦 桢 李 晟 张水水
马 磊 吴 森 朱 倩 汤皎伶 全颖婷 夏 璞
苏振夏 肖舒月 徐 辰 李雨及 罗 臻 范王龑
钟毓敏 刘薇薇 许文昕 姜雪鸥 薛 剑 郭海辰
陶 溦 顾 萌 王莉宏 王欣婷 杨妍妍 罗吕艺
张 婧 陈南飞 庞腾飞 卞逸婷 刘晓曦 严 淑
杨志明 吴莉敏 李晓佳 王慧峰 丛 远 苏 勤
查 洁 刘 畅 张 玥 李闻达 俞善超
吴素伶(韩国)

金融学专业

姚楠燕 王若晶 陈 洋 王秋越 俞 瓅 关恩超
严 臻 陆轶鸣 林 昀 王 霄 尚 海 高志翔
徐 浩 陈 超 陆 异 李森德 王 晓 吴 超
肖大勇 郭洁琼 王纾静 王珠琼 叶修远 陆怡莉
王 冠 薛 白 贺诗学 吴书彦 高以忻 姚 倩
陈欣悦 黄婧瑶 孙小希 董宇博 周 阳 陈 姣
闫宏敏 张莹洁 杨艺文 袁佳乐 冶 英 陈 梓
徐 冉 李 娟 王少萱 何思遥 徐琼怡 刘 青
刘诗羽 高贝敏 严易婷 高海辞 杨为舟 冯艳玲
张 伟 侯元文 陈艳艳 刘 欢 蒋晨洁 汪晓芳
武亦文 王倩婷 晏 麟 周羽立 吉 晨 赵之珺
徐 乾 杨丽莎 姜 琳 沈怡君 周程远 张佳靓
殷 珉 段 非 石晗冰 王 祎 朱 贺 曾 鸿
王 悦 王 艳 楼佳蔚 黄泓纯 闫晓梅 秦 泰
章 洋 胡劼辰 李学晶 杨 帆 郭 瑞 吴梦晗
谢之辰 翟宝莹 汤辰浪 黄佚伧 钱兆雯 李 欣
方颖宬 赖达伦 蔡德耀 刘华青 章正蕾 李琳暄
元诚浩(韩国) 赵仁慧(韩国) 金宝然(韩国)
萧霆耀(马来西亚)

保险专业

许 青 刘 亮 顾 捷 周天宇 施雯琼 朱立颖
范洵宜 孟子靖 刘庆晓 陈 琛 骞 婧 苏 洁
施珍妮 武 潇 王 程 陈俊亚 张邵斌 倪振豪
沙 杨 徐逸轩 甄 琳 陈 璐 王慧春 牛径霞
胡 磊 张一朵 王天禹 王哲昱 阮佳颖 刘 磊
郦振华 中井武(日本)

管理学院

管理科学专业

翁中砥 陈 粹 周 斌 王彦徕 张美超 李 广
赵 天 毛海柱 宋 波 陈 樱 周希琰 汪逸宁
徐霄月 向柳菁 王心蕾 邢 辰 吴 萍 刘歆璐
杜 莹 吴敏婕 赵 楚 周 薇 林谷音 周东晓
王 谛 朱 晟 富至行 郑佳尧 沈夏瑜 陈 佳
张 昭 左 纯 林培超 张列锋 戴萦袅 杨建晶

管理科学(中法合作)专业

樊圣君 陈雨光 何俊龙 黄春雨 黄成泰 胡益健
郁成龙 马玉萍 白 昱 王赫影 邱晨辰 何江宁
雷 萍 杨 婵 马一霖 李 捷 林静娴 赵 莹

管理科学(物流管理方向)(法方)

巴雨果(法国) 芭比(法国) 下乐(法国)
许家文(法国) 马爱乐(法国) 丁巧儿(法国)
雄伟(法国) 李安伟(法国) 尼克拉(比利时)
水晶(法国) 刘鸿图(法国) 卫其娅(法国)
欧阳烨(法国) 杨蓓诗(法国) 齐罗兰(法国)
由安(法国) 法比安(法国)

信息管理与信息系统专业

林 烨 刘怡辰 朱 轶 孙 浩 高 云 孔 超
沈 诚 金慧菁 徐沁沁 朱 凌 羌莉莉 冷明静
罗 瑶 黄 蕾 张馨元 乔 睿 施霄玮 陈 博
顾立成 董佳雯 叶瑜雯 於震晨 施盈妍 成思雯
顾 洁 谷亚梅 倪 侃 胡文龙 刘 旭
尹义真(韩国) 朴大勋(韩国)

工商管理专业

施鹏飞 郭龙雪 许潇韭 刘 敏 陈 旭 杨 洋
章明怡 尹俊友(韩国) 吴国霖(印度尼西亚)
王卉(新加坡) 崔丽真(韩国) 钟凯琳(菲律宾)

市场营销专业

黄晓锋 邱 琰 倪 立 陶 莉 李忆斐 朱宝琳
胡冰雁 戴莉莉 王忆江 姚 淼 孟凡奇 王 楠
仲文静 曾悬涛 张 岩 夏嘉杰 陈文婷 归梦惟
尹诚民(韩国)

财务管理专业

刘 倩 徐 朋 许 健 周倩雯 苗 涛 张 健
隗 葳 钱令希 汪 冰 金晓锋 肖文彬 高齐越
林寒星 庞 杰 杨 钦 陈智旭 蒋玉婷 曹琦欣
刘竹影 刘 倩 宋 佳 唐 瑶 钱梦岑 何梦之
陈晓波 王 玺 朱芸岚 陆怡蕾 樊 金 许文燕
汪瑞雪 殷再男 张惠仪 邓 力 李 超 钱娴静
缪 偈 陈明明 杨丹舟 何燕萌 黄湘莹 胡小文
黄 磊 韩寅卿 夏 蓥 肖 琼 赵奇丹 封李珺

张梦琛　邢欣羿　宋里琛　张元杰　施劼云　李禕娟
吴天翊　余冰薇　黄肇蕾　戴思聪　李盛骏　卢嘉辰
龚敏捷　陈一磊　程　晨　林　帆　朱圆辰

会计学专业

贺志华　王亦舒　郑汲涵　俞　珺　吴元卿　王　天
丁鹏飞　王海峰　柳　鹏　赵立昕　王　海　章　琦
陆臻璇　周丽婷　戴晓琦　范傅赟　黄晓莹　金　妹
陈意真　蒋梦婷　金　琼　周　莹　叶　晔　单佳菲
卢　苇　吴雅斐　袁　帅　谢作岚　康　茜　虞娇燕
戴希昱　张　黎　毕　成　钱海晨　甘　露　许小辉
任轶琴　俞佳燕　梁琳玲　胡　玮　伍　娟　孟晓龙
刘　欣　陶晓敏　黄嫣蓓　尚　晔　徐　蔚　施　凌
叶浩杰　李　喆　顾　捷　杜文娟　申　杰　汪倩雯
梅光棱　陈　莹　徐万鹏　王诗雨　艾小星

统计学专业

喻　瑾　赵晶靖　侯燕曦　汪　扬　李　蒙　向俊锦
刘　猛　李永兵　缪　波　邵万琦　何开宇　李汇东
林仁鑫　刘晓雨　程人婕　金承寅　盛　开　袁轶群
周文丽　陈思迪　王倩倩　冯伟玲　邱逸凡　朱晓露
陈彦君　王　忱　何　欢　曹　嵘　周小雅　刘余音
帅　振　范翊恒　尹　砺　易　晓　孙妍星　廖钧硕
刘　葳　阮　宙　范　俊　徐抒璋　佘　淼

数学科学学院

数学与应用数学专业

曹予希　李　磊　林　毓　钟小龙　谢　园　余　力
郭　超　陈彦喆　董义微　唐　亘　卢　玉　郭　骞
缪　迪　顾欣华　刘嵩扬　郑　达　陆丛凡　刘枭烨
阮培峰　祁　庆　杨　宇　吴　歙　陆恭绰　李业鸣
刘　翀　张展培　陈　兵　李景波　田　崝　王　晔
江　辰　朱　灵　李利平　蒋　威　戴　杰　秦　朗
杨　慧　徐樱铭　侯　雯　顾　斐　耿　佳　王伊祺
林　欢　王栩晨　陆祺奕　孙　艳　潘晓逸　李家乐
李　谜　王丽虹　唐　翔　宫晓雪　陈　为　吴家圣
汪　青　张惠俊　华灵韵　邵晨露　林　昕　汤婧璇
魏　晨　裴宇晨　王　真　樊佳浩　华　健　洪　辰
陈　佳　叶铭后　王颖川　郑　浩　潘英颢　方　伟
荣宇龙　瞿　晨　曹翔宇　王拉芝　王　潇　陈　新
丁　媛　邓利平　仇海南　杜隆源　陈元龙　鲍明曌
刘　源　陈　泽　郑文卿　李　俊　杨登富　朱伯君
王苗艳　刘为铮　王慧明　温　凯　董　川　施益康
朱家杰　朱汀一　刘　潇　杨　蕾　王中立　熊　南
郑文杰　吉　祥　蔡文俊　尹哲渊　梁颖峰　常　宸
盛世同　吕赫轩　李姚剑

信息与计算科学专业

聂志方　王灵迪　章嘉雯　王　腾　周　羽　金圣敏
顾　睿　张熙泠　周乔琪　周　晶　文若枫　盛文博
朱　垚　高龙文　张俊超　鲁　玎　马　俊　李佩珍
欧阳晓晶　　　　潘墨益　郑丹琳　李宋子　秦萌萌
马　静　董雪婷　王哲彦　程　任　张超彦　杨　枫
刘棠君　张程亮　唐西巍　杨　博　吴　越　陈咕雨
肖体宾　郑晓炜　惠　珅　夏　炎　王艺霖　方逸茜
赵超越　丁逸芊　高瀚天　贾晓光　闻佳夷　范　川
迟冬冬　奚扬阳　富梦岩　陆　康　谢子雨　王　博
饶　枫　尹南飞　梅　炜　姚麒麟　张诗漫

物理学系

物理学专业

高　伦　高　翔　乔　沁　洪晓晨　杜　恺　曹海元
浦升华　沈　硕　郑苏一　刘捷孟　陈　宓　杨　峰
徐熙炜　张　帅　王　前　田　岱　赵　凡　高雪辰
杨凌云　夏宇飞　邱　孟　刘　哲　潘　涛　张　帆
于浩淼　贾　音　邵　剑　李鹏雄　孙午炯　罗　页
王　沛　裴管铖　胡际知　朱　凯　汪　能　胡李鹏
刘双平　李自龙　李　博　栾　强　张　京　彭　欢
李　欣　许晓靓　叶晓芊　彭文婷　敢旭玫　杨　程
马　薇　周　敏　邱　桐　眭孟乔　张代谦　丑凯亮
宋淑鲲　刘　易　袁　超　施　巍　于　天　徐　维
陈克炎　朱文侃　陈　辰　季福昊　王彦颋　陈若霖
王玉萌　杜　凡　朱思源　潘金钊　贾智凡　胡　鹏
王　琪　何慧钧　顾从真　易开济　成　竟　滕　翔
杨　晨　陆尧杰　何　阳　伍　琳　师博博　郭　锐
杨　悦　张　驰　施宏惠　苗　博

化学系

化学专业

吴家敏　陈　曦　周霄蜚　周　锴　沈辰娴　关　悦
王雅依　李　洋　赵　楠　邵　隽　顾亚佩　胡忻然
汪　旭　胡　可　宋坤山　吴浩斌　欧阳艺　董则生
于在璐　蔡　悦　王晓夏　汤　旸　肖　萍　于丰娇
钱　晨　尹　鹏　赵　静　陆　露　杨　蕾　李　婷
卢　晋　郑　辰　武庆斌　翟俊捷　张　立　吴昊宇
朴希俊　刘　江　费　悦　刘文杰　舒　畅　刘　争
袁静婷　曲静文　杨　阳　刘希禹　李林森　吴吉文
柯　立　高超超　唐子尧　孔祥云　崔夏民　王　飞
王　珏　李美毅　史菲菲　王佳伟

应用化学专业

陈　华　葛凌潇　金汉鹏　王皓轩　张　茜　周亦辰
于文剑　杨慧丽　王　佳　谭　蕾　唐皓云　唐　慜
胡怡晨　陈　琛　何小丹　吴佳凌　覃　岭　魏　勇
杨　慧

生命科学学院

生物科学专业

郝珂威　贾　川　李鸿戬　薛　磊　张铁枫　李　林
张宇飞　高　见　王梓诠　陈九征　俞军超　陆致晟

陆冬叶　李隽暘　黄寅葭　王俊杰　李　卿　金　璐
杨　光　陈逸伦　陆金逸　沃广涛　孙　靖　石　翔
邱亦春　王　丰　柳　舟　方　阳　王绪辰　张庆东
许　可　尤辰江　沈　忱　方　俊　陈世清　安雄博
王　孟　张宇超　杨　晨　高江远　张　弘　葛玮玮
王安祺　李　傲　黎　俊　李　颀　朱牧野　杨　京
张　璐　张竹婷　范敏玉　周　璇　吴怡静　樊　融
张露茜　孙　屹　沈　梦　翟一堃　毛坚鑫　曹惠洁
顾轶文　刘　畅　林瘦枝　胡梦瑶　何　瑶　叶之舟
李　蕊　郭晓煦　程　哲　梁洁良　陈　爽　董欣然
陈琳琳　刘丽萍　孙　旸　赵海鑫　胡珊瑚　王　玲
陈　璐　阮振超　程白钰　杨　悦　陈雅芳　童　盟
张小荻　李嘉铭　张聪哲　卢宇蓝　傅　垚　朱谷玉
陈丛聪　辛竞一　杨珏青　胡晓波　陈铭杰　金姜亮
钱璟熠　陈舒文　黄如一　沈　宁　钱梦然　曹伟靓
罗富华　王　立　贾济珎　张笑天　姚　玮　李思行
施　辰　龚诺希　刘　涛　郭　磊　毛建倩　王聪骢
刘梅若　徐　傲　沈　晔　蔡梦怡　王　腾　王　桑
李辰宇　陈硕闻　胡祎瑶　刘法涛　王冯斌　陈闻涛
曾　浩　陆洋宁　倪　涛　陈喆仡　徐成栋　陈　亮
许知真　王喆辰　吕　航　凌一尘　芶诗玮
鲁开思(尼泊尔)　亚夫克兰(蒙古)

生物技术专业

孙　乐　张智顺　薛晨轶　朱培涛　冯　祥　孙　炜
刘思捷　李春雨　沈湉湉　张　迪　马如一　余　珊
徐　婧　徐　婧　陈虹帆　王雅琼　蒋　帆　周双雯
庄嘉励　曾　婧　金家齐　常时晟　曾韵文　刘伊雯
范　星

材料科学系

材料化学专业

区弋苇　沈　辰　卢　鑫　宋时森　顾一蓓　胡海龙
杨　超　孟　超　张　斌　王文超　姚　骋　陶传志
计晓云　李赛南　王莹霞　刘　佩　沈忆辰　黄玮蔚

材料物理专业

邢军亮　夏俊毅　张伟杰　查　俊　顾　雄　徐辑磊
陈伟斌　蒋卫成　徐　源　王慎之　蒋程捷　马勋鹏
陆璟莹　秋沉沉　杨东伦　茹　茂　张　悦　梁　诚
林小牧　杜　科　苏　放

电子科学与技术专业

程　寅　肖友友　李　枫　林　鹏　李　靖　庞抒见
夏　鹏　邱　琦　周　涛　常翔宇　徐国强　陈　珏
袁　萌　傅　瑜　王　硕　高文娇　李菁田　李　钊
倪文莺

高分子科学系

高分子材料与工程专业

安　乔　王若冰　王　钧　杨　哲　李浩东　李文涛
杜其明　王宝龙　高　杰　周　峰　席陈彬　陈　旭
焦云峰　岑　玺　王苑辰　潘妙蓉　何　昱　杨　慧
叶希娴　邹　城　卢泽生　李　典　陈　磊　周　翔
丁徐哲　陈志超　张　甄　丰　源　胡　俊　于　萌
曲勃存　王思之　王志伟　杨　锋　白皓元　廖贵攀

环境科学与工程系

环境科学专业

陈　晨　何　炼　汤　地　谢铁辉　陆　韬　杨喆麟
钱经纬　蔡　鼎　王辰晟　杜　澄　徐晓江　张昆仑
戴元灿　张中中　陈彦斌　焦启铭　陆颢文　黄志伟
俞彦倢　汪梦頔　王　洁　王维捷　蔡婧露　陆地春
李露伊　王琪方　田静宜　王晶晶　雷雨奇　赵卿怡
翁晨艳　李宗琼　王　琳　姚嘉韵　李筱毓　于小囡
贾　欢　王淼薇　陈　越　孙　腾　王宇雯　李岱松
纪　瑜　陆晨宸　贺　燕　王　静　江　山　王　蕾
黄淑媛　贺钰杰　高　琴　周　京

力学与工程科学系

飞行器设计与工程专业

陈方舟　毛东林　毛丹园　李　岱　董一群　任柳杰
石利焕　胡　颖　黄　炯　丁腾跃　潘　洁　王易难
张　涛　谢　汇　俞　宙　陆　勤　田文婧　陈逸侃

理论与应用力学专业

李　垚　顾　然　张文帅　徐　宁　傅小舟　周　凯
王启名　陈　凯　陆怀宝　孙向阳　袁华金　姚春斌
沈　佳　江　臻　钱一婷　陈雪丽　杨朝晖　李荣华
秦　琦　刘方洁　贾　峤　钱夏伟　崔　羿　孙　力
宣　辰　黄晓欣　季丽娜　陈　晶　汪宏斌　张易明
郭云璐　杨攀东　顾金涛　孙　辰　杨　超
欧阳洪良　魏　钰

信息科学与工程学院

电子信息科学与技术专业

虞　翔　李思明　田文强　邹　超　王小龙　徐　凯
肖本洁　赵惟杰　汪重光　汤逸兴　刘　挺　王　烨
王悦凯　程　辰　罗　琦　陈依佳　赵　杰　吴昺炎
郑逸阳　牛昕宇　陈　涛　包　伟　杨志智　唐亦辰
贾　真　朱志成　尹逊宫　巫博超　岑锦康　施成龙
谈　钊　王　凯　宗　翔　夏晓天　章平亮　邓晓虹
陈　呈　陈宏达　陈孝林　蔡明飞　肖喜中　刘　鹏
原宗良　刘　凯　邓　鑫　谢辛舟　黄若嵛　王　浩
张　辰　杨瑾娴　须文曦　杨　驰　蒋云莺　乐　怡
朱　颖　黄　虹　孙雨新　李晓舟　刘莉红　陆智杰
赵佳融　詹璟原　韦谊成　陈政儒　翁凌翔　杨　飏
张佳雄　张正罡　徐　飞　朱文欣　曹拓宇　王冰瑶

曹亚楠 许绍先 王 源 陈默默 王哲汇 戴 璐
王一枫 丁 锷 胡洁声 段昊天 陈 阳 何超怡
周子钰

生物医学工程专业

许涵卿 石润伯 左 龙 徐嘉玮 陈 晴 孙莉倩
顾佳莹 王 岚 段 非 胡 茜 闫 萌 李君超
张 琦 夏文霖 任 任 丁知民 郭墨非 胡光达

光信息科学与技术专业

张 伟 蔡亦平 唐 昊 宋 臣 陈 玉 王轶超
朱睿超 杨 苏 王鲲鹏 王荣松 李海鹏 朱炜炜
赵忠祥 茅玉敏 项晓辰 任知燕 陈文婷 叶 卿
王光中 刘 浏 陈立凡 尤 捷 林 崴 俞 翔
韩盾蛟 倪星宇 薛康强 王 璞 冯文赫 杜 暐
张 蕾 杨 臻

微电子学专业

谭 锦 卢 星 孟 巽 江 晨 许 灏 朱鹏飞
王奕挺 欧 鹏 林 曦 张唯一 梁 萌 方皆乐
单伟君 王亦之 陈 宇 刘 流 杨东霖 董 庆
梁宏俊 李 辉 杨玲明 曹 臻 沙 泳 黄烈超
朱晓石 胡天一 王 彧 胡永波 陈梦慈 张怡云
闾 德 江 宜 戴姗姗 樊向君 刘晓露 郭 霄
李 婧 吕旦竹 程 磊 朱非白 曹成伟 石亦欣
张韵迪 程文婷 许钦文 杨 树 沈蔚炜 赵 炎
陈 晨 赵间许 张家杰 吴 勰 刘文俊 何玮婧
陈越凡 朱虹桥 刘隽人 黄跃斌 顾纯辰 王 腾
杨迪瑞 李健英 陈迟晓 林虓楠 孟恩溢 于 浩
陈冠宇 艾应涛 毛丽旦·玉素甫江 谢珂卿
倪骅羚 郑 哲 陈 晓 鲍立成 许振林 黄杏丽
李海啸 陈铭良 田宇龙 孙 宁

通信工程专业

朱江波 刘炳红 陈叙璋 冷一恺 刘 俊 盛 开
邵文钦 徐计荣 沈伟杰 陈卿云 陈 俊 朱雨辰
朱 伟 张俊博 苑 博 易 琦 李 程 李 鹏
牛 力 李浩洋 孙帮山 郑鹏辉 霍成海 赵 耀
康卓梁 朱 雯 黄健文 李文浩 黄俊艳 杨 丽
韩 冰 曾 旋 武晓旭 林秋桦 戚盈洁 胡 迪
张鼎臣 周杰旻 程宇阳 刘 晗 谢敏华 赵 熠
朱任飞 苏 晨 邹 毅 周之昊 邱维哲 周瑞屏
樊枝俏 陈晟(西班牙)

电气工程及其自动化专业

魏诗梦 刘文婷 黄 彬 张芸湘 蒋 晨 郭辰仪
袁云飞 王 巍 石 挺 唐效峰 张豪俊 葛晨豪
陈智浩 刘少博 金 纬 姜 松 王兆均 陈 琪
叶碧君 杨 深 刘肇邦 林方盛 方松涛 邬崇朝
李 敏 沈仁慧 陈静娴 崇亦辰 王亚南 陈慧玲

章 雨 孙晓丹 张 倩 曹鑫晖 苏晓萌 王 璐
李东鹏 陶 鑫 曹燕华 欧阳如意 邹娟娟
郭梦辰 万 海 李江山

计算机科学与技术学院

计算机科学与技术专业

黄荣彬 宋 扬 张 希 张 煜 王骏杰 陈焱杰
张波良 康 昱 杨荣华 徐海峰 董文彧 陈义东
丁 蒙 徐晓旻 顾 吉 刘 隽 李元杰 徐 磊
周 钧 蒋 源 殷浩然 戴永鑫 靳 力 朱梦龙
黄铮宇 王 迪 赵易捷 白云峰 程 昕 朱晓然
邢文辉 黄 洋 梁达文 骆思强 覃国涛 刘 颖
宋 海 吕 亮 李健喆 朱贞慧 黄 智 刘 昭
张骁飞 张昕雅 魏越闽 郑晓东 章锦晶 周金龙
谢文磊 马 杰 宋振中 童梅琳 杨 洋 庄郑丰
苏佳云 张金叶 刘雪君 周健雯 仇 沂 杨 昭
蒋 林 刘 晨 陈思佳 邓 君 李亚博 宋 佳
闵可锐 付 冬 郭泽宇 包 珂 仲慕秋 李璐严
陆彦俊 林文贵 邹江渝 周雅瀚 任 宁 涂安伦
李 俊 赵迎宾 杨 双 丁白露 耿昊炎 朱迪文
马佩琦 陈昱啸 杨晓冉 谢玮峰 顾文怡 刘 毅
韩 金 徐 鑫 赵 明 张培武 黄军雷 陆哲瑞
马 健 黄 龙 周旭峰 李宗睿 李微萌 李 贝
张旭成

信息安全专业

朱 翔 刘 琉 胡 昊 胡程明 石寒舟 野夏斌
陈 觅 鲁轶奇 董家麒 冯 博 杨 超 周 沫
纪传俊 陈楚南 方 伟 周 宇 卢鹏臣 李珀瀚
成 波 祝然威 金琰琦 汤殷琦 王 晶 杨晓梅
陈 月 蒋 锵 邱阿凉 陈雅各 钱学胜 李 锐
李 雪 孙瑜恬 刁寿钧 黄玉辰

软件学院

软件工程专业

高 巍 陕 亮 张 慧 杨 安 陈思荣 徐旭东
刘光耀 沈 炎 杨志祥 朱元琦 赵 静 戴辰彦
李晨彪 高 希 马 龙 石 磊 张红俊 谢文斌
陈 龙 朱 珊 冯佳宜 沈小雯 王丽烨 张 娴
夏筠雯 钮巳青 张 丽 杨追燕 郑盈盈 倪佳宁
朱 喻 杨冬蕾 张 雯 程珏慧 张欣妍 蒋 辰
殷广奇 朱晨杰 申 宸 谢君枚 蔡 韵 祁一鸣
罗青云 吕豪放 王远轩 彭 吟 刘学聪 刘 剑
章懿娴 王佳俊 管 乐

软件工程专业(爱尔兰班)

肖梦华 李露露 祝昊辰 钱立波 陆 祎 戴 晨
王晓龙 费扬一 郜忠富 郑惠沄 施大为 任剑钢
仇佳文 陈光雨 许铝才 陈学适 林钦和 朱建波
王民艺 曹 浩 胡 杨 丁圣龙 汤 越 刘 曦

夏 波　陆玮珏　施 悦　李晶莹　任 哲　林 玲
樊 俊　邱 诚　李 越　张 辰　胡天慈　顾俊煜
范 怡　蒋明华　梁夕冰　梁 旭

上海医学院

基础医学专业

王 羿　李 祯　王 睿　金 怡　赵明霞　彭小敏
高琴琴　赵佳怡　江 烨　曹蓓蓓　叶雯斐　谢思偲
吴志鹏　陈 旻　钟少水　蒋太强　陆颖贤　祝 菁

临床医学(五年制)专业

孙艺斐　刘 馨　曹三利　周书来　韦廷哲　吕 鹏
张晨曦　李政锋　王 展　郭海军　李保平　周华丁
李京泰　成 楠　殇 轩　张宁华　段万星　李玉琼
丁倩倩　赖 莹　宋 肖　王秀华　董书琪　王丽朦朦
张雅乐　付 玏　刘 方　李娥琼　陈 晨　赵婧雅
马 帅　郑亚妹　林明媚　王秋怡　林丹红　吕天娇
赵文婷　韵文萍　沈钰新　吴 英　巴 音　赵 兰
布娅·米然别克　莫合塔伯尔·莫敏
阿拉努尔·穆合塔尔　王振宇　胡青峰　李雪冬
黄 洋　努尔艾力江·玉山　张 楠　陈莎莎
何其伟　高 璇　单增卓嘎　胡嘉禄　方又昕
杨宏方　王雪莲　裴晓宇　张会丽　古丽夏提
王开宇　周恩庭　谭诚炜　宋潇斐　汤 俊　张 尧
钱臣恺　李冠桦　贾唯丹　许 可　王康民　肖开提
杨丽娜　温锦娣　李秀君　李思愉　林小婷　张伦榕
武内康浩(日本)　陈昕纬(多米尼加共和国)
陈昕阳(多米尼加共和国)　钟明浩(菲律宾)
李典羽(瑞典)　白萨目(也门)　郑云纯(印度尼西亚)
周家裕(美国)　孙周延(韩国)　葛沁昭(美国)
黄致嘉(美国)　顾海璇(巴西)　孙运尧(新西兰)
徐嘉璘(新加坡)　吕挺正(加拿大)　陈乐闻(马来西亚)
张志烜(马来西亚)　李东旭(韩国)

临床医学(八年制)专业

夏明锋　顾文韬　王毓琳　贾亭松　陆南杭　姜容容
凌晓敏　邱甬鄞　傅修涛　张 新　杨达伟　乔霓丹
李世超　张立旻　史若愚　陈振宇　陈小科　周 儒
林旭峰　周晟博　温 灏　胡海川　王进有　陈 盛
徐 宽　李 春　李君思远　赵 天　陈 剑
褚鹤龄　李浩浩　魏文俊　赵 沛　李益飞　奚俊杰
马志承　李佳琪　陈沛冬　徐旖炜　陈伯赞　李一敏
杜跃耀　朱 燕　刘 莹　孙明霞　许 悦　李 琳
曾梅芳　王颖煌　区晓敏　梁晓燕　陶雪飞　夏玲芳
张新彦　徐 馨　方晓聪　王 琳　朱晓丹　林颖达
张 函　王 璇　于 珊　刘咪娜　虞 倩　康 惠
刘 琪　陆沈吉　刘 晔　秦晓华　余金波　陈 露
林 冬　张树蓉　沙小丹　朱沁媛　黄佩新　钱 璟
陈嘉莹　王辰辰　周昀箐　郦 斐　陈婉南　马晓吉
梁 璐　龚珮莉　臧怡雯　朱怡琦　闫 焱　姚 军
易 拓　肖鸿鹄　何康民　徐 馨　颜晓捷　蔡 昕
余晓玲　周家权　李 超　周文婷　花蕊熙　温志超
孙 阳　吴靖宇　蒋继乐　孟 滔　陈珏炜　金雪婷
伍莎莎　徐海琳　罗晓婷

法医学专业

李 辉　王依超　何志刚　詹 成　李 磊　邵 煜
陆嵘超　陈 辰　李贇铭　齐宏基　谭 超

公共卫生学院

预防医学专业

唐 夏　黄钰亮　蔡 华　张 杰　马 飞　贾英男
黄 鑫　徐 甫　张 兴　刘岩磊　阿 力　程春明
吴哲渊　谈正奇　张春哲　陈霄咚　易在炯　庞 磊
陆豪馨　王鹏飞　曾晓佳　于 淼　彭艾平　杨白雨
莫 淼　华 近　哈尼克孜·吾买尔　张励倩
周 莹　李 智　张夏芸　陶 镭　董玉婷　施 文
吴雯婷　陈 静　周楠华　薛 雯　刘 萍　谷 茜
杜鸿祎　陈智娟　汤兴潮　张怀庆　花 峰　姜晨彦
侯 瑱　杨敏佳　谭永春　孙志锴

公共事业管理专业

李 晨　宗 寅　胡逸欢　任羿诚　黄宇均　李 衡
谢 静　聂晓雨　茅雯辉　岑 琳　徐晓程　宋圣帆
张烨菲　刘心仪　吴来娃　陈 明　许瑞梦　宋梦汀
顾善清　苏 莹　文俊龙　王雪莹　王 淼

药学院

药学专业

张 彬　孙 畅　吕小平　邵腾飞　薛 晨　张慧珏
孙珊珊　钱丽丽　廖 鸽　曹叶浓　王维娜　赵逸超
吕燕庆　陈汉超　林佳媛　陆 烨　崔 璐　邵 磊
韩佳颖　汤亦男　周鹏飞　刘源杰　陈溪山　黄实现
殷嘉珺　李 姝　张学博　吴龙飞　王鹏辉　张 琦
陈亮岑　石章幸　康 枫　仝鑫奕　陈 航　叶悠青
杨迪雅　刘发强　邵夏炎　母 辉　郑雪雁　孟 祯
张 捷　孙龙伟　段书冬　陈琪雯　王 萌　李 熠
姚 蔚　王若瑾　商 明　孙逸安　刘 畅　董琦鑫
郑丽钧　周 熹　薛青松　呼延柯伟　黄 静
昆家慧(泰国)　王香灵(泰国)　桑 葩(泰国)

护理学院

护理学专业(四年制)

夏中杰　严 莉　朱光霁　孙 颖　丁晓芸　金硕贇
陈羽婷　唐 静　徐 芸　张 易　文 龙　林一清
范彩霞　杨戌婷　吴海惊

国际文化交流学院

语言文化

永泉衣梨(日本)　岭敏之(日本)　槙谷脩治(日本)

尹炳周(韩国) 莇田直也(日本) 宋昌浩(韩国)
出水康辉(日本) 李钟赞(韩国) 唐川广大(日本)
金善英(韩国) 陈家升(新加坡) 李厚永(韩国)
町屋有莉(日本) 中岛鉴(日本) 吴家羽(新加坡)
赵贤哲(韩国) 吉村麻里(日本) 金志宣(韩国)
朴恩惠(韩国) 李罗美(韩国) 田村瑛子(日本)
木村刚(日本) 杨惠晶(新加坡) 叶山茜(日本)
中川隆允(日本) 李惠贞(韩国) 吴蓉敏(新加坡)
姜俊泽(韩国) 山野井爱实(日本) 金受炫(韩国)
陈秀娟(新加坡) 洪常银(韩国) 贺屋友香梨(日本)
尹娜来(韩国) 郑海荣(新加坡) 罗惠林(韩国)
新谷绘美里(日本) 李姝玹(韩国) 黄秀玲(新加坡)
金真美(韩国) 藤冈由希子(日本) 叶贞贤(韩国)
前田千明(日本) 金龙雨(韩国) 关心郁(马来西亚)
尹善英(韩国) 李智慧(韩国) 赵惠林(韩国)
神保哲马(日本) 张美景(韩国) 安慧美(韩国)
李井香(韩国) 梅田天初(日本) 郑钟弼(韩国)
崔英喜(韩国) 金娜啦(韩国) 朴芝雨(韩国)
柳佳仁(韩国) 李润承(韩国) 洪炫和(韩国)
罗智炟(韩国) 张允硕(韩国) 金曝玟(韩国)
金贤卿(韩国) 尹喜媛(韩国) 金耶恩(韩国)
李绍明(新加坡) 金正元(韩国) 金瑶娜(韩国)
许微莉(韩国) 王谨翔(新加坡) 金孝嬿(韩国)
林幸子(日本) 都允景(韩国) 申炅珍(韩国)
朴志英(韩国) 朴贤珠(韩国)
陈碧莹(印度尼西亚) 中村直人(日本)
平昭德(日本) 洼田贤二(日本) 崔有辰(韩国)
笹尾佳代(日本) 柳恩荣(韩国) 山本理菜(日本)
李敏柱(韩国) 小寺秀明(日本) 李知娟(韩国)
清水优生(日本) 杉冈淳(日本) 川崎元树(日本)
李玧政(韩国) 尤莉娅(俄罗斯) 朴都辉(韩国)
金贵娜(韩国) 郑灿玟(韩国) 张荣益(韩国)
元珠荣(韩国) 吴升哉(韩国) 姜彝朔(韩国)
徐都永(韩国) 李泰吉(韩国) 郑殊珍(韩国)
赵仁范(韩国) 马美星(美国)
伏屋奈奈绘(日本) 家城亚裕实(日本)

汉英双语

手塚雄大(日本) 卢勇植(韩国) 林佳好美(日本)
石川礼(日本) 浅野谨衣(日本) 石堂唯(日本)
志田美奈(日本) 洪素恩(韩国) 时崎夏子(日本)
赵能济(韩国) 赵成光(韩国) 金正久(韩国)
金慧曝(韩国) 成玟烨(韩国) 韩宇丽(韩国)
朴胤宰(韩国)

硕士研究生

中国语言文学系

中国古代文学(1月份毕业)

陈　飞

中国古代文学

刘淑艳　韩　娟　包筱璐　周云汇　郑维玲　李烺星
王晴璐　陈力勇　王婷婷　陈秀春　单　飞　陈慧文
李佳怿　姜斐斐　任佳怡　梅篮予　邓婉莹　钟　菡
金珍河

中国古典文献学

杨　洋　华　蕾　英秀林　田　颖　鲁　明

文艺学(1月份毕业)

吴修喆

文艺学

杨　城　姚　珏　谢诗辰　程一聪　李纯一

汉语言文字学(1月份毕业)

徐英爱

汉语言文字学

李　铭　尹基元　葛　亮　张立琪　刘　赟　刘　欣
刘晓文　李佳丽　储丹丹　刘伟伟　李雷实　王海荣
朴汀远　李敬爱　崔辰而　黄郑君

民俗学

李秉星　吴　莎　高　洁

中国现当代文学

于　佳　朴彗廷　虞　箐　陈文烨　刘怡娟　王庭雁
王建云　郑晓天　陈　杰　潘薇薇　王　茜　郝　奇
孙理明

比较文学与世界文学

叶剑松　徐　艳　余璐瑶　陈才华　吴伊琼　朱宇煌

语言学及应用语言学

游　畅　罗　琼　孔　丽　徐慧馨　陈育焕　范桂忠
王宇翔

中国文学批评史

聂庆锋　李文瑶　王丽婷　程　通　翟庆瑞

艺术人类学与民间文学

俞　菀　杨斯斐　邢　婧

现代汉语语言学

徐　抒　全珍英

文学写作

甫跃辉

电影学
杨 帆 王华震

外国语言文学学院

英语语言文学
吕 珏 贾 智 徐贝贝 曾敏昊 吴嘉茜 黄少婷
包慧怡 熊茜超 高 攀 江艳妍 宋 旸 邬璟璟
任 远 蔡 健 王世钰 徐晓林 袁 仑 胡 静
张 建 江吉娜

俄语语言文学
吕 中

法语语言文学(1月份毕业)
尉晓娟 王一平

法语语言文学
朱 媛

德语语言文学
张梦霞 赵沛然

日语语言文学
袁 圆 朱一飞

亚非语言文学
孙宇琼 王程敏 战 敏

国际关系与公共事务学院

外交学(1月份毕业)
由 杨

外交学
裘旭东 王 祎 张 晖 王 纯 何秀雯 吴经泳
朱菊华 郭 颖 孙学霄 万敏敏 王 勇 张 源
王月倩 宋 扬 朱瑜清 周 薇 叶 靓

国际政治(1月份毕业)
崔智馨

国际政治
王 婧 杨佳莉 周 晨 吴筱梅 罗 田 钟鸣晨
盖彦南 魏明杰 雷 云 何亚伦 杜楚圻
松本久美 SULLIVAN Ryan BAQUERO HERNANDEZ Ricarodo. Alberto SALAS ALVARADO Leonardo
DOS SANTOS Jandira UMUT ALPEREN LIM Huishan NA WANGKANAI Tanyaruk GRUNNET Rasmus Kaare
LUDVIGSSON Emma Linnea KLIMIS Alexandre KATO Yuri SAGRISTA Sonia

国际关系(1月份毕业)
韩然善

国际关系
王樱洁 李之文 胡佳虹 贺 炜 李 瑶 陆演炜
黄 帅 占 光 武丽丽 韩俊杰 徐亮亮 路 昕
夏自钊 孙 辉 涂文婷 王 虹 曾庆峰 金明洙
郑伟安

政治学理论
臧璐杰 徐圣楠 孙冰心 周煜路 徐庆江 楼 栋
闫巧玲 潘端阳 杨洪晓 凌伯韬 黄 杰 张 超

马克思主义理论与思想政治教育
郑 聪

思想政治教育
沈 丹 董文卿 祁 艳

行政管理
朱 湘 张 芳 王晶晶 梁耀盛 赵 婧 年四宝
赵永全 薛颖洁 王 海 张进军 凯 帝

新闻学院

新闻学(1月份毕业)
王 磊 柳小娟 吴 焰 李文芳 吴佩蓉

新闻学
王磊卿 杨 蕾 夏 琦 高 昕 张陈琛 蔡文珺
詹佳如 滕育栋 瞿轶羿 刘 璐 于 颖 龚汉岚
荆 烽 罗争光 张正伟 吴淑慧 方 芳 王 煜
赖 婧 许 诺 秦新安 陈鹏庭 谭一丁 屠 珊
王 晔 胡倩秋 吴凌玲 靳 慧 卫 蔚 王慧敏
赵 美 钱 滢 刘婷婷 谭 悦 秦 红 汪晓东

传播学
林乐心 黄 丽 吕越寻 吕 双 庄佳婧 何思翀
金 晶 刘岱淞 李笑楠 徐 星 吴 敏 沈 岚
罗 真 杨 芳 ARIEL MARGALITH CATHERINE LEWIS CATHERINE PERREIRA
CYNTHIA HORWITZ DEANNA BUCKMAN EDOUARD BEAUCHEMIN ESTHER YOUNG HWEE LING TAN KATHERINE SIMPSON MARTA COOPER STEPHANIE LOWE

媒介管理学
沈成根

广告学

周小叶　张名阳　黄艳姗　艾依旋　吴卓群　刘　忻　曾依婷　徐佳伶

广播电视学

王颖文　李　桢　肖　婷　岛田由利子

编辑出版

梁　静　韩绍伟

公共关系

曾秀坤　陈　睿　顾芷瑄

媒介管理学

马　溧　王祥颖

国际传播

杨　柠　陈　丹　邢　荣

广播电视艺术学

邓昌娥　刘一川

历史学系

中国古代史

吴宇浩　刘　浪　肖承清　褚若千　张韦玮　张韬岚　汝乃尔　齐仁达

中国近现代史

承红磊　李　靖

史学理论及史学史

郎需颖

历史文献学

万　霞　毕晓燕

专门史

朱珅祯　李承姬

世界史

陈　璐　夏斯婷　曾庆安　姚鑫贤　徐一畅　王忠孝　毛汉青　李焱红　王艳丽

经济学院

金融学(1月份毕业)

奚志刚　李　彤　谢莉莉　王　锴　赵　健

金融学

崔　强　熊　伟　马　杰　严光华　陈俊君　王　隽　皇甫秉超　宋天婵　孙妙月　许望伟　钱亚风云　杨　晶　胡彦超　胡海婕　张　妮　缪一琳　胡　岠　白　洋　许敏敏　肖　婵　邵才捷　温淑涵　杨文川　吴　勇　孙文龙　谢　超　康昊昱　蒋文瀚　石　林　李　恒　田方芳　蒋　科　方骄华　张西林　王　晓　薛宇宁　李家林　王俊杰　周　翔　林剑平　赵　俊　蒋厚栋　武　胜　朱琦臣　陈婵娟　印菲菲　赵慧玲　程海波　王正祺　信　骏　张卫宇　陈　洁　吴方锋　吴怀军　雷晓茹　高松文　王　毅　马国强　王　峥　贾　LI　丁锋睿　廖　媛　曹国军　姜春迪　谢彦蔚　王　凤　张　学　陈吉梁　蒋　琦　王利东　马俊峰　杨　YING　林幽谷　雍厚申　过佳佳　谢静芳　邓美珠　李天骋　王　辉　高银燕　仇保妹　袁逸翊　胡宏辉　张　华　文　琳　尹武鹏　王　莹　何　超　吴晔莘　洪建华　许一览　徐　菁　孙　斌　陈　捷　杨　逸　陈　汝　李云崇　贺　卉　许娟娟　杨明明　梁　民　王金童　石　磊　贺克艳　唐佳强　胡志鑫　杨　渡　林樱花　刘新宇　邵爱军　邢　彬　陈　兴　何可清　邓毅勇　惠婷婷　严　魁　南　炳　谭河业　倪献才　朱　煜　周宁飞　左金平　梁　瓒　汪瑜佩　赖以容

国际贸易学

关　旭　曹　媚　张晓磊　岑　鹤　郝结旺　高人元　刘　佳　黄蔚飞　徐踺宇　谢碧霞

劳动经济学

叶　倩　王鹤涛　周群力　郭亚娟　邱茵茵

数量经济学

陈　霞　许　凯　郭志辉

世界经济(1月份毕业)

朴景洙　郑轔软　孙晴媛　张惠真　尹荣琨　朴思一　克里斯金娜

世界经济

田　蔷　劳杰男　王凡平　杨烨超　张　洋　邱高飞　周栎伟　赵　佳　虞亚庆　王　晔　董子颖　林　荫　王冠中　刘李威特　俞　娟　邵钰涵　彭　柯　韩守晖　李　远　卓佳亮　董　青　夏　珣　胡凌辉　田菊莲　汪昊旻　姚丹群　叶　俊　李　静　叶婷婷　赵　娜　王　慧　徐　婧　周　婕　安　爽　陈　希　张虹宇　余　力　朱侃霆　钱　鑫　李　宁　王立立　吕哲敏　郝　昱　林　莺　邹丹华　刘之阳　苏林洁　彭汉翔

财政学

陈　曦　许俊哲　华　佳　戴　弋　王政之　刘　宇　张茂邦　王卫军　赵钟宜　林　荫　陈文艳　张　坤　陈　欣

政治经济学
高莹洁　李刚平　吴梅华　徐　晶　苏晶晶　张晓拓
徐福炜　赵燕敏　王旭冉　周　哲

经济思想史
唐李渊　崔　磊　李永军

西方经济学
乐文平　府佳颖　仰　映　陈　静　夏林锋　陈静敏
乔　迁　许　政　陈　亮　刘爱民　孙　诚　吉　馨
刘婧敏　谭　萌　刘吉云

国民经济学(1月份毕业)
康明星

国民经济学
姚白羽　王敬文　孟　平　万　晖　周　君

区域经济学(1月份毕业)
闵允敬　金坪模　金敃燮　朴晋世　吴钟伦　李钟旭
李贤美　李和宣　张炳云　崔瓚圭

区域经济学
林　琳　高文静　黄利伟　高　铭　徐　润　ADRIAN JAMES MONTAGU　EKMAN SIGRID-MARIANELLA STENSRUD　SARAH BAYNTON-GLEN　DAWID PRZEMYSLAW　POZNIAK YUSUF　MALIK INGASON　ASGEIR　LUND KYRRE　SECKEL FRANCOIS CLAUDE ALFRED
权度勋　权义晶　金景美　金基玄　金甫炫　金成斗
金仲燮　金振求　朴圣雄　朴晟汉　方承炫　方贤政
白韩尔　薛慧琳　李东俊　崔正美

哲学学院

马克思主义哲学
韩　煦　张惠佳　惠　琴　欧阳兆莹　何　婷　刘小飞

中国哲学
徐　波　秦　婷　张锋宾　陈晓杰　韩莹莹

外国哲学
李琲琲　田文远　韩佳媛　高雯君　符学伟　谢　娟
张　旭　杨平平　夏　晖

逻辑学
李　峰　李主斌　杨永明　宗为翰

伦理学
陈瑞萍　江　浩

宗教学
张艳超

科学技术哲学
管文婷　杨清松　陈　升　刘　岗

企业伦理学
陈　婕

数学科学学院

基础数学(1月份毕业)
陈　燕　岳　松

基础数学
胡海量　吴慧娟　李　茂　杨会芳　赵伟霞　康　姣
林祥亮　陈君达　王　剑　沈云毅　夏根大　解永晓
任驰华　王旭东

计算数学
张　帆　刘璐璐　严佳炜　於屺枋　郑　青　徐喻军
穆小伟　张峰超　唐守宽

概率论与数理统计
易子南

应用数学
李泓源　张渊斌　何忆捷　方明威　胡爱娟　徐　颖
贺向南　王　段　蔡　屹　彭伟敏　刘路遥　王　丽
殷宗芳

运筹学与控制论
张　洁　杨　戎　史衍成　金　健　吴　哲　荣　宇
冯曙晖　李海方　严佳伟

物理学系

理论物理
陈思敏　马　利　李菁一　殷　亘　靳俊凤　程福平

凝聚态物理
王敏凤　刘大康　陈言午　朱　晨　尹晓冉　张翼飞
和　川　常钟文　丁金亮　姜庆云　姜丽萍　苏　强
张九占

光学
马奇锋　孟　鹤　陈　强

现代物理研究所

原子与分子物理
殷　聪　顾彦珺　赵　俊　班洪叶　周　莉　郭树恒

等离子体物理
张树宇

信息科学与工程学院

微电子学与固体电子学(1月份毕业)
孙 亮 胡子夏 徐翠芹

微电子学与固体电子学
成诗伟 柴 路 杨姗姗 陆 焱 赵 薇 周 军
闫伟伟 刘宗明 苏文艳 方 盛 陆 波 陈秀平
张 翼 谢 婧 梁绍池 李渊文 张玉龙 陈 舟
卢仕听 卜海祥 陈 琛 万海军 陈 虎 孟 彬

无线电物理
宋志强 李 群 王大芳

光学
冯 亮 冯 慧 唐 佳 王骁栋 滕雪雷 张 岩
唐文涛 黄丽媛 张旭辉 王 刚

光学工程
蒲海辉 李双柱 李振亚 邱永成

电路与系统
俞 哲 赵 磊 倪 俊 尤 伟 严奇犇 王 江
王晓凯 金 晶 孙 研 张 杰 隋玲玲 戴少华
张玉颖 陈康康 郭 涛 赵一路 赵思聪 王林路
郑英杰 杨少平 唐 琛 吴作凌 程 娇 边 鹏

物理电子学
刘 卓 扈 靖 李志豪

光电系统与控制技术
陈郁阳 江 磊 江 程 周 昶 吴春泽

通信与信息系统
林 宵 李 杰 章 轶 赵 琦 刘四维 丁立恺
隋可融 包晓晶 吴馨华 舒 璇 郁晓飞 谌绍巍
钟良才 张 伟 高国钊 许一峰

医学电子学
蔡哲元 周彦婷 王 旭 张 壮 周 拓

化学系

高分子化学与物理(1月份毕业)
李 鹏

有机化学
王永军 李 超 黄文锋 李伟勋 孔令杰 张万政

物理化学
谢裕青 顾 怡 吴 雯 马仁虎 楼佳颖 孙 浩
王周俊 李 周 翟德伟 王 超 郭秀英 刘佳丽
李春光 张 灯

化学生物学
陈旭翔 刘铭琪 陈和美 孙 灏 周国亮 欧 艳
李艳荣 包勤贵 董争红 杨维珮

无机化学
钱 昆 沈晚晴 刘 安 雷 铖 杜丞博 廖腾彪
杨建平

分析化学
王莹寅 戚大伟 陶文兵

生命科学学院

生物信息学(1月份毕业)
钟伯坚

微生物学
陆俊峰 肖义平 夏志强 顾晨曦 胡子业 杨 超
王菁菁 郑羡诺

遗传学
李 群 李 婷 郑 霞 张思维 俞一鸣 周 寅
张轶凤 王丙寅 侯 嵘 王佳琦 高 歌 李 琳
魏 颖 李可旼 李坤岚 韦 炜 徐健遥 颜丽莉
刘 啸 范祖鹏 曹英萍

生态学
陈 卉 王 坤 阳祖涛 郭 立 惠 鑫 殷 维

植物学
张 榕 陈子易 金 鑫

人类生物学
张芃胤

神经生物学
钱斌斌 聂瑛珍 赵文杰

细胞生物学
郑羡诺

生物化学与分子生物学
崔黎明 张一甫 张建波 王 佳 李晓萍 魏 征
赵宏峰 黄 晚 刘 意 路 静 郭 华 刘伟伟
郭玉娟

生物物理学

徐思捷　李东升

计算机科学技术学院

计算机软件与理论

陈　宇　王先胜　陈炜于　向　宇　叶彭飞　戎旭涛
吴智昊　吴文涛　解春欣　谭　肖　周游弋　章少雷
许晓峰　李　文　余佳晋　蒋　凯　徐宇明　金　侠
祝家意　邢　伟　鲁仲阳　牛海军　林祥明　蒋铭勋
刘冠群　马　艳　陈　凌　齐　轶　吴元凯　冯小军
陈　鸣　许　震　徐晓明　任　刚　黎丙祥　李　星
陈昌由　马　强

计算机系统结构

谈　飞　陆冠群　苏超云　覃　伟　张世乐　张　毅
齐　超

计算机应用技术

沈光平　何一鸣　郳　桐　潘俊林　姚金国　刘　倩
高麟翔　张　杰　刘亚多　赵　波　陈天缘　缪一心
管旭东　陈　赟　何希圣　徐　凯　陈剑峰　朱远毅
王　旸　杨林凤　王妙辉　杨晓璐　刘广明　彭　琳
段利君　范文嵩　王晓宇　王荣德　何青松　王琴琴

管理学院

工商管理硕士(1月份毕业)

袁新瑞　徐　琳　周　莹　刘　禹　徐　珏　蒋　旻
程登宇　郑颖琦　惠　健　张　凌　薄　桢　胡中林
蔡　涛　张炳刚　汤　俊　嵇小峰　黄东庆　张　青
鲍殊毅　郭　超　邹莉莉　吴琳琳　付林文　王悦晏
吴图南　闵湘华　曹丽玥　刘金辉　肖红贞　张　敏
郑　泳　徐　红　徐晓清　李　玲　林传锋　刘　洋
庞恒波　刘靖华　李　旭　陈　燕　葛林月　殷　凯
王　涛　蔡泽华　石　莹　谢　鹏　莢　强　梁远正
廉春霞　邢　勇　周天一　申毅彬　蔡荣鸿　赵妮妮
康　坦　张　驰　贾懿敏　赖森鸿　吴逸鸣　陈　纬
丁治国　王　涛　王峻峰　叶政国　王胜越　杨　汛
黄　薇　桑迪红　于学鹏　陈学琴　叶　华　黄志鹏
徐　铭　罗德昌　朱一楠　乔天罡　黄坤良　徐　勇
朱文贤　夏遂军　胡怀阳　郑朝阳　林　琳　潘勤勇
单瑞光　顾　云　台　峙　张廷勋　杨育松　彭　彦
李　悦　江永保　瞿贤妹　郁莉平　刘　军　顾跃华
陈功栋　赵秀春　陈海波　杨德彬　金　庆　李　超
许少飞　孙　莉　曹　晔　孙维琴　冯　晓　陈　赞
刘　炯　陈红妹　薛英超　王　威　魏轶雯　钟　淮
李　伟　洪　超　王　宁　杨　杰　徐　锐　王金龙
王　威　余　静　房　煜　沈家生　邱剑文　张　薇
陈　桦　王亚红　瞿唐洲　戈小光　刘　民　仓迪颖
张洪军　韩于蓝　陈甦甦　万雪平　方　琴　陈　建
李　骏　王　凡　王　旭　房佳珮　杨国祥　张　纯
张静波　陈桢奕　朱正伟　潘凯旋　夏祺鸣　吴晓红
余　杨　陈敏芝　张　良　冯鸣鸣　云晓国　董翔龙
苏龙聚　孙岳军　闫长亮　王占甫　曹宏屹　鞠　铭
史　伟　孙文剑　翁健杰　杨　宁　黄华盛　钱　泓
张　敏　谭觉春　于　嘉　梁　峰　梁志万　徐　文
胡月琳　王　寰　罗正宽　张　杰　蔡　驰　商海涵
曹红民　张　欣　李德福　沈春来　何少维　黄　睿
曹　峰　马征海　吴乐峰　孙晓波　张　杰　李海东
邱　雷　罗少斌　余　宏　管　薇　尹　毅　陈　伟
陆志炯　周　佳　盛承祖　徐凤娇　徐　莺　伊红娟
陈宝生　陈　鸣　钦　崄　盛　开　林海峰　翁其艳
马艳清　胡志刚　罗险峰　张　巍　董　梁　朱　军
孙　壮　薛　赟　张　韬　梁彩萍　姜　昀　曹志裔
刘为臻　钟　华　叶　琛　计静波　雷玉新　王新军
唐　璟　李永军　朱海云　吴　霆　陈　松　陈子赟
张海峰　赵春锋　符慧君　陈桂岭　张　奇　赵治年
王剑华　鲁　俊　朱　丹

工商管理硕士

张　林　沈冰莹　袁　军　何明军　袁　红　周敏杰
柯善风　孟丽莉　杨　凯　贾树垚　曹瑞杰　周　洋
申　伟　彭添智　朱　颖　米五平　巢　骏　张赤全
高　坚　黄晓江　焦　强　漆蔚波　何　华　张　千
陈　昶　张静妍　胡　明　张耀武　徐　波　李向金
焦　峰　杨伯卿　罗晓静　王　杰　何峥炜　郑绍亮
毕　佳　陈　广　冯美丽　贺　婧　陈　鸣　许　成
徐秋红　朱　斌　崔　斌　吕　露　王　蓓　蔡荣荣
张　超　朱　婧　周　颖　丁照启　杨　蓉　郭　薇
唐昭昭　居桂兰　邓伟仪　周禾汀　何微薇　陈　幸
保轶俊　姬雨虹　王艳知　李中华　向凌凤　邓　华
陈　平　黄冬梅　刘　丹　邹国君　赵　倩　朱　舜
陈煌辉　王家晨　封　华　沈雨晶　陈　亮　杨栋卫
童淑娟　马夕明　杨　钦　吴慧颖　高　珂　秦　芹
佘　艾　熊　玮　施　艳　刘俊倩　曹　蕴　龙　雯
鲍宪杰　李文宾　何振华　余　创　侯建军　赵　琼
曹　军　沈　怡　陈　波　唐学华　蒙福耀　蔡新国
樊晨超　李戎则　王莎霞　刘星云　胡　燕　袁战刚
张亚琼　王经罕　唐雪芬　马　云　王　鑫　黄文炯
李冬娜　汪　琦　费凯华　魏春玲　蒙　宇　林　蓉
顾元军　陈　勇　任志霞　龚　晏　倪　红　张　寰
裴志永　陆政峰　李跃博　林永建　郭贤锋　汪　晟
陈双卯　SUNG HUN KIM　JEONG SANG BIN
范俊明　HAJI IBRAHIM ERWAN
曾蓉招　KIM DAE KYUN
林宪男　ABHINAV CHARAN
梁玮玲　THIRUVARSU S O V DAM
RAGHURAJ SUNDER RA
PRAGNYA　KASHINATH　马文佶　谭右国

产业经济学
李　格　翁　睿　金　星　吴海涛　储贻波　林　峰
朱春明　吴　蓉　李政东　姜　超

国际贸易学
魏　忱　陈贝娜　何婧婧　钱　刚

统计学
徐新平　汪莉丽　潘奋飞　张华高　魏　丽

数量经济学
孙晓苏　那一牧

概率论与数理统计
冯佳睿

运筹学与控制论
余　婧　陈　瑶　王延菲

管理科学
盛　蓉　高　兴　朱念勋　马晶晶

信息管理与信息系统
陈丽霖　余　悦　张杰伟　王　伟　高建明　李明辉
彭宏程　叶振宇

物流与运营管理
陈　曜　马　鑫　王　锦　杨婉慧　周冬亮　史雪雷

企业管理(1月份毕业)
桑书田　庞亚娟　杨　姝　吴　昀　程　静　刘　波
殷　磊　徐　慧　黄　轩　曹　正　朱晋超　吴丹丹
王杏薇　张　蕾　刘　靖　方　蔚　刘　芳　谷　雨
金一旻　李　婧　蒋婷婷　林颖异　吴仕旼　蔡　锦
杨　婷　刘　琨　韩　敏　何继红　岳　军
DENNI MANZATTO　JACOPO FELIZIANI　NICOLA FERRARI　STEFANO FERRI PARSI　LIVIO VALENTI　ANTONIO ALESSIO GALLO　MARCO SERAFINI　GABRIELLA CACCIOTTI　VALERIO POLIMENO　FRANCESCA CALO'　NICOLA COSTA　GIULIA　ZANZI　MASSIMILIANO　CIMS　FRANCESCA RIVA　CECILIA GIOVANELLI　ILARIA CALABRESI　DAVIDE CICCOLELLA　MARIANO DEMARTINO　GIANCARLO PICCHI　ALESSIO RESCIGNO　NESSIM　RUBIN　MATTEO CHIEREGHIN

企业管理
秦　源　何　婧　曲明磊　陈　曼　董晓梅　季薇娜
章小任　徐　凯　王延飞　周旭辉

技术经济及管理
鹿　溪　李军锋

会计学
王　佳　苏　超　郑慧莲　张　婷　王　伟　严明珠
陈　策　王　颖　崔　琰

东方管理学
李　乐　赵　文　刘海波

市场营销
王如意　张雪琳　龚　卿

财务管理
夏　天　李岩岩　王晓亮　徐　峰

金融工程管理(1月份毕业)
俞　婕

金融工程管理
刘　文　陆威纬　强　静　周　强　周　吉

法学院

法律硕士(1月份毕业)
黄如玉

法律硕士
吴晔伟　王晓静　武丹枫　李琳玲　栗小静　汪　雪
田　芳　黎绍基　魏高祥　蒋　懿　吴胜亮　石作卿
于茜石　邱园科　乔阁超　张程毅　王媛媛　高　源
武佳佳　张敏敏　李　浩　郭栋梁　耿　灏　李竞雄
孙红日　费媛媛　王玉收　李广强　宋萍萍　杨　杰
潘成才　欧亚非　车　薇　刘　慧　陈敏华　杨德广
严　亲　奚建波　化　难　张磊磊　张红文　刘　畅
刘雪峰　贾丽娟　杨晓俊　李良锁　臧　磊　方　敏
陆曙光　蒋　莲　冯　蜜　尹勤思　张抒亚　钱　俊
梁卡特　王　俊　冯　墨　印　兰　刘　迪　戴一帆
张　馨　陆剑伟　陈　赟　王慧丽　刘　盛　李翰奇
朱　婧　潘良峰　孙　耘　戴慧黎　高　燃　丁　媛
陈二华　许文涛　张靖雅　朱元成　李国忠　梁寓禹
蒋丽丽　余春华　华　珣　吕　亮　黄喜容　虞臣伟
华宇文　贺晓丹　孙家骏　俞　菲　施俊杰　沈伟达
高　娟　金宏晔　林渝丹　龚　剑　王志强　陈　晨
刘　羽　杨烩娟　尹维耀　吴　亮　宋　毅　陈　明
杜　笑　周　云　常孝永　刘洪军　桑　林　林远东
薛　成　李议麟　王　羽　陈海燕　饶　婷　胡　爽
曲元宁　何　强　吉新晶　李　晖　张旭辉　赵静静
金瑞彬　张高奋　张　胜　李　丹　杜　仪　王惠民
王晓娟　张　杰　乔如男　侯文斌　李　广　余　恒
鲁晓波　王　舜　王宝玉　李祖军　邹　毅　于水荣

吕 啸 莫 环 夏 厦 劳裕仔 汪 菁 李 卫
唐东华 李若男 陈勇杰 龚小卉 赵晓姝 薛 爽
彭苏苏 陈林凤 李 琨 管 尧 许瑛毅 周平庭
张剑波

法学理论
叶 斌 王 琨 张优悠 王 朝 袁顺苹

法律史
严新宇 杨 翼 孟 烨 周 圣 谢左致 胡 冰
刘云箭

宪法学与行政法学
杨 捷 胡中伟 唐 凌 陈谷亮 安 娜 冯 晴

刑法学
宋华伟

民商法学
王 冰 王韶婧 施晓莉 王 曦 虞梦云 吴布达
吴劭萍 蒋丽丽 周 飞 乔 营 林暖暖 方先全
朴真龙

诉讼法学
龚慧娟 左亚洛 龚莹莹 刘 婷 瞿香群 方 娴

经济法学
余亚宇 盛宏观 方冰清 吕 品 林欣蓉

环境与资源保护法学
李牧羊 秦桂芬 郑 灿

国际法学(1月份毕业)
严 波 周寒立

国际法学
宋庆华 李 冀 于若辰 王 颖 孙文婷 朱奇敏
程乐文 宋 薇 陈芳芳 李 妍 陈心星 杨 羽
贾 雯 胡 玮 马艾麒 顾安琪

力学与工程科学系

固体力学
张国法 曾 志 梅继法

流体力学
林展熙 欧阳婷婷 张洪一 尚宣廷 王 坪

工程力学
曹攀峰 金鸣捷 李腾飞 薛自华 周文博 刘 冰
林 建

飞行器设计
李寒清

一般力学与力学基础
许鹤林 罗 诚

材料科学系

材料物理与化学
范象泉 纪丽娜 韩斯晓 辛骞骞 张滨海 孙 鹏
谢 琳 张 彦 王一鹏 姜冬冬 刘玉飞 卢 帆
方 行 严 博 张千玉

材料学
章园园 章 静 张中鲜 胡毅勍 唐晓峰 庄哲辉

物理电子学
朱 蕾 周 俊 周广有 吴臣国 白传易 李先懿

信息功能材料与器件
张敏夫 赵 炀 陈冠雨

社会科学基础部

中共党史
肖 妮 韩 平 范银红 张亮亮

科学社会主义与国际共产主义运动
余佳奇 陈 胤 杨 涛 金东生 林柏全

马克思主义基本原理
黄 坤 夏继舟 应沈漪

思想政治教育
王 静 赵盛润 杨 静 张传宇 张志华

分析测试中心

分析化学
曹秀君

物理化学
王 珏

历史地理研究中心

历史地理学
陈 婧 王美苏 王若涵 朱 帅 杜 娟 竺暨元
陆丽雯 李伟燕 刘灵坪 张友谊 汪新琴 张鑫敏
史 霖 程佳伟 靳 林 江伟涛 杨士超

高分子科学系

高分子化学与物理(1月份毕业)
王轶铮

高分子化学与物理

丘雪莹　阮玉辉　江霞蓉　顾元凯　许　汇　陈军宇
王李欣　李君君　时静雅　黄　韧　罗　彬　杨华啸
吴耀东　杨　涛　杨芬玲　吴凌翔　潘牡刚　苏辉煌
王开刚　王晓燕　邓　伟

社会发展与公共政策学院

社会学(1 月份毕业)

汤洁蔚

社会学

沈东川　符　裕　夏惟怡　周冬然　周　芸　吴　菲
李　薇　施丽萍　刘小雪　许璟莹　刘红英　王晨丽
姚　丽　时怡雯　徐晓蕾　顾　源　梅　岑　郭小兵
肖福芳　张　雄　孙敬提　大　熊
INSENG SOULIPHONE

人口学

桑　旸　王　清　吴　瑕　王建玲

人类学

汤振宇

社会保障

夏剑霰　高恩普　仇育彬

人口、资源与环境经济学

徐　丽　陈霓娜　刘　博　陈　绮　扈悦海　郭蕾蕾

高等教育研究所

高等教育学(1 月份毕业)

长生拓磨

高等教育学

郭代军　顾正萍　周　莹　张珊珊

课程与教学论

姜　莹　胡　月

教育经济与管理

孙逸炀　赵晓娟　田　健

环境科学与工程系

环境科学(1 月份毕业)

宋潇潇

环境科学

胡　欢　姚章杰　曹爱丽　林　立　顾玉娇　郭　瑞
崔虎雄　刘　静　吴　天　鲍文杰　柏红霞　杨楠桢
励　佳

环境管理

张　苹　周　红　张宪英　邹晓元

微电子研究院

微电子学与固体电子学(1 月份毕业)

张　成

微电子学与固体电子学

牛　祺　樊锦涵　邵　赟　赵　莹　倪金华　王佳桢
叶天凤　张　佶　周春媛　欧阳淦　薛　静　黄双渠
刘　沙　金　钢　兰　飞　黄新运　佟宝丽　翁旭东
陈珊珊　许海峰　姚　翔　沈　聪　刘少腾　余建德
杨　荣　陈　怡　张钒炯　刘　晗　邵　楠　田　鑫
林楷辉　闵　卿　李　骥　李　俊　刘祥昕　王　聪
杨　捷　马海峰　齐　达　陈芳露　孟令部　惠志达
路守领　黄德平　吕昌辉　余敬鹏　李　波　江　雯
王晓荣　左　斌　马　镇　邓少任　苟鸿雁　皮常明

软件学院

计算机软件与理论

钟　翔　王海栋　朱盛凯　冯一洲　周逸勋　曹　烨
阮斌斌　黄朋朋　林科文　黄弋简　陈　晨　秦　博
贾　奇　陈　诚　沈元一　熊　玮　康方圆　林　可
卢任妍　姜　琳　刘　颖　王安华　吴自强　钱　毅
翟　耀　周尚晨　金祖旭　黄　锃

文物与博物馆学系

考古学及博物馆学(1 月份毕业)

李海燕

考古学及博物馆学

蒋　晟　周　畅　曹　默　沈辛成

文物学

李彤彤　陈　洁　李银芬

旅游学系

旅游管理

黄　震　李　盈　苏　岩　裴艳琳　戴　婷　杨　彬
邹王艳

文献信息中心

图书馆学

李　梅　谭　畅　孙　宇　房　明

国际文化交流学院

语言学及应用语言学

陈　萌

对外汉语教学
沈安怡　赵　莹　卞舒舒　崔知慧　李真珠

上海医学院

生物化学与分子生物学(1月份毕业)
蒋　璆

生物化学与分子生物学
刘明珠　朱绪超　张　巍　王文忠　钟　芸　贡月波
胡玲玲　杜仁骞　刘业恒　林　炎　周奉彪

人体解剖与组织胚胎学(1月份毕业)
王南宁

人体解剖与组织胚胎学
徐　理　陈园园　刘培培　王建军

免疫学
谭燕飞　蔡玉婵　范　曾　刘　楠

医学信息学(1月份毕业)
王　伟

医学信息学
雷正勇

病原生物学
范佳佳　施碧胜　梁冬雨　倪进婧　徐春娣　赍海静
刘春红　王珊珊　黄仁政

中西医结合基础
张　彦

药理学
杨　鹏　孙　慧　卢如惠

生物医学工程
朱　莲

病理学与病理生理学
孙艺华　赵晶晶　刘晓莉　黄　洁　甘华磊　唐绍娴

法医学
赵　晖　孙其然　茆文杰　郑　剑

分子医学
陈雅婷

生理学
黎　莹

神经生物学
杨　威　江　磊　霍晓姣　郭建军　闫　洁　王　琳
任清潇　谭　嵘　王忠慧

遗传学
郭纬纬　宋东莉

公共卫生学院

流行病与卫生统计学(1月份毕业)
李宝月

流行病与卫生统计学
王继江　王　婧　王静霓　毕　煜　陈　莉　吴强松
吕锡宏　彭春林　张俊婕　陈丹萍

劳动卫生与环境卫生学
刘　莉　谭红汕　陈　鑫　李朋昆　肖武生　张　平

营养与食品卫生学
叶文锐　代　旋　魏　延　骆　璇　麦嘉仪

儿少卫生与妇幼保健学
邹金良　刘　灯　凌　红　余春艳

卫生毒理学
胡晓晴　潘小海

社区卫生与健康促进
李伟霞　吴国莉　唐　政

社会医学与卫生事业管理
顾而洲　伏嘉宝　郑　磊　段成钢　孔　辉　李振红
徐　艳　丁　燕　阎　元　张　云　杨　丽　吕　曦
董　伟　王子亮

药学院

药物化学
张　宇　张　晨　王　玮　刘慧芳　成　明　邹　昊
孙　健　王　洁

药剂学
顾　炳　冯　亮　沈烨虹　吴　娟　何红伟　李光慧
梅丹宇　吕祎凡　柯伟伦　刘　夏　刘　婧

生物化学与分子生物学
欧阳明

生药学(1月份毕业)
鞠　錾

生药学
俞媚华　章佳赟　姜泽静　皮恩浩

药物分析学
潘　乐　康宏艳　刘家池　陈　斌　徐　倩

药理学(1月份毕业)
陈　倩

药理学
倪晓珺　钟　晗　程小芹　周晶晶　李芳萍　华蓉蓉
蒋　龙　祁　佳　王先利

中山医院
内科学(1月份毕业)
蔡晓峰　白依拉

内科学
付明强　张春瑜　高小清　陶黎黎　李明辉　王耀辉
刁佳宇　邹　誉　易茜璐　张　怡　陈发东　练晶晶
卢　璐　唐晓婷　徐益明　李俊桥　陈敏灵　鲁沈源
许杏君　苏　文　李雨薇

神经病学
赵　静　方　珉　裴小溪

影像医学与核医学
李　娜　徐本华　邬晴媛　张　雯　张一秋

外科学
胡　捷　娄莉莉　王曦龙　顾　晔　徐华祥　申　锋
陆树洋　朱　冬　刘盛东　郭常军　贾　静　马杰飞
于新哲　曹小曼　郭家健　谷军保　董天庚　程纪伟
潘思璇

全科医学
邢格政

肿瘤学
李薇薇　陈晓泓　强　铭

麻醉学
邓　莉　姚　菊

中西医结合临床
伍　品

药理学
张小林

病理学与病理生理学
石　园　杨　博　熊振芳

华山医院
病理学与病理生理学
林　敏

内科学
王　虹　张　瑾　张　倩　刘德凤　孙建军　陈佳婕
谭　微　徐　雪　曹江红　赵　云　张冀松　李　鹏
韩天洁

神经病学
陈启华　张　扬　李琴英　刘黔云

精神病与精神卫生学
李　岩　沈瑜君

皮肤病与性病学
赵　颖　贾近博　秦晓民　慕彰磊　林宗儒　萧伊伦
金　晶

影像医学与核医学
王慧春　王嘉兴　宫　霞　上官泽敏　李思瑶

临床检验诊断学
陈晓耘　马越娥　李　茹

外科学
任甜甜　施振华　接　健　沈　勇　吴可晚　苗　锋
陈旦麒　朱巍莹

肿瘤学
林　浩

康复医学与理疗学
于惠贤　李　丽　蔡伟森

麻醉学
孙　申

口腔临床医学
王淑敏　高海莲

运动医学
张　健

中西医结合临床
弓唯一

药剂学
崔学艳　肖婷予

老年医学
周海娟

肿瘤医院
影像医学与核医学
邵兴然　赵　庆　李瑞敏

肿瘤学
黄利勇　杨立峰　田　姝　陈毅作　汪长健　王　倩
彭之磊　张国庆　张　萍　李　静　陈　力　李　爽

麻醉学
朱序勤

中西医结合临床
戴海燕　高　阳

儿科医院
儿科学
张　欣　付海燕　杨晓林　乔英立　王　伟　郭书娟
张　颖　邱　甜　周建国　黄　蓉　朱雪梅　景延辉
明美秀　成梦遇

妇产科医院
妇产科学
徐　冰　李　君　陈丽梅　郑　峪　梁山辉　吕世剑
徐晶晶　苏翠红　周　爽　钱翠凤　郭素璇

眼耳鼻喉科医院
影像医学与核医学
张礼春

眼科学
钱一峰　庄　宏　陈　志　荣先芳　魏安基

耳鼻咽喉科学
金　蕾　陈　斌　孙明之　刘　全　陈　良　樊春笋

金山医院
内科学
郭　进　王成军　袁　倩

肿瘤学
查　琳

儿科学
张铮铮

神经病学
王子高

影像医学与核医学
冯　琴

上海市肿瘤研究所
病原生物学
朱　宇　杨　麟　周小羽

流行病与卫生统计学
高小荣

放射医学研究所
放射医学
唐雯菁　张燕燕

上海市计划生育科学研究所
动物学
杨玉琴

遗传学
姚余卫　贾哲甫　时伟丽

流行病与卫生统计学
李　娜　何春艳　苏秀娟　周　颖

上海市第一妇婴保健院
妇产科学
倪晓田　黄汉辉　于　津

护理学院
护理学
景建玲　周士萍　王　伟　杨　青

华东医院
临床检验诊断学
涂　婉

营养与食品卫生学
徐丹凤

上海市第五人民医院
内科学
方　芳　程　娟　沈泉泉

药理学
李　琴

神经病学
杨立刚

外科学
钱昌林

临床医学七年制研究生
儿科学
冯天行　郑一鸣　陈　宏　钮小玲　张卓君

内科学
董　乐　王　琦　江通天　卞志翔　吴元昊　梁义秀
吴雪锋　钱俊峰　聂宇昕　孔炜颖　包丽雯　杭燕雯
陈明月　杨琤瑜　杨琤瑜　林轶凡　纪宗斐　傅燕琳
竺文静　韩　冰　严立敏　康　悦　范碧君　范怡婷
张雪皎　姜菁静　朱丽娜　王瑜元　张译文　童　琳
张丽华　石含玉　周　芳　毕　晶　冯　云　韦　苇
杨柳青　区雪婷　吴　昊　蔡晓琳　丁黎葭　赵蓉雅
仲　昕　方晓燕　吴　楠

眼科学
沈际颖　邵维良　朱文卿　秦　睿　韩宜男　汪晓倩

外科学
张　震　储祥麟　李豪杰　蔡之平　潘之光　何　晨
梁　立　丁子啸　王皓羽　郑超君　李　清　刘宇洲
许文彦　蔡晓晨　童　臻　倪　伟　沈　超　彭品伟
诸华光　范其亮　刘　骏　林　锐　庄秋林　王　剑
张致琦　腾　飞　贾亦臣　陆　磊　沈金强　黄晓勇
郑谋雄　出晓军　刘创宏　王艳富　王　军　于　虎
李全林　苟元成　张　颉　奚秋磊　顾　伟　常　川
周　宇　黄利彪　陈　成　张　喆　蔡佳荣　马易群
尹　至　陈明宇　叶　欣　王树彦　朱雯婧　陈　劼
王燕娜　黄钟琳　卢云鹤　王晓乙　陈　立　胡林昆

神经病学
史晓芳　汤永喆　毛玲艳　董　漪　黄纯臣　黄　莹
张蓓蒂　李林昕　张敏敏　罗苏珊

妇产科学
李仲懋　马思宁　朱　好　王　韵　周琼洁　苏　妍
李　琦　刘茂华　何薇薇　刘源涛

麻醉学
范　羽　黄　剑　单嘉琪　王　芸　张玥琪　姚敏敏
俞　佳　李　莹　张　钊

皮肤病与性病学
吴家强　吕岳华　吴颖之　赵珏敏　黄惠媛　王　艳
宋萌萌

肿瘤学
杨柏帅　郑洪途　杨犇龙　顾史洋　金　佳　汤立晨
黄佳莹　季亚婕　欧　丹　肖素芳　姜　威　官　青

运动医学
陈始秋

影像医学与核医学
徐飞佳　鲍伊雯　陈丽敏　陈　莉　沈　文　葛颖倩
汪晓虹　张慧玮　尹　璇　姜　彦　李　丛

耳鼻咽喉科学
单　晶　刘琢扶　陈帼玲

康复医学与理疗学
陆蓉蓉　陈　颖

博士研究生

中国古代文学研究中心
中国古典文献学(1月份毕业)
陈　谊　张桂丽

中国古典文献学
金晓东

中国文学古今演变
过元琛

中国古代文学
宋贞和　刘竞飞　张雪莉　曾绍皇　韦　乐　石晓玲
刘燕歌

中国语言文学系
比较文学与世界文学(1月份毕业)
李金云　郑意长　孙　敏

比较文学与世界文学
朱　骅　盖建平　许丽青　高　天　田晋芳

汉语言文字学(1月份毕业)
朴镇秀

汉语言文字学
李来兴　李凌燕　马国彦　罗　菲

文艺学(1月份毕业)
刘　琴

中国现当代文学(1月份毕业)
任 珊

中国现当代文学
翟 超 谢有顺 刘 涛 申欣欣 张昭兵 杨 方
张红娟 史元明 李小杰 穆罕默德阿里

中国古代文学(1月份毕业)
侯体健

中国古代文学
金光一 刘 鹏 沈从文 陈湘琳 金恩景 夏 宁
潘秋云

语言学及应用语言学
彭 彧 林 莺 李线宜 凯丽比努·阿不都热合曼

中国文学批评史
王海远 刘 赛 杜竹敏 耿祥伟 刘 莉 孙凯昕

现代汉语语言学
刘娅琼

中国古典文献学
李向菲

影视文学
周倩雯 艾 青

外国语言文学学院

英语语言文学
张雅琳 湛朝虎 赵学德

外国语言学及应用语言学
申美花

新闻学院

新闻学(1月份毕业)
胡毋意 杨桃莲 樊昌志 杨朕宇

新闻学
周 立 瞿旭晟 张好玟 康 燕 苏 虹 陈月明

传播学(1月份毕业)
金恩成

传播学
陈 梁 李彩霞 刘蒙之 赵高辉

广播电视学
张 洁 金玉萍 王 华 于 晶

媒介管理学章
宇 光

历史学系

中国古代史(1月份毕业)
郭晓航

中国古代史
张祎琛 刘 瑞

中国近现代史(1月份毕业)
陈扬勇 汪朝光

中国近现代史
王春龙 石 涛

世界史(1月份毕业)
贾 敏

世界史
白春晓 熊 莹 沈 扬 任文峰

专门史(1月份毕业)
袁 蓉 赵 婧

专门史
潘玮琳 王红军 胡春丽

历史文献学(1月份毕业)
程天芹

史学理论及史学史
张井梅

经济学院

金融学(1月份毕业)
张睿锋 秦培景

金融学
王 英 王国林 栾培强 蔡珞珈 刘 凌 赵永亮
范旭东 李 茁 李卓琳 张记伟 邓海清 蔡向辉
刘少英

政治经济学(1月份毕业)
曹晓飞

政治经济学
陈　建　崔　荃　胡志平　张亮亮

金融管理与金融工程(1月份毕业)
李世刚

金融管理与金融工程
刘晴辉

西方经济学(1月份毕业)
高　远

西方经济学
李振名　邵明波　解栋栋　李珍珍　范子英

国民经济学(1月份毕业)
孙彬彬

国民经济学
巨　凡

世界经济
杨　怡　刘　燕　刘　杨　王　静　吴玮丽　周纪恩

产业组织学
徐　玲　张　翼

国际贸易学
郎永峰

数量经济学
张德常　李　六

哲学学院
马克思主义哲学(1月份毕业)
孙云龙

马克思主义哲学
高　健　许菁菁　刘　冰　温晓春　杜宪升　孙晓艳
王　瑛　焦佩锋　谌　林

科学技术哲学(1月份毕业)
陈历幸

科学技术哲学
王迎春　戴　潘

宗教学(1月份毕业)
冷　欣

宗教学
谢　华　雍　琦

中国哲学
马　颢　王　英

伦理学
郝永刚　胡志刚　曾　云　刘　凯　方　耀　李育书
冉光芬

国外马克思主义
陈祥勤　曾德华

外国哲学
杨宝富　庄振华　付德军　张奇峰　余永林　马　明
王荣祥　郑国玉　刘华初　赵　灿

国际关系与公共事务学院
政治学理论(1月份毕业)
鲍国政　于秋兰　王菲易　刘晨光

政治学理论
向　前　葛传红　张　燚　李　秘

行政管理(1月份毕业)
姜国俊

行政管理
张毅强

中外政治制度(1月份毕业)
严友良

中外政治制度
王茂美　黄　颖

国际政治(1月份毕业)
罗　辉　章　远

国际政治
宫笠俐　吴其胜　陈　霞　朱晓黎　吴伟平

国际关系(1月份毕业)
申耿焕　汤　蓓

国际关系
王　志　娄亚萍　张　杰

外交学(1月份毕业)
张　骥

外交学
毛吉康

数学科学学院

应用数学(1月份毕业)
顾琪龙 王利利 刘见礼

应用数学
杨 伟 张艳艳 马红铝 刘 波 孙永征

基础数学(1月份毕业)
王彩虹

基础数学
熊新华 任庆刚 陈 立 付本银 马文雅 屈爱芳
王 丽 程国正 陈 泳 赵文静 华波波 邱红兵
刘建军

运筹学与控制论
徐惠芳 陈绍宽 于 航 陆立力 孟庆欣

计算数学
徐 翔

物理学系

理论物理(1月份毕业)
殷慧琼 刘 勤 杜骏杰

理论物理
相 湘 尹少禹 陈国红 左光宏 范春珍 王 钢
王建辉 高 勇 贺 喜 王伟华

凝聚态物理(1月份毕业)
王秦镜 张 希 宋君强 王美良 谭 鹏

凝聚态物理
苏卫锋 田 源 叶 力 庞小东 时 钟 石 磊
杨 炯 丁 力 陆 旻 蔡其佳 任国武 郭志新
董传鼎 栗 佳 李重要 丘学鹏

光学
任祺君

现代物理研究所

原子与分子物理(1月份毕业)
姚 科

原子与分子物理
朱倍恩 王 音

信息科学与工程学院

微电子学与固体电子学(1月份毕业)
罗 旭 肖功利 郑仁亮 卢 磊

微电子学与固体电子学
叶 凡 夏玲琍 刘 亮 张 章 陈丹凤 邵 轲
许炜阳 任腾龙 陆冰睿 陈 韬 林 俪 吴 方
陆瀛海 冯春阳 向 波 熊廷文 车文毅

光学(1月份毕业)
李 瑛

光学
李晓凡 赵 源 邱 娉 陈 英 任红艳

电路与系统
丁 锐 徐 峰 杨惠娟 赵 晋

医学电子学
张 麒 黄博强

物理电子学
刘 洋 庄晓波 周小丽

化学系

化学生物学(1月份毕业)
赵 亮 冷桃花

化学生物学
王美艳 陈 平 肖 飞 杜茹芸 沈雯雯 谢力琦
张 威 朱金伟

疾病蛋白组学(1月份毕业)
张 晨

疾病蛋白组学
唐思伟 李 露

无机化学(1月份毕业)
翟赟璞

无机化学
张任远 效旭琼 熊丽琴 应天雷 袁 珮 李 强

物理化学(1月份毕业)
高瑞华

物理化学
翁经纬 张晨曦 杨黎春 付丽君 彭 斌 王金意
陈 淼 黄 捷 许 杰 方亚辉 王会芳 刘建良

褚娴文　高庆生　蒋蓉蓉　曲群婷　张　鹏　王小明
龚　昱

分析化学
徐国宾　黄　懿　陶　芊　唐　佳　于妍妍　清　江
洪广峰　左　帅　蔡少瑜　许小丽　纪　季

有机化学
冯筱晴　王苏西　白鹤翔　杨海峰　梁永宏　陈柏龄
郑鹏志　贾爱铨　马夏坪　王伟卫　邹　岳　孙　燕
张正星

生命科学学院

植物学(1月份毕业)
彭容豪

植物学
熊志远　夏寒冰　曾丽艳

遗传学(1月份毕业)
王英明　方自安　王　一　陈建强

遗传学
韦有衡　刘国元　严　晶　傅雯卿　孔祥涛　李　洋
俞　静　王陈继　万　波　朱　萍　王　兰　李　璞
吕　娟　雷云平　张舒羽　李嘉睿　于　佳　朱向莹
李成涛　吴文婷

生物化学与分子生物学(1月份毕业)
李紫煜　李　泽

生物化学与分子生物学
杨立峰　邱　凯　曾燕舞　张　恒　吕　雷　殷黎晨

生态学(1月份毕业)
卢　蒙　汪承焕

生态学
郭海强　金斌松　聂　明　杨　梅

微生物学(1月份毕业)
陈嘉臻　胡志鹏

微生物学
罗如松　董　辉　郑华军　严竟然　王　鑫

神经生物学(1月份毕业)
张春雷　李　奕　梁玲利　鲍　峰　周　东

神经生物学
陈　洁　张　曼　陈元新　张鑫军　陈梦玲　潘海莉
李婷婷　褚玉霞

人类生物学(1月份毕业)
蔡晓云

人类生物学
覃振东

发育生物学
董永利

生物物理学
宋佳平　郭春明　杨　臻

生物信息学
金　科　朱　勇　刘　念

计算机科学技术学院

计算机系统结构(1月份毕业)
张　幂　陈　豪

计算机系统结构
陈荣华

计算机软件与理论(1月份毕业)
孙　贺　林　琛　沈立炜　刘　辉　戴东波

计算机软件与理论
邵　斌　何　力　杨益明　覃明贵　梅素玉　吴爱华
赵逢禹　徐　明　赵　杠　杨　彬　马欢飞

计算机应用技术(1月份毕业)
王利明

计算机应用技术
任久春　宋智礼　刘立刚　邹丹平　钱　线　朱真峰
陈银冬

管理学院

企业管理(1月份毕业)
褚荣伟　刘文华　李晓英　李艳霞　李秉翰　付菁华

企业管理
苏怡如　金　泉　金佑炯　刘晓娜　叶阿次　崔　瑜
吴小云　卢　荣　冯　臻　焦　豪　李　明　张　玮
邓少军　金伦希　陆　愚

物流与运营管理(1月份毕业)
陶利萍 郑 睿

物流与运营管理
李 进

会计学(1月份毕业)
任 鹏 周冬华 王 芳 林淑娟

会计学
王 桦 吴益兵 彭一浩

产业经济学(1月份毕业)
张 艺

产业经济学
祁杭峰 邓 念 王云龙 赵小芸 周 勇 叶朱演
涂颖清

管理科学与工程(1月份毕业)
宋培建

管理科学与工程
粟 斌 王云美 梁云志 胡岗岚 赵付春 钱丽丽

东方管理学
董敏耀 陈淑娟 于保平 彭 淞 黄书雅

概率论与数理统计
任允文 毛 杰

运筹学与控制论
罗洪林

法学院

民商法学(1月份毕业)
韩 伟

民商法学
郗立军 李 磊 李 燕 盖 威 刘玉杰 解正山
罗 斌 金殿军

国际法学(1月份毕业)
董君勇

国际法学
于 洋 赵恩广 颜 林 宋远升

力学与工程科学系

流体力学(1月份毕业)
姜 馨 万 婧

流体力学
应思斌 王 含 邓 娟 黎军顽

生物力学(1月份毕业)
汪丽娜

生物力学
陈家亮 丁 皓

材料科学系

物理电子学(1月份毕业)
季 欣

物理电子学
郑凯波 邓 博 王震东 黄延伟 李桂锋

材料物理与化学(1月份毕业)
杨冬梅 杨 建 周永宁 陆 威 赵 晓

材料物理与化学
王秀臻 杨 柳 孙斓珲 魏正方 张世玲 罗开清
段铃丽 胡轶喆 沈剑锋 程伏涛 高 娟

社会科学基础部

马克思主义理论与思想政治教育(1月份毕业)
周双丽 韩 慈 易 如 陈艳红

马克思主义理论与思想政治教育
朱霞梅 蔡 春

马克思主义中国化研究
张瑞兰 张娜 康晓强

中共党史(1月份毕业)
金 红

中共党史
李 军

马克思主义基本原理
王结发 杨寄荣 刘 玲

思想政治教育
尹怀斌

历史地理研究中心

历史地理学(1 月份毕业)

何　慕

历史地理学

陈　琍　祁　刚　傅林祥　蒋有亮　牟振宇　马峰燕
王　哲　董　枫　梁志平　周庆彰　周运中

高分子科学系

高分子化学与物理(1 月份毕业)

刘　鹏　李剑锋　詹国柱

高分子化学与物理

唐　键　唐晓林　赖毓霄　黄静欢　宋晓梅　李　为
付诚杰　袁青青　田　琨　孙冰洁

社会发展与公共政策学院

社会学

沈奕斐　王甫勤　朱　敏

社会管理与社会政策

申利侠　陈佳瑛

人口、资源与环境经济学

刘元凤　陈冠春

环境科学与工程系

环境科学(1 月份毕业)

林燕芬　伏晴艳

环境科学

王　原　徐　昶　杨　帆　侯　兵　黄　侃

人口、资源与环境经济学

刘　婧　张文磊

文物与博物馆学系

文物学(1 月份毕业)

辛　勋

文物学

翁玉玟

考古学及博物馆学

陈　虹　俞文君　傅玉兰

先进材料实验室

高分子化学与物理

胡　梅

旅游学系

旅游管理

李雪峰　王　玲

上海医学院

生理学(1 月份毕业)

卢　宁　肖　芬

生理学

赵　娜　陈　军　许晶晶　宋娜娜　张环环　葛顺娜

药理学(1 月份毕业)

徐昕红

药理学

蒋　晞　刘　星　李浩洪　王　雷　蔡　芳　颜明明

人体解剖与组织胚胎学(1 月份毕业)

李　艳　崔晓军

人体解剖与组织胚胎学

高喜仁　王中平　国海东　俞亦龄

病原生物学(1 月份毕业)

姚　忻

病原生物学

徐洁杰　娄　强　朱　涛　李建华　彭　铬　刘　伟

病理学与病理生理学(1 月份毕业)

刘　晔

病理学与病理生理学

徐璟达　王　磊　王湫阳　陆　超　吴慧娟　张雪晴
曹汐汐　姜维娜　张　岩　朱亚珍　史连国

医学信息学(1 月份毕业)

卢又燃

医学信息学

陈一勇　王远军

中西医结合基础(1 月份毕业)

汪　军

中西医结合基础

李　秀

免疫学

胡　鹏　张伟娟

神经生物学
张　勇　董　毅　张雯婷

生物化学与分子生物学
邹惟莹　迟亚云　吴怡虹　徐莺莺　梅传忠　葛宇清
阮元元　章淑杰

分子医学
杜颖颖　耿　哲

公共卫生学院

流行病与卫生统计学(1月份毕业)
赵　琦

流行病与卫生统计学
谭　晖　王　娜　付朝伟　张　涛　罗剑锋　傅卓华
施　强　王姣锋　陈　蓉　任晓卫

劳动卫生与环境卫生学(1月份毕业)
肖　霞

劳动卫生与环境卫生学
金如锋　郑　光　崔红梅　高嘉宁　赵　芳　高知义
王　琪

社会医学与卫生事业管理
曹建文　谢慧玲　王　强　叶奎英　周英凤　周　萍

卫生毒理学
梁艺怀　张世秀　李卫华　田丽婷

药学院

药剂学(1月份毕业)
郝俊国　唐国涛　张　蓓

药剂学
李　翀　张　伟　朱赛杰　陈红君　占昌友

生药学(1月份毕业)
么春艳

生药学
何常明　黄泽豪　王　咏

药物化学
叶　丽　裘　亚　黄朝辉

生物化学与分子生物学
颜念龙

药理学
郁颖佳　吴利新　龚其海

中山医院

影像医学与核医学(1月份毕业)
修　雁

影像医学与核医学
姚秀忠　王永刚　李长煜　叶　芳

肿瘤学(1月份毕业)
陈　漪

内科学(1月份毕业)
章晓燕

内科学
黄国倩　凌　雁　张　静　何晓烨　李晓牧　罗　蔓
任卫英　姜红妮　张子强　汪云开　常薪霞　吴超能
金　飞　黄晓伟　华　锋　周　宁　马　宏　林　利
杨　进　沈　瑶　陈　越　巩　雪　唐景梁　吴志明
常书福　郭静会　萨茹拉

疾病蛋白组学(1月份毕业)
苑洁

外科学
韦　烨　吴海福　邵叶波　汪学非　冯明祥　钟芸诗
吴　彬　李　化　戴文达　徐永锋　吴黎明　高　斌
黄　华　薛裕华　高晓东　刘　亮　熊　伟　谢　冲
方征东　任　重　王继纳　戴陈新　司　逸　贺黉裕
陈伟东　张　伟　史昀青　张永星

生物化学与分子生物学
唐建华　甘　淋　李　磊

麻醉学
张　鹏

中西医结合临床
赵　卿

皮肤病与性病学
万琳琳

华山医院

临床检验诊断学(1月份毕业)
刘维薇

临床检验诊断学
魏取好

中西医结合临床(1月份毕业)
吴金峰　刘宝君

中西医结合临床
徐长青　曾丽绚　张素琴　刘继博

影像医学与核医学(1月份毕业)
沈全力

影像医学与核医学
黄丙仓　尹　波

神经病学
乔　凯　张　祥　苏敬敬　唐宇平　伍国锋　岳　丽

内科学
李　芸　刘少军　姜晓斐　王明华　秦艳丽　杨　珉
王　姝　冯晓铖　周闻白　张伟伟　马　燕　李　宁
孙　韬　刘　杨　胡付品　李铭新

精神病与精神卫生学
苏　亮　陈　静　胡　华　杨福中

外科学
吴　刚　杨柳松　黄钢勇　张秉文　陈　诤　顾晓冬
刘　俊　蒋照辉　李岩峰　马震宇　蒋军健　崔大明
施金龙　冯俊涛　马志刚　李炳坤　栾世海　杨翥勃
汤旭群　罗国培　王　柯

皮肤病与性病学
于　宁

运动医学
高　凯

麻醉学
王海莲　乔　晖

药剂学
覃韦苇

肿瘤医院
影像医学与核医学
吴　斌

肿瘤学
卢韶华　姜　争　顾　科　刘哲斌　石鹏程　范　蕾
聂秀青　黄文涛　喻　林　盛　霞　高云生　蔡　钢
刘　欣　殷文瑾　黄朝晖

中西医结合临床
尹建华

儿科医院
儿科学(1月份毕业)
于　怡

儿科学
施亿赟　刘海梅　沈　茜　周渊峰　李　静　朱燕凤
翟亦晖　王　玮　黄志恒　梁进涛　程秀永　祁媛媛
董　萍　戚士芹　朱海涛　高　霞　严　虎　戴　仪
高　燕　李天友　赵　瑞

妇产科医院
妇产科学(1月份毕业)
王文君　吴海霞

妇产科学
姜　桦　刘颖涛　王晓秋　李明清　赵　婷　刘建刚
李　雁　王佳佳　张雯碧　马　瑶　康　媛　玛利亚

眼耳鼻喉科医院
眼科学
陈　燕　王楷迪　张　勇　任　慧　周佳奇　竺向佳
方　媛　朴明子

耳鼻咽喉科学
康厚墉　黄一波　张　茹　于亚峰　柴灵莺　刘少峰
孙希才　陈　浮　谭乐恬　蔺　林　万光伦　胡　俐

上海市肿瘤研究所
病原生物学
赵莹珺

放射医学研究所
放射医学
陈　晓

上海市计划生育科学研究所
药理学
吴建辉

妇产科学
牛志宏

流行病与卫生统计学
孟　灿

(教务处、研究生院、国际文化交流学院、留学生办公室供稿)

八、办学条件与保障

校园建设与管理

基本建设

【概况】 2010年,复旦大学校园基础设施建设在建项目总建筑面积139 876平方米,总投资61 442万元,全年完成基本建设投资7 134万元。由基建处管理的在建项目共7项(未包括暂停建设的红旗教师公寓和尚未开工的江湾发育生物所实验动物房),总建筑面积54 042平方米,总投资41 142万元;其中竣工结算项目1项,建筑面积4 537平方米,总投资1 802万元,全年完成基本建设投资7 130万元。由江湾建设办公室管理的项目2项,总建筑面积85 834平方米,总投资20 300万元,目前均在审价中。

2010年基建处修缮办完成千元以上的项目合计519个,合同金额9 172万元。其中日常修缮项目96项,合同金额476万元。修缮专项241项,合同金额6 070万元。部门自费项目182项,合同金额2 626万元。在2010年完成的项目中,百万元以上的项目有:学生宿舍3号楼的大修项目337万元,学生宿舍7号楼的大修项目344万元,博士后楼改造成留学生1号公寓630万元,博士后楼改造成留学生2号公寓650万元,博士后楼改造成留学生3号公寓625万元,北区2 456间毕业生宿舍的整修160万元,邯郸校区下水道改造三期385万元,协助张江校区完成药学院动物房的改造项目700万元。此外,还完成跃进楼楼板加固工程、恢复教工宿舍区砖围墙工程、东安路扩宽收尾工程等。 (康 建 赵振康)

【江湾校区建设工程管理交接】 7月22日,在江湾校区召开了江湾校区建设工程管理交接会议,会议由常务副校长张一华主持并宣读学校决定,宣布启动江湾建设工程管理由原江湾办向基建处移交工作,生命科学院教学科研楼、江湾二期室外工程、发育生物所实验动物楼及后勤宿舍楼四项在建工程正式开始移交,以后的新建工程均由基建处管理。 (姜佩珍)

【江湾校区生命科学院科研楼工程交接】 8月6日,江湾校区生命科学院科研楼工程在建设工程现场由原江湾建设管理办公室正式移交基建处管理,交接以结构工程室内地坪为界面,项目建筑面积38 865.9平方米。 (曾崇山)

【马锦明楼重建项目竣工】 马锦明楼重建项目于2009年9月25日开工,2010年6月18日通过杨浦区质监站验收竣工,该项目建筑面积2 968.4平方米,框架结构二层,局部三层,尚未竣工结算。 (丁海明)

【邯郸校区3、7号学生宿舍楼内装修工程竣工】 邯郸校区3、7号学生宿舍楼内装修工程于2010年5月中旬开工,2010年8月下旬竣工。邯郸校区3、7号学生宿舍楼总建筑面积5 672平方米,工程内容主要涉及外墙修旧如旧、更换门窗、翻修屋面、改造装修房间、更换家具、增设走廊吊顶、改造卫生间、增设消火栓系统、重排水电线路、增设电费智能计量系统等。 (尤廷平)

【武川路78弄132—140号北区博士后楼内装修工程竣工】 复旦大学武川路78弄132—140号北区博士后楼,由三栋单体组成,每栋建筑面积3 336平方米,三栋楼总建筑面积为10 008平方米。本工程于2010年5月中旬开工,2010年11月中旬竣工,竣工后将改为留学生公寓。工程主要内容:房间内简单装修、增设分体式空调、空气源热泵集中供热水系统、水电费智能计量系统、室内消火栓系统等,并对室外道路、绿化进行改造,砌筑围墙,增设门房间和小区电动伸缩门,使留学生宿舍区相对独立于北区学生宿舍区。 (尤廷平)

枫林校区

【概况】 2010年枫林校区有上海医学院、公共卫生学院、护理学院、放射医学研究所、实验动物科学部、生物医学研究所、脑科学研究院等单位。全日制在校生3 852人,其中研究生1 933人,本科生1 339人,高职生580人。

枫林校区管委会围绕党政工作要点,庆祝建校105周年,配合上海世博会的成功开展,加强党风廉政建设,完善各项制度,加强队伍自身建设,构建沟通平台,推进探索和谐校园的建设。全年共筹备管委会会议2次,学院行政副院长、两办主任例会4次,专项协调会20余次。报送校区信息简报5期。

在实践中坚持"主动出击,有求必应,拾遗补缺"的工作理念,有效完成全年各项工作。直接解决、统筹协调校区日常工作及突发事件187次,联系、安排学校活动及会议用车253次,重要会议场所229场次,其中配合重大活动9次,配合校区文化建设19次。接待校内外来访、访谈52次,处理来信来访23次,公函交换36件。拆除违章搭建200余平方米。

配合世博年需求,整治校园环境。根据徐汇区世博指挥部的要求,在世博开幕前协调完成位于世博主干道——东安路两侧校区世博主通道路的环境整理,建筑物的改造整修和围墙的粉刷，含学生一食堂、二食堂、6号楼、100号楼和游泳池等建筑。落实学校爱国卫生运动委员会世博环境保障工作总体部署的会议精神，组织各相关部门清理乱堆乱放，清除卫生死角，清理废旧自行车等环境整治工作。

重视安全问题，推进规范管理。及时协调处理13号教学楼、留学生公寓楼安保、安全问题及周边社区噪声、异味矛盾等问题，商榷校区内中国银行存取款点的移位、世博会相关文件及保密文件的联系处理等，督促各部门做好校区常规防火、防盗、防水、防煤气泄漏等基础工作，规范外来人员的登记管理、校区房屋的部门归属和用途，提高信息管理的警惕性，防止泄露，完善有毒有害用品全程监管制度，加强动物尸体、有害气体及放射性物品等生物生化垃圾的规范使用和处理，推进违章搭建拆除和改造，今年共拆除校区违章建筑约200余平方米。（夏玉兰）

【落实班车调整方案】 6月初，借对东园煤气管道进行改造的契机，办公室召集校区保卫办、基建修缮办、总务处和后勤公司等部门讨论校区班车停靠点移位方案，解决东园停车位紧张的问题。为确保班车移位工作顺利进行，当月完成驾驶员休息室建设及交通地面画线等工程。将原西园学生乒乓房拆除后改为机动车停车场，培东楼和培西楼北侧空地经填高后改作机动车停车位，两处整修后增加30至40个小车车位，减轻西园机动车位紧张的压力。7月1日，开往邯郸、张江两校区的班车停靠点正式搬至西园，从而缓解东园停车压力，使校园布局更加合理。（夏玉兰）

【配合校园网络覆盖工程】 暑期，校园无线网络系统全面升级，移动通信3G网络建设施工全部完成。目前已实现校区所有行政、科研、教学楼宇以及大部分公共区域（篮排球场、学生活动中心、草坪等）的网络覆盖，移动通讯信号也有较大的改善，解决多年来由于网络、通讯不通畅给师生造成的困扰。（夏玉兰）

【建立红十字会遗体捐献接受站宾客休息室】 为解决红十字会遗体捐献接受站长期无宾客休息室的难题，该工程于11月竣工并正式投入使用。在相关部门的支持配合下，办公室相继落实遗体接受站宾客休息室和接待室的布局设计方案、设备经费筹措，以及休息室和办公室的装修改造工程，为红十字会遗体捐献接受站服务上台阶奠定基础。（夏玉兰）

张江校区

【概况】 2010年，张江校区以"条块结合、以块为主"的管理模式服务师生，促进校园和谐，开展属地交流，推进校区中心工作，为"十二五"发展打下基础。

校区现有软件学院、微电子研究院、集成电路与系统国家重点实验室、微纳电子创新平台、国家微电子材料与元器件微分析中心、药学院和计算机科学技术学院。全日制在校生1 987人，其中本科生1 028人、硕士研究生802人、博士研究生157人。教职工466人，其中具有中、高级职称的教职工400人。

建立期末院系座谈会制度。7月22日，召开首次院系座谈会，邀请学院、职能部处办公室主任参与座谈，听取意见和建议，制定整改措施，解决师生关心的就餐、收发室管理、楼宇清洗、虫害等问题。

后勤保障工作服务于教学科研。1月，改造节水设备，更换校区各楼层节水型水龙头142个。4月，改造校区景观喷淋系统，引入河水喷淋，仅此系统每月节约民用水359吨。5—11月，改建校区北部占地面积300平方米（绿化面积约700平方米）的绿化景观。8月，整体封闭药学院教学实验楼走道。9月，配合基建处修缮办对微电子楼、软件楼局部转角封闭。10月，改造药学院化学实验北楼整体室外通风系统。12月，制作校区（一期、二期）网管图，涵盖通信网络、有线电视、污水管道、地下管网等，厘清校区管线走向。关注班车乘坐需求，于12月新购大客车1辆，调整运行班次，往返邯郸校区的班次从20班增加到26班，满足师生乘车需要。

维护校园安全稳定。3月10日，健全消防档案，包含应急联系通讯录、各楼层消防设施布置图、消防供水系统图、排烟送风系统图、消防设施检查计划、历年消防设施年检报告、消防演练档案。11月9日，向师生发放《掌握消防常识，遵守消防法规，共建平安校园》消防宣传册500份。

主动联系所在地中共浦东新区张江镇委员会，参与张江镇"世博先锋行动"，安排4名职工暑期在祖冲之路公交站执勤4次，联系药学院1名教授为张江镇社区居民作药膳专题讲座2次。组织学生参加2010年"相约张江"第六届张江科技文化节，申报"志愿者在张江"、"爱心循环"之曙光医院志愿者服务队项目。

以上海市世博会为依托，组织活动，进一步完善后勤安保工作。3月24日，联合学生生活园区团工委、总楼委举行"迎世博，创建节水型示范校区"签名活动，约200名学生签名响应。6月2日，协助浦东新区张江高校派出所在张江校区举行"平安世博·治安防范高校行"活动，参与宣传与世博相关的治安管理规定、措施，向近千名师生发放《关爱生命，安全出行》、《市民时刻精明，骗子无所遁形》宣传册及"平安世博"宣传环保袋，摆放安全展板，安排公安宣传车辆播放录音广播，增强师生自我防范意识。

全年共接待会议131场。

（吴　莹）

【获上海市"节约用水示范校区"称号】 5月15日，在"2010年全国城市节约用水宣传周"开幕式上，张江校区被授予"上海市节约用水示范校区"称号。5月18日，上海市教委在全市"第三批节水型学校（校区）命名仪式"上为张江校区授牌。（吴　莹）

江湾校区

【概况】 2010年，江湾校区管委会办公室巩固和扩大深入学习实践科学发展观活动成果，全心全意为教学科研服务，促进校区各项事业发展，努力完成校"十一五"规划确定的相关目标任务。

深入学习实践科学发展观活动，

扎实推进创先争优党建工作。以建设“学习型党组织、服务型队伍、效能型部门”为主题，开展思想政治教育、“修身储能思奋进”读书、党员先锋岗等各类主题活动。发挥党员的先锋模范作用做好校区各项工作。与街道社区联动，资源共享，共同组织开展争先创优系列活动。9月，管委办与新江湾城街道一起，召开新江湾城地区深入开展创先争优活动推进大会，展示创先争优活动。

以“世博”为契机，举全校区之力维护校园安全稳定。联合校保卫部门及安保物业，全面落实安全稳定工作责任制。完善校园安全防控体系和应急管理体系，加大安全稳定隐患排查和整改力度，校园周边治安环境持续改善。2010年度，校区范围内无治安案件，无自行车失窃；世博期间，校区内无刑事治安案件发生。8月24—9月2日，来自枫林、张江和江湾三校区的600名2009级本科生的军训也顺利完成。

建章立制，规范管理流程。制订《江湾校区规章制度及办事流程汇编(征求意见稿)》，细化、分解各职能岗位的工作流程，做好服务师生的基础工作。同时加强宣传文化工作，塑造校园文化内涵，提升校区软实力。江湾校区管委会办公室网站(http://www.jwb.fudan.edu.cn)3月份正式开通，为展示江湾校区开辟新窗口，同时校区常用办事工作流程等在网站提供电子版本，方便管理与服务。

积极响应学校机构调整，做好基建移交，确保工作“不乱不断不散”。生命科学院教学科研楼项目在春节前完成项目临水、临电、施工排水和大临设施的搭设，3月完成桩基施工，经测试，质量全部合格。地下基础部分工程完成后，抓紧土建施工各项准备并按时完成。5月17日，江湾校区建设办公室撤销。7月22日，江湾校区基建项目交接，在建工程于8月6日整体移交基建处。

顺应工作重心转变，提高效率，切实提高管理水平。顺应学校的改革和发展，适应工作重心由“建管并举”到“以管为重”的转变，及时调整工作思路、人员布局和管理方法，进一步健全管理体制和运行机制，加强科学管理。

合理规划，注重效益，基本建设“生态化、节约型”校园。按照“功能齐全，布局合理，环境优美，人文气息浓郁，学术交流便利，富有复旦特色”的要求，从建筑规划设计、保温隔热、暖通空调、电气以及日常行政运营等各个方面贯彻建设节约型校园的要求，原非节水型龙头更换为节水型，校区绿化浇灌利用已建的浇灌管网，全部采用河道雨水。

截至2010年年底，入驻校区的院系科研部门中，法学院教职工约74人、学生约1 200人，发育生物研究所工作人员共108人，先进材料实验室科研人员约50人、学生约250人，入驻的后勤保障服务工作人员共约174人。共有1 400余名本科及研究生入住园区，44名教师入住单身教师公寓，116户教师入住成套教师公寓。

（黄岸青　王　海）

【陈希视察江湾校区】 3月19日，教育部副部长陈希参观江湾校区，考察新能源研究院、功能分子材料、微纳电子材料所属有关课题组实验室、技术支撑平台以及发育生物所实验动物房。校长杨玉良、副校长陈晓漫、副校长金力陪同。先进材料平台主任赵东元院士、发育生物学研究所所长许田等分别介绍部门的科研与发展情况。（黄岸青　王　海）

【世博局中国馆及省区市馆馆长考察江湾校区】 9月13日，由世博局党委副书记、中国馆党委书记莫负春带队的世博局中国馆及各省区市馆馆长一行到江湾校区参观考察。党委副书记陈立民接待代表团一行，并介绍校区的规划建设管理情况。

（黄岸青　王　海）

【李兆基重访江湾校区】 10月9日，校董、香港培华教育基金会主席、恒基兆业地产集团主席李兆基博士重访江湾校区。党委书记秦绍德、副校长许征陪同参观。霍英东集团行政总裁、霍英东教育基金会理事长霍震寰，香港培华教育基金会常务委员会副主席王敏刚以及香港培侨中学原校长、大紫荆勋章获得者吴康民等人也一同参观。（黄岸青　王　海）

图书情报

【概况】 2010年底，学校图书馆馆藏文献502万册(含纸本图书和期刊合订本)，中外文电子期刊3.38万种(其中中文1万种，英文2.38万种)，电子图书163.9万种(其中中文134.3万种，英文29.6万种)，数据库256个。全年新购纸本中西文图书139 972册，中西文纸本期刊6 593种，新增数据库4个。全年接受书刊捐赠5 164册，向外单位捐赠116 670册。

日均进馆读者约5 700人次，读者外借图书总计40余万册。全年咨询解答4 676人次，为校内外读者提供文献传递21 993篇。网站页面访问量7 038 634人次，中文期刊全文下载5 725 279篇次，英文期刊全文下载3 316 124篇次，文摘数据库检索2 296 292人次。完成科技查新课题210个，接受查收查引服务525项。开展读者日常培训75场，2 623人次参加。开展各类新生培训50余次，4 600余人次参加。开设文献检索课8门，共1 041学时，选修学生1 400名。举办各类文化展览10余次。全年图书馆学专业硕士研究生毕业3人，在读6人。

全馆在编职工198名，其中具有正高级职称7名，副高级职称29名，中级职称106人。有博士生导师3名，硕士生导师6名。聘用租赁员工22名，聘用劳务工36名。勤工助学学生90余名，提供服务16 391小时。

深入开展创先争优活动，推进系列服务新举措。针对文科图书馆学生阅览室14万册藏书，提供外借服务。针对文科馆密集书库与江湾馆密集书库40万册低利用率图书，开通网上预约“通借通还”服务。将外文阅览室、外教中心约7万册外文图书的借阅服务扩大到所有硕、博士研究生。将校外实名制访问电子资源服务扩大至七年制医学生。允许读者带包进阅览室。向全校师生免费提供5本馆际互借服务。根据毕业生不同情况制定《特殊情况离校办理方法》、《直升本校毕业生一卡通外借延长方法》等规章，方便毕业生办理离校及继续深造。启用QQ、MSN实时在线咨询服务，全年接受各类咨询5 000余人次。深化学科服务，完成《复旦大学人文社会科学论文产出统计分析报告》。"4·23世界读书日"期间，举办"书香复旦·悦读人生"主题活动，倡导快乐阅读，进一步激发师生读书热情。举办"读书达人"评选活动，为借阅量前10名的读者颁奖。文献检索教学获校教学成果奖三等奖，教研室团队获上海市教育系统巾帼文明岗。

强化文献资源建设与管理，提高文献保障力度。继续执行"增加品种、减少复本，印刷与电子资源互相补充"的采访政策，多渠道获取文献。同时，重视回溯工作和馆藏管理，设立典藏回溯组。统筹规划，调整馆藏布局。全年完成书刊回溯编目35万册，新书编目7万余册。清点图书29万册，移动馆藏32万册，整架31万册，更改问题数据1万余条，低利用率藏书密集储存排架20万册，大大提高系统数据与实物馆藏的对应率。重视古籍和特色馆藏建设，提高编目质量，加强电子资源管理和揭示。校核馆藏古籍书目数据3.6万条，新编(回溯)古籍目录114种。修复古籍图书393种1 040册。完成电子资源的各类比对、分析、查重工作多次，处理数据2万多条。电子期刊导航系统新增记录3 040条，删除1 654条，修改1.3万余条。更新SFX(上下文敏感链接系统)中相应的期刊和电子图书信息，共计激活电子书刊16万余种，更新17 170条；收集电子书MARC格式12万条导入OPAC(联机公共目录查询系统)。

加强馆员学习建设，重视科研与员工培训。新增副馆长一名。馆内公开招聘，竞争上岗，促进馆内人员合理流动。举办图书馆业务前沿讲座、筹建馆员学习网、支持科研、开展业务交流，促进员工业务学习和素质提升。组织新进员工轮岗培训中期评估交流。承担教育部国内外教材研究课题，顺利通过教育部相关学科教学指导委员会组织的专家鉴定。"上海地区高校图书馆优质资源共建共享保障体系模式研究"获上海市教委横向课题立项，另有2项课题获上海市图书馆学会立项，4项课题获校文科科研推进计划"三金"项目立项。

落实各项安全措施，制订并实施《图书馆世博平安有序工作实施方案》，组织世博平安志愿者，落实世博期间平安有序。文、理科馆首次同一天分别进行夜间消防疏散演习和日间消防疏散演习，增强应急能力。

加强与国内外同行合作交流，承办多项国内外重要业务会议。接待国内同行参观、访问共13批73人次。接待境外同行、学者参观访问交流共11批38人次，与香港大学交换馆员，举行为期二周的交流活动。中国高校人文社会科学文献中心(CASHL)与Emerald出版社合作，共同推出"CASHL/Emerald西部馆员培养与交流合作项目"，在图书馆设立CASHL/Emerald实习基地，完成首批西部馆员培养与交流合作项目。主办、承办国内外会议9次，其中包括环太平洋数字图书馆联盟2010年年会、教育部图工委信息技术应用2010年年会、2010年中国索引学会年会暨学术研讨会、两岸四地大学图书馆馆长论坛、第三届全国高校图书馆古籍保护工作研讨会等重要业务会议。

(周　悦)

【举行两岸四地大学图书馆馆长论坛】 该论坛于10月19日在复旦大学美国研究中心举行。来自澳门大学、台湾大学、台湾师范大学、北京大学、清华大学、武汉大学、天津科技大学、上海交通大学、同济大学、上海外国语大学、华中科技大学、浙江大学以及复旦大学等13个大学图书馆的15位馆长与会。武汉大学图书馆馆长燕今伟、台湾大学图书馆馆长陈雪华、天津科技大学图书馆馆长许增朴、上海外国语大学图书馆馆长胡礼忠分别作"文献保障与人才战略"、"e-Research与图书馆知识服务"、"数字文献资源建设对大学图书馆的影响与对策"，以及"内地外语院校图书馆联盟的运作情况和特色文献建设"的大会报告。 (仇　琛)

【举行环太平洋数字图书馆联盟(PRDLA)2010年年会】 该会议于10月20—21日在复旦大学美国研究中心举行，由复旦大学图书馆承办。副校长桂永浩出席会议开幕式并致辞。来自美国、加拿大、新西兰、新加坡、韩国、日本、中国(包括港、澳、台地区)等联盟成员馆的40多位馆长与会，围绕"通过资源数字化发挥知识效能：21世纪图书馆服务的前景与展望"年会主题，交流经验，共商数字化时代的图书馆发展。

(PRDLA年会会务组)

【举行2010年教育部高校图工委信息技术应用年会】 该会议于12月16日在江湾校区图书馆报告厅召开。副校长桂永浩出席会议。共有来自33个城市和地区、99所院校的164名代表参会，其中包括香港中文大学图书馆和香港大学图书馆的2名代表。年会围绕"大学图书馆系统的开发与应用、组织与构建、服务创新"的主题，从不同角度报告图书馆信息技术的应用，分享国内外先进图书馆应用新技术的理念和实践经验。

(张　敏)

档案管理

【概况】 2010年，档案馆以适应学校发展形势为目标，以档案业务建设为重点，把《高等学校档案管理办法》贯彻落实到实处，不断提升档案工作水平，为学校师生员工和社会服务，为学校发展服务。

继续加强对专兼职档案管理人员的培训，上半年对全校党群、行政门类的兼职档案员进行档案法治和业务知识的培训，下半年对医学院和附属医院的兼职档案员进行医学科研档案知识培训。

全年接收进馆入库档案19 314卷，征集档案176卷件。接待档案利用3 414人次，调阅档案7 265卷次。为校史研究室编写党史大事记、信息学院院庆等活动提供大量档案，较好地满足利用者的需求。

4月,组织第四届上海市档案馆日活动,以“对历史负责,为未来服务”为主题召开档案工作座谈会,邀请部分院系、部处负责人参观档案馆、出席座谈会,交流各自对档案工作的认识和体会,并就学校档案管理工作的现状和未来发展提出建设性意见。7月,举行《复旦英烈传》首发式暨烈士精神与复旦传统座谈会。11月,对学校机关部处的预立卷情况进行检查,并及时将检查的意见反馈到各单位。 (周 律)

【召开上海市东片区高校档案工作协作组会议】 该会议于2010年1月6日在复旦大学逸夫科技楼召开,由上海市东片高校档案工作协作组主办、复旦大学档案馆承办。会上,上海市教委办公室通报上海市教委、上海市档案局对本市十二所高校进行档案工作检查的情况,对2010年的检查工作做出部署。复旦大学、同济大学等高校档案部门负责同志介绍学校落实“27号令”的经验,各高校通报近期档案工作情况。上海市档案局业务指导处就下一阶段高校档案工作提出要求。 (丁士华)

【举办《复旦英烈传》首发仪式暨烈士精神与复旦传统座谈会】 7月1日,复旦大学党委宣传部、档案馆和出版社联合举办“《复旦英烈传》首发仪式暨烈士精神与复旦传统座谈会”。校党委书记秦绍德在会前亲切接见与会的复旦烈士家属。副校长桂永浩到会并讲话。烈士家属代表、“全国优秀教师”、“全国高校优秀思想政治理论课教师”等荣誉称号的获奖者、复旦历史系82级校友、上海大学李梁教授,以及校内有关部门负责同志、学生代表近百人参加座谈会。

(周 律)

【承办教育部直属高校档案协会第六次会员大会暨学术研讨会】 该会议于9月14—17日在复旦大学美国研究中心举行。上海市档案局局长吴辰、教育部办公厅档案处处长蔺海波,以及100多位来自教育部69所直属高校档案部门的负责同志和优秀论文获奖者出席会议。会议进行理事会换届选举,档案馆馆长周桂发当选为协会第六届理事会理事长。

(周 律)

出 版

【概况】 2010年,复旦大学出版社继续坚持出版原创性学术著作和高品质教材的出版理念,全年共出版图书1 714种,其中,新书686种,重印书1 028种。销售码洋3.3亿元,利润3 268万元。

图书获奖方面,共有49种图书获奖,其中获中华优秀出版物奖(图书奖和优秀科研论文奖各1项)2种,上海图书奖5种,上海市第十届哲学社会科学优秀成果奖等图书奖3种。此外,出版社以多项优质选题获得国家学术出版基金、国家及上海科技出版基金、上海文化基金、复旦基金等各类基金资助。

在图书出版方面,推出“三十年集”系列丛书第一辑16本,邀请活跃在学术界和文化领域的著名学者与知识分子,以文集的形式展示三十年来当代知识分子群体的独特思考。出版大型文献丛书《越南汉文燕行文献集成(越南所藏编)》。

热心参与“世界读书日”送书下乡活动、“书送希望”文汇捐书助学活动等公益活动,向贫困地区捐赠图书。为全力配合世博召开,开展“迎世博劳动竞赛”,在2010年上海书展中被评为“当届书展最佳展位奖”。“经世书局”国权路门市致力于做好出版社的窗口形象,大力优化图书结构,提升服务水平。

着眼于未来发展,出版社大力推动数字出版产业。2010年3月,与汉王科技股份有限公司正式签署合作协议,出版电子书。根据协议,出版社将获得双方合作电子书销售收益的80%。与中国移动公司、中国电信公司、北大方正公司等开展数字出版业务。 (宋砚卓 郑越文)

【贺圣遂入选全国百名优秀出版企业家】 1月13日,新中国成立60年来新闻出版系统百名优秀出版人物、百名优秀出版企业家、百名有突出贡献新闻出版专业技术人员(即“三个一百”)优秀人物表彰大会在京举行。出版社董事长贺圣遂获评“中国百名优秀出版企业家”荣誉称号,全国共有7个大学出版社的负责人入选。

(宋砚卓 郑越文)

【入选“2009中国十佳教育出版社”】 1月19日,在“腾讯教育年度盛典”上,出版社入选“2009中国十佳教育出版社”。该典礼由腾讯网主办,中国教育电视台、中国教育新闻网、人民政协报、现代教育报协办。该奖项由600多万网友参与投票和网上留言选出,具有广泛的参与性,评选结果有较强的代表性。

(宋砚卓 郑越文)

【2种图书获“经典中国国际出版工程”项目资助】 1月初,出版社正式与新闻出版总署签署“经典中国国际出版工程”项目资助协议书,樊树志《国史概要》和骆玉明《简明中国文学史》的英文版共获得17.16万元(分别获得8.58万元)的出版资助。“经典中国国际出版工程”是新闻出版总署2010年启动的一项重点骨干工程,旨在鼓励和支持适合国外市场需求的优秀图书选题的出版,有效推动中国图书“走出去”。 (宋砚卓 郑越文)

【1种图书入选“国家出版基金资助项目”】 1月,周振鹤主编的《中国行政区划通史》入选“国家出版基金资助项目”,获60万元资助款。“国家出版基金资助项目”由国家财政直接支付,是继哲学社会科学基金、自然科学基金之后又一经国务院批准设立的国家重大常设基金。旨在以国家基金形式引领公益性出版事业,资助对象主要是对推动社会主义先进文化建设,促进政治、经济、文化、社会和谐发展和文明进步产生重要作用的涉及多学科门类和多种媒体形态的优秀公益性出版项目。

(宋砚卓 郑越文)

【1种图书入选第五届“国家图书馆文津图书奖”30种推荐图书】 1月,出版社的《数学恩仇录:数学家的十大论战》入选第五届“国家图书馆文津图书奖”30种推荐图书。该奖项创办于2005年,是国内首个由国家级公益

性文化服务机构设立的图书奖项，也是迄今为止唯一一个由读者、学术界、出版界、图书馆界共同参与的活动。评委们坚守“大众阅读”定位，对社会文化、历史及家庭教育等问题给予特别关注。强调为青少年推荐最适合阅读的图书，引导其审美取向和文化消费。出版社是入选出版社中为数不多的大学出版社之一。

（宋砚卓）

【5 种图书获上海图书奖】 3 月 19 日，第 11 届上海图书奖揭晓。朱维铮《走出中世纪二集》（责任编辑：陈麦青）和邓正来《哈耶克法律哲学》（责任编辑：陈军）获一等奖；郭齐勇《中国儒学之精神》（责任编辑：陈军）和周伟林、郝前进等《城市社会问题经济学》（责任编辑：刘子馨）获二等奖；赵德余《主流观念与政策变迁的政治经济学》（责任编辑：马晓俊）获提名奖。 （宋砚卓　郑越文）

【贺圣遂当选第六届上海市社会科学界联合会委员】 3 月 30 日，上海市社会科学界联合会第六次代表大会在展览中心友谊会堂举行。出版社董事长贺圣遂作为社科界代表参加此次会议，并当选为第六届上海市社会科学界联合会委员。 （宋砚卓）

【6 种图书获 2010 年第一期上海文化发展基金会图书出版专项基金资助】 7 月，2010 年度第一期上海文化发展基金图书出版专项基金项目资助名单由上海市新闻出版局公布。出版社共有六项选题入选，分别是：《潘雨廷道教研究论集两种》、《中国新闻传播史（1978—2008）》、《渐进巨变：近代以来长江三角洲农村的人口与社会变迁》、《中国科教电影发展史》、《西方史学通史》（6 卷本）。该项基金资助受中共上海市委宣传部的委托，旨在支持和鼓励上海市出版单位出版各类优秀学术著作，扶持国家及上海市重点出版项目，体现国家出版导向、推动文化出版创新，繁荣出版事业。 （宋砚卓）

【贺圣遂、杜荣根获高校出版人物奖】 7 月，在教育部社会科学司指导下的首届高校出版人物奖的评选中，经专家与评审委员会审定，评出高校出版人物奖获奖人物 41 名。出版社董事长贺圣遂、总经理杜荣根荣获高校出版人物奖。获得此项殊荣的出版人在业界有良好的声誉，在编辑、出版、发行，编辑出版研究，出版管理，版权贸易等领域取得明显的社会效益和经济效益，为出版业的改革和发展作出突出贡献。 （宋砚卓）

【15 种图书获首届中国大学出版社图书奖】 7 月，在教育部社会科学司指导下的首届中国大学出版社图书奖的评选中，出版社有 15 种图书获奖。获奖图书主旋律突出、导向鲜明、内容丰富、形式多样，体现较高的质量和水平，是作者和出版工作者辛勤劳动创作的优秀作品的集中体现。

（宋砚卓）

【2 种图书获第四届上海印刷大奖】 7 月 8 日，第四届上海印刷大奖揭晓。来自长三角地区的 145 家印刷单位选送的 1 350 种产品参评，最终产生金奖 23 个、银奖 55 个、铜奖 80 个和全场大奖 1 个。出版社图书葛兆光《中国思想史》（三卷本）和章培恒《中国文学史新著》获平装出版物 1—3 色铜奖。获奖产品集中体现印刷行业的新工艺、新技术和新材料。 （宋砚卓）

【3 种图书获第九届输出版、引进版优秀图书奖】 8 月 30—9 月 3 日，在第九届输出版、引进版优秀图书评选活动中，出版社图书鲍鹏山《鲍鹏山新说水浒 2》获 2009 年度输出版优秀图书奖；基顿、邓建国、张国良《传播研究方法》获 2009 年度引进版社科类优秀图书奖；斯图尔特 · 夏皮罗《数学哲学：对数学的思考》获 2009 年度引进版科技类优秀图书奖。

（宋砚卓　郑越文）

【贺圣遂出席“沪台合作出版论坛 · 2010 台北”并做主题演讲】 2010 年 9 月 17 日，“沪台合作出版论坛 · 2010 台北”在台北举行。论坛以“合作框架的出版模式”为主题，对两地合作的路径、模式及项目合作的成功经验进行探讨和交流。出版社董事长贺圣遂应邀出席论坛，并就两岸合作出版的模式创新、数字出版的技术合作等内容做题为《华文世界的出版现状与前景》的演讲。会上，贺圣遂和上海市新闻出版局焦扬局长代表上海出版界向台方赠送出版社出版的《上海图书馆藏未刊古籍稿本丛书》。 （宋砚卓　郑越文）

【两项成果荣获中华优秀出版物奖】 9 月，第三届中华优秀出版物奖获奖名单由中国出版工作者协会正式公布，出版社《上海图书馆未刊古籍稿本》（责任编辑：陈麦青）获“中华优秀出版物奖（图书奖）”（全国获奖共 50 种图书）；贺圣遂论文《为出版插上飞翔的翅膀——论技术在出版变迁中的作用》荣获“中华优秀出版物奖（全国优秀出版科研论文奖）”。

（宋砚卓　郑越文）

【4 种图书入选 2010 年第三批国家社会科学基金后期资助项目】 12 月，2010 年第三批国家社会科学基金后期资助项目立项名单公布，出版社 4 种图书入选。分别是：道恩 · 威尔等《另类胡塞尔——先验现象学的视野》（责任编辑：陈军）、王全弟《科学的自然法观与民法解释》（责任编辑：张永彬）、游汝杰《上海地方方言调查研究》（责任编辑：韩结根）、余源培、付畅一《新世界观的第一次公开问世——〈哲学的贫困〉当代解读》（责任编辑：陈军）。 （臧　颖　郑越文）

附　录

复旦大学出版社 2010 年度获奖图书一览表

书　名	获奖名称	颁奖部门	获奖等级	组稿编辑	责任编辑
历代文话	2010 年中国政府图书奖提名奖	中国新闻出版总署	提名奖	贺圣遂	宋文涛
上海图书馆未刊古籍稿本	中华优秀出版物奖(图书奖)	中国出版工作者协会	图书奖	陈麦青	陈麦青 史立丽
五种形象	鲁迅文学奖	中国作协	文学理论评论奖	出版社	孙　晶
中国儒学之精神(通识十二讲)	上海图书奖 2007—2009	上海市新闻出版局	二等奖	陈　军	陈　军
城市社会问题经济学(现代城市经济学系列)	上海图书奖 2007—2009	上海市新闻出版局	二等奖	刘子馨	刘子馨
主流观念与政策变迁的政治经济学	上海图书奖 2007—2009	上海市新闻出版局	二等奖	马晓俊	马晓俊
走出中世纪二集	上海图书奖 2007—2009	上海市新闻出版局	一等奖	陈麦青	陈麦青
哈耶克法律哲学	上海图书奖 2007—2009	上海市新闻出版局	一等奖	出版社	陈　军
当代中国都市父母教养现状与反思	上海市第十届哲学社会科学优秀成果奖	上海市委宣传部	二等奖	出版社	马晓俊
立宪主义语境下宪法与民法的关系	上海市第十届哲学社会科学优秀成果奖	上海市委宣传部	三等奖	出版社	张　炼
主流观念与政策变迁的政治经济学	上海市第十届哲学社会科学优秀成果奖	上海市委宣传部	三等奖	马晓俊	马晓俊
民国商事立法研究(1912—1937)	第三届全国法学教学与科研成果奖	司法部	优秀作品奖	张永彬	张永彬
马克思主义新闻思想概论	北京市第九届哲学社会科学优秀成果奖	中共北京市委市政府(补 2006 年)	二等奖	顾　潜	顾　潜
加速英语口语(第一册)	2009 年云南省优秀高校教材	云南省教育厅	套书	唐　敏	曹　凯
加速英语口语(第二册)	2009 年云南省优秀高校教材	云南省教育厅	套书	曹　凯	曹　凯
国际投资法的新发展与中国双边投资条约的新实践	福建省第八届社会科学优秀成果奖	福建省人民政府	优秀成果奖	张永彬	张　炼 张永彬
陈安论国际经济法学(1—5卷)	福建省第八届社会科学优秀成果奖、2009 年中华读书报年度图书之 100 佳	福建省人民政府	优秀成果奖	张永彬	张永彬 李　峰 张　炼
21 世纪大学英语	60 年 60 本英语教育图书	《中国日报》、《21 世纪英语教育周刊》和 21 英语网站(www.i21st.cn)联合举办		出版社	外语分社
数学恩仇录：数学家的十大论战	2009 年度最值得一读的 30 本好书推荐活动候选书目，第五届“国家图书馆文津图书奖”30 种推荐图书			出版社	梁　玲
宋词三百首全解	中国大学出版社图书奖第九届优秀畅销书奖	中国大学出版社协会	一等奖	韩结根	韩结根

续 表

书 名	获奖名称	颁奖部门	获奖等级	组稿编辑	责任编辑
红楼梦诗词曲赋全解	中国大学出版社图书奖第九届优秀畅销书奖	中国大学出版社协会	一等奖	韩结根	韩结根
数学模型(博学 数学系列)	中国大学出版社图书奖第九届优秀畅销书奖	中国大学出版社协会	二等奖	范仁梅	范仁梅
Advanced Statistical Physics (高等统计物理)	中国大学出版社图书奖首届优秀教材奖	中国大学出版社协会	二等奖	出版社	梁 玲
高级财务管理(复旦博学·21世纪高校财务管理专业系列)	中国大学出版社图书奖首届优秀教材奖	中国大学出版社协会	一等奖	王联合	王联合
医学心理学(第4版)(复旦博学·临床医学系列)	中国大学出版社图书奖首届优秀教材奖	中国大学出版社协会	一等奖	宫建平	宫建平
病理生理学(十五规划教材)	中国大学出版社图书奖首届优秀教材奖	中国大学出版社协会	一等奖	贺 琦	贺 琦
品牌学教程(复旦博学·21世纪管理类创新课程系列)	中国大学出版社图书奖首届优秀教材奖	中国大学出版社协会	一等奖	李 华	李 华
新编艺术概论	中国大学出版社图书奖首届优秀教材奖	中国大学出版社协会	一等奖	孙 晶	孙 晶
改变世界的物理学(第三版)	中国大学出版社图书奖首届优秀教材奖	中国大学出版社协会	一等奖	梁 玲	梁 玲
大学语文实验教程	中国大学出版社图书奖首届优秀教材奖	中国大学出版社协会	一等奖	孙 晶	孙 晶 宋文涛 邵 丹
中国图书发行史	中国大学出版社图书奖首届优秀学术著作奖	中国大学出版社协会	二等奖	出版社	宋文涛
长江下游考古地理学(马列基金)	中国大学出版社图书奖首届优秀学术著作奖	中国大学出版社协会	二等奖	出版社	吴仁杰
中草药生物技术	中国大学出版社图书奖首届优秀学术著作奖	中国大学出版社协会	一等奖	贺 琦	贺 琦
医学心理学(第4版)(复旦博学·临床医学系列)	中国大学出版社图书奖优秀教材奖一等奖	中国大学出版社协会	一等奖	宫建平	宫建平
高等统计物理	中国大学出版社图书奖优秀教材奖二等奖	华东地区大学出版社工作研究会	二等奖	出版社	梁 玲
从族裔声音到经典文学:美国华裔文学的文学性研究及主体反思	全国美国文学研究会优秀学术成果奖	全国美国文学研究会	二等奖	曹 凯	曹 凯
权力玩家——中国历史上的大阴谋	2009年年度图书之100佳	中华读书报		宋文涛	宋文涛
三十年集宣传奖	2010年上海书展最有影响力的十本新书	上海市新闻出版局		人文室 合作部	陈 军等
鲍鹏山新说水浒(2)	2009年度输出版优秀图书奖	"中国版协国际合作出版工作委员会"、"中国出版科学研究所"、"出版参考杂志社"联合主办		出版社	李又顺 宋文涛

续 表

书 名	获奖名称	颁奖部门	获奖等级	组稿编辑	责任编辑
传播研究方法	2009 年度引进版社科类优秀图书奖	"中国版协国际合作出版工作委员会"、"中国出版科学研究所"、"出版参考杂志社"联合主办		章永宏	章永宏
数学哲学：对数学的思考	2009 年度引进版科技类优秀图书奖	"中国版协国际合作出版工作委员会"、"中国出版科学研究所"、"出版参考杂志社"联合主办		出版社	范仁梅
中国思想史	第四届上海印刷大奖平装出版物(1—3 色)	上海印刷大奖组委会	铜奖	高若海	高若海
中国文学史新著	第四届上海印刷大奖平装出版物(1—3 色)	上海印刷大奖组委会	铜奖	出版社	韩结根
论语别裁(上下册)	第四届上海印刷大奖	上海印刷大奖组委会	入围奖	出版社	陈士强
宋子文与他的时代	第四届上海印刷大奖	上海印刷大奖组委会	入围奖	出版社	史立丽
中国抽象艺术学	第四届上海印刷大奖	上海印刷大奖组委会	入围奖	出版社	许德明
民法学	第四届上海印刷大奖	上海印刷大奖组委会	入围奖	梁道坤	梁道坤
实用临床药物	第四届上海印刷大奖	上海印刷大奖组委会	入围奖	贺 琦	贺 琦
内镜黏膜下剥离术	第四届上海印刷大奖	上海印刷大奖组委会	入围奖	王龙妹	王龙妹
希腊神话中的主神	第四届上海印刷大奖	上海印刷大奖组委会	入围奖	唐 敏	唐 敏
医用统计方法	第四届上海印刷大奖	上海印刷大奖组委会	入围奖	肖 英	肖 英
超声心动图疑难杂症的诊断	第四届上海印刷大奖	上海印刷大奖组委会	入围奖	王晓萍	王晓萍
眼表活体共聚焦显微镜	第四届上海印刷大奖	上海印刷大奖组委会	入围奖	王龙妹	王龙妹
2010 年全国硕士研究生入学考试辅导教程数学分册(理工类)	第四届上海印刷大奖	上海印刷大奖组委会	入围奖	梁 玲	梁 玲
全国英语等级考试(PETS)第三级模拟试题集	第四届上海印刷大奖	上海印刷大奖组委会	入围奖	施胜今	施胜今

(复旦大学出版社供稿)

信息化校园

信息化建设与服务

【概况】 2010 年，信息办深入贯彻落实科学发展观，继续解放思想，推动科学发展。在正确的理论指导下，学校的信息化校园建设工作继续注重基础建设、应用系统建设及成果的推广与应用，并通过管理的规范、服务水平的提高，使师生更认可信息化校园建设的实施，为学校的管理、教科研和校园生活等提供更加便捷的现代化手段支持。

校园网区域网络改造。2010 年，信息办配合学校整体修缮进度完成对部分楼宇网络的建设和改造工作，共建成信息点 6 000 个左右，并部署端口绑定 IP 地址的安全策略。具体包括：邯郸校区的化学西楼、化学楼小平房、日研中心、外事处、计算机系—逸夫楼 5 楼、软件学院—计算中心 5 楼、车队、幼儿园、工会，以及邯郸校区 3、7 号学生宿舍、张江校区计算机学院、枫林校区公共卫生学院西 8 号楼、西 11 号楼、新后勤办公楼东 3 号楼、东 4 号楼、西 13 号楼过街楼、保健科等。此外，利用世博会东安路拓宽和校后勤部门建设智能水电系统的契机，信息办在枫林校区重新布置西 6 号楼光缆走向，建立东西两区 96 芯主干光缆。完成护理学院的光缆扩容。将与儿科医院的接入端口扩容至 1 000 M。与运营商合作获得枫林校区与张江校区间的直连光缆资源，为建立高可靠性的校区间环网建设奠定物理基础。通过建立枫林校区与上海交大之间的教科网备份线路，增强了学校教科网线路的冗余度和抗风险能力。

校园网出口与实 IP 地址建设。2010 年，信息办新增移动 100 M 和电信 200 M 的公网出口带宽，通过部署流量整形设备，实施了出口负载均衡策略，限制出口 P2P 流量，根据用户访问目的优化路由，有效提升校园网出口的利用率和稳定性。由于历史原因，学校缺乏可用于校园网络建设的实 IP 地址，因此采用通过网络地址翻译才能接入公网的虚 IP 地址的网络建设模式。2010 年，信息办成功从亚太互联网络信息中心(Asia-Pacific Network Information Center，简称 APNIC)申请到 2 个 B 类地址，目前，学校网络实 IP 地址的数量已增至 15 万个，其中半个 B 类地址已分配至学校无线网的地址池。

持续开展 CNGI—Cernet2 网络建设项目的相关工作。2010 年，信息办根据 CNGI—Cernet2 项目技术升级建设的要求，开通邯郸校区北区学生公寓、江湾校区学生生活园区和张江校区学生生活园区校园网的 IPv6 协议，加入 CERNET 统一身份认证联盟，并实现该网络的汇聚和接入交换机对源地址验证 SAVI 技术支持工作。依托于信息办的上海教科网 IPv6 实验室测评中心的工作重点则放在对我校日常信息化业务的支持方面，开展校园网出口万兆防火墙、校园无线网设备、校园主干网升级—校区间环网建设子方案核心路由器选型测试等工作。

继续深入无线校园网络建设。2010 年，信息办在原校园无线网覆盖基础上，开展了如下建设工作：实现了枫林校区教学、科研、办公区域的无线全覆盖，新增邯郸校区文科楼、复旦附小、北欧中心、日研中心、美研中心、环境系、逸夫楼、逸夫科技楼、微分析楼、电真空楼的无线覆盖，对于人流密集的 5 座教学楼和 2 座图书馆进行了设备的升级扩容，目前学校无线接入点(Access Point，简称 AP)总量已近 2 000 台。此外，在技术架构方面，在无线网络覆盖方面，为弥合不同厂商的设备兼容性，信息办实施基于集中式无线局域网(Wireless Local Area Networks，简称 WLAN)体系结构的覆盖方案，实现尽量集中部署同厂商设备的目标。在网络控制方面，由于学校无线网络规模扩大显著，为保证各校区设备运行的稳定可靠，信息办则对无线控制器实现了分布式部署。此外，信息办还和中国移动合作，在邯郸校区和张江校区开通了中国移动 CMCC 无线网络。

Email 系统服务和相关功能的拓展。2010 年，信息办对学校 Email 系统进行全面技术升级，目前新系统的实名邮箱容量为 1 G，学生学号邮箱容量为 100 M，单封邮件支持 14 MB 附件。为特殊邮件账户(如：院系办公室秘书、召开国际会议、发布学生工作信息等)建立特定规则，保证可以安全发送群发邮件和信息共享。截至年底，包括新增员工和新生在内，学校 Email 用户开户数已经达到实名用户 12 799 人，学生用户 89 383 人，总共 102 182 人。此外，信息办还与外联处、校友会合作，初步建成校友 Email 系统，目前校友邮箱容量 100 M，支持 20 M 附件，并实现离校用户数据迁移功能。

继续深化一卡通系统建设。2010 年，信息办对学校一卡通系统的网络架构进行试点改进工作，更新部分一卡通终端设备。为配合学校的安全稳定工作，开展一卡通系统的宿舍区用水系统改造、出入校区登记、宿舍区门禁改造等建设。将一卡通会议签到功能推广到部分院系。配合学工系统实现学生一卡通门禁与消费记录的数据同步。配合园区管委会进行浴资补贴发放和后勤数据统计工作。

不断完善平台类基础应用建设。2010 年，信息办继续保障校园统一身份认证、校园信息门户、共享数据库数据集成、网站群平台等平台类基础应用的持续稳定运行，为信息化校园的各类应用提供有力支撑，并开展统一身份认证平台的 IPv6 升级，全面推进信息化校园应用系统对下一代互联网的支持。研究并开发基于 URL 重定向的第三方接入认证方式，实现更多类型的应用系统接入统一身份认证。升级 CA 系统的核心算法，为全面推进证书签名、加密奠定良好的基础。积极探索新一代校园服务门户建设，从信息集成、应用集成逐步发展为服务集成，设计并开发教职工、学生个人数据中心，提高个人信息展示度，同时积极探索基于消息机制的协同工作门户。建设短信平台并开展试运行，为全校短信交流发布搭建安全、稳定、可靠的服务平台。在全校范围内建设基于网上银行的在线支付服务统一收费平台，并提供应用系统接入的标准接口，该平台于 2010 年 8 月正式上线，在学费、住宿费、国际会议注册、报名费等收费工作中率先启用，替代原先各种分散的收费服务方式，提升学校整体收费管理水平。此外，还进一步扩容、完善虚拟服务器集群，建设更加稳定可靠、简便易用的服务器资源。

继续深入拓展各类信息化应用。2010 年，信息办在教学和管理信息化应用方面，继续深入建设，具体包括：基于欧美高校广泛采用的开源在线教学平台 Sakai，信息办自主开发新型网络教学平台 E—Learning 系统，该系统与学校教务系统、研究生排课系统、选课数据紧密集成，目前正在部分课程中试点运行。根据教育部和学校关于信息公开的总体要求，信息办定制开发信息公开网和全新的校长信箱，搭建起学校信息公开工作的新窗口，为学校与师生和社会的互动提供有效沟通渠道。建设新版的本科生招生网和招生管理系统，为高考招生、自主招生及招生管理工作提供信息发布、自主招生报名、考务等服务。建设新版学生就业信息网，提高用人单位职位信息发布的展示度，并可以为毕业生提供问卷调查、毕业去向填报、简历制作等服务。建设博士后管理功能，并将博士后管理整体纳入人事管理系统的建设中。继续开发研究生教育管理系统的研究生工作子系统，实现困难生、国家助学贷款、奖学金、三助、保险理赔、医疗帮困等多项功能，并改进研究生教育管理系统中的导师遴选功能。开发学生工作管理系统的辅导员考评功能，可为本专科生辅导员工作提供有力支持。开发教材服务管理系统，并与教务系统学生选课数据紧密衔接,可为学生选购教材提供个性化订购服务功能。建设大型仪器共享平台,并与资产管理系统仪器设备数据紧密衔接,有助于进一步提高学校大型仪器的利用率及服务水平。开发房产管理系统,为学校合理分配教学、科研、办公用房提供管理和信息共享平台。开发外国专家、挂职干部人员信息采集系统,并实现数据自动同步,加强数据共享,有效减少手工操作。

保障和完善已有的各类信息化应用。2010年,信息办进一步保障和完善已建的各类信息化应用系统:保障教务管理和本科生选课系统的稳定运行,完善毕业审核、毕业生学分清算、学号编排、评教、校外考试报名、学生证件信息维护等功能,新开发按类招生学生专业分流等功能,优化系统性能,进一步提升选课系统最高在线人数。保障研究生教育管理系统稳定运行,全面推广学位管理功能的使用,完善学籍、教务、学位、导师等功能。改进研究生招生系统招生计划和目录管理功能,实现全日制专业学位计划管理和专业目录发布,将推荐免试研究生申请系统扩展到全国优秀大学生夏令营申请,为吸引优质生源提供有力支持。升级学生工作管理系统的就业管理功能,完善毕业生推荐表填写、就业协议书发放、毕业去向审核管理等功能。根据复旦学院新生管理改革要求,进一步完善迎新服务管理系统的分班、分宿舍功能,并实现新生在线支付学费、住宿费。保障校园电子公务系统稳定运行,实现公文流转并联会签,进一步完善督察办理、收文管理等功能。

加强信息安全保障工作。2010年,信息办加强服务运行管理和信息安全方面的各项建设工作,保证学校在世博会期间的网络和信息安全。具体包括:制定校级网络信息安全应急响应预案,进行模拟数据中心的数据恢复演练,有效增强紧急事件的应对处理能力。实行机房、监控系统和BBS论坛的巡检巡查以及防火墙日志检查和分析制度。通过组织各种主题培训,增强二级网站管理员和联系人的信息安全意识。建立通畅的通知机制,确保出现安全事件时能及时联系各级领导和管理员迅速赶赴现场。

继续拓展用户服务范围,努力改善用户体验。2010年,信息办进一步拓展并常规化信息化校园的各项培训工作,除配合应用系统推广的培训外,面向教师多次开展介绍校园信息化相关资源的培训,此外信息办坚持每学期至少有一次面向全校师生的IT应用普及培训。增加面向全校师生的免费代理流量,并推出将常用科研网站加入免费访问地址列表的服务。推行开学初为新生批量开通学生公寓上网账号的制度,并完成对东区学生公寓计费系统的版本升级。推进与PC Doctor for Teacher(简称PDFT)学生志愿者团队的合作,有效提升了对师生信息化应用服务的响应率和服务质量。基于网站群平台继续支持院系和部处的二级网站建设以及精品课程的建设。建设基于维基(Wiki)百科模式的知识共享系统,可为师生提供全员参与、便捷的信息服务渠道。建设基于WordPress平台的新个人主页系统,可为师生提供简便易用的个人信息发布服务空间。建设基于Private Tracker(PT)技术的校内文件资源共享系统,可为师生提供点对点的资源传输服务。自主设计开发网站防篡改审核监控系统,可实时监控并及时发现学校二级网站存在的安全隐患。

继续提供视频会议和网络多媒体服务。2010年,信息办协助各院系部处开展与国内和美国、瑞典、日本、新加坡、荷兰和澳大利亚等多国高校之间的远程课程和学术讨论。与腾讯网、新浪网、东方网、PPTV等媒体进行合作,为荷兰总理访问复旦网络视频直播、巴黎高科网络面试、全校创优争先事迹报告网络直播、毕业生就业工作网络会议、东亚多国网络课程直播、瑞典隆德大学的经济学课程直播、京都大学网络面试等提供网络服务。协助研工部开展入党积极分子培训班课程的校区间视频直播,在2010年南非世界杯足球赛期间提供球赛高清网络转播,获得学生的广泛欢迎。

合理应用新技术,提升校园信息化运维管理水平。2010年,信息办通过在值班服务电话中推行呼叫中心系统、统一服务信箱、改进短信平台、统计日常值班服务数据等一系列举措,加强对日常服务值班的管理,有效提高值班效率。在服务器托管方面,通过实施托管服务器向虚拟机的迁移,有效优化服务器与电力资源的投入,并改造和优化虚拟机网络,显著提升网络容载和负载能力。重新开发、部署代理服务器,进一步提高网络服务水平。机房规划和建设方面,重新设计邯郸校区应用机房的设备安置方案,明晰设备信息,规范服务器上架工作,对监控机房进行相关改造,此外还逐步完善对江湾高性能计算机房的管理,提供更多人性化服务。加强库房管理,对进出设备进行严格登记。对各校区网络进行日常维护、网络设备的检修,并全面接管张江校区药学院和教师公寓网络维护工作。

积极参与世博,推出迎世博服务举措。2010年,信息办积极响应上海市关于"参与世博、奉献世博"的号召,开展一系列世博主题活动,具体包括:世博会开幕前夕,信息办在学校统一身份认证服务登录页面中新增中国馆背景图片及世博主题文字说明,并制作世博会主题展板,开展党支部专题组织生活会等,营造世博气氛。协助校团委为复旦大学世博会志愿者网站开通提供相关技术支持工作。为四川省青川中学的学生准备"世博爱心包裹"等。

加强人才培养和队伍建设。2010年,信息办加大人才培养及队伍建设的力度:先后有10余人次参加Mac OS X服务器部署、Junos网络操作系统培训等。派出技术骨干参加IETF(世界工程师大会)会议、国际无线会议等、高等学校教育信息化学会青年骨干论坛等。

加强对外交流,扩大学校信息化建设的影响力。2010年,信息办接待教育部领导、国内近50所高校以及台湾淡水大学、香港大学联合电脑中心(Joint Universities Computer Centre,

简称 JUCC)代表团(港、澳等十余所高校)的访问考察。协同外办接待墨西哥自治大学、戴尔公司(DELL)亚太区总裁的到访。配合学校对口支援工作,为云南大学的对口支援部门提供技术、资源的保障,将支持工作落到实处。承办教育部"金教工程"信息标准项目工作会议、复旦大学无线校园网现场会等大型会议。并当选为全国教育信息化学会副理事长和上海市高等教育学会信息管理专业委员会主任委员单位。

申请和参加研究工作。2010 年,信息办承担教育部"教育服务与监管体系信息化建设"项目"信息标准与技术规范"子项目的相关研究工作。并通过高校信息化学会"面向服务的高校信息化解决方案研究"课题和复旦大学"金苗"管理类项目"信息化校园服务平台的绩效评价与发展研究"课题的申请。

2010 年,信息办获得"复旦大学节能工作先进单位"称号。

(谢　蓉　于一梅)

信息化教学

【概况】 2010 年,现代教育技术中心围绕"立足教学服务,充分发挥信息化技术作用"的目标,坚持以服务教师和学生为本,结合实际工作积极开展创先争优活动。坚持在管理性服务、技术性服务和指导性服务等方面体现优秀的服务质量,扎实做好全校公共教学和科研的服务工作。

开展教学楼多媒体教学设施使用情况调查,召开教师座谈会,广泛收集、听取师生的意见和建议。2010 年上半年和暑期,邯郸校区和枫林校区各教学楼多媒体教室的投影机、中控、功放、讲台等设备进行较全面的更新,计算机实验室对教学设备和教学软件进行全面的维护并更新部分实习计算机。2010 年 10 月起,对中心所有多媒体教学设备进行全面的清理、登记,建设"网络信息化设备管理、维护数据库系统"。进一步完善多媒体教学设备的科学管理,实现设备的使用、维护和统计的网络信息化管理。

继续做好全校教学楼多媒体教室的建设、管理和维护工作。目前学校共有各类多媒体教室 310 间,其中邯郸校区 208 间(背投电视 32 间),枫林校区 54 间,张江校区和江湾校区 48 间。2010 年,邯郸校区第三教学楼更新爱普生 EMP 6110 投影机 10 台、昊天 6100 移频话筒 17 套、DELL 17 寸液晶显示器 9 台,第四教学楼更新爱普生投影机 13 台、WISE SC 750 型中控系统 28 套、昊天 6100 移频话筒 28 套,第五教学楼更新爱普生投影机 10 台,第六教学楼更新爱普生 EMP 6110 投影机 40 台,光华楼西辅楼更新爱普生投影机 39 台、WISE SC 750 型中控系统 12 套。枫林校区第一教学楼更新 EPSON 投影机 4 台、昊天 6100 移频话筒 10 套、WISE 770 型中控系统 15 套,第二教学楼更新爱普生投影机 10 台、昊天 6100 移频话筒 24 套、WISE 770 型中控系统 27 套。通过各类设备的更新,进一步改善全校多媒体教室的教学条件。邯郸校区和枫林校区多媒体教室全年完成本科生和研究生教学任务 28 万余学时,各类讲座 400 余次。

计算机教学实验室更新教学实习计算机 96 套,保证"网络教学课堂"、"电子书包"、"教学广播系统"、"视频监控系统"、"一卡通刷卡系统"等数字信息化教学平台的正常运行。2010 年 1 月,召开"计算机应用基础"、"大学英语语音听力"课程教学教师座谈会,听取教师对实验室工作的意见和建议,改进实验室服务质量。实验室共有教学使用计算机近 1 000 台、各类语音教室 8 间共 408 座(其中数字化语音教室 4 间 192 座),承担全校一二年级非计算机专业本科生的计算机应用基础、大学英语语音听力等课程的教学和实习服务管理工作,为全校 12 000 余名本科生提供开放上机和教学实习服务,承担全校学生选课、新生贷款申请、计算机等级考试、英语口语考试、教师职称考试、全国翻译水平考试的服务保障工作。全年完成计算机应用基础课程教学和上机实习 37.1 万人学时,大学英语语音听力课程教学 2 970 学时,开放机房上机实习 40 多万小时。

多媒体制作室全年共拍摄制作整学期精品课程"高等数学(A)上"、"统计物理学"、"循诊医学"、"分子生物学理论"等四门课程,计 190 学时。单科精品课程 64 门,计 116 学时。拍摄制作"医生资格考试流程"专题片一部。拍摄制作《复旦视频新闻》32 期,共计 132 条新闻,组织学生拍摄制作"学子动态"栏目 23 期。为学校各部门拍摄制作讲座报告以及各类比赛计 60 余项。数字音像资源库采集制作新闻素材 907 条,目前数字化音像素材工作已经整理到 2000 年的新闻素材。

进一步做好多校区远程视频交互系统的服务和管理工作。"《资治通鉴》导读"、"大众传媒文化"、"化学与人类"、"中国诗学经典导读"等 14 门通识教育核心课程计 600 余课时,在多校区远程视频交互系统内进行授课。邯郸、枫林、张江、江湾四校区近 4 000 名学生通过该平台完成自己选修的课程。张江和枫林两个校区的选课学生稳步增加。

承担学校邯郸本部校区和家属宿舍区的有线电视管理、维护工作,其中家属宿舍区包括复旦大学 0 号楼、第 1 宿舍至第 12 宿舍、复旦大学凉城小区(第 5、6、7 等三个小区)、教师公寓等。有线电视站全年改造有线电视线路 20 多公里,维修出勤 800 余次,维修公里数达 2 000 多公里。2010 年 4 月,完成学校正大宾馆有线电视线路的整体改造。2010 年 5 月,配合上海东方网络有限公司完成本部校区和杨浦区内家属宿舍区的有线电视模拟信号(双向传输网 860 兆)转换为数字信号(HFC 宽带综合信息网数字电视),整体转换有线电视用户 1 700 余户(其中包括自管网用户 312 户),实现 40 套有线电视节目的传送。(朱晓强　郏忠华　庄　芳)

【更新教学实习计算机】 2010 年暑期,为配合学校计算机教学的课程改革,共更新邯郸校区第一教学楼 1204 开放实习机房计算机 96 套,采用的配置为方正文祥 E820:I3 - 530 双核 CPU、H55 主板、DDR3 2 G 内存、320 G 硬盘,19 寸液晶显示器,改善学校的计算机教学和实习用机条件。

(茹建伟 姜海南)

【庆祝现代教育技术中心成立十周年】 2010年10月,现代教育技术中心建成十周年。作为庆祝中心成立十周年活动内容之一,中心制作《现代教育技术中心成立十周年回顾》的专题片和展板,回顾中心十年来的发展历程,总结经验,确立目标,激发广大职工热爱中心、努力工作的热情。

(朱晓强 郇忠华 庄 芳)

资产管理

【概况】 2010年,资产管理各项工作围绕学校总体建设与发展目标,稳步开展,保障教学科研工作顺利进行。

实验室管理。学校共有实验室150个,其中国家级重点实验室4个,省、部级重点实验室27个。截至12月31日,复旦大学共有仪器设备11.5万台/件,金额约为22亿元。其中10万元以上的仪器设备有2 745台/件,金额约为13.7亿元。80万元以上的仪器设备有286台/件,金额约为7.6亿元。全年新购置的仪器设备有15 367台/件,金额约为2.7亿元。其中10万元以上的设备有422台/件,金额约为1.6亿元。80万元以上的设备有40台/件,金额约为6 949万元。全年报废仪器设备5 738台/件,金额约为5 336万元。学校共有家具57 569件,金额约为10 278万元。

"211工程"三期33个项目实施进入第二年,绝大多数项目设备建设总体论证工作已完成,并对当年计划购置的单价40万元以上大型设备进行专家论证。通过论证的大型设备已进行招标采购,部分设备陆续到校、并已安装和调试运行。

"985工程"二期建设进入扫尾阶段,组织对先进材料研究院、生物医学研究院、微纳科技创新平台等拟购40万元以上大型设备的专家论证工作,收集论证材料等共计10台件。

按照《上海市促进大型科学仪器设施共享规定》,学校参加上海市研发公共服务平台的设备不断增加。获得上海市科学技术委员会和上海市研发公共服务平台发放的2009年度入网仪器设备共享奖励金158 200元人民币。

申请"高等学校仪器设备和优质资源共享系统(CERS)'十一五'建设——校级共享平台子项目"课题并获批通过,计划2011年上网运行。申请教育部CERS"'十一五'建设——示范机组子项目"课题,有两个机组子项目获评通过。

设备管理。全年共签订进口合同713份,涉及仪器设备1 937台/套,合同金额4 127.7万美元。到货进口合同585份,涉及仪器设备2 037台/套,合同金额2 413.8万美元。办理进口免税849份,金额4 443.6万美元。办理接受境外捐赠仪器、设备、图书、化学试剂共7批,金额32万美元。

全年组织国际、国内招标42次,计901台(批),中标金额7 980.6万元人民币。其中大型仪器22次,计23台,金额5 413.5万元。计算机设备11次,计815台,金额1 830.5万元。实验室及学生公寓家具5次,计5套(批),金额273.2万元。其他设备4次,计58台(批),金额463.4万元。通过招标,学校共受益1 589万元。

根据财政部和商务部《关于印发〈进口贴息资金管理暂行办法〉的通知》(财企[2007]205号)文件精神和上海市机电产品进出口办公室《2009年度进口贴息资金申报指南》的要求,学校于4月整理、汇总并及时申报进口仪器设备有关材料。经商务部和财政部审核通过,共获得2009年度进口贴息资金约187万元人民币。

房地产管理。学校占地总面积244万平方米(合3 650亩),建筑总面积148万平方米。

依据《复旦大学公用房管理条例》及《公用房使用管理实施细则》,邯郸校区理科用房调整进入一期阶段,涉及部门有材料科学系、物理系、高分子系、先进材料研究院,涉及面积3 000平方米。将先进材料研究院整体搬迁至江湾校区,继续推进材料科学系的搬迁工作。将已腾空的15间民工房调配给生命科学学院,解决生命科学学院用房不足的问题。落实信息科学与工程学院、出土文献与古文字研究中心、文史研究院超定额使用的有偿扩大用房。配合复旦书院建设,合理安排了4号楼和10号楼的用房。枫林校区东五号楼调配给医学院作基础医学实验中心。

做好学校公用房的租金收缴工作。学校共有9家二级管理部门,共管理承租单位147家,年租金780万元人民币;资产管理处直接管理的承租单位有28家,出租面积总计18 470平方米,年租金1 089万元人民币。

(苏子敏 黄海馨)

附 录

2010年复旦大学实验室一览表

单 位	实 验 室 名 称	备 注
力学与工程科学系	力学综合实验室 生物力学实验室 飞行器设计与工程实验室	
物理学系	物理教学实验中心 应用表面物理国家重点实验室* 李政道物理学综合实验室 微纳光子结构教育部重点实验室** 物质计算科学教育部重点实验室**	

续 表

<table>
<tr><th colspan="2">单 位</th><th>实 验 室 名 称</th><th>备 注</th></tr>
<tr><td colspan="2">现代物理研究所</td><td>应用离子束物理重点实验室**/*** 上海 EBIT 实验室</td><td></td></tr>
<tr><td colspan="2">环境科学与工程系</td><td>环境教学实验室 大气环境实验室 污染控制实验室 城市景观与生态实验室</td><td></td></tr>
<tr><td colspan="2">化学系</td><td>化学教学实验中心 有机化学研究所 无机化学研究所 分析化学研究所 激光化学研究所 分子催化与功能材料重点实验室** 创新科学仪器教育部工程研究中心**</td><td></td></tr>
<tr><td colspan="2">生命科学学院</td><td>生物科学教学实验中心 现代人类学重点实验室** 生态与进化生物学系实验室 微生物和病毒实验室 生物化学实验室 生理和生物物理实验室 遗传学实验室 生物技术实验室 神经生物学研究实验室 发育生物学基地 遗传工程国家重点实验室* 生物多样性与生态工程实验室**</td><td></td></tr>
<tr><td rowspan="2">计算机学院</td><td>计算机科学与工程系</td><td>计算机教学实验中心 信息系统集成实验室 智能信息处理开放实验室**</td><td></td></tr>
<tr><td>计算机与信息技术系</td><td>上海(国际)数据库研究中心 计算机网络与信息工程中心 东方计算机网络测试实验室</td><td></td></tr>
<tr><td rowspan="4">信息科学与工程学院</td><td>电子工程系</td><td>电子信息科学基础教学实验中心 微波与高频电路实验室 生物医学电子学实验室 近代无线电实验室 电子学与信息系统实验室</td><td></td></tr>
<tr><td>微电子系</td><td>集成电路教学实验室 计算机辅助设计实验室 集成电路工艺实验室 集成电路设计实验室 专用集成电路与系统国家重点实验室*</td><td></td></tr>
<tr><td>通信科学与工程系</td><td>通信工程实验室</td><td></td></tr>
<tr><td>光源与照明工程系</td><td>光源研究实验室 光源测量实验室 光源电器和电子学研究实验室 光源工艺和材料实验室 汽车照明工程中心</td><td></td></tr>
<tr><td colspan="2">管理学院</td><td>信息系统实验室 金融工程实验室</td><td></td></tr>
<tr><td colspan="2">经济学院</td><td>教学创新实验室</td><td></td></tr>
<tr><td colspan="2">材料科学系</td><td>物理电子实验室 材料化学实验室 材料物理实验室 国家微电子材料与元器件微分析中心 先进涂料工程研究中心**</td><td></td></tr>
<tr><td colspan="2">新闻学院</td><td>广播电视实验室 传媒与舆情调查中心 数字媒体实验室 广告摄影实验室 复旦大学传播学实验教学中心</td><td></td></tr>
<tr><td colspan="2">外国语言文学系</td><td>语言实验室</td><td></td></tr>
<tr><td colspan="2">分析测试中心</td><td>分析测试中心</td><td></td></tr>
<tr><td colspan="2">数学科学学院</td><td>非线性数学模型与方法重点实验室** 上海市现代应用数学重点实验室** 教学微机实验室</td><td></td></tr>
<tr><td colspan="2">高分子科学系</td><td>高分子化学与物理实验室 聚合物分子工程重点实验室**</td><td></td></tr>
<tr><td colspan="2">文物与博物馆学系</td><td>文物保护实验室</td><td></td></tr>
<tr><td colspan="2">现代教育技术中心</td><td>计算机教学实验室 多媒体制作实验室 常规电教实验室</td><td></td></tr>
</table>

说明：* 国家重点实验室；** 部(省)重点实验室；*** 世行贷款重点学科专业实验室。

单 位	实 验 室 名 称	备 注
上海医学院	细胞与遗传学实验室　数字医学研究中心　人体解剖学实验室　临床技能学习中心　生物化学与分子生物学实验室　功能学科教学实验室　病原生物学实验室　电子显微镜中心　形态学科教学实验室　分子生物学实验室　法医学实验室　基因研究中心　医学分子遗传学实验室　病理学清洁级实验动物房实验室　生理与病理生理学实验室　药理学实验室　病理学中心实验室　药理研究中心　上海复旦三级生物安全防护实验室　医学神经生物学国家重点实验室*　医学分子病毒学重点实验室**　糖复合物重点实验室**　听觉医学重点实验室**　近视眼研究重点实验室**　分子医学教育部重点实验室**　抗生素临床药理重点实验室**　病毒性心脏病重点实验室**　手功能重建重点实验室**　癌变与侵袭原理重点实验室**　新生儿疾病重点实验室**　医学图像处理与计算机辅助手术重点实验室**　针刺原理研究所　免疫学实验室　国家中医药管理局血管分子生物学三级实验室　国家中医药管理局针灸神经生物学三级实验室	
公共卫生学院	劳动卫生与卫生化学实验室　营养与食品卫生学实验室　环境卫生学实验室　流行病与卫生微生物学实验室　预防医学研究所　临床分子医学实验室　公共卫生安全重点实验室**　卫生技术评估重点实验室**　计算机与信息实验室	
药学院	药物化学实验室　天然药物化学实验室　生物合成药物化学实验室　生物化学实验室　生药学实验室　药剂学实验室　放射药学实验室　药物分析实验室　药理学实验室　物理化学实验室　临床药学实验室　实验教学中心　国家中医药管理局中药生药分析三级实验室　国家中医药管理局中药制剂三级实验室　药物制剂国家工程中心(分部)　药物制剂教育部重点实验室***　全军智能化递药重点实验室***　仪器分析测试中心　放射药物示踪实验室　药物计算机辅助设计实验室　抗病毒药物实验室　荧光与化学发光药物示踪实验室　实验动物中心	
护理学院	护理实践教学中心	
生物医学研究院	生物医学研究院公共技术平台	
脑科学研究院	脑疾病动物模型与行为神经科学公共技术平台　神经分子行为与神经细胞功能实时检测和成像公共技术平台	
合　　计	150	

说明：*国家重点实验室；**部(省)重点实验室；***世行贷款重点学科专业实验室

（资产管理处供稿）

后　勤

【概况】 2010年,学校总务后勤系统围绕学校中心工作,坚持以提高保障能力、改善服务态度为师生和学校事业发展服务的要求,顺利完成各项生活后勤的保障工作,为学校教学科研和各项工作的顺利开展提供必要支撑。世博期间与各部门通力配合,圆满地完成世博志愿者的后勤保障工作,并确保世博期间后勤系统的安全稳定。

餐饮服务方面,提供就餐1 300余万人次,营业额6 000余万元,集中采购主副食品原材料2 500余万元。光华楼、明道楼共举行会议2 600余次,体育场馆重大活动70余场次。班车安全运行8 000余班次,运行里程19万公里(邯郸—枫林—张江)。门诊11万人次,体检共计1.7万人次,预防接种8 000余人次,为师生报销医药费8 000余人次,组织献血1 887人次,红十字会培训人数4 189人次。托运毕业生行李2 500件,发放新生行李2 129件。改建绿地8 000余平方米,清运生活垃圾6.5万桶,其他垃圾共269车。提供173万余人次洗浴。供水430万吨,供电10 145万度,供气733万立方米。幼儿在园490余人,举办各类家长会25场,亲子活动人数达887人次。收发信件报刊391万份。发放"新人"住房补贴2 484人次,"老人"住房补贴799人。

世博期间,总务处多次召开处长办公会、主任办公会,专题布置安全工作,在其他会议上也把安全稳定作为重要内容反复强调。主动邀请政府职能部门和专业协会到学校检查指导,并与学校有关部门协调,加大整改力度,确保餐饮供应、班车运行、水电煤气供应、医疗和幼托服务以及重大活动的顺利进行,为学校的稳定平安作出贡献。

积极应对物价持续上涨局面,认真抓好学校餐饮保障工作。通过集中采供加大储备稳定源头,加大补贴和监管力度,基本确保学校餐饮供应的质量、价格稳定和食品卫生安全。在2009年调整食堂布局的基础上,2010年完成邯郸路南部宿舍区菜场二楼美食广场和枫林校区二食堂的改造，新引进两家社会企业从事校园餐饮服务，丰富供应品种，满足师生不同层次和多样化的需求。

在公共空间增设学生修读点，开设邯郸校区第三教学楼的3106、3108教室作为试点通宵教室，增加节假日、迎考期间空调教室的开放数量并延长开放时间。在教学楼和学生园区增加热饮水设施20余处，调整部分班车发放时间和频次，延长浴室和南区体育场开放时间。完成北区学生公寓供配电系统改造工作，彻底淘汰北区学生公寓高、低压开关站和配电间陈旧老化设备。完成南区、北区应急深水井等工程，并努力将施工影响降到最低，保障师生的正常学习和生活。

进一步梳理甲方职能，完善办公室设置，提升监管工作效率。进一步理清总务处与后勤公司的权利与义务，确保后勤服务保障质量。启动岗位设置规划，理清用人思路，调整人力资源配置，加大培养力度，使年轻员工尽快成长，提高管理专业化水平，保证后勤工作的稳定和可持续发展。

根据节约型校园建设规划，总务处与六个部门签约，开展能源使用总额承包试点工作，积极支持指导各单位开展节能工作，同时全面实行学生公寓智能电表预付费式管理模式。在加强节能技术改造、强化监管力度、扩大宣传的基础上，积极组织专家论证，主动立项申请支持经费开展节能工作，先后获得上海市关于光华楼节能试点专项支持和国家节约型校园监管平台建设专项支持，经费总额近450万元。申购各种节能灯产品共计约11万套，节省经费折合近400万元。完成邯郸校区、枫林校区部分二级智能水表试点改造工作，共安装智能水表124个。四个校区共查出34个漏水点，折算节水63余万吨。张江校区获得上海市节水示范校区的称号。

房屋分配管理委员会和住房制度改革办公室执行教育部规定对学校3 408名在职在编“老人”住房补贴进行补差工作，补差金额共计12 693万元。从12月1日起调整教师公寓租金，完成与1 000多位教职工的租金续签工作。共安排37位今年新进校教职工入住各校区教师公寓，54位“科研助理”与“人事代理”人员入住单身公寓。通过排队选房共安排39位已婚教师入住各校区的已婚过渡房。完成邯郸校区第五宿舍道路改造等11处大修、改造工程。完善房委会网站和周转性教师公寓管理系统自助查询与动态关联功能。继续出售已租住公房，协助教职工增补产权人，做好未出售公房业主代表工作，积极调解各方矛盾纠纷。

（郭建忠　朱　莹　张涵超）

财务与审计

财　务

【概况】 按照上报教育部的年度部门决算数据，2010年度学校各类经费（含基建经费拨款）总收入41.92亿元，比2009年增长38.8%；2010年度学校总支出38.87亿元，比2009年增长38.6%。

年度总收入中，中央及上海市的教育、基建及其他经费拨款18.75亿元，教育事业收入8.85亿元，科研经费拨款与科研事业收入12.79亿元，其他收入1.53亿元。年度总支出中，人员支出15.25亿元，公用支出20.44亿元，基建支出3.18亿元。

（陆　瑾）

【实行民口重大科技专项项目全面预算管理】 根据财政部下发的《民口科技重大专项资金管理暂行办法》（财教[2009]218号）以及《关于民口科技重大专项资金国库集中支付管理有关事项的通知》（财库[2009]135号）中的要求，财务处于2010年5月开始运行新开发的科研项目全面预算管理程序，对民口重大科技专项项目实行全面预算控制。在控制项目预算总额的基础上，进一步控制项目预算的每一类具体支出，防止总额超支和细目超支。

（谢静芳）

【开通收费服务管理系统】 2010年8月，正式开通“复旦大学收费服务管理系统”。该系统借助网上支付平台，在传统的现金收费、银行转账和银行扣款收费方式外，增加了网上收费方式，以便于学生缴费。该系统还整合收费立项审批、收费转账、收费查询、收费票据打印等各项收费管理环节，实现对学校收费工作的全程监控与管理，并使得业务部门与财务部门能够实时共享业务信息与财务信息。

（余　青）

【开展全资及控股企业“小金库”治理工作】 2010年8月至12月，按照教育部的部署安排，学校对全资及控股企业开展“小金库”专项治理工作，学校共有23家一级全资、控股公司和4家二级全资公司纳入治理范围。治理工作的自查自纠阶段于9月15日结束，学校“小金库”治理检查小组于10—11月对9家企业进行了重点检查。在自查自纠与重点检查阶段，均未发现全资及控股企业违法违规私设“小金库”的现象。学校已分别于9月、12月将检查报告与整改方案上报教育部，并着手进行相应的制度建设，以进一步建立健全防治“小金库”长效机制。

（谢静芳）

【获得教育部财务管理绩效奖励拨款】 2010年12月，教育部下发《关于下达2010年中央高校绩效预算并通报有关事项的通知》（教财司预函[2010]257号），对“一贯重视财务管理工作，充分发挥财务管理在学校资源配置和政策引导中的作用”的40所教育部部属高校以绩效拨款方式予以奖励。复旦大学获得财务管理绩效拨款1 500万元。

（谢静芳）

审　计

【概况】 2010年，审计处以全面提升审计监督成效、质量和水平，提高审计队伍综合能力为发展目标和努力方向，着力于抓建设、练内功、促效能。全年共完成各类审计项目627项，审计资金总额306 827万元。

建设工程项目审计工作。完成365项。其中，基本建设审计项目4项，修缮审计项目361项。送审金额为14 252.4万元，审定额为11 726.7万元，核减额为2 525.7余万元，平均审减率为17.72％。

经济责任审计工作。完成5项。其中涉及账务处理不当金额1 941.3万元，涉及损失浪费金额442.3万元，涉及不符合规定或程序金额1 326.9万元，涉及违规违纪金额42.5万元。共提出审计建议15条。

其他审计工作。共完成251项。其中，科研项目审计44项，审计金额1.40亿元。科研项目审签204项，审签金额6 527.0万元。“985工程”专项审计1项，审计金额13.98亿元。大额资金审签调查2项，审计金额12.73亿元。

制度建设和内部管理工作。起草、制定《复旦大学领导干部经济责任审计联席会议制度》，并于当年由学校正式下发。修订并发布2010年版的《建设工程项目竣工结算审计送审资料基本要求和交接规则》和《社会中介机构受理复旦大学建设工程项目审计规则》等审计工作规则。制订并实施《审计处工程审计办公室审计人员岗位责任制》和《审计处工程审计办公室岗位职责细则》。

加强业务培训。全年共有4人次参加中国教育审计学会等教育系统内部审计培训班，4人次参加会计人员职业培训。（黄　勤）

【承办教育部直属高校审计工作第一协作组第六次会议】 9月19—23日，教育部直属高校审计工作第一协作组第六次会议在复旦大学召开。北京大学等18所高校审计处负责人出席会议。审计署驻上海特派员办事处特派员卢家辉、中国教育审计学会常务副会长沈国强、复旦大学校长杨玉良、副书记刘建中等到会并作重要讲话。大会就高校二级单位内部控制审计的方式方法、建设工程过程审计的难点与对策、高校内审发展方向（管理审计导向、过程审计导向、绩效审计导向）、高校内部审计队伍建设等议题展开了讨论。（黄　勤）

九、党建与思想政治工作

综　述

2010年,学校党委认真组织学习贯彻全国教育工作会议和全国高校党建工作会议精神,谋大局,抓党建,团结带领师生员工为全面完成"十一五"时期的目标任务而奋斗,学校各项事业取得新的进展。

1. 召开多个重要会议,谋划学校改革发展,进一步加强党建工作。2月和7月分别召开校党政领导班子务虚会,集中研究学校改革发展中的重大问题。寒假务虚会重点研讨加强本科生教育和医学学科管理的问题,暑期务虚会重点研讨学校"十二五"规划的指导思想和战略举措,学校在学术管理和行政管理方面存在的问题和改进措施,以及本科培养体制改革等问题。在此基础上,召开十三届十二次全会(扩大),学习贯彻全国教育工作会议和《国家中长期教育改革和发展规划纲要》精神,深入研究学校"十二五"面临的形势和任务,探讨改进学术管理和行政管理的措施,进一步发挥学术生产力,加快创建世界一流大学的步伐。为贯彻落实党的十七大和十七届四中全会精神,进一步加强和改进学校党的建设,党委召开十三届十次全会,审议通过《中共复旦大学委员会全体会议工作规则(试行)》和《复旦大学党代表任期制实施办法(试行)》,进一步发挥党委全委会在重大问题决策中的作用,充分发挥党代表大会代表的作用。在全国高校党建工作会议召开后,党委举行校领导班子会议和全校干部大会,学习贯彻会议精神和《中国共产党普通高等学校基层组织工作条例》,研究和部署学校党建工作。

2. 全力支持上海世博会成功顺利举办,抓住世博契机开展主题教育。学校成立世博工作领导小组,召开迎世博动员大会,全面落实与世博会相关的各项工作。学校招募、培训和组织4 000多名学生作为第一批志愿者进驻世博园区和城市站点提供服务,并成立复旦大学世博志愿者临时党委,组织开展"我是党员我带头,我是党员我奉献"主题活动,有效发挥43个临时党支部和984位党员志愿者在世博一线的战斗堡垒和先锋模范作用。党委先后选派10名干部参与世博会筹办工作。各附属医院也积极行动起来,为世博会提供优质高效的医疗服务和保障。7月,学校与世博局共同主办"世界名校大联欢"活动,国内外高校的学生走到一起交流联谊,展示当代青年的风采,为世博会增添亮色。学校对世博会的全力支持和参与受到高度评价,承担志愿者组织工作的校团委被中共中央、国务院授予"上海世博会先进集体",3家单位和11位同志在上海市委"世博先锋行动"中被评为"五好"基层党组织和"五带头"共产党员。以世博会为契机,学校党委在师生中开展"迎世博,讲文明,树新风"、"青春拥抱世界,理想开创未来"等主题教育活动,组织开展"世博精神与青年责任"大讨论,大力弘扬爱国主义精神和开放进步意识。

3. 启动校行政领导班子副职换届,加强基层领导班子和干部队伍建设。经教育部党组批准,学校于2010年3月正式启动校行政领导班子副职换届工作。本着扩大干部工作中的民主以及进一步发挥教授作用的原则,学校党委把参加第一次民主推荐的范围扩大到校本部全体教授(研究员)。全年共任免干部86人,完成11个单位行政领导班子整体换届、2个基层党组织换届。在全校处级后备干部集中补充调整的基础上,对各单位的后备干部队伍建设情况进行调研,听取26个单位的49位党政主要负责同志的汇报,探讨后备干部选拔和培养机制。干部教育培训工作加大力度、创新形式,先后举办中青年干部培训班、青年干部培训班、引进人才研修班和新上岗干部培训班等班次,共培训201人次。继续抓紧民主党派骨干和党外代表人士的关心培养工作,支持学校各民主党派基层组织开展"学习与践行社会主义核心价值体系"主题教育活动。

4. 全面启动创先争优活动,着力加强基层党组织和党员队伍建设。党委召开十三届十一次全会,专题研究在全校基层党组织和党员中深入开展创先争优活动的实施方案。"七一"之际,召开复旦大学纪念中国共产党成立89周年暨创先争优活动动员大会,全面启动创先争优活动,并开展党建成果展示活动和基层党建特色项目申报资助工作,积极促进基层党建工作交流和创新,进一步营造创先争优氛围。着力加强基层党员骨干队伍培训,以学习领会新修订的《中国共产党普通高等学校基层组织工作条例》为重点,对教职工党支部书记和学生党支部骨干进行轮训,对院系组织员、分党委(总支)干事进行专题培训。

5. 以弘扬为人为学为师优秀品格为重点,加强师德师风建设和宣传思想工作。在谷超豪教授荣获国家最高科学技术奖和于漪校友当选首届全国教书育人楷模后,学校党委先后发出《关于向谷超豪教授学习的决定》和《关于向于漪校友学习的决定》,举办谷超豪教授表彰报告会和于漪教育思想研讨会,广泛宣传他们的先进事迹和崇高风范。继续开展本科毕业生“我心目中的好老师”和“研究生心目中的好导师”评选和宣传活动，并在教师节举行“复旦大学劳模事迹报告会”和本科教学座谈会。党委还对学校贯彻落实《中共中央国务院关于进一步加强和改进大学生思想政治教育的意见》五年的工作进行系统总结。在5月份召开的全国加强和改进大学生思想政治教育工作座谈会上，学校就研究生思想政治教育工作作交流发言，多家中央媒体进行专题报道。

6. 加强党风廉政建设责任制的落实和检查，持续深入开展廉洁诚信教育。召开党风廉政建设干部大会，向广大干部宣讲《中国共产党党员领导干部廉洁从政若干准则》，组织479位处级以上干部签订《廉洁从政承诺书》，落实《直属高校党员领导干部廉洁自律“十不准”》的要求。为进一步落实党风廉政建设责任制，在2009年试点基础上，对22个院系进行巡查，并与二级单位签订年度《重点任务确认书》。组织开展校办企业和社会团体“小金库”专项检查和工程建设领域专项治理自查，进一步规范高水平运动员等特殊类型的招生行为，着力完善重点领域和关键环节的管理制度。制订并提交教代会审议通过《复旦大学教职工违纪处分条例（试行）》。发挥反腐倡廉宣传教育联席会议制度的作用，在全体学生中开展廉洁诚信教育，在研究生入学教育中着重加强学术规范和学术诚信教育。

7. 推进学校民主管理，积极回应群众诉求，加强群众组织自身建设。积极推进党务校务公开和依法民主管理，不断充实教代会的内涵和职权，多次召开主席团扩大会议和校情通报会，有效发挥教代会在学校管理中的作用。切实保障师生合法权益，努力改善师生员工特别是困难群众的生活条件。2010年，学校提高退休人员共享费发放标准，妥善做好货币化住房补贴发放和教师公寓租金调整工作，完成一批教师公寓和教工住宅的大修和改造工程。针对非在编教职工人数日益增多以及加入工会愿望强烈的情况，党委开展专题调研，积极探索非在编教职工入会新模式。学校召开离退休工作会议，出台《关于进一步加强我校离退休工作的若干意见》和《复旦大学关心下一代委员会工作条例》，为下一步工作明确方向，创造更好条件。党委一贯重视和支持群众组织依照章程开展活动并加强自身建设。2010年，工会和妇委会分别以成立60周年和30周年为契机，重点围绕提高群众工作能力和自身建设水平进行总结研讨。

8. 全面严格落实安全稳定工作责任制，举全校之力创建平安和谐校园。2010年，学校党委多次召开会议，研究和部署安全稳定工作。全校各级党组织和广大干部群众紧绷安全稳定之弦，细化和落实安全稳定工作的责任和措施，加强值班备勤，强化源头治理，仔细严格排查安全稳定隐患，及时妥善化解各类矛盾纠纷，特别是审慎应对国内外重大突发事件对师生的影响，确保学校没有发生一起因工作、责任或处置不到位而引发的影响安全稳定的事件。信访工作呈现总量下降、秩序可控的态势，初信初访办结率达到92.7%。学校继续推进公安机构改制，做好保卫队伍建设和人员补充，新进人员在全年安全稳定工作的紧张实战中经受锻炼。

此外，学校有关单位和部门还承办全国教书育人楷模“每月一星”学习宣传活动启动仪式、教育部推进哲学社会科学大众化普及化经验交流会、教育部推进社会主义核心价值体系建设研讨会、全国高校统战工作研讨会、中国学位与研究生教育学会德育委员会学术年会等一系列重要会议。此外，党委对校领导班子深入学习实践科学发展观活动整改落实方案的实施情况进行逐项督查，推动整改工作真正落到实处，取得实效。

（陈殷华）

纪检监察工作

【概况】 2010年，学校党委和纪检监察部门认真贯彻中共十七届五中全会和中央纪委十七届五次全会精神，紧紧围绕学校各项中心工作，以建立健全反腐倡廉制度体系为重点，加强源头治理，完善长效机制，全面推进教育、制度、监督等各方面工作，学校党风廉政建设和反腐败工作取得新成效。

抓好教育工作，筑牢拒腐防变思想防线。召开学校加强党风廉政建设干部大会，组织全校处级以上领导干部集中观看《背叛与忏悔》警示教育片，并人手一册发放《中国共产党党员领导干部廉洁从政若干准则》。全年共组织42位新任职的处级领导干部进行廉政教育集体座谈，并由纪委书记作“坚持廉洁自律，正确履行职责”主题报告。对于群众意见比较集中的党员干部，按照有关规定开展诫勉谈话，加强教育提醒。进一步加强校园廉政文化建设，开展高雅艺术进校园活动。为专家型人才提供法律服务活动，与杨浦区检察院共同举办为专家型人才服务工作座谈会，全校20多位中青年专家成为首批服务对象。结合中央纪委《关于进一步加强和改进纪检监察干部队伍建设的若干意见》要求，进一步加强纪检监察队伍自身建设。

加强制度建设，强化源头治理和预防工作。制定《复旦大学落实〈关于加强高等学校反腐倡廉建设的意见〉任务分工》、《复旦大学2010年党风廉政建设工作要点》、《复旦大学2010年党风廉政建设工作任务分解方案》，有效推进建立健全惩治和预防腐败体系各项工作。制定《复旦大学开展廉政风险预警防范机制建设试点工作实施方案》，并以监察处和资产管理处为试点部门，积极推进相关工作。校教代会审议通过《复旦大学教职工违纪处分条例（试行）》，为规范教职工行为，严肃学校纪律，维护学校秩序提供了有力保障。梳理完成我校落实《关于加强高等学校反腐倡廉建设的意见》制度框架。

加强监督检查，抓好重点工作。组织开展校办企业和社会团体的“小金库”专项检查。推动加强对高水平运动员的招生工作监督管理，新成立由招办、监察处、体教部、武装部组成的高水平运动员选拔工作领导小组，对招生测试方案、材料审核、测试、拟录取名单审核等环节强化监督把关，实行对所有测试项目进行全程录像。以上海市教卫纪工委关于开展“市级医院领导干部廉洁自律现状及其对策研究”课题调研为契机，对学校6家附属医院开展党员领导干部廉洁从政情况进行调研。重视民主监督作用的进一步发挥，5月，进行学校党风廉政监督员（特邀监察员）换届调整工作，新聘13位校党风廉政监督员。

开展基建、修缮等重点领域的专项治理工作。6月，召开由纪检监察部门牵头，基建（修缮）、资产管理、财务、审计等部门共同参加的“加强监管制度建设座谈会”，校长杨玉良到会讲话，并特邀上海市纪委、检察院、教卫纪工委等单位参加，为学校监管制度建设提供咨询和帮助。与杨浦区检察院合作，决定在江湾校区生命科学学院教学楼工程项目及“十二五”建设过程中开展重大建设工程争创“工程优质，干部优秀”（简称“双优”）的活动，并于11月11日在学校举行“建设工程项目创‘双优’活动”签约仪式。

礼品登记、上交工作顺利开展。2010年，全校党政领导干部主动登记和上交礼品、礼金共计183人、407次。其中，86人、185次主动上交现金或有价证券463 530元，物品18件、价值64 800元。97人、222次主动登记有价证券223 264元，物品186件、价值18 635元。

加大办信查案工作力度。全年共收到纪检信访举报183件，其中重复8件，实际受理175件（上级机关交办或转办29件，学校自办146件），办结173件，办结率为98.85%。经查属实、基本属实、部分属实19件，属实率为10.86%。初核5件，立案1件。教育谈话7人，函询4人，诫勉谈话2人，党纪处分1人，免职1人。信访反映的问题主要涉及招生、领导干部廉洁自律、医德医风及贪污贿赂等方面。（彭　辉）

【全面开展对二级单位巡查工作】 在2009年底开展试点的基础上，全年共开展对22个院（系）领导班子和领导干部执行党风廉政建设责任制情况的巡查工作。巡查组由校党委副书记、纪委书记任组长，纪委副书记、监察处处长任副组长，专职纪检监察干部为主要成员，并邀请校纪委委员、党风廉政监督员、分党委书记代表等参加。（彭　辉）

【建立《监察建议函》督改机制】 校纪检监察部门在信访举报或专项检查中发现被监察单位在管理上存在重大漏洞或其他需要立即整改的问题时，采取发送《监察建议函》的方式，及时、有效进行督促整改。

（彭　辉）

【集体签订《廉洁从政承诺书》】 认真贯彻落实《中国共产党党员领导干部廉洁从政若干准则》和教育部党组关于《直属高校党员领导干部廉洁自律“十不准”》的要求，共组织全校479名处级以上领导干部签订《复旦大学领导干部廉洁从政承诺书》。

（彭　辉）

组织工作

【概况】 2010年，学校党委和组织部门深入学习实践科学发展观，以贯彻党的十七届四中全会通过的《中共中央关于加强和改进新形势下党的建设若干重大问题的决定》为主线，坚持围绕中心、服务大局，进一步加强领导班子和干部队伍建设，加强基层党组织和党员队伍建设，改革创新，狠抓落实，为学校各项事业发展提供组织保证。

截至2010年年底，全校共有中共党员16 894名，其中本专科生党员2 093名，研究生党员5 436名，在职教职工党员5 345名，离退休党员2 141名，因各种原因组织关系保留在学校的党员1 879名。全校共有二级党组织50个，其中党委33个，党总支11个，直属党支部6个。党支部669个（包括6个直属党支部），其中在职教工支部310个，离退休支部63个，学生支部290个，各类联合支部6个。

学校共有校级领导干部12名，其中：副部级3名，正局级2名，副局级7名。男10名，女2名；中共党员11名，党外1名。博士8名，硕士2名。正高级职称10名，副高级职称1名。共有中层干部419名，其中：副局级6名，正处级133名，副处级268名，聘任制干部12名。男281名，女138名。中共党员357名，党外62名。少数民族干部7名。40岁以下干部74名。博士206名，硕士86名。正高级职称189名，副高级职称172名。

做好干部选拔任用工作。2010年共任免干部86人，其中，提拔任用干部44人，包括正处级干部8人、副处级干部34人、聘任制干部2人。20名干部在机关和院系、党务和行政间进行交流。22位同志因退休、换届等原因免职。完成11个单位行政领导班子整体换届、2个基层党组织换届、6个单位党政主要负责同志调整。选派援疆干部2人、援藏干部1人。向社会输送干部3人。在干部工作中，校党委坚持德才兼备、以德为先的选人用人导向，严格执行干部选任工作程序，拓宽干部选拔任用渠道，广泛听取专家教授、骨干教师的意见和建议。全年在干部选任工作中共听取500余人次的意见，其中党政正职调整前期调研听取意见300余人次。

加强干部教育培训工作。全年先后举办中青年干部培训班、青年干部培训班、教职工党支部书记轮训班、新上岗干部培训班、引进人才研修班等班次，其中，青年干部培训班由一年一期改为一年两期，培训力度进一步加大。全年共有201人次参加校党委组织部、党校举办的各类培训班，其中处级干部55人次。在干部培训工作中，着力丰富内容、创新形式，除继续采用专题报告、座谈讨论等形式外，还采用案例交流、经典研读、体验教学等形式，并依托井冈山干部学院相关资源开展党性教育，着力增强干部培训的针对性和实效性。

严格干部监督管理。认真贯彻落实领导干部诫勉谈话、述职述廉、报告个人有关事项、经济责任审计等工作制度，构建严格有效的干部监督管理体系。学校党委要求各单位结合年终工作总结，认真开好领导班子民主生活会，将新修订的《普通高等学校基层组织工作条例》和《廉政准则》作为重要学习内容，进一步健全议事规则和决策机制，加强领导班子民主集中制建设。严格执行党的纪律，对2名违规违纪干部作免职处理。2011年1月10日，校领导班子举行2010年度民主生活会，并在此前召开5场干部群众座谈会听取意见。2011年1月14日，举行校领导班子2010年度述职测评会，全体校领导进行述职，中央组织部干部三局、教育部人事司和上海市委组织部联合组成考核组，对学校领导班子进行年度考核。

加强和改进发展党员及党员教育管理工作，着力在加强入党积极分子和新党员培养教育、规范组织程序等方面下工夫。全年共发展新党员1 620名，其中教职工党员87名。培训入党积极分子1 988名，预备党员1 294人。继续加强发展新党员和预备党员转正材料审核。严格落实出国出境人员保留组织关系手续和留学回国人员党员恢复组织生活工作实施办法，全年共有11名党员办理出国出境保留组织关系手续，4名留学回国党员按照程序恢复组织生活，有2人因移民停止党籍，1人因违纪受到党内严重警告处分。

加强基层党建信息化建设。以推进党员党组织信息管理系统建设为契机，对全校党员数据库进行完善，补充相关信息，对历史遗留问题进行梳理，建立全校党员党组织数据共享平台，实现党内基本信息的实时统计。通过党委组织部专题网站，及时发布学校党建工作动态、干部任前公示、干部任免等信息，拓宽党务公开的渠道。

推进党代表大会代表任期制实现形式。2010年，学校党委印发《复旦大学落实党代表大会代表任期制实施办法(试行)》。组织部门作为党代表联络机构的挂靠单位，对全校党代表的有关信息进行汇总整理，探索建立联系、沟通和服务党代表的渠道，通过各种形式发挥党代表的作用。（陈郭华）

【部署开展创先争优活动】 2010年7月1日，复旦大学举行纪念中国共产党成立89周年暨创先争优活动动员大会，校党委对全校开展创先争优活动进行动员部署。学校开展创先争优活动的主题是"抓基层、打基础，争先进、做表率，促发展、创一流"。大致分为三个阶段进行：第一阶段，从2010年7月起到2011年1月，以创建学习型党组织为重点；第二阶段，2011年2月至7月，以迎接中国共产党成立90周年为重点；第三阶段，2011年下半年开始，以迎接党的十八大召开为重点。校党委注重联系实际，将创先争优活动与学校日常工作相结合。一是与学校中心工作相结合，引导党组织和党员立足本职岗位创先争优，推动学校各项事业科学发展。二是与创建学习型党组织相结合，着力营造重视学习、崇尚学习、坚持学习的浓厚氛围。三是与创新基层党组织活动相结合，以党支部建设为重点，着力增强基层党建的生机与活力。四是与理论研讨相结合，为推进党建理论创新作贡献。（陈郭华）

【开展基层党建成果展评和特色项目资助】 2010年6月下旬，校党委在全校开展基层党建成果展评活动。各基层党组织踊跃参加，分别展示本单位近年来在加强基层党组织和党员队伍建设、发挥党组织和党员作用等方面的特色做法，达到相互交流、相互学习的目的。下半年，校党委在全校开展基层党建特色项目申报资助工作，支持基层党建工作创新。共有38个基层党组织申报项目。根据申报资助工作的有关要求和申报项目的实际情况，学校决定对其中28个项目给予一定额度的资助。

（陈郭华）

【参与"世博先锋行动"】 为做好上海世博会服务保障工作，校党委号召基层党组织和党员踊跃参与"世博先锋行动"，在服务世博中创先争优。校党委先后选派10名干部参与世博会筹备和运行工作。为发挥党组织的政治优势和组织优势，保障世博会成功举办，校党委率先在世博会学生志愿者服务团队中建立临时党委和38个临时党支部，并对临时党组织的职责和工作方式提出要求。各附属医院党委号召党员医务工作者在医疗服务保障工作中"争当世博先锋，为党旗增辉"。学校3个先进基层党组织和16名共产党员被上海市委授予"世博先锋行动""五好"先进基层党组织和"五带头"优秀共产党员称号，8个基层党组织和17名共产党员受到市教卫党委表彰。（陈郭华）

【启动校行政领导班子副职换届工作】 经教育部党组批准，复旦大学于2010年3月正式启动校行政领导班子副职换届工作。为了让全校骨干教师能够更多地关心学校发展，参与学校重大事务，校党委决定把参加第一次民主推荐的范围扩大到校本部全体教授(研究员)。6月，教育部人事司、上海市委组织部、市教卫党委共同组成考察组，到校对学校新一届行政领导班子副职差额考察人选进行考察。（陈郭华）

【实施党支部书记轮训计划】 为着力加强基层党务工作者特别是党支部书记队伍建设，校党委决定实施教职工党支部书记轮训计划。从2010年起，党委组织部和党校每学期举办一期教职工党支部书记轮训班，力争用两年左右的时间对在职教职工党支部书记进行一遍轮训。党委学生工作部和研究生工作部负责学生党支部书记轮训工作。为加强对党支部书记工作的指导，党委组织部编印《复旦大学教职工党支部书记工作手册》和《复旦大学学生党支部书记工作手册》。（陈郭华）

附　录

复旦大学党委下属二级党组织一览表

（排序不分先后）

分党委(33个)	材料科学系党委	护理学院党总支
复旦学院党委	高分子科学系党委	社会科学基础部党总支
中国语言文学系党委	上海医学院党委	先进材料实验室党总支
外国语言文学学院党委	公共卫生学院党委	国际文化交流学院党总支
新闻学院党委	药学院党委	继续教育学院党总支
历史学系党委	附属中山医院党委	图书馆党总支
法学院党委	附属华山医院党委	出版社党总支
哲学学院党委	附属肿瘤医院党委	校产党总支
经济学院党委	附属妇产科医院党委	邯郸校区老干部党总支
国际关系与公共事务学院党委	附属儿科医院党委	枫林校区老干部党总支
管理学院党委	附属眼耳鼻喉科医院党委	
社会发展与公共政策学院党委	附属中学党委	
数学科学学院党委	复华公司党委	**直属党支部(6个)**
物理学系党委	机关党委	体育教学部支部
化学系党委	后勤党委	现代物理研究所支部
生命科学学院党委		放射医学研究所支部
信息科学与工程学院党委		实验动物科学部支部
计算机科学技术学院党委	**党总支(11个)**	生物医学研究院支部
环境科学与工程系党委	力学与工程科学系党总支	脑科学研究院支部

（党委组织部供稿）

宣传工作

【概况】 2010年，学校党委和宣传部门以党的十七届四中、五中全会精神为指导，进一步深入学习实践科学发展观，积极开展创先争优活动，以上海世博会举办和105周年校庆等重大主题活动为载体，围绕学校中心工作，切实提高宣传思想文化工作的科学化水平，进一步做实做活做好师生理论学习、新闻舆论宣传、校园文化建设、精神文明创建等各项工作。

开展反腐倡廉宣传教育工作。继续落实中央关于反腐倡廉工作的要求，充分发挥廉政文化的教育示范熏陶和引导作用。围绕我校《建立健全惩治和预防腐败体系2008—2012年工作规划》的各项工作，制定《复旦大学廉政文化建设实施办法(2009—2012)》，编写《复旦大学2010年廉政文化建设工作实施方案》。

开展理论研讨宣传和舆情信息调研。加强马克思主义研究中心建设，开展中国特色社会主义理论体系的学习研究宣传和普及。结合国家重大形势政策，召开6次理论专家学者座谈会，理论成果报送中宣部和上海市委宣传部。编辑出版《复旦学报》增刊(《中国特色社会主义理论研究》第17辑)。编发17期《复旦宣传通讯》发放到院系各单位。围绕重大社会问题和焦点话题开展调研、座谈和研讨，采访相关专家、学者达160人次，相关成果报送市委宣传部和市教卫党委。组织专家学者评审学校思想政治研究优秀成果并报送到上海市高校思想理论研究会。

拓展对外宣传公共关系。注重内涵建设，继续推进校园网主页和校报改版工作，进一步推动“复旦新闻通讯社”的发展。完成上海世博会、创先争优活动、“十二五”规划编制、105周年校庆、2010上海论坛、谷超豪教授荣获国家最高科学技术奖等多个重大活动报道。与中央电视台新闻频道、财经频道以及瞭望东方周刊、南风窗等媒体积极接洽，拓宽宣传渠道。加强与境外媒体的互利合作，与韩国的KBS广播公司、日本的日本经济新闻、香港经济日报、德国明镜周刊等媒体多次合作，建立成熟的合作关系。

深化校园文明创建。进一步改革创新，形成科学合理的文明创建机制。落实2009—2010年度上海市文明单位终期考核各项指标，创建文明创建专题网站，形成三级指标负责单位提供材料、二级指标牵头单位整合材料的新的工作方案。召开文明委工作会议，认真准备并顺利通过上海市文明单位检查。巩固、提升学校与杨浦区“三区联动、文明共建”的成果，形成以文明共建引领推动社会建设的新模式。以举办世博会为契机，宣传世博理念，做好世博志愿服务，组织师生参加世博各项主题活动、“爱的教育”征文活动、上海市科技馆志愿者服务、第12届普法宣传周等活动。继续抓实抓好计划生育的宣传和服务工作。

突显大学文化育人功能。按照文化育人要求，落实文化建设的各项重点工作。发挥文化建设委员会的咨询服务功能，为基层单位文化建设提供服务和帮助。筹备和举办“学术文化周”活动。调整并完善校史馆的陈列布局和内容。筹备并完成抗战时期复旦大学北碚旧址纪念馆开馆工作。拓展校史育人功能，出版8期《校史通讯》，新辟口述历史、专题研究、杂文等专栏，推出“马相伯诞辰170周年纪念特刊”、“建校105周年纪念特刊”。安排各类展览26次，并将2010年橱窗展览内容编辑制作成光盘，在网上展示。

加强基层宣传队伍建设。坚持部长办公会、部长碰头会、部内全体人员会议、青年读书会和全校宣传干部工作会议制度。通过实地考察、辅导报告等形式在暑期对全校宣传干部进行专题培训。积极创建学习型单位，举办了4场青年读书会活动，编发7期《复旦青年学习通讯》。

（王慧敏）

【拓展“市长论坛”文化品牌】 5月28日，邀请中共贵州省委常委、副省长黄康生登台“市长论坛”。11月3日和4日，连续举办6场“中国市长论坛”活动，邀请江西省新余市市长魏旋君、山东省德州市市长吴翠云、山东省日照市市长赵效为、云南省昭通市市长王敏正、安徽省六安市市长张韶春、江苏省镇江市市长刘捍东等6位领导登台，向复旦师生介绍当地科学发展特色，谈论为政之道。校党委宣传部继续与复旦出版社合作编辑出版《中国市长论坛》系列书籍，制作发行《中国市长论坛》系列视频光盘。

（王慧敏）

【举办系列时政论坛】 11月10—16日，校党委宣传部共策划举办5场时政讲坛，邀请来自经济、社会、国际关系、新闻等相关学科教授，围绕社会改革、经济改革、政治改革、文化建设以及国际形势五个方面展开演讲，刻录并发放现场视频光盘至各二级单位作为学习辅导材料。 （王慧敏）

【举办夏征农教育思想理论研讨会】 11月19日，夏征农教育思想理论研讨会暨华中抗日根据地第六次教育研讨会在光华楼袁天凡报告厅举行。20日，部分与会老同志与复旦大学“创先争优”优秀学生党支部代表举行座谈，并集体参观中共一大会址和上海市市容。老革命家夏征农同志曾在复旦大学中文系学习，1978年担任复旦大学党委第一书记。

（王慧敏）

【承办于漪教育思想研讨会】 教师节前夕，校友于漪获首届“全国教书育人楷模”称号。校党委宣传部以此为契机组织召开教师座谈会等一系列活动，积极宣传以于漪为代表的优秀教师教书育人、潜心学术的先进事迹。10月14日，上海市教卫党委、教委在学校举行于漪教育思想研讨会暨全国教书育人楷模“每月一星”学习宣传活动启动仪式，号召大家学习于漪同志终身从教、热爱教育的精神。 （王慧敏）

附 录

2010年复旦大学十大新闻

（按新闻发生先后为序）

一、谷超豪获国家最高科技奖，多名学者获殊荣

1月11日，2009年度国家科学技术奖励大会举行，我校谷超豪院士荣获国家最高科学技术奖。材料系武利民教授等完成的项目获国家技术发明奖二等奖，华山医院周良辅院士等完成的项目获国家科技进步奖二等奖。

3月24日，2009年度上海市科学技术奖励大会举行，中山医院陈灏珠院士荣获“上海市科技功臣”称号。

12月9日，上海市第十届哲学社会科学优秀成果奖和第八届邓小平理论和宣传优秀成果奖颁奖，我校共有96个项目获奖。出土文献与古文字研究中心裘锡圭教授、古籍所章培恒教授荣获学术贡献奖。

二、“十二五”规划着手编制

3月11日，我校正式成立编制“十二五”基本建设规划工作领导小组，标志着“十二五”规划开始编制。

11月3日，校党委书记秦绍德在向全校传达党的十七届五种全会精神时强调，要按照中央精神编制好“十二五”发展规划，把发展作为“十二五”规划的主题，同时处理好改革与发展的关系。在规划编制过程中，要发动全校，充分发动群众、依靠群众，按照民主办学的要求，听取各方面的意见，首要是院系学术骨干和教师的意见。

11月底，我校成立“十二五”规划起草工作小组，全面负责规划的编制工作。杨玉良校长任小组组长，成员包括学科、院系代表和相关部处负责同志。

三、圆满完成服务世博工作

上海世博会期间，我校共有4 000余名志愿者投入服务，他们主要承担了4月下旬世博园区试运行、5月第一批世博园区日常岗位志愿服务、6—8月志愿者岗位测评以及为期6个月的世博会新闻中心和外事接待类特殊岗位的志愿服务工作。同时，我校也是6个区、共410个城市志愿服务站点的第一批志愿者来源高校。

截至9月中旬，我校共有1个集体、12人被市委市府表彰，3个集体、11人被市委组织部评为优秀党组织、优秀党员，12名园区志愿者被评为市级文明服务标兵，54个志愿服务小组被世博局评为世博会志愿服务优秀团队，513名志愿者被评为“志愿者之星”。

四、于漪校友荣获首届“全国教书育人楷模”称号，多名教师获评全国先进

4月27日，2010年全国劳动模范

和先进工作者表彰大会举行，我校生科院李瑶教授获“全国劳动模范”称号，上海医学院马兰教授、中山医院樊嘉教授、华山医院周良辅院士、金山医院徐林根教授获“全国先进工作者”称号。哲学学院俞吾金教授、生科院钟扬教授获“上海市劳动模范”称号，华山医院神经外科获“上海市模范集体”称号。

教师节前夕，我校校友于漪荣获首届“全国教书育人楷模”称号，校党委号召全校向于漪校友学习。

五、庆祝建校105周年，首创校庆“学术文化周”

5月27日是我校建校周年的日子。我校在此期间举行了第44届科学报告会，并首次将其延伸为校庆“学术文化周”，在校内举办了一系列学术文化活动。

六、成功举办若干有影响力的论坛

5月29—31日，我校举行“上海论坛”，来自全球30多个国家和地区的300多名学、政、商界代表围绕“经济全球化与亚洲的选择：反思·复苏·重构”展开探讨，并发表了论坛共识与学术白皮书。

7月17日，我校举行2010年复旦管理学国际论坛，海内外百余位企业家、管理学家围绕“工商管理与企业成长——可持续发展视角下的中国管理”进行了广泛探讨。11月15日，2010年“复旦管理学杰出贡献奖”颁奖，南京大学赵曙明教授、厦门大学吴世农教授和华中科技大学陈荣秋教授获此殊荣。

10月10—12日，“一流大学建设系列研讨会暨中国大学校长联谊会”在我校举行，9所内地一流高校和部分香港、澳大利亚一流大学的校领导，围绕“建设世界一流大学的中国模式”和“中国大学的内部治理模式”等主题进行了深入探讨。

11月，我校还先后推出了中国市长论坛和系列时政论坛“解读中国”。

七、“创先争优活动”全面展开

7月1日，在纪念中国共产党成立89周年之际，我校在全校基层党组织和党员中正式开展“创先争优活动”。活动自2010年7月开始，至2012年“七一”前后，分3个阶段：第一阶段从2010年7月—2011年1月，以创建学习型党组织为重点；第二阶段从2011年2月—7月，以迎接中国共产党成立90周年为重点；第三阶段从2011年8月开始，以迎接党的十八大为重点。

八、吴浩青院士、张治道校友逝世

7月18日，中国共产党党员、中国民盟盟员，著名化学家、化学教育家，中国电化学的开拓者之一，我校化学系教授、中科院院士吴浩青同志因病逝世，享年97岁。胡锦涛等党和国家领导人表示哀悼。

我校著名校友张治道9月26日逝世，享年102岁。

九、“985工程”三期正式启动

9月下旬，我校成立“985工程”三期规划实施工作委员会，标志着我校正式开始实施“985工程”三期建设。复旦大学“985工程”三期规划的总体目标是：到2013年，若干学科达到国际先进水平，综合实力位于亚洲大学前列；到2020年，初步建成具有世界一流水平的社会主义综合性大学，跻身世界一流大学行列；在未来10年的发展中继续巩固和发展复旦的传统优势，进一步完善学科布局，增强复旦在国内外的影响力。《复旦大学继续实施“985工程”建设总体规划（2010—2020）》确定了教育体系、师资队伍、高水平学术中心、医学学科、院系学科、能力和条件等6方面建设任务。

12月29日，教育部与上海市签约共建复旦大学等4所高校，“985工程”三期建设的投入总额确定。

十、全校自然科学研究创造多个第一

2010年，我校高质量论文发表势头喜人。*Science*同时发表两篇我校生物医学研究所分子细胞生物学研究室的研究成果——《代谢酶的乙酰化协调碳源的利用和代谢》、《蛋白赖氨酸的乙酰化调控》。经济学院宋铮教授与两位欧洲学者合作完成的《中国式增长》被《美国经济评论》录用，并作为封面重点论文推出。《新英格兰医学杂志》发表生科院王红艳教授及其合作者共同完成的《头部神经管畸形（NTD）出生缺陷人群中首次鉴别出了Vangl2基因突变》。据中信所发布的统计结果，我校上一年度有2 419篇SCI论文被引用，平均被引次数1.25次，被引10次以上论文26篇，均居全国高校之首。

在科研经费和项目方面，2010年，我校科研经费总额首次突破10亿元，获国家自然科学基金资助项目大幅增长。截至10月，与去年同期相比，获准项目数增长28%，获资助经费增长43%。今年，我校新增4位“973”计划和国家重大科学研究计划首席科学家——高分子系杨玉良院士、眼耳鼻喉科医院李华伟教授、物理系沈健教授和生科院马红教授。

在产学研合作方面，我校与无锡市于3月5日签署协议，共建复旦大学无锡研究院，这是我校在上海以外的首个地方合作科研机构，近期重点开展物联网技术研究与合作。11月20日，该研究院正式揭牌。（以上一般以新闻事件发生先后为序）

2010年复旦大学举办展览展示一览表

时　间	单　　位	展　板　名　称
1月	复旦大学党委学生工作部(处)	志存高远天地宽 不拘一格育人才 复旦大学“人才工程”预备队(一期)十五周年巡礼
1月14日	复旦大学党委宣传部	热烈祝贺谷超豪院士荣获国家最高科学技术奖

续　表

时　间	单　位	展　板　名　称
3 月	复旦大学妇女委员会 中国教育工会复旦大学委员会 复旦大学工会女职工委员会	美丽生活 精彩人生 全国、上海市、教育系统、区、校级各类先进荣誉称号获得者事迹展览
4 月	复旦大学党委宣传部 复旦大学档案馆	纪念复旦大学创始人马相伯先生诞辰 170 周年
4 月	复旦大学红十字会 复旦大学校医院	迎世博 · 献爱心 · 促健康
5 月 19 日	复旦大学文史研究院	复旦大学文史研究院三周年纪念
6 月	复旦大学党委学生工作部	春风总有情，桃李满芳菲——复旦大学 2010 届本(专)科毕业生“我心目中的好老师”暨“毕业生之星”风采展
7 月	复旦大学党委组织部 复旦大学党委宣传部	创新增活力 事业聚人心 复旦大学基层党组织建设巡礼
7 月	复旦大学党委宣传部 复旦大学档案馆	丰碑——复旦英烈展
8 月 27 日	中国教育工会复旦大学委员会	中国教育工会复旦大学委员会成立 60 周年巡礼(1950—2010)
9 月 25 日	复旦大学信息科学与工程学院	献给复旦大学信息科学与工程学院建院十周年 2000—2010
9 月 26 日	复旦大学党委宣传部 复旦大学工会	劳模让复旦更精彩
10 月 19 日	复旦大学退休管理委员会	复旦大学离退休工作先进事迹
10 月 25 日	复旦大学现代教育技术中心	复旦大学现代教育技术中心成立十周年
12 月	复旦公共卫生学院	学高行德 箕风毕雨 纪念我国预防医学家、医学教育家顾学箕教授诞辰 100 周年
12 月	复旦大学人事处	庆祝博士后制度建立二十五周年——复旦大学优秀博士后介绍
2011 年 1 月	复旦大学党委学生工作部	青春拥抱世界 理想开创未来——2010 年复旦大学本(专)科生主题教育活动展

2010 年东方讲坛复旦大学举办点讲座一览表

日　期	讲　座　题　目	主　讲　人
3 月 20 日	美德伦理与社群主义	万俊人(清华大学哲学系主任、教授)
3 月 26 日	“血酬史观”——中国历史的一种分析框架	吴思(《炎黄春秋》杂志常务社长、总编)
4 月 12 日	中国与世界：在过去和未来之间	张勇进(英国布里斯托尔大学教授)
5 月 20 日	从海外华人研究谈迁移 · 本土化与交流	陈志明(香港中文大学教授)
5 月 25 日	中国经济刺激政策的成本和对金融市场的影响	马骏(德意志银行董事总经理)
11 月 10 日	当前中美关系和地区形势	吴心伯(国际关系与公共事务学院教授)
11 月 11 日	告别狭义的经济改革	张晖明(复旦大学经济学院教授)
11 月 12 日	当代中国的社会福利与社会保障	梁鸿(社会发展与公共政策学院教授)
11 月 15 日	以转型促发展	刘建军(国际关系与公共事务学院教授)
11 月 16 日	中国文化发展和中国软实力构建	孟建(新闻学院教授)

2010年复旦大学党委中心组学习一览表

时 间	学 习 主 题	学 习 形 式
3月24日	袁振国主讲《国家中长期教育改革和发展规划纲要》	专家辅导报告、党委中心组扩大学习
6月2日	黄建平主讲《中国共产党党员领导干部廉洁从政若干准则》	专家辅导报告、党委中心扩大学习
9月29日	贯彻全国和上海市教育工作会议精神，结合国家和上海市中长期教育改革和发展规划纲要，学习刘延东同志在教育部直属高校工作咨询委员会第二十次全体会议上的讲话要求，重点讨论我校人才培养等工作。	党委中心组集体学习
11月17日	深化三区联动，共谋“十二五”发展	党委中心组(扩大)与杨浦区委中心组联组学习

（党委宣传部供稿）

统 战 工 作

统战工作

【概况】 2010年，校党委和统战部围绕上海世博会的举行和学校中心任务，积极服务于上海市和学校的改革发展大局，认真办好第十五次全国高校统战工作研讨会，并在民主党派、群众团体、无党派人士、人大、政协、文史馆参事室、理论研究和部门建设等方面开展一系列凝聚人心、汇聚力量的工作。

协助并指导各民主党派加强自身建设。以各民主党派基层支部换届为契机，协助各民主党派做好换届工作，并开展树立和践行社会主义核心价值体系学习教育活动。5月，举办校各民主党派基层换届工作培训班。12月，举办校各民主党派校区分委主委培训班，以及党派团体中青年骨干学习交流会。全年召开复旦大学各民主党派主委联席会2次，通报情况，交流工作。

协助各民主党派、群众团体积极履行参政议政、民主监督、服务社会职能。3月，召开专门会议，听取党外人士对《国家中长期教育改革和发展规划纲要(2010—2020年)(公开征求意见稿)》的意见和建议。全年召开党外人士“双月座谈会”2次，分别听取党外人士对学校推进通识教育、编制“十二五”规划以及校领导班子、校党政领导干部履职情况的意见和建议。

做好民族宗教工作。1月，举行复旦大学少数民族联合会迎春联谊活动。3月，举行复旦大学“民族和宗教法制宣传周”活动。4月，邀请上海市民族联会长火恩杰作题为“世博与少数民族”的讲座，并做好全国政协民族与宗教工作委员会到校专题调研“宗教院校教育及宗教人才培养”的接待工作。6月，校党委统战部负责人参加上海市委统战部举办的少数民族代表人士队伍建设工作座谈会，并作交流发言。12月，校党委统战部与民族联的负责人共同赴复旦大学附属儿科医院慰问从新疆来沪治病的维吾尔族小朋友。校党委统战部与学工部、研工部、总务处等部门一起，组织学校相关少数民族学生共度开斋节。全年联系和争取到校外统战系统资助学校少数民族贫困学生20余名，资助总金额7.6万元。

做好港澳台侨工作。1月，举办校台胞台属新春联谊活动。6月，组织学校部分港澳台学生参加第六届“爱我中华”在沪港澳台大学生夏令营活动。12月，完成上海市基本侨情调查复旦大学涉侨人员情况汇总工作。校党委统战部、校侨联青年工作委员会与杨浦区侨办、上海市欧美同学会、上海市留学人员联合会共同开展“在沪海归青少年现状调查及对策研究”大型调研活动。

协助欧美同学会复旦分会开展活动。7月，召开理事及秘书长会议。12月，举行欧美同学会复旦分会年会活动，并与杨浦分会联合举办“创新型城区和创新人才”座谈与考察活动。2010年度，会长彭裕文担任上海市欧美同学会轮值会长。截至2010年年底，欧美同学会复旦分会共有会员420名。

以复旦大学中青年知识分子联合会为载体，做好无党派人士工作。12月，举行知联会徐汇考察活动。

做好学校各级人大代表、政协委员工作。1月，举行党外人大代表、政协委员座谈会。3月，举行全国“两会”精神传达大会。

做好文史馆员、市政府参事工作。11月，邹逸麟受聘为上海市文史研究馆馆员。

做好中国统一战线理论研究会统战基础理论上海研究基地(统战基础理论上海研究基地)工作。2010年，完成中央统战部“中国特色社会主义统一战线理论问题”研究课题和10项自选课题。11月，召开“中国特色社会主义统一战线理论问题”全国学术研讨会，编制《中国特色社会主义统一战线的理论问题》论文集，并在此基础上撰写《中国特色社会主义统一战线理论问题研究综合报告》。协助编撰出版《统一战线理论与实践前沿：2010》、《新时期“三区统战”探索与实践——上海市社区、园区与校区统战工作研究》文集。承办第五届上海市统战系统领导干部理论培训班，举办统战理论研讨沙龙11次，编撰《沪讯》简(专)报11期。2010年，该基地获得全国统战理论研究优秀成果二等奖1项、三等奖2项,上海市第十届哲学社会科学优秀成果内部探讨奖。该基地作为统战理论研究全国十大基地中唯一的博士后工作站,截至2010年年底,共招收博士后8名,其中2名已经出站。

加强学习研究,进一步提高部门工作的科学化水平。2010年,校党委统战部提交并发表统战工作相关论文6篇,其中1篇获得"第十五次全国高校统战工作研讨会优秀论文一等奖"。与杨浦区委统战部合作调研课题3项,在《杨浦社会主义学院学报》上发表相关论文2篇。全年在相关报纸、网页上刊发各类信息数百条。

(余 伟)

【举行社会主义核心价值体系交流会】 11月30日,各民主党派、无党派人士社会主义核心价值体系交流会在光华楼东辅楼1C1室举行。学校各民主党派大委及分委正副主委、支部主委、秘书,部分无党派代表人士40多人参加会议。台盟上海市委原主委、政协上海市委原副主席郑励志,民革复旦大学委员会委员、复旦附中特级教师黄玉峰,九三学社复旦大学委员会副主委、枫林分委会主委、上海医学院教授左伋,无党派人士、药学院副院长潘俊等与会代表分别畅谈自己对社会主义核心价值体系的理解和体会。校党委副书记王小林出席会议并讲话,希望学校统战人士把对社会主义核心价值体系的理解体会贯穿于日常的工作和实践之中,把社会主义核心价值内化为自觉的行动。

(余 伟)

【承办第十五次全国高校统战工作研讨会】 11月3—5日,第十五次全国高校统战工作研讨会在学校光华楼吴文政报告厅举行。会议的主题是:认真贯彻党的十七大和十七届四中、五中全会精神,深入学习实践科学发展观,紧紧围绕提高高校统战工作科学化水平的要求,分析形势任务,交流工作经验,统一思想认识,明确目标要求,扎实推进高校统战工作服务科学发展的工作。来自全国各省(区、市)党委统战部门、教育行政部门以及170所高校的统战工作分管领导、统战部长和有关同志共250多人参加会议。中央统战部六局局长王永庆,教育部思政司司长杨振斌,上海市委常委、统战部长杨晓渡,上海市教卫党委书记李宣海,上海市教委主任薛明扬,复旦大学党委书记秦绍德到会并讲话。会议期间,与会代表和专家围绕"新形势下党外代表人士队伍建设"、"创新高校统战工作体制机制"等6个专题展开深入的工作交流与理论研讨,并举行"高校统战部长论坛"。会议认为,高校统战系统要进一步深化高校统战工作在我国统一战线全局中的重要地位和作用的认识,着眼于在社会主义现代化建设事业中发挥更大的作用,紧密围绕中心,自觉服务大局,并在这一过程中实现自身的科学发展。 (余 伟)

附 录

复旦大学当选全国和上海市、区人大代表名录

一、第十一届全国人大(2008年3月5日)

代表:秦绍德 马 兰

二、上海市第十三届人大(2008年1月24日)

常委会副主任:蔡达峰

常委:贺鹤勇

代表:陈晓漫 顾玉东 丁光宏 吴景平 王文平 徐从剑 叶 纹(女) 董慧琴(女)

三、区人大

1. 上海市杨浦区第十四届人大(2007年2月4日)

常委:张一华

代表:蒋国兴 王威琪 殷晓蓉(女) 瞿 蓓(女) 冯 艾(学生,女) 姚斐菲(学生,女) 耿昭华(学生)

2. 上海市徐汇区第十四届人大(2007年2月4日)

常委:桂永浩

代表:王玉琦 王德辉 沈坤炜 颜志渊 包丽文(学生,女)

3. 上海市静安区第十四届人大(2007年2月5日)

代表:徐建光

4. 上海市黄浦区第三届人大(2007年2月4日)

代表:丰有吉

5. 上海市长宁区第十四届人大(2007年2月4日)

代表:倪旭东

复旦大学担任全国和上海市、区政协委员名录

一、第十一届全国政协(2008年3月3日)

常委:左焕琛(女) 蔡达峰 郑祖康 葛剑雄

委员:孙南申 杨雄里 葛均波 周良辅 熊思东 郑 珊(女) 王安忆(女)

二、上海市第十一届政协(2008年1月23日)

常委:林尚立 吕 元 吴 毅 祝墡珠(女) 梁 鸿 黄峰平

委员:金 力 徐建光 姜波克 臧志军 贺 林 朱同玉 周 梁 陈建安 郭坤宇 王祥荣 龚新高 左 伋 金国新 邹云增 顾晓鸣 卢丽安(女)

三、区政协

1. 上海市杨浦区第十二届政协(2007年2月4日)

常委:谢 毅 应质峰(女)

委员:戴晓芙(女) 姚荣涛 马 涛 宓 詠 李双龙 任琳芳(女) 孙栋林 葛宏波 李 斌 李 瑶(女) 袁继鼎 孙向晨(2009年2月增补) 李 博(2009年2月增补)

2. 上海市徐汇区第十二届政协(2007年2月5日)
常委:钱　序(女)　高　鑫(女)
委员:师英强　陈念祖(女)　胡　涌　潘　俊(女)
3. 上海市虹口区第十二届政协(2007年2月4日)
常委:谢识予
委员:肖　巍　殷寄明　范丽珠(女)　朱胜林
郭　建(2008年6月增补)
4. 上海市浦东新区第四届政协(2009年8月5日)
常委:叶德泳
委员:任俊彦　张宏鸣
5. 上海市静安区第十二届政协(2007年2月4日)
常委:冯晓源
委员:李益明　赵　霞(女)　王　怡(女)
6. 上海市长宁区第十二届政协(2007年2月5日)
委员:罗文杰　邱伟利
7. 上海市嘉定区第四届政协(2007年1月20日)
委员:沈　定
8. 上海市黄浦区第三届政协(2007年2月5日)
委员:华克勤(女)
9. 上海市闵行区第四届政协(2007年2月8日)
委员:许政敏(2008年9月增补)

(党委统战部供稿)

民主党派

【概况】 2010年,中国国民党革命委员会等7个民主党派复旦大学委员会在思想建设、组织建设、参政议政、服务社会等方面开展一系列富有成效的工作。

加强思想建设。中国国民党革命委员会(民革)、中国民主同盟(民盟)、中国民主建国会(民建)、中国民主促进会(民进)、中国农工民主党(农工党)、中国致公党(致公党)、九三学社等民主党派复旦大学委员会以树立和践行社会主义核心价值体系学习活动为契机,根据相关党派市委文件精神和校党委统战部具体要求,利用讲座、报告会和例会等形式组织本党派成员尤其是领导骨干学习上级文件,领会相关精神。12月,民盟复旦大学枫林分委会邀请盟上海市委研究室主任王海波教授作题为"从民盟历史看多党合作制的形成"的报告。民建复旦大学委员会举行纪念民建成立65周年活动,组织会员学习民建会史和"弘扬民建优良传统,努力践行社会主义核心价值体系"的相关资料,并举行追思学习孙起孟同志等活动。

加强组织建设。民建复旦大学委员会选送2名会员参加民建上海市委举办的第37期、38期中青年骨干会员培训班。6月,致公党复旦大学邯郸支部成立退休党员活动小组。5月,九三学社复旦大学邯郸分委员会组织中青年干部培训。8月,九三学社复旦大学委员会选派2位社员参加第14期社会主义学院青年社员骨干培训班。2010年,复旦大学各民主党派陆续完成支部(社)换届工作。

加强参政议政工作,积极服务社会。民建复旦大学委员会举行"迎世博、服务世博"总动员,组织会员报名参加世博志愿服务。组织会员参与支持抗旱救灾,投入民建中央倡议的"思源·甘泉"行动。7月,农工党复旦大学邯郸分委员会和校党委统战部一起,向农工杨浦区委资助3年的安徽贫困山区2名高一学生赠书,并带领他们参观复旦校园。5月和12月,九三学社复旦大学委员会多人参加九三学社上海高校论坛并作主题发言。10月,多人参加"知识杨浦"论坛。九三学社复旦大学枫林分委员会与九三学社上海交大医学院九院支社共同完成了社上海市委"关于完善临床医师评价标准的建议"的招标课题。

组织各类联情联谊活动,交流工作,增进友谊。民革复旦大学委员会参与民革上海海洋大学委员会筹建工作,组织成员参观枫泾,举行中秋、新年联谊活动。11月,民盟复旦大学枫林分委员会组织盟员参观昆山千灯古镇,民进复旦大学邯郸支部与民进宝山重点中学支部联盟对口联谊,九三学社复旦大学委员会组织社员赴松江辰山植物园考察。全年各民主党派登门慰问老同志总计上百次。

2010年度,民革复旦大学邯郸支部被评为"中国国民党革命委员会全国先进基层组织",黄玉峰被评为"民革全国基层工作先进个人"。民建会员孙晓屏被评为民建市级先进个人。民进复旦大学肿瘤医院支部被评为民进全国基层先进支部。致公党复旦大学委员会被致公党上海市委评为先进集体,孙立坚被评为先进个人。九三学社复旦大学委员会被九三中央评为社务工作先进集体,干杏娣被评为全国社务工作先进个人,张晓鹏、姚文华被评为九三上海市社务工作先进个人称号,左伋被社中央评为优秀社员,许兰文、李继扬被社市委评为优秀社员。

10月,民盟盟员、中国科学院院士吴浩青逝世。民盟开展一系列纪念活动。

(余　伟)

附　录

复旦大学当选各民主党派中央、市委领导成员名录

一、当选各民主党派中央领导成员

1. 中国国民党革命委员会第十一届中央委员会(2007 年 12 月)
　委员：吕　元
2. 中国民主同盟第十届中央委员会(2007 年 11 月)
　常委：谢遐龄　贺　林
　委员：周　梁　孙南申
3. 中国民主建国会第九届中央委员会(2007 年 12 月)
　委员：吴景平
4. 中国民主促进会第十二届中央委员会(2007 年 12 月)
　副主席：蔡达峰
　委员：吴　毅
5. 中国农工民主党第十四届中央委员会(2007 年 12 月)
　委员：祝墡珠(女)　黄峰平
6. 九三学社第十二届中央委员会(2007 年 12 月)
　常委：郑祖康
　委员：葛均波

二、当选各民主党派上海市委领导成员

1. 中国国民党革命委员会上海市第十二届委员会(2007 年 4 月)
　副主任委员：吕　元
　委员：武桂云(女)　臧志军
2. 中国民主同盟上海市第十三届委员会(2007 年 4 月)
　副主任委员：熊思东
　常委：丁光宏
　委员：郭　建　叶德泳
3. 中国民主建国会上海市第十一届委员会(2007 年 3 月)
　副主任委员：吴景平
　委员：查锡良
4. 中国民主促进会上海市第十四届委员会(2007 年 4 月)
　主任委员：蔡达峰
　副主任委员：吴　毅
　委员：季建林　王祥荣　殷寄明
5. 农工民主党上海市第十一届委员会(2007 年 4 月)
　副主任委员：祝墡珠(女)　黄峰平
　常委：梁　鸿
　委员：吴礼泉　郑元者
6. 中国致公党上海市第六届委员会(2007 年 3 月)
　常委：龚新高
　委员：王德辉
7. 九三学社上海市第十五届委员会(2007 年 4 月)
　副主任委员：郑祖康　葛均波(2010 年 6 月增补)
　常委：左　伋
　委员：董慧琴(女)　周国民　张晓鹏

复旦大学各民主党派委员会成员名录

一、中国国民党革命委员会复旦大学第二届委员会(2006 年 10 月 9 日)

主任委员：吕　元
副主任委员：武桂云(女)　沈渭娟(女)　臧志军
委员：李益明　黄玉峰　施胜今(女)

二、中国民主同盟复旦大学第五届委员会(2006 年 11 月 23 日)

主任委员：丁光宏
副主任委员：叶德泳　郭　建　朱同玉　范丽珠(女)
委员：张祥民　周蓓华(女)　施震东　钟明康　夏昭林　亓发芝　李大金

三、中国民主建国会复旦大学第二届委员会(2006 年 10 月 22 日)

主任委员：吴景平
副主任委员：查锡良　陈建安
委员：孙晓屏(女)　孙小丰　沈　家　郭文毅　朱依纯

四、中国民主促进会复旦大学第二届委员会(2006 年 7 月 7 日)

主任委员：吴　毅
副主任委员：殷寄明　郑如恒
委员：王祥荣　王文平　程丛娟(女)　熊学亮　陈宗佑　陆福明　陆毅群　郭坤宇

五、中国农工民主党复旦大学第二届委员会(2007 年 1 月 8 日)

主任委员：黄峰平
副主任委员：梁　鸿　徐丛剑　吴礼权　许剑民(2010 年 5 月增补)
委员：郑元者　张宏伟　高鸿云　高　鑫(女)　黄　洋　李　华(女)

六、中国致公党复旦大学第二届委员会(2006 年 9 月 20 日)

主任委员：龚新高
副主任委员：王德辉　朱胜林
委员：李双龙　姜新荣(女)　朱铭伟　周月琴(女)　张继明

七、九三学社复旦大学第五届委员会(2006 年 11 月 28 日)

主任委员：葛均波
第一副主任委员：左　伋
副主任委员：干杏娣(女)　董慧琴(女)　张晓鹏
委员：赵　霞(女)　周国民　李筱明　王明贵　金国新　张新生　唐　颐　殷晓蓉(女)

(党委统战部供稿)

学 生 工 作

本科生工作

【概况】 2010年，校党委和学生工作部门全面贯彻全国党建工作会议精神，紧紧抓住上海世博会举办和开展创先争优活动契机，着力加强学生党建工作和学生思想政治教育，各项工作取得新进展。

深挖时代精神内涵，开展系列主题教育活动。继续深化“笃志计划”，以世博为契机开展“青春拥抱世界，理想开创未来”主题教育，通过“世博精神与青年责任”大讨论、中英文演讲比赛、“我眼中的世博精神”主题作品征集等活动，帮助学生了解和认识世博，引导学生感受世博氛围，体悟世博精神，帮助学生坚定理想信念、培养创新精神、拓展国际视野，增强社会责任感和历史使命感。有效发挥新生开学典礼、毕业典礼、奖学金颁奖大会三大典礼的育人作用，培养学生的感恩意识、责任意识和奉献意识。开展“绚丽青春 · 努力前程”毕业生主题教育，激发毕业生感恩母校的情怀，引导毕业生传承复旦精神，树立为国奉献的远大志向。发挥“砺志讲坛”的品牌作用，先后邀请前国务委员唐家璇校友、复旦大学校长杨玉良院士、香港科技大学创校校长吴家玮教授、中国科技大学校长侯建国教授、哈尔滨工业大学校长王树国教授和北京奥运会火炬手金晶女士登台主讲，与复旦学子分享他们的奋斗历程和人生体悟，鼓励学生勇担时代责任，树立远大理想，为祖国发展、民族复兴奉献青春。

抓住创先争优活动契机，不断深化学生党建工作。扎实推进“创先争优”活动，丰富“本科生党员成长计划”工作内涵，开展“薪火传递，创优争先”党史知识竞赛、“本科生党支部互访互学”等活动，提升学生党员的理论素养，加强学生党支部基础工作，推进学习型党组织建设。以各级党校培训为手段，帮助学生提高思想认识和实践能力，健全党建育人体系。成立世博临时党支部，开展“我是党员我带头，我是党员我奉献”主题活动，在服务世博过程中充分发挥党员先锋模范作用和党支部战斗堡垒作用。以学习实践基地为平台，通过各类实践活动，增强党员的服务意识和实践能力。从11月开始，组织749名党员以“大学生自管站”的形式，于周末交通晚高峰期间在校园周边轨交车站展开文明宣传、秩序维持等志愿服务活动。

完善体制机制建设，着力促进学工队伍发展。作为教育部高校辅导员培训和研修基地，招收辅导员在职博士生3名，举办第三期骨干辅导员高级研修班，开展上海市辅导员岗前培训、专题培训和校内日常培训，承办首届京沪高校学工部长论坛等重要会议。改进校内辅导员队伍培养方案，提升培训工作的针对性和有效性。学校学生工作者获得多项教育部和上海市研究课题立项，有7篇优秀论文在第七届上海市高校辅导员论坛获奖。在总结已有丰富经验的基础上，完善辅导员队伍梯队培养，完成第17批“人才工程”(一期)队员的选拔，进一步落实“人才工程”队伍建设的政策保障。继续完善“青年复旦学校”和“选苗育苗工程”培养机制，选派优秀大学生暑期赴五角场镇42个居委会挂职锻炼。充实形势与政策课教师队伍，规范教学管理，丰富教学形式，提升教学成效。搭建思政研究工作平台，立项青年研究中心课题74项，改版《复旦青年研究中心简报》为季刊。

构建资助育人体系，全面促进学生成长成才。继续推进“双助计划”，落实各项经济资助政策，不断完善以“奖、勤、贷、助、补、减、免、冬季送温暖、医疗帮困、绿色通道”为主体的学生资助工作体系。加大对困难学生的成才辅助力度，依托“本科生助学成才家园”，全面开展成才培养、学业指导、诚信教育、感恩教育，切实帮助家庭经济困难学生的成长成才。组织首批27名家庭经济困难学生赴台湾参加暑期交流项目，拓展学生视野。继续推进“赵强工作室”建设，完善“博学计划”导师库，更好地为学生提供个性化学业指导。成功承办“唯爱天使杯”医学科普征文大赛。

主动顺应通识教育改革，有效加强园区育人功能。配合学校通识教育书院制改革，针对通识教育背景下的园区建设开展专题调研，为学校决策提供依据。召开学生生活园区管理委员会工作会议，完善学生生活园区管理制度。不断挖掘园区精神内涵，搭建育人平台，在各校区积极拓展望道书阁、爱心公益站、“102邀你来”学生自主沙龙、园区人节等文化品牌项目，举办一年一度的“听见 · 爱”复旦大学爱心音乐会，在校园中谱写爱的乐章。引导学生参与园区文化建设，践行“四自”精神，园区学生中涌现出南区36号楼5023“史上最牛寝室”以及历史系学生陈天翔寝室“自办图书馆”等优秀典型。

加强宣传教育工作，深入推进党风廉政建设。高度重视党风廉政建设，在各条块工作开展过程中，贯彻党风廉政要求，积极开展面向学工队伍和广大学生的廉洁诚信教育，在校园内形成知荣辱、讲正气、促和谐的良好风气。邀请“全国教书育人楷模”于漪校友为全体辅导员作报告，开展院系学生工作首要负责人专题培训，组织开展“崇尚廉洁，诚信做人”等系列教育活动。

重视安全稳定工作，努力建设和谐平安校园。面对上海世博年对稳定工作的高要求，始终以高度的责任心维护校园安全稳定，准确把握学生思想动态和网络舆情，面向学生开展心理健康教育、生命教育、安全教育，促进和谐平安校园建设。加强对学生的消防安全教育和检查，有效杜绝重大突发事件的发生。积极探索利用“易班”学生互动社区、人人网等网络平台开展思想政治教育工作。

(章　沛　郑　阳)

【开展“青春拥抱世界，理想开创未来”主题教育活动】 以上海世博会举行为契机，在全校本(专)科生中开展“青春拥抱世界，理想开创未来”年度主题教育活动。以“世博精神与青年责任”为主题，编辑《理论导读》6期，涵盖世博精神导读、“海宝一代”

的责任使命、世博对经济和文化带来的深刻影响以及后世博时代如何发扬世博精神等专题，引导学生思考当代青年的责任。开展“世博精神与青年责任”大讨论、“我爱我的家乡”主题班会，举办“世博·文明的盛会”中英文演讲比赛，加强对学生的爱国主义教育、民族团结教育和优秀传统文化教育。发起绿色行动，引导学生践行“绿色世博”理念。配合上海市“精彩瞬间，呈现由我”摄影作品征集和“绘出‘心’生活”绘画作品征集活动的开展，举办“我眼中的世博精神”主题作品展，诠释复旦人对“世博精神”的理解。　（胡常萍）

【举行人才工程预备队（一期）十五周年庆大会】 1月17日，“回首春风意未尽——复旦大学人才工程预备队（一期）十五周年庆大会”在光华楼袁天凡报告厅举行，来自各批次的近200名人才工程预备队员参加。“人才工程”预备队（一期）制度从1994年创立以来，已经选拔培养15批次共356名队员，从中涌现出以党的十七大代表、全国模范教师、全国高校优秀辅导员包涵和全国优秀教师、2008全国高校辅导员年度人物、2009年复旦大学校长奖获得者赵强为代表的一大批优秀个人。

（章　沛　薛海霞）

【王蔚获“2009全国高校辅导员年度人物”提名奖】 在由教育部指导，全国高校辅导员工作研究会、中国教育报、中国教育电视台共同主办的“2009全国高校辅导员年度人物”评选中，法学院教师王蔚获得提名奖。“全国高校辅导员年度人物”评选活动旨在评选、表彰和宣传一批在为人师表、爱岗敬业、无私奉献等方面表现突出的优秀辅导员，充分发挥他们的示范引领作用。本次评选共产生10位年度人物、40位提名奖获得者和150位入围奖获得者。　（薛海霞）

【开展学生党员地铁志愿者活动】 2010年11月，“告别世博，走进地铁——复旦大学党员学生志愿者进地铁服务活动”正式启动，全校43个本（专）科学生党支部（小组），749名本（专）科学生党员以“大学生自管站”的形式，对校园周边轨交车站实行自我管理、包干服务，于地铁交通晚高峰期间开展宣传文明、维持秩序等志愿服务活动，以服务奉献践行党的宗旨，以实际行动弘扬世博精神和青年风采。　（汪　峒）

【开展创先争优活动】 根据校党委的统一部署和要求，在学生基层党组织和学生党员中深入开展以“夯实党建基础，争做先进表率”为主题，以“加强基层组织，提高党性修养，锤炼服务本领”为目标的创先争优活动，并将该活动与创建学习型党组织工作紧密结合，与推进“学生党员成长计划”紧密结合，与开展理想信念教育和爱国主义教育紧密结合，进一步加强学生基层党组织制度规范和工作创新，引导学生党员自觉强化宗旨意识，发挥先锋模范作用，努力成长为中国特色社会主义事业的合格建设者和可靠接班人。　（汪　峒）

【选派优秀学生暑期赴上海市杨浦区五角场镇挂职锻炼】 2010年首次将上海市委组织部、教卫党委、团市委的“上海市大学生选苗育苗工程”与五角场镇党委学习型机关、社区建设相对接，合作成立“复旦大学选苗育苗工程五角场镇挂职锻炼基地”。被选派的50名优秀大一、大二学生于暑期赴五角场镇7个片区、42个居委会进行挂职锻炼，深入社区一线，从细小处着手，参与走访居民、实践调研等工作。该活动得到新华网、《解放日报》、《青年报》等媒体的积极报道，挂职锻炼学生被亲切地称为“90后”的“小巷总理”，得到社区干部和居民的一致肯定。　（郑　拓）

【承办京沪高校学工部长论坛】 2010年5月，首届京沪高校学工部长论坛在复旦大学举行，来自京沪两地近50所高校的学工部长参加会议，围绕大学生思想政治教育、辅导员培养、高校党建工作等议题展开讨论，达成多项共识，并签订《京沪大学生思想政治教育工作合作备忘录》。

（郑　拓）

【组织家庭经济困难学生赴台交流学习】 从2010年开始，学校将全额资助部分家庭经济困难的优秀学生赴境外交流学习。首批受资助的27名学生于7月份赴台湾参加暑期交流项目。在历时10天的行程中，参观淡江大学、成功大学、东海大学、中山大学、逢甲大学等台湾高等学府，与这些学校的师生进行友好深入的交流，加深对台湾高等教育状况和当地风土人情的了解。　（童一明）

附　录

复旦大学2009—2010学年本科生奖学金一览表

政府设奖情况表

名　称	金额(元)	人数(人)	总金额(万元)
国家奖学金	8 000	192	153.6
国家励志奖学金	5 000	433	216.5
上海市奖学金	8 000	29	23.2
港澳及华侨学生奖学金	5 000	5	2.5
	4 000	7	2.8
	3 000	4	1.2

续 表

名　称	金额(元)	人数(人)	总金额(万元)
台湾学生奖学金	5 000	10	5
	4 000	6	2.4
	3 000	8	2.4
总　　计		694	409.7

校内设奖情况表

等　级	名　称	金额(元/人)	人数(人)	总金额(万元)
本科优秀学生奖学金	本科优秀学生奖学金一等奖	3 000	109	32.7
	本科优秀学生奖学金二等奖	1 500	1 117	167.55
	本科优秀学生奖学金三等奖	1 000	2 410	241
单项奖学金	学术科技创新杰出单项奖金	2 000	6	1.2
	艺术单项奖学金	2 000	5	1
	体育单项奖学金	2 000	5	1
	志愿者单项奖学金	2 000	5	1
	社会实践杰出单项奖学金	2 000	4	0.8
	自立自强逆境成才杰出单项奖学金	2 000	6	1.2
民族奖学金	民族奖学金	1 000	66	6.6
专业奖学金	基础学科成绩优秀学生	1 200	1 093	131.16
	基础学科成绩优秀直研学生	2 400	133	31.92
新生奖学金	特等奖	50 000	3	15
	一等奖	10 000	25	25
	二等奖	5 000	107	53.5
	三等奖	2 000	156	31.2
总　　计			5 250	741.83

校外设奖情况表

等　级	名　　称	金额(元/人)	人数(人)	总金额(万元)
一等奖	腾讯科技卓越奖学金	15 000	1	4.5
		5 000	6	
	廖凯源奖学金	10 050	16	16.08
	摩根斯坦利奖学金	10 000	7	7
	盛大奖学金	10 000	6	6
	富的奖学金	10 000	5	5
	中国平安励志奖学金	7 000	4	5.3
	董氏东方奖学金	5 000	5	
		6 000	45	27
	史带奖学金	6 000	10	6
	联合利华奖学金	6 000	2	1.2
	宝钢教育基金优秀学生奖学金	5 000	8	4

续 表

等级	名称	金额(元/人)	人数(人)	总金额(万元)
一等奖	东芝电子奖学金	5 000	8	4
	亿利达刘永龄	5 000	6	3
	新加坡科技工程奖学奖学金	5 000	17	8.5
	埃克森美孚奖学金	5 000	2	1
	陶氏化学奖学金	5 000	8	4
	中科院奖学金	5 000	3	1.5
	三星奖学金	5 000	17	8.5
	康斯登奖学金	5 000	5	2.5
	花旗集团金融信息科技教育奖学基金优秀奖	4 426.5	6	2.66
	香港人赞助优异	4 000	12	4.8
	高山奖学金	3 333	14	4.67
	雨露奖学金	3 000	8	2.4
	杜邦奖学金	3 000	6	1.8
	吴英蕃校友奖学金	3 000	8	2.4
	中国石油奖学金	3 000	20	6
	董霖奖学金	3 000	2	6
二等奖	罗氏诊断奖学金	2 500	4	1
	住友商事奖学金	2 000	20	4
	光华奖学金	2 000	18	3.6
	华藏奖学金	2 000	9	1.8
	Panasonic 育英基金奖学金	1 500	11	1.65
	雨露奖学金	1 500	12	6.2
三等奖	徐增寿奖学金	1 000	25	2.5
	中国平安励志奖学金	1 000	15	1.5
	雨露奖学金	1 000	20	2
奖助学金	郭谢碧蓉奖(助)学金	4 000	63	25.2
	陈锦聪奖学金	4 000	4	1.6
总计			458	196.86

复旦大学 2010 届学生“我心目中的好老师”一览表

“我心目中的好老师”

院系	姓名	院系	姓名
外国语言文学学院	陆谷孙	哲学学院	王德峰
数学科学学院	陈纪修	社会发展与公共政策学院	徐 珂
计算机科学技术学院	王晓雯	法学院	郭 建
软件学院	付 雁	生命科学学院	梅岩艾
上海医学院	赵子琴	化学系	高 翔

"我心目中的好老师"提名奖

院 系	姓 名	院 系	姓 名
新闻学院	程士安	信息科学与工程学院	石艺尉
国际关系与公共事务学院	陈明明	高分子科学系	杨武利
环境科学与工程系	董 骁	物理学系	周 磊
材料科学系	付延鲍	历史学系	邓志峰
历史学系	黄 洁	化学系	张 帆

（党委学生工作部供稿）

研究生工作

【概况】 2010年，校党委和研究生工作部门在党的十七大和十七届四中、五中全会精神引领下，巩固和扩大学习实践科学发展观活动成果，以中央加强和改进大学生思想政治教育工作座谈会精神为指导，全面总结16号文件颁布以来学校研究生思想政治教育工作的做法与经验，坚持育人为本、德育为先，不断解放思想、实事求是，夯实基础、突出重点，全方位多渠道推进研究生思想政治教育，各项工作取得较好的成效。

努力提升研究生工作队伍整体水平。以《研究生辅导员学生工作考核方案》为基础，指导各院系规范研究生辅导员管理，通过每周例会和日常培训，加强研工人员的工作交流。依托教育部辅导员培训与研修基地举办的骨干辅导员高级研修班等渠道，对研工队伍进行集中培训。启动第四届"研究生心目中的好导师"评选活动，优化"好导师"标准，突出学生在评选过程中的主体性。

夯实党建基础，深入推进创先争优活动。与学工部联合制定学生党组织和党员活动方案，确定以"示范党支部"创建工作为载体开展研究生争创活动。第三批创建工作评选出15个示范党支部，并在11月份启动第四批示范创建，遴选40个支部参加。修订《党建核心组工作条例》，将全校党建模块从9个调整为12个，进一步明确党建核心组成员职责，加强对支部工作的纵向指导和支部之间的横向交流。12月启动第八期"红帆训练营"工作，对全校86名新上岗研究生党支部书记进行集中培训。开办入党积极分子、预备党员、毕业生等各类各级学生党校。

搭建学术、实践与文化平台，营造良好校园氛围。组织首届"研究生学术之星"评选活动，共评出31人，并在全校范围内进行广泛宣传。加强对各院系博士生学术论坛的指导和管理，全年共有16个院系举办论坛，收到论文投稿914篇，参加人数逾2 100人次。博士生讲师团以"聚焦世博，丰富主题，强化团队，拓展合作"为指导思想开展活动，被评为2010年度上海市教育系统"校园文化建设优秀项目"和2010年度教卫党委系统"精神文明十佳好事"提名奖。日常实践、暑期实践以及校外基地实践发展成为研究生社会实践的三个重要部分，日常化社会实践有6批次共计37个项目获得立项资助，资助总额逾6万元。暑期实践在"追梦世博，践行使命"的主题下，共有45个项目获得立项资助，资助总额15万余元，服务地涉及全国21个省、市、自治区；社会实践基地建设实质性启动，在贵州省清镇市、余庆县，江苏省昆山市和湖北省黄石市建立4个合作基地，选派23名研究生在暑期深入各基地工作。

重视调查研究，加强信息载体建设，为实际工作提供可靠参考。2010年，完成上海市教委德育决策咨询重大委托研究课题"上海研究生思想政治教育工作状况研究"。申报并获立项2010年度上海学校德育实践研究课题"高校研究生辅导员与导师合力育人机制研究"；完成《2009—2010年度研究生基本状况滚动调研报告》。组织2010年度研究生德育课题申报，共有39个项目申报。在中国学位与研究生教育学会第七届学术年会中，学校推荐的论文获得1个特等奖、3个一等奖。

研究生资助管理工作新探索。管理工作启动信息化改革，奖学金申请、经济困难生认定、国家助学贷款申请以及医疗帮困工作首次实现信息化操作。开展"三助"工作十周年系列活动，探索助教工作新模式，丰富助管、助教培训内容，共举办9场培训。全年发放"三助"津贴23 489余人次、1 551余万元。全年共发放校内奖学金6 238.186万元，奖励学生10 000余人次。校外奖学金共32项、545个名额，金额为221.5万元。台湾研究生奖学金30名、15.9万元，港澳研究生奖学金18名、10万元。全年新增国家助学贷款384人，实际发放1 268人、722.21万元；校外专项助学金共发放6项、175人，金额为54.2万元；对177名未获学业奖学金的硕士生合计资助14.16万元。完善应急帮困机制，对35名来自灾区的研究生给予总计1.01万元的资助。设汛灾泥石流灾害专项补助，对家庭受灾严重的83名研究生给予总计6.14万元的资助。在医疗帮困方面，资助572人次，资助金额为47 755.3元。

确保园区安全稳定，营造良好文化氛围。积极探索多校区格局下的研究生生活园区管理模式与方法，探索建立由住楼辅导员、管理督导员、物业人员、安保人员构成的安全预警体系，通过北区物业见面会和食堂经理见面会、"西苑面对面"、江湾"双月圆桌座谈会"等形式加强同学与园区各方沟通，开展文明单元评选、特色寝室评比、书展、美食节、江湾影院、趣味运动会等活动，办好《家园》、《西苑枫情》、《新江湾报》等园区报纸。做好三区联动的"阳光医生"品牌活动。

加强廉政建设，落实重点任务，切实提高研究生的廉洁诚信意识。认真学习《教育部关于在大中小学全面开展廉洁教育的意见》(教思政[2007]4号)精神，贯彻落实《复旦大学2010年党风廉政建设工作任务分解方案》的要求，将廉洁诚信教育融入研究生思想教育和日常管理中去，结合研究生特点，将学术诚信教育作为重点工作来抓。全年先后开展学习谷超豪教授事迹、学习"科研诚信与学风建设座谈会"精神等主题教育活动。　(夏学花)

【在全国加强和改进大学生思想政治教育工作座谈会上作交流发言】 5月29—30日，中共中央召开全国加强和改进大学生思想政治教育工作座谈会，中共中央政治局常委李长春出席并发表重要讲话。校党委书记秦绍德在会上作《加强研究生思想政治教育，培养德才兼备创新人才》的主题发言，从队伍建设、基层党建和育人载体等方面汇报学校开展研究生思想政治教育的主要做法和经验体会。6月上旬，中央电视台、《人民日报》、新华网、《中国教育报》、《光明日报》、《解放日报》、《新民晚报》等媒体分别对学校研究生思想政治教育工作做集中报道。　(左　超)

【牵头承办第七届研究生德育学术年会】 该会议于9月27—29日在复旦大学举行。由中国学位与研究生教育学会德育委员会主办，复旦大学牵头，上海交通大学、华东师范大学、华东理工大学共同承办。来自全国100多所高校的230多位研究生思想政治教育工作负责同志和德育研究论文获奖作者参加年会。校党委书记秦绍德出席会议，教育部思想政治工作司司长杨振斌和国务院学位委员会办公室副主任李军分别作主题发言。会上，复旦大学被增补为德育委员会副主任单位，周立志被评为"德育委员会先进个人"。在年会征文评比中，复旦大学1篇论文获得特等奖，2篇论文获得一等奖。　(左　超)

【启动研究生基层党组织创先争优活动】 10月14日，与学工部联合下发《复旦大学学生基层党组织和学生党员深入开展创先争优活动实施方案》，以"夯实党建基础，争做先进表率"为主题，以加强基层组织、提高党性修养和锤炼服务本领为目标，结合学生特点明确先进基层党组织"五个好"和优秀党员"五带头"的要求，2010年下半年为第一阶段。研究生创先争优活动以示范党支部建设为载体，下半年完成第三批创建工作终审，评出15个示范党支部；启动第四批创建工作，遴选出39个党支部参加。12月份召开第三批研究生示范党支部创建总结表彰暨创先争优工作推进会。此外，研工部举办第8期"红帆训练营"，集中培训86名新上岗党支部书记。并与学工部联合举办以"薪火传承，创先争优"为主题的党史知识竞赛。　(刘岱淞)

【开展"青春拥抱世博"主题教育活动】 4月份启动，12月底结束，分为"迎接世博"、"奉献世博"、"调研世博"三个单元展开。前期动员全校研究生"迎世博、讲文明、树新风"，倡导文明礼仪，组织"指印海宝"签名和"复旦世博风"校园定向接力比赛。世博期间组织"眼观世博，指奏华章"主题摄影征文大赛和"追梦世博，践行使命"主题暑期社会实践，共资助实践项目45个。世博会闭幕后，以"承世博辉煌，走相辉华章"为主题举办第11届相辉节，以"世博沟通未来"为主题举办上海市高校研究生学术论坛。　(李　洁)

【开展廉洁诚信和学风建设主题教育】 上半年，以3月30日国务委员刘延东主持召开科研诚信与学风建设座谈会为契机，在全体研究生中开展廉洁诚信和学风建设主题教育活动，邀请专家、名师举行专题座谈会和讲座，并组织研究生开展讨论。9月份，以新生入学为契机，以学术诚信为主题开展为期一个月的入学教育，邀请校学术规范委员会委员葛剑雄、郭慕依教授作大型专题报告。　(黄　昊)

【评选复旦大学首届研究生"学术之星"和"文化之星"】 5月份，作为复旦大学105周年校庆"学术文化周"活动的重要内容，复旦大学首届研究生"学术之星"评选活动举行。该项评选共收到院系推荐和个人申请材料70份，经过文理医3个学科大类的公开答辩，最后有31人入选。校长杨玉良出席5月28日举行的表彰会，并为31位研究生"学术之星"颁奖。11月份，复旦大学首届研究生"文化之星"评选活动举行，6位在校园文化活动活动中表现突出的研究生入选。　(李　洁)

【蔡伟当选"中国大学生自强之星标兵"和"中国大学生年度人物"】 详见第46页【学生多次获奖】条。

【总结研究生"三助"工作十年经验】 研究生"三助"工作从2000年开始实施，到2010年已有10年。为了把这项工作做得更好，研究生工作部组织开展一系列总结活动：拍摄助教助管工作DV，编辑优秀助管助教工作心得《助影心程》，改版报纸《励行》，并制作"三助十周年"专刊，11月12日，举办以"分享·倾听·感悟"为主题的研究生三助工作，10周年助教专场活动，特邀主讲老师与助教代表进行师生访谈。　(许丽红)

【探索研究生奖助管理信息化改革】 研工部与学校信息办合作，在"研究生教育管理系统"中开发"研工管理"模块，研究生的奖学金、国家助学贷款、经济困难生认定以及医疗帮困资助等工作首次实现网上操作，提高工作效率和精确度。　(夏学花)

【建设北苑生活园区住楼辅导员队伍】 9月，研工部制定《复旦大学北苑生活园区住楼辅导员队伍建设实施方案(试行)》及配套制度，明确住楼辅导员的职责，并建立相关的考核和激励机制。10月12日，举行北苑住楼辅导员受聘仪式，15个院系的27位老师受聘。住楼辅导员在园区内为学生提供切实有效的帮助和指导。对学生开展安全教育，增强学生的安全意识和防范能力。在住楼辅导员的带领下，各院系的学生积极参加园区各项文化活动，自发举办北苑英语聊学沙龙、自制植物爱心义卖、冬至文化宣传等一系列活动，活跃园区的文化氛围。　(王　珏)

附 录

2010年复旦大学研究生奖学金设置一览表(含MBA)

奖学金名称	人数	金额(元/人)	奖 励 对 象
复旦大学腾讯科技卓越奖学金(特等奖)	2	15 000	奖励在计算机科学、软件、数学、计算科学、网络通讯、电信、信息、电子、自动化、人工智能、数字媒体、机器人、安全、设计等相关领域做出卓越成绩的二年级研究生
复旦大学腾讯科技卓越奖学金(优秀奖)	4	5 000	奖励在计算机科学、软件、数学、计算科学、网络通讯、电信、信息、电子、自动化、人工智能、数字媒体、机器人、安全、设计等相关领域做出卓越成绩的二年级研究生
复旦大学中国科学院奖学金	2	10 000	在读高年级理工科研究生
复旦大学蒋震奖学金	20	10 000	奖励国际关系与公共事务学院和法学院相关专业一、二年级优秀硕士生
复旦大学廖凯原奖学金	17	$1 500	全日制在读优秀研究生
复旦大学富的奖学金	2	10 000	学习刻苦、富有创见、成绩突出;科研实践、创新创造表现突出;校内外重大比赛名列前茅;志愿服务、见义勇为表现突出
复旦大学笹川良一奖学金	7	10 000	文科类优秀研究生,国际金融、国际贸易、世界经济、国际法学、国际政治专业优先考虑
复旦大学康弘医学奖学金(特等)	1	10 000	奖励品学兼优的医药类研究生,侧重于神经病学、精神病学、内科学、肿瘤学等专业
复旦大学康弘医学奖学金(一等)	11	4 000	奖励品学兼优的医药类研究生,侧重于神经病学、精神病学、内科学、肿瘤学等专业
复旦大学康弘医学奖学金(二等)	21	2 000	奖励品学兼优的医药类研究生,侧重于神经病学、精神病学、内科学、肿瘤学等专业
复旦大学摩根士丹利奖学金	8	10 000	计算机系、软件学院、物理系、数学系、管理学院、经济学院、法学院2011年毕业研究生
复旦大学陶氏化学奖学金	19	7 000	奖励化学系(8)、高分子科学系(6)、环境科学系(2)、先进材料实验室(2)、材料科学系(2)成绩优秀、品行端正、综合能力强的研究生
复旦大学中国平安励志奖学金(一等)	3	7 000	在读品学兼优、符合奖励条件的研究生
复旦大学中国平安励志奖学金(二等)	5	5 000	在读品学兼优、符合奖励条件的研究生
复旦大学中国平安励志奖学金(三等)	16	1 000	在读品学兼优、符合奖励条件的研究生
复旦大学三星奖学金(博士)	2	6 000	理(70%):数学科学学院、物理学系、化学系、信息科学与工程学院、材料科学系、高分子科学系 文(30%):经济学院、法学院、管理学院以及社会学、朝鲜语(必选1名)、广告学、行政管理、公共事业管理学专业博士生
复旦大学三星奖学金(硕士)	7	5 000	理(70%):数学科学学院、物理学系、化学系、信息科学与工程学院、材料科学系、高分子科学系 文(30%):经济学院、法学院、管理学院以及社会学、朝鲜语(必选1名)、广告学、行政管理、公共事业管理学专业硕士生
复旦大学董氏东方奖学金	20	6 000	指定10名来自信息科学与工程学院:计算机科学与技术系(5)计算机与信息技术系(5);软件学院(3);管理学院物流与运营管理专业(1)
复旦大学埃克森美孚奖学金	6	5 000	高分子科学系、材料科学系、化学系 应届毕业班硕士生
复旦大学陆宗霖奖学金(博士)	4	6 000	理科女博士及其母亲
复旦大学陆宗霖奖学金(硕士)	4	4 000	理科女硕士及其母亲

续 表

奖学金名称	人数	金额(元/人)	奖 励 对 象
复旦大学叔蘋奖学金(博士)	3	6 000	医学博士生,读书期间一直享受(已经读博士一年)侧重医院
复旦大学叔蘋奖学金(硕士)	2	4 500	医学硕士生,读书期间一直享受(已经读硕士一年)侧重医院
复旦大学宝钢教育基金奖学金	4	5 000	优秀研究生
复旦大学宝钢教育基金台湾学生奖学金(博士)	3	10 000	优秀博士研究生(来自台湾地区)
复旦大学宝钢教育基金台湾学生奖学金(硕士)	3	8 000	优秀硕士研究生(来自台湾地区)
复旦大学宝钢教育基金港澳学生奖学金	3	8 000	优秀硕士研究生(来自港澳地区)
复旦大学罗氏诊断奖学金	6	5 000	品学兼优的全日制在读硕士、博士生(生命科学领域)
复旦大学谢希德美国研究奖学金(博士)	2	5 000	奖励国际关系与公共事务学院国际关系专业的博士生
复旦大学谢希德美国研究奖学金(硕士)	2	3 000	奖励国际关系与公共事务学院国际关系专业的硕士生
复旦大学汪氏文科基础学科奖学金	6	5 000	哲学系、中文系、历史系的研究生(宗教学研究生 50%)
复旦大学香港人优异赞助奖学金	5	4 000	在校学习的各类学生(港、澳、台学生占 20%)
复旦大学第一三共制药东方奖学金(一等)	11	4 000	复旦大学医药学优秀博士生、硕士生
复旦大学第一三共制药东方奖学金(二等)	22	2 000	复旦大学医药学优秀博士生、硕士生
复旦大学杜邦奖学金	10	3 000	化学系、环境科学与工程系、高分子科学系、生命科学学院优秀研究生
复旦大学吴英蕃校友奖学金	6	3 000	经济学院、物理系各 3 名研究生
复旦大学吴张令昭奖学金	3	3 000	遗传学系研究生
复旦大学中国石油奖学金	5	3 000	优秀生奖:在校的全日制优秀研究生
复旦大学光华奖学金	226	2 000	在校品学兼优的研究生(邯郸 172 名、枫林 54 名)
复旦大学华藏奖学金	9	2 000	在校品学兼优的研究生,奖励人数适当向医口的优秀学生倾斜
复旦大学联合利华创新研发奖学金	3	10 000	理科类:材料物理与化学材料学、分析化学、高分子化学与物理、物理化学;医学类:药物分析学、药物化学、营养与食品卫生学等专业优秀研究生
复旦大学联合利华未来市场之星奖学金	2	8 000	经管类优秀硕士研究生
复旦大学洛德奖学金(博士)	2	8 000	材料科学系、高分子科学系高年级博士研究生
复旦大学洛德奖学金(硕士)	7	7 000	材料科学系、高分子科学系、环境化学系高年级硕士研究生
复旦大学盛大奖学金	4	10 000	计算机科学技术学院、信息科学与工程学院等院系优秀硕士研究生
复旦大学康斯登奖学金	15	5 000	上海医学院、药学院优秀研究生,侧重儿科学心脏病研究相关的临床医学研究生
复旦大学博士新生相辉奖学金	28	18 000	全日制在校非定向研究生、少数民族骨干非在职定向培养研究生

续　表

奖学金名称	人数	金额(元/人)	奖励对象
复旦大学博士新生优秀奖学金	243	5 000	全日制在校非定向研究生、少数民族骨干非在职定向培养研究生
复旦大学博士优秀学生奖学金(一等)	196	8 000	全日制在校非定向研究生、少数民族骨干非在职定向培养研究生
复旦大学博士优秀学生奖学金(二等)	403	5 000	全日制在校非定向研究生、少数民族骨干非在职定向培养研究生
复旦大学研究生学业奖学金(硕士一等)	948	8 000	全日制在校非定向研究生、少数民族骨干非在职定向培养研究生
复旦大学研究生学业奖学金(硕士二等)	1 449	6 000	全日制在校非定向研究生、少数民族骨干非在职定向培养研究生
复旦大学研究生学业奖学金(硕士三等)	1 542	4 000	全日制在校非定向研究生、少数民族骨干非在职定向培养研究生
复旦大学研究生奖学金(一等)	11	10 000	MBA
复旦大学研究生奖学金(二等)	13	6 000	MBA
复旦大学研究生奖学金(三等)	25	3 000	MBA
复旦大学优秀学生奖学金台湾学生专项奖学金	30	15.9 万	博士生一等奖 2 人,9 000 元/人;二等奖 3 人,7 000 元/人;三等奖 5 人,5 000 元/人;硕士生一等奖 3 人,7 000 元/人;二等奖 6 人,5 000 元/人;三等奖 11 人,4 000 元/人
复旦大学优秀学生奖学金港澳侨专项奖学金	18	10 万	博士生一等奖 1 人,9 000 元/人;二等奖 1 人,7 000 元/人;三等奖 2 人,5 000 元/人;硕士生一等奖 4 人,7 000 元/人;二等奖 6 人,5 000 元/人;三等奖 4 人,4 000 元/人

(党委研究生工作部供稿)

学生服务

【概况】 2010 年,面对日益严峻的就业形势和学生们越来越高的自我发展需求,校学生服务联合体紧密围绕学校育人目标,把“提升学生服务专业化水平”作为立足点,把“保持高就业率,提升就业质量,提高用人单位和毕业生的满意度”作为重中之重,以品牌建设为载体,以部门管理为平台,以全力服务为手段,以狠抓落实为要求,围绕中心、服务大局、突出重点、整体推进,不断拓展服务理念,深化育人功能长效发挥。

2010 届毕业生中报名参加“三支一扶”的有 37 人,另有 38 名毕业生报名参加“村官”计划的选拔。赴西部就业的有 72 人,离开上海到江浙地区就业的人数较去年略有增加。进入军队系统就业的有 20 人。自主创业的有 32 人。校就业中心举办面向 2011 届毕业生的单场招聘宣讲会 249 场,大型招聘会 1 场(参加单位 260 余家,提供岗位数约 5 000 个),中小型招聘会 4 场。2 042 家用人单位在复旦就业网上发布招聘信息,招聘岗位 21 120 个。中心按照“立足上海,面向全国,辐射长三角”的思路,积极开拓就业市场,为毕业生与江、浙等各地政府搭建桥梁,与宁波、南通等 7 个城市建立稳固的合作关系,并在 16 个知名企业中建立实习基地,同时组织“复旦大学与长三角地区人才合作研讨会”。中心与院系、学工、教学部门合作,专门为家庭经济困难并且遭遇就业困难的“双困”学生、求职不顺利的少数民族学生、参与世博志愿者工作的毕业生、愿意赴外省市或生源地就业的学生开辟“绿色通道”,推出针对性的服务举措,着力做好推荐和帮扶工作。中心继续编写反映毕业生就业状况的《白皮书》、反映往届毕业生就业状况的《蓝皮书》和反映职业发展状况的《红皮书》,并开展课题研究,深入分析学校学生发展需求和生涯规划状况,以及就业市场动态。10 月,出台《复旦大学 2011 届毕业生就业管理办法》,引导毕业生增强履诺守信的意识,保障毕业生群体和用人单位的合法权益,维护学校学生就业的良好信誉。为了进一步扩大生涯发展教育和就业指导的覆盖面,中心举办“生涯规划与就业指导主题月”系列教育活动,在《复旦生涯》、《复旦学生服务导报》、生涯午茶会、生涯工作坊的基础上,针对低年级学生和应届毕业生推出各类就业实践活动 40 余场,覆盖人数 4 000 余人。中心加强对强生未来领袖学院、前程协会、学生生涯发展联盟等社团的带训指导,丰富学生生涯辅导方式。

心理健康教育中心致力于为学

生提供全方位、个性化、专业化的心理健康教育与心理咨询服务，全年共提供各类心理咨询服务 1 500 余人次。中心进一步完善新生心理健康普查工作和学生心理电子档案建设，实施心理普查后的跟进访谈工作。4月和 11 月，分别举办“心理健康主题文化月”系列活动。全年开展内容丰富的心理健康主题活动，包括50余场团体训练活动，参加学生 1 500 余人次。50余场心理健康教育专题讲座，参加学生 5 000 余人次。通过系列的专业培训，提高辅导员心理健康教育工作能力，并加强学生朋辈成长联盟、本科生心理委员队伍、研究生心理联络员队伍的建设和管理。由中心、学工、学生等为一体的多重危机预防、干预网络在工作中继续发挥着不可替代的重要作用。继续秉承“区分层次、突出重点、兼顾全体”的工作模式，利用学校多方资源、渠道和平台，开展面向全体学生的层次分明、重点突出、注重实效的教育、辅导、培训和宣传普及工作。中心被中国心理卫生协会大学生心理咨询委员会授予“大学生心理健康教育工作先进集体”荣誉称号。

2010 年勤工助学中心秉承“服务学生、服务社会、勤工助学、开拓立业”的工作宗旨，强化勤工助学内部管理，积极拓展校内外勤助实践平台基地。中心员工共计 2 396 人，同时提供双助岗位567个，其中贫困生、少数民族及家庭受灾的员工约占校内勤助学生的 46.85%。为进一步实现勤工助学经费的合理分配，在 2009 年改革的基础上，2010 年进一步优化实体工资构成体制。公司于年初听取各实体中高层对现行职务工资的意见，并结合实体实际情况及老师和总经理助理的相关建议，对各实体中高层的职务工资、岗位设置进行重新的核定和调整工作，并于新学期开始执行新的职务工资方案，将原时薪 8 元提升至 9 元。中心通过对双助学生管理模式的探索与实践，优化勤工助学岗位设置。上半年，在积极配合学工部工作的同时，结合中心管理经验，逐步开展双助学生岗位激励计划。在分校区新设双助岗位，并在奖金比例方面做更新，通过集体生日、易站送书、谈心计划等活动加强双助学生归属感。中心还通过加强人事绩效培训、专业技能培训和素质拓展培训，侧重育人绩效考评，实现多元化的人才培养机制。

2010 年教材服务中心坚持管理科学化、运作市场化、服务人性化的指导思想，认真做好全校教材服务保障工作。在面向全校 1 万多名学生提供廉价教材的过程中，坚决杜绝盗版教材的流入，既帮助学生减轻经济负担，也有助于保护知识产权。中心还为 36 位家庭经济困难学生免费提供教材。对(乙方)供书商始终如一地贯彻“双零”措施——“零距离协助”、“零距离监管”，在做好对供书商管理的同时，为了维护(乙方)供书商的利益，想方设法降低退书率，经过努力在控制退书率方面远远走在其他高校的前列，确保供书商的合作积极性，有助于甲乙双方合作的可持续发展。

2010 年学生档案室在学校相关部门及各院系的大力配合下，针对学生档案管理的特点，积极探索有效的工作方法，尽量使繁杂的工作简明高效，减少差错。通过设置完善的归档材料汇总表，使复杂的工作尽量简明、清晰条理，对各院系的归档工作起到很好的引导作用，保证此工作环节少出差错，便于追踪，高效运行，较好地解决毕业生档案收集的瓶颈问题。全年接受各类学生奖励、处分、报名表、登记表、党员转正材料、学籍材料等各类零星档案 10 000 多份，为加强学生在校管理，完善学生人事档案打下良好基础。全年共转递各类毕业生档案近 6 000 份，办理学生出国各类公证 100 多份，接待校内、校外各用人单位及公安部门调研政审 400 多人次。除了完成当年的常规工作，还进行两次遗留档案的集中清理工作，解决部分档案的遗留问题。

【成立中国(上海)创业者公共实训基地复旦就业创业工作站】 5 月 20 日，复旦大学学生服务联合体和上海市杨浦区人力资源与社会保障局在复旦大学签订合作框架协议。复旦大学党委副书记、复旦大学就业工作领导小组组长陈立民和杨浦区副区长马杰富出席签字仪式，并为“中国(上海)创业者公共实训基地复旦就业创业工作站”揭牌。根据该工作站的安排，杨浦区人保局将在复旦大学设点为在校学生提供就业相关服务。

(孙晓虹)

【举办复旦大学与长三角地区人才合作研讨会】 6月2日，由复旦大学学生职业发展教育服务中心发起的“复旦大学与长三角地区人才合作研讨会”开幕，来自上海市教委、市人才服务中心以及江、浙两地相关人事部门近 15 家单位的 40 余名代表出席。复旦大学党委副书记陈立民、上海市教委副秘书长汪歙萍到会并讲话。与会人员围绕复旦大学与长三角地区进一步加强人才合作与开发，促进高校高层次人才资源在长三角地区的优化配置等话题进行深入交流。

(孙晓虹)

【举办复旦大学与用人单位人才招聘座谈会】 9 月 15 日，座谈会在逸夫科技楼二楼多功能厅举行。本次活动由学生职业发展教育服务中心主办，中心和医学院、经济学院、化学系、药学院、国关学院、计算机学院、信息学院的相关负责老师与来自上海电信、工商银行、华为、中兴通讯、渣打银行、绿地集团、宝洁、欧莱雅、上海大众等 30 家企业的人事部门经理，就复旦大学 2010 届毕业生就业总体情况以及就业招聘过程中出现的一些问题进行交流，为学校和用人单位的进一步合作打下良好基础。

(孙晓虹)

【求职辅导与生涯规划系列培训积极开展】 为推进全覆盖生涯发展教育体系的构建，进一步提升学校就业服务工作的专业化水平，2010 年上半年，学生职业发展教育服务中心通过细致排摸，整合校内外优质资源，通过团训、咨询、座谈会等各种形式对就业困难群体开展有针对性的帮扶与指导工作，以帮助求职困难群体顺利就业。下半年，中心开展“生涯规划与就业指导主题双月”活动，覆盖全校学生，分为生涯规划类与就业指导类两大模块，以学生职业发展教育服务中心、各院系以及社团为载体，

开展各类课程辅导和各种形式的活动。（孙晓虹）

【承办首届上海东部高校“就业启航”大学生模拟求职大赛决赛】 11月8日，由中国（上海）创业者公共实训基地、杨浦区人力资源和社会保障局、复旦大学、同济大学、上海财经大学、上海理工大学、上海电力学院、上海体育学院共同主办，杨浦区大学生就业服务中心、杨浦公共人事服务中心、复旦大学学生服务联合体承办的首届上海东部高校“就业启航”大学生模拟求职大赛决赛在光华楼袁天凡报告厅举行。杨浦区副区长马杰富出席活动并讲话。来自复旦大学、同济大学等高校的10名同学经过初赛和复赛的激烈角逐闯入当天的决赛。最终，复旦大学许斌同学脱颖而出，荣获一等奖。（孙晓虹）

【《复旦大学毕业生就业状况》发布十周年】 11月25日，《复旦大学2010届毕业生就业状况》（白皮书）出版。在全国高校毕业生就业形势依然严峻的背景下，学校毕业生就业情况良好，截至8月31日，总体就业率96.7%，同比上升约2个百分点。从2000年起，学生职业发展教育服务中心每年编撰出版一本反映学校应届毕业生就业状况的白皮书，至今已有十年。白皮书全面梳理毕业生的就业去向，深入分析毕业生就业中产生的新情况新问题，为学校、用人单位和复旦学子提供重要的参考信息。

（孙晓虹）

【举办复旦大学2011届毕业生名校优企大型招聘会】 12月3日，复旦大学2011届毕业生名校优企大型招聘会在北区体育馆举行。260多家用人单位参加，数量较去年有所增加，提供就业岗位近5 000个。（孙晓虹）

【举行2010届毕业生就业工作总结会暨2011届毕业生就业工作推进会】 1月5日，复旦大学2010届毕业生就业工作总结会暨2011届毕业生就业工作推进会在光华楼东辅楼103举行。校党委副书记陈立民作2011届毕业生就业工作动员讲话，学生职业发展教育服务中心主任陈浩明总结2010届毕业生就业工作。会上还表彰2010年度毕业生就业工作展评优秀集体和个人。管理学院、经济学院、物理学系、药学院、计算机科学技术学院获得就业工作展评优秀集体，护理学系、数学科学学院、国际关系与公共事务学院、化学系、法学院获得就业工作展评优秀组织奖。

（孙晓虹）

【举办春季心理健康主题文化月活动】 4月13日，2010年春季心理健康主题文化月活动拉开帷幕。活动以“弘扬世博精神，传递朋辈关爱”为主题，旨在呼吁和动员广大同学利用上海世博会契机，在参与、参观世博会的同时，学习领会世博会“理解、沟通、欢聚、合作”主旨精神，通过参加一个拥抱、一个微笑、一个关爱、一个瞬间、一个承诺的“五个一”室外宣传活动，向身边的同学和朋友传递自己的关心、关爱、理解、支持，把世博精神融入日常学习生活，为营造更加美好的校园氛围而努力。此外，活动包括生涯规划、就业准备、人际沟通、压力应对、人格完善等专题的心理健康讲座和以“心理边界”为主题的心理影视赏析等在内的室内系列活动，旨在为同学们解决好职业生涯规划、人际沟通交往、学习生活压力的应对、个人人格完善和心理健康维护等问题提供帮助。持续近两个月的主题活动在各校区渐次举行，受到广大同学的欢迎和好评。（刘明波）

【学校获“大学生心理健康教育工作先进集体”称号】 5月28—30日，由中国心理卫生协会大学生心理咨询专业委员会主办的主题为“高校心理健康教育与咨询二十年——回顾与展望”的“第11届全国大学生心理健康教育与咨询学术交流会”在北京师范大学举行。这是目前国内高校心理健康教育领域影响力最大、规格最高的学术盛会。大会除了面向全国遴选优秀论文、出版会议论文集、组织高规格学术工作坊，还特别评选表彰近20年来对全国高校心理健康教育作出突出贡献的单位和个人。复旦大学心理健康教育工作得到评选专家的认可，获得全国“大学生心理健康教育工作先进集体”荣誉称号，中心主任刘明波获得“大学生心理健康教育工作先进个人”荣誉称号。

（刘明波）

【开展2010级新生心理健康普查】 10月14日，心理健康教育中心在复旦学院和各院系的协助下，启动面向2010级新生的心理健康普查。普查工作历时近2个月，2010级本科生和研究生共6 000余名参加普查。中心还向全体新生发放心理健康宣传手册。（刘明波）

【举办心理委员专题培训】 10月25日，心理健康教育中心邀请心理治疗和自杀防治专家做题为“珍爱生命，将爱传递——大学生抑郁心理与自杀的防止”的专题讲座。出席讲座的不仅有近百位2010学年度在校新任心理委员与心理联络员，还有许多闻讯赶来的上海海洋大学、华东师范大学、华东政法大学、上海高等机械专科学校等兄弟高校的师生。

（刘明波）

【举办秋季学生心理健康主题文化月活动】 10月26日，2010年秋季心理健康主题文化月系列活动拉开帷幕。该次活动由心理健康教育中心主办，朋辈成长联盟等学生组织共同承办，文化月活动由近十场专题讲座和影视赏析、“感恩生命，让爱传递”室外宣传活动等组成，主题涉及沟通、交友与恋爱、职业规划、积极心态、沟通技巧等等，历时近两个月。（刘明波）

【评选复旦大学第二十三届光华自立奖】 该届光华自立奖以“自立 · 卓越成就未来”为主题，设立学术科研类、实践公益类、校园风尚类三大评选类别，共收到申报材料119份，创下历届申报数量的最高纪录。4月27日晚，光华自立奖终审答辩暨颁奖典礼在复旦大学新闻学院蔡冠深报告厅举行。经过评审团打分和现场观众投票，复翔科技创业团队脱颖而出，摘得特等奖。（周双丽）

【举办复旦大学勤工助学中心第十三届光华节】 5月，复旦大学勤工助学中心举行第十三届光华节。该届光华节以“2010世博年，光华与我同喝彩”为主题，包括“微笑迎世博”爱岗敬业岗位能手评比大赛和“创意世博生活”光华公司创意DV大赛两大活动，不仅突出光华人在学校勤工助学岗位上兢兢业业、勤劳踏实的朴实作风，也宣扬光华人在世博会大舞台上乐于奉献、助人为乐的可爱形象。

（周双丽）

【继续开展安徽颍上暑期实践项目】 “安徽颍上支教行”是勤工助学中心资助服务部传统的社会实践项目，已经有16年历史。2010年8月，颍上支教团队继续践行和弘扬“自立自强”的精神，以同样的热情为颍上地区带去复旦学子的关心与关爱。2010年，颍上支教团队再次被评选为感动复旦十大人物。（周双丽）

【举办2010—2011年度光华公司勤人节】 11月16日，历时一个月的光华公司勤人节闭幕。该次勤人节既有展现智慧与思想的“光华论坛”，又有体现才艺与活力的光华歌会、光华健身操大赛，还有体现实体文化的“手绘海报大赛”和“光华表情”。

（周双丽）

保卫工作

【概况】 2010年，保卫工作在学校党委和行政的指导和支持下，以抓好上海世博会举行期间安保工作为重点，通过保卫部（处）全体人员与各部门、各单位共同努力，完成各项安全稳定工作。全年全校没有发生因决策失误、措施失当或工作不力造成的重大不稳定事件，没有发生重大恶性刑事案件以及影响较大的治安案件，没有发生重大火灾事故和重大安全、交通等责任事故，保障学校各项事业安全顺利发展。

治安管理全面、到位。完成“实有房屋、实有人员”调查工作。根据学校各区域实际安全情况，重新安排物防、技防、人防力量，基本做到时间、空间全覆盖。组织世博平安志愿者服务队和学生安全志愿者队伍，加强安全教育工作。全年共立刑案150起，抓获各类犯罪嫌疑人32名，协助公安机关破案50余起。重新采集校内外来务工人员信息，新增办理校内临时出入证1 000余张，联系办理上海市临时居住证1 500余张。完成各类大型活动、重大警卫任务30余次。协调多次学校周边环境整治行动，抓获扒窃犯罪嫌疑人68人。

信息调研工作继续加强。2010年，信息工作完善工作机制，大力推进专门力量建设、专项调研、重点关注等各项工作，及时掌握各类信息，落实工作预案。全年共上报信息210期，有效化解各类不稳定、不和谐问题。积极深入开展调研，完成3个复旦大学校园公共安全秩序系列调研报告：《邯郸校区非机动车的现状、问题及建议》、《邯郸、枫林校区机动车的现状、问题及建议》、《校园消防安全形势》，在调查研究的基础上，积极思考工作的新方法。

消防、安全管理工作紧抓不懈。全年组织安全检查30多次，组织消防知识讲座及灭火演练20余次。完成四个校区建筑防雷装置安全性能检测，完成理科、文科图书馆避雷设备安装工作。完成化学西楼和跃进楼火灾自动报警系统安装，更新学生活动中心的火灾自动报警系统。完成江湾校区消防报警主机联网工程，落实火警的安保巡查制度。完成张江、江湾、枫林校区和留学生公寓的消防设施维保招标工作，全面维修各校区老化、瘫痪的消防设施。完成对废弃的剧毒危险品进行集中收存、处理。全年共处置火灾苗子、火警事故9起（其中邯郸校区4起、张江校区2起、江湾校区3起），开具整改通知书10余张，审批装修工程消防安全30处，维修保养、添置、更换手提灭火器2 000余只，增加对东区、南区学生宿舍、留学生公寓、幼儿园的应急灯和疏散指示标志。

交通管理逐步制度化、合理化。完成对新的国定路门改造，重新梳理校内交通指示标志；统一四个校区停车证式样，共办理机动车校内停车证2 000余张。加强对机动车进出校园和停放的管理，全年共处理机动车强闯校园43起（其中2人受到公安机关行政处罚）、处理摩托车在校园内违章行驶82起（其中1人受到公安机关行政处罚）。

技术防范工作进一步拓展。2010年，技术防范系统充分发挥预防、取证、威慑等作用，协助破获案件10余起，帮助师生找回遗失物近百起。本着“力求平稳、争创优秀”的原则，共启动电子围栏、周界报警、火灾自动报警、无线管理定位系统等技术防范项目6个。

户政管理各项工作基本得到落实。2010年户政管理工作与各相关部门沟通协调得到进一步加强，各项服务更加人性化，全年完成7 000余名学生的户口迁移，开具户籍证明7 000余张。户籍资料保护工作进展顺利，全年完成87册（17 008人次）老户籍资料电子化录入，拍照存档100余册。顺利完成第六次全国人口普查工作。完成16名学生的征兵政审工作。

保密工作深入细致。认真落实各项保密工作要求，完成校党政领导及院（系）、单位党政主要领导的保密承诺书签订，组织新保密法的宣传学习，组织相关网络知识竞赛活动，学校承担军工项目通过国防工办的资格复查。（张　磊　周继广）

【继续推进保卫部（处）重建工作】 2010年，保卫部（处）重建工作得到稳步推进。继续补充人员，强化制度建设，逐步完善工作职责和流程，形成处务会、重大事项决策会议、聘用聘任小组等议事决策规则，确定每周、每月的例会制度，实行每日报告流转批复制度。加强保卫工作队伍培训，新进同志全部接受岗前培训并取得结业证书，并通过治安、内保、消防、交通、安全管理、户政以及人格心理等业务技能培训。统一调整各校区安保力量，指导物业安保制定和落实有关规章制度、进行专业化培训。目前保卫处带领30名在编99名返聘校卫队人员、300余名物业安保队员，承担全校各个大门和校园内公共部位24小时不间断巡逻任务。

（张　磊　周继广）

【召开复旦大学迎世博动员大会】 3月31日，会议在光华楼袁天凡报告厅举行。校党委书记秦绍德、校长杨玉良、党委副书记陈立民分别作动员讲话，要求全校师生全力维护学校的安全稳定，以学校一方平安确保上海世博会安全稳定的大局。会上宣布成立复旦大学世博平安志愿者服务队。杨玉良与校内各二级单位的主要负责人签订安全稳定工作责任书。全校各单位分管安全工作负责人、安全委员、平安志愿者参加本次大会。

（张　磊　周继广）

【完成第六次全国人口普查任务】 10月初至11月底，保卫部（处）会同房委会、信息办、枫林校区管委会、学生生活园区管委会等单位对四校区2万余人进行人口普查，完成地图绘制、编排建筑物、清理遗留户口、为各个普查小区制作户籍底册、核查人数、填写长短表等工作，圆满完成学校第六次全国人口普查任务。

（张　磊　周继广）

人民武装工作

【概况】 2010年，在校党委领导下，学校的人民武装工作，在国防教育、学生军训、征兵、拥军优属和射击队管理等方面，均取得较好成绩。

认真贯彻落实《国务院办公厅、中央军委办公厅转发教育部、总参谋部、总政治部关于在普通高等学校和高级中学开展军事训练工作的意见的通知》（国办发[2001]48号）文件精神，从学校实际出发，认真开展国防教育，按照军事课教学大纲要求，落实教学计划，严格管理，坚持改革，始终坚持把素质教育放在首位，着力培养学生良好的国防观念和国家安全意识，弘扬爱国主义精神和集体主义精神，加强组织纪律观念。在完成正常教学任务的同时，积极开展丰富多彩的“国防教育日”和“军事文化节”活动，收到良好效果。

8月24—9月2日，2009级2 986名本科生，在73031部队教导队75名官兵的帮助下，在校内进行集中军事训练。武装部和承训官兵周密计划，精心组织，科学训练，圆满完成了任务。校党委书记秦绍德、校长杨玉良等校党政领导出席军训汇报大会，对军训成果给予充分肯定。通过军训，参训学生掌握必要的军事技能，磨炼意志品质，并接受国防教育、爱国主义教育和集体主义教育。该次军训评比共产生5个先进连队，32个单项优胜连队，21名优秀教官，15名优秀学生辅导员，62名优秀学生干部，291名优秀学生。

学校贯彻落实教育部、公安部、民政部、总参谋部、总政治部《关于进一步做好从全日制高等学校在校学生中征集新兵工作的通知》（[2002]参联字1号）文件精神，从2002年开始，先后征集在校学生入伍127名，其中男生95名，女生32名。2010年征集新兵13名，其中男生12名，女生1名。全体入伍学生牢记母校嘱托，充分发挥自己的聪明才智和特长，勇于实践，锐意进取，成为部队基层建设的排头兵，受到部队广大指战员的高度赞扬。退伍复学，男16名，世博女兵退伍23名，其中11名荣立三等功。12月，学校对近年来的征兵工作进行总结表彰，10个院系荣获征兵工作先进单位，15名征兵工作先进个人同时获奖。

全校现有复员、退伍、转业军人和军、烈属近700人。武装部平时利用各种方式认真做好拥军优属和优抚工作，与驻沪部队和军训部队保持密切联系。该项工作一直受到上海市主管部门的高度肯定。

射击是学校学生体育运动的优势项目之一，自1980年组队以来一直坚持“严格训练，严格要求”的方针，在保证学生完成专业学习的前提下，培养学生良好的竞技水平和心理素质，树立强烈的集体荣誉感和团结拼搏精神，取得优异成绩。7月，参加在北京举行的全国大学生射击比赛，获得团体总分第三名。9月，受教育部大学生体育协会选派，新闻学院2007级学生蔡世俊和中文学院2006级学生米子代表中国大学生参加在波兰举行的第三届世界大学生射击锦标赛，是学校射击队第一次参加世界射击比赛，蔡世俊获得10米男子气步枪个人第七名。11月，参加上海市第十四届运动会高校组射击比赛，获得金牌和奖牌数名列第一。 （黄荣国）

老干部工作

【概况】 2010年，学校老干部工作以中组部[2008]10号文件精神为指导，认真落实“双高期”形势下老干部的各项政治待遇和生活待遇，加强工作队伍自身建设，强化“以人为本”的工作理念，提高为老服务的人性化、个性化、精细化水平，确保老干部们晚年生活有保障、有温暖、有尊严。

学校（含附属医院）共有老干部250人，其中离休干部220人，局级退休干部30人。

认真执行老干部工作领导责任制。校领导为老干部通报学校工作召开大会4次，听取老干部意见召开座谈会4次（其中分别召开离休干部和退休局级干部座谈会各2次），多次家访，到医院慰问老干部，并积极帮助解决个案问题。

深入开展老干部创先争优活动。根据校党委的部署，制订老干部开展创先争优活动方案，提出活动目标是：“着力创建学习型老干部党支部，永葆共产党员本色，认真落实‘六个老有’，为营造和睦家庭、构建和谐校园，发挥力所能及的作用。”具体开展了“五个一”活动：即组织一次专题组织生活会，自学一本理论辅导读本，举行一次理论学习研讨活动，举办一次形势报告会，组织一次参观考察活动。

加强老干部的思想政治建设和党建工作。3月下旬，举办老干部总支委员和支部书记学习班，主题为“学习十七大文件——建设学习型党组织”。坚持每月一次的总支工作例会和支部党员组织生活会。继续开展总支中心组和理论组的学习研讨活动。根据学习需要，为每位老同志准备学习文件、辅导资料和党史读本。对于不能来校学习的老干部做到传递信息，送学上门。“七一”前夕，《建设学习型老干部党组织》材料申报党建特色项目，在校园宣传栏展示。年初，邯郸校区老干部党总支进行支部调整和选举。年底，枫林校区老干部党总支完成换届选举工作。

组织开展"精彩世博，共创和谐—老干部与世博同行"主题系列活动。4月中旬，召开"老干部谈世博"专题组织生活会。在世博会试运行期间，组织120余位老干部参观世博园。5月中旬举办"迎世博，和谐家庭大家谈"品茶与专题讨论会。敬老节期间，组织120余位老干部在游览黄浦江和新外滩。征集书画摄影作品，参与市教委系统展示交流活动。在老干部活动室制作了老干部游世博次数排行榜和观博活动照片展版。征集老干部的诗歌文章30余篇，编撰《世博心语》汇编册。

认真开展关心下一代工作，支持老同志老有所为发挥作用。2010年初，经党委讨论研究，对校关心下一代工作委员会(关工委)的领导班子进行调整，审核通过《复旦大学关心下一代工作委员会工作条例》文件，进一步推动全校关心下一代工作深入开展。2010年，校关工委完成《关于医学生社会主义核心价值观的研究和教育》课题调研，对加强医学生的职业道德教育提出建议和对策，该项目获得2010年上海市教委系统关工委调研课题一等奖。校关工委被评为2010年度"上海市关心下一代工作先进集体"。

从生活上关心照顾好老干部。工作人员严格执行《结对联系走访制度》，全年联系走访老干部累计为1 500人次，积极帮助老干部解决就医、聘请保姆、调解家庭纠纷、法律维权、信访等多项个案问题。对于长期居家或患病住院的老干部，做到及时掌握信息，主动给予关心和照顾。继续执行《老干部特殊医疗扶助基金实施条例》，本年度得到特殊医疗费用扶助的老干部14人，共计5万元。通过修订《老干部专项护理补助实施条例》，为生活不能自理、重病或大手术后、独居及孤老等老干部增加生活照顾帮困力度，受助63人，共计7万元。为贯彻落实"四个就近"的原则，依托社会高龄养老资源，继续加强与社区老干部工作人员的联系互动，与杨浦区五角场街道老干部工作部门联合举办老干部政治学习活动4次，为使用安康通、阳光呼叫器的100位老干部全额支付信息服务费，老干部社区高龄养老签约率为100%。

加强局级(及以上)退休干部的服务管理。根据中组部[2008]10号文件精神，老干部工作处结合学校实际，对2004年制订的《关于做好复旦大学局级及以上退休干部服务管理工作的实施意见》进行修订，并上报学校党委。2010年3月，校党委常委会议讨论并通过该实施意见(复委办[2010]2号文件)，对进一步做好复旦大学局级及以上退休干部的服务管理提出具体要求和措施。2010年，党委领导专门召开局级退休干部座谈会2次，听取老领导对学校教学、科研和管理方面的意见和建议。5月，组织20多位老领导参观考察复旦大学附属妇产科医院新院。10月下旬，组织10余位老领导赴江苏泰州旅游休养。

加强老干部工作队伍建设。以建设学习型部门为目标，组织工作人员学习老干部工作政策和业务，举办专题辅导讲座3场，工作交流会2次，参观考察3次。积极开展工作调研，完成课题《工欲善其事 必先利其器——打造高素质老干部工作团队的探究》的调研。严格实行考核和激励制度，并于年初开展全校首次老干部工作先进个人的评选和表彰活动。

(陈　斌　丁言雯)

【召开复旦大学离退休工作会议】 该会议于10月15日在光华楼东辅楼吴文政报告厅举行，是原复旦大学和原上海医科大学合并后召开的首次全校离退休工作会议。会议总结两校合并10年来的全校离退休工作，表彰一批离退休工作的先进集体和个人，出台《关于进一步加强我校离退休工作的若干意见》，颁布新修订的《复旦大学关心下一代工作条例》，并对复旦大学离退休工作进行专门的动员和部署。　(陈　斌)

【完成"医学生社会主义核心价值观教育的研究"调研】 根据上海市教育系统关工委的布置，复旦大学关工委在2010年开展"医学生社会主义核心价值观教育的研究"专题调研。调研课题组主要由医科院系和附属医院的老领导、老教师、老干部组成，校关工委常务副会长张永信任组长，校党委副书记王小林和老领导钱冬生应邀出任顾问。课题组对2010年春季学期在校的600多位医学本科生进行问卷调查，并举行多次座谈会和研讨会。在最终提交的报告中，课题组就社会主义核心价值体系教育与医学生培养有机结合的问题给出建议。

(陈　斌)

【修订《复旦大学关心下一代工作委员会工作条例》】 《复旦大学关心下一代工作委员会工作条例》始订于2000年，实施10年来在指导和推进全校关心下一代工作方面发挥重要作用。但是随着形势和任务的发展变化，该《条例》中的部分内容需要进行一定的修订。从2009年起，校关工委在校党委职能部门的指导下，根据上级文件精神，结合学校实际情况，着手实施原条例的修订工作。2010年3月，校党委审议并通过修订后的《复旦大学关心下一代工作委员会工作条例》，并在10月召开的全校离退休工作会议上正式下发。　(丁言雯)

【枫林校区老干部总支委员会换届】 12月，枫林校区老干部党总支完成换届工作。新一届总支委员会由7位同志组成，郭晓燕任总支书记，袁鸿昌、叶依群任总支副书记。新一届总支对下属的党支部进行归并调整，原第二、四、六党支部合并成立新的第二党支部，第一、三党支部保持不变，原第五党支部改称第四党总支。

(陈　斌)

【获评"上海市关心下一代工作先进集体"】 8月，上海市关心下一代工作委员会和上海市精神文明建设委员会办公室在全市范围内开展关心下一代工作先进集体和个人的评选表彰活动。经过严格评选，复旦大学关心下一代工作委员会被评为"上海市关心下一代工作先进集体"。

(陈　斌)

十、群众团体

工会

【概况】 2010年,中国教育工会复旦大学委员会(简称工会)在学校党委和上级工会的领导下,全面贯彻党的十七大和全国总工会十五大精神,以上海世博会和工会成立60周年为契机,落实工会组织"维护、建设、参与、教育"四项职能,积极推进工会各项工作顺利开展。

进一步推进校务公开工作,维护教职工参与学校民主管理的权利。先后召开3次主席团扩大会议和校情通报会,听取常务副校长张一华关于完善校园建设规划的调研报告、基建处关于《复旦大学"十二五"基建规划与子彬院修缮改造项目计划》的通报以及校办对《复旦大学信息公开实施条例》、《复旦大学信息公开目录》两个文件的解读,并向与会者下发征求意见稿。审议并通过房委会提交的《教师公寓租金调整方案》、《关于执行教育部规定对学校在职在编"老人"住房补贴进行补差的提案》。就《复旦大学教职工违纪处分条例(试行)》召开多次会议,广泛征求意见,在五届五次教代会上审议并通过。

完成对非在编教职工入会模式的调研。7月,就学校非在编人员入会情况开展调研,先后走访生命科学学院、后勤服务公司等聘用非在编人员较多的院系、部门,了解非在编人员聘用情况。同时,走访东凌公司、学校人事处,与相关领导进行交流、座谈,商讨适用于非在编人员入会的模式与办法。

认真抓好实事工程建设。3月,为全校48个单位共计6 095位教职工办理《2010年上海市职工综合补充医疗、意外(工伤)互助保障计划》的续保手续,总参保金额619 725元,其中部门或个人缴费金额135 375元,校工会与行政补贴484 350元。

为147名教职工办理"住院补充医疗互助保障金"理赔手续,金额195 068.20元。为10名教职工办理"意外伤害保障金"理赔手续,金额4 100元。为10名教职工办理"特种重病和女职工特种重病医疗保障金"理赔手续,金额92 000元。三项合计291 168.20元。为646位罹患重病、大病以及生活困难的教职工发放帮困慰问金742 000元。

教师节期间,校工会邀请校附属医院的专家为教职工义诊,共接待380人次。先后组织553名教职工分12条线路进行暑期疗休养,组织院士、长江学者等骨干赴千岛湖龙川湾进行周末疗休养。

世博期间,工会向每位会员发放世博门票一张。4月14日,举行全校工会干部迎世博培训大会,特邀参与2010年上海世博会规划设计的同济大学城市规划设计研究院教授俞静作题为《上海城市发展与世博会规划》的世博主题讲座。通过工会干部的宣传,使全校教职员工积极参与世博,共享世博,服务世博。

进一步拓宽教职工依法维权的渠道。为20余位教职工提供免费法律咨询服务,组织调解多起涉及教职工人事合同、意外损伤赔偿等纠纷。

举行青年教师"拜师结对"活动导师先进个人表彰大会。针对青年教师教学现状,工会积极为学校教育教学工作服务,在青年教师中开展"拜师结对"活动。自2007年活动开展以来,得到青年教师的积极参与。1月5日,学校青年教师"拜师结对"活动导师先进个人表彰大会暨迎新茶话会在校工会多功能厅举行。会上,10位带教导师受到表彰。

举行校工会成立60周年庆祝活动。向全校所有在职和离退休的工会会员赠送一份纪念品。会同相关文艺单位组织"沪语、乡韵伴丝竹"沪剧演唱会、"隽雅辉煌"昆曲专场演出以及书画、集邮展览等活动庆祝工会成立60周年。

6月22日,举办"京剧经典剧目进校园"专场演出,邀请上海京剧院献演京剧经典剧目《秦香莲》。本次演出旨在进一步推进校园廉政文化建设。

评选工会积极分子与先进"教工之家"。12月,经过基层部门工会的酝酿、推荐、评选,决定授予上海医学院程刚等11位同志为2009—2010年度复旦大学"心系工会工作的好领导"荣誉称号,授予严法善等10位同志为2009—2010年度复旦大学"优秀部门工会主席"荣誉称号,授予朱腾方等238位同志为2009—2010年度复旦大学"优秀工会积极分子"荣誉称号。同时,经过考核测评,评选出管理学院等10个单位为2009—2010年度先进"教工之家"。

积极组织群众性体育比赛。先后于4月、11月、12月组织全校教工开展跳长绳比赛、乒乓球团体赛、飞镖等比赛。

加强校际交流。先后接待兰州大学、中国农业大学、北京交通大学、华南理工大学等高校工会干部来访。9月,与同济大学工会共同承办教育部部分直属高校第十六次工会工作研讨会。来自全国各地20多所高校的工会干部出席会议。 (袁苏明)

【举行"复旦大学劳模事迹报告会"】"五一"前夕,经基层自下而上的推荐,校评审小组、市教育系统、市评模办等的严格评审,华山医院神经外科主任周良辅、中山医院副院长樊嘉、上海医学院药理研究中心主任马兰、金山医院五官科主任医师徐林根、生命科学学院李瑶等5人荣获全国先进工作者称号，哲学学院俞吾金等5人荣获上海市先进工作者称号，2个附属医院科室荣获市模范集体称号。工会会同党办、学工部、研工部等部门，于9月14日举行"复旦大学劳模事迹报告会"。各院系包括附属医院在内的党政领导、部门工会主席、工会委员、教师及学生代表参加了大会。会上，樊嘉等4位劳模及劳模集体代表作交流发言。（袁苏明）

【举行"庆祝复旦大学工会成立60周年"座谈会】 9月28日下午，工会在逸夫科技楼多功能厅举行"继承光荣传统，弘扬复旦精神——庆祝复旦工会成立60周年"座谈会。上海市教育工会主席夏玲英、校长杨玉良出席会议并讲话。会议由校党委副书记、工会主席刘建中主持。1950年代工会创建时期先后担任工会主席、副主席的余开祥、张薰华老师，两校合并前上医和复旦的历任工会主席、副主席郑天心、张方宜、邵德明、杨兴海等工会前辈以及两校合并后历任工会主席的彭裕文、熊仿杰等工会领导出席会议。会上，对获得上海市和教育系统工会工作先进集体、先进个人的代表进行颁奖表彰。（袁苏明）

【召开复旦大学第五届第五次教代会暨第十六届五次工代会】 该会议于10月30日在复旦大学相辉堂举行。学校各部门、各院系、附属医院、退休教师的正式代表、列席代表和特邀代表近500人出席大会。大会听取校长杨玉良的报告，审议并讨论校长助理、教务处处长陆昉的《关于深化本科教育改革的报告》、副校长陈晓漫的《关于"985"三期规划的报告》、常务副校长张一华的《关于学校财务工作的报告》。全体代表审议并通过《复旦大学教职工违纪处分条例(试行)》。（袁苏明）

团　委

【概况】 2010年，共青团复旦大学委员会(简称团委)下设14个部门：秘书处、组织部、研究室、宣传部、调研部、实践部、科创服务中心、科创竞赛中心、青年志愿者工作部、团校部、复旦青年报社、复旦大学学生信息管理中心、复旦大学学生艺术团、世博工作站志愿者工作部。同时指导复旦大学学生会和学生社团工作。

2010年，团委紧密围绕上海世博会召开的重大背景，结合学校深入学习实践科学发展观活动的开展，紧跟学校党政中心工作大局，履行高校共青团的根本职责，完善"活动育人、组织育人、氛围育人"多维育人体系，依托世博契机，培养青年责任意识、奉献精神，开拓工作局面，努力建设具有凝聚力、影响力的复旦共青团。2010年，复旦大学团委获得"2010年中国上海世博会先进集体"、"上海市世博志愿者优秀组织奖"和"上海市'服务世博，奉献世博'先进集体"等称号。

在团委的具体组织和协调下，复旦大学世博会志愿服务工作自2009年5月1日启动，2010年4月20—5月16日开展集中服务，其中2 326名园区日常岗位志愿者，717名园区特殊岗位志愿者，1 095名服务于徐汇、长宁、普陀、杨浦、黄浦、卢湾等6个区的410个城市志愿服务站点的城市站点志愿者。717名园区特殊岗位志愿者在集中服务期结束后继续在世博园区服务。整合团委学生会的骨干力量，全力投入世博工作，成立园区志愿者工作组、城市志愿服务站志愿者工作组、志愿者后勤保障工作组、志愿者信息宣传工作组，从组织架构上保证志愿服务工作有序、高效、优质开展。4月20—5月16日的集中服务期间，团委选任14位院系分团委书记担任园区14个片区部的轮值主管，下设234个小组，发挥重要的沟通协调作用，既是"小白菜"的贴心人，又是园区志愿者管理工作的中坚力量。在城市站点志愿者工作中，积极协调对接6个区县，各院系也选配工作能力强的辅导员骨干作为城市站点志愿服务负责人，充分保障各项工作有序展开。学校对口服务北京志愿者，成立8人陪京志愿者小组，与北京志愿者一同服务，并负责其后勤保障工作。

世博期间，团委以世博志愿者吉祥物形象符号为中心，建立一套集标识、服务、沟通、凝聚等功能的"团团"综合工作体系，包括团团徽章、团团热线、团团短信、团团俱乐部、团团心情便笺纸，受到校内外青年学生的广泛欢迎，形成的"团团热"广为媒体关注。积极整合资源，多渠道、长时效地跟踪报道世博工作。秘书处、宣传部、调研部、复旦青年报社、复旦人周报报社整合资源成立世博志愿者新闻中枢，20天内90人次的"志愿者平方"接通"团团热线"近700个电话，开创点对点、反馈快、人性化的信息采集路径，共形成新闻线索记录文字9万余字，发布《复旦大学世博志愿者工作简报》17期，完成世博系列调研报告17篇，发行复旦大学世博日报《早安世博》16期并每天早上送到志愿者的车上，多篇文章被各大媒体转载引用。集中服务期结束时，百度搜索复旦世博志愿者相关新闻4 600余篇，复旦团团相关新闻1 790篇。世博服务期间，2 326名园区普通岗志愿者精心总结经验，分片区整理13分册共计37.5万字的《园区志愿者手册》，总共578页，在集中服务期的最后一天赠送给世博局。手册内容包括岗位设置、常见问题及回答、参考讲解词、突发事件处置办法等，内容翔实全面，既有助于复旦园区志愿者们梳理回顾和总结经验，也为世博园区和之后的志愿者服务提供有用的信息和有益的建议，极具参考价值。

团委紧紧围绕上海世博会召开的契机，以青年人奉献世博、服务城市为抓手，扎实推进理想信念教育，开展"文明城市风，青春世博行"主题教育活动。配合2010年上海世博会召开，陆续开展世界名校大联欢活动，复旦世博志愿者表彰大会；"一二·九"歌会，下属《复旦青年》出版

《早安世博》特刊，成为“小白菜”和“小蓝莓”在高强度的志愿生活中分享资讯、经验和快乐的不可或缺的宣传产品。校园媒体关注青年学生的动向，努力发掘值得学习的典型，通过舆论引导，扩大主题教育的影响。

2010年的主题教育，在传统活动形式的基础上，通过多样化的活动形式，力求呈现青年人崭新的面貌，包括：强化精英认同意识，举办复旦首届学生精英年会。弘扬传统文化，举办第一届中秋诵诗会。继续推行“新3108讲会”，以对话的形式发扬复旦“学术独立、思想自由”的理念。发扬基层风采，举办第五届班团文化展评，并以“班团 · 校园 · 城市”为主题，加强青年学生的城市认同感，把握基层团组织在城市风尚中展现出的独特文化。

2010年，团委以十月评优为主题活动，在师生当中评选表彰先进典型。从前期宣传、建立网站，到中期申请、院系答辩，到最后的审核答辩、颁发证书，共评选表彰优秀个人2 277人次，优秀集体102个。以特色团建为工作平台，改善申报流程，规范账目报销，支持团支部开展各式活动，增强基层凝聚力。共有21个分团委申报，170个项目审批通过，已有120个项目顺利结项。以常规团务工作为抓手，加强与基层联系，规范组织建设。顺利完成团籍注册、团费收缴、团报征订、年终考评等工作。

进一步完善对基层团校的指导和监督职能。继续做精“卓越计划”，加大资源整合力度。“卿云展翼计划”继续探索院系工作交流和合作平台的搭建，提高培养成果向基层院系转化的效率，建立“卿云展翼”常规化项目的运作机制。完善基层团校“评优评精”工作。逐步建立团校宣传基本体系，继续开拓外联宣传路径。

在学生科创工作方面，完成第20、21期“科创行动”的结项，开展第22、23期“科创行动”，资助项目近50个(不包含科创分中心)，资助总金额近20万元。第七届“挑战杯”中国大学生创业计划大赛在吉林大学举行，复旦大学校共有27支队伍报名参赛，决赛阶段拆队重建，形成强强联合，最终有10支队伍进入上海市比赛，3支团队入围全国总决赛。学校获得第七届“挑战杯”中国大学生创业计划大赛校级优秀组织奖。

在学生志愿者工作方面。组织青年志愿者参加2010年上海世博会、2010上海论坛等大型赛会的志愿服务工作。全年共派出31名同学赴宁夏、贵州、云南、西藏、重庆等西部贫困地区开展志愿服务工作。其中包括第十二届研究生支教团16人，第八批西部计划15人。服务内容涵盖支教、支医、法律援助、基层检察院、农村远程教育、农村青年工作等多个方面。10月，第十三届研究生支教队组建，共有17名同学入选。

在学生社会实践方面。全年共申报日常化社会实践活动项目163个，立项135个，资助金额5万元。暑期社会实践共申报项目215个，立项192个，资助额度逾20万元，共评选出市级优秀项目18个(包括3个“知行杯”获奖项目)，市级优秀指导教师3名，市级先进个人8名，校级优秀项目14个，校级优秀个人8名。

在学生媒体工作方面。复旦青年报社全年共计出报27期，是改版为双周刊以来出报总份数最多的一年。创设“复旦人问复旦人”栏目。在学生艺术工作方面。建立起一系列有着复旦特色、充分展示复旦人风采的品牌活动，如“校园钢琴大赛”、“校园主持人大赛”等。成功举办毕业季征集和毕业晚会。整合各类学生艺术活动，打造复旦大学首届艺术季，举办包括迎新音乐会、新疆专场演出、西藏专场演出和上戏专场演出等多场文艺演出。

深入开展调研和研究工作。配合世博志愿者工作开展世博系列调研，着力提高《每周一报》的质量，发行《箴研：2009—2010复旦青年调查报告选集》。

指导学生会工作。举办以“华光同鼎 · 日月新英”为主题的新生节，以“团节就是力量”为主题的社团节，以“华缦甲子 · 博学笃志”为主题的复旦人节。12月12日，复旦大学第四十一次学生代表大会在相辉堂召开，对过去两年的工作进行总结，并对以后的工作提出设想。

指导学生社团工作。截至2010年，复旦大学本科生注册社团数量已达200个(其中邯郸校区169个，枫林校区26个，张江校区5个)，总共吸收社员超过8 000名，约占在校本科生人数的三分之一。每学期开展社团活动近1 200次，参与人数超过20 000人次。根据现行《复旦大学社团孵化办法》，经过学生会社委办的严格把关，邯郸校区的学生社团数量增加30余个，新成立社团普遍发展情况良好，社员迅速增长，活动已初具规模和影响力。学生会通过制度化手段鼓励新生社团的成长，除给予新社团指导老师和资金方面的支持外，在每学期的社长大会与社长沙龙上给予新生社团一定的展示和交流学习的机会，激励和引导新社团更茁壮的成长。

加强“学习型”组织建设，重视组织文化建设，精心打造“半月湾——团委骨干培训学校”，以传帮带的形式传授团工作的技能，促进团干部的交流，提升团委的组织归属感，增强团干部队伍的凝聚力和战斗力。

(刘璟煜)

【举办复旦大学创新与创业课程】 2010年，复旦大学创新与创业课程共举办2期，每学期1期，共计16次活动，平均每月2—4次活动。课程主要以大型讲座与小型沙龙相结合的形式，为学员提供创新与创业的专业知识，提供与企业家、创业者更多的交流机会。采用固定学员与流动学员相结合的形式，开学初报名，中途可随时加入，不设最后考核。目前已有固定学员200余名，总参与人数超过1 000人次，其中有30%的校外大学生，在校内外产生较为热烈的反响。

(王翔宇)

【举办首届中秋颂诗会】 9月25日，复旦大学首届中秋颂诗会决赛在东区艺术教育馆举行。由团委主办。中国语言文学系教授骆玉明、哲学学院教授郑召利、复旦学院老师黄潇、复旦大学团委副书记徐阳、复旦大学团委副书记冯艾担任评委。通过比赛，更全面地考察各位选手的古典诗词底蕴，也唤起全校师生对经典的思考，达到弘扬中华传统文化的效果。

（李梦萍）

【举办“我们的光荣与梦想”——2010年复旦大学首届学生精英年会】 该会议于11月20日在复旦大学复宣酒店召开。由校团委发起，会期1天。复旦大学化学系教授刘旦初、中国语言文学系教授骆玉明、复旦大学附属中学特级教师黄玉峰应邀出席。来自清华大学、中国科学技术大学、山东大学、宁波大学、东南大学、四川大学、浙江大学、南京大学、吉林大学、中山大学、上海交通大学、同济大学、华东师范大学、上海财经大学、上海外国语大学及复旦大学的学生精英代表共43人参加。论坛共有4个主题，分别为通识教育与精英培养、校园文化与精英认同、城市变革与精英生存、文化碰撞与精英视野展。会议就精英的培养、定位、价值、发展等内容展开讨论，探讨在社会多元化发展的转型时代，当代大学生对精英的认识和期待。会后根据大会提交材料及会议讨论内容编辑出版《复旦共识》。

（聂元竹）

【举办首届“星动复旦”校园男生校园女生甄选大赛】 11月，团委主办“星动复旦”校园男生校园女生甄选大赛。大赛设“复旦男生”和“复旦女生”奖，机智思辨奖、才华横溢奖、羽化成蝶奖、流行风尚奖、默契组合奖和人气之王等单项奖。为复旦学子搭建一个充分展示当代大学生青春洋溢、梦想飞扬的舞台。

（汤耐尔）

【举办首届上海高校共青团信息化平台建设论坛】 该论坛于11月28日在学校光华楼东辅楼会议厅举行。由团市委与复旦大学团委联合主办。来自上海市23所高校团委分管信息化工作的教师和学生参加。论坛旨在研究根据青年喜欢的交流、沟通、联络和聚集方式作为新的组织载体开展共青团工作，提升共青团信息化建设水平，为各高校团委提供交流信息化建设情况的平台。

（汤耐尔）

附　录

2010年度复旦大学学生社团一览表

邯郸校区

能力拓展类社团

社团编号	社团名称	社团编号	社团名称
FD-H-USS-NL001	演讲与口才协会	FD-H-USS-NL008	过来人协会
FD-H-USS-NL002	成功心理协会	FD-H-USS-NL009	Girls up
FD-H-USS-NL003	沟通协会	FD-H-USS-NL010	星尚社
FD-H-USS-NL004	服饰美容 ING	FD-H-USS-NL011	Toastmaster 英语演讲社
FD-H-USS-NL005	公关协会	FD-H-USS-NL012	得意社
FD-H-USS-NL006	Powerpresen	FD-H-USS-NL013	UES
FD-H-USS-NL007	模拟联合国协会		

媒体类社团

社团编号	社团名称	社团编号	社团名称
FD-H-USS-MT002	DVDREAM 协会	FD-H-USS-MT003	美媒社

电子类社团

社团编号	社团名称	社团编号	社团名称
FD-H-USS-DZ001	虚拟音乐社	FD-H-USS-DZ002	IT CLUB

兴趣类社团

社团编号	社团名称	社团编号	社团名称
FD-H-USS-XQ001	书画协会	FD-H-USS-XQ005	科幻协会
FD-H-USS-XQ002	集邮协会	FD-H-USS-XQ006	复旦车迷
FD-H-USS-XQ003	摄影协会	FD-H-USS-XQ007	素食文化协会

续 表

社 团 编 号	社 团 名 称	社 团 编 号	社 团 名 称
FD-H-USS-XQ008	宜家社	FD-H-USS-XQ016	军事爱好者协会
FD-H-USS-XQ009	沸点漫画社	FD-H-USS-XQ017	外语配音协会
FD-H-USS-XQ011	漫画网	FD-H-USS-XQ018	推理协会
FD-H-USS-XQ012	零零舍社	FD-H-USS-XQ019	复旦茶社
FD-H-USS-XQ013	咖啡与酒文化协会 FD-H-USS-XQ014	FD-H-USS-XQ020	摄影协会张江分会
FD-H-USS-XQ015	哈利波特迷协会	FD-H-USS-XQ021	魔方社

经管类社团

社 团 编 号	社 团 名 称	社 团 编 号	社 团 名 称
FD-H-USS-JG001	会计学会	FD-H-USS-JG006	广告与营销协会
FD-H-USS-JG002	管理协会	FD-H-USS-JG007	证券投资协会
FD-H-USS-JG003	理财协会	FD-H-USS-JG009	大学生创业协会
FD-H-USS-JG004	前程协会	FD-H-USS-JG010	经治社
FD-H-USS-JG005	创意与实践协会	FD-H-USS-JG0011	明日协会

科学研究类社团

社 团 编 号	社 团 名 称	社 团 编 号	社 团 名 称
FD-H-USS-KX001	生命学社	FD-H-USS-KX004	三思社
FD-H-USS-KX002	复旦青年照明协会	FD-H-USS-KX005	航空航天协会
FD-H-USS-KX003	天文协会	FD-H-USS-KX006	贝塔朗菲社团

人文类社团

社 团 编 号	社 团 名 称	社 团 编 号	社 团 名 称
FD-H-USS-RW001	史翼社	FD-H-USS-RW012	少年中国学社
FD-H-USS-RW002	复旦诗社	FD-H-USS-RW013	古诗词协会
FD-H-USS-RW003	社会学社	FD-H-USS-RW014	周易协会
FD-H-USS-RW004	人文学社	FD-H-USS-RW015	图书馆读者之友协会
FD-H-USS-RW005	青年法学会	FD-H-USS-RW016	意象协会
FD-H-USS-RW006	金融保险协会	FD-H-USS-RW017	古琴协会
FD-H-USS-RW007	博雅学社	FD-H-USS-RW018	爱屋社(沪文化传檄社)
FD-H-USS-RW008	北辰文学社	FD-H-USS-RW019	墨林学社
FD-H-USS-RW009	知和社	FD-H-USS-RW020	零悟学社
FD-H-USS-RW011	望道书社	FD-H-USS-RW021	生命与潜力学社

政治类社团

社 团 编 号	社 团 名 称	社 团 编 号	社 团 名 称
FD-H-USS-ZZ002	邓小平理论研究会	FD-H-USS-ZZ004	环球事务论坛

音乐类社团

社团编号	社团名称	社团编号	社团名称
FD-H-USS-YY001	吉他协会	FD-H-USS-YY005	音乐操场
FD-H-USS-YY002	爱乐者协会	FD-H-USS-YY006	乐手联盟
FD-H-USS-YY003	笛箫协会	FD-H-USS-YY007	复旦歌社
FD-H-USS-YY004	余音社	FD-H-USS-YY009	Clocky house

舞蹈类社团

社团编号	社团名称	社团编号	社团名称
FD-H-USS-WD001	现代舞协会	FD-H-USS-WD002	国标舞协会

戏剧类社团

社团编号	社团名称	社团编号	社团名称
FD-H-USS-XJ001	燕园剧社	FD-H-USS-XJ003	留声社
FD-H-USS-XJ002	麦田剧社		

球类社团

社团编号	社团名称	社团编号	社团名称
FD-H-USS-QL001	网球协会	FD-H-USS-QL008	桌球协会
FD-H-USS-QL002	乒乓球协会	FD-H-USS-QL009	板球协会
FD-H-USS-QL003	羽毛球协会	FD-H-USS-QL010	手球协会
FD-H-USS-QL004	棒垒球协会	FD-H-USS-QL011	张江乒乓球协会
FD-H-USS-QL005	无限排协	FD-H-USS-QL012	美式橄榄球社
FD-H-USS-QL006	足球协会	FD-H-USS-QL013	高尔夫球社
FD-H-USS-QL007	篮球协会		

棋牌类社团

社团编号	社团名称	社团编号	社团名称
FD-H-USS-QP001	桥牌协会	FD-H-USS-QP004	国际象棋协会
FD-H-USS-QP002	中国象棋协会	FD-H-USS-QP005	四国军棋协会
FD-H-USS-QP003	围棋协会	FD-H-USS-QP006	桌友联盟

健身类社团

社团编号	社团名称	社团编号	社团名称
FD-H-USS-JS001	武术协会	FD-H-USS-JS008	跑步爱好者协会
FD-H-USS-JS002	空手道协会	FD-H-USS-JS009	梅花桩武术协会
FD-H-USS-JS003	少龙拳术俱乐部	FD-H-USS-JS010	电子竞技协会
FD-H-USS-JS004	陈氏太极拳协会	FD-H-USS-JS011	张江三维体育协会
FD-H-USS-JS005	健身协会	FD-H-USS-JS012	剑道社
FD-H-USS-JS006	瑜伽协会	FD-H-USS-JS013	跑酷协会
FD-H-USS-JS007	游泳协会		

户外类社团

社团编号	社团名称	社团编号	社团名称
FD-H-USS-HW001	旅游协会	FD-H-USS-HW006	素质拓展协会
FD-H-USS-HW002	登山探险协会	FD-H-USS-HW007	天开社
FD-H-USS-HW003	定向越野协会	FD-H-USS-HW008	龙舟社
FD-H-USS-HW004	极限运动协会	FD-H-USS-HW009	极限飞盘协会
FD-H-USS-HW005	自行车协会		

公益类社团

社团编号	社团名称	社团编号	社团名称
FD-H-USS-GY001	法律援助中心	FD-H-USS-GY014	社会创新俱乐部
FD-H-USS-GY002	环境保护协会	FD-H-USS-GY015	爱之子
FD-H-USS-GY004	青年社会工作者协会	FD-H-USS-GY016	益高社
FD-H-USS-GY005	心暄社	FD-H-USS-GY017	向日葵社
FD-H-USS-GY007	远征社	FD-H-USS-GY018	彩云支南协会
FD-H-USS-GY008	一合社	FD-H-USS-GY019	FUDAN TRIBE
FD-H-USS-GY009	凝心社	FD-H-USS-GY020	曙翼社
FD-H-USS-GY011	心生协会	FD-H-USS-GY021	民工子弟服务社
FD-H-USS-GY012	云聚社	FD-H-USS-GY022	TECC(科技教育交流协会)
FD-H-USS-GY013	复旦大学公益维权协会		

助学类社团

社团编号	社团名称	社团编号	社团名称
FD-H-USS-ZX001	仁己社	FD-H-USS-ZX002	晨兴社

国际交流类社团

社团编号	社团名称	社团编号	社团名称
FD-H-USS-GJ002	美芹社	FD-H-USS-GJ010	德语社
FD-H-USS-GJ003	依笺社	FD-H-USS-GJ011	北欧社
FD-H-USS-GJ004	ASES 复旦工作组	FD-H-USS-GJ012	中法丝绸之路交流社
FD-H-USS-GJ006	FACES-fudan	FD-H-USS-GJ013	花开社
FD-H-USS-GJ007	85Broads 女性发展协会	FD-H-USS-GJ014	港澳文化社会
FD-H-USS-GJ008	凿空社	FD-H-USS-GJ015	两岸四地学生交流协会
FD-H-USS-GJ009	中日学生沙龙		

枫林校区

能力拓展类社团

社团编号	社团名称	社团编号	社团名称
FD-F-USS-NL001	枫林校区口才社	FD-F-USS-NL003	枫林校区心理协会
FD-F-USS-NL002	前程无忧协会		

兴趣类社团

社 团 编 号	社 团 名 称	社 团 编 号	社 团 名 称
FD-F-USS-XQ001	枫林校区书画协会	FD-F-USS-XQ003	枫林映画
FD-F-USS-XQ002	枫林校区摄影协会		

音乐类社团

社 团 编 号	社 团 名 称	社 团 编 号	社 团 名 称
FD-F-USS-YY001	笛箫协会	FD-F-USS-YY003	枫林校区戏曲协会
FD-F-USS-YY002	枫林校区吉他协会		

舞蹈类社团

社 团 编 号	社 团 名 称	社 团 编 号	社 团 名 称
FD-F-USS-WD001	爱德华舞蹈社团	FD-F-USS-WD002	枫林校区街舞协会

戏剧类社团

社 团 编 号	社 团 名 称	社 团 编 号	社 团 名 称
FD-F-USS-XJ001	金十字艺术团	FD-F-USS-XJ002	金翼剧社

球类社团

社 团 编 号	社 团 名 称	社 团 编 号	社 团 名 称
FD-F-USS-QL001	枫林校区乒乓协会	FD-F-USS-QL001	排球枫林校区分会
FD-F-USS-QL001	枫林校区棒垒协会	FD-F-USS-QL001	枫林篮球协会
FD-F-USS-QL001	枫林校区羽毛球协会		

棋牌类社团

社 团 编 号	社 团 名 称	社 团 编 号	社 团 名 称
FD-F-USS-QP001	桌面游戏协会		

健身类社团

社 团 编 号	社 团 名 称	社 团 编 号	社 团 名 称
FD-F-USS-JS001	枫林校区跆拳道协会	FD-F-USS-JS004	枫林瑜伽协会
FD-F-USS-JS002	少龙枫林校区分会	FD-F-USS-JS005	枫林健身协会
FD-F-USS-JS003	空手道枫林校区分会	FD-F-USS-JS006	枫林梅花桩协会

公益类社团

社 团 编 号	社 团 名 称	社 团 编 号	社 团 名 称
FD-F-USS-GY001	禁烟协会	FD-F-USS-GY003	爱心大夫志愿者协会
FD-F-USS-GY002	阳光医生协会	FD-F-USS-GY004	Med-Bridge

张江校区

社团编号	社团名称	社团编号	社团名称
FD-Z-USS-QL001	张江乒乓球协会	FD-Z-USS-JS002	陈式太极拳协会张江分社
FD-Z-USS-XQ001	摄影协会张江分会	FD-Z-USS-JS003	潆潆水间瑜伽协会张江分社
FD-Z-USS-JS001	张江三维体育协会		

复旦大学第十三届研究生支教团名单

陈柏良　何京鸿　陈无梦　陈勇勇　陈之衡
程乐欢　杜彦君　顾皓卿　顾旻玮　何代东
刘艳波　卢　杉　秋钦夫　徐偲伦　汪一梦
再努热·吐尔逊

2010年复旦大学团委颁发奖项获奖名单

2010年度复旦大学基层团组织特别奖

研究生团工委
校机关团总支
复旦剧社团支部
勤工助学团总支

2010年度复旦大学优秀基层团组织负责人

曹祎遐　刘佳琦　徐　畅　王亚鹏

2010年度复旦大学附属医院团工作先进个人

金　波(中山医院)
成　锋(中山医院)
樊　华(华山医院)
金　蕾(华山医院)
翟晓文(儿科医院)
李雪莲(妇产科医院)
徐　磊(眼耳鼻喉科医院)
田志宏(肿瘤医院)

2010年度复旦大学附属医院团工作特色品牌

"仁心仁护 天使关爱"活动(眼耳鼻喉科医院)

复旦大学世博会志愿服务先进个人

中国语言文学系

李　蒙　周君凤　周思佳　范　鹏　席　越
郭曼云　陆　秀　朱　虹

历史学系

邓　爽　王一君　费亦雯　李　欣　乔明华

经济学院

金驰君　董艾琳　夏云倩　乐无穹　陈　曦　杨　辰
倪振豪　瞿鹿鸣　竺文君　吴夏艳　唐啸寒　方晋之
边新杰　屠雨卉　冯圣音　程　岚　汪淑敏　蒋士杰
顾　萌　王海桑　强怡华　蒋晨洁　吴伟华　唐　宇
陆莹洁　武　葳　俞克佳　唐晓琳

哲学学院

沈丹丹　刘　利　吕　哲　刘山林

国际关系与公共事务学院

苏伟麟　凌云志　高俊卿　山　群　刘艳波　刘佳琪
王　弘　程乐欢　任雅丽

社会发展与公共政策学院

王翠华　陈心怡　周文佳　邓　晨　周依乐　黄誉文
吴　慧

法学院

江一帆　刘应檀　李　雍　詹　辉　孙文博　潘一飒
小林润一　王　珉　刘　颖　陈梦伟　翁宏斌
张天玥　黄　珂　蒋鸿铭

数学科学学院

陶陈旸　施　磊　郑泽嘉　陆　豪　宋　超
朱端宜　沈文杰　谭奇骏　姚　烨　陈　菲

物理系

孙进杰　祝方舟　张　擎　梁　源

环境科学与工程系

吴彦霖　许　博　翟　宇　郭向楠　吴天晨　邱　天

信息科学与工程学院

胡心仪　沈芸辉　赵　杰　叶俊辰　潘　伟　郝静如
吕旦竹　潘姚华　钟　元　崔　瑞　王　璁　陈　宇
徐　珉　王轶超　陈宏达　李浩洋　蒋　赛　项春彧
杨育周　谢　玉　黄昕元

化学系

张正勇　孙汉杰　刘忞博　韦广丰　陈　琛　吴　双
丁　骏

生命科学学院

陆致晟 高睿婷 傅 鹏 王元齐 周 旸

管理学院

朴哉妍 张锦煜 陶恺婕 廖百琦 陆丽莉 胡晨希
张华祥 马 俊 郭忆濛 秦二娃 施昱辉 曹怡晨
洪慧娉 陆 乐 祝晓莹 王艳丽 杨 杨

力学与工程科学系

刘 玮 夏正安

材料科学系

李 靖 王 慧

高分子科学系

潘 震 安 乔 赵 北

上海医学院

宋小乐 孙 峰 蒋 龙 劳 峥 刘佩玺 薛 璟
薛文洁

公共卫生学院

黄韻宇 舒倩璐 徐梦蕾 王丽洁

药学院

张煜晨 梁羽坤 朱俊怡 黄 鹰 史晶晶 周 贵
钱丽丽 魏睿智 雷 冉 陆蕴红

护理学院

谈姝琳 罗 捷

中山医院

何梦江

华山医院

秦晓华

复旦学院

陈润颜 钱 琲 马旻倩 傅 蕾 钟呈欣 熊 丹
徐勋英 曹世杰 孙启超 田文娟 沈逸超 金 鑫
周剑帆 袁千里 张 妮 王 凯 王珏灵 刘依妮
张 涨 邱于涵 曹宋天祎 吴贝宁 金纬嘉
蔡光铭 张 强 韩君文 时元元 孙 波 赵荪翔
康 劼 陈云平 李正君 许崇晟 王贻骏 胡思宇
徐艺萍 高 晶 邓浩然 程泽雨 周钰伦 郭亦丰
刘其会 殷 悦 何文艳 雷博雅 李智行 东佳昀
朱宇浩 何晨阳 李月皎 张逸隽

计算机科学技术学院

王 晨 戚友石 梁 斌 姜 苗 陈思明 申 宸
刘 露 聂珊珊 张 璞 何 薇

网络教育学院

王梦柳 孙 超 张皓琛 卢 静

团委预备队

沈婵婧 赖雪文 吴海培 王 丽 李晨阳 项旭堃
李元圣 李雨虹 修力琛 马 丁 林沁筠 杨若冰
毛佩瑶 杨颖莹 刘璟煜 张 晨 陆斯文 张 舵
陈麟豪 邵 伮 张一舟 仇 璐 邵至颖 周文隽
邓 晚 屠一多 朱元元 金浩枫 王若君 刘天姣

复旦大学世博会志愿服务先进集体

【中国语言文学系】绿地公园片区网格4小组

任一,冯箫凝,陈人正,严冰洁,蔡心怡,龙若希,陈佳,张笛,陆丛希,袁晓岩,杨忆宁,尹博

【中国语言文学系】绿地公园片区庆典广场小组

周敏颖,李维,凯丽比努,毕琳琳,英佳妮,李文聪,王玥珉,童舒宁,胡欣

【历史学系】历史系城市站点志愿者

费亦雯,陆天祎,霍淑娴,郭星延,钟倩,庞裴培,褚月红,郑雨佳,曹嘉涵,高雅洁,韩海姣,贺梦楚,刘超逸,徐心怡,刘宏博,张宁,朱文静,邓爽,郭云菁,彭晓丹,杨敬敏,张丹

【历史学系】城市未来馆第15小组

张昊宇,郭逸群,李欣,袁文蕾,徐珂,刘玮琳,李雯,钱莉馨,聂希羽,胡盈,张巧娴,黄韶安,西元圭佑

【经济学院】杨浦区城市站点第一批第二组

程岚,陈燕婷,褚潇,董旭,高以忻,龚海林,郭洁琼

【经济学院】杨浦区城市站点第二批第六组

强怡华,邵诞,石晶晶,沈谢思洋,宋李彬,沈瑜奇,司睿超,郜桂龙,崔芝苹,陆路通

【经济学院】园区志愿者C片区14组

汪淑敏,陆晟晟,张璐,戴慧斐,沈旦鹏,王雪,吴珏,夏婷,杨璧嵘,张子骅

【经济学院】园区志愿者C片区15组

陆莹洁,陈水芳,孔林杰,冯亚静,秦彤,李佩芸,仇梦晨,李明倍,李萌,凌方睿

【经济学院】园区志愿者C片区26组

乐无穹,程嘉磊,耿旭菁,刘晨晖,李欣摩,赖丹丹,顾耿琼,洪庆子

【经济学院】园区志愿者C片区3组

吴伟华,高魏,沈哲明,沈千寻,王小曼,郭起瑞,扈宁,华尚之,丁盈

【经济学院】园区志愿者C片区6组

竺文君,过群,刘芳鼎,丁雅坤,朱骏宇,董文馨,王绒雪,王蕾,许沁

【哲学学院】世博中心餐饮协助小组

周颖,蒋卫蔚,黄俊珺,李雅芝,刘皓纯,温清,叶仪,吴华添,吴智伟,杨平康

【哲学学院】哲学学院城市服务站点志愿者小组

刘山林，杨平京，汪晓娜，邓珊，朱雀，汤赵杰，庄景晴，黄忆菲，刘丹琦，张钰淑，郎彦妮，卢朝阳，臧继贤，徐功搏，纪鹰昊，洪洁

【国际关系与公共事务学院】虹桥外建站

金孔羽，王冠松，朱光楠，潘意骋，梁卓卿，徐诗妮

【国际关系与公共事务学院】主题馆城市人馆志愿者团队

李燕星，刘艳波，秦昀，张云龙，乐晨卿，张艺磊，郁飞，杜昱，韩骋，李小千，陈楚君，林晓昕，王磊娅，张若愚，刘石磊，金辉，陈垚犇，王冕

【社会发展与公共政策学院】社会学院世博轴部志愿者第二小组

李嫣琪，王旸，王翠华，史逸婵，张莹颖，陈钊燕，陈宏玲，陈艳，谭静

【社会发展与公共政策学院】社会发展与公共政策学院城市站点志愿者队

陈萃琳，陈宇蔚，杜彦君，黄誉文，袁璐玶，王墉瑶，陈欣怡，刘佳，顾源，吴菲，张艳，周文佳，张晨玥，赵秦，严晓君，贺加贝，梁一鸣，刘博，欧亚，孙旖旎，卡比努尔，包思颖，李雯静，胡玉松，张宋钰

【法学院】A02 台湾馆组

王若楠，徐殿金，赵雯，李辰婴，董雪，张丽雯，杨洁，崔坤佳，金依辰，徐梦临，李佳晨，赵羽嘉

【法学院】A03 场馆

陈成，杨巧玲，赵同刚，孙晓蕾，丁诗筠

【法学院】W05 秩序维护问询

梁琦果，虞燕雯，胡云昆，张韵哲，颜建国，刘娟，王佳思，陆欢，张楠，刘金露，刘芳，王苗苗，刘亚儿，周扬业

【法学院】徐汇区城市站点

李默谦，孙乐乐，谭国宇，王倩，王依岑，徐婉琤，闫妍，阳柱林

【数学科学学院】DE 片区 M16 小组

陆祺奕，闻君杰，伍洋涛，吴家圣，吴之远，邬靓，谢兰，徐麟，孙健兰，孙蔡安，谭奇骏，李琳，李绮雯

【数学科学学院】非洲联合馆正门服务组

张兴，赵晟，王之光，严阅，张婕珂，郑海伦，金为，王晨阳，张亦然

【数学科学学院】数学科学学院世博会城市站点志愿者 A 组

陶陈旸，陈默，潘牧原，柳怡彧，杜一泓，屠思宇，朱蕙，冯芝莹，王一磊，卢丹妮，朱燡，朱劭宇，钱盈芝，黄驹，惠珅，肖聪，曹盛平

【物理系】物理系园区志愿者马当路第二小组

沈硕，朱文侃，张京，袁翠洁，徐浩，师博博，吴啸宇，彭文婷，项伟央

【物理系】08 物理城市站点志愿者

张擎，孙进杰，王哲雅，辛建宏，牛晓海，於逸骏，任文杰，张强，王蔚佳，陈宁心，陈巍月，郭思妍，黄正昊，吕正大，金磊，林庭

【环境科学与工程系】环境系城市站点志愿者第一小组

吴彦霖，杨顺成，许俊玮，苏畅，边明世，郭向楠，沈逸斐，刘超，战雯静，王悦超

【环境科学与工程系】DE 片区 M08 园区志愿者小组

许博，张晓冰，陈琪，张云，徐斌，宋书瑜，于宁钏，刁祎珏

【信息科学与工程学院】高科西路票务中心

李天宇，严禾嘉，久积悠辉，侯黎，刘欣瑜，卢元达，孙鹏，张璘，朱睿超，滕玉龙，王新宇，王章玉，蒋赛，谢晨欣，陈晓茜，黄旭华，黄昕元，黄骏珺

【信息科学与工程学院】鲁班路票务中心

刘鑫，宋洁琼，干洁，李倩，陈立雪，李思丝，李营营，江婷婷，郝静如，彭晶，李阳，李之栋，柴颖斌，傅阳，李斌，周佳琦，钱可嘉，姚翔

【信息科学与工程学院】长清路票务中心

尚青，李斯梦，邱东，沈旭，董存霖，王侃文，储梦倩，刘枫，刘莲，沈嘉良，程洁琼，顾旻晖，张楚泓，钟元，唐希凡，付凌智，刘聪，孙文文，叶梦梦，丁娜

【信息科学与工程学院】08 级电子工程系

王璁，乔雨，蔡凌云，卢思遥，王洁洁，王建飞，龙禹含，李恒，岳泰，陈昶安，金玮杰，朱丹

【信息科学与工程学院】微电子学系

潘姚华，汪雨雯，李慧，李蕾，陈凤娇，缪斯，杨金达，黄贝，周谨，吴雨欣，兰飞，赵薇，李稳，王玮，蒋菁，宋东骏，丁毅岭，施烨雯，邓一凡，王驰，潘煜晨，韦祎，邵炜彦，汤祺

【化学系】文化中心第四小组

岳秦，王皓轩，冯小燕，史辰漪，杨瑾超，薛一鹏，孟思远，唐菲茹，张小倩，胡可

【化学系】文化中心第六小组

刘忞博，刘春英，王晓亚，李雯静，蔡亚琪，孙晴，李丰，刘芳，孙浩

【生命科学学院】世博园区志愿者城市最佳实践区第十三小组

王喆辰，吴丽华，朱培涛，邵韵如，吴爱爱，陈露岚，马兰

【生命科学学院】世博园区志愿者城市最佳实践区第十小组

高原，王筱靓，刘匆，董欣然，吴优，赵维，迟亮，张夏梦

【管理学院】AB 片区 B03 商业组

李亦奕，张知为，常欢，王华杰，顾媛，许恒，欧阳沈祎，孙宵晨

【管理学院】AB 片区 B03 问讯组

王倩，周皓，陆昌焕，应宏斌，杨杨，汪洁，陆澄，杨晔，王云阶

【管理学院】AB 片区 A09 机动组

杨哲，蒋琛，陈熊英子，雷怡，庄一，胡晨希，赖致远，吴宇笛，张丽君

【管理学院】第一批城市站点第四组

卢彩荣，顾敏妍，王明辉，韩寅卿，高高，耿兴旺，吴荻，秦二娃，唐妍

【管理学院】第二批城市站点第四组

褚王欢，徐沁，佟金城，郭小溪，孙阆超，姜羡，金益雯，陈韵真，周杨

【力学与工程科学系】DE片区M11小组
吕婧，陆怀宝，姚蔚，戴晓宁，兰瑾，陈芳，曹艾丁，刘晟骅
【材料科学系】安保协助小组
杜小琴，田静，徐菊良，严荣婧，陈飞珺，巫勇，万磊，徐元
【高分子科学系】DE片区M04小组
潘震，张如靖，尹辛波，于晶莹，徐云仙，王梦吟，梁梅妮，张菁
【上海医学院】W13城市足迹馆
刘歆阳，武丽娜，王丽娟，周珉玮，陈诚，邢星，梁敏，邹鲁佳，陈超，崔萌，张包静子，王晨辰
【上海医学院】南站志愿小分队（上海南站南广场外建站）
周英杰，陈怡然，郭佳，仇杨骏
【公共卫生学院】综艺大厅小组
白鸽，王丽洁，王奥琳，高韵，宋圣帆，徐梦蕾，曹志娟，古一苇，陆殷昊，唐檬，庄詠文，王冰彦，耿希，李曦，蔡文珺，刘萌，黄晓霞，李享，陈涵一
【药学院】UBPA案例联合馆工作组
张小雨，史晶晶，王润嘉，郭宇波，周佳辰，任宇龙，黎旸，吴牧鹭，傅凡，朱晓慧，沈仕辰，柴妙琳，苏静晗，朱琳，陈晨，刘斯煜，潘彦峰，陈唯，胡星，金蓝瑾
【药学院】UBPA城市广场工作组
陈晨，张煜晨，王臻晟，肖怡雯，盛旭辉，龚昊隽，徐琛，刘筱萌，王雯，王逸，马卓凡，卞诗荟，朱俊怡，王雨晨，苏静，吴静芳，孙凌皓，朱校，曼家豪
【护理学院】护理学院园区志愿者集体
刘树麟，山崎，吴倩，朱光霁，武佳琳，庄文君，杨丽然，罗捷，张艳，吴谨伊，丁琼伟，张玲华，徐昊
【复旦学院】中国馆49米层2组
虞文嫣，黄瑞瑾，姚诗雨，徐成骥，滕浩，叶育辰，符晓妍，朱梦頔，季煜，胡润田
【复旦学院】中国馆南广场4组
庄颖健，张毛培，李振，朱夕骅，张泽人，夏宇，徐禹宸
【复旦学院】中国馆省市区馆3组
徐之平，王潇，赵泽元，郑骅，杨垚，谭迈，徐欣晗，朱亭亭，杨骥雷，省晓笑，于畅，王奕放
【复旦学院】复旦学院宝钢大舞台中队605小组
刘依妮，董康耘，叶颖源，胡欣，童舒宁，蒲萌，董菡珺，王玥珉，马睿琦，祝佳慧，崔驭
【复旦学院】复旦学院AB片区援助点
乔嘉男，吴碧菡，曾悦，苏圣瑶，徐婳，潘赟，张依文，冯喆，段驰，周堵堉，杨智，陈舒敏，房晓峰，郭雨嘉，栾稀智，高原，鄢琰，王资歆，王欢，朱蓓蕾
【复旦学院】复旦学院长宁区华阳街道城市志愿者小组
陈润颜，江昊妍，王珏灵，王文麒，蒋梨钊，尹卓，左薇薇，李钊，杨扬，徐榕声，曾莉娟，林映慧，王力，马跃廷，杨昕喆，郭琳琳，谢欣，朱烨琳，胡凯愔，孙鹏宇，蒋丹枫，宋漪静，钱时升，吴蒙昊，王丽园，张艳梅，吴丽洁，周梦天
【复旦学院】复旦学院长宁区程桥街道城市志愿者小组
时元元，李瑶，韩田，王宁川，王旻骏，陈飞家，胡海盼，黄珏心，罗睿，刘薏文，孙亚楠，施闻，陈世宜，张卓君，黎静，朱晓，李天健，王璐，程泽雨
【复旦学院】复旦学院长宁区新泾镇街道城市志愿者小组
许崇晟，刘紫霏，陈怡，张竹君，王茜，邓超，朴春兰，陈安琪，辛雨晨，胥忍玫，苏平如，单倩雯
【复旦学院】复旦学院DE片区W09小组
胡思宇，韩启阳，刘嘉旻，袁姝怡，熊苏娅，马潇，方春欣，谭诗琪，蒋其川，任迪诗雅，孙超，林立，葛江扬，俞凤娇，陈冰雁，朱逸骏，姜楠，傅轶斐
【复旦学院】复旦学院AB片区亚洲广场志愿者服务队
孙冰心，尚前，董千里，苏意达，时凯成，陈懿，王宗兰，王曼茜，周佳玲，蔡文嘉，史翔蔚，王安琪，沈健，朱谷忆，李俊坊，孙佼，孟娜，库丽甫尔
【复旦学院】复旦学院AB片区市民广场
朱艳燕，孙伟业，赵治远，孙达，徐天行，罗嘉良，钱未，宋承奕，谈天仪，陈思宇，黄季业，卢祎，陈启腾，王欣，王宜天，唐琦，尹雨婷
【复旦学院】复旦学院AB片区上南路交通组
袁千里，陆佳楠，聂雨秋，陈寒雪，刘宇，卫雨青，魏然，周旸，冯帆，陈佳琬，施卓彬
【计算机科学技术学院】徐汇区轨道一号线地铁站
申宸，范君迪，金琰琦，刘雅诺，明星，吴鹏，张挺，郑婕
【计算机科学技术学院】浦西园区DE片区企业馆广场问询及预约机小组
刘露，何薇，张弛，范一鸣，张欢，伦肇梁，曾劲，董家为，童雨，李杨，刘琦，杨宇哲，张胤，张柳清，刘嫄，陈丹阳，周丰，厉浩昊，樊嘉辰，王晶，陈月，周宇，胡昊，邱培超，梁斌
【网络教育学院】白莲泾出入口
卢静，徐喆翔，姜晓斌，张坤，聂勇，屈玖玲，杨若冰，侯晓婷，潘雨希，吴斌，黄梓航，杨晓辰
【团委预备队】复旦大学陪京志愿者
徐虎雄，邵伋，姜崇伟，徐睿毅，董垠孜，孙喆，贝一冰，陆孜骎
【团委预备队】团委预备队第29组
毛佩瑶，张弛成，周翔达，武颖，柳林絮，周雯珺，尹伊，冯子昂，谈翔
【团委预备队】团委预备队第30组
张一舟，方逸文，顾琪，姜洁，李晨阳，徐玏，杨颖，张露，黄璜
【团委预备队】团委预备队第33小组
邵至颖，扈佐丹，胡雨笋，吴娴融，张小雨，李心璞，戴元灿，吴俊甫，朱宁喆，李元圣
【团委预备队】团委预备队高科西路出入口
严姝，许皓淇，蒋佳音，张艺，张然，张蔚菁，陆礼根，施雨，陈麟豪，章瀚时
【团委预备队】团委预备队上南路出入口
翁晨艳，陈喆怡，徐婧，屠一多，曾梦君，赵乙，袁雷，赵雅博，郑宇闻，倪翔，李迪，何舟驰，王圣雄，周立正，蔡霄，张晨
【团委预备队】团委预备队西藏南路出入口

张乐，项俊，陆斯文，童斐，吴海培，杨诗哲，曾秀慧，赵大维，赵欣悦，项伟央

复旦大学世博会志愿服务优秀党员

中国语言文学系 李唯
历史学系 蒋漪昀
经济学院 周泱
哲学学院 傅锡洪
国际关系与公共事务学院 田元源
社会发展与公共政策学院 李伦
法学院 亢丽佳
数学科学学院 王晨阳
物理系 张强
环境科学与工程系 束梦照
信息科学与工程学院 李涛
化学系 冯小燕
生命科学学院 朱培涛
管理学院 艾小星
力学与工程科学系 朱春艳
材料科学系 徐菊良
高分子科学系 黄健
上海医学院 杨璐萌
公共卫生学院 白鸽
药学院 盛旭辉
护理学院 刘树麟
复旦学院 庄颖健 虞文嫣 王银飞 刘玲
计算机科学技术学院 姚宇
网络教育学院 刘钧儒

复旦大学世博会志愿服务优秀党支部

城市最佳实践区部第一临时党支部
主题馆部临时党支部
园区一级储备临时党支部
徐汇区站点第一临时党支部

复旦大学世博会志愿服务支持工作先进个人

中国语言文学系 钱晨嫣 刘琴
历史学系 张涛
经济学院 董旭 石烁 朱砚童 陆遥 唐巧玲
哲学学院 张波 陈明静
国际关系与公共事务学院 于佳悦 邹正文
社会发展与公共政策学院 陈萃琳 施丽萍
法学院 段明鑫 孔凡洲 张宇衡 姜源
数学科学学院 王桑原
物理系 张世杰
环境科学与工程系 汉京超
信息科学与工程学院 欧若风
信息学院 范庭芳 顾麒 李敏
化学系 杨慧丽 邢珍
生命科学学院 冯然 李一苇
管理学院 蒋梦娟 施原 肖勰 邵维佳
力学与工程科学系 豆梦琳
材料科学系 吴瑕玉
高分子科学系 黄健
上海医学院 吕海辰 王静
公共卫生学院 舒乐
药学院 张春燕 郁颖佳
护理学院 庄文君
中山医院 王燕
华山医院 马莹
复旦学院 曹天睿 李菁 朱凌昊 常帅 李一凡 王璨 陈震宇 毛项颖 王晓娇 郭鹏华 张乐天 张宇乐
计算机科学技术学院 吴斌 丁昕
网络教育学院 王立鑫

世博会志愿者工作站

园区志愿者工作 戴元灿 朱宁喆 刘洋 吴俊甫 邓晚 李元圣 杨颖莹 邓翰林 邵至颖 李心璞
城市站点志愿者工作 李楠 张国永 徐婧 赵琪 王铸成 黄昕元 王子文
交通保障 张启麟 俞宙 耿昭华 杨念吉
后勤保障 陈蓦飞 吕辉 弓好冰 杨凌云 山群 张涵博 刘奇卉 周贶树 倪丸南 陈君玮 李延超 庄颖健
宣传信息 吴哲楠 王中 南智敏 陈文澜 夏天怡 谭力 沈从乐 徐嘉婕 刘哲郡 陈竹沁 黄辰颖 杨旻悦 赵秦 谈寒一 邱堃
外省市志愿者接待 丁姜斌 曹靖楠

复旦大学世博会志愿服务工作特别奖

复旦青年《早安世博》编辑部
团团项目团队

2010年度复旦大学优秀青年志愿者服务集体

远征社
管理学院楼学联青志队
数学学院“星光工程”服务队
信息科学与工程学院公益青志部
国际关系与公共事务学院青志队
社会发展与公共政策学院青志队
法律援助中心

护理学院 MDA 志愿者团队
材料科学系青志队
08 级上海医学院临床医学八年制 2 班团支部

2010 年度复旦大学优秀青年志愿者

上海医学院　陈素贞
历史学系　刘宏博
国务学院　左昊畅
新闻学院　吴雪鹭
法律援助中心　黄　岚
外文学院　周懿琼
生命科学学院　曹宋天祎
社政学院　马正侃
哲学系　徐功搏
数学系　李可嘉

2010 年复旦大学暑期社会实践优秀项目

心系彩云，追梦云南
民间信仰现状调查——以对福建泉州“解放军庙”的考察为例
“我们，在”——远征四川汉旺教育支教调研行
“弥补大地的裂痕”之震区儿童当下生活恢复情况的调研和支教——以四川省北川县陈家坝小学为例
新生代农民工心理健康状况调查
农村空巢老人生活状况调研——以上海崇明县为例
曙光工程——赴山东沂蒙山区支教和调研
传递关怀，续燃希望——四川省凉山州达祖小学支教活动暨当地情况调研
心系内蒙——内蒙古乳制品业现状调研活动
绿色世博 无烟上海——上海社区、餐馆、医院控烟宣传与调研
长三角百强县基于全球价值链分工的产业升级案例研究——以江阴、昆山、绍兴、义乌为例

2010 年复旦大学暑期社会实践先进个人

马继愈　李晓明　俞文成　康　昊　何　洋　史之峰
徐桑慧　唐　增

2010 年复旦大学春季日常化社会实践优秀项目

短期项目
对上海市 VCT 检测点运作状况的调查及思考
自强自立——大学生兼职情况调研
复旦大学本科生虚拟校园使用情况调研
复旦饮食和谐问题
长期项目
复旦绿地图

“班团·校园·城市”——2010 年度复旦大学优秀班团文化展评

班团·校园·城市——2010 年复旦大学优秀班团文化展评金奖
药学院 2007 级本科生团支部
数学科学学院 2008 级本科生团支部
复旦学院志德书院 09203 班团支部
班团·校园·城市——2010 年复旦大学优秀班团文化展评银奖
新闻学院 2008 级本科生团支部
法学院 2008 级本科生团支部
环境工程与科学系 2008 级本科生团支部
物理学系 2008 级本科生团支部
班团·校园·城市——2010 年复旦大学优秀班团文化展评铜奖
历史学系 2008 级本科生团支部
复旦学院志德书院 09211 班团支部
化学系 2008 级本科生团支部
复旦学院克卿书院 09604 班团支部
上海医学院临床医学(八年制)2007 级本科生 2 班团支部

2010 年度复旦大学“一二·九”主题教育活动

2010 年复旦大学“一二·九”主题歌会金奖
经济学院
2010 年复旦大学“一二·九”主题歌会银奖
新闻学院
复旦学院腾飞书院
2010 年复旦大学“一二·九”主题歌会铜奖
复旦学院克卿书院
复旦学院任重书院
国际关系与公共事务学院
2010 年复旦大学“一二·九”主题歌会优胜奖
外文学院
生命科学学院
信息科学与工程学院
护理学院

2010 年度复旦大学“一二·九”主题 DV 摄影大赛

最佳主题影片奖
数学科学学院：《复数域》
历史学系：《穿越百年的悔悟》
新闻学院：《心与新院》
最佳导演与编剧奖
历史学系：《穿越百年的悔悟》
提名奖：
数学科学学院《复数域》、新闻学院《心与新院》、外文学院《我和你，全世界，心连心》
最佳素材与拍摄奖
数学科学学院：《复数域》
提名奖：
哲学学院《后世博时代的哲院小白菜》、化学系《“化”心》、社会发展与公共政策学院《关注城市社会发展，与你同行》

最佳制作技术奖

信息科学与工程学院:《荣我信院,耀我复旦》

提名奖:

历史学系《穿越百年的悔悟》、新闻学院《心与新院》

最佳人气奖

历史学系:《穿越百年的悔悟》

提名奖:

信息科学与工程学院《荣我信院,耀我复旦》、新闻学院《心与新院》

复旦大学第五届钢琴大赛获奖名单

复旦大学第五届钢琴大赛金奖 徐玮濃

复旦大学第五届钢琴大赛银奖 刘天依

复旦大学第五届钢琴大赛铜奖 竺晨曦

复旦大学第五届钢琴大赛最佳创意奖 竺晨曦

复旦大学第二届主持人大赛获奖名单

复旦大学第二节主持人大赛金话筒奖 王天心

复旦大学第二节主持人大赛银话筒奖 孔 确

复旦大学第二节主持人大赛博学思辨奖 罗 政

复旦大学第二节主持人大赛睿智优雅奖 王天心

复旦大学第二节主持人大赛青春活力奖 亢 翔

复旦大学首届"星动复旦"校园男生校园女生甄选大赛获奖名单

复旦大学首届"星动复旦"人物甄选大赛复旦男生称号:努尔艾力·买买提

复旦大学首届"星动复旦"人物甄选大赛复旦女生称号:张琦梵

复旦大学首届"星动复旦"人物甄选大赛才华横溢奖:李好好

复旦大学首届"星动复旦"人物甄选大赛睿智思辨奖:陈哲媛

复旦大学首届"星动复旦"人物甄选大赛羽化成蝶奖:陆雨骅

复旦大学首届"星动复旦"人物甄选大赛流行风尚奖:努尔艾力·买买提

复旦大学首届"星动复旦"人物甄选大赛默契组合奖:李丹凝、于翔、王利斌、李好好

复旦大学首届"星动复旦"人物甄选大赛人气之王奖:李好好

(团委供稿)

妇 委 会

【概述】 2010年,复旦大学妇女工作以"教育让生活更美好"为主题,开展各项宣传教育主题活动,积极贯彻落实"巾帼世博建功行动",大力推进师德建设,引导学校女教职工为营造和谐社会、提高城市文明程度和举办成功、精彩、难忘的世博会作贡献,以创建巾帼文明岗为抓手,鼓励女教职工争先创优。

3月5日举行隆重的纪念表彰大会,以"三八"国际劳动妇女节100周年、上海市妇联成立60周年为契机,总结回顾学校历史上的优秀女性事迹,弘扬复旦精神。与教育系统妇工委合作举行"共话师能——优秀青年女教师主题沙龙"。举办复旦大学"走进世博,健康相约"健美操比赛,各院系、医院有17支队参赛。

1月8日,复旦大学女教授联谊会在校工会多功能厅举行,开展新会员介绍以及加强新老会员之间交流及经验分享活动。外国留学生办公室副主任张怡副教授为与会的女教授、女老师们讲解"女教师"礼仪。3—11月,开展"我为世博添光彩"主题活动,学校14个单位的女教职工交流她们参与世博活动的内容。其中三项送教育系统妇委会交流,一项获得优秀主题活动。4月16—17日,妇委会组织开展"相遇、相识、相知、相约"未婚青年教师90人赴浙江新昌"游济公老家、赏人间仙境"联谊活动。组织10名男女青年教师参加教育系统组织的"相约世博年·情聚玫瑰园——上海青年教师第九次牵手联谊活动",组织参加上海大学、宝山教育工会举办的未婚青年联谊活动。6月10日,妇委会邀请30余位来自各院系的小白菜和蓝精灵女学生代表,在校工会201会议室隆重举办"走进世博——我的小白菜蓝精灵情结"座谈会。11月,召开女教授联谊会理事会议,筹备庆祝学校女教授联谊会成立10周年和换届活动。

根据全国妇联的要求,妇委会开展学校卫生系统女性高层次人才成长状况研究及对策建议调研工作。通过各医院的妇委会对医院的女性高层次人才进行调研,召开医院高层次女性人才座谈会,对女性高层人才的现状,女性人才队伍、支持女性人才成长的相关政策、女性人才工作等主要做法和经验,本单位影响女性人才成长的主客观因素、存在的问题对策建议进行了讨论。完成学校附属医院女性高层次人才成长状况研究及对策建议上报市卫生局。

撰写的"上海市老年高级知识女性人才的开发"入选全国妇联、全国妇女研究所召开的"平等 发展 和谐 2010年中国妇女研究会年会暨'北京+15'"论坛。

(邱晓露 陶菊玲 李雯静)

【举办"平等、和谐、美丽——上海高校女性学学科建设论坛"】 该论坛于3月25日下午在逸夫科技楼二楼报告厅举行,由复旦大学妇委会联合上海市教育系统妇女工作委员会、上海市妇女学会共同举办。来自复旦大学、上海交通大学、同济大学、华东师范大学、上海外国语大学、上海师范大学、上海大学等7所高校的代表作主题发言。分别从高校女性特色课程建设与设计、女性学科的教学探索与研究、女大学生成才教育、女性学科在高校教育中的重要性等角度

论述女性学科建设的必要性、重要性和可行性。进一步推动上海高校女性学课程的发展。

（邱晓露　陶菊玲　李雯静）

【参与“世博之韵、师德之美——上海女教师的故事PPT大赛”并获奖】 9月6日，在上海市教育系统组织的“世博之韵·师德之美——上海女教师的故事PPT优秀作品大赛”中，复旦大学附属儿科医院教授郑珊的作品“只要路是对的，就不怕路远”获银奖，生命学院教授李瑶的作品和管理学院教授黄丽华的作品获参与奖。

（邱晓露　陶菊玲　李雯静）

十一、附属医院

综　述

【综述】 2010年,复旦大学共有10所附属医院。其中中山医院、华山医院、华东医院为三级甲等综合性医院,妇产科医院、儿科医院、肿瘤医院、眼耳鼻喉科医院、上海市公共卫生临床中心为三级甲等专科医院,金山医院、上海市第五人民医院为三级乙等综合性医院。

共有医院职工15 069人,床位8 809张。有国家重点学科(含三级学科)27个,卫生部临床重点专业5个,上海市临床医学中心7个,上海市医学重点学科11个,上海市医学重点专科4个,上海市临床医疗质量控制中心20个。有中国科学院院士2人(沈自尹、王正敏),中国工程院院士4人(汤钊猷、陈灏珠、顾玉东、周良辅),双聘院士1人(陆道培),教育部"长江学者奖励计划"特聘教授5人,复旦大学特聘教授10人。全年门急诊服务量14 487 312人次,期内出院人数307 802人,住院手术服务量165 850人次。

全面推进住院医师规范化培养工作。完善住院医师规范化培训的管理工作,加强与上海市卫生局和附属医院的沟通协调。针对9家附属医院和徐汇区中心医院共429名住院医师,组织完成包括法律法规、循证医学、临床思维与人际沟通、重点传染病防治知识、职业病、预防医学、公共卫生等6门公共科目的授课任务。协助卫生局组织2010级住院医师的单独考试、报名和招录工作,协调附属医院各科室间的轮转等工作。

继续开展"医疗质量万里行"活动,对附属医院的医疗管理、ICU、血液透析、输血安全、药事管理、文明建设、安全生产、临床护理、院内感染控制等情况进行了重点检查。配合卫生部组织完成皮肤科、耳鼻喉科、儿科等多个病种临床路径的编写。配合市卫生局做各附属医院药品集中公开采购系统的组织、协调。开展医疗新技术等申报,并做好外籍医师来沪申请短期行医的申报和2010年度医师资格证书发放及集体注册。根据《卫生部办公厅关于印发〈2010年大型医院巡查工作方案〉的通知》(卫办医管发[2010]104号)文件精神,配合卫生部做好2010年卫生部对我校6家部属医院的大型医院巡查工作。针对AVASTI事件,开展系统内自查,加强药品和医疗安全管理。协助各附属医院积极投标申报各新建和重新招标建设的临床专业质量控制中心。配合卫生局做好各附属医院《侵权责任法》学习培训工作。根据上海市关于迎市博安全生产工作要求,组织总务、保卫和生物安全方面专家对复旦大学6家卫生部直属附属医院的安全生产工作落实情况和隐患排查治理情况进行检查。

世博会期间,附属医院广大医护人员积极投入,勇于奉献,维护人民群众和广大世博参观游客的健康,认真完成世博会的医疗保障工作。华山医院东院作为世博会8家定点医院之一,负责世博园区医疗站点的日常运营和世博园区、世博村的医疗保障工作。中山医院、华东医院全力以赴完成世博会VIP医疗保障工作。其他附属医院作为强大后盾,建立医疗应急救援队伍,全面开展应对突发事件的人员培训和演练,必要时提供会诊救治,或按照指挥做好医疗救援。

完善和推进护理科研工作。完成校级2010年度护理科研基金的申报和经费发放、2006年度护理科研项目结题评审和发证和2008年度护理科研项目的中期考核等工作。协助上海市卫生局组织开展"志愿护理服务"暨纪念5.12国际护士节活动、上海市护理人员基本现状的调研、护理质量督察标准的修订和《综合医院分级护理指导原则》、《住院患者基础护理服务项目》、《基础护理服务工作规范》,以及《常用临床护理技术服务规范》的推行和落实工作等。协助卫生部对贯彻实施《中国护理事业发展规划纲要(2005—2010年)》情况进行调查和数据统计、《临床护理实践指南》的编写和协调工作以及卫生部重点学科临床护理和专科护理项目的申报工作。

推动精神文明建设,促进附属医院的全面发展。开展附属医院病人满意度问卷调查和分析工作,推进附属医院加强医院管理和行风建设。完成精神文明各类奖项的校内评审和申报。加强世博会期间附属医院文明窗口服务建设,4—10月,世博会试运行和运营期间,以专报、半月报和月报形式向卫生局文明办定期编辑报送复旦大学附属医院窗口服务信息。

组织附属医院专家教授定期在邯郸校区进行义诊。与徐汇区斜土路街道联合开展社区健康知识宣传教育活动。共组织安排健康教育讲座4次,"健康进社区"活动2次,组织附属医院18名医学专家为社区居民进行科普卫生知识宣教和答疑。

积极完成各项支援工作。配合卫生部完成支援西部地区农村卫生工作。从附属医院抽调相关专业医务人员组建两支复旦大学支援西部地区的医疗队(共计16人),前往甘肃省合水市和贵州省毕节市开展医疗支援工作。接收西部地区专项进修医生7人(其中甘肃省5人、贵州省2

人)，为期1年。同时根据两地卫生需要，向当地医院捐赠总价值近10万元的医疗器械、药品和书籍。配合上海市卫生局，完成援助摩洛哥荷赛马点医疗队的组队轮换工作。组织协调附属医院组派医疗队伍支援云南地区，选派中山医院、华山医院、金山医院等附属医院的医务人员组建医疗队分别前往支援云南省富源县人民医院、嵩明县人民医院和彝良县人民医院开展为期至少6个月的医疗服务工作。

做好对附属医院的服务工作。编印《2009年复旦大学附属医院基本情况汇编》、《医疗卫生信息简讯》(电子版)和《医院工作简讯》等三本日常工作信息文本。协助促成保柏(Bupa)集团和复旦大学10家附属医院的合作和“管理质量服务”评估工作，中山医院和华东医院均以出色的成绩达到“保柏质量核准”银质等级质量认可，医院管理水平实现国际化对接。配合上海市卫生局开展医院等级评审工作，协助附属医院积极筹备等级评审，附属第五人民医院通过等级评审，晋升为市级三级乙等综合医院。

做好人民来信来访接待处理，认真处置群众来信来访所反映的问题和合理诉求，积极应对和协助处理好各类突发应急事件，构建和谐医患关系。2010年共处理人民来信491封，接待来访人201次。开展各附属医院重信重访专项治理工作，完成各附属医院被列为上海市重信重访对象的信访材料的整理和交办工作。

1月26日，在妇产科医院杨浦院区召开附属医院领导例会，总结2009年工作、研讨2010年工作思路与重点，并就复旦大学住院医师培养的组织、招录、培训、考核等关键环节问题展开讨论。常务副校长王卫平出席会议并部署2010年重点工作，他指出附属医院要积极做好世博会的医疗服务工作，要充分重视住院医师规范化培训工作，要认真对待上海市展开的医院等级评审工作。他强调各医院要加强内涵建设，发扬医院特色，加强内部管理。

8月3日，在第五人民医院召开附属医院领导例会，校党委书记秦绍德、校长杨玉良、常务副校长王卫平、党委副书记王小林出席会议。会上总结2010年上半年学校各附属医院的医疗工作情况，阐述医科“985三期”发展规划的基本思路及相关安排，并介绍运用模式动物研究疾病机理和防治手段。王卫平提出：要正确处理附属医院和学校的关系，更深入理解大学附属医院的责任；不断地创新才能推动医学的前进，临床医学与基础医学及相关学科的交叉融合具有重要意义；要注重医院的内涵建设；各附属医院要充分利用复旦大学的相关学科资源与研究平台，对影响人类的重大疾病进行创新性研究，并加强转化医学研究。会上，杨玉良阐述大医口管理体制调整及医科发展的原则和方向，强调在重视包括医学院、附属医院在内的医口整体性的同时，更要重视发展医学学科与非医学学科的交叉。校党委书记秦绍德指出各附属医院要重视内涵建设，正确处理好外延和内涵发展的关系。各附属医院要以“争先创优”活动为抓手加强党的建设，重点是附属医院的领导班子和基层组织建设。

(李　磊)

复旦大学附属中山医院

【概况】 2010年，复旦大学附属中山医院围绕“狠抓基础、安全第一、科学发展”的工作方针，积极贯彻落实公立医院改革各项措施，全面推进医院各项工作，在世博会中展示医疗行业优质形象的同时，确保“十一五”的圆满收官。

医院现有国家临床重点专科3个，国家重点学科12个(其中5个牵头)，上海市重点学科2个，上海市医学重点学科2个，卫生部和教育部重点实验室各1个，上海市临床医学中心2个，上海市重点实验室1个，上海市临床专业质量控制中心5个。现有教职员工3 412人(含分部)，其中正高级职称122人、副高级职称289人、中级职称805人、师级职称1 118人、士级职称645人、其他433人。复旦大学特聘教授4人，兼职教授5人。招收新职工217名，其中医师126名，护士55名，其他人员36名。本部现有临床业务科室46个，核定床位1 700张。2010年共完成门急诊2 627 827人次，较2009年增长9.81%；出院病人68 549人次，较2009年增长15.13%；住院手术病人45 067人次，较2009年增长14.40%。平均住院天数为8.56天，比2009年下降1.04天。

扎实推进创先争优活动，为党建工作增添新活力。医院制定具体的实施方案，以“严格管理，狠抓质量，争先创优，科学发展”为主题，以建设“五个好”党组织、争做“五带头”党员为基础，动员全院广大共产党员立足本职岗位发挥战斗堡垒和先锋模范作用。进行两年一度的中山医院“先进党支部、优秀党员、优秀党务工作者”评选活动。完成党支部调整及支部委员会换届选举工作，目前全院共设党总支2个，党支部41个。设立“支部创新基金”，资助开展创新性的组织生活，已有8个支部申请活动经费。

以科学发展观为指引，继续落实医院管理各项工作。按照上海市委、市政府的总体安排和上海申康医院发展中心的具体要求，启动“十一五”规划总结和“十二五”规划编制工作，确定了“十二五”规划的总体发展目标和医、教、研、管理等各项工作的子目标，加强医院战略规划管理，在上海申康医院发展中心组织的专家论证会中位居前十名。顺利完成上海市三级综合医院评审自评及材料上报工作，在2009—2010年度市文明单位督查及万人问卷调查、卫生部大型医院巡查等多项检查中表现出色。院长王玉琦获2010年度中国医院管理突出贡献奖。

常抓党风廉政建设和反腐败斗争，从源头上防止腐败。开展“五五”普法活动，形成职工自觉学习法律、维护法律的氛围。医德医风档案推进工作获得市卫生局充分肯定。贯彻落实中央精神，认真做好“小金库”

自查自纠“回头看”工作。严格执行财务制度,加强经济管理。根据上海市发展和改革委员会的政策调整要求,完成对临床诊疗类医疗服务项目收费价格及一次性卫生材料的收费调整。推进优质廉洁工程建设,获得中央治理工程建设领域突出问题工作领导小组的肯定。加大院务公开力度,通过职工代表大会对医院的“十二五”规划、年度工作总结、工作计划、财务预决算以及涉及职工利益的重大事项进行审议,促进民主监督,完善民主管理。

支持卫生部推进公立医院改革的各项举措,满足人民群众的医疗服务需求。积极开展临床路径试点工作,内分泌科入选上海市第一批临床路径试点科室,“与医保支付制度密切结合实施临床路径”等相关工作经验得到上级领导和专家的充分肯定。3个科室获批2010年国家临床重点专科。上海市超声质量控制中心继续挂靠中山医院。举办第二届临床新技术、新项目奖励计划结题会,推广临床新技术、新项目。加强电子病历管理,试运行“电子医嘱系统”。修订《科室医保管理考评方案》。与江苏省大丰市签约医保“一卡通”,实现全国首例跨省异地医保医疗费用实时结算。获2009年度卫生部全国病历质量评比活动一等奖,2010年上海市三级综合性医院病历质量评比一等奖,在上海市卫生局、复旦大学附属医院“医疗质量万里行”专项检查中获得好评。

优化就诊流程,提供便捷服务。因地制宜地开展预约诊疗服务,提供多种途径的门诊免费预约挂号,预约比例达到专家门诊的35%。在卫生部支持下,从一楼到顶层十五楼的折返式自动扶梯落成并投入使用,成功分流高峰时段等候垂直电梯的人群,便利群众看病就医。配合自动扶梯的使用,医院门诊的所有标识全部进行更新。重新布局便民服务中心,集预检、咨询、预约、取报告、借推车等多项功能于一体。定期举行健康咨询和健康教育活动,分别开展前列腺增生咨询活动(2个月)、骨质增生咨询活动与幸福驿站(肾移植)健康教育活动(10个月)等。加强外科日间病部的管理,全年收治各类外科疾病患者4 200余人次,有效缓解患者“住院难”问题。在市、区两级血液管理办公室统筹协调下,在上海市血液中心的大力支持下,成立华东地区第一家血液中心驻医院内献血屋——“上海市血液中心中山医院献血屋”,保障临床用血。特需医疗服务获得英国保柏(Bupa)集团医疗服务质量认证,成为上海市首批获得“银牌”认证的两家医院之一。

严抓医疗安全工作。在全院范围内开展“不合理用药专项督查”和“规范应用药物、耗材和医疗器械”专项整治工作。积极开展“优质护理服务示范工程”,成立活动领导小组,制定详细计划和具体执行方案,改进护理服务质量。补液标贴增加“病家自报姓名”栏,加强身份确认。外科重症监护室、内科CCU做到“无陪护”,所有患者护理由护士承担。设计整套“临床护理表格式记录单”等。2月7日、8日,《新民晚报》、《解放日报》、《文汇报》在头版头条刊登中山医院动真情、用真心为病人提供舒心医疗服务的报道。市卫生系统文明委下发《关于学习推广中山医院医护人员全心全意为病人服务做法、深入推进迎世博冲刺100天行动的通知》(沪卫文明委[2010]2号),号召全市医务工作者向中山医院学习,引起强烈反响。

高度重视世博安全保障工作,成立“平安世博”建设工作领导小组和工作小组。作为世博会VIP医疗保障十家定点医院之一,医院组建由骨科、消化科、心外科、泌尿科、呼吸科、心内科6个科室组成的医疗专家组、6支外派医疗队和1支15人的创伤组,备齐外带医疗箱,设置专门诊室和病房,细化就医流程,成立24小时运转的世博值班室,组织相关医护人员多次培训和演练。运作期间,中国新闻出版总署领导、联合国副秘书长家属贝南夫人、中组部老领导等多人的来院就诊及住院治疗,均表示满意。11月,医院被授予“世博医疗保障工作先进集体”称号,VIP外派医疗队和检验科被授予“先进班组”称号,6位同志被评为“先进个人”。做好各项“涉博”工作:80多人志愿上岗,守护枫林路49路、171路公交站点;取得上海市卫生系统迎世博现场急救技能比赛综合医院组第一名等。由于在世博期间的优质服务,医院获得“上海市卫生系统世博工作先进集体”、“迎世博贡献奖——优质服务奖”等多项表彰。

坚持开展送医下乡公益活动。4月,医院响应卫生部三年对口支援的号召,根据上海市政府的具体安排,接受对口支援云南省富源县人民医院的任务,先后组建2支医疗队,共9位医师前往云南省富源县人民医院,开展医疗援助工作。8月,4位医师组成医疗队奔赴贵州省毕节地区人民医院。医疗队员们在当地开展学科和科室建设规划、专题讲座、教学查房、手术示教、危重病人抢救等一系列工作,提高当地的医疗水平。11月,1名医师参加上海市援疆医疗队奔赴新疆喀什参加援建。2名医师圆满完成为期两年的支援摩洛哥医疗任务。医院获得上海市文化科技卫生“三下乡”先进集体荣誉称号。

加强干部和人才队伍建设,夯实医院发展的人力资源基础。年内分两批对医院总部、分部、分院、复旦大学公共卫生中心共371位高年副高以上人员进行培训。积极筹备建立医院内部培训师队伍。组织50个科室(组)的1 164名员工对科主任进行民主测评。完成对院长办公室、门诊办公室的结构调整,考察任命8位职能部门干部,调整肝内科、泌尿外科、口腔科等科室主任,完成上海市影像医学研究所、复旦大学肝癌研究所、复旦大学呼吸病研究所和复旦大学核医学研究所领导班子的更变工作。2位同志参加为期两年的市卫生系统干部挂职锻炼。通过挂职锻炼途径培养输送1名干部到宝山区任职。完成青年行政人员轮岗、定岗工作,继续完善培训制度。

坚持科技兴院,大力拓展科研工作。2010年,获得国家自然科学基金43项、“973”计划子课题2项、科技部支撑计划子课题2项、教育部博士点基金7项、留学回国人员基金1项、卫生部临床学科重点项目4项、卫生部国际合作项目1项、上海市科委项目38项、上海市教委项目3项、上海市卫生局项目15项、上海申康医院发展中心新兴前沿技术联合攻关项目1项、上海市人力资源和社会保障局人才发展基金1项、复旦大学上海医学院青年骨干基金8项。横向基金119项,经费1 220万元。学科实验室建设经费1 626万元。资助院级基金43项,经费99.5万元。

汤钊猷院士当选"新中国成立60周年上海科学研究杰出贡献人物",陈灏珠院士被授予"上海市科技功臣奖",获得2010年度国家自然科学二等奖1项、上海市发明一等奖1项、高等学校科学技术(推广类)二等奖1项、中华医学科技二等奖1项、中华医学会优秀医学科普作品奖1项、上海市医学科技一等奖1项、上海市医学科技奖(推广类)1项、上海市中西医结合科技三等奖1项、中国实验动物协会科技三等奖2项、上海市优秀发明选拔赛银奖3项及铜奖4项、上海市自然科学牡丹奖1项、明治乳业生命科学"优秀奖"2人、"科学奖"4人、"2010年度上海市科技英才"1人、中国女医师协会杰出贡献奖1人。全年发表各类学术论文877篇。其中,SCI论文190篇,影响因子累计392.53分。主编学术专著12部,副主编2部,主译1部,副主译1部。

学科建设有序进行。心血管病和肝肿瘤两个学科的"211"三期建设项目通过中期考核,并获得高度评价。心外、肝外、普外、骨科和泌尿外科参与华山医院的项目也通过中期考核。器官移植项目被纳入"211"三期新的学科增长点计划。"985"三期规划中本院牵头肿瘤学(与肿瘤医院联合牵头)、心脑血管和代谢性疾病中的心脑血管部分、微创和再生医学中的微创医学部分,目前进入最后的论证阶段。教育部癌突变和侵袭重点实验室通过教育部专家组的评估。上海市器官移植重点实验室(筹)获得上海市科委和复旦大学科技处下拨运行经费资助。上海市重点学科(呼吸病学和心胸外科)获得上海市科委的继续支持。检验科成为本市首批经中国合格评定国家认可委员会认可并颁证的11家医学实验室之一。本院入选上海市卫生系统知识产权首批示范单位。全年共申请专利25项,其中发明专利申请15项,实用新型专利申请10项,13项专利获得授权,1项授权专利成功转让。与上海中山医疗科技发展公司合作建立"中山医院转化医学平台",促进科研成果向市场转让和转化。

依法规范进行器官移植工作。共完成心脏移植24例、肝脏移植110例(其中活体肝移植1例)、肾移植18例(其中亲属肾移植6例),全部进行器官移植伦理评审。召开药物临床试验伦理评审会议11次,评审项目104项。生物医学研究项目伦理评审会11次,评审项目215项。器官移植伦理评审会议5次,评审1对活体肝移植、16对活体肾移植。建立药物临床试验伦理委员会的标准操作规范。调整伦理委员会成员,增加1名律师职业的委员。组织心、肝、肾移植科室相关人员参加卫生部组织的"人体器官移植相关法规培训"。

高度重视住院医师/专科医师规范化培训,成立住院医师规范化培训工作领导小组和工作小组,制定招录方案和详细的培养流程。经过严格的招录工作,录取114人,招录人数为全市最多。将"严控培训质量"列入住院医师规范化培训工作的重点,建立合适的培训计划。严格执行考勤制度,规范考核,重点提高出科考核质量;加强激励,采取优秀学员评选奖励和带教老师评教措施。拓宽管理途径,积极探索信息化管理模式。全年共有330名住院医师/专科医师参加培养。在卫生部科教司和上海市住院医师规范化培训联席办公室的调研、督查活动中获得好评。

提高医学理论和临床教学质量,优化教学梯队。选拔全英文教学师资,组织第二届中山医院中青年教师全英文授课竞赛。探索高效教学方式,8个项目获得复旦大学上海医学院2010年本科课程教学改革研究项目资助。主编并出版教材1本(《内科学(第二版)供八年制专用》,王吉耀主编)。"循证医学"和"医学影像学"两门课程被评为复旦大学精品课程。获得国家级教学成果二等奖1项,复旦大学教学成果奖一等奖2项、二等奖2项、三等奖4项。在第一届全国大学生技能大赛中代表复旦大学获全国三等奖。2010年招收博士后3名,博士生69名,硕士生74名。毕业研究生151名。4篇博士学位论文被推荐参加校级、市级和全国优秀研究生论文评比,1篇获选2010年全国优秀博士学位论文。2人被评为2010年度复旦大学研究生"学术之星"。

举办继续医学教育项目37项,接受培训共2 747人,授课1 229学时,总学分365分。招收进修人员599人次。开展支援西部地区农村卫生工作,培养湖北省进修生1名、云南省富源县进修生5名,接受福建省卫生厅选派的7名访问学者进修。按上海市卫生局对口支援工作安排,接受2名都江堰市访问学者来院进行特殊进修培养。举办远程医学教育项目26个系列讲座,共225课次,授课675学时,每周五次向全国各定点单位进行卫星实况转播,10 797人次接受培训与考核。远程医疗咨询223人次,每周二上午进行心理科远程查房。7月,"美国心脏病学院(American College of Cardiology,ACC)中国教育基地"落户本院。

围绕医院发展规划,开展各类基建项目。肝肿瘤和心血管病综合楼项目被列为上海市重大工程。6月,高压氧治疗室三期扩建工程竣工,新建1台大型成人氧舱。7月,位于天马经济开发区的制剂楼工程奠基开工。9月,连接东西院区、贯通枫林路的地下通道建成,是目前国内最长的采用矩形顶管施工项目。先后完成门急诊医疗综合楼增设自动扶梯项目、3号楼大修和血透室加层改造工程、职工食堂三楼牡丹苑的改造,以及多个机房的改造和修缮工作。与上海市节能监测中心、上海市工业锅炉研究所合作,成功采用冷凝式余热回收装置对锅炉尾气余热进行回收,节能效果显著。年内新增设备2 398台(件),总额9 346万。更新设备930台(件),总额951万元。调拨设备12台(件),总额12万元。完成安装调试的大型设备有：正电子发射计算机断层扫描系统(PET－CT)、双向平板磁导航心血管造影系统、全数字化心血管造影系统、大孔径模拟定位CT、128层螺旋CT等。规范设备采购程序，加强设备管理和维护保养工作。通过审计署对近5年获免税设备在科研教学和临床使用情况审计，配合完成卫生部对达芬奇智能手术机器人使用和费用情况的调研工作。

继续建设以电子病历为基础平台的医院信息系统，新开发移动查房、病区工作站患者视图、手术同意书、门诊电子病情证明单等功能。护士工作站和输血电子化申请在全院推广。直接面向临床医师的新医嘱录入系统在部分病区开始试用。开发核医学、心超、病理等电子申请模块，实现全院级影像预约排程。启用医院办公管理平台(OA系统)。完成全院网络升级改造。

推进医疗领域的学术发展，国内外交流活动频繁。医院成功主办第七届上海国际呼吸病研讨会(ISRD)、第六届上海国际大肠癌高峰论坛、2010中国心脏瓣膜外科高级研讨会、第四届复旦大学脂肪肝与代谢紊乱论坛、第二届上海国际肿瘤局部与靶向治疗研讨会、第三届上海血液净化论坛、首届胸腔镜食管癌研讨会、上海肾癌治疗策略研讨会，承办第四届东方心脏病学会议(OCC)、2010上海国际消化系早癌诊断与治疗新进展学术研讨会暨第三届中日ESD高峰论坛、2010中国医师协会中西医结合医师大会、肺癌与呼吸系统疾病热点问题研讨会、全国肝癌中青年专家论坛等高水准会议。先后接待美国通用电气医疗集团总裁及首席执行官一行、美国Gore公司全球医疗部总裁和亚太医疗部总裁一行、东京大学医学院教授濑户泰之、美国华盛顿大学教授Harvey Checkowary、英国医疗研发机构代表团、新加坡莱佛士集团、美国Advocate Christ医学中心副院长及部门主任、美国宾夕法尼亚大学教授Mark V. Pauly、哈佛大学副教授Meredith B. Rosenthal、斯坦福大学副教授M. Kate Bundorf等知名人士及学者来院参观访问。接待广东省中医院、四川大学华西医院、华中科技大学同济医学院附属协和医院、重庆医科大学附属第一医院、新疆医科大学、新疆医科大学第一附属医院、新疆维吾尔自治区人民医院、上海长征医院、上海市中医医院、吉林大学、西藏民族学院、北京市卫生局、常州市卫生局等多个代表团的访问。

组织各种形式的活动，营造积极向上的文化氛围。举办第二届精神文明创新奖、金点子奖评选活动，共收到来自37个部门(科室)的78个项目，22个项目获奖。开展为期一周的“情系玉树、心手相连”募捐活动，向青海玉树县地震灾区捐款逾32万元。翻新职工书屋，添购800多本精选书籍。举办第十三届杜鹃花文化节暨文化体育周、“书籍走进内心里”读后感征文比赛等活动，丰富职工的文化生活。2010年，医院获得“上海市卫生系统学习型示范单位”、“2009—2010年度上海市医务职工职业道德建设十佳单位”称号，消化科24病区获“全国青年文明号”荣誉称号，A楼监护室被评为“2009年度全国卫生系统护理专业巾帼文明岗”，内镜中心获“全国医药卫生系统先进集体”、“2009年上海市用户满意服务明星班组”称号，出院结账处被评为“上海市巾帼文明岗”，樊嘉获“全国先进工作者”和“上海市先进工作者”光荣称号，检验科顾梅秀被评为“上海市用户满意服务明星个人”，等等。获得迎世博多项活动奖项。在上海市医务职工首届科技创新“星光计划”评选中，总务处“燃气锅炉冷凝式余热回收节能项目”荣获二等奖，护理部“为病人安全保驾护航项目”荣获三等奖，工会荣获优秀组织奖。

(朱　骞)

【汤钊猷当选建国60年上海杰出科技人物】 中国工程院院士、复旦大学肝癌研究所所长汤钊猷教授获“新中国成立60周年上海科学研究杰出贡献人物”。1月12日，上海市科学技术协会副主席杨广生到院，向汤钊猷颁发荣誉证书。该奖项由市科协牵头组织，共评选出新中国成立60年来上海最值得纪念的科技人物、上海科学研究杰出贡献人物、上海科技创新杰出贡献人物各30人、上海杰出科技成果10项。

(朱　骞)

【陈灏珠获“上海市科技功臣奖”】 3月24日，2009年度上海市科学技术奖励大会在上海展览中心友谊会堂召开。会上，中国工程院院士、我国著名的心血管病专家、上海市心血管病研究所名誉所长陈灏珠教授被授予“上海市科技功臣奖”，中共中央政治局委员、上海市委书记俞正声为陈灏珠颁奖。该奖项每两年评选一次，每次一至两名，是上海市科学技术奖励的最高奖。

(朱　骞)

【樊嘉被评为“全国”和“上海市”先进工作者】 详见第46页【5位教授获得2010年全国先进工作者称号】条。

【钦伦秀领衔的课题项目获2010年度国家自然科学二等奖】 详见第47页【获2项国家科学技术奖和1项中国高等学校十大科技进步奖】条。

【检验科获中国合格评定国家认可委员会认可】 4月16日，“2010上海世博会医学实验室国家认可颁证仪式”在中山医院举行。中山医院检验科成为上海市首批经中国合格评定国家认可委员会(简称“国家认可委”)认可并颁证的11家医学实验室之一。国家认可委副主任谢军、秘书长肖建华、副秘书长宋桂兰，卫生部科教司副司长刘登峰，中华医学会副会长刘俊、检验分会主任委员尚红，上海市卫生局党委副书记黄红、科教处处长张勘等领导出席会议，并为获认可的医疗机构颁证。

(朱　骞)

【举行沪丰医保“一卡通”合作事宜签约仪式】 该仪式于7月6日在上海举行。签约双方为江苏省大丰市医疗保险基金管理中心和中山医院。根据约定，大丰市参保人员转入中山医院治疗所发生的住院医疗费用均可实现实时结算，为全国首例跨省异地医保实时结算。大丰市市委书记倪峰、市长陈平、市政协副主席陶培华，上海市医疗保险办公室副主任郑树忠以及中山医院副院长樊嘉、高鑫等领导出席签约仪式。仪式由大丰市市委常委、常务副市长吴家祥主持。

(朱　骞)

【王玉琦获医院管理突出贡献奖】

10月22日，由中国医院协会和《健康报》社共同主办的2010年度中国医院突出贡献奖、优秀院长表彰大会在北京人民大会堂召开。中山医院院长王玉琦获“医院管理突出贡献奖”，全国人大常委会原副委员长何鲁丽为其颁发奖章、奖牌和荣誉证书。

（朱　骞）

【举行高级专业技术人员培训】　该培训室中山医院首次针对高级专业技术人员开展的集中培训，分别于9月4—5日、11月19—20日分两批次举行。来自医院总部、分部、分院、上海市公共卫生中心共371人参加。主要采用专家演讲、分组讨论和主题论坛的形式，以个人、学科及医院的发展为切入点，围绕“开拓进取，从优秀到卓越”的主题，旨在让每位学员加强自我学习、更新知识的意识，适应技术进步和医院发展的需要，继续发挥医院核心力量的作用。（朱　骞）

复旦大学附属华山医院

【概况】　2010年，华山医院初步实现新时期的发展转型，全面启动医院“十二五”规划制订工作。

有教职员工3 011人，其中正高级职称115人，副高级职称290人，中级职称573人，初级职称1 731，见习人员79，其他81人，工人142人。新增职工9人。通过复旦高级职称聘任24人，通过中级职称聘任40人、初级职称77人，同意转正定级194人。有核定床位1 216张，临床医技科室共40个。参与国家重点学科10个、卫生部临床重点专科5个、上海市领先学科2个。有卫生部重点实验室2个、上海市临床医学中心2个、上海市卫生局临床专业质量控制中心6个。

全年门诊2 800 293人次，比去年增加6.78%，急诊158 487人次，比去年增加1.91%。住院50 370人次，比去年增加6.59%，手术26 985人次，比去年增加2.12%。全院平均住院日为9.81天，床位使用率101.11%。全年共接待日常来电、信访4 000余人次，受理各类投诉139例，处理各类医疗纠纷85例。年内协调院内会诊12 903例，接受外院邀请会诊3 387例(外地会诊273例)，邀请外院会诊(含大会诊)662例。完成干部门急诊57 750人次，出院病人1 616人次。完成定点干部(副局级及以上)体检工作，总体检率83.31%，在职保健对象体检率为95.45%。VIP医疗保健中接待外省市领导13人次，接待非我院定点的本市领导10人次。完成重大医疗保障任务，包括为中国2010年上海世博会、2010 F1上海站大奖赛、国际田径钻石联赛等重大活动和赛事提供保障服务。全年共接待来院参观、学习、交流的国内外来宾近百批次，共计700余人次。

4月，医院开始启动“十二五”规划编制的各项工作。在“十二五”规划编制的调研工作中，院领导多次召开职能部门负责人座谈会、专家教授座谈会等，专题调研医院发展中亟待解决的问题和对未来发展的规划。相关职能部门对上级部门文件要求进行认真解读，根据规划编制的具体要求及流程，按条块和分工开展调研，拟就新一轮的发展规划。医院在年中工作会议上专题讨论“十二五”发展规划，并不断加以整理、更新，以符合新时期发展的要求，并在职代会上通过。医院“十二五”规划在上海市申康医院发展中心组织的评审中获得高度评价，通过“十二五”规划的编制，摸索出一套规划编制的规范流程及方法，一定程度上提升医院管理的水平。

深入开展“医疗质量万里行”活动，完善管理体系，提升服务质量。在2010迎接市卫生局、复旦医管处医疗质量万里行检查、卫生部大型医院巡查等多次大型督查中获得好评。

加强落实院科两级医疗安全管理制度，完善科室医疗工作综合考评体系。院医务处管理“关口前移”，防患于未然，加强对各科值班的管理。进一步推进落实“病人安全目标”，切实加强各临床专业的医疗质量和医疗安全管理。职能部门定期深入病房、手术室，对于手术标记、术前确认等进行检查，严格要求执行手术部位标记及术前确认。

根据《卫生部关于开展临床路径管理试点工作的通知》和《临床路径管理试点工作方案》的要求，积极开展临床路径管理工作，以规范临床诊疗行为，提高医疗质量。目前已开展神经内科“脑梗死和短暂性缺血发作”、心内科“急性ST段抬高心肌梗死”临床路径管理工作。

全面组织学习《侵权责任法》，通过系列培训与讲座，使医务人员能够准确理解、全面掌握并正确执行。进一步增强医务人员依法执业意识，全面规范医疗服务行为，更尊重患者的隐私权、选择权与知情权。也更注重病史书写规范与保管，有效降低执业风险，保障医疗质量与安全。

进一步发挥医护质量与安全管理专家委员会作用，为医院医疗管理与发展献计献策，对医疗纠纷进行内部技术评估，提出处理意见与整改措施。年内共组织会议17次，与会专家93人次，讨论重大医疗事件14例，解决病人治疗问题3例。

强化病案质量管理工作，对医院运行病史质量及终末病史质量进行督查与监控，并将结果在院周会进行通报、计入科室每月绩效考核、反馈科室并督促整改，年内共检查运行病史763份，终末病史21 000余份，病史质量管理在医疗质量万里行督查及上海市病史质控中心的多次检查中获得好评。

按照上级卫生行政管理部门的要求，进一步完善门诊预约挂号工作，预约挂号方式更加便捷，包含电话、网络、预约中心、诊检预约等多种形式，预约专家涵盖医院全部出诊专家，全年预约门诊病人近15万人次，更方便病人就医。

与上海市应急联动中心合作，成立空中救援绿色通道，并将空中紧急救援作为一项常态化任务。制定《华山医院上海市应急联动医疗救护(直升机)医疗保障方案》，组织多次培训与演练，全年接收4名病人。

完成涉及4个学院8个专业的理论教学1 300余课时，示教2 000余课时，参与教学教师人数超过300人，副高级职称以上教师的授课学时超过

80%,做好临床教学工作(床旁教学、见习、实习等)。整个实习过程采用全新的管理模式,实行"一对一"带教,进行"背对背"评教。顺利完成首届八年制学生的分流和遴选导师工作。年内招收统考研究生145人,其中硕士研究生78人,博士生67人。招收在职申请学位硕士研究生17人。毕业研究生154人,其中硕士研究生89人,博士生65人。5名博士后出站,10名博士后进站。完成各类能力提升及临床课程培训等62场次,共培训人员4 314人次。举办国家级、上海市级继续医学教育项目60次,培训人数达3 574人次。全年招收进修培训共405人。

加大教师队伍培养力度,继续开展中青年教师师资培训,营造"人人爱教"的氛围。鼓励教学改革和教学创新,通过并颁布"复旦大学附属华山医院教学奖励管理条例"。年内共有8项课题中标上海医学院教学改革研究项目,7个项目获得复旦大学校级教学成果奖,发表教学管理论文7篇。全面推行研究生导师的"评招"分离制度。硕士招生导师基本符合有课题、有经费的要求,博士生导师达到近三年有SCI论文发表,有省部级科研课题的要求。年内新增硕士生导师10名,新增博士生导师6名。

认真做好住院医师、专科医师规范化培训的过程管理和质量控制,修订住院医师培养制度,建立考核标准,实现医院在训住院医师培养向国家培养方案的平稳过渡。深入探讨住院医师、专科医师规范化培训的考核模式,继续开展规范化培训的教学师资队伍建设。年内完成170名住院医师的培训。

全年申请到纵向科研项目146项。科研经费总计7 096万元,其中纵向科研经费5 268万元,横向经费1 051万元,临床研究经费776万。重大重点项目有所突破,获得国家杰出青年科学基金1项,实现医院在该项目上零的突破,国家自然科学基金的面上项目继续增长,达到39项,其中包括国家自然科学基金重点项目1项。获得国家科技进步奖二等奖1项,教育部科技进步一等奖1项,中国中西医结合学会一等奖1项,上海市医学奖二等奖1项,三等奖1项,上海优秀发明选拔赛银奖1项。在人才建设上,获得上海市科委学科带头人计划2名,教育部新世纪优秀人才1名,上海市科委启明星计划1名,上海市浦江人才计划4名,上海市教委曙光人才跟踪计划1项。全年在各类报纸杂志发表论文总数828篇,其中SCI 221篇,权威165篇,核心222篇。出版专著8本。申请专利41项,其中发明专利17项,为历年来最高;授权发明专利3项,实用新型专利6项。

药物临床试验机构新承接药物临床试验项目41项,医疗器械临床验证16项。开展两次面向全国的GCP知识的培训。伦理审查委员会共完成各种类型的审查345项,并在11月份举办"第十届亚太地区伦理审查委员会论坛年会"、"生物医学研究伦理审查能力建设高峰论坛暨上海市医学伦理学会年会"。

进一步完善信息系统建设,顺利完成HIS系统框架整体升级并确保稳定过渡,并对静脉配置中心系统、诊间功能、急诊留观区域的电子病历等系统进行完善。实现检验系统的全面升级,解决大部分临床医技科室的信息孤岛问题,并逐步完善病人预约挂号系统、门诊信息公告系统及相关科室的就诊服务系统等。医院的临床和管理能力得到提高,院长查询系统及科主任查询系统功能进一步改进和完善。

完善各项财务管理制度。组织人员不定期抽查票据管理、资金安全情况以及备用金管理情况。实现成本核算工作的信息采集、数据汇总以及信息查询的综合型信息服务,逐步做到统计信息标准化、数据采集网络化、业务处理电子化,充分发挥成本核算的作用。全面开展医院所属企业"小金库"专项治理和财务检查中的相关工作,医院高度重视,积极自查,认真组织检查,按照卫生部要求和进度圆满完成任务。

以能力建设为核心,大力加强人才培养工作。年内已建立医院"青年后备人才库",继续完成华山医院优秀人才培养奖励计划,推荐复旦大学一流中青年培养奖励计划。积极引进高精尖人才,提升医院竞争能力。加入复旦大学"人才引进三年行动计划"试点单位,引进国家"千人计划"2名,申报"上海千人计划"3名,新聘复旦大学特聘教授2名、兼职教授2名、访问教授1名,聘请医院客座教授4人、名誉教授3人。新增终身教授1名、资深教授2名。

认真进行《2009年医院年鉴》的编纂工作,全面启动《上海市地方志》——《华山医院专志》的编纂工作。受中国红十字会委托编制《中国红十字紧急救援队工作手册》。

推进后勤保障和社会化管理工作。对服务、维修、采购、物资管理等各环节中严格执行所制订的各项管理规程及监督机制。强化职工食堂外包委托监管,重点对食品卫生、食品安全进行监管,从源头抓住进货、验发、保管工作,对菜单进行定价、核价,确保就餐员工的利益不受损害。引进外方经营性餐饮公司,满足广大职工的消费需求。

完成传染病楼整楼扩建工作,包括设备设施安装及室内装饰工程以及传染病大楼附属公用设施的维保交接、医疗设备及家具的采购验收入场。改进对地下停车库有关机动车辆停放的管理。解决传染病楼污水处理与医院污水排放余氯监测间的矛盾。年内完成的重要基建项目有:放射科DSA室扩建楼竣工投入使用,传染科门急诊病房楼正式启用,综合楼术中磁共振安装调试完成投入运行。为配合临床工作需要和世博保证等相关工作的要求,完成的基建与修缮还有:2号楼东侧、南侧室外总体改造、消化科实验室装饰工程、高架直升机场钢结构平台维护工程、门急诊楼污水处理池改造工程、医院生活垃圾站搬迁及教堂还建2层楼板恢复工程、手术供应室整改工程、锅炉房蒸汽管道改造工程、长乐路655号职工房屋改造、江苏路分部制剂室改造等。年内维修更换防火门653扇,封堵病房天花板内消防墙洞2 223个、配置全院各类门锁备用钥匙946把。

加强公共设施设备和固定资产

的管理。落实节能、节材措施，严格执行环保法规，如冷凝水回收、食堂节能灶具改造、节能灯具改造等项目。医院室内外全面禁烟，制作醒目的禁烟标识，推广无烟医院宣传，制作横幅、DVD光盘等宣传资料，取缔院内医疗区域吸烟点。

举办消防安全培训演练54场，在医院办公自动化网上进行消防疏散逃生知识的宣教。处置各类纠纷近300起(次)，其中大型(30人以上)15次。坚持打击挂号黄牛、医托、散发小广告600余人(次)。

积极开展各类红十字义诊活动。对3位住院贫困患者给予每人2万元的资助。并继续资助汶川地震伤员蒋瑀琪。做好造血干细胞的采集、捐献项目。9月，来自医院各部门的近80位青年志愿者接受血样的采集，为“中国造血干细胞捐献者资料库上海市分库”提供比对样本。

全年派出多批医疗支援西部队伍，援助云南省嵩明县人民医院、甘肃支援基层医疗机构、香格里拉人民医院、普洱市人民医院、咸阳西藏民族学院等地。

积极推进国际交流合作项目，进一步加强学术交流与国际战略合作。选派出国进修人才，与维也纳医科大学、梅奥医学中心(Mayo Clinic)、美国麻省总院(MGH)、日本北里大学等知名院校建立培训合作关系。共召开国际会议10余次，申报对外智力引进项目4项，完成2009年度总结4项。

因公出国(赴港澳台)人员共计409人次。其中访问考察28人次，访问学者6人次，合作科研7人次，进修10人次，培训62人次，学术交流9人次，会议281人次，另有1人赴澳门工作，1人赴摩洛哥慰问援摩医疗队。完成因私出国审批213人次。

接待到院参观、学习、交流的国内外来宾近百批次，共计700余人次。其中包括全国人大常委会副委员长、中国红十字总会会长华建敏，卫生部党组书记张茅以及泰国公主诗琳通等国内外贵宾。

努力实践医院发展的新要求、新规划，不断完善对新建项目的严格把关。年内新建合作项目5项，续约项目2项。对现有的28个合作体进行规范管理，建立对外合作项目的追踪管理制度，定期收集各合作单位的财务报表、业务报表等能真实反映收益的数据资料。华山北院项目工程进展顺利，继续推进北院项目的机构设置申报工作，拟定配置计划。10月，与宝山区区政府正式签订“华山医院北院健康管理和体检中心”合作协议书。有序开展华山医院临床医学中心(西院项目)的筹备工作。

根据医疗改革中提出的关于推进医疗资源纵向整合，构建(3+2)+1区域性医疗卫生联合体的相关指示精神，4月，“复旦大学附属华山医院静安分院”揭牌成立。分院充分发挥华山在学科建设、人才培养、业务带教等方面的优势，促进相关科室业务能力快速提高。静安分院与区域五家社区卫生服务中心签订合作协议书，对社区进行医疗质量标准化指导，首席专家开展专项服务与结对共建。

华山医疗宝山社区卫生服务集团全年向社区派出首席医生6人，参与社区健康教育讲课48人，讲课187次，听课居民达6 580人次；共诊治人数5 377人次，会诊471人次，专病咨询1 449人次，定向转诊4 805人次。4月起，集团在祁连葑村设立华山医疗服务授牌站点。

思想建设工作方面，突出抓好学实活动长效机制，对学习调研、分析检查、整改落实等三个阶段工作进行“回头看”，进一步巩固和扩大学习实践活动成果。开展“七一”系列活动，充分发挥党员的先锋模范作用。深入开展创先争优活动，先后开展“为党旗增辉，当世博先锋”活动，“学名医大家、师德楷模，争当人民满意的白衣天使和师德标兵”党员主题实践活动，亮身份、亮行为、亮形象的“三亮示范”活动。与上海金山区张堰镇党委建立结对帮扶关系，开展“党员送温暖，送医下乡村”活动。组织党员观看《名医大家》纪录片等。组织建设和党员发展工作方面，启动党委、纪委换届改选工作，完成党代表的选举和第一轮党委、纪委候选人的推选工作。继续做好加强基层党支部建设、优化支部结构、选优配强配齐支部书记与支部委员的工作。完成对各支部的考核工作，进行党内、党外评分的统计以及评语、意见的汇总、梳理和返回。继续将“把骨干发展成党员，把党员培养成骨干”作为党员发展的工作目标，尤其将优秀中青年骨干和优秀护理人员作为发展工作重点。干部队伍建设工作方面，完成33个管理岗位的选拔推荐和定向考核工作，卫生系统互派挂职干部工作，推荐相关人员参加复旦大学青干班培训、市委党校学习，相关分院的干部考察工作，全院职能部门的干部考核续聘工作等。统战工作方面，完成8个民主党派的换届选举工作。推荐优秀的党派成员到各个党派的上级组织中担任领导职务。召开民主党派座谈会，广泛听取各民主党派成员代表对医院发展的意见和建议。

精神文明建设。以满意度提升为抓手，建立服务质量精细整体管理模式，每月针对约1 800名出院病人进行满意度测定，随机对窗口及病区进行暗访，大大提升职工主动为病人服务的意识。全年平均满意度为93.1，比2009年提升3%。共收到表扬信1 701封，锦旗496面，匾、字、画等70项，表扬总例数2 267次。改进和加强病人意见反馈处理工作，确保病人来访有台账，有存档，有落实，有整改。坚持三人文明督查小组每月进行督查，增聘院外监督员对医院精神文明工作进行督查与指导。坚持职能部门满意度及后勤保障部满意度测评工作，机关职能部门满意度比2009年上升3%，后勤保障部满意度比2009年上升4%。扎实做好上海市卫生系统“三化”二十条文明服务规范，为患者多办实事，提高服务质量，创新服务理念。建立职工动态医德档案，将服务态度投诉记入个人医德档案，员工的医德医风状况和考评与医务人员的岗位聘用，绩效工资，晋职晋级，评先评优等直接挂钩。继续推动有关部门开展社区共建活动和志愿者服务工作。

医院在世博服务宣传、定点医院保障、VIP医疗保障和红十字医疗服务等各项工作中表现出色。在世博会召开前夕，医院开展迎世博系列活动，如迎世博 100 天誓师大会、"诚信服务在窗口"活动、世博工作半月报等。世博期间，医院承担世博会定点医疗保障任务，针对世博期间接到的各类突发事件，医院"东西结合"制定详细的预案与救治流程，做到迅速反应、高效运转。其间为世博官员、工作人员及参观者提供优质服务，共诊治保障对象 212 人次，涉及 31 个国家和地区。作为市干保局指定的上海四家重点保障医院之一，医院在世博期间承担 VIP 保障任务，包括中央领导和外国元首级人物的定点医疗保障和随队特别保障任务。组建 VIP 世博值班室，6 支 VIP 随队保障队伍，1 支特别保障队伍，落实数十位在院值班的专家，圆满完成保障任务，受到干部保健局的嘉奖。受上海市红十字会的委派，医院承担世博园区红十字医疗点的医疗保障任务，先后组织两批共 6 人的保障队伍，历时半年，园区服务期间共提供健康咨询 7 837 人次，现场救护 13 113 人次，便民服务 23 385 人次。此外，医院参与的世博保障工作还有世博园区安保志愿者、静安区公交站点平安志愿者、民兵应急防化连等。医院在世博保障工作中取得优异的成绩，各条线累计获得世博奖项 30 余项，华山医院获上海市卫生系统世博医疗卫生保障工作先进集体荣誉称号。

宣传工作。对世博会召开期间医院开展的活动进行大力宣传报道，不断完善迎世博专题网页，对服务中的创新和亮点进行集中报道。促进和谐，搞好医院文化建设，成立华山医院职工摄影小组，完成《世博保障服务纪实》的编写，整理总结医院文化建设优秀经验，申报各类文化建设奖项。着力塑造医院形象，持续推进医院品牌建设工作，有针对有计划地为弱势学科打造品牌影响力，提升医院整体形象。各大主要媒体见报文章达 320 余篇，电视、广播及网络 200 余次报道，在医院主页上发布新闻 500 余条，发行《华山医院报》13 期，制作主题性的大道旗、易拉宝、展板等 260 余幅，配合市卫生局和教育电视台制作顾玉东、沈自尹、周良辅三部《名医大家》电视片等。

加强党风廉政建设。制定《关于推进惩防腐败体系建设，保障医院健康发展的措施》，为《建立健全惩治和预防腐败体系 2008—2012 年工作规划》实施落实，制定任务分解表，完善工作体系。进行多种形式宣教，共组织 27 次廉政教育，直接参加培训者约 2 700 余人次。做好上海市卫生系统行风网上测评工作，配合复旦党委组织部，对医院部分干部职工开展市级医院领导干部廉洁自律情况问卷调查。纪委会同财务审计对医院内重大工程项目参与公开招投标事项。根据《华山医院接受捐赠资助的条例》，全年共有 60 个项目纳入审批程序，共有 39 个项目完成审批程序。全年共处理信访件 34 件，办结率 100%。

强化医院民主管理，保障职工合法权益。落实职代会职权，召开八届九次和八届十次职代会。推进创建学习型班组活动；申报各类先进，全年有 27 个部门获各级组织先进集体称号，10 名职工获各级组织先进个人称号。在职工西藏遇难、职工子女患白血病等突发事件中，第一时间给予切实有效的援助；为 58 名职工办理住院补充医疗保险。开展二级工会"五必访"慰问，全年慰问职工 120 名。组织 223 人次分 12 批赴 10 个休养点休养。坚持每年 1—2 次离休干部情况通报会制度，做好"送温暖"、"送清凉"和一日捐补助活动，补助大病、特困老同志 10 人，家访、住院探视老同志 96 人次，为 907 位退休职工做好住院投保理赔的续保工作，组织退休职工一年一度的健康体检。

加强团委建设，全面提高团干部素质，坚持团干部集体议事制度，扎实开展增强基层团干部意识的主题教育活动。与上海市公民警校合作，举行团干部培训班；改版推出了"青年华山"网站，开展"我与华山共成长系列讲座"等系列论坛。发扬"红十字"精神，积极开展志愿服务：与海博出租汽车公司联合举行"学雷锋免费送病人出院活动"，与宝山医疗集团结对开展医疗健康教育合作。

（管德坤）

【通过 JCI 国际医院评审标准认证】 1 月 25—29 日，五位 JCI（美国医疗机构评审国际联合委员会）检查官对医院进行为期一周的正式评审，检查内容分为医疗、护理和管理 3 个部分，采用循迹追踪法等检查方法，对医疗过程的各个环节进行全方位的检查。医院以 98.18 分的高分通过 JCI 国际医院评审标准的认证，成为中国大陆地区首家通过 JCI 认证的大型公立医院。10 月，为促进 JCI 工作的持续跟进，医院举行 JCI 国际高峰论坛暨华山医院 JCI 评审经验交流会。各级领导、全国各大医院的院长、JCI 管理专家等 300 余人参会。 作为联合委员会资源部的国际分部，JCI 是国际上权威的医疗机构认证体系，JCI"以病人为中心"的管理理念是医疗服务行业的核心内涵，以病人为中心的"病人追踪法"被公认为是科学的医疗质量评估手段。 （管德坤）

【完成临床医技科室主任考核聘任工作】 10 月，医院宣布 41 个临床医技科室主任、副主任的聘任决定。该次科主任考核聘任工作历时 4 个月，先后多次进行专题研究，根据医院实际情况规定科主任的聘任条件和任职资格，明确科主任岗位设置的原则，加强考核工作的科学性和客观性。

（管德坤）

【东院挂牌"上海国际医院"】 4 月，华山医院东院正式挂牌"上海国际医院"，成为上海首家公立涉外国际医院。上海国际医院的挂牌既是对医院工作的大力肯定，也将激发医院通过管理理念的创新，使东院能在医疗理念、就医环境、就医流程方面全方位与国际接轨。 （管德坤）

【举行医院中层干部培训】 为配合医院临床医技科室主任的换届调整工作，进一步提升临床科室负责人的管理水平和能力，强化中层执行力，医院开展形式多样的中层干部培训工作。包括视频资料学习、专题讲座、实地考察等三大模块。12 期专题讲座包括政策解读、团队建设、绩效管理、人才培养、医院文化等各个方面的报告。培训活动得到广大中层干部的欢迎和好评，取得良好的效果。

（管德坤）

【开展绩效考核管理】 为适应部市共建的整体要求，逐步建立起医院科学、高效的绩效管理和考核体系，强化医院公益性发展方向，促进医院科学、和谐、可持续发展，医院着手进行绩效管理和考核工作。8 月，医院成立绩效管理与考核办公室，开始致力于新时期医院发展转型的导向性工作，通过层层推进和落实，年内医院药占比、次均费用等得到显著控制，各项绩效指标得到明显改善。

（管德坤）

复旦大学附属肿瘤医院

【概况】 2010 年，复旦大学附属肿瘤医院有教育部重点学科 2 个（肿瘤学、临床病理学）、国家临床重点专科 1 个（病理科），卫生部临床重点学科 3 个（乳腺癌、放射治疗、病理学）、上海市临床医学中心 2 个（放射治疗、乳腺癌）、上海市医学重点学科 1 个（临床病理学）、复旦大学重中之重学科 4 个（乳腺癌、放射治疗、病理学、大肠癌）。有上海市病理质控中心、放射治疗质控中心、肿瘤化疗质控中心、上海市抗癌协会 4 个挂靠单位。设有国家食品药品监督管理局认定的国家药物临床试验机构，以及复旦大学肿瘤研究所、复旦大学乳腺癌研究所、复旦大学大肠癌诊治中心、复旦大学鼻咽癌诊治中心、复旦大学附属肿瘤医院肺癌防治中心、复旦大学附属肿瘤医院恶性黑色素瘤防治中心等科研机构。主办《中国癌症杂志》和《上海医学影像杂志》2 本学术期刊，以及《抗癌》科普杂志。

医院有教职员工 1 428 人，其中正高级职称 42 人，副高级职称 111 人。其中，刘泰福为美国放射学院院士、欧洲放射学会荣誉委员，蒋国梁为美国放射学院院士，中国抗癌协会理事会副理事长，并连任上海市抗癌协会理事长。

医院有临床和医技科室 25 个，开放床位 1 213 张。年门急诊量 68.1 万人次，住院病人 2.83 万人次，手术例数 1.71 万人次，平均住院日 14.31 天。放疗病人 5 300 人次。

全年招收硕士研究生 43 名，博士研究生 49 名；毕业硕士 30 名，博士生 19 名。在读硕士生 120 名，博士生 99 名，博士后 2 名。

全年共获得各类科研课题 87 项，累计科研经费 2 626.1 万元。包括国家自然科学基金项目 22 项（其中面上项目 9 项，青年基金 10 项，重点项目 1 项，重大研究计划 1 项，联合资助 1 项），总经费 757 万元。牵头上海市科委重大项目 1 项，总经费 450 万元。上海市科委重点项目 4 项，总经费 100 万元；上海市申康中心的新兴前沿项目 1 项，总经费 200 万元。共发表论文 323 篇，其中 SCI 收录 140 篇，IF 总分为 463.145，其中 IF 超过 7 分的论著有 6 篇。出版专著 3 部，获得授权专利 6 项。“前列腺癌雄激素非依赖和转移机制研究及个体化综合治疗”获中华医学科技进步奖二等奖，“国人前列腺癌综合治疗策略优化和应用”获上海市科技进步一等奖，“晚期前列腺癌个体化综合治疗优化方案的建议及相关研究”获高等学校科学研究优秀成果奖一等奖，“前列腺癌雄激素非依赖和转移机制研究及个体化综合治疗”获上海医学科技奖二等奖，“乳腺癌前哨淋巴结示踪和病理评估方法的优化”获上海医学科技奖三等奖，“前列腺癌临床和基础研究”获中国抗癌协会科技奖二等奖，“胃肠道间质瘤外科及靶向治疗与基因突变的研究”获中国抗癌协会科技奖三等奖。医学伦理委员会获得亚洲和西太平洋地区伦理审查委员会论坛（FERCAP）的论证，肿瘤医院是国内唯一获得 FERCAP 论证的肿瘤专科医院。

全年接待来访外宾 178 人次，举办国际学术讲座 37 次。主办首届上海国际乳腺癌康复论坛暨第三届全球华人乳癌病友组织联盟大会、第六届中国肿瘤学术大会暨第九届海峡两岸肿瘤学术会议、长城 2010 年国际医学物理大会暨第 15 届中国医学物理学术年会、第三届东部临床放射物理学学术会议、第六届上海国际放射肿瘤学术会议、2010 年第五届上海乳腺癌论坛、第 12 届中日韩大肠癌研讨会、第十七届上海—大阪—墨尔本组织病理学研讨会等国际学术会议。

开展科研团体和国内学术交流工作。承办卫生部三级肿瘤专科医院评价标准定稿会，主办 2010 分子影像前沿和应用研究研讨会，举行第十二届全国妇科恶性肿瘤临床诊疗规范与进展研讨班、2010 东北亚上海头颈外科手术和肿瘤学新进展全球巡讲会议、中国病理主任联会第八届会议暨病理学术研讨会，协办“2010 中国医师协会中西医结合医师大会”。举行“2010 年乳房重建学习班”，邀请国外知名专家教授进行手术演示和授课。

世博会期间，召开第一季度精神文明小组会议暨迎世博冲刺 50 天工作部署大会、肿瘤医院窗口部门优质服务推进会等会议、开展“优质服务明星”和“优质服务窗口”等服务，举行“肿瘤医院志愿者誓师大会”等活动，积极配合世博会各种需要，推进医院工作。

紧抓精神文明建设。举行“纪念建党 89 周年”系列活动，包括组织全院三百多位党员参加纪念建党 89 周年党员警营实践活动。积极开展和参加各种社会公益活动，先后举行胃癌、肺癌、妇科肿瘤、鼻咽癌等共计 12 次单病种肿瘤的义诊及科普宣传活动，向患者及居民提供免费诊断和咨询 3 300 余人次。组织“肿瘤宣传周系列活动”和“迎七一，献真情”党员志愿者大型义诊活动。组织全院为青海玉树地震灾区捐款，1 242 人参与捐款，共筹集善款 125 260 元，经复旦组织部全额转交至上海市红十字会人道救助基金。5 月，全面开通实名制预约挂号服务，预约形式包括电话预约、现场预约和网络预约。10 月，实现专家门诊分时段预约挂号，成为上海首家采用分时段预约的医院。在门诊大楼外墙及 1 楼挂号区域新增大型电子显示屏，及时公示专家门诊安排、挂号信息和院内重要公告，在为病人带来方便的同时，也大力打击了黄牛贩号行为。

积极配合上级部门检查。8 月，卫生部规财司工程建设项目评审专家组对医院位于上海新虹桥国际医学中心内的国际肿瘤诊治中心项目进行评审，提出建设性指导意见。获卫生部批复同意“复旦大学附属肿瘤医院医学中心”立项。

10 月，卫生部医疗器械临床合理使用与安全管理专项检查组专家到院检查指导工作。11 月，上海市卫生局专家组来院开展“医疗质量万里行”的检查工作。小组通过查阅资料、实地考察等形式检查输血、急诊ICU、生物安全、内镜、医务、安全生产管理、精神文明和院务公开、药事、感染、护理等 10 个板块。11—12 月，接受卫生部开展的大型医院巡查专家组指导工作。（蒋国梁　吕力琅）

【检验科通过 ISO15189 现场评审认可】 2 月，检验科通过中国合格评定国家认可委员会(CNAS)的现场评审，成为全国首家通过 ISO15189 现场评审认可的肿瘤专科医院检验机构。标志着医院检验质量管理与能力达到国际认可标准，医院出具的医学检验报告将得到世界几十个国家的医疗机构的认可。4 月，检验科获批成为上海首批 11 家医疗机构世博会医学实验室。（郭　林）

【引进放疗设备系统 RapidArc】 3 月，引进国际最新型的放疗设备系统 RapidArc。该设备扩大放疗的指针，能对治疗前、治疗中的肿瘤及正常器官进行实时的监控，并能根据器官位置的变化调整治疗条件使照射野紧紧“追随”靶区，使之能做到真正意义上的精确治疗。该系统的放疗速度比传统的放疗快 2—8 倍，使单次放疗照射时间最快可缩短至 2 分钟，既能有效缩短患者在治疗床上停留的时间，又有利于提高患者的舒适度。（章　真）

【承办第六届中国肿瘤学术会议论文评审会】 4 月 3 日，第六届中国肿瘤学术大会暨第九届海峡两岸肿瘤学术会议论文评审会在上海青松城大酒店召开。该会议由中国抗癌协会、中华医学会肿瘤学分会及中国工程院医药卫生学部主办，国际抗癌联盟(UICC)和复旦大学协办，复旦大学附属肿瘤医院承办。大会主席郝希山院士、大会执行主席蒋国梁教授以及组委会有关负责人，各专业委员会主任委员、副主任委员及专家等近 40 位肿瘤学界著名专家学者与会，大会组委会共收到国内外论文 1 600 多篇，评出中青年优秀论文 63 篇，其中一等奖 5 篇，二等奖 10 篇，三等奖 20 篇，优秀论文 28 篇。（吴　炅）

【召开首届上海国际乳腺癌康复论坛】 4 月，首届上海国际乳腺癌康复论坛暨第三届全球华人乳癌病友组织联盟大会在上海虹桥宾馆召开。来自中国大陆、香港、台湾以及海内外华人乳腺病友组织 50 余个团队，病友代表、乳腺专科领域的医护人员、社会媒体等 400 余位代表出席。会议从病友团体、专业医生、专科护士、病人本身、社会机构、国际非营利性组织、基金会、企业等角度探讨乳腺癌康复途径，关注年轻患者生存质量问题及应对等问题，交流患者个体管理的经验，从专业角度探索医护专业支持与病友互助支持在病人康复过程中的模式和作用。（邵志敏）

【承办第六届中国肿瘤学术大会】 该会议于 5 月 21—23 日在上海光大会展中心举行。由中国抗癌协会主办、肿瘤医院承办。中国抗癌协会理事长郝希山、复旦大学校长杨玉良、卫生部医政司副司长赵明钢、中国工程院医药卫生学部主任杨胜利、国际抗癌联盟 UICC 主席团成员 David Hill、中国科协书记处书记张勤出席开幕式并致辞。大会邀请 51 位国内外专家作大会主题报告。中国抗癌协会下属 33 个专业委员会组织各自分会举办报告会，分会场累计报告 430 篇。举办卫星会 10 场，国内外参会代表 3 500 余人。大会以“科学抗癌，让生活更美好”为主题，通过演讲、专题报告、分会交流、壁报展示等形式，讨论了肿瘤学的基础研究、预防、诊断、治疗等问题。（吕力琅）

【上海申康医院发展中心领导到院指导调研“十二五”规划工作】 7 月 1 日，上海申康医院发展中心领导一行 11 人到院指导调研“十二五”规划工作。院长蒋国梁、书记孙斌等院领导和各党政职能部门主要负责人出席会议。会上，孙斌简要回顾和分析医院“十一五”期间的情况，并提出“十二五”期间的发展规划。上海申康医院发展中心领导对医院“十二五”规划表示充分肯定，并提出建设性的意见和希望。（吕力琅）

【与日本金沢大学癌症研究所缔结“姐妹医院”】 7 月 27 日，与日本金沢大学癌症研究所缔结“姐妹医院”。双方将建立良好的长期交流互访渠道，进行多项合作。如联合培养研究生和住院医生并引进日本医学界最先进的癌症研究技术，合作申请攻关课题，开展校际间合作。（程　玺）

【召开第六届上海国际放射肿瘤学术会议】 9 月 2 日，召开第六届上海国际放射肿瘤学术会议。肿瘤医院放射治疗名誉教授刘泰福、何少琴参加会议。大会分为“新技术专场”、“乳腺癌专场”、“胃肠道肿瘤专场”、“肺癌专场”、“头颈部肿瘤专场”5 个学术专场报告，围绕质子重离子的临床应用、肺癌的靶向放疗、图像引导下的放疗应用等热点问题展开深入讨论，（章　真）

【头颈外科实施首例显微支撑喉镜手术】 10 月，头颈外科成功为一例舌根新生物患者实施显微支撑喉镜下舌根肿瘤切除术，该手术为肿瘤医院开展的首例显微支撑喉镜手术。与传统的纤维喉镜手术相比，显微支撑喉镜手术可以同时达到明确诊断和治疗的目的，手术范围广可以涉及口腔、口咽、喉咽和喉以及声门下病变；具有手术时间短，创伤小，术后恢复快的特点，术后第二天即可开始流质饮食。（吴　毅）

【大肠外科实施首例单孔腹腔镜探查活检术】 10 月，大肠外科为一位 63 岁的男性患者进行首例单孔腹腔镜探查活检术。单孔腹腔镜技术(LESS)具有创伤小，切口愈合好的优势。鉴于手术操作难度大，目前主要应用于简单的胆囊切除、阑尾切除等手术，较少应用在肿瘤治疗领域。（蔡三军）

【主办 2010 年第五届上海乳腺癌论坛】 该论坛于 11 月 5 日在浦东展览中心举行。由肿瘤医院主办。上海市卫生局局长徐建光、肿瘤医院院长蒋国梁出席开幕式并致辞，乳腺外科主任邵志敏主持开幕式。来自美国、加拿大、韩国、日本和中国台湾等地区的乳腺癌专家1 500余人参会。论坛以HER2受体阳性患者科研进展和治疗方案为主题，哈佛大学教授Eric Winer和Ian Krop担任大会嘉宾主讲。

（邵志敏）

复旦大学附属妇产科医院

【概况】 2010年，复旦大学附属妇产科医院有在职职工1 193人，其中医师342人，行政人员105人，护理人员508人，技术人员1 167人。具有正高级职称16人，副高级职称65人，中级职称201人。有特聘教授2人。研究生指导教师31人。

医院核定床位820张，目前总体开放床位数722张，全年共完成门急诊总数991 401人次，其中门诊982 243人次，急诊9 158人次。出院数35 660人次；妇科手术总数18 290例。产科分娩数9 606例；床位使用率87.81%。周转率48.78%；平均住院天数6.45天。

有在读研究生115人，其中硕士研究生21人，博士研究生13人。毕业研究生33人，新招研究生39人。接受医学生实习119人，举办国家级继续教育学习班项目9个，有1 637人参加。定期邀请资深教授进行各类学术讲座、交流活动。招收进修医生107人，其中长期进修48人、短期进修59人。

开展白玉兰远程会诊项目，为全国各省市病患提供妇科肿瘤、内分泌治疗、计划生育等妇产科方面的专家咨询。

科研项目立项35项，科研总经费774余万元。其中国家自然基金项目11项、上海市重点实验室建设1项、上海市科委重点项目2项、上海市科委面上项目6项、上海市浦江人才基金1项、上海市启明星人才基金1项、上海市新兴前沿技术联合攻关项目1项、教育部博士点新教师基金1项、上海市卫生局局级课题5项、上海医学院青年骨干科研启动基金2项、中国癌症基金会1项、卫生部妇社司国产营养项目1项。发表论文114篇。其中SCI收录论文33篇，影响因子(IF)累计91.56、E-pub收录论文5篇，影响因子累计16.89。在国内期刊上发表论文80篇，其中权威期刊收录16篇、核心期刊收录36篇。获国家级专利2项。

接受卫生部大型医院巡查督导组检查工作。巡查组通过听取汇报、查阅资料、问卷调查、座谈会、个别谈话等方式开展工作。检查组对医院工作基本满意。上海市生殖内分泌相关疾病重点实验室项目获批，是医院获批的第一个省部级重点实验室。

积极完成医疗援边援外任务，做好基层医疗服务工作。选派优秀医生作为复旦大学支援西部医疗队队员分别前往贵州省毕节地区医院、甘肃省庆阳市合水人民医院工作，参与当地农村卫生项目建设。派出青年志愿者前往浦东新区人民医院开展医疗交流活动。李雪莲参加支援摩洛哥医疗队，克服医疗设施简陋、语言上的障碍，因地制宜开展工作，出色完成2年援外任务胜利返沪。

协助国家计生委编写孕前健康检查系列丛书，该丛书作为必备教材向全国100个免费孕前检查试点县发行。与上海市奉贤区南桥镇政府签订“优生促进工程孕前健康检查项目”协议，项目于6月份启动，妇产科医院将充分发挥妇产科人才、技术、管理优势，以孕前保健为重点、预防为主，为南桥镇孕产妇提供系统的咨询和保健服务，做好产前诊断规范化和制度化管理，加强健康教育和宣传员普及优生优育知识，改善人口生育质量，使更多的郊区居民享受优质的医疗服务。

开展住院医师规范化培训工作。成立“毕业后医学教育委员会”，制定和审核相关政策。成立“住院医师规范化培训考核工作小组”，承担培训、招录、考核等工作。全年招录23名培训对象，根据培训对象的实际情况，制订针对性的培养计划及轮转年限建议。

做好世博会医疗应急保障工作，积极开展精神文明建设工作。与华山医院合作成为世博定点医院的支持单位。规范急救流程，多次开展世博应急演练，做好世博会期间应急值守工作。全院共有400余名中共党员和入党积极分子参与世博平安志愿者车站志愿者活动。志愿者们连续200余天分批分次在陆家浜路地铁及公交车站定点值勤，累计服务时间达400小时。开展关于医院文化要素的征集活动。征集内容包括医院愿景、医院宗旨、医院院训、医院核心价值观、医院服务理念等要素，征集过程中共有320人次参与，收到41条标语。最终确定上述要素为：医院愿景为建立妇产科疑难杂症诊疗中心、妇产科高级临床医师培训中心、妇产科基础和临床研究中心、中外妇产科学界交流平台。医院院训为博爱、崇德、传承、创新。医院宗旨为关爱女性、呵护生命。核心价值观为医德至上、医技至精、服务至诚。服务理念为以专业之心铸就健康之路，以关爱之情提供品质服务。举行“讲述王淑贞故事，弘扬红房子精神”专题报告会，会议通过专题报告、演讲、发言、朗诵等形式诠释和阐述了医院文化。陈晓军获得2010年度全国医疗卫生系统先进个人称号并当选2009—2010年度上海市三八红旗手，徐从剑入选“新世纪百千万人才工程”。

（葛秀贞）

【院领导班子换届】 1月8日，在黄浦院区六号楼会议室召开中层干部会议。会上，根据校任字[2009]14号文，任命郇惊雷同志为妇产科医院院长。校党委副书记王小林出席会议并讲话。6月30日，在杨浦院区召开妇产科医院中层干部会议。会上，根据《关于华克勤等同志职务任免的通知》(复委组干[2010] 7号文)和《关于李斌等同志职务任免的通知》(校任字[2010] 10号文)，任命华克勤为党委书记，陈晓军为党委副书记兼纪委书记，李斌、李笑天为副院长。校党委副书记王小林出席会议并宣读任命通知，会议由复旦大学组织部部长秦莉萍主持，妇产科医院全体中层

干部等20余人出席会议。（黄雅芳）

【举办宫颈癌广泛全子宫切除术专题研讨会】 该会议于1月10日在杨浦院区举行。由妇产科医院和上海医学会妇产科分会联合主办。华克勤担任大会主席。研讨会就宫颈癌广泛全子宫切除术手术的热点问题展开交流与讨论。国际妇科肿瘤主席Shingo Fujii教授、日本专家Masaaki Andou教授和Hiroyuki Kanao教授，以及韩国专家Dr. Joo-Hyun Nam分别作大会报告。国内专家丰有吉教授、吴小华教授、万小平教授和刘惜时教授等也分别作大会报告。会议期间，全国200余名妇产科临床医师通过远程直播的方式观摩国内外专家示范手术录像转播。（沈晓雯）

【举办首届亚洲子宫内膜异位症大会（ACE I）会议】 10月15日，在兴荣温德姆至尊豪廷酒店召开首届亚洲子宫内膜异位症大会（The First Asian Conference on Endometriosis, ACE Ⅰ），会期3天。会议由亚洲子宫内膜异位症大会组委会和妇产科医院联合主办。大会以“更好的科研，更好的生活”（Better research, Better life）为主题，就子宫内膜异位症的最新科研与临床进展展开深入探讨和交流。医院教授刘惜时主持大会。来自中国、日本、韩国、土耳其、印度尼西亚和中国台湾等国家和地区的众多专家学者308人参会。医院教授郭孙伟、徐丛剑、刘惜时和日本鸟取大学的Tasuku Harada共同担任大会主席。（沈晓雯）

【举办第二届国际生殖免疫学大会】 该会议于11月30日在杨浦院区举行。由妇产科医院和《美国生殖免疫学杂志》（*American Journal of Reproductive Immunology*）联合主办。来自美国、加拿大、日本、澳大利亚、新西兰、奥地利、印度、中国等国家的专家学者83人参会。美国《生殖免疫学杂志》主编Gil Mor教授、美国生殖免疫学会主席Surendra Sharma教授、妇产科医院教授李大金分别做大会发言。会上，李大金被《美国生殖免疫学杂志》编辑部聘为副主编。（李大金）

复旦大学附属儿科医院

【概况】 2010年，复旦大学附属儿科医院有在职职工1 192人，其中正高级职称34人、副高级职称71人，博士生导师19名、硕士生导师36名。双聘首席研究员共6名。2010年核定床位600张，门急诊服务突破192万人次，同比增长10.54%；出院27 087人次，同比增长3.73%。平均住院日8.25天。落实卫生部大型医院巡查工作，认真总结经验。促进医疗安全，改善医疗服务，优化医疗环境，和谐医患关系，继续贯彻“质量万里行”的精神要求，以创建平安医院为抓手，积极推进医院管理年的建设。

高质量完成复旦大学上海医学院儿科学系本科生、研究生、住院医师和专科医师、进修生等教学任务。“八年制儿科实习导师带教制度的探索”课题获复旦大学教学成果三等奖。高度重视研究生教育，加强研究生导师队伍建设。积极推进住院医生规范化培养，在国内率先建立住院医师分站式综合考核系统，参照了香港儿科住院医师临床考试（MRCPCH）的规则，并结合儿科医院以往住院医生培养经验和实际情况，从沟通技巧（由经过训练的患儿家属扮演）、体格检查真实病人、辅助检查及病史治疗四个方面进行考查。

获科研基金及学科建设项目共计66项，总经费4 058万元，其中，国家自然基金项目18项。出版专著5本，发表国内外论文266篇，其中SCI收录论文68篇。组建儿科分子基因诊断研究室，由吴柏林领衔。组建儿科临床流行病学研究室，由严卫丽领衔。桂永浩入选上海市领军人才，徐虹入选上海市优秀学科带头人，马晓静入选上海市启明星。举办第三届上海国际儿科心血管疾病研讨会和2010上海国际小儿神经精神论坛。积极准备国家临床重点专科（儿科学亚专科）的申报工作，其中，先期启动评审的儿科重症医学科和新生儿疾病重点实验室已经入选2010年度国家临床重点专科。积极拓展各级层面合作网络，与多家妇产科医院合作，产前会诊人数达350余例。与上海中冶职工医院联合建立儿童康复基地合作项目，与浦东新区特殊教育学校开展“医教结合”合作模式。

全年共接待外宾18个团体，113人次。12月11—18日，儿科医院代表团一行六人在院长黄国英带领下到美国纽约哥伦比亚大学摩根斯坦利儿童医院、匹兹堡大学儿童医院和辛辛那提儿童医院等三家儿童医院进行访问，重点考察儿童医院的科研楼设计与建设、医院信息化建设、《中国循证儿科杂志》发展方向以及今后国际合作项目等几个方面，为医院“十二五”规划发展提供参考。

积极开展公益活动，提高社会影响力。响应卫生部“新型农村合作医疗”政策，与江西省鹰潭市卫生局联合救治先天性心脏病患儿，并被确定为卫生部“新型农村合作医疗”先心病和白血病定点指导医院。充分发挥社会公益服务平台的作用，以公共卫生突发事件为抓手，调动员工积极性，使爱心关怀、帮困救助、阳光小屋、糖尿病夏令营等医院特色服务品牌得以发扬光大，提升医院整体服务能力。与上海市慈善基金会合作，以“血脉相连万里，爱心传递喀什”为主题开展“蓝天下的至爱”活动，为新疆喀什地区儿童病患提供免费手术，帮助4名先天性心脏病和马蹄内翻足的患病儿童重获健康。全年在沪开设公益课堂15次，市民听众达1 320人次。在嘉定、温州、江西等地区开设公益班车，为当地社区居民提供咨询、服务。积极拓展国外基金，如“爱心无国界”、加拿大BC儿童基金会基金等，共筹集善款和医疗设备等500多万元，受益患儿达414人。设立“生命源泉”——龙华古寺帮困基金和“梅陇镇残障儿童早期扶助帮困项目”等两项专款帮困基金。

支持各项援建和支援活动。选派医生支援西部地区的医疗支援队，分别前往贵州省兴义市和甘肃省庆阳市合水县开展支援工作。选派医生参加上海青年志愿者赴滇扶贫接力队，赴云南省文山县人民医院，参与当地儿童急症救助培训计划的实地培训任务。配合上海市卫生局完成援外医疗任务，完成援摩洛哥荷塞马点医疗队的组队轮换工作，再次选派医生赴摩开展援外医疗工作。

上海世博会期间，全面推进平安医院的创建活动，逐步形成医院服务工作的长效机制，重点突出窗口规范服务和优质护理服务病房的建设工作。组织开展党内创先争优活动。制定开展创先争优活动的实施方案，以“抓基层、打基础，争先进、作表率，促发展、创一流”为主题，以“推动科学发展，加强基层组织，服务人民群众，促进社会和谐”为总体要求，以“落实医改任务，提高服务水平，改进医德医风，加强基层组织”为活动载体，提出先进基层党组织“五个好”的基本要求。制定《儿科医院党支部工作目标管理考核办法》，对党支部工作实施量化考核。与哈药集团制药总厂、上海益卡电子有限公司、上海申洲医疗器械有限公司等295家相关单位签订廉政协议，从源头上杜绝和治理商业贿赂的发生。

推进精神文明建设。积极参与社区共建和谐工作，与古美街道共同探讨如何促进医院和社区互动，共建精神文明。配合梅龙镇街道落实禁烟工作，完成世博倒计时文明指数测评工作。举办第七届文化艺术节，通过插花、歌唱比赛、拔河比赛等系列活动丰富职工生活。参加复旦大学组织的女教职工健美操比赛并获得一等奖。获国家级荣誉10个，市级(局级)荣誉70余个。获第三届全国医院(卫生)文化建设先进单位。获上海市迎世博贡献奖——优质服务贡献奖。获上海市文明单位的称号，这是医院连续第六次获得该称号。黄国英获中国医院优秀院长，孙波获全国医药卫生系统先进个人，马瑞雪获上海市卫生系统迎世博“微笑服务天使”，杨磊获上海市卫生系统迎世博600天行动优秀青年志愿者，陆毅群获上海市卫生系统世博医疗卫生保障工作先进个人，张公惠、马瑞雪、胡晓静获上海市卫生系统世博工作优秀个人，周渊峰获上海市优秀青年志愿者。

制订医院总体发展规划，实施基础建设项目的扩建计划。一期扩建项目获得卫生部批准立项，具体项目包括科研楼(建筑面积10 081平方米)、中药制剂楼(建筑面积3 500平方米)和后勤服务综合楼(建筑面积5 142平方米)。向上海市卫生局提出“十二五”期间核定床位从已有的600张增加至1 000张的申请并获批。

(翟晓文)

【成功实施连体女婴分离手术】 2月1日，成功为一对出生仅8天，患有先天性心脏病的双胞胎连体女婴“大宝、小宝”实施连体分离手术。该手术由小儿外科和心血管中心联合完成，平均分配连体婴儿的肝脏，重建胆道系统，并为小宝实施心脏矫正手术。

(翟晓文)

【赵雯到院看望脑瘫儿童】 2月25日，上海市副市长、市妇儿工委主任赵雯等在常务副校长王卫平、院长黄国英的陪同下来到儿科医院社区康复基地徐汇区华泾镇社区卫生服务中心，看望在那里接受康复治疗的脑瘫儿童，并听取相关工作汇报。

(翟晓文)

【成立心血管急救培训中心】 4月7日，复旦大学附属儿科医院美国心脏病学会心血管急救培训中心正式揭牌，该中心由美国心脏病学会与儿科医院合作共建。该中心培训课程“儿科医院基础生命支持(BLS)”和“儿童高级生命支持(PALS)”同时启动。

(翟晓文)

【举行康复科成立十周年庆祝大会】 该庆祝大会于6月26日在院报告厅举行。上海市卫生局副局级巡视员王磐石、校党委副书记王小林等领导出席，副院长王艺主持。共200多人参与庆祝大会。

(高艳)

【成立国际儿科肾脏病学会(中国上海)培训中心】 该培训中心于12月11日在院多功能厅正式成立。院长黄国英与上海儿科学会主委孙锟为中心揭牌，来自美国 The Barbara Bush Children's Hospital, Maine Medical Center 的教授 James CM Chan 和来自美国 Duke University 的教授 John William Foreman 致词。

(钱玉萍)

【院领导班子换届】 11月8日，在儿科医院第一教室召开儿科医院中层干部会议。会上，根据校任字[2010]16号文件，任命黄国英为院长，郑珊、王艺、盛锋、周文浩等为副院长，徐虹为党委副书记、纪委书记。校党委副书记王小林出席会议并宣读任命通知。会议由党委书记曹莲华主持，医院中层干部、支部书记及专家、教授和职工代表等100多人出席会议。

(侯德爱)

复旦大学附属
眼耳鼻喉科医院

【概况】 2010年，复旦大学附属眼耳鼻喉科医院有职工830人，其中中国科学院院士1人，长江特聘教授2人，博士生导师23名，硕士生导师39名，具有高级职称者126人。

核定床位394张。全年门急诊人次1 415 564人次，比去年同期减少14.02%。出院人次25 463人次，比去年同期增加16.09%。全年平均住院天数4.42天，比去年同期增加了7.5%。

继续优化医疗服务，加强医疗安全管理。组织眼科、耳鼻喉科学习相关专科临床路径，完善三级学科单病种诊疗常规，承担并完成卫生部耳鼻喉科相关病种的临床路径的编写工作。加强手术资质准入管理，严格规定特需手术准入硬指标。通过电脑系统控制手术分级管理，减少人为因素对手术分级的干扰。落实术前安全核查制度，术前安全核查范围由全麻手术扩大至所有手术，术前核对项目由主刀医师、麻醉师及巡回护士三方共同核对签字，确认后方可进行手术。加强对全院医护人员的法律法规培训，编写了《医疗法律法规汇编》并下发到临床医生人手一本，组织落实对全院医护人员的培训。

科研工作继续保持上升态势。课题新立项目94项，其中国家级项目

19项，省部级21项，市局级15项，院校级37项，横向课题2项。首次获得“973”项目，该项目由李华伟任首席专家。获得18项国家自然科学基金，获得省部级科技奖项2项，科研管理成就奖项1项。王正敏的《人工耳蜗的研制及临床研究》获上海市科技进步一等奖。全年发表论文101篇，其中SCI收录34篇，中华系列22篇。“特殊感受器官功能再生”被学校列入“985”三期建设医口领域7大重点方向之一。

进一步深化医院人事改革，优化人员结构，提高管理队伍素质。2010年度推出80个中层岗位竞聘，其中正科级岗位38个，副科级岗位32个，助理岗位10个。通过民主推荐、民主测评、组织考察和个别访谈等环节，最终新上岗22人，15人轮岗。

加强精神文明建设，积极开展各项社会服务工作。世博期间，开展“迎世博，讲文明”的主题活动，努力营造“服务文明、医疗安全、医患和谐”的就医环境。获得上海市卫生系统迎世博红旗文明岗二名、上海市巾帼文明岗二名。此外，三位医护人员获得上海市卫生系统世博工作优秀个人奖，VIP医疗保障小组获得优秀班组称号。继续参加医疗支援，耳鼻喉科医生陈泽宇完成在摩洛哥进行为期二年的援外医疗工作，副主任医师李厚勇参加上海市对口支援新疆喀什的医疗工作，副主任医师陈君毅赴贵州毕节短期服务。手术室护士郭小红赴云南普洱景洪市参加赴滇扶贫医疗队开展防盲工作。

招收研究生72名，其中博士24人，硕士35人，同等学力博士5人，八年制8人。毕业研究生44名，其中博士20人，硕士12人，七年制9人，同等学力博士1人，同等学力硕士2人。新增博导2名，硕导4名。卢奕教授被评为2010年度复旦大学优秀研究生导师。住院医师基地共招生28名，眼科、耳鼻喉科各招生14名。进院后两科培训基地对28名住院医师进行了临床能力测评，根据测评结果进入培训第一年13人，进入培训第二年15人。

开展各种国际学术交流活动。组织召开第十届国际眼科与视光学研讨会及第四届上海国际耳鼻咽喉头颈外科学术会议。哈佛大学眼科学术代表团首次来访。举办眼科住院医生规范化培训国际论坛，提升了医院眼科住院医师培训基地的水准。

（王士强）

【举办第九届国际眼科学和视光学学术会议】 4月9—11日在南昌国际展览中心举行第九届国际眼科学和视光学学术会议。会议由复旦大学附属眼耳鼻喉科医院、中国国际科技会议中心和江西省医学会共同承办。科技部副部长刘燕华、江西省副省长谢茹等领导出席大会开幕式。美国新英格兰视光学院教授贺极苍，澳大利亚眼科专家 Timothy Hughes 教授、Ian Morgan 教授，台湾眼科学会前任理事长陈德照教授等国内外知名专家出席会议。大会共收到论文投稿600余篇，来自全国31个省市的1 500多位眼科医师和视觉工作者参会以及近百家国内外知名厂商参展。

（王士强）

【首次获得“973”计划项目】 课题“感音神经性聋发病机制及干预措施的基础研究”获科技部“973”计划2011年度项目立项资助。这是医院首次获得“973”计划项目，耳鼻喉科教授李华伟受聘为“973”计划项目首席科学家，该项目获得经费资助2 800万元。

（王士强）

【哈佛大学眼科学术代表团首次到院访问】 10月28日下午，上海市眼科住院医师规范化培训试点工作研讨会暨中美眼科住院医师培训高峰论坛在院举行，由眼耳鼻喉科医院承办。上海市眼科住院医师7个培训基地的主任、教学人员和专家等出席研讨会。应邀参会的还有美国哈佛大学医学院麻省眼耳医院的眼科主任 Joan Miller 教授、住院医师培训项目负责人 John Lowenstein 教授等6人。参会人员就两国眼科住院医师培训及其相关的问题展开了深入交流与讨论，为探索上海市以及我国如何实施、做好眼科住院医师的培训工作提供积极的建议和参考指导。

（王士强）

【浦江东院建设项目与闵行区政府正式签约】 11月26日，复旦大学附属眼耳口鼻科医院东院项目建设签约仪式在闵行区人民政府举行。复旦大学党委秦绍德书记、上海市发展与改革委员会副主任叶明忠、上海市卫生局局长徐建光、复旦大学常务副校长王卫平等出席签约仪式。协议的签订，标志着已准备两年多时间的复旦大学附属眼耳鼻喉科医院浦江东院建设项目进入实质性启动阶段。

（王士强）

复旦大学附属金山医院

【概况】 2010年，复旦大学附属金山医院有神经外科、泌尿外科、职业病科等3个学科为金山区重点学科，耳鼻喉头颈外科、心内科、儿科、放射科等4个学科为金山区重点建设学科，妇产科、神经内科、消化科等3个学科为金山区特色专科。劳动卫生与职业病被列为上海市公共卫生重点学科建设项目。

有在编职工906人，其中医技人员850人。硕士以上学历103人，博士生导师4人、硕士生导师17人，正、副教授(含正、副主任医师)99人，中、高级以上职称335人，占医技人员总数的39.4%。设有26个临床科室、8个医技部门，另设职业病防治研究所、金山区眼病防治所，有核定床位数600张。门诊新增介入放射专科、整形美容专科、中医膏方、儿科内分泌、腹透以及“伤口、造口”6个专科专病门诊。拥有直线加速器、MRI、DSA、CT、ECT、彩色超声波诊断仪等先进大型医疗设备百余台。全年门急诊910 936万人次，比2009年增加5.79%。出院病人18 868万人次，比2009年增加5.50%。住院手术病人6 433人次，比2009年增加0.45%。平均住院天数10.62天，比2009年缩短0.72天。

完善制度，加强管理。新增患者身份识别、不安全事件管理、医疗安全不良事件主动报告、“非计划外再次手术”管理、新技术新项目申报审批等7项制度。制订病原微生物实验室生物安全事件应急处置工作预案等5项预案。修订了用血管理、手术部位识别标示、重大手术报告审批等6项制度。增补《使用自费药品和医用耗材告知同意书》、《拒绝或放弃医学治疗告知书》、《自动出院告知书》和《劝阻住院患者外出告知书》等4项知情同意书文本。完成各科室手术准入名册。

继续开展医疗质量万里行活动，提高医院管理水平，保障医疗安全。在骨科、麻醉科等4个科室实施学术主任制。完成单病种信息上报的培训指导及督查工作。15个科室开始试行31个病种的临床路径工作。制订手术科室、非手术科室病史督查表，进一步完善并细化门急诊病历、住院运行病历及终末病史质量的评价标准。开展《病历书写基本规范》培训、法律法规培训和医疗纠纷典型案例点评的专项培训。对重点病人医务科、纠纷办及时介入、动态监控，保障医疗过程质量和医疗安全。为尊重患者知情权，加强手术管理，保障医疗安全，于2009年7月建立了行政谈话制度，旨对高危、疑难、重大或特殊手术，实行患方、科室、行政（主要是医务科）三方共同谈话，对患者的病情、手术适应症等进行全方位的评估，并将术前、麻醉、手术、术后并发症等围手术期的医疗风险向患方详细告知，最终得出是否进行手术的一致意见。由于严格执行行政谈话制度，全年经行政谈话进行的13例大手术，无一例纠纷或投诉。在院内开展"危重孕产妇抢救"演练，组织参加金山区反恐应急演练和防震救灾综合演练，与拜耳公司、上海化学工业区等单位联合开展"光化气中毒"救治演练。5项医疗技术入选首批第二类医疗技术目录，分别为冠心病介入诊疗技术、起搏器介入诊疗技术、髋膝关节置换技术、口腔种植诊疗技术、输尿管镜技术。各科室开展介入治疗、乳腺导管内窥镜、房间隔缺损和动脉导管未闭的封堵手术等24项新技术。持续改进医疗质量，进一步提高医疗服务质量。门诊窗口实施错时错峰服务，有效缓解病人付费、取药等候时间长的问题。在心内科、神经内科、ICU等6个病房开展优质护理服务，调整临床护士队伍结构，增加临床一线护士总量，保障临床护理岗位的护士配置。

支援社区卫生服务中心，选派骨干医师20余人到金山区山阳镇社区卫生服务中心、金山区张堰镇社区卫生服务中心等6个社区服务中心开设专家门诊、查房及业务培训。向患者公开分级护理与基础护理服务规范项目，护士志愿者参与本地区的社区医疗护理服务。组建医疗队前往甘肃省庆阳市合水县人民医院开展为期2个月的医疗支援工作，诊治中医病人400人次，向当地捐赠价值5 000多元的药品。配合卫生部开展东西部地区医院省际对口支援工作，与云南省昭通市彝良县人民医院开展为期三年的对口医疗支援工作，选派17名中高级医护人员支援彝良，开展了腹腔镜手术、骨科复杂骨折微创内固术和改良光棒盲探插管技术等9项新技术，其中腹腔镜手术119例，配合当地设立心血管内科、神经内科、CCU等6个特色专科，捐赠价值4万元的医疗设备。

招收博士研究生2名，硕士研究生15名，在职申请学位3名。完成本科生126人，大专生55人，中专生48人临床实习的管理和教学工作。全年完成院外共计105人次的实习教学任务。医学影像科和全科被列为住院医师培养基地，在培全科医师18人，在培医学影像医师4人。护理部共组织全院性各类业务培训学习29次，参加3 019人次。对各级护士进行各项急救技术、基础及专科护理操作培训及考核。成立了金山医院毕业后继续教育委员会，以管理毕业后学生的继续教育工作和项目。

加强科研与教学管理。新立项课题33项，其中上海市科委重点项目1项、引导项目1项，上海市卫生局5项。全年发表论文218篇，其中核心期刊收录137篇，SCI收录4篇。3项上海市科委项目通过验收。

加强精神文明建设和行风建设。积极创建上海市文明单位、上海市卫生系统文明单位和金山区文明单位，制订创建计划，明晰各部门责任和任务。全年开展6次文明规范服务督查工作，检查44人次。开展出院病人满意度调查，病人平均满意率达94.13%。聘请25名社区监督员长年监督医院行风建设。电话随访出院病人2 000人次，有效1 500次，回访人次占总数的75%。组织门诊窗口"文明服务竞赛"。持续开展"方便病人、满意在窗口"的文明服务竞赛活动，评出第六届（上半年）的服务明星12位和先进班组2个。

开展各种的迎世博宣传活动，做好世博期间的医疗保障服务工作。通过院报、局域网、简报等形式开展共计56期次世博宣传工作。开展"奉献百天迎世博，规范服务保健康"活动和"奋战50天，文明行动迎世博"的千人宣誓活动。组织全院260名党员参与"世博先锋行动"党员文明网上承诺签名活动。开展世博知识网上测试活动，全院90%的职工参加。组织"我为世博服务创品牌"的主题讨论，共征集文章17篇。积极参加世博会"公共参与馆"展品征集，共征集摄影作品15张，实物11个。300余人参加《上海市民世博文明公约》条文建议征集活动，共征得条文建议22条。开展"三五"行动，即每月5、15、25日分别开展窗口服务日、环境清洁日、公共秩序日活动。配合做好金山嘴水域海上安保工作，与上海市公安边防总队金山嘴边防派出所签订"上海市世博安保工作医疗绿色通道协议"，为公安边防总队官兵提供医疗保障服务。承担各种活动的医疗保障工作，包括海外华裔青少年世博夏令营，"画里水乡金山行"世博会国际参展方代表进金山互动交流活动，2010年国际沙滩排球赛、迎世博千人健康长跑活动、区离退休老干部迎春团拜会、反恐演练等，共派出医护人员40名，提供医疗保障物品和药品，顺利完成任务。门诊窗口获得上海世博会窗口服务先进集体，门诊联合党支部获得金山区迎世博贡献奖，门诊抽血室被评为金山区卫生系统"优质服务窗口"，5人被评为金山区卫生系统"优质服务示范员"。

开展廉政建设，加强预算工作管

理。组织中心组学习解读中央廉政准则52条禁令,邀请市委党校教授作廉政准则讲座。建立院内外监督机制,建立药品管理长效机制,对每季度抗菌药物使用量排名前10的医师和排名前3的科室开展关于用药合理性考评,20余人次因药品使用异常被告诫谈话,停止用量可疑药品2个,限制用量异常药品5个。医院整体迁建项目进行创“工程优质、干部优秀”活动,监察部门全程参与设备和项目采购招评标的监督工作,并与负责人签订“廉政建设责任书”,完善制度管理工作,明晰基础台账,分门别类地完善双优台账管理。对每次廉政教育、项目招评标的监督、双优工作检查整改等,形成工作记录,留有影像资料,统一归纳成册,形成工作档案。制定并颁布科研经费结题审计暂行办法。对2009年年底所有处于结题、终止状态的课题进行了经费余额专项审计,根据审计情况对相关科室下发审计整改意见书。对职能科室2009年度经费预算、后勤服务奖励基金等进行专项审计,对医院基建工程、设备购置以及政府采购项目进行全程审计与监督。按时完成第五次物价调整。

基建工程进展顺利。配合医院整体迁建项目,完成医院信息系统、实验室信息系统、影像归档和通信系统、放射信息系统的调研工作,医院信息系统已完成招投标工作,影像归档和通信系统开始招投标工作。配备专人全程跟踪新院弱电系统的建设。住院楼、急诊楼、门诊楼、核化指挥中心、变电所、锅炉房等建筑单体完成墙体砌筑。

加强消防安全管理,加固防盗门和防盗栏杆。在剧毒品仓库中安装“110”报警器及电视监控探头。定期检查消防设备,及时发现隐患并检修,全年维修和更换灭火器220只。

(谢　洪)

【完成医院党委、纪委换届】 11月23日,召开金山医院党委第七次党员大会,改选新一届党委和纪委班子。会上听取并审议第六届党委、纪委工作报告,选出第七届党委、纪委领导机构。陈刚当选党委书记,石卫红当选纪委书记,赵波当选纪委副书记。会议由陈刚书记主持,校党委副书记王小林出席会议并讲话,共有224名党员到会。

(谢　洪)

复旦大学附属上海市第五人民医院

【概况】 2010年,上海市第五人民医院以创“文明世博、平安世博”为抓手,紧紧围绕“抓医疗质量,保医疗安全,迎文明世博,促医院可持续发展”这一实践载体,开展世博平安医院建设。积极配合医药卫生体制改革,着力提高医疗质量和医院管理水平,努力加强学科建设和人才培养,全面落实科学发展观,推进医院各项工作的可持续发展。以医院等级评审为契机,结合第三轮区校共建工作,以评促建,以评促改,不断提升医院综合实力,成功创建三级医院。

有在职员工952人,其中具有正高级职称33人,副高级职称90人,中级职称305人,初级职称342人,士级职称77人。研究生学历者110余人。研究生导师15人,享受国务院津贴者7人,闵行区领军人才10人。

有37个临床科室,核定床位630张,全年完成门急诊1 453 853人次,比2009年增长19.1%,出院22 877人次,比2009年增长0.51%,住院手术8 294人次,比2009年增长1%,平均住院天数11.74天,比2009年减少0.08天。医院获颁国家药监局GCP证书,成为药物临床试验机构。9月,医院泌尿外科通过上海市卫生局组织的上海市医学重点专科验收,评估结果为优秀。泌尿外科于1994年被上海市卫生局批准进入医疗特色专科,1997年经考核被批准直接进入医疗特色专科的第二周期建设。2005年被批准成为上海市医学重点专科。经过3个周期医教研一体化建设,泌尿外科从医疗水平、医疗服务的辐射至科研教学水平均有极大程度提升。

全年各院校到院实习生总数达255人,其中包括新增的上海欧华职业技术学院护理专业本科生9名、皖南医学院影像专业本科生4名。

全年招收复旦大学2010级研究生18人(包括博士研究生2人)、博士后1人,招收皖南医学院2010级研究生1人。博士生陈桂香获得复旦创新基金,参加美国2010年肾脏年会并进行大会论文交流。开展住院医师规范化培训工作,大外科和医学影像诊断教研室成为首批上海市住院医师规范化培训基地。大外科和医学影像诊断教研室分别招录8名、2名住院医师,并对其开展为期2—3年的住院医师规范化培训。

全年主办或协办各类学术讲座共计38次,参加人员总计1 316人次。

神经内科任传成的《远隔预处理诱导缺血脑保护的血管生成机制研究》获得国家自然科学基金面上项目资助,肾内科顾勇的《黄芪在慢性肾脏疾病中的应用及作用机制》获得市科委重点项目资助。2010年获得上海市科委生物医药处项目资助1项,获得上海市卫生局面上项目资助1项、青年课题资助2项,获得复旦青年骨干启动基金A类及B类资助各2项,获得复旦护理科研基金资助1项。在闵行区,获得区科委自然科学基金13项,区卫生局课题5项,入选闵行区新一轮学科带头人培养对象4人。全年发表论文98篇,其中SCI收录论文为5篇。获国家级发明专利和实用新型专利各1项。

依托医院中心实验室科研平台,与闵行区江川等社区卫生服务中心和服务站合作,建立闵行区慢病平台,该平台以管理和研究高血压、糖尿病、慢性肾病等慢性病为宗旨,并首次建立以信息化为依托的三级医院与闵行区疾控中心及社区卫生服务中心联动的慢性病管理新模式,为实现慢性病早期干预提供技术支撑体系。平台已着手开展大规模的临床研究工作,并于2010年成立标本库。已有6 578名招募者加入持续随访队列中,库内已有108 692份样本。该库的建立为慢性病研究提供高质量的研究资源,从临床科研水平关注慢性病的相关危险因素和高危人群。

平台充分利用了医院相关学科和人才的优势,依托区域内的医疗信息化平台进行医疗资源整合。

开展各类公益活动,与社区服务中心保持良好的合作关系。参加由上海市医学会肾脏病分会、中华医学会肾脏病分会、国际肾脏病学会和国际肾脏病基金会共同发起,中国科学院《家庭用药》杂志社承办的"世界肾脏日"活动,向市民宣传保护肾脏的专业医护知识。联合华山医院、上海市公共卫生中心等单位,开展"迎世博暨世界肝炎日 5.15 大型义诊活动",为闵行区居民提供健康咨询和讲座,服务人数近 300 人。创建平安志愿者队伍,队伍由保卫科、后勤服务、医护人员共 107 名职工组成,协助维护医疗秩序以及医院周边地区安全稳定,并担负起医院周边的交通安全保障任务。组织世博主题义诊和志愿者活动。作为江川社区主要企事业单位之一,医院参加江川社区"为军旗增辉、为世博添彩——三区联动进世博营区"活动,为 100 余名武警上海市总队世博安保女兵提供义诊并赠送药品;组建世博急救专业医疗队伍,开展针对性应急演练,参与世博院前急救。

全面开展平安医院建设。加强组织管理,细化完善相关工作预案,全面修订、调整、规范重大灾害及突发公共卫生事件的应急处理流程,特别是整合建立全院医疗、护理、药事、后勤保障"大应急"的概念,制定总体应急预案。加强病原微生物实验室生物安全的常态化管控。做好公共卫生应急培训,抓好传染病防控。

不断完善医疗质量管理体系,持续改进医疗质量,完善院部—职能科室—科室质控小组三级管理体系联动机制,加大医疗质量管理力度、督察力度和针对性,开展环节质量督查、终末质量督查,加强单病种质量控制,实行贵重药品审批制度,利用 HIS 等信息化资源,完善医疗质量监控体系。同时加强业务培训,营造学术氛围,提高医疗内涵质量,定期举办医疗质量讲评会,加强重点环节管理、专项医疗工作的指导整改力度,加强危重病例管理,建立疑难危重病例诊治多科室协作平台。进一步强化临床技术应用能力审核申报与管理工作,完善手术分级制,规范母婴保健技术管理,医师执业资质管理。获取健康体检资质,将体检中心质量工作纳入医院医疗质量管理体系。

青海省玉树地区发生地震后,医院应友好协作医院——青海省红十字医院邀请,组建由胸外科、神经外科、骨科、护理等专家组成的抗震医疗队,即时赶赴灾区,展开医疗救援行动。医院职工积极为灾区捐款,募得 94 159 元。积极配合卫生部完成支援西部地区农村卫生工作,选派血液内科医师高武参加复旦大学支援西部地区的医疗队,赴贵州毕节地区医院开展为期 40 天的医疗支援工作。组建由 6 人组成的援疆医疗队赴新疆喀什地区开展为期 1.5—3 年的支援工作。与新疆维吾尔自治区喀什地区泽普县人民医院签约缔结友好医院。医疗队参与当地开展地区医院的规划和建设工作,针对当地的常见病和多发病,结合当地医疗现状,把规范诊疗,具有示范和带动相关临床专科发展的医疗技术作为援助和帮扶的重点。

精神文明建设取得良好成绩,医院获 2009—2010 年度上海市文明单位称号。在上海市卫生系统精神文明单位调研和万人问卷调查等检查工作中,对医院的满意率达到 94.6%,高于平均值 91.7%。2010 年共收到表扬信 224 封,锦旗 165 面,拒收红包 124 人次。

注重医德建设、廉洁行医工作。医院领导层严格按照廉政制度、条例开展各项医院管理工作,在院级层面成立党风廉政监督组,在科室层面全面建立监督小组与责任人,责任具体明确到个人。在医院党委、纪委领导下,进一步深化医德医风档案建设,配合医院信息化发展,实现了档案电子化并具备了记录、监控等实时管理功能。医院严格执行各项财务制度与程序,做好医院预算与核算工作、小金库清查工作。不断完善药品器械、基建招标等采购程序,从制度上、程序上予以规范,杜绝隐患。进一步加大宣传力度,对各类先进行为大力弘扬。组织干部、医务人员参加医德医风培训,观看警示片,做到警钟长鸣,常抓不懈。（冯　亮）

【举行上海市华山神经外科(集团)医院市五分院签约五周年庆典活动】 5 月 11 日,举行上海市华山神经外科(集团)医院市五分院签约五周年庆典活动。复旦大学附属华山医院副院长、上海市华山神经外科集团(医院)总院院长黄峰平致贺词。复旦大学、闵行区卫生局、华山医院等领导出席庆典。市五医院副院长向明主持学术报告会,华山神经外科(集团)医院市五分院院长李士其、副院长张义、医生徐立权分别作专题讲座。（孙菹莹）

【举行第三轮区校合作共建市五医院签约仪式】 9 月 21 日上午,在闵行区人民政府会议中心举行闵行区人民政府与复旦大学第三轮合作共建上海市第五人民医院签约仪式。闵行区卫生局党委书记、局长许速主持会议。闵行区人民政府副区长杨德妹与复旦大学常务副校长王卫平签署协议。中国工程院院士陆道培、复旦大学党委书记秦绍德、闵行区委书记孙潮、上海市卫生局副局长李卫平等出席仪式。该轮区校共建的目标是进一步提升和促进医院的内涵发展,完善医疗服务体系建设,把医院建设成为综合实力较强的三级医院,使之成为区域医疗卫生服务中心。（孙菹莹）

【门、急诊改扩建工程竣工】 10 月,医院门、急诊改扩建工程全面竣工,并交付使用。原门急诊建筑面积 6 682平方米,改扩建后为 10 686 平方米,极大改善医院就诊环境,各诊区的分布与结构更趋于合理,医疗服务流程进一步优化。（孙菹莹）

【通过三级医院认定】 11 月 18—19 日,医院接受上海市医院综合评价(评审)中心的现场评审。12 月 31 日,经上海市卫生局和医院综合评价(评审)中心认定,上海市第五人民医院正式成为三级乙等综合性医院。（孙菹莹）

上海市(复旦大学附属)公共卫生临床中心

【概况】 2010年,通过深入开展“科学发展观”学习实践活动,以医疗资源整合为契机,以世博保障为主线,以“医疗质量万里行”和“大型医院巡查”活动为抓手,依托全面质量管理体系,不断提高医疗服务质量,加强医疗安全,提升科学化、专业化医院管理水平,为新一轮医院等级评审和中心“十二五”发展战略奠定坚实基础。

中心有职工721人,其中医疗人员127人,护理人员227人,医技人员108人,科研人员46人,管理人员113人,后勤人员60人。在621名专业技术人员中,正高级职称人员21人,副高级职称人员30人,取得博士学位者25人,硕士学位者86人。新进员工50人,其中博士研究生4人,硕士研究生6人。

中心核定床位500张,全年门诊总量为182 040人次,较2009年同期上升20.5%;入院5 855人次,比2009年同期增加15.8%;出院5 785人次,比2009年同期增加15.5%;平均住院日为17.76天,较2009年同期下降1天;手术774人次,比2009年同期增加46%;其中妇产科手术593台,较2009年增加37.9%;外科手术181台,较2009年增加81%。

世博会期间,积极承担公共卫生突发事件应急处置任务。召开“2010年中心应急工作启动会”和“世博保障动员大会”,提出应急保障和维护稳定的要求,明确医疗安全、护理安全、生物安全、生产安全、安全保卫等,明晰责任人员和时间节点,签署《世博保障责任书》。制订并印发《世博保障工作流程汇编》和《世博保障应急手册》,编制《突发事件人员疏散撤离和应急防护预案1.0版》及相关子预案3个,制定各部门世博保障应急工作子预案16个,开展不同形式和范围的演练7次,内容涉及反恐生物因子检测、实验室针刺事故处理、呼吸道高致病性病原体标本的临床检验、新发传染病应急收治、信息瘫痪、应急病房启用等。妇产科获上海市医务职工迎世博文明班岗,中医科、特需科获上海市医务职工迎世博红旗文明岗,重症肝炎科、中医科、肝病科获上海市巾帼文明岗。2人获上海市卫生系统世博工作优秀个人称号,团委世博志愿者服务队获上海市卫生系统世博工作优秀班组称号。组织参加上海市卫生系统迎世博现场急救技能比赛,获专科组三等奖。

启动“十二五”规划的编制工作。成立“十二五”规划起草领导组和工作组,五次召开党政联席会议专题讨论“十二五”规划相关事宜,中心网站开设“十二五”规划讨论专版,中心院报《公卫报》刊出“十二五”大讨论专版,用以宣传和交流中心“十二五”规划大讨论活动取得的成果。通过上述举措和活动,中心就“十二五”规划的总体思路和基本原则达成共识,明确中心“十二五”发展的发展目标、主要举措、相应指标和重点项目等。规划编制工作得到申康医院发展中心“十二五”规划督导组的肯定,并在申康所属医院“十二五”规划汇报活动中获得好评。申报“上海市卫生系统新三年公共卫生行动计划”,内容包括上海市艾滋病临床诊疗中心建设项目、感染性疾病血液净化中心和肝病诊疗中心项目、传染病诊治网络指挥中心项目和中医药防治突发新发传染病及艾滋病平台建设项目,为实施“十二五”规划构建有力载体。

根据中心门诊医疗业务需求,2010年10月向卫生局卫生监督所申请特需门诊及病房服务项目并获得市卫生局卫监所批准。血友病、艾滋病患者病毒载量检测2010年7月向上海市临检中心申请增设HIV-RNA基因扩增检验技术,于9月20日得到市卫生局批复准入。中心对肝炎肝硬化患者开展申报fibroscan超声诊断(硬度数据超声检测)医疗新技术,该项技术于2010年11月20日获得卫生局批复准入。监控评价放射介入诊疗技术、病理科液基薄层细胞学诊断技术。中心呼吸科正式成立。中心放射科介入组首次为一位“肝硬化、肝右后叶原发性肝癌伴肝内多发肿瘤”患者进行介入下CT肝动脉造影及化疗栓塞治疗,获得成功。经上海市疾病预防控制中心指定,中心成为本市耐多药结核病定点医院,将承担耐多药结核病患者的诊断、治疗(手术治疗)、随访和管理。

完善医疗规章制度,重视医护人员的培训和住院医师的培养工作。制定《重大手术审批报告制度》、《危重病例抢救委员会查房制度》、《控费、控药专家组工作制度》、《危重孕产妇会诊制度》等7项重要医疗制度,修订各类护理管理制度15项。组织各层级护理人员完成“三基三严”理论考试15次、操作考试6次,考核合格率100%,优良率88.8%。修订《上海市公共卫生临床中心住院医师/专科医师规范化培养实施大纲》和《上海市公共卫生临床中心住院医师规范化培养考核总则》。

积极开展医疗协作。继续与复旦大学附属上海市第五人民医院等7家医疗机构开展不同模式医疗协作,首度与外资医疗机构(上海和睦家医院)开展医疗合作,首度跨系统与上海市公安局监所工作管理处开展医疗合作。

完成验收第一轮学科建设成果,组织申报第二轮学科建设重点科室建设项目,开展临床专业组申报,完成第一、二批以鼓励青年职工结合实际工作进行创新性的临床探索研究的中心“萌芽计划”的验收,并组织第三批“萌芽计划”申报。举办市级继续教育项目7项,组织申报2011年国家级和市级继续医学教育项目9项。举办全国艾滋病临床进修班,接收学员8名。举办第31期全国传染病医师进修班,共招收学员82名。完成云南省卫生厅科教处医疗卫生合作项目,共接收59名云南进修医护学员。

全年共立项课题29项,其中主持国家级课题4项,市科委课题8项,局级课题5项,申康课题2项,校级课题2项,基金会课题1项;参加国家级课题5项,参与2项市科委课题。立项经费共计5 393.8万元,其中到位经费3 313.55万元。全年发表论文131篇,其中核心期刊106篇;SCI论文14

篇，总影响因子达42分。获上海市医学科技二等奖1项，上海市科技成果3项。新申请发明专利4项、实用新型专利1项，授权实用新型专利1项。完善科研平台建设管理，与47家单位建立对外服务合作关系，其中企业15家、医疗机构19家、大学与院所13家，为中心13个临床科室提供内部技术服务。国家中医药管理局中医药防治传染病重点研究室（临床基地）建设单位在中心挂牌成立，标志着中心正式加入国家中医药防治传染病网络，申报上海市卫生局附属医学科研机构——“上海市新发与再现传染病研究所”的成立，启动中心动物中心的大动物ABSL-3实验室建设工作，中心临床药理基地完成向国家食品药品监督管理局Ⅰ期临床、结核病科、产科、中医（肝病）科四个专业组的申报工作。

接收实习本科生191名，继续与中山医院合作开展全科医师培养，圆满完成2009—2010年度传染病学科培训工作。发布感染科专科医师招生简章，启动专科医师规范化培训试点工作。进一步拓宽与其他医疗机构全科医师培训合作，邀请华东医院和金山医院的全科医师来中心轮转学习。继续为上海思博职业技术学院和济光职业技术学校护理系学生提供护理实习基地，培训学生10人。新增硕士生导师3位。

中心副主任卢洪洲牵头的“艾滋病及其相关疾病的诊疗方案”项目获得2009年度（第八届）上海医学科技奖二等奖，是中心落成启用以来首次以第一完成单位获得上海医学科技奖二等奖。卢洪洲获“2009年度全国卫生系统先进个人”称号，并入选2009年上海领军人才“地方队”名单，获资助经费20万元。中心中标4项国家自然科学基金面上项目，分别由影像科主任施裕新、感染一科主任卢洪洲、应急与检测实验室副主任胡芸文和科学研究部主任徐建青获得，获资助金额共计142万元，实现中心在国家自然基金面上项目零的突破、数量较去年翻番的成绩。张晓燕被授予上海市科委颁发的2010年上海市优秀学科带头人计划（A类）证书。刘保池获第二届中国“精忠奖”中的唯一一枚先锋奖，“精忠奖”设立于2009年，是中国首个由艾滋病感染者颁发给抗击艾滋病一线医护人员及政府官员的奖项。获上海市老龄工作委员会颁发的“上海市爱心助老特色基地”。

中心在市区分部公卫讲堂举行“中心落成启用6周年、原上海市传染病医院建院96周年、巫善明教授从医50周年”庆祝大会。在浦东干部管理学院主办首届长江三角洲公共卫生临床协会妇产科发展高峰论坛——“关注肝病 护航新生”，上海、南京、杭州、宁波、苏州、南通和山东济南、青岛、济宁等八家传染病医院院领导和妇产科主任参加会议，共同研讨公共卫生领域妇产科发展大计，并就妊娠期传染病尤其是乙肝孕产妇母婴传播阻断防治战略规划出谋划策。中心主办、重症肝炎科承办国家级继续教育项目《第三期危重症肝炎诊断救治新进展继续教育学习班暨危重症肝病论坛》，在上海外国语大学国际文化交流中心举行。

中心市区分部门诊大楼（同心路921号）改造工程正式竣工，并投入使用；新门诊大楼建筑面积11 356平方米，在中心前身原上海市传染病医院病房大楼基础上改建而成。

（严晓慧 周耀伟）

【上海市艾滋病诊疗中心挂牌成立】 1月5日，上海市艾滋病诊疗中心在上海市（复旦大学附属）公共卫生临床中心挂牌成立，由上海市卫生局主管。上海市艾滋病诊疗中心旨在探讨区域性艾滋病综合诊治机制，首次提出艾滋病“一站式”诊治服务的理念和实践模式 （严晓慧 周耀伟）

【首次完成结核杆菌攻毒动物实验】 2月8日，中心的市科委“登山计划”项目结核课题组在生物安全三级实验室（ABSL-3）顺利完成了第一次结核杆菌小鼠攻毒实验，这是中心ABSL-3实验室在通过国家认可后首次支撑感染动物实验研究。该次结核攻毒实验标志着中心高致病性病原微生物感染动物造模工作正式启动。 （严晓慧 周耀伟）

【成为国家中医药防治传染病重点研究室（临床基地）建设单位】 3月23日，国家中医药管理局中医药防治传染病重点研究室（临床基地）建设单位在上海市（复旦大学附属）公共卫生临床中心挂牌成立，中心正式加入国家中医药防治传染病网络。该重点研究室（临床基地）由上海市名老中医张云鹏担任学术委员会主任，王灵台任副主任，陈晓蓉任重点研究室主任。 （严晓慧 周耀伟）

【医学检验科获CNAS医学实验室认可证书】 4月16日，中心医学检验科获得国家医学实验室认可（ISO15189）。医学检验科为大陆地区获得认可的第52家医学实验室，共有151项检测项目能力被认可，标志着中心的检验质量管理体系达到国际标准，其检验结果可实现国际互认。

（严晓慧 周耀伟）

【通过ISO9001质量体系专家组审核】 6月，中心ISO9001质量管理体系通过中国质量认证中心ISO国家注册审核组审核。专家组对中心管理层、中心职能科室和部分临床科室进行现场审核，内容覆盖ISO9001标准全部条款。 （严晓慧 周耀伟）

【中心应急防控用房项目奠基】 12月28日，举行“应急防控用房项目”奠基仪式。“应急防控用房”是指中心金山本部新建的医学观察楼和应急防控保障综合楼，总建筑面积为12 136平方米。其中，医学观察楼为6层建筑，总建筑面积为4 032平方米，应急防控保障综合楼为8层建筑，总建筑面积为8 104平方米。

（严晓慧 周耀伟）

复旦大学附属华东医院

【概况】 复旦大学附属华东医院是一家以干部医疗保健为重点，医、教、研、防协调发展的三级甲等综合性医院。由院本部、闵行门诊部、市府大厦门诊部、康平路门诊部及景苑体检中心组成，胆胰外科中心、疝与腹壁外科疾病诊治中心、泌尿外科疾病诊治中心、消化内镜中心、老年医学中心、临床营养中心、肿瘤诊疗中心、骨质疏松防治研究中心、影像医学中心、微创外科中心、特需医疗中心等11个临床诊疗特色专科和部门，老年医学科为上海市医学重点学科。还设有上海市老年医学研究所、上海市康复医学会、上海市临床营养质控中心、《老年医学与保健》杂志社和世界卫生组织(WHO)社区老年保健合作中心。

2010年，有职工1 904人，其中正高级职称82人、副高级职称217人、中级职称542人、初级职称693人、其他375人；其中博士学位47人，硕士学位166人。

有临床医技科室41个，核定床位950张，实际开放床位1 034张。接待门(急)诊病人1 301 410人次，出院病人23 849人次，手术病人11 903人次。2010年共接受中央及外省市副部级以上领导诊疗任务161人，接待港澳台重要贵宾5人，外国政要就诊或住院6批9人(包括纳米比亚总统夫妇、塞拉利昂总统、斐济总统夫妇等)，其中施行手术8人。

完成"世博"VIP医疗保障任务。在199天的"世博"医疗保障期内，医院安排由36人组成的11个医疗保障小组24小时在院值班，确保"世博"VIP应急医疗任务万无一失。"世博"期间共外派随队医疗组43批次，90人次，累计外派工作日140天，先后为6位外国首脑、161位副部级以上领导提供医疗保障和诊疗服务。

启动"十二五"规划的编制工作。成立"十二五"规划编制工作领导小组和工作小组，召开各种形式的讨论会、座谈会和意见征询会，开展4次问卷形式的调研，在听取专家顾问组、职代会主席团、职代表意见等各类群体意见的基础上，制订"十二五"发展规划。

继续推进、深化医院医疗服务管理工作。作为卫生部首批临床路径管理试点医院之一，积极推进临床路径管理工作，开展包括普外科、妇科等四个病种的临床路径管理的试点工作。在门诊输液室内试行日间病房管理模式，收治肿瘤化疗患者，一定程度缓解了患者"住院难"的矛盾。优化门诊流程，实现多种形式的预约诊疗服务，全年实现预约服务15 162人次，其中，网络预约6 471人次，电话预约5 776人次，现场预约2 915人次。根据卫生部有关要求，制订华东医院"优质护理服务示范工程"活动方案，落实责任制护理制度，年内有两个病区挂牌实施"优质护理服务示范工程"。特需医疗中心通过了英国保柏(Bupa)集团"管理服务质量"认证并获得银牌，这意味着华东医院特需部的医疗服务质量可与国际接轨。医院信息化集成平台完成第一阶段的开发工作并投入使用，该系统整合医院内各个科室及区域内各个医院的数据，分析和挖掘所采集的数据，从而形成支持管理决策和医疗决策有效信息。

全年招收博士研究生5人，硕士研究生32人。瞿介明入选上海市领军人才。心胸外科陈浩入选上海市浦江人才计划获批并举办国家级继续医学教育项目14项。获批纵向科研项目48项，其中国家科技重大专项子课题1项，国家自然科学青年基金1项，上海市科委重点基金3项，上海市科委基金4项，中央保健专项资金1项。孙建琴科研成果"血糖指数与血糖负荷在糖尿病营养治疗和社区健康教育中的应用研究"获第八届上海医学科技进步三等奖，白姣姣"腹部皮硝外敷袋实用新型设计"获上海市首届"星光计划"科技创新二等奖。全年共发表论文165篇，其中SCI收录论文16篇，中国科技论文统计源期刊为149篇，批准实用新型专利1项。

基建工作稳步推进。地下停车库工程圆满完工投入使用，停车库位于南北大楼之间，总建筑面积为7 022平方米，其中地下两层建筑面积6 610平方米，地上连廊建筑面积360平方米，机动车车位数约为210辆，总投资5 983万元。推进设备配置工作，完成78个高端设备项目中76个项目的招标、谈判、签订合同及免税、到货、验收工作。加快信息化建设工作，与美国微软公司合作，率先在全国建立信息集成平台，推进UIS(整合智能系统)信息建设，在胸外科、疝中心、肿瘤科、妇科及ICU等临床科室应用初见成效，为业务主管部门提高专业化管理水平提供技术手段及方法，完成PACS(影像归档和通信系统)的升级，新增设临床路径填报统计系统、护理不良事件上报管理系统等业务功能，完成中心实验室、手术室等电子病历系统及干部体检康复楼信息系统的建设，完成病理系统建设，完成总院市民体检信息系统和干部保健体检信息系统的升级工作。

积极开展并做好云南和四川、西藏、新疆对口支援工作。与云南省宁洱哈尼族彝族自治县医院签署支援协议书，开展为期3年的对口支援工作，每年免费接受受援医院3名医务人员来院进修。截至12月底，医院共派出两批医疗队计10位医务人员参与援建工作。选派第七批医疗队赴都江堰开展灾后援建工作，在完成援建都江堰市第二人民医院工作的基础上，继续与都江堰二院签署"后援建"协议。

积极开展志愿者活动和社区服务活动。世博期间，开展"世博运行保障，文明服务立功"竞赛，九个班组被评为上海市卫生系统"巾帼文明服务窗口"，其中急诊室护理组被评为"上海市卫生系统巾帼文明示范岗"；开展"世博'规范化、人性化、精细化'文明服务示范病区"竞赛的自选动作，共推出104条便民便利新举措；开展为期202天的世博公交站点驻点守护志愿者服务，先后681人次参加，其中党团员375名，累计服务时间达838小时。与金山区廊下镇光明村党总支签约为期三年的城乡党支部结对共建(帮扶)，医院将在社区开设医疗特色服务，开展慢性阻塞性肺部基本普查防治工作，并提供医药援助。派出35名专家参加"上海市卫生系统迎世博100天倒计时——百名医学专家大型义诊活动"，并有15名专家与劳模结对。

精神文明和文化建设呈现新亮点。2010年，获上海市"迎世博贡献奖"、上海世博外事工作"优秀集体"、上海市卫生系统"世博保障立功竞赛活动先进集体"、上海市卫生系统"世博医疗保障工作先进集体"、静安区"迎世博优秀组织单位"奖等荣誉称号。王振荣获得“全国卫生援藏工作先进个人”称号、禹建妹获得上海市卫生系统“迎世博微笑服务天使”称号。俞卓伟被评为2010年度中国医院“优秀院长”，全市共有2位医院院长获此荣誉。全年共收到人民来信408封，其中表扬信208封，锦旗155面，求助、咨询信7封。全年通过包括文汇报、解放日报、新民晚报和上海电视台等各种媒体宣传报道达400余次。（邵志民）

【卫生局批准同意核定床位增至950张】 5月20日，卫生局批准同意复旦大学附属华东医院增加核定床位229张，达到950张。（邵志民）

【上海市申康医院发展中心领导到院调研“十二五”规划编制工作】 6月12日，上海市申康医院发展中心主任陈建平一行到院调研“十二五”规划编制工作。在听取汇报后，对医院在实施“十一五”规划期间所做的工作给予肯定，并对医院“十二五”期间学科发展、人才建设以及科教等工作提出意见与建议。（邵志民）

【启用新型环保节能锅炉】 12月18日，三台德国新型环保节能锅炉及配套设备正式投入使用，工程总投资1 300万元。新设备选用清洁型燃料，降低了环境污染及二氧化硫的排放量；加装了匹配的节能器和运用排烟废热利用技术装置、热量回收装置，改造后的锅炉可达到环保节能的标准。（邵志民）

十二、附 中、附 小

复旦大学附属中学

【概况】 2010 年,复旦大学附属中学(简称复旦附中)有在职教职工 174 人,其中教师 133 人(特级教师 6 人,高级教师 54 人,一级教师 50 人)。在校学生 1 435 人,共 53 个教学班(含国际部)。

围绕"让学生成为学习的主人"的改革主题,提出"以兴趣吸引学生,以理趣启发学生,以情趣打动学生,以知识丰富学生,以能力提升学生"的人性化课程目标,讲求三类课程(基础型课程、拓展型课程和研究型课程)的个性化、特色化和多样化,依托大学的教育氛围、求实的教育教学改革以及显著的教学成果等进一步拓展社会知名度和影响力。

教师努力实现专业发展与超越。7 个学科中有 8 名教师成为杨浦区学科带头人和骨干教师,特级教师黄玉峰、李秋明、方培君、黄荣华等成为上海市名教师培养基地和高级研修班主持人、导师,6 名青年教师在各级各类教学比赛中获奖,教师公开发表论文百余篇,获得各类科研奖项 10 多项。学校的示范辐射作用进一步扩大,先后派遣 15 位教师赴各地讲学、支教,接待兄弟学校来访学习百余次。

学生在高质量完成基础性课程之余,积极参与拓展型、研究型课程以及社团活动,开放式办学得到一批院士、教授、外籍教师和校友的支持。学校国际部探索扩大规模,提高办学质量,并与近 20 多个国家和地区的学校保持友好往来。

学生在国内外各级各类竞赛中获奖达百余项。许家豪获英特尔国际科学与工程大奖赛(ISEF)一等奖,徐清扬获中央电视台"希望之星"英语大奖赛一等奖,2 名学生获中国中学生作文大赛全国一等奖,4 名学生进入数理化奥林匹克竞赛国家集训队,学生科技创新获全国"明天小小科学家"称号等。

学校获得多项省市级以上荣誉,包括上海市文明单位、上海市绿化先进集体、上海市安全文明校园、上海市健康先进单位、上海市社会治安综合治理平安单位、上海市知识产权示范学校和中国科学技术协会青少年创新人才培养实验学校等。

(杨士军　钱忠杰)

【举行建校 60 周年庆祝活动】 该活动于 9 月举行。通过举办庆典大会、捐赠仪式、文艺晚会、校友会理事会成立大会、教学展示等一系列活动庆祝建校 60 周年。活动期间共有 7 000 余名校友返回母校。 (钱忠杰)

复旦大学第二附属中学

【概况】 2010 年,复旦大学第二附属中学(简称复旦二附中)有在编教职工 55 人,其中专任教师 52 人(高级职称 14 人、中级职称 37 人、初级职称 1 人);在校学生 659 人,其中初中部 539 人,高中部 120 人。

学校教学工作继续着力于优化教学有效性,加强对备课组长轮岗制的检查与验收,优化分层教学的实施,建立电子档案的运作机制。

在校本课程建设方面,学校开设具有二附中特色的有宽度的学校课程。各门学科都形成了基础型、拓展型、探究型三类课程相融统整的格局。校领导姜乃振应邀在区教育局举办的"'国家课程校本化实施'校长论坛"以及"区本课程'漫游星空'推进工作研讨会"上发言。教科室主任韩云松在"长三角小班化教学研讨会"上作汇报。

德育工作注重德育过程化教育,继续深入开展"行为规范单项免检"活动,抓好学生文明行为习惯的养成教育。倡议"严谨学风,诚信考试",学校通过升旗仪式、校广播台的宣传、召开主题班会和评选表彰学习标兵、学习进步生等方式来加强对学生学风、考风的教育。

学校开展主题班会观摩活动。在主题班会的交流、展示过程中,提升并彰显班主任老师"思想工作能力、载体机制创建能力、组织协调能力、应对能力"等综合素质。

安全工作重于泰山。学校成立安全工作领导小组,进一步完善学校各项设施,加强人身安全、交通安全、实验和体育课安全、防火等安全教育。组织全校师生进行"抗击突发事件,提高应急能力"的疏散演习。邀请上海消防总队杨浦支队国定中队的消防员来校举办消防知识讲座并指导师生如何科学防火、自救。

家长义工活动成为学校特色。共进行超过 40 次的家长义工活动,撰写的《让"家长义工"走进校园文化》一文已入选《为了每个学生的终身发展——上海市中小学实施素质教育新探索》文集。

学校的对外交流有所开拓。与新加坡中正中学、新加坡南洋女中学生代表团交流,部分师生赴贵州乌江学校交流学习,部分学生参加联合国儿童基金会组织在世博会联合国馆举行的"世界一分钟"全球视频展映活动。

2010 年,二附中学生有约 450 人次获区、市级学科竞赛奖,学校获杨浦区科普英语竞赛团体一等奖、上海市科普英语竞赛团体一等奖，校少先队组织被评为上海市红旗大队，学校被评为上海市语言文字规范示范校、教育技术运用先进集体、杨浦区办学先进单位，并被吸收为杨浦区课程建设试点校、区本课程“漫游星空”推进试点校。　（姜乃振）

复旦大学附属小学

【概况】 2010年，复旦大学附属小学（简称复旦附小）有在编教职工46人，其中行政人员5人，专职教师40人，教辅人员1人；具有教师中级职称43人，初级职称3人；共有教学班17个，在校学生585人。

学校进一步深化教育改革，强化内涵建设与发展。围绕“德才兼备，以德为先”和“虚心、精心、潜心”的目标加强师资队伍建设，并充分依托复旦大学的优势与资源，不断提升办学质量。以市级课题《基于小学生认知特点的校本课程开发与实践的研究》为抓手，构建学校的新课程体系，推进学校课程建设的三年行动计划。

学校的教学工作以深化课堂教学有效性研究，提高教师实施有效教学能力为目标，重点以“有效的作业设计”为研究主题，开展校本教学研讨。通过备课组、教研组等不同层面的教研平台，开展多形式的学习、研讨，提高教师实施有效教学能力。学校组织“有效课堂教学”比赛（数学、英语、综合专场）和“有效作业设计”案例交流。同时，积极组织教师参加杨浦区、上海市以及全国的教学研讨、观摩活动，开阔视野，提升课堂教学综合能力。有6位教师在杨浦区教育局小学教研室组织的全区小学教研活动中进行公开教学课。在杨浦区第十届“百花杯”数学比赛中1人获一等奖，在上海市中小学中青年教师教学评选活动中1人获小学学科三等奖。

为提高学生的学习兴趣，促进学习能力和综合素养的不断提高，学校积极开发新课程，为学生的学习提供多元的选择。学校不断完善已有校本课程设置与实施，并在原有的基础上增设兴趣小组至22个、学生社团15个。同时，坚持实施原有的校本课程并形成课题，在专家指导下开展研究使之不断完善。为了让学校同时能成为学生展示才能、培养自信的舞台，学校各学科、各社团开展各类学科竞赛活动：即兴说话比赛、朗读比赛、趣味英语比赛等以及传统体育竞赛：第26届学校田径运动会、冬季“两跳一踢一拍”比赛。

少先队工作融德育于形式多样的活动之中，开展“迎世博、改陋习、展礼仪、显风采”少先队主题系列活动和“树礼仪规范，做文明使者，争当有责任心的小公民”少先队主题系列活动。各中队召开“展文明礼仪，走进世博盛会”、“节能减排、低碳生活”的主题活动，大队部邀请校外专家开设儿童世博专题讲座“海宝带我看世博”、儿童科技讲座“绿色生活，节能减排”，举行“迎世博小制作展”、“迎世博电子小报比赛”、“世博心语班班传递”等活动，举办“科技创新我最棒”的科技节以及“放飞童年快乐，唱响‘六一’欢歌”活动、“祖国亲，世博情”十月诗歌会等节日庆祝活动。

学校积极开展对外交流活动。与台湾桃园县新荣国立小学开展文化教育交流，并于2010年1月与该小学结为姐妹学校，签订《缔结校际交流姐妹学校备忘录》。接待台湾原声学校合唱团，学生之间开展了积极的交流和互动。

学校获得2010年度杨浦区信息化工作先进单位称号，杨浦区首届汉字节特别贡献奖，学校民乐队荣获2010年杨浦区第二十四届学生艺术节“上音实验杯”民族乐队比赛一等奖，获杨浦区学生阳光体育大联赛“千校万班”乒乓球比赛小学二年级组一等奖，获杨浦区第三届“橘灯杯”小学生武术教学锦标赛四年级五步拳组合比赛一等奖，获杨浦区第二十四届学生艺术节“诵读中华经典，弘扬民族精神”经典诗文诵读比赛（小学组）三等奖。

学生在全国、上海市、杨浦区等各类竞赛中成绩显著，其中荣获全国以及上海市一、二等奖人次分别为：语文学科44人次，数学学科43人次，英语学科30人次，其他学科5人次。　（陈　奇）

·复旦大学文件·

规章制度

复旦大学重点实验室管理办法

(2010年4月19日校长办公会议(党政联席会议)通过 校通字[2010]13号 2010年4月26日发布)

第一章 总 则

第一条 为规范和加强我校包括国家重点实验室、教育部重点实验室、上海市科委重点实验室,以及其他部委重点实验室等各类重点实验室(以下简称重点实验室)的培育、建设和运行管理,根据《国家重点实验室建设与管理暂行办法》和教育部《高等学校重点实验室建设和管理暂行办法》等规定,特制定本办法。

第二条 重点实验室是国家科技创新体系的重要组成部分,是国家组织高水平基础研究和应用基础研究、聚集和培养优秀科学家、开展学术交流的重要基地。重点实验室是我校科学研究的重要研究队伍,是重点学科建设的主要载体,是承担国家重要科技任务的核心平台,是吸引和培养优秀人才的重要基地,也是建设世界一流大学的重要标志。

第三条 重点实验室的主要任务是根据国家科技发展总体规划,面向国际科技前沿,面向国民经济与社会发展,以及国家安全重大需求的关键科学问题,开展创新性研究,获取原始创新成果和自主知识产权,培养创新性人才,并努力建设成为在国际上具有重要影响力的研究基地。

第四条 重点实验室是依托于院系,或附属医院,或独立研究机构,或学校建设的(涉及多院系、多学科的),并得到学校、院系等共同支持和全方位保障的,并且在科学研究和实验室运行管理方面具有相对独立性的科研实体。

学科方向主要集中于单一学科的重点实验室,其建设、运行及保障以所在院系,或附属医院,或独立研究机构作为依托单位,学科方向为跨学科的、组成涉及多个院系的重点实验室,可主要依托学校进行建设和管理。(以下将院系、附属医院、独立研究机构统称为依托单位)

第五条 重点实验室建设与发展是学科建设的核心内容之一,学校将其纳入学科建设和发展的重点支持范畴。

第六条 重点实验室建设与发展的依托单位是支撑和保障重点实验室建设和运行的主体,应在人力资源、研究生招生和培养、实验室用房等方面提供切实的资源保障。

第七条 重点实验室应按照主管部门有关要求运行和管理,并接受定期评估。

第二章 管理机构与职能

第八条 复旦大学重点实验室管理委员会(以下简称重点实验室管理委员会)是全校重点实验室工作的组织、规划、协调、决策的领导机构。管理委员会由校长、常务副校长、分管校领导、各主要职能部门(部)处长、国家重点实验室主任,以及依托单位领导代表等共同组成。管理委员会主任由校长担任。

科技处基地建设管理办公室为校重点实验室管理委员会的常设机构。

第九条 重点实验室管理委员会的主要职责:

(一) 贯彻和落实国家和部委有关重点实验室建设和管理的方针、政策和规章;

(二) 审议和批准全校重点实验室建设与发展战略规划;

(三) 界定学校、依托单位,以及重点实验室三方的责任、权利和义务;

(四) 审议和批准重点实验室资源保障的协调机制和操作程序;

(五) 审议和批准新建重点实验室建设申请,培育建设方案和工作计划;

(六) 审议和批准职能部门就重点实验室相关问题提出的报告和建议;

(七) 审议重点实验室主任和副主任、学术委员会主任推荐人选;

(八) 协调解决重点实验室建设和运行管理中的其他重大问题。

第十条 重点实验室管理委员会每年召开一次例会,也可根据需要召集临时会议或通讯会议。

第十一条 科技处是全校重点实验室的科研业务管理部门,其主要职责是:

(一) 监督指导重点实验室按照主管部门和学校的相关政策及规章实施运行和管理;

(二) 组织实施新建重点实验室培育建设工作;

(三) 组织进行重点实验室校内年度考核,协助重点实验室参加主管部门验收和评估;

(四) 联络部委主管部门以及校内各职能部处;

(五) 协助指导国家重点实验室专项建设经费使用的预决算编制及计划实施;

(六) 负责重点实验室管理委员会日常事务工作和管理委员会责成办理的工作。

第十二条 学科建设办公室负

责在学科建设规划中制定支持重点实验室建设与发展的规划和实施方案，努力促进学科建设与重点实验室建设与发展的紧密结合。在“985 工程”建设中，进一步加强对各类新建重点实验室的培育和前期支持。

第十三条　资产处根据重点实验室管理委员会关于实验室用房的有关决议，制定实验室用房规划及实施方案。

（一）已建重点实验室，或提出新建重点实验室申请单位的用房调整、面积增加等事宜，应首先由重点实验室与所在院系（依托单位）进行协商，根据学校和院系两级用房规划情况等提出解决方案，报资产处审核实施；必要时可由重点实验室、实验室所在院系，与资产处、科技处等共同协商，提出解决方案，报学校审批后实施；

（二）由学校直接组织的新建重点实验室培育计划，根据学校“先事业规划，后建设规划”的原则，由资产处负责制定用房规划（新建或调整）；

（三）根据公用房管理原则（“分类管理、定额使用、超额收费、缺额补贴”）和学校、院系两级用房管理的制度，学校和依托单位对国家、省部级重点实验室建设进行支持，给予一定用房面积补贴；重点实验室在定额以外确需增加用房的，可视学校房源情况，采取租用学校房屋等形式；对重点实验室运行情况优秀的，可给予房屋租金减免等支持。

第十四条　人事处负责督导重点实验室建设依托单位在人力资源方面统筹和协调重点实验室相关人力资源规划，设置及管理等工作。为主要依托学校建设和运行的重点实验室提供人力资源方面的保障。

（一）重点实验室的人力资源管理实行“院系主体，二级管理、三级运作、灵活用工”制度。

学校与院系在人力资源管理上充分实行二级管理，院系在统一管理基础上，优先、重点支持重点实验室人力资源配置，给予实验室相应自主权。

依托单位具有对重点实验室实施人力资源管理的权力和相应责任。

在院系人力资源规划和统一授权资质框架下，依托单位应单列重点实验室在编全职固定人员（包括实验技术和管理人员）配置，优先支持重点实验室引进人才，由重点实验室对相关人员自主进行岗位管理。

重点实验室人力资源配置必须坚持人力资源总量控制、效率和经费分担原则，做到固定和流动相结合、在编与不在编相结合、院系在编和实验室在编相结合，实行灵活用工制度；重点实验室在院系为之单列设置的人力资源规划范围内，向院系提出人才引进申请，院系应优先支持重点实验室引进高端人才。

（二）院系编制、在重点实验室进行科学研究的人员招聘，应在院系统一框架下，按照学校相关规定操作。重点实验室在单列人力资源岗位设置范围内，对实验室编制固定工作人员，租赁性质研究人员、实验技术人员和管理人员招聘，以及灵活用工人员招聘，可有相应自主权。按照相应原则和方法，实施岗位聘用、聘任和管理。其人员的职务晋升，应按照学校统一规定，在院系框架下统一实施。

（三）固定研究人员主体上为编制在院系、但研究工作固定在重点实验室的人员，以及科研助理（租赁制聘用）。重点实验室可以以租赁形式配置一定数量的固定实验技术人员和专职管理人员，经费来源于学校经费和实验室经费。

（四）对于跨学科依托学校建设的重点实验室，其人力资源管理由学校实施相应人力资源配置管理。

第十五条　研究生院制定对重点实验室所在学科适度增加研究生招生资源的政策和实施方案。

重点实验室研究生的招生以及培养工作均归口在相关院系进行管理。对重点实验室增设的招生指标的使用，应由重点实验室提出分配方案，与依托院系协商后在相关学科的招生计划中落实。

第十六条　财务处负责制定与重点实验室建设和运行相关的各类经费管理办法，协助国家重点实验室编制国家重点实验室专项建设经费的预决算。

第十七条　学校设立“复旦大学重点实验室高级访问学者计划”，并提供部委重点实验室运行费和新建重点实验室培育建设经费，保障重点实验室正常运行和支持开展高水平合作研究与交流。

第三章　重点实验室的立项申请和培育建设

第十八条　新建重点实验室的基本条件：

（一）研究方向和目标明确。所开展的研究工作在本学科领域属国内一流水平，具有明显特色。具备承担国家重大科研任务或工程项目、进行跨学科综合研究和培养高层次人才的能力，能够广泛开展国际学术交流与合作；

（二）在所从事的研究领域内有国内外知名的学术带头人和团结协作、管理能力强的领导班子；有一支学术水平高、年龄与知识结构合理、具有显著创新能力的优秀研究群体；有良好的科研传统和学术氛围；

（三）具有一定面积的研究场所和一定规模的研究实验手段（实验室场地面积、实验仪器设备价值等方面的基本条件依照各重点实验室主管部门的要求执行）。有稳定的管理、技术人员队伍与比较健全的管理制度；

（四）依托单位能够提供保障实验室运行必要的技术支撑、后勤保障和国内外合作与交流的条件；

（五）一般应为重点学科，并符合学校学科建设整体规划和全校重点实验室发展的总体布局；

（六）各类重点实验室立项申请的其他条件依照各主管部门重点实验室管理办法等规定要求执行。

第十九条　新建重点实验室培育建设工作的相关程序：

（一）课题组或实验室自荐，或院系推荐，或学校直接组织；

（二）具有重点实验室建设申请意向单位，应与其依托单位共同编制新建重点实验室建设申请报告，并上报科技处；

（三）科技处根据学校重点实验

室建设规划、国家和部委重点实验室建设与发展规划及有关管理办法的要求,审核新建重点实验室建设申请报告;

(四)科技处组织专家对新建重点实验室申请报告进行论证。论证专家可由部委重点实验室建设工作主管部门领导、学校相关职能部门、依托单位领导,以及学术及实验室管理专家等组成。专家论证将就新建重点实验室建设申请报告提出评估和推荐意见;

(五)科技处向校重点实验室管理委员会提出初步建议名单和专家论证意见;

(六)校重点实验室管理委员会审议、遴选和确定进入学校新建重点实验室培育建设名单;

(七)新建重点实验室申请单位及其依托单位,相关职能部门等根据重点实验室管理委员会有关决议,负责落实和推进新建重点实验室培育建设工作。

第二十条　新建重点实验室建设申请报告主要内容:

(一)拟建重点实验室的定位,及其在基础研究前沿领域,或符合国家重大需求等方面情况的分析;

(二)主要研究方向和建设目标;所涉及重点学科,以及学科整合情况;

(三)已有研究工作基础,学术带头人、主要学术骨干和学术梯队情况;

(四)国内相关领域已有重点实验室情况分析,拟建重点实验室与其比较及分析;

(五)拟建重点实验室的定位,及其与依托单位,或与学校的关系;

(六)依托单位承诺对拟建重点实验室建设工作给予支持与保障的具体内容;

(七)拟建重点实验室培育建设基本方案(培育建设期限,优秀人才与团队引进计划,已有实验室场地情况,以及是否需要增加或调整实验室场地的规划方案),培育建设所需资源投入等;

(八)需要院系和学校提供的支持等。

第四章　重点实验室的运行与管理

第二十一条　重点实验室实行依托单位领导下的主任负责制。

第二十二条　重点实验室设主任一名,副主任若干名,其中专职副主任一名。重点实验主任负责实验室的全面工作,专职副主任负责实验室的日常管理。重点实验室须设置重点实验室专职秘书一名,协助处理重点实验室日常管理事务。

第二十三条　重点实验室主任基本任职条件如下:

(一)具有较强的组织协调能力和凝聚力和较强的管理能力;

(二)为本领域国内外知名的学术带头人;

(三)身体健康,年龄一般不超过60岁,任期一般为5年。一般每年在实验室工作时间不少于8个月;

(四)其他条件参照各主管部门重点实验室管理办法等规定要求。

第二十四条　重点实验室学术委员会是重点实验室的学术指导机构,其主要任务是审议实验室的建设与发展目标、任务和研究方向,审议实验室的重大学术活动、年度工作,审批开放研究课题。

学术委员会会议每年至少召开一次。重点实验室主任向学术委员会作实验室工作报告。

学术委员会由国内外优秀专家组成,人数不超过15人,其中依托单位的学术委员不超过总人数的三分之一,中青年学术委员不少于三分之一。学术委员会主任由主管部门聘任。学术委员会委员的年龄不超过70岁,任期为5年。每次换届更换的人数不少于三分之一。

学术委员会主任基本任职条件:

(一)学术造诣高,在一线工作的国内外知名专家;

(二)年龄不超过70岁;

(三)其他条件参照各主管部门重点实验室管理办法等规定要求。

第二十五条　有关重点实验室主任、学术委员会主任换届和选聘、审核和报批等工作程序依照重点实验室主管部门的管理办法执行。

第二十六条　重点实验室的研究方向、建设目标或内容的调整、实验室名称更改、实验室联合、重组,运行经费使用和管理等工作均依照重点实验室主管部门和学校的有关管理办法要求进行。

第二十七条　重点实验室研究队伍由固定人员和流动人员组成,固定人员的数量和比例参照各主管部门有关重点实验室管理办法的要求执行。重点实验室应按需设岗,按岗聘任,重视高层次人才引进。要积极聘请承担国家重大科研项目的人员进入重点实验室工作。

第二十八条　重点实验室应充分利用国家和地方的重点实验室专项建设经费、学校设立的部委重点实验室运行经费、复旦大学高级访问学者计划经费等资源,根据研究方向设置开放课题,实行高级访问学者计划,吸引国内外优秀科技人才,积极开展国际国内合作与学术交流。

第二十九条　重点实验室运行费中可设立重点实验室主任基金,由实验室主任管理,主要用于支持自主创新研究、新研究方向启动和优秀年轻人才培养。在符合国家有关政策的前提下,可用于绩效奖励等。

第三十条　重点实验室应加强知识产权保护。固定人员与流动人员在重点实验室完成的研究成果包括专著、论文、软件、数据库等均应署本重点实验室名称,专利申请、技术成果转让按国家有关规定办理。在国外学习、进修、从事客座研究的重点实验室固定人员,凡涉及实验室工作、成果的,在论文、专著等发表时,均应署相关重点实验室名称。

第三十一条　重点实验室应重视和加强管理工作,仪器设备要相对集中,统一管理,凡符合开放条件的仪器设备都要对外开放。

第三十二条　重点实验室应建立和完善各项规章制度,加强对仪器设备和计算机网络的建设与管理,重视学风建设和科学道德建设,加强数据、资料、成果的科学性和真实性审核以及保存工作,并确保统计数据的真实性。

第三十三条　重点实验室应加强重点实验室信息化工作。实验室必须建立内部信息管理系统，有独立的网站或网页，并定期更新，保持运行良好。

第三十四条　重点实验室不得以其名义，从事或参加以盈利为目的的商业活动。

第五章　重点实验室的年度考核与主管部门评估

第三十五条　国家重点实验室和教育部重点实验室应根据管理办法要求，认真编制并及时提交重点实验室年度报告，并同时报送科技处备案。其他类别重点实验室根据其主管部门有关规定进行年度工作总结。

第三十六条　根据国家和部委重点实验室管理办法规定，我校各类重点实验室应在每年1月25日前，向科技处提交重点实验室上一年度的实验室工作年度总结报告。

科技处将在此基础上，组织对校内各类重点实验室进行年度工作考核，考核成绩分为“优秀”、“良好”和“一般”。考核结果报主管部门备案。重点实验室的年度考核结果将作为科技处和财务处调整和审批下一年度重点实验室运行经费预算的重要依据。

第三十七条　科技处根据重点实验室工作年度总结报告和年度考核情况，编制《复旦大学重点实验室年度工作报告》。

第三十八条　培育建设中的新建重点实验室应提交培育建设工作年度进展报告。

第三十九条　重点实验室应按照主管部门重点实验室管理办法规定，认真参加主管部门组织的重点实验室评估。

第四十条　对评估成绩为优秀的，且其主要研究方向和建设发展目标符合学校重点实验室总体规划的部委重点实验室和上海科委重点实验室，学校可优先推荐其申请国家重点实验室或教育部重点实验室建设立项。

第四十一条　如重点实验室在主管部门组织的评估中未获通过，则将不再适用于本管理办法所有内容。

第六章　重点实验室领导班子换届和选聘

第四十二条　根据国家和部委重点实验室管理办法要求，国家和部委重点实验室在参加主管部门组织的评估并获得通过后，应进行重点实验室领导班子和学术委员会换届选聘工作。

第四十三条　国家重点实验室管理办法规定，国家重点实验室主任一般不得连任超过两届。教育部重点实验室管理办法规定，对教育部重点实验室主任聘任采取“2＋3”模式，届中考核通过后继续聘任。

第四十四条　国家和部委重点实验室的领导班子换届选聘工作根据主管部门的有关规定，按照由依托单位面向国内外公开招聘、择优推荐、主管部门聘任的工作程序进行。国家和部委重点实验室的主任、学术委员会主任由学校组织公开招聘和推荐，由主管部门聘任。学校聘任重点实验室副主任和学术委员会委员。

学校可成立由科技处牵头，相关重点实验室，依托单位，以及人事处等职能部门参与的换届选聘工作领导小组，负责实施重点实验室领导班子换届选聘工作；也可以委托依托单位负责主持重点实验室换届选聘工作。

重点实验室主任、学术委员会主任候选人可来自于自荐，或由重点实验室、依托单位和学校推荐的人选。

第四十五条　其他重点实验室的领导班子换届和选聘工作按照各自主管部门的规定进行。

第七章　附　则

第四十六条　以上条例由科技处负责解释，自办法公布之日开始实行。

复旦大学领导干部经济责任审计联席会议制度

（2010年7月5日校长办公会议（党政联席会议）通过　校通字[2010]14号　2010年8月3日发布）

第一条　为规范领导干部经济责任审计工作，加强相关部门之间的协调与配合，根据教育部《关于切实做好经济责任审计工作的通知》精神，参照《中央五部委经济责任审计工作联席会议制度》，结合我校实际，制定本制度。

第二条　领导干部经济责任审计联席会议（下称“联席会议”）由分管干部工作或分管纪检监察、审计工作的校领导负责召集，基本成员部门为组织部、纪委办（监察处）、审计处；其他职能部门负责人可根据需要列席。

第三条　联席会议的主要职责

（一）审议经济责任审计相关制度、规定，报党政联席会议批准后实施；

（二）指导、监督、检查学校的经济责任审计工作，提出开展经济责任审计工作的具体意见，研究阶段性审计工作原则和工作重点；

（三）审议并批准年度经济责任审计计划，研究并确定临时增加的经济责任审计项目；

（四）交流、通报经济责任审计情况和审计结果运用情况；

（五）研究解决经济责任审计工作中遇到的困难和问题；

（六）基本成员部门各司其职，相互配合，共同做好经济责任审计工作。

第四条　各基本成员部门的主要职责

（一）组织部

1. 根据干部监管工作的需要，提出年度经济责任审计建议计划，并按照“审计范围”和“优先安排”原则拟定具体审计对象，提交联席会议讨论确定。因特殊情况需要临时增加的审计项目，应及时提交联席会议确定。

2. 在预定的年度经济责任审计计划范围内，向审计处送达委托书，并督促审计处在规定的时间内组织实施。

3. 充分利用经济责任审计结果，作好审计报告交接的组织工作。

（二）纪委办（监察处）

1. 根据监督工作需要，提出审计项目或审计重点内容的建议。

2. 查处阻挠、拒绝开展经济责任审计工作，或出具伪证、毁灭、转移证据,隐瞒事实真相等错误行为,保障审计工作正常进行。

3. 查处审计中发现的违纪违法问题,督促被审计对象及其所在单位及时提出整改方案,并对整改方案的落实情况进行监督检查。

4. 对利用审计结果的情况进行监督检查。

(三) 审计处

1. 根据联席会议确定的年度计划,编制经济责任审计工作计划;根据组织部的委托,制订审计项目实施计划。

2. 按照国家及教育部相关规定和联席会议确认的工作原则和工作重点,具体组织、实施经济责任审计,并出具审计报告。

3. 加强同其他成员单位的协调与沟通,听取有关情况介绍和意见、建议,通报审计情况或请示有关问题。

4. 经学校领导批准后,向联席会议成员部门送达审计报告,并向被审计对象所在单位或相关职能部门送达审计意见书或审计建议函。

第五条　联席会议下设办公室,由基本成员部门各指派一名联络员组成。联席会议办公室的日常管理工作由审计处负责,主要职责为:

(一) 根据工作需要并经召集人同意,联络各成员部门及时组织召开联席会议;

(二) 负责整理印发会议纪要等文件,并根据召集人的指示,分送学校有关领导和部门;

(三) 总结经济责任审计工作,并采取适当形式交流、通报情况。

第六条　联席会议实行例会制度,每学期初召开一次。如遇特殊需要,经召集人批准可随时召开。

第七条　联席会议纪要由基本成员部门共同审阅后签发,经会议审议的重要事项,应由召集人或其指定的部门及时向校党政联席会议请示或通报。

第八条　与会人员对联席会议所涉及的事项和文件负有保密责任。

第九条　本制度由联席会议办公室负责解释,自发布之日起施行。

复旦大学信息公开实施条例

(2010 年 7 月 5 日校长办公会议(党政联席会议)通过　校通字[2010]21 号　2010 年 8 月 27 日发布)

第一章　总　则

第一条

为了保障学校师生员工与公民、法人和其他组织(以下称社会公众)依法获取学校信息,充分发挥学校信息的服务功能,促进学校校务公开,依法治校,根据《中华人民共和国高等教育法》、国务院《政府信息公开条例》和教育部《高等学校信息公开办法》,结合学校实际,制定本条例。

第二条

本条例所称信息,是指在学校开展办学活动和提供社会公共服务过程中产生、制作、获取的以一定形式记录、保存的信息。

信息公开,是指学校依照法律、法规和规章以及本条例有关规定,遵循一定的程序,将可以公开的信息及时、准确地向师生员工和社会公众公布。

第三条

学校公开信息,遵循公平、公正、服务、及时的原则,做到公开内容真实,公开程序规范。

第二章　信息公开的工作机构

第四条

学校成立复旦大学信息公开工作领导小组,下设信息公开办公室和监督检查办公室。信息公开办公室设在校长办公室,监督检查办公室设在监察处。

第五条

信息公开工作领导小组统一组织和协调全校信息公开工作的开展。领导小组组长由校长、党委书记担任,副组长由分管副校长、分管党委副书记担任,成员由党委办公室、校长办公室、监察处、保卫部(处)、宣传部、工会主要负责人组成。

第六条

信息公开工作领导小组的职责是:

(一) 制定信息公开有关制度,建立、健全信息公开工作机制;

(二) 审议学校信息公开指南、信息公开目录;

(三) 协调、指导、督促各单位按规定开展信息公开工作;

(四) 检查各单位执行信息公开工作情况,组织学校信息公开工作的内部评议,提出考核意见。

第七条

信息公开办公室的职能是:

(一) 具体承办信息公开日常工作;

(二) 组织编订学校的信息公开指南、信息公开目录和信息公开工作年度报告;

(三) 协调对拟公开的信息进行保密审查;

(四) 统一受理、协调处理、统一答复向学校提出的信息公开申请;

(五) 建设和维护复旦大学信息公开网;

(六) 对信息公开工作开展的实际效果作跟踪评估,收集对信息公开工作的要求、意见和建议并提出改进意见;

(七) 与信息公开有关的其他职责。

第八条

监督检查办公室负责对信息公开工作进行监督检查,监督检查的事项范围主要包括:

(一) 各单位信息公开工作规章制度的建立情况;

(二) 各单位信息公开工作落实情况;

(三) 受理关于信息公开工作的投诉举报,查处违反信息公开条例的行为。

第九条

学校各单位应当在信息公开工作领导小组的统一组织、部署下,积极配合信息公开办公室完成与本单位信息公开相关的各项工作。各单位行政主要负责人为本单位信息公开工作的责任人。各单位应当明确具体负责本单位信息公开工作的工作人员。工作内容接受学校定期检查,工作开展情况纳入单位负责人工作考核。

第三章　信息公开主要内容

第十条

信息公开分为向校内师生员工公开和向社会公众公开。

第十一条

信息依其属性不同分为主动公开的信息、依申请公开的信息和不予公开的信息。学校各单位在制作信息时,应当明确信息的属性、公开的范围和途径。确定不予公开的,应当说明理由。

第十二条

学校对符合下列基本要求之一的信息,应当主动向校内公开:

(一)涉及师生员工切身利益的;

(二)需要师生员工广泛知晓或者参与的;

(三)其他应当向校内主动公开的。

学校对符合下列基本要求之一的信息,应当主动向社会公开:

(一)广泛涉及社会公众切身利益的;

(二)需要社会公众广泛知晓或者参与的;

(三)其他依照法律法规和国家有关规定应当主动向社会公开的。

属于学校主动公开的信息,各单位应当自该信息制作完成或者获取之日起20个工作日内予以公开。公开的信息内容发生变更的,应当在变更后20个工作日内予以更新。

第十三条

除已公开的信息外,学校师生员工和社会公众(以下简称申请人)可以根据自身学习、科研、工作等特殊需要,向学校申请获取相关信息。

第十四条

学校公开信息,不得危及国家安全、公共安全、经济安全、社会稳定和学校安全稳定。学校对符合下列情况之一的信息不予公开:

(一)涉及国家秘密的;

(二)涉及教学科研以及学校其他秘密的;

(三)涉及商业秘密的;

(四)涉及个人隐私的;

(五)法律、法规和规章以及学校规定的不予公开的其他情形。

其中符合第(一)项所列情形的信息,依照《中华人民共和国保守国家秘密法》和科学技术保密的有关规定执行。符合第(二)项、第(三)项、第(四)项所列情形的信息,经权利人同意公开或者学校认为不公开可能对社会公共利益造成重大影响的,可予以公开。

第十五条

学校对信息的公开采取保密审查机制。学校职能部门依照法律、法规和规章以及《复旦大学信息发布保密审查规定》对拟公开的信息进行保密审查。拟公开的信息依照国家有关规定须经有关主管部门批准方能公开的,应当按规定程序履行审批手续,未经批准不得公开。

第四章　信息公开的主要形式和程序

第十六条

信息主动公开的形式有:

(一)网站

复旦大学主页、复旦大学信息公开网、学校各单位网站,是信息主动公开的主要途径。

(二)其他媒体

学校综合利用报刊、广播、电视等校内外媒体以及新闻发布会、年鉴、年报、会议纪要、会议简报等方式,及时公开信息。并根据需要设置公共查阅室、资料索取点、信息公告栏或者电子屏幕等场所、设施,方便师生员工和社会公众查询学校信息。

(三)重要会议

学校定期在校务委员会、教职工代表大会、学生代表大会等会议上通报学校重要改革、发展与决策信息。

学校决策事项需要征求教师、学生和学校其他工作人员意见的,公开征求意见的期限不得少于10个工作日。

第十七条

申请人向学校申请公开信息的,可以采用信函、电报、传真、电子邮件等形式向信息公开办公室提交信息公开申请书。

信息公开办公室可以询问申请人获取信息的用途。申请人向学校提出要求公开的信息应当符合本条例第十三条之规定,否则不予提供。

第十八条

申请人向学校申请信息公开,应当出示有效身份证件或其他身份证明文件。申请人委托他人办理信息公开申请的,受委托人须提供书面委托书。

第十九条

对申请人提出的信息公开申请,由信息公开办公室统一受理,由信息公开办公室根据下列情况分别处理并作出答复:

(一)属于学校已经主动公开的信息,告知申请人获取的方式和途径;

(二)属于依申请公开范围的,信息公开办公室能够当场答复的,当场予以答复;

(三)属于不予公开范围的,告知申请人并说明理由;

(四)属于学校职责范围应当公开但尚未制作完成的,告知申请人公开的时间和查询方式;

(五)不属于学校公开职责范围的,应当告知申请人。对能够确定该信息的职责单位的,应当告知申请人该单位的名称、联系方式。

第二十条

学校收到信息公开申请,应当自收到申请人有效申请之日起15个工作日内予以答复。

各单位需要延长答复期限的,应当经信息公开办公室同意,并告知申请人,延长答复的期限最长不得超过15个工作日。

第二十一条

未经学校信息公开办公室许可,申请人不得对他人透露其通过申请获取的信息。申请人擅自将依申请获取的信息透露给他人并造成不良影响或损失的,申请人应当按照法律、法规和规章以及学校规定承担责任。

第二十二条

学校向申请人提供信息,除实际发生的检索、复制、邮寄等成本费用外,不收取其他费用。

第五章　信息公开的考核与责任追究

第二十三条

学校定期对各单位信息公开工

作进行检查和评议。

第二十四条

违反本条例的单位和个人，依照学校有关规定承担责任。

第六章　附　则

第二十五条

本条例由信息公开工作领导小组负责解释。

第二十六条

本条例自 2010 年 9 月 1 日起施行。

复旦大学教师公寓租金调整方案

（2010 年 7 月 19 日校长办公会议（党政联席会议）通过　校通字[2010]24 号　2010 年 9 月 8 日发布）

（租金具体标准略）

调整教师公寓租金标准是关系到青年教师切身利益的大事，学校领导和管理部门都很重视。"教师公寓管理委员会"和管理部门多次开会进行研讨，并召开部分院系党委书记座谈会和多次召开青年教师座谈会，广泛听取对调整教师公寓租金标准的意见。在此基础上，经研究，提出以下调整方案。

一、指导思想

学校从 2000 年开始设置周转性教师公寓以来，由于对房租没有实行一年一评估措施，造成了房租评估时间跨度较大，形成公寓租金大大低于市场租金。加之近年来市场房价疯涨，也带动了房租的上涨，由于上述原因影响了教师公寓的正常周转。根据《复旦大学周转性教师公寓租赁管理条例》第八条规定：教师公寓租金"参照市场情况，对租金进行适时调整"。据此进行调整教师公寓租金标准。

二、基本原则

这次调整教师公寓租金标准以市场租金为依据，原则上单身公寓按照市场租金的 65％确定房租标准，已婚过渡房（套房）按照市场租金的 80％确定租金标准。在此基础上再根据教师公寓的供求关系、所在区域、居住条件等因素再打折扣，最后确定各地区教师公寓的租金标准。供大于求、地处偏远、交通不便、两户合住的教师公寓租金打折扣较多，反之则打折扣较少。通过调整租金标准，理顺租金关系，从而使教师公寓正常周转和可持续发展。同时，教师公寓的租金请有资质的评估公司在每年 3 月评估一次，教师公寓的租赁协议则一年一签，在每年 6 月统一续签，9 月起执行新评估租金。这样既考虑到教师租住的稳定性，也使租金调整尽可能与市场价同步。教师公寓的折扣率将根据所在地域居住条件和供求关系等变化，进行调整。

三、调整方案

1. 单身公寓

复旦大学单身公寓现共有 8 个地区，租金调整后，有 2 个地区均价上涨，另外 6 个地区均价下降，具体如下：

枫林单身公寓现行租金标准为 2002 年 3 月评估，与现市场租金相差较大，故调整后均价上涨。

张江单身公寓地域偏远、公建配套不完善、交通不便，故租金标准与现市场租金相差较大，调整后均价上涨。

2. 已婚过渡房（套房）

复旦大学已婚过渡房（套房）现共有 11 个地区，租金调整后，有 6 个地区均价上涨，另外 5 个地区均价下降。国泰路教师公寓现行租金标准为 2004 年评估，与现市场租金相差较大，故调整后涨幅较大。

仁德路教师公寓原计划两户合住，评估租金考虑合租因素，故与现市场租金相差较大，调整后涨幅较大。

张江已婚过渡房地域偏远、公建配套不完善、交通不便，故租金标准与现市场租金相差较大，调整后涨幅较大。

四、自 2010 年 12 月 1 日起，教师公寓均按本次调整后的租金标准收取房租。

学校文件选目

党委发文选目

文　号	文　件　名　称
复委[2010]1 号	关于向谷超豪教授学习的决定
复委[2010]2 号	关于印发《复旦大学 2010 年工作要点》的通知
复委[2010]3 号	关于印发《中共复旦大学委员会全体会议工作规则(试行)》的通知
复委[2010]4 号	关于印发《复旦大学落实党代表大会代表任期制实施办法(试行)》的通知
复委[2010]5 号	关于调整复旦大学关心下一代工作委员会的通知
复委[2010]6 号	关于印发《复旦大学 2010 年党风廉政建设工作要点》的通知
复委[2010]7 号	关于印发《复旦大学落实〈关于加强高等学校反腐倡廉建设的意见〉任务分工》的通知

续　表

文　　号	文　件　名　称
复委[2010]8号	关于成立复旦大学世博工作领导小组和工作小组的通知
复委[2010]9号	关于在我校世博志愿者团队中建立临时党组织的通知
复委[2010]11号	关于聘请复旦大学党风廉政监督员的决定
复委[2010]12号	关于在全校基层党组织和党员中深入开展创先争优活动的实施方案
复委[2010]13号	关于成立复旦大学创先争优活动领导小组的通知
复委[2010]18号	关于调整复旦大学老龄工作委员会的通知
复委[2010]19号	关于进一步加强我校离退休工作的若干意见
复委[2010]20号	关于印发《复旦大学关心下一代工作委员会工作条例》的通知
复委[2010]21号	关于表彰复旦大学离退休工作先进集体和先进个人的决定

学校通知一览

文　　号※	文　件　名　称	发文日期
1号	关于调整2009—2010学年第二学期校历的通知	1月20日
2号	关于调整复旦大学对口支援工作领导小组成员的通知	3月3日
3号	关于"三八"国际妇女节放假的通知	3月4日
4号*	关于2009—2010学年第二学期校党政领导接待安排的通知	3月9日
5号	关于全面开展学校规章制度清理工作的通知	3月11日
6号	关于成立复旦大学编制"十二五"基本建设规划工作领导小组的通知	3月11日
7号	关于清明节放假的通知	3月18日
8号	关于成立复旦大学制订继续实施"985工程"建设总体规划(2010—2020)领导小组及工作小组的通知	3月26日
9号	关于对复旦大学男子排球队给予嘉奖的决定	4月16日
10号	关于上海世博会开幕和"五一"期间放假安排的通知	4月9日
11号	关于成立上海数学科学研究中心建设工作小组的通知	4月16日
12号	关于举行全国哀悼日活动的通知	4月20日
13号	关于转发《复旦大学关于推进国家重点实验室建设与发展的若干意见》和《复旦大学重点实验室管理办法》的通知	4月26日
14号	关于复旦大学成绩证明专用章启用的通知	5月31日
14号	关于转发《复旦大学领导干部经济责任审计联席会议制度》的通知	8月3日
15号	关于办好"校庆105周年学术文化周"系列活动的通知	5月10日
16号	关于撤销江湾校区建设办公室、张江校区建设办公室建制的通知	5月26日
17号	关于今年端午节放假的通知	6月1日
18号	关于转发《复旦大学2010届毕业本科、高职生离校工作日程》、《复旦大学2010届毕业研究生离校工作日程》的通知	6月4日
19号	关于2010年暑假安排的通知	6月24日
20号	关于开斋节放假的通知	8月27日
21号	关于成立复旦大学信息公开工作领导小组并转发《复旦大学信息公开实施条例》的通知	8月27日
22号*	关于2010—2011学年第一学期校党政领导接待安排的通知	9月8日
23号	关于今年中秋节、国庆节放假的通知	9月10日

续 表

文　　号※	文　件　名　称	发文日期
24 号	关于转发《复旦大学教师公寓租金调整方案》的通知	9 月 8 日
25 号	关于成立本科生学院筹备工作小组的通知	9 月 19 日
26 号	关于设立医学学科建设办公室等的通知	10 月 8 日
27 号	关于成立复旦大学发展规划处的通知	10 月 8 日
28 号	关于成立“985 工程”三期规划实施工作委员会及发布相关工作方案的通知	10 月 12 日
29 号	关于召开复旦大学第 51 届田径运动会的通知	10 月 14 日
30 号	关于撤销复旦大学医学中心及其委员会和办公室建制的通知	11 月 22 日
31 号	关于成立复旦大学“十二五”规划起草工作小组及发布相关工作要点的通知	11 月 22 日
32 号	关于成立“985 工程”三期学术发展规划实施工作委员会的通知	12 月 2 日
33 号	复旦大学关于做好“十二五”规划编制工作的通知	12 月 14 日
34 号	关于 2011 年元旦放假的通知	12 月 20 日
35 号	关于 2011 年寒假安排的通知	12 月 22 日
36 号	关于做好《复旦大学年鉴(2011)》编纂工作的通知	12 月 22 日
37 号	关于转发《教育部关于切实加强教育系统廉洁自律和厉行节约工作的通知》的通知	12 月 30 日

※文号为校通字[2010]Ⅹ号。
＊ 为中共复旦大学委员会办公室、复旦大学校长办公室联合发文。

学校批复一览

文　号※	文　件　名　称	批　复　单　位	发文日期
1 号	关于实施院系(所)人力资源二级管理的《意见》和《改革纲要》文本的批复	人事处、党委办公室、校长办公室	1 月 4 日
2 号	关于主办世界社会科学论坛的批复	社会科学高等研究院、宣传部＊、外事处＊、文科科研处＊	1 月 19 日
3 号	关于学生退学事宜的批复	研究生院	1 月 19 日
7 号	关于 2010 年高级专家延聘事宜的批复	人事处	2 月 8 日
8 号	关于同意上海市静安区人民政府与复旦大学附属华山医院构建静安区医疗联合体合作协议的批复	华山医院、医管处＊	2 月 25 日
9 号	关于提高在校博士生待遇建议方案的批复	研究生院、研工部、财务处＊	2 月 25 日
10 号	关于做好复旦大学服务世博会有关工作的批复	党委办公室、校长办公室、学工部＊、研工部＊、团委＊、保卫处＊、资产处＊、科技处＊、文科科研处＊、宣传部＊	3 月 3 日
11 号	关于人才引进事宜的批复	人事处	3 月 9 日
12 号	关于学生退学事宜的批复	教务处	2 月 25 日
13 号	关于同意成立复旦大学新兴市场经济研究中心的批复	文科科研处	2 月 25 日
14 号	关于同意成立复旦大学钱锺书学术研究中心的批复	文科科研处	2 月 25 日
15 号	关于与杨浦区签订“合作推进国家创新型试点城区建设的战略协议”的批复	校长办公室	3 月 3 日
16 号	关于与无锡市人民政府签订全面合作协议的批复	科技处、产业化与校产管理办公室＊	3 月 3 日
17 号	关于人才引进事宜的批复	人事处	3 月 3 日
18 号	关于学生退学事宜的批复	教务处	3 月 3 日
19 号	关于同意成立复旦-安捷利全印刷电子研发中心的批复	科技处	3 月 3 日

续　表

文　号※	文　件　名　称	批　复　单　位	发文日期
20 号	关于同意成立复旦-文创太阳能光伏应用技术研究中心的批复	科技处	3 月 3 日
22 号	关于同意成立复旦大学消化病研究所的批复	科技处、华山医院*	3 月 9 日
23 号	关于同意成立复旦大学流域污染控制研究中心的批复	科技处	3 月 11 日
24 号	关于同意征用枫林校区操场为世博 VIP 直升机临时停机坪的批复	中山医院	3 月 25 日
25 号	关于同意我校自 2011 年起停止在上海市普通高校招收插班生事宜的批复	教务处	3 月 29 日
26 号	关于我校 2010—2011 学年校历事宜的批复	教务处、党委办公室*、校长办公室*	3 月 29 日
27 号	关于同意成立制定复旦大学继续实施"985 工程"建设总体规划(2010—2020)领导小组及工作小组的批复	学科建设办公室	3 月 29 日
28 号	关于成立医学学科建设办公室的批复	学科建设办公室	3 月 29 日
29 号	关于学生退学事宜的批复	教务处	3 月 29 日
30 号	关于学生违纪处分事宜的批复	研究生院	3 月 29 日
31 号	关于同意邯郸校区学生宿舍 4 号楼内装修工程立项的批复	基建处、财务处*	4 月 6 日
32 号	关于同意枫林校区西 6 号楼大修改造工程立项的批复	基建处、财务处*	4 月 6 日
33 号	关于人才引进事宜的批复	人事处	4 月 7 日
34 号	关于同意成立复旦大学近代中国人物与档案文献研究中心的批复	文科科研处	4 月 14 日
36 号	关于建立上海数学科学研究中心可行性的批复	数学科学学院、科技处*、基建处*	4 月 16 日
37 号	关于我校 2010 年本科生分专业招生事宜的批复	招生办公室、研究生院*	4 月 16 日
38 号	关于对我校获第六届高等教育教学成果奖项目实施奖励调整方案的批复	教务处	4 月 16 日
39 号	关于成立复旦大学上海市社会科学创新研究基地(上海发展战略研究所工作室)管理委员会的批复	文科科研处	4 月 16 日
40 号	关于同意校庆 105 周年学术文化周系列活动工作方案的批复	宣传部、校长办公室*	4 月 16 日
41 号	关于复旦大学无锡研究院注册资金的批复	科技处、财务处*	4 月 16 日
42 号	关于规范学生成绩单出具流程的批复	校长办公室、教务处*、研究生院*、外事处*、继续教育学院*、网络教育学院*、国际文化交流学院*	4 月 16 日
43 号	关于学生退学事宜的批复	教务处	4 月 7 日
44 号	关于同意成立复旦大学加拿大公共政策研究中心的批复	文科科研处	4 月 23 日
45 号	关于同意撤销复旦大学国际战略研究所等的批复	文科科研处	4 月 23 日
46 号	关于同意国福路运动场改造工程立项的批复	基建处、财务处*	4 月 23 日
47 号	关于同意邯郸校区科学楼内装修工程立项的批复	基建处、财务处*	4 月 23 日
48 号	关于同意枫林校区东 5 号楼内装修工程立项的批复	基建处、财务处*	4 月 23 日
49 号	关于同意政通路 280 弄 7 号楼内装修工程立项的批复	基建处、财务处*	4 月 26 日
50 号	关于《关于推进我校国家重点实验室建设与发展的若干意见》和《复旦大学重点实验室管理办法》的批复	科技处	4 月 26 日

续　表

文　号※	文　件　名　称	批　复　单　位	发文日期
51号	关于复旦大学无锡研究院注册事宜的批复	科技处	4月26日
52号	关于调整我校科技创新平台成本分担机制绩效奖励资金安排及使用原则方案的批复	"985工程"平台基地管理办公室、财务处*	4月26日
53号	关于上海医学院校友会人员和经费若干问题的批复	对外联络与发展处、上海医学院*、财务处*	4月26日
54号	关于我校"十二五"基本建设规划方案的批复	基建处	4月26日
55号	关于人才引进的批复	人事处	4月26日
56号	关于学生退学事宜的批复	教务处	4月26日
57号	关于学生退学事宜的批复	研究生院	4月26日
58号	关于处理涉及学校参股企业商标异议、商标争议案件的批复	校长办公室、产业化与校产管理办公室*、上海复旦资产经营有限公司*	5月12日
59号	关于肿瘤医院新建科研综合楼申请立项的批复	肿瘤医院、基建处*	5月19日
60号	关于增加教职工体检经费的批复	总务处、财务处*	5月25日
61号	关于我校牵头承担的重大专项未到款项目预支科研经费的批复	科技处、财务处*	5月25日
62号	关于《我校新进校青年教师综合培养支持实施方案》和《大力加强校内青年杰出人才、领军人才综合培养支持的有关意见》的批复	人事处	5月25日
63号	关于我校医学管理架构改革方案的批复	上海医学院、医学中心办公室、校办*、党办*、组织部*、人事处*	5月25日
64号	关于撤销若干阶段性工作领导小组的批复	校机构设置领导小组办公室、党委办公室*	5月25日
65号	关于撤销江湾校区建设办公室、张江校区建设办公室建制的批复	校机构设置领导小组办公室、基建处*、组织部*、人事处*、江湾校区建设办公室*、张江校区建设办公室*	5月25日
66号	关于同意教务处设立教学合作与交流办公室的批复	校机构设置领导小组办公室、教务处*、外国留学生工作处*、人事处*	5月25日
67号	关于同意总务处设立校园管理办公室的批复	校机构设置领导小组办公室、总务处*、人事处*	5月25日
68号	关于学生退学事宜的批复	教务处	5月25日
69号	关于同意《复旦大学与重庆医科大学关于合作培养重庆医科大学七年制临床医学专业学生协议》的批复	教务处、上海医学院、复旦学院*、校办*、总务处*、学工部*	5月28日
70号	关于2010届毕业生离校工作日程相关事宜的批复	学生服务联合体、学生工作部、研究生工作部、招生办公室*、研究生院*	6月4日
71号	关于人才引进事宜的批复	人事处	6月4日
72号	关于2010年度校级预算(草案)的批复	财务处	6月4日
73号	关于同意转让上海不夜城股份有限公司20万法人股的批复	财务处	6月22日
74号	关于筹建上海数学科学研究中心若干事宜的批复	数学科学学院、基建处*、科技处*	6月30日
75号	关于我校拟提名上海市哲学社会科学优秀成果学术贡献奖人选的批复	文科科研处	6月30日
76号	关于开设外国留学生本科预科项目的批复	外国留学生工作处	6月30日
77号	关于学生退学事宜的批复	教务处	6月30日

续 表

文 号※	文 件 名 称	批 复 单 位	发文日期
78号	关于学生退学事宜的批复	外国留学生工作处	6月30日
79号	关于同意成立复旦大学-西藏民族学院高原医学与基因地理学联合研究基地的批复	科技处	7月5日
80号	关于修订《复旦大学学士学位授予工作细则》的批复	教务处、校办*、研究生院*、继续教育学院*、网络教育学院*、外国留学生工作处*	7月7日
81号	关于我校与杨浦区检察院合作开展重大建设工程争创"双优"活动的批复	监察处	7月7日
82号	关于学生退学事宜的批复	教务处	7月7日
83号	关于学生退学事宜的批复	研究生院	7月7日
84号	关于经济责任审计工作相关问题的批复	审计处、组织部*、监察处*	7月9日
85号	关于2010年度校级预算(草案)的批复	财务处、基建处*、人事处*、资产管理处*	7月9日
86号	关于学生违纪处分事宜的批复	教务处、学工部*	7月21日
87号	关于网络教育学院学生违纪处理按学校规定统一处理的批复	网络教育学院	7月13日
88号	关于上海复旦科教器材服务公司等四家企业改制方案的批复	产业化与校产管理办公室	7月26日
89号	关于建设江湾校区后勤宿舍的批复	基建处	8月11日
90号	关于同意成立复旦大学-杜伦大学联合金融研究中心的批复	文科科研处	8月19日
91号	关于神经生物研究所新一任所长人选的批复	科技处、人事处	8月20日
92号	关于复旦大学上海视觉艺术学院请求复旦大学协助办理该校一期工程施工许可证事宜的批复	校办、基建处	8月20日
93号	关于《教师公寓租金调整方案》的批复	房委会、工会*、总务处*	8月20日
94号	关于人才引进事宜的批复	人事处	8月20日
95号	关于上海复旦科教器材服务公司等四家老企业改制方案的批复	产业化与校产管理办公室	8月20日
96号	关于通报在校办控股企业和社会团体中开展"小金库"专项治理工作建议的批复	财务处、监察处、产业化与校产管理办公室*、对外联络与发展处*	8月20日
97号	关于学生退学事宜的批复	教务处	8月20日
98号	关于复旦大学附属华山医院北院法定代表人任职的批复	华山医院、医院管理处*、组织部*	9月10日
99号	关于上海市公安局与复旦大学合作框架协议事宜的批复	科技处	8月30日
100号	关于同意成立复旦大学场论及粒子理论中心的批复	科技处	8月31日
101号	关于成立复旦-盐城环保与信息化研发中心事宜的批复	科技处	9月3日
102号	关于成立"复旦-盐城环保与信息化研发中心"事宜的批复	科技处	9月10日
103号	关于同意取消高考舞弊考生宋飘飘学籍的批复	教务处	9月3日
104号	关于复旦大学附属华山医院北院法定代表人任职事宜的批复	医管处	9月10日

续　表

文　号※	文　件　名　称	批　复　单　位	发文日期
105号	关于复旦大学2010年9月新闻宣传计划的批复	宣传部	9月10日
106号	关于复旦大学人文基金"设立讲席教授"计划实施具体设想的批复	文科科研处	9月10日
107号	关于复旦大学上海视觉艺术学院请求复旦大学协助办理该校一期工程施工许可证事宜的批复	校长办公室	9月10日
108号	关于处理上海市复旦国际信息科技进修学院办学问题事宜的批复	校长办公室	9月10日
109号	关于召开"一流大学建设系列研讨会——2010"暨中国大学校长联谊会事宜的批复	校长办公室	9月10日
110号	关于重新修订基本科研业务费实施方案并增设"院系基本科研业务费"等事宜的批复	科技处、文科科研处	9月19日
111号	关于《复旦大学国家自然科学基金管理办法》等八个科研管理办法的批复	科技处	9月19日
112号	关于同意转让上海复旦海泰生物技术有限公司部分股权的批复	上海复旦资产经营有限公司	9月21日
113号	关于同意上海复旦资产经营有限公司将资本公积转增注册资本的批复	上海复旦资产经营有限公司	9月21日
114号	关于人才引进事宜的批复	人事处	9月30日
115号	关于成立复旦-江苏环能通新能源环保技术联合研究中心的批复	科技处	9月30日
116号	关于成立复旦大学泉州信和联合涂料技术中心的批复	科技处	9月30日
117号	关于成立复旦-兴森快捷宏电子技术研发中心的批复	科技处	9月30日
118号	关于推进本科培养体制改革工作的建议的批复	教务处、复旦学院*、学生工作部*、留学生工作处*	9月30日
119号	关于机构设置事宜的批复	校机构设置领导小组办公室、组织部*、人事处*、校办*	10月8日
120号	关于学校还贷方案的批复	财务处、校办*	10月8日
121号	关于上海数学科学研究中心基建选址的批复	基建处、数学学院	10月8日
122号	关于召开复旦大学五届五次教职工代表大会暨十六届五次工代会的批复	校工会、党委办公室*	10月18日
123号	关于学校10月新闻宣传计划事宜的批复	宣传部	10月18日
124号	关于成立"985工程"三期规划实施工作委员会相关事宜的批复	校长办公室、学科建设办公室	10月18日
125号	关于上海数学科学研究中心基建选址事宜的批复	基建处、数学科学学院	10月18日
126号	关于学生退学事宜的批复	教务处	10月18日
127号	关于同意成立复旦大学全球华语信息处理和比较研究中心的批复	文科科研处	10月21日
128号	关于学生退学事宜的批复	教务处	10月21日
129号	关于学生退学事宜的批复	研究生院	10月26日
130号	关于同意成立复旦大学生物治疗研究中心的批复	科技处	11月1日
131号	关于同意成立复旦大学产业与区域经济研究中心的批复	文科科研处	11月2日

续　表

文　号※	文　件　名　称	批　复　单　位	发文日期
132 号	关于同意妇产科医院黄浦院区 7、8 号楼整体装修工程立项的批复	基建处、妇产科医院*	11 月 3 日
133 号	关于学校 11 月份新闻宣传计划的批复	宣传部	11 月 5 日
134 号	关于学校“985 工程”三期建设规划预算的批复	学科办	11 月 5 日
135 号	关于《复旦大学教职工处分条例(试行)》的批复	人事处、工会*	11 月 5 日
136 号	关于“985 工程”三期建设总体规划和改革方案(修改稿)的批复	研究室、学科建设办公室	11 月 15 日
137 号	关于 2009—2010 年教学辅助系列高级职务晋升比例的批复	人事处	11 月 15 日
138 号	关于学生处分事宜的批复	网络教育学院	11 月 15 日
139 号	关于人才引进事宜的批复	人事处	11 月 15 日
140 号	关于人才引进事宜的批复	人事处	11 月 24 日
141 号	关于“千人计划”入选者及药学院朱依谆院长考核聘任事宜的批复	人事处、监察处*	11 月 24 日
142 号	关于“985 工程”三期规划实施工作委员会成员调整事宜的批复	学科建设办公室	11 月 24 日
143 号	关于上海市重点学科经费事宜的批复	学科建设办公室	11 月 24 日
144 号	关于复旦大学国家教育体制改革试点项目实施方案的批复	校长办公室	11 月 24 日
145 号	关于落实“外国青年学者研究基金”项目负责人相关生活待遇及工作条件的批复	科技处、人事处*、校长办公室*	11 月 29 日
146 号	关于对 2009—2010 年度“新教师科研启动基金”项目拟资助人员名单进行校内公示的批复	科技处	11 月 29 日
147 号	关于同意微电子系净化实验室改造工程立项的批复	基建处、财务处*	11 月 29 日
148 号	关于黄河三角洲现代农业物联网研究中心共建协议事宜的批复	科技处	12 月 2 日
149 号	关于与大唐上海产业园合作事宜的批复	科技处、校长办公室*	12 月 2 日
150 号	关于《环境科学楼项目建议书》报请审批事宜的批复	基建处	12 月 2 日
151 号	关于《上海数学科学研究中心项目建议书》报请审批事宜的批复	基建处	12 月 2 日
152 号	关于“十二五”规划编制工作计划及大纲的批复	校长办公室	12 月 2 日
154 号	关于四年制书院建筑规划与改造事宜的批复	教务处、学工部、复旦学院	12 月 2 日
155 号	关于学生退学事宜的批复	教务处	12 月 2 日
157 号	关于下达 2009、2010 年度“院系基本科研业务费计划”经费事宜的批复	科技处、文科科研处*	12 月 2 日
158 号	关于 2009 年度授权专利奖励金发放事宜的批复	科技处	12 月 2 日
159 号	关于上报我校评选上海市三八红旗手(集体)事宜的批复	妇委会	12 月 2 日
160 号	关于学生退学事宜的批复	研究生院	12 月 2 日
161 号	关于同意管理学院室外景观改造工程立项的批复	基建处、财务处*	12 月 16 日
162 号	关于执行教育部规定对学校在职在编“老人”住房补贴进行补差工作事宜的批复	财务处、房委会、校工会	12 月 21 日
163 号	关于学校 12 月份宣传计划的批复	宣传部	12 月 24 日

续 表

文　号※	文　件　名　称	批　复　单　位	发文日期
164 号	关于 2011 年本科留学生招生安排的批复	留学生工作处、招生办公室*	12 月 24 日
165 号	关于张治道先生生前居处今后用途有关事宜的批复	对外联络与发展处、上海医学院	12 月 24 日
166 号	关于成立复旦大学捐赠工作委员会等事宜的批复	对外联络与发展处	12 月 24 日
167 号	关于审议《复旦大学关于做好"十二五"规划编制工作的通知》的批复	校长办公室、发展规划处	12 月 23 日
168 号	关于学生退学事宜的批复	教务处	12 月 24 日
169 号	关于学生退学事宜的批复	留学生工作处	12 月 23 日
170 号	关于执行教育部规定对学校在职在编"老人"住房补贴进行补差工作的批复	房委会、校工会*、财务处*	12 月 28 日
171 号	关于清算、注销上海东上海复旦咨询有限公司的批复	上海复旦资产经营有限公司	12 月 30 日
172 号	关于转让复旦大学所持上海多媒体产业园展示规划设计有限公司 10%股权的批复	上海复旦资产经营有限公司	12 月 31 日

※ 文号为校通字[2010]X 号。
* 为抄送单位。

·人 物·

教授名录

单位	姓名	性别	职称	单位	姓名	性别	职称
中国语言文学系	裘锡圭	男	教授	中国语言文学系	施谢捷	男	教授
中国语言文学系	王水照	男	教授	中国语言文学系	刘大为	男	教授
中国语言文学系	朱立元	男	教授	中国语言文学系	邵毅平	男	教授
中国语言文学系	陈思和	男	教授	中国语言文学系	邬国平	男	教授
中国语言文学系	黄霖	男	教授	中国语言文学系	杨乃乔	男	教授
中国语言文学系	申小龙	男	教授	中国语言文学系	查屏球	男	教授
中国语言文学系	陈尚君	男	教授	中国语言文学系	郑土有	男	教授
中国语言文学系	骆玉明	男	教授	中国语言文学系	祝克懿	女	教授
中国语言文学系	游汝杰	男	教授	中国语言文学系	陈剑	男	教授
中国语言文学系	汪少华	男	教授	中国语言文学系	罗书华	男	教授
中国语言文学系	袁进	男	教授	中国语言文学系	张业松	男	教授
中国语言文学系	刘钊	男	教授	中国语言文学系	周斌	男	研究员
中国语言文学系	朱文华	男	教授	中国语言文学系	陈维昭	男	研究员
中国语言文学系	汪涌豪	男	教授	中国语言文学系	王才勇	男	研究员
中国语言文学系	栾梅健	男	教授	古籍所	章培恒	男	教授
中国语言文学系	戴耀晶	男	教授	古籍所	吴金华	男	教授
中国语言文学系	郜元宝	男	教授	古籍所	陈正宏	男	教授
中国语言文学系	郑元者	男	教授	古籍所	谈蓓芳	女	教授
中国语言文学系	陆扬	男	教授	古籍所	陈广宏	男	教授
中国语言文学系	徐志啸	男	教授	古籍所	郑利华	男	教授
中国语言文学系	杨剑桥	男	教授	古籍所	刘晓南	男	教授
中国语言文学系	龚群虎	男	教授	古籍所	钱振民	男	研究员
中国语言文学系	陈引驰	男	教授	古籍所	郑伟宏	男	研究员
中国语言文学系	吴礼权	男	教授	古籍所	黄仁生	男	研究员
中国语言文学系	张德兴	男	教授	古籍所	黄毅	女	研究员
中国语言文学系	戴燕	女	教授	外文学院	黄勇民	男	教授
中国语言文学系	傅杰	男	教授	外文学院	陆谷孙	男	教授
中国语言文学系	张新颖	男	教授	外文学院	姜银国	男	教授
中国语言文学系	王安忆	女	教授	外文学院	朱永生	男	教授
中国语言文学系	殷寄明	男	教授	外文学院	熊学亮	男	教授

续表

单　　位	姓　名	性别	职　称	单　　位	姓　名	性别	职　称
外文学院	褚孝泉	男	教　授	哲学学院	王德峰	男	教　授
外文学院	张　冲	男	教　授	哲学学院	吴　震	男	教　授
外文学院	何刚强	男	教　授	哲学学院	汪行福	男	教　授
外文学院	余建中	男	教　授	哲学学院	邹诗鹏	男	教　授
外文学院	曲卫国	男	教　授	哲学学院	郑召利	男	教　授
外文学院	邱东林	男	教　授	哲学学院	陈居渊	男	教　授
外文学院	魏育青	男	教　授	哲学学院	孙向晨	男	教　授
外文学院	金钟太	男	教　授	哲学学院	刘康德	男	教　授
外文学院	王建开	男	教　授	哲学学院	白彤东	男	教　授
外文学院	谈　峥	男	教　授	哲学学院	李若晖	男	教　授
外文学院	梁正溜	男	教　授	哲学学院	王新生	男	教　授
外文学院	沈　黎	女	教　授	哲学学院	魏洪钟	男	研究馆员
外文学院	孙　建	男	教　授	国外马克思主义基地	王凤才	男	研究员
外文学院	蔡基刚	男	教　授	历史学系	姜　生	男	教　授
外文学院	姜　宏	女	教　授	历史学系	姜义华	男	教　授
外文学院	王滨滨	女	教　授	历史学系	朱维铮	男	教　授
外文学院	姜宝有	男	教　授	历史学系	顾晓鸣	男	教　授
外文学院	汪洪章	男	教　授	历史学系	吴景平	男	教　授
外文学院	季佩英	女	教　授	历史学系	韩　昇	男	教　授
复旦学院	熊思东	男	研究员	历史学系	朱荫贵	男	教　授
哲学学院	刘放桐	男	教　授	历史学系	戴鞍钢	男	教　授
哲学学院	俞吾金	男	教　授	历史学系	黄　洋	男	教　授
哲学学院	吴晓明	男	教　授	历史学系	章　清	男	教　授
哲学学院	张汝伦	男	教　授	历史学系	金光耀	男	教　授
哲学学院	冯　平	女	教　授	历史学系	邹振环	男	教　授
哲学学院	李天纲	男	教　授	历史学系	王立诚	男	教　授
哲学学院	王雷泉	男	教　授	历史学系	冯　玮	男	教　授
哲学学院	邓安庆	男	教　授	历史学系	李宏图	男	教　授
哲学学院	杨泽波	男	教　授	历史学系	孙科志	男	教　授
哲学学院	陈学明	男	教　授	历史学系	金寿福	男	教　授
哲学学院	孙承叔	男	教　授	历史学系	张海英	女	教　授
哲学学院	张志林	男	教　授	历史学系	冯筱才	男	教　授
哲学学院	汪堂家	男	教　授	历史学系	巴兆祥	男	教　授
哲学学院	张庆熊	男	教　授	历史学系	陈　新	男	教　授
哲学学院	莫伟民	男	教　授	历史学系	郭英之	女	教　授
哲学学院	徐洪兴	男	教　授	文史研究院创新基地	葛兆光	男	教　授
哲学学院	林宏星	男	教　授	文史研究院创新基地	李星明	男	研究员
哲学学院	朱宝荣	男	教　授	文物与博物馆学系	沃兴华	男	教　授
哲学学院	佘碧平	男	教　授	文物与博物馆学系	陈　淳	男	教　授

续 表

单 位	姓 名	性别	职 称	单 位	姓 名	性别	职 称
文物与博物馆学系	陆建松	男	教 授	经济学院	焦必方	男	教 授
文物与博物馆学系	高蒙河	男	教 授	经济学院	朱 叶	男	教 授
文物与博物馆学系	陈红京	男	教 授	经济学院	孙立坚	男	教 授
文物与博物馆学系	朱顺龙	男	教 授	经济学院	蔡江南	男	教 授
历史地理研究所	葛剑雄	男	教 授	经济学院	徐文虎	男	教 授
历史地理研究所	周振鹤	男	教 授	经济学院	陆 铭	男	教 授
历史地理研究所	姚大力	男	教 授	经济学院	张陆洋	男	教 授
历史地理研究所	王振忠	男	教 授	经济学院	丁 纯	男	教 授
历史地理研究所	吴松弟	男	教 授	经济学院	陈 钊	男	教 授
历史地理研究所	满志敏	男	教 授	经济学院	范剑勇	男	教 授
历史地理研究所	张伟然	男	教 授	经济学院	宋 铮	男	教 授
历史地理研究所	王建革	男	研究员	经济学院	程大中	男	教 授
历史地理研究所	安介生	男	研究员	经济学院	沈国兵	男	教 授
历史地理研究所	侯杨方	男	研究员	经济学院	干杏娣	女	研究员
历史地理研究所	李晓杰	男	研究员	经济学院	徐培华	男	正高级讲师
历史地理研究所	张晓虹	女	研究员	金融研究院	陈学彬	男	教 授
经济学院	王 城	男	教 授	金融研究院	张金清	男	教 授
经济学院	许少强	男	教 授	国际关系与公共事务学院	倪世雄	男	教 授
经济学院	姜波克	男	教 授	国际关系与公共事务学院	竺乾威	男	教 授
经济学院	华 民	男	教 授	国际关系与公共事务学院	朱明权	男	教 授
经济学院	黄亚钧	男	教 授	国际关系与公共事务学院	林尚立	男	教 授
经济学院	陈建安	男	教 授	国际关系与公共事务学院	浦兴祖	男	教 授
经济学院	张晖明	男	教 授	国际关系与公共事务学院	邱柏生	男	教 授
经济学院	袁志刚	男	教 授	国际关系与公共事务学院	樊勇明	男	教 授
经济学院	张 军	男	教 授	国际关系与公共事务学院	徐以骅	男	教 授
经济学院	李慧中	男	教 授	国际关系与公共事务学院	臧志军	男	教 授
经济学院	石 磊	男	教 授	国际关系与公共事务学院	邓正来	男	教 授
经济学院	刘红忠	男	教 授	国际关系与公共事务学院	陈明明	男	教 授
经济学院	马 涛	男	教 授	国际关系与公共事务学院	陈志敏	男	教 授
经济学院	谢识予	男	教 授	国际关系与公共事务学院	郭定平	男	教 授
经济学院	尹翔硕	男	教 授	国际关系与公共事务学院	陈晓原	男	教 授
经济学院	庄起善	男	教 授	国际关系与公共事务学院	刘建军	男	教 授
经济学院	唐朱昌	男	教 授	国际关系与公共事务学院	朱 方	男	教 授
经济学院	李洁明	女	教 授	国际关系与公共事务学院	赵渭荣	男	教 授
经济学院	强永昌	男	教 授	国际关系与公共事务学院	朱春奎	男	教 授
经济学院	殷醒民	男	教 授	国际关系与公共事务学院	潘忠岐	男	教 授
经济学院	严法善	男	教 授	国际关系与公共事务学院	唐亚林	男	教 授
经济学院	李维森	男	教 授	国际关系与公共事务学院	唐贤兴	男	教 授
经济学院	史正富	男	教 授	国际关系与公共事务学院	唐世平	男	教 授

续 表

单　　位	姓　名	性别	职　称	单　　位	姓　名	性别	职　称
国际关系与公共事务学院	陈玉刚	男	教　授	法学院	侯　健	男	教　授
国际关系与公共事务学院	张建新	男	教　授	法学院	张建伟	男	教　授
国际关系与公共事务学院	沈兰芳	女	研究员	法学院	孙笑侠	男	教　授
国际问题研究院	沈丁立	男	教　授	社会发展与公共政策学院	彭希哲	男	教　授
国际问题研究院	吴心伯	男	教　授	社会发展与公共政策学院	谢遐龄	男	教　授
国际问题研究院	石源华	男	教　授	社会发展与公共政策学院	张乐天	男	教　授
国际问题研究院	胡令远	男	教　授	社会发展与公共政策学院	王桂新	男	教　授
国际问题研究院	任　晓	男	研究员	社会发展与公共政策学院	梁　鸿	男	教　授
国际问题研究院	赵华胜	男	研究员	社会发展与公共政策学院	瞿铁鹏	男	教　授
国际问题研究院	潘　锐	男	研究员	社会发展与公共政策学院	陈家华	男	教　授
国际问题研究院	杜幼康	男	研究员	社会发展与公共政策学院	孙时进	男	教　授
国际问题研究院	张贵洪	男	研究员	社会发展与公共政策学院	于　海	男	教　授
国际问题研究院	王义桅	男	研究员	社会发展与公共政策学院	刘　欣	男	教　授
法学院	姚荣涛	男	教　授	社会发展与公共政策学院	范丽珠	女	教　授
法学院	孙南申	男	教　授	社会发展与公共政策学院	顾东辉	男	教　授
法学院	陈治东	男	教　授	社会发展与公共政策学院	周　怡	女	教　授
法学院	章武生	男	教　授	社会发展与公共政策学院	申荷永	男	教　授
法学院	张乃根	男	教　授	社会发展与公共政策学院	张　力	男	教　授
法学院	杨心宇	男	教　授	社会发展与公共政策学院	桂　勇	男	教　授
法学院	刘士国	男	教　授	社会发展与公共政策学院	王菊芬	女	研究员
法学院	胡鸿高	男	教　授	社会科学高等研究院	刘清平	男	教　授
法学院	谢佑平	男	教　授	社会科学高等研究院	郭苏建	男	教　授
法学院	马贵翔	男	教　授	社会科学高等研究院	纳日碧力戈	男	教　授
法学院	郭　建	男	教　授	新闻学院	童　兵	男	教　授
法学院	王全弟	男	教　授	新闻学院	黄芝晓	男	教　授
法学院	张梓太	男	教　授	新闻学院	李良荣	男	教　授
法学院	董茂云	男	教　授	新闻学院	孟　建	男	教　授
法学院	段　匡	男	教　授	新闻学院	刘海贵	男	教　授
法学院	陈　梁	男	教　授	新闻学院	黄　旦	男	教　授
法学院	陈浩然	男	教　授	新闻学院	黄　瑚	男	教　授
法学院	龚柏华	男	教　授	新闻学院	陆　晔	女	教　授
法学院	赵立行	男	教　授	新闻学院	吕新雨	女	教　授
法学院	陈乃蔚	男	教　授	新闻学院	殷晓蓉	女	教　授
法学院	何　力	男	教　授	新闻学院	张子让	男	教　授
法学院	王志强	男	教　授	新闻学院	程士安	女	教　授
法学院	季立刚	男	教　授	新闻学院	张海鹰	男	教　授
法学院	朱淑娣	女	教　授	新闻学院	顾　铮	男	教　授
法学院	潘伟杰	男	教　授	新闻学院	孙　玮	女	教　授
法学院	陈　力	女	教　授	新闻学院	曹　晋	女	教　授

续　表

单　　位	姓　名	性别	职　称	单　　位	姓　名	性别	职　称
社会科学基础部	顾钰民	男	教　授	数学科学学院	应坚刚	男	教　授
社会科学基础部	肖　巍	男	教　授	数学科学学院	尹永成	男	教　授
社会科学基础部	杜艳华	女	教　授	数学科学学院	东瑜昕	男	教　授
社会科学基础部	徐宗良	男	教　授	数学科学学院	朱胜林	男	教　授
社会科学基础部	高国希	男	教　授	数学科学学院	陈　猛	男	教　授
社会科学基础部	杨宏雨	男	教　授	数学科学学院	郭坤宇	男	教　授
社会科学基础部	高晓林	女	教　授	数学科学学院	邱维元	男	教　授
社会科学基础部	钱箭星	女	正高级讲师	数学科学学院	吴泉水	男	教　授
艺术教育中心	周旭东	男	教　授	数学科学学院	程　晋	男	教　授
艺术教育中心	王天德	男	教　授	数学科学学院	汤善健	男	教　授
艺术教育中心	张　同	男	教　授	数学科学学院	丁　青	男	教　授
艺术教育中心	徐卫宏	男	教　授	数学科学学院	范恩贵	男	教　授
艺术教育中心	叶　苹	男	教　授	数学科学学院	金　路	男	教　授
艺术教育中心	王作欣	女	教　授	数学科学学院	袁小平	男	教　授
艺术教育中心	吴亚初	男	教　授	数学科学学院	刘宪高	男	教　授
国际文化交流学院	陶黎铭	男	教　授	数学科学学院	楼红卫	男	教　授
国际文化交流学院	高顺全	男	教　授	数学科学学院	薛军工	男	教　授
国际文化交流学院	刘鑫民	男	教　授	数学科学学院	潘立平	男	教　授
国际文化交流学院	沈肖肖	男	研究员	数学科学学院	苏仰锋	男	教　授
国际文化交流学院	彭增安	男	正高级讲师	数学科学学院	吕　志	男	教　授
国际文化交流学院	吴中伟	男	正高级讲师	数学科学学院	魏益民	男	教　授
国际文化交流学院	陈　潮	男	正高级讲师	数学科学学院	傅吉祥	男	教　授
体育教学部	陈　琪	男	教　授	数学科学学院	张永前	男	教　授
体育教学部	邱克	男	正高级讲师	数学科学学院	蔡志杰	男	教　授
体育教学部	王方椽	男	正高级讲师	数学科学学院	高卫国	男	教　授
数学科学学院	忻元龙	男	教　授	数学科学学院	陈文斌	男	教　授
数学科学学院	陈天平	男	教　授	数学科学学院	林　伟	男	教　授
数学科学学院	谷超豪	男	教　授	数学科学学院	李洪全	男	研究员
数学科学学院	李大潜	男	教　授	数理研究科技创新平台	李向东	男	研究员
数学科学学院	胡和生	女	教　授	数理研究科技创新平台	田卫东	男	研究员
数学科学学院	陈恕行	男	教　授	数理研究科技创新平台	向红军	男	研究员
数学科学学院	洪家兴	男	教　授	数理研究科技创新平台	胡跃清	男	研究员
数学科学学院	杨劲根	男	教　授	物理学系	陈　灏	男	教　授
数学科学学院	肖体俊	女	教　授	物理学系	王　斌	男	教　授
数学科学学院	黄宣国	男	教　授	物理学系	周仕明	男	教　授
数学科学学院	周　忆	男	教　授	物理学系	郝柏林	男	教　授
数学科学学院	陈纪修	男	教　授	物理学系	陶瑞宝	男	教　授
数学科学学院	吴宗敏	男	教　授	物理学系	王　迅	男	教　授
数学科学学院	周子翔	男	教　授	物理学系	张新夷	男	教　授

续　表

单　　位	姓　名	性 别	职　称	单　　位	姓　名	性 别	职　称
物理学系	侯晓远	男	教　授	环境科学与工程系	陈建民	男	教　授
物理学系	周鲁卫	男	教　授	环境科学与工程系	刘　燕	女	教　授
物理学系	金晓峰	男	教　授	环境科学与工程系	董文博	男	教　授
物理学系	吴长勤	男	教　授	环境科学与工程系	杨　新	男	教　授
物理学系	资　剑	男	教　授	环境科学与工程系	李　溪	男	教　授
物理学系	蒋最敏	男	教　授	环境科学与工程系	隋国栋	男	教　授
物理学系	车静光	男	教　授	环境科学与工程系	郭志刚	男	教　授
物理学系	林志方	男	教　授	环境科学与工程系	陈　莹	女	教　授
物理学系	陆　昉	男	教　授	环境科学与工程系	郑　正	男	教　授
物理学系	龚新高	男	教　授	环境科学与工程系	周　斌	男	教　授
物理学系	陈暨耀	男	教　授	环境科学与工程系	王新军	男	研究员
物理学系	封东来	男	教　授	环境科学与工程系	王德耀	男	教　授
物理学系	陈张海	男	教　授	化学系	吴浩青	男	教　授
物理学系	马世红	男	教　授	化学系	杨芃原	男	教　授
物理学系	赵　利	男	教　授	化学系	黄仲贤	男	教　授
物理学系	游建强	男	教　授	化学系	范康年	男	教　授
物理学系	周　磊	男	教　授	化学系	金国新	男	教　授
物理学系	马永利	男	教　授	化学系	陈芬儿	男	教　授
物理学系	吴义政	男	教　授	化学系	唐　颐	男	教　授
物理学系	黄吉平	男	教　授	化学系	赵东元	男	教　授
物理学系	盛卫东	男	教　授	化学系	孔继烈	男	教　授
物理学系	施　郁	男	教　授	化学系	张祥民	男	教　授
物理学系	杨中芹	女	教　授	化学系	贺鹤勇	男	教　授
物理学系	沈　健	男	教　授	化学系	周鸣飞	男	教　授
物理学系	韦广红	女	教　授	化学系	周锡庚	男	教　授
物理学系	谭砚文	女	研究员	化学系	徐华龙	男	教　授
现代物理研究所	杨福家	男	教　授	化学系	蔡文斌	男	教　授
现代物理研究所	邹亚明	女	教　授	化学系	夏永姚	男	教　授
现代物理研究所	宓　詠	男	教　授	化学系	王全瑞	男	教　授
现代物理研究所	陈建新	男	研究员	化学系	翁林红	女	教　授
现代物理研究所	宁西京	男	研究员	化学系	钱东金	男	教　授
现代物理研究所	施立群	男	研究员	化学系	吴宇平	男	教　授
现代物理研究所	Roger Hutton	男	研究员	化学系	戴维林	男	教　授
现代物理研究所	贺勉鸿	男	主任技师	化学系	高　翔	男	教　授
环境科学与工程系	侯惠奇	男	教　授	化学系	乐英红	男	教　授
环境科学与工程系	郑俊华	男	教　授	化学系	屠　波	女	教　授
环境科学与工程系	庄国顺	男	教　授	化学系	丁传凡	男	教　授
环境科学与工程系	王祥荣	男	教　授	化学系	曹　勇	男	教　授
环境科学与工程系	戴星翼	男	教　授	化学系	刘宝红	女	教　授

续 表

单　位	姓　名	性别	职　称	单　位	姓　名	性别	职　称
化学系	王文宁	女	教　授	高分子科学系	张　炜	男	正高级实验师
化学系	岳　斌	男	教　授	高分子科学系	丛培红	女	正高级实验师
化学系	余承忠	男	教　授	先进材料创新平台	汪联辉	男	教　授
化学系	傅正文	男	教　授	先进材料创新平台	彭慧胜	男	教　授
化学系	乔明华	男	教　授	先进材料创新平台	谷至华	男	研究员
化学系	吴　劼	男	教　授	先进材料创新平台	李世燕	男	研究员
化学系	王韵华	女	教　授	先进材料创新平台	陈　焱	男	研究员
化学系	沈　伟	男	教　授	先进材料创新平台	乔　山	男	研究员
化学系	陆豪杰	男	教　授	先进材料创新平台	王忠胜	男	研究员
化学系	余绍宁	男	教　授	先进材料创新平台	胡新华	男	研究员
化学系	华伟明	男	教　授	先进材料创新平台	车仁超	男	研究员
化学系	刘智攀	男	教　授	先进材料创新平台	肖艳红	女	研究员
化学系	谭相石	男	教　授	先进材料创新平台	郑耿峰	男	研究员
化学系	张亚红	女	教　授	生命科学学院	黄伟达	男	教　授
化学系	邓春晖	男	教　授	生命科学学院	长谷川政美	男	教　授
化学系	徐　昕	男	教　授	生命科学学院	陈家宽	男	教　授
化学系	郑文军	男	研究员	生命科学学院	毛裕民	男	教　授
化学系	黎占亭	男	研究员	生命科学学院	罗泽伟	男	教　授
化学系	李富友	男	研究员	生命科学学院	余　龙	男	教　授
化学系	余爱水	男	研究员	生命科学学院	卢宝荣	男	教　授
化学系	易　涛	女	研究员	生命科学学院	钟　扬	男	教　授
高分子科学系	江　明	男	教　授	生命科学学院	吴千红	男	教　授
高分子科学系	杨玉良	男	教　授	生命科学学院	谢　毅	男	教　授
高分子科学系	黄骏廉	男	教　授	生命科学学院	卢大儒	男	教　授
高分子科学系	丁建东	男	教　授	生命科学学院	马　红	男	教　授
高分子科学系	邵正中	男	教　授	生命科学学院	孙　刚	男	教　授
高分子科学系	汪长春	男	教　授	生命科学学院	钟　江	男	教　授
高分子科学系	武培怡	男	教　授	生命科学学院	梅岩艾	女	教　授
高分子科学系	邱　枫	男	教　授	生命科学学院	乔守怡	男	教　授
高分子科学系	刘天西	男	教　授	生命科学学院	蒯本科	男	教　授
高分子科学系	陈道勇	男	教　授	生命科学学院	霍克克	男	教　授
高分子科学系	周　平	女	教　授	生命科学学院	李　博	男	教　授
高分子科学系	倪秀元	男	教　授	生命科学学院	印春华	男	教　授
高分子科学系	张红东	男	教　授	生命科学学院	石　建	男	教　授
高分子科学系	何军坡	男	教　授	生命科学学院	杨金水	男	教　授
高分子科学系	姚　萍	女	教　授	生命科学学院	李　瑶	女	教　授
高分子科学系	陈　新	男	教　授	生命科学学院	金　力	男	教　授
高分子科学系	杨武利	男	教　授	生命科学学院	宋志平	男	教　授
高分子科学系	李同生	男	研究员	生命科学学院	季朝能	男	教　授

续 表

单 位	姓 名	性别	职 称	单 位	姓 名	性别	职 称
生命科学学院	吕 红	女	教 授	脑科学研究院	王 云	男	研究员
生命科学学院	杨 继	男	教 授	脑科学研究院	Thomas Behnisch	男	研究员
生命科学学院	董爱武	女	教 授	脑科学研究院	王中峰	男	研究员
生命科学学院	吴纪华	女	教 授	脑科学研究院	David Saffen	男	研究员
生命科学学院	王学路	男	教 授	脑科学研究院	彭 刚	男	研究员
生命科学学院	赵世民	男	教 授	脑科学研究院	杨振纲	男	研究员
生命科学学院	朱乃硕	男	教 授	信息学院	韦 玮	女	教 授
生命科学学院	赵 斌	男	教 授	信息学院	童家榕	男	教 授
生命科学学院	麻锦彪	男	教 授	信息学院	王威琪	男	教 授
生命科学学院	王洪海	男	研究员	信息学院	金亚秋	男	教 授
生命科学学院	方长明	男	研究员	信息学院	洪志良	男	教 授
生命科学学院	王树林	男	研究员	信息学院	陈良尧	男	教 授
生命科学学院	王红艳	女	研究员	信息学院	黄大鸣	男	教 授
生命科学学院	叶敬仲	男	研究员	信息学院	钱列加	男	教 授
生命科学学院	俞洪波	男	研究员	信息学院	徐 雷	男	教 授
生命科学学院	刘建祥	男	研究员	信息学院	钱松荣	男	教 授
神经生物研究所	李葆明	男	教 授	信息学院	汪源源	男	教 授
神经生物研究所	杨雄里	男	教 授	信息学院	闵 昊	男	教 授
神经生物研究所	张玉秋	女	教 授	信息学院	金庆原	男	教 授
神经生物研究所	钟咏梅	女	研究员	信息学院	黄宜平	男	教 授
发育生物学研究所	陶无凡	男	教 授	信息学院	张 卫	男	教 授
发育生物学研究所	吴晓晖	男	教 授	信息学院	刘丽英	女	教 授
发育生物学研究所	徐人尔	男	教 授	信息学院	王培南	男	教 授
发育生物学研究所	孙 璘	女	教 授	信息学院	胡 波	男	教 授
发育生物学研究所	应蓓蓓	女	主任技师	信息学院	余建国	男	教 授
生物医学研究院	汤其群	男	教 授	信息学院	任俊彦	男	教 授
生物医学研究院	Alastair Murchie	男	教 授	信息学院	梁荣庆	男	教 授
生物医学研究院	施 前	男	研究员	信息学院	李 锋	男	教 授
生物医学研究院	陈东戎	女	研究员	信息学院	曾 璇	女	教 授
生物医学研究院	包志宏	男	研究员	信息学院	石艺尉	男	教 授
生物医学研究院	张晓燕	女	研究员	信息学院	张建秋	男	教 授
生物医学研究院	谢幼华	男	研究员	信息学院	吴嘉达	男	教 授
生物医学研究院	徐建青	男	研究员	信息学院	茹国平	男	教 授
生物医学研究院	邢清和	男	研究员	信息学院	刘木清	男	教 授
生物医学研究院	徐彦辉	男	研究员	信息学院	彭 波	男	教 授
生物医学研究院	于文强	男	研究员	信息学院	陆 明	男	教 授
生物医学研究院	胡维国	男	研究员	信息学院	失鹤元	男	教 授
生物医学研究院	文 波	男	研究员	信息学院	庄 军	男	教 授
生物医学研究院	魏勋斌	男	主任技师	信息学院	王 斌	男	教 授

续 表

单 位	姓 名	性别	职 称	单 位	姓 名	性别	职 称
信息学院	赵文庆	男	教 授	计算机科学技术学院	汪 卫	男	教 授
信息学院	郑玉祥	男	教 授	计算机科学技术学院	周水庚	男	教 授
信息学院	屈新萍	女	教 授	计算机科学技术学院	鲁道夫 Rudolf Fleischer	男	教 授
信息学院	迟 楠	女	教 授				
信息学院	郑立荣	男	教 授	计算机科学技术学院	钟亦平	女	教 授
信息学院	刘克富	男	教 授	计算机科学技术学院	危 辉	男	教 授
信息学院	王松有	男	教 授	计算机科学技术学院	黄萱菁	女	教 授
信息学院	曾晓洋	男	教 授	计算机科学技术学院	阚海斌	男	教 授
信息学院	李 翔	男	教 授	计算机科学技术学院	杨 夙	男	教 授
信息学院	林殷茵	女	教 授	计算机科学技术学院	王 新	男	教 授
信息学院	许 宁	男	教 授	软件学院	臧斌宇	男	教 授
信息学院	周 嘉	女	教 授	材料科学系	李速明	男	教 授
信息学院	张宗芝	女	教 授	材料科学系	陈国荣	男	教 授
信息学院	他得安	男	教 授	材料科学系	王家楫	男	教 授
信息学院	文舸一	男	教 授	材料科学系	李 劲	男	教 授
信息学院	朱建艺	女	研究员	材料科学系	武利民	男	教 授
信息学院	徐 敏	男	研究员	材料科学系	吴晓京	男	教 授
信息学院	沈德元	男	研究员	材料科学系	徐 伟	男	教 授
信息学院	赵海斌	男	研究员	材料科学系	李越生	男	教 授
信息学院	陈光梦	男	正高级讲师	材料科学系	杨振国	男	教 授
微电子研究院	周 电	男	教 授	材料科学系	孙大林	男	教 授
微电子研究院	刘 冉	男	教 授	材料科学系	叶明新	男	教 授
微电子研究院	王伶俐	男	教 授	材料科学系	俞燕蕾	女	教 授
微电子研究院	江安全	男	研究员	材料科学系	范仲勇	男	教 授
微电子研究院	丁士进	男	研究员	材料科学系	张 群	男	教 授
微电子研究院	来金梅	女	研究员	材料科学系	肖 斐	男	教 授
微纳电子科技创新平台	张世理	男	教 授	材料科学系	崔晓莉	女	教 授
微纳电子科技创新平台	吴东平	男	研究员	材料科学系	贾 波	男	教 授
微纳电子科技创新平台	王鹏飞	男	研究员	材料科学系	周树学	男	教 授
计算机科学技术学院	张世永	男	教 授	材料科学系	游 波	女	教 授
计算机科学技术学院	涂时亮	男	教 授	材料科学系	余学斌	男	研究员
计算机科学技术学院	朱扬勇	男	教 授	材料科学系	梅永丰	男	研究员
计算机科学技术学院	赵文耘	男	教 授	材料科学系	方晓生	男	研究员
计算机科学技术学院	薛向阳	男	教 授	力学与工程科学系	张 文	男	教 授
计算机科学技术学院	陈雁秋	男	教 授	力学与工程科学系	霍永忠	男	教 授
计算机科学技术学院	顾 宁	男	教 授	力学与工程科学系	丁光宏	男	教 授
计算机科学技术学院	吴百锋	男	教 授	力学与工程科学系	唐国安	男	教 授
计算机科学技术学院	沈一帆	男	教 授	力学与工程科学系	郑铁生	男	教 授
计算机科学技术学院	张 亮	男	教 授	力学与工程科学系	马建敏	男	教 授

续　表

单　位	姓　名	性别	职　称	单　位	姓　名	性别	职　称
力学与工程科学系	艾剑良	男	教　授	管理学院	凌　鸿	男	教　授
力学与工程科学系	李为民	男	教　授	管理学院	朱仲义	男	教　授
力学与工程科学系	孙　刚	男	教　授	管理学院	王克敏	女	教　授
力学与工程科学系	田振夫	男	教　授	管理学院	吕长江	男	教　授
力学与工程科学系	倪玉山	男	教　授	管理学院	范龙振	男	教　授
管理学院	李宏余	男	教　授	管理学院	骆品亮	男	教　授
管理学院	朱道立	男	教　授	管理学院	宁　钟	男	教　授
管理学院	郑祖康	男	教　授	管理学院	范秀成	男	教　授
管理学院	孙　谦	男	教　授	管理学院	官建成	男	教　授
管理学院	芮明杰	男	教　授	管理学院	张　青	男	教　授
管理学院	李若山	男	教　授	管理学院	徐剑刚	男	教　授
管理学院	项保华	男	教　授	管理学院	胡建强	男	教　授
管理学院	谢百三	男	教　授	管理学院	陈　超	男	教　授
管理学院	薛求知	男	教　授	管理学院	马成虎	男	教　授
管理学院	郁义鸿	男	教　授	管理学院	包季鸣	男	正高级讲师
管理学院	胡建绩	男	教　授	校园信息化办公室	闫　华	女	主任技师
管理学院	司春林	男	教　授	公共卫生学院	陈　洁	女	教　授
管理学院	许晓明	男	教　授	公共卫生学院	郝　模	男	教　授
管理学院	杨永康	男	教　授	公共卫生学院	傅　华	男	教　授
管理学院	陆雄文	男	教　授	公共卫生学院	金泰廙	男	教　授
管理学院	黄丽华	女	教　授	公共卫生学院	姜庆五	男	教　授
管理学院	谢晋宇	男	教　授	公共卫生学院	冯学山	男	教　授
管理学院	刘　杰	男	教　授	公共卫生学院	郭红卫	女	教　授
管理学院	张新生	男	教　授	公共卫生学院	程晓明	男	教　授
管理学院	苏　勇	男	教　授	公共卫生学院	宋伟民	男	教　授
管理学院	黄　沛	男	教　授	公共卫生学院	厉曙光	男	教　授
管理学院	胡君辰	男	教　授	公共卫生学院	赵耐青	男	教　授
管理学院	李元旭	男	教　授	公共卫生学院	夏昭林	男	教　授
管理学院	孙小玲	男	教　授	公共卫生学院	钱　序	女	教　授
管理学院	周　红	女	教　授	公共卫生学院	薛　迪	女	教　授
管理学院	蒋青云	男	教　授	公共卫生学院	赵根明	男	教　授
管理学院	郑　明	女	教　授	公共卫生学院	周志俊	男	教　授
管理学院	胡奇英	男	教　授	公共卫生学院	徐　飚	女	教　授
管理学院	孔爱国	男	教　授	公共卫生学院	孟　炜	男	教　授
管理学院	劳兰珺	女	教　授	公共卫生学院	陈　文	男	教　授
管理学院	徐以汎	男	教　授	公共卫生学院	屈卫东	男	教　授
管理学院	原红旗	男	教　授	公共卫生学院	林燧恒	男	教　授
管理学院	黄学祥	男	教　授	公共卫生学院	何　纳	男	教　授
管理学院	洪剑峭	男	教　授	公共卫生学院	吴擢春	男	教　授

续 表

单 位	姓 名	性别	职 称	单 位	姓 名	性别	职 称
公共卫生学院	高燕宁	男	教 授	医学院	张素春	男	教 授
公共卫生学院	余金明	男	教 授	医学院	储以微	女	教 授
公共卫生学院	陈英耀	男	教 授	医学院	黄 芳	女	教 授
公共卫生学院	严 非	女	教 授	医学院	王彦青	女	教 授
公共卫生学院	吕 军	女	教 授	医学院	赵冰樵	男	教 授
公共卫生学院	阚海东	男	教 授	医学院	雷群英	女	教 授
公共卫生学院	陈 刚	男	教 授	医学院	陆利民	男	教 授
医学院	徐 平	男	教 授	医学院	陈 力	男	教 授
医学院	闻玉梅	女	教 授	医学院	瞿 涤	女	研究员
医学院	彭裕文	男	教 授	医学院	袁正宏	男	研究员
医学院	钟翠平	女	教 授	医学院	高 谦	男	研究员
医学院	张锦生	男	教 授	医学院	黄志力	男	研究员
医学院	查锡良	男	教 授	医学院	程 刚	女	研究员
医学院	吴根诚	男	教 授	医学院	丁忠仁	男	研究员
医学院	孙凤艳	女	教 授	医学院	贾立军	男	研究员
医学院	顾建新	男	教 授	医学院	张颂文	男	研究员
医学院	马 兰	女	教 授	医学院	黄娅林	女	主任技师
医学院	左 伋	男	教 授	药学院	仇缀百	男	教 授
医学院	许祖德	男	教 授	药学院	吴满平	男	教 授
医学院	赵子琴	女	教 授	药学院	潘胜利	男	教 授
医学院	申宗侯	男	教 授	药学院	裴元英	女	教 授
医学院	王海杰	男	教 授	药学院	朱建华	男	教 授
医学院	朱大年	男	教 授	药学院	陈道峰	男	教 授
医学院	谭玉珍	女	教 授	药学院	张 鹏	男	教 授
医学院	朱虹光	男	教 授	药学院	段更利	男	教 授
医学院	殷莲华	女	教 授	药学院	叶德泳	男	教 授
医学院	程训佳	女	教 授	药学院	陆伟跃	男	教 授
医学院	郑 平	男	教 授	药学院	方晓玲	女	教 授
医学院	朱依纯	男	教 授	药学院	程能能	男	教 授
医学院	周国民	男	教 授	药学院	卢建忠	男	教 授
医学院	张志刚	男	教 授	药学院	蔡卫民	男	教 授
医学院	吴兴中	男	教 授	药学院	朱依谆	男	教 授
医学院	宋志坚	男	教 授	药学院	陈 刚	男	教 授
医学院	鲁映青	女	教 授	药学院	侯爱君	女	教 授
医学院	张 农	男	教 授	药学院	吴 伟	男	教 授
医学院	马 端	男	教 授	药学院	穆 青	男	教 授
医学院	李瑞锡	男	教 授	药学院	孙 逊	女	教 授
医学院	沈霖霖	女	教 授	药学院	李英霞	女	教 授
医学院	陈思锋	男	教 授	药学院	王 洋	女	教 授

续　表

单　位	姓　名	性别	职　称	单　位	姓　名	性别	职　称
药学院	蒋　晨	女	教　授	图书馆	徐一新	男	卫管研究员
药学院	蒋新国	男	研究员	图书馆	吴　格	男	研究馆员
药学院	赵伟利	男	研究员	图书馆	温国强	男	研究馆员
药学院	杨翠芬	女	主任技师	图书馆	杨光辉	男	研究馆员
护理学院	胡　雁	女	教　授	图书馆	李晓玲	女	研究馆员
放射医学研究所	卓维海	男	研究员	图书馆	吴兆路	男	研究员
放射医学研究所	邵春林	男	研究员	总务处	朱克勤	男	研究员
放射医学研究所	朱国英	女	研究员	出版社有限公司	林骧华	男	编　审
实验动物科学部	周光兴	男	研究员	出版社有限公司	贺圣遂	男	编　审
机关	陈晓漫	男	教　授	出版社有限公司	刘子馨	男	编　审
机关	汪　玲	女	教　授	出版社有限公司	韩结根	男	编　审
机关	秦绍德	男	教　授	出版社有限公司	倪琴芬	女	编　审
机关	蔡达峰	男	教　授	出版社有限公司	杜荣根	男	编　审
机关	刘建中	女	教　授	出版社有限公司	陈麦青	男	编　审
机关	陈立民	男	教　授	出版社有限公司	孙　晶	女	编　审
机关	杨志刚	男	教　授	出版社有限公司	王龙妹	女	研究员
机关	顾云深	男	教　授	复旦大学附属中山医院	石美鑫	男	教　授
机关	蒋国兴	男	高工(教授级)	复旦大学附属中山医院	陈灏珠	男	教　授
机关	任　远	男	教　授	复旦大学附属中山医院	汤钊猷	男	教　授
机关	胡建华	男	教　授	复旦大学附属中山医院	诸骏仁	男	教　授
机关	张一华	男	研究员	复旦大学附属中山医院	周康荣	男	教　授
机关	叶绍梁	男	研究员	复旦大学附属中山医院	王吉耀	女	教　授
机关	郑方贤	男	研究员	复旦大学附属中山医院	叶胜龙	男	教　授
机关	陈寅章	男	研究员	复旦大学附属中山医院	刘银坤	男	教　授
机关	廖文武	男	研究员	复旦大学附属中山医院	何礼贤	男	教　授
机关	阎嘉陵	男	研究员	复旦大学附属中山医院	张永康	男	教　授
机关	周志成	男	研究员	复旦大学附属中山医院	蔡迺绳	男	教　授
机关	张宏莲	女	研究员	复旦大学附属中山医院	陈绍亮	男	教　授
机关	徐国辉	男	研究员	复旦大学附属中山医院	王玉琦	男	教　授
机关	吴慧贞	女	研究员	复旦大学附属中山医院	蔡映云	男	教　授
机关	姜佩珍	女	研究员	复旦大学附属中山医院	秦新裕	男	教　授
机关	王　颖	女	研究员	复旦大学附属中山医院	吴志全	男	教　授
机关	信　强	男	研究员	复旦大学附属中山医院	蔡定芳	男	教　授
继续教育学院	方晶刚	男	研究员	复旦大学附属中山医院	王国民	男	教　授
高等教育研究所	熊庆年	男	研究员	复旦大学附属中山医院	祝墡珠	女	教　授
高等教育研究所	林荣日	男	研究员	复旦大学附属中山医院	王建华	男	教　授
高等教育研究所	张慧洁	女	研究员	复旦大学附属中山医院	崔尧元	男	教　授
现代教育技术中心	朱晓强	男	主任技师	复旦大学附属中山医院	徐建民	男	教　授
档案馆	邱佩芳	女	研究馆员	复旦大学附属中山医院	高　鑫	女	教　授

续　表

单　位	姓　名	性别	职　称	单　位	姓　名	性别	职　称
复旦大学附属中山医院	季建林	男	教　授	复旦大学附属中山医院	程韵枫	女	研究员
复旦大学附属中山医院	符伟国	男	教　授	复旦大学附属中山医院	陈瑞珍	女	研究员
复旦大学附属中山医院	白春学	男	教　授	复旦大学附属中山医院	宋元林	男	研究员
复旦大学附属中山医院	陈统一	男	教　授	复旦大学附属中山医院	徐建鸣	女	主任护师
复旦大学附属中山医院	姚礼庆	男	教　授	复旦大学附属中山医院	徐筱萍	女	主任护师
复旦大学附属中山医院	王文平	男	教　授	复旦大学附属中山医院	吕迁洲	男	主任药师
复旦大学附属中山医院	丁小强	男	教　授	复旦大学附属中山医院	李雪宁	女	主任药师
复旦大学附属中山医院	葛均波	男	教　授	复旦大学附属中山医院	童赛雄	男	主任医师
复旦大学附属中山医院	王小林	男	教　授	复旦大学附属中山医院	龙作林	男	主任医师
复旦大学附属中山医院	谢瑞满	男	教　授	复旦大学附属中山医院	颜志平	男	主任医师
复旦大学附属中山医院	樊　嘉	男	教　授	复旦大学附属中山医院	薛张纲	男	主任医师
复旦大学附属中山医院	王春生	男	教　授	复旦大学附属中山医院	汪　昕	男	主任医师
复旦大学附属中山医院	靳大勇	男	教　授	复旦大学附属中山医院	谭云山	男	主任医师
复旦大学附属中山医院	胡必杰	男	教　授	复旦大学附属中山医院	顾大镛	男	主任医师
复旦大学附属中山医院	牛伟新	男	教　授	复旦大学附属中山医院	朱文青	男	主任医师
复旦大学附属中山医院	李　明	男	教　授	复旦大学附属中山医院	朱　蕾	男	主任医师
复旦大学附属中山医院	吴国豪	男	教　授	复旦大学附属中山医院	张志勇	男	主任医师
复旦大学附属中山医院	曾蒙苏	男	教　授	复旦大学附属中山医院	陆维祺	男	主任医师
复旦大学附属中山医院	沈锡中	男	教　授	复旦大学附属中山医院	严福华	女	主任医师
复旦大学附属中山医院	钦伦秀	男	教　授	复旦大学附属中山医院	孙益红	男	主任医师
复旦大学附属中山医院	张顺财	男	教　授	复旦大学附属中山医院	任正刚	男	主任医师
复旦大学附属中山医院	曾　亮	男	教　授	复旦大学附属中山医院	张宏伟	男	主任医师
复旦大学附属中山医院	亓发芝	男	教　授	复旦大学附属中山医院	林宗明	男	主任医师
复旦大学附属中山医院	董　健	男	教　授	复旦大学附属中山医院	郑如恒	男	主任医师
复旦大学附属中山医院	朱同玉	男	教　授	复旦大学附属中山医院	洪　涛	男	主任医师
复旦大学附属中山医院	舒先红	女	教　授	复旦大学附属中山医院	樊　冰	男	主任医师
复旦大学附属中山医院	邹云增	男	教　授	复旦大学附属中山医院	缪长虹	男	主任医师
复旦大学附属中山医院	周　俭	男	教　授	复旦大学附属中山医院	袁　非	男	主任医师
复旦大学附属中山医院	钱菊英	女	教　授	复旦大学附属中山医院	徐　欣	女	主任医师
复旦大学附属中山医院	钟春玖	男	教　授	复旦大学附属中山医院	徐剑炜	男	主任医师
复旦大学附属中山医院	夏景林	男	教　授	复旦大学附属中山医院	陈世耀	男	主任医师
复旦大学附属中山医院	许剑民	男	教　授	复旦大学附属中山医院	秦　净	男	主任医师
复旦大学附属中山医院	邱双健	男	教　授	复旦大学附属中山医院	宿燕岗	男	主任医师
复旦大学附属中山医院	周京敏	男	教　授	复旦大学附属中山医院	曾昭冲	男	主任医师
复旦大学附属中山医院	王向东	男	教　授	复旦大学附属中山医院	胡　予	女	主任医师
复旦大学附属中山医院	刘康达	男	研究员	复旦大学附属中山医院	张　键	男	主任医师
复旦大学附属中山医院	潘柏申	男	研究员	复旦大学附属中山医院	余优成	男	主任医师
复旦大学附属中山医院	方　琰	女	研究员	复旦大学附属中山医院	王艳红	女	主任医师
复旦大学附属中山医院	李高平	男	研究员	复旦大学附属中山医院	姜晓幸	男	主任医师

续　表

单　　位	姓　名	性别	职　称	单　　位	姓　名	性别	职　称
复旦大学附属中山医院	郭大乔	男	主任医师	复旦大学附属华山医院	李　勇	男	教　授
复旦大学附属中山医院	叶青海	男	主任医师	复旦大学附属华山医院	黄峰平	男	教　授
复旦大学附属中山医院	孙惠川	男	主任医师	复旦大学附属华山医院	王　毅	男	教　授
复旦大学附属中山医院	林　江	男	主任医师	复旦大学附属华山医院	施光峰	男	教　授
复旦大学附属中山医院	李善群	男	主任医师	复旦大学附属华山医院	张继明	男	教　授
复旦大学附属中山医院	刘厚宝	男	主任医师	复旦大学附属华山医院	王明贵	男	教　授
复旦大学附属中山医院	石洪成	男	主任医师	复旦大学附属华山医院	毛　颖	男	教　授
复旦大学附属中山医院	郭剑明	男	主任医师	复旦大学附属华山医院	傅德良	男	教　授
复旦大学附属中山医院	姜　红	女	主任医师	复旦大学附属华山医院	吴志英	女	教　授
复旦大学附属中山医院	周达新	男	主任医师	复旦大学附属华山医院	刘　杰	男	教　授
复旦大学附属华山医院	沈自尹	男	教　授	复旦大学附属华山医院	黄广建	男	教　授
复旦大学附属华山医院	汪　复	女	教　授	复旦大学附属华山医院	卢洪洲	男	教　授
复旦大学附属华山医院	顾玉东	男	教　授	复旦大学附属华山医院	徐文东	男	教　授
复旦大学附属华山医院	周良辅	男	教　授	复旦大学附属华山医院	张文宏	男	教　授
复旦大学附属华山医院	王文健	男	教　授	复旦大学附属华山医院	郝传明	男	教　授
复旦大学附属华山医院	吕　元	男	教　授	复旦大学附属华山医院	朱　新	男	卫管研究员
复旦大学附属华山医院	李士其	男	教　授	复旦大学附属华山医院	施耀国	男	研究员
复旦大学附属华山医院	蔡　端	男	教　授	复旦大学附属华山医院	肖保国	男	研究员
复旦大学附属华山医院	冯晓源	男	教　授	复旦大学附属华山医院	关　明	男	研究员
复旦大学附属华山医院	施慎逊	男	教　授	复旦大学附属华山医院	张　青	女	主任技师
复旦大学附属华山医院	吴　毅	男	教　授	复旦大学附属华山医院	钟明康	男	主任药师
复旦大学附属华山医院	胡永善	男	教　授	复旦大学附属华山医院	王　斌	女	主任药师
复旦大学附属华山医院	梁伟民	男	教　授	复旦大学附属华山医院	叶　纹	女	主任医师
复旦大学附属华山医院	郑志忠	男	教　授	复旦大学附属华山医院	罗　燕	女	主任医师
复旦大学附属华山医院	鲍伟民	男	教　授	复旦大学附属华山医院	章祖成	男	主任医师
复旦大学附属华山医院	陈　亮	男	教　授	复旦大学附属华山医院	戴嘉中	男	主任医师
复旦大学附属华山医院	陈世益	男	教　授	复旦大学附属华山医院	吴菊芳	女	主任医师
复旦大学附属华山医院	董竞成	男	教　授	复旦大学附属华山医院	傅雯雯	女	主任医师
复旦大学附属华山医院	顾　勇	男	教　授	复旦大学附属华山医院	方　栩	女	主任医师
复旦大学附属华山医院	潘　力	男	教　授	复旦大学附属华山医院	邹　强	男	主任医师
复旦大学附属华山医院	俞永林	男	教　授	复旦大学附属华山医院	耿道颖	女	主任医师
复旦大学附属华山医院	邹和建	男	教　授	复旦大学附属华山医院	董　强	男	主任医师
复旦大学附属华山医院	丁　强	男	教　授	复旦大学附属华山医院	陆福明	男	主任医师
复旦大学附属华山医院	胡仁明	男	教　授	复旦大学附属华山医院	史虹莉	女	主任医师
复旦大学附属华山医院	洪　震	男	教　授	复旦大学附属华山医院	李　克	女	主任医师
复旦大学附属华山医院	劳　杰	男	教　授	复旦大学附属华山医院	王立伟	男	主任医师
复旦大学附属华山医院	施海明	男	教　授	复旦大学附属华山医院	孙红英	女	主任医师
复旦大学附属华山医院	朱剑虹	男	教　授	复旦大学附属华山医院	俞立英	女	主任医师
复旦大学附属华山医院	钱建民	男	教　授	复旦大学附属华山医院	周守静	女	主任医师

续　表

单　　位	姓　名	性别	职　称	单　　位	姓　名	性别	职　称
复旦大学附属华山医院	周丽诺	女	主任医师	复旦大学附属华山医院	许小平	男	主任医师
复旦大学附属华山医院	陈明华	女	主任医师	复旦大学附属华山医院	王　欢	女	主任医师
复旦大学附属华山医院	张群华	男	主任医师	复旦大学附属华山医院	金　忱	男	主任医师
复旦大学附属华山医院	赵　霞	女	主任医师	复旦大学附属华山医院	姚琪远	男	主任医师
复旦大学附属华山医院	陈宗祐	男	主任医师	复旦大学附属华山医院	钟　良	男	主任医师
复旦大学附属华山医院	陈剑秋	女	主任医师	复旦大学附属华山医院	管一晖	男	主任医师
复旦大学附属华山医院	张　玉	女	主任医师	复旦大学附属华山医院	王　翔	男	主任医师
复旦大学附属华山医院	王　涛	男	主任医师	复旦大学附属华山医院	宫　晔	男	主任医师
复旦大学附属华山医院	谢彦晖	男	主任医师	复旦大学附属肿瘤医院	蒋国梁	男	教　授
复旦大学附属华山医院	顾小萍	女	主任医师	复旦大学附属肿瘤医院	朱雄增	男	教　授
复旦大学附属华山医院	徐金华	男	主任医师	复旦大学附属肿瘤医院	施达仁	男	教　授
复旦大学附属华山医院	宋冬雷	男	主任医师	复旦大学附属肿瘤医院	刘鲁明	男	教　授
复旦大学附属华山医院	虞　聪	男	主任医师	复旦大学附属肿瘤医院	师英强	男	教　授
复旦大学附属华山医院	顾静文	女	主任医师	复旦大学附属肿瘤医院	邵志敏	男	教　授
复旦大学附属华山医院	李益明	男	主任医师	复旦大学附属肿瘤医院	蔡三军	男	教　授
复旦大学附属华山医院	王　怡	女	主任医师	复旦大学附属肿瘤医院	常　才	男	教　授
复旦大学附属华山医院	黎　元	男	主任医师	复旦大学附属肿瘤医院	彭卫军	男	教　授
复旦大学附属华山医院	夏　军	男	主任医师	复旦大学附属肿瘤医院	王华英	女	教　授
复旦大学附属华山医院	杨勤萍	女	主任医师	复旦大学附属肿瘤医院	傅小龙	男	教　授
复旦大学附属华山医院	于　佶	男	主任医师	复旦大学附属肿瘤医院	叶定伟	男	教　授
复旦大学附属华山医院	张　义	男	主任医师	复旦大学附属肿瘤医院	吴小华	男	教　授
复旦大学附属华山医院	余　波	男	主任医师	复旦大学附属肿瘤医院	李　进	男	教　授
复旦大学附属华山医院	罗心平	男	主任医师	复旦大学附属肿瘤医院	杜　祥	男	教　授
复旦大学附属华山医院	王恩敏	男	主任医师	复旦大学附属肿瘤医院	嵇庆海	男	教　授
复旦大学附属华山医院	汪志明	男	主任医师	复旦大学附属肿瘤医院	周正荣	男	教　授
复旦大学附属华山医院	胡　锦	男	主任医师	复旦大学附属肿瘤医院	杨　恭	男	研究员
复旦大学附属华山医院	马　昕	男	主任医师	复旦大学附属肿瘤医院	欧周罗	男	研究员
复旦大学附属华山医院	陈小东	男	主任医师	复旦大学附属肿瘤医院	翟　青	女	主任药师
复旦大学附属华山医院	夏国伟	男	主任医师	复旦大学附属肿瘤医院	陈海泉	男	主任医师
复旦大学附属华山医院	项蕾红	女	主任医师	复旦大学附属肿瘤医院	吴　毅	男	主任医师
复旦大学附属华山医院	秦智勇	男	主任医师	复旦大学附属肿瘤医院	胡超苏	男	主任医师
复旦大学附属华山医院	马保金	男	主任医师	复旦大学附属肿瘤医院	章英剑	男	主任医师
复旦大学附属华山医院	赵　军	男	主任医师	复旦大学附属肿瘤医院	王亚农	男	主任医师
复旦大学附属华山医院	唐　峰	男	主任医师	复旦大学附属肿瘤医院	郭小毛	男	主任医师
复旦大学附属华山医院	吴　忠	男	主任医师	复旦大学附属肿瘤医院	赵广法	男	主任医师
复旦大学附属华山医院	卢家红	女	主任医师	复旦大学附属肿瘤医院	顾雅佳	女	主任医师
复旦大学附属华山医院	张　荣	男	主任医师	复旦大学附属肿瘤医院	傅　红	男	主任医师
复旦大学附属华山医院	陈　靖	女	主任医师	复旦大学附属肿瘤医院	陆劲松	男	主任医师
复旦大学附属华山医院	赵　新	男	主任医师	复旦大学附属肿瘤医院	周晓燕	女	主任医师

续 表

单 位	姓 名	性别	职 称	单 位	姓 名	性别	职 称
复旦大学附属肿瘤医院	章 真	女	主任医师	复旦大学附属眼耳鼻喉科医院	陈莲华	女	主任医师
复旦大学附属肿瘤医院	王 坚	男	主任医师	复旦大学附属眼耳鼻喉科医院	瞿小妹	女	主任医师
复旦大学附属肿瘤医院	胡夕春	男	主任医师	复旦大学附属眼耳鼻喉科医院	周行涛	男	主任医师
复旦大学附属肿瘤医院	吴 炅	男	主任医师	复旦大学附属眼耳鼻喉科医院	肖宽林	男	主任医师
复旦大学附属肿瘤医院	臧荣余	男	主任医师	复旦大学附属眼耳鼻喉科医院	常 青	女	主任医师
复旦大学附属肿瘤医院	郭伟剑	男	主任医师	复旦大学附属眼耳鼻喉科医院	罗 怡	女	主任医师
复旦大学附属肿瘤医院	相加庆	男	主任医师	复旦大学附属眼耳鼻喉科医院	魏春生	男	主任医师
复旦大学附属肿瘤医院	杨文涛	女	主任医师	复旦大学附属妇产科医院	张绍芬	女	教 授
复旦大学附属肿瘤医院	孟志强	男	主任医师	复旦大学附属妇产科医院	林金芳	女	教 授
复旦大学附属肿瘤医院	虞先濬	男	主任医师	复旦大学附属妇产科医院	李大金	男	教 授
复旦大学附属肿瘤医院	吴开良	男	主任医师	复旦大学附属妇产科医院	刘惜时	女	教 授
复旦大学附属眼耳鼻喉科医院	王正敏	男	教 授	复旦大学附属妇产科医院	张 炜	女	教 授
复旦大学附属眼耳鼻喉科医院	周 梁	男	教 授	复旦大学附属妇产科医院	孙 红	女	教 授
复旦大学附属眼耳鼻喉科医院	孙兴怀	男	教 授	复旦大学附属妇产科医院	李笑天	男	教 授
复旦大学附属眼耳鼻喉科医院	卢 奕	男	教 授	复旦大学附属妇产科医院	徐丛剑	男	教 授
复旦大学附属眼耳鼻喉科医院	王胜资	女	教 授	复旦大学附属妇产科医院	程海东	女	主任医师
复旦大学附属眼耳鼻喉科医院	迟放鲁	男	教 授	复旦大学附属妇产科医院	周先荣	男	主任医师
复旦大学附属眼耳鼻喉科医院	郑春泉	男	教 授	复旦大学附属妇产科医院	黄紫蓉	女	主任医师
复旦大学附属眼耳鼻喉科医院	徐格致	男	教 授	复旦大学附属妇产科医院	华克勤	女	主任医师
复旦大学附属眼耳鼻喉科医院	王德辉	男	教 授	复旦大学附属妇产科医院	严英榴	女	主任医师
复旦大学附属眼耳鼻喉科医院	张天宇	男	教 授	复旦大学附属妇产科医院	王文君	女	主任医师
复旦大学附属眼耳鼻喉科医院	戴春富	男	教 授	复旦大学附属妇产科医院	孙晓溪	男	主任医师
复旦大学附属眼耳鼻喉科医院	李华伟	男	教 授	复旦大学附属妇产科医院	鹿 欣	女	主任医师
复旦大学附属眼耳鼻喉科医院	陈 兵	男	教 授	复旦大学附属儿科医院	肖现民	男	教 授
复旦大学附属眼耳鼻喉科医院	杨 琳	女	教 授	复旦大学附属儿科医院	王卫平	男	教 授
复旦大学附属眼耳鼻喉科医院	戴培东	男	研究员	复旦大学附属儿科医院	孙 波	男	教 授
复旦大学附属眼耳鼻喉科医院	韦 蕾	女	主任医师	复旦大学附属儿科医院	郑 珊	女	教 授
复旦大学附属眼耳鼻喉科医院	王纾宜	女	主任医师	复旦大学附属儿科医院	徐 虹	女	教 授
复旦大学附属眼耳鼻喉科医院	李筱明	男	主任医师	复旦大学附属儿科医院	黄国英	男	教 授
复旦大学附属眼耳鼻喉科医院	张勇进	女	主任医师	复旦大学附属儿科医院	杨 毅	女	教 授
复旦大学附属眼耳鼻喉科医院	钱 江	男	主任医师	复旦大学附属儿科医院	桂永浩	男	教 授
复旦大学附属眼耳鼻喉科医院	黎 蕾	女	主任医师	复旦大学附属儿科医院	贾 兵	男	教 授
复旦大学附属眼耳鼻喉科医院	吴海涛	男	主任医师	复旦大学附属儿科医院	张 颖	男	教 授
复旦大学附属眼耳鼻喉科医院	钱 雯	女	主任医师	复旦大学附属儿科医院	孙 斌	女	卫管研究员
复旦大学附属眼耳鼻喉科医院	郭文毅	男	主任医师	复旦大学附属儿科医院	蔡德培	男	研究员
复旦大学附属眼耳鼻喉科医院	戴锦晖	男	主任医师	复旦大学附属儿科医院	曹莲华	女	研究员
复旦大学附属眼耳鼻喉科医院	徐建江	女	主任医师	复旦大学附属儿科医院	邬惊雷	男	主任医师
复旦大学附属眼耳鼻喉科医院	沈 雁	女	主任医师	复旦大学附属儿科医院	马瑞雪	女	主任医师
复旦大学附属眼耳鼻喉科医院	沙 炎	男	主任医师	复旦大学附属儿科医院	陈 超	男	主任医师

续 表

单 位	姓 名	性别	职 称	单 位	姓 名	性别	职 称
复旦大学附属儿科医院	马瑞雪	女	主任医师	复旦大学附属儿科医院	王建设	男	主任医师
复旦大学附属儿科医院	陆铸今	男	主任医师	复旦大学附属儿科医院	徐 秀	女	主任医师
复旦大学附属儿科医院	周水珍	女	主任医师	复旦大学附属儿科医院	黄 瑛	女	主任医师
复旦大学附属儿科医院	周蓓华	女	主任医师	复旦大学附属儿科医院	王晓川	男	主任医师
复旦大学附属儿科医院	彭咏梅	女	主任医师	复旦大学附属儿科医院	董肖然	男	主任医师
复旦大学附属儿科医院	高鸿云	女	主任医师	复旦大学附属儿科医院	俞 蕙	女	主任医师
复旦大学附属儿科医院	王晓红	女	主任医师	复旦大学附属儿科医院	曹 云	女	主任医师
复旦大学附属儿科医院	许政敏	男	主任医师	复旦大学附属金山医院	樊晓明	男	教 授
复旦大学附属儿科医院	陈兆文	男	主任医师	复旦大学附属金山医院	张友元	男	主任医师
复旦大学附属儿科医院	许政敏	男	主任医师	复旦大学附属金山医院	徐林根	男	主任医师
复旦大学附属儿科医院	陆毅群	男	主任医师	复旦大学附属金山医院	乔田奎	男	主任医师
复旦大学附属儿科医院	王立波	男	主任医师	复旦大学附属金山医院	俞建平	男	主任医师
复旦大学附属儿科医院	王 艺	女	主任医师	复旦大学附属金山医院	左绪磊	男	主任医师
复旦大学附属儿科医院	俞 建	男	主任医师	复旦大学附属金山医院	杜玉玲	女	主任医师

逝世人员名录

姓 名	单 位	原职务/职称	出生日期	逝世日期	备 注
李成蹊	哲学学院	教授	1920 年 1 月 9 日	2010 年 1 月 15 日	
郑 平	肿瘤医院	副主任医师	1923 年 7 月 20 日	2010 年 1 月 30 日	离休
蔡怀新	物理学系	教授	1929 年 5 月 1 日	2010 年 2 月 2 日	
孟永济	华山医院	主任医师	1932 年 12 月 15 日	2010 年 10 月 10 日	离休
杨藻宸	上海医学院	教授	1919 年 7 月 27 日	2010 年 3 月 27 日	
王曾遂	公共卫生学院	教授	1936 年 3 月 24 日	2010 年 4 月 5 日	
陆培廉	公共卫生学院	教授	1926 年 6 月 22 日	2010 年 4 月 10 日	
张 琛	党委宣传部	教授	1929 年 8 月 27 日	2010 年 5 月 10 日	
王槐声	图书馆	教授	1912 年 2 月 2 日	2010 年 6 月 29 日	
盛民立	放射医学研究所	教授	1938 年 8 月 23 日	2010 年 7 月 14 日	
吴浩青	化学系	教授(院士)	1914 年 4 月 22 日	2010 年 7 月 18 日	
钱梓文	上海医学院	教授	1927 年 7 月 27 日	2010 年 9 月 6 日	
汪世龙	原上海医科大学财务科	副科长	1918 年 6 月 26 日	2010 年 10 月 30 日	离休
陈维益	外国语言文学学院	教授	1924 年 12 月 3 日	2010 年 11 月 1 日	
宋洪德	原上海医科大学体教室	讲师	1931 年 1 月 1 日	2010 年 11 月 1 日	离休
陆国强	外国语言文学学院	教授	1934 年 3 月 18 日	2010 年 12 月 6 日	
江逢霖	化学系	教授	1934 年 1 月 10 日	2010 年 12 月 29 日	

（人事处、老干部工作处、退休教职工管理委员会供稿）

·表彰与奖励·

先进集体

世博全国"三八"红旗集体

复旦大学附属华山医院国际医疗中心

全国巾帼文明岗

复旦大学附属华山医院神经外科护理团队　复旦大学附属金山医院门诊护理组

全国地方志系统第二届年鉴评奖三等奖

《复旦大学年鉴 2006》复旦大学年鉴编撰委员会

全国模范职工小家

上海医学院工会

2010 年度全国毕业生就业典型经验高校

复旦大学

2010 年全国大学生心理健康教育工作先进集体

复旦大学心理健康教育中心

第七届"挑战杯"中国大学生创业计划大赛全国银奖

管理学院创业团队(上海腾越微流体芯片技术有限责任公司)

第七届"挑战杯"中国大学生创业计划大赛校级优秀组织奖

复旦大学

"与世博同行"全国青年文明号

华山医院老年科青年医护组

全国医药卫生系统先进集体

复旦大学附属中山医院内镜中心

全国卫生系统卫生文化建设先进单位

复旦大学附属华山医院

第三届全国医院(卫生)文化建设先进单位

复旦大学附属儿科医院

2010 年全国城乡妇女岗位建功先进集体

上海市(复旦大学附属)公共卫生临床中心妇产科

第二届中国校园戏剧节中国戏剧奖·校园戏剧奖

复旦剧社《小巷总理》

红十字参与服务世博先进集体

复旦大学附属华山医院

民进全国先进基层组织

复旦大学附属肿瘤医院民进支部

2010 年中国上海世博会先进集体

共青团复旦大学委员会

第十五届上海市文明单位

复旦大学

上海市"五好"基层党组织

新闻学院党委　中国馆第二临时党支部　武警班世博志愿者临时党支部

上海市工人先锋号

复旦大学附属华山医院东院世博村医疗保障组　复旦大学附属华东医院

上海市优秀团组织

外文学院分团委

2007—2009 年度上海市模范集体

复旦大学附属华山医院神经外科　复旦大学附属眼耳鼻喉科医院眼科　复旦大学附属华东医院南门诊

上海市关心下一代工作先进集体

复旦大学关心下一代工作委员会

2010 年度上海高校毕业生就业工作特色创新基地

复旦大学学生职业发展教育服务中心

2009 年度"上海教育年度新闻人物"优秀组织奖

复旦大学宣传部

2010 年度上海市高校优秀校报

校报《复旦》

上海市"三八"红旗集体

复旦大学附属华山医院国际医疗中心

上海市五一巾帼奖

复旦大学附属华山医院国际医疗中心

上海市五一巾帼示范岗

复旦大学附属眼耳鼻喉科医院门诊办公室　复旦大学附属肿瘤医院 PICC

2008—2009 年度"上海市职工最满意企(事)业单位"

复旦大学附属华山医院

2010 年上海市用户满意服务明星班组

复旦大学附属眼耳鼻喉科医院门诊收款挂号处　复旦大学附属华东医院东 15 楼

上海市治安保卫先进集体

复旦大学附属华山医院保卫处

2010 上海世博会世博知识和文明观博全民宣传培训践行活动优秀组织奖

复旦大学

上海市"服务世博，奉献世博"先进集体

共青团复旦大学委员会

上海市世博志愿者优秀组织奖

共青团复旦大学委员会

上海市世博先锋行动优秀党组织

世博园区 DE 片区第二临时党支部（医学院）　世博园区 AB 片区第一临时党支部（法学院）

上海市世博会优秀团队

《早安世博》编辑部　复旦大学药学院世博会志愿者服务分队　复旦大学社会发展与公共政策学院世博会志愿者服务分队

上海市迎世博贡献奖

复旦大学附属中山医院　复旦大学附属儿科医院　复旦大学附属华东医院

上海市世博文明班组

复旦大学附属华东医院消化内镜中心

上海世博会窗口服务先进集体

复旦大学附属华山医院门诊部

上海市世博先锋行动“五好”基层党组织

复旦大学附属华东医院党委

上海市第三批迎世博“优质服务示范窗口”

复旦大学附属华山医院 7 病区护理组

上海市迎世博 600 天行动优秀志愿者服务队

复旦大学附属华山医院青年志愿者服务队

上海市迎世博 600 天上海市巾帼文明岗

复旦大学附属华山医院手术室　复旦大学附属华山医院便民服务中心　复旦大学附属儿科医院门诊护理预检窗口　复旦大学附属眼耳鼻喉科医院特需病房　复旦大学附属金山医院特需病房　复旦大学附属金山医院门诊护理组　上海市（复旦大学附属）公共卫生临床中心　上海市（复旦大学附属）公共卫生临床中心中医科　上海市（复旦大学附属）公共卫生临床中心肝炎科　上海市（复旦大学附属）公共卫生临床中心重症肝炎 &ICU 科

上海市迎世博 600 天上海市五一巾帼示范岗

复旦大学附属眼耳鼻喉科医院特需病房

上海世博外事工作优秀集体

复旦大学附属华东医院

2007—2009 年度上海市教育系统优秀工会组织

复旦大学工会

上海市教育系统“三八”红旗集体

复旦大学附属肿瘤医院血管通路护理小组

上海市教育系统红旗文明岗

复旦大学附属肿瘤医院 ICU

2010 年度上海市教育系统巾帼文明示范岗

复旦大学附属华山医院手术室　复旦大学附属华山医院神经外科护理团队　复旦大学附属眼耳鼻喉科医院特需病房

上海市教育系统校园文化优秀项目一等奖

复旦大学博士生讲师团

上海市文化科技卫生“三下乡”活动先进集体

复旦大学附属中山医院

上海市卫生系统巾帼文明岗

复旦大学附属肿瘤医院 PICC

上海市卫生系统青年文明号

复旦大学附属华山医院急诊青年医护组“与世博同行”

2010 年度上海市卫生局三级综合性医院病历质量评比一等奖

复旦大学附属中山医院

上海市卫生系统学习型示范单位

复旦大学附属中山医院

上海市卫生系统迎世博现场急救技能比赛第一名

复旦大学附属中山医院　复旦大学附属肿瘤医院

上海市卫生系统迎世博现场急救技能比赛第三名

复旦大学附属儿科医院

上海市卫生系统迎世博现场急救技能比赛专科组三等奖

上海市（复旦大学附属）公共卫生临床中心

上海市卫生系统世博工作优秀集体

复旦大学附属中山医院　复旦大学附属华山医院

上海市卫生系统迎世博“十佳红旗文明岗”

复旦大学附属中山医院门诊西药房　复旦大学附属华山医院便民服务中心

上海市卫生系统“迎世博”文明班组

复旦大学附属中山医院病理科、复旦大学附属中山医院 A 楼监护室护理组　复旦大学附属华山医院骨科　复旦大学附属华山医院 PET 中心　复旦大学附属华山医院 27 病区护理组　复旦大学附属肿瘤医院输液中心　复旦大学附属肿瘤医院肿瘤内科　复旦大学附属肿瘤医院门诊注射室

上海市卫生系统“迎世博”红旗文明岗

复旦大学附属中山医院门诊西药房　复旦大学附属中山医院检验科门诊抽血窗口　复旦大学附属中山医院门诊收费窗口　复旦大学附属中山医院出院结账窗口　复旦大学附属华山医院客户服务部　复旦大学附属华山医院门诊住院超声窗口　复旦大学附属华山医院便民服务中心　复旦大学附属华山医院门诊六楼护理组　复旦大学附属华山医院 6 病区护理组　复旦大学附属肿瘤医院检验科　复旦大学附属肿瘤医院输液中心

上海市卫生系统迎世博服务品牌奖

复旦大学附属中山医院“MDT 团队-肿瘤诊治新模式”　复旦大学附属华山医院“运动医学护航健康运动”　复旦大学附属妇产科医院“三点一线牵，情系母婴之康健”　复旦大学附属儿科医院康复中心“脑瘫儿童医院—社区—家庭链式康复服务模式”　复旦大学附属肿瘤医院乳腺外科“自救和互助-医院主导的癌症志愿者互助会”　复旦大学附属肿瘤医院“多学科协作综合治疗‘联合门诊’”　复旦大学附属儿科医院特需医疗中心“提供一流儿童诊疗服务”　复旦大学附属五官科医院便民服务中心“便民服务热线”　复旦大学附属金山医院门诊“‘方便病人、满意在窗口’活动”

上海市卫生系统世博工作优秀班组

复旦大学附属中山医院检验科（——该荣誉市局文件中不存在）　复旦大学附属中山医院 VIP 外派医疗队　复旦大学附属华山医院门诊部　复旦大学附属妇产科医院护理

党支部　复旦大学附属儿科医院门急诊部　复旦大学附属眼耳鼻喉科医院世博 VIP 医疗保障组　复旦大学附属肿瘤医院医务部　上海市(复旦大学附属)公共卫生临床中心团委

上海市卫生系统世博工作先进组

复旦大学附属中山医院世博医疗队衡山宾馆定点医疗队

上海市卫生系统世博医疗卫生保障工作先进班组

复旦大学附属华山医院东院世博村医疗保障组　复旦大学附属华山医院门诊部　复旦大学附属儿科医院后勤保障部　复旦大学附属儿科医院门急诊部　复旦大学附属华东医院 VIP 医疗保障组　复旦大学附属华东医院新17楼

"世博先锋行动"先进基层党组织

复旦大学附属中山医院门诊党支部　复旦大学附属华山医院党委　复旦大学附属儿科医院新生儿急救党支部

服务世博优秀组织奖

复旦大学附属华山医院

上海市卫生系统世博运行保障文明服务立功竞赛优秀班组

复旦大学附属肿瘤医院乳腺外科　复旦大学附属肿瘤医院医务部

上海市卫生系统迎世博十佳文明班组

复旦大学附属肿瘤医院肿瘤内科

上海市卫生系统迎世博600天优秀青年志愿服务队

复旦大学附属肿瘤医院团委　复旦大学附属华东医院团委

上海市卫生系统世博医疗卫生保障工作先进集体

复旦大学附属华东医院

上海市卫生系统"世博运行保障、文明服务立功竞赛活动"优秀组织奖

复旦大学附属华东医院工会

上海市卫生系统"与世博同行"青年文明号

复旦大学附属华东医院新11楼心内科

上海市卫生系统"青春世博行动"优秀集体

中山医院普外科　华山医院急诊青年医护组　复旦大学儿科医院重症医学科　复旦大学妇产科医院药剂科　复旦大学眼耳鼻喉科医院医学视光中心　复旦大学肿瘤医院行政团支部

上海市2010年临床药师管理先进单位

复旦大学附属华东医院

2007—2009年度上海市医务职工科技创新优秀团队

复旦大学附属儿科医院新生儿科　复旦大学附属眼耳鼻喉科医院耳鼻喉科　复旦大学附属肿瘤医院乳腺外科

2009—2010年度上海市医务职工职业道德建设"十佳"单位

复旦大学附属华山医院

"迎世博窗口服务示范岗"称号

复旦大学附属中山医院门诊收费处

2010年度上海市临床药事管理先进单位

复旦大学附属儿科医院新生儿科

上海市精神文明"十佳好人好事"

复旦大学附属华东医院"千里驰援爱心救治支教模范"

静安区迎世博600天行动优秀组织单位

复旦大学附属华东医院

2010年度金山区三八红旗集体

复旦大学附属金山医院预防保健中心

2010年度金山区巾帼文明岗

复旦大学附属金山医院预防保健中心　复旦大学附属金山医院血透护理组　复旦大学附属金山医院放疗护理组　复旦大学附属金山医院十五病区护理组　复旦大学附属金山医院手术室护理组

金山区工人先锋号

复旦大学附属金山医院儿科门急诊　复旦大学附属金山医院门诊换药室

2007—2009年度闵行区先进集体

复旦大学附属上海市第五人民医院急诊科

复旦大学"三八"红旗集体

管理教育推广与发展中心　图书馆馆藏回溯组　党委学生工作部　复旦附中外语教研组　上海医学院法医学系　复旦大学附属公共卫生学院卫生经济学教研室　脑科学研究院　复旦大学附属中山医院门诊办公室　复旦大学附属中山医院 VIP 医疗保障团队　复旦大学附属华山医院国际医疗中心　复旦大学附属华山医院护理部　复旦大学附属华山医院肾病科血透室　复旦大学附属肿瘤医院血管通路护理小组　复旦大学附属眼耳鼻喉科医院 ICU 护理小组　复旦大学附属妇产科医院检验科　复旦大学附属儿科医院17病区护理组

复旦大学优秀妇女组织

经济学院妇女委员会　管理学院妇女委员会　生命科学学院妇女委员会　国际文化交流学院妇女委员会　复旦大学附属中山医院妇女委员会　复旦大学附属华山医院妇女委员会　复旦大学附属眼耳鼻喉科医院妇女委员会　复旦大学附属妇产科医院妇女委员会　复旦大学附属儿科医院妇女委员会

2009—2010学年复旦大学研究生示范党支部

社会科学基础部2009级研究生党支部　中国语言文学系2009级硕士生党支部　国际关系与公共事务学院2008级国政系硕士生党支部　社会发展与公共政策学院2008级研究生党支部　外国语言文学学院2009级硕士生党支部　新闻学院2008级硕士生党支部　新闻学院2009级硕士生党支部　生命科学学院2008级硕士生党支部　化学系2008级硕士生党支部　化学系2008级博士生党支部　环境科学与工程系2008级研究生党支部　公共卫生学院2009级硕士生党支部　儿科医院研究生党支部　法学院2009级法律硕士(法学)党支部　先进材料实验室2009级研究生党支部

2010年度复旦大学优秀集体标兵

数学科学学院08级本科班　上海医学院临床8年08级2班　信息科学与工程学院电子工程系08级本科班　计算机科学技术学院08级本科班　国际关系与公共事务学院

08级本科班　管理学院横渠楼　外文学院07级本科班　社会发展与公共政策学院社会学系08级本科班　化学系08级硕士班　国际关系与公共事务学院国际政治系09级硕士班　管理学院09级硕士班(德馨班)　新闻学院09级硕士班

2010年度复旦大学优秀青年志愿者服务集体

远征社　管理学院楼学联青志队　数学学院“星光工程”服务队　信息科学与工程学院公益青志部　国际关系与公共事务学院青志队　社会发展与公共政策学院青志队　法律援助中心　护理学院MDA志愿者团队　材料科学系青志队　08级上海医学院临床医学八年制2班团支部

2010年度复旦大学五四红旗团组织

管理学院团委　信息科学与工程学院团委　上海医学院团委　儿科医院团委

2010年度复旦大学五四优秀团组织

国际关系与公共事务学院团委　新闻学院团委　经济学院团委　法学院团委　外文学院团委　生命科学学院团委　社会发展与公共政策学院团委　妇产科医院团委

2010年度复旦大学五四特色团组织

复旦学院团委(基层团组织建设)　中文系团委(组织工作)　材料系团委(理论学习和调研)　力学系团委(团学骨干培养)　哲学学院团委(主题教育)

2010年度复旦大学基层团组织特别奖

研究生团工委　校机关团总支　复旦剧社团支部　勤工助学团总支

先进个人

全国劳动模范

徐林根

2007—2009年度全国先进工作者

周良辅　樊　嘉　马　兰　徐林根　李　瑶

全国优秀科技工作者

毛　颖　王文健

“新世纪百千万人才工程”国家级人选

徐丛剑

民革全国优秀女党员

刘豫阳

全国卫生援藏工作先进个人

王振荣

全国医疗卫生系统先进个人

陈晓军

2010年度中国医院优秀院长

俞卓伟　黄国英

2009年度全国卫生系统先进个人

卢洪洲

全国医药卫生系统先进个人

汪志明　孙　波

2010年中华眼科杰出成就奖

褚仁远

儿童保健终身成就奖

刘湘云

首届中国女医师协会“优秀论文奖”

苏　怡

2010年度中国医院“先声杯”突出贡献奖、“西部行”十周年巡礼表彰

王玉琦

2010年度全国医院医保管理先进个人

郭　莺

第三届全国医院文化建设先进工作者

丁　强

2010年全国大学生心理健康教育工作先进个人

刘明波

2009年度“贫困聋儿人工耳蜗抢救性康复项目”受表扬医师

迟放鲁

2009年卫生部医管司部属(管)医院支援西部地区农村卫生工作“优秀医疗队员”

王立勋

2010年“恩德思医学科学技术奖——国际内镜杰出领袖奖”

陈世益

第二届中国老年学奖学会工作先进个人

朱汉民

红十字参与服务世博先进个人

邵建华

上海市“三八”红旗手

梅岩艾　钱　序　邱晓露　陈晓军　管阳阳

2007—2009年度上海市先进工作者

俞吾金　钟　扬　毛　颖　肖现民　刘国平

上海市科技功臣奖

陈灏珠

第十一届上海市科技精英

樊　嘉

2010年度上海市优秀学科带头人

徐　虹　张晓燕

上海医学科技奖三等奖

孙建琴、陈艳秋:《血糖指数与血糖负荷在糖尿病营养治疗和社区健康教育中的应用研究》

2009年上海市领军人才

王春生

上海市教学名师奖

王卫平

2010年度科创杯上海高校学生创造发明奖

(一等奖)

《(+)－生物素的不对称工业全合成研究》(熊　非　陈旭翔)

《OFDM 超宽带基带信号处理关键 IP 核技术》(刘　亮　林　俪)
《高速高精度模数和数模转换器的校准技术》(叶　凡　程　龙)
(二等奖)
《实验动物静脉自身给药模型》(王　雷　吕志刚)
《新型抗生素可控释放多孔复合骨替代材料》(周　健　方涛林)
(三等奖)
《纤维接触角测量仪》(钟新辉)
《疏水硅沸石吸附分离制备燃料酒精的方法》(陈筱诚)
《大型海藻浒苔水热液化制备液体燃料》(周　东　张　良)
《绿脓杆菌制剂对乳腺癌细胞生物学特性的影响及机制研究》(刘哲斌　邵志敏　侯意枫　胡大利)
《几丁糖-胶原-得宝松缓释放系统的制备和应用》(蒋军健)

2010 年度上海市青年科技启明星
马晓静

第四届上海市优秀科研院所长奖
孙兴怀

上海市五四青年奖章
高　天

上海市优秀共青团员
杜晓馨

2010 年上海市高校心理健康课程大赛最具潜质奖
丁志强

新中国成立以来上海百位优秀女教师
郑　珊

首届青年影响社会上海十大公益项目
王晓川：原发性免疫缺陷夏令营(新 PI 俱乐部)

上海市优秀青年志愿者
周渊峰　韩宜男　庄冬晓

世博之韵·师德之美——上海女教师的故事 PPT 作品大赛一等奖
郑珊："只要路是对的，就不怕路远"

世博之韵·师德之美——上海女教师的故事 PPT 作品大赛三等奖
刘湘云："躬耕医学、福泽儿科"　马瑞雪："将孩子放在心里，让微笑洋溢脸上"

2010 年度上海市优秀青年药师
曹　迪　吴建博

上海市全科医师规范化培养模范班主任
王小芬

2008—2009 年度上海市五好文明家庭
王健生、徐筱萍家庭

2009 年上海市用户满意服务明星个人称号
顾梅秀

2010 年上海市用户满意服务明星个人
梁　琴　万　艺

无偿献血白玉兰奖
陈勤奋

上海市首届执业药师继续教育金牌教师
章如新

2009 年度上海市优秀护士
周建妹

2009—2010 年上海市全科医师规范化培养工作优秀带教老师
张　颖　于晓峰

上海市迎世博微笑服务大使
陈　炯

上海市世博工作优秀个人
邵建华　石文蕾

上海市世博会志愿者工作先进个人
陈　睿　刘佳琦　王亚鹏　王子文　徐　阳

世博"志愿者之星"奖章
孙菈莹

上海市"服务世博，奉献世博"先进个人
冯　艾　林沁筠　陆振宇　梅　鲜　钱　琲　朱妍蕾

上海市世博先锋行动"五带头"共产党员
顾静文

上海市世博先锋行动优秀党员
傅锡洪　洪荣华　梅　鲜　王铸成　徐虎雄　徐　畅
谢振达　尹冬梅

世博会文明服务标兵
陈　望　陈　曦　程乐欢　库丽甫尔　李　维　宋小乐
孙汉杰　魏睿智　温　清　汪宝华　王晨阳　肖文杰
赵　森

上海市世博会杰出志愿者
顾皓卿　虞文嫣

上海市世博会优秀志愿者
沙瑞刚　陈　望　李惠文　徐勋英　黄　健　张煜晨
朱俊怡　梁羽坤　李　靖　许　博　邱　天　王　丽
毛佩瑶　刘璟煜　李元圣　李雨虹　杨颖莹　沈婵婧
张一舟　陆斯文　邵　伋　周文隽　屠一多　沈丹丹
刘树麟　陈　菲　郑泽嘉　朱端宜　高睿婷　周　旸
刘艳波　田元源　凌云志　祝方舟　薛文洁　卢　静
王梦柳　安　乔　黄韻宇　白　鸽　周思佳　朱　虹
范　鹏　王一君　乔明华　曹祎遐　陆溢华　艾小星
施昱辉　陆丽莉　王　晨　刘　露　戚友石　姚　宇
李心璞　吴俊甫　戴元灿　庄　蓉　王若君　郭文杰
胡心仪　郝静如　崔　瑞　项春彧　谢　玉　黄昕元
吴　慧　周依乐　张　强　何文艳　郭亦丰　袁千里
马旻倩　朱宇浩　刘依妮　韩君文　张　涨　胡思宇
田文娟　庄颖健　刘　玲　张　妮　周钰伦　李智行
刘忞博　丁　骏　屠雨卉　夏云倩　唐啸寒　蒋晨洁
曹宋天祎　周　決　吴夏艳　汪淑敏　吴伟华
武　葳　江一帆　翁宏斌　陈梦伟　黄　珂　王　珉
周　贵　王　慧　吴彦霖　刘山林　谈姝琳　陶陈旸
姚　烨　傅　鹏　王　弘　任雅丽　张　擎　张　强

劳　峥　蒋　龙　赵　北　舒倩璐　周君凤　费亦雯
张华祥　祝晓莹　曹怡晨　秦二娃　张　璞　叶俊辰
潘姚华　王　璁　杨育周　周文佳　陈润颜　王贻骏
王珏灵　邱于涵　蔡光铭　时元元　许崇晟　徐艺萍
吴　双　冯圣音　方晋之　边新杰　董艾琳　蒋士杰
亢丽佳　刘　颖　叶雨薇　张　昊　方映霞　丁　泉
吕　中　黄逸天　周蓓黎　沈思佳　朱依乔　周　倩
周懿琼　朱　原　杨　帆　林光耀　叶苏倩　顾慧薇
沈佳敏　黄　莹　周慧凯　蒲　聪　郑　端　梁天宇
刘　骁　赵　京

2010年世博安保工作治安保卫先进个人

钱振清

服务世博特别支持奖

丁　强　邵建华　靳建平　叶　勤

上海世博会主运行指挥部、公共卫生和医疗组优秀个人

王新宇　盛友渔　黄钢勇　唐辉毅　费宏玮　靳建平
祝禾辰　王　毅　涨升君

优秀民兵(2010年警备区世博安保集中备勤)

殷华波

世博红十字白衣天使奖

王新宇　洪　军　高　鹏　盛友渔　黄钢勇　薛红丽

"创先争优,世博先锋行动""五带头"共产党员

顾建英

上海市教卫党委"世博先锋行动"优秀共产党员

邱东鹰　薛红丽　杨敬芬　李　瑾

上海市"五带头"共产党员(团委)

程　娌　耿昭华　黄　莹　霍丽婕　李　伦　鲁康寅
徐姗姗　杨璐萌　张鼎臣　赵　琪　朱培涛

2009年上海教卫党委系统精神文明"十佳"好人好事提名奖

李乔西

2010年上海世博会教育系统安保稳定工作先进个人

张佳文　张明德

2007—2009年度上海市教育系统心系教职工好领导

刘建中

2007—2009年度上海市教育系统优秀工会工作者标兵

袁继鼎

2007—2009年度上海市教育系统优秀工会工作者

司徒琪蕙　殷莲华

2007—2009年度上海市教育系统优秀工会积极分子

朱寅申　朱荣裕　赵文庆　章伟国　严法善　徐　辉
王韵华　王丽军　孙晓屏　孙栋林　盛　青　曹月华
吴蓓莉　魏洪钟　朱巨祥　周　斌　李　峻

上海市教育系统"三八"红旗手

王克敏　李　峻

上海市教育系统"心系女职工好领导"

刘建中

上海市卫生系统先进工作者

王戈红　汪　昕　程立宏

上海医疗卫生对口支援都江堰灾后重建优秀共产党员

钱　敏　殷晓菁　柴启亮　萧　枫

上海市卫生系统世博工作先进个人、上海世博会窗口服务优秀组织者

范仲珍

上海市卫生系统世博工作优秀个人

姚礼庆　孙　湛　顾建英　唐红敏　范仲珍　夏　洁
孙丽清　邬惊雷　单　蓉　张艳琼　王佳园　石文蕾
许涵深　刘　健　殷科珊

上海市卫生系统世博医疗卫生保障工作先进个人

邵建华　祝禾辰　王心青　彭俊彦　陆毅群　张公惠
马瑞雪　胡晓静　王　伟

上海市卫生系统"青春世博行动"优秀团干部

张沁芸

上海市卫生系统"迎世博600天行动"优秀青年志愿者

王新宇　杨　磊　郑世超　薛　枫

上海市卫生系统世博服务贡献奖

许涵深

上海市卫生系统迎世博"微笑服务天使"

马瑞雪　管佳琴　周建妹

上海市卫生系统"青春世博行动"志愿者工作优秀组织者

薛　枫

上海市卫生系统"青春世博行动"优秀平安志愿者

蔡　健

上海市卫生系统"青春世博行动"优秀个人

沈继平　洪　军　盛友渔　匡新宇　薛　婷　顾　超
贾　楠　蔡　健　薛　枫　李　斌　王　宇

迎世博医护急救比赛二等奖

凌　丽

上海市卫生系统世博运行保障文明服务立功竞赛优秀个人奖

顾文英　华　健　杨敬芬　施裕新

上海医药卫生优秀新闻作品奖

罗伟奋：暑期儿童安全问题急需解决

上海申康医院发展中心优秀团干部

丁海雍

上海申康医院发展中心优秀团员

栾婷婷　杨　婕　胡珊珊

第九届上海护理科技奖三等奖

《以家庭为中心的护理服务模式在儿科临床护理中应用》(张玉侠　顾　莺)

上海市医务工会2008—2009年度支持工会工作好领导

秦新裕　丁　强　袁正宏　张公惠　俞卓伟

上海市医务工会2008—2009年度优秀工会工作者

汪　昕　王晋伦　张建良　陈天兰　陆佩芳　张建良

上海市医务工会2008—2009年度优秀工会积极分子

孙　湛　姚瑞明　陈　慧　陈　洁　郭颖凌　廖蜀宜
吴文育　赵　霞　陈勤奋　董　安　吴　宾　罗伟奋
郭文毅　朱文渊　何振宇　王璐华　陈曙栋

上海市医务工会迎世博现场急救比赛鼓励奖

袁燕平　邱丹群　毛　婷

2007—2009 年度上海市医务职工科技创新新人奖

唐建国

2007—2009 年度上海市医务职工科技创新新人奖提名奖

卢洪洲　张晓彪　周行涛

2009—2010 年度上海市医务职工职业道德建设先进个人

李雪莲

2009—2010 年度上海市医务职工职业道德建设“双十佳”个人

刘保池

2009—2010 年度上海市医务职工职业道德建设“十佳”个人

董肖然

2009—2010 年度上海市医务职工职业道德先进个人提名

陈海泉

上海市第八届护理学会优秀论文二等奖

张素珍

第九届“上海 IT 青年十大新锐”获得者

迟　楠

2010 年上海市大学生暑期社会实践最佳项目

《读城市：上海世博会城市最佳实践区推广活动》(李晓明)

2010 年上海市大学生暑期社会实践优秀项目

《“一平米的幸福”——以北京海淀区唐家岭蚁族村为例探究蚁族生存现状及幸福感》(高　然)　《梦想之翼，彩云之南——云南孟连支教行》(王新宇)　《农技发展与创新视域下农村民生状况的研究——孝昌县支教调研活动》(王逸哲)　《乡村宗教与新农村建设——福建宁德乡村宗教在构建和谐新农村中的作用调查与探讨》(康　昊)　《曲靖市灾民救助与管理政策调查》(王文仪)　《世博科技与医疗同行》(史之峰)　《“欣天使计划”——暑期湖南湘西支教行》(俞文成)　《携手沂蒙，相约世博》(张之明)　《对复旦大学通识教育现状的调研及思考》(孙　璐)　《“千人千校行”复旦大学世博志愿者进校宣讲团》(杨颖莹)　《读城市：上海世博会城市最佳实践区推广活动》(李晓明)　《走进基层——大学生村官发展成就与困境之区域性调查》(李一苇)　《农村企业融资方式调研——以哑柏镇为例》(杨　骏)　《“倾听来客，畅游世博”——2010 世博园区排队及交通情况调查》(冯　艳)　《中药学和藏药学趋同性的研究》(胡　星)

2010 年上海市大学生暑期社会实践优秀指导教师

徐为民　周双丽　左　超

2010 年上海市大学生暑期社会实践先进个人

董笑雨　高　然　杭梦圆　王明辉　杨颖莹　张　乐
张之明　朱亦淳

2010 年度上海市优秀毕业生

陈新科　万润来　江晓坚　丛　钰　崔坤佳　张　昊
燕　然　胡意意　翁宏斌　丁肖锋　吴　菲　张　波
崔晓霞　王翘楚　宫霄欢　陈业开　徐梦蕾　徐叶舟
杨钧智　李亦奕　王振宇　郑美亚　王　墨　常　欢
滕　跃　张锦煜　米　雷　王志晓　徐姗燕　洪慧娉
柏　露　冯羽婷　胡业飞　金孔羽　李芳玲　刘艳波
任雅丽　王　帅　付　伟　唐一麟　赵闻春　姜　黎
尹艺霖　张　驰　范一鸣　白仲凯　周文斌　王思博
梁塔锭　李　静　姚马芳　张　洁　钱超尘　朱乾钱
陆东昊　刘翠文　李冬梅　宋颖杰　刘宏远　韩　颖
徐敏迪　杨义明　胡弋之　方　翔　孙　宙　赵　琦
陈慧倩　刘　洋　徐　烨　林少鸿　过　群　徐安娜
石晶晶　龙玉萍　孟　蝶　胡青云　马　俊　刘玮琳
张昊宇　孟　达　温　菁　李立亮　董　雪　吴夏超
卢辰辰　陆灵犀　梅　雪　顾慧宁　孙　翔　孙　宽
阴佳妮　武　晴　张俊杰　郭嫣然　钟海雷　周蓓黎
钱　周　庄　蓉　王欣如　严　琦　李佳颖　夏梦志
万琳艳　姚　晶　刘惠倩　汪宝华　廖　鑫　杨　帆
徐杰谌　刘文捷　王福梅　张亮宇　高　宁　吴冬苹
谢　思　林光耀　刘婧婷　叶苏倩　曾　艺　柳成荫
张　薇　朱辰晨　曹　欢　乐　毅　刘鲁杰　连海涛
尤龙华　阮永涛　熊唯峰　张楚泓　姜信百　丁胜东
史　阳　张亮军　柯福顺　刘晋麟　刘羿宏　高　源
任筱青　黄　鹰　刘筱萌　汤克凤　万　池　王蒙洁
吴　满　邵菁菁　卢朝阳　武丽娜　李慧贤　李　蒙
李　维　袁一月　范　鹏　黄　劼　林　琳　张　页
黄元龙　刘　颖　陈　瑜　朱建军　兰　瑾　冯小燕
黄　海　邢　珍　孙汉杰　岳　秦　娄夏冰　庄　稼
宋　阳　羊　逸　李斌儒　李家荪　曹源培　杨小红
姚　烨　邱会通　刘　臻　赵瑜珩　王　艳　江　宁
范　柳　陈　芸　朱莉雯　钱郭嫔　万丹丹　过元琛
艾　青　耿祥伟　郑晓天　梅篮予　赵学德　包慧怡
金玉萍　王　煜　荆　烽　陈　璐　陈　虹　汝乃尔
江伟涛　刘灵坪　石　涛　蔡珞珈　解栋栋　范子英
苏林洁　陈　欣　孙妙月　李永军　王鹤涛　黄利伟
彭　柯　邱高飞　杨永明　何　婷　曾德华　王　婧
杨　伟　梁耀盛　华波波　高　勇　徐庆江　刘建军
严佳伟　方明威　范春珍　李重要　靳俊凤　王晓凯
王　旭　李晓凡　李　群　马海峰　张玉龙　余建德
万海军　卢　磊　陆冰睿　江　磊　张　鹏　高庆生
孙　浩　黄　捷　王金意　吴　雯　殷黎晨　雷云平
聂　明　郭春明　颜丽莉　徐健遥　张轶凤　陈炜于
范文嵩　王妙辉　邬　桐　陈　宇　黄弋简　阮斌斌
邵　斌　马欢飞　赵付春　毛　杰　王延飞　王　伟
王如意　陈贝娜　吴仕旼　徐　波　封　华　姬雨虹
郭贤锋　毕　佳　胡中伟　王　冰　秦桂芬　杜　笑
王　羽　彭苏苏　张　胜　张剑波　李广强　宋萍萍
欧亚非　欧阳婷婷　王一鹏　陈冠雨　卢　帆
时静雅　金东生　黄　坤　孙冰洁　王甫勤　顾　源
鲍文杰　沈雯雯　王　雷　蒋　晞　张伟娟　曹汐汐
王　娜　刘　莉　董　伟　李　翀　郁颖佳　柯伟伦
于新哲　陶黎黎　李明辉　戴文达　司　逸　尹　波
马　燕　杨翡勃　李　丽　魏取好　殷文瑾　刘哲斌
朱海涛　李明清　万光伦　方　媛　李　娜

新疆维吾尔自治区“优秀援疆干部”

朱晓勇

宁夏回族自治区优秀志愿者

刘钟元 陆 婷 钱 晨 谭艺渊 张邢程

宁夏回族自治区优秀支教队员

彭先红 王 凯 吴 恒 吴金玲

肉克亚古丽·马合木提

2010 年徐汇区食品安全先进工作者

刘金芳

2008—2009 年度闵行区志愿服务优秀组织者

孙镇远

2007—2009 年度闵行区先进工作者

朋立超

第六批优秀援疆干部

焦昌安

优秀援疆专家

夏志洁 沈 隽

2010 年度复华奖教金

（上海市教学名师）

傅 华 张 冲 王卫平 俞吾金

（复旦大学教学名师）

范仲勇 吕长江 陈 钊 臧斌宇 程训佳 卢大儒
杨劲根 姜宝有 陈暨耀 蒋最敏 童 兵 程能能
申小龙

（奖励 2009 年度在国外人文社科引文索引(SSCI)以及在艺术人文科学引文索引(A&HCI)的期刊上发表论文的作者）

陈 杰 陈 文 陈 钊 程大中 官建成 桂 勇
何 纳 何雁群 胡 敏 蒋虹丽 敬乂嘉 李 丹
李晓玲 刘清平 彭志伟 全 骐 沈丁立 孙少晶
唐世平 吴晓群 吴擢春 胥正川 许 博 张 力
张 琼 张晓虹 朱书尚

（奖励 2009 年度研究报告被省部级以上部门采纳的作者）

何光辉 孟 建 陈 杰 徐以骅 吴心伯 芮明杰

（奖励 2009 年度国家和教育部重大项目的首席专家）

章 清 王建革 梁 鸿

（2010 年优秀研究生导师）

刘 钊 郑利华 张伟然 巴兆祥 林尚立 邱东林
吕新雨 董茂云 吴海江 周 怡 王红艳 张玉秋
姜波克 强永昌 李元旭 徐笑君 林燕丹 王培南
陈雁秋 陈暨耀 忻元龙 刘宝红 彭慧胜 杨振国
杨 新 郑 平 赵根明 侯爱君 丁小强 张文宏
蒋国梁 卢 奕 肖现民 强金伟 任传成 熊 跃

（全国优秀博士学位论文指导教师）

邹逸麟 樊 嘉 姜庆五

（全国优秀博士论文入围、提名指导教师奖）

裘锡圭 满志敏 忻元龙 吴长勤 封东来 张祥民
杨芃原 刘智攀 金 力 闻玉梅 吴根诚 裴元英

（SCI 论文被引奖）

赵东元

（SCI 论文个人奖）

金国新 李富友 黄吉平 魏益民

（优秀管理服务奖）

季穗穗 张端鸿 黄 菊 丁 力 章晓野 顾 卫
黄新明 王 颖 秦慧娣 胡大志 陈伟康 陈仁波
樊廷建 宗一文 陈燕文 蔡云林 徐一新 薛 崧
张 凯 朱晓强

（德育教育奖）

王 蔚 江素华 姚 凯 刘 翔 李 耘 顾 莺
谢 静 刘召伟

（二附中/小学）

钱永菊 方永胜 范毓秀

2010 年度复华物理学科奖教金获奖者

张新夷 陈张海 吴义政 韦广红 陈 焱 刘晓晗
周鲁卫 马永利 杨新菊 钟振扬 冀 敏 原 媛
王旭飞 王平晓 杨明杰 张 斌 魏宝仁 赵凯锋
张宗芝 徐 雷 张文献

2010 年度复华化学学科奖教金获奖者

孔继烈 夏永姚 曹 勇 李富友 范仁华 王韵华
孙兴文 张祥民 包慧敏 李志铭 刘永梅 汪 靖
王 辉 刘天西 汪伟志 王国伟 郭 佳 吕文琦
彭慧胜

2010 年度第一三共制药东方奖教金

李 希 刘韬韬 徐 罡 沈 茜

2010 年度宝钢奖教金优秀教师奖

王卫平 陈建民 张 冲 宁 钟 金晓峰

2010 年度 IBM 奖教金获奖者

赵卫东

2010 年度花旗奖教金获奖者

陈学彬

2010 年度普康医学优秀教师奖教金获奖者

吴根诚

2010 年度香港人赞助优异奖教金获奖者

陈 果 刘 琼 龚金平 孔 斌 谢启鸿 李 辉
向红军 李 嫣 温文玉

第五届“百人会英才奖”

贺 炜 张兴瑞

上海同济高廷耀环保科技发展基金会“青年博士杰出人才奖学金”

魏源源

IBM 中国优秀学生奖学金

吕 奕

2010 年度优秀博士后及导师

许明宇(流动站：数学导师：汤善健)、Martin Andersson(流动站：物理学导师：邹亚明)、郝卫强(流动站：化学导师：张祥民)、薛付忠(流动站：生物学导师：金力)、董启文(流动站：计算机科学与技术导师：周水庚)、梁晓蓓(流动站：管理科学与工程导师：朱道立)、殷德生(流动站：理论经济学导师：袁志刚)、金以林(流动站：历史学导师：吴景平)、吴忠(流动站：应用经济学导师：苏东水)、刘芸(流动

站：基础医学导师：杨芃原）、马德选（流动站：临床医学导师：周良辅）

复旦大学“三八”红旗手

郭仙华　张晓虹　万江波　吕新雨　吴力波　王克敏
巢雅明　蒋丽华　张亚红　王　敬　冀　敏　迟　楠
张骏楠　王晓雯　丁淑蓉　崔晓莉　梅岩艾　王红艳
刘　翔　李　莉　姚　萱　张宏莲　邱晓露　乐　怡
李　峻　丁　鸣　郭　锦　金慧芳　俞　谨　沈霖霖
刘秀萍　孙　逊　钱　序　苏　颖　黄卫琴　高　鑫
魏　宁　隗　祎　顾静文　黄　莺　蒋　红　华　健
俞晓立　沈爱琴　吴继红　陈晓军　顾蔚蓉　王　艺
黄　瑛　管阳阳

复旦大学优秀妇女干部

赵　华　胡荣花　李惠敏　袁雪琴　卜丽萍　王晋伦
刘　霞　尤　仁　黄浦鸿

复旦大学支持妇女工作荣誉奖

石　磊　周　健　姚佩玉　王德耀　王万春　钱　飚
秦新裕　孟繁荣　李　斌　盛　鐽

2010 年度复旦大学优秀基层团组织负责人

曹祎遐　刘佳琦　徐　畅　王亚鹏

2010 年度复旦大学附属医院团工作先进个人

金　波　成　锋　樊　华　金　蕾　翟晓文　李雪莲
徐　磊　田志宏

2010 年度复旦大学十佳辅导员

王亚鹏　胡常萍　傅锡洪　杜晓馨　魏治国　欧若风
徐虎雄　陈文婷　张智勇　顾慧君

2010 年度复旦大学辅导员工作特色风采奖

何　静　朱　杰　陈　晨　贾英男　谢振达

复旦大学 2010 届“毕业生之星”

王拉芝　杨　双　李健喆　石　翔　林海音　孟晓龙
陈　烨　朴希俊　阿娜西　唐吉云

复旦大学“毕业生之星”提名奖

陈　曦　郭　霄　胡永波　王若冰　卢　苇　王　睿
姚　亮　陈　昂　卢舒怡　鲁开思　陆致晟　蒋晨洁
闫　然

2009—2010 学年复旦大学研究生示范党支部创建工作先进个人

英佳妮　戴杏云　周海晏　楼田甜　周诗韵　陈闽川
王莉静　李社昌　王　赟　董　青

2010 年度复旦大学优秀学生干部标兵

叶　昆　江雨遥　王新宇　冀云骅　周昌明　孙　峰
从　钰　毛佩瑶　马良录　阎　妍　张艳伟　贺木兰
姜国敏

2010 年度复旦大学优秀学生标兵

马　琳　王冰彦　王树君　王　晨　叶鋆成　任筱清
江一舟　江　纯　李　俊　李　桐　李耀轩　杨　彧
杨颖莹　陆俊巍　林沁筠　林　琳　欧文婕　范　鹏
姚宇婧　蒲　葡　秦　朗　章丹颂　黄俊珺　程思棋
敖　婕　罗晓雅　冯菁菁　周　晶　张　敏　刘瑞明
沈续雷　陆　妍　王　玮　沈　扬　周　健

2010 年度复旦大学优秀学生干部

李　蒙　顾一然　许俊杰　黄　予　李　维　黄相宜
王欣如　李佳颖　董泠汰　王　悦　邱于涵　叶育辰
靳　驰　沈艺超　陈俊超　杨彦琦　范　洁　林光耀
邢宋杰　沈逸超　王佳璐　温紫磬　夏清逸　厉　智
赵宇希　周慧凯　王一君　吉琛佳　陈麟豪　王丽园
周扬业　王若君　陈天翔　牛正楷　边新杰　王　艺
凌方睿　程令仪　裘佳杰　王小曼　冯圣音　潘　骁
郑雪慧　韩君文　沈谢思洋　陈非凡　陈文澜
戴慧斐　杭梦圆　李金柳　杨颖莹　倪丸南　张　硕
张钰淑　刘丹琦　杨　欢　黄忆菲　凌云志　李心璞
张云翔　孙　波　任雅丽　张吕婷　左昊畅　王诸愉
李　爽　周思越　王思雪　孙宁宇　张　涨　山　群
董　雪　蒋天娇　屠一多　吕　莹　王静怡　贺倩如
张弘毅　亢丽佳　房晓峰　陈　曦　柳林絮　王双双
孙蔡安　李元圣　王晨阳　张钧凯　姜宛悦　魏陶然
宋奕洁　梁建辉　袁健闵　李弘实　钮佳艳　孙进杰
杨　珺　于　晓　吴天晨　王政旎　刘欣瑜　尚　青
李天宇　武　宁　曹思畅　刘　丹　张　强　陆振宇
侯开捷　龚癸明　陶　李　白林雪　马思嘉　范皓岚
邓凝旖　聂珊珊　左思蕴　张明哲　龚德超　王茂异
谢陈宁　林　喆　李　颂　邱君予　黄　海　冯小燕
冯陈丽　郑　骅　邱丽丽　孙静玮　吴　桐　朱敏霞
李　振　李一苇　阮淑萍　张锦煜　刘京京　葛　琳
候一欣　沈添意　唐文之　徐叶舟　吴文超　李亦奕
黄嘉懿　杜星琪　盛浙湘　陈　瑜　吴瑕玉　王书传
卢　锐　张国永　姜　月　邓瀚林　于晶莹　薛佳琦
周益良　刘歆阳　吕海辰　刘佩玺　宋小乐　于文聪
李智行　沈玮哲　白　丹　黄　媛　刘　畅　朱　校
门　鹏　周　宁　乔　悦　朱　瑾　何明黎　张　艳
刘　洁　傅修涛　林　淼　申丽君　任　翡　吴靖宇
熊楠青　马睿琦　张启麟　钱晨嫣　马方兴　吴焕良
陈汉青　沈丹丹　金　辉　邹雪娇　张世杰　干　洁
张智勇　刘程程　翁敏杰　庄永婷　胡子木　李　娟
洪恬恬　孙胜童　项　军　蔡俊龙　訾　军　董　青
方　颖　苗　青　徐欢乐　黄　挺　蒋鸿铭　何　玲
王　倩　杨宇翔　许　妮　孟　德　黄泓崴　顾抑扬
潘　星　徐梓淇　韩书琳　高　仁　张洪伟　陶　李
谷　宇　夏清逸　左昊畅　王诸愉　沈艺超　郜洁瑜
白林雪　何瑞乾　李发红　李书琴　黄　亮　陈　曦
方良天　王　茜　张　瑞　赵　晨　杨宇婧　王胜难
薛佳琦　周益良　沈仕辰　林　喆　周　宁　黄　晨
李　颂　马思嘉　邱君予

2010 年度复旦大学优秀学生

王彦婷　史濛辉　于佳睢　陈仲伟　薛晓甦　殷悦焓
任　一　朱　虹　郑　莹　施　磊　郭曼云　连　旦
赖丹婷　杨　璐　修　睿　古倩怡　孟觉之　夏丽丽
陈　岑　忻肖帆　弭雪莹　张　娱　颜思瀛　叶雨薇
沈　冲　俞泓珽　姚　晶　徐　韵　禹　薇　周　倩
吴文曦　胡小璠　沈　璐　王旻玮　戴艳莉　吴歆怡

朱咏帆 赵诗彧 宋漪静 施谛文 许金迪 李　霄
何晓飞 鲍轶伦 陈润颜 焦世佳 施展华 陈飞家
周晶晶 赵　京 陈虹霖 王秀娟 樊宁馨 孙天旸
张欣驰 李　然 黄一菡 孔雪莹 曲祯桢 杨　健
童舒宁 尹雨婷 黄雨青 周加宁 项　俊 张月藐
曾　悦 王冬梅 孙　超 蒋丹枫 范文忆 张青萌
李　瑶 周　予 兰启昌 梁喆焉 邓　婷 毛颖旻
林　立 黄季业 刘宇阳 郑汉卿 陈　洋 孟　蝶
穆荷怡 彭珊珊 季　馨 李　欣 汪小力 蒋漪昀
孙　婷 郑雅婷 宋正清 杨小语 汤　潮 董千里
宋承奕 李一凡 周嘉宁 赵大维 闵圣芊 屠雨卉
杨舒钧 董艾琳 刘昱汇 樊菁华 樊骥暕 朱宇浩
李诗佳 曹曼茜 曹天睿 陈非凡 张星宁 吕丽颖
王宁川 邵璟璐 王一耀 季　煜 朱美聪 师　睿
钱时升 陆正已 刘　玥 徐敏迪 陆雪晨 李金柳
张　瑜 刘依妮 赵天宁 沈文倩 朱子川 王逸哲
张　博 张　菁 眉梦天 孙启超 陈　涛 潘　泓
刘蓁琪 周雨蓓 唐昕慧 崔　凯 周　泱 耿　枫
唐乃澄 虞　蓉 石　烁 朱骏宇 王　铮 方晋之
张倩云 邵至颖 毛佩瑶 王翔宇 张驰成 东佳昀
周祎婧 张文邱丽 钟莹培 徐程程 伍　悦
尹致远 陈　岘 邹　琴 张水林 蒋卫蔚 康　宇
蒋　燕 张　波 庄一栋 陈隶渊 徐艺萍 翁　晨
庄一栋 杨文杰 武明戈 秦　臻 张　灿 袁千里
曹舒怡 徐冰倩 张运炜 张彦青 刘泽雨 姜云辰
顾　质 汤耐尔 杨　岚 金孔羽 刘庆立 吴　迪
黄韵霖 施欣卓 陈楚君 邹正文 邵蓓蕾 朱健敏
张天宇 顾奕君 谢舒婷 杨寸思 郭青叶 扈佐丹
林镇超 范费灵 德西曲珍 于　慧 徐榕声
欧　亚 顾旻佶 韩思齐 伍麒好 周文佳 招燕婷
唐传晔 杜彦君 沈　蓉 苏金艳 吴夏超 李书恒
王　冕 冯子昂 施　闻 沈雨潇 赫　然 张云霞
潘　赟 倪　远 钱　滢 陆　炜 孔凡洲 邓姝婷
李艺天 王依岑 董艺璇 李默谦 廖海清 王若楠
尤佳晨 杨忆宁 阳　洋 杨　丹 马淑华 唐　蕾
蒋佳音 袁璐平 符　敏 余敏华 田　韵 丛　洁
陶陈旸 刘琳霖 赵瑜珩 伍洋涛 郑文丞 田晓颖
徐利强 曹　宇 张汝瑶 卓　越 赵　晟 王桑原
凌舒扬 张婕珂 钱云浩 沈逸元 周可琢 吴俣霖
王亚迪 周剑帆 张艳梅 韩启阳 李怡鑫 梁应之
张启航 何怡琳 郁星炜 曹　昱 林汉轩 王文麒
石梦瑶 谢　欣 陈才干 任文杰 何正宇 牛晓海
荆心怡 廖　鑫 芦维宁 陈柏良 王福梅 杜　南
肖　迪 冯　雨 王远之 袁　源 薛韫坤 高　然
尚　前 陶　冶 余蕴文 刁祎珏 王　超 罗丽娜
吕　琦 林辰飞 朱冬颖 陈于思 俞　政 陶　森
田启源 颜为海 范从伟 夏　辉 朱逸阳 樊生龙
刘　婕 张　璘 徐　健 张　琦 包微宁 潘宇腾
李明达 王　焜 叶俊辰 张薇薇 金明洲 曹　前
吴轶群 王俊杰 吴广力 王　悦 肖力大 陈勇臻

冯泽民 王　腾 姚章瑞 陈蕾安 蔡荣成 孙鹏宇
臧恺岩 朱雪菘 姚懿芸 朱一帆 卢宇婷 崔　靖
鲍文旭 陈靖轩 陈思名 刘　青 唐玉朋 肖　醒
董毅冰 汪　阳 竺晨曦 徐　峰 蔡卓宏 周晶铭
翁士伟 朱　晓 张栩晨 刘泰坤 高曙阳 张　璞
贾　勤 黄　磊 洪　骥 葛一凡 贺维明 申晨光
张柳清 张　胤 钱　程 张斌荻 曾　呈 范一鸣
施忠辉 陈龙泽 葛　易 王　翔 刘雅诺 干泽俊
陈　凤 张　洁 葛春华 邢　珍 庄　稼 岳　秦
娄夏冰 张校捷 马思敏 胡凌伯未 修力琛
王智勛 王　海 王青怡 宋庆玲 刘　宇 杲祥文
刘丝汀 闫玥儿 赵黄强 郑　石 谢　辰 邓　欣
刘丝汀 许家杰 陈云章 余波杰 王浩珏 张卓然
王　力 王璐弘 朱文鹏 戴　航 王　倩 李翰坤
崔笑添 陈煜衡 董康耘 盛文洁 施宇鹏 刘　曦
千晓雁 周安莉 曹　洁 马静怡 周　旸 高睿婷
李帅男 孙贻冬 赵旭彤 李　杨 姚　睿 方春欣
张玉良 林伟能 李世嘉 胡晨希 顾　媛 盛浙湘
吴宇笛 丁　辰 黄莲娜 宣天晟 王佳顺 王文岩
周欣辰 张　曦 顾程遥 蒋　赏 魏　昕 褚王欢
陆　澄 周　勇 陈　希 陆　乐 朱　雯 王振宇
邵维佳 张　俊 李　丹 高泽佳 王亦昕 寿家乐
杨晓莹 王　怡 倪舒杨 梁宋静怡 吴洁沛
丁　宇 倪　莹 池迅由之 于　琨 孙晓雷
沈　波 王欣佳 崔　昕 许　行 俞凤娇 黄培茜
李　鹰 余宇轩 倪辛辰 夏正安 张　骁 张依文
吴怡萱 程　前 徐世锦 巫　勇 袁　波 史　赜
奚　嘉 高　然 范　弢 徐珊珊 林　迪 吴　菲
赵　宇 庄沛源 田　园 王献婷 胡逸文 李锐敏
沈文佳 邓瀚林 贺玮康 阮巧玲 黄乃思 范　铭
周英杰 于　洋 苏雪玮 刘婧姝 于曼容 温　馨
亚生江·麦麦提 金济福 乔　洋 毛　易 史　程
丘倚灵 周　姝 姜　珺 孟俊融 赵　昕 刘其会
张　俐 何雯雯 刘雨亭 吴争明 蒋　龙 苏佳纯
李绮雯 丁光宇 任玥衡 王　轩 潘思妲 唐　钵
马琳琳 黄　埔 陈莉莉 褚兰湘 霍飞龙 范文君
汪依帆 朱晓倩 舒　乐 唐　增 徐乃婷 李慧楚
彭卓欣 王　笑 黄　鹰 王　逸 刘筱萌 匡宇阳
郭宇波 王雨晨 吴牧鹭 周家毅 曹缤心 周家毅
王旖磊 吴　倩 夏威夷 潘德琳 陈　芸 钱晓枫
朱莉雯 万丹丹 赵文彦 周　菲 董忻悦 左铭君
邵丹红 周春扬 窦轶群 朱晓丹 方晓聪 夏明锋
龚珮莉 李绮雯 丁光宇 张林杉 吴　朋 宋亚楠
王汝霖 李慧贤 武丽娜 李辉喜 史幼梧 邓　隆
郭　杏 秦晓华 钱　璟 邱甬鄞 王玉玮 宁俊杰
邹鲁佳 朱凤阁 孜比热·甫拉提 朱　珠 唐一麟
袁丹丹 程静怡 周　鸿 李　军 王　昕 韩　蕾
韩　广 邢雪梅 黎　明 宋　桔 管阳阳 耿莉莉
罗　璀 岳　魁 李昱佳 沈佳敏 王　楠 高雅洁
唐　纬 李　波 曹　典 皇甫秋实 邵　挺

杨正栋 雷磊 胡颂 何雨翼 盛婉瑜 洪雷鸣
李明 李海雅 王文臣 吴辉 张翅 王明亮
茅健飞 张艳伟 龚智慧 邰晓琳 王甲 傅宁
黄耿耿 葛天 陈君 徐浩 孙政 杨洋
王鑫 焦静 郝静如 吴琦 程龙 梁旭
许凯亮 韩秋漪 吴海峰 崔巍 戴雷 赵光南
朱拯 汪竹蓉 崔王君 王慧香 王红艳 孙晴
张莉娜 刘芳 苏琢磊 王吉鹏 黄晓夏 何彦林
杨恩卓 刘晶 李红梅 黄玉展 周怡 朱如飞
熊伟 张贝妮 陈曦 赵婷婷 王明辉 傅联英
左晶晶 孙文博 张学力 裴璐 栗泉洁 李元俊
王珉 迟硕 刘铂麟 王雪涛 曹金凤 任媛
赵晶 廖小娟 王章薇 张培培 程琳 李佳
王慧 向远媛 吴小怡 肖晟 冯萌 王耀辉
高爽 杨瑾慧 赵飞 白鸽 陈涵一 范丽
蒋晔 潘礼龙 朱小东 李婧 刘学玲 陈章炜
赵蕾 张军 曹瑞 吕荣彬 张琼月 张安静
徐燕立 董瑞 丛青 陈敏洁 赵乾魁 姚坚
谢月霞 徐倩倩 董玲玲 张玲华 刘伟 李杨
李达文 武晓丹 常惠惠 吴冬梅 丁禾 易景娜
陈竹 孙钰珺 孙涛 穆文波 王佳思 刁怀杰
胡常萍 孔庆熹保 郭政 杨宗国 李锐敏

2010 年度复旦大学优秀共青团干部

朱虹 周敏颖 吴越 钟闻 邬竞越 苏丹
王欣如 韩宗臻 陆孜骎 刘婧婷 金爱伦 左倩芸
沈从乐 范洁 王若谷 王一君 周泠洁 赵琦
叶昆 冯圣音 屠雨卉 张赟 印睿 任梦歌
潘骁 王小曼 沈谢思洋 郑雪慧 汤克凤
周颖 王弘 陈真美 张若愚 朱嘉轶 王露曈
卢辰辰 米乔 陈萃琳 廖海清 赵忠亮 江一帆
刘臻 李家荪 金为 徐麟 李可嘉 孙进杰
李尔文 沈翔瀛 黄劼 于晓 顾佳莹 曹臻
顾麒 丁娜 崔靖 李永俊 王思 李涛
谢圣琼 蔡瑾 张萌 高远 孙慨然 何柯君
聂珊珊 邵驾慧 范皓岚 王飞 冯小燕 郑石
孙汉杰 张晓奕 赵瀚知 孙赛 钟海雷 周旸
李世嘉 朱慧洁 唐文之 杨钧智 徐抒璋 苗涛
宋里琛 邵维佳 李妍 侯泽华 姜月 赵琳
吕海辰 刘歆阳 王智超 王梓豪 何志刚 王冰彦
徐梦蕾 周昌明 魏睿智 胡星 施维 张舒欣
董忻悦 谈姝琳 杨轶妮 傅月玥 吴峻 田丽佳
赵闻春 张薇 钱璟 朱旭峰 曹天睿 刘雨阳
丁辰 李欣 赵慎安 李晓颖 张宇乐 李慧洋
刘尧倩 陈婉春 张竹君 侯子宁 王皞 陈林钰
尹怀恩 程平 李文思 周祎婧 林丙南 孙波
张文妮 张凯 夏正安 刘彦洲 韩君文 黄梓航
毛佩瑶 陈怡 任璇玥 朱逸骏 蔡传逸 方玥婷
张媛 白会勇 王梦柳 曹鹏 万杨 郑果
杨轶 赵哂彦 樊璠 杨磊 赵静 栾骁
励莲 章轶琦 黄蔚 秦越萃 邱志兵 黄彩红
尤丹 翟晓文 方璐 英佳妮 吴焕良 荆悦
耿莉莉 郇雷 王鹏 迟硕 陈姗姗 达衍
薛缘 谢丽 卢荣 陈静茜 彭一杰 张世杰
卢虹虹 李娟 张正勇 王书涛 梁梅妮 陈睿
南智敏 梁斌 殷勤 王莉静 袁得国 常文举
张琼月 董青 贾楠 高仁 许凯亮 张帮印
周海晏 黄一倩 崔健康 李于虎 王明辉 徐斌
李燕星 田杰华 顾万花 洪恬恬 周立永 姜苗
覃基伟 刘月 李享 王丽洁 孙果梅 钟怡
高慧敏 陈思宇 马怡菲 高光泽 郭慧珍 卢凤令
刘曦 唐荣堂 倪玮聪 蔡霄 刘哲郡 李树蕙
吴哲楠 施雨 乐昕 朱忠壹 黄世瑾 施亦非
赵乙 陈霜 苗正钰 徐婧 张悦 郑莹莹
康昊 沈炯 林沁筠 项旭堃 曹剑非 张冰昕
盛维琪 杨颖莹 李元圣 弓好冰 刘影 程嘉磊
王宗兰 叶鎏成 刘奇卉 侯宸羽 陈君玮 倪丸南
郑宜立 王铮 李霄 童斐 张洁芸 朱亦斐
杨凌云 钱力 丛钰 山群 林森林 刘君樱
黄志斌 史妍 穆晓敏

2010 年度复旦大学优秀共青团员

王朦琦 李佩云 许云峰 王小雅 任一 郑莹
郭曼云 施磊 李林斐 王佳星 席越 吴晨曦
陈莹 沈闯 俞思嘉 张婷婷 刘颖 韦泽华
何香玲 胡逸佳 徐姗姗 张菲 金欢 徐珺倩
赵靓 曹小川 黄逸天 沈冲 方映霞 倪佳婉
李钰冰 邢奕 李佳颖 沈思佳 董泠汰 周倩
欧文婕 郑涛 陈瑜 范秉馨 昝旭清 郁宇婧
李梦颖 陆怡奇 沈蕾 郭恬 许可 闫鹤
钱睿荪 张豫 傅晨 胡吉 葛雯菁 陈丽竹
刘骁 刘振声 徐鑫 邢云 王文佳 张贝琳
于希旖 刘琳琳 邢宋杰 薛冬瀛 郑端 王安琪
郭琪 赖蕴琦 尹琼 莫桑尼 孟蝶 龙玉萍
刘梦璐 岳菲 陈航 崔润芳 吉琛佳 杨超然
马琳 乔明华 黄辰颖 海燕 赵大维 郑雨佳
侯玉君 凌方睿 朱骏宇 陆雪晨 陆遥 程令仪
周璟慧 廖堃 王帅 董艾琳 雷舒涵 赵晓霞
倪玮聪 贾丽 顾俊瑶 袁莉莉 徐敏迪 陈之衡
王东东 华梦晓 夏云倩 乐无穹 陈曦 杨辰
竺文君 唐啸寒 方晋之 边新杰 汪淑敏 强怡华
吴伟华 唐宇 陆莹洁 武葳 俞克佳 唐晓琳
张倩云 高巍 孙宙 匡蓓 汪一梦 张煜
陆东昊 李萌 蔡晓晖 徐安娜 周泱 林少鸿
耿枫 黄瀚 张博 刘梦思 宋文潇 袁王斌
李天璐 陈明静 黄忆菲 杨平康 刘山林 贺洋
刘皓纯 温清 杨欢 吴满 杨光辉 周平浪
陈嘉镒 姚旭 王诸愉 邵夏怡 俞梦飞 张吕婷
吴迪 刘艳波 林晓昕 李芳 徐诗妮 聂鲁彬
张韬 詹华 韩辉 夏依毛尔当·努尔丁
汪银楠 范莉莉 王晃 王一诺 李心璞 韩骋
凌云志 吴洁 金梦源 徐会杰 周姝 王益爽

吕　莹　周依乐　陈　纯　袁璐玶　李丹峰　王欣佳
高猷嘉　李嫣琪　孟　辰　张　梁　李　俊　刘彧君
翁宏斌　燕　然　徐梦临　陈雅薇　边天芸　李文婷
倪　远　张天玥　张雯嘉　陆　炜　洪雨歌　崔文君
李佳晨　裔　慧　黄　珂　侯晓悦　钱卓群　肖　钢
何岱淯　张丽倩　殷雷程　钱易婕　王　健　蔡大伟
居　尘　葛汝臣　徐　磊　徐　清　金晟杰　邱会通
郑家仑　陆　豪　诸玄麟　张婕珂　章　文　董书剑
沈文杰　王一磊　卞润华　杨　洁　杨振宇　袁小雍
周至荻　祝方舟　聂国熹　朱　骏　董伟男　张　咪
周宇辰　朱晨歌　张　路　李争路　明　亮　张　擎
林逸华　荆心怡　李弘实　任文杰　林　琳　黄元龙
吴天晨　邱　天　刁祎珏　于宁钏　邱恺培　袁维亚
罗梦竹　朱　颖　肖喜中　杨瑾娴　朱晓石　陈　宇
刘晓露　俞　翔　杨　苏　曾　旋　张俊博　戚盈洁
陈智浩　张豪俊　浦怡雯　林辰飞　刘鲁杰　陈于思
丁　颖　尚　青　易治宏　李荣玲　屠艳菊　王天珑
柯福顺　杨育周　刘羿宏　聂思晴　蒋　赛　李天宇
郑沛琦　王　丹　潘宇腾　王燕瑾　陈碧韵　魏朱晨
王子仪　郭秀金　艾　畦　何　骏　陆振宇　王新宇
曹思畅　程洁琼　盛嘉奕　陈思名　龚癸明　王　晨
王星杰　贾　勤　马佳沁　刘　隽　陈　觅　胡　杨
沈　炎　李佳纯　刘　琦　施忠辉　吴　鹏　李　元
邓　达　刘雅诺　郭慧珍　陈　凤　王　泽　高　维
龚德超　王　飞　夏　威　李　颂　戚友石　冷骋昊
段新杰　高驿祺　张　垚　尹毓亮　张柳清　刘燕玲
张　胤　申晨光　谚陈宁　吴佳凌　杨慧丽　王皓轩
周霄蕾　赵　静　葛春华　黄　海　娄夏冰　陆　伊
邢　珍　张　亮　刘　畅　胡凌伯未　丁　骏
颜　馨　闫玥儿　梁　硕　徐桑慧　秦振清　刘媛媛
孙　宽　乐贝林　袁　维　张　捷　吴颖怡　李　刚
丁诗杰　顾　依　姚宇婧　王　倩　傅　鹏　李　励
张夏梦　姚　远　陈　婧　钱　靖　王元齐　李星媛
李一苇　孙静玮　高睿婷　王天阳　胡晨希　侯一欣
王志晓　顾　媛　蒋民军　赵星宇　丁　辰　李雨虹
沙　韵　樊婧然　黄莲娜　廖百琦　柏　薇　胡婷婷
王佳文　孙宵晨　张　曦　欧阳沈祎　任泓霖
马　远　王孜元　徐　华　吴　萍　顾　洁　黄　蕾
林仁鑫　姚　晟　陆畅然　金晓锋　郭龙雪　戴思聪
仲文静　常　欢　高泽佳　李　丹　张　俊　张　堃
杨　路　王艺青　冀云骅　章丹颂　张　骁　刘　玮
陈佳琬　曹艾丁　戴珧宁　宋时森　查　俊　周　涛
王　磊　常　煜　皮少华　陆晨欢　刘万鹏　吴瑕玉
赵　宇　于晶莹　秦梓凯　李　俊　张　毅　张子颖
甘强均　缪千帆　王耀辉　储呈玉　阮巧玲　薛文洁
宋小乐　齐曾鑫　詹　成　孙之瀚　杨耕野　李淑芬
周　姝　刘　晔　钱维佳　于文聪　玛丽娜·卡米
陈　磊　何文强　崔　晗　李　桥　陈之春　安硕研
刘　侃　李　宸　何雯雯　陈　通　蔡文珺　耿　希
邓　斐　王　辰　张　泉　白　丹　崔敬凡　宫霄欢

巴德玛拉　沈玮哲　马琳琳　刘兴娣　殷嘉珺
邵夏炎　叶佩芸　薛　浩　刘筱萌　孙凌皓　朱俊怡
梁羽坤　张小雨　杨戌婷　成晓琳　张欣云　唐　洁
郑知楠　李　蕾　沈　兰　罗　艺　何明黎　胡　婷
曾　怡　翁莉莎　王　慧　窦轶群　顾燕萍　吴　倩
郑　洁　潘德琳　曹　艳　范　柳　乔　悦　姚依澄
王　艳　钱郭嫔　车　磊　金晓婕　钱晓枫　朱莉雯
顾净静　李宏亮　李一敏　张　新　余金波　李　琳
徐旖炜　傅修涛　夏明锋　武丽娜　李辉喜　王人杰
陈怡然　田　亮　张林杉　王蕴珺　刘　洁　王佳俐
李　清　马莹琰　唐一麟　马　莹　那　溶　何奇柳
李珺玮　朱家骃　周　鸿　王辰辰　秦晓华　张立旻
臧怡雯　吴靖宇　朱旭峰　曹天睿　刘雨阳　丁　辰
李　欣　赵慎安　李晓颖　张宇乐　李慧洋　刘尧倩
陈婉春　张竹君　侯子宁　王　皞　陈林钰　尹怀恩
程　平　李文思　周祎婧　林丙南　孙　波　张文妮
张　凯　夏正安　刘彦洲　韩君文　黄梓航　毛佩瑶
陈　怡　任璇玥　朱逸骏　蔡传逸　钦　天　毛项颖
李一凡　陈思哲　江昊妍　肖　醒　伍　悦　苏　畅
杨　帆　谢　迪　张　强　池迅由之　卞之浩
姜　楠　倪诗浩　潘一菲　蒋梨钊　彭　鹏　南玉龙
刘　力　李　翔　李依昂　徐艺萍　黄艳艳　荀菲菲
尹　博　张宇鸣　刘　宇　张明辉　王隽彬　韩若麒
王　丹　张茫茫　张旭华　张　哲　马元元
徐慰幸子　王　迪　侯润之　王文麒　陈孝贤
林汉轩　吴贝宁　张文多　王佳璐　周钰伦　但雯君
高　原　宋　悦　陈永伟　江　弦　曹世杰　周加宁
黄启哲　樊骥暕　卢晨曦　黄盈瑜　王翔宇　黄　予
石澔玙　周　莹　周堵堉　李雪伦　叶育辰　董文馨
刘晟骅　刘　丹　吴丝雨　陈甄婧　王士琛　史翔蔚
董千里　马旻倩　王宁川　李　爽　陈　迪　谈　翔
栾术宝　东佳昀　肖　婷　梁宋静怡　昝苗淼
张　驰　潘雨菲　何文艳　龚瀛琦　彭　琳　邓凝旖
徐天行　周恩群　胡　骏　韩　超　范欣悦　徐珊琤
何凯易　卢晓璐　陈喆怡　路　彤　陆隽怡　张云翔
林　堃　张　涨　金玉麟　宋舒纯　费亦宁　王　轩
吴屹俊　陈　辉　杨婷婷　李　宽　刘依妮　李　瑶
刘宇阳　曹宋天祎　李　振　钱　琲　郑宇闻
何晨阳　边　冲　毛颖旻　孟　奕　项　俊　刘其会
巨默涵　陈　鹳　沈逸超　丁　宇　倪　莹　胡思宇
任迪诗雅　韩启阳　王　潇　钱云浩　洪以韵
吴伟轩　蔡光铭　徐勋英　赵一杰　胡梦洁　张　骁
林　婧　熊佳伟　刘京京　徐　航　李健男　殷　悦
黄剑钊　王依欣　王姝力　葛　琳　曹　杨　蒋中平
刘昕晚　田文娟　王春环　杨恺斐　林婧婧　方玥婷
张　媛　白会勇　王梦柳　曹　鹏　万　杨　郑　果
杨　轶　赵哂彦　樊　璠　杨　磊　赵　静　杨雅涵
花　城　左云霞　何　平　张　天　吴昊东　侯申龙
季　柳　郑玉婷　高　鑫　姜　烨　张皓琛　尹　静
谢蒲驿　丁薇青　高　远　杨梦妮　崔华俊　单　健

葛起震 卢静 陆娟 陆荣荣 孟乾 徐洋
张坤 刘晓阳 徐喆翔 王蕾 古宏阳 范烨迪
王沁誉 俞佳钢 张译文 郑伊丽 谭安妮 林益
孙冰凌 宋捷 马力 夏茜 周媛媛 毛詠君
钱一苇 董彧靓 梅子君 陈功 吴燕 郁婷婷
吴佩佩 童雯倩 丁卉 郭明 杨迪 林立
束玲玉 徐冉 刘琼 杨中南 曹转 蒲清清
徐晓燕 吴蕾 曹磊 蒋晓娟 刘畅 朱萍
陈贞艳 高凤娇 赖晓航 陈雨辰 崔倩倩 栾骁
励莲 章轶琦 蒲维荣 喻薇 邵文琦 王燕倩
董晓赟 刘玉静 沈航珠 任利民 丁怡 王奇峰
赵蓓 吴敏 陈轶坚 杜娟 陈杰 沈旭中
唐弘 方堃 田芳 倪健健 张婷芳 叶昕裴
俞文哲 龚志赟 张韵 励贞 严娴慧 何弘毅
尧丽萍 蔡慧媛 庞艳玉 李晶 英佳妮 吴焕良
荆悦 耿莉莉 郇雷 王鹏 迟硕 陈姗姗
达衍 薛缘 谢丽 卢荣 陈静茜 彭一杰
张世杰 卢虹虹 李娟 张正勇 王书涛 梁梅妮
陈睿 南智敏 梁斌 殷勤 王莉静 袁得国
常文举 张琼月 董青 贾楠 高仁 许凯亮
张帮印 周海晏 黄一倩 崔健康 李于虎 王明辉
徐斌 李燕星 田杰华 顾万花 洪恬恬 周立永
姜苗 覃基伟 刘月 李享 王丽洁 孙果梅
高志慧 李文翔 杜懿杰 刘红艳 曹瑞 吕荣彬
张春燕 陈晨 宋再 胡俐 陈静贵 孙峰
吴峥 李达文 范君迪 武晓丹 王会 常惠惠
孙娟 黄挺 韩蕾 黄礼岗 张翔 左轶凡
许翠花 周嘉敏 杨宇翔 王倩 姜洁 曹鑫
陆乐 严丽慧 杜晓娜 刘宏辉 任杰 潘星
陈堃 彭山杉 傅锡洪 戴潘 姜国敏 战敏
王鸣 霍丽婕 王铸成 沈萍 徐圣楠 李中仁
瞿丽瑾 陈成 王贞贞 王蕊 刘铂麟 汪宏韬
万芊 汤维祺 李楠 李长河 孔林杰 程岚
夏敬慧 时光 武丹 李晓清 王祺 肖浩
雷婕 张华祥 刘尧 姚瑶 路琳娜 陈一新
陈慧稚 赵晶 刘石磊 游香梅 严小平 傅宁
卢丙清 戴镒璠 张文渊 朱晓龙 吴祖辉 夏磊
汤勇 刘葭 洪荣华 顾磊磊 李雷 李翔
罗勇 李雯静 时宜 韦广丰 许利 王鸿娜
刘鑫 干洁 徐虎雄 郝静如 李思丝 王鑫
吴曦 吴海峰 梁建宁 罗键 邵明玉 刘晶
翁敏杰 楼田甜 王昊 高学武 徐颖 向远媛
侯朝龙 康耀月 李辰龙 李正东 陈龙 吴成生
孙肖潇 陈涵一 贺宏勇 许诺 杨雪 杨冰义
俞颖 李鑫 王茜 张菁 尚靓 赵晨
蒋添翼 吴丹丹 陈曦 楼林波 薛晴晴 胡庆国
王维俊 王华杰 谷宇 吴春园 叶孜清 陶李
霍小骞 曹利奥 陈黎明 胡骏 刘依熔 傅维伟
闵相仪 邵子洋 何冲 刘肖君 周益良 谢玮
肖遥 谢道涛 邱君予 周宁 马思嘉 何瑞乾
朱婧歆 张露 李晨阳 陈嘉瑜 张启麟 俞宙
杨念吉 倪玉菡 张毛培 陈雪菲 黄嘉懿 杨征
戴慧斐 陈文澜 赵武卫 杨晓辰 修力琛 王静怡
陈一星 杨阳 王中 刘斌彬 傅超 唐昕慧
严昉祺 王政旎 蔡心悦 王帅 陆乙尔 何怡琳
易如琦 周思越 宋奕洁 李祎玚 郑腓力 袁喆隽
王军燕 马丁 钱珍妮 冯子昂 方喆然 谭力
林许哲 陈荪奕 严丽雯 陈昉晞 罗宇韬 张蔚菁
邓晚 邓瀚林 邵至颖 刘洋 周贶澍 姜月
张涵博 胡天宇 徐嘉婕 王青怡 王子娇 张月藐
宋庆玲 潘子豪 景亦天 蒋李 叶仪 樊洋希
兰洋 胡佳尧 李高翔 胡小璠 王怡婷 石娟娟
唐荣堂 蔡玄 张硕 方子渊 姜乐成 王梦婷
陈珊珊 郑雪 王双双 乔洋 王辰洋 郭敏璐
刘梦盈 黄茜倩 伍明瑶 盛妍妍 李亚明 朱俊
蒋龙

2010 年度复旦大学优秀毕业生

郭丽芳 李旭晏 曹宇 武帅 陈飞珺 顾正莹
刘梦眉 李佳晨 亢丽佳 董艺璇 廖海清 徐彰
王若楠 董雪 黄玥修 江一帆 陈昱 戴云汉
沈星源 冯凯 张承志 于晶莹 张如靖 杨珺文
刘兴娣 陈莉莉 沈玮哲 沈恕慧 黄埔 崔剑岚
陈思轶 汪依帆 梁莉丽 胡会通 汪新伊 王娜森
张学孔 欧阳沈祎 周勇 徐文强 丁玲
杨熠熙 冯昊 陈铭扬 钱旷佢 王华杰 孙宵晨
胡可嘉 王佳文 陈佩 蒋俊海 薛凯文 张珏融
唐文之 顾程遥 施原 刘宇潮 陈凡 周欣辰
高臻 季琴 李梦影 李明明 林晓昕 马怡菲
彭瑷莉 田元源 吴佳忆 吴洁 徐诗妮 杨季超
尹梦 袁文蔚 张雪娇 郭佳 孔羽 朱珠
李清 王丽娟 阿里木江·买买提江 张萌
王靖璐 孙钊 潘路 马佳沁 钱晨 李杨
吴斌 董晶明 徐天伦 程陈 费阳 郑慧华
顾赟 郭慧珍 顾嘉 刘康 王翔 厉浩昊
朱珠 何柯君 周丰 苏昕琦 李恒 陈龙泽
陈思明 李雪菲 孟夏 周程燕 魏宏琰 陈奋涛
袁菁 刘海荣 唐卓菁 张迎 刘文文 丁雅坤
刘潇潇 蔡子婕 陈之衡 虞蓉 陆莹洁 徐茜如
陈曦 陈玺羽 郑宇驰 边新杰 袁盼 周天厦
王亮 匡蓓 顾皓卿 李一萌 胡良杰 王东东
吴雅冰 赖旦旦 高亮 耿枫 杨超 陈思宇
唐宇 何璟 叶昆 姚卓嫘 朱懿 王若谷
侯远思 胡盈 陈洋 聂希羽 季馨 皮晓晴
林珊珊 徐磊 尹琼 卓佳 李淑芬 盛媛媛
陈素贞 聂燕钗 翟慧敏 方菲 周懿之 王静怡
沈一冰 沈漪沁 顾嗣鸣 周文成 陈萃琳 李丹峰
董熠婧 康以萌 徐驰炜 王琦 徐博文 吴颖怡
王浩珏 壮雪倩 余波杰 袁维 施雨 周华俊
乐贝林 阮淑萍 王诗宇 冯慧凡 张坤 武文俐
张玮婷 沈冲 原悦 俞泓珽 沈一宁 张娱

黄逸舟　邢　奕　马梦柠　冯　艳　崔文超　陆丽莉
钱丽霞　吴艳苹　张顺菲　孙璧婧　叶雨薇　钱　珵
刘俊杰　林　芸　火　炎　韩　楚　樊　秦　谷颖宏
陈雨璐　周宇辰　周晓颖　梁建辉　朱晨歌　胡晓倩
肖　淼　王欣佳　钟　怡　吕　爽　陈无梦　陈　乐
孙　璐　卢　杉　李欣朋　马卓媛　裴严娜　郭　恬
黄　莹　唐逸如　杨　帆　范　枫　黄　悦　葛　越
张　雪　杨捷琳　范恒彬　李慕媛　马辰斐　马耀辉
李济川　郭东博　王泮渠　谢　玉　李文海　秋钦夫
张　璋　沈嘉良　陶　森　孙慧盈　陈　冬　俞　政
顾竞人　丁　颖　朱非白　付凌智　陈　斌　颜为海
范从伟　方泽姣　陈　慰　摆　淼　钱龙君　王天珑
华　波　盛小夏　夏　辉　吴　煜　刘　婕　郑　龙
杨育周　刘　畅　匡宇阳　王　雯　柯　俊　张煜晨
杨　帆　杨　欢　盛　聪　孙今泾　许议元　杨　洋
郑马利　陆凯华　邹　琴　刘山林　贺　洋　徐功搏
徐　君　李辉喜　陈　颖　王　蓓　焦红丽　汪雨萌
胡　楠　王小雅　屈　懿　傅及斯　朱雨岸　郑　莹
朱　虹　唐海昕　束梦照　姚晨超　李春林　吴天晨
董小耘　代仕娅　朱　政　沙天予　韩　钦　李　鹰
郝　雨　高　嵩　张　睿　蒋轶杰　刘　炜　张宏伟
郑嘉旻　李兰婷　黄丹妮　张默涵　赵　朴　王欢欢
郭　榕　孙秋阳　董　煜　刘笑寒　史辰漪　张　林
李哲骅　张　弘　刘志鹏　殷婷婷　贺音卜　须敏敏
杨思琪　顾云帆　何岱洧　肖　钢　何智豪　吕　婷
匡晨晟　彭　渤　李迪心　李逸菲　田　韵　郑文丞
王　健　许　辰　符　敏　张颖奇　杨晓菁　吴　倩
龚　燕　顾方妍　夏威夷　李蜀琛　朱　虹　李沛琪
周伃婧　周　亚　胡敏悦　史琛吉　顾净静　薛　璐
瞿思宇　陈雯倩　朱雅雯　周　莉　黄　婷　金晓婕
曾绍皇　张雪莉　王海荣　凯丽比努·阿不都热合曼
李线宜　李向菲　任佳怡　邓婉莹　张立琪　华　蕾
杨　帆　钟　菡　李佳怿　袁　圆　战　敏　朱一飞
徐贝贝　李彩霞　赵高辉　杨　芳　艾依璇　罗　真
罗争光　庄佳婧　沈辛成　胡春丽　徐一畅　王忠孝
裴艳琳　戴　婷　张鑫敏　陆丽雯　曹　默　梁志平
马峰燕　邓海清　胡志平　刘　杨　邵明波　朱侃霆
王卫军　蒋文瀚　许敏敏　张　妮　胡海婕　郭亚娟
周群力　刘婧敏　陈　亮　孙文龙　温淑涵　赵　佳

谢碧霞　刘李威特　关　旭　江　浩　杨平平
秦　婷　田文远　徐　波　焦佩锋　王　英　胡佳虹
李之文　徐亮亮　毛吉康　张　杰　王晶晶　张　燚
闫巧玲　张艳艳　程国正　殷宗芳　陈君达　沈云毅
於屺牥　刘路遥　刘　波　李　茂　石　磊　庞小东
田　源　丁　力　姜丽萍　和　川　程福平　赵　俊
张　杰　张　麒　杨少平　赵思聪　邱永成　李振亚
吴馨华　章　轶　陆瀛海　刘　亮　冯春阳　向　波
倪金华　周　军　陈　琛　陆　波　皮常明　谢　婧
陈珊珊　邓少任　江　程　纪　季　李伟勋　贾爱铨
王会芳　杨黎春　李　超　戚大伟　翁经纬　熊丽琴
陈和美　效旭琼　王　珏　陈梦玲　吕　娟　朱向莹
张舒羽　曾丽艳　李婷婷　吴文婷　钟伯坚　曹英萍
李　敏　惠　鑫　聂琰珍　吴文涛　王琴琴　王先胜
陈昌由　王　佳　向　宇　许　震　刘亚多　齐　轶
苏超云　贾　奇　钱　毅　林科文　何　力　陈银冬
杨　彬　李　明　杨晓璐　杨益明　钱丽丽　吴小云
魏　忱　何婧婧　张杰伟　曲明磊　那一牧　盛　蓉
季薇娜　余　婧　苏　超　金一旻　王晓亮　吴海涛
鲍宪杰　蔡新国　丁照启　黄冬梅　黄文炯　居桂兰
蔡　锦　李跃博　向凌凤　杨栋卫　周　颖　何峥炜
郏立军　王　朝　孟　烨　杨　捷　陈谷亮　冯　晴
胡　玮　马艾麒　高　源　费媛媛　杨　杰　车　薇
蒋　莲　梁卡特　冯　墨　戴慧黎　张靖雅　虞臣伟
陈　赟　王志强　周　云　桑　林　曲元宁　王晓娟
王　坪　薛自华　梅继法　邓　博　章园园　罗开清
胡毅勍　吴臣国　韩　平　康晓强　余佳奇　李　为
付诚杰　杨华啸　肖福芳　周冬然　刘红英　刘　博
田　健　黄　侃　张文磊　张宪英　胡　梅　沈安怡
刘　伟　刘春红　范佳佳　黄　洁　徐昕红　郭纬纬
茆文杰　徐洁杰　彭　铬　李建华　王漱阳　梅传忠
陈　蓉　王　婧　陈　鑫　唐　政　李振红　王子亮
章佳赟　顾　炳　占昌友　朱赛杰　王先利　方　珉
胡　捷　赵　静　徐华祥　高小清　张　伟　高晓东
巩　雪　陈　越　郭静会　岳　丽　王　妹　张伟伟
苏敬敬　颜克香　李炳坤　张　健　接　健　赵　颖
范　蕾　高云生　严　虎　王　玮　翟亦晖　孙希才
周佳奇　竺向佳　王子高　周小羽　陈　晓　何春艳
倪晓田　王　伟　涂　婉　杨立刚

·大　事　记·

复旦大学大事记

1月

1月7—9日

计算物理和材料科学国际学术研讨会在校举行。

1月11日

2009年度国家科学技术奖励大会上,学校数学研究所名誉所长谷超豪院士获得国家最高科学技术奖。

由全球合作中心(简称GIC)组织、管理学院主办的国际金融峰会在校举行,主题为"一国两制:金融危机后的影响,对话中国新兴与成熟金融中心与市场"。该论坛是GIC在中国大陆地区第一次举办高峰论坛。

1月12日

由学校附属眼耳鼻喉科医院教授王正敏院士领衔,历时近10年研发成功的中国首个拥有自主创新技术和专利的"国产多道程控人工耳蜗"在临床应用,该举打破由澳大利亚、美国、奥地利等少数国家垄断这项技术的局面。

阿联酋阿迦曼科技大学校长Dr. Saeed Abdullah Salman到校访问。

1月14日

《自然》(*Nature*)杂志在线发表了耶鲁大学和学校生命科学院教授许田从分子机理层面阐释焦虑引发癌症的研究发现。该研究证明,焦虑真的会使罹患癌症的概率大幅上升。

1月14日

意大利农业部长Luca Zaia到校访问。

1月15日

学校在张江校区举行捐赠工作会议,总结2009年捐赠工作情况,通报学校捐赠工作现状及复旦大学教育发展基金工作情况。校党委书记秦绍德、副校长许征出席。

1月17日

"人才工程"预备队(一期)十五周年庆大会在校举行。校党委书记秦绍德、副书记陈立民出席。

1月22日

中共复旦大学第十三委员会第十次全体会议在校举行,会议主题是:通报校行政领导班子副职换届工作有关情况,审议《中共复旦大学委员会全体会议工作规则(草案)》和《复旦大学党代表任期制实施办法(草案)》。

学校男子排球队参加2009—2010年全国男子排球甲B联赛,进入全国甲A行列,是唯一一支进入甲A的以学生为主的高校业余球队。

巴黎大学学区长、索邦基金会主席让·路易布尔森率团到校访问。

1月26日

学校与清华大学和华中科技大学成为国家第一个产业技术创新联盟"集成电路封测产业链技术创新联盟"的高校缔约方。该联盟由国内从事集成电路封测产业链制造、科研、开发、教学的25家骨干企事业单位组成。

2月

2月1日

学校附属中山医院青浦分院二期扩建工程正式开工,该工程是上海市新一轮区域卫生"5+3+1"规划的民生实事工程之一。

2月1—2日

学校党政领导班子召开寒假务虚会,集中研讨加强本科生教育和医学学科管理的有关问题。

2月3—4日

国务院参事调研组在上海市政府参事室的陪同下到校就"深化教育体制改革"课题进行调研。校党委书记秦绍德主持座谈会,校长杨玉良汇报。校党委副书记刘建中、副校长陈晓漫、许征等出席。

2月9日

学校发布2010年自主招生选拔预录取结果。上海565位、浙江104位、江苏省102位优秀高中毕业生入选。

2月11日

2010年春节团拜会在校举行。

2月13日

英国医学杂志《柳叶刀》(*The Lancet*)刊登了学校附属中山医院王吉耀教授的评述文章"Evidence-based Medicine in China"(《循证医学在中国》)。

2月19日

《科学》(*Science*)杂志刊登学校生物医学研究院分子细胞生物学研究室的研究人员对乙酰化作用新机制的研究成果,两篇文章分别是《代谢酶的乙酰化协调碳源的利用和代谢》和《蛋白赖氨酸的乙酰化调控》。

学校附属华山医院通过国际医疗卫生机构评审联合委员会(JCI)评审,成为上海市首家通过JCI国际权威认证的三级甲等医院。该次评审中国大陆地区有4家医院通过该认证。

2月23日

学校药物经济学研究与评估中心与辉瑞投资有限公司签订合作备忘录,正式启动"复旦-辉瑞药物经济学能力建设"项目。

2月25日

上海市副市长、市妇儿工委主任赵雯在常务副校长王卫平等陪同下看望学校附属儿科医院康复基地的患儿。

2月27—28日

2000年春季度学生工作研讨会在浙江嘉善举行。校党委书记秦绍德、副书记陈立民出席。

3月

3月

国际关系与公共事务学院教授唐世平在《欧洲国际关系杂志》(*European Journal of International Relations*, EJIR)发表"国际政治的社会进化：从米尔斯海默到杰维斯"。

3月1日

2010年春季学期开学。校党委书记秦绍德，校长杨玉良，常务副校长王卫平，副书记陈立民、王小林，副校长许征、金力等，分别对四个校区的开学教学情况进行巡视。

2010年度暨第五届"复旦管理学杰出贡献奖"评选活动在校启动，该次授奖范围首次扩大到实业界工作者。

3月4日

应用表面物理国家重点实验室举行活动纪念谢希德先生逝世十周年。

3月5日

学校与无锡市人民政府全面合作协议签署仪式在校举行。校长杨玉良，江苏省省委常委、无锡市委书记杨卫泽，副校长陈晓漫、许征，中国工程院院士王威琪等出席会议。副校长金力主持会议。

3月8日

复旦大学纪念国际劳动妇女节100周年大会举行，会议表彰百余位先进集体和先进个人。

校董倪德明等到校访问。

3月9日

核安全国际学术研讨会在校举行。

3月11日

学校成立复旦大学编制"十二五"基本建设规划工作领导小组。

学校与北海道大学交流日在校举行。

3月12日

学校外文学院271名语言类特殊岗位志愿者举行誓师大会。

3月12—13日

"寻求太平洋地区的和谐与繁荣——从1910年南洋劝业会到2010年上海世博会"国际学术研讨会在校举行。

3月13日

主题为"2010年宏观经济趋势和企业发展机遇"校友论坛在京举行。校党委书记秦绍德，副校长陈晓漫、许征及百余位校友出席。会上，中国人民银行副行长朱民、中国社会科学院副院长李扬、中国社会科学院马克思主义研究院院长程恩富、野村证券中国区首席经济学家孙明春等校友作演讲。

3月15日

学校传媒与舆情调查中心发布"2010年上海市民全国两会认知与评价"大型舆情调查结果。

新民晚报《大学生版》首发仪式在校举行。市教卫党委副书记莫负春、文新报业集团党委书记缪国琴为创刊号揭幕。

3月16日

学校附属肿瘤医院引进弧形动态调强放射治疗机RapidArc。

3月18日

学校举行全校干部大会，传达十一届全国人大三次会议和全国政协十一届三次会议有关精神，布置2010年学校工作。

华东医院引进TRILOGY直线加速器系统，实现当今最先进的分子生物影像引导四维精确放疗。

美国哈佛大学校长Drew Faust到校访问。

3月19日

教育部副部长陈希一行到校调研。校党委书记秦绍德、校长杨玉良等党政领导同志和部分职能部门负责同志参与调研。

3月23日

学校与杨浦区人民政府签署《关于合作推进国家创新型试点城区建设战略协议》。校党委书记秦绍德、校长杨玉良、杨浦区委书记陈安杰、区长金兴明等出席签约仪式。

3月24日

学校附属中山医院陈灏珠院士被评为2009年度上海市科技功臣。

学校21个项目获得2009年度上海市科学技术奖，包括6个一等奖，10个二等奖，5个三等奖。并有1项上海市国际合作奖。

医学神经生物学国家重点实验室黄志力课题组在*The Journal of Neuroscience*杂志上发表"Essential Role of Dopamine D2 Receptor in the Maintenance of Wakefulness, But Not in Homeostatic Regulation of Sleep, in Mice"，揭示大脑内蛋白质多巴胺D2受体是调控觉性行为的重要受体。

3月29—30日

"中国对外政策的来源于转变"国际学术研讨会在校举行。

3月30日

中共中央政治局常委、国家副主席习近平访问由复旦大学承建的斯德哥尔摩孔子学院。

3月31日

复旦大学迎世博动员大会在校举行。

4月

4月1日

上海市副市长沈晓明到学校附属肿瘤医院调研，对上海市"生物样本库"建设提出具体要求。

4月2日

副校长蔡达峰为本专科生辅导员作通识教育辅导报告。

4月3日

抗战时期复旦旧址纪念馆在重庆北碚正式开馆。

4月5—6日

"亚洲多边主义：寻求共识"国际学术研讨会在校举办。

4月6日

纪念马相伯诞辰170周年座谈会在校举行，常务副校长张一华等出席。

校长杨玉良在励志讲坛围绕"博学"的主题，作题为《复旦当今应该如何培养人才？——谈谈通识教育》的演讲。

管理学院正式通过AACSB(国际精英商学院协会)认证。

4月10日

科技部副部长张来武到药学院考察指导重大创新药物平台建设，副校长陈晓漫陪同。

4月13日

纪念浦东开放二十周年暨浦东社会发展研究成果发布与研讨会在

沪举行。校党委书记秦绍德应邀出席并讲话。

4月14—16日

第14届计算机支持的协同设计国际会议(Conference on Computer Supported Cooperative Work in Design,CSCWD2010)在校举办。

4月20日

“世兴万象,博贯卿云”——2010复旦人节开幕。

4月23—25日

2010年上海国际乳腺癌康复研讨会在校举行。

4月24—26日

学校2 326名世博园区志愿者正式上岗,为世博会试运行服务。

4月27日

上海医学院药理研究中心主任马兰教授、附属中山医院副院长樊嘉教授、附属华山医院神经外科主任周良辅院士、附属金山医院五官科主任徐根林教授和生命科学学院李瑶教授在2010年全国劳动模范和先进工作者表彰大会上获得全国劳动模范和先进工作者荣誉称号。

第二十三届复旦光华自立奖终审答辩暨颁奖典礼举行。

经济学院教授宋铮与欧洲学者合作完成的《中国式增长》发表在《美国经济评论》杂志。

4月28日

当代国外马克思主义研究中心主任俞吾金教授、生命科学学院常务副院长钟扬教授获得上海市劳动模范称号,附属华山医院神经外科获得上海市模范集体荣誉称号。

4月28—29日

2010年东亚法律协作学术研讨会在校举行。

4月29日

英国牛津大学校长Andrew Hamilton到校访问。

诺华制药全球CEO Joe Jimenez到校访问。

4月30日

荷兰首相Jan Peter Balkenende到校访问。

学校与印度德里大学签订合作协议。

美国芝加哥大学校长Robert J. Zimmer到校访问。

5月

5月1日

学校党委书记秦绍德赴世博园区慰问学校世博志愿者。

5月1—2日

“东亚协商政治的文化渊源”国际学术讨论会在校举行。

5月3日

中共中央政治局委员、上海市委书记俞正声在世博园区看望学校世博志愿者。

5月4—6日

2010年金融信息处理国际学术研讨会在校举办。

5月5日

美国莱斯大学校长David Leebrons到校访问。

5月6日

芬兰赫尔辛基市市长代表团到校访问。

5月7日

全国人大常委会副委员长、中国红十字会会长华建敏等一行视察中国红十字会华山医院。

5月10—11日

2010结技术国际研讨会在校举办。

5月12日

校长杨玉良赴世博园区慰问学校世博志愿者。

加拿大蒙特利尔市市长Gerald Tremblay到校访问。

马来西亚教育部副部长暨马来西亚华人公会青年团团长魏家祥博士到校访问。

5月13日

沙特阿拉伯阿卜杜拉国王科技城城长Dr. Al Suwaiyel到校访问。

5月14日

美国邦德大学校长Robert Stable到校访问。

5月15—16日

2010全国高校澳门学生论坛在校举行,论坛由全国各高校及澳门青年社团主办,主题为“我与城市”。

5月16日

学校首批2 300余位世博园区普通岗志愿者圆满完成了6场试运行和16天正式运行的志愿者服务工作。

5月17日

荷兰格罗宁根大学校长Sibrand Poppema到校访问。

列支敦士登外交部长Aurelia Frick到校访问。

5月18日

德国于利希研究中心主席Prof. Achim Bachem到校访问。

澳大利亚外交部长Stephen Smith到校访问。

5月19日

研究生首届“学术之星”评选活动在校举行,共31名研究生入选。

西班牙桑坦德银行全球副总裁Francisco Luzón López到校访问。

5月20日

历史系和斯坦福大学胡佛研究院联合主办的“胡佛研究院藏宋子文档案第三次出版发布会”在校举行,会上推出3本新著,涉及400余份档案。

5月21—22日

“大规模系统优化问题”国际学术讨论会在校举行。

5月22日

庆祝学校建校105周年上海校友返校活动、“与世博通行”主题活动在校举行。

5月24—28日

第九届新型超导体光谱学国际会议在校举行。

5月25日

庆祝建校105周年第44届科学报告会暨学术文化周开幕式在校举行,校长杨玉良作《大学的学术使命与社会责任》主旨报告,经济学院教授陈钊、物理系教授封东来、附属华山医院教授毛颖发言。党委副书记陈立民主持会议,校党委副书记刘建中、王小林、副校长陈晓漫出席。

美国阿巴拉契亚州立大学校长Kenneth E. Peacock到校访问。

澳大利亚麦考瑞大学校长Steven Schwartz到校访问。

挪威高等教育和研究部国务秘书Kyrre Lekve到校访问。

瑞典教育部国务秘书Peter Honeth到校访问。

丹麦科技创新部国务秘书Uffe

Toudal Pedersen 到校访问。

芬兰教育部研究创新理事会秘书长 Ilkka Turunen 到校访问。

5 月 25—26 日

芬兰坦培雷大学校长 Krista Varantola 到校访问。

芬兰瑞典语商学院校长 Marianne Stenius 到校访问。

芬兰奥尔托大学校长 Tuula Teer 到校访问。

挪威奥斯陆大学校长 Ole Petter Ottersen 到校访问。

挪威科技大学校长 Torbjørn Digernes 到校访问。

瑞典隆德大学校务主任 Marianne Granfelt 到校访问。

瑞典斯德哥尔摩大学校务主任 Ann-Caroline Nordström 到校访问。

瑞典哥德堡大学校长 Pam Fredman 到校访问。

冰岛大学校长 Kristin Ingolfsdottir 到校访问。

5 月 27 日

学校 14 837 名师生员工为 4 月 14 日发生的青海玉树地震灾区捐款 1 672 239.18元人民币。

挪威工贸部部长 Trond Giske 到校访问。

5 月 29 日

美国圣路易斯华盛顿大学校长 Mark Wrighton 到校访问。

5 月 29—31 日

"上海论坛 2010"在沪举办，论坛主题为"经济全球化与亚洲的选择：反思、复苏、重构"，国务院前国务委员唐家璇、巴基斯坦前总理阿齐兹出席并作演讲。上海市委副书记、市长韩正发来贺信。上海市副市长沈晓明、校长杨玉良、韩国 SK 株式会社董事长崔太源出席并致辞。

5 月 30 日

印度外交部长 S. Jaishankar 博士到校访问。

5 月 30—6 月 30 日

毕业生离校。

5 月 31 日

"复旦大学海外优秀学者授课计划"在沪签约，印度总统出席，校长杨玉良与印度大使 S. Jaishankar 博士代表双方签字。

5 月 31—6 月 4 日

偏微分方程及其应用的新进展国际学术研讨会在校举办。

6 月

6 月 1 日

"世博心 · 志愿情"——复旦大学世博会日常岗位志愿者服务总结表彰大会在校举行，校党委书记秦绍德、校长杨玉良、校党委副书记陈立民、教师和志愿者代表 450 人参加会议。

西班牙巴塞罗那市政府国际关系部长 Mario Rubert 到校访问。

6 月 2 日

学校召开加强党风廉政建设干部大会，校党委书记秦绍德主持会议，校长杨玉良讲话，校党委副书记、纪委书记刘建中作纪委工作报告。上海市纪委常委、监察局副局长黄建平作学习辅导报告。校党政领导、党委委员、纪委委员，全校副处级以上领导干部和党风廉政监督员参加会议。

2010 年度图书馆咨询委员会会议在校举行。

芬兰教育部国务秘书 Heljä Misukka 女士到校访问。

6 月 4 日

英国律师公会主席代表团到校访问。

6 月 7 日

学校召开党政负责干部大会，校党委书记秦绍德传达了全国加强和改进大学生思想政治工作座谈会和全国人才工作会议精神。

6 月 8 日

2010 年复旦大学本科生资助工作总结表彰大会在校举行。

美国太平洋大学校长 Pamela A. Eibeck 到校访问。

6 月 9 日

白俄罗斯共和国教育部第一副部长 Zhuk Aleksander 到校访问。

6 月 10 日

生命科学学院遗传工程国家重点实验室教授王红艳及其合作者在《新英格兰医学杂志》发表"头部精神管畸形(NTD)出生缺陷人群中首次鉴别出 Vangl2 基因突变"，这是科学家们在世界范围内首次在患有神经管畸形的人类胚胎中发现这一类型的基因突变。

瑞典斯德哥尔摩市市长代表团 Lotta Edholm 到校访问。

6 月 11 日

瑞典皇家理工学院校长 Peter Gudmundson 到校访问。

6 月 13 日

复旦大学文史研究院与越南汉喃研究院合作三年编纂的《越南汉文燕行文献集成(越南所藏编)》出版。

6 月 15—20 日

2010 表面、界面和薄膜国际学术研讨会在校举行。

6 月 16—20 日

2010 年中国管理国际学会年会在校举行。

6 月 17 日

校党委举行十三届十一次全体会议，专题研究在全校基层党组织和党员中深入开展创建先进基层党组织、争当优秀共产党员活动的实施方案。

6 月 18—29 日

学校前校长、校友会第一副会长王生洪，前党委副书记、上医校友会会长彭裕文一行访问美国旧金山等 7 个地区的复旦大学校友会。

6 月 19 日

2010 年上海国际大肠癌学术讨论会在校举行。

6 月 19—20 日

学校附属华山医院神经科举行建科 60 周年庆祝活动和"两岸四地脑血管病论坛"和"神经退行性疾病国际论坛"。

6 月 21 日

新闻学院、复旦大学信息与传播研究中心联合发布《新媒体技术环境下上海市民媒介使用状况报告》。

6 月 23 日

环境科学与工程系副教授张士成和教授陈建民课题组将大型海藻浒苔成功转化制成生物质油，这一成果也发表在美国化学会能源领域权威期刊《能源与燃料》上。

6 月 24 日

学校与法国的巴黎政治学院签订合作协议。

学校与法国的巴黎高科工程师学校集团签订合作协议。

由芬兰住房部部长Jan Vapaavuori、瑞典国务秘书Johan Tiedemann、格陵兰岛财政部长Palle Christiansen等组成的北欧部长理事会代表团到校访问。

6月26日

日本关西大学校长楠见晴重到校访问。

6月28日

校党委书记秦绍德为2010届毕业生党员上党课。

6月28—29日

公益组织与社会建设中英学者双边会议在校举行。

6月29日

出土文献与古文字研究中心博士研究生蔡伟当选"2009中国大学生年度人物"。

学校与美国的普林斯顿大学签订合作协议。

以色列驻沪领事馆副总领事Sherry Zilbergeld到校访问。

6月30日

香港董氏慈善基金会代表、香港艺倡画廊董事长金董建平一行到校访问。

加拿大总督Michaelle Jean到校访问。

7月

7月1日

学校党委部署开展创先争优活动。

本(专)科毕业生"我为母校献'金点子'"座谈会在校举行,校长杨玉良出席。

宣传部和档案馆联合举行《复旦英烈传》首发仪式暨烈士精神与复旦传统座谈会。

7月2日

2010届本专科生毕业典礼、2010届研究生毕业典礼在校举行。

7月3—6日

管理学院举办"2010上海世博咖啡——世界咖啡馆"主题论坛。

7月5日

学校与上海世博局联合主办"年轻的世博——世界名校大联欢"。

7月5—30日

2010中法应用数学暑期班在校举行。

7月6日

全国政协委员、香港中华总商会会长蔡冠深校董到校访问,校长杨玉良会见。

7月11—12日

点校本"二十四史"及《清史稿》修订工程第四次编纂工作会议在校举行,校党委书记秦绍德、修订工程工作委员会主任杨牧之、全国高校古籍整理研究工作委员会主任安平秋,中宣部出版局、新闻出版总署出版管理司、中国出版集团等单位的代表出席会议。

7月15—16日

学校党政领导班子召开暑假务虚会。集中讨论学校"十二五"规划的指导思想、战略目标和重大措施,分析和研究学校在学术管理和行政管理方面存在的问题及改进的措施,探讨本科培养体制改革与发展方案。

7月16日

学校与新西兰的奥塔哥大学签订合作协议。

7月17—18日

学校举行中共复旦大学第十三届委员会第十二次全体(扩大)会议。会议主题是:贯彻全国教育工作会议精神,深入研究学校"十二五"面临的发展形势、奋斗目标和重要人物,探讨改善学校学术管理和行政管理的措施,进一步发挥学术生产力,加快创建世界一流大学的步伐。

7月17日

学校举行2010年复旦管理学国际论坛,围绕"工商管理与企业成长——可持续发展视角下的中国管理"进行了广泛探讨。

7月19日

《复旦大学信息公开实施条例》经学校党政联席会议审议通过,自9月1日起实施。

7月22日

中国共产党党员,中国民主同盟盟员,著名化学家、化学教育家,中国电化学的开拓者之一,复旦大学化学系教授,中国科学院院士吴浩青逝世,享年97岁。

7月23日

澳大利亚昆士兰教育与培训部长Geoff Wilson到校访问。

8月

8月3日

遗传工程国家重点实验室与美国约翰霍普金斯大学医学院合作在肝病医学*Hepatology*杂志以封面文章形式发表"羰基还原酶1作为表没食子儿茶素没食子酸酯对抗肝癌的一种新型靶标"。

8月8—10日

"东亚沙尘/气溶胶及其对全球气候变化的影响"国际学术研讨会在校举行。

8月12日

学校与哥斯达黎加大学签订合作协议。

8月13日

学校与新加坡南洋理工大学签订合作协议。

8月20—22日

学校获得中国第七届研究生电子设计竞赛团体金奖,黄伟同学获得个人奖二等奖,曾晓洋、虞志益、戴麟等获得"优秀指导教师"称号。

8月25日

学校与香港的香港中文大学、日本早稻田大学签订三方协议。

8月26日

日本早稻田大学校长白井克彦到校访问。

8月27日

南非开普敦大学校长Max Price到校访问。

8月30日

科技部公布"973计划"和国家重大科学研究计划2011年立项项目清单,学校高分子系杨玉良院士和附属眼耳鼻舌喉科医院李华伟教授受聘为国家"973计划"项目首席科学家,物理系教授沈健和生命科学院教授马红受聘为国家重大科学研究计划项目首席科学家。

8月30—9月3日

第十五届高电荷态离子物理国际会议在校举行。

8月31日

捷克帕拉茨基大学校长马士兰

教授(Miroslav Maslan)到校访问。

9月

9月

学校与圣彼得堡国立大学签订合作协议。

9月2日

卫生部党组书记、副部长张茅一行到校视察附属华山医院,指导上海医疗改革工作。

9月3日

2010级本科生、研究生新生开学典礼在校举行。

9月6日

2010年秋季学期开学。校长杨玉良,常务副校长张一华,党委副书记陈立民、王小林,副校长蔡达峰、陈晓漫、许征等,分别对四个校区的开学教学情况进行巡视。

芬兰埃斯波市市长 Marketta Kokkonen 到校访问。

9月7日

"今天,如何上好课"本科生教学座谈会在校举行。

学校举行全校干部大会,深入落实全国教育工作会议精神,布置新学期学校工作。

"2010上海世博 · 世界咖啡馆"活动在沪举行,活动由学校与台湾世界公民文化中心共同主办,主题为"华人能为二十一世纪贡献什么"。

9月8日

学校与江苏省盐城市共建盐城环保与信息化研发中心和盐城环保创新创业基地项目签约。

9月11日

2010年度秋季学生工作会议在校举行。校党委书记秦绍德、副书记陈立民参会。

9月13日

瑞士教育和科研副部长 Juerg Burri 到校访问。

芬兰国防部长 Jyri Häkämies 到校访问。

印度驻沪领事 Swapan Chattopadhyay 到校访问。

诺贝尔奖得主 Kurt Wuetrich 到校访问。

9月14日

复旦大学劳模事迹报告会在校举行。常务副校长张一华、校党委副书记王小林出席。

校长杨玉良应世界经济论坛邀请参加夏季达沃斯2010年"新领军者年会"。

9月15日

德国康斯坦斯大学校长 Ulrich Ruediger 教授到校访问。

9月16日

学校与俄罗斯莫斯科国立大学签订合作协议。

澳大利亚国立大学校长 Ian Chubb 到校访问。

9月17日

美国芝加哥大学校长 Robert Zimmer、美国布兰登大学校长 Deborah C. Poff、德国自由柏林大学校长 Peter André ALT 教授到校访问。

9月18日

中国语言文学系成立85周年庆典在校举行。校长杨玉良出席并讲话。

9月19日

复旦大学附属中学建校六十周年庆典大会在校举行,上海市市委副书记殷一璀出席大会并讲话。

学校成立本科生学院筹备工作小组,旨在具体推进筹建本科生学院的各项工作。

9月20日

以色列旅游部总司长 Noaz Barnir 到校访问。

9月21日

闵行区人民政府与学校第三轮合作共建上海市第五人民医院签约仪式在闵行举行。校党委书记秦绍德、闵行区委书记孙潮、市卫生局副局长李卫平出席并致辞。

学校与德国科隆大学签订合作协议。

法国驻华大使 Hervé Ladsous 到校访问。

9月21—24日

2010年亚太多媒体国际会议在校举行。

9月22日

沙特亲王曼苏尔 · 迈特阿布到校访问。

9月26日

日本同志社大学校长八田英二到校访问。

9月27日

中国学位与研究生教育学会德育委员会第七届学术年会在校举行。

德国图宾根大学校长 Prof. Bernd Engler 到校访问。

9月29日

校党委中心组举行第二十三次集体学习,集中学习胡锦涛、温家宝在全国教育工作会议上的讲话及刘延东在教育部直属高效工作咨询委员会第二十次全体会议上的讲话。

10月

10月8日

美国缅因大学校长 Theo Kalikow 和教务长 Allen Berger 到校访问。

10月9日

网络教育学院建院十周年庆典大会在校举行,副校长桂永浩出席并致辞。

学校校董、香港培华教育基金会主席、恒基兆业地产集团主席李兆基博士一行到校访问。

10月10—12日

"一流大学建设系列研讨会暨中国大学校长联谊会"在校举行,北京大学、清华大学等9所内地高校的校长或书记,香港大学、香港中文大学、香港科技大学的校长以及澳大利亚Go8大学联盟的代表出席,上海市委副书记殷一璀出席欢迎晚宴,上海市副市长沈晓明出席开幕式并致辞。本次研讨会的主题为"建设世界一流大学的中国模式"。国务院学位办副主任郭新立出席并作《以教育规划纲要精神加快世界一流大学和高水平大学建设》报告。

10月12日

挪威卑尔根大学校长 Sigmund Grønmo 到校访问。

瑞典卫生部部长 Maria Larson 到校访问。

10月16日

上海市药学会成立八十周年庆典暨学术报告会在校举行,全国人大常委会副委员长、中国药学会理事长桑国卫院士，上海市科协副主席陈凯先院士出席。校长杨玉良讲话并表示祝贺。

10月17日

信息科学与工程学院建院10周年庆典大会在校举行，校党委书记秦绍德，常务副校长张一华，中国工程院院士王威琪、范滇元，中国科学院院士干福熹等参会。

10月18日

复旦大学校务委员会第二十次全体会议在校举行。会议通报了2010年学校财务预算情况，并就信息公开、“985工程”三期建设规划、“十二五”规划制定、本科生教学质量、院系二级管理等问题进行了讨论。

中国金融史研究中心与上海市档案馆合作整理上海金融史档案资料。该课题为2010年国家社科基金重点项目。

10月18—19日

两岸四地图书馆馆长联席会议2010年年会在校举行。

10月18—22日

微米尺度生物医学分离和分析技术国际学术研讨会在校举行。

10月19日

学校与中国台湾新竹清华大学签订合作协议。

10月20日

高校推进哲学社会科学大众化、普及化工作经验交流会在校举办，教育部副部长李卫红出席并讲话，校党委书记秦绍德、副书记陈立民出席。

生命科学学院教授金力获得何梁何利基金2010年度科学与技术进步奖。

法国巴黎高科集团主席M. Cyrille Van Effenterre到校访问。

10月21日

法国里昂大学集团主席Michel Lussault到校访问。

丹麦文化部长Per Stig Moeller到校访问。

法国前总统Valery Giscard d'Estaing到校访问。

10月22日

金融研究院主持研发的复旦人民币汇率指数正式发布。

学校与台湾大学签订合作协议。

10月23日

中国科学院院士、复旦大学数学科学学院教授谷超豪获得第五届老教授“科教兴国贡献奖”。

瑞典隆德大学校务主任Marianne Granfelt到校访问。

10月23—24日

2010年上海国际生物技术与设备研讨会在校举行。

10月23—25日

第四届复旦大学董事会第四次会议在台北举行。

10月25日

智利天主教大学校长Ignacio Sanchez到校访问。

10月27日

经济学院发布《世界竞争力报告2009—2010》，这是国内高校首次发布此类排名。

10月28日

芬兰赫尔辛基大学校长Thomas Wilhelmsson到校访问。（由外事处提供）

10月29日

哥伦比亚留学基金委主席Marta Lucia Villegas Botero到校访问。（由外事处提供）

意大利伦巴第大区主席Roberto Formigoni到校访问。（由外事处提供）

10月29—31日

2010年上海国际呼吸病研讨会在校举行。（由外事处提供）

10月30日

学校第五届教职工代表大会第五次会议暨十六届工会会员代表大会第五次会议在校举行。会议审议了《复旦大学教职工处分条例（试行）草案》。

四川省复旦大学校友会在成都成立。校党委书记秦绍德，四川大学副校长、四川省复旦大学校友会会长李光宪、复旦大学副校长许征等出席并揭牌。

学校获第八届邓小平理论和宣传优秀成果奖奖励18项，获上海市第十届哲学社会科学优秀成果奖奖励77项，获奖总数和奖项等级列上海市高校之首。

11月

11月1日

澳大利亚外交部长陆克文Kevin Michael Rudd到校访问。

11月1—3日

2010年上海国际肿瘤局部与靶向治疗研讨会在校举行。

11月1—4日

现代应用数学国际学术会议在校举行。

2010年国际固态和集成电路会议在校举行。

11月2—5日

“前现代世界史的亚洲：印度、中国、日本、朝鲜与欧洲的思想史”国际学术研讨会在校举行。

11月3日

学校召开全校干部大会，传达党的十七届五中全会精神。

11月3—4日

2010“中濮院·复旦大学”中国市长论坛在校举行，山东省德州市市长吴翠云、江苏省镇江市市长刘捍东、云南省昭通市市长王敏正、安徽省六安市市长张韶春、山东省日照市市长赵效为、江西省新余市市长魏旋君出席。

11月3—5日

第十五次全国高校统战工作研讨会在校举行。

11月4日

澳大利亚教育部长Christopher Evans到校访问。

11月5日

朝鲜金日成综合大学党委书记金来西到校访问。

11月6日

“全球化与中国模式：《耶鲁全球在线复旦版》开通一周年学术研讨会”在校举行。

11月6—8日

“中古时代的礼仪、宗教与制度”国际学术研讨会在校举行。

11月8—9日

东亚区域合作与中日韩关系国际学术研讨会在校举行。

11月9日

《颜福庆传》（英文版）首发仪式暨纪念颜福庆先生逝世40周年座谈

会在校举行。

学校与芬兰东芬兰大学签订合作协议。

11 月 9—10 日

东亚区域一体化——第十三届中华经济协作系统国际研讨会在校举行。

11 月 14 日

复旦大学学生合唱团建团 20 周年中国作品专场音乐会在贺绿汀音乐厅正式上演。

11 月 15 日

2010 年"复旦管理学杰出贡献奖"颁奖典礼在厦门举行,中共中央政治局原常委、国务院原副总理、复旦管理学奖励基金会名誉会长李岚清,第十届全国政协副主席、复旦管理学奖励基金会第二任会长徐匡迪,中共福建省省委书记、省人大常委会主任孙春兰,福建省省委副书记、省长黄小晶等出席。

学校与芬兰图尔库大学签订合作协议。

法中科学与应用基金会学术委员会主席雅克·冈(Jacques Caen)教授到校访问。

11 月 16—17 日

2010 亚洲子宫内膜异位症学术研讨会在校举行。

11 月 17 日

学校党委与杨浦区委中心组联组学习会在校举行,主题为"深化三区联动,共谋十二五发展"。校党委书记秦绍德,校长杨玉良,常务副校长张一华、王卫平,副校长陈晓漫、桂永浩,杨浦区委书记陈寅,区委副书记、区长金兴明,区政协主席李文连等出席。

11 月 18 日

复旦剧社原创话剧《小巷总理》获得第二届中国校园戏剧节的最高奖项"中国戏剧奖·校园戏剧奖",以及优秀编剧、最佳表演单项奖。

11 月 19—21 日

"马克思主义与生态文明建设"国际学术研讨会在校举行。

11 月 20 日

日本研究中心成立 20 周年庆典在校举行。

复旦大学无锡研究院揭牌仪式暨复旦大学无锡研究院第一届理事会会议在无锡举行。

11 月 20—22 日

美国电气和电子工程师协会(Institute of Electrical and Electronics Engineers,简称 IEEE)电子商务工程大会、商务与企业计算大会在校举行。

11 月 21 日

新闻学院学生金源获得第 16 届亚运会女子 3 000 米障碍比赛亚军。

11 月 22—25 日

亚太地区伦理审查委员会论坛第十届年会在校举行。

11 月 24 日

以色列财政部首席会计师 Shouky Oren 到校访问。

11 月 25 日

迎接建党 90 周年党史工作座谈会在校举行。

11 月 26 日

学校附属眼耳鼻喉科医院东院项目建设签约仪式在沪举行。

11 月 27—30 日

"挑战与回应:宗教与当代世界"国际学术研讨会在校举行。

11 月 28—12 月 2 日

2010 年生殖免疫学国际学术研讨会在校举行。

12 月

12 月 3 日

2011 届毕业生名校优企大型招聘会在校举行。

12 月 4 日

陈望道诞辰一百二十周年暨中国修辞学会成立三十周年学术研讨会在校举行。主题为"继往开来的中国修辞学"。

12 月 4—5 日

中国经济国际学术会议在校举行。

12 月 6—8 日

"中国思想史、文化史研究的回顾和展望"国际学术研讨会在校举行。

12 月 6—10 日

亚洲光纤通信与光电国际会议及博览会在校举行。

12 月 7 日

以色列驻沪总领事 Jackie Eldan 到校访问。

世界经济论坛全球领袖项目主任 Martin Nägele 到校访问。

12 月 8 日

全国劳动卫生与职业病学术会议暨顾学箕教授诞辰 100 周年纪念会在校举行。

12 月 9 日

波兰驻沪总领馆商务参赞 Andrzej Pieczonka 到校访问。

12 月 10 日

加拿大英属哥伦比亚大学校长 Stephen Toope 教授到校访问。

12 月 10—11 日

学校与清华大学、香港中文大学联合主办的中国经济国际学术会议在校召开。

12 月 10—12 日

2010 年固体量子计算国际学术研讨会在校举行。

12 月 10—13 日

第八届国际最优化方法及应用大会在校举行。

12 月 12 日

复旦大学第四十一次学生代表大会在校召开。336 名正式学生代表选举产生了 36 名新一届学生委员会委员。

12 月 12—18 日

制度经济学上海研讨会在校举行。

12 月 13 日

瑞典驻沪总领事 Bengt Johansson、芬兰驻沪总领事 Matti Heimonen、挪威驻沪总领事 Bjørn Blokhus 到校访问。

12 月 17 日

学校在复旦、黄山两地举行追思活动,悼念为营救户外探险人员意外牺牲的张宁海烈士。

学校召开全校干部大会,传达全国高校党建工作会议精神,部署年末岁初工作。

学校科研成果"代谢乙酰化调控机理的发现"获得 2010 年度"中国高等学校十大科技进展"。

12 月 18 日

张薰华教授九十寿辰庆祝会暨

“中国可持续发展与包容性发展道路研究”学术研讨会在校举行。

12月20日

学校校董、香港嘉华集团主席吕志和博士一行到校访问。

12月23日

“耕耘、博学、笃行、奉献”——复旦大学2009—2010学年奖学金颁奖典礼在校举行。

·统 计 数 据·

2010 年复旦大学综合统计数据(1)

项　　目	数　量	单　位	项　　目	数　量	单　位
综合部分:			其中:邯郸校区	104.82	万平方米
1. 直属院(系)*	30	个	枫林校区	19.21	万平方米
2. 科研机构	413	个	江湾新校区	97.47	万平方米
其中:国家重点实验室	4	个	张江校区	22.82	万平方米
国家哲学社会科学创新基地	7	个	12. 建筑面积	149.23	万平方米
省部级设置的研究机构	48	个	其中:教学科研	59.50	万平方米
3. 普通本专科专业			教工单身宿舍	9.80	万平方米
本　科	70	个	财务部分:		
高　职	1	个	1. 固定资产	53.10	亿元
双学位	0	个	2. 财务收支情况		
4. 网络教育专业			本年总收入	41.92	亿元
专升本(非全日制)	15	个	本年总支出	38.87	亿元
第二本科	11	个	3. 资产状况		
高中起点本科(在线)	2		本年末资产	99.10	亿元
5. 继续教育专业			本年末负债	10.99	亿元
夜大学			本年末净资产	88.11	亿元
本　科	13	个	对外交流:		
专科升本科	28	个	1. 本年国际交流情况		
专　科	8	个	签定交流协议	23	个
自学考试			主办国际会议	49	次
本　科	6	个	2. 本年聘请专家情况		
专　科	5	个	名誉教授	1	人
6. 博士后流动站	29	个	顾问教授	3	人
7. 博士点			兼职教授	14	人
科学学位(含自设 30 个)	153	个	3. 本年来华专家情况		
专业学位	1	个	长期专家	103	人
8. 硕士点			短期专家	600	人
科学学位(含自设 51 个)	219	个	授课专家	35	人
专业学位	10	个	4. 来访团组		
9. 一级学科国家重点学科	11	个	来宾批次	409	批次
二级学科国家重点学科	19	个	来宾人次	7 280	人次
10. 藏书	498.50	万册	5. 本年出国人员情况	4 936	人次
11. 占地面积	244.32	万平方米	国际会议	2 427	人次

续　表

项　　　目	数　量	单　位	项　　　目	数　量	单　位
合作研究	413	人次	延长事宜	26	人次
访问考察	423	人次	留学进修	1 251	人次
长期任教	19	人次	其他	182	人次
讲学、培训实习	195	人次	其中：学生出国(境)	1 686	人次

注：* 不含继续教育学院、网络教育学院。

（校长办公室整理）

2010 年复旦大学综合统计数据(2)

项　　　目	数　量	单　位	项　　　目	数　量	单　位
在校学生数：	47 504	人	副研究员	89	人
(一) 研究生	13 851	人	3. 职　工	2 958	人
博士生	4 520	人	其中：正高级	50	人
硕士生	9 331	人	副高级	306	人
(二) 本专科生	13 237	人	(二) 中国科学院院士	27	人
本科生	12 561	人	中国工程院院士	9	人
专科生	676	人	(三) 长江学者	92	人
(三) 留学生	3 805	人	(四) 在职博士生指导教师	1 037	人
其中：攻读学位生	2 706	人	(五) 复旦大学杰出教授	3	人
(四) 网络教育学生	4 277	人	(六) 离退休人数	4 495	人
其中：本科生	3 617	人	其中：正副高级职称	2 070	人
(五) 成人教育学生	12 334	人	**科学研究部分(理科、医科)：**		
1. 业余	12 198	人	1. 鉴定成果	10	项
其中：本科生	11 012	人	2. 专利授予	164	项
2. 脱产	136	人	3. 科研获奖	25	项
其中：本科生	136	人	其中：国家级	2	项
其他人员：			省部级	23	项
(一) 博士后在站人员	667	人	4. 发表论文	5 879	篇
博士后出站人员	227	人	其中：国外学术刊物	3 032	篇
累计博士后出站人员	1 917	人	全国学术刊物	2 847	篇
(二) 自学考试毕业生	2 417	人	5. 科技专著	42	部
其中：本科生	883	人	**科学研究部分(文科)：**		
(三) 进修生结业生		人	1. 提交有关部门报告数	122	篇
(四) 短训班学生结业生	12 328	人	其中：被采纳数	100	篇
师资部分：			2. 科研获奖	104	项
(一) 教职工总数(不含附属医院)	5 642	人	国家级	0	项
1. 专任教师	2 346	人	省部级	104	项
其中：教　授	734	人	3. 发表论文	3 101	篇
副教授	804	人	国外学术刊物	157	篇
2. 专职科研人员	267	人	国内学术刊物	2 922	篇
其中：研究员	71	人	其中：国内外公开发行	2 815	篇

续 表

项 目	数 量	单 位	项 目	数 量	单 位
国内公开发行	135	篇	6. 译著	61	部
港澳台刊物	22	篇	7. 古籍整理	5	部
4. 发表译文	34	篇	8. 电子出版物	2	件
5. 专著	158	部			

（校长办公室整理）

2010年复旦大学普通本专科分专业学生数统计

单位：人

专业名称	专业代码	年制	毕业生数	授予学位数	招生数		在校学生数						预计毕业生数
					合计	应届生	合计	一年级	二年级	三年级	四年级	五年级及以上	
总 计	001		3 401	3 173	3 286	3 104	13 237	3 355	3 267	2 949	3 255	411	3 497
总计中：女	002		1 815	1 655	1 779	1 682	6 948	1 826	1 752	1 558	1 603	209	1 785
本科	210		3 256	3 173	3 046	2 881	12 561	3 115	3 032	2 748	3 255	411	3 296
本科中：女	211		1 680	1 655	1 555	1 473	6 314	1 602	1 529	1 371	1 603	209	1 598
高中起点本科	212		3 256	3 173	3 046	2 881	12 561	3 115	3 032	2 748	3 255	411	3 296
哲学类	2120101000	4	0	0	40	37	41	41	0	0	0	0	0
哲学	2120101010	4	36	36	3	3	120	5	35	35	45	0	45
宗教学	2120101030	4	12	12	0	0	20	0	0	8	12	0	12
哲学(国学方向)	2120101990	4	0	0	0	0	25	0	5	6	14	0	14
哲学(武警班)	2120101990	4	0	0	0	0	69	0	35	0	34	0	34
经济学类	2120201000	4	0	0	337	312	338	338	0	0	0	0	0
经济学	2120201010	4	82	80	0	0	235	0	85	65	85	0	85
国际经济与贸易	2120201020	4	91	89	0	0	224	0	74	68	82	0	82
财政学	2120201030	4	48	47	0	0	114	0	45	33	36	0	36
金融学	2120201040	4	102	101	0	0	273	0	82	87	104	0	104
保险	2120201070	4	31	31	0	0	84	0	30	26	28	0	28
经济学(数理经济方向)	2120201990	4	34	34	0	0	72	0	29	22	21	0	21
法学	2120301010	4	109	107	97	86	383	98	95	89	101	0	101
社会学类	2120303000	4	0	0	91	82	99	99	0	0	0	0	0
社会学	2120303010	4	50	49	0	0	147	0	47	53	47	0	47
社会工作	2120303020	4	34	34	0	0	80	0	34	24	22	0	22
政治学与行政学	2120304010	4	17	16	1	1	60	1	19	19	21	0	21
国际政治	2120304020	4	44	44	0	0	137	0	53	38	46	0	46
思想政治教育	2120304040	4	17	16	15	15	67	15	15	17	20	0	20
思想政治教育(武警班)	2120304040	4	0	0	30	30	30	30	0	0	0	0	0
国际政治类	2120304990	4	0	0	106	102	106	106	0	0	0	0	0
中国语言文学类	2120501000	4	0	0	90	82	90	90	0	0	0	0	0
汉语言文学	2120501010	4	62	61	0	0	190	0	69	58	63	0	63
汉语言文学(武警班)	2120501010	4	30	28	0	0	25	0	0	25	0	0	0
汉语言	2120501020	4	27	27	3	3	59	3	15	22	19	0	19

续表

专业名称	专业代码	年制	毕业生数	授予学位数	招生数		在校学生数						预计毕业生数
					合计	应届生	合计	一年级	二年级	三年级	四年级	五年级及以上	
英语	2120502010	4	37	36	50	50	202	52	49	40	61	0	61
俄语	2120502020	4	15	15	15	13	46	15	13	5	13	0	13
德语	2120502030	4	19	19	17	17	79	21	21	17	20	0	20
法语	2120502040	4	21	21	17	16	71	18	18	18	17	0	17
日语	2120502070	4	21	21	20	19	69	22	17	10	20	0	20
朝鲜语	2120502090	4	20	20	14	12	49	14	12	4	19	0	19
翻译	2120502550	4	11	11	13	13	71	14	15	17	25	0	25
新闻传播学类	2120503000	4	0	0	171	155	171	171	0	0	0	0	0
新闻学	2120503010	4	52	52	0	0	191	0	81	48	62	0	62
新闻学(武警班)	2120503010	4	0	0	0	0	7	0	2	5	0	0	0
广播电视新闻学	2120503020	4	41	40	1	1	105	1	24	35	45	0	45
广告学	2120503030	4	51	49	0	0	123	0	41	35	47	0	47
传播学	2120503050	4	25	25	0	0	78	0	36	14	28	0	28
艺术设计	2120504080	4	25	24	0	0	78	0	24	27	27	0	27
历史学	2120601010	4	50	49	56	55	170	59	37	40	34	0	34
博物馆学	2120601040	4	29	28	27	23	110	27	25	28	30	0	30
数学类	2120701000	4	0	0	130	129	233	145	88	0	0	0	0
数学与应用数学	2120701010	4	111	110	0	0	289	0	58	118	113	0	113
信息与计算科学	2120701020	4	61	58	0	0	157	0	29	61	67	0	67
物理学	2120702010	4	92	88	86	83	386	87	106	86	107	0	107
化学类	2120703000	4	0	0	117	114	156	117	39	0	0	0	0
化学	2120703010	4	60	58	0	0	181	0	39	60	82	0	82
应用化学	2120703020	4	21	19	0	0	57	0	5	24	28	0	28
生物科学类	2120704000	4	0	0	141	138	141	141	0	0	0	0	0
生物科学	2120704010	4	140	137	0	0	337	0	111	105	121	0	121
生物技术	2120704020	4	26	25	0	0	84	0	30	26	28	0	28
理论与应用力学	2120711010	4	38	37	3	3	78	3	19	25	31	0	31
电子信息科学类	2120712000	4	0	0	293	272	293	293	0	0	0	0	0
电子信息科学与技术	2120712010	4	85	85	0	0	241	0	73	84	84	0	84
微电子学	2120712020	4	82	78	0	0	252	0	87	72	93	0	93
光信息科学与技术	2120712030	4	34	32	0	0	75	0	24	23	28	0	28
信息安全	2120712050	4	34	33	0	0	84	0	24	27	33	0	33
材料科学类	2120713000	4	0	0	81	71	81	81	0	0	0	0	0
材料物理	2120713010	4	22	21	0	0	80	0	26	24	30	0	30
材料化学	2120713020	4	18	18	0	0	40	0	19	9	12	0	12
环境科学	2120714010	4	52	52	52	50	227	52	55	50	70	0	70
心理学	2120715010	4	22	21	26	25	99	28	22	23	26	0	26
统计学	2120716010	4	41	41	0	0	124	0	42	34	48	0	48

续 表

专业名称	专业代码	年制	毕业生数	授予学位数	招生数		在校学生数						预计毕业生数
					合计	应届生	合计	一年级	二年级	三年级	四年级	五年级及以上	
高分子材料与工程	2120802040	4	37	36	0	0	117	0	38	38	41	0	41
核技术	2120805080	4	0	0	31	31	54	31	23	0	0	0	0
通信工程	2120806040	4	50	49	0	0	150	0	47	44	59	0	59
计算机科学与技术	2120806050	4	106	102	0	0	261	0	82	72	107	0	107
计算机科学与技术类	2120806050	4	0	0	114	112	114	114	0	0	0	0	0
电子科学与技术	2120806060	4	19	19	0	0	53	0	16	15	22	0	22
生物医学工程	2120806070	4	18	18	0	0	40	0	12	11	17	0	17
电气工程及其自动化	2120806080	4	45	44	2	2	103	2	32	33	36	0	36
软件工程	2120806110	4	96	89	90	82	351	92	83	84	92	0	92
航空航天类	2120815000	4	0	0	51	47	51	51	0	0	0	0	0
飞行器设计与工程	2120815010	4	18	17	0	0	47	0	19	13	15	0	15
基础医学	2121001010	5	18	17	2	2	96	3	21	24	17	31	31
预防医学	2121002010	5	50	49	64	62	274	66	40	47	53	68	68
临床医学(八年制)	2121003010	8	110	110	116	115	666	116	114	111	115	210	97
临床医学(五年制)	2121003010	5	85	78	1	1	240	1	24	71	60	84	84
临床医学类	2121003010	5	0	0	104	100	163	105	58	0	0	0	0
法医学	2121006010	5	13	11	2	2	49	2	7	10	12	18	18
护理学(四年制)	2121007010	4	15	11	25	23	94	25	27	29	13	0	13
药学	2121008010	4	60	58	84	80	264	84	68	53	59	0	59
管理科学与工程类	2121101000	4	0	0	0	0	58	0	58	0	0	0	0
管理科学	2121101010	4	37	36	0	0	75	0	0	32	43	0	43
管理科学(中法合作)	2121101010	4	18	18	0	0	0	0	0	0	0	0	0
信息管理与信息系统	2121101020	4	30	29	0	0	33	0	0	13	20	0	20
工商管理类	2121102000	4	0	0	152	145	262	170	92	0	0	0	0
工商管理	2121102010	4	7	7	1	1	13	1	0	11	1	0	1
市场营销	2121102020	4	18	18	0	0	19	0	0	0	19	0	19
会计学	2121102030	4	59	59	0	0	79	0	0	37	42	0	42
财务管理	2121102040	4	65	65	0	0	82	0	0	21	61	0	61
旅游管理	2121102060	4	37	35	43	43	135	44	27	33	31	0	31
行政管理	2121103010	4	40	40	0	0	126	0	42	36	48	0	48
公共事业管理	2121103020	4	23	23	21	21	89	21	24	21	23	0	23
专科	220		145	0	240	223	676	240	235	201	0	0	201
专科中：女	221		135	0	224	209	634	224	223	187	0	0	187
高中起点专科	222		145	0	240	223	676	240	235	201	0	0	201
护理学(高职)	2226302010	3	145	0	240	223	676	240	235	201	0	0	201

（教务处供稿）

2010 年复旦大学授予学生学士学位情况统计(1)

单位：人

毕业人数			结业人数		未授予学位数	授予学位数	
合计	本科	专科	本科	专科		授予数	授予学位比率(%)
3 401	3 256	145	47	0	83	3 173	97.45%

注：未含网络教育学院和继续教育学院。

(教务处供稿)

2010 年复旦大学授予学生学士学位情况统计(2)

单位：人

学科	文学	历史学	经济学	法学	哲学	理学	工学	医学	管理学	小计
人数	449	77	382	306	48	1 157	199	265	290	3 173

注：未含网络教育学院和继续教育学院数据。

(教务处供稿)

2010 年复旦大学全国高考分省市录取分数统计

省市	文史			理工			省市	文史			理工		
	最高分	最低分	平均分	最高分	最低分	平均分		最高分	最低分	平均分	最高分	最低分	平均分
安徽	648	646	643	678	669	663	内蒙古	—	—	—	675	668	659
北京	655	621	610	682	656	646	宁夏	606	605	605	637	626	620
福建	637	633	628	661	654	648	青海	546	545	544	627	623	617
甘肃	600	593	589	662	657	653	山东	676	670	667	685	680	676
广东	665	659	657	697	688	685	山西	610	593	581	650	631	620
广西	613	599	593	648	638	629	陕西	653	645	639	681	677	675
贵州	619	611	606	657	644	636	上海	555	535	528	567	535	526
海南	858	843	825	860	851	845	四川	630	624	621	647	633	630
河北	617	614	609	676	667	663	天津	638	630	626	672	659	653
河南	604	599	597	652	646	644	新疆	622	602	589	688	654	639
黑龙江	638	629	621	680	664	658	新疆民考汉	621	587	576	684	635	617
湖北	605	600	597	667	660	658	新疆实验班	—	—	—	631	593	557
湖南	647	642	639	671	667	665	云南	619	606	592	662	657	652
吉林	622	611	605	672	666	662	浙江	687	680	676	687	679	672
江苏	402	397	394	425	416	414	重庆	665	661	657	673	668	665
江西	596	591	589	634	627	624	港澳台地区	592	567	551	587	563	545
辽宁	620	615	611	665	653	641							

注：本统计仅供高考填报志愿参考，其中最低录取分数线按 1∶1 招生计划确定。

(教务处供稿)

2010 年复旦大学上海市高考分专业录取分数统计

编码	专业名称	文史类			编码	专业名称	文史类		
		高分	平均	低分			高分	平均	低分
001	朝鲜语(提前批)	527	527	527	004	法语(提前批)	538	533	531
002	德语(提前批)	539	532	528	005	护理学(提前批)	503	488	476
003	俄语(提前批)	528	527	525	006	日语(提前批)	531	528	527

续 表

编码	专业名称	文史类		
		高分	平均	低分
007	思想政治教育(提前批)	539	525	520
01	中国语言文学类	534	533	531
02	英语	530	529	528
03	翻译	537	536	534
04	新闻传播学类	553	546	543
05	历史学	531	529	528
06	旅游管理	535	532	530
07	博物馆学	529	529	529
08	哲学类	534	531	528
09	社会学类	538	534	531
10	国际政治	540	536	534
11	法学	537	535	531
12	经济学类	555	545	541
701	护理(高职)	349	304	292

编码	专业名称	理工类		
		高分	平均	低分
051	朝鲜语(提前批)	523	523	523
052	德语(提前批)	536	535	533
053	俄语(提前批)	533	533	533
054	法语(提前批)	548	537	530
055	护理学(提前批)	513	493	482
056	日语(提前批)	546	538	530
057	思想政治教育(提前批)	540	527	522
51	英语	541	537	533
52	翻译	543	543	542
53	新闻传播学类	549	545	543
54	旅游管理	539	538	537
55	哲学类	537	532	530
56	社会学类	540	533	530
57	心理学	539	538	537
58	国际政治	541	537	534
59	法学	539	539	538
60	经济学类	554	550	546
61	工商管理类	549	547	544
62	数学类	553	545	541
63	物理学	541	534	530
64	核技术	531	531	530
65	化学类	545	532	528
66	电子信息科学类	542	531	526
67	计算机科学与技术	543	535	527
68	材料科学类	545	537	531
69	航空航天类	541	537	534
70	生物科学类	539	532	528
71	环境科学	567	542	536
72	软件工程	534	530	526
73	临床医学(8 年制)	542	538	534
74	临床医学	529	528	527
75	预防医学	533	532	531
76	公共事业管理	542	542	541
77	药学	548	548	548
751	护理(高职)	352	317	310

注：1. 本统计仅供高考填报志愿参考。
2. 由于招生专业计划限制，遇到同分时由计算机随机投档，因此存在同分未进相同专业的情况。
3. 本统计包含 1∶1 以内生源，追加计划投档情况不作统计。

（教务处供稿）

2010 年复旦大学分办学形式研究生数统计

单位：人

	毕业生数	授予学位数	招生数		在校学生数				预计毕业生数
			总计	应届生	总计	一年级	二年级	三年级	
总　计	3 344	3 214	4 666	2 657	13 851	4 776	4 366	4 709	4 709
总计中：女	1 535	1 489	2 213	1 378	6 377	2 271	2 039	2 067	2 067
学术型学位博士	874	826	1 152	341	4 296	1 152	1 095	2 049	2 049
国家任务学术型学位博士	841	789	1 098	340	4 049	1 098	1 037	1 914	1 914
委托培养学术型学位博士	20	23	38		142	38	39	65	65

续 表

专业名称	专业代码	年制	毕业生数	授予学位数	招生数		在校学生数				预计毕业生数
					合计	应届生	合计	一年级	二年级	三年级	
金融管理与金融工程	112020299	3	2	2	0	0	1	0	0	1	1
产业组织学	112020299	3	2	2	2	1	5	2	1	2	2
民商法学	112030105	3	9	9	11	2	43	11	8	24	24
国际法学	112030109	3	4	4	8	0	27	8	5	14	14
政治学理论	112030201	3	7	5	7	2	30	7	8	15	15
中外政治制度	112030202	3	3	2	4	1	19	4	6	9	9
中共党史	112030204	3	2	2	3	0	11	3	2	6	6
国际政治	112030206	3	7	7	10	2	36	10	9	17	17
国际关系	112030207	3	4	4	5	0	28	5	6	17	17
外交学	112030208	3	2	2	3	1	14	3	5	6	6
马克思主义理论与思想政治教育	112030299	3	6	6	0	0	1	0	0	1	1
社会学	112030301	3	3	3	6	0	31	6	8	17	17
马克思主义基本原理	112030501	3	3	3	4	2	11	4	4	3	3
马克思主义中国化研究	112030503	3	3	3	2	0	6	2	2	2	2
思想政治教育	112030505	3	1	1	7	0	22	7	7	8	8
文艺学	112050101	3	1	1	3	2	20	3	5	12	12
语言学及应用语言学	112050102	3	3	3	3	1	13	3	3	7	7
汉语言文字学	112050103	3	3	3	11	3	35	11	8	16	16
中国古典文献学	112050104	3	4	4	5	2	19	5	7	7	7
中国古代文学	112050105	3	9	9	12	3	45	12	11	22	22
中国现当代文学	112050106	3	8	9	6	1	25	6	6	13	13
比较文学与世界文学	112050108	3	8	8	6	2	24	6	4	14	14
中国文学批评史	112050199	3	5	5	4	0	13	4	3	6	6
艺术人类学与民间文学	112050199	3	0	0	4	1	10	4	3	3	3
现代汉语语言学	112050199	3	1	1	1	0	5	1	2	2	2
影视文学	112050199	3	2	1	1	0	3	1	1	1	1
中国文学古今演变	112050199	3	1	1	2	0	4	2	1	1	1
英语语言文学	112050201	3	3	4	7	1	28	7	7	14	14
外国语言学及应用语言学	112050211	3	1	1	6	1	31	6	8	17	17
新闻学	112050301	3	7	8	12	0	41	12	12	17	17
传播学	112050302	3	3	3	6	1	23	6	7	10	10
广播电视学	112050399	3	4	5	7	1	18	7	5	6	6
媒介管理学	112050399	3	0	0	2	0	6	2	3	1	1
史学理论及史学史	112060101	3	1	1	2	1	11	2	2	7	7
考古学及博物馆学	112060102	3	2	2	4	1	10	4	1	5	5
历史地理学	112060103	3	11	10	11	4	41	11	12	18	18
历史文献学	112060104	3	1	1	2	1	6	2	2	2	2

续 表

专业名称	专业代码	年制	毕业生数	授予学位数	招生数		在校学生数				预计毕业生数
					合计	应届生	合计	一年级	二年级	三年级	
专门史	112060105	3	5	6	4	2	28	4	6	18	18
中国古代史	112060106	3	3	3	5	0	22	5	4	13	13
中国近现代史	112060107	3	3	3	9	3	31	9	8	14	14
世界史	112060108	3	5	5	4	0	23	4	5	14	14
文物学	112060199	3	0	0	2	2	14	2	5	7	7
人口史	112060199	3	0	0	3	2	6	3	1	2	2
当代中国史	112060199	3	0	0	1	0	2	1	1	0	0
基础数学	112070101	3	14	12	19	12	53	19	11	23	23
计算数学	112070102	3	1	1	5	4	21	5	8	8	8
概率论与数理统计	112070103	3	2	2	4	4	13	4	3	6	6
应用数学	112070104	3	8	7	8	6	21	8	4	9	9
运筹学与控制论	112070105	3	6	6	3	2	17	3	4	10	10
理论物理	112070201	3	13	14	21	10	60	21	16	23	23
粒子物理与原子核物理	112070202	3	0	0	2	0	6	2	2	2	2
原子与分子物理	112070203	3	3	3	5	1	15	5	1	9	9
凝聚态物理	112070205	3	21	24	20	11	79	20	18	41	41
光学	112070207	3	7	7	15	7	53	15	12	26	26
无机化学	112070301	3	7	8	16	9	58	16	13	29	29
分析化学	112070302	3	11	2	8	1	35	8	10	17	17
有机化学	112070303	3	13	14	9	2	42	9	14	19	19
物理化学	112070304	3	20	20	20	7	67	20	16	31	31
高分子化学与物理	112070305	3	14	18	30	18	109	30	28	51	51
化学生物学	112070399	3	10	4	7	3	31	7	11	13	13
应用化学	112070399	3	0	0	3	0	5	3	0	2	2
植物学	112071001	3	4	2	3	2	13	3	2	8	8
生理学	112071003	3	8	1	6	2	16	6	3	7	7
微生物学	112071005	3	7	7	5	1	22	5	4	13	13
神经生物学	112071006	3	16	13	26	2	79	26	20	33	33
遗传学	112071007	3	23	22	34	6	137	34	28	75	75
发育生物学	112071008	3	1	4	3	2	22	3	6	13	13
生物化学与分子生物学	112071010	3	20	21	39	21	118	39	31	48	48
生物物理学	112071011	3	3	4	4	0	8	4	2	2	2
生态学	112071012	3	6	4	6	1	22	6	6	10	10
生物信息学	112071099	3	3	2	3	1	18	3	4	11	11
人类生物学	112071099	3	2	1	3	1	4	3	1	0	0
流体力学	112080103	3	6	6	10	5	42	10	9	23	23
材料物理与化学	112080501	3	16	16	11	6	35	11	11	13	13
物理电子学	112080901	3	9	9	11	4	37	11	9	17	17

续　表

专业名称	专业代码	年制	毕业生数	授予学位数	招生数		在校学生数				预计毕业生数
					合计	应届生	合计	一年级	二年级	三年级	
电路与系统	112080902	3	4	4	7	3	29	7	6	16	16
微电子学与固体电子学	112080903	3	21	22	28	11	109	28	25	56	56
电磁场与微波技术	112080904	3	0	0	4	3	9	4	3	2	2
计算机系统结构	112081201	3	3	3	2	0	20	2	4	14	14
计算机软件与理论	112081202	3	15	16	22	6	94	22	19	53	53
计算机应用技术	112081203	3	8	8	6	1	44	6	7	31	31
环境科学	112083001	3	7	11	15	2	45	15	13	17	17
生物医学工程	112083100	3	0	0	1	0	8	1	2	5	5
医学电子学	112083199	3	2	2	3	2	15	3	4	8	8
生物力学	112083199	3	3	3	2	1	10	2	4	4	4
人体解剖与组织胚胎学	112100101	3	6	5	1	0	14	1	5	8	8
免疫学	112100102	3	2	1	5	0	9	5	2	2	2
病原生物学	112100103	3	8	8	15	6	49	15	12	22	22
病理学与病理生理学	112100104	3	12	9	10	2	29	10	7	12	12
法医学	112100105	3	0	0	2	2	10	2	3	5	5
放射医学	112100106	3	1	1	2	1	11	2	3	6	6
分子医学	112100199	3	2	2	2	2	11	2	3	6	6
医学信息学	112100199	3	3	2	0	0	5	0	1	4	4
疾病蛋白组学	112100199	3	4	3	11	1	52	11	16	25	25
内科学	112100201	3	33	24	40	14	150	40	41	69	69
儿科学	112100202	3	13	7	20	3	64	20	15	29	29
神经病学	112100204	3	5	5	6	2	23	6	6	11	11
精神病与精神卫生学	112100205	3	3	2	1	0	6	1	2	3	3
皮肤病与性病学	112100206	3	2	4	3	1	11	3	3	5	5
影像医学与核医学	112100207	3	4	6	12	2	44	12	12	20	20
临床检验诊断学	112100208	3	2	3	0	0	1	0	0	1	1
外科学	112100210	3	31	25	44	15	154	44	43	67	67
妇产科学	112100211	3	10	8	10	1	30	10	8	12	12
眼科学	112100212	3	5	5	10	5	31	10	11	10	10
耳鼻咽喉科学	112100213	3	11	10	16	4	45	16	13	16	16
肿瘤学	112100214	3	12	10	27	3	70	27	20	23	23
康复医学与理疗学	112100215	3	0	0	2	0	8	2	2	4	4
运动医学	112100216	3	1	1	1	0	3	1	1	1	1
麻醉学	112100217	3	2	1	3	0	12	3	3	6	6
流行病与卫生统计学	112100401	3	12	12	14	2	44	14	12	18	18
劳动卫生与环境卫生学	112100402	3	8	7	5	2	16	5	4	7	7
营养与食品卫生学	112100403	3	0	0	2	0	7	2	3	2	2
儿少卫生与妇幼保健学	112100404	3	0	0	3	0	10	3	3	4	4

续　表

专业名称	专业代码	年制	毕业生数	授予学位数	招生数		在校学生数				预计毕业生数
					合计	应届生	合计	一年级	二年级	三年级	
卫生毒理学	112100405	3	4	4	1	1	7	1	2	4	4
中西医结合基础	112100601	3	2	1	1	1	11	1	3	7	7
中西医结合临床	112100602	3	8	6	4	2	17	4	5	8	8
药物化学	112100701	3	3	3	5	2	16	5	3	8	8
药剂学	112100702	3	9	11	11	3	39	11	14	14	14
生药学	112100703	3	4	2	2	2	11	2	2	7	7
药理学	112100706	3	11	11	11	5	30	11	12	7	7
管理科学与工程	112120100	3	6	5	7	1	33	7	10	16	16
物流与运营管理	112120199	3	3	3	0	0	5	0	0	5	5
工商管理	112120200	3	0	0	21	1	21	21	0	0	0
会计学	112120201	3	5	5	0	0	11	0	5	6	6
企业管理	112120202	3	12	15	0	0	38	0	13	25	25
旅游管理	112120203	3	1	1	1	0	6	1	1	4	4
东方管理学	112120299	3	2	2	0	0	7	0	1	6	6
行政管理	112120401	3	2	2	7	1	18	7	5	6	6
社会医学与卫生事业管理	112120402	3	6	6	10	4	33	10	10	13	13
社会管理与社会政策	112120499	3	2	1	6	0	31	6	7	18	18
公共政策	112120499	3	0	0	3	1	4	3	0	1	1
委托培养学术型学位博士	113		20	23	38	0	142	38	39	65	65
马克思主义哲学	113010101	3	0	0	1	0	2	1	1	0	0
中国哲学	113010102	3	0	0	0	0	3	0	0	3	3
外国哲学	113010103	3	0	0	0	0	1	0	1	0	0
宗教学	113010107	3	0	0	0	0	1	0	0	1	1
科学技术哲学	113010108	3	0	0	0	0	1	0	0	1	1
国外马克思主义	113010199	3	0	0	1	0	1	1	0	0	0
政治经济学	113020101	3	1	1	2	0	8	2	2	4	4
经济思想史	113020102	3	0	0	1	0	2	1	0	1	1
西方经济学	113020104	3	0	0	2	0	4	2	2	0	0
世界经济	113020105	3	2	2	4	0	12	4	1	7	7
应用经济学	113020200	3	0	0	1	0	1	1	0	0	0
国民经济学	113020201	3	0	0	1	0	1	1	0	0	0
金融学	113020204	3	2	4	1	0	11	1	2	8	8
产业经济学	113020205	3	1	0	0	0	5	0	2	3	3
产业组织学	113020299	3	0	0	0	0	2	0	1	1	1
民商法学	113030105	3	0	0	2	0	4	2	1	1	1
国际法学	113030109	3	0	0	0	0	1	0	1	0	0
政治学理论	113030201	3	1	1	0	0	1	0	0	1	1
中国古代文学	113050105	3	0	0	0	0	1	0	0	1	1

续　表

专业名称	专业代码	年制	毕业生数	授予学位数	招生数		在校学生数				预计毕业生数
					合计	应届生	合计	一年级	二年级	三年级	
中国现当代文学	113050106	3	0	0	0	0	1	0	0	1	1
中国文学古今演变	113050199	3	0	0	0	0	2	0	1	1	1
英语语言文学	113050201	3	0	0	0	0	1	0	0	1	1
新闻学	113050301	3	2	2	1	0	3	1	1	1	1
传播学	113050302	3	1	1	0	0	1	0	1	0	0
媒介管理学	113050399	3	1	1	0	0	0	0	0	0	0
历史地理学	113060103	3	0	0	1	0	3	1	1	1	1
专门史	113060105	3	0	0	1	0	1	1	0	0	0
中国近现代史	113060107	3	1	1	0	0	0	0	0	0	0
世界史	113060108	3	0	0	1	0	1	1	0	0	0
运筹学与控制论	113070105	3	0	0	0	0	1	0	0	1	1
物理化学	113070304	3	0	0	0	0	1	0	1	0	0
高分子化学与物理	113070305	3	0	0	0	0	3	0	3	0	0
应用化学	113070399	3	0	0	0	0	1	0	0	1	1
微生物学	113071005	3	0	0	0	0	1	0	0	1	1
神经生物学	113071006	3	0	0	0	0	1	0	1	0	0
遗传学	113071007	3	1	1	0	0	3	0	2	1	1
生物化学与分子生物学	113071010	3	0	0	1	0	2	1	0	1	1
生态学	113071012	3	0	0	1	0	2	1	1	0	0
材料物理与化学	113080501	3	0	0	1	0	2	1	0	1	1
电路与系统	113080902	3	0	0	1	0	1	1	0	0	0
微电子学与固体电子学	113080903	3	0	1	5	0	9	5	1	3	3
电磁场与微波技术	113080904	3	0	0	0	0	1	0	1	0	0
计算机系统结构	113081201	3	0	0	1	0	1	1	0	0	0
计算机软件与理论	113081202	3	1	1	1	0	8	1	1	6	6
计算机应用技术	113081203	3	0	0	2	0	3	2	0	1	1
环境科学	113083001	3	0	0	0	0	4	0	1	3	3
生物力学	113083199	3	0	0	0	0	1	0	1	0	0
儿科学	113100202	3	0	1	0	0	0	0	0	0	0
影像医学与核医学	113100207	3	0	0	1	0	2	1	1	0	0
外科学	113100210	3	0	0	0	0	1	0	1	0	0
妇产科学	113100211	3	0	0	0	0	1	0	1	0	0
肿瘤学	113100214	3	0	0	0	0	1	0	1	0	0
康复医学与理疗学	113100215	3	0	0	1	0	1	1	0	0	0
中西医结合基础	113100601	3	0	0	1	0	1	1	0	0	0
药物化学	113100701	3	0	0	1	0	1	1	0	0	0
药剂学	113100702	3	0	0	0	0	1	0	0	1	1
管理科学与工程	113120100	3	1	0	0	0	5	0	1	4	4

续 表

专业名称	专业代码	年制	毕业生数	授予学位数	招生数		在校学生数				预计毕业生数
					合计	应届生	合计	一年级	二年级	三年级	
会计学	113120201	3	1	1	0	0	1	0	1	0	0
企业管理	113120202	3	3	4	0	0	4	0	2	2	2
旅游管理	113120203	3	1	1	0	0	0	0	0	0	0
东方管理学	113120299	3	0	0	0	0	1	0	0	1	1
社会管理与社会政策	113120499	3	0	0	1	0	2	1	0	1	1
自筹经费学术型学位博士	114		13	14	16	1	105	16	19	70	70
中国哲学	114010102	3	0	0	0	0	1	0	0	1	1
伦理学	114010105	3	0	0	0	0	1	0	0	1	1
政治经济学	114020101	3	0	0	0	0	1	0	0	1	1
世界经济	114020105	3	0	0	1	1	3	1	2	0	0
人口、资源与环境经济学	114020106	3	0	0	1	0	1	1	0	0	0
金融学	114020204	3	0	0	0	0	2	0	1	1	1
产业经济学	114020205	3	0	0	0	0	5	0	0	5	5
民商法学	114030105	3	0	0	0	0	1	0	0	1	1
国际法学	114030109	3	0	1	0	0	3	0	1	2	2
政治学理论	114030201	3	0	0	0	0	2	0	1	1	1
国际政治	114030206	3	0	0	0	0	3	0	2	1	1
国际关系	114030207	3	0	0	0	0	4	0	0	4	4
社会学	114030301	3	0	0	1	0	4	1	3	0	0
文艺学	114050101	3	0	0	0	0	1	0	0	1	1
语言学及应用语言学	114050102	3	1	1	0	0	0	0	0	0	0
汉语言文字学	114050103	3	0	0	0	0	4	0	0	4	4
中国古代文学	114050105	3	1	1	0	0	4	0	2	2	2
中国现当代文学	114050106	3	1	1	1	0	1	1	0	0	0
比较文学与世界文学	114050108	3	0	0	0	0	3	0	1	2	2
中国文学批评史	114050199	3	1	1	0	0	0	0	0	0	0
新闻学	114050301	3	1	1	0	0	5	0	0	5	5
传播学	114050302	3	0	0	1	0	4	1	0	3	3
广播电视学	114050399	3	0	0	0	0	1	0	0	1	1
媒介管理学	114050399	3	0	0	0	0	2	0	1	1	1
考古学及博物馆学	114060102	3	1	1	0	0	3	0	1	2	2
专门史	114060105	3	0	0	1	0	1	1	0	0	0
中国古代史	114060106	3	0	0	0	0	1	0	0	1	1
中国近现代史	114060107	3	0	0	1	0	3	1	0	2	2
文物学	114060199	3	1	0	2	0	2	2	0	0	0
化学生物学	114070399	3	0	0	0	0	1	0	0	1	1
材料物理与化学	114080501	3	0	0	2	0	2	2	0	0	0
微电子学与固体电子学	114080903	3	0	0	1	0	2	1	1	0	0

续 表

专业名称	专业代码	年制	毕业生数	授予学位数	招生数		在校学生数				预计毕业生数
					合计	应届生	合计	一年级	二年级	三年级	
内科学	114100201	3	0	0	0	0	1	0	1	0	0
外科学	114100210	3	0	0	1	0	1	1	0	0	0
眼科学	114100212	3	0	0	1	0	1	1	0	0	0
耳鼻咽喉科学	114100213	3	0	0	1	0	1	1	0	0	0
管理科学与工程	114120100	3	0	0	0	0	2	0	0	2	2
物流与运营管理	114120199	3	0	0	0	0	1	0	0	1	1
会计学	114120201	3	1	2	0	0	1	0	0	1	1
企业管理	114120202	3	2	5	0	0	14	0	1	13	13
旅游管理	114120203	3	0	0	0	0	1	0	0	1	1
东方管理学	114120299	3	3	0	0	0	8	0	0	8	8
社会医学与卫生事业管理	114120402	3	0	0	1	0	2	1	1	0	0
社会管理与社会政策	114120499	3	0	0	0	0	1	0	0	1	1
专业学位博士	140		58	47	26	0	224	136	34	54	54
其中：女	141		25	18	7	0	113	65	19	29	29
国家任务专业学位博士	142		58	47	26	0	224	136	34	54	54
临床医学博士	142450100	3	58	47	26	0	224	136	34	54	54
委托培养专业学位博士	143		0	0	0	0	0	0	0	0	0
自筹经费专业学位博士	144		0	0	0	0	0	0	0	0	0

（研究生院供稿）

2010年复旦大学攻读硕士学位研究生分学科、分专业学生数统计

单位：人

专业名称	专业代码	年制	毕业生数	授予学位数	招生数		在校学生数				预计毕业生数
					合计	应届生	合计	一年级	二年级	三年级及以上	
总　计	001										
总计中：女	002										
学术型学位硕士	120		1 616	1 543	2 204	1 791	6 357	2 204	2 112	2 041	2 041
其中：女	121		794	771	1 126	949	3 181	1 126	1 044	1 011	1 011
国家任务学术型学位硕士	122		1 455	1 388	2 005	1 707	5 638	2 005	1 870	1 763	1 763
马克思主义哲学	122010101	3	6	6	8	8	26	8	8	10	10
中国哲学	122010102	3	5	5	6	5	19	6	8	5	5
外国哲学	122010103	3	9	9	10	8	31	10	11	10	10
逻辑学	122010104	3	3	3	3	2	10	3	3	4	4
伦理学	122010105	3	2	2	2	1	7	2	2	3	3
宗教学	122010107	3	1	1	4	2	12	4	5	3	3
科学技术哲学	122010108	3	4	4	5	4	15	5	5	5	5
国外马克思主义	122010199	3	0	0	2	1	4	2	2	0	0
企业伦理学	122010199	3	1	1	1	0	2	1	1	0	0

续 表

专业名称	专业代码	年制	毕业生数	授予学位数	招生数 合计	招生数 应届生	在校学生数 合计	在校学生数 一年级	在校学生数 二年级	在校学生数 三年级及以上	预计毕业生数
政治经济学	122020101	3	10	10	13	12	36	13	12	11	11
经济思想史	122020102	3	3	3	2	2	6	2	3	1	1
经济史	122020103	3	0	0	1	1	3	1	1	1	1
西方经济学	122020104	3	16	16	19	13	52	19	15	18	18
世界经济	122020105	3	34	34	33	29	94	33	31	30	30
人口、资源与环境经济学	122020106	3	6	6	9	6	26	9	7	10	10
发展经济学	122020199	3	1	1	0	0	2	0	2	0	0
欧盟经济	122020199	3	0	0	0	0	2	0	2	0	0
应用经济学	122020200	3	0	0	16	13	46	16	18	12	12
国民经济学	122020201	3	6	6	7	4	21	7	6	8	8
区域经济学	122020202	3	5	5	4	3	15	4	6	5	5
财政学	122020203	3	13	13	8	5	36	8	19	9	9
金融学	122020204	3	40	40	45	34	129	45	40	44	44
产业经济学	122020205	3	10	10	0	0	0	0	0	0	0
国际贸易学	122020206	3	14	13	9	9	29	9	10	10	10
劳动经济学	122020207	3	5	5	3	2	9	3	3	3	3
统计学	122020208	3	5	5	0	0	0	0	0	0	0
数量经济学	122020209	3	5	5	3	2	9	3	3	3	3
产业组织学	122020299	3	0	0	0	0	2	0	2	0	0
法学理论	122030101	3	5	5	5	5	19	5	6	8	8
法律史	122030102	3	7	7	7	7	23	7	8	8	8
宪法学与行政法学	122030103	3	6	6	8	7	27	8	9	10	10
刑法学	122030104	3	1	1	4	4	13	4	3	6	6
民商法学	122030105	3	11	10	17	12	46	17	16	13	13
诉讼法学	122030106	3	6	6	8	6	24	8	8	8	8
经济法学	122030107	3	4	4	3	3	11	3	4	4	4
环境与资源保护法学	122030108	3	3	3	3	2	11	3	4	4	4
国际法学	122030109	3	16	16	17	12	54	17	17	20	20
政治学理论	122030201	3	12	12	15	15	39	15	14	10	10
科学社会主义与国际共产主义运动	122030203	3	5	5	3	2	10	3	3	4	4
中共党史	122030204	3	4	4	3	3	12	3	5	4	4
国际政治	122030206	3	9	9	10	7	27	10	8	9	9
国际关系	122030207	3	16	16	18	14	58	18	23	17	17
外交学	122030208	3	2	2	8	5	14	8	2	4	4
马克思主义理论与思想政治教育	122030299	3	1	1	0	0	1	0	0	1	1
社会学	122030301	3	21	21	19	17	59	19	23	17	17

续 表

专业名称	专业代码	年制	毕业生数	授予学位数	招生数		在校学生数				预计毕业生数
					合计	应届生	合计	一年级	二年级	三年级及以上	
人口学	122030302	3	4	4	3	3	10	3	3	4	4
人类学	122030303	3	1	2	3	3	10	3	3	4	4
民俗学	122030304	3	2	2	1	0	4	1	1	2	2
马克思主义基本原理	122030501	3	3	3	3	3	11	3	4	4	4
马克思主义中国化研究	122030503	3	0	0	1	1	6	1	3	2	2
思想政治教育	122030505	3	7	7	8	8	25	8	6	11	11
课程与教学论	122040102	3	2	2	4	4	10	4	3	3	3
高等教育学	122040106	3	4	4	7	6	15	7	4	4	4
文艺学	122050101	3	7	7	8	8	28	8	9	11	11
语言学及应用语言学	122050102	3	4	3	5	5	17	5	5	7	7
汉语言文字学	122050103	3	11	11	8	6	33	8	14	11	11
中国古典文献学	122050104	3	5	5	6	4	17	6	7	4	4
中国古代文学	122050105	3	18	18	20	17	51	20	16	15	15
中国现当代文学	122050106	3	12	12	9	7	30	9	11	10	10
比较文学与世界文学	122050108	3	6	6	12	10	34	12	9	13	13
中国文学批评史	122050199	3	5	5	3	3	10	3	4	3	3
艺术人类学与民间文学	122050199	3	3	3	2	2	6	2	2	2	2
现代汉语语言学	122050199	3	1	1	3	2	7	3	3	1	1
对外汉语教学	122050199	3	3	3	5	5	16	5	6	5	5
中国文学古今演变	122050199	3	0	0	0	0	2	0	1	1	1
文学写作	122050199	3	1	1	1	1	3	1	1	1	1
英语语言文学	122050201	3	19	19	17	13	51	17	17	17	17
俄语语言文学	122050202	3	1	1	3	2	9	3	2	4	4
法语语言文学	122050203	3	3	3	4	4	10	4	2	4	4
德语语言文学	122050204	3	2	2	2	2	5	2	3	0	0
日语语言文学	122050205	3	2	2	2	1	9	2	3	4	4
亚非语言文学	122050210	3	3	3	3	1	9	3	3	3	3
外国语言学及应用语言学	122050211	3	0	0	2	2	3	2	0	1	1
新闻学	122050301	3	15	15	20	17	59	20	20	19	19
传播学	122050302	3	13	13	13	10	38	13	12	13	13
广告学	122050399	3	6	6	7	6	19	7	6	6	6
广播电视学	122050399	3	3	3	4	2	12	4	2	6	6
编辑出版	122050399	3	2	2	0	0	2	0	1	1	1
公共关系	122050399	3	2	2	1	1	3	1	1	1	1
媒介管理学	122050399	3	2	2	2	0	8	2	3	3	3
国际传播	122050399	3	3	3	31	29	52	31	18	3	3
电影学	122050406	3	2	2	1	1	4	1	1	2	2
广播电视艺术学	122050407	3	2	2	5	3	9	5	2	2	2

续　表

专业名称	专业代码	年制	毕业生数	授予学位数	招生数		在校学生数				预计毕业生数
					合计	应届生	合计	一年级	二年级	三年级及以上	
史学理论及史学史	122060101	3	1	1	4	4	10	4	6	0	0
考古学及博物馆学	122060102	3	4	4	7	6	19	7	5	7	7
历史地理学	122060103	3	16	17	17	13	49	17	16	16	16
历史文献学	122060104	3	2	2	0	0	1	0	1	0	0
专门史	122060105	3	1	1	3	3	12	3	4	5	5
中国古代史	122060106	3	8	8	4	3	19	4	6	9	9
中国近现代史	122060107	3	2	2	13	13	31	13	9	9	9
世界史	122060108	3	9	9	12	10	38	12	9	17	17
文物学	122060199	3	3	3	4	3	12	4	4	4	4
基础数学	122070101	3	16	21	25	21	62	25	18	19	19
计算数学	122070102	3	9	10	10	8	27	10	11	6	6
概率论与数理统计	122070103	3	2	2	10	10	27	10	9	8	8
应用数学	122070104	3	13	15	13	13	48	13	17	18	18
运筹学与控制论	122070105	3	12	12	14	13	41	14	11	16	16
理论物理	122070201	3	6	5	8	7	37	8	9	20	20
粒子物理与原子核物理	122070202	3	0	1	2	0	8	2	4	2	2
原子与分子物理	122070203	3	6	9	10	9	29	10	9	10	10
等离子体物理	122070204	3	1	1	0	0	0	0	0	0	0
凝聚态物理	122070205	3	13	10	38	35	89	38	28	23	23
光学	122070207	3	13	10	21	19	59	21	19	19	19
无线电物理	122070208	3	3	2	2	2	4	2	1	1	1
无机化学	122070301	3	7	5	15	13	37	15	10	12	12
分析化学	122070302	3	4	5	16	16	33	16	11	6	6
有机化学	122070303	3	6	7	13	12	30	13	10	7	7
物理化学	122070304	3	16	15	29	24	68	29	21	18	18
高分子化学与物理	122070305	3	23	19	42	35	111	42	41	28	28
化学生物学	122070399	3	8	6	3	3	25	3	10	12	12
应用化学	122070399	3	0	1	1	1	3	1	1	1	1
植物学	122071001	3	3	2	7	7	13	7	4	2	2
动物学	122071002	3	1	1	1	1	7	1	2	4	4
生理学	122071003	3	1	2	5	5	16	5	6	5	5
微生物学	122071005	3	8	6	11	11	35	11	12	12	12
神经生物学	122071006	3	12	7	29	22	71	29	34	8	8
遗传学	122071007	3	26	20	42	40	115	42	46	27	27
发育生物学	122071008	3	0	0	3	3	6	3	3	0	0
细胞生物学	122071009	3	1	2	0	0	3	0	1	2	2
生物化学与分子生物学	122071010	3	26	22	48	40	112	48	44	20	20
生物物理学	122071011	3	2	2	7	7	22	7	8	7	7

续　表

专业名称	专业代码	年制	毕业生数	授予学位数	招生数		在校学生数				预计毕业生数
					合计	应届生	合计	一年级	二年级	三年级及以上	
生态学	122071012	3	6	5	6	5	30	6	12	12	12
生物信息学	122071099	3	1	2	9	8	17	9	5	3	3
人类生物学	122071099	3	1	0	2	1	3	2	1	0	0
一般力学与力学基础	122080101	3	2	2	1	0	7	1	4	2	2
固体力学	122080102	3	3	3	4	4	10	4	2	4	4
流体力学	122080103	3	5	5	6	6	12	6	2	4	4
工程力学	122080104	3	4	2	2	2	8	2	2	4	4
光学工程	122080300	3	4	3	6	5	15	6	4	5	5
材料物理与化学	122080501	3	15	15	21	20	56	21	19	16	16
材料学	122080502	3	6	6	6	5	17	6	5	6	6
物理电子学	122080901	3	9	9	15	15	45	15	15	15	15
电路与系统	122080902	3	23	23	24	17	74	24	26	24	24
微电子学与固体电子学	122080903	3	82	78	89	86	304	89	104	111	111
电磁场与微波技术	122080904	3	0	0	2	2	5	2	2	1	1
信息功能材料与器件	122080999	3	3	2	3	3	10	3	3	4	4
光电系统与控制技术	122080999	3	5	5	8	7	20	8	7	5	5
通信与信息系统	122081001	3	16	16	19	17	58	19	18	21	21
计算机系统结构	122081201	3	7	8	6	5	17	6	3	8	8
计算机软件与理论	122081202	3	67	66	85	75	257	85	84	88	88
计算机应用技术	122081203	3	29	30	33	32	116	33	40	43	43
飞行器设计	122082501	3	4	4	4	2	12	4	4	4	4
环境科学	122083001	3	12	12	18	14	52	18	15	19	19
环境工程	122083002	3	2	1	8	7	23	8	9	6	6
生物医学工程	122083100	3	1	1	2	1	8	2	3	3	3
医学电子学	122083199	3	5	5	7	7	19	7	6	6	6
生物医学工程	122083199	3	0	0	1	1	1	1	0	0	0
人体解剖与组织胚胎学	122100101	3	5	2	3	2	13	3	5	5	5
免疫学	122100102	3	4	0	8	7	15	8	4	3	3
病原生物学	122100103	3	12	8	10	9	28	10	9	9	9
病理学与病理生理学	122100104	3	10	8	10	6	32	10	12	10	10
法医学	122100105	3	4	3	4	4	14	4	4	6	6
放射医学	122100106	3	2	2	8	5	15	8	3	4	4
分子医学	122100199	3	1	2	4	3	8	4	2	2	2
医学信息学	122100199	3	2	0	3	3	4	3	1	0	0
疾病蛋白组学	122100199	3	0	1	7	7	27	7	6	14	14
内科学	122100201	3	13	11	27	21	79	27	24	28	28
儿科学	122100202	3	8	7	19	13	46	19	14	13	13
神经病学	122100204	3	3	1	1	0	3	1	1	1	1

续　表

专业名称	专业代码	年制	毕业生数	授予学位数	招生数		在校学生数				预计毕业生数
					合计	应届生	合计	一年级	二年级	三年级及以上	
皮肤病与性病学	122100206	3	2	2	3	3	3	3	0	0	0
影像医学与核医学	122100207	3	8	5	6	5	13	6	3	4	4
临床检验诊断学	122100208	3	4	4	7	6	18	7	6	5	5
护理学	122100209	3	4	5	8	8	32	8	11	13	13
外科学	122100210	3	11	9	14	11	35	14	9	12	12
妇产科学	122100211	3	10	6	12	10	31	12	8	11	11
眼科学	122100212	3	4	4	10	10	26	10	9	7	7
耳鼻咽喉科学	122100213	3	6	5	8	7	22	8	9	5	5
肿瘤学	122100214	3	16	10	21	19	55	21	19	15	15
康复医学与理疗学	122100215	3	2	2	3	3	7	3	1	3	3
运动医学	122100216	3	1	1	0	0	2	0	1	1	1
麻醉学	122100217	3	1	1	2	2	5	2	2	1	1
急诊医学	122100218	3	0	0	2	1	3	2	0	1	1
全科医学	122100299	3	0	0	0	0	1	0	1	0	0
口腔临床医学	122100302	3	0	0	1	1	3	1	0	2	2
流行病与卫生统计学	122100401	3	16	16	16	15	52	16	20	16	16
劳动卫生与环境卫生学	122100402	3	6	6	8	8	25	8	8	9	9
营养与食品卫生学	122100403	3	5	5	5	5	14	5	4	5	5
儿少卫生与妇幼保健学	122100404	3	4	4	5	4	13	5	4	4	4
卫生毒理学	122100405	3	2	2	2	2	7	2	2	3	3
社区卫生与健康促进	122100499	3	3	3	4	3	8	4	2	2	2
中西医结合基础	122100601	3	1	1	3	3	8	3	3	2	2
中西医结合临床	122100602	3	3	2	3	3	10	3	3	4	4
药物化学	122100701	3	8	3	13	12	35	13	13	9	9
药剂学	122100702	3	13	15	17	16	50	17	21	12	12
生药学	122100703	3	5	7	4	3	12	4	5	3	3
药物分析学	122100704	3	5	5	5	4	17	5	6	6	6
药理学	122100706	3	15	13	15	13	43	15	18	10	10
管理科学与工程	122120100	3	0	0	22	21	73	22	24	27	27
管理科学	122120199	3	4	4	0	0	0	0	0	0	0
信息管理与信息系统	122120199	3	8	8	0	0	2	0	0	2	2
物流与运营管理	122120199	3	6	6	0	0	0	0	0	0	0
工商管理	122120200	3	0	0	125	90	191	125	42	24	24
会计学	122120201	3	9	8	0	0	3	0	0	3	3
企业管理	122120202	3	38	38	34	28	100	34	30	36	36
旅游管理	122120203	3	7	7	6	6	16	6	7	3	3
技术经济及管理	122120204	3	2	2	0	0	0	0	0	0	0
东方管理学	122120299	3	3	3	0	0	0	0	0	0	0

续 表

专业名称	专业代码	年制	毕业生数	授予学位数	招生数		在校学生数				预计毕业生数
					合计	应届生	合计	一年级	二年级	三年级及以上	
市场营销	122120299	3	3	3	0	0	2	0	0	2	2
财务管理	122120299	3	4	4	0	0	1	0	0	1	1
金融工程管理	122120299	3	6	6	0	0	2	0	0	2	2
行政管理	122120401	3	10	10	16	14	44	16	15	13	13
社会医学与卫生事业管理	122120402	3	14	14	0	0	34	0	17	17	17
教育经济与管理	122120403	3	0	0	5	4	5	5	0	0	0
教育经济与管理	122120403	3	3	3	0	0	8	0	4	4	4
社会保障	122120404	3	3	3	3	3	14	3	5	6	6
社会医学与卫生事业管理	122120499	3	0	0	18	17	18	18	0	0	0
环境管理	122120499	3	4	4	6	6	19	6	6	7	7
公共政策	122120499	3	0	0	3	3	3	3	0	0	0
图书馆学	122120501	3	4	4	0	0	6	0	3	3	3
委托培养学术型学位硕士	123		130	124	64	0	454	64	153	237	237
外国哲学	123010103	3	0	0	0	0	1	0	0	1	1
世界经济	123020105	3	0	0	0	0	1	0	0	1	1
区域经济学	123020202	3	0	2	0	0	23	0	0	23	23
金融学	123020204	3	88	81	31	0	208	31	90	87	87
国际关系	123030207	3	0	0	0	0	1	0	0	1	1
外交学	123030208	3	16	16	4	0	50	4	21	25	25
思想政治教育	123030505	3	1	1	0	0	11	0	3	8	8
英语语言文学	123050201	3	0	0	0	0	10	0	2	8	8
新闻学	123050301	3	25	24	13	0	107	13	26	68	68
药物化学	123100701	3	0	0	1	0	1	1	0	0	0
旅游管理	123120203	3	0	0	15	0	41	15	11	15	15
自筹经费学术型学位硕士	124		31	31	135	84	265	135	89	41	41
中国哲学	124010102	3	0	0	0	0	1	0	0	1	1
外国哲学	124010103	3	0	0	1	0	1	1	0	0	0
逻辑学	124010104	3	1	1	0	0	0	0	0	0	0
中国古代文学	124010105	3	0	1	0	0	0	0	0	0	0
西方经济学	124020104	3	0	0	0	0	2	0	1	1	1
世界经济	124020105	3	12	12	14	9	30	14	14	2	2
国民经济学	124020201	3	0	0	1	0	1	1	0	0	0
财政学	124020203	3	0	0	0	0	1	0	1	0	0
金融学	124020204	3	2	2	70	52	130	70	57	3	3
产业经济学	124020205	3	0	0	0	0	2	0	0	2	2
国际贸易学	124020206	3	0	1	1	0	1	1	0	0	0
法学理论	124030101	3	0	0	0	0	1	0	1	0	0
诉讼法学	124030106	3	0	0	0	0	1	0	0	1	1

续 表

专业名称	专业代码	年制	毕业生数	授予学位数	招生数		在校学生数				预计毕业生数
					合计	应届生	合计	一年级	二年级	三年级及以上	
经济法学	124030107	3	1	1	0	0	2	0	1	1	1
国际法学	124030109	3	2	2	2	0	6	2	1	3	3
政治学理论	124030201	3	0	0	0	0	1	0	0	1	1
国际政治	124030206	3	2	2	1	0	2	1	0	1	1
国际关系	124030207	3	1	1	0	0	1	0	0	1	1
外交学	124030208	3	0	0	0	0	1	0	1	0	0
语言学及应用语言学	124050102	3	1	1	1	0	1	1	0	0	0
中国古代文学	124050105	3	0	0	2	0	3	2	1	0	0
中国现当代文学	124050106	3	0	0	0	0	2	0	2	0	0
中国文学批评史	124050199	3	0	0	2	0	2	2	0	0	0
对外汉语教学	124050199	3	0	0	1	0	2	1	0	1	1
日语语言文学	124050205	3	0	0	0	0	1	0	0	1	1
新闻学	124050301	3	0	0	1	0	2	1	1	0	0
传播学	124050302	3	1	1	1	0	2	1	0	1	1
公共关系	124050399	3	2	1	3	0	5	3	0	2	2
广告学	124050399	3	2	2	4	0	7	4	2	1	1
考古学及博物馆学	124060102	3	0	0	0	0	1	0	0	1	1
历史地理学	124060103	3	1	1	0	0	0	0	0	0	0
专门史	124060105	3	0	0	1	0	2	1	0	1	1
中国近现代史	124060107	3	0	0	0	0	2	0	1	1	1
文物学	124060199	3	0	0	0	0	1	0	0	1	1
理论物理	124070201	3	0	0	0	0	1	0	1	0	0
分析化学	124070302	3	0	0	0	0	1	0	0	1	1
遗传学	124071007	3	0	0	0	0	1	0	0	1	1
生物化学与分子生物学	124071010	3	0	0	0	0	1	0	1	0	0
微电子学与固体电子学	124080903	3	0	0	0	0	1	0	0	1	1
计算机应用技术	124081203	3	0	0	0	0	2	0	0	2	2
病理学与病理生理学	124100104	3	0	0	0	0	1	0	1	0	0
皮肤病与性病学	124100206	3	1	1	2	0	5	2	2	1	1
妇产科学	124100211	3	0	0	0	0	1	0	0	1	1
全科医学	124100299	3	1	0	0	0	0	0	0	0	0
营养与食品卫生学	124100403	3	1	1	0	0	0	0	0	0	0
药物化学	124100701	3	0	0	6	5	7	6	0	1	1
药剂学	124100702	3	0	0	4	3	5	4	0	1	1
生药学	124100703	3	0	0	2	2	2	2	0	0	0
药物分析学	124100704	3	0	0	1	1	1	1	0	0	0
药理学	124100706	3	0	0	13	12	13	13	0	0	0
企业管理	124120202	3	0	0	0	0	3	0	0	3	3

续　表

专业名称	专业代码	年制	毕业生数	授予学位数	招生数		在校学生数				预计毕业生数
					合计	应届生	合计	一年级	二年级	三年级及以上	
旅游管理	124120203	3	0	0	1	0	2	1	0	1	1
财务管理	124120299	3	0	0	0	0	1	0	0	1	1
专业学位硕士	150		796	798	1 284	525	2 974	1 284	1 125	565	565
其中：女	151		353	353	618	306	1 370	618	531	221	221
国家任务专业学位硕士	152		256	256	85	74	275	85	110	80	80
法律硕士	152410100	3	0	0	1	1	3	1	0	2	2
临床医学硕士	152450100	3	254	254	82	71	267	82	108	77	77
口腔临床医学	152500100	3	2	2	2	2	5	2	2	1	1
委托培养专业学位硕士	153		269	269	474	1	1 061	474	287	300	300
法律硕士	153410100	3	4	4	2	0	3	2	1	0	0
电子与通信工程领域工程硕士	153430109	3	0	0	0	0	1	0	1	0	0
计算机技术领域工程硕士	153430112	3	0	0	6	1	6	6	0	0	0
临床医学硕士	153450100	3	0	0	0	0	1	0	1	0	0
工商管理硕士	153460101	3	265	265	404	0	988	404	284	300	300
公共管理硕士	153490100	3	0	0	60	0	60	60	0	0	0
公共卫生硕士	153510100	3	0	0	1	0	1	1	0	0	0
英语笔译	153580100	3	0	0	1	0	1	1	0	0	0
自筹经费专业学位硕士	154		271	273	725	450	1 638	725	728	185	185
法律硕士	154410100	3	153	153	203	144	566	203	211	152	152
光学工程领域工程硕士	154430103	3	0	0	0	0	1	0	1	0	0
材料工程领域工程硕士	154430105	3	0	0	7	6	12	7	5	0	0
电子与通信工程领域工程硕士	154430109	3	0	0	6	6	12	6	6	0	0
集成电路工程领域工程硕士	154430110	3	0	0	70	47	107	70	37	0	0
计算机技术领域工程硕士	154430112	3	0	0	54	36	94	54	40	0	0
化学工程领域工程硕士	154430117	3	0	0	15	11	30	15	15	0	0
环境工程领域工程硕士	154430130	3	0	0	8	7	16	8	8	0	0
生物工程领域工程硕士	154430139	3	0	0	0	0	28	0	28	0	0
物流工程领域工程硕士	154430141	3	0	0	0	0	27	0	27	0	0
临床医学硕士	154450100	3	5	5	109	85	250	109	132	9	9
工商管理硕士	154460101	3	113	115	97	0	238	97	117	24	24
口腔医学硕士	154500100	3	0	0	1	1	4	1	3	0	0
公共卫生硕士	154510100	3	0	0	29	24	29	29	0	0	0
会计硕士	154530100	3	0	0	0	0	27	0	27	0	0
戏剧	154550102	3	0	0	12	5	12	12	0	0	0
汉语国际教育硕士	154570100	3	0	0	35	27	73	35	38	0	0
英语笔译	154580100	3	0	0	31	17	64	31	33	0	0
社会工作专业学位	154590100	3	0	0	48	34	48	48	0	0	0

（研究生院供稿）

2010年复旦大学授予博士学位人员分学科门类统计

单位：人

学科门类	哲学	经济学	法学	文学	历史学	理学	工学	医学	管理学	临床医学	合计
合　计	37	51	54	83	35	333	21	173	56	49	892
其中：单证生								1		1	2
留学生	1	1	1	8	2				3	1	17

（研究生院供稿）

2010年复旦大学授予硕士学位人员分学科门类统计

单位：人

学　　科	哲学	经济学	法学	教育学	文学	历史学	理学	工学	医学	管理学	法律	工程	临床医学	工商管理	高级管理人员	公共管理	公共卫生	口腔卫生	会计	汉语国际教育	合计
合　计	34	338	233	7	248	50	520	50	180	151	427	650	295	530	235	259	56	2	50	32	4 347
其中：单证生	1	26	42		35		5		37		269	650	32	137	235	259	56		50	32	1 866
留学生		42	22	1	29	2	2			24	1		4	13	7(7)*						147(7)

注：加括号的数字为非学历生人数。

（研究生院供稿）

2010年复旦大学外国留学生人数统计

单位：人

	长期学生							短期学生	合　计
	本　科	硕　士	博　士	普　进	高　进	语　进	小　计		
在校生数	2 017	533	156	327	87	685	3 805	966	4 771
招生数	426	226	36	313	80	625	1 706	966	2 672
毕结业生数	361	140	18	578	134	780	2 011	966	2 977

（留学生办公室供稿）

2010年复旦大学成人本专科分专业学生数统计

单位：人

专业名称	专业代码	年制	毕业生数	授予学位数	招生数		在校学生数							预计毕业生数
					合计	其中：应届生	合计	一年级	二年级	三年级	四年级	五年级	六年级及以上	
总　计	001		3 442	844	4 000	0	12 334	3 768	3 494	3 485	950	610	27	3 534
总计中：女	002		2 340	667	2 454	0	8 372	2 454	2 367	2 476	657	412	6	2 519
业　余	340		3 286	782	4 000	0	12 198	3 768	3 494	3 485	814	610	27	3 398
本科	350		2 827	782	3 600	0	11 012	3 421	3 112	3 150	692	610	27	3 020
其中：女	351		1 901	627	2 220	0	7 409	2 220	2 072	2 219	480	412	6	2 089
高中起点本科	352		578	84	900	0	3 706	846	764	767	692	610	27	637
国际经济与贸易	3520201020	5	81	30	134	0	503	115	121	91	97	79	0	79
金融学	3520201040	5	72	6	86	0	334	78	73	74	59	50	0	50
英语	3520502010	5	54	3	46	0	202	45	38	35	40	44	0	44
计算机科学与技术	3520806050	6	35	1	0	0	27	0	0	0	0	0	27	27
计算机软件	3520806190	6	31	3	0	0	0	0	0	0	0	0	0	0
护理学	3521007010	5	83	15	163	0	630	162	104	145	108	111	0	111

续 表

专业名称	专业代码	年制	毕业生数	授予学位数	招生数		在校学生数							预计毕业生数
					合计	其中：应届生	合计	一年级	二年级	三年级	四年级	五年级	六年级及以上	
药学	3521008010	5	78	8	105	0	557	102	103	140	120	92	0	92
工程管理	3521101040	5	45	4	64	0	253	59	51	42	45	56	0	56
人力资源管理	3521102050	5	0	0	100	0	377	96	73	76	80	52	0	52
工商管理(物流方向)	3521102990	5	0	0	85	0	389	78	102	60	95	54	0	54
行政管理	3521103010	5	62	9	70	0	293	65	57	51	48	72	0	72
公共事业管理	3521103020	5	37	5	0	0	0	0	0	0	0	0	0	0
会展经济与管理	3521103110	5	0	0	47	0	141	46	42	53	0	0	0	0
专科起点本科	353		2 249	698	2 700	0	7 306	2 575	2 348	2 383	0	0	0	2 383
国际经济与贸易	3530201020	3	86	34	165	0	476	154	147	175	0	0	0	175
金融学	3530201040	3	67	30	112	0	325	107	139	79	0	0	0	79
金融工程	3530201090	3	38	14	66	0	183	64	51	68	0	0	0	68
法学	3530301010	3	94	17	98	0	259	97	70	92	0	0	0	92
社会学	3530303010	3	0	0	21	0	35	20	15	0	0	0	0	0
社会工作	3530303020	3	68	7	85	0	208	77	74	57	0	0	0	57
汉语言文学	3530501010	3	54	20	80	0	211	76	64	71	0	0	0	71
英语	3530502010	3	106	34	98	0	277	93	80	104	0	0	0	104
新闻学	3530503010	3	97	37	106	0	272	103	73	96	0	0	0	96
传播学	3530503050	3	53	15	80	0	161	76	49	36	0	0	0	36
心理学	3530715010	3	102	30	150	0	375	143	136	96	0	0	0	96
计算机科学与技术	3530806050	3	48	8	53	0	137	46	45	46	0	0	0	46
软件工程	3530806110	3	89	20	71	0	194	62	67	65	0	0	0	65
预防医学	3531002010	3	55	11	21	0	136	21	64	51	0	0	0	51
临床医学(全科医学)	3531003010	3	72	10	38	0	130	34	31	65	0	0	0	65
护理学	3531007010	3	104	24	213	0	471	203	129	139	0	0	0	139
药学	3531008010	3	145	30	175	0	434	171	115	148	0	0	0	148
药事管理	3531008100	3	82	8	21	0	148	21	48	79	0	0	0	79
工程管理	3531101040	3	71	10	72	0	181	70	49	62	0	0	0	62
工商管理	3531102010	3	144	40	132	0	413	130	139	144	0	0	0	144
会计学	3531102030	3	131	34	169	0	451	160	152	139	0	0	0	139
人力资源管理	3531102050	3	169	98	203	0	525	200	153	172	0	0	0	172
电子商务	3531102090	3	33	9	34	0	50	30	20	0	0	0	0	0
国际商务	3531102110	3	56	30	37	0	126	33	46	47	0	0	0	47
工商管理(物流方向)	3531102990	3	85	38	121	0	386	112	133	141	0	0	0	141
行政管理	3531103010	3	64	23	130	0	299	125	100	74	0	0	0	74
公共关系学	3531103050	3	67	32	101	0	270	100	96	74	0	0	0	74
会展经济与管理	3531103110	3	69	35	48	0	173	47	63	63	0	0	0	63
专科	360		459	0	400	0	1 186	347	382	335	122	0	0	378
其中：女	361		355	0	234	0	892	234	295	257	106	0	0	294

续　表

专业名称	专业代码	年制	毕业生数	授予学位数	招生数		在校学生数							预计毕业生数
					合计	其中：应届生	合计	一年级	二年级	三年级	四年级	五年级	六年级及以上	
高中起点专科	362		459	0	400	0	1 186	347	382	335	122	0	0	378
国际经济与贸易	3620201020	3	76	0	76	0	170	64	60	46	0	0	0	46
金融管理与实务	3620201040	3	0	0	47	0	104	39	33	32	0	0	0	32
应用英语	3620502010	3	40	0	27	0	81	23	31	27	0	0	0	27
应用韩语	3620502090	3	35	0	29	0	78	25	25	28	0	0	0	28
护理学	3621007010	4	51	0	0	0	108	0	41	28	39	0	0	39
药学	3621008010	4	79	0	68	0	243	61	48	51	83	0	0	83
财务管理	3621102040	3	56	0	64	0	140	56	42	42	0	0	0	42
国际商务	3621102110	3	37	0	0	0	49	0	23	26	0	0	0	26
行政管理	3621103010	3	85	0	89	0	213	79	79	55	0	0	0	55
脱产	370		156	62	0	0	136	0	0	0	136	0	0	136
本科	380		156	62	0	0	136	0	0	0	136	0	0	136
其中：女	381		84	40	0	0	71	0	0	0	71	0	0	136
高中起点本科	382		156	62	0	0	136	0	0	0	136	0	0	136
国际经济与贸易	3820201020	4	96	48	0	0	95	0	0	0	95	0	0	95
行政管理	3821103010	4	60	14	0	0	41	0	0	0	41	0	0	41

（继续教育学院供稿）

2010 年复旦大学高等教育自学考试毕业生统计

单位：人

专　业	护理学		机关管理及办公自动化	计算机软件	计算机网络	计算机信息管理		新闻学		行政管理	行政管理学	合　计
类　别	专科	本科	专科	本科	本科	专科	本科	专科	本科	专科	本科	
上半年	171	139	35	5	33	180	96	48	50	291	221	1 269
下半年	206	45	42	10	23	78	74	35	20	448	167	1 148
合　计	377	184	77	15	56	258	170	83	70	739	388	2 417

（继续教育学院供稿）

2010 年复旦大学继续教育学院各类学生数统计

单位：人

学历教育							非学历教育
夜大学			自学考试				结业证书
招　生	毕　业	授予学位	报考门次	报考人数	毕　业	授予学位	
4 000	3 442	844	93 994	34 688	2 417	500	19 610

（继续教育学院供稿）

2010 年复旦大学网络教育本专科分专业学生数统计

单位：人

专业名称	专业代码	毕业生数	授予学位数	招生数 合计	其中 应届生	其中 春季招生	在校学生数
总　计	001	2 664	216	1 281	0	394	4 277
总计中：女	002	919	83	710	0	219	2 213
本科	450	2 664	216	1 154	0	394	3 617
其中：女	451	919	83	635	0	219	1 894
高中起点本科	452	1 034	132	75	0	18	222
经济学(工商管理)	4520201010	115	15	0	0	0	0
国际经济与贸易	4520201020	325	38	61	0	13	137
金融学	4520201040	124	17	0	0	0	0
法学	4520301010	107	20	0	0	0	0
英语(商务)	4520502010	111	18	0	0	0	0
日语(商务)	4520502070	42	7	0	0	0	0
新闻学	4520503010	86	13	14	0	5	85
计算机科学与技术	4520806050	124	4	0	0	0	0
专科起点本科	453	1 630	84	1 079	0	376	3 395
经济学(工商管理)	4530201010	108	7	0	0	0	130
国际经济与贸易	4530201020	247	11	60	0	27	286
金融学	4530201040	247	12	117	0	39	433
法学	4530301010	93	5	82	0	33	194
英语(商务)	4530502010	67	5	22	0	0	133
日语(商务)	4530502070	25	5	1	0	0	35
新闻学	4530503010	191	6	78	0	35	212
广告学	4530503030	0	0	16	0	0	66
心理学	4530715010	0	0	2	0	0	38
计算机科学与技术	4530806050	113	7	0	0	0	21
计算机科学与技术(软件)	4530806050	0	0	66	0	31	161
计算机科学与技术(网络)	4530806050	0	0	64	0	18	131
工商管理	4531102010	0	0	119	0	27	119
会计学	4531102030	181	6	169	0	51	493
旅游管理	4531102060	30	4	20	0	8	76
行政管理	4531103010	328	16	102	0	36	369
行政管理(人力资源)	4531103010	0	0	161	0	71	498
专科	460	0	0	127	0	0	660
其中：女	461	0	0	75	0	0	319
高中起点专科	462	0	0	127	0	0	660
经济学(工商管理)	4620201010	0	0	0	0	0	98
国际经济与贸易	4620201020	0	0	26	0	0	157
英语(商务)	4620502010	0	0	0	0	0	39

续　表

专业名称	专业代码	毕业生数	授予学位数	招生数			在校学生数
				合计	其中		
					应届生	春季招生	
日语(商务)	4620502070	0	0	0	0	0	28
新闻学	4620503010	0	0	15	0	0	80
会计学	4621102030	0	0	26	0	0	129
行政管理	4621103010	0	0	60	0	0	129

（网络教育学院供稿）

2010 年复旦大学科研经费与科技成果统计

类别		计量单位	数额
科研经费到款	小　计	万元	108 186.13
	国家自然科学基金委员会	万元	15 583.34
	国家“973 计划”	万元	8 275.92
	国家“863 计划”	万元	4 071.60
	国家科技支撑计划	万元	1 141.03
	科技部	万元	52 986.78
	教育部	万元	485.60
	卫生部	万元	262.45
	国际合作项目	万元	2 178.29
	上海市科学技术委员会	万元	5 406.31
	上海市教育委员会	万元	232.80
	上海市卫生局	万元	158.60
	上海市经济和信息化委员会	万元	248.00
	其他上海市项目	万元	1 105.12
	军工项目	万元	1 194.50
	企事业单位委托项目	万元	14 278.13
	其他国家部委项目	万元	577.66
出版科技专著		部	42
学术论文	小　计	篇	5 879
	国外学术刊物	篇	3 032
	全国学术刊物	篇	2 847

类别			计量单位	小　计	最高奖	一等奖	二等奖	三等奖
获奖情况	国家级	小　计	项	2		0	2	0
		国家最高科学技术奖	项	0		0	0	0
		自然科学奖	项	1		0	1	0
		技术发明奖	项	0		0	0	0
		科技进步奖	项	1		0	1	0
	省部级	小　计	项	23		8	8	7
		上海市科学技术奖	项	11		4	1	6

续　表

类别			计量单位			数额		
获奖情况	省部级	高等学校科学技术奖	项	8		4	4	0
		中华医学科技奖	项	4		0	3	1
专利	申请	小　计	项			671		
		发　明	项			648		
		实用新型	项			22		
		外观设计	项			1		
	获授权	小　计	项			164		
		发　明	项			133		
		实用新型	项			29		
		外观设计	项			2		
鉴定成果		小　计	项			10		
		国际领先	项					
		国际先进	项			7		
		国内领先	项			3		
		国内先进	项					

注 1：谷超豪国家最高科学技术奖配套 450 万元计入科技部，数学年刊 5.5 万元计入教育部。
仅计算直接到复旦财务的科研经费，直接拨付到附属医院的科研经费未计入。
注 2：以上获奖均为第一完成单位(或第一完成人)。

（科技处供稿）

2010 年复旦大学文科科研成果统计(1)

学科门类	出版著作（部）					古籍整理(部)	译著(部)	发表译文(篇)	电子出版物(件)
	合　计	专著		编著教材	工具书参考书				
		共　计	其中：被译成外文						
合　计	340	158	18	164	18	5	61	34	2
管理学	49	19	4	29	1	0	15	3	2
马克思主义	0	0	0	0	0	0	0	0	0
哲学	38	17	2	21	0	1	15	16	0
逻辑学	1	1	0	0	0	0	0	0	0
宗教学	6	3	1	3	0	0	0	0	0
语言学	27	8	0	13	6	0	1	0	0
中国文学	35	11	0	18	6	0	4	2	0
外国文学	2	1	0	1	0	1	3	1	0
艺术学	6	4	0	1	1	0	0	0	0
历史学	40	31	3	9	0	3	8	1	0
考古学	1	0	0	0	1	0	2	0	0
经济学	39	29	4	9	1	0	4	4	0
政治学	11	5	1	6	0	0	2	2	0
法学	29	19	0	10	0	0	3	2	0

续 表

学科门类	出版著作（部）					古籍整理（部）	译著（部）	发表译文（篇）	电子出版物（件）
	合 计	专著		编著教材	工具书参考书				
		共 计	其中：被译成外文						
社会学	34	2	1	31	1	0	0	1	0
民族学	0	0	0	0	0	0	0	0	0
新闻学与传播学	13	5	1	8	0	0	2	1	0
图文、情报、文献学	2	1	0	0	1	0	0	0	0
教育学	0	0	0	0	0	0	2	1	0
统计学	1	0	0	1	0	0	0	0	0
心理学	5	2	1	3	0	0	0	0	0
体育学	1	0	0	1	0	0	0	0	0

（文科科研处供稿）

2010 年复旦大学文科科研成果统计(2)

学科门类	发表论文（篇）				获奖成果数（项）				研究与咨询报告（篇）	
	合 计	国内学术刊物	国外学术刊物	港澳台刊物	合 计	国家级奖	部级奖	省级奖	合 计	其中：被采纳数
合 计	3 101	2 922	157	22	104	0	0	104	122	100
管理学	635	592	39	4	12	0	0	12	34	23
马克思主义	23	23	0	0	1	0	0	1	0	0
哲学	366	345	18	3	10	0	0	10	0	0
逻辑学	4	4	0	0	0	0	0	0	0	0
宗教学	17	16	1	0	0	0	0	0	0	0
语言学	186	177	9	0	5	0	0	5	1	1
中国文学	248	234	11	3	7	0	0	7	0	0
外国文学	40	35	5	0	0	0	0	0	0	0
艺术学	14	14	0	0	0	0	0	0	0	0
历史学	318	294	18	6	6	0	0	6	0	0
考古学	26	24	2	0	0	0	0	0	0	0
经济学	612	600	10	2	30	0	0	30	43	33
政治学	131	122	9	0	15	0	0	15	1	1
法学	134	131	3	0	4	0	0	4	6	5
社会学	79	78	1	0	10	0	0	10	16	16
民族学	8	8	0	0	0	0	0	0	0	0
新闻学与传播学	157	139	15	3	3	0	0	3	17	17
图书、情报、文献学	28	28	0	0	0	0	0	0	0	0
教育学	23	22	1	0	0	0	0	0	3	3
统计学	16	6	10	0	0	0	0	0	0	0
心理学	22	16	5	1	1	0	0	1	1	1
体育学	14	14	0	0	0	0	0	0	0	0

（文科科研处供稿）

2010 年复旦大学教职工人员统计(人)

单位：人

类　别	合　计	教学科研人员			思政	行政	教辅	后勤、企业、其他			
		小　计	专任教师	专职科研				合　计	后勤	企业	其他
总计	5 642	2 613	2 346	267	71	890	832	1 236	588	463	185
其中：女	2 312	869	797	72	55	493	431	464	210	146	108
正高级	855	805	734	71		26	11	13		9	4
副高级	1 205	893	804	89	6	127	103	76	8	45	23
中级	2 214	893	787	106	49	501	453	318	92	118	108
初级	537	22	21	1	16	181	195	123	50	47	26
无职称	831					55	70	706	438	244	24

（人事处供稿）

2010 年复旦大学退休人员情况统计

单位：人

退休总人数	4 340	
其　中	男：2 008	女：2 332

50 岁以下	0	50～59 岁	963
60～69 岁	1 408	70～79 岁	1 498
80～89 岁	439	90 岁以上	32

教学人员		行政人员		工勤人员
教　授	832	正副局级	21	1 050
副教授	977	处　级	42	
高　工	160	副处级	54	
讲　师	745	干　部	252	
其　他	170	医护人员	37	
合　计	2 884	合　计	406	

中共党员	1 434	民主党派	372

注：数据截至 2010 年 11 月底。

（退休教职工管理委员会供稿）

2010 年复旦大学附属医院人员情况统计

单位：人

类　别	中山医院	华山医院	肿瘤医院	妇产科医院	儿科医院	眼耳鼻喉科医院	合计
正高级职称小计	120	115	42	16	34	34	361
教授(研究员)	63	47	19	4	12	14	159
主任医(药、护、技)师	57	68	23	12	22	20	202
副高级职称小计	258	290	110	65	71	90	884
副教授(副研究员)	51	56	8	5	3	10	133
副主任医(药、护、技)师	20	218	102	60	67	79	546
其他职称	187	16			1	1	205
中级职称小计	703	574	249	201	210	169	2 106

续　表

类　　别	中山医院	华山医院	肿瘤医院	妇产科医院	儿科医院	眼耳鼻喉科医院	合计
讲师(助理研究员)	47	13	27	9	15	7	118
主治医(药、护、技)师	620	512	212	184	184	146	1 858
其他职称	36	49	10	8	11	16	130
初级职称小计	1 570	1 806	840	524	727	430	5 897
助教(研究实习员)	21	5	31	15	4	7	83
医(药、护、技)师	1 518	975	430	480	405	310	4 118
其他职称	31	826	379	29	318	113	1 696
未评职称	362	84	127	316	102	39	1 030
工勤人员	160	142	59	71	48	38	518
合　　计	3 073	3 011	1 427	1 193	1 192	800	10 796

注：中山医院未包括分部。

（人事处供稿）

2010年复旦大学因公出国(境)情况统计

单位：人次

出访地＼类别	参加会议	合作研究	访问考察	长期任教	短期讲学	培训实习	延长事宜	留学进修	其他事宜	合计
美　国	506	148	58	2	4	30	14	408	27	1 197
日　本	318	74	62	6	20	3	1	97	8	589
中国台湾	253	3	67	1	5	27		107	49	512
中国香港	214	37	121	1	6	11		84	12	486
韩　国	195	5	6	2	9	5		34	5	261
德　国	66	14	14	2	1	18	3	42	2	162
加拿大	88	14	1			16	3	38		160
新加坡	68	15	17		12	2	1	42	3	160
英　国	47	14	19	3		2	1	72	1	159
法　国	76	19	13		3			32	2	145
奥地利	33	2	3					70		108
意大利	51	3	4		2	1		39	3	103
澳大利亚	55	12	7			1	1	25	1	102
瑞　典	35	13	7	1		1	1	36	3	97
荷　兰	22	7						39	3	71
瑞　士	47	7	3		2	1		7	1	68
澳　门	27	1	2		2			4	7	43
西班牙	33	2	1					5		41
比利时	21	2			1	8		3		35
俄罗斯	18	1	6					8		33
印　度	25		1						5	31
希　腊	22							1	2	25
捷　克	23									23

续 表

出访地＼类别	参加会议	合作研究	访问考察	长期任教	短期讲学	培训实习	延长事宜	留学进修	其他事宜	合计
泰 国	19							2	2	23
新西兰	14	2	2	1				4		23
马来西亚	6								16	22
芬 兰	3	4	5					9		21
墨西哥	6	1					1	12		20
越 南	16	1								17
挪 威	9	3						4		16
丹 麦	3					1		10		14
葡萄牙	11	1								12
以色列	11							1		12
印度尼西亚	9							1	2	12
巴 西	4		2			1		4		11
土耳其	8	1						1	1	11
南 非	9	1								10
爱尔兰	3	1						4		8
菲律宾	8									8
波 兰	1							2	4	7
匈牙利	5	1	1							7
埃 及	6									6
摩洛哥									6	6
沙特阿拉伯	1								5	6
孟加拉									6	6
阿根廷	5									5
突尼斯	2		1						2	5
阿联酋	4									4
柬埔寨	4									4
蒙 古	1								3	4
巴基斯坦	1							2		3
古 巴	3									3
智 利	3									3
冰 岛	1							1		2
朝 鲜	2									2
斯洛伐克		2								2
亚美尼亚	2									2
爱沙尼亚								1		1
巴巴多斯	1									1
哥斯达黎加	1									1
克罗地亚		1								1
利比亚	1									1

续　表

出访地＼类别	参加会议	合作研究	访问考察	长期任教	短期讲学	培训实习	延长事宜	留学进修	其他事宜	合计
卢森堡		1								1
毛里求斯									1	1
斯洛文尼亚	1									1
合　计	2 427	413	423	19	67	128	26	1 251	182	4 936

(一) 按出国(境)时间统计

时　间	<1 个月	1—3 个月	3—6 个月	>6 个月	合　计
总批次	2 129	205	249	333	2 916
总人次	3 547	403	528	458	4 936

(二) 按出国(境)人员类别统计

人次＼类别	学　生	教　师	博士后	附属医院
4 936	1 686	2 252	24	974

注：其中副局以上 53 人，副处以上 596 人次。

(三) 按出访类别统计

类别	参加会议	合作研究	访问考察	长期任教	短期讲学	培训实习	延长事宜	留学进修	其他	合计
批次	1 583	369	183	18	65	64	26	536	72	2 916
人次	2 427	413	423	19	67	128	26	1 251	182	4 936

(外事处供稿)

2010 年复旦大学接受境内外各类捐赠收入统计

单位：万元

接受单位＼捐赠来源	校友(含师生员工)	校　董	其他企业、团体及个人	合　计
复旦大学财务处	70.2	85.6	7 224.9	7 380.7
上海复旦大学教育发展基金会	541.9	1 650.0	2 635.1	4 827.0
复旦大学教育发展基金会(海外)	681.5	3 936.0	16.2	4 633.7
复旦管理学奖励基金会	0.0	500.0	391.0	891.0

注：1. 财务处来自“其他企业团体”的捐赠收入中，包括来自上海复旦大学教育发展基金会的捐赠 3 214.5 万元和复旦大学教育发展基金会(海外)捐赠 2 334.1 万元。
2. 复旦大学教育发展基金会(海外)捐赠收入为外汇，表中的人民币金额是根据年末汇率的折算值。

(对外联络与发展处供稿)

2010 年复旦大学占地面积统计

单位：平方米

校　区	占　地　面　积	权　属
邯郸校区	863 472	学校使用权
邯郸校区新闻学院	58 825	非学校使用权
邯郸校区北区学生公寓	113 882	租用

续 表

校 区	占 地 面 积	权 属
枫林校区	192 123	学校使用权
张江校区	228 176	非学校使用权
江湾校区一期	908 004	非学校使用权
江湾校区二期	66 667	学校使用权
网络教育学院	8 300	非学校使用权
继续教育学院	3 757	
总 计	2 443 206	

（资产管理处、网络教育学院、继续教育学院供稿）

2010 年复旦大学校舍面积统计

单位：平方米

权 属	学校产权		非学校产权			租用			总 计
校 区	邯郸校区	枫林校区	张江校区	江湾校区	新闻学院	邯郸校区北区	网络教育学院	继续教育学院	
总 计	788 821	262 446	75 559	93 872	67 710	181 638	14 080	8 222	1 492 348
一、教学及辅助用房	315 945	106 927	50 309	51 334	44 148	7 357	10 840	8 222	595 082
教室	45 830	17 442	16 923	13 017	2 850	0	9 500	8 222	113 784
图书馆	23 535	10 513	8 805	19 213	2 850	0			64 916
院系用房、实验室、实习场所	224 097	69 343	21 924	19 104	38 448	0	1 340		374 256
体育馆	19 006	6 829	2 657	0	0	7 357			35 849
会堂	3 477	2 800	0	0	0	0			6 277
二、校机关办公用房、档案馆等	74 342	25 644	7 408	21 125	3 500	0	3 240		135 259
三、生活用房	383 974	129 875	17 842	21 413	20 062	174 281			747 447
学生宿舍（公寓）	124 105	53 468	0	0	7 084	162 635			347 292
学生食堂	19 146	8 299	4 149	5 731	0	10 935			48 260
教工集体宿舍	72 112	21 605	4 299	0	0	0			98 016
教工食堂	6 961	0	0	0	0	0			6 961
生活福利及其他用房	161 650	46 503	9 394	15 682	12 978	711			246 918
四、教工住宅（未售）	14 560	0	0	0	0	0			14 560

（资产管理处、网络教育学院、继续教育学院供稿）

2010 年复旦大学施工、竣工房屋情况统计

单位：平方米

类 别	施工房屋面积		竣工房屋面积	类 别	施工房屋面积		竣工房屋面积
	合计	其中：本年开工			合计	其中：本年开工	
总 计	135 339	1 120	4 537	校、系行政用房	6 751		
一、教学、行政用房	48 385		4 537	二、生活及福利附属用房	86 954	1 120	
教室				学生宿舍	47 994		
实验室				学生食堂			
科研用房	41 634			教工及家属住宅	37 840		
图书馆				教工食堂			
体育馆			4 537	福利及附属用房	1 120	1 120	
工厂							

注：1. 列入教育部 2010 年计划的项目进入统计。
2. 未报教育部竣工的项目列入施工房屋面积。

（基建处供稿）

2010 年复旦大学图书馆情况统计

	项　目	数　量	单　位
一、文献资源收集情况			册/件
	1. 纸质图书累积量	4 175 344	册
	a) 中文纸质图书累积量	3 322 533	册
	b) 外文纸质图书累积量	852 811	册
	2. 纸质报刊累计量(合订本)	844 802	册
	3. 电子图书累积量	1 483 445	册
	a) 中文电子图书累积量	1 343 075	册
	b) 外文电子图书累积量	296 430	册
	4. 电子期刊累积量	33 863	册
	a) 中文电子期刊累计量	10 000	册
	b) 外文电子期刊累积量	23 863	册
	5. 电子书、刊以外的数据库	109	个
当年购置文献	1. 当年购置图书	148 245	册
	a) 当年购置纸质中文图书	133 840	册
	b) 当年购置纸质外文图书	6 132	册
	c) 当年购置电子中文图书	178	册
	d) 当年购置电子外文图书	8 095	册
	2. 当年购置报刊	27 625	种
	a) 当年购置纸质中文报刊	4 904	种
	b) 当年购置纸质外文报刊	1 689	种
	c) 当年购置电子中文报刊	7 200	种
	d) 当年购置电子外文报刊	13 832	种
	3. 电子书、刊以外的数据库	4	个
	4. 当年购置其他类型文献	312	册/件
	5. 其他来源新增文献	5 164	册

	项　目	数　量	单　位
当年购置文献	当年剔除、注销文献	116 670（其中，中文图书43 724册，外文11 146册，期刊）	册
二、当年文献资料利用			
	1. 外借图书	405 000	册
	2. 馆际互借借入量	1 487	册
	3. 馆际互借借出量	147	册
	4. 文献传递传入量	6 664	篇
	5. 文献传递传出量	15 329	篇
	6. 页面访问总量	7 038 634	次
	7. 中文期刊全文下载量	5 725 279	篇次
	8. 英文期刊全文下载量	3 316 124	篇次
	9. 文摘数据库检索量	2 296 292	次
	10. MetaLib/SFX 系统登录量	51 260	人次
	11. 科技查新课题	210	个
	12. 查收查引服务	525	项
三、其他			
	1. 一般阅览室座位	2 938	座
	2. 电子阅览室座位	419	座
	3. 自习室座位	482	座
	4. 周开放阅览室时间	105	小时

（图书馆供稿）

2010 年复旦大学档案馆基本情况统计

项　目		数　量	单　位
一、馆藏全部档案			
全　宗		11	个
案　卷		283 985	卷
案卷排架长度		8 988	米
录音、录像、影片档案		254	盘
照片档案		34 218	张
底　图		1 095	张
电子档案	磁　带	208	盘
	磁　盘	303	张
	光　盘	5 755	张

项　目		数　量	单　位
二、本年进馆档案			
1. 接收档案			
案　卷		14 069	卷
录音、录像、影片档案		0	盘
照片档案		4 090	张
底　图		0	张
电子档案	磁　带	0	盘
	磁　盘	0	张
	光　盘	1 155	张
2. 征集档案		176	件

续　表

项　　目	数　量	单　位
3. 接受捐赠档案	231	件
4. 接受寄存档案	0	件
三、本年移出档案	0	卷
四、本年销毁档案	5 519	卷
五、馆藏档案的历史分期		
1. 建国前档案	27 898	卷
明清以前档案	0	件
明清档案	6	卷
民国档案	27 892	卷
革命历史档案	0	卷
2. 建国后档案	256 087	卷
六、馆藏资料	4 975	册
七、档案编目情况		
手工目录 — 案卷目录	203	本
手工目录 — 全引目录	160	本
手工目录 — 专题目录 — 簿式	49	本
手工目录 — 专题目录 — 卡片式	32 989	张
手工目录 — 重要文件目录 — 簿式	19	本
手工目录 — 重要文件目录 — 卡片式	0	张
机读目录 — 案卷级	100 725	条
机读目录 — 文件级	52 078	条
八、开放档案情况		
1. 建国前档案		
全　宗	7	个
案　卷	27 785	卷
2. 建国后档案		
全　宗	4	个
案　卷	191 726	卷
3. 开放档案目录		
案卷级	105 437	个
文件级	295 851	卷
九、本年利用档案人次	3 414	人次
1. 台港澳同胞	2	人次
2. 外国人	3	人次
十、本年利用档案	7 227	卷次
1. 利用档案所属时期		
建国前档案	2 073	卷次
建国后档案	5 154	卷次
2. 利用档案的目的		卷次
编史修志	2 256	卷次
工作查考	1 031	卷次
学术研究	1 230	卷次
经济建设	789	卷次
宣传教育	1 355	卷次
其　他	566	卷次
十一、本年举办档案展览	4	个
十二、本年接待参观展览人次	10 035	人次
十三、本年利用资料人次	4	人次
十四、本年利用资料	15	册次
十五、本年复制档案、资料	11 352	页
十六、档案馆总建筑面积	3 100	平方米
其中：1. 档案库房建筑面积	2 300	平方米
2. 档案技术用房建筑面积	80	平方米

（档案馆供稿）

复旦大学2010届毕业生就业情况统计

学生类别	毕业生数(人)	就业人数								就业率(%)
		报到人数	升学人数	出国人数	合同就业人数	灵活就业人数	定向委培人数	国家项目人数	合计	
研究生	3 327	2 294	108	197	0	9	655	2	3 265	98.1
本　科	3 091	1 165	927	732	71	8	30	8	2 941	95.1
专科(高职)	145	139	0	1	2	0	0	0	142	97.9
合　计	6 563	3 598	1 035	930	73	17	685	10	6 348	96.7

注：1. 数据截止日期：2010年8月31日；

2. 毕业生人数中延长学制、病缓、退学、休学的除外；

3. 就业人数中：报到人数指毕业生领取就业报到证到用人单位就业的；升学人数含考研、考双(学位)、专升本等；出国人数是指毕业生出国学习及出国工作的；合同就业人数指毕业生不通过学校办理手续，也不需要就业报到证，直接与用人单位签订劳动合同。

（学生服务联合体供稿）

2010 年复旦大学《国家学生体质健康标准》成绩统计

年级	总人数		优秀人数		优秀率(%)	良好人数		良好率(%)	及格人数		及格率(%)	不及格人数		不及格率(%)	合格率(%)
	男	女	男	女		男	女		男	女		男	女		
2010 级	1 514	1 570	6	12	0.58	401	720	36.35	895	797	54.86	212	41	8.21	91.79
2009 级	1 466	1 516	9	9	0.60	495	836	44.63	787	628	47.45	175	43	7.32	92.68
2008 级	1 359	1 354	5	6	0.41	372	512	32.58	786	775	57.54	196	61	9.47	90.53
2007 级	1 424	1 469	7	9	0.55	386	567	32.94	846	842	58.35	185	51	8.16	91.84
全　校	5 763	5 909	27	36	0.54	1 654	2 635	36.75	3 314	3 042	54.46	768	196	8.25	91.75

（体育教学部供稿）

2010 年各附属医院工作量情况统计

单位：人次

医　院	门急诊次数			住院手术人次	期内出院人数
	合　计	门　诊	急　诊		
中山医院	2 627 827	2 469 834	157 993	45 067	68 549
华山医院	2 958 780	2 800 691	158 089	26 985	50 370
妇产科医院	991 401	982 243	9 158	17 908	35 660
儿科医院	1 924 320	1 716 831	207 489	10 546	27 087
眼耳鼻喉科医院	1 415 564	1 388 340	27 224	25 532	25 463
肿瘤医院	681 232	681 232	1 561	17 062	28 162
金山医院	910 936	782 372	128 564	6 433	18 868
第五人民医院	1 453 853	1 307 120	146 733	8 294	22 877
公共卫生临床中心	222 749	222 653	96	868	6 918
华东医院	1 300 650	1 246 967	53 683	6 847	23 848
总　计	14 487 312	13 598 283	890 590	165 850	307 802

（医管处供稿）

2009 年各附属医院工作质量情况统计

医 院	治愈率(%)	好转率(%)	病死率(%)	病床周转率(次/床)	床位使用率(%)	出院者平均住院日(天)	门诊与出院诊断符合率(%)	入院与出院诊断符合率(%)	入院三日确诊率(%)	手术并发症发生率(%)	手术前后诊断符合率(%)	无菌手术化脓率(%)
中山医院	37.81	58.76	0.83	42.21	98.32	8.56	99.95	99.95	96.15	0	99.92	0
华山医院	43.72	51.89	0.69	36.53	99.39	9.84	99.84	99.01	99	0.01	99.85	0.07
妇产科医院	93.37	5.16	0.11	48.78	87.81	6.45	99.89	99.89	99.91	0.05	99.9	0
儿科医院	41.41	52.63	0.64	44.19	99.52	8.25	99.84	99.85	99.98	0	99.91	0.10
眼耳鼻喉科医院	93.08	5.95	0.003 9	59.22	71.27	4.42	100	100	99.93	0	100	0
肿瘤医院	47.69	42.85	0.56	24.53	94.32	14.31	98.68	98.68	99.06	0	97.91	0.04
金山医院	40.42	51.87	0.96	31.02	90.02	10.67	97.91	99.22	98.88	0.14	99.5	0.07
第五人民医院	32.8	42.5	2	30.5	99.85	11.74	98.24	98.69	95.88	0	98.85	0
公共卫生临床中心	13.63	80.11	2.29	18.85	92.26	17.68	96.98	99.78	99.77	0	100	0
华东医院	27.65	68.81	2.17	22.62	102.07	16.06	99.81	99.82	90.01	0	99.51	0

（医管处供稿）

2010 年复旦大学附属中学基本情况统计

单位：人

教职工数					在校学生数	毕业生数	考取大学人数	考取中专人数
党政干部(教师)	教师	职员	工人	合计				
6	127	24	17	174	1 161(本部) 274(国际部)	463	463	0

（复旦大学附属中学供稿）

2010 年复旦大学第二附属中学基本情况统计

单位：人

教职工数					在校学生数*	毕业生数*	考取大学人数	考取重点中学人数	考取中专人数	考取技校职校人数
党政干部(教师)	教师	职员	工人	合计						
6	45	2	2	55	539/120	167/40	40	142	2	0

注：* 为初中生/高中生。

（复旦大学第二附属中学供稿）

2010 年复旦大学附属小学基本情况统计

单位：人

教职工数					在校学生数	毕业生数
党政干部	教师	职员	工人	合计		
5	40	1	0	46	585	148

（复旦大学附属小学供稿）

·索　　引·

（1）本索引主体采取主题分析索引方法，按主题词首字汉语拼音字母顺序排列。辅助的附表索引按首字汉语拼音字母顺序排列。

（2）索引名称后的数字表示内容所在的页码，数字后面的 a、b、c 表示栏别（即指该页码自左至右的版面区域）。表格标题和表格中的内容页码后另注有“表”字，图片页码后另注有“图”字。

（3）在主题分析索引中，为便于读者检索，在复旦大学所属的二级单位和在复旦大学发生的事件名称前的“复旦大学”或“复旦”字样，除易产生歧义者外均予省略；内容有交叉的，将重复出现。

（4）除“表彰与奖励”、“大事记”外，年鉴的各部分内容均列入索引范围，以供检索使用。

NUM

A

B

C

G

H

I

J

K

L

M

N

O

P

Q

R

S

T

Y

Z

·附表索引·

NUM

图书在版编目(CIP)数据

复旦大学年鉴. 2011/复旦大学年鉴编纂委员会. —上海:复旦大学出版社,2012. 8
ISBN 978-7-309-09011-6

Ⅰ. 复…　Ⅱ. 复…　Ⅲ. 复旦大学-2011-年鉴　Ⅳ. G649. 285. 1-54

中国版本图书馆 CIP 数据核字(2012)第 133046 号

复旦大学年鉴. 2011
复旦大学年鉴编纂委员会
责任编辑/胡春丽

复旦大学出版社有限公司出版发行
上海市国权路 579 号　邮编:200433
网址:fupnet@ fudanpress. com　http://www. fudanpress. com
门市零售:86-21-65642857　团体订购:86-21-65118853
外埠邮购:86-21-65109143
浙江新华数码印务有限公司

开本 890×1240　1/16　印张 29. 5　字数 1009 千
2012 年 8 月第 1 版第 1 次印刷

ISBN 978-7-309-09011-6/G · 1101
定价: 168. 00 元

如有印装质量问题,请向复旦大学出版社有限公司发行部调换。
版权所有　侵权必究